suhrkamp taschenbuch
wissenschaft 2237

Scheppernde Sounds, lautes Benehmen und schrille Mode: Das Vokabular, mit dem Zeitgenossen Mitte des 20. Jahrhunderts eine neue Jugendszene beschrieben, markiert einen Kulturbruch. Ästhetische Konflikte kulminierten in Straßenkrawallen, Polizeimaßnahmen und Zensurgesetzen. Zugleich etablierten Tourneen, Piratensender und Fanclubs grenzüberschreitend neue Inhalte. Bodo Mrozek analysiert einen Wandel, der sich in den 1950er und 1960er Jahren vollzog und die Gesellschaft prägte: Was zunächst als Jugenddelinquenz bekämpft wurde, galt zehn Jahre später als Inbegriff urbaner Kultur. Dokumente aus sechs Staaten bilden das Material dieser transnationalen Geschichte der Popkultur.

Bodo Mrozek ist Historiker und derzeit Fellow am Berlin Center for Cold War Studies des Instituts für Zeitgeschichte München-Berlin (IfZ) und der Humboldt Universität zu Berlin.

Bodo Mrozek

Jugend Pop Kultur

Eine transnationale Geschichte

Suhrkamp

Bibliografische Information der Deutschen Nationalbibliothek
Die Deutsche Nationalbibliothek verzeichnet diese Publikation in der Deutschen Nationalbibliografie; detaillierte bibliografische Daten sind im Internet über http://dnb.d-nb.de abrufbar.

suhrkamp taschenbuch wissenschaft 2237
Erste Auflage 2019

Umschlag nach Entwürfen
von Willy Fleckhaus und Rolf Staudt
Druck: Druckhaus Nomos, Sinzheim
Printed in Germany
ISBN 978-3-518-29837-4

Inhalt

1. Einleitung

Als der New Yorker Journalist Tom Wolfe 1963 eine Sammlung seiner Reportagen veröffentlichte, klagte er im Vorwort des Buches, die Themen seiner ungewöhnlichen Sujets würden weitgehend ignoriert. »Niemand schenkt auch nur die geringste Aufmerksamkeit unseren neuen, unglaublich nationalen Freizeitbelustigungen.« Erscheinungen wie »Serienwagen-Rennen, Sprintwagen-Rennen, Himmelfahrts-Rennen […], Maßautos und natürlich der Jerk, der Monkey, die Rock-Musik scheinen immer noch nicht wert, ernst genommen zu werden«. All dies werde »als Vorzugsbeschäftigung von Gammlern« betrachtet. Tatsächlich aber verändere sich »das Leben des ganzen Landes auf eine Weise, die anscheinend niemand wahrnimmt, geschweige denn analysiert«.[1] Wolfe, dessen Reportagen den *new journalism* mitbegründeten, hatte zweifellos ein Gespür für das Kommende. Was seine Gegenwart betraf, irrte er jedoch gleich in zweierlei Hinsicht. Zum einen zeugten mehrere Auflagen seines Buches in schneller Folge sowie Übersetzungen in andere Sprachen vom gestiegenen Interesse der Zeitgenossen an den bisweilen fremd wirkenden Ausformungen des eigenen Alltags. Zum anderen handelte es sich durchaus nicht nur um »nationale« Erscheinungen. Nicht nur in den USA, sondern auch in Westeuropa und in eingeschränktem Maße in den Ländern des globalen Südens, selbst hinter dem »eisernen Vorhang« ließen Jugendliche getunte Motoren aufheulen, hörten und machten Rockmusik, tanzten den Monkey, den Jerk und den Twist – und schufen kulturelle Praktiken und Produkte, die teils in die USA reimportiert

1 Tom Wolfe, *Das bonbonfarbene tangerinrot-gespritzte Stromlinienbaby*, Reinbek 1968, S. 11. Hervorhebungen sind, wenn nicht anders gekennzeichnet, Hervorhebungen im Original. Zitate aus dem Englischen, dem Französischen und dem Niederländischen wurden sämtlich ins Deutsche übersetzt. Das Genus wechselt ab und kann grundsätzlich unterschiedliche geschlechtliche Selbstverhältnisse bezeichnen. Auf ein konsequentes »Gendern« aller Formen wurde verzichtet, da es im Untersuchungszeitraum in vielen Akteursgruppen (Polizisten, Politiker, Redakteure, Gitarristen) keineswegs ausgewogene Geschlechterverhältnisse gab. Dies soll auch auf der Ebene der Sprache ungeschönt erkennbar bleiben.

wurden.[2] Auch außerhalb der USA notierten Chronisten ganz ähnliche Beobachtungen. In den Arbeitervierteln von Ost- und Süd-London etwa meinte der Sozialwissenschaftler Tosco R. Fyvel rund um die Jukeboxes von Cafés die Entstehung einer neuen Kultur auszumachen, und in Frankreich, Deutschland und anderen Teilen Europas bemerkte man die Manifestationen neuer Jugendtypen ebenfalls.[3]

Wurden diese kulturellen Phänomene Mitte der 1950er Jahre noch im Zusammenhang mit Massenkonflikten auf Straßen, in Kinos und bei Konzerten diskutiert, für die sich vor allem Kriminologen und Sozialpsychologen interessierten, so sollte sich die Wahrnehmung binnen nur einer Dekade gründlich verändern. »Niemand weiß so recht, wie man diese neue Gesellschaft nennen soll, aber der Name Pop-Society taucht auf«, bemerkte Wolfe 1963.[4] Nur drei Jahre später, im April 1966, prangten auf der Titelseite des Magazins *Time* ebenjene Objekte, die er als Insignien gesellschaftlicher Veränderung beschrieben hatte: Schallplatten, schnelle Autos, kurze Frauenröcke, lange Männerhaare.[5] Unter dem Slogan »London: The Swinging City« beschrieb die Titelgeschichte das Phänomen, das zehn Jahre zuvor noch als Ausdruck von Jugenddevianz verhandelt worden war, nun ganz selbstverständlich als eine »farbenfrohe und übersprudelnde *pop culture*«.[6] Dieser rasche kulturelle Umbruch ist Thema dieses Buches. Es handelt von der Entstehung einer transnationalen Jugend- und Popkultur im *ungeraden Jahrzehnt* zwischen 1956 und 1966 – und von den Reibungs- und Störgeräuschen, die den Prozess ihrer Etablierung begleiteten. Nicht nur auf dem Gebiet von Sounds – etwa lauter Motoren und elektrisch verstärkter Gitarren –, sondern auch auf anderen sensorischen Feldern waren ästhetische und soziale Diskurse eng miteinander verschränkt.

2 »Globaler Süden« wird hier verwendet im Sinne von Homi K. Bhabha, *Die Verortung der Kultur*, Tübingen ²2007, S. 30.

3 Tosco R. Fyvel, *Insecure Offenders. Rebellious Youth in the Welfare State*, London 1961. Vgl. exemplarisch Rolf Italiaander, Eric Godal, *Teenagers. Mit Beiträgen von 26 Autoren*, Hamburg 1958; Jean Améry, *Teenager-Stars. Idole unserer Zeit*, Rüschlikon-Zürich, Stuttgart u. a. 1960.

4 Wolfe, *Das bonbonfarbene tangerinrot gespritzte Stromlinienbaby*, S. 11.

5 Piri Halasz, »You Can Walk Across It On the Grass«, in: *Time. The Weekly Newsmagazine* (15. 04. 1966), S. 32-42, hier: S. 32.

6 Ebd., S. 42.

Der Prozess der Etablierung dessen, was heute als Popkultur gilt, gehört der »Epoche der Mitlebenden« an. Pop prägte Biographien, ist Bestandteil der Erinnerungskultur, erfreut sich als Gegenstand von Histotainment-Formaten[7] zunehmender Beliebtheit und dient als Epochenlabel (»Rocking Fifties«, »Swinging Sixties«). Damit scheint er mittlerweile im Zentrum der Gesellschaft angekommen. Aus der Perspektive einer Gegenwart, die selbst als dissonant oder grell wahrgenommenen kulturellen Ausdrucksformen vergleichsweise tolerant begegnet, erscheinen die scharfen Debatten um Klänge, Bilder, Texte und Performances aus der Mitte des 20. Jahrhunderts seltsam entrückt. Rigide Mittel wie Kleider-, Tanz- und Musikverbote wirken aus heutiger Sicht wie Maßnahmen eines *ancien régime*. Ziel dieses Buches ist es daher, die Debatten um Jugend- und Popkultur in ihren jeweiligen zeitgeschichtlichen Zusammenhängen zu analysieren – nicht nur als eine »eigendynamische« Kulturrevolution, sondern auch als relationale Phänomene, die zeitgebunden waren und vor dem Hintergrund anderer historischer Faktoren gelesen beziehungsweise gehört werden müssen. Diese Kontextualisierung dient auch der Historisierung von Popkultur, die oftmals pauschal der Gegenwart zugeordnet wird. Eine solche ahistorische Betrachtungsweise führte jedoch zu kurz.[8]

Pop hat Geschichte. Sie betrifft nicht nur die jeweils vergangene Gegenwart der zu behandelnden Umbrüche, sondern auch deren Vorgeschichte. Viele der damals als neu wahrgenommenen Phänomene stehen in Kontinuitäten, die in ältere Epochen zurückweisen. Auch diese längeren Linien müssen aufgezeigt werden, um die verhärteten Positionen der Kulturkämpfe Mitte des 20. Jahrhunderts zu analysieren.

7 Vgl. exemplarisch die Arte-Dokumentationen *Sex & Musik* (FR 2014, R.: Chloé Mathieu, Lila Pinell) oder die BBC-Doku *7 Ages of Rock* (GB 2007, R.: Francis Whatley).

8 Für eine historische Perpektive plädieren: Eckard Schumacher, »Vergangene Zukunft. Repitition, Rekonstruktion, Retrospektion (Popkolumne)«, in: *Merkur* 788 (2015), S. 58-64; Stefan Krankenhagen, »Der Wille zur Geschichte«, in: *Pop-Zeitschrift Blog*, 05.07.2016, ⟨http://www.pop-zeitschrift.de/2016/07/05/der-wille-zur-geschichtevon-stefan-krankenhagen5-7-2016/⟩, letzter Zugriff 08.01.2018.

1.1. Jugend- und Popgeschichte: Fragestellung und Problemaufriss

Wer nichts von Popgeschichte versteht, könne die zweite Hälfte des 20. Jahrhunderts nicht begreifen: Mit diesem Diktum unterstrich Thomas Lindenberger unlängst die Bedeutung von Pop vor allem für die Zeitgeschichte.[9] Hat sich der gegenwartsorientierte akademische »Popdiskurs« der vergangenen zwei Jahrzehnte wenig mit Geschichte befasst,[10] so gilt der umgekehrte Befund umso mehr: Bis auf wenige Ausnahmen haben auch die Historiker Pop vernachlässigt. Und auch die in jüngerer Zeit entstandenen Popular Music Studies haben vergleichsweise wenig zur Zeitgeschichte der Popkultur beigetragen, da ihre Werkanalysen oftmals ohne dezidierte zeithistorische Kontextualisierung auskommen.[11] In diesem Buch möchte ich diese bislang getrennten Sphären einander näher bringen, indem ich einerseits Phänomene des Pop für die Geschichtsschreibung erschließe und andererseits historiographische Fragestellungen, Quellen und Methoden in den Popdiskurs einbringe. Mein Ziel ist es, einen Beitrag zur Popgeschichtsschreibung zu leisten,[12] was auch bedeutet, massenkulturelle Produkte

9 Auf der Tagung *PopHistory. Perspektiven einer Zeitgeschichte des Populären*, 03.-05.11.2011 in Berlin, vgl. den Tagungsbericht von Alexa Geisthövel und Bodo Mrozek auf H-Soz-u-Kult, ⟨http://hsozkult.geschichte.hu-berlin.de/tagungsberichte/id=4034⟩, letzter Zugriff 26.04.2017.

10 Vgl. zum Popdiskurs etwa Walter Grasskamp u.a. (Hg.), *Was ist Pop? Zehn Versuche*, Frankfurt/M. 2004; Jochen Bonz (Hg.), *Popkulturtheorie*, Mainz 2002; Thomas Hecken, *Theorien der Populärkultur. Dreißig Positionen von Schiller bis zu den Cultural Studies*, Bielefeld 2007; Marcus S. Kleiner, Thomas Wilke (Hg.), *Performativität und Medialität populärer Kulturen. Theorien, Ästhetiken, Praktiken*, Wiesbaden 2013; Roger Behrens, *Die Diktatur der Angepassten. Texte zur kritischen Theorie der Popkultur*, Bielefeld 2003. Eine monographische Synthese bietet: Diedrich Diederichsen, *Über Pop-Musik*, Köln 2014.

11 Ausnahmen bestätigen auch hier die Regel. Vgl. exempl. Michael J. Kramer: »The Multitrack Model. Cultural History and the Interdisciplinary Study of Popular Music«, in: Jeffrey H. Jackson, Stanley C. Pelkex (Hg.), *Music and History. Bridging the Disciplines*, Mississippi, S. 220-256; David Brackett (Hg.), *The Pop, Rock, and Soul Reader: Histories and Debates*, New York 2005; Martin Pfleiderer, Ralf von Appen, Nils Grosch (Hg.), *Populäre Musik, Geschichte – Kontexte – Forschungsperspektiven*, Laaber 2014.

12 Vgl. Bodo Mrozek, *Docupedia-Zeitgeschichte*, 06.05.2010, s.v. »Popgeschichte«, Version: 1.0, ⟨http://docupedia.de/zg/Popgeschichte⟩, letzter Zugriff 26.04.2017;

wie Sounds, aber auch Phänomene der *visual history* wie Comics, Filme, Plakate oder der *material culture* wie Mode und Design ins Blickfeld zu rücken. Popgeschichte setzt andere Schwerpunkte und Zäsuren als eine an primär politischen Ereignissen orientierte oder eine dem Primat des Sozialen verpflichtete Historiographie; sie orientiert sich stärker an massenmedialem und kulturindustriellem Wandel. Aus popgeschichtlicher Perspektive erscheinen die Jahre um 1956/57 als eine Zäsur, die zwischen erinnerungskulturell etablierten gesellschaftspolitischen Einschnitten wie 1945 oder 1968 liegt. Mitte der Fünfziger verbreiteten sich nach Massenkrawallen neue Stereotype von Jugend, und technisch-mediale Innovationen veränderten Produktion und Konsum von Kultur nachhaltig: die Durchsetzung der Schallplatte aus Vinyl, die Erhebung und Veröffentlichung von Musik-Charts, neue Fernseh- und Rundfunkformate wie das TOP 40-Radio ebenso wie neue transnationale Musiken, etwa der Rock'n'Roll.[13] Die zunächst stark audiophon geprägte Popkultur unterliegt seitdem einem Prozess der rasanten Medialisierung,[14] vorangetrieben nicht nur durch die Phonographie, sondern auch durch die Verschriftlichung in neuartigen Zeitschriften und die Visualisierung durch Kino und Fernsehen, aber auch durch ein bildorientiertes Grafikdesign in Printmedien. Rezeptionspraktiken bildeten weitgehend kohärente Gruppen, die – so werde ich zeigen – zwar altersspezifisch strukturiert waren, sich aber grenzüberschreitend formierten.[15] Pop ist im fraglichen Zeitraum damit in zunehmendem Maße Gegenstand gewandelter Wahrnehmungsstrukturen, die sich in verschiedenen und teils neuartigen Formaten manifestierten. Aus mediengeschichtlicher Perspektive lässt sich Pop aber auch selbst als eine Wahrnehmungs-

Alexa Geisthövel, Bodo Mrozek (Hg.), *Popgeschichte*, Bd. 1: *Konzepte und Methoden*, Bielefeld 2014; Bodo Mrozek u. a. (Hg.), *Popgeschichte*, Bd. 2: *Zeithistorische Fallstudien 1958-1988*, Bielefeld 2014.

13 Vgl. zu Periodisierungen Richard A. Peterson, »Why 1955? Explaining the Advent of Rock Music«, in: *Popular Music* 19 (1990), S. 97-116.

14 Vgl. Frank Bösch, *Öffentliche Geheimnisse. Skandale, Politik und Medien in Deutschland und Großbritannien 1880-1914*, München 2009, S. 17-18.

15 Zu den Prozessen der Medialisierung gehören u. a. Extension, Substitution, Amalgamation und Akkomodation. Vgl. in Anlehnung an Winfried Schulz: Frank Bösch, Norbert Frei, »Die Ambivalenz der Medialisierung. Eine Einführung«, in: dies. (Hg.), *Medialisierung und Demokratie im 20. Jahrhundert*, Göttingen 2006, S. 17-18.

anordnung verstehen, die diskursiv hervorgebracht wurde und unterschiedliche Institutionen, Normen und Begriffe ebenso wie Produktionsweisen und Rezeptionspraktiken umfasst. So betrachtet, ist auch Pop ein »durch die geschichtliche Beschreibung erst zu konkretisierender Ansatz«.[16]

Während der Siegeszug der Kulturgeschichte auch auf zeithistorischem Gebiet allenthalben konstatiert (und gelegentlich beklagt) wird, so ist es doch verwunderlich, wie zögerlich sie sich bisher massenästhetischen Inhalten gewidmet hat.[17] Dieses Defizit gründet auch auf unterschiedlichen nationalen Wissenschaftstraditionen: In der angelsächsischen Wissenschaftskultur sind für das Phänomen traditionell die breit aufgestellten Cultural Studies zuständig, unter deren Einfluss sich in den USA disziplinäre Pop Studies etablierten. Daraus sind mittlerweile mehrere akademische Periodika hervorgegangen.[18] In Frankreich und Deutschland wenden sich Historiker erst seit wenigen Jahren der Popforschung zu, wenn auch unter unterschiedlichen Begriffen.[19] (Im Französischen etwa hat sich kein expliziter Popbegriff verbreitet; der Oberbegriff lautet dort *variété*.)[20]

16 Diese Definition formuliert für Mediendispositive: Knut Hickethier, »Film und Fernsehen als Mediendispositive in der Geschichte«, in: ders. u. a. (Hg.), *Der Film in der Geschichte. Dokumentation der GFF-Tagung*, Berlin 1997, S. 63-73, hier: S. 68.

17 Vgl. exemplarisch den wegweisenden Überblick von Christoph Conrad, Martina Kessel, »Blickwechsel: Moderne, Kultur, Geschichte«, in: dies. (Hg.), *Kultur & Geschichte. Neue Einblicke in eine alte Beziehung*, Stuttgart 1998, S. 9-40.

18 In den USA erscheint etwa das *Journal of Popular Music Studies* seit 1988, in Frankreich seit 1998 die Zeitschrift *Volume! La revue des musiques populaires*. 2010 wurde das *Journal of European Popular Culture* sowie das *IASPM Journal* der International Association for the Study of Popular Music gegründet. Auf Deutsch erscheint seit 1995 die (eher essayistische) Zeitschrift *Testcard. Beiträge zur Popgeschichte* und seit 2012 *Pop. Kultur und Kritik*, die sowohl feuilletonistische als akademische Ansätze bündelt.

19 Der multilinguale Wissenschaftsblog PopHistory auf der geisteswissenschaftlichen Online-Plattform hypotheses.org dient seit 2014 der französischen *histoire sociale du rock*, der deutschen Popgeschichte und angloamerikanischen Forscherinnen als Forum der Vernetzung: ⟨https://pophistory.hypotheses.org⟩, letzter Zugriff 08. 01. 2018.

20 Gelegentlich mit dem Zusatz *au sens anglo-saxon de popular music*. Darüber hinaus stehen unterschiedliche Termini wie *musiques populaires modernes*, *musiques amplifiées* oder *musiques actuelles* zur Verfügung. Vgl. Olivier Julien, »L'analyse des musiques populaires enregistrées«, in: Danièle Pistone (Hg.), *Le commentaire*

Zudem hat die Geschichtsschreibung andere Fragestellungen als die zumeist vorrangig an ästhetischen Problemen interessierten Kunst- und Kulturwissenschaften. Ihr ist nicht primär daran gelegen, die Entwicklung von Genres oder künstlerischen Produkten nachzuvollziehen, sondern daran, sie gesellschaftlich zu kontextualisieren und ihre zeitliche Spezifik und politische Relevanz herauszuarbeiten. Wie bereits angedeutet, verstehe ich Pop als einen mit anderen zeithistorischen Prozessen eng verschränkten Kernbereich der Geschichte – verbunden etwa mit der Wirtschafts-, Konsum- oder der Protestgeschichte. Auf popgeschichtlichem Gebiet lässt sich die Entstehung von Körpertechniken, neuen Politiken und Identitätskonzepten nachvollziehen.[21] Pop war und ist medialer Repräsentationsmodus für soziale Großgruppen, hat neue Wissensbestände und Subjektivierungsressourcen generiert und ist eng mit der Demographie verzahnt. Diese Kontexte herauszuarbeiten, ist das Spezifikum einer historischen Popforschung. Mit ihren originären Fragestellungen und quellenbasierten Methoden kann sie den oftmals übertheoretisierten und unterforschten Popdiskurs empirisch unterfüttern und zu neuen Deutungen gelangen.

Auch dieses Buch kann auf einigen Vorarbeiten aufbauen.[22] Jüngere Studien analysieren etwa die an popkulturellen Vorbildern orientierten sexuellen Normierungen und Geschlechterbilder und arbeiten jugendpolitische Konflikte heraus.[23] Fokussiert

auditif de spécialité – recherches et propositions, Paris 2008, S. 141-166, hier: S. 141; Bertrand Lemonnier, *La révolution pop dans l'Angleterre des années soixante*, Paris 1986, S. 39-40; Gérôme Guibert, »Is the French Word ›chanson‹ Equivalent to the English Term ›popular music‹?«, in: Geoff Stahl (Hg.), *IASPM International Conference Proceedings*, Rom 2005, S. 275-282.

21 Vgl. zur Konstruktion von Identitäten Stuart Hall, »Who needs Identity?«, in: ders., Paul du Gay (Hg.), *Questions of Identity*, Los Angeles u. a. 1996, S. 1-17.

22 Eine Pionierstudie schrieb: Thomas Grotum, *Die Halbstarken. Zur Geschichte einer Jugendkultur der 50er Jahre*, Frankfurt/M., New York 1994.

23 Vgl. etwa Mark Fenemore, *Sex, Thugs, and Rock'n'Roll. Teenage Rebels in Cold-War East Germany*, New York, Oxford 2007; Uta G. Poiger, »Rock'n'Roll, Female Sexuality, and the Cold War Battle over German Identities«, in: *JModH* 68 (1996), S. 577-616; Liz Heron (Hg.), *Truth, Dare, or Promise: Girls Growing up in the Fifties*, London 1985; Louise A. Jackson, »›The Coffee Club Menace‹. Policing Youth, Leisure, and Sexuality in Post-War Manchester«, in: *Cultural and Social History* 5 (2008), S. 289-308; Anne-Marie Sohn, *Âge tendre et tête de bois. Histoire des jeunes des années 1960*, Paris 2001; Wiebke Janssen, *Halbstarke in der* DDR. *Verfolgung und Kriminalisierung einer Jugendkultur*, Berlin 2010;

die Geschichtsschreibung über die sechziger Jahre vor allem auf die Studentenproteste, so rücken zunehmend auch Prozesse ins Blickfeld, die vor 1968 begonnen haben.[24] Daran möchte ich anschließen, aber zugleich das Feld über die (bi)nationalen Interpretationsrahmen hinaus weiten auf die Entstehung einer internationalisierten Jugendkultur in den fünfziger und sechziger Jahren.[25] Damit werden zwei Zeiträume zusammengefasst, die gewöhnlich als voneinander getrennte Einheiten verhandelt werden. Gängige Zuschreibungen der fünfziger Jahre als »konservatives Jahrzehnt« oder »farblose Dekade« und der sechziger Jahre als »dynamische Zeiten« wurzeln oftmals darin, dass man Entwicklungen von ihrem Ende her begreift.[26] So werden die Sechziger zumeist als eine

Kate Bradley, »Juvenile Delinquency and the Public Sphere: Exploring Local and National Discourse in England, c. 1940-69«, in: *Social History* 37 (2012), S. 19-35; Florence Tamagne, »Le ›blouson noir‹: codes vestimentaires, subcultures rock et sociabilités adolescentes dans la France des années 1950 et 1960«, in: Isabelle Parésys (Hg.), *Paraître et apparences en Europe occidentale du Moyen Age à nos jours*, Villeneuve d'Ascq 2008, S. 99-114.

24 Vgl. für die Bundesrepublik beispielhaft Detlef Siegfried, *Time is on my Side. Konsum und Politik in der westdeutschen Jugendkultur der 60er Jahre*, Göttingen 2006; für Frankreich: Jean-François Sirinelli, *Les baby-boomers. Une génération 1945-1969*, Paris 2003; für die USA: Kenneth Leech, *Youthquake. The Growth of a Counter-Culture through Two Decades*, London 1973; Grace Palladino, *Teenagers. An American History*, New York 1996; für Großbritannien: Bill Osgerby, *Youth in Britain since 1945*, Oxford 1998; Jon Savage, *1966. The Year the Decade exploded*, London 2016.

25 Einen deutsch-deutschen Vergleich unternahm Uta G. Poiger, *Jazz, Rock, and Rebels. Cold War Politics and American Culture in a Divided Germany*, Berkeley, Los Angeles u. a. 2000; einen deutsch-amerikanischen Sebastian Kurme, *Halbstarke. Jugendprotest in den 1950er Jahren in Deutschland und den USA*, Frankfurt/M., New York 2006. Diskussionsanregungen für den deutsch-französischen Vergleich bieten u. a. Dietmar Hüser, »›Rock around the Clock‹. Überlegungen zu amerikanischer Populärkultur in der französischen und westdeutschen Gesellschaft der 1950er und 1960er Jahre«, in: Chantal Metzger, Hartmut Kaelble (Hg.), *Deutschland–Frankreich–Nordamerika: Transfers, Imaginationen, Beziehungen*, Stuttgart 2006, S. 189-208; Jean-François Sirinelli, »La jeunesse, du milieu des années cinquante aux années soixante. Entre subculture et groupe social en France et en Allemagne?«, in: Hélène Miard-Delacroix, Rainer Hudemann (Hg.), *Wandel und Integration: deutsch-französische Annäherungen der fünfziger Jahre/Mutations et intégration. Les rapprochements franco-allemands dans les années cinquante*, München 2005, S. 339-344.

26 Vgl. etwa Edgar Wolfrum, *Deutschland im Fokus. Eine Geschichte der Bundesrepublik in Fotografien*: Band 1: *Die 50er Jahre. Kalter Krieg und Wirtschaftswunder*,

Vorgeschichte der Studentenproteste um 1966-68 interpretiert, und auch die Fünfziger müssen sich rückwirkend an ihnen messen lassen. Diese Gewichtungen werden hier in Frage gestellt, indem die Dekaden-Zäsur überbrückt, andere Gruppen als die akademischen Eliten in den Vordergrund gestellt und gesellschaftliche Transformationen nicht nur in artikulierten Verlautbarungsprotesten gesucht werden, sondern auch in vorpolitischen Prozessen auf der Ebene der Alltags- und Massenkultur.[27]

Popgeschichte versteht sich nicht als ein nach Hegemonie strebender »Turn«, sondern als ergänzendes, wenn auch zum Verständnis der zweiten Hälfte des 20. Jahrhunderts notwendiges Themenfeld, auf dem mit pluralistischen Ansätzen neue Fragestellungen und Quellen erschlossen und damit bisherige Forschungen gegebenenfalls korrigiert werden können.[28] Ein offener Begriff von Pop, der ganz unterschiedliche Phänomene umschließt, erfordert auch einen Methodenpluralismus. Pop soll hier daher nicht mit einer einzigen »Poptheorie« pauschal erklärt, sondern mit unterschiedlichen Verfahren und Leitbegriffen explorativ erkundet werden. Die Kapitel dieser Studie nähern sich mit breit gefächerten Ansätzen dem jeweiligen Gegenstand, darunter Anleihen aus der transnationalen Geschichte, den Sound Studies, der Körpergeschichte, der

Darmstadt 2006; Arnold Sywottek, »Wege in die 50er Jahre«, in: Axel Schildt, ders. (Hg.), *Modernisierung im Wiederaufbau. Die westdeutsche Gesellschaft der 50er Jahre*, Bonn 1998, S. 13-39; Axel Schildt u. a. (Hg.), *Dynamische Zeiten. Die 60er Jahre in den beiden deutschen Gesellschaften*, Hamburg 2000, S. 582-623; Arthur Marwick, *The Sixties. Cultural Revolution in Britain, France, Italy, and the United States, c. 1958-c. 1978*, London 2011. Zum Begriff der *bland decade* vgl. Philip K. Eberly, *Music in the Air: America's Changing Tastes in Popular Music, 1920-1980*, New York 1982, S. 213.

27 Zum Konzept der »langen Sechziger«, die bereits in den Fünfzigern beginnen, vgl. Sywottek, »Wege in die 50er Jahre«.

28 Vgl. Jürgen Danyel u. a., »Pop als Zeitgeschichte«, in: Mrozek u. a. (Hg.), *Popgeschichte*, Bd. 2, S. 7-15, bes. S. 9; Árpád v. Klimó, Jürgen Danyel, »Popkultur und Zeitgeschichte«, in: *ZOL*: Thema: *Pop in Ost und West. Populäre Kultur zwischen Ästhetik und Politik*, hg. v. dens., April 2006, ⟨http://www.zeitgeschichte-online.de/zol/portals/_rainbow/documents/pdf/pop_klimo_danyel.pdf⟩, letzter Zugriff 14. 12. 2017. Ähnlich argumentieren (unter dem Begriff des Populären) auch: Vittoria Borsò u. a., »Transfigurationen des Politischen. Von Propaganda-Studien zu Interaktionsmodellen der Medienkommunikation – eine Einleitung«, in: dies. (Hg.), *Die Macht des Populären. Politik und populäre Kultur im 20. Jahrhundert*, Bielefeld 2010, S. 7-29.

historischen Emotionsforschung, der Diskurs- und Wissensgeschichte sowie der Stadtgeschichte.[29] Daneben gibt es Bezüge auf mittlerweile »klassische« Modelle der Cultural Studies. Hier soll es bei wenigen Bemerkungen zu einigen zentralen Begrifflichkeiten und kulturwissenschaftlichen Modellen bleiben, auf die ich im Folgenden mehrfach zurückgreifen werde.

Dies sind vor allem die Begriffe »Jugendkultur« und »Popkultur«, auch wenn sie sich im Untersuchungszeitraum nicht trennscharf auseinanderhalten lassen, da die Ausdifferenzierung des Lebensabschnitts Jugend und die Etablierung einer internationalisierten und medialisierten Popkultur stark miteinander verzahnt waren. Beeinflusst durch demographische und ökonomische Faktoren, fungierte die Jugend im 20. Jahrhundert als Projektionsfläche für gesellschaftliche Erneuerung – zunächst *ex negativo* im Gewand kulturpessimistischer Bedrohungsszenarien, im Verlauf vor allem der 1960er Jahre aber auch zunehmend als Hoffnungsträger für soziale Veränderung. In wachsendem Maße strahlten die in der sich transnational formierenden Jugendkultur entwickelten Images, Praktiken und Codes auch auf die Erwachsenengesellschaften ab. Sie prägten eigene Räume, Medien und Politiken aus und trugen so wesentlich zur inneren Ausdifferenzierung und äußeren Verflechtung von Gesellschaften bei.

Meine Leitfrage betrifft das Verhältnis von Pop und Transnationalisierung: Welche Rolle spielten alltagskulturelle Produkte, Praktiken und Prozesse für die Entstehung internationaler Zusammenhänge? Wie entstanden übernational gedachte oder organisierte Gemeinschaften? Welche Transformationen machten Sounds, Tänze und Moden während ihrer grenzüberschreitenden Transfers durch? Und welche Rolle spielten wiederum supranationale Strukturen für die Vernetzung der Popkultur, etwa auf der Ebene internationaler Konzerne sowie europäischer und globaler Institutionen? Kurz: Wie wandelte sich die Alltagskultur unter den medialen und politischen Bedingungen eines zunehmend globalen Zeitalters?

29 Vgl. Daniel Morat, »Der Klang der Zeitgeschichte. Eine Einleitung«, in: *ZF* 8 (2011), S. 172-177; Jonathan Bignell, *Media Semiotics: An Introduction*, Manchester 2002; Bettina Hitzer, »Emotionsgeschichte – ein Anfang mit Folgen. Forschungsbericht«, in *H-Soz-u-Kult*, veröffentlicht am 23.11.2011, ⟨https://www.hsozkult.de/literaturereview/id/forschungsberichte-1221⟩, letzter Zugriff 12.12.2017; Ute Frevert, *Vergängliche Gefühle*, Göttingen 2013.

1.2. Forschungsperspektive und Methodik

Pop bietet als Sammelbegriff für ästhetische Phänomene mit massenhafter Verbreitung größtmögliche Deutungsoffenheit. Eine verbindliche Eingrenzung scheint daher weder möglich noch unbedingt wünschenswert. Ein paar kriteriale Bemerkungen sind dennoch angebracht. Denn bei aller Unschärfe, die Großkategorien immer eigen ist, wird der Terminus »Pop« aufgrund seiner Natur als Differenzbegriff eingeschränkt. Pop wird auch dadurch definiert, was es *nicht* ist: Hochkultur, etablierte und staatlich subventionierte, »ernste« oder Elitenkultur. Eine gewisse Nähe hingegen hat die Kurzform »Pop« zu älteren Begriffen, mit denen Historiker wie Peter Burke oder Ethnologen wie Carlo Ginzburg seit längerem operieren: zum Populären, zum Vergnügen oder zur Massenkultur.[30] Zwar wird auch die Kurzform »Pop« mittlerweile ganz selbstverständlich in der Historiographie verwendet, doch geschieht dies meist unreflektiert.[31] Mittlerweile liegt eine umfangreiche Diskursgeschichte für das 20. Jahrhundert vor, die Unterschiede zu konkurrierenden Begriffen herausgearbeitet hat – wenngleich der lateinische Ursprung *populus* freilich in der römischen Antike wurzelt.[32] Auch wenn mit dem eher ethnologisch geprägten Begriff des Populären oder dem der Massenkultur gewisse Schnittmengen bestehen (und schon der Begriff Kultur allein Gegenstand weitreichender definitorischer Differenzen ist), so fällt aus historiographischer Perspektive vor allem auf, dass es sich bei »Pop« um ein vergleichsweise junges Etikett handelt, dessen Ursprünge in die Mitte

30 Vgl. zu den unterschiedlichen Begriffen: Geisthövel/Mrozek, »Einleitung«, in: dies. (Hg.), *Popgeschichte*, Bd. 1, S. 7-31, bes. S. 14-22. Zur Massenkultur vgl. etwa Jean-Pierre Rioux, Jean-François Sirinelli, *La culture de masse en France de la Belle époque à aujourd'hui*, Paris 2002; Kaspar Maase, *Grenzenloses Vergnügen. Der Aufstieg der Massenkultur 1850-1970*, Frankfurt/M. ³2001.

31 Anstelle vieler: Edgar Wolfrum, *Die Bundesrepublik Deutschland 1949-1990*, Stuttgart ¹⁰2011, S. 325 u. S. 521.

32 Thomas Hecken, *Pop. Geschichte eines Konzepts 1955-2009*, Bielefeld 2009. Zur antiken Wurzel vgl. Hubert Cancik, Helmuth Schneider (Hg.), *Der Neue Pauly. Realenzyklopädie der Antike*, 19 Bde., Stuttgart, Weimar 2001, s. v. populus, Bd. 10, S. 156. Lat. *populus* bezeichnete demnach die Gesamtheit der römischen Bürger unter Ausschluss von Frauen, Kindern, Fremden und Sklaven und ist Grundlage für die spätere *res publica*. Etymologisch leitet es sich vermutlich aus dem Begriff *puple* her, der im älteren Etruskischen die waffenfähige Jugend bezeichnete.

des 20. Jahrhunderts datieren, also in den Untersuchungszeitraum dieses Buches. Als Label für ein musikalisches Genre und einen Stil der bildenden Kunst ebenso wie für eine Form der Jugend- und Massenkultur ist er damals aber noch keineswegs üblich, sondern hält erst allmählich Einzug in den allgemeinen Sprachgebrauch.

Damit ist er weniger eine analytische Kategorie als vielmehr ein Quellenbegriff. Unter Pop wurde zu unterschiedlichen Zeiten in unterschiedlichen Räumen von unterschiedlichen Akteurinnen jeweils etwas anderes verstanden, weswegen man nicht von einem klar umrissenen Begriffsraster ausgehen kann, sondern divergierende Verwendungen vorfindet, von denen ich mir in diesem Buch keine exklusiv zu eigen mache. Ich möchte jedoch versuchen, eine Schnittmenge der unterschiedlichen Begriffsverwendungen einzugrenzen, um mich dem Kern dessen zu nähern, was die Zeitgenossen unter Pop verhandelten: musikalische und vestimentäre Moden, Körperpraktiken und Raumproduktion, Fantum und Starkult, Gemeinschaftsbildungen rund um kulturelle Produkte herum und nicht zuletzt diese Produkte selbst.

Diedrich Diederichsen hat das Kompositum »Pop-Musik« nicht nur als Oberbegriff für einen Musikstil oder eine klangliche Sphäre, sondern als einen Sinnzusammenhang aus unterschiedlichen Phänomenen bezeichnet, für den allerdings die »technische (Ton-)Aufzeichnung« von besonderer Bedeutung sei.[33] Pop wird demnach vom Sonischen dominiert, ergibt sich aber aus divergierenden Konstellationen. Im Sinne einer solchen offenen Gegenstandsbeschreibung wird er auch hier verstanden: als Verdichtung unterschiedlicher Diskurse und Elemente, die nicht deterministisch, aber auch nicht beliebig miteinander verbunden sind.[34] Die hier eingenommene historiographische Perspektive fokussiert auf die gesellschaftsgeschichtlichen Interpretationen und Konflikte, die sich an kulturellen Produkten entzündeten, und damit auf die Schnittstelle zwischen Ästhetik und Sozialem. Untersucht wird, welche Politiken, Institutionen, Praktiken und Regelwerke durch Pop vergesellschaftet wurden. Angestrebt wird damit keine umfassende Geschichte der Musiker oder kulturindustrieller Produktionsprozesse und ihrer Binnenlogiken. Da es aber um die Zu-

33 Diederichsen, *Über Pop-Musik*, S. XI.

34 Geisthövel/Mrozek, »Einleitung«, in: dies. (Hg.), *Popgeschichte*, Bd. 1, S. 7-31, hier: S. 19.

sammenhänge zwischen Pop- und Jugendkultur geht und deshalb junge Menschen im Mittelpunkt dieses Buches stehen, die immer stärker durch popkulturelle Produkte definiert wurden und sich auch selbst darüber definierten, erfordert dies zumindest punktuell Einblicke auch in die Sphäre der Produktion.

Eine Unschärfe, die in Kauf genommen werden muss, ergibt sich aus dem dynamischen Charakter von Pop: Viele der verhandelten Phänomene wurden nicht als Pop verstanden, als sie noch Gegenstand erbitterter Kontroversen waren, sondern wurden erst im Rückblick als Vorläufer oder integrale Bestandteile in das aufgenommen, was um 1966 als Pop galt. Da sich zu dieser Zeit einerseits ein positiver Popbegriff etablierte, wie er etwa auf dem *Time-Magazine*-Cover ikonisch wurde, und andererseits mit den Demonstrationen gegen den Vietnamkrieg und den Protesten an den Universitäten die mittlerweile fast schon überforschte politische Gegenkultur von »Achtundsechzig« beginnt, dient das Jahr 1966 als zeitlicher Fluchtpunkt.[35]

Etwas weniger offen als der Terminus »Popkultur« erscheint der Begriff der Jugendkultur, da er mit einem scheinbar objektiven Kriterium, nämlich einer spezifischen Altersspanne operiert. Genauer besehen, ist aber auch er unscharf, da gerade eine transnational angelegte Arbeit das Problem hat, dass auch »Jugend« an unterschiedlichen Orten gesetzlich unterschiedlich definiert und im zeitlichen Verlauf diskursiv immer wieder neu begründet und konnotiert wurde.[36]

35 Seit den Dutzenden Titeln, die Philipp Gassert 2010 bilanzierte, sind mittlerweile etliche Arbeiten hinzugekommen, etwa zur Internationalisierung (Quinn Slobodian), Medialisierung (Kathrin Fahlenbrach) sowie zur konservativen Seite von »1968« (Anna von der Goltz; Nicolai Wehr). Vgl. Philipp Gassert, »Das kurze ›1968‹ zwischen Geschichtswissenschaft und Erinnerungskultur: Neuere Forschungen zur Protestgeschichte der 1960er-Jahre«, in: *H-Soz-Kult*, 30.04.2010, ⟨http://www.hsozkult.de/literaturereview/id/forschungsberichte-1131⟩, letzter Zugriff 01.12.2017.

36 Vgl. zu Jugend als Variable der historischen Jugendforschung und subjektiver Alterseinstufungen: Alfons Vaitkus, *»Jugend« gibt es nicht. Zum Dilemma der Sozialpädagogik im Umgang mit einem Schlüsselbegriff*, Frankfurt/M. 1988, bes. S. 131-141 u. S. 213-130.

1.3. Begriffe und Hypothesen

Die eingangs zitierte Klage Tom Wolfes, niemand beachte ernsthaft die Freizeitphänomene der eigenen Gesellschaft, ist spätestens seit der Etablierung einer wissenschaftlichen Forschungsrichtung obsolet, die für dieses Gebiet einschlägig ist. Wer sich mit Jugendkultur beschäftigt, kommt schwerlich an einer Auseinandersetzung mit den Kulturwissenschaften Birminghamer Prägung vorbei.[37] Die theoretischen Annahmen des Centers for Contemporary Cultural Studies lenkten den Blick weg von der Kriminologie und hin zu abweichenden Kulturen. Der bisweilen dogmatische Begriff von Subkultur des CCCS, der Minderheiten als politisch-ästhetischen Widerstand versteht, ist für eine geschichtswissenschaftliche Arbeit jedoch problematisch, da die als Theorie daherkommenden Gesetzmäßigkeiten potenziell ahistorisch sind.[38] Der Historiker muss auch Modellbildungen und Theorien als Produkte einer historisch spezifischen Konstellation begreifen. Dichotomische Gegenüberstellungen, wie sie Stuart Hall, John Clarke oder Dick Hebdige in Form von Gesetzmäßigkeiten vertreten (etwa Sub- versus Hegemonialkultur, Pop versus Establishment oder Jugend- versus Erwachsenenkultur), sollen daher historisiert werden, indem der Fokus einerseits auf Verschiebungen und Veränderungen dieser Grenzziehungen im Untersuchungszeitraum liegt und andererseits auf den fließenden Übergängen zwischen Jugend- und Erwachsenenkultur sowie – in der Terminologie der (Sub-)Cultural Studies – zwischen Sub- und Hegemonialkultur. Damit schließt dieses Buch eher an Ansätze der Post-Subcultural Studies an, die seit den 1990ern auch integrative Phänomene wie die Clubkultur untersuchen, das Klassen-Paradigma verlassen und sich Konzepten von *race* und *gender* zugewandt haben.[39] Es versteht sich aber nicht als deren lineare

37 Mit den Sub-Cultural Studies aus zeithistorischer Perspektive habe ich mich andernorts ausführlich beschäftigt, vgl. Bodo Mrozek, »Subkultur und Cultural Studies. Ein kulturwissenschaftlicher Begriff in zeithistorischer Perspektive«, in: Geisthövel/ders. (Hg.), *Popgeschichte*, Bd. 1, S. 101-125.

38 Einschlägig für die politische Interpretation von Jugendstilen sind Stuart Hall, Tony Jefferson (Hg.), *Resistance Through Rituals: Youth Subcultures in Post-War Britain*, Hutchinson, London 1976; Dick Hebdige, *Subculture. The Meaning of Style*, London 1979. Vgl. den zeitgenössischen Überblick: Colin Sparks, »The Evolution of Cultural Studies«, in: *Screen Education* 22 (1977), S. 16-30.

39 Vgl. zu den Ansätzen der Post-Subcultural Studies David Muggleton, »What is

Fortsetzung, sondern vielmehr als genuin zeithistorischer Beitrag zum Forschungsfeld.

Das Subkultur-Modell war zunächst an der Empirie liberal-kapitalistischer Gesellschaften wie den USA entwickelt worden. Die britischen Stil- und Subkulturforscher hatten das Distinktionssystem der britischen Klassengesellschaft vor Augen, das auch von den formellen Kleiderordnungen der parlamentarischen Monarchie geprägt ist. Während Dieter Baacke und Rolf Schwendter diese Theoriebildungen schon frühzeitig für die bundesdeutsche Gesellschaft übernahmen, bestand lange Zeit eine Schwierigkeit in der Anwendung der postmarxistischen Modelle auf einen sozialistischen Staat wie die DDR.[40] Mittlerweile haben jedoch einige Studien gerade in der »Erziehungsdiktatur« der DDR die Dichotomien zwischen den Hegemonialansprüchen und abweichenden Gruppen erfolgreich angewandt.[41] Mit der Sozialgeschichte und der »Geschichte von unten« sind zwei historiographische Schulen benannt, die mit der Popgeschichte einige Gemeinsamkeiten teilen: den Anspruch auf Repräsentativität einer Geschichte der ganzen Gesellschaft inklusive marginalisierter Schichten, etwa der Arbeiterklasse, sowie das Interesse an Ausformungen des Alltags jenseits der rein intellektuellen Sphäre.[42] Mit den Cultural Studies hatten sie wenig Berührung, da insbesondere die Bielefelder Schule den von ihr so genannten

›Post-subcultural Studies‹ anyway?«, in: ders., Rupert Weinzierl (Hg.), *The Post-Subcultures Reader*, Oxford, New York 2003, S. 3-23; ders., »From Classlessness to Clubculture. A Genealogy of Post-War British Youth Cultural Analysis«, in: *Young. Nordic Journal of Youth Research* 13 (2005), S. 205-219. Zu Pop und Gender zuletzt: Lu Seegers, »Einleitung«, in: dies. (Hg.), *Hot Stuff. Gender, Popkultur und Generationalität in West- und Osteuropa nach 1945*, Göttingen 2015, S. 7-35.

40 Vgl. Dieter Baacke, *Die 13- bis 18jährigen. Einführung in die Probleme des Jugendalters*, überarb. u. erg. Aufl., Weinheim, Basel [5]1991; ders., *Jugend und Jugendkulturen. Darstellung und Deutung*, überarb. Aufl., Weinheim, München [3]1999.

41 Vgl. Dorothee Wierling, »Die Jugend als innerer Feind. Konflikte in der Erziehungsdiktatur der sechziger Jahre«, in: Hartmut Kaelble u. a. (Hg.), *Sozialgeschichte der DDR*, Stuttgart 1994, S. 404-425; dies., *Geboren im Jahr Eins: Der Jahrgang 1949 in der DDR. Versuch einer Kollektivbiographie*, Berlin 2002, S. 10; Peter Wurschi, *Rennsteigbeat. Jugendliche Subkulturen im Thüringer Raum 1952-1989*, Köln, Weimar u. a. 2007; Mark Fenemore, *Sex, Thugs and Rock'n'Roll*; Leonard Schmieding, *»Das ist unsere Party«. HipHop in der DDR*, Stuttgart 2014.

42 Zur Diskussion um Alltag und Eigensinn vgl. Belinda Davis u. a., »Einleitung«, in: dies. (Hg.), *Alltag, Erfahrung, Eigensinn. Historisch-anthropologische Erkundungen*, Frankfurt/M., New York 2008, S. 11-28, bes. S. 15-22.

Kulturalismus lange Zeit weit von sich wies. Dabei liegen durchaus ähnliche Interessen vor: die Aufwertung marginalisierter Schichten und der Primat des Sozialen.[43]

Der Fokus auch auf marginalisierte Randgruppen weist etwa den lange Zeit dominanten Generationenansatz in die Schranken. Die Erfahrungen spezifischer Kleingruppen sind keinesfalls typisch für ganze Alterskohorten. Der in der Erinnerungskultur oftmals behauptete »Sound einer Generation« war näher betrachtet nur der einer kleinen Gruppe, die zudem – etwa bei Jazz oder Rock'n'Roll – eher durch Bildungshintergrund und Berufsperspektive differenziert wurde als durch Altersgrenzen. Musikgeschmack war (und ist) keineswegs eine solche »Entelechie« im Sinne Karl Mannheims, sondern allenfalls eine von vielen unterschiedlichen »generationellen Lagerungen« innerhalb derselben Kohorten.[44] Die neuere Generationsforschung betont diese Differenzierungen, legt den Fokus eher auf Ex-post-Konstruktionen vermeintlich generationeller Homogenität und unterscheidet »kommunikative Selbst- und Fremdthematisierungen«.[45] Wenngleich der Begriff der Generation eine gewisse Rolle spielt, da er schon den Zeitgenossen zur Selbstbeschreibung und Abgrenzung gegenüber anderen Alterskohorten diente, werde ich ihn aus diesen Gründen äußerst zurückhaltend verwenden, jedenfalls nicht als pauschale Analysekategorie.

Um die untersuchten Phänomene in ihren Wechselwirkungen mit gesellschaftlichen Prozessen zu untersuchen, stützt sich diese Arbeit auch auf den Begriff der Normalisierung im Sinne Jürgen Links. Der Diskursforscher versteht darunter ein Grundphänomen von Gesellschaften, die nach Homogenität streben und auf

43 Die Gemeinsamkeiten von Popgeschichte und »Geschichte von unten« benannte jüngst Dietlind Hüchtker, »›Volkskultur‹ und ›Popkultur‹ oder: Das Vergnügen an Widersetzlichkeit«, in: *Werkstatt Geschichte* 65 (2013), S. 67-78.

44 Vgl. Karl Mannheim, »Das Problem der Generationen I«, in: *KVfS* 7 (1928), S. 157-185, hier: S. 171.

45 Vgl. Seegers, »Einleitung«, S. 21; Bernd Weisbrod, »Generation und Generationalität in der neueren Geschichte«, in: *APuZ* 8 (2005), S. 3-9; Kaspar Maase, »Farbige Bescheidenheit. Anmerkungen zum postheroischen Generationsverständnis«, in: Ulrike Jureit, Michael Wildt (Hg.), *Generationen. Zur Relevanz eines wissenschaftlichen Grundbegriffs*, Hamburg 2005, S. 220-242; Anna von der Goltz, »Generational Belonging and the ›68ers‹ in Europe«, in: dies. (Hg.), *»Talkin' 'bout my generation«. Conflicts of Generation Building and Europe's ›1968‹*, Göttingen 2011, S. 7-28.

die dynamische Regulierung beziehungsweise Stabilisierung des »konstitutiven ›produktiven Chaos‹ der Moderne«abzielen.[46] Seit der Entstehung der modernen Massenproduktion im 18. Jahrhundert, und insbesondere im Zuge ihrer Expansion ab Mitte des 19. Jahrhunderts, tauche auch der Begriff des »Normalen« immer häufiger auf. Abweichungen von gesellschaftlichen Trends lösten Link zufolge Denormalisierungsängste aus, an denen sich wiederum *ex negativo* Homogenisierungsansprüche ablesen lassen. Auch Normalisierung ist ein dynamischer Prozess: Was Mitte der 1950er Jahre noch aus dem Rahmen fiel, kann schon einige Jahre später ins Ensemble »normaler« Vorstellungen aufgenommen worden sein. Im Zusammenhang der Entstehung einer Popkultur interessiert vor allem, welche Prozesse und Akteure an diesen Prozessen beteiligt waren. Im symbolischen Bereich der Kultur lassen sich diese Mechanismen besonders gut beobachten, da die Zeichen hier in einem beständigen diskursiven Wechselspiel ihre Richtung ändern können und etwa dieselben Klangschemata, Bekleidungsnormen oder Körpermodfikationen (etwa Kleider- oder Haarlängen) mal als zu regulierende Abweichung und mal als hegemoniale Normalisierungsvorgaben fungieren können.

Weitere Grundannahmen sind besonders der Kultursoziologie Andreas Reckwitz' entliehen, der von der Formierung eines Dispositivs der kulturellen Wertschätzung des Neuen ausgeht, das ältere Schemata abgelöst hat. Anstatt althergebrachte Kultur repetitiv zu wiederholen und sich innerhalb bewährter ästhetischer Formate zu bewegen, versteht die Moderne Künstler zunehmend als Produzenten von Originalität und Innovation.[47] Diese »Regime des Neuen« setzten sich gegen das Beharrungsvermögen etablierter kultureller Gemeinschaften durch, die sich teils vehement gegen Veränderung wehrten. Kreativität als Kernkompetenz durchdrang allmählich alle Bereiche der Gesellschaft – neben der Kunst im engeren Sinne auch die Wirtschaft, die Politik und die Wissensproduktion. Dazu gehört auch das Popdispositiv, das in älteren Topoi etwa der Boheme des 19. Jahrhunderts wurzelt, sich nach Reckwitz aber vor allem in einer »Phase der krisenhaften Verdichtung« während der

46 Vgl. Jürgen Link, *Versuch über den Normalismus. Wie Normalität produziert wird*, Göttingen [5]2013, S. 20.

47 Vgl. Andreas Reckwitz, *Die Erfindung der Kreativität. Zum Prozess gesellschaftlicher Ästhetisierung*, Berlin [3]2013, bes. S. 28-29.

1960er und 70er Jahre formiert habe.[48] Auch Reckwitz betont die Dynamik des Umschlagens von »Gegen- und Subkulturen [...] in die Hegemonie«, spätestens seit dem Aufstieg der *creative industries* in den 1980er Jahren.[49] Ich setze in diesem Buch drei Jahrzehnte früher an, will aber ebenfalls zur empirischen Unterfütterung der These von der Etablierung (und Normalisierung) des Jugend- und Popkulturdispositivs beitragen.

1.4. Transnationale Perspektive

Eine internationalisierte Popkultur wesentlich als ein Phänomen der Globalisierung darstellen zu wollen, erscheint zunächst wie ein wenig überraschendes Unterfangen. In Zeiten, in denen die bei transnational operierenden Großkonzernen unter Vertrag stehenden Superstars auf Welttourneen ein globales Massenpublikum erreichen, fremdsprachige Texte sich als Downloads in Sharing-Börsen verbreiten und Fans auf mehrtägigen Festivals temporär zu multinationalen Gemeinschaften verschmelzen, scheint Popkultur nicht nur irgendein Resultat der Globalisierung zu sein, sondern eine ihrer augenfälligsten Manifestationen. Die scheinbar allumfassende Transnationalisierung lässt sich bei genauerer Betrachtung zwar durchaus in Frage stellen: Viele Märkte für popkulturelle Produkte sind auch im 21. Jahrhundert noch immer nach nationalen und regionalen Spezifika segmentiert; Popmusik kann auch Prozessen der Entflechtung dienen, beispielsweise im Rechtsrock oder Symbolpop »identitärer« beziehungsweise »ethnopluralistischer« Rassisten. Solchen Ausnahmen zum Trotz erscheint Popkultur im Großen und Ganzen als einer der offensichtlichsten Faktoren übernationaler Verflechtung.

Daher ist es erstaunlich, dass sie bisher fast gar nicht zum Thema transnational arbeitender Zeithistoriker geworden ist.[50] Wenn His-

48 Vgl. ebd., S. 52-53.

49 Ebd., S. 14.

50 Erst in jüngster Zeit widmen sich Untersuchungen etwa der internationalen Tournee oder dem Festival. Vgl. Anaïs Fléchet, »Les festivals de musique populaire: un objet transnational (années 1950-1970)«, in: dies. u. a. (Hg.), *Une histoire des festivals. XXe-XXIe siècle*, Paris 2013, 63-77. Auch liegt eine erste Aufsatzsammlung mit Schwerpunkt Westeuropa vor: Dietmar Hüser (Hg.), *Populärkultur*

toriker sich überhaupt der Pop- oder Jugendkultur widmen, dann tun sie dies zumeist innerhalb nationaler Rahmungen und überwinden diese bestenfalls in Zwei-Länder-Vergleichen.[51] Mir geht es dagegen um einen explizit transnationalen Ansatz, der weniger auf das vergleichende Herausarbeiten nationaler Ähnlichkeiten und Unterschiede abzielt als auf Prozesse der gegenseitigen Beeinflussung und Durchdringung.[52] Dadurch sollen gängige rein national argumentierende Erklärungsmuster überwunden werden. Die in der deutschen Geschichtswissenschaft etablierte Interpretation der Jugendkonflikte der fünfziger Jahre als »generationelle« Differenz zu den im Nationalsozialismus sozialisierten älteren Jahrgängen etwa verliert drastisch an Deutungskraft, wenn man die strukturell äußerst ähnlichen Vorgänge in anderen westlichen Staaten erklären will, die nicht auf eine nationalsozialistische, sondern auf demokratisch-republikanische Vorgeschichten gründen. Auch die geläufige Interpretation politisierter Kulturkämpfe vor dem Hintergrund des Systemkonflikts büßt ihr pauschales Erklärungspotenzial ein, wenn man in weiter Entfernung von der Frontlinie des Kalten Krieges gelegene Staaten einbezieht. Franzosen und Briten stand nicht wie den Westdeutschen der Staatssozialismus als Alternative oder als Gegner buchstäblich vor Augen. Stattdessen interpretierte man

transnational. Lesen, Hören, Sehen und Erleben im Europa der langen 1960er Jahre, Bielefeld 2017.

51 Vgl. Hartmut Kaelble, *Der historische Vergleich. Eine Einführung zum 19. und 20. Jahrhundert*, Frankfurt/M., New York 1999. Zur Kritik an dieser Methodik vgl. Thomas Welskopp, »Stolpersteine auf dem Königsweg. Methodenkritische Anmerkungen zum internationalen Vergleich in der Gesellschaftsgeschichte«, in: *AfS* 35 (1995), S. 339-367; Heinz-Gerhard Haupt, Jürgen Kocka, »Historischer Vergleich: Methoden, Aufgaben, Probleme. Eine Einleitung«, in: dies. (Hg.), *Geschichte und Vergleich. Ansätze und Ergebnisse international vergleichender Geschichtsschreibung*, Frankfurt/M., New York 1996, S. 9-45.

52 Vgl. Philipp Gassert, *Docupedia-Zeitgeschichte*, 29. 10. 2012, s. v. »Transnationale Geschichte«, Version: 2.0, ⟨https://docupedia.de/zg/Transnationale_Geschichte_Version_2.0_Philipp_Gassert?oldid=85577⟩, letzter Zugriff 01. 12. 2017; Gunilla-Friederike Budde u. a. (Hg.), *Transnationale Geschichte: Themen, Tendenzen und Theorien*, Göttingen 2006; Kiran Klaus Patel, *Nach der Nationalfixiertheit. Perspektiven einer transnationalen Geschichte*, Berlin 2004; Sebastian Conrad, Shalini Randeria, »Geteilte Geschichte – Europa in einer postkolonialen Welt (Einleitung)«, in: dies. (Hg.), *Jenseits des Eurozentrismus. Postkoloniale Perspektiven in den Geschichts- und Kulturwissenschaften*, Frankfurt/M., New York 2002, S. 7-49.

dort im Rahmen eigener nationalgeschichtlicher Problemlagen – etwa vor dem Hintergrund von Dekolonisierung und Algerien-Krise in Frankreich und der afro-karibischen Migration in Großbritannien. Erweitert man schließlich den Horizont auf die USA, so verliert auch eine etablierte Denkfigur, so berechtigt sie für die Analyse Europas sein mag, an Evidenz: Ähnliche Prozesse wie in Deutschland fanden auch in den Vereinigten Staaten statt, lassen sich dort aber schwerlich als Amerikanisierung deuten.[53]

Die Ausweitung der Perspektive über transfergeschichtliche Fragestellungen hinaus hilft aber nicht nur, eingeschliffene und nationalgeschichtliche Deutungsmuster zu überwinden, wie sie Vergleiche oftmals produzieren;[54] sie macht auch Äquivalenzketten sichtbar, die sonst verborgen bleiben würden.[55] So zeigen sich grenzüberschreitende Zusammenhänge zwischen Ereignissen, die bislang als singulär innerhalb der jeweiligen Nationalgeschichten galten. Exemplarisch werde ich dies an den Verkettungen von Ereignissen wie den *rumbles* in Südengland, der Pariser *Nuit de la nation*, dem Konzert der Rolling Stones in Westberlin und der indirekt daraus resultierenden Leipziger Beat-Demonstration vom Herbst 1965 zeigen. Doch nicht nur innerhalb einer Ereignisgeschichte des Pop, sondern auch im Entstehen neuer Medien, Praktiken und Räume werden strukturelle und prozesshafte Verflechtungen in

53 Vgl. für die Amerikanisierung Jugendlicher in der Bundesrepublik v. a. Kaspar Maase, *Bravo Amerika. Erkundungen zur Jugendkultur der Bundesrepublik in den fünfziger Jahren*, Hamburg 1992, S. 204-218; grundsätzlich vgl. Konrad H. Jarausch, Hannes Siegrist (Hg.), *Amerikanisierung und Sowjetisierung in Deutschland 1945-1970*, Frankfurt/M., New York 1997; Eckart Conze, »Wege in die Atlantische Gemeinschaft. Amerikanisierung und Westernisierung in Westeuropa nach 1945«, in: Rainer Marcowitz (Hg.), *Nationale Identität und transnationale Einflüsse. Amerikanisierung, Europäisierung und Globalisierung in Frankreich nach dem Zweiten Weltkrieg*, München 2007, S. 72-86, Anselm Doering-Manteuffel, *Docupedia-Zeitgeschichte*, 18. 01. 2011, s. v. »Amerikanisierung und Westernisierung«, Version: 1.0, ⟨https://docupedia.de/zg/Amerikanisierung_und_Westernisierung?oldid=84584⟩, letzter Zugriff 30. 11. 2017.

54 Für Sebastian Conrad reproduziert der Vergleich den »historiographischen Nationalismus« in zweifacher Ausführung; siehe ders., »Doppelte Marginalisierung. Plädoyer für eine transnationale Perspektive auf die deutsche Geschichte«, in: *GG* 28 (2002), S. 145-169, hier: S. 146.

55 Zum Begriff der Äquivalenzkette vgl. Ernesto Laclau, Chantal Mouffe, *Hegemonie und radikale Demokratie. Zur Dekonstruktion des Marxismus*, Wien [4]2012, S. 168-172.

den Blick genommen, die eine transnationale Jugendkultur entscheidend begünstigt haben. Dabei werden Übersetzungsprozesse aus unterschiedlichen Kontexten, etwa unter dem paradigma *race* eine besondere Rolle spielen.[56] Ich werde daher keine pauschale Transnationalisierungsthese aufstellen, sondern strebe eine differenzierte Gesamtbewertung an, die Pop aus einer übernationalen Perspektive heraus betrachtet.

Der Gewinn an Komplexität, der mit diesem Perspektivwechsel verbunden ist, bringt bei allen Vorteilen auch neue Forschungs- und Interpretationsprobleme mit sich.[57] Je zahlreicher und verschiedener die in die Untersuchung einbezogenen nationalen und regionalen Räume sind, desto schwieriger wird die Kontextualisierung mit ganz unterschiedlichen Hintergründen, vor denen die zu beschreibenden Phänomene spielen. Es würden den Rahmen dieses Buches vollends sprengen, detailliert auf die teils konträren politischen, wirtschaftlichen und sonstigen Rahmenbedingungen in den einzelnen Ländern einzugehen; sie können hier allenfalls angerissen werden.

Ein besonderes Problem stellt der Einbezug der DDR dar. Während die anderen hier behandelten Staaten als liberal-kapitalistische Demokratien verfasst waren, war die DDR bekanntlich eine Parteidiktatur.[58] Gerade dies macht sie für eine transnationale

56 Die konstruierte Einteilung von Menschen in »Rassen« ist im Untersuchungszeitraum ein wirkmächtiger Faktor, der sich in unterschiedlichen Begriffsbildungen sowohl der Fremd- als auch der Selbstbeschreibung niedergeschlagen hat. Diese Begriffe entsprechen nicht dem heutigen Sprachverständnis. Damit im Einzelfall entschieden werden kann, ob sie bewusst pejorativ gemeint waren, einem unbewussten Rassismus entsprangen oder einem im Zuge der Bürgerrechtsbewegung gestärkten Selbstverständigungsprozess (die Zeitschrift *Ebony* etwa verwendet den Begriff »negroes« wertneutral), wurde daher das Quellenvokabular auch in übersetzten Zitaten im Original beibehalten und durch Anführungszeichen und/oder Kursivierung entsprechend hervorgehoben.

57 Vgl. Jürgen Osterhammel, *Geschichtswissenschaft jenseits des Nationalstaats. Studien zu Beziehungsgeschichte und Zivilisationsvergleich*, Göttingen 2001, S. 465 f.

58 Jürgen Kocka nannte die DDR ein »in hohem Maße künstliches Produkt politischer Herrschaft, von dieser ermöglicht, durchformt und abhängig«; siehe ders., »Eine durchherrschte Gesellschaft«, in: Kaelble u. a. (Hg.), *Sozialgeschichte der DDR*, S. 547-553, hier: S. 550. Vgl. zum Demokratiebegriff Paul Nolte, *Was ist Demokratie? Geschichte und Gegenwart*, München 2012, bes. S. 293-368; Konrad H. Jarausch charakterisierte die sich selbst nominell als Demokratie verstehende Diktatur der DDR als »eine Anordnung verwirrender Ambivalenzen unverein-

Geschichte aber so wertvoll. Zum einen ist die Politisierung der beschriebenen Entwicklungen in ihrem Fall offenkundig, und sie hat weit drastischere Konsequenzen als in sich als liberal verstehenden Gesellschaften, wodurch der dezidiert politische Charakter popkultureller Prozesse deutlicher hervortritt. Zum anderen lässt sich anhand der zu untersuchenden Phänomene problematisieren, ob die Grenze zwischen Ost und West tatsächlich so undurchlässig war wie angenommen. Ich werde zeigen, dass kultureller Austausch die Teilung auf vielfältige Weise unterlief. Die kulturellen Bedürfnisse der DDR-Jugend ähnelten vielfach denjenigen in »westlichen« Staaten, was dafür spricht, sie im Sinne einer integrierten Zeitgeschichte nicht nur in eine deutsch-deutsche, sondern auch in eine europäische oder sogar globalgeschichtliche Perspektive mit einzubeziehen.[59] Zudem haben detaillierte Studien über das Verhältnis von Jugendkulturen in der DDR übereinstimmend ergeben, dass die Konflikte in West und Ost trotz unterschiedlicher politischer Kontexte durchaus ähnlich verliefen, wenngleich in unterschiedlicher Intensität.[60]

Verflechtungen vollzogen sich aber nicht nur auf der Makroebene zwischenstaatlicher Prozesse. Auch auf der Mikroebene lassen sich transnationale Räume identifizieren, in denen es zum Austausch kam, was auch durch Faktoren der Internationalisierung der Nachkriegsgesellschaften begünstigt wurde, etwa durch die Stationierung ausländischer Soldaten, durch Migration oder Tourismus. Aber auch originär popkulturelle Institutionen wie internationale Fanclubs, Tourneen und eine über Staatsgrenzen hinweg operierende Kulturindustrie und Medienwirtschaft trugen hierzu bei. Translokale Prozesse fanden in Regionen, Stadtvierteln und Wohnblocks statt, ja selbst in kleinsten Räumen wie Jazz-Kellern, Bars, Clubs und Jugendzimmern. Für diese Binnentransnationalisierung

barer Antimonien«. Vgl. ders., »Beyond Uniformity. The Challenge of Historicizing the GDR«, in: ders. (Hg.), *Dictatorship as Experience. Towards a Socio-Cultural History of the GDR*, New York 1999, S. 3-16, hier: S. 8.

59 Dafür plädieren auch: Christoph Kleßmann, »Konturen einer *integrierten* Nachkriegsgeschichte«, in: *APuZ* 18/19 (2005), S. 3-11; Frank Bösch, »Geteilt und verbunden. Perspektiven auf die deutsche Geschichte seit den 1970er Jahren«, in: ders. (Hg.), *Geteilte Geschichte. Ost- und Westdeutschland 1970-2000*, Göttingen 2015, S. 7-37.

60 Vgl. Poiger, *Jazz, Rock, and Rebels*, S. 223-228; Fenemore, *Sex and Thugs and Rock'n'Roll*, S. 12.

wurde der Begriff der Transkulturation eingeführt, der in der transnationalen Geschichtswissenschaft bislang vergleichsweise wenig beachtet wurde, hier aber herangezogen werden soll, um Transfers und Verflechtungen von kulturellen Praktiken und Produkten auf unterschiedlichen Ebenen exemplarisch zu analysieren.[61]

1.5. Aufbau des Buches

Da eine prozesshafte Entwicklung in mehreren Schüben nachvollzogen wird, strukturiert ein Phasenmodell diese Arbeit. Die *Konfliktphase* von 1953 bis 1958 steht unter dem Eindruck von Jugend-Riots, Kulturpessimismen und Disziplinierungsversuchen. Einführend werden die neuen Straßenkulturen, ihr Habitus, ihre Kleidermoden und Körperpraktiken vorgestellt und in stadthistorischen Kontexten verortet. Die Fallbeispiele stammen aus den Metropolen New York und London sowie aus dem geteilten Berlin und handeln schwerpunktmäßig von konflikthaften Ereignissen, vor allem von spektakulären Gerichtsprozessen, deren mediale Resonanzen in einer Klischeebildung kulminierten, die auch für die später behandelten Diskurse prägend war. In diesen ersten Fallstudien geht es zwar um Lärm-, aber noch nicht um Musikkonflikte, da die Stereotypenbildungen und Kriminalisierungen als Hintergrund für die im weiteren Verlauf des Buches beschriebenen Kulturkämpfe verstanden werden. Im Anschluss daran beschäftige ich mich mit den Fiktionalisierungen dieser sozialen Spannungen in Musik und Film sowie den transnationalen Effekten dieser Verschränkungen zwischen 1956 und 1958. Schon in dieser in der Rückschau oft als »rebellische« Zeit bezeichneten Phase sind bereits erste Ansätze einer Etablierung erkennbar. Zwar galt noch das Primat der Kriminologie, aber die pejorativen Zuschreibungen und medialen Konstruktionen devianter Jugendkulturen wichen allmählich einem in Medien und im intellektuellen Diskurs artikulierten Problembewusstsein, das die Verschiedenartigkeit der Jugend- von der Erwachsenenkultur proklamierte und die Legitimität einer Veränderung von Geschlechterrollen, öffentlicher und

61 Fernando Ortiz entwickelte den Begriff der Transkulturation am Beispiel Kubas. Vgl. ders., »Transculturation and Nationalism«, in: Rafael Rojas (Hg.), *Essays in Cuban Intellectual History*, New York 2008, S. 43-64.

privater Moral und emotionalen Stilen thematisierte. Ein Resultat der Konflikte in allen Staaten war die Aufwertung der Lebensphase Jugend in den Debatten – mit konkreten Auswirkungen etwa in der Berücksichtigung der Interessen junger Menschen in der Stadtplanung oder in Massenmedien.

Konzentrieren sich die Abschnitte von Kapitel 2 stark auf soziale Dissonanzen im öffentlichen Raum, so widmet sich das »Rhythm, Rock und Riots« überschriebene Kapitel 3 den neuen Kulturkämpfen, die sich an Musikaufführungen, dem Kino oder dem Rundfunk entzündeten. Insbesondere anhand neuer musikalischer Klänge werden Widerstände gegen die Internationalisierung von Kultur in »Tanzmusikkriegen« auf der Ebene von Presseberichten, Hörerpost und physischen Auseinandersetzungen auf der Straße verhandelt. Eine wichtige Rolle als Katalysator nahm hier das Kino ein, das mit dem Genre des Jugendproblemfilms die bestehenden Konflikte bebilderte und mit den in verschiedenen Ländern stattfindenden *cinema riots* auch selbst welche hervorbrachte. Diese Vorgänge erzeugten politischen Handlungsdruck, der wiederum nach Wissensproduktion über die Zusammenhänge von jugendlichem Verhalten und neuer Kultur verlangte. Durch das gestiegene Interesse an Jugend als einer demographisch bedeutenden sozialen Gruppe formierten sich aber auch die Jugendlichen selbst, mit einem neuen Selbstbewusstsein ausgestattet, in Clubs und Lobbygruppen, um eine angemessene Repräsentation ihrer kulturellen Formate insbesondere im Rundfunk durchzusetzen. Diese zeitgleich zur Skandalisierung laufenden Prozesse einer *Transformationsphase* führten Ende des Jahrzehnts zu neuen Formaten, die jedoch noch gegen den Widerstand etlicher Sendeverantwortlicher durchgesetzt werden mussten.

In der Anfang der sechziger Jahre einsetzenden *Etablierungsphase* strahlten jugendkulturelle Innovationen zunehmend auf die Erwachsenen- beziehungsweise die Hegemonialgesellschaft aus. In Kapitel 4 zeige ich exemplarisch, wie der Twist Stilelemente der Jugendkultur länder-, schichten- und altersübergreifend etablierte. Die Dissonanzen der fünfziger Jahre fanden zwar in neuerlichen Skandalisierungen etwa im Zuge der »Beatlemania« ihren Nachhall, zugleich wurden jedoch immer mehr feste Sendeplätze für neue Pop-Formate geschaffen, die kommerziell erfolgreich waren und ihren Platz auf den Medienmärkten einnahmen. Neue Jugendzeitschriften führten zur Verschriftlichung der zuvor stark audiovisuell geprägten Popkultur; neue Ausdrucksformen wurden nun nicht mehr als Verfallserscheinung denunziert, sondern allmählich als legitimer Teil von Kultur akzeptiert.[62]

Im Jahr 1966, dem Fluchtpunkt der Untersuchung (in Kapitel 5), hat dieser Prozess der Etablierung einen vorläufigen Höhepunkt erreicht: In verschiedenen Diskursen bildete sich erstmals auf breiter Basis ein positiver Begriff des Pop heraus, der immer selbstverständlicher verwendet wurde und als Chiffre eines kulturellen Wandels diente. Lediglich im autoritären System des Staatssozialismus suchte man diese Entwicklungen noch immer zu kontrollieren, wenn nicht gleich zu unterbinden, doch sickerte auch hier die Popkultur durch den Eisernen Vorhang ein, oftmals auf illegalen Wegen.

Phasenmodelle sind immer etwas holzschnittartig. Komplexe Sachverhalte werden darin thesenhaft zugespitzt, phaseninterne Brüche geglättet, Zäsuren betont.[63] Die Jahreszahlen, die hier als Begrenzungen genannt werden, sind daher eher als grobe Orientierungsmarken denn als absolute Zäsuren gedacht. Um den prozesshaften Charakter langfristiger Transformationsprozesse zu beschreiben, ermöglichen Stufenmodelle Momentaufnahmen im Sinne von Längsschnitten innerhalb einer fließenden Entwicklung. Dabei wird weder ein Anspruch auf Vollständigkeit noch eine abgeschlossene Geschichte behauptet. Der in diesem Buch betrachtete Zeitraum bleibt Ausschnitt eines länger währenden Prozesses. Er hat eine Vorgeschichte, die ins sogenannte Jazz-Age in der ersten Hälfte des 20. Jahrhunderts reicht,[64] sich aber in der *longue durée* noch weiter bis zu den technischen Zäsuren massenmedialer Produktionsverfahren zurückverfolgen ließe, etwa zur Erfindung des phonographischen Verfahrens.[65] Auch war die beschriebene Ent-

62 Von einer »eigenständigen Transformationsphase« bei der Herausbildung eines »politisch imprägnierten Nonkonformismus« spricht (in Abgrenzung von Marwicks »High Sixties«) auch Siegfried, *Time is on my Side*, S. 30.

63 Vgl. Martin Sabrow, *Docupedia-Zeitgeschichte*, 03.06.2013, s.v. »Zäsuren in der Zeitgeschichte«, Version: 1.0, ⟨http://docupedia.de/zg/Zaesuren?oldid=92771⟩, letzter Zugriff 28.12.2017.

64 Vgl. exempl. Stuart Nicholson, *Jazz and Culture in a Global Age*, Boston 2014; Joel Dinerstein, *Swinging the Machine: Modernity, Technology, and African American Culture between the World Wars*, Amherst, Boston 2003.

65 Solch eine medienbasierte Perspektive der Kulturgeschichtsschreibung vertreten:

wicklung im Jahr 1966 keineswegs abgeschlossen. Die Etablierung der damaligen (zumeist anglo- und afroamerikanischen) Popmusiken dauerte mindestens bis in die 1980er Jahre an, in denen Phänomene wie Punk noch immer zu Konflikten führten.[66] In den Jahren zwischen 1956 und 1966 wurden jedoch erste Weichen gestellt und neue Formen entwickelt, die sich nachfolgend zwar weiter ausdifferenzierten, im Wesentlichen aber die eingeschlagene Richtung beibehielten.

1.6. Platten, Filme, Akten: Popgeschichtliche Quellen

Popkultur manifestiert sich nicht nur in gedruckten Texten, weshalb in diesem Buch ein breiter Mix unterschiedlicher Quellensorten zugrunde gelegt wird, darunter Schallplatten, Filmaufnahmen, Fotos, Planskizzen zur polizeilichen *crowd control* bei Konzertveranstaltungen, aber auch Sammlerobjekte sowie Alltagsgegenstände oder Werbeanzeigen.[67] Töne stellen eine besondere Herausforderung dar. Nicht nur Musik, sondern auch Geräusche finden vermehrt die Aufmerksamkeit der Kulturwissenschaften, die den

Marshall McLuhan, *Die Gutenberg-Galaxis. Die Entstehung des typographischen Menschen*, Berkeley, Hamburg 2011; Friedrich A. Kittler, »Rock-Musik – ein Mißbrauch von Heeresgerät«, in: ders., *Die Wahrheit der technischen Welt – Essays zur Genealogie der Gegenwart*, hg. und mit einem Nachwort v. Hans Ulrich Gumbrecht, Berlin 2013, S. 198-213; Rolf Großmann, »Die Geburt des Pop aus dem Geist der phonographischen Reproduktion«, in: Christian Bielefeldt u. a. (Hg.), *PopMusicology. Perspektiven der Popmusikwissenschaft*, Bielefeld 2008. Die kulturellen Ursachen technischer Entwicklungen hingegen betont: Jonathan Sterne, *The Audible Past: Cultural Origins of Sound Reproduction*, Durham, London 2003, S. 203-205.

66 Vgl. Bodo Mrozek, »[Figuration] Punk«, in: Netzwerk Körper (Hg.), *What Can a Body do? Praktiken und Figurationen des Körpers in den Kulturwissenschaften*, Frankfurt/M., New York 2012, S. 191-196; ders., »Irgendwann muss was geschehen. Interview mit der Band Planlos«, in: Michael Boehlke, Henryk Gericke (Hg.), *»Too much future.« Ostpunk! Punk in der* DDR *1979-89*, Berlin 2005, S. 47-62.

67 Für einen spezifisch popgeschichtlichen Quellenmix plädierte bereits Bertrand Lemonnier, »La ›Culture pop‹ des années 1960 en angleterre«, in: *Vingtième Siècle. Revue d'histoire* 53 (1997), S. 98-111, bes. S. 108. Vgl. zu Objektquellen: Marion Leonard, »Constructing Histories through Material Culture: Popular Music, Museums and Collecting«, in: *PMH* 2 (2007), S. 147-167.

Begriff des Sounds mittlerweile »in den Rang einer zentralen ästhetischen Kategorie« erhoben haben.[68] Auch die Geschichtswissenschaft wendet sich vermehrt der Klanggeschichte zu.[69] Da Musik ohne Worte auskommen kann und ihre Verbreitung nicht notwendigerweise durch Sprach- und Bildungsbarrieren gehemmt wird, ist sie einerseits das transnationale Medium schlechthin. Andererseits stellt genau diese Textferne die gewöhnlich mit Schriftquellen arbeitende Historikerin vor spezifische Probleme. Zwar stehen seit Erfindung des phonographischen Verfahrens in zunehmendem Maße auch auf Tonträgern gespeicherte Klänge als Quellen zur Verfügung. Geschichte lässt sich damit nicht nur lesen, sondern auch hören, und es wird neuerdings vielfach dafür plädiert, Aufnahmen zu nutzen.[70] Doch ist Musik eine ebenso problematische Quellengattung wie andere vergangene Sinneserfahrungen.[71] Im

68 Holger Schulze, »Wissensformen des Klangs. Zum Erfahrungswissen in einer historischen Anthropologie des Klangs«, in: *MusikTheorie. Zeitschrift für Musikwissenschaft* 22 (2007), S. 349-356; Susanne Binas-Preisendörfer, »Rau, süßlich, transparent oder dumpf – Sound als eine ästhetische Kategorie populärer Musikformen. Annäherung an einen populären Begriff«, in: *PopScriptum* 10 (2008), ⟨https://www2.hu-berlin.de/fpm/popscrip/themen/pst10/pst10_binas.htm⟩, letzter Zugriff 16. 11. 2017.

69 Vgl. Daniel Morat, »Sound Studies – Sound Histories. Zur Frage nach dem Klang in der Geschichtswissenschaft und der Geschichte in der Klangwissenschaft«, in: *Kunsttexte* 4 (2010), ⟨https://edoc.hu-berlin.de/bitstream/handle/18452/7498/morat.pdf?sequence=1&isAllowed=y⟩, letzter Zugriff 20. 12. 2017.; ders., »Der Klang der Zeitgeschichte. Eine Einleitung«, in: *ZF* 8 (2011), S. 172-177; ders., Thomas Blanck, »Geschichte hören. Zum quellenkritischen Umgang mit historischen Tondokumenten«, in: *GWU* 66 (2015), S. 703-726; Jan-Friedrich Missfelder, »Period Ear. Perspektiven einer Klanggeschichte der Neuzeit«, in: *GG* 38 (2012), S. 21-47.

70 Etwa Thomas Lindenberger, »Vergangenes Hören und Sehen. Zeitgeschichte und ihre Herausforderung durch die audiovisuellen Medien«, in: *ZF* 1 (2004), S. 72-85, hier: S. 77.

71 Zu Schallplatten als historischen Quellen vgl. Detlef Siegfried, »Sgt. Pepper & Co. Plattencover als Ikonen der Popkultur«, in: Gerhard Paul (Hg.), *Bilder, die Geschichte schrieben. 1900 bis heute*, Göttingen 2011, S. 188-195; Bodo Mrozek, »Geschichte in Scheiben. Schallplatten als zeithistorische Quellen«, in: *ZF* 8 (2011), S. 295-304; ders., »Écouter l'histoire de la musique. Les disques microsillons comme sources historiques de l'ère du vinyle«, in: *Le Temps des Médias. Revue d'histoire* 22 (2014), S. 92-106; Kalle Laar, »Vinyl Culture und Zeitgeschichte. Schallplattencover als Quellen der *visual history*«, in: Mrozek u. a. (Hg.), *Popgeschichte*, Bd. 2, S. 361-372.

Unterschied zum gesprochenen oder geschriebenen Wort lässt sich dem musikalischen Klang nur »wenig Sinn ablauschen«, er ist »semantisch informationsarm«.[72] Auch wenn Komponisten und Interpretinnen intentionale (und teils divergierende) Motivationen mit ihrem Schaffen verbanden, so gehen diese zumeist schon zur Zeit des Erscheinens verloren: Verschiedene Hörergruppen erfahren die Abstraktion der Klänge auf verschiedene Weise, bewerten sie unterschiedlich und versehen sie mit jeweils eigenen Sinn-Konstruktionen.[73] Der hörende Historiker steht also vor einem Problem: Zwar enthalten seine Klangquellen dieselben Schallinformationen wie zur Zeit der Aufnahme, doch lässt sich das Hörerlebnis der Zeitgenossen damit nicht wiederholen, da eine andere Hörbiographie sein Hörvermögen vorstrukturiert.[74]

Dieses Dilemma spiegelt sich als Leerstelle in vielen historiographischen Texten wider. Diskurse über Musik finden immer wieder Aufmerksamkeit, doch spielen die Hörerfahrungen selbst dabei zumeist nur eine untergeordnete Rolle.[75] Gerade populäre Musik gilt vielen produktionszentrierten Ansätzen als beliebiges Vehikel einer Kommerzialisierung, als eine austauschbare Massenware, die aus Jugendlichen unkritische und unpolitische Konsumenten machte und daher kein besonderes Gehör verdiente.[76] Um aber zu verstehen, wie Musik »auditive Codes« ausbildete, die gemeinschaftsbildend wirkten, muss man sie durch die Ohren der Zeitgenossen hören, denn nur so lässt sich verstehen, wie es zu jenen scharfen Debatten um Verbote und Zensur von Musik kommen konnte, die wie ein störendes Grundrauschen die Rezeption populärer Musik im 20. Jahrhundert begleitet und gelegentlich schrill übertönt ha-

72 Dies betont Alexa Geisthövel, »Auf der Tonspur: Musik als zeitgeschichtliche Quelle«, in: Martin Baumeister u. a. (Hg.), *Die Kunst der Geschichte. Historiographie, Ästhetik, Erzählung*, Göttingen 2009, S. 157-168, hier: S. 158-159.

73 Vgl. hierzu am Beispiel von Komponisten des 18. Jahrhunderts auch James H. Johnson, *Listening in Paris. A Cultural History*, Berkeley, Los Angeles u. a. 1995, S. 272.

74 Vgl. Mrozek, »Geschichte in Scheiben«, S. 295-304.

75 Vgl. Celia Applegate, »Music Among the Historians«, in: *German History* 30 (2012), S. 329-349, bes. S. 330.

76 Zum provisorischen Charakter des Begriffs populäre Musik vgl. Peter Wicke, »Populäre Musik als theoretisches Konzept«, in: *PopScriptum* 1 (1992), S. 6-42, ⟨https://www2.hu-berlin.de/fpm/popscrip/themen/pst01/pst01_wicke.htm⟩, letzter Zugriff 08. 01. 2018.

ben.[77] Dies geht wiederum nur, indem Hörprotokolle – und damit wieder: Texte – herangezogen werden, wie sie sich zum Beispiel in Kritiken, Hörerinnenzuschriften, Tagebüchern, Briefen, Debattenmitschriften und Expertisen finden. Auch bewegte Bilder (besonders Kinofilme und Musiksendungen im Fernsehen) wurden in den Quellenbestand aufgenommen, auch wenn deren archivalische Erschließung noch immer zu wünschen übrig lässt.[78]

Archivquellen unterhalten, wie Arlette Farge es formuliert hat, »unendlich viele Beziehungen zur Wirklichkeit«, darunter auch Lügengeschichten und Fabeln, weswegen die Aufgabe der Historikerin darin bestehe, »Misstöne und Abweichungen« – und damit Dissonanzen – auch dem Archiv abzulauschen.[79] Dies gilt insbesondere für die Akten von Polizei- und Justizbehörden und in gleichem Maße für jene aus totalitären und autoritären Systemen. Ich arbeite in diesem Buch extensiv mit Polizeiakten, darunter auch solchen aus der DDR, die von der politischen Abteilung der Kriminalpolizei sowie von der Staatssicherheit angelegt wurden. Geheimdienstakten sind besonders sensible Quellen. Für den Historiker, der an einem möglichst umfangreichen Bild einer bestimmten Zeit interessiert ist, sind sie verführerisch, denn sie geben außerordentlich detaillierte Einblicke in das private Leben der Menschen. Hier stößt seine Arbeit aber an forschungsethische Grenzen, denn viele der Dokumente, Fotografien und Berichte wurden »jenseits rechtsstaatlicher Legitimation und unter eklatanter Missachtung der Menschen- und Bürgerrechte« mit nachrichtendienstlichen Methoden und unter der Androhung oder Ausübung von Gewalt fabriziert.[80] Dies gilt selbst für scheinbar harmlose Dokumente, wie ich sie in dieser Studie verwende: den Grundriss eines Jugendzimmers, der nach einer heimlichen Hausdurchsuchung gezeichnet wurde, die Auflistung einer Schallplattensammlung, die bei einer Beschlagnahmung erstellt wurde, und die Aussagen über das Freizeitverhalten, die unter Androhung von Schulverweis oder Jugend-

77 Für die Erschließung zeitlich spezifischer auditiver Codes plädiert Müller, »›The Sound of Silence‹. Von der Unhörbarkeit der Vergangenheit zur Geschichte des Hörens«, in: *HZ* 292 (2011), S. 1-29, hier: S. 25.

78 Vgl. Thomas Mergel, *Propaganda nach Hitler. Eine Kulturgeschichte des Wahlkampfs in der Bundesrepublik, 1949-1990*, Göttingen 2010, S. 38.

79 Arlette Farge, *Der Geschmack des Archivs*, Göttingen 2011, S. 28.

80 Jens Gieseke, *Die Stasi: 1945-1990*, erw. Paperbackausgabe, München 2011, S. 19.

arrest erpresst wurden oder aus der Feder von Spitzeln stammen. Nicht immer werden diese Zwänge in den Akten explizit. Polizei- und Geheimdienstquellen verlangen daher nach einem respektvollen Umgang mit der Privatsphäre der Ausgespähten und einem generellen Misstrauen gegenüber dem Berichteten.[81] Vielfach sagen die Dokumente der Sicherheitsbehörden mehr über die Ängste und Normen ihrer Mitarbeiter als über die Personen und Gegenstände aus, von denen sie handeln. Um die Privatsphäre der Ausgespähten zu wahren, werden sie anonymisiert, es sei denn, sie sind aus der Literatur bereits allgemein namentlich bekannt.

Etliche Quellen werden im Folgenden erstmals ausgewertet, etwa die Polizeiprotokolle aus Landesarchiven zu regionalen Konflikten oder die Akten mancher Jugendbehörden. Doch auch aus der bisherigen Forschung bereits bekannte Quellen sind aus der spezifischen Perspektive dieses Buches neu befragt worden. Einige grundsätzliche Probleme des transnationalen Verfahrens spiegeln sich symptomatisch in der Quellenlage wider. Nicht für alle Fragestellungen findet sich qualitativ und/oder quantitativ gleichwertiges Material. Während in beiden deutschen Staaten die Behörden eine ergiebige Fundgrube sind, wird das fundamental andere Staatsverständnis der USA auch in den Beständen des Archivs deutlich: Jugendkultur hat dort meist nur dann Spuren hinterlassen, wenn massive Probleme etwa mit kapitaler Kriminalität auftraten; der Bereich der Wohlfahrt hingegen ist weitgehend Angelegenheit zwar staatlich alimentierter, aber privater Organisationen und Initiativen, die oftmals keine professionelle Archivierung betrieben haben. Ein weiteres Problem einer transnationalen Perspektive liegt im ungleichen Erschließungsstand der Medien. Zwar konnte ich bei meinen Recherchen bereits von der Retrodigitalisierung profitieren, die Volltextrecherchen erlaubt und so umfassendere Zeitungs-

81 Zu Umgang und Besonderheiten von Stasi-Akten vgl. Matthias Judt, »›Nur für den Dienstgebrauch‹ – Arbeiten mit Texten einer deutschen Diktatur«, in: Alf Lüdtke, Peter Becker (Hg.), *Akten, Eingaben, Schaufenster. Die DDR und ihre Texte. Erkundungen zu Herrschaft und Alltag*, Berlin 1997, S. 30-38; Ulrich Schröter, »Das leitende Interesse des Schreibenden als Bedingungsmerkmal der Verschriftlichung – Schwierigkeiten bei der Auswertung von MfS-Akten«, in: Klaus-Dietmar Henke, Roger Engelmann (Hg.), *Aktenlage: Die Bedeutung der Unterlagen des Staatssicherheitsdienstes für die Zeitgeschichtsforschung*, Berlin 1995, S. 40-46.

analysen ermöglicht, als sie noch bis vor wenigen Jahren möglich waren. Doch führt die hervorragende Aufbereitung wesentlicher Medien aus Deutschland, Großbritannien und den USA zu neuen Ungleichheiten, denn die zentralisierte Erschließung in Frankreich hat längere Sperrfristen, so dass hier eine vergleichbar gründliche digitale Recherche bislang nicht möglich ist. Neben diese Asymmetrien treten andere, die darin wurzeln, dass die Überlieferungen in den Archiven verschiedener Staaten und Städte ungleich und partiell fragmentarisch sind. Diesen Einschränkungen zum Trotz habe ich mich bemüht, möglichst unterschiedliche Quellen aus verschiedenen nationalen und vor allem zwischenstaatlichen Kontexten zum Sprechen beziehungsweise zum Klingen zu bringen.

2. Jugend und Stadt: Zur Topographie von Devianz (1953-1958)

2.1. *Street Corner Societies:* Die »Glokalisierung« von Jugendkulturen

Im März 1954 erschien in einem US-amerikanischen Nachrichtenmagazin ein Artikel, der »die drei neuen Rs« vorstellte: *rowdyism, riot, revolt.*[1] Demnach waren Schülerunruhen von der Polizei niedergeschlagen geworden und Konflikte mit Jugendlichen an verschiedenen Orten aufgeflammt. Auch in Europa wurden Vorkommnisse gemeldet, die diesen Ereignissen stark zu ähneln schienen: In den Niederlanden schockierten sogenannte *nozems* (Problemjugendliche), in Polen erregten *bikiniarzy* (Gecken) *Ärgernis.*[2] In Moskau fielen *chuligani* (Hooligans) und modisch gekleidete *stilyagi* (Stiljäger) durch unsowjetische Kleidung in Parks und Vergnügungsstätten auf, in Ungarn *jampecek* (Schnösel).[3] In Neuseeland bespöttelte die Presse *bodgies* und *widgies* genannte Jugendli-

1 »The new three Rs (rowdyism, riot, revolt)«, in: *Time* (15.03.1954), S. 68 u. 70. Der Artikel bezieht sich auf eine Serie in der *New York Daily News* und war kein Einzelfall, sondern Teil einer breiten Debatte. (Die eigene Kursivierung markiert im Original belassenes Vokabular.)

2 Vgl. F. v. d. Molen, »De nozems: een triest beeld van deeze tijd«, in: *Elseviers weekblad* 36 (05.09.1959), S. 3; *Op Zoek naar de Nozems. Een reportage van Boontje*, Gent; Eric Duivenvoorden, *Rebelse jeugd. Hoe nozems en provo's Nederland veranderden*, Amsterdam 2015.

3 Vgl. Richard Stites, *Russian Popular Culture: Entertainment and Society since 1900*, Cambridge 1992, S. 124-127; Marina Dmitrieva, »Jazz and Dress. *Stiliagi* in Soviet Russia and Beyond«, in: Gertrud Pickhan, Rüdiger Ritter (Hg.), *Jazz Behind the Iron Curtain*, Frankfurt/M., Berlin u. a. 2010, S. 239-256; Karl Brown, »Dance Hall Days. Jazz and Hooliganism in Communist Hungary, 1948-1956«, in: Pickhan/Ritter (Hg.), *Jazz Behind the Iron Curtain*, S. 267-294; Sándor Horváth, »›Rowdys‹, ›Schnösel‹ und ›Gangs‹. Subkulturen ungarischer Jugendlicher in den 1960er Jahren«, in: *ZOL*: Thema: *Pop in Ost und West. Populäre Kultur zwischen Ästhetik und Politik*, hg. v. Árpád v. Klimó, Jürgen Danyel, April 2006, ⟨http://www.zeitgeschichte-online.de/thema/rowdys-schnoesel-und-gangs-subkulturen-ungarischer-jugendlicher-den-1960er-jahren⟩, letzter Zugriff 12.12.2017.

che als »Milch-Bar-Cowboys«.[4] In Athen meldeten die Agenturen 1958 tätliche Manifestationen jugendlichen Übermuts.[5] In Österreich machten »Platten« durch »Notzuchtverbrechen, Diebstähle, Einbrüche und Eifersuchtsattentate« von sich reden.[6] In Spanien provozierten als *gamberros* (Rowdies) bezeichnete Jugendbanden die faschistische Staatsmacht.[7] In Tokio wurden Konflikte mit *taiyôzoku* (Stämme der Sonne) bekannt.[8] Lediglich in Frankreich dauerte es bis zum Ende des Jahrzehnts, bevor auch hier mit den *blousons noirs* ein deviantes Jugendklischee entstand, das – äquivalent zu den amerikanischen J.D. *(juvenile delinquents)* – auch als J.V. (*jeunes voyous* – junge Strolche) oder J3 (»Jeune 3e catégorie«) abgekürzt wurde.[9]

Ihre national unterschiedlichen Bezeichnungen verdankten die

4 Vgl. »Youth Gangs Rise in New Zealand. Milk-Bar Cowboys, Bodgies and Teddy Boys Ascribed to Foreign Influence«, in: *NYT* (30.11.1955), S.8.

5 Eine Spezialität griechischer »Halbstarker« waren demnach Joghurt-Attacken auf Passanten. Vgl. Titus Simon, *Rocker in der Bundesrepublik. Eine Subkultur zwischen Jugendprotest und Traditionsbildung*, Weinheim 1989, S.118.

6 *Bild Telegraf* (29.04.1956), zit. n. Johanna Hanslmayr, »›... denn sie wissen nicht, was sie tun sollen.‹ Reaktionen auf die sogenannte ›Halbstarken-Welle‹ im Wien der fünfziger Jahre«, in: *ÖZP* 14 (1985), S.455-465.

7 Zu Spanien vgl. Günther Kaiser, *Randalierende Jugend. Eine soziologische und kriminologische Studie über die sogenannten »Halbstarken«*, Heidelberg 1959, S.100. Vgl. dort, S.97-101, auch die Abschnitte zu Norwegen, Dänemark, Österreich, Polen, Griechenland, Israel, Irland, Japan, Frankreich, Italien, der Schweiz, der Tschechoslowakei und der Sowjetunion.

8 Vgl. »Japan's Emancipated Youth. Free Love Replaces Morality of Tradition«, *The Times* (03.02.1958), S.9; Lily Abegg, »Japans Jugend im Kampf mit den Traditionen«, in: *FAZ* (22.04.1958), S.4. Vgl. auch das 1961 im englischen Original erschienene Buch von Tosco R. Fyvel, *Die ratlosen Rebellen. Jugend im Wohlfahrtsstaat*, Stuttgart 1969, S.27. Der Begriff bezieht sich auf den Kinofilm *taiyô no kisetsu* (*Jahreszeit der Sonne* [JP 1956, R.: Takumi Furukawa]), nach dem gleichnamigen Roman des späteren Politikers Shintarō Ishihara.

9 Die Abkürzung J3 spielte auf eine Altersklassifizierung (13-21 Jahre) auf Lebensmittelkarten für Bedürftige während des Krieges und danach an. Vgl. Bertrand Le Gendre, *1962 l'année prodigieuse*, Paris 2012, S.228. Da die *blousons noirs* in Frankreich und in den anderen Staaten und hauptsächlich in den frühen Sechzigern debattiert wurden, werden sie auch in diesem Buch erst später (in Kap. 4.5.1) thematisiert. Vgl. Florence Tamagne, »Le ›blouson noir‹: codes vestimentaires, subcultures rock et sociabilités adolescentes dans la France des années 1950 et 1960«, in: Isabelle Parésys (Hg.), *Paraître et apparences en Europe occidentale du Moyen Age à nos jours*, Villeneuve d'Ascq 2008, S.99-114.

Jugendphänomene nicht nur ihren bisweilen mit herrschenden Sitten in Konflikt stehenden Verhaltensauffälligkeiten, sondern vor allem einem distinkten Stil, der sich von dem der Mehrheit unterschied: Jugendliche bestimmter Stadtviertel kleideten sich auf eigene Weise, bedienten sich spezieller Redeweisen und prägten spezifische Körperlichkeiten aus. Die meisten dieser Stile wurden zunächst als städtische, regionale oder allenfalls nationale Eigenheiten betrachtet. Diese Wahrnehmung verschob sich allmählich zu der einer international zunehmend gleichförmig auftretenden Jugendkultur. Binnen weniger Jahre wurde aus unterschiedlichen lokalen Erscheinungen ein übernationales, nahezu global-urbanes Phänomen mit Ausstrahlung auf die Mehrheits- und Erwachsenenkulturen auch in der Provinz, verbreitet durch Kino, Medien und Musik: eine vorwiegend nach Alter und sozialer Herkunft, immer weniger aber nach Nation spezifische Jugend- und Popkultur. Die kulturellen Neuerungen jener Jahre standen im Zentrum von Abwehrkämpfen, in denen Kulturkonservative unterschiedlicher weltanschaulicher Richtungen sie zu Symptomen eines Niedergangs stigmatisierten. In den fünfziger und frühen sechziger Jahren prägte sich das Wort Subkultur in einem Expertendiskurs gerade erst als Fachterminus aus, wohingegen es in den Umgangssprachen zunächst noch nicht zur Verfügung stand.[10] Auch der Begriff Pop war damals noch nicht allgemeinsprachlich etabliert. Diese Beobachtung steht auch für einen Wandel in der zeitgenössischen Bewertung der zu diskutierenden Phänomene, denn bevor sich Termini wie Sub-, Pop- oder Jugendkultur durchgesetzt hatten, dominierten andere Narrative die Debatten, in denen man um Erklärungen für Abweichungen von der Mehrheitsgesellschaft rang und die zumeist unter dem Primat von Devianz und Kriminalität standen. Den Ton gaben Journalistinnen, Juristen, Polizisten, Politiker, Erzieherinnen und Wissenschaftler vor, die in den 1950er Jahren zur »Verpolizeilichung und Kriminalisierung primär jungendkultureller Entäußerungen« maßgeblich beitrugen.[11] Erst allmählich wurden die Veränderungen in Alltagskultur und Lebensführung als

10 Vgl. Bodo Mrozek, »Subkultur und Cultural Studies. Ein kulturwissenschaftlicher Begriff in zeithistorischer Perspektive«, in: Alexa Geisthövel, ders. (Hg.), *Popgeschichte*, Bd. 1: *Konzepte und Methoden*, Bielefeld 2014, S. 101-125.

11 Werner Lindner, *Jugendprotest seit den fünfziger Jahren. Dissens und kultureller Eigensinn*, Opladen 1996, S. 20.

kulturelle Erneuerung verstanden und nicht mehr als Symptome eines Niedergangs von Gesetzestreue und Moral.

2.1.1. Jugend in der Mitte des 20. Jahrhunderts: Historische Kontexte

Mitte des 20. Jahrhunderts war eine Lebensphase eigenen Rechts zwischen Kindheit und Erwachsensein etabliert: die Jugend. Ihre Entstehung lag jedoch noch nicht lange zurück. Philippe Ariès hat die Herausbildung der Kindheit auf das *ancien régime* datiert und als ein relationales Konstrukt analysiert, das sich in seiner Semantik und Ikonographie von dem des Erwachsenseins abgrenzt.[12] Anders als noch in der Antike gelten Ariès zufolge Kinder im Mittelalter als kleine Erwachsene, die ihren Platz zwischen den Älteren einnahmen, sobald sie ohne deren Hilfe auskommen konnten.[13] In einem vom 13. bis ins 16. Jahrhundert andauernden Prozess wurde Kindern ein eigener Ort in der Gesellschaft und damit eine von den Erwachsenen abweichende Kollektividentität zugewiesen. Die Entstehung der Jugend als weiteres Konstrukt zwischen Kindheit und Erwachsensein wird von den meisten Autoren später angesetzt.[14] Ereignisse wie die Französische Revolution, auf deren Barrikaden

12 Vgl. Philippe Ariès, *Die Geschichte der Kindheit*, München, Wien 1975. Zur Kritik an Ariès vgl. Patrick Bühler, »Philippe Ariès (1914-1984), *Geschichte der Kindheit* (1960)«, in: *KulturPoetik* 12 (2012), S. 109-117, bes. S. 114; Colin Heywood, *A History of Childhood. Children and Childhood in the West from Medieval to Modern Times*, Cambridge 2001, S. 12-15.

13 Laut Ariès in der Regel im Alter von sieben Jahren, vgl. *Geschichte der Kindheit*, S. 559.

14 Hans Heinrich Muchow behandelt die Zeit zwischen 1770 und 1920 als »Jünglingsära«, in der sich ebendieser (männliche) Typus durchgesetzt habe, während Walter Hornstein schon im frühen 18. Jahrhundert das Konzept des »jungen Herrn« verwirklicht sieht. Lutz Roth hingegen sieht im »deutschen Dichterjüngling« eine literarische Fiktion des Sturm und Drang von vergleichsweise kurzer Dauer und nationaler Spezifik. Vgl. ders., *Die Erfindung des Jugendlichen*, München 1983, S. 11, 19, 135; Birgit Dahlke, *Jünglinge der Moderne. Jugendkult und Männlichkeit in der Literatur um 1900*, Köln, Weimar u. a. 2006, S. 28; Jürgen Reulecke, »Jugend – Entdeckung oder Erfindung. Zum Jugendbegriff vom Ende des 19. Jahrhunderts bis heute«, in: Deutscher Werkbund e.V., Württembergischer Kunstverein Stuttgart (Hg.), *Schock und Schöpfung. Jugendästhetik im 20. Jahrhundert*, Neuwied 1986, S. 21-25.

Kinder und Jugendliche aus der armen Bevölkerung mitgekämpft hatten, führten zu mythischen Aufladungen.[15]

Als Jugendliche wurden Mitte des 20. Jahrhunderts zumeist Menschen im Alter zwischen 14 und 21 Jahren verstanden, obwohl sich die Definitionen etwa hinsichtlich Volljährigkeit, Strafmündigkeit und Altersfreigaben in den verschiedenen Ländern unterschieden, was einen systematischen internationalen Vergleich – etwa von Statistiken – erheblich erschwert. Was als Jugend gilt, ist keineswegs verbindlich.[16] Subjektiv fühlen sich Menschen ganz unterschiedlicher Lebensphasen jung. Variierende Definitionen von Jugend sind in Verordnungen und Gesetzen der Mündigkeit sowie in privaten wie öffentlichen Geboten und Verboten festgelegt, die auf Vorstellungen von Reife beruhen und von differierenden lebensgeschichtlichen Zäsuren der Volljährigkeit begrenzt werden, etwa in Schulpflicht, Kinderarbeit, Strafmündigkeit, Alkoholausschank, Heiratsrecht, Sexualstrafrecht, Mitgliedschaften, aktivem und passivem Wahlrecht, Kreditmündigkeit und Militärdienst. Solche Mindestgrenzen der Mündigkeit können noch heute bis ins vierte Lebensjahrzehnt hinein datieren, etwa bei der Mitgliedschaft in einem Bundesgericht.[17] Sie werden nicht nur vom Staat und seinen Institutionen, sondern auch von nichtstaatlichen Bildungseinrichtungen, politischen Parteien, Religionsgemeinschaften, zivilgesellschaftlichen Vereinen oder berufsständischen Korporationen geregelt. Teils beruhen sie auf einem von medizinischer,

15 Vgl. Ludivine Bantigny, »Les jeunes, sujets et enjeux politiques (France, XXe siècle). Présentation«, dossier *Histoire@Politique. Politique, culture, société*, avril-juin 2008, ⟨http://www.histoire-politique.fr/index.php?numero=04&rub=dossier&item=34⟩ letzter Zugriff 15. 11. 2017; dies., »Le mot ›jeune‹, un mot de vieux? La jeunesse du mythe à l'histoire«, in: dies., Ivan Jablonka (Hg.), *Jeunesse oblige. Histoire des jeunes en France XIXe-XXe siècle*, Paris 2009, S. 5-18; Michael Mitterauer, *Sozialgeschichte der Jugend*, Frankfurt/M. 1986; Detlev J. K. Peukert, *Grenzen der Sozialdisziplinierung. Aufstieg und Krise der deutschen Jugendfürsorge 1878-1932*, Köln 1986, S. 56-76; Andreas Gestrich, *Traditionelle Jugendkultur und Industrialisierung. Sozialgeschichte der Jugend in einer ländlichen Arbeitergemeinde Württembergs, 1800-1920*, Göttingen 1986, S. 11.

16 Vgl. Bodo Mrozek, »Ein Jahrhundert der Jugend?«, in: Martin Sabrow, Peter-Ulrich Weiß (Hg.), *Das 20. Jahrhundert vermessen. Signaturen eines vergangenen Zeitalters*, Göttingen 2017, S. 199-218, hier: S. 201.

17 Vgl. die tabellarische Aufstellung in Joachim H. Knoll, *Jugend, Jugendgefährdung, Jugendmedienschutz*, Münster, Hamburg u. a. 1999, S. 156-159.

psychologischer und anderer Forschung generierten Wissen, teils auf tradierten Normen und Werten, die Sitten und Gebräuchen oder elterlicher Erziehung vielfach unbewusst eingeschrieben sind.

Diese stark voneinander abweichenden Definitionen von Jugend sind dem historischen Wandel unterworfen. Bereits im 18. und 19. Jahrhundert hatten Rechtsproklamationen, nationale und internationale Organisationen ebenso wie Literatur und Medien die Lebensphase zwischen Kindheit und Erwachsensein zunehmend mit Inhalten gefüllt. Bereits diese frühe Entwicklungsphase brachte Stereotype hervor, anhand deren die gesellschaftliche Rolle junger Menschen ausgehandelt wurde. Der Typus des Jugendlichen war anfangs ein kriminalisiertes Deutungsmuster für junge (männliche) Industriearbeiter, das dem positiven Ideal des bürgerlichen oder ländlichen Jünglings entgegenstand.[18] Dieser negativ konnotierte Typus habe sich konstituieren können, weil sich eine »Kontrolllücke« (Detlev Peukert) zwischen Schulabschluss und dem Eintritt in neue soziale Bindungen wie Ehe, Arbeitsleben oder Militärdienst aufgetan habe.[19] Diese Lücke sollte bereits Ende des 19. Jahrhunderts durch umfangreiche Maßnahmen der »Fürsorge« gefüllt werden, um die jungen Arbeiter als potenzielle Gefährder der bestehenden Ordnung einzuhegen. Jugend galt damit gewissermaßen als eine »soziale Krankheit«, die der Therapie bedurfte.[20]

Im frühen 20. Jahrhundert hatte sich die Jugend als kohärente gesellschaftliche Gruppe weitgehend schichtenübergreifend gefestigt. Pädagogische wie esoterische Strömungen und Freizeitorganisationen, etwa die Bünde der deutschen Jugendbewegung oder die internationalen Boy Scouts, die zumeist auf männliche Jugendliche aus den oberen und mittleren Schichten ausgerichtet waren, beriefen sich auf Motive der literarischen Romantik und betrieben Idealisierung und ideologische Aufladung.[21] An diese Ideologisierungen

18 Vgl. Ulrich Hermann, »Der ›Jüngling‹ und der ›Jugendliche‹. Männliche Jugend im Spiegel polarisierender Wahrnehmungsmuster an der Wende vom 19. zum 20. Jahrhundert in Deutschland«, in: *GG* 11 (1985), S. 205-216.

19 Peukert, *Grenzen der Sozialdisziplinierung*, S. 54.

20 Diese Vorstellung wirkte teils noch in den Jugendschutzbestimmungen des frühen 20. Jahrhunderts nach. Vgl. John S. Gillis, *Geschichte der Jugend. Tradition und Wandel im Verhältnis der Altersgruppen und Generationen in Europa von der zweiten Hälfte des 18. Jahrhunderts bis zur Gegenwart*, Weinheim, Basel 1980, S. 162-172.

21 Vgl. Hartmut Böhme: »Das Verewigen und das Veralten der Jugend«, in: Klaus-

knüpften die politischen Bewegungen und Massenorganisationen des Zeitalters der Extreme an, indem sie Jugendliche als Kampfreserven instrumentalisierten. Im Resultat dieser unterschiedlichen Prozesse war dem Lebensstadium schon in der ersten Hälfte des 20. Jahrhunderts eine kulturelle und politische Bedeutung zugewachsen, die es zuvor nicht besessen hatte.[22] Jugend unterlag nun der besonderen gesellschaftlichen Verantwortung. Mit dem Zuwachs an Freizeit und Taschengeld in den 1950er und 60er Jahren wuchs ihr zudem ökonomische Bedeutung zu.[23] Die damit verbundene Entstehung eigener Räume, zielgruppenorientierter Medien und Inhalte begünstigte die weitere Ausdifferenzierung und Verlängerung dieses Lebensabschnitts als eigenständige Phase. Demographische Entwicklungen werteten Jugend als soziale Gruppe auf: Die geburtenstarken Jahrgänge vor dem sogenannten Pillenknick machten die Industriestaaten zu jungen Gesellschaften, wenn auch nicht in allen Staaten gleichermaßen.[24]

Im Zuge dieses Bedeutungszuwachses diente die Jugend als Projektionsfläche für unterschiedliche Erwartungen und Befürchtungen. Einerseits galt sie als Avantgarde gesellschaftlicher Dynamik und als Hoffnungsträger, Topoi, die insbesondere im Zuge der

Michael Bogdal u.a. (Hg.), *Jugend. Psychologie – Literatur – Geschichte*, Würzburg 2001, S. 25-39; Jürgen Martschukat, Olaf Stieglitz, *Geschichte der Männlichkeiten*, Frankfurt/M., New York 2008, S. 121 f. Zur deutschen Jugendbewegung vgl. Walter Z. Laqueur, *Die deutsche Jugendbewegung. Eine historische Studie*, Köln 1978, sowie die Jahrbücher des Archivs der Jugendbewegung (AdJB).

22 Jon Savage betonte zuletzt die lange Vorgeschichte seit dem späten 19. Jahrhundert, die mit der Etablierung des Begriffes »Teenager« in den 1940er Jahren abgeschlossen sei. Vgl. ders., *Teenage. Die Erfindung der Jugend (1875-1945)*, Frankfurt/M. New York 2008. Dort auch zur politischen Instrumentalisierung von Jugend im internationalen Vergleich: S. 93-131.

23 Jean-François Sirinelli spricht mit Blick auf Frankreich von den »temps de l'argent de poche«, siehe ders., *Les baby-boomers. Une génération 1945-1969*, Paris 2003, S. 54-60. Vgl. für Deutschland: Kaspar Maase, *Bravo Amerika. Erkundungen zur Jugendkultur der Bundesrepublik in den fünfziger Jahren*, Hamburg 1992, S. 75-79.

24 Vgl. Josef Ehmer, *Bevölkerungsgeschichte und Historische Demographie 1800-2010*, erw. Auflage, München ^{2}2013, S. 118-127; Klaus Tenfelde, »Demographische Aspekte des Generationenkonflikts seit dem Ende des 19. Jahrhunderts: Deutschland, England und Frankreich im Vergleich«, in: Dieter Dowe (Hg.), *Jugendprotest und Generationenkonflikt in Europa im 20. Jahrhundert. Deutschland, England, Frankreich und Italien im Vergleich*, Bonn 1986, S. 15-27, hier: Tab. 2, S. 19.

Verarbeitung des Krieges in den Jahren nach 1945 beschworen wurden. Andererseits führten kollektive Ängste vor zu schnellen Veränderungen durch die Jugend zu neuen Projektionen. Vor allem die Ausprägung einer Massenkultur, die ihre wichtigsten Impulse nicht aus dem etablierten Kanon »abendländischer« Kultur oder der traditionalen »Volkskultur« bezog, sondern Innovationen der technischen Moderne und der entstehenden Mediengesellschaften mit den spezifischen Inhalten zuvor marginalisierter gesellschaftlicher Gruppen amalgamierte und gleichzeitig mit traditionalen Werten und Moralvorstellungen zu brechen schien, führten zu kollektiver Besorgnis. In einem konfliktreichen Prozess wurden Jugendkultur und Popkultur schließlich aufgewertet und nahezu synonym gesetzt.[25] Diese als soziale Beschleunigung erfahrene kulturelle Dynamisierung verlief nicht ungebremst: In dem Maße, in dem Jugend mit der *agency* eigener gesellschaftlicher Gestaltungsmacht ausgestattet wurde, regten sich starke altersspezifische, rassistische, sexualmoralische und nationalkulturelle Widerstände.

Die Situation Mitte der fünfziger Jahre war noch stark geprägt von den Folgen der ideologischen und militärischen Konflikte der ersten Jahrhunderthälfte. Der Zweite Weltkrieg und die aus ihm resultierende Not hatten Jugendliche in besonderem Maße getroffen. Die Jahrgänge der zwischen 1930 und 1945 Geborenen erfuhren als Angehörige der »vaterlosen Generation« Krieg, Hunger, »Berufsnot«, materiellen Mangel und den Verlust von Familienangehörigen.[26] Eine mit Mitteln des Marshallplans geförderte Untersuchung attestierte den Nachkriegskindern nachlassende Schulleistungen (im Vergleich zu 1930) und eine früher einsetzende Pubertät.[27] Die-

25 Eine Gleichsetzung, die in den Gesellschaften des frühen 21. Jahrhunderts nicht mehr zutrifft: Alte Menschen stellen hier die überwiegende Zahl an Musikkäufern, womit der Popmarkt nicht mehr nur von Jugendtrends dominiert wird.

26 Vgl. für die BRD etwa Axel Schildt, »Von der Not der Jugend zur Teenager-Kultur: Aufwachsen in den 50er Jahren«, in: ders., Arnold Sywottek (Hg.), *Modernisierung im Wiederaufbau. Die westdeutsche Gesellschaft der 50er Jahre*, Bonn 1998, S. 335-348, bes. S. 334. Über die »jüngere Aufbaugeneration« und die »erste Nachkriegsgeneration« der DDR vgl. Dorothee Wierling, »Erzieher und Erzogene. Zu Generationenprofilen in der DDR der 60er Jahre«, in: Axel Schildt u. a. (Hg.), *Dynamische Zeiten. Die 60er Jahre in den beiden deutschen Gesellschaften*, Hamburg 2000, S. 624-641, bes. S. 627-630.

27 Vgl. Carl Coerper u. a. (Hg.), *Deutsche Nachkriegskinder. Methoden und erste Ergebnisse der deutschen Längsschnittuntersuchungen über die körperliche und seelische*

se Gemeinsamkeit teilten die jungen Mitglieder aller Staaten, die vom Weltkrieg betroffen waren, wenn auch auf unterschiedliche Weise. Die Situation in den urbanen Zentren an den amerikanischen Küsten war eine gänzlich andere als die in den vom Luftkrieg verheerten englischen und deutschen Städten oder dem vormals besetzten Frankreich. Auch die politischen Bedingungen etwa in der SBZ/DDR und dem marktwirtschaftlich-kapitalistischen System der westlichen Staaten waren grundsätzlich verschieden, doch gab es bei allen fundamentalen Differenzen auch strukturelle Gemeinsamkeiten. Die liberalen Demokratien etwa waren in dieser Zeit überwiegend konservativ geprägt.[28] In Großbritannien, den USA und Frankreich regierten die Generäle Churchill (bis 1955), Eisenhower und (ab Mai 1958) de Gaulle, in Westdeutschland amtierte der antikommunistische Katholik Adenauer.[29] Mitte der fünfziger Jahre zeigten sich innenpolitisch liberale Gegenströmungen: In den USA endete die paranoide Kommunistenjagd des Senators Joseph McCarthy, in der Bundesrepublik versuchte man nach einer Phase westalliierter »Re-Education« wieder eine pluralistische Kultur zu etablieren.[30] In der DDR hatte der Arbeiteraufstand vom 17. Juni 1953 einen Schock bei den herrschenden Eliten ausgelöst, doch führte das Ende des Stalinismus in der Sowjetunion um 1956

Entwicklung im Schulkindalter, Stuttgart 1954. Auch stieg bis Mitte der fünfziger Jahre nach Angaben der IHK die Zahl der deutschen Lehrlinge, die ihre Abschlussprüfung nicht bestanden. Vgl. B. B., »Deutsche Nachkriegskinder«, in: *FAZ* (04.12.1954), S. D5.

28 Vgl. Bernd Stöver, *Der kalte Krieg 1947-1991. Geschichte eines radikalen Zeitalters*, Bonn 2007, bes. S. 188-199.

29 Vgl. William Hitchcock, *The Age of Eisenhower. America and the World in the 1950s*, New York 2018, bes. S. 115-175; Julian Jackson, *A Certain Idea of France. The Life of Charles de Gaulle*, London 2018, S. 494-503; Frank Bösch, *Die Adenauer-CDU. Gründung, Aufstieg und Krise einer Erfolgspartei 1945-1969*, Stuttgart, München 2001, bes. S. 84-95, Dominic Sandbrook, *Never Had It So Good. A History of Britain from Suez to the Beatles*, London 2005, bes. S. 44, 48, 54-62.

30 Den Beginn einer Modernisierung auch der »gesellschaftlichen Wirklichkeit in Westdeutschland« setzt in den 1950ern an: Anselm Doering-Manteuffel, »Die Kultur der 50er Jahre im Spannungsfeld von ›Wiederaufbau‹ und ›Modernisierung‹«, in: Schildt/Sywottek (Hg.), *Modernisierung im Wiederaufbau*, S. 533-540, hier: S. 540. Vgl. zur Wiederbewaffnung Wolfgang Benz, »Opposition gegen Adenauers Deutschlandpolitik«, in: Jürgen Weber (Hg.), *Die Republik der fünfziger Jahre. Adenauers Deutschlandpolitik auf dem Prüfstand*, München 1989, S. 47-70, v. a. S. 68.

auch hier zu einer Episode der Lockerung, deren Reformen allerdings unter dem Eindruck der Aufstände in Ungarn und Polen im Verlaufe des Jahres wieder zurückgenommen wurden.[31] Nach der Formalismus-Debatte der frühen Fünfziger bewegte sich die Kulturpolitik der DDR in Richtung des »Bitterfelder Weges« und propagierte zeitweise eine »sozialistische Nationalkultur«.[32] Fast in allen genannten Staaten blieb die zweite Hälfte des »konservativen Jahrzehnts« überwiegend illiberal, zumal der Kalte Krieg auch die Innen- und die Kulturpolitiken grundierte.[33] Die außenpolitische Eisenhower-Doktrin, die als Reaktion auf die Suezkrise von 1956 die Ausweitung des kommunistischen Machtbereiches bekämpfte, trug bis zum Ende des Jahrzehnts auch innenpolitisch zur Ideologisierung der USA bei, während die »kurze« Vierte Französische Republik vor der Verfassungsreform von 1958 noch Züge ihrer hierarchischen Vorgängerin trug.[34] Bei allen systemischen Unterschieden war das politische Klima in vielen Staaten stark von ideologischen Auseinandersetzungen und ethnisch grundierten Konflikten geprägt. In Frankreich dominierten die blutigen Dekolonialisierungskonflikte und die daraus resultierenden Migrationsbewegungen auch das gesellschaftliche Binnenklima; in den Südstaaten der USA herrschte teils noch Rassensegregation.[35]

31 Vgl. Andreas Malycha, *Geschichte der DDR*, hg. v. d. Bundeszentrale f. pol. Bildung, Bonn 2001, S. 28.

32 Zur Formalismusdebatte vgl. Thomas La Presti, »Bildungsbürgerliche Kontinuitäten und diktatorische Praxis: Zur Kulturpolitik in der DDR der 50er Jahre«, in: Georg Bollenbeck, Gerhard Kaiser, *Die janusköpfigen 50er Jahre*, Wiesbaden 2000, S. 30-52, hier: S. 49 f. Zum Konzept der sozialistischen Nationalkultur, die nicht in konventionellem Sinne nationalistisch gedacht war, vgl. Adelheid von Saldern, »Kulturdebatte und Geschichtserinnerung. Der Bundestag und das Gesetz über die Verbreitung jugendgefährdender Schriften (1952/53)«, in: ebd., S. 87-114, hier: S. 91.

33 Vgl. Annette Vowinckel u. a., »European Cold War Culture(s)? An Introduction«, in: Dies. u. a. (Hg.), *Cold War Cultures. Perspectives on Eastern and Western European Societies*, New York, Oxford 2012, S. 1-22, hier: S. 7; Ulrich Herbert, *Geschichte Deutschlands im 20. Jahrhundert*, München 2014, S. 747-769.

34 Vgl. Mark Mazower, *The Dark Continent. Europe's Twentieth Century*, London ^{2}1999, S. 291; Peter C. Hartmann, *Geschichte Frankreichs. Vom Mittelalter bis zur Gegenwart*, München ^{5}2015, S. 95-101.

35 Vgl. Christoph Kalter, Martin Rempe, »La République décolonisée. Wie die Dekolonisierung Frankreich verändert hat«, in: *GG* 37 (2011), S. 157-197.

2.1.2. »Innerstädtische Problemviertel«: Delinquenz als Urbanisierungsproblem

Auch die Wohnsituation war von gravierenden Umbrüchen gezeichnet: Noch war die in der ersten Hälfte des 20. Jahrhunderts begonnene *slum clearance* in amerikanischen Großstädten nicht vollständig abgeschlossen; in Deutschland standen teils noch die in den Trümmern des Zweiten Weltkrieges errichteten Nissenhütten, und am Rand von Paris hauste die arme Bevölkerung mit den Flüchtlingen der Dekolonialisierung in den *baraquements provisoires* aus Wellblech und Pappe.[36] In vielen Staaten entstanden die Neubausiedlungen des sozialen Wohnungsbaus – in amerikanischen Großstädten die *project buildings*, in dem länger von den Kriegszerstörungen verheerten Großbritannien die *estates* und in den französischen *banlieues* die ersten Wohntürme und Hochhaussiedlungen der *habitations à loyer modéré* (HLM).[37] Während die Debatten an der Westküste der USA vor allem von einer längeren Geschichte wechselhafter Besiedlungen und Verdrängungen – etwa der spanischsprachigen Bevölkerung – grundiert waren, wurden die Ursachen von Jugendproblemen in den Großstädten des amerikanischen Ostens vielfach in innerstädtischer Verdichtung gesucht, vor allem in Verbindung mit der Entstehung von Jugendgangs in eng besiedelten Gebieten.[38]

Gangs waren bereits in amerikanischen Großstädten des 19. Jahr-

36 Vgl. Dominique Veillon, Dominique Missika, *Nous les enfants, 1950-1970*, Paris 2003, S. 87-121. 1951 hatte etwa ein Drittel aller englischen Häuser kein Bad. Vgl. Thomas Mergel, *Großbritannien seit 1945*, Göttingen 2005, S. 134; Stephen Merrett, *State Housing in Britain*, London, Boston 1979, S. 313-318.

37 In Deutschland waren 40% der Wohnungen zerstört, in Großbritannien 30% und in Frankreich 20%. Vgl. Tony Judt, *Die Geschichte Europas seit dem Zweiten Weltkrieg*, München 2006, S. 104; Eckart Conze, *Die Suche nach Sicherheit. Eine Geschichte der Bundesrepublik Deutschland von 1949 bis in die Gegenwart*, München 2009, S. 235 f. Zur Wohnsituation in London vgl. Jerry White, *London in the Twentieth Century. A City and its People*, London 2001, S. 133; Merrett, *State housing*, S. 119-131. Für die USA: Lawrence J. Vale, »Standardizing Public Housing«, in: Eran Ben-Joseph, Terry S. Szold (Hg.), *Regulating Place: Standards and the Shaping of Urban America*, New York, London 2005, S. 67-121; für Frankreich: René Kaës, *Vivre dans les grands ensembles*, Paris 1963, S. 113 f.

38 Vgl. Malcolm W. Klein, *The American Street Gang. Its Nature, Prevalence, and Control*, New York, Oxford 1995, bes. S. 56-57.

hunderts ein sozialer und politischer Faktor und lassen sich bis in die Konfliktgeschichte unterschiedlicher Einwanderergruppen zurückverfolgen.[39] Die sogenannten Bowery Boys, die in mehreren New Yorker Riots eine wichtige Rolle spielten, galten im 19. Jahrhundert als konfliktbereite Gruppe mit politischem Einfluss.[40] (Abb. 1) Auch im viktorianischen und edwardianischen England waren Gruppenbildungen städtischer Jugendlicher aufgrund ihres uniformen Äußeren debattiert worden, etwa die an ihren breiten Ledergürteln, glockenförmigen Hosenbeinen und *Donkey-fringe*-Frisuren erkennbaren *scuttlers* aus Manchester oder die *ikey lads* und *peaky blinders* aus Birmingham.[41] In Frankreich wurde über Gangs von *apaches* berichtet, die sich in den ehemaligen Pariser Vororten Belleville und Ménilmontant Auseinandersetzungen mit der Gendarmerie lieferten[42] (Abb. 2). Im deutschen Kaiserreich und in der Weimarer Republik hatte man männliche Jugendliche als »Halbstarke« bezeichnet, die sich nicht nur durch ihre Kleidung, sondern auch durch ein dezidiert unmilitärisches Äußeres von den erzieherischen Körperregimen abgehoben hatten[43] (Abb. 4). Sozialhygienische und moraltheologische Broschüren widmeten sich Bleicherknechten, »die auf den Tanzböden randalierten«, stuften aber auch den Arbeiternachwuchs pauschal als »suspekt und kriminell« ein.[44]

39 Vgl. Herbert Asbury, *Gangs of New York. Eine Geschichte der Unterwelt*, München 2003.

40 Vgl. Peter Adams, *The Bowery Boys: Street Corner Radicals and the Politics of Rebellion*, Westport, London 2005.

41 Vgl. Robert Roberts, *The Classic Slum. Salford Life in the First Quarter of the Century*, Harmondsworth, Middlesex 1973, S. 155.

42 Vgl. Gérard Jaquemet, »Belleville ouvrier à la Belle Époque«, in: *Le Mouvement social* 118 (1982), S. 61-77.

43 Vgl. Maase, *Bravo Amerika*, S. 130.

44 Vgl. Joachim Stave, »Noch einmal: Die Halbstarken. Sprachbarometer (35)«, in: *Muttersprache* 68 (1958), S. 189-193, hier: S. 190. Zu den Vorkriegsjugendkulturen in Deutschland vgl. Titus Simon, *Raufhändel und Randale. Sozialgeschichte aggressiver Jugendkulturen und pädagogischer Bemühungen vom 19. Jahrhundert bis zur Gegenwart*, Weinheim, München 1996, bes. S. 25-83.

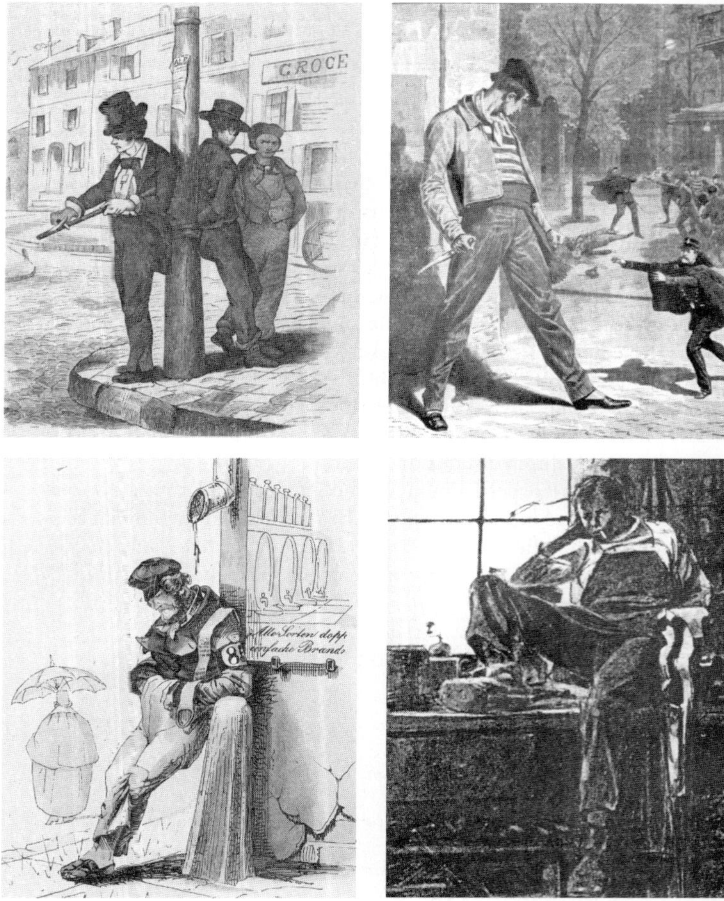

Abb. 1-4: Sozialtypen des 19. und frühen 20. Jahrhunderts: Bowery Boys in New York 1887 (1), Pariser *apache* 1907 (2), Berliner »Eckensteher« 1833 (3) und »Halbstarker« 1918 (4).

Während und nach dem Zweiten Weltkrieg wurden Gangs zunehmend als Begleiterscheinung urbaner und ethnisch-demographischer Prozesse problematisiert.[45] In der ersten Jahrhunderthälfte hatten in New York City vor allem die Rivalitäten zwischen europäischen Migranten für Konflikte gesorgt, die von den Zeitgenossen als ethnische Territorialisierung beschrieben wurden.[46] In Brooklyn waren schon in den dreißiger und vierziger Jahren bewaffnete Auseinandersetzungen von Jugendgangs thematisiert worden.[47] Im weiteren Verlauf wurden sie zunehmend als ein Thema verhandelt, das in den fünfziger Jahren von einem lokalurbanen Phänomen zu einem Problem von innen- wie außenpolitischer Dringlichkeit avancierte und die Kulturkämpfe der Dekade grundierte. Allein in New York City gab es Mitte der fünfziger Jahre schätzungsweise 70 bis 100 gewalttätige Jugendgangs.[48] Nachdem am Memorial Day 1955 rund 250 berittene Polizisten zwei kämpfende Gruppen von jeweils 250 Jugendlichen in Pelham Park in der Bronx getrennt hatten, was als vorläufiger Höhepunkt in der Geschichte der *rumbles* dargestellt wurde, dominierten solche Massenkämpfe die Medien.[49]

An der Westküste der USA gerieten anhand von rassistischen Spannungen zwischen Jugendlichen besonders im südlichen Teil von Los Angeles und dem angrenzenden County Rivalitäten um ethnisch segregierte sogenannte *turfs* in den Fokus, deren Trennlinien in gewaltsamen Auseinandersetzungen immer wieder neu gezogen wurden.[50] Neben der Gruppengewalt in den Metropolen

45 Vgl. New York City Youth Board, *Reaching the Fighting Gang*, New York 1960, S. 1.

46 Vgl. Craig Thompson, Allen Raymond, *Gang Rule in New York: the Story of a Lawless Era*, New York 1940, S. 3.

47 Etwa die Red Hook Boys, Navy Street Boys, Garfield Boys oder die Coney Island Boys. Vgl. Bradford Chambers, »The Juvenile Gangs of New York«, in: *The American Mercury* 62 (1946), S. 480-486; Eleanor Lake, »Trouble on the Street Corner«, in: *Common Sense* 12 (1943), S. 147-149.

48 Diese Ereignisse waren *front page news*: Vgl. Philip Benjamin, »A Case History: Why Boy Joined A Street Gang And Why He Quit«, in: *NYT* (16. 08. 1957), S. 1. Die Zahl von 100 nannte auch Harrison E. Salisbury, »Youth Gang Members Tell of Lives, Hates and fears«, in: *NYT* (25. 03. 1958), S. 1.

49 Vgl. Emanuel Perlmutter, »10 Deaths Laid to Youth-Gang Action This Year«, in: *NYT* (01. 09. 1959), S. 19.

50 Weiße Jugendliche verübten unter der rassistischen Selbstbezeichnung *spookhunters* tätliche Angriffe. Vgl. Klein, *The American Street Gang*, S. 50-85; Mike Davis, *City of Quartz. Excavating the Future in Los Angeles*, London, New York 2006, S. 293-300.

prägten auch Formen jugendlicher Übertretungen in den Vorstädten und auf dem Land das Bild der Jugendkriminalität in den fünfziger Jahren. Die amerikanische *suburbia* war ethnisch weiß codiert, sozial an den Mittelschichten orientiert und diente im 20. Jahrhundert als hegemoniales Modell, das die Kleinfamilie mit männlicher Erwerbsarbeit und weiblicher Häuslichkeit als ökonomisch und fertil autoreproduktive Keimzelle der Gesellschaft in einem Setting verortete, das auf Grundbesitz und Automobilität gründete.[51] Divergierende Lebensformen mussten sich an diesem Modell messen lassen, da es die amerikanische Norm repräsentierte und als positives Gegenmodell in den Definitionen von *juvenile delinquency* stets mitgedacht wurde.[52] Bestimmte Formen der Abweichung, etwa die durch Filme ästhetisierten alternativen Männlichkeitsmodelle oder automobile Jugendkulturen, wurden zwar als problematisch bewertet, waren aber innerhalb des als »natürlich« betrachteten Prozesses pubertärer – und damit als »gesund« normalisierter – Abweichung letztlich sozial akzeptiert. Die innerstädtische Devianz nichtweißer Bevölkerungsteile hingegen wurde als Bedrohung und Krise dieses etablierten Modells thematisiert.[53]

Im Nordamerika der fünfziger Jahre wirkten als demographischer Druck eine Abwanderung nach Westen, die fortgesetzte Immigration und ein anhaltender Trend zur Urbanisierung einkommensschwacher Schichten bei gleichzeitiger Suburbanisierung der vermögenderen Schichten in stadtnahe ländliche Räume. Als stadtgeschichtliche, die Gruppenbildungen begünstigende Faktoren werden die Landflucht der schwarzen Bevölkerung, die Zerstörung traditioneller Arbeiterviertel durch Stadterneuerungsprojekte sowie die Verlegung von Arbeitsplätzen aus den Stadtzentren an die Peripherie genannt. In New York City trug zur Verschärfung der Lage

51 Vgl. Jürgen Martschukat, Olaf Stieglitz, *Geschichte der Männlichkeiten*, Frankfurt/M., New York 2008, S. 85. Nina Mackert hebt hervor, dass der Verweis auf »broken homes« in jenen Jahren eine sprachliche Codierung für nichtweiße Familien war. Vgl. dies., *Jugenddelinquenz. Die Produktivität eines Problems in den* USA *der späten 1940er bis 1960er Jahre*, Konstanz, München 2014, S. 221.

52 Mackert zufolge fungierten »spezifische, vor allem weiß, bürgerlich und männlich codierte Verkörperungen jugendlicher Rebellion« als »Zeichen demokratischen Fortschritts«. Vgl. ebd., S. 53. »Bürgerlich« ist allerdings ein für die USA problematischer Begriff.

53 Vgl. Harrison E. Salisbury, *Die zerrüttete Generation*, Reinbek bei Hamburg 1962, bes. S. 61-90.

der von der Stadtplanung begünstigte Abbau industrieller Strukturen bei, der sogenannte *blue-collar blight*, der bis Ende der 1970er Jahre zahlreiche *blue-collar jobs* durch *white-collar jobs* ersetzte und so insbesondere schwarze und hispanische Neuankömmlinge in die Armut trieb.[54] Hinzu kam Wohnraummangel, den auch der *housing act* von 1949 nicht nur nicht hatte beseitigen können, sondern sogar noch verschärfte, da damit »mehr billiger Wohnraum zerstört als neuer errichtet« worden war.[55]

In der Folge nahm die Abwanderung der weißen Mittelschicht in die Vorstädte zu, da gerade Familien mit mittleren bis hohen Einkommen, die sich ein Auto leisten konnten, aufgrund der neu ausgebauten Highways keinerlei Probleme hatten, die Stadtzentren zu erreichen.[56] Die Trassen dieser Schnellstraßen schnitten oftmals durch einkommensschwache Randviertel, die sie damit noch weiter von den Zentren isolierten.[57] Im Resultat wurden die Vorstädte zunehmend ethnisch »weiß« und sozial wohlhabend, die Stadtzentren aber zu divers besiedelten Zonen der Benachteiligung, in denen die hegemonialen Familienstrukturen der Mittelschicht nicht der Regelfall waren. Amerikanische Großstädte mit ihrer Anonymität und kulturellen Heterogenität wurden vor diesen Hintergründen immer wieder als Ursache von Delinquenz problematisiert.[58]

Migration war ein weiterer Faktor, der die Debatte prägte. Seit der Jahrhundertwende hatte sich die Einwohnerzahl von New York City mehr als verdoppelt – auf 8,1 Millionen Menschen Ende der fünfziger Jahre. Die Stadtplanungskommission ging davon aus, dass der Anteil von Kindern unter 15 Jahren bis 1960 von 1,6 auf 1,9

54 Vgl. Joel Schwartz, *The New York Approach. Robert Moses, Urban Liberals, and Redevelopment of the Inner City*, Columbus 1993, bes. S. 229-305.

55 Eric C. Schneider, »West Side Stories. Gangs und ihre Gewalttätigkeit in den USA nach dem Zweiten Weltkrieg«, in: Detlef Briesen, Klaus Weinhauer (Hg.), *Jugend, Delinquenz und gesellschaftlicher Wandel. Bundesrepublik Deutschland und* USA *nach dem Zweiten Weltkrieg*, Essen 2007, S. 119-138, hier: S. 124.

56 Eine Schätzung ging 1954 davon aus, dass neun Millionen Menschen binnen zehn Jahren aus den amerikanischen Großstädten in die Vorstädte abwanderten. Vgl. Kenneth T. Jackson, *Crabgrass Frontier: The Suburbanization of the United States*, New York 1985, S. 238.

57 Vgl. ebd., S. 248-251.

58 Vgl. Board of Superintendents New York City Public Schools (Hg.), *Today's Problems of The Youth of New York*, New York 1945, S. 20.

Millionen steigen werde.[59] Die demographischen Hochrechnungen sahen nicht nur eine altersbezogene, sondern auch eine ethnische Umschichtung der Stadtbevölkerung voraus: Während die Zahl der »weißen« Kinder um 234000 sinken würde, erwartete man einen Anstieg der Zahl puerto-ricanischer und anderer »nichtweißer« Kinder um insgesamt 40 Prozent.[60] Vor dem Ausschuss zur Untersuchung der Jugenddelinquenz beschrieb der Sprecher einer Anwohnerorganisation die Migration seit 1947 als Verdrängung von »weißen Katholiken« durch Einwanderer, deren »Lebensweise« in überfüllten Mietshäusern auf Ressentiments gestoßen sei, die »beinahe in einen offenen Krieg« gemündet wären.[61]

Auch in den (post-)kolonialen Gesellschaften Europas bildeten *race* und Migration den Hintergrund für Debatten um kulturellen und altersmäßigen Wandel. Mit der Algerienkrise in Frankreich und vor der Unabhängigkeit der Westindischen Inseln vom Vereinigten Königreich zog es auch in Europa viele Menschen aus den ehemaligen Kolonien in die großen Städte. Der von irischen Arbeitern geprägte Londoner Stadtbezirk Notting Hill wurde etwa seit 1952 vor allem von afrokaribischen Migranten besiedelt. Diese Einwanderung war Ergebnis einer kontroversen Politik: Einerseits hatte Großbritannien seit 1956 aktiv um jamaikanische Arbeitsmigranten geworben, mit den zeitgleich erlassenen restriktiven Einbürgerungsgesetzen der konservativen Regierung jedoch eine einwandererfeindliche Debatte ausgelöst.[62] Die Einwanderung hatte sich Anfang der Dekade in vergleichsweise kleinen Schüben von 1000 bis 2000 Zuwanderern vollzogen, 1954 wurden bereits 10000 und 1955 rund 27500 Zuwanderer gezählt.[63] Die meisten von ih-

59 Welfare and Health Council of New York City, *New York City 1955-1965. A Report to the Community* (o.J.) [um 1955], S. 1.

60 Typoskript Committee for Children of New York City, Inc., *Priority Recommendations to Strengthen Children's Services*, New York City (12. April) 1957, S. 2; Senate Judiciary Committee Subcommittee to Investigate Juvenile Delinquency 1953-61. New York Juvenile Delinquency, Legislative Archives, NA I.

61 Typoskript Interview Dr. Daniel Carpenter, Hudson Guild, [undatiert]; Senate Judiciary Committee, Subcommittee to Investigate Juvenile Delinquency 1953-61, New York Juvenile Delinquency, NA I.

62 Edward Pilkington, *Beyond the Mother Country. West Indians and the Notting Hill White Riots* London 1988, S. 7.

63 Vgl. White, *London in the Twentieth Century.*

nen kamen aus Jamaika, Trinidad, Montserrat, Barbados und in geringerem Maße von den Inseln Dominica und Santa Lucia. Dazu kamen Einwanderer aus British Guinea sowie Studenten aus Westafrika.[64] Drei Viertel von ihnen ließen sich in London nieder, viele in North Kensington. Obwohl Afrokariben seit Jahrhunderten in England lebten, wurde diese Konzentration in bestimmten Stadtvierteln als eine einschneidende Veränderung der lokalen Bevölkerungsstruktur dargestellt.[65] In den Akten der Stadtverwaltung ist von Immobilienspekulation, Ausbeutung der Mieter durch die Vermieter und infolgedessen von einer hohen Fluktuation die Rede.[66] Es gab fast keine Erholungsräume oder multiethnischen Clubs, und aufgrund rassischer Spannungen war es für die Kinder der Einwanderer vielfach nicht möglich, lokale Jugendclubs aufzusuchen.[67] Zudem waren die britischen Wohnungsinserate der Nachkriegszeit häufig offen rassistisch.[68] Auch gab es Spannungen und Differenzen zwischen Gruppen von Einwanderern, die teils religiöse Gründe hatten, teils in politischen Konflikten der Heimatinseln wurzelten.[69] Der restriktive Umgang der Polizei mit »herumlungernden« Jugendlichen und ihr hartes Vorgehen bei gewaltsamen Auseinandersetzungen zwischen den jungen Bewohnern unterschiedlicher Viertel – in Großbritannien vor allem während der *race riots* des Jahres 1958 in Nottingham und Notting Hill – lenkte auch hier den Blick auf Jugendliche in urbanen Räumen.[70]

Zwar gab es in den bundesdeutschen Städten keine den britischen oder nordamerikanischen Metropolen vergleichbaren »Slums«, doch hatte man beim Wiederaufbau der zerbombten Städte anfangs wenig Wert auf Aufenthaltsplätze für Jugendliche gelegt, wodurch die Straße auch hier noch immer »Zufluchtsort abgedrängter Interessen«

64 Vgl. Study Group for the British National Conference on Social Welfare, »Communities with Substantial Members of Immigrants«, Preliminary Report, classified »confidential«, October 1962, LMA/4462/P/01/019.

65 Vgl. ebd.

66 Vgl. ebd., S. 3.

67 Vgl. ebd., S. 4.

68 Ein interner Bericht der Stadtverwaltung sah in Konflikten mit Vermietern einen der Hauptgründe für den Ausbruch von Krawallen. Vgl. Interim Report, Typoskript der Family Welfare Association, LMA/4462/P/01/031.

69 Vgl. White, *London in the Twentieth Century*, S. 134 u. S. 146.

70 Zu den Notting Hill Riots vgl. ausführlich die Abschnitte 2.3.5 und 2.3.6.

war.[71] In der Nachkriegszeit führte vor allem die Abwanderung aus den ländlichen Regionen zur urbanen Bevölkerungsverdichtung.[72] Auch wenn die Situation sich damit von den Migrationsgesellschaften Großbritanniens, Frankreichs oder der USA stark unterschied, so trug doch der Zuzug von 8,9 Millionen Flüchtlingen und Vertriebenen bis zum Jahr 1961 auch hier zur zusätzlichen Verknappung von Wohnraum bei.[73] Um die Eingliederung dieser Gruppen voranzutreiben, wurde Wohnraum in Form von Neubauprojekten, Reihenhäusern, Häuserblocks und ganzen Stadtvierteln geschaffen, die »kaum Platz für eine reflektierte, langfristig angelegte und sozial adäquate Raum- oder gar Stadtplanung« ließen und vielen Zeitgenossen bald als das erschienen, was Alexander Mitscherlich einige Jahre später als die »Unwirtlichkeit« der Städte beschreiben sollte.[74] Bei Aussprachen mit Jugendlichen nach Konflikten thematisierten diese immer wieder einen Mangel an Aufenthaltsorten in diesen neuen Umgebungen.[75] Die wenigen Vergnügungen fanden zumeist unter freiem Himmel auf Rummelplätzen, Volksfesten oder innenstädtischen Plätzen statt, wo es schon allein aufgrund mangelnder Alternativen zu Massenaufläufen von Jugendlichen kam. So unterschiedlich diese stadtplanerischen Probleme im Detail auch waren, spielten sie doch länderübergreifend eine wesentliche Rolle

71 Thomas Lindenberger, *Straßenpolitik. Zur Sozialgeschichte der öffentlichen Ordnung in Berlin 1900 bis 1914*, Bonn 1995, S. 17.

72 Vgl. Rolf-Richard Grauhan, Wolf Lindner, *Politik der Verstädterung*, Frankfurt/M. 1974, S. 25, zit. n. Lindner, *Jugendprotest*, S. 60.

73 Vgl. Peter Waldmann, »Die Eingliederung der ostdeutschen Vertriebenen in die westdeutsche Gesellschaft«, in: Josef Becker u. a. (Hg.), *Vorgeschichte der Bundesrepublik Deutschland. Zwischen Kapitulation und Grundgesetz*, München 1979, zit. n. Lindner, *Jugendprotest*, S. 59.

74 Ebd.; Alexander Mitscherlich, *Die Unwirtlichkeit unserer Städte*, Frankfurt/M. 1965. Salisbury beschrieb die »neuen Slums« in den neuen Quartieren des sozialen Wohnungsbaus der USA auch als ästhetisches Ärgernis. Vgl. ders., *Die zerrüttete Generation*, S. 61-89.

75 Etwa im September 1956 beim »Jungbürger- und Jugendforum« im Münchner Hofbräuhauskeller auf Einladung des SPD-Stadtrates August Mühlbauer. Vgl. Bodo Mrozek, »Die verkannte Generation. Vom Bürgerschreck zur bunten Republik Deutschland: Jugendkulturen in der Nachkriegszeit«, in: *ZeitRäume. Potsdamer Almanach des Zentrums für Zeithistorische Forschung* 2009, Göttingen 2010, S. 118-130, hier: S. 127; F. W. J., »›Wir sind halbstark, weil wir nicht weinen wollen …‹ Junge Menschen klagen die Eltern-Generation an. In der Stadt gibt es keine Buschwindröschen«, in: *Der Kurier* (29. 10. 1958), S. 6.

im Umgang mit Kultur.[76] Mobilität, Ethnizität und Urbanität bestimmten das politische Setting der fünfziger Jahre, in dem auch das Konstrukt Jugend neu ausgehandelt wurde.

2.1.3. Kleider machen neue Leute: Vestimentäre Codes und Gruppenbildung

Im November 1953, etwa zur selben Zeit, als man in den USA über die drei neuen »R« debattierte, erlangte in Großbritannien ein 18 Jahre alter Londoner Lohnbuchhalter vorübergehende mediale Bekanntheit. Als der mit einem dreiteiligen Anzug bekleidete Leonard Sims im *Daily Mirror* abgebildet wurde, prangte neben seinem Ganzkörperfoto eine detaillierte Bildlegende, die den Stil des als »Teen-Age Edwardian« vorgestellten Jugendlichen erläuterte (Abb. 5). Als seine Elemente wurden Schuhe mit Kreppsohlen ausgewiesen, enge Hosen, umgeschlagene Ärmel, eine mit aufwendigen Außentaschen, schmalen Revers und einer Uhrenkette ausgestattete Anzugjacke, dazu eine dünne Krawatte, genannt »Slim Jim«. Gekrönt wurde das auffällige Ensemble von einer pomadisierten Haartolle, dem »Tony Curtis«.[77] Der Träger dieses ungewöhnlichen Ornats kommt in dem nebenstehenden Artikel zu Wort: »Ich bin achtzehn, ich trage Edwardianische Anzüge. Ich liebe Bop-Musik und Jive-Tanzen. Meine Frisur ist mir wichtig.« Er sei jedoch weder ein *spiv* noch ein *troublemaker*, fährt der junge Dandy fort: »Ich habe die besten Eltern der Welt und ein komfortables, ordentliches Heim in Paddington, London. Ich arbeite von 9 Uhr morgens bis 6.30 Uhr nachmittags als Lohnbuchhalter in einer Baufirma.«[78] Von seinem Wochenlohn in Höhe von fünf Pfund und 10 Shilling gebe er seiner Mutter drei Pfund ab. In seiner Freizeit tue er aber, was er wolle: mit Freunden ausgehen und sich im alten Edwardianischen Stil kleiden. Den Anzug – nicht zu »protzig« und ohne Samtkragen – so der Artikel weiter, habe er selbst entworfen und bei einem Schneider in Auftrag gegeben. Einen weiteren Wochenlohn habe er in seine Schuhe sowie in zwei

76 Für die Bundesrepublik vgl. Katrin Pallowski, »Wohnen im halben Zimmer. Jugendzimmer in den 50er Jahren«, in: Deutscher Werkbund e.V. und Württembergischer Kunstverein Stuttgart (Hg.): *Schock und Schöpfung*, S. 284-291.

77 Leonard Sims, »Why I wear these togs«, in: *Daily Mirror* (13.11.1953), S. 7.

78 Ebd.

maßgefertigte Hemden aus Kunstseide investiert. Die Instandhaltung der hochtoupierten Frisur besorge ein Coiffeur im Londoner West End für monatlich vier Shilling und sechs Dimes.[79]

Abb. 5: Der Londoner »Edwardian« Leonard Sims (1953).

In diesem jungen Exzentriker hatte die Londoner Variante eines neuen Jugendstils der 1950er Jahre einen frühen medienwirksamen Auftritt. Das sorgsam gepflegte Äußere des jungen Leonard Sims repräsentierte eine Mode, die insbesondere im Londoner Süden von männlichen Jugendlichen zumeist aus der Arbeiterklasse und der unteren Mittelschicht kultiviert wurde. Schon einige Tage zuvor hatte dieselbe Zeitung die neue Jugendmode vorgestellt und ihre Leser eingeladen, dazu Stellung zu nehmen. Zwar empfahl ein Kommentator: »Ein paar Stunden mit einem Unteroffizier würden ihnen gut tun«, doch die Mehrheit der abgedruckten Leserbriefe ging verständnisvoll bis amüsiert auf die modischen Abweichler ein.[80] Dies veränderte sich binnen weniger Monate im Zuge einiger Ereignisse, die zunächst in den Boulevardmedien dramatisiert und schließlich auf der politischen Ebene verhandelt wurden. Anfänglich beruhte die modische Provokation auf ihrem Verstoß gegen die Konventionen der britischen Klassengesellschaft, auf die auch der in dem zitierten Artikel bespöttelte Aufzug des jungen Sims

79 Ebd.
80 Vgl. *Daily Mirror* (08.11.1953), S. f.

rekurrierte. Der Hintergrund lag mehrere Jahrzehnte zurück in der britischen Modehistorie.

Als »Edwardian Style« in seiner ursprünglichen Form wurde eine Mode aus der Zeit des britischen Königs Edward VII. bezeichnet.[81] Der wegen seiner eher kurzen Amtszeit von 1901 bis 1910 als politisch wenig erfolgreicher Würdenträger in die Geschichtsbücher eingegangene Monarch hatte mit seiner ausgeprägten diplomatischen Reisetätigkeit immerhin der britischen Mode zu einem europaweiten Comeback verholfen und gilt daher vor allem als Repräsentant eines glamourösen Stils.[82] Nach dem Zweiten Weltkrieg, in einer glanzlosen Zeit der Not und Entbehrungen, hatten sich Herrenschneider im teuren Londoner West End auf einzelne »edwardianische« Elemente dieser Periode besonnen.[83] Bekanntheit in den Medien erlangte die frühe Retro-Mode im Herbst 1950, als ein Londoner Maßschneider für einen Anzug im neo-edwardianischen Stil mit der »Dandy Trophy« ausgezeichnet und zum »Schneider des Jahres« gekürt wurde.[84] In der Wochenschau setzten Nahaufnahmen die Details in Szene; das Schnittmuster des preisgekrönten Anzugs wurde im Mitteilungsblatt der Schneiderzunft veröffentlicht und so national verbreitet.[85] Binnen kurzem war aus dem edwardianischen Stil so ein »London styling« geworden, wie eine Überschrift verkündete.[86] Die britischen Herrenschneider verstanden es als Gegenentwurf zu den massiveren »amerikanischen« Silhouetten, die unter der Bezeichnung *drape* bereits die britische

81 Vgl. Pauline Stevenson, *Edwardian Fashion*, Shepperton 1980, S. 5.

82 War die Regierungszeit von Edwards Mutter, der verwitweten und deshalb schwarz tragenden Queen Victoria, vergleichsweise wenig glamourös verlaufen, so hatte Edward mit seiner Frau Alexandra dem Königshaus wieder zu höfischer Pracht verholfen. Vgl. ebd., S. 28 f.

83 In der wichtigsten Gazette der Londoner Schneiderzunft taucht das Etikett »Edwardian Look« schon gegen Ende der Vierziger auf. Vgl. J. G. Earle, »drabs and dandies and fads«, in: *The Tailor & Cutter & Women's Wear* (TCWW) 83 (07. 05. 1948), S. 362 f.

84 Gemeint ist der Schneider John King Wilson, vgl. »The Spring exhibition's Dandy-winning suit«; in: *TCWW* 85 (24. 11. 1950), S. 1382 f.

85 Etwa die außenliegende sogenannte Ticket-Tasche, die zur Unterbringung einer Opernkarte oder eines Theaterbillets dienen sollte und damit ostentativ die Kulturverbundenheit des Trägers demonstrierte. Vgl. *Dandy Trophy* (GB o. J.), Pathé Pictorial Nr. 304 (Kurzfilm); vgl. *TCWW* 85 (1950), S. 1382.

86 Ebd., S. 1157.

Mode beeinflussten.[87] In ihnen waren Einflüsse der aus dem Westen der USA bekannten weit geschnittenen *zoot suits* afroamerikanischer und hispanischer Jazz-Fans erkennbar.[88] Besondere Bedeutung hatten Revers aus andersfarbigem Samt.[89] Ende der Vierziger hatte dieses Detail noch als Inbegriff der eleganten Herrenmode gegolten, zumal es zum Reiterkostüm der Fuchsjagd gehörte, einem der Statussymbole des britischen Hochadels und der Gentry.[90] Nur wenige Jahre später verkehrte sich diese klassenspezifische Codierung in ihr Gegenteil, als sich der neo-edwardianische Stil mit den verpönten amerikanischen Einflüssen des Hollywood-Kinos mischte.[91]

Als Anfang der Fünfziger abgelegte edwardianische Anzüge in den Second-Hand-Läden auftauchten und billige Schneider in Randbezirken Londons den Modestil adaptierten, wurde er auch für junge Arbeiter erschwinglich.[92] Erinnerungsberichte schildern den Hang zu Details, die Gruppenzugehörigkeiten ausdrückten und vielfachen semiotischen Umcodierungen unterlagen, wie sich ein ehemaliger Edwardian erinnerte, der seine Anzüge im Londoner Bezirk Fulham anfertigen ließ:

schwarz für die harten Jungs, entenblau wenn du auf Johnny Ray standest, oder in einem wundervoll schimmernden herringbone-Muster, wie es die

87 Vgl. »Long Slim and Elegant«, in: *TCWW* 87 (15.02.1957), S. 179.

88 Über den *zoot suit* war ein temporäres und lokales Kleiderverbot an der amerikanischen Westküste verhängt worden, als infolge eines Mordfalls im Gangmilieu 1942 die »Zoot Suit Riots« zwischen jungen Mexican Americans und US-Soldaten ausgebrochen waren. Vgl. Resolution 15079 introduced by Councilman Norris J. Nelson (09.06.1943), CF 15079 [A829], LACA; Typoskript Executive Office Police Department, City of Los Angeles vom 11.06.1943, »Zoot Zuit« Resolution, ebd. Vgl. dazu Eduardo Obregón Pacán, *Murder at the Sleepy Lagoon. Zoot Suits, Race, and Riot in Wartime L.A.*, Chapel Hill, London 2003. Vgl. zum Einfluss auf Großbritannien Bill Osgerby, *Youth in Britain since 1945*, Oxford 1998, S. 9.

89 Vgl. »Other People's Jackets«, in: *TCWW* 86 (11.05.1951), S. 587.

90 *TCWW* inszenierte die neuen Modelle im Kontext von Pferderennen und vor einem herrschaftlichen Kamin im Landhausstil. Vgl. ebd., S. 311.

91 Vgl. ebd., S. 310; Zu den Schneidern, die den edwardianischen Stil anfertigten, gehörte u. a. Carrison and Woor Ltd. an der Savile Row. Vgl. *TCWW* 85 (1950), S. 157.

92 Mim Scala, *Diary of a Teddy Boy. A Memoir of the Long Sixties*, Dublin 2000, S. 24.

Walham Green-Gang favorisierte. Der Kragen der Jacke war entscheidend: Ein dünner Streifen aus Samt musste elegant genau unter der Haarlinie des Entenschwanzes entlangkurven. Der ideale Anzug lief konisch von den Außenschultern zu den Hosenaufschlägen zu [...]. Die Jacke war bis zu den Fingerspitzen geschnitten (»the fingertip drape«); wenn deine Eltern es erlaubten, hatte sie Taschenklappen, eine Brusttasche, eine Ticket-Tasche, und zwei, um die Hände hineinzustecken, wenn man vor britischen Geschäften abhing. In Fulham waren die Knöpfe von Ted-Anzügen speziell: Eine Reihe von sieben Knöpfen lief an der Vorderseite der Jacke herab, der letzte saß auf Höhe des Ärmelaufschlags.[93]

Dieses Styling brach mit grundsätzlichen modischen Konventionen. Mode war zu dieser Zeit noch nicht in größerem Maße in den Alltag der Mittel- und Unterschichten eingedrungen. Aufgrund der Folgen des Zweiten Weltkrieges gab es gegen Anfang der fünfziger Jahre für weite Teile der Bevölkerung auch in Deutschland »nur ›Bekleidung‹, kaum aber ›Mode‹«.[94] Die wenigen Kleidungsstücke »aus gutem Wollstoff«, die man besaß, wurden mit Hilfsmitteln geschützt und waren auch über die Modezyklen hinaus im Gebrauch; gegebenenfalls wurde mit Hilfe der Änderungsschneiderei die Saumlänge der jeweiligen ästhetischen Norm angepasst.[95] Für die allgemein übliche Alltagskleidung galt überwiegend das Primat des Praktischen: In der Arbeiterschicht wurde an Werktagen funktionale Bekleidung getragen und nur am Wochenende der Sonntagsanzug angezogen.[96] Das professionelle Schneidern und private Nähen nach Schnittmuster wich erst gegen Ende des Jahrzehnts zunehmend dem Kauf fertiger Kleidungsstücke, da immer mehr Konfektionsware günstig im Angebot war.[97] In den fünfziger und sechziger Jahren erreichte die Mode auch junge Menschen in neuem Ausmaß: In Frankreich beispielsweise stiegen die Ausgaben für

93 Ebd.

94 Dörte Becker, *Mode der 50er Jahre für Jederfrau und Jedermann*, Braunschweig 2003 (Katalog), S. 8.

95 Zum Einsatz kamen eingeheftete »Schweiß- oder Achselblätter«, die man »austrennte, wusch, wieder einheftete«; in der Herrenbekleidung schonten Kragengarnituren, Ärmelstulpen oder Manschetten die »gute Garderobe«. Hannelore Born, »Meine 50er Jahre«, in: Becker, *Mode der 50er*, S. 31.

96 Dies betont Robert J. Cross, »The Teddy Boy as Scapegoat«, in: *Doshisha Studies in Language and Culture* 1-2 (1998), S. 263-291, hier: S. 269, online unter ⟨http://www.kompost.ru/files/file75709784.pdf⟩, letzter Zugriff 05. 02. 2018.

97 Vgl. Hannelore Born, »Meine 50er Jahre«, in: Becker, *Mode der 50er*, S. 16.

Bekleidung zwischen 1953 und 1964 etwa um 131 Prozent bei weiblichen und um 103 Prozent bei männlichen Jugendlichen.[98]

Indem sie den *neo edwardian style* ständig trugen, brachen britische Arbeiterjugendliche mit diesen Normen, weswegen ebendieser Stil auch als erste Herausbildung einer Mode der Arbeiter interpretiert wurde.[99] Mit der Adaption eines ursprünglich mit der Oberschicht assoziierten Kleidungsstils änderte dessen sozial distinktive Funktion jedoch die Richtung.[100] Die Jugendmode wurde schnell zum Synonym für jugendliche Dandys aus der Arbeiterklasse und den unteren Mittelschichten. Da der Namenspatron des Modestils Edward VII. war und für den Namen Edward die Kurzform Ted üblich, verbreitete sich in den Medien für die jungen proletarischen »Edwardians« die spöttische Bezeichnung »Teds« oder – noch spöttischer – »Teddy Boys«.[101] Die Träger dieser Mode hatten Anfang der Fünfziger zunächst kein spezifisch negatives Image, anders als nur wenige Jahre zuvor noch jene sogenannten *spivs*, von denen sich der eingangs zitierte junge Leonard Sims so deutlich distanzierte. Diesen haftete ein Klischee männlicher Schwarzmarkthändler und Schieber aus der unmittelbaren Nachkriegszeit an, popularisiert durch das Kino.[102]

Die britischen Entwicklungen hatten Parallelen in anderen Staaten. Im geteilten Deutschland legten Jugendliche nach dem Krieg ebenfalls ein neues Modebewusstsein an den Tag, das mit dem Vorrang der Funktionalität von Kleidung brach. War die gesellschaftlich distinktive Funktion in Deutschland auch weniger stark ausgeprägt als in Großbritannien, so markierte Kleidung doch auch hier den sozialen Status. Im 19. Jahrhundert hatten sich länderübergreifend neue besitzende Schichten herausgebildet, die zwar

98 Vgl. Anne-Marie Sohn, *Âge tendre et tête de bois. Histoire des jeunes des années 1960*, Paris 2001, S. 71.

99 Etwa von George Melly, *Revolt into Style. The Pop Arts*, Oxford 1989, S. 166.

100 So klagte ein ehemaliges Mitglied der königlichen Garde: »[D]ie komplette Garderobe wird PLÖTZLICH absolut UNTRAGBAR.« Zit. n. Paul Rock, Stanley Cohen, »The Teddy Boy«, in: Vernon Bogdanor, Robert Skidelsky (Hg.), *The Age of Affluence. 1951-1964*, London 1970, S. 288-320, hier: S. 290.

101 Die Bezeichnung hat auch eine homphobe Konnotation, da Edward VII. im Ruf homoerotischer Neigungen stand.

102 Vgl. die gleichnamige Verfilmung eines Romans von Graham Greene *Brighton Rock* (GB 1947, R.: John Boulting); Richard Hornsey, *The Spiv and the Architect. Unruly Life in Postwar London*, Minneapolis 2010.

– wie die englische *gentry* oder das deutsche Bürgertum – nationale Eigenheiten aufwiesen, jedoch staatenübergreifend bestimmte *dress codes* pflegten. Selbst in den USA, wo die Konfektionsindustrie Herrenanzüge auch für weniger betuchte Männer verfügbar machte, hatten qualitative und stilistische Merkmale feine Unterschiede konstituiert.[103] Großer Wert wurde dabei schichtenübergreifend auf ein »gepflegtes Äußeres« gelegt. Die neuen Moden nach dem Krieg zeichnete sich gegenüber der alten Kleidung durch lockere Schnitte, weiche Stoffe und figurbetonte Modelle aus, die als Bruch mit Konventionen beschrieben wurden. Dies galt etwa für das hautenge T-Shirt, das amerikanische G.I.s als Unterhemd trugen. Da in Deutschland zunächst keine T-förmigen Unterhemden mit kurzen Ärmeln erhältlich waren, zogen Jugendliche hier die üblichen ärmellosen Feinrippunterhemden kurzerhand verkehrt herum an, so dass der tiefe Rundausschnitt am Rücken lag und der vorne getragene Rückenausschnitt unter einer offenen Jacke wie ein amerikanisches T-Shirt wirkte.[104]

Besonders die Jeans wurde in Deutschland mit Amerika verbunden. Die indigoblau gefärbte Arbeitshose aus grob gewebtem Denimstoff, deren Taschen mit Kupfernieten verstärkt sind, stand im Kontrast zum »feinen Tuch« und hatte sich in den USA bereits von der Arbeits- zur Freizeithose entwickelt.[105] In Deutschland firmierte sie unter den Begriffen Blue Jeans, Nietenhose oder Texashose; in manchen Gegenden war sie auch als Jimmy-Hose bekannt.[106] Die einzelnen Elemente der bald von der Modeindus-

103 Anja Meyerrose, *Herren im Anzug. Eine transatlantische Geschichte von Klassengesellschaften im langen 19. Jahrhundert*, Köln, Weimar u. a. 2016, bes. S. 329-331.

104 Vgl. die Oral History der Geschichtswerkstatt Neuhausen e.V. (Hg.), *Vom Rio zum Kolibri – Halbstark in Neuhausen*, München 2001, S. 75.

105 Sie geht zurück auf den jüdischen Kurzwarenhändler Levi Strauss aus Bayern, der 1853 nach San Francisco emigriert war und 20 Jahre später ein Patent für genietete Männerhosen angemeldet hatte. Vgl. Katja Doubek, *Blue Jeans. Levi Strauss und die Geschichte einer Legende*, München, Zürich 2003, S. 218.

106 Vgl. Jürgen Eichhoff, *Wortatlas der deutschen Umgangssprachen*, Bern, München 1978, Bd. 2, S. 25 sowie Karte Nr. 86. Die genaue Herkunft der Bezeichnung »Jimmy-Hose« ist nicht ermittelt, wahrscheinlich aber lässt sie sich auf den Protagonisten des amerikanischen Kinofilms *Rebel Without A Cause* mit James Dean zurückführen, dessen Protagonist auf den Namen Jimmy hörte und eine Blue Jeans trug. Ausführlich zum Genre der sog. *Young Rebel-* bzw. *Juvenile Delinquency Movies* in Kap. 3.2.

trie als *rebel style* aufgenommenen Kleiderordnung der Straße waren an sich nicht neu.[107] Ebenso wie der Lumberjack, eine Wolljacke mit großen Karos, bezog das robuste Kleidungsstück seine internationale Attraktivität daraus, dass es im Hollywood-Film der fünfziger Jahre als die typische Hose von Cowboys dargestellt wurde.[108] Allerdings war die Jeans nicht nur in Europa, sondern auch in ihrem Herkunftsland umstritten. Hosen aus Denim galten als Bekleidung von Landarbeitern, Tramps, aber vor allem von Häftlingen und waren daher an etlichen Schulen staatenweit verboten.[109] Mehrere Verbände suchten Teenager mit Kampagnen von Denimstoffen fernzuhalten.[110] In den USA wurden Jeans mit Sängern wie Elvis Presley assoziiert, der sie zwar in seiner Rolle als Sträfling in dem Film *Jailhouse Rock*, sonst aber eher selten trug.[111] Etliche Rock'n'Roll-Songs von Gene Vincent oder Eddy Cochran enthielten jedoch Referenzen an das Kleidungsstück. In der DDR wertete die Stasi das Tragen von Nietenhosen als Indiz für die Zugehörigkeit zu Jugendkulturen, die unerwünscht waren.[112] Da sie in der DDR nur schwer erhältlich waren und die Beschaffung von Kleidung im Westen gegen das Gesetz über den Schutz des innerdeutschen Handels verstieß, ließen Jugendliche die Hosen daher teils eigens von Schneidern anfertigen.[113]

107 Die Jeans hatten Studenten an den amerikanischen Colleges durchgesetzt, die Clubjacken waren die gleichen der Sportteams und Baseballclubs. David Fowler vertritt die These, dass viele subkulturelle Moden ihren Ursprung in den Bekleidungsstilen englischer Elite-Colleges hatten in: ders., *Youth Culture in Modern Britain, c. 1920-c. 1970. From Ivory Tower to Global Movement – A New History*, New York 2008, bes. S. 12-29.

108 Vgl. Rebecca Menzel, *Jeans in der DDR. Vom tieferen Sinn einer Freizeithose*, Berlin 2004, S. 12 f.

109 James Sullivan, *Jeans. A Cultural History of an American Icon*, New York 2006, S. 84.

110 Etwa das American Institute of Men's and Boy's Wear sowie die Amalgated Clothing Workers of America. Vgl. ebd., S. 86.

111 Vgl. *Jailhouse Rock* (US 1957, R.: Richard Thorpe), TC 01:01:16-01:05:30.

112 Vgl. Menzel, *Jeans in der DDR*, sowie BStU, Hle MfS BV Halle AU 118/59, Bd. 2, Vernehmungsprotokoll vom 26. 11. 1958, Bl. 4.

113 Vgl. Menzel, *Jeans in der DDR*, S. 26; Wiebke Janssen, *Halbstarke in der DDR. Verfolgung und Kriminalisierung einer Jugendkultur*, Berlin 2010, S. 125. Ein Jugendlicher, der als Mitglied eines Ted-Herold-Clubs von der Staatssicherheit überwacht wurde, sagte in der Vernehmung aus: »[...] es [war] für mich früher, als es in der DDR noch keine Nietenhosen gab, ein Stolz [...], eine solche Hose

Um eine besonders hautnahe Passform zu erreichen, wurde eine spezielle Technik angewandt: »Man setzte sich mit der neuen Jeans in die mit heißem Wasser gefüllte Badewanne [...]. Dann behielt man sie am Körper an, bis sie trocken war.«[114] Manche nähten sich die Hosenbeine am Körper enger und mussten sie vor dem Ausziehen wieder auftrennen.[115] Besondere Vorbereitungen erforderte auch das Tragen spitzer Schuhe, sogenannter *winkle peekers*: »[Z]uerst die Spitzen mit Papier ausstopfen, damit sie nicht hochstehen. Mit Vaseline beschmierte Luftballons zwischen die Zehen klemmen. Dann die Zehen mit Leukoplast zusammenziehen, um es beim Boogietanzen auszuhalten.«[116]

Kaum ein Kleidungsstück war aber so umstritten wie die (fast immer schwarze) Lederjacke. In den USA galt sie schon seit den späten Vierzigern als Markenzeichen sogenannter Outlaw-Motorradclubs und wurde in den fünfziger Jahren auch von »Ton-Up Boys« und jungen »Rockern« in Großbritannien getragen.[117] Bei der Konstruktion devianter Subkulturen spielte das Kleidungsstück eine geradezu emblematische Rolle. In Frankreich wurden junge Rock'n'Roll-Fans von den Medien um 1959 pauschal *blousons noirs* genannt, in Dänemark machten Jugendliche als *laederjakker* und in Schweden als *skinknuttar* Schlagzeilen.[118] Neben vielen anderen Attributen wie Haartracht, Kreppsohlen, Hochwasserhosen, Ringelsocken, T-Shirts oder Nietenhosen wurde die Lederjacke besonders kontrovers verhandelt.[119] Leder wurde aufgrund seiner »taktilen, olfaktorischen und visuellen Eigenschaften sowie

trotzdem zu besitzen. Nachdem es dann in der DDR ebenfalls Nietenhosen gab, empfand ich es nicht mehr als außergewöhnlich, eine solche zu besitzen.« Untersuchungsvorgang BStU, MfS BV Rostock, AU 743/64. Bd. 1, Bl. 253. Vgl. Vernehmungsprotokoll vom 27. 11. 1958, BStU, Hle MfS BV Halle AU 118/59, Bd. 2, Bl. 18.

114 Geschichtswerkstatt Neuhausen e.V. (Hg.), *Vom Rio zum Kolibri*, S. 74.

115 Vgl. Richard Rigan, »Elvis von Schwabing«, in: Mirko Hecktor (Hg.), *Mjunik Disco. Von 1949 bis heute*, München 2008, S. 125.

116 Vgl. ebd.

117 Vgl. den Film *Leather Boys* (GB 1964, R.: Sidney J. Furie).

118 Vgl. Tamagne, »Le ›blouson noir‹«; John Stuart, *Rockers!: Kings of the Road*, London 1987, S. 18; Fyvel, *Ratlose Rebellen*, S. 27.

119 Zur Semiotik gestreifter Socken bei deutschen Jazz-Fans vgl. Uta G. Poiger, *Jazz, Rock, and Rebels. Cold War Politics and American Culture in a Divided Germany*, Berkeley, Los Angeles u. a. 2000, S. 56, 63 f.; vgl. exempl. »Endlich Schluß mit dem Lederjacken-Terror!«, in: *Der Kurier* (28. 10. 1958), S. 1.

durch konnotierte Bedeutungen eine starke erotische Ausstrahlung« zugeschrieben,[120] zudem war Glattleder auf den Laufstegen der Haute Couture vor 1959 noch nicht etabliert und galt als animalisches Produkt, das mit Sexualität und aggressiver Männlichkeit gleichgesetzt und als geradezu obszöne Provokation beschrieben wurde – was die Lederjacke nur umso attraktiver machte.[121] Um den animalischen Eindruck des Kleidungsstückes zu verstärken, schmückten jugendliche Rock'n'Roll-Fans ihre Lederjacken mit Fellbesätzen in Leoparden- oder Tigeroptik, später auch mit Ketten, spitzen Nieten und Metallbeschlägen, mit denen sich das Kleidungsstück gleichsam in einen Körperpanzer verwandelte. Wichtig für die semiotische Authentizitätskonstruktion vieler Jugendlicher war, dass eine Lederjacke keinesfalls neu aussehen durfte. Kratzer und Risse legten Zeugnis vom bewegten Leben des Besitzers ab. Sie war damit nicht mehr nur Hülle, sondern vielmehr zweite Haut im Wortsinne: ein Erinnerungsspeicher der persönlichen Erlebnisgeschichte ihres Trägers, ebenso erweiterter Teil des Körpers wie dessen materielles Gedächtnis.

Die Wirkung der Kleidungsstücke wurde durch semantische Codierungen unterstrichen, Aufschriften, mit denen sich der Träger als Fan eines bestimmten Musikstils auswies.[122] In Deutschland wurden kurzärmelige Bowlinghemden mit eingestickten englischen Vornamen auf der Brust populär.[123] Mit einem solchen Hemd ließ sich eine imaginierte Nationalidentität überstreifen, nach dem Vorbild amerikanischer Hot-Rod- und Street-Clubs, die Jacken mit Rückenaufschrift als Erkennungszeichen bei illegalen Straßenrennen einsetzten.[124] Manche männliche Jugendliche übernahmen martialische Symbole wie Totenköpfe oder gekreuzte Knochen

120 Valerie Steele, *Fetisch. Mode, Sex und Macht*, Berlin 1996, S. 149. Vgl. ebenfalls Guy de Ray, »L'érotisme du noir«, in: *Présence du cinéma* 4/5 (1960), S. 88-89.

121 Vgl. Harry Pross, »Die Flucht in die Bande. Moped-Jugend und die Frage der Autorität«, in: *FAZ* (29. 09. 1956), S. BuZ1; Mick Farren, *Black Power. Der Kult der schwarzen Lederjacke*, München 1985, S. 10 f.

122 Vgl. das Foto in Sebastian Kurme, *Halbstarke. Jugendprotest in den 1950er Jahren in Deutschland und den* USA, Frankfurt/M., New York 2006, S. 150. Ebenso bei britischen Motorradrockern. Vgl. die Fotos in Stuart, *Rockers!*, S. 22, S. 84, S. 106 f.

123 Vgl. die Abb. in Maase, *Bravo Amerika*, S. 10.

124 Vgl. Kurme, *Halbstarke*, S. 146-151, sowie den Kurzfilm *Ask Me Don't Tell Me* (US 1961, R.: David Myers).

aus Groschenheften oder Comics, um eine Gruppenzugehörigkeit auszudrücken. In Berlin-Wilmersdorf etwa gelangte 1956 die sogenannte Eidechsen-Bande vom Hohenzollernplatz in den Polizeibericht, deren Mitglieder ein kleines Reptil als Abzeichen trugen.[125] Aber auch das Bekenntnis zu einem Musiker barg Gefahren, da sich in Deutschland die Anhänger von Peter Kraus und Ted Herold teils feindlich gegenüberstanden und ihre Geschmacksdifferenzen bei gemeinsamen Konzerten beider Sänger in handfesten Auseinandersetzungen austrugen.[126]

Wurde die schwarze Lederjacke zumeist von jungen Männern getragen, so verwendeten Mädchen und junge Frauen, die nur selten als organisierte Mitglieder meist männlich dominierter Cliquen thematisiert wurden, andere Kleidungsstücke zur Neucodierung ihrer Körper.[127] Ihre Selbstinszenierung brach mit dem gängigen Klischee des »wohlerzogenen« Mädchens schon in den zur Schau gestellten Körperhaltungen: Auf Fotos gucken junge Frauen selbstbewusst unter schwarz getuschten Wimpern hervor, die Fäuste in die Hüften gestemmt und mit engen Hosen oder figurbetonten *pencil skirts* bekleidet.[128] (Abb. 6)

In Süddeutschland ist aus den späten Fünfzigern die Praxis dokumentiert, farbige Wäscheklammern am Kragen der Bluse anzubringen, deren Anzahl und Reihenfolge der Farben einem spezifischen Code folgten: »Eingeweihte sahen auf den ersten Blick, ob das ›Hasi‹ noch solo war oder ob sie sich schon für einen Kerl entschieden hatte, ob sie auf Männerfang aus war, oder ob sie kein Interesse an einem Aufriss hatte«, erinnert sich eine Zeitzeugin.[129]

125 Kaiser, *Randalierende Jugend*, S. 59.

126 Vgl. Geschichtswerkstatt Neuhausen e.V. (Hg.), *Vom Rio zum Kolibri*, S. 70.

127 Laut der deutschen Illustrierten *Quick* (15 [1959], S. 16) galten farbige, aus dünnem Leder geschnittene Jacken als »letzter Schrei unter den jungen Damen von 13 bis 19« seit sie in französischen Filmen aufgetaucht seien. Faksimiliert in Angela Delille, Andrea Grohn (Hg.), *Perlonzeit. Wie die Frauen ihr Wirtschaftswunder erlebten*, Berlin 1985, S. 50.

128 Vgl. exemplarisch Ken Russells Fotoessay über »Teddy Girls« 1955 in Ost-London, teilveröffentlicht online: ⟨http://time.com/3784147/cool-cats-and-tomboys-ken-russells-the-last-of-the-teddy-girls/⟩, letzter Zugriff 06. 02. 2018. Vgl. dazu auch Adrian Horn, *Juke Box Britain. Americanisation and Youth Culture 1945-60*, Manchester, New York 2009, S. 149.

129 Geschichtswerkstatt Neuhausen e.V. (Hg.), *Vom Rio zum Kolibri*, S. 73-74.

Abb. 6: »Teddy Girl«: Die 14-jährige Jean Ryner 1955 im Londoner Viertel North Kensington.

Die klandestine Codierung erlaubte Rückschlüsse auf das Sexualverhalten und brachte so Dinge zum Ausdruck, die nach geltenden Konventionen nicht verbalisiert werden durften. Traditionelle Kleiderordnungen und etabliertes Rollenverhalten ließen sich auf diese Weise unterlaufen. Aufgrund ihres Stils und ihrer sozialen Beziehung zu Gangs, zumeist an der Peripherie der homosozietär organisierten Straßencliquen, wurden diese jungen Frauen von der Presse mit dem Klischee der »Gangsterbraut« oder des »Flintenweibes« stigmatisiert.[130] Politische Bedeutung hatten solche kryptographischen Techniken für die von staatlicher Repression und Verbot bedrohten Jugendkulturen in der DDR.[131] Auch hier waren Klammern und Nadeln an der Kleidung verdeckte Erkennungszeichen für bestimmte Geschmacksvorlieben und brachten subkultu-

130 Die *gun moll*. Vgl. exemplarisch: Ira Henry Freeman, »Not all the boy gangsters from the slums of New York City go on to Sing Sing Prison, nor do all the wayward girls grow up to be gun molls or prostitutes. 50 % of the Juvenile Delinquents In City said to Be Rehabilitated«, in: *NYT* (02.07.1955), S. 1. Das Filmplakat von *The Delinquents* (US 1957, R.: Robert Altman) warb mit dem Slogan »The Hoods Of Tomorrow! The Gun Molls Of The Future!«

131 Vgl. Abschrift vom 30.10.1958, BStU, Hle MfS BV Halle AU 118/59, Bd. 1, Bl. 40.

relles Kapital zum Ausdruck, das oftmals in bewusster Opposition zu den normalistischen Jugendbildern der Massenorganisationen stand.[132] Innerhalb von Cliquen wurden Rock'n'Roll-Halsketten mit Totenkopf- oder Notenschlüssel-Symbolen als Embleme der gruppeninternen Hierarchie genutzt.[133]

2.1.4. Eckensteher und *pimp roll*: Richtige und falsche Haltungen

Nicht nur die Kleidung, sondern auch die durch sie unterstützte Körperhaltung war Ausdruck distinkter Abweichungen und Gegenstand von Debatten. Durch ihren engen Schnitt begünstigte etwa die Jeans eine besondere Art des Stehens und Gehens,[134] die als Erkennungszeichen devianter Jugendkulturen identifiziert wurde. In Deutschland wurden mit der Reanimierung des Terminus »halbstark« ältere Körperdiskurse aktualisiert: Der Hamburger Richter und Romanautor Hermann Popert hatte schon 1905 »junge Kerle, mit schmierigen Mützen über den fahlen Gesichtern« mit diesem Begriff beschrieben.[135] Gerade Kleidung und Körperhaltung wurden immer wieder bemüht, um den Zusammenhang zwischen innerer und äußerer Haltung und damit zwischen Körper und »Charakter« herzustellen, den schon die wissenschaftliche

132 Es erhielten »nur die solche Klammern, die Rocken Roll [sic!] perfekt tanzen können«. Volkspolizei-Kreisamt Dessau: »Betr. Information«, BStU, Hle MfS BV Halle AU 118/59, Bd. 1, Bl. 30, ebd., Bl. 51. Zum Begriff des subkulturellen Kapitals vgl. Sarah Thornton, *Club Cultures: Music, Media, and Subcultural Capital*, Cambridge 1993.

133 Alle drei Anführer des Rock'n'Roll-Clubs Dessau »tragen eine Rock'n'Roll-Kette aus Westberlin«, vgl. Zeugenbefragung vom 12. 11. 1958, BStU, Hle MfS BV Halle AU 118/59, Bd. 1, Bl. 223.

134 Hanslmayr, »›... denn sie wissen nicht, was sie tun sollen.‹«, S. 458. Vgl. auch Rainer Dorner, »Halbstark«, in: Eckhard Siepmann (Hg.), *BIKINI. Die fünfziger Jahre: Kalter Krieg und Capri-Sonne*, Berlin 1981, S. 233-243, hier: S. 241.

135 Hermann Popert, *Helmut Harringa. Eine Geschichte aus unserer Zeit*, Dresden 1911, S. 61, zit. n. Thomas Grotum, *Die Halbstarken. Zur Geschichte einer Jugendkultur der 50er Jahre*, Frankfurt/M., New York 1994, S. 24. Grotum bietet in seinem Buch eine ausführliche Begriffsgeschichte, siehe ebd., S. 21-30. Siehe außerdem (stark auf Grotum aufbauend): Kurme, *Halbstarke*, S. 178-186. Weiterhin: Maase, *Bravo Amerika*, S. 149; Dieter Baacke, *Jugend und Jugendkulturen. Darstellung und Deutung*, überarb. Aufl., Weinheim, München ^{3}1999, S. 30 f.

Charakterologie des 19. Jahrhunderts konstruiert hatte. Dies illustriert auch eine vielzitierte Passage aus der Streitschrift eines Hamburger Pastors aus dem Jahr 1922:

Dort sitzen sie [die »Halbstarken«] in Haufen, die schmutzigen Karten oder die verschmierten Würfelbecher in der Hand, oder sie stehen umher an den Straßenecken und in den Hausfluren, die Sportmütze auf dem Kopf, die Zigarette im Mundwinckel, die Hände in den Hosentaschen vergraben, um den Hals hat man ein Tuch zum »Revolverknoten« verschlungen, der Kragen und Krawatte vertritt. Ist irgendwo etwas los, ein Krawall oder Auflauf, dann sind sie da. In der Tasche haben sie Steine, gelegentlich auch ein Schießwerkzeug, mit den Fingern bringen sie die gellenden, durch Mark und Bein gehenden Pfiffe hervor, vom Hinterhalt aus wird Revolution gemacht, mit Geschrei und Gejohle. Wendet man sich energisch gegen sie, so verschwinden sie wie die Ratten in ihren Löchern, denn dieses Volk ist feige. [36]

Diese Typologisierungen aus der ersten Hälfte des 20. Jahrhunderts bedienen sich literarisch ausgeformter Motive, die in der noch älteren Gattung der Eckensteherliteratur des frühen 19. Jahrhunderts wurzeln [137] (Abb. 3) Im Jugenddiskurs der 1950er Jahren verhandelten Politiker, Polizeiwissenschaftler und Pädagogen solche älteren literarischen Motive vielfach mit. Wie gezeigt werden wird, unterlagen diese Aushandlungen einer komplexen Wechselwirkung der Fiktionalisierung des Sozialen ebenso wie der Verpolizeilichung von Literatur. Durch Literatur, Film und Musik vermittelte Motive prägten Tätertypologien und dienten zur Begründung behördlicher Disziplinierungsmaßnahmen. Im Deutschland der 1950er Jahre standen die Begriffe »Halbstarker« und »Eckensteher« abermals für ein Stereotyp männlicher urbaner Jugend, das mit bestimmten Zeichen assoziiert, aber auch mit pubertären Delikten wie Ruhestörung, Sachbeschädigungen, minder schweren Körperverletzungen oder Diebstählen begründet wurde.[138] In ihm kam ein dezidiert

136 Günther Dehn, *Proletarische Jugend. Lebensgestaltung und Gedankenwelt der großstädtischen Proletarierjugend*, Berlin 1929, S. 86-87. Ähnliche Charakterisierungen, vor allem der auffälligen Bekleidung, enthält der Erzählband von Karl Escher, *Die Halbstarken. Ein Skizzenbuch*, Konstanz 1916, S. 68.

137 Vgl. Olaf Briese (Hg.), *Eckensteherliteratur. Eine humoristische Textgattung im Biedermeier und Vormärz*, Bielefeld 2013.

138 »Es ist der Typ, der eine normale Erziehung kaum mehr kennengelernt hat und

anderes Ideal als das des Disziplinarkörpers zum Vorschein, wie ihn vormilitärischer Drill und bürgerliche Benimmvorschriften konstituiert hatten. (Abb. 3 u. 4) Die Körperhaltung Jugendlicher galt als Ausweis für Wohlerzogenheit und war ebenso wie Kleidung, Frisur und Manieren Gegenstand körperlicher Normierung und sexueller Disziplinierung, wie sie in Kadettenerziehung und militärischem Drill vorhergehender Epochen geprägt worden waren. Aber auch alternative Körperideale etwa des Volkserziehers und Orthopäden Moritz Schreber oder des »Turnvaters« Friedrich Ludwig Jahn hatten im 19. Jahrhundert eine gereckte Körperhaltung (»kerzengerade«) propagiert. Junge Mädchen wurden in Benimmbüchern davor gewarnt, eine allzu hüftbetonte Gangart könne »unerwünschte Komplimente« erregen. Das Anlehnen an Häuserwände galt als ebenso »unschicklich« wie das breitbeinige Stehen.[139] Auch für junge Männer galten strikte Regeln: »Schon die Haltung ist für das äußere Gesicht von Bedeutung«, führte 1957 ein Ratgeber für junge Bürger der DDR aus. »Aber wenn man auf der Straße mal umherschaut – wie bewegt sich so mancher durch die Gegend: tief eingezogene Schultern, die Arme wie zwei mit einem Bindfaden lose an einer Schiefertafel baumelnde Griffel herumschlenkernd, mit den Beinen schlackernd oder mit den Hüften wippend wie ein Mannequin.«[140] Empfohlen wurde stattdessen eine aufrechte Haltung bei schwungvoller, aber kontrollierter Bewegung: Auf »der Straße darf und soll der Kopf durchaus hoch getragen werden. Die Arme und Hände schwingen dabei rhythmisch mit der Länge der Schritte mit, hängen weder einfach lose herunter, noch werden sie bei jedem Schritt wie beim Parademarsch bis über den Bauchnabel hochgerissen.«[141] Besonders verwehrte sich der Autor gegen die »englische Sitte«, die Hände in die Hosentaschen zu stecken.[142]

deshalb seine Kräfte, seine Rechte und seine Stellung in der Gesellschaft mißbraucht«, definierte mit einem Rekurs auf den älteren Begriff der »Flegeljahre« der Artikel »›Halbstarke‹ auf Sportplätzen«, in: *FAZ* (10.03.1956), S. 18. Vgl. exemplarisch für die DDR »›Zeli-Mob‹ mit langen Fingern. Vom Eckensteher zum Einbrecher«, in: *JW* 16 (1962), S. 5.

139 Vgl. Horst-Volker Krumrey, *Entwicklungsstrukturen von Verhaltensstandarden. Eine soziologische Prozeßanalyse auf der Grundlage deutscher Anstands- und Manierenbücher von 1870 bis 1970*, Frankfurt/M. 1984, S. 330 f.

140 Karl Smolka, *Gutes Benehmen von A-Z*, Berlin 1957, S. 220.

141 Ebd.

142 Ebd.

Doch auch im anglo-amerikanischen Raum galten diese vermeintlich englischen Marotten keineswegs als gesellschaftsfähig. In den USA etwa provozierte Mitte der fünfziger Jahre der *pimp roll*, eine betont elastische Gangart, die als Merkmal von Straßenbanden immer wieder Erwähnung fand. Ein Beobachter beschrieb die von einem jugendlichen Mitglied der Minotaurs in Spanish Harlem praktizierte »›coole Art des Gehens‹«: »langsam, selbstbewusst, pantherartig, der Tritt leicht, das Kinn erhoben, die Augen halb geschlossen, der Kopf langsam von der einen zur anderen Seite schweifend«.[143] An den Straßenecken von Brooklyn fielen Jugendliche auf, die ihre Verteidigungsbereitschaft in einer Performance nervöser Wachsamkeit ausdrückten: »hin- und herwippend, von den Fersen auf die Zehen, in schlaksiger Haltung, mit hochgezogenen Schultern, die Hände tief in den Hosentaschen vergraben, Kopf und Kinn wie die Enten im Weiher einmal nach unten gesenkt und dann schnell wieder nach oben schießend, mit Augen, die jeden Fremden, der die Straße heruntergeht, wahrnehmen«.[144]

Auch verbalsprachlich setzten sich Jugendliche von den herrschenden Codes der Mehrheitsgesellschaft ab.[145] Von amerikanischen Jugendgangs ist eine *Spoken-word*-Kultur dokumentiert, die Gruppenrivalitäten als Vorstufe zu physischer Gewalt austrug. Das geschah in verbalen Wettbewerben, dem sogenannten *ranking*, *sounding*, *toasting* oder *playing the dozens*, in denen es auf Schlagfertigkeit und sprachliche Geschicklichkeit ankam.[146] Dabei ging es nicht nur um die möglichst effektive Herabwürdigung des Konkurrenten, sondern auch um kommunikative Intelligenz und soziale Kompetenz, denn der *toaster* musste genau wissen, »wann er nachzugeben hatte, um nicht eine körperliche Auseinandersetzung zu riskieren«.[147]

Solche von den Verhaltensstandards der Mehrheitsgesellschaft

143 Charles Grutzner, »Teen Gangs Spawned by Longing for friends«, in: *NYT* (13.05.1955), S. 27.

144 Salisbury, *Die zerrüttete Generation*, S. 20.

145 Vgl. ebd., S. 29. Schon Thrasher beschrieb in den 1930ern das *argot* der Gang. Vgl. Frederic M. Thrasher, *The Gang: A Study of 1,313 Gangs in Chicago*, Chicago 2013, S. 297.

146 Anschauliche Beispiele für den Wechsel von *play* zu *confrontation* gibt Edith A. Folb, *Runnin' Down Some Lines. The Language and Culture of Black Teenagers*, Cambridge (Mass.), London 1980, S. 92-95. Diese Techniken prägten seit den 1970er die Hip-Hop-Kultur, deren integrale Bestandteile *batteling* und *dissing* sind.

147 Schneider, »West Side Stories«, S. 131.

abweichenden vestimentären, körperlichen und semantischen Praktiken Jugendlicher folgten den Mechanismen der Sozialisierung von Subgruppen, die durch Variation oder Verkehrung herrschender Ideale ihren eigenen Stil von dem anderer abgrenzten und sich somit zumindest in Teilbereichen außerhalb hegemonialer Ordnungen positionierten.[148] Daraus resultierten höchst eigenwillige Stile, die sich an modischen Konventionen orientierten – wie etwa der jugendliche neo-edwardianische Stil an der eleganten Herrenmode –, diese aber stark übertrieben, persiflierten oder nach eigenen Vorstellungen abwandelten. Diese Muster folgten älteren Vorbildern und hatten Kontinuität zu urbanen Gruppenbildungen, die sich zum Teil bis ins 19. Jahrhundert und darüber hinaus zurückverfolgen lassen. Trotz struktureller Ähnlichkeiten standen sie oftmals in lokalen und nationalen Traditionen.

In einem komplexen Prozess, an dem Medien, Kino, Justiz, Wissenschaft und Politik beteiligt waren, entwickelte sich aus diesen zunächst auf wenige Straßenecken und Stadtviertel begrenzten subkulturellen Sozialisationsmustern ein Problem, das die überregionale Aufmerksamkeit von Jugend- und Sozialarbeitern, Polizisten, Soziologinnen und Sozialpsychologinnen sowie des Verwaltungsapparates beanspruchte. Zu diesen Diskursen, in denen soziale und urbane Themen mitverhandelt wurden, trugen spektakuläre Kriminalfälle bei. Einige von ihnen werden im Folgenden stellvertretend näher beleuchtet, da sie kulturelle Codes etablierten, die das Konstrukt Jugend mitprägten und wesentlich zur *delinquency scare* beitrugen, die nicht nur als ein drängendes Problem jener Jahre galt, sondern auch als ein Vorbote kulturellen Niedergangs.[149] Gerichtsprozesse sind als »Erregungsorte« Seismographen für Trends und Tendenzen. Sie sind zudem »einerseits Akutstationen für eine diffuse emotionale Gemengelage, andererseits können sie über die momentane Erregung hinaus Ausgangspunkt für publizistische, politische oder wissenschaftliche Erörterungen sein, die sich dem unerwartet zum Vorschein getretenen Problem widmen«, wie Michael Hagner demonstriert hat.[150] Im Folgenden werden einige

148 Vgl. zum Konzept des Stils John Clarke, »Stil«, in: ders. u.a. (Hg.), *Jugendkultur als Widerstand. Milieus, Rituale, Provokationen*, Frankfurt/M. [2]1981, S. 133-157.

149 Nina Mackert hat dies detailliert für die USA dargelegt in *Jugenddelinquenz*.

150 Michael Hagner, *Der Hauslehrer. Die Geschichte eines Kriminalfalls. Erziehung, Sexualität und Medien um 1900*, Berlin 2010, S. 129 f.

zentrale Fälle dargestellt, die als solche Kulminationspunkte einer Debatte fungierten, in der die Jugend- und Popkultur jener Jahre als ein Problem hervortrat, das polizeiliche und politische Maßnahmen und wissenschaftliche Fundierung erforderte.[151]

2.2. »Ronnie the Masher«, Michael Farmer und die »Slim-Bande«: Gerichtsverfahren als Kulminationspunkte

2.2.1. Vom Fall Bentley zum Clapham Common Murder: Teddy Boys vor Gericht

Am 2. Juli des Jahres 1953 kam es während eines Tanzvergnügens auf dem Gelände eines Londoner Parks, dem Clapham Common, zu einer Auseinandersetzung zwischen Jugendlichen mit fatalen Folgen. Eine Band hatte gespielt, hunderte junge Londoner bildeten das Publikum, und viele tanzten zur Musik. Unter ihnen war eine Gruppe Jugendlicher, von denen einige auffallend modisch gekleidet waren.[152] Diese Aufmachung wurde an jenem Abend zum Streitobjekt. Nach einem Wortwechsel mit einer Gruppe ortsfremder Jugendlicher, die eine Parkbank okkupiert hatten, kam es zu einer Verfolgungsjagd mit der Clique, die später als die »Plough Boys« berüchtigt werden sollten.[153] Die fremden Jugendlichen entkamen zunächst, doch traf der 17 Jahre alte Elektromonteur John Beckley an einer Haltestelle abermals auf seine Verfolger. Sie stießen ihn zunächst von der Plattform des Busses und stellten den Flüchtigen einige hundert Meter weiter am Straßenrand. Später erinnerte sich ein Zeuge vor Gericht, den Ruf »Messer raus!« gehört zu haben.[154] Beckley erlitt Schnitt- und Stichwunden, denen er kurz darauf im Krankenhaus erlag. Die mutmaßlichen Angreifer wurden wenig später festgenommen. Ihre Tat wurde als Clapham Common Murder bekannt und erfuhr ein breites Medienecho, das »Teddy Boys« mit einem Kapitalverbrechen in Verbindung brachte.

151 Zu den entsprechenden wissenschaftlichen Diskursen vgl. Kap. 3.4.

152 Tony Parker, *The Plough Boy*, London 1965, S. 18.

153 Es fiel die Bezeichnung »a flashy cunt«, siehe ebd.; vgl. auch Michael Macilwee, *The Teddy Boy Wars. The Youth Cult that shocked Britain*, Croydon 2015, S. 13.

154 Ebd.

Die Boulevardmedien brachten das Porträtfoto des 16-jährigen Ronald Coleman auf die Titelseiten, der nicht nur als »Der Problem-Junge von England« gebrandmarkt, sondern auch kurzerhand zum »Anführer der ›Edwardians‹« erklärt und mit dem an »Jack the Ripper« erinnernden Schreckenstitel »Ronnie the Masher« ausgestattet wurde.[155] Hauptangeklagter war aber der 20-jährige Michael Davies, dessen von einem breiten Medieninteresse begleiteter Gerichtsprozess sich als »Kulminationspunkt« im Sinne Michael Hagners verstehen lässt.[156] Im Zuge der Verhandlung im Zentralen Strafgerichtshof Old Bailey in London wurde der junge Angeklagte zum Tod durch den Strang verurteilt.[157] Davies verbrachte einige Zeit in der Todeszelle, bevor das House of Lords einem Gnadengesuch stattgab und die Strafe in lebenslange Haft umwandelte, von der er sieben Jahre verbüßte und 1960 entlassen wurde. Anlässlich des Prozesses hatte der *Daily Mirror* einen prominent platzierten Artikel über den Jugendlichen veröffentlicht, der im Stil eines Groschenromans verfasst war und der ungewöhnlichen Mode eine zentrale Rolle zuschrieb:

Michael Davies, der Clapham-Common-Strolch, den das Old Bailey gestern wegen Mordes zum Tode verurteilte, war verrückt nach Mädchen. [...] Er tat alles, um wie ein Dandy auszusehen. Wie die meisten seiner Kumpane steckte er fast sein ganzes Geld in angeberische Kleidung und lieh sich noch kurz vor dem Mord zwölf Pfund von seinem Onkel, um einen Anzug zu kaufen. Seine Kleidung half ihm dabei, die Mädchen auf dem Common abzuschleppen. [...] Der Killer Davies begann seine Karriere im Alter von neun. Er schlief mit einer Bibel neben seinem Bett. Aber in seinem Schlafzimmer versteckte er auch eine kleine Sammlung tödlicher Messer. Unter seinem Angebertum und seinen »gay dog«-Klamotten war dieser Mann ein geborener Feigling. Denn eine Sache ließ ihn stets vor Furcht erbleichen – die Forderung, seine Fäuste sauber und ehrlich zu erheben, ohne seine Horde junger Verbrecher hinter sich.[158]

In der Charakterisierung eines Gewalttäters mit vermeintlich angeborenem Killerinstinkt wurde nicht nur ein einzelner Jugendlicher,

155 »RONNIE-the-MASHER gets 9 MONTHS. Leader of ›The Edwardians‹ cleared of murder«, *Daily Express* (23.09.1953), S. 1.

156 Hagner, *Der Hauslehrer*, S. 129 f.

157 »Second Jury Finds Boy, 20, Guilty Of Clapham Murder«/»She Saw The Knife«, *Daily Express* (23.10.1953), S. 1.

158 Ebd.

sondern gleich der ganze Typus des jungen »Teddy Boys« exemplarisch gerichtet. Davies hatte dem Edwardian-Stil nur äußerst rudimentär entsprochen, doch da im Gerichtsprozess Fragen nach seiner Kleidung gestellt wurden, firmierte er in der Yellow Press als typischer Edwardian. Damit wurden an seiner Person zwei Themen verschränkt, die schon länger in der Diskussion waren: Die modischen Übertretungen von *neo edwardians* sowie die Straßengewalt junger Messerstecher. Der Artikel stellte zugleich typische hegemoniale Vorstellungen wehrhafter Männlichkeit heraus: Bereitschaft zum »ehrlichen, sauberen Faustkampf« und unterschwellige Homophobie. Der Wahrheitsgehalt dieser Berichte wurde selbst von Seiten der Behörden angezweifelt. So erklärte der Chef der London Metropolitan Police ausdrücklich, »dass, soweit der Polizei bekannt ist, keine organisierten Gangs den Clapham Common freuquentieren und die Berichte übertrieben sind«.[159] An den Worten aus dem *Daily Mirror* sei einzig die Information richtig, dass Davies zum Tode verurteilt worden sei, schrieb auch der Journalist Tony Parker, der Mitte der sechziger Jahre den Fall noch einmal nachrecherchierte. Der Rest des Artikels habe »nicht die geringste Verbindung zur Wahrheit«.[160]

Der Clapham Common Murder war eines der meistdiskutierten Kapitalverbrechen, das im Zusammenhang mit der neuen Jugendmode gebracht wurde, aber nicht das erste. Kurz zuvor hatte schon der Bentley-Fall die Gemüter erregt.[161] Weil sie angeblich einen Einbruch begangen hatten, wurden der 16-jährige Christopher Craig und sein zwei Jahre älterer Freund Derek Bentley am 2. November 1952 im Süden Londons von mehreren Polizisten verfolgt. Beide hatten sich auf ein Dach geflüchtet, bei dessen Erstürmung eine Kugel den Constable Sidney Miles tödlich traf. Die Ballistik konnte zwar nicht eindeutig nachweisen, dass

159 »Police guard on Common, says Fyfe«, *Daily Express* (23.10.1953), S. 1.

160 Parker, *The Plough Boy*, S. 4. Parker, überzeugt von der Unschuld des als »Clapham Common Murderer« verurteilten Davies, kam zu dem Schluss, jemand anders habe die tödlichen Stiche ausgeführt – eine Ansicht, die allerdings nicht zur angestrebten nachträglichen Revision des Urteils führte. Parkers Oral History der vormaligen »Plough Boys« ist dennoch eine ergiebige Quelle zum Milieu einer frühen Clique junger »Edwardians« aus dem Süden Londons, die zeitnah geführte Interviews enthält.

161 Vgl. Osgerby, *Youth in Britain since 1945*, S. 12.

die tödliche Kugel aus der Pistole Craigs stammte; zudem befand er sich Zeugenaussagen zufolge zum Zeitpunkt der letalen Schüsse bereits in Polizeigewahrsam. Dennoch wurden beide Jugendliche in einem nur wenige Stunden dauernden Prozess wegen Mordes verurteilt.[162] Craig entging aufgrund seines geringeren Alters der Todesstrafe und verbüßte eine zehnjährige Haftstrafe; Bentley starb durch den Strang. Der Fall evozierte heftige Proteste gegen die Todesstrafe, und in den 1990er Jahren wurde Bentley als Opfer eines Justizirrtums anerkannt und postum begnadigt.[163] Da Bentley die zum neo-edwardianischen Stil gezählten *drain pipe trousers* und ein *drape* getragen hatte, entbrannte nach dem Gerichtsprozess eine Debatte über den Einfluss populärer Kultur, in der breit problematisiert wurde, dass beide Täter Comic-Strips, amerikanische Gangsterfilme und Jazz-Musik konsumiert hatten.[164]

Diese »Amerikanisierung« der Kultur und insbesondere eines ursprünglich als »typisch englisch« positionierten Bekleidungsstils wurde auch deswegen als Bedrohung traditioneller Werte und Institutionen – etwa des Schneiderhandwerks – empfunden, weil sie über neue Medien wie das Kino vermittelt wurde und Ängste vor Vermassung ebenso wie vor dem Fremden weckte. In einem Prozess der Aneignung machten sich Jugendliche aus Londoner Arbeitervierteln diese Mode zu eigen, indem sie ihr neue Bedeutungen als Codes einer Gruppenbildung zuschrieben und in Form semiotischer Assemblagen zum Ausdruck brachten.[165] In Anknüpfung an Gruppenbildungen der Jahrhundertwende und der vierziger Jahre wurde die zunächst als diffuser Kulturpessimismus auftretende Ablehnung der Jugendmode im Prisma von Gerichtsverhandlungen zu einer negativen Sozialfigur gewaltbereiter »Teddy Boys« semantisiert. Die ablehnende Haltung traditioneller Geschmacksinstanzen wie berufsständischer Korporationen (Schneiderzunft) und Informationseliten (Massenmedien) lässt sich als Widerstand gegen die Aufweichung der eigenen Monopole im Prozess einer breiteren

162 Vgl. David A. Yallop, *To Encourage the Others*, Ealing 1990.

163 Vgl. Reginald Thomas Paget, Samuel Sidney Silverman, *Hanged – and Innocent?*, London 1953. Der Bentley-Fall diente bei Urteilen noch nach Jahrzehnten als Referenz: Vgl. Patricia Wynn Davies, Kate Watson-Smyth, »Teenager is freed over ›joint murder‹«, in: *The Independent* (18.07.1997), S. 5.

164 Francis Selwyn, *Gangland – The Case of Bentley and Craig*, London 1988, S. 27.

165 Vgl. Michel de Certeau, *Die Kunst des Handelns*, Berlin 1988, S. 11 u. 13.

Ästhetisierung der Gesellschaft verstehen, wie ihn Andreas Reckwitz beschrieben hat.[166]

2.2.2. »Teen Terror« in New York: Der Fall Michael Farmer

Spektakuläre Einzelfälle prägten nicht nur in Großbritannien das Bild des delinquenten Jugendlichen. In den USA fand der sogenannte *Michael Farmer Case* großen Widerhall, der jedoch von grundlegend anders gelagerten Konflikten grundiert wurde. In der Nacht vom 30. auf den 31. Juli 1957 wurde der 15-jährige Michael Farmer an der West Side von Manhattan in eine Auseinandersetzung zwischen Straßencliquen verwickelt. Zeugenaussagen zufolge waren Mitglieder der Egyptian Kings und der Dragons zu einem Rachezug gegen die verfeindeten Jesters aus dem Stadtviertel Washington Heights ausgezogen. Die Feindschaft sei im vorhergehenden Sommer begründet worden, als Mitglieder beider Gruppen nachts über den Zaun eines öffentlichen Schwimmbades geklettert waren und sich um den Pool gestritten hatten.[167] Späteren Aussagen zufolge wollten sie sich dafür revanchieren, als sie auf Michael Farmer und dessen Freund trafen, die sie beide für Mitglieder der Jesters hielten. Ein aufgrund einer Polioerkrankung bewegungseingeschränktes Bein hinderte Farmer an der Flucht, und so wurde er sofort mit Hieb- und Stichwaffen attackiert.[168] Noch in der Nacht starb er an seinen Verletzungen. Die spätere Aussage eines 14-jährigen Täters, er habe zugestochen, weil er nur so als kaltblütiger Killer in der Gang respektiert werde, löste einen Sturm der Entrüstung aus.[169] Briefe an den Bürgermeister forderten drakonische Maßnahmen wie öffentliche Auspeitschungen verurteilter Jugendlicher, und auch der Rassismus wurde durch die Dämonisierung jugendlicher Täter aus »Problemvierteln« angeheizt, wie zahlreiche Schreiben

166 Andreas Reckwitz, *Die Erfindung der Kreativität. Zum Prozess gesellschaftlicher Ästhetisierung*, Berlin ^{3}2013, S. 28 f.

167 Vgl. Eric C. Schneider, *Vampires, Dragons, and Egyptian Kings. Youth Gangs in Postwar New York*, Princeton 1999, S. 78-105.

168 Vgl. ebd., S. 82.

169 Vgl. Verbatim Transkript, »Who killed Michael Farmer? A Broadcast over the CBS Radio Network«, in: *Developments in Infant and Child Care. A Newsletter for Science Writers and Editors* 9 (Juli/August 1958), S. 7 u. 10.

und Eingaben belegen.[170] Maßgeblich zur Publizität des Themas hatten die öffentlichkeitswirksamen Sitzungen des Subcommittee on Juvenile Delinquency beigetragen, in deren Verlauf FBI-Chef J. Edgar Hoover ein »nationales Erwachen« gefordert hatte.[171]

Das Ermittlungsverfahren ergab, dass elf der 18 an dem Verbrechen beteiligten Jungen aus Elternhäusern stammten, in denen es mehrfache Trennungen, Gefängnisaufenthalte, häusliche Gewalt und Alkoholismus gegeben hatte. Ein Sprecher des auf die Arbeit mit problematischen Jugendlichen spezialisierten New York Youth Board stellte gemäß der Argumentationslinie der Sozialarbeit einen klaren Zusammenhang zur sozialen Situation her: »Immer wenn es eine große Bevölkerungsmobilität und Diskontinuität gibt, ersetzen Gangs die zerbrochene Stabilität der alten Gruppen.«[172] Da die am Farmer-Case beteiligten Cliquen intern hierarchisch organisiert gewesen seien, wurden sie dem Typus der gewaltbereiten *fighting gangs* zugeordnet, die zur Hauptzielgruppe von Streetwork gehörten.[173] Nach der Tötung Michael Farmers wurde berichtet, dass Mitglieder der Egyptian Kings sich bereits zwei Jahre vor der Gewalttat in Eigeninitiative an ihren Bewährungshelfer gewandt und um einen Streetworker gebeten hatten. Das New York Youth Board hatte jedoch jegliche Hilfe verweigert, da die Gang nicht in einer der fünf Zonen ihres Modellversuchs registriert war und die notwendigen personellen und finanziellen Mittel gefehlt hätten. Laut Auskunft einer Sprecherin der Jugend-Bewährungshilfe kamen auf einen Bewährungshelfer wegen Personalkürzungen bis zu 100 Jugendliche. Kurz vor der Tat hatte sich auch das Crime Prevention Committee an das Youth Board gewandt und unter dringlicher Warnung um einen Streetworker für die Egyptian Kings ersucht, da aufgrund der Dynamik innerhalb der Gang und ihrer problematischen Führungspersönlichkeiten ein Tötungsdelikt geradezu erwartbar gewesen sei. Drei Mitglieder der Kings waren zuvor zu Jugendstrafen auf Bewährung verurteilt worden, einer der Täter

170 Vgl. die Briefe in Office Records, Governor Nelson Rockefeller, Subject Files, Youth, 1959-1962, NYSA, reels 144-146, zit. n. Schneider, *Vampires*, S. 10.

171 Vgl. Mackert, *Jugenddelinquenz*, S. 27.

172 Verbatim Transkript, »Who killed Michael Farmer? A Broadcast«, S. 10.

173 Vgl. ebd., S. 20. Die konstitutive Rolle der physischen Überlegenheit der *Ringleaders in Predatory Gangs* hat bereits Bogardus hervorgehoben, siehe *The City Boy*, S. 91.

war sogar als »gefährlicher Psychopath« klassifiziert worden.[174] In der folgenden Debatte blieb umstritten, ob die Tötung Michael Farmers rassistische Hintergründe hatte. Ein einstündiges Rundfunk-Feature des Journalisten Jay L. McMullen, der den Fall rekonstruiert und einer breiten Öffentlichkeit zugänglich gemacht hatte, stieß auf so großes Interesse, dass es auf Wunsch des Publikums noch im selben Monat wiederholt wurde.[175] Die preisgekrönte Reportage suchte jedoch eher sozialpsychologische als rassistische Gründe.

Auch der vorsitzende Richter bemühte sich schon während der Verhandlung vor einem mit »zehn Weißen und zwei Schwarzen« besetzten Schwurgericht, dessen Verlauf Berichten zufolge von einer »grimmigen Phalanx junger Männer mit Lederjacken und Schmalztollen« verfolgt wurde, das Thema Rasse zu vermeiden. (Abb. 7) Nach dem Prozess veröffentlichte er ein Buch, in er dem staatliche Programme gegen Jugendgewalt forderte.[176] Jede Beziehung zu den Harlem Riots von 1943 oder rassistischen Auseinandersetzungen zwischen Einwohnern der irisch-katholisch geprägten Washington Heights und aus »Spanish« Harlem sollte offenkundig vermieden und stattdessen das Bild des Delinquenten als eines zwar gewaltbereiten, aber therapierbaren Problemfalls zementiert werden.[177] Der Interpretation als »Rassenkonflikt« stand zudem die Tatsache entgegen, dass Jugendgangs keineswegs homogen waren.[178] Viele Gruppen rekrutierten sich eher nach Herkunft aus Wohngebäuden oder Häuserblocks als nach Ethnie. Die als »irische Jungs« bezeichneten Jesters etwa hatten schwarze Mitglieder. Solche »Allianzen der Notwendigkeiten und Interessen« seien jedoch temporär und fragil gewesen: »*Race* konnte verhandelt, nicht aber

174 Vgl. Verbatim Transkript, »Who killed Michael Farmer?«, S. 12.

175 Am 21 04. 1958 auf CBS. Vgl. Schreiben von W. O. Robertson, M. D. Associate Medical Director vom 09. 09. 1958; Senate Judiciary Committee Subcommittee to Investigate Juvenile Delinquency 1953-61. New York Juvenile Delinquency, Legislative Archives, National Archives Washington, D. C., NA I.

176 Irwin D. Davidson, Richard Gehman, *The Jury is still out*, New York 1959.

177 Vgl. Robert W. Snyder, »A Useless and Terrible Death: The Michael Farmer Case, ›Hidden Violence‹, and New York in the Fifties«, in: *Journal of Urban History* 36 (2010), S. 226-250.

178 Laut *Amsterdam News* (10. 08. 1957); zit. n. Schneider, *Vampires*, S. 88) hatten von den 17 Angeklagten neun einen Migrationshintergrund aus Puerto Rico, fünf aus Irland, und drei waren schwarz.

wegverhandelt werden.«[179] Auch zeitgenössische Einschätzungen zur Ganggewalt in New York City sahen *Race*-Konflikte als nicht primär verantwortlich an.[180]

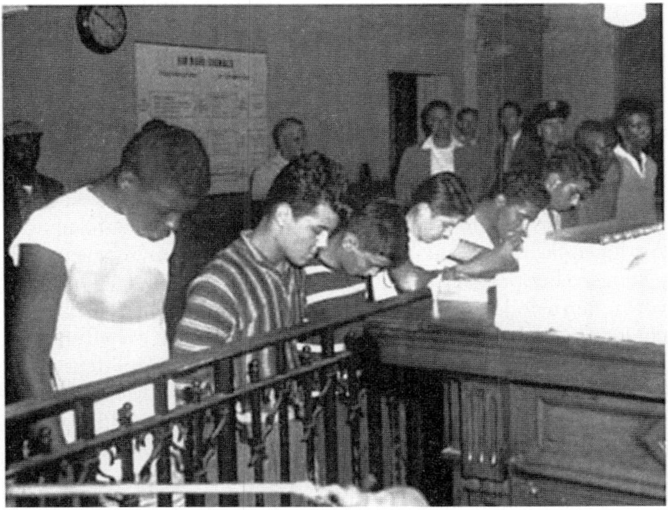

Abb. 7: Dragons & Egyptian Kings: Des Mordes an Michael Farmer verdächtige Jugendliche auf einer New Yorker Polizeistation.

Der Mord an Michael Farmer hatte nicht nur ein gerichtliches Nachspiel, sondern auch eines auf den Straßen, als nach dem Urteilsspruch einer der maßgeblichen Zeugen erschossen wurde.[181] Den Mord gestand ein kurz darauf festgenommener 20-Jähriger, woraufhin der Fall mit Spekulationen über einen Racheakt in den

179 Snyder, »A Useless and Terrible Death«, S. 233.

180 Vgl. Schneider, *Vampires*, S. 86; Grutzner, »Teen Gangs Spawned by Longing for Friends«, in: *NYT* (13.05.1955), S. 27.

181 Vgl. »Farmer Witness is Slain in Bronx: Youth Who Testified Against Gang Leader is Shot in a Candy Store«, *NYT* (27.04.1958), S. 1. Die Geschworenen verurteilten vier Angeklagte wegen »Mordes zweiten Grades« zu Gefängnisstrafen von fünf Jahren bis lebenslang. Vgl. Jack Roth, »4 Slayers of Boy Get Stiff Terms; Judge Indicts Public for Apathy; 4 Slayers of Boy Get Heavy Terms«, in: *NYT* (29.05.1958), S. 1; Snyder, »A Useless and Terrible Death«, S. 240.

Schlagzeilen blieb. Das Youth Board hielt in einem Memorandum fest, dass es sich bei den Vorfällen, die große Publizität erlangt hatten, um Einzelfälle, wenn auch spektakuläre, gehandelt habe.[182] Die Zahl der Tötungsdelikte sei mit 22 registrierten Fällen geringer als im Vorjahr (29) gewesen, und keine der mit dem Youth Board arbeitenden Gruppierungen sei darin verwickelt gewesen. Dessen präventiver Ansatz geriet nun unter Druck, weil infolge des Farmer-Case ein auf Resultate zielendes Diskursklima entstanden war. Das Memorandum suchte daher zu beruhigen und schloss mit dem Fazit, die Gesamtsituation in der Stadt sei gut.[183]

Die Debatte habe Züge einer »Massenhysterie« erreicht, ließ sich ein Sprecher des Boards wenig später anlässlich einer Konferenz zur Jugendkriminalität zitieren.[184] Tatsächlich sei es Streetworkern gelungen, beispielsweise im Viertel Bedford-Stuyvesant innerhalb von anderthalb Jahren die Zahl der *rumbles* auf null zu senken. Psychologen und Lehrerinnen plädierten zudem für die Schaffung von Freizeitangeboten und adäquaten Aufenthaltsorten im öffentlichen Raum, für die Stärkung der Familien, für mehr psychologische Einrichtungen und vor allem für die Schaffung von Ausbildungsplätzen für Jugendliche aus betroffenen Vierteln.[185] Die Einzelfälle krimineller Handlungen zeichneten ein insgesamt falsches Bild, denn nicht jedes jugendliche Mitglied einer Straßengruppe sei kriminell, so der Sprecher aus dem Brooklyner Viertel Williamsburg.

In diesen Beschwichtigungen wehrten sich die Vertreter der mit Jugend befassten Institutionen und Agenturen gegen den Vorwurf eines mangelhaften Risikomanagements und das Versagen der Früherkennung, die ein wesentliches Element im Präventionsdispositiv bildet.[186] Auch zur Populärkultur jener Jahre wurden Ver-

182 Memorandum from Ralph W. Whelan to Mayor Robert F. Wagner. Subject: Gang Situation and Coverage in New York, 08.08.1957; Wagner Dept. Box 52, 4093, NYCMA.

183 Ebd.

184 Alexander Feinberg, »Hoodlum Stigma On Gangs Scored«, in: *NYT* (11.09.1957), S.26.

185 Ebd.

186 Ulrich Bröckling, »Vorbeugen ist besser … Zur Soziologie der Prävention«, in: *Behemoth. A Journal on Civilisation* 1 (2008), S.38-48, hier: S.42; vgl. auch Ulla Walter, Sigrid Stöckel, »Prävention und ihre Gestaltung vom Kaiserreich bis zur Jahrtausendwende. Zusammenfassung und Ausblick«, in: dies. (Hg.), *Präven-*

bindungen hergestellt: Für erwähnenswert hielt man, dass Michael Farmer Rock'n'Roll-Schallplatten gehört hatte, bevor er das Haus verließ und auf seine Angreifer stieß.[187] Die Verbindung zwischen Ganggewalt und Rockmusik gehört sowohl in Europa wie in den USA zu den wesentlichen übergreifenden Charakteristika der *delinquency scare* jener Jahre – wie im weiteren Verlauf dieses Buches noch zu zeigen sein wird.

2.2.3. Großkrawalle in Ostberlin: Die »Slim-Bande«

Führten die spektakulären Einzelfälle in Großbritannien und den USA zu auch in den Medien ausgetragenen Debatten über Verantwortlichkeiten und Zuständigkeiten von Jugendpolitik, Behörden, Familien und Kulturschaffenden, so bot sich im Staatssozialismus ein gänzlich anderes Bild. Einzelfälle wurden hier in regelrechten Schauprozessen inszeniert, drastische Kommentare über die Medien verbreitet, doch von einer Kontroverse kann keine Rede sein, da hier eine zentral gelenkte Choreographie die Skandalisierung steuerte. DDR-Medien suchten sogenannte Rädelsführer ausfindig zu machen, die dem schlechten Einfluss westlicher Kultur erlegen seien und diesen an Gleichaltrige weitergegeben hätten.[188] So ließ sich das »Problem« personalisieren und mittels strafrechtlicher Einzelmaßnahmen gegen die vermeintlichen Hauptschuldigen kanalisieren.

Schon in der ersten Hälfte der fünfziger Jahre waren Jugendliche stereotypisiert worden. Eine frühe öffentliche Skandalisierung sogenannter Texas-Boys hatte ihren politischen Anlass in der Erhebung vom 17. Juni 1953. Die ostdeutsche Presse gab westlich orientierten Jugendlichen die Schuld am Arbeiteraufstand, da es sich beim Gros der Protestierenden nicht um Arbeiter der DDR gehandelt habe, die mit Streiks und Demonstrationen gegen die Normerhöhungen protestierten, sondern um »ferngesteuerte« Provokateure der Westalliierten. Über der Bildunterschrift »So sieht die faschistische Brut der Adenauer, Ollenhauer, Kaiser und Reuter aus!« veröffentlichte die Zeitung der SED *Neues Deutschland* auf

tion im 20. Jahrhundert. Historische Grundlagen und aktuelle Entwicklungen in Deutschland, Weinheim 2002, S. 273-299.

187 Verbatim Transkript »Who killed Michael Farmer?«, S. 10.

188 Vgl. Kaiser, *Randalierende Jugend*, S. 95.

der Titelseite das Foto eines Minderjährigen in einem T-Shirt mit Cowboy-Motiv, der als »Texas-Boy« tituliert wurde.[189] (Abb. 8) Die Darstellung stand nicht nur in der Tradition jener Visiotypisierungen des 19. Jahrhunderts, in der Fotografien von Wahnsinnigen, Verbrechern und systematisierten Körpertypen ex negativo Normalität erschufen; sie erinnerte auch frappierend an die jüngere nationalsozialistische Propaganda.[190] Tatsächlich wurde der aus dem rassistischen Vokabular der Nationalsozialisten bekannte Begriff der »Entartung« auch in der frühen DDR gegen nicht konforme Jugendmoden in Stellung gebracht, zugleich aber mit einem pauschalen Vorwurf der NS-Betätigung kombiniert.[191] Die an westlicher Mode orientierten Jugendlichen wurden mit dem aus den 1920er Jahren stammenden Begriff der Tango- oder Amijünglinge bezeichnet, aber auch immer wieder mit NS-Klischees belegt, etwa im Bild der »SS-Kommandeuse«, das auf junge Frauen gemünzt wurde.[192] Solche Stigmatisierungen trafen einzelne Jugendliche als auch lose organisierte Gruppierungen bei einer Reihe von Massenkonflikten und alltäglichen Vorfällen.[193]

189 *ND* (21.06.1953), S. 1, zit. n. Poiger, *Jazz, Rock, and Rebels*, S. 62 f.

190 Vgl. Susanne Regener, *Visuelle Gewalt. Menschenbilder aus der Psychiatrie des 20. Jahrhunderts*, Bielefeld 2010, S. 19; dies., »Verdächtige darstellen: Polizeiliche Strategien und Selbstregierung«, in: Rebekka Habermas, Gerd Schwerhoff (Hg.), *Verbrechen im Blick. Perspektiven der neuzeitlichen Kriminalitätsgeschichte*, Frankfurt/M., New York 2009, S. 415-439, hier: S. 416.

191 Poiger, *Jazz, Rock, and Rebels*, S. 64. Bei einigen Gruppierungen fielen neofaschistische Tendenzen und das Interesse an westlicher Musik zusammen, allerdings ist schwer zu beurteilen, inwieweit etwa das Tragen verbotener Orden eher der Provokation diente – vergleichbar mit der Verwendung des Hakenkreuzes in der späteren Punk-Szene. Vgl. »Presley-Club war geistiger Urheber«, in: *LVZ* (18.08.1960), S. 12. Einige wenige Gruppierungen fielen aber auch durch nazistische Graffiti oder Tätowierungen auf. Vgl. Peter Wurschi, *Rennsteigbeat. Jugendliche Subkulturen im Thüringer Raum 1952-1989*, Köln, Weimar u. a. 2007, S. 97.

192 Poiger, *Jazz, Rock, and Rebels*, S. 63.

193 Vgl. »Kein Platz für wilde Schläger. ›Halbstarken‹-Problem macht nicht an der Sektorengrenze halt«, in: *Neue Zeit* (01.02.1959), S. 2; »Exemplarische Zuchthausstrafe für Rowdy. Eine nachdrückliche Warnung – ›Superman‹ verlernt das Grinsen«, in: *Neue Zeit* (01.09.1955), S. 6.

Abb. 8: »So sieht die faschistische Brut aus«: »Texas Boy« im *Neuen Deutschland*.

Im Juni 1954 denunzierte etwa ein Mitarbeiter eines HO-Bekleidungsgeschäftes nahe des Berliner Alexanderplatzes zwei Jugendliche bei der Polizei, weil beide »typische Boogie-Woogie-Verrenkungen auf der Straße machten und kurz zuvor einem FDJ'ler [...] hinter seinem Rücken provokatorische Gesten machten«.[194] An den von dem Verkäufer als »Texas-Boys« identifizierten Jugendlichen bemerkte er neben deren »Texas-Hemden« einen Kofferradioapparat, wie ihn »Feinde unserer demokratischen Ordnung bedienen, um damit den RIAS zu spielen«.[195] Die Episode, die zur Überprüfung der Jugendlichen durch die Polizei führte, war paradigmatisch für die Wirkung politisch motivierter Klischees, die – einmal von Propagandisten definiert – in parteinahen Medien massenhaft verbreitet und schließlich polizeilich wirksam werden konnten, wobei sie sich eines alten Mittels autoritärer Kontrollgesellschaften bedienten: der Denunziation. Die vom Alexanderplatz war kein Einzelfall; Vorkommnisse wie dieses füllen reihenweise Akten von Polizei und Staatssicherheit.

194 Vernehmungsprotokoll, Berlin, 15.06.1954, BStU, MfS AU 260/58, Bl. 18.
195 Ebd.

Als abschreckende Beispiele wurden einige Fälle notorisch, die zum Entstehen ostdeutscher »Folk Devils« beitrugen.[196] Die Zusammenrottungen von Jugendlichen hatten vielerorts kleinere Tumulte nach sich gezogen. Während Untersuchungen im Westen zeitgleich hervorhoben, dass diese eher spontan entstandenen Ansammlungen zumeist unorganisiert verliefen, suchten die DDR-Medien sogenannte Rädelsführer ausfindig zu machen, die unter dem schlechten Einfluss westlicher Kultur zur Kriminalität verführt worden seien.[197] Nach diesem Muster geriet in Ostberlin die sogenannte Slim-Gruppe in den Fokus. Benannt nach ihrem mutmaßlichen Anführer, einem 17-jährigen Kellnerlehrling, der auf den Straßennamen »Slim« hörte, wurde sie für Vergehen unterschiedlichster Art verantwortlich gemacht.[198] Im August 1957 habe sie grundlos drei Männer und zwei Frauen auf offener Straße niedergeschlagen, zwei Monate später suchte man die Verantwortung für eine Massenschlägerei von etwa 200 Jugendlichen auf der Greifswalder Straße bei der »Slim-Bande«.[199] Da die Volkspolizei die Ordnung im Bezirk Prenzlauer Berg nur mit massivem Schlagstockeinsatz habe wiederherstellen können und die Zahl der beteiligten Jugendlichen beträchtlich war, entschloss man sich auf Seiten der Exekutive, das Problem in ungewöhnlicher Offenheit in Angriff zu nehmen: bei einem prominent besetzten Jugendforum aus aktuellem Anlass im Gaswerk in der Dimitroffstraße. Neben dem Präsidenten der Berliner Volkspolizei, einem Staatssekretär und Stellvertreter des Innenministers sowie dem Ersten Sekretär der Bezirksleitung der FDJ, Hans Modrow, erschien auch die »Slim-Bande« selbst.[200] Berichten der DDR-Presse zufolge lauschten mehrere hundert Jugendliche den Worten des Polizeipräsidenten »beeindruckt«. »Alles hat seine Grenzen«, habe der Generalmajor »den versammelten Lederjacken« zugerufen, und der Bezirksbürgermeister habe ergänzt, dass man zwar »gegen Bestrafungen« sei,

196 Diesen Begriff verwendet Stanley Cohen in: *Folk Devils & Moral Panics: The Creation of the Mods and Rockers*, London 1972, vgl. bes. S. 9-19.

197 Vgl. Kaiser, *Randalierende Jugend*, S. 95.

198 Vgl. Kreisdienststelle Angermünde, »Zur Person«, 22.02.1966, BStU, BV Frankfurt (Oder) KD Beeskow, 240/66, Bd. V, Bl. 50.

199 Ebd.

200 »Auch die ›Slim‹-Gruppe war gekommen. Jugendforum im Prenzlauer Berg – strenge Maßnahmen gegen Rädelsführer«, in: *Neue Zeit* (25.10.1957), S. 2.

sich aber »nicht auf den Köpfen herumtanzen« lasse.[201] Man erwarte von den Jugendlichen Dankbarkeit und Verantwortung für die Arbeit der Werktätigen, die auch die 25 Millionen DDR-Mark ermöglichten, die in die Jugendförderung geflossen seien. Dass diese Ansprache nicht den gewünschten Eindruck auf die Jugendlichen machte, räumte allerdings ein anderer Artikel ein, dem zufolge ein beträchtlicher Teil der anwesenden 300 Jugendlichen demonstrativ den Saal verließ. Was dann geschah, war ziemlich genau das Gegenteil dessen, was man hatte erreichen wollen: »Ungefähr 50 von ihnen begaben sich dann grölend [...] zur Sektorengrenze an der Bernauer Straße.«[202] Unterwegs seien Passanten belästigt, Bürger bedroht und »Polizisten ausgelacht« worden, bis die Posten der Volkspolizei an der Sektorengrenze »dem Spuk [...] ein schnelles Ende« bereiteten.[203] Der als Rädelsführer beschuldigte »Slim« wurde festgenommen, wegen Landfriedensbruch zu zwei Jahren und drei Monaten Haft verurteilt und mit einem sogenannten Berlin-Verbot belegt.[204] Er verließ 1961 die DDR, reiste aber wenig später wieder ein und geriet erneut in Konflikt mit dem Staat.[205]

Die Massenkrawalle beschränkten sich nicht auf die Hauptstadt der DDR. Im August 1957 kam es in Leipzig zum Versuch der Erstürmung einer Sonderwache der Polizei durch hunderte aufgebrachte Jugendliche, die versuchten, darin festgehaltene Jugendliche zu befreien. Auslöser des Vorfalls waren Festnahmen auf dem Gelände der Leipziger Kleinmesse, wo sich eine Menschenmenge zusammengerottet hatte. Zuvor waren abweichende Körperbewegungen nach bekanntem Muster als Ausdruck westlicher Unkultur identifiziert worden: Am Karussell »Mondrakete« hatte eine Streife

201 Ebd.

202 »Ernste Mahnung an Prügelhelden. Großes Jugendforum in der Dimitroffstraße«, in: *ND* (25.10.1958), S. 8.

203 »Ernsthafte Warnung an jugendliche Rowdies«, in: *Berliner Zeitung* (25.10.1957), S. 10.

204 Am 05.03.1958 vom Stadtbezirk Berlin-Mitte wg. fortges. Landfr.-Bruchs nach §§ 123 Abs. 1 u. 2 StGB, 1,4,17, 25 JGVO unter Einbez. des Urteils v. 20.09.1957 (Freizeitarbeit-Schutzaufsicht) verb. 11.01.1960. Vgl. Kriminalakte Nr. B-116/65 über das Ermittlungsverfahren »Kellner«, BStU, F AOG 1288/65, Bd. 1, Bl. 12.

205 Besagter floh aus der DDR und ging nach eigenen Angaben über Westberlin nach Straßburg, wo er sich zur Fremdenlegion meldete. Vgl. Kreisdienststelle Schwedt/Angermünde, BStU, BV Frankfurt (Oder), KD Beeskow 240/66, Bd. IV und V, Bl. 128 ff. Bl. 185, Bl. 297 f.

der Volkspolizei einen Jugendlichen, der Rock'n'Roll tanzte, vergeblich aufgefordert, »seine Gliederverrenkungen einzustellen«, und sodann einer Polizeiwache zugeführt.[206] Ein anderer verhalf dem Tänzer zur Flucht und wurde deswegen von den Polizisten festgenommen, woraufhin es zu einer spontanen Erhebung kam: »Ca. 250 Jugendliche begaben sich nach der VP-Sonderwache und forderten die Freilassung des festgenommenen Jugendlichen. Sie randalierten […] und brachten ihre Antipathie gegen die Genossen der Volkspolizei durch Pfeifen, Pfui-Rufe und Schimpfworte zum Ausdruck. Gleichzeitig wurde die Sonderwache mit Steinen beworfen.«[207] Ein herbeigerufenes Schnellkommando nahm weitere 19 Jugendliche im Alter zwischen 16 und 18 Jahren fest. Bei Haussuchungen konnte jedoch »kein belastendes Material« gefunden werden, und die Personenüberprüfung ergab, dass es sich überwiegend um Arbeiterkinder handelte, die sich untereinander nicht kannten, was der Theorie organisierter Banden widersprach.[208] Es handelte sich damit um einen typischen »Folgekrawall«, der aus Empörung gegen die rigiden Maßnahmen der Ordnungskräfte hervorging.[209]

Zu ähnlichen Großkrawallen kam es auch noch in den folgenden Jahren. In Dresden skandierte eine bis zu 1000-köpfige Menge angeblich Parolen wie »Wir wollen die NATO und Adenauer«, »wir wollen den totalen Krieg« und »wir wollen den totalen Rock«.[210] Erst mit Hilfe von Bereitschaftspolizei und Feuerwehr gelang es, die Menge zu zerstreuen, wobei mehrere Polizisten verletzt und zehn Einsatzfahrzeuge beschädigt wurden. Im Nachhinein wurde festgestellt, dass fünf der Angeklagten einer Gruppierung angehört hätten, die seit 1957 »ihr Unwesen als Bande« getrieben und in einem Filmtheater ihren ständigen Treffpunkt gehabt habe. Ihr Anführer habe sich auf beide Unterarme den Schriftzug »Rock n Roll« unter einem Totenkopf tätowieren lassen. Besonders hervorgehoben wurde neben dem Umstand, dass viele der in Dresden des

206 BStU, BVfS Leipzig, Leitung 02131/02, Betr.: Festnahmen von Jugendlichen auf dem Gelände der Leipziger Kleinmesse, Leipzig, 01.09.1957, Bl. 35.

207 Ebd.

208 Ebd., Bl. 36.

209 Den Begriff »Folgekrawall« definierte Kaiser zeitgleich in der BRD: Vgl. ders., *Randalierende Jugend*, S. 107.

210 Ob dies tatsächlich dem Wortlaut entsprach, darf bezweifelt werden.

Landfriedensbruchs und der Staatsgefährdung beschuldigten Jugendlichen nur einen Elternteil hatten oder aus Erziehungsheimen stammten und von 78 Verurteilten 42 regelmäßig »die sogenannte heiße Musik« hörten. Damit war die Abweichung nicht nur in einem »Rädelsführer« personifiziert; es wurden auch einmal mehr kulturelle Hintergründe des Protests gegen das Vorgehen der Polizei konstruiert.

2.2.4. Kölner »Knüppeldemokraten«: Der Staatsschutz jagt »Die schwarze Hand«

Nicht nur in der DDR schob man die Probleme mit der eigenen Jugend auf den Klassenfeind hinter der Grenze; auch in der Bundesrepublik suchte man beim politischen Gegenüber die Verantwortung. Zwar standen in der westdeutschen Berichterstattung kaum spektakuläre Einzelfälle im Zentrum der Debatte über jugendliche Krawallmacher, doch stachen aus der großen Zahl der Berichte auch hier einige Fälle besonders hervor. Eine Episode in Köln hatte ein gerichtliches Nachspiel und führte zu geheimdienstlichen Ermittlungen, die kaum milder ausfielen als die rigiden Maßnahmen in der DDR. Nachrichten über Fälle von öffentlicher Unruhe und Massenaufläufen von Jugendlichen in den Innenstädten hatten auch in der BRD das Thema Jugend in die Schlagzeilen gebracht. In der zeitgenössischen Publizistik und im kriminologischen Diskurs ertönte immer wieder der Ruf nach »hartem Durchgreifen« und nach Gesetzesverschärfungen bis hin zur Wiedereinführung der Prügelstrafe – ähnlich wie in Großbritannien und den USA. *Die Welt* resümierte 1958, der »Ruf nach härterer Zucht, nach der Zuchtrute für die Jugendlichen ist fast so populär geworden wie die Forderung, die deutsche Justiz wieder mit der Todesstrafe zu ›bereichern‹«.[211] Die konservative *FAZ* meinte, es bräuchte jemanden, »der mit einem knorrigen Stock und Donnerstimme dazwischenführe, um sie [die Jugend, B.M.] – jenseits von Kinotraum und Groschenroman – wieder in eine andere Ordnung zurückzubringen«.[212]

Zur Anwendung kamen solche Methoden im Frühjahr 1957 in

211 Alexander Rost, »Rock and Roll an allem schuld«, in: *WAMS* (02.11.1958), S. 4.
212 »Halbstarke«, in: *FAZ* (19.01.1956), S. 6.

Köln, wo laut Polizeibericht »Heranwachsende an einigen darauffolgenden Tagen Krawalle« veranstaltet hatten.[213] Zur Wiederherstellung der öffentlichen Ruhe und Ordnung seien »umfangreiche Polizeimaßnahmen notwendig erforderlich« gewesen. Dort wurden 367 Jugendliche vorläufig festgenommen und überprüft, von denen zwölf einem Haftrichter wegen »Landfriedensbruchs, Widerstandes und ruhestörenden Lärms« vorgeführt wurden. Sieben von ihnen wurden zu Strafen zwischen zwei Wochen und acht Monaten Gefängnis verurteilt, einer zu drei Wochen Jugendarrest.[214] Nach diesen Maßnahmen erhoben Jugendliche schwere Vorwürfe gegen Polizisten. Eine Gewerkschaftszeitung veröffentlichte den Erlebnisbericht eines Schülers, der in starkem Kontrast zur offiziellen behördlichen Darstellung stand. Das Vergehen der Jugendlichen habe darin bestanden, in Gruppen auf dem Platz herumzustehen. Die Polizei habe die vermeintlichen Störenfriede zerstreut und dabei willkürlich junge Menschen festgenommen, darunter den Verfasser, und in das Polizeirevier in der Marzellenstraße transportiert:

> Dort anwesende Polizisten bilden, mit Gummiknüppeln bewaffnet, eine Doppelreihe von der Wagentür aus den Flur entlang bis zur Wachstube. Die Inhaftierten werden von ihren Plätzen herab bis unter die bereitstehenden Polizeibeamten gestoßen und von diesen mit den Gummiknüppeln geschlagen, bis sie die rettende Tür im ersten Stock erreicht haben. Keiner der Verhafteten hatte sich geweigert, freiwillig den Wagen zu verlassen und hinaufzugehen.[215]

Der Schüler selbst beklagte, ein Beamter, der ihm »aus unbekannten Gründen eine Ohrfeige gab«, habe die Nennung seiner Dienstnummer für eine Beschwerde verweigert. Beim Transport zum Präsidium sei der Spießrutenlauf unter Einsatz von Polizeiknüppeln wiederholt worden, bis man die Festgenommenen in der Nacht schließlich entließ. In der Januar-Ausgabe der Zeitung pflichtete ein Polizeiwachtmeister der Darstellung des Schülers bei: »Zugegeben, die sogenannten Halbstarken erlauben sich schon ein wenig

213 »Betr.: Polizeiliche Aktionen anlässlich der Jugendkrawalle in Köln, Der Polizeipräsident Köln am 20.03.1957 an das Jugendamt Frankfurt«, ISG, Fürsorgeamt 5.027.

214 Ebd.

215 Axel Held in der Rubrik »Man schreibt uns«, in: *Aufwärts. Illustrierte Zeitung des Deutschen Gewerkschaftsbundes für junge Menschen* 11 (15.11.1956), S. 2.

zu viel, dies ist jedoch kein Grund, gegen andere […] so drastisch vorzugehen.«[216]

Der Fall erweckte die Aufmerksamkeit der Behörden, zumal er in der DDR medienwirksam wurde. Die FDJ-Zeitung *Junge Welt* hatte die Leidensberichte aus der DGB-Zeitung unter der ironischen Überschrift »Ein Beitrag zur Freiheit« nachgedruckt und in einem Kommentar über die »Bonner Knüppeldemokraten« konstatiert, der westdeutsche Staatsapparat sei »von oben bis unten mit Faschisten durchsetzt«: »Wer nicht pariert, bezieht Hiebe.«[217] Diese außenpolitischen Verwicklungen der innerstädtischen Ereignisse führten zu geheimdienstlichen Ermittlungen. Der Innenminister von Nordrhein-Westfalen ließ sich vom Landesamt für Verfassungsschutz über den Vorfall Bericht erstatten. Dessen Ermittler bestätigten, dass beim Verfasser des Berichts, der auch in der DDR Furore gemacht hatte, anlässlich seiner Festnahme während der Jugendkrawalle eine Ausgabe der illegalen linken Zeitung *Freies Volk* in seiner Aktentasche sichergestellt wurde. Er sei Gruppenleiter der Gewerkschaftsjugend der IG Metall und Mitglied der Jungsozialisten, habe sich jedoch selbst als »Gegner der kommunistischen Ideologie« bezeichnet.[218] Es lägen damit keine Hinweise für eine »kommunistische Lenkung der Zusammenrottungen« vor.[219] Diesen Verdacht hatten bereits im September 1956 die zahlreichen etwa zeitgleich ausgebrochenen Straßenkonflikte mit Jugendlichen in verschiedenen Städten erregt.[220] Eine Studiengruppe des Marburger Jugendgerichtstages hatte sich schon im Oktober 1956 vor dem Hintergrund der Debatten um die Wiedereinführung der Wehrpflicht und das KPD-Verbot in der Bundesrepublik mit der Frage nach potenziellen kommunistischen Hintermännern der »Halbstarken« befasst, diese allerdings abschlägig beantwor-

216 Ebd.

217 A.R., »Ein Beitrag zum Thema Freiheit«, in: *JW* (04.12.1956), S. 3.

218 Der Innenminister des Landes NRW – Landesamt für Verfassungsschutz, Vermerk, Düsseldorf, 28.01.1957, LANW 614 Nr. 737, Bl. 32. Ich danke Thomas Grotum für den Hinweis auf diese Akte.

219 Ebd., Bl. 33.

220 In Düsseldorf am 29.08. und am 04.09.1956, in Oberhausen am 06.09. und in Köln am 15.09. sowie an allen Tagen zwischen dem 16. und dem 20.09., in Duisburg am 15., 17., und am 22.09., in Mülheim-Ruhr am 21.09. und in Moers am 22.09.1956. Vgl. Krawalle von Jugendlichen im Bundesgebiet, an das LAfV, Düsseldorf, den 04.10.1956, ebd., Bl. 18.

tet.[221] Berichte über organisierte Banden und politisch organisierte Rädelsführer hatten schon damals zu einer Untersuchung des Verfassungsschutzes geführt. In Presseberichten war mal von einer »Düsseldorfer Halbstarkenorganisation ›Die roten Hemden‹« und mal von einer Clique mit Namen »Die schwarze Hand« die Rede gewesen.[222] Gegen den jungen Autor des Gewerkschaftsartikels war ein Ermittlungsverfahren wegen Verdachts der Betätigung für die verbotene KPD anhängig, wie der Polizeipräsident in einem Telegramm mitteilte.[223] Den Verdacht einer politischen Lenkung der Krawalle hatten Flugblätter verstärkt, die im Duisburger Stadtteil Hochfeld sichergestellt worden waren (Abb. 9).

Wie die Ermittlungen ergaben, waren die mit einer Stahlmatrize hergestellten Flugblätter aus einem Pkw heraus anonym verteilt worden, woraufhin Strafanzeige wegen »Verstoßes gegen das Pressegesetz« erging – in Ermangelung namentlich bekannter Verdächtiger allerdings gegen Unbekannt.[224] Die Auswertung der von der Polizei festgenommenen Kölner Jugendlichen ergab, dass unter ihnen einige Vorbestrafte sowie ehemalige Insassen von Jugenderziehungslagern waren. Auch wurden »einige Personen erkannt, die als kommunistisch beeinflusste Elemente bekannt« gewesen seien, in München einer, der »aus der SBZ eingereist war«, und in Hannover ein kommunistischer Jugendleiter.[225] Man habe daraufhin mit der Sicherungsgruppe Bonn des Bundeskriminalamtes Kontakt aufgenommen.[226] Allerdings waren auch etliche Angehörige christlicher Gruppierungen unter den Zwangsgestellten, einem Agenturbericht zufolge gehörten sogar 33 Prozent der Festgenommenen katholischen Jugendorganisationen an.[227] Die Frage nach einer kommunistischen Unterwanderung der Halbstarken oder gar der Lenkung aus Ostberlin wurde Ende Januar 1957 abschließend dahingehend beantwortet, dass »die vom LKA NRW geführten Ermittlungen

221 Vgl. Kaiser, *Randalierende Jugend*, S. 69-72.

222 Pressespiegel des LfV Bayern vom 11. 09. 1956, LANW 614 Nr. 737, Bl. 3.

223 Betr: einleitung eines ermittlungsverfahrens, der polizeipraesident in koeln, 25. 09. 1956, ebd., Bl. 7.

224 Der Polizeipräsident in Duisburg an den Herrn Innenminister des Landes NRW, Betr.: Handzettel, Duisburg, den 28. 09. 1956, ebd., Bl. 15.

225 Betr.: Krawalle von Jugendlichen im Bundesgebiet, Bl. 19.

226 Ebd., Bl. 19.

227 PPP, »Jugendliche haben zuviel Geld«, Nachrichten und Meinungen vom 11. 10. 1956, ebd., Bl. 23.

keine Anhaltspunkte für eine kommunistische Lenkung der Zusammenrottungen« ergaben.[228]

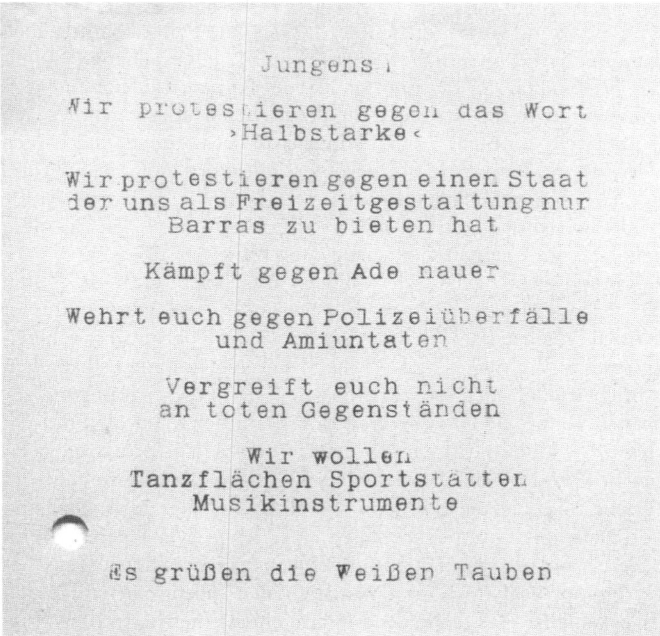
Jungens!

Wir protestieren gegen das Wort
›Halbstarke‹

Wir protestieren gegen einen Staat
der uns als Freizeitgestaltung nur
Barras zu bieten hat

Kämpft gegen Ade nauer

Wehrt euch gegen Polizeiüberfälle
und Amiuntaten

Vergreift euch nicht
an toten Gegenständen

Wir wollen
Tanzflächen Sportstätten
Musikinstrumente

Es grüßen die Weißen Tauben

Abb. 9: »Gegen Amiuntaten«: Flugblatt der Düsseldorfer »Weißen Tauben«.

Damit war der Fall aber noch nicht beendet, denn die Kölner Ereignisse zogen disziplinarische Ermittlungen nach sich. Der Chefredakteur der Gewerkschaftszeitung teilte dem Direktor des Frankfurter Jugendamtes auf dessen Frage nach einer Reaktion der Kölner Polizei mit, er habe »unter der Hand« die Mitteilung erhalten, der Kölner Polizeipräsident habe ein Untersuchungsverfahren eingeleitet.[229] Darin ging es um den Vorwurf massenhafter und

228 Der Innenminister des Landes NRW an das LAVS, Vermerk vom 28.01.1957, Düsseldorf, ebd.

229 Vgl. Theo Walter an die Schriftleitung der Zeitschrift *Aufwärts*, Frankfurt/M.

unangemessener Polizeibrutalität während der Kölner Vorfälle. Ein Kriminalrat des Frankfurter Polizeipräsidiums schrieb, er könne sich nicht vorstellen, dass »sich seit 1945 bei einer solch gewandelten Auffassung von Aufgaben der Polizei eine Polizeibehörde auch nur annähernd so verhalten könnte, wie da beschrieben«.[230] In einer Stellungnahme räumte der Kölner Polizeipräsident ein, dass Unbeteiligte in den Strudel der polizeilichen Maßnahmen gezogen worden sein konnten,[231] doch könne man der Polizei daraus keinen Vorwurf machen. Eine vom Kölner Polizeipräsidenten aufgrund der Berichte veranlasste Ermittlung gegen die Beamten wurde schließlich vom Oberstaatsanwalt eingestellt, »weil den Beamten kein strafbares Verhalten nachzuweisen war«.[232]

Diese Episode zeigt, wie politisch aufgeladen auch im Westen die Debatten waren. Unterschiedlichste Delikte wurden immer dann als »halbstark« verhandelt, wenn Jugendliche an ihnen beteiligt waren, die man aufgrund ihres Äußeren, ihrer musikalischen Vorlieben oder auch einfach nur ihres Alters dieser Kategorie zuordnen konnte.[233] Die übergreifende Klammer waren damit nicht Gesetzes-, sondern primär Normalisierungsverstöße. Allerdings lagen in Westdeutschland nicht so sehr spektakuläre Einzelfälle der Klischeebildung zugrunde, sondern eher eine Vielzahl an kleineren Vorfällen und Gruppenkrawallen. Als gleich zwei Jugendliche in Bayern von Polizisten bei minderschweren Einbrüchen auf frischer Tat ertappt und erschossen wurden, der 15-jährige Peter Hettich am 13. August 1958 sowie der 19-jährige Josef Hertle ein dreiviertel Jahre später, wurden diese Fälle nicht überregional skandalisiert, sondern regional verhandelt.[234]

31.01.1957, sowie die Antwort von Chefredakteur Hans Dornbusch, Köln, 05.02.1957, ISG Frankfurt/M., Fürsorgeamt 5.027.

230 Kriminalrat Michalke an das Jugendamt, Frankfurt/M. 21.12.1956; ebd.

231 Betr.: Polizeiliche Aktionen anlässlich der Jugendkrawalle in Köln, Der Polizeipräsident Köln am 20.03.1957 an das Jugendamt Frankfurt; ebd.

232 Ebd.

233 Beispielsweise Diebstähle, Randale, Körperverletzungen, Verkehrsdelikte. Vgl. etwa: »Halbstarke in der Verbrecherlaufbahn. Burschen ohne Berufsausbildung wollen sich durchs Leben stehlen«, in: *FAZ* (13.06.1956), S. 11, sowie »Wie lange noch?«, in: *FAZ* (23.07.1956), S. 6.

234 Die Polizeischützen wurden freigesprochen. Vgl. Geschichtswerkstatt Neuhausen (Hg.), *Vom Rio zum Kolibri*, S. 105-108. Zur regionalen »Halbstarkende-

Gegen den Sozialtypus des Halbstarken als Negativklischee des modernen Jugendlichen regten sich seit Mitte des Jahrzehnts vermehrt Proteste in den Medien. So schrieb ein junger Leser der *FAZ*, die einige Artikel zu dem Thema gebracht hatte, in einem veröffentlichten Leserbrief, das Modewort »halbstark« habe ursprünglich einen Verbrecher bezeichnet, sei mittlerweile aber so verallgemeinernd in Gebrauch, dass »fast jeder Jugendliche unter diese Kategorie fällt«.[235] Ein Gleichaltriger pflichtete ihm kurze Zeit später bei und betonte, die Kampagne habe genau das Gegenteil von dem erreicht, was man eigentlich wollte: »Ein ›Halbstarker‹ zu sein, ist fast schon ein Ideal und eine Ehrenbezeichnung.«[236] Aus diesen Gründen, so meldete kurz darauf die Kriminalpolizei, werde der Begriff als »gefährliche Verallgemeinerung« auch polizeiintern strikt vermieden.[237] Dies forderte auch der Leserbrief eines Oberstudiendirektors, der statt des »Halbstarken« den wertneutralen Begriff des Jugendlichen zu verwenden forderte. Dessen Ursprünge aus dem 19. Jahrhundert als seinerseits ausgrenzende Bezeichnung für problematische junge Arbeiter waren offenkundig nicht mehr bekannt.[238]

2.2.5. Von Exzentrikern zu Verbrechern: Verpolizeilichung von Medienklischees

Wurden Anfang der fünfziger Jahre noch Einzelfälle kolportiert, so verdichtete sich die Berichterstattung über nonkonforme Jugendliche in der zweiten Hälfte des Jahrzehnts in verschiedenen Staaten zu einem Klischee notorischer Krawall- und Unruhestifter, das Intervention erforderte. Dieser Befund passte in die Kultur der Zeit,

batte« vgl. Martin Kalb, *Coming of Age. Constructing and Controlling Youth in Munich, 1942-1973*, New York, Oxford 2016, S. 128-130.

235 »Ein Jugendlicher spricht«, in: *FAZ* (27.06.1956), S. 2.

236 »Das Gegenteil erreicht«, in: *FAZ* (24.07.1956), S. 5.

237 »Gegen den Begriff ›Halbstark‹«, in: *FAZ* (22.08.1956), S. 4 (dpa-Meldung, die einen Darmstädter Hauptkommissar zitiert).

238 »Halbstarke?«, in: *FAZ* (30.08.1956), S. 5. Dieser Ansicht schloss sich eine ganze Schulklasse an, die in einem kollektiven Leserbrief forderte: »Am besten unterdrückt man die modische Vokabel ganz«. Oberprima 1 des Rudolf-Koch-Realgymnasiums: »Die sogenannten ›Halbstarken‹«, *FAZ* (05.10.1956), S. 6. Vgl. zum negativen Sozialklischee des Jugendlichen im 19. Jahrhundert: Hermann, »Der ›Jüngling‹ und der ›Jugendliche‹«.

in der in Großbritannien die sogenannte *Angry-young-men*-Literatur, die teils *neo edwardians* als Protagonisten hatte, junge Männer aus der Arbeiterschaft als selbstbewusste »rebellische« literarische Subjekte konstituierte und »Jugendrebellion« als einen akzeptierten Ausdruck altersbezogener Selbstverständigung etabliert hatte, sofern sie von artikulierten zumeist männlichen Sprechern vorgetragen wurde.[239] Auch in den USA hatten Schriftsteller unter dem Begriff der *beat generation* sich über ein Generationenkonstrukt definiert; vor allem aber hatte das Kino die Thematik früh entdeckt und in enger Verflechtung mit medialen und politischen Diskursen besetzt.[240] In Frankreich, wo weder spektakuläre Einzelfälle noch ein vergleichbares Jugendklischee diskutiert wurden und erst um 1959/60 eine nachholende Debatte über gewaltbereite junge *blousons noirs* geführt wurde, war es der Kinofilm *Les Tricheurs,* der um 1957 ein gewandeltes Jugendbild ins Zentrum der Medienaufmerksamkeit rückte.[241]

Doch neben fiktionalisierten Einzelfällen und spektakulären Prozessen hielten zahlreiche kleinere Vorfälle das Thema am Laufen. Ein Blick auf die Seiten der britischen *tabloids* Mitte der 1950er Jahre gibt einen Eindruck von der Fülle negativer Nachrichten, die in diesen Jahren das mediale Bild der neuen Jugendkultur mit vermeintlichen Fakten unterfütterten.

Im November 1954 beschwerte sich eine Gruppe Wehrpflichtiger im *Daily Mirror*, es sei »beinahe unmöglich«, durch bestimmte Gegenden Londons zu laufen, ohne von Teddy Boys belästigt zu werden.[242] Im November 1955 suchte die Polizei einen »Teddy Boy«, der verdächtigt wurde, einen 52 Jahre alten Ladenbesitzer mit ei-

239 Unter diesem Begriff wurden verschiedene belletristische Bücher fast ausschließlich männlicher Autoren gefasst, die teils im Arbeitermilieu spielten und soziale Spannungen thematisierten. Der Begriff selbst geht auf das 1955 in London uraufgeführte Theaterstück *Look Back in Anger* von John Osborne zurück. Vgl. Colin Wilson, *The Angry Years. The Rise and Fall of the Angry Young Men*, London 2007. Einige Referenzen an die neo-edwardianische Mode enthält Alan Silitoes zum genannten Genre gerechneter Roman *Saturday Night & Sunday Morning* (50th Anniversary Edition), London 2008, bes. S. 16, 18, 49, 72.

240 Der Generationenbegriff der Beats war allerdings sehr weit, da ihnen überwiegend erwachsene Schriftsteller einer beträchtlichen Alterspanne zugerechnet wurden. Zum Kino vgl. ausführl. Kap. 3.2.

241 Zur französischen Debatte vgl. ausführlich Kapitel 4.5.1.

242 Rubrik »Live Letters«, *Daily Mirror* (10. 11. 1954), S. 10.

nem Messer bedroht zu haben; vier Tage später wurden 19 »Teddy Boys« bei einem Tumult in einem Tanzsaal in Bradford festgenommen und wegen Sachbeschädigung sowie versuchten Autodiebstahls im Zustand der Trunkenheit zu Geldstrafen bis zu 25 Pfund und Arrest bis zu vier Monaten verurteilt.[243] Dazu kamen mehrere Auseinandersetzungen mit Polizisten.[244] »Sie marschierten wie die Hitlerjugend«, hieß es im Sommer darauf anlässlich eines Ausfluges von drei Dutzend edwardianisch gekleideten Jugendlichen aus dem Londoner Suburb Battersea, die von der Polizei wegen ungebührlichen Benehmens in Arrest genommen wurden.[245]

Geradezu berüchtigt wurden die »Teds« für das Mitführen von Spring- und Klappmessern oder Rasierklingen, die angeblich, um sicher in der Tasche transportiert werden zu können, in Kartoffeln gesteckt wurden. Viele dieser Gegenstände scheinen allerdings eher aus Imponiergehabe getragen worden zu sein und kamen, wenn überhaupt, dann an Kinositzen und -leinwänden zur Anwendung, allerdings wurden auch einige bewaffnete Auseinandersetzungen aktenkundig.[246]

Wie sehr der bloße Stil synonym für Devianz geworden war, zeigt ein im Mai 1955 als besonders niederträchtig beschriebenes Verbrechen. Im Londoner Stadtteil Camden war ein älterer Zypriot einer 22-jährigen Griechin zu Hilfe gekommen, die von drei 16 Jahre alten »Teds« auf ihrem Heimweg belästigt worden war. Als sich der 62-jährige Christos Tsapparelli nach einem Wortwechsel mit den Angreifern schützend vor die junge Frau gestellt habe, sei er von den Jugendlichen niedergeschlagen worden, wie der auflagenstarke *Daily Express* in einer Titelgeschichte unter der Überschrift »Teddy Boys schlagen zu« in eindringlichen Worten schilderte:

243 »Teddy Boys jailed«, in: *Daily Express* (25./29.11.1955), S. 5.

244 »Teddy Boys beat up Police«; in: *Daily Express* (24.12.1955), S. 1; »Teddy Boys' ›Picnic‹ in A Park«, *Daily Mirror* (22.07.1954), S. 2.

245 Vgl. »›Horror Weapons‹ Are Found in A Pond«, *Daily Mirror* (28.06.1956), S. 4.

246 Am 15.06.1956 wurde etwa der 19-jährige Michael Green einem Medienbericht zufolge bei einem Angriff von sieben »Teddy Boys« erstochen. Vgl. Frank MacGarry, »Teddy Brawl: Boy dies«, *Daily Express* (16.06.1956), S. 1. Zu weiteren Messerstechereien vgl. D. M., »Teddy Boys' ›Picnic‹ in A Park«; »›Teddy Boy‹ stabs barber and escapes«, *Daily Express* (14.08.1954), S. 1; »Youth knifed in train«, *Daily Express* (27.09.1954), S. 5.

Christos Tsaparelli schritt über die Straße und sagte in einer freundlichen Weise: »Nun versuche dich zu beherrschen, mein Junge, und mäßige deine Ausdrucksweise.« Der Teddy Boy vollführte einen brutalen Fausthieb, und Mr. Tsaparelli fiel in den Rinnstein, wo sein Kopf auf dem Granit-Bordstein aufschlug. Die Teddy Boys begannen, den gefallenen Mann zu treten. [...] Mrs. Tsaparelli schrie: »Christos, Christos, rettet meinen Christos.« Die Jugendlichen bekamen Angst und rannten die Straße hinunter. Christos Tsaparelli lag bewegungslos im Rinnstein, umspült von Regenwasser. [...] Seine Frau brach wimmernd zusammen: »O, mein Christos. Sie haben meinen Christos getötet.«[247]

Der Angriff auf einen harmlosen älteren Mann, der einer Frau in Not zu Hilfe kommen wollte und stattdessen in der Gosse verenden musste, den Kopf in den Schoß seiner Gattin gebettet, war wie kaum eine andere Tat geeignet, Emotionen gegen die nicht nur absonderlich gekleideten, sondern offenkundig auch extrem brutal vorgehenden Jugendlichen zu schüren und zudem die Ausländerfeindlichkeit der »Teddy Boys« zu belegen. Scotland Yard, so hieß es in dem Bericht, habe umgehend damit begonnen, die Alibis aller ortsansässigen »Teddy Boys« zu überprüfen. Nur einige Wochen später sahen sich die Zeitungen allerdings zu einer peinlichen Richtigstellung genötigt. »Mordverdächtiger Jugendlicher ist Gericht zufolge kein ›Teddy Boy‹«, lautete nun die Überschrift. Der Täter, ein 22-Jähriger, hatte sich inzwischen der Polizei gestellt, und die Boulevardpresse musste eingestehen, er sei »weder in Kleidung noch in seinem Verhalten [...] in irgendeiner Weise mit jenen Leuten verbunden, die Teddy Boys genannt werden«.[248] Auch die Darstellung des Vorfalls als kollektives Gewaltverbrechen bedurfte der Korrektur: Es habe sich nicht um einen Gruppenangriff, sondern um einen betrunkenen Einzeltäter gehandelt. Dessen Freunde hätten nicht Beihilfe geleistet, sondern im Gegenteil versucht, ihn zurückzuhalten, allerdings vergeblich. In den Boulevardmedien hatte sich das Image des zustechenden Gewaltverbrechers jedoch inzwischen derart verfestigt, dass bei Messerattacken »Teddy Boy«-Angriffe quasi automatisch unterstellt wurden – und die Jugendmode sich somit auch dann in den Schlagzeilen hielt, wenn keiner ihrer Anhänger an den Vorfällen beteiligt war.

247 Keith Morfett, »TEDDY BOYS STRIKE – OUTSIDE A SHOP, OUTSIDE A BAR. Man slain trying to save girl«, in: *Daily Express* (21.5.1955), S. 1 u. 7.

248 »Youth for Trial«, in: *Daily Mirror* (11.06.1955), S. 4.

In der zeitgenössischen Boulevardpresse firmierte Gewalttätigkeit als ihr hervorstechendes Merkmal. Vergleicht man die beschriebenen Vorfälle jedoch mit der Berichterstattung über die alltägliche Kriminalität jener Jahre, so entpuppen sich die geschilderten Taten weder als außergewöhnlich noch als neu. Gelegentliche Raubüberfälle und Wirtshausschlägereien beschäftigten ohnehin seit Jahrhunderten die Obrigkeiten, und gewalttätige Auseinandersetzungen zwischen Nachbarscliquen waren etwa in der Guy-Fawkes-Night seit dem 18. Jahrhundert überliefertes Brauchtum.[249] Erst das neuartige Outfit der Jugendlichen schien den an unterschiedlichen Orten und zu unterschiedlichen Zeiten völlig unabhängig voneinander stattfindenden Ereignissen, die andernfalls kaum öffentliche Beachtung gefunden hätten, einen übergeordneten Sinnzusammenhang zu verleihen.

Mit den Berichten über Gewalttaten ging die Stigmatisierung der Mode selbst einher, der durch die sozialen Auffälligkeiten ihrer Träger eine völlig neue Bedeutung verliehen wurde. Aus einem *Upper-class*-Kleidungsstil wurde im Bild der veröffentlichten Meinung eine Art Kampfanzug gewalttätiger Banden. Als ein junger Edwardian im Februar 1958 in einem Zug eine junge Frau angriff, wurde einem Kommentar im *Sunday Chronicle* zufolge dabei nicht nur das Opfer, sondern auf einer symbolischen Ebene auch der Bekleidungsstil »tödlich verwundet, als einer seiner Träger, der als edwardianischer Dandy beschrieben wurde, eine junge Frau in einem Vorortszug angriff [...]. Und andere Bekleidungshändler sagen, mehr und mehr dieser Anzüge würden zu Schnäppchenpreisen verkauft werden, weil sie zu Symbolen für den *Spiv* und den *Cosh* geworden sind.«[250] Zahlreiche Tanzhallen und Jugendclubs verhängten Eintrittsverbote für »Teddy Boys« und sprachen Kleiderverbote aus. In Oxford etwa empfahl ein Gutachten, das dem Stadtrat vorlag, ein Aufenthaltsverbot in Musikgaststätten

249 In der Nacht zum 5. November entbrannte »gewöhnlich ein heftiger Streit zwischen Stadtbewohnern und Studenten [...], bei dem die Jugend die Möglichkeit hatte, sich auszutoben«, schreibt Gillis, *Geschichte der Jugend*, S. 19.

250 *Sunday Chronicle* (28.02.1958), zit. n. Rock/Cohen, »The Teddy Boy«, S. 291 (meine Hervorhebung). *Cosh Boy* war auch der Titel eines britischen Kinofilms über Jugendgewalt, der in der ersten Hälfte der Fünfziger kontrovers diskutiert wurde. Vgl. dazu Kapitel 3.2.1.

für Personen in »übertriebenen edwardianischen Bekleidungsstilen«.[251]

Die Zeitschrift *Tailor & Cutter & Women's Wear* wehrte sich daraufhin in ironischem Tonfall gegen die Verurteilung der Kleidung, die nun plötzlich alte Damen und junge Frauen in Angst und Schrecken versetze: »Was für ein Getöse würden die nationalen Zeitungen machen, würde die *Tailor & Cutter* jede soziale Übertretung mit Überschrift versehen wie ›Killer trägt hellbraune Schuhe zu blauem Anzug‹.«[252] Tatsächlich barg der Stil zunehmend das Risiko auch einer juristischen Vorverurteilung. In der Justiz wurde Bekleidung immer wieder als Indiz für potenzielle Gewalttätigkeit gewertet und in der Rechtsprechung quasi als semiotisches Schuldeingeständnis ausgelegt.[253] Einzelne Jugendliche protestierten gegen diese von ihnen als Diskriminierung empfundene Tendenz.

Der 24-jährige Rex Evans, der sich im Frühjahr 1958 vor einem Gericht in Portsmouth Parks wegen bedrohlichen und ungebührlichen Verhaltens gegenüber Polizeibeamten verantworten musste, erschien dort angezogen »wie ein junger Lord« in Frack und gestreifter Hose und mit einem Zylinder auf dem Kopf, um zu zeigen, dass er kein »Teddy Boy« sei.[254] Auf diese Weise demonstrierte er auf semiotischer Ebene gegen die Vorverurteilung durch Medien und Justiz aufgrund modischer Kriterien. Die gleiche Absicht motivierte ein Komitee von 100 selbsterklärten »Teddy Boys and Girls« in der Grafschaft Warwickshire im Juli desselben Jahres, mit einem Wettbewerb um »Teddy-Anzüge, -Frisuren und -Schönheit« nicht nur Geld für ein Krankenhaus zu sammeln, sondern gleichzeitig auch zu demonstrieren, »dass wir nicht die Tagediebe sind, für die wir von der älteren Generation gehalten werden«.[255] War in den Mediendebatten vor allem über Jugendliche geredet worden – und eher selten mit ihnen –, so nutzten einige in solchen Aktionen die gestiegene Aufmerksamkeit, um selbst eine Stimme zu finden

251 Vgl. ›Proposed Dance Ban on »Teddy Boys«, in: *The Times* (30.09.1955), S. 4. Auch ein Boys' Club drohte dort entsprechend gekleideten Mitgliedern mit Ausschluss, vgl. »Club Ultimatum to Teddy Boys«, in: *The Times* (16.03.1958), S. 5.

252 Zit. n. Rock/Cohen, »The Teddy Boy«, S. 292.

253 Ebd., S. 293.

254 »Putt n' On The Style – To Go To Court«, in: *Daily Mirror* (28.03.1958), S. 3.

255 Im Kurort Leamington Spa. Vgl. »10.000 at Teddy Boys Fête. Effort for Hospital«, in: *The Times* (21.07.1958), S. 3.

und kollektive Interessen zu formulieren. Auch in anderen Staaten schlossen sich Jugendliche in losen Gemeinschaften zusammen und artikulierten auf Stadtteilforen und in Gemeinden gemeinsame Anliegen gegenüber der Politik und den Behörden.

2.3. Jugend im Parlament: Straßenpolitik und behördliche Maßnahmen

2.3.1. Motorräder als sonisches Ärgernis

Im Frühjahr 1955 traf sich im Westberliner Ortsteil Lichterfelde regelmäßig »eine Gruppe von etwa 20 Söhnen angesehener Eltern, 17 bis 22 Jahre alt«, um »auf schweren Motorrädern« über die Havelchaussee zu einer schwimmenden Gaststätte zu fahren.[256] Die Jugendlichen legten dort Verhaltensweisen an den Tag, die als minderschwere Verstöße gegen Ordnung und Moral aktenkundig wurden: Nacktbaden, Beamtenbeleidigung, Zechprellerei, Erpressung und Bedrohung eines Gastwirtes, Versenken eines Blumenkastens in einem Freigewässer, Aufsässigkeit gegenüber Erwachsenen, unbefugte Inbetriebnahme eines Pkw, Sachbeschädigung desselben und dergleichen mehr.[257] Die Aktivitäten dieser Jugendlichen, die später als »die nackten Havelpiraten« berüchtigt wurden, wertete eine Kommission um den Sozialwissenschaftler Curt Bondy als Initialzündung der sogenannten »Halbstarkenkrawalle«, auch wenn diese Taten weder singulär noch neu gewesen sein dürften, sondern in einer langen Tradition des groben Sommerunfugs standen.[258] Seit dem Sommer 1955 wurde in Westberlin und der Bundesrepublik eine Reihe größerer Tumulte breit debattiert, die die Jugend als eine »rebellische« Gruppe zur Projektionsfläche von Zukunftsängsten machte.

256 Vgl. Curt Bondy u.a., *Jugendliche stören die Ordnung. Bericht und Stellungnahme zu den Halbstarkenkrawallen*, München 1957, S. 9

257 Vgl. Kaiser, *Randalierende Jugend*, S. 41-42, 93.

258 Vgl. exemplarisch eine Meldung über »dreißig Burschen« aus Hanau, die ein Paar mit Äpfeln und Kastanien beworfen, einer jungen Frau Schuhe geraubt hatten, einen Pkw quergestellt und die Fensterscheiben von Neubauten mit Obst eingeworfen hatten: »Rowdis [sic!] auf der Landstraße«, in: *FAZ* (01.09.1956), S. 34.

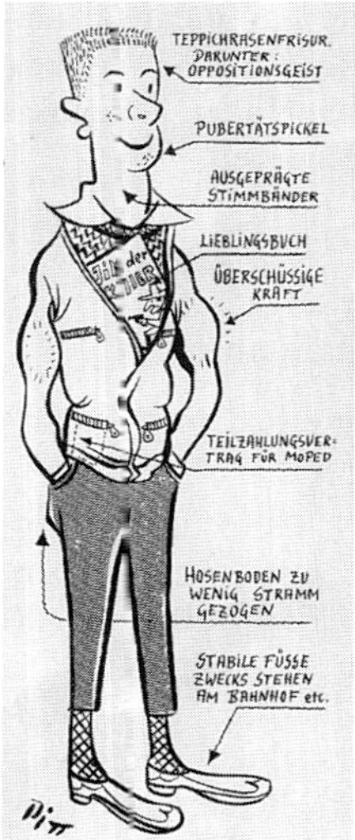

Abb. 10: Teilzahlungsvertrag für Moped und Oppositionsgeist unter der Teppichrasenfigur: So sah für den Karikaturisten Klaus »Pitt« Pielert der »vorschriftsmäßige Halbstarke« aus.

Diese Welle der als »Halbstarkenkrawalle« bezeichneten Vorfälle führte zu polizeilichen, judikativen und legislativen Maßnahmen, zu einer Skandalisierung in den Medien und einer Politisierung vor dem Hintergrund des Kalten Krieges. Dabei kam es – wie bereits gezeigt wurde – auch in der liberalen westdeutschen Demokratie zu polizeilichen Maßnahmen und Ermittlungen des Inlandsgeheimdienstes, wenn auch mit anderen Methoden und Ergebnissen als in der DDR. Neben den neuen Musikstilen bildeten Verstöße gegen die Straßenverkehrsordnung, vor allem der Einsatz von Kleinkrafträdern zur Passantenbelästigung, einen Kernbereich von als »halbstark« diskutierten Delikten.[259] (Abb. 10) Lärmkonflikte spielten als Herausforderung des noch aus dem Preußischen Landrecht des 18. Jahrhunderts stammenden Paradigmas von »Ruhe und Ordnung« eine herausgehobene Rolle, wie ich am Beispiel Westberlins zeigen werde. Motorisierte Jugendliche waren überwiegend

259 Vgl. Hans Heinrich Muchow, *Sexualreife und Sozialstruktur der Jugend*, Hamburg 1959, S. 127.

auf sogenannten Mopeds unterwegs, einem sowohl mit Motor als auch per pedes anzutreibenden Zweirad, dessen Name erst 1953 auf der Frankfurter Internationalen Fahrrad- und Motorradausstellung (IFMA) mittels eines Preisausschreibens ermittelt worden war. Die bundesdeutsche Motorradindustrie legte seitdem einen Schwerpunkt auf Maschinen mit geringem Hubraum. Hersteller wie Kreidler produzierten fortan Kleinkrafträder, die mit Kickstarter und Fußrasten an vollwertige Motorräder erinnerten und von der Straßenverkehrszulassungsordnung (StVZO) als eigenständige Klasse behandelt wurden.[260] Unter Jugendlichen waren sie massenhaft verbreitet, weil sie schon ab einem Alter von 16 Jahren geführt werden durften – seit der sogenannten Lex Kreidler vom 1. Dezember 1954 allerdings nur bis maximal 50 ccm.[261] Weitere Verregelungen wurden bereits als Folgen »halbstarken« Fahrverhaltens interpretiert, etwa die Kennzeichenpflicht auch für Mopeds ab November 1956 und die spätere Herabsetzung der Höchstgeschwindigkeit für Mofas von 40 auf 25 km/h.[262] Die Einführung dieser neuen Restriktionen wurde als idealtypisches Muster für kommende Konflikte gedeutet: Durch ordnungsrechtliche Normverschärfungen schufen sich die Kontrollinstanzen selbst neue Interventionsspielräume. Bereits im Vorfeld der Verordnungen wurde prophylaktisch nach Gesetzesverschärfungen gerufen; Berichten zufolge reichte vielen das bestehende Gesetz zur Sicherung des Straßenverkehrs nicht aus. »Stimmen, die sich gegen zu milde Urteile bei Verkehrssündern zu Worte melden«, waren zahlreich und bezogen sich auf Motorräder im Besitz Jugendlicher, die mehrheitlich Verkehrsunfälle verursachten, wie ein Artikel in der *Frankfurter Allgemeinen Zeitung* behauptete.[263] Diese Aussage deckte sich keineswegs mit den Statistiken, doch ging es nicht nur um rowdyhaftes Verhalten im Straßenverkehr.[264] Das Motorrad provozierte auch aufgrund

260 Nach § 20 der StVZO. Vgl. Heinz Schimetschke, *Der jugendliche Mopedfahrer. Eine verkehrspsychologische Untersuchung der Verhaltensmotivation männlicher Jugendlicher*, München, Zirndorf/Nürnberg 1958, S. 15 f.

261 Vgl. ebd., S. 30 f.

262 Vgl. »Mopeds erhalten Nummernschilder«, in: *WAZ* (16. 11. 1956), zit. in: Lindner, *Jugendprotest*, S. 31. Für Hinweise zur Zweiradgeschichte danke ich Matthias Neumann (Bochum).

263 »Täglich mehr Unfälle mit Motorradfahrern. Eine Drohung der Polizei. ›Mit aller Schärfe vorgehen‹. Zu hohe Phonzahlen«, in: *FAZ* (25. 06. 1953), S. 7.

264 Vgl. Pross, »Die Flucht in die Bande«.

seines Sounds der »jammernden« Maschinen und »stöhnenden« Reifen.[265] Derselbe Artikel, der Strafverschärfung aufgrund »rüpelhafter« Fahrweise forderte, sah in der technisierten Moderne im Allgemeinen und in abmontierten Schalldämpfern und Auspufftöpfen im Speziellen ein sonisches Problem, das auch zu sozialer Dissonanz führte: »Wie empfindlich der Mensch auf Lärm reagiert, zeigt eine Meinungsbefragung, bei der die Mehrzahl der Befragten erklärte, nur deshalb im Streit mit dem Nachbarn zu leben, weil er zu laut sei.«[266] Als probates Mittel empfahl der Leiter der Frankfurter Verkehrspolizei eine Geschwindigkeitsbegrenzung, die den Anreiz zum Frisieren der Motorräder verringere – und so auch das Lärmproblem löse. Der Hauptkommissar betonte, dass die erlaubte Lautstärke mit neunzig Phon »wesentlich zu hoch« lege:

Ein Vergleich mit anderen Geräuschen ist sehr aufschlußreich. Ein Flüstern entspricht etwa zwanzig Phon, ein Radio auf Zimmerlautstärke verursacht etwa dreißig, ein Redner vierzig, eine Türklingel fünfzig, eine Fahrradklingel sechzig, eine Pauke siebzig, lautes Schreien achtzig, ein Motorrad neunzig und ein Flugzeug schließlich 110 Phon.[267]

In diesen Messwerten wurden Alltagsgeräusche zunächst verdatet und dann in einer Taxonomie hierarchisiert, womit zwei wesentliche Techniken der Produktion von Normalität zur Anwendung kamen.[268] Die Wirkung des gebündelten Motorenklangs mehrerer Maschinen setzten Jugendliche in provokativen, nicht selten auf Restriktionen reagierenden Aktionen ein. So wollte das sogenannte Offenbacher Mopedrudel bei einer Ausfahrt »den Frankfurtern einmal zeigen, was Krach ist«.[269]

Gemeinschaftlich organisierte Ausfahrten, sogenannte *runs*, gaben oftmals Anlass zu Auseinandersetzungen mit den Anwohnern und der Polizei.[270] In der Afrikanischen Straße im Westberliner Bezirk Wedding lösten motorisierte Jugendliche im Juli 1956 mehrtägi-

265 Ebd.
266 »Täglich mehr Unfälle mit Motorradfahrern«.
267 Ebd.
268 Vgl. Jürgen Link, *Versuch über den Normalismus. Wie Normalität produziert wird*, Göttingen 52013, S. 20.
269 »Finale eines Lärmkonzertes. Vierzehn Mopedfahrer festgenommen«, in: *FAZ* (14.09.1956), S. 8.
270 Vgl. Lindner, *Jugendprotest*, S. 62 f.

ge Krawalle aus. Während der Sommermonate war das Café Punkt jeden Donnerstagabend der Treffpunkt einer Motorradclique, die aufgrund ihres einheitlichen Erscheinungsbildes mit Lederjacke, weißem Sturzhelm und einem Totenkopfanhänger als »Totenkopfbande« notorisch wurde. Zeitweise versammelten sich dort rund 150 Jugendliche auf Mopeds. Nach Beschwerden von Anwohnern über ruhestörenden Lärm durch das Aufheulen der Motoren und die gemeinschaftliche An- und Abfahrt lud die Polizei die Jugendlichen zum Verkehrsunterricht ein. Da die »Bande« dieser Einladung nicht nachkam, organisierten die Beamten gemeinsam mit Kräften der Kriminalpolizei, des Gesundheits- und des Jugendamtes Ausweis- und Verkehrskontrollen und setzten ein Halteverbot sowie eine Geschwindigkeitsbeschränkung für Krafträder durch. Junge Mopedfahrer reagierten auf diese Maßnahmen mit einem Massenprotest, bei dem sie durch »geschlossenes Hin- und Herfahren« die Straße blockierten. Bei einer vorübergehenden Festnahme mehrerer Jugendlicher, die sich nicht ausweisen konnten, wurde nach Steinwürfen die Straße mit dem Wasserwerfer geräumt. Am Folgetag versammelten sich bereits 800 bis 1000 Jugendliche, darunter viele aus anderen Bezirken, in Erwartung neuer Auseinandersetzungen mit der Polizei.[271] Ähnliche Ereignisse spielten sich in bundesdeutschen Städten ab.[272] In Westberlin wurde jedoch die mit Abstand höchste Zahl von Krawallen gezählt, binnen sechs Monaten registrierte die Polizei dort 36 Randale und 309 Festnahmen.[273]

Die Nebenwirkungen der neuen Mobilität beschäftigten 1957 auch die Politik. Im Oktober des Jahres diskutierten Lokalpolitiker im Berliner Abgeordnetenhaus das sogenannte »Halbstarkenproblem« im Kontext der jüngsten Diktaturgeschichte und brachten es in Zusammenhang mit dem aktuellen außenpolitischen Konflikt der deutschen Teilung.[274] Während sich ein Abgeordneter der Freien Demokraten gegen Jugendzentren aussprach und die Zuständigkeit der Schulen betonte, warnte einer seiner Kollegen von der SPD davor, sich »durch gelegentliche Sensationsmeldungen«

271 Vgl. Bondy u. a., *Jugendliche stören*, S. 48.

272 Vgl. Kaiser, *Randalierende Jugend*, S. 32 f.

273 Vgl. Poiger, *Jazz, Rock, and Rebels*, S. 79.

274 In der 70. Sitzung vom 19. 10. 1957. Vgl. Abgeordnetenhaus von Berlin (Hg.), *II. Wahlperiode. Stenographischer Bericht, 70. Ordentliche Sitzung, Bd. III, Nr. 20*, S. 471-480.

beirren zu lassen: »Wir halten diese Erscheinungen, so bedauerlich sie sind, für Ausnahmen, die nicht zuletzt verursacht worden sind durch die rücksichtslose Politik eines radikalen Regimes mit allen ihren Folgen.«[275] In der politischen Debatte wurden zahlreiche sozialtherapeutische Maßnahmen verhandelt. Aktivitäten wie Sport, Wanderungen und Kulturerlebnisse sollten der Jugend ermöglichen, was ihr die »Abschirmung« Westberlins vorenthalte. Der Sozialdemokrat plädierte für erhöhte Sozialausgaben etwa im Bereich der Sonderschulen, der technischen Hoch- und Fachschulen sowie in der Erwachsenenbildung. Doch regte sich gegen diesen Aktivismus auch Widerspruch. In einer weiteren Debatte im Berliner Senat brachte die sozialdemokratische Senatorin für Jugend und Sport 1959 die Meinung zum Ausdruck, dass »viele Verhaltensweisen Jugendlicher, die von der Bevölkerung als störend empfunden werden, wie das Motorradknattern, ausgesprochene Ungezogenheiten, aber noch kein kriminelles Verhalten sind«.[276] Bei diesem Anlass berichteten Vertreter der Polizei über den Einsatz von Motorradstreifen, »die durch die Bezirke fahren, um Ordnungsstörungen zu vermeiden«. Als weitere sozialpräventive Lenkungsmaßnahme plante der Senat den Bau einer Motorradbahn für Jugendliche. Der Bezirk Reinickendorf organisierte eine Motorradveranstaltung gemeinsam mit der Schutzpolizei, um »die wilden Mopedfahrer unter gewisse Kontrolle zu bekommen«.[277] Zu einer Veranstaltung des Senders Freies Berlin (SFB) in der Freiluftbühne Rehberge nahe dem Weddinger Afrikanischen Viertel erschien schließlich alles, »was in Berlin Motorräder mit Rennsätteln fährt oder Texashosen trägt«.[278]

Diese Strategie erinnerte an die Maßnahmen in den USA. Illegale Rennen auf abgelegenen Highways und Kleinstadtstraßen mit zu *hot rods* umgebauten Oldtimern oder das Umherfahren in tiefer gelegten sogenannten *low riders* eröffneten dort »›coole Welten‹ der urbanen Sozialisation für junge Neuankömmlinge aus dem ländlichen Texas, Louisiana und Mississippi«, beschäftigten aber auch die Highway

275 Ebd., S. 484.

276 Niederschrift der Sitzung d. Senatsverwaltung Jugend u. Sport vom 31. 07. 1959, LAB, B Rep 010, Nr. 2300.

277 Ebd.

278 *Hannoversche Presse*, zit. n. Grotum, *Die Halbstarken*, S. 83.

Patrol.[279] Sogenannte *joy rides* mit gestohlenen Autos gehören zu den Phänomenen, die Tom Wolfe in seinem zu Beginn zitierten Reportagebuch als Merkmale der von ihm benannten *pop society* ausmachte. Sie lassen sich auch als gegenkulturelle Praktiken am anderen Ende der Skala jener komfortablen *drive-in culture* verstehen, die in den fünfziger Jahren die amerikanische Vorstadt mit ihren Autokinos und befahrbaren Fast-Food-Imbissen prägte.[280] Verschiedene Sheriff Departements im Westen der USA reagierten auf die »enge Verbindung von Auto und Delinquenz« mit der Adaption von Streetwork-Techniken, indem sie die Gründung legaler Hotrod-Clubs förderten und kontrollierte Autorennen auf Highways organisierten.[281]

Flankiert wurden solche Anreize von repressiven Methoden. Die 1959 eingerichtete Westberliner Kommission zur Bekämpfung des Rowdytums leitete zusätzliche Kontrollen gegen jugendliche Mopedfahrer ein, die zu insgesamt rund 800 Anzeigen, 1300 gebührenpflichtigen Verwarnungen und der »vorläufigen Sicherstellung« von 410 Fahrzeugen führten, und meldete Erfolg: Im Resultat habe sich die Verkehrssicherheit der überprüften Zweiräder nach Angaben der Kommission um 50 Prozent erhöht.[282] Als die Berliner Kommission zum zweiten Mal tagte, debattierte sie abermals über Mopedfahrer. Der Innensenator schlug vor, nicht der Vorschrift entsprechende Mopeds einziehen und zu bestimmten Werkstätten bringen zu lassen, um dort Umbauten »auf Kosten der Jugendlichen« vorzunehmen.[283] Die Zeitung *Die Welt* empfahl, »ein Exempel zu statuieren und mal ein paar Mopeds für ein Jahr oder auch für dauernd zu konfiszieren« – das wirke »stärker als vier Wochen Arrest«.[284] Beendet wurden die Weddinger Krawalle schließlich nach einer Aussprache im Rathaus, wo der Bezirksbürgermeister den Jugendlichen einen Treffpunkt außerhalb des Wohngebietes vorschlug und das Aufstellen einer Jukebox zusicherte.[285] Aufent-

279 Vgl. Davis, *City of Quartz*, S. 293. Zur amerikanischen *hot rod* und *custom culture* vgl. Kurme, *Halbstarke*, S. 146-151.

280 Vgl. zur »drive-in culture«: Jackson, *Crabgrass Frontier*, S. 4-5 sowie S. 246-271.

281 Vgl. Salisbury, *Die zerrüttete Generation*, S. 140.

282 Betr.: Bekämpfung des Rowdytums, S. 47. Maschinenschriftliche Mitteilung an die Bezirksämter, LAB, B Rep 010, Nr. 2300.

283 Sitzungsprotokoll vom 28. 08. 1959, LAB, B Rep 010, Nr. 2300.

284 Vgl. Rost, »Rock and Roll an allem schuld«.

285 Vgl. Grotum, *Die Halbstarken*, S. 82-83.

haltsorte für Jugendliche jenseits der Straße gab es vor 1958 kaum, und die »Straßenkrawalle«, die zum Teil eher Massenaufläufe waren, hatten den Blick auch auf diesen Mangel gelenkt.[286]

In Bayern, wo immer wieder Konflikte insbesondere mit den Münchner »Blasen« Aufmerksamkeit erregten, zeitigte dieser bundesweit geführte Kampf gegen »halbstarke Verhaltensweisen« legislative Folgen: Am 5. Juni 1956 erging dort ein ministerieller Erlass, der das Herumfahren auf Motorrädern aus purer Lust unter Strafe stellte.[287] Der Gebrauch von Krafträdern war demnach nur noch »zur Erreichung eines Verkehrszieles« zulässig, nicht aber, wenn das Fahren »lediglich der Unterhaltung dient und dadurch andere belästigt werden, wie beim Fahren rings um die Häuserblocks«.[288] Diese Anordnung war Teil eines Pakets polizeilicher Maßnahmen gegen »verwilderte Jugendliche«, das das Bayerische Staatsministerium des Innern explizit als Reaktion auf »zahlreiche Vorkommnisse der letzten Zeit« verabschiedet hatte und das daher als »Halbstarken-Paragraph« bekannt wurde. Diese »Vorkommnisse« hätten erkennen lassen, dass »die öffentliche Sicherheit und Ordnung durch das Verhalten Jugendlicher, die die allgemeinen Regeln eines geordneten menschlichen Zusammenlebens nicht beachten, ernsthaft bedroht« gewesen sei.[289] Als probate normalistische Kontrollmaßnahmen wurden Begehungen von öffentlichen Grünanlagen, Ruinengrundstücken, Bahnhöfen und »verrufene[n] Lokalen« angeordnet.[290] Auch die Teilnahme Jugendlicher an öffentlichen Tanzveranstaltungen sollte unterbunden und dabei »nötigenfalls unmittelbarer Zwang« angewendet werden.[291] Als Straftat genügte schon »die Verübung groben Unfugs […]; diese liegt bereits vor, wenn das Verhalten der Jugendlichen geeignet ist, das Publikum […] unmittelbar zu belästigen«.[292] Wie sehr der Besitz eines Mopeds mit »Rowdytum« assoziiert wurde und wie schnell Jugendli-

286 Erst ab 1957 setzte ein »Planungsboom für solche Einrichtungen ein«, Schildt, »Von der Not der Jugend zur Teenager-Kultur«, hier: S. 347.

287 Vgl. »›Halbstarke‹ randalieren in München«, in: *FAZ* (07.08.1956), S. 5.

288 Vgl. Dorner, »Halbstark«, S. 235, Anm. 6, sowie Kaiser, *Randalierende Jugend*, S. 116.

289 Bayerisches Staatsministerium des Innern: Polizeiliche Maßnahmen gegen verwilderte Jugendliche. ME vom 05.06.1956 (MABL S. 358); Nr. I C 2-2536/17-2.

290 Ebd., Abs. 2.

291 Nach Art. 38-40 PAG. Vgl. ebd., Abs. 6.

292 Ebd., Abs. 1.

che dadurch unter die Beobachtung der Kriminalpolizei geraten konnten, zeigt eine weitere Maßnahme aus Westberlin.

Dort führte die Kriminalpolizei 1959 eine »Jugendkartei« ein, in der die Schutzpolizei alle Jugendlichen und Heranwachsenden registrierte, die bei Razzien sowie bei Moped-Sonderkontrollen und Ordnungsstörungen auffielen.[293] Solche Maßnahmen führten nach Meinung von Motorsport-Enthusiasten wie dem Journalisten Ernst »Klacks« Leverkus zu einer regelrechten Imagekrise der Motorradfahrer.[294] Auch auf Seiten der Zweiradfahrer kontextualisierte man die Debatte mit der jüngsten deutschen Geschichte. Unter der Überschrift »Das Negerproblem« polemisierte etwa ein Artikel in einer Motorradzeitschrift: »Die gleiche Mentalität, die uns Deutsche einst anderen Menschen bunte Stofffetzen an die Jacken heften hieß, um sie als Untermenschen zu kennzeichnen – die gleiche Unsachlichkeit richtet sich heute gegen uns als Motorradfahrer.«[295] Mit diesem Vergleich stellte das Leitmedium der deutschen Motorradfahrer die als freiheitseinschränkend empfundenen Maßnahmen auf verharmlosende Weise in eine Traditionslinie mit den antijüdischen Verordnungen der NS-Zeit.

Auch die Bundespolitik beschäftigte sich mit der »Moped-Frage«. Schon 1956 hatten die Jungsozialisten in Bonn davor gewarnt, das sogenannte »Halbstarken-Problem« mit Polizei und einem neuen Jugendgesetz lösen zu wollen, da es sich bei dem »Gerede« von den »Halbstarken« um eine Psychose handele.[296] »Rabbatzäußerungen« seien noch keine Jugendkriminalität, wie auch der SPD-Bundestagsabgeordnete Heinz Pöhler bekräftigte. Der vielfach behauptete Anstieg jugendlicher Verkehrssünden wurde ebenfalls grundsätzlich in Frage gestellt. In Reaktion auf eine Bundestagsanfrage gab ein Sprecher des Justizministeriums im Februar 1956 an, dass entgegen dem weithin vorherrschenden Bild in der Öffentlichkeit die Zahl der wegen vorsätzlicher Verkehrsgefährdung verurteilten Jugendlichen mit nur etwa 4,5 Prozent keineswegs über, sondern vielmehr unter dem Durchschnitt der erwachsenen

293 K-n, »Jugendkartei und strengere Strafen«, in: *TSP* (01.11.1959), S. 12.

294 Ernst Leverkus, *Toll, rasant & faszinierend. Die Motorräder der 50er, 60er und 70er Jahre*, Stuttgart 2006, S. 24.

295 S.R. [d.i. Siegfried Rauch]: »Das Negerproblem«; in: *Das Motorrad* 12 (06.02.1960), S. 57-58.

296 »Nicht mit Gummiknüppel und Wasserwerfer«, in: *FAZ* (28.09.1956), S. 5.

Verkehrssünder gelegen habe.[297] Solche Äußerungen sollten Denormalisierungsängste beruhigen, bedienten sich aber ihrerseits der Statistik, einem der maßgeblichen Normalisierungsinstrumente.[298]

2.3.2. Provokation durch Herumstehen: Deviante Raumaneignung

Neben kollektiven Vergehen gegen die Straßenverkehrsordnung kam es immer wieder zu Massenaufläufen, die als Verstöße gegen das Versammlungsgesetz geahndet wurden und in Gewalttätigkeiten ausarten konnten, wenn sich die Menge der »Zerstreuung« widersetzte. Diese teils mit Gummiknüppeln und Wasserwerfern durchgesetzten Zwangsmaßnahmen gaben in vielen Fällen erst zu Ausschreitungen Anlass.[299] Ein Großteil dieser sogenannten Veranstaltungskrawalle ereignete sich zwischen April 1956 und März 1957, als eine regelrechte Krawallwelle mit mehr als 81 Vorfällen registriert wurde, davon allein 24 Delikte mit jeweils mehr als 50 Beteiligten im September 1956.[300] Insgesamt wurden rund 350 Massenkonflikte gezählt.[301]

Viele dieser Krawalle entstanden spontan und ungeplant, verliefen daher auch weitgehend unorganisiert. Wurden Rädelsführer festgenommen, so hatte es sich oftmals um die jeweiligen »Scharfmacher« gehandelt, die sich durch einen besonderen Aktionismus hervorgetan und andere aufgestachelt hatten, ohne eine führende Position innerhalb einer festen Gruppe innezuhaben. Die Gerichtsverhandlungen ergaben oft, dass sich viele Akteure allenfalls vom Sehen und nur unter Spitznamen kannten. Ihre Handlungen wurden daher als reine »Schad- bzw. Angriffskriminalität« charakterisiert,

297 Die Anfrage datiert vom 07.02.1956. Vgl. Pross, »Die Flucht in die Bande«.

298 Die kurvenbasierte Statistik ist auf die Produktion fiktiver Mittelwerte angelegt, die als »normal« versachlicht werden. Vgl. Link, *Versuch über den Normalismus*, bes. S. 324.

299 Zu diesem Schluss anhand von Beispielen aus dem Bundesgebiet kommt Thomas Großbölting, »Von ›Halbstarken‹ und ›Apo-Aktivisten‹ – Jugendkultur, Jugendgewalt und Jugenddiskurs in der Bundesrepublik«, in: Frank Becker (Hg.), *Politische Gewalt in der Moderne*, Münster 2003, S. 301-322, hier: S. 310.

300 Vgl. Kaiser, *Randalierende Jugend*, S. 107, sowie die (unvollständige) tabellarische Auflistung im Anhang, ebd., S. 102-105.

301 Davon spricht Kaiser, ebd., S. 22. Er unterscheidet »Großkrawalle« mit mindestens 50 Beteiligten von kleineren »Exzessen«, ebd., S. 107.

die sich nicht gegen bestimmte Ziele richtete. Der zeitgenössische Kriminologe Günther Kaiser, der den Ereignissen eine umfangreiche kriminologische Studie widmete, typologisierte Zufalls-, Gelegenheits- und Affektdelikte.[302] Allen sei gemein gewesen, dass die Gewalt kein bestimmtes Ziel gehabt und sich scheinbar wahllos gegen Passanten, Polizeibeamte oder andere Jugendliche, meist aber gegen Sachen gerichtet habe. Oftmals sprachen die Beteiligten hinterher selbst vom »Übermut«, der sie gepackt habe.[303] Etliche Schlägereien ließen sich zudem auf Außenstehende zurückführen, die sich durch das »ungebührliche Benehmen«, Körperhaltungen wie das »Herumlümmeln« oder die als »obszön« verabscheuten Tanzschritte von Rock'n'Roll-Tänzern provoziert fühlten und die Jugendlichen entweder mit scharfen, teils beleidigenden Worten zurechtwiesen oder sogar tätlich angriffen.[304]

Als typischer »Halbstarkenkrawall« galten Ereignisse wie das im Spätsommer 1956 in Braunschweig, als am 23. und 24. August rund 1100 Jugendliche mit ihren Zweirädern den Straßenverkehr blockiert hatten, wobei es zu kleineren Sachbeschädigungen kam. Einschreitende Polizisten wurden angepöbelt und schließlich mit Steinen beworfen. Am Ende der Ausschreitungen standen 90 Festnahmen, von denen 78 Jugendliche zwischen 17 und 25 Jahren betrafen.[305] Den Ermittlungen zufolge beteiligten sich an solchen Ansammlungen vorwiegend männliche Arbeiter.[306] Unter den bei Krawallen von April bis Ostern 1956 in Westberlin »zwangsgestellten« 445 Personen waren nur 17 Mädchen, nach Bondy et al. wurden insgesamt nur zwei weibliche Jugendliche im Zusammenhang mit Krawallen in der Bundesrepublik angeklagt. Offenbar waren junge Frauen ähnlich wie in Großbritannien eher als Schaulustige bei

302 Ebd., S. 48.

303 So zwei Jugendliche, die 1955 in Württemberg zwei Gartenpfosten umwarfen und eine Werkzeugkiste entwendeten. Vgl. ebd., S. 55.

304 Vgl. exempl. Bondy u. a., *Jugendliche stören die Ordnung*, S. 43.

305 Vgl. ebd., S. 33.

306 Vgl. Grotum, *Die Halbstarken*, S. 227. Ähnliche Ergebnisse zeitigte 1960 eine polizeiliche »Halbstarkenaktion« in Zürich, wo 72 Prozent der Festgenommenen in der Lehre standen oder eine solche abgeschlossen hatten. Vgl. Katharina Böhmer, »›Auch die Schweiz kennt das Problem‹. Die Halbstarken der 1950er und 1960er Jahre als transnationale Jugendkultur und Gesellschaftsproblem im westeuropäischen Vergleich«, in: Hüser (Hg.), *Populärkultur transnational*, S. 225-250, hier: 236.

Krawallen zugegen und wurden – wie in den USA – kaum explizit als Aggressorinnen thematisiert: Die Zahl der Teilnehmerinnen an Krawallen wurde auf zwei bis fünf, an sogenannten Folgekrawallen immerhin auf fünf bis zwölf Prozent geschätzt.[307] Die quantitativ überwiegende Beteiligung von Arbeitern an den Krawallen mag mit der typischen Zusammensetzung von Straßencliquen zusammenhängen, die in der Zwischenkriegszeit auch in deutschen Arbeiterquartieren belegt sind. Bereits vor dem Ersten Weltkrieg gehörten dort Massenschlägereien von der Rauferei bis zur Auseinandersetzung mit gefährlichen Stich- oder Schusswaffen »zur Routine«.[308] Davon kann bei den sogenannten Halbstarken-Krawallen jedoch keine Rede sein.[309] Ähnlich wie bei den Verkehrsdelikten sei ein signifikanter Anstieg der Kriminalität im Vergleich zu den Vorjahren selbst im Jahr 1956 mit seinem »heißen Sommer der Halbstarken« nicht erkennbar gewesen, wenngleich die Bereitschaft zu Anzeigen auch minderschwerer Delikte infolge der öffentlichen Debatte gestiegen sei.[310] Im Jahr 1957 wurden 12,9 Prozent aller Straftaten von Jugendlichen begangen, darunter allerdings auch Delikte, die nur von Jugendlichen begangen werden können, wie Verstöße gegen Jugendgesetze.[311] Das Resümee der *Welt am Sonntag*, die am Ende des Jahrzehnts alarmistisch einen drastischen Anstieg von Jugendkriminalität »um die Hälfte« verkündete, unterschlug, dass dieser Anstieg sich auch daraus errechnete, dass in das Erhebungsgebiet nun auch das Saarland einbezogen wurde, das nach dem Zweiten Weltkrieg (formal unabhängig) unter französischem Einfluss gestanden hatte

307 In seltenen Fällen beteiligten sich Mädchen auch massiver an Ausschreitungen (z. B. in Osnabrück am 20., 21. und 22. 09. 1956). Vgl. Bondy u. a., *Jugendliche stören*, S. 35-36; 53; Kaiser, *Randalierende Jugend*, S. 130-134.

308 Lindenberger, *Straßenpolitik*, S. 129. Vgl. auch Simon, *Raufhändel und Randale*, S. 73-77.

309 Auch nach dem geschilderten Vorfall in Braunschweig wurden von 90 Festgenommenen nur 55 angeklagt, von denen drei freigesprochen und 49 gemaßregelt wurden. Nur drei Jugendliche konnten überführt werden, sich »besonders hervorgetan« zu haben. 49 der 50 »bestraften oder gemaßregelten ›Halbstarken‹ war also trotz bedeutender Ausschreitungen und erheblichen polizeilichen Aufgebots (auch in Zivil) nur die Passivbeteiligung nachzuweisen.« Kaiser, *Randalierende Jugend*, S. 33.

310 Vgl. Kriminalstatistik, LAB, Rep. 13, Acc. 1716, Nr. 176; Heddy Neumeister, »Die Jugend ist nicht kriminell!«, in: *FAZ* (14. 11. 1956), S. 1.

311 Vgl. (UPI), »Starke Kriminalität in Großstädten«, in: *FAZ* (22. 07. 1958), S. 5.

und 1957 gemäß einer Volksabstimmung von 1955 in der sogenannten »kleinen Wiedervereinigung« der Bundesrepublik Deutschland beigetreten war.[312] Zwar stand im zeitgenössischen Diskurs die Suche nach Gründen für Auseinandersetzungen im Zentrum der Debatten. Doch war auch die scheinbare Sinnlosigkeit von Jugendkrawallen, jener – mit einem Filmtitel – Rebellion »without a cause«, keineswegs ein Novum der fünfziger Jahre. Historiker betonen die Vergleichbarkeit mit sogenannten Maischerzen – groben Streichen, die in ländlichen Gegenden seit Jahrhunderten Tradition waren.[313] Ereignisse wie die Frankfurter Faschingskrawalle vom März 1957 deuten auf einen ritualisierten, kalendarischen Anlass hin.[314] Und schließlich hatten Massenschlägereien zwischen Schülern schon um 1900 die Spalten der Polizeiberichte gefüllt, die von kollektiven Aggressionen sprechen, in denen die »Rauflust meist junger in ›Rotten‹ auftretender Männer als Motiv fungierte«.[315] Zahlen des statistischen Bundesamtes kamen 1958 zu der Einschätzung, dass um die Jahrhundertwende fast sechsmal und zwischen den beiden Weltkriegen doppelt so viele unter 25-Jährige wegen Tötungsdelikten und gefährlicher oder schwerer Körperverletzung verurteilt wor-

312 »Jugendkriminalität – was tun? Alarmierende Feststellung des Bundeskriminalamtes: Zahl der Straftaten um die Hälfte gestiegen. Wir fragten vier Experten«, in: *WAMS* (20.03.1960), S. 2. Es wurde darauf hingewiesen, dass die Zahl der ermittelten Straftaten 1957 ohne die im Saarland erfassten Taten lediglich um 1,8 Prozent gegenüber dem Vorjahr anstieg, was keinen signifikanten Anstieg darstellte, sondern im Bereich der üblichen Schwankungen blieb. Statistische Aussagen, die auf den Datensätzen der bei Gerichtsverfahren und in Polizeiakten erfassten Jugendlichen beruhen, sind jedoch ohnehin mit Vorsicht zu behandeln, da sich die Zahlen mit Gesetzesänderungen radikal wandeln konnten. Auch international lassen sich diese Erhebungen kaum vergleichen, da Jugendkriminalität hier schon vom Lebensalter her höchst unterschiedlich definiert wurde. In den USA etwa variierte das, was unter *juvenile delinquency* verstanden wurde, von Bundesstaat zu Bundesstaat. Vgl. Kurme, *Halbstarke*, S. 111.

313 Vgl. zu vormodernen Normübertretungen und ihrer Funktion Gillis, *Geschichte der Jugend*, S. 39-45.

314 Vgl. Wolfgang Kraushaar, *Die Protest-Chronik 1949-1959. Eine illustrierte Geschichte von Bewegung, Widerstand und Utopie, Bd. III: 1957-1959*, Frankfurt/M. 1996, S. 1587. Einen Zusammenhang mit ritualisierten Festen stellte auch her: »Die Fastnacht auf der Straße. Treffpunkt der Halbwüchsigen bis lange nach Mitternacht«, in: *FAZ* (11.02.1959), S. 7.

315 Lindenberger, *Straßenpolitik*, S. 129.

den seien wie in den 1950er Jahren im Bundesgebiet.[316] Lediglich Raubdelikte hätten zugenommen, die Gewaltkriminalität unter Jugendlichen sei jedoch »weit geringer als früher«, weswegen man nicht von einer »allgemeinen Verrohung der Jugend sprechen und Einzelfälle nicht verallgemeinern« solle.[317] Auch in der Verknüpfung urbaner Lärm- und Verkehrskontroversen mit »kriminellen« Mustern zeigen sich Traditionslinien bis ins frühe 19. Jahrhundert, als »wachsender Lärm auf der Straße« bereits ein geläufiger Topos war, der die Zeitgenossen beunruhigte.[318]

2.3.3. *The Jury is Out*: Jugenddelinquenz wird Chefsache

In den USA der fünfziger Jahre erregten die fortwährenden Berichte über gewalttätige Auseinandersetzungen zwischen Nachbarschaftsgangs ebenfalls das Interesse der Politik.[319] Eine wichtige Rolle bei diesem Agenda-Setting spielte die Einsetzung eines nationalen Senate Subcommitee to Investigate Juvenile Delinquency im Jahr 1953, dessen Sitzungen ab 1955 landesweit im Fernsehen übertragen wurden und zeitweise Einschaltquoten von mehr als 80 Prozent erreichten.[320] Ursprünglich auf ein halbes Jahr begrenzt,

316 Demnach lag der historische Höchststand an Tötungsdelikten um 1930. Vgl. »Zunehmende Verrohung der Jugend?«, in: *Bulletin des Presse- und Informationsamtes der Bundesregierung* 139 (04.08.1958), S. 1429.

317 Ebd.

318 Vgl. Hanns-Werner Heister, »›Die Straße dient lediglich dem Verkehr.‹ Platzkonzert oder das falsche und das wahre Allgemeine«, in: Tobias Widmaier, Nils Grosch (Hg.), *Populäre Musik in der urbanen Klanglandschaft. Kulturgeschichtliche Perspektiven*, Münster, New York 2014, S. 75-108, bes. S. 87-88.

319 Vgl. etwa »Youth Gangs Keep Bronx Cops Busy«, in: *New York Amsterdam News* (14.05.1955), S. 5; »Two Boys Waylaid And Shot By Gang«, in: *NYT* (02.10.1956), S. 16; »2 Boys Shot From Car«, in: *NYT* (20.03.1957), S. 32; »Teen-Ager Admits East Side Killing. Three Others Are Held in Outbreak of Gang Violence«, in: *NYT* (25.08.1958), S. 1.

320 Senate Judiciary Subcommittee to Investigate Juvenile Delinquency 1953-61. New York Juvenile Delinquency, Legislative Archives, NA I. Vgl. zu den Einschaltquoten: Kurme, *Halbstarke*, S. 113-117. Vgl. zum Begriff des Agenda Setting Frank Bösch, Norbert Frei, »Die Ambivalenz der Medialisierung. Eine Einführung«, in: dies. (Hg.), *Medialisierung und Demokratie im 20. Jahrhundert*, Göttingen 2006, S. 17-18.

weitete sich der Ausschuss zu einer über Jahrzehnte tagenden Dauerinstitution aus, die Experten und Politiker befragte und so das Thema permanent auf der Tagesordnung hielt.[321] Von Washington, D.C. aus begann er in verschiedene Bundesstaaten zu reisen, um sich ein Bild von der Lage vor Ort zu machen.[322] Auf seinen Sitzungen befasste er sich mit ganz unterschiedlichten Tatbeständen – vom Schulschwänzen bis hin zu Tötungsdelikten –, widmete dem Phänomen der Gruppenbildung jugendlicher Gangs aber erhöhte Aufmerksamkeit, da sich in ihnen diverse Delikte verdichteten. *Juvenile delinquency* diente als Oberbegriff höchst unterschiedlicher Phänomene und wurde im Verlauf einer weitschweifigen Debatte als ein zentrales innenpolitisches Problem von außenpolitischer Relevanz im Systemkonflikt konstituiert.[323] Der Lokalisierung, polizeilichen Überwachung und pädagogischen Behandlung von Gangs galten daher verstärkte Anstrengungen.

Besonders im Fokus der Debatte standen sogenannte *rumbles* oder *japs*,[324] verabredete physische Auseinandersetzungen größerer Gruppen, bei denen provisorische Waffen wie Katapulte oder *zip guns* eingesetzt wurden – aus Röhren gebastelte Abschussvorrichtungen, die eine einzelne scharfe Patrone abfeuern konnten.[325] In Interviews mit Sozialarbeitern schilderten die Teilnehmer von *gang rumbles* diese als eine Art überpersönliches Prinzip, das nicht auf Emotionen gründete, sondern der funktionalen Legitimierung der Gruppe selbst diente, die sich auf diese Weise ihren sozialen Status im Wortsinne erkämpfte: »[D]er *rumble* war ein bizarres Ritual, eine extreme und absichtsvolle Weise des Ausagierens von Ganglebensweisen und -Überzeugungen nach einer Periode wilder Drohungen und harter Gespräche.«[326] Die Gruppen trafen auf Verabredung zusammen und schlugen entweder aufeinander los

321 Vgl. Mackert, *Jugenddelinquenz*, bes. S. 7, S. 27, S. 50-51 u. S. 261.

322 Mackert, *Jugenddelinquenz*, S. 50-51.

323 Vgl. zu den variierenden juristischen, psychiatrischen, pädagogischen und politischen Definitionen von »Delinquency« die Übersicht in Benjamin Fine, *1,000,000 Delinquents*, London 1956, S. 31-32.

324 Vgl. zu diesem Begriff: Grutzner, »Teen Gangs Spawned by Longing for Friends«; »How One Street Club Got Sidetracked as a Social Unit«, in: *NYT* (13.05.1955), S. 27.

325 Vgl. »Police ›Join‹ Gang, Arrest Armed 21«, in: *NYT* (14.05.1958), S. 6.

326 Richard W. Poston, *The Gang and the Establishment*, New York 1971, S. 12.

oder ließen nach zuvor ausgehandelten Bedingungen ausgewählte Kämpfer antreten, während die restlichen Gruppenmitglieder einen Ring um den Zweikampf bildeten.[327] Als eine andere Form des Gangkampfes wird das sogenannte *jitterbugging* beschrieben, bei dem eine Gang in das Wohngebiet einer anderen Gruppierung eindrang, dort einen Angriff durchführte und sich sofort wieder in das eigene Gebiet zurückzog. Der Begriff ist mit einem Tanz aus der Swing-Ära synonym und stellte damit eine semantische Verbindung zwischen musikalischem und Gewalthandeln her.

Die gewalttätigen Auseinandersetzungen zwischen Jugendgruppierungen entwickelten sich in der ersten Hälfte des Jahrzehnts zunehmend zum politischen Thema. Nach einem tödlichen Konflikt zwischen den Jugendgangs Bronx Baldies und East Harlem Red Wings hatten Nachbarschaftsorganisationen aus Harlem ein dramatisches Bild der Lage entworfen, dem zufolge Schusswaffen offen getragen und regelmäßig gebraucht worden seien.[328] An den anarchischen »Zuständen«, die ganze Stadtviertel in gefährliche Zonen verwandelte, ließ sich auch das Scheitern von Regierungshandeln thematisieren, das bestimmte Gegenden offenkundig nicht mehr erreichte.

Indem so Jugenddelinquenz zu einem wahlentscheidenden Thema erklärt wurde, geriet der New Yorker Bürgermeister Robert F. Wagner unter erheblichen Handlungsdruck. Eine Artikelserie in der Zeitung *The News* hatte es über Wochen hinweg in den Fokus gerückt und auf mit Hilfe von Laiendarstellern nachgestellten Fotos dramatisiert, woraufhin das Bürgermeisteramt in einem Schreiben an den Herausgeber mit dem Hinweis auf die Vorkommnisse in England protestierte: Es handele sich keineswegs um ein New Yorker, sondern um ein weltweites Problem.[329] Während Teile der Öffentlichkeit mehr und rigidere Polizeimaßnahmen forderten, beklagten Protestschreiben von Eltern und Schülern ebenjenen *crack*

327 Die Gültigkeit von Regeln bei verabredeten Gruppenauseinandersetzungen und Zweikämpfen schildert in seinen Jugenderinnerungen an die South Bronx der fünfziger Jahre anschaulich Geoffrey Canada, *Fist Stick Knife Gun. A Personal History of Violence in America*, Boston 1995, bes. S. 13-22.

328 Schreiben der United Neighborhood Houses of New York Inc. an Mayor Wagner vom 11. 06. 1954, NYCMA, Wagner Dept. Box 52, 4093.

329 Vgl. Schreiben Mayor Wagners an den President and General Manager von *THE NEWS* vom 11. 06. 1954; NYCMA, Wagner Dept. Box 52, 4093.

down der Polizei auf Teenager, die in Gruppen an einer Straßenecke gestanden, eine bestimmten Kleidung getragen oder einfach nur geraucht hätten. Diese Polizeiaktionen, die dem Motto »Kids von der Straße« gefolgt waren, wurden als rassistisch kritisiert: »[I]n der Hauptsache wird von ihnen puertoricanische und *Negro youth* getroffen.«[330] Gleichzeitig habe es an Plätzen gefehlt, an denen Jugendliche sich aufhalten konnten, was mit der Forderung verbunden wurde, beaufsichtigte Schulhöfe auch nach Schulschluss zu öffnen und Spielplätze auf Brachen zu schaffen.[331]

Im Sommer 1954 konzipierte das Bürgermeisteramt daher eine mit mehreren Behörden und privaten Agenturen koordinierte Kampagne, die neben der Kontrolle und Repression durch die Polizei auch »psychiatrische Dienste und Bewährungshilfe« sowie eine Verbesserung des Wohnraumes und der Schulen vorsah.[332] In die Gestaltung der »erweiterten Polizeigewalt« sollten dezidiert Eltern, Lehrer, religiöse und soziale Verbände einbezogen werden. In einem Schreiben an seinen Stellvertreter entwarf der Bürgermeister ein Fünf-Punkte-Programm: Erstens sollte die Polizei solche Gegenden verstärkt kontrollieren, in denen Kriminalität und Delinquenz hoch seien. Zweitens sollte ein Gutachten die bestehenden Einrichtungen und Dienste erfassen, die mit Delinquenz überhaupt befasst seien, und dabei – drittens – auch diejenigen Gerichte, Bezirksstaatsanwälte, städtischen Abteilungen, Behörden und Dienste einbeziehen, die mit der Behandlung, der Fürsorge und der Verwahrung und psychiatrischen Betreuung bedürftiger delinquenter Kinder und Jugendlicher befasst waren. Viertens wurden diese Stellen angewiesen, dem stellvertretenden Bürgermeister bei seiner konzertierten Aktion mit Personal und Informationen zur Verfügung zu stehen. Berichte über diese Maßnahmen gingen – so der fünfte und letzte Punkt – direkt an den Bürgermeister und das Board of Estimate.[333] Damit war der Kampf gegen die wahlkampf-

330 A Petitition To: Honorary Robert Wagner, Mayor of New York City, NYCMA, Wagner Dept. 40579, Box 65-159 Youth Board, Box 52, 40093. (Kursivierung markiert im Original belassene Terminologie.)

331 Ebd.

332 Schreiben von Mayor Wagner an den Deputy Mayor Henry Epstein vom 30.08.1954, ebd.

333 Das New Yorker Board of Estimate war eine Behörde, die gleichermaßen für den Haushalt wie für den Flächennutzungsplan zuständig war. Der Oberste Gerichtshof der USA stufte das Board 1989 als verfassungswidrig ein und

relevante Jugenddelinquenz auch in der Stadtverwaltung gewissermaßen zur Chefsache erklärt worden.

Hauptzielgruppe dieser Maßnahmen waren männliche Jugendliche, wohingegen Mädchen und junge Frauen allenfalls am Rande und zumeist als Opfer thematisiert wurden.[334] Mädchen wurden als weniger problematisch eingestuft, doch wurden sie Untersuchungen zufolge erheblich öfter aufgrund von Verstößen gegen die Sexualmoral inhaftiert als ihre männlichen Altersgenossen.[335] Dieses Motiv stand in einer Linie mit den Sittlichkeitskampagnen gegen sogenannte »V-Girls« (V für *victory* beziehungsweise *venereal disease*) während des Zweiten Weltkriegs, denen vorgeworfen wurde, als Trägerinnen von Geschlechtskrankheiten die Einsatzfähigkeit der Frontsoldaten zu bedrohen.[336] Auch nach dem Krieg tauchten weibliche Jugendliche zumeist entweder im Zusammenhang mit Prostitution oder als Konsumentinnen von Drogen auf.

2.3.4. Kampf dem Rowdytum in der DDR: Strategien der Exterritorialisierung

In der DDR standen weder kapitale Tötungsdelikte noch rassistische Spannung im Zentrum der Diskussionen von Jugendproblemen. Hier entzündeten sich Konflikte mit Jugendlichen oftmals einzig und allein an Stilfragen. Auf offiziellen Tanzveranstaltungen gingen etwa »FDJ-Kommandos« gegen »bunte Vögel« in modi-

löste es auf. Vgl. Gail Robinson, »Being Borough President«, in: *Gotham Gazette* (08.07.2005), online: ⟨http://www.gothamgazette.com/index.php/government/2890-being-borough-president⟩, letzter Zugriff 06.02.2018.

334 Etwa von »line up« genannten Gruppenvergewaltigungen, vgl. Schneider, »West Side Stories«, S. 131-132. Dass junge Frauen auch eine aktive Rolle in Gangs spielen konnten, hatte schon Thrasher demonstriert, vgl. ders., *The Gang*, S. 240. Kitty Hanson hat auch die Rolle junger Frauen im *gang war* der Jesters dargestellt: *Rebels in the Streets: The Story of New York's Girl Gangs*, Englewood Cliffs 1964, bes. S. 104-115.

335 Vgl. die Fallstudien in Fine, *1,000,000 Delinquents*, S. 20, 93.

336 Vgl. Grace Palladino, *Teenagers. An American History*, New York 1996, S. 74-75. Ähnliche Vorwürfe standen im Zentrum von Kampagnen der amerikanischen Besatzungsmacht in Deutschland, wo mit der Abkürzung »V. D.« »Veronika, dankeschön« bzw. *venereal disease* (Geschlechtskrankheit) Soldaten von sexuellen Kontakten zu deutschen Frauen abgeschreckt werden sollten. Vgl. Schneider, »West Side Stories«, S. 121; Stefanie Eisenhuth, *Die Schutzmacht. Die Amerikaner in Berlin 1945-1994*, Göttingen 2018, S. 86.

scher Kleidung vor, die dort Boogie-Woogie tanzten.[337] (Abb. 11) Auch wenn die medialen Stereotype ebenso wie die gegen sie in Stellung gebrachten Argumente denen im Westen strukturell ähnelten, so unterschieden sich die Kampagnen der DDR-Medien doch deutlich von denen nichtsozialistischer Staaten, wenngleich »Amerika« hier als Debattenhintergrund und dystopischer Erwartungshorizont eine wesentliche Rolle spielte. Während im Westen die Skandalisierung dem täglichen Konkurrenzkampf an den Kiosken um Aufmerksamkeit und Auflage geschuldet war, insbesondere bei den britischen Zeitungen, unterlagen die DDR-Medien der staatlichen Kontrolle. Ihre Äußerungen folgten ideologischen Leitlinien, Vorgaben staatlicher Institutionen und der Lenkung durch die Partei, die Abweichungen nur in äußerst eng gesetzten Grenzen erlaubten.[338]

Abb. 11. Kreppsohlen und Hawaii-Hemd: »Pfingstochse« aus Sicht der *Neuen Berliner Illustrierten* (1954).

337 Poiger, *Jazz, Rock, and Rebels*, S. 66.

338 Etwa der kirchlich orientierten, aber dennoch der Zensur unterworfenen *Neuen Zeit*. Vgl. Peter Strunk, *Zensur und Zensoren. Medienkontrolle und Propagandapolitik unter sowjetischer Besatzungsherrschaft in Deutschland*, Berlin 1996, bes. S. 75-80 u. S. 92-152.

Die Jugend hatte in der DDR eine besondere Stellung als Gestalter der Zukunft – eine spätere Parole nannte sie die »Hausherren von morgen«.[339] Die SED verstand sich als Sprecherin der Jugend, was auch darin zum Ausdruck kam, dass eine der ersten legislativen Maßnahmen nach der Staatsgründung die Verabschiedung eines Jugendgesetzes gewesen war.[340] Die Freie Deutsche Jugend (FDJ) war die einzige Massenorganisation der DDR, die einen Anspruch auf vollständige Erfassung aller (jungen) Bürgerinnen und Bürger erhob, da es ihre Aufgabe war, den sozialistischen Menschen heranzuziehen.[341] Diese herausgehobene mobilisierende Rolle kommt in der Charakterisierung der DDR als einer Fürsorge- oder Erziehungsdiktatur zum Ausdruck.[342] Der Sozialismus war in besonderem Maße eine Zukunftsideologie, deren Ziel nicht nur in der Verbesserung des Gemeinwesens, sondern auch in der des Menschen an sich bestand und das in kleinen Schritten erreicht werden sollte. Diese Schritte wurden als immer neue Etappenziele verkündet und folgten dem Prinzip der Planerfüllung.[343] Da vor diesem Hintergrund die Jugendpolitik – gewissermaßen als Zukunftsressort – ein besonders sensibler Bereich war, war es auch besonders heikel, Probleme mit solchen Jugendlichen einzugestehen, die von der Massenorganisation nicht erreicht wurden oder gar im Widerspruch zu den dort ausgegebenen Parolen dachten und handelten. Daher waren die Staatsmedien frühzeitig darauf verpflichtet worden, in dramatisierender Art und Weise über Konflikte mit Jugendlichen im

339 Vgl. Ulrike Schuster, »Die SED-Jugendkommuniqués von 1961 und 1963. Anmerkungen zur ostdeutschen Jugendpolitik vor und nach dem Mauerbau«, in: *Jahrbuch für zeitgeschichtliche Jugendforschung* 1994/95, hg. vom Institut für zeitgeschichtliche Jugendforschung, Berlin 1995, S. 58-75.

340 Das »Gesetz über die Teilnahme der Jugend am Aufbau der Deutschen Demokratischen Republik und die Förderung der Jugend in Schule und Beruf, bei Sport und Erholung«, GBl. der DDR 1950. S. 95 zit. n. Peter Skyba, *Vom Hoffnungsträger zum Sicherheitsrisiko. Jugend in der* DDR *und Jugendpolitik der* SED *1949-1961*, Köln, Weimar u. a. 2000, S. 62.

341 Vgl. zum Erfassungsanspruch der FDJ: Ulrich Mählert, Gerd-Rüdiger Stephan, *Blaue Hemden – rote Fahnen. Die Geschichte der Freien Deutschen Jugend*, Opladen 1996, S. 119; Wurschi, *Rennsteigbeat*, S. 54-56.

342 Vgl. Dorothee Wierling, *Geboren im Jahr Eins: Der Jahrgang 1949 in der DDR. Versuch einer Kollektivbiographie*, Berlin 2002, S. 10.

343 Vgl. Martin Sabrow, »Die ›Zeit‹ der Diktaturen«, in: *Merkur* 68 (2014), S. 400-411.

Westen zu berichten.[344] Probleme mit nonkonformen Jugendlichen innerhalb der DDR versuchten die Verantwortlichen dagegen im Stillen zu lösen. Die Existenz westlicher Jugendmoden innerhalb der Zonengrenze wurde – mit Ausnahme der anfänglichen Berichte über angeblich vom Westen ferngesteuerte »Texas-Boys« – eher heruntergespielt, wenn nicht gänzlich verschwiegen.[345]

Dies änderte sich jedoch Mitte der fünfziger Jahre, als allmählich auch Jugendprobleme auf dem Gebiet der DDR thematisiert wurden.[346] Der amerikanische Begriff Rowdy bezeichnete eine weitere negative Sozialfigur, die als Medienklischee etabliert und in der Folge legislativ sowie exekutiv bekämpft wurde.[347] Es wurden weitreichende Maßnahmen zur Bekämpfung des sogenannten Rowdytums entwickelt, die Sicherheitskräfte wie Volkspolizei und MfS, aber auch die FDJ und die Jugendgerichte miteinander verzahnten. Unter dem Tatbestand wurde ein loser Strauß unterschiedlichster Delikte von Beleidigung über Sachbeschädigung bis hin zum Landfriedensbruch, von kleineren Diebstählen und Einbrüchen bis hin zu leichter und schwerer Körperverletzung gefasst. Bemerkenswert war, dass all diese Delikte für sich genommen bereits Straftatbestände bildeten, das »Rowdytum« aber als strafverschärfend wirkender Tathintergrund hinzukam: »Rowdies« handelten demnach um des Regelverstoßes willen. Sie raubten nicht aus

344 Vgl. Elli Schmidt, »Zu einigen Fragen der moralischen Erziehung unserer Jugend«, in: *ND* (19.12.1952), S. 6; »Westberliner Terrorbanden arbeiten mit Adenauer zusammen«, in: *ND* (17.05.1952), S. 8; »Unsicheres Westberlin«, in: *Neue Zeit* (08.01.1954), S. 1; »Kampf den Rowdies«, in: *Berliner Zeitung* (03.09.1954), S. 6. Den Lesern der DDR wurde bei der Lektüre solcher Berichte jedoch unwillentlich vor Augen geführt, dass die Kritik an den im Westen kritisierten »Auswüchsen« auch für die eigene Jugend galt.

345 Um eine sozialistische Alternative zur westlichen Mode zu schaffen, war schon 1952 ein Institut für Bekleidungskultur gegründet worden. Vgl. Menzel, *Jeans in der DDR*, S. 19.

346 Vgl. etwa »Exemplarische Zuchthausstrafe für Rowdy«, in: *Neue Zeit* (01.09.1955), S. 6; Heinrich Toeplitz, »Justiz und Demokratie«, in: *Neue Zeit* (12.09.1956), S. 5; »Ernste Mahnung an Prügelhelden«, in: *ND* (25.10.1957), S. 5; »Der Tod der grünen Spinne«, in: *ND* (20.11.1957), S. 8; »Mit Toni 2 unterwegs. Vorbeugende Maßnahmen der VP«, in: *ND* (28.11.1957), S. 6. Und schließlich auf der Titelseite: »Mit der Jugend sprechen«, in: *Berliner Zeitung* (08.12.1957), S. 1.

347 Vgl. Thomas Lindenberger, *Volkspolizei. Herrschaftspraxis und öffentliche Ordnung im SED-Staat 1952-1968*, Köln, Weimar u. a. 2003, S. 368.

Habgier, sondern um der Normverletzung und Missachtung der Ordnung willen, oftmals spontan und unter Alkoholeinfluss. Vor dem Hintergrund der zeithistorischen Ereignisse entfalteten diese Taten vor allem dann ein Bedrohungspotenzial, wenn sie gemeinschaftlich begangen wurden, denn damit ließen sie sich als Vorstufe zum Aufruhr politisieren, wie er sich am 17. Juni 1953 bereits einmal im Innern erhoben hatte. Außenpolitische Ereignisse wie der Ungarn-Aufstand im Herbst 1956, die Suezkrise vom selben Jahr und die Kubakrise wenige Jahre später waren daher Anlässe, selbst marginalen Tendenzen der »Zusammenrottung« und der »Respektlosigkeit gegenüber dem Staat« mit größter Härte zu begegnen.[348] Wenn auch einzelne Untersuchungen durchaus vielschichtige sozialpsychologische Ursachen für die in der DDR auftretenden »rowdyhaften« Vorkommnisse auflisteten, darunter Vaterlosigkeit, Erziehungsfehler, »zerrüttete Verhältnisse« oder psychische Probleme, so standen doch stets Ideologie und Außenpolitik im Vordergrund: Erste und wichtigste Ursache von Handlungen gegen das sozialistische Gemeinwesen war per definitionem stets die Propaganda des Klassenfeindes im Westen.[349]

Die Einfuhr sogenannter westlicher Schundliteratur – Groschenromane, Comicstrips, Zeitschriften etc. – und Schallplatten versuchten die DDR-Behörden daher durch strikte Kontrollen an den Grenzübergängen zu unterbinden, oftmals allerdings vergeblich. Immer wieder wurden Hefte in Schulen und bei Durchsuchungen von Privathaushalten konfisziert. In Berlin lud das Präsidium der Volkspolizei deshalb im Frühjahr 1956 Jugendliche und Erwachsene zu einer Aussprache über das Problem illegal aus dem Westen eingeführter Schundromane.[350] Weitere Aussprachen fanden in Einzelgesprächen mit Beschuldigten auf Vorladung oder öffentlich in Jugendhäusern statt.[351] Grund für die Thematisierung

348 Vgl. ebd., S. 373.

349 Dies heben so ziemlich alle Untersuchungen zum Rowdytum in stereotypen Formulierungen hervor, vgl. etwa: BArch (B) DP/1/5914, Bl. 42, BArch (B) DP/1/5915, Bl. 10. Zu den wissenschaftlichen Analysen der DDR vgl. Kapitel 3.4.3.

350 PdVP Berlin: Bericht über die Aussprache der Volkpolizei mit Jugendlichen und Erwachsenen, Berlin, 28. 04. 1956, LAB, C REP 303 Nr. 41, Bl. 3.

351 Vgl. etwa Maßnahmen gegen das Rowdytum im Bereich des VP-Revier 4, Berlin, 15. 04. 1959, siehe LAB, C REP 303 Nr. 41, Bl. 121.

des Problems »Rowdytum«, das es bei funktionierender sozialistischer Jugendarbeit nach den selbstformulierten Planzielen der sozialistischen Menschenbildung eigentlich nicht hätte geben dürfen, waren neben inszenierten Einzelfällen regelrechte Massenaufläufe unangepasster Jugendlicher in der Öffentlichkeit, die sich immer schlechter leugnen ließen, auch wenn man sie anfangs nicht öffentlich thematisierte und die darauf bezogenen eigenen Analysen als »vertraulich« einstufte.[352]

Spätestens 1956 hatte das Phänomen der »Halbstarkenkrawalle« auch die DDR erreicht. Wiebke Janssen hat für die Zeit zwischen Herbst 1956 und Ende des Jahres 1960 22 Konflikte ermittelt, an denen jeweils mehr als 50 teils etliche hundert Jugendliche beteiligt waren, die durch Störung der öffentlichen Ordnung auffielen und Polizeieinsätze zur Folge hatten.[353] Anfangs wurde die Verantwortung für solche Zusammenrottungen nach gewohntem rhetorischen Muster Provokateuren aus dem Westen zugeschoben. In den Jahren vor dem Mauerbau bestanden noch zahlreiche Verbindungen zwischen Ost und West; vor allem in den »Zonenrandgebieten« und in der geteilten Stadt Berlin herrschte ein reger Grenzverkehr. Ostberliner Jugendliche wechselten zum Kauf westlicher Kleidung oder zum Kinobesuch über die Sektorengrenze. Aber auch in umgekehrter Richtung kam es zu Besuchen. Eine Untersuchung im Mai 1957 ergab, dass »in immer stärkerem Maße Westberliner – sowohl mit den öffentlichen Verkehrsmitteln als auch mit eigenen Kraftfahrzeugen aller Klassen – den demokratischen Sektor« aufsuchten, um »sich dort, zum Teil unter Umgehung der Magistratsverordnung, für Ostgeld einen guten Tag zu machen und sich unter Alkohol zu setzen«.[354]

Diese Durchlässigkeit der Sektorengrenze und die Festnahme

352 Vgl. etwa Vertrauliche Verschlusssache BVI-509/59, Stellvertreter Operativ der HVDVP, betr. Rowdytum und Bandentätigkeit, Berlin, 16.12.1959, LAB, C REP 303, Nr. 41.

353 Vgl. Janssen, *Halbstarke in der* DDR, S. 145-158. Diese Kriterien orientieren sich an Bondy u. a., *Jugendliche stören die Ordnung*, S. 28. Da Janssen in ihrer Regionalstudie den Raum Halle und Karl-Marx-Stadt ausführlich aufgearbeitet hat, konzentriere ich mich im Folgenden auf bisher wenig bekannte Fallbeispiele aus Ostberlin.

354 Mitteilung VP-Inspekteur Wendt an die Bezirksleitung der SED, Berlin, 14.05.1957, LAB, C REP 303, Nr. 41, Bl. 52.

einzelner junger Motorradfahrer aus dem Westen wurden umso mehr zu einseitigen Schuldzuweisungen instrumentalisiert, als sich die Existenz unerwünschter jugendlicher Gruppenbildungen auch in der DDR nur noch schlecht verheimlichen ließ. Bei einem Massenkrawall im Dezember 1956 mit bis zu 1000 Jugendlichen auf einem Weihnachtsmarkt auf dem Berliner Marx-Engels-Platz stammten von 36 Verdächtigen nur 16 aus Westberlin.[355] Ein Artikel über das »›Halbstarken‹-Problem« räumte im Februar 1959 schließlich ein, man dürfe »nicht übersehen, dass sich diese Auswüchse nicht an den Sektorenschildern aufhalten lassen«.[356] Nicht nur müssten DDR-Bürger fürchten, Opfer westlicher Rowdys zu werden, solange es den »Unruheherd Westberlin« gebe. Zudem hätten »sich die Bürstenköpfe und Nietenhosen auch im Demokratischen Sektor breitgemacht und sind zu unliebsamen Stammgästen von Automatenrestaurants und Rummelplätzen geworden«.[357] Anlass für den Artikel war ein Gerichtsprozess gegen den 18-jährigen Fred H., dem vorgeworfen wurde, ein Mädchen geschlagen zu haben, das ihm zuvor ›einen Korb gegeben‹ hatte, und der dafür mit dem drakonischen Strafmaß von zweieinhalb Jahren Zuchthaus verurteilt wurde. Diese »exemplarische Strafe«, so kommentierte die *Neue Zeit*, sei mit Recht verhängt worden, damit dem verurteilten Gewalttäter deutlich werde, dass »unsere Staatsorgane nicht gewillt sind, solchem Gangstertum ›Made in Westerngermany‹ Entfaltungsmöglichkeiten zu lassen«.[358] Kommentare wie dieser bedienten sich einer ähnlichen Pauschalisierung wie in der amerikanischen und der britischen *delinquency scare*. Sie fassten Delikte, die ganz unterschiedlichen Konflikten entsprungen waren, kurzerhand zusammen und suchten sie mit einem monokausalen Muster pauschal zu erklären. So wurden Beziehungskonflikte und spontane Kneipenschlägereien zum Ergebnis des Konsums der falschen Kultur und der Einflüsse von Moden umgedeutet. Die Medien der DDR sahen die Wurzel des Problems nicht im Innern, sondern definierten die Täter pauschal als Opfer ausländischer Einflüsse. Indem sie derart ideologisiert

355 Vgl. HVDVP, OS, 09.12.1956, Rapport Nr. 342, zit. n. Lindenberger, *Volkspolizei*, S. 371.

356 »Kein Platz für wilde Schläger. ›Halbstarken‹-Problem macht nicht an der Sektorengrenze halt«, in: *Neue Zeit* (01.02.1959), S. 2.

357 Ebd.

358 Ebd.

wurden, ließ sich eine bestimmte Form alltäglicher Gewalt zu einem in seinen Ursprüngen »westlichen« Problem exterritorialisieren.[359]

Damit wurden dort – anders als im Westen – jugendpolitische und polizeiliche Maßnahmen mit der durch Zensur kontrollierten Medienberichterstattung in einer koordinierten Strategie eng verzahnt. Während nach ersten Skandalisierungen im Zusammenhang mit dem 17. Juni 1953 abweichende jugendkulturelle Äußerungen in der Öffentlichkeit verschwiegen und stattdessen äquivalente westliche Phänomene kritisiert wurden, wurde in der zweiten Hälfte des Jahrzehnts ein offensiver Umgang erprobt, der, wie bereits gezeigt wurde, Einzelaussprachen und öffentliche Hearings umfasste. In etlichen Fällen führten harte Polizeimaßnahmen zu spontanen Massenprotesten gegen die restriktive Jugendpolitik, insbesondere dann, wenn sie gegen rein kulturelle Praktiken, etwa gegen Tänze oder den Musikkonsum, gerichtet waren. Interne polizeiliche Analysen charakterisierten die in den Medien als »Banden« gezeichneten Gruppierungen zwar als Netzwerke aus eher lose verbundenen Straßenbekanntschaften, behördliche Maßnahmen zielten aber dennoch auf die »Zersetzung« solcher jugendkultureller Szenen, da der staatliche Anspruch auf die Erfassung Jugendlicher in der »Erziehungsdiktatur« der DDR ein totaler war. Der bereits geschilderte Fall der »Slim-Bande« demonstriert, dass auch jugendliche Kreise mit geheimdienstlichen Mitteln bekämpft und auch »Halbstarke« zur Mitarbeit gezwungen und gegen die eigene Szene eingesetzt wurden: 1966 warb die Stasi den als Rädelsführer verurteilten Kellner »Slim« nach seiner Rückkehr in die DDR unter Druck als »Inoffiziellen Mitarbeiter« (IM) an, um ihn gegen »Vorbestrafte, Rückkehrer und Zuzügler aus WD und WB«, aber auch gegen »halbstarke Personen« einzusetzen.[360] Als IM »Gerry« berichtete »Slim« bis 1988 an das MfS.[361]

Nach Skandalisierungen von Ereignissen wie den Aktivitäten

359 Vgl. auch: »›Drüben‹ erdacht – in Köpenick vollbracht«, in: *Berliner Zeitung* (05.12.1958), S. 2; »Einfluß schlechter Vorbilder. ›Segnungen‹ der ›westlichen Kultur‹ verrohen Jugendliche«, in: *ND* (10.12.1957), S. 6.

360 Vgl. Treffberichte vom 15.03.1967, Bl. 138-147. Ausführlich zur »Slim-Bande« oben, Kap. 2.2.3.

361 Vgl. handschr. Verpflichtung vom 11.05.1966 sowie Auskunftsbericht vom 18.02.1969, Kreisdienststelle Schwedt/Angermünde, BStU, BV Frankfurt (Oder), KD Beeskow 240/66, Bd. IV und V, Bl. 128 ff.; Bl. 185; Bl. 297 f.

der »Slim-Bande« sagten die staatlichen Organe dem »Rowdytum« auf breiter Ebene den Kampf an. Am ZK der SED wurde eine »Arbeitsgruppe für Jugendfragen« eingerichtet, der Abgesandte verschiedener Organe und Institutionen angehörten, die mit der Entwicklung von Gegenmaßnahmen betraut wurden. Der »Kampf gegen das Rowdytum« ging in die »Maßnahmenpläne der politisch-ideologischen Erziehungsarbeit« ein und wurde zum Gegenstand verbindlicher Weisungen an die Polizei.[362] In den folgenden Jahren konzentrierten sich die Ermittlungen auf Zusammenrottungen Jugendlicher außerhalb der staatlich kontrollierten Organisationen sowie auf spezifisch »jugendliche« Delikte wie Sachbeschädigungen, gemeinschaftlich begangene Körperverletzungen, provokative Taten wie Belästigungen, aber auch, wie bereits erwähnt, auf einen lediglich distinkt anderen Stil.

Neben der »operativen Bearbeitung«, mit der sich auch die Staatssicherheit befasste, wurden die vermeintlichen Ursachen des Rowdytums anhand einzelner Fälle verhandelt. In einem Grundsatzartikel, über dem die rhetorischen Frage »Sind Rowdys Verbrecher?« prangte, ging etwa die FDJ-Zeitung *Junge Welt* in die Offensive gegen die »Lebensweise und Anschauung der Rowdys«.[363] Anlass war diesmal eine Schlägerei bei einem Herbstvergnügen der Betriebssportgruppe (BSG) Medizin in einem Sportlerheim in Berlin-Mahlsdorf, in deren Verlauf eine junge Frau und ein Gastwirt Verletzungen erlitten hatten und für die sich drei Jugendliche vor dem Stadtbezirksgericht Lichtenberg verantworten mussten. An-

362 So sollte die Kriminalpolizei nach dem Quartalsrahmenarbeitsplan der Volkspolizei-Inspektion Berlin Friedrichshain vom 01.01.1958 den »Kampf gegen die Jugendkriminalität, insbesondere das Rowdytum, verstärken«, im 2. Quartal erhielt die Schutzpolizei den Auftrag zum Kampf gegen das »Cliquenunwesen«. Vgl. LAB, C REP 303 Nr. 195, Bl. 100 u. 113. Zu den Weisungen der HVDVP in der VD vgl. Nr. 140/59 vom 16.11.1959 sowie vertrauliches Fernschreiben vom 15.12 1959; Vertrauliche Verschlusssache BVI-509/59 Stellvertreter Operativ der HVDVP betr. Rowdytum und Bandentätigkeit, Berlin, 16.12.1959, LAB, C REP 303 Nr. 41, Bl. 80. Die Weisungen wurden 1960 abermals bekräftigt mit den Maßnahmen zum Kampf gegen das Rowdytum im Zusammenhang mit den geplanten »Provokationen« ausgehend vom Platz der Republik in Westberlin; vgl. Präsidium der VP, Operativ-Gruppe, Berlin, 21.09.1960, LAB, C REP 303 Nr. 73, Bl. 90.

363 Gerhard Graban, »Sind Rowdys Verbrecher? Ein Prozeß und seine Lehren«, in: *JW* (04.01.1961), S. 5.

gesichts der minderschweren Folgen,[364] die eher auf eine gewöhnliche Kneipenschlägerei hindeuteten, erhielten sie ungewöhnlich harte Strafen: in einem Fall zwei Jahre und sechs Monate Zuchthaus und in zwei Fällen je zwei Jahre und vier Monate Zuchthaus wegen Landfriedensbruch. Das Strafmaß und die Aufmerksamkeit der DDR-Medien ließen keine Zweifel daran, dass hier abermals ein Exempel statuiert werden sollte. Die *Junge Welt* widmete dem Fall eine mehrteilige Artikelserie, in der das Berliner Urteil als richtungsweisend für die ganze Jugend der DDR affirmativ gerechtfertigt wurde.[365] Ausführlich zitiert wurde der DDR-Staatsanwalt Heinz Hämmerlein, der dem Kampf gegen das »Rowdytum« in seinem Plädoyer zum Gerichtsprozess den ideologischen Unterbau geliefert und den Fall abermals zum gesamtgesellschaftlichen Phänomen verallgemeinert hatte. »Das Rowdytum«, so der Jurist, »das sind nicht nur die Handlungen eines bestimmten Teil Jugendlicher, sondern [...] Anschauungen und Auffassungen vom Leben, denen die imperialistische Ideologie zugrunde liegt.« Diese »Ideologie der Menschenverachtung« richtete sich denn auch nicht nur folgerichtig »gegen unsere Werktätigen«; klar war auch, wer die Urheber waren: »Propagandisten in Westberlin und Bonn«.[366] So interpretiert, wurde noch aus einer lokalen Kneipenschlägerei in einem Ostberliner Randbezirk der Widerhall des bipolaren Systemkonflikts – und damit ein Vorfall mit internationalen Dimensionen.

Sukzessive verfestigte sich ein nach Alter und vor allem nach Geschlecht definierter Sozialtypus, denn das Rowdytum galt erklärtermaßen als »Teilproblem der Kriminalität männlicher Jugendlicher bis etwa 25 Jahre[n]«.[367] Auch Staatsanwalt Hämmerlein folgte dieser Linie, denn das »Rowdytum« habe – wie das Wort selbst ja schon preisgab – »in der DDR keinerlei ideologische Wurzeln«.[368] Zwar waren an der Mahlsdorfer Schlägerei nachweislich keinerlei westliche Agenten beteiligt, doch lieferte der zweite Teil der Artikelserie

364 Eine Gehirnerschütterung und Zahnverletzungen.

365 Graban, »Sind Rowdys Verbrecher?«

366 Ebd.

367 So die Definition in: Analyse über die Bekämpfung des Rowdytums. Vorlage für das Kollegium des Ministeriums der Justiz, Berlin, 28.03.1961, BArch DP/1/5915, Bl. 1.

368 Graban, »Sind Rowdys Verbrecher? Zur Sache [aus dem Plädoyer des Staatsanwalts Hämmerlein]«, in: *JW* (04.01.1961), S. 5.

den kulturellen Zusammenhang nach: Bevor die Jugendlichen das Sportlerheim betreten hatten, »waren sie im Jugendklubhaus tanzen«. Dass hier »westliche Unkultur« im Spiel war, verstand sich von selbst, weshalb der Einsatz von FDJ-Ordnungsgruppen vorgeschlagen wurde.[369] Die Berichterstattung hatte jedoch nicht den intendierten Abschreckungseffekt, sondern führte zu einer Diskussion unter den Lesern der *Jungen Welt* über die Angemessenheit der Strafen, die nach dem Mauerbau höher ausfielen als in den Jahren davor bei ähnlichen Fällen. Um diese Diskussion schließlich zu beenden, räumte die Zeitung ein, dass man ein Exempel habe statuieren wollen: »Es sei nochmals mit aller Deutlichkeit gesagt: Rowdytum ist ein Verbrechen [...]. Feinde unserer sozialistischen Ordnung [...] trifft die ganze Härte unserer Gesetze.«[370] Allerdings, so der Autor des Artikels mit Bezug auf die Berichterstattung westlicher Medien über Jugendkrawalle in Westberlin, wolle man auch abschrecken, um zu verhindern, dass sich in der DDR ebenfalls ereigne, was im Westen bereits geschehe. Schließlich hätte der Feind es gern gesehen, »wenn sich die mehr als 150 Schlägereien und Krawalle, die Westberlin [...] in Angst und Schrecken versetzten, sich auf der anderen Seite der Mauer abgespielt hätten«.[371] Auf die Funktion des Mahlsdorfer Falles als Schauprozess deutete auch das formelhafte Eingeständnis eines der Verurteilten hin, das in der Öffentlichkeit verbreitet wurde. »Ich will mich nach meiner Haftentlassung gesellschaftlich betätigen, ich will für diese Gesellschaft nützlich sein«, wurde ein zu einer drakonischen Strafe verurteilter 20-Jähriger zitiert.[372]

369 Ebd. Die Ordnungsgruppen wurden zum Mauerbau in Umsetzung des »Kampfauftrages für die Bezirksverbände der FDJ« vom 13. August 1961 gegründet, entfalteten aber trotz regionaler repressiver Wirkung keine flächendeckende Bedeutsamkeit. Vgl. Torsten Diedrich u.a. (Hg.), *Im Dienste der Partei. Handbuch der bewaffneten Organe der* DDR, Berlin 1998, S. 118; Alfons Kenkmann, *Wilde Jugend. Lebenswelt großstädtischer Jugendlicher zwischen Weltwirtschaftskrise, Nationalsozialismus und Währungsreform*, Essen 1996, S. 334-341; Mählert, Stephan, *Blaue Hemden – rote Fahnen*, S. 11 u. S. 402; Janssen, *Halbstarke in der DDR*, S. 240-252. Janssen resümiert für den Dessauer Raum, die Ordnungsgruppen hätten im »Kampf gegen das Rowdytum« im Vergleich zu anderen Behörden nur eine untergeordnete Rolle gespielt (ebd., S. 252). Lindenberger kommt für Potsdam zum selben Ergebnis und spricht daher von einem »Papiertiger«, vgl. ders., *Volkspolizei*, S. 37, S. 394 u. S. 402.

370 »Sind Rowdys Verbrecher?«

371 Ebd., sowie »Front(stadt)-Bericht«, ebd.

372 Ebd.

Während man auf den Abschreckungseffekt solcher pauschalisierender und ideologisierender Schauprozesse setzte, ergaben die großflächig betriebenen Ermittlungen zur Einschätzung jugendlicher Gruppierungen ein weitaus differenzierteres Bild, das aus kriminalstatistischer Sicht weit weniger Anlass zur Besorgnis gab, als es Politik und Medien glauben machten. So hatte etwa im Bereich Groß-Berlin eine als »vertrauliche Verschlusssache« geheim gehaltene Analyse rund 420 Jugendliche in 26 Cliquen ermittelt, die sich auf alle acht Bezirke verteilten. Gemeinsam war diesen Gruppierungen, dass »bei fast allen keine organisierten festgelegten Ziele vorhanden« waren. Ausdrücklich festgehalten wurde, dass während des gesamten Ermittlungszeitraumes, dem Jahr 1959, »in keinem Fall eine geschlossene Aktion oder eine gemeinsame Durchführung von strafbaren Handlungen vorgekommen« sei.[373] Im Wesentlichen befassten sich die Angehörigen dieser Cliquen mit »Abspielenlassen heisser Musik aus Kofferradios, wobei ruhestörender Lärm zu verzeichnen« war. Die ermittelten strafbaren Delikte waren minderschwerer Art: Belästigung und Anpöbeln von Passanten, unbefugtes Benutzen von Pkws, Diebstähle, gelegentliche Sachbeschädigungen. Zu den gravierenden Vergehen gehörten wenige Fälle schwerer Körperverletzung und schweren Diebstahls sowie Einbruchs. Der Clique Wilhelmshagen wurde etwa »Transportgefährdung« vorgeworfen, der Hufeland-Esmarch-Clique Automatendiebstähle, der Clique Berlin-Buch Exhibitionismus und Unzucht, der in Berlin-Buchholz Fischdiebstahl aus Karpfenteichen.[374] Diese Taten schienen aber keineswegs der Hauptzweck der losen Zusammenschlüsse zu sein, denn, so hält der Bericht ausdrücklich fest, alle aufgetretenen strafbaren Handlungen zeigten, »dass zum grossen Teil Alleintäter und nur in Ausnahmefällen mehrere Jugendliche [sic!] Täter in Erscheinung getreten sind«.[375] Die 22 Mitglieder der Bahnhofsclique Oberschöneweide »wollten sich austoben und frei bewegen und durch ihr geschlossenes Auftreten Stärke beweisen«, die Clique Steinbrücke traf sich »mit Kofferradios, daraus entwickelten sich strafbare Handlungen«.[376] Dies waren vielfach DDR-spezifische Delikte, etwa das Abhören

373 Vertrauliche Verschlusssache BVI-509/59 Stellvertreter Operativ der HVDVP betr. Rowdytum und Bandentätigkeit, Berlin, 16.12.1959; LAB, C REP 303 Nr. 41, Bl. 80.

374 Ebd.

375 Ebd.

376 Ebd., Bl. 80-87.

westlicher Sender, Besitz von »Schundliteratur«, die Verletzung inländischer Hoheitszeichen, »Staatsverleumdung«, Verstöße gegen Pass-Gesetze, Zollbestimmungen oder »Arbeitsbummelei«.[377] Auch wenn zumeist »harmlose Dinge gemeinsam verabredet wurden«, erfolgte die Bekämpfung der jugendlichen Gruppierungen doch durch »neue Arbeitsmethoden«. Es wurden 52 Ermittlungsverfahren eingeleitet, die in vielen Fällen zu Geld- und Haftstrafen führten. Den nicht dezidiert kriminellen Charakter der Gruppen in Berlin-Mitte bestätigte auch eine kriminalpolizeiliche Analyse.[378] Andere aktenkundige Delikte hingegen wurden von Jugendlichen begangen, die gar keinen Cliquen angehörten.[379] Die noch bestehenden Gruppen, die meist keinen Anführer, allenfalls einen Wortführer gehabt hätten, habe man daher gar nicht als Cliquen bezeichnen können.

Entgegen dem erhöhten Aufwand und den geheimpolizeilichen Methoden der Bekämpfung und Zersetzung des Rowdytums, die sich bald auch gegen vorwiegend kulturell orientierte Gruppen wie Fanclubs richteten, schien die Zahl der statistisch erfassten Delikte von DDR-Jugendlichen keineswegs ein Faktum zu sein, das Rückschlüsse auf einen spezifischen qualitativen oder quantitativen Anstieg devianten Verhaltens nahelegte. Statistische Analysen attestierten, dass sich die Jugendkriminalität in den Jahren von 1953 bis 1956 »nur unwesentlich verändert« hatte und der Anteil jugendlicher Täter nur deswegen zugenommen hatte, weil die Kriminalität Erwachsener zurückgegangen war. Es wurden also auch hier keineswegs mehr Straftaten von Jugendlichen erfasst. Körperverletzungen nahmen »sowohl an Zahl wie auch im Hinblick auf die Schwere« sogar ab. »Banden« gebe es in fast allen Großstädten, doch könne man nicht »von einem Bandenunwesen« sprechen.[380]

Wie schon mehrfach erwähnt, gab es immer wieder Delikte, die aus den restriktiven Verordnungen resultierten, etwa solchen zum

377 Vgl. Analyse über die Bekämpfung des Rowdytums. Vorlage für das Kollegium des Ministeriums der Justiz, Berlin, 28.03.1961, BArch DP/1/5915, Bl. 4.

378 Vgl. »Analyse über das Cliquenunwesen und über Rowdytum im Bereich der VPI Berlin-Mitte«, Berlin, 15.04.1959, LAB, C REP 303 Nr. 221, Bl. 116.

379 Ebd., Bl. 117.

380 Vgl. Thesen für die Arbeitstagung der Jugendrichter, BArch DP/1/5914, Bl. 41. Ein anderer Bericht kam sogar zu der Einschätzung, dass die Entwicklung der Jugendkriminalität seit 1953 rückläufig sei. Vgl. Justizverwaltungsstelle: Analyse Jugendkriminalität, Halle (Saale), 28.03.1956, BArch DP/1/5914, Bl. 47.

Abspielen von Musik, die sich mit der Verbreitung von Kofferradios auch in der DDR kaum mehr wirksam umsetzen ließen, in den folgenden Jahren aber zahlreiche Kontroll- und Strafmaßnahmen nach sich zogen. Allerdings hatte das sogenannte Cliquenwesen auch in der DDR einen stadtgeschichtlichen Hintergrund, denn es offenbarte einen Mangel, den es nach dem Anspruch der totalen Erfassung der Jugend in einer Massenorganisation eigentlich nicht hätte geben dürfen: Die FDJ war zwar in den Betrieben und am Ausbildungsplatz einigermaßen gefestigt, nicht aber in den Wohngebieten. Insbesondere in den vom Bombenkrieg verheerten Städten vollzog sich der Alltag der Kinder in Nischen und auf Brachflächen und der der Jugendlichen am Rand von Rummelplätzen und Volksvergnügen, nicht aber in den staatlich gelenkten Bahnen. War die Jugendorganisation auf dem Land noch leidlich vertreten, so hatte der Verband in den städtischen Quartieren Ende der fünfziger Jahre »praktisch alle Stützpunkte seiner Arbeit« eingebüßt, wie eine Analyse der FDJ selbstkritisch einräumte.[381] Aus dieser nüchternen Analyse erklärt sich auch die Härte der Maßnahmen, mit denen man attraktive kulturelle Angebote treffen wollte, die mit denen der FDJ konkurrierten. Die abweichenden popkulturellen Subjektivierungen Jugendlicher, die mit solchen Maßnahmen »zersetzt« werden sollten, deuteten auf Kontrolllücken insbesondere bei der politischen Arbeit der FDJ hin, die es zu verbergen galt, da der Staatsozialismus im außenpolitischen Systemkonflikt keine Schwäche zeigen durfte.

2.3.5. Die Notting Hill Riots von 1958

In Großbritannien hatten zwischen 1953 und 1957, wie bereits gezeigt wurde, neue kulturelle Ausdrucksformen vor allem textiler Moden, aber auch Berichte über Gewalttaten das ausgesprochene Negativimage eines neuen Jugendstils kreiert, das auch dort die Politik auf den Plan rief. Der Innenminister Sir David Maxwell Fyfe erklärte bereits 1954 im House of Commons, die Einsatzkräfte der Metropolitan Police seien alarmiert und stünden bereit, um jegliche Tendenz zum Hooliganismus durch »Edwardian gangs« zu

381 Vgl. Skyba, *Vom Hoffnungsträger zum Sicherheitsrisiko*, S. 410. Die FDJ-Analyse kam zu dem nüchternen Schluss, dass sich »das Leben der Jugendlichen im Wohngebiet im wesentlichen ohne die FDJ« vollzieht, siehe SAPMO, BArch, DY 24, 3.933, zit. n. ebd.

unterdrücken.[382] Im House of Lords wurde drei Jahre darauf sogar die Wiedereinführung der Prügelstrafe für »Teddy Boys« diskutiert, doch gab Erziehungsminister Sir Edward Boyle in einer Ansprache vor Jugendleitern in Bristol Entwarnung: Er könne nicht erkennen, was schlecht am Interesse an Jazz oder Kleidung sein solle, zumal mit den vieldiskutierten modischen Extravaganzen eine Hebung des Standards persönlicher Ordentlichkeit und Reinlichkeit einhergehe.[383] Dennoch stieg seit Mitte der Fünfziger der Druck auf die neue Jugendkultur. Zahlreiche Kommentare empfahlen den »Edwardians«, ihren auffälligen Kleidungsstil aufzugeben, wenn sie nicht als Gewalttäter abgestempelt werden wollen, da das Tragen eines Anzuges mit Samtkragen mittlerweile disziplinarische Konsequenzen haben könne.[384] Der Höhepunkt der Debatte um die Aggressivität junger »Teds« stand jedoch erst noch bevor, und zwar in Gestalt der »race riots« von Notting Hill und Nottingham des Jahres 1958, die von einer gegen Einwanderung gerichteten Propaganda grundiert wurden.

Rassistische Übergriffe waren in Großbritannien kein neues Phänomen. Bereits im Sommer 1919 hatten sich in Cardiff und Liverpool gewalttätige Riots ereignet, und auch aus den Hafenregionen englischer Städte sowie aus dem Londoner East End waren damals Unruhen gemeldet worden.[385] Im Jahr 1943 war es zu Massenschlägereien zwischen schwarzen und weißen Gästen in den Tanzhallen von Liverpool gekommen, und im Mai 1948 hatte in Birmingham ein weißer Mob ein Wohnhaus westindischer Einwanderer mit Pflastersteinen attackiert. Ein Jahr darauf hatte nach einer Massenschlägerei auf dem Broadway von Deptford eine Menge von bis zu 1000 Einwohnern vor einem von Schwarzen bewohnten Haus randaliert, wobei zwei der Bewohner schwer und drei Polizisten leicht verletzt worden waren.[386]

Die Krawalle des Jahres 1958 erreichten jedoch bislang ungekannte Ausmaße, sowohl was ihre Dauer als auch was die Zahl der Beteiligten betraf. Am Abend des 23. Augusts weitete sich in der in den

382 *Star* (07.05.1954), zit. n. Rock/Cohen, »The Teddy Boy«, S. 297. Vgl. auch *Daily Express* (23.10.1953), S. 1.

383 »Teddy Boys ›Tidier and Cleaner‹«, in: *The Times* (28.09.1957), S. 8.

384 Zit. n. Rock/Cohen, »The Teddy Boy«, S. 296.

385 Vgl. Ruth Glass, *Newcomers. The West Indians in London*, London 1960, S. 133.

386 Ebd.

East Midlands gelegenen Stadt Nottingham eine tätliche Auseinandersetzung zwischen einem Anwohner und einem Einwanderer im Ortsteil The Chase zu einer Messerstecherei aus.[387] Als die Menge auf bis zu 1500 Personen anwuchs, mussten etliche afrokaribische Anwohner unter Polizeischutz aus ihrem Wohngebiet eskortiert werden; neun Menschen waren verletzt, darunter ein Polizist. Über die Gründe für den unerwartet heftigen Ausbruch rassistischer Gewalt kursieren widersprüchliche Deutungen, schon früh wurde aber die neue britische Jugendkultur verantwortlich gemacht.[388]

An den beiden darauffolgenden Samstagen setzten sich die Krawalle in Nottingham fort. Im Verlauf des Wochenendes wuchs die Menge diesmal auf bis zu 4000 Personen an. Nahezu simultan brachen in Notting Hill ebenfalls Krawalle aus. In dem Stadtviertel im Londoner Nordwesten hatten afrokaribische Einwanderer aus Trinidad und Jamaika eine lebhafte Jazz- und Calypsoszene etabliert und waren durchaus integriert.[389] Umso überraschender war die Heftigkeit der im Juli 1958 gemeldeten rassistisch motivierten Gruppenauseinandersetzungen. Mitte des Monats hatte eine Gruppe von etwa 15 »Teddy Boys« die Einrichtung eines Cafés zertrümmert, das einen aus der Karibik stammenden Besitzer hatte. Zwölf Tage später wurde dasselbe Café abermals zum Ziel eines Angriffs; die festgenommenen Verdächtigen waren im Alter zwischen 18 und 23 Jahren und kamen aus den Bezirken Shepherd's Bush, Fulham und Notting Hill.[390] Am 17. August desselben Jahres belagerten edwardianisch gekleidete Jugendliche ein von Einwanderern bewohntes Haus und warfen Fensterscheiben ein. Zu dieser Zeit schürten bereits rechtsradikale Gruppen wie die White Defense League oder die Union Movement in Notting Hill mit Parolen wie »Haltet Britannien weiß« den Rassenhass.[391] Am 23. August 1958 zogen am späten Abend neun Jugendliche aus Notting Dale durch die Straßen von Shepherd's Bush und Notting Hill, bewaffnet mit einer Autokurbel, Tischbeinen, einem

387 Ebd.

388 Der stellvertretende Police Constable von Nottingham sprach als einer der Ersten von »Angriffen von ›teddy boys‹«: »Die farbige Gemeinde, sagte er, benahm sich abgesehen von Einzelfällen, ›sehr gut‹.« *Manchester Guardian* (26.08.1958).

389 Vgl. Marc Matera, *Black London. The Imperial Metropolis and Decolonization in the Twentieth Century*, Oakland 2015, S. 149-197.

390 »Made Tour Attacking Coloured Men«, in: *The Times* (26.08.1958), S. 4.

391 Vgl. White, *London in the Twentieth Century*, S. 148.

Messer sowie Eisenstangen, die sie aus Umzäunungen von Londoner Vorgärten herausgebrochen hatten. Die Bewaffnung hatten sie sich zugelegt, weil sie, wie später einer von ihnen vor Gericht bekannte, zum »*nigger-hunting*« ausgezogen waren.[392] Sie attackierten fünf ihnen unbekannte dunkelhäutige Passanten mit Messerstichen und Schlagwerkzeugen und verletzten drei von ihnen schwer.[393]

In der Nacht zum 30. August 1958 begannen die eigentlichen Riots. Gruppen von Männern griffen mehrere von schwarzen Mietern bewohnte Häuser in einer Gegend an, in der nur wenige britische Afrokariben wohnten. Ein Haus wurde in Brand gesetzt, ein Polizist beim Räumen der Straße verletzt. Am darauffolgenden Tag rotteten sich 400 bis 700 Gewaltbereite unter rassistischen Parolen zusammen. Am 1. September nahmen Polizisten, die aufgrund der ernsthaften Zusammenstöße an den Vortagen in den Straßen von Notting Hill patrouillierten, mit Fleischermessern und Eisenrohren bewaffnete junge Männer fest.[394] Rund 800 Personen hatten sich rund um die Bramley Road versammelt, nach Einschätzung eines Inspektors der Polizeiwache von Notting Hill »versammelte sich der bei weitem größte Teil der Leute, um dem zuzuschauen, was sie ›*nigger hunting*‹ nannten«.[395] Afrokaribische Anwohner wurden mit Milchflaschen beworfen, Polizisten, die sich der Menge entgegenstellten, als »*nigger*-freundliche Bullen« bezeichnet und tätlich angegriffen, Streifenwagen beschädigt und Polizisten durch Flaschenwürfe, Schläge und Tritte verletzt.[396] Die Konflikte hielten mehrere Nächte an und breiteten sich auf andere Stadtteile aus.

392 »Racial Fights in London«, in: *The Times* (01.09.1958), S. 8. Kursivierung markiert im Original belassene Terminologie.

393 Vgl. Tony Moore, *Policing Notting Hill: Fifty Years of Turbulence*, Hook 2013, S. 37-38.

394 Vgl. Statement of Witness, Police Contable (P.C.) Albert Jackson, 03.09.1958, TNA, MEPO, 2/9838 (unpag.); Statement of Witness, P.C. William Butcher, 02.09.1958, ebd.; Statement of Witness, P.C. Robin O'Neill, 02.09.1958, ebd.; Statement of Witness, P.C. Frederick William Lawes, 02.09.1958, ebd.; Statement of Witness, P.C. Peter Harrison, 02.09.1958, ebd.

395 Vgl. Statement of Witness, Police Inspector Sydney Vass, 03.09.1958; ebd.

396 Vgl. Statement of Witness, P.C. Nicholls, 02.09.1958, ebd; Statement of Witness, P.C. Charles Summerhayes, 01.09.1958, ebd.; Laut P.C. John Bending wurde dessen Kollege P.C. Duthie unter den Rufen »Kill the bastard!« und »Kick him!« zu Boden gestoßen und ins Gesicht getreten, vgl. Statement of Witness, 01.09.1958, ebd. Kursivierungen markieren im Original belassene Terminologie.

Infolge der Ereignisse wagten sich einige Tage lang nur diejenigen schwarzen Anwohner aus ihren Häusern, die bereit waren, sich den Angreifern zu stellen. Aufgeheizt von Medienberichten randalierten Rassisten auch in anderen britischen Städten.[397] Die Menge wurde durch Schaulustige verstärkt: Etliche der festgenommenen Aggressoren stammten aus der Gegend um Elephant and Castle, einem Viertel, das als einer der Ursprungsorte der jungen *neo edwardians* galt.[398] Es wurde daher darauf hingewiesen, dass es sich keineswegs um einen Nachbarschaftskonflikt handele, da Gruppen von Angreifern eigens aus den Wohnblöcken der *housing estates* anderer Stadtviertel angereist waren, in denen die Bevölkerung überwiegend weiß war und in ihrem Alltag kaum Kontakt zu Migranten hatte.[399] Es handelte sich demnach eher um einen vorsätzlich geplanten Angriff organisierter Rassisten mit dem Ziel, Konflikte zwischen Anwohnern zu schüren, als um ein spontanes Pogrom gegen die eigenen Nachbarn.

Am 2. September kündigte Scotland Yard an, die Metropolitan Police werde ihre Pflicht tun, »den Frieden der Königin ohne jede Furcht, Gefälligkeiten oder Diskriminierung zu schützen«.[400] Eigenen Aussagen zufolge setzten sich etliche der aus der Karibik stammenden Anwohner gegen ihre Angreifer zur Wehr.[401] Einer der Angegriffenen, der sich weigerte, den Ort zu verlassen, konnte nur durch eine Festnahme zu seinem eigenen Schutz von einem Polizisten gerettet werden; schwarze Busfahrer mussten nach Dienstschluss von Polizisten nach Hause eskortiert werden.[402]

397 Vgl. White, *London in the Twentieth Century*, S. 149.

398 Vgl. Dominic Sandbrook, *Never Had It So Good. A History of Britain from Suez to the Beatles*, London 2005, S. 418.

399 Der beschuldigte 18-jährige Michael S. etwa wohnte 15 Meilen entfernt in Tottenham. Vgl. John Denchfield, Protokoll der Festnahme am Abend des 02.09.1958 wegen Besitzes eines Klappmessers, TNA, MEPO 2/9838. Andere Verdächtige waren eigens mit dem Auto angereist. Vgl. etwa Statement of Witness, P.C. William Butcher, 03.09.1958, ebd. Vgl. zur Einschätzung der Krawalle Glass, *Newcomers*, S. 133.

400 Vgl. »Government Warning on Race Riots. ›Utmost Strictness‹ in Law Enforcement«, in: *The Times* (04.09.1958), S. 10.

401 Vgl. James Barry, »*Sorry, no Vacancies*«. *Life Stories of Senior Citizens from the Caribbean*, London 1992, S. 4-5.

402 Vgl. Confirmation of Statement of Notting Hill Police St. F Div. Dennis Clifford, 02.09.1958, TNA, MEPO 2/9838. (unpag.)

Insgesamt wurden zwischen dem 25. August und dem 2. September 108 Personen festgenommen, an den beiden ersten Septembertagen insgesamt allein 76 Verdächtige.[403] Beschuldigt wurden sie unterschiedlicher Vergehen – von Beleidigung über Waffenbesitz bis hin zu tätlichem Angriff.[404] Viele von ihnen hatten Waffen dabei, bei einer Anhörung im Gerichtssaal stand eine Kiste da, »gefüllt mit Springmessern, Stiletten, Rasiermessern, einer Fahrradkette, Hackebeilen, einem Knüppel und einem Schnitzmesser«.[405] Festgenommen wurden ausschließlich Männer, allerdings hatte man auch die Personalien einer Frau notiert, die eine Flasche auf einen Schwarzen geworfen hatte.[406] Von den 108 Beschuldigten wurden 36 als *»coloureds«* bezeichnet, darunter drei Afrokariben im Alter zwischen 25 und 38, denen der Besitz »offensiver Waffen« zur Last gelegt wurde, darunter eine Schere, auch wenn sich die Verdächtigen darauf beriefen, sie hätten diese nur zur Selbstverteidigung mit sich geführt.[407] Die Mehrzahl der Beschuldigten waren Jugendliche aus der Arbeiterschicht.[408] Elf von ihnen wurden schließlich an das Central Criminal Court überwiesen und wegen »Krawall« in Tateinheit mit anderen Delikten in einem Prozess angeklagt, der bereits wenige Tage nach den Vorfällen begann.[409] Die schnelle

403 Vgl. Gesamtprotokoll »street disturbances which occurred in the Notting Hill district«. To Divisional Detective Superintendent, Metropolitan Police, 05.09.1958, ebd.

404 Im Einzelnen: »beleidigende oder (bedrohende) Worten oder Taten«, »Angriffe auf die Polizei«, »Widerstand gegen die Polizei«, »Waffenbesitz«, »mutwillige Zerstörung«, »schwere Körperverletzung«. Vgl. Gesamtprotokoll »street disturbances« (unpag.)., ebd.

405 »London Racial Outburst Due To Many Factors«/»Further Racial Incidents«, in: *The Times* (03.09.1958), S. 7, 10.

406 In den Polizeiakten als »coloured« ausgewiesen. Vgl. Statement of P.C. Frederick Corbett, 01.09.1958, TNA, MEPO 2/9838 (unpag.).

407 White, *London in the Twentieth Century*, S. 149. Vgl. zu den Festnahmen westindischer Einwohner sowie zur Statistik der Festgenommenen das Gesamtprotokoll »street disturbances« sowie die Aussagen des P.C. David Cadogan vom 01.09.1958, P.C. der Traffic Patrol Eric Norman Townsend vom 01.09.1958 (unpag.), TNA, MEPO 2/9838. Kursivierungen markieren im Original belassene Terminologie.

408 Darunter mehrere Arbeiter und Arbeitslose, ein Dekorateur, zwei Verkäufer, ein Anstreicher, ein Zuschneider, ein Glasergehilfe. Vgl. Gesamtprotokoll »street disturbances« (unpag.).

409 Am 09.09.1958, vgl. ebd.

Verurteilung mehrerer junger Arbeiter zu mehrjährigen Gefängnisstrafen durch den Richter Cyril Salmon wird neben dem am 3. September einsetzenden Regen für das Ende der Riots verantwortlich gemacht. Salmons Urteilsbegründung, die im Tonfall eines moralischen Appells abgefasst war, wurde medienwirksam verbreitet:

Jedermann, unabhängig von seiner Hautfarbe, hat das Recht, in Frieden auf unseren Straßen zu wandeln, mit erhobenem Haupt und frei von Angst. Dies ist ein Recht, das dieses Gericht für immer und ausnahmslos in Ehren halten wird. [...] Soweit es das Gesetz betrifft, sind Sie berechtigt zu denken, was Sie wollen, egal wie abscheulich Ihre Gedanken sind; zu fühlen, was Sie fühlen wollen, egal wie brutal und minderwertig Ihre Gefühle sein mögen; zu sagen, was Sie wollen, vorausgesetzt, Sie verletzen nicht die Rechte Dritter. Aber wann immer Sie Ihre dunklen Gedanken und Ihre brutalen Gefühle in gewalttätige Akte wie diese übersetzen, wird das Gesetz Sie unerbittlich bestrafen.[410]

Die Strafen, die mit jeweils fünf Jahren Gefängnis und zuzüglichen Geldbußen in Höhe von je 500 Pfund ungewöhnlich hoch ausfielen, sollten ein Exempel statuieren, wie der Nachsatz des Richters deutlich machte.[411] Seine Urteilsbegründung fand auch im Ausland Widerhall: Im amerikanischen Senat wurde sie laut verlesen und ins Protokoll aufgenommen, damit sie »von jedem freiheitsliebenden Amerikaner« gelesen werden könne, wie ein Kongressabgeordneter ausführte.[412]

In der Geschichte Großbritanniens lassen sich die Notting Hill Riots als innenpolitische Zäsur verstehen, die das Ende einer Ära der Weltoffenheit markieren und gleichzeitig den Beginn einer Zeit, die von innerbritischen rassischen Spannungen infolge der Dekolonialisierung geprägt war.[413] Eine ihrer mittelfristigen Folgen war der Commonwealth Immigration Act von 1962, der die freie Einreise für Einwohnerinnen ehemaliger Staaten des Britischen Weltreiches einschränkte (und weitere Verschärfungen in den Jah-

410 *Daily Mirror* (16.09.1958), zit. n. Mark Olden, *Murder in Notting Hill*, Winchester 2010, S. 31.

411 Vgl. ebd. Auch die juristische Forschung wertet die Strafe als exemplarisch. Vgl. Andrew Ashworth, *Sentencing and Criminal Justice*, Cambridge 42000, S. 77.

412 Vgl. »Notes of the Week«, in: *The Economist* (09.05.1959), S. 511; »Great Britain: The Nigger Hunters«, in: *Time* (29.09.1958), S. 25; Congressional Record – Senate, 08.06.1959, Proceedings and Debates of the 86th United States Congress, First Session, Bd. 105/8, 1959, Washington, D.C. 1959, S. 10113.

413 Pilkington, *Beyond the Mother Country*, S. 8.

ren 1968, 1971 und 1981 nach sich zog).[414] Die Riots fanden aber weit über das ehemalige Empire hinaus Widerhall, wodurch auch das britische Jugendklischee gewalttätiger »Teddy Boys« internationale Verbreitung erfuhr.[415]

2.3.6. Globale Reaktionen: Die Notting Hill Riots im globalen Süden (Exkurs)

Vor allem in der afrokaribischen Welt verfolgte die Öffentlichkeit die Vorgänge in England mit Sorge. Die jamaikanische Tageszeitung *The Daily Gleaner* berichtete bereits am Tag nach der ersten Krawallnacht von Notting Hill auf der Titelseite über »New Race Riots in UK«.[416] In dem auf Material der Agentur Reuters gestützten Artikel wird der Chief Constable von London mit den Worten zitiert, die »Coloureds« hätten sich vorbildlich verhalten, indem sie sich von der »Krawallgegend« ferngehalten hätten. Die Ereignisse selbst hätten mit Rassismus nichts zu tun gehabt, sondern seien auf übermäßigen Alkoholgenuss zurückzuführen gewesen, so der Constable weiter. Zwei Ermittler des Caribbean Welfare Service in the Colonial Office sandten einen Bericht an die Staatsregierung der Westindischen Föderation, eine Kopie ging an den Innenminister.[417] Der *Gleaner* zitierte einen Kommentar der Sonntagszeitung *The Observer*: »Der widerwärtige kleine Ausbruch [...] ist eine scharfe Erinnerung daran, dass Britannien keinen Deut resistenter gegen rassische Vorurteile ist als Südafrika, Algerien oder die Südstaaten von Amerika.«[418] (Abb. 12) Auch in den folgenden Tagen füllte das Thema die Titelseiten, zumal die Gewalt immer wieder aufflammte. In einem exklusiven Korrespondentenbericht ist von Angriffen auf das Westindische Nachbarschaftszentrum Calypso

414 Vgl. Sebastian Klöß, *Notting Hill Carnival. Die Aushandlung des Eigenen im multiethnischen Großbritannien seit 1958*, Frankfurt/M., New York 2014, S. 60.

415 Vgl. Kennetta Hammond Perry, *London is the Place for Me. Black Britons, Citizenship, and the Politics of Race*, Oxford 2015, S. 92-100.

416 »New Race Riots in UK«, in: *The Daily Gleaner* (01.09.1958), S. 1; Ivy Cunningham, »The Teddy Boy Pest – Inbred racial tolerance the effective insecticide«, ebd., S. 12.

417 John Fraser und Arthur Bethune. Der Innenminister war Rab [Richard Austen] Butler.

418 Vgl. auch: Dugal Smith, »A Race Riot and Petrol Bombs« in: *The Daily Gleaner* (01.09.1958), S. 12.

die Rede und von weiblichen Teenagern, die mit den Rufen »Tötet ihn, tötet ihn!« auf Polizisten reagiert hätten, die einen bewusstlosen Einwanderer vor der Menge zu schützen suchten.[419] Am 10. Oktober schrieb der Minister für Handel und Industrie in British Guinea in einem Brief an den britischen Bürgerrechtler Eric Huntley, er mache sich ernsthafte Sorgen um die konservative Politik nach den Rassenunruhen: »Es scheint, dass mit der gegenwärtigen Arbeitslosigkeit in England und dem Ärger, den die Faschisten machen, die Dinge etwas angespannter werden. Ich bemerke, dass die Tory-Partei bereits Restriktionen gegen die Migration erwägt.«[420]

Abb. 12. Amerikanische und südafrikanische Rassisten feixen über die Notting Hill Riots: Karikatur des jamaikanischen *Daily Gleaner.*

Als Ausdruck der Besorgnis reiste Norman Washington Manley, der Oberste Minister von Jamaika, gemeinsam mit anderen Politikern nach London, um sich ein Bild der Lage zu machen.[421] Unterwegs gab Manley die Erklärung ab, es beruhige ihn, dass die über-

419 *The Daily Gleaner* (03.09.1958), S. 1. Dies bestätigten auch die Zeugenaussagen vom 01. und 02.09. in TNA, MEPO, 2/9838.

420 Schreiben an Eric Huntley vom 10.10.1958, LMA/4463/E/10/01/001.

421 Vgl. Pamphlet on West Indians in Britain: Confidential Report on Disturbances, 4/60/2A/28.

wiegende Mehrheit der Briten den Einwanderern gegenüber nicht feindlich gesinnt sei und es sich bei den Gewalttätern nur um eine Minderheit handele.[422] Gleichzeitig äußerte er die Ansicht, es handele sich um politisch motivierte und organisierte Krawalle, und widersprach damit implizit der Interpretation, es seien spontane »Teddy Boy-Unruhen« gewesen: »Kein Zweifel, dass dies [die Unruhen] von der faschistischen ›Halte-Britannien-weiß-Bewegung‹ aufgehetzt wurde, die ein Überbleibsel des Krieges ist.«[423] Auch auf dem afrikanischen Kontinent wurden die Vorgänge in Nottingham und Notting Hill mit Besorgnis verfolgt.[424] Der Gesundheitsminister und der Finanzminister von Nigeria zeigten sich beunruhigt über die Vorfälle in England.[425] Die Verurteilungen weißer Angreifer zu Gefängnisstrafen trafen auch hier auf Zustimmung und wurden in einen generellen Zusammenhang mit dem Kolonialismus gestellt. So kommentierte der *Guiana Graphic*:

> Kolonialisten werden im Großen und Ganzen keine Häme über die schweren Haftstrafen empfinden, die über die fehlgeleiteten jungen britischen Männer verhängt wurden, die unlängst farbige Personen durch kleine Teile von England jagten. Das Ergebnis ist ein Urteilsspruch, der vor der Welt verkündete, dass in England die menschliche Persönlichkeit von allen guten Bürgern respektiert werden muss. Jenen, die diese Pflicht verletzen, wird die vorurteilsfreie Justiz ihre Rechnung aushändigen.[426]

In einem über Rundfunk übertragenen Gespräch mit Reverend Ronald Campbell, dem Sprecher der jamaikanischen Gemeinde in London, vertrat Manley die Ansicht, die Unruhen spiegelten ein grundsätzliches Problem im Zusammenleben der Rassen wider.[427] Am selben Tag sprach sich das ökumenische Konzil der Kirchen

422 Vgl. Special meeting of the Council of Ministers re visit of Chief Minister to London in connection with race riots in Great Britain, 1B/31/952; Visit to England in connection with race riots, 1B/31/982, The Jamaica Archives and Records Department (JARD).

423 *The Daily Gleaner* (05.09.1958), S. 1.

424 Vgl. Race Riots in the United Kingdom: correspondence with Ivo DeSouza and others, 4/60/2A/27; Race Riots in the United Kingdom: Letters from Garnet Gordon, Nethersole; Reports; Memoranda, 4/60/2A/29, JARD.

425 Vgl. Pamphlet on West Indians in Britain, Bl. 20.

426 *Guiana Graphic* (18.09.1958), S. f.

427 In der Rundfunksendung »Christian Outlook«, ausgestrahlt in Jamaika am 19.09.1958.

Großbritanniens gegen eine Begrenzung der Zuwanderung von Jamaikanern aus und forderte die »Ausmerzung von Attitüden, die auf Angst, Egoismus, Verdächtigungen oder Ignoranz basieren«. »Dieses Ideal zu realisieren wird nicht einfach in Gegenden, die stark von farbigen Menschen besiedelt sind, aber es ist eine Anstrengung, die alle Christen aufgerufen sind zu unternehmen«, hieß es in einer von Reuters am 17. September zitierten Erklärung des Konzils.[428] Am 27. September meldete die Nachrichtenagentur AP einen erneuten Vorfall aus Stepney im Osten Londons. Nachdem eine blonde 29-jährige Frau in einem Café erstochen wurde, habe ein rund 40 bis 80 Personen umfassender weißer Mob versucht, mit Ziegelsteinen und Rasiermessern einen Schwarzen zu lynchen, der von der Menge für den Messerangriff verantwortlich gemacht wurde.[429] Der Mann, von Polizisten schwerverletzt aufgefunden, überlebte nur knapp nach einer Notoperation. Im November debattierte das House of Lords die Vorfälle. Der Earl of Lucan erwähnte die »Teddy Boys« in seiner Ansprache, und für den Kolonial-Politiker Lord Pakenham standen nicht weniger als »unsere britischen Traditionen und Ideale, die wir selbst am meisten preisen und auf die wir dem Angesicht der Welt gegenüber stolz sind«, auf dem Spiel.[430]

Auch in Großbritannien hatten die Riots Folgen für die afrokaribische Community. Da sie sich teils erfolgreich gegen den weißen Lynchmob gewehrt hatte, galt Notting Hill von nun an als ein Ort eines neuen migrantischen Selbstbewusstseins. Hierzu trug vor allem der afrokaribische Notting Hill Carnival bei, der auf ein von der Herausgeberin der *West Indian Gazette*, Claudia Jones, im Jahr 1959 begründetes Hallenfest zurückgeht, wenngleich die Darstellung als einer direkten Reaktion auf die Ereignisse des Vorjahres verkürzt ist, wie Sebastian Klöß nachgewiesen hat.[431] Dennoch bildete der Widerstand gegen rassistische Gewalttäter *einen* Ursprung

428 Vgl. »Churches Shocked By ›Colour Prejudice‹. Limit on Immigration Opposed«, in: *The Times* (18.09.1958), S. 3.

429 Vgl. »Woman's Death from Stab Wunds«; in: *The Times* (27.09.1958), S. 4.

430 HANSARD, HL Deb 19.11.1958 Vol. 212 cc. 632-724.

431 Klöß geht von zwei weiteren, deutlich späteren Gründungsereignissen des Carnival aus: einem Nachbarschaftsfest auf der Straße 1966 sowie einer trinidadischen Neugründung durch Leslie Palmer 1970. Vgl. Klöß, *Notting Hill Carnival*, S. 63-77; ders. »›Pop is not popular‹. Der Notting Hill Carnival (1970er bis 1990er Jahre)«, in: Mrozek u. a. (Hg.), *Popgeschichte*, Bd. 2, S. 225-246, hier: S. 226.

auch der Londoner Carnival-Idee, die in der Folge in vielen Staaten nachgeahmt wurde, also transnational wirkte.

Es war daher keineswegs selbstverständlich, dass sich die Coloured Workers Organisation mit einem Appell an das Gericht wandte, die Täter zu begnadigen, um so ein Zeichen für Versöhnung und Befriedung des Zusammenlebens im Bezirk zu setzen.[432] Die Zeugenaussagen in den umfangreichen Gerichtsakten lassen keinen Zweifel daran, dass an den Notting Hill Riots auch im medial diffamierten Teddy Boy-Stil gekleidete Täter beteiligt gewesen waren, doch belegt der Anteil erwachsener Täter, dass es sich keineswegs um einen reinen Jugendkrawall gehandelt hatte.[433] Die darüber hinaus nachgewiesenen Aktivitäten aggressiver *hate groups* in den betreffenden Stadtteilen legen vielmehr den Schluss nahe, dass es sich um einen von rechtsgerichteten politischen Organisationen angeheizten *race riot* handelte, der, wie erwähnt, auch die Grundlagen für ein restriktiveres Einwanderungsrecht im Jahr 1962 schuf.[434] Die Konzentration auf »Teddy Boys« als Täter durch Medien, Justiz und Politik wurde daher als Verharmlosung politischer Extremismen gedeutet, die für internationales Aufsehen gesorgt hatten und diplomatische Verwicklungen mit den ehemaligen Kolonien auslösten.[435]

In der Tat vermied die Darstellung der Krawalle als »teddy boy riots« die Debatte über einen organisierten gewalttätigen Rassismus in der britischen Gesellschaft zugunsten des bereits bekannten Narrativs delinquenter, aber letztlich sozialtherapierbarer Täter, die einer »Resozialisierung« zugeführt werden können.[436] Das Klischee des gewalttätigen Jugendlichen hatte somit eine gesellschaftspolitische Dimension mit global-politischer Relevanz erhalten. Das

432 Auf diese Petition berief sich in einer Parlamentsdebatte der Labour-Abgeordnete Brockway, vgl. HANSARD, HC Deb 11.12.1958, Vol. 597 cc. 498-500.

433 Die Mehrzahl der Festgenommenen war zwischen 17 und 23 Jahre alt, doch war auch ein 42 Jahre alter Verkäufer darunter, und Zeugenaussagen zufolge hatten viele Erwachsene rassistische Parolen skandiert. Vgl. Gesamtprotokoll »street disturbances« (unpag.).

434 Der *Commonwealth Immigrants Act* von 1962, der die Zuwanderung an Arbeitserlaubnisse knüpfte und laut Brian Harrison ein Resultat der Notting Hill Riots war. Vgl. ders., *Seeking a Role. The United Kingdom, 1951-1970*, Oxford 2009, S. 83.

435 So argumentiert Cross, »The Teddy Boy as Scapegoat«, S. 269.

436 So deutete etwa Fyvel die Ausschreitungen, siehe ders., *Die ratlosen Rebellen*, S. 217-240.

Image der Jugendmode war nun so stark belastet, dass hier einer der Gründe für ihr vorläufiges Verschwinden aus der Öffentlichkeit liegen mag. Viele Jugendliche wandten sich anderen, noch unbelasteten Stilen wie den Mods und Rockern zu.[437]

2.3.7. Die Politisierung der Jugendfrage

In mehreren Staaten beschäftigte sich die Politik auf höchster Ebene mit den skandalisierten Jugendphänomenen. Wie anhand von Medienberichten und Polizeiakten nachgewiesen wurde, spielte sich diese kulturelle Formierung vor dem Hintergrund eines Umbruchs zu einer demographisch »jungen« Gesellschaft als Ausdruck eines eigenständigen Auftretens Jugendlicher ab. Die pauschalen, in Massenmedien vorgetragenen Skandalisierungen wurden von konkreten Kriminalfällen abgeleitet und in der Berichterstattung über Gerichtsprozesse verallgemeinert, waren aber auch Gegenstand manifester Maßnahmen von Polizei und Politik – etwa Kleiderverboten und Zugangsbeschränkungen. In mehreren Konflikten, vor allem in den Notting Hill Riots von 1958, diente die zuvor konstruierte negative Sozialfigur »Teddy Boy« als Erklärungsmodell für pogromartige rassistische Gewalt vor dem Hintergrund postkolonialer Migrationsbewegungen und wurde zum Gegenstand sowohl der britischen Innenpolitik als auch globalpolitischer Diplomatie. In den USA setzten die medienwirksam verbreiteten Sitzungen eines Untersuchungsausschusses und die Berichterstattung einiger Zeitungen im Stil einer Kampagne das Thema Jugend auf die bundespolitische Agenda, es spielte aber auch auf kommunaler Ebene eine Rolle, besonders im Vorfeld der New Yorker Bürgermeisterwahl. Den außenpolitischen Hintergrund bildeten neben dem Kalten Krieg die Immigrations-

437 In den 1970er Jahren setzte ein Revival von »Teddy Boys« ein – die diesmal den ursprünglich pejorativen Begriff als Selbstbezeichnung übernahmen, Mode und Musik aber mit Elementen aus Glam Rock, Pub Rock und Punk mischten. Vgl. Ray Ferris, Julian Lord, *Teddy Boys. A Concise History*, Croydon 2012, S. 59-90; Macilwee, *The Teddy Boy Wars*, S. 302-310 sowie den Bildband von Chris Steele-Perkins, Richard Smith, *The Teds*, Stockport: Dewi Lewis Pub. [2]2006. Für Deutschland vgl. den autobiographischen Roman von Wolf Uwek, *Teddy Boy*, Berlin 1995; Katarzyna Nogueira, »›Look out, it might get you …‹. Die Rückkehr der wilden Fünfziger im Neo-Rockabilly«, in: Dietmar Osses, dies. (Hg.), *Einfach anders! Jugendliche Subkulturen im Ruhrgebiet* (Ausstellungskatalog), Essen 2014, S. 121-129.

und Dekolonisierungskonflikte, die sich in rassistischer Gewalt im Inland spiegelten. In der Bundesrepublik und der DDR bildete der Systemkonflikt den politisierten Hintergrund für Jugendkonflikte, doch wurden auch in der Bundesrepublik Einwanderungskonflikte mit sogenannten Heimatvertriebenen als urbane Verdichtung diskutiert. In der DDR hingegen versuchte man die Berichterstattung über Konflikte mit Jugendlichen zunächst zu unterdrücken und diese als »westliches« Problem darzustellen, bis Massenaufläufe auch hier zu einem offensiveren Vorgehen gegen Jugendliche führten. In allen untersuchten Staaten wurden negative Sozialfiguren konstruiert, die der Konstituierung von großstädtischer Jugend als einer bedrohlichen Gruppe dienten. Diese Stigmatisierungen bestimmter Teile der Jugend begannen als pejorative Zuschreibungen von außen. Gegen diese Pauschalisierung regte sich Protest in der Politik, vor allem aber bei zivilgesellschaftlichen Organisationen.

2.4. Hardliner versus Streetworker: Zwischen Kriminalisierung und Therapeutisierung

Im Mai 1956 veröffentlichte das Vokalensemble Frankie Lymon and The Teenagers ein Stück mit dem Titel »I'm Not A Juvenile Delinquent«.[438] Der gerade erst 14-jährige Sopran Lymon hatte zu dieser Zeit mit »Why Do Fools Fall In Love« einen Hit in den USA gelandet, in Großbritannien schaffte er es auf den ersten Platz der Charts und galt damit als idealtypischer Vertreter eines sogenannten Teenage-Wonders. Der in Harlem aufgewachsene Sohn einer Haushälterin und eines Lastwagenfahrers mit afrikanischen Wurzeln hatte seine musikalische Karriere bereits im Alter von zehn Jahren begonnen. In den Lyrics von »I'm Not A Juvenile Delinquent« ironisierte er die moralisierende Sprechhaltung Erwachsener gegenüber Jugendlichen: »It's easy to be good, it's hard to be bad / Stay out of trouble, and you be glad / Take this tip from me, and you will see / How happy you will be.«[439] Lymon, der zu diesem Zeitpunkt bereits selbst Erfahrungen mit Drogen und Zuhälterei

438 Vgl. Joel Whitburn (Hg.), *Joel Whitburn Presents Top R&B Singles, 1942-1999: Chart Data Compiled from Billboard's R&B Singles Charts, 1942-1999*, Menomonee Falls 2000, S. 276.

439 Frankie Lymon & The Teenagers, »I'm Not A Juvenile Delinquent«/»Baby, Baby« (US 1957) Gee GG 1026 [45].

gemacht hatte, wie er später in einem Interview bekannte, knüpfte damit nicht nur an persönliche Erlebnisse, sondern auch an den bereits skizzierten gesellschaftlichen Diskurs über Jugenddelinquenz an, der in den USA um 1956/57 einen Höhepunkt erreichte und vor allem Ganggewalt als eines der dringendsten inneramerikanischen Probleme in den Blick nahm.[440]

Die nicht nur in den USA, sondern auch in vielen europäischen Staaten im Anschluss an spektakuläre Einzelfälle entwickelten komplementären Strategien zwischen Prävention und Strafverschärfung werden im Folgenden genauer betrachtet.

2.4.1. *Reaching the Fighting Gang*: Das New York City Youth Board

Zu den wichtigsten Maßnahmen des New Yorker Bürgermeisters Robert F. Wagner gegen die *juvenile delinquency* und insbesondere gegen die Gangbildung gehörten die Aktivitäten des New York City Youth Board, das mit als delinquent eingestuften Jugendgruppierungen arbeitete.[441] Im November 1955 hatte Wagner eingeräumt, dass New York ein »juvenile delinquency problem« habe (wenn auch kein größeres als andere Städte), und einen weiteren 1,5 Millionen Dollar teuren Plan vorgestellt, der diesmal zehn Punkte umfasste und unter anderem die Vervierfachung der Zahl der Streetworker vorsah, die Aufstockung der Grundschulen mit 20 Nachhilfelehrern und weiteres Personal.[442] Bemerkenswert war der präventive Charakter, der ein »ausbalanciertes Programm von Erholung, Beratung, konkreter Fallarbeit und Gruppenarbeit« vorsah, auch durch die Eröffnung neuer Stadtteilzentren innerhalb von *housing projects*.[443]

440 Art Peters, »Comeback of a Child Star. Singer Frankie Lymon returns to footlights after battle with drugs«, in: *Ebony* 12 (1967), S. 42-50. Lymon starb 1968 an einer Überdosis Heroin.

441 Der Bürgermeister kündigte 1957 33 Millionen Dollar zur Prävention und Bekämpfung von Jugendkriminalität an. Medienberichten zufolge mit durchschlagendem Erfolg, vgl. etwa »Wagner Praises City Youth Board. Not One ›Rumble‹ Flared in 18 Months in 60 Gangs It Works With, He Says«, in: *NYT* (31. 10. 1957), S. 26.

442 Draft: Mayor Wagner's Testimony before Senator Lehman's Subcommittee vom 16. 11. 1955; NYCMA, Wagner Dept. Box 52, 4093.

443 Ebd.

Bei der Verschiebung von Kontroll- und Repressionsmaßnahmen zu solchen der Prävention spielte das Youth Board eine wichtige Rolle. Im Jahr 1947 unter dem State Youth Commission Act als temporäre Maßnahme für zunächst drei Jahre gegründet, hatte sich das Board in den fünfziger Jahren zu einem der wichtigsten Organe in der ambulanten Arbeit mit als delinquent eingestuften Jugendlichen insbesondere in »problematischen« Gebieten etabliert. Schwerpunkte seiner Arbeit waren sogenannte *hard-core families* und *antisocial street clubs*, wie die Jugendgangs in der offiziellen Terminologie genannt wurden.[444] Auf Anfrage des Brooklyn Council for Social Planning hatte das Board 1950 etwa das Brooklyn Detached Worker Project ins Leben gerufen und dafür 63 000 Dollar ausgegeben, beschlossen von der New York State Youth Commission. Sechs Jugendarbeiter, teils mit Erfahrungen aus einem 1950 beendeten Harlemer Projekt, wurden nach Bedford-Stuyvesant entsandt, fünf weitere fünf aktiven Teenagegangs in South Brooklyn zugeteilt. Im Juli 1951 kam ein neues Projekt in Harlem dazu.[445] 1956 erhielt das Board den Status einer festen Einrichtung; gegen Ende der fünfziger Jahre folgten weitere Projekte in Brooklyn Williamsburg, Corona-Long Island City-Astoria in Queens sowie in den Gegenden von Morrisania und Mott Haven in der Bronx.[446] Die Arbeit mit den Jugendlichen folgte einem in sieben Paragraphen niedergeschriebenen Grundsatzprogramm, das im Wesentlichen darauf abzielte, die Gangs durch individuelle Betreuung von »antisozialen« in »soziale« Gruppen umzuwandeln.[447] Diese Art von Sozialarbeit verdankte ihre Existenz zu einem guten Teil der *delinquency scare*, die deviante Sozialtypen als innerstädtisches Problem politisiert hatte. Institutionen wie das Youth Board generierten spezifisches Wissen, profitierten aber auch von der Dringlichkeit des Problems und hatten daher ein Interesse daran,

444 Vgl. Selbstdarstellung in: New York City Youth Board, Typoskript Analysis New York City Youth Board 1957-58 Executive Budget, 09.04.1957, S. 56, NA I, Legislative Archives, Senate Judiciary Committee Subcommittee to Investigate Juvenile Delinquency 1953-61, New York Juvenile Delinquency.

445 Der sogenannte Council of Social and Athletic Clubs, dessen Name die Gangmitglieder direkt ansprechen sollte, ebd.

446 Ebd.

447 Vgl. New York City Youth Board, *Reaching the Fighting Gang*, S. 5-6. Vgl. dazu auch Mackert, *Jugenddelinquenz*, S. 103-153.

dieses als akut darzustellen – wenngleich ihre Arbeit auch Erfolge brauchte.

Nach der Definition des Youth Board galten nicht alle identifizierten Jugendgruppierungen als kriminell. Die Grenze zwischen Zusammenschlüssen mit dem Ziel gemeinsamer krimineller Aktivitäten – Raubüberfällen, Diebstählen oder Drogenhandel – zu nichtkriminellen Gruppen beschreibt auch die zeitgenössische amerikanische Gangforschung als fließend.[448] Der Terminus *gang* wurde von den Streetworkern daher zugunsten der diskursiv unbelasteten Bezeichnung *street club* bevorzugt. Das New York City Youth Board unterschied vier typologische *peer groups* im urbanen Setting jener Jahre. Damit waren zum einen Gruppen bezeichnet, die sich über ihren regelmäßigen Treffpunkt an bestimmten Orten definierten, zumeist eine Straßenecke oder einen Süßwarenladen. Der Organisationsgrad war dabei sehr gering, oftmals handelte es sich bei den *corner boys* um lose Bekanntschaften von Nachbarsjugendlichen, die seit deren Kindertagen bestanden. Diese Gruppen seien selten in Aggressionen verwickelt und hätten im Konfliktfall eher defensiv agiert. Einen höheren Organisationsgrad wies nach der Definition die zweite Gruppe auf, der sogenannte *club*. Hierzu wurden auch Sportteams und Freizeitvereinigungen innerhalb religiöser oder sozialer Verbände gezählt. Der dritten Gruppe, dem sogenannten *street club*, attestierte man ein deutlich größeres Konfliktpotenzial. Diese (auch *bopping gangs* genannten) *groups in conflict* zeichneten sich durch kollektiv vollzogene »antisoziale« Aktivitäten und eine grundsätzliche Konfliktbereitschaft aus, die sich auch im Tragen von Waffen manifestieren konnte.[449] Aufgrund ihrer latenten Ge-

448 Bereits Thrasher betonte, dass viele Gangs Zugang zur Gesellschaft suchten, indem sie deren Mechanismen imitierten und einzelne Gruppen so unterschiedliche Stationen von einer losen Szene (»der diffuse Typ«) über verbindliche Formen (»der gefestigte Typ«) bis zum »kriminellen Typ« durchliefen und teils auch als politische Gruppierung in legalen Strukturen wieder auftreten konnten. Ders., *The Gang*, S. 58-76.

449 Der Begriff »bopping gang« taucht etwa auf in Gertrude Samuels, »Why ›The Assassins‹ Can't Be ›Punks‹. Members of New York Youth Gangs Involved in Recent Killings Tell in Their Own Words of the Fear and Drives that Make Them Stick Together and Fight when Challenged«, in: *NYT* (16.08.1959), S. SM13. Schon Emory S. Bogardus sprach in den 1920er Jahren von einem »fighting complex«, den manche Gangs ausgeprägt hätten: *The City Boy and his Problems. A Survey of Boy Life in Los Angeles*, Los Angeles 1926, S. 93.

waltbereitschaft sei diese *peer group* jedoch nicht gleichzusetzen mit dem Typus einer pathologisch delinquenten Gruppe, die einer kriminellen Organisation Jugendlicher entspräche.[450]

Neu in den Fünfzigern war nach der Darstellung des New York Youth Board die vergleichsweise gute Organisation der *street clubs* und Cliquen, das geringe Alter ihrer Mitglieder, die erhebliche Verbreitung und Vernetzung sowie die Bewaffnung mit letalen Stich- und Schusswaffen, von denen zunehmend in Auseinandersetzungen Gebrauch gemacht worden sei. Diese Dramatisierungsfigur, die häufig mit einem Narrativ des verlorengegangenen Ethos einer geregelten Gewalt einherging (etwa des »ehrlichen und offenen« Faustkampfes im Unterschied zu als »hinterhältig« bezeichneten bewaffneten Auseinandersetzungen), findet sich länderübergreifend in allen Debatten, vor allem in der Memoirenliteratur, aber auch in der Presse.[451] Dementgegen räumten Presseberichte ein, dass es sich bei der Bewaffnung oftmals um Imponiergehabe gehandelt habe: Die Jugendlichen hätten damit den Eindruck erwecken wollen, ein jedes Gangmitglied trage ein »piece« bei sich, um so die Gefährlichkeit ihrer Gruppierungen zu betonen.[452] Dennoch kam es unter amerikanischen Jugendlichen weit häufiger zu Todesopfern als etwa in europäischen Großstädten, weswegen in Europa »amerikanische Zustände« oftmals als Negativmodell beschworen wurden.[453]

Organisationen wie das Youth Board praktizierten neuartige Methoden, die in Ergänzung zu polizeilichen Repressionmaßnahmen und juristischer Strafe vor allem präventiv wirken wollten. Erprobt wurden dazu experimentelle und unkonventionelle Formen der Sozialarbeit auf der Straße, die später Vorbildcharakter für andere Länder haben sollten. *Streetwork* betrieb eine Verschiebung von reaktiven hin zu präventiven Strategien und prägte ein neues Berufsbild. Streetworker waren anfangs in der Regel männlich und zeichneten sich weniger durch theoretische Kenntnisse als vielmehr durch »Authentizität« aus: Sie arbeiteten nicht vom Schreibtisch aus, sondern sollten die Jugendlichen direkt in ihrem Lebensraum »erreichen«, nicht nur räumlich, sondern durch persönli-

450 New York City Youth Board, *Reaching the Fighting Gang*, S. 14-17.

451 Etwa in Canada, *Fist Stick Knife Gun*; Macilwee, *The Teddy Boy Wars*, S. 13.

452 Vgl. Grutzner, »Teen Gangs Spawned by Longing for friends«, in: *NYT* (13.05.1955), S. 27.

453 Vgl. exemplarisch »Leipzig ist nicht New York«, in: *ND* (13.11.1958), S. 5.

chen Kontakt.[454] Solche »unparteiischen« *detached workers* hatten idealerweise selbst eine schwierige Kindheit hinter sich gebracht oder in einem »Problemviertel« gewohnt, diese Probleme jedoch erfolgreich gemeistert und sollten nun als menschliches Vorbild dienen. »Gleichsam organisches Wissen«, das als »ehrlicher und authentischer gelten konnte« als abstraktes Expertenwissen, war ihre Stärke.[455]

Diese Authentizitätskonstruktion spiegelt idealtypisch ein Text wider, den der Schriftsteller Arthur Miller 1956 im Auftrag des Youth Board verfasste, nachdem er einige Wochen in der South Side von Chicago unter Jugendlichen recherchiert hatte. Seine Erfahrungen hatte Miller in einem Drehbuch für einen Jugend-Problemfilm umgesetzt, dessen Held der fiktive Youth-Board-Worker Jerry Bone ist.[456] In Millers Anlage der Figur kommt zum Ausdruck, wie man sich den perfekten Streetworker vorstellte. Bone ist weder ein distanzierter Polizist noch ein autoritärer Lehrer, er mischt sich direkt in die Zielgruppe: »Wenn er an einer Straßenecke steht und mit den Jungs plappert, könnte ein nicht eingeweihter Beobachter ihn für einen der ihren halten, der zum Manne gewachsen ist.« In seinem bewegten Leben hat er eine Zeit lang Soldaten im Judo trainiert und als Sportlehrer an einer Highschool gearbeitet; er wirkt daher »wie ein Rettungsschwimmer außer Dienst«, und über die Anwendungsmöglichkeiten seiner physischen Fähigkeiten besteht kein Zweifel: »Er ist dazu fähig, einen Mann von doppelter Körperfülle ohne weiteres zu Boden zu ringen, und hat dies auch schon mehr als einmal unter Beweis stellen müssen.« Seine Männlichkeit sei wehrhaft, aber defensiv. Trotz seiner körperlichen Überlegenheit sei er jungenhaft und emotional: »Er liebt Jungs, weil er selbst jungenhaft geblieben ist.« Er beherrscht den *jive* der Straßensprache: Jugendsprachliche Aussprüche wie »you cats are really steamin', man«, gehen ihm leicht über die Lippen. Aber Bone gehört auch der weißen Mittelschicht an und hat eine Ehefrau und zwei Söhne. Er ist noch immer im studentischen *Ivy-league*-Stil geklei-

454 Vgl. New York Youth Board, *Reaching the Fighting Gang*.

455 Dies erläutert Nina Mackert am Beispiel des Boxtrainers Vincent »Rick« Riccio in *Jugenddelinquenz*, S. 121.

456 Das Manuskript befindet sich im Memorandum on Juvenile Delinquency Film by Arthur Miller (Typoskript), 25.01.1956; NYCMA, Wagner Dep. Box 123, Folder 2141.

det und stets adrett: »[G]lattrasiert, das Haar gekämmt, sieht er aus, als käme er gerade aus der Dusche«. Ihm gegenüber stehen die South Bay Rangers, eine *streetgang* mit Frisuren im *zoot style* und einem langen Strafregister »von Einbruch über Straßenraub bis zu Unzucht mit Minderjährigen, Gruppengewalt, Autodiebstahl, Vandalismus und Störung der öffentlichen Ordnung«.[457] Im Verlauf der dramatischen Handlung wird Bone mehr und mehr in die Aktivitäten der Gang hineingezogen, muss einen notorischen Übeltäter besiegen, kann aber einen anderen Jungen auf seine Seite ziehen und als Nachfolger inthronisieren. Als er sich endlich wieder seiner zwischenzeitlich vernachlässigten – und darüber fast zerbrochenen – Familie zuwendet, hinterlässt er eine befriedete Nachbarschaft, die nur noch wenig mit der gefährlichen Eingangsszenerie gemein hat.

Obwohl die Stadt den Film fördern und der bekannte und politisch liberal eingestellte Schauspieler Gene Kelly die Hauptrolle des Jerry Bone spielen wollte, blieb das Skript in der Schublade, nachdem Miller im Zuge der Kommunistenjagd des McCarthy-Ausschusses als Unterstützer linker Ideale denunziert worden war.[458] Das von Miller entworfene Narrativ hatte den Streetworker als einen Wanderer zwischen beiden Welten inszeniert und damit ein Bild von sozialer Arbeit gezeichnet, wie es sozialarbeiterische Organisationen selbst propagierten. Eine Broschüre des Youth Board präsentierte ähnliche Narrative am Beispiel des idealtypischen *street club worker* Jack, der Kontakt zur Teenagegang Hellcats aufnimmt, allmählich ihr Vertrauen gewinnt, wobei der Schlüssel dazu seine Möglichkeiten gegenüber der Polizei sind: Als ein Anführer im Gefängnis sitzt, kann Jack sich dort für ihn einsetzen und im weiteren Verlauf der Erzählung die antisoziale Gang in einen harmlosen *social club* »umdrehen«.[459] In solchen Erzählungen verdichtete sich

457 Ebd.

458 Das Magazin *Esquire* druckte Teile davon unter dem Titel »Bridge to a Savage World« ab in: *Esquire* 299 (1958), S. 185-190. Vgl. Susan C.W. Abbotson, *Critical Companion to Arthur Miller. A Literary Reference to his Life and Work*, New York 2007, S. 82. Miller wurde nicht vor den Ausschuss für unamerikanische Aktivitäten (HUAC) geladen, doch im Juli in der konservativen Zeitung *New York World-Telegram* als pro-kommunistisch denunziert. Ein HUAC-Ermittler übte Druck auf das Youth Board aus. Vgl. Martin Gottfried, *Arthur Miller. His Life and His Work*, Cambridge (MA) 2003, S. 268.

459 Vgl. »Children under Stress«, in: New York City Youth Board, *Pattern for Pre-*

ein pädagogisches Prinzip, das auf Identifikation mit erreichbaren persönlichen Vorbildern beruhte.

Streetwork fand auf breit aufgestellter Basis statt. Einer Statistik zufolge arbeitete das Youth Board im Jahr 1959 mit 90 Jugendgangs, deren Stärke auf insgesamt 5000 Mitglieder geschätzt wurde.[460] Dafür stand ihm 1958 und 1959 jeweils ein Etat von 793 764 Dollar zur Verfügung. Bereits seit 1948 hatte das Board sieben lokale Projekte privater Organisationen unterstützt, die durch speziell ausgebildete Streetworker Einfluss auf delinquente Jugendbanden ausüben sollten, doch wurde der Erfolg als mager eingeschätzt. Ende der fünfziger Jahre initiierte das Board ein Nachbarschaftszentrum in Harlem, um die Jugendlichen direkt in ihrem Wohngebiet zu erreichen, ähnlich dem Tomkins Square Project in Brooklyn. In Harlem, wo auch der Council for Social Planning involviert war, unterstützte der Welfare Council einen *street club*.[461]

Die sozialtherapeutischen Aktivitäten zielten dabei weniger auf die Beseitigung von Ursachen sozialer Ungleichheit. Es sollte nicht die Armut selbst – etwa durch politische Maßnahmen – beseitigt werden, vielmehr sollten dem armen Jugendlichen, der als ein potenziell krimineller gedacht wurde, Wege aufgezeigt werden, durch Sozialtherapie unter der Anleitung eines Vorbilds zu einem ungefährlichen Mitglied der Gesellschaft zu werden. Da Familienstrukturen jenseits des heteronormativen Vater-Mutter-Kind(er)-Modells ebenfalls als die Delinquenz förderndes Umfeld definiert wurden, reichten die Maßnahmen von der Betreuung der Gruppen auf der Straße bis hin zur Internierung in verschiedenen Arten von Erziehungsanstalten und da wiederum vom offenen Vollzug bis hin zum Hochsicherheitstrakt.[462] Sie zielten vor allem auf nichtweiße Jugendliche aus den sogenannten Problemvierteln, die als solche hauptsächlich durch Straßengewalt definiert wurden.

vention (November 1952); Mobilization for Youth, Inc. Collection, Office Files, Minutes Board of Trustees/Executive Committee, MfY, RBML/CU.

460 Vgl. Presentation by Miss Carmen Combs to the Board of Directors of Welfare Planning Council Los Angeles Region, 23.03.1960, S. 5, LACA, Council Files No. 86 264. Eine Schätzung der *New York Times* aus demselben Jahr ging von 150 »fighting gangs« mit insgesamt 6500-7000 Mitgliedern aus, vgl. Emanuel Perlmutter, »10 Deaths Laid to Youth-Gang Action This Year«.

461 New York City Youth Board, *Reaching the Fighting Gang*, S. 1.

462 Vgl. zu unterschiedlichen Typen von Erziehungsanstalten: Mackert, *Jugenddelinquenz*, S. 88-100.

Entgegen solchen sozialtherapeutischen Ansätzen wurden insbesondere nach dem Michael-Farmer-Fall verstärkt repressive und legislative Maßnahmen debattiert.[463] Schon im Januar 1955 hatte Präsident Eisenhower den Kongress aufgefordert, das Budget zur Bekämpfung der *juvenile delinquency* von 75 000 auf drei Millionen Dollar zu erhöhen, womit er das Thema zum »vorrangigen amerikanischen Problem« erklärte.[464] Zeitgenössische Studien bestätigten die steigende Zahl von Festnahmen durch das Jahrzehnt und vermuteten als Grund dafür den Druck der öffentlichen Meinung auf Politik und Behörden.[465] Die Politik sah sich zunehmend unter Zugzwang und reagierte mit immer neuen Vorschlägen. Bürgermeister Wagner forderte etwa die Lizenzierung von bislang frei zugänglichen Waffen, die typischerweise von Gangs benutzt wurden, zum Beispiel Startpistolen, Flinten und Springmessern. Auch wurde der Vorschlag diskutiert, Eltern mit sogenannten *parental responsibility laws* für die Taten ihrer Kinder juristisch zur Rechenschaft zu ziehen oder temporäre Ausgangssperren über Jugendliche zu verhängen. Im September 1959 debattierte ein Komitee, das aus dem Polizeichef, den fünf Bezirksstaatsanwälten, deren Stellvertretern und weiteren Offiziellen bestand, diese Maßnahmen in der New Yorker City Hall.[466] Andere Lobbygruppen hatten schon zuvor die Einschränkung von Comic Books und Krimiserien im Fernsehen ebenso gefordert wie den personellen Ausbau der Polizei, den Einsatz von Schulpolizisten mit Schlagstöcken und das Anlegen von Fingerabdruckkarteien aller Kinder.[467] Selbst die Herabsetzung des Mindestalters auf dem Arbeitsmarkt und die Rücknahme von Ju-

463 Zum Michael-Farmer-Fall siehe oben, Kap. 2.2.2.

464 Vgl. Fine, *1,000,000 Delinquents*, »Foreword« (unpag.).

465 Die Zahl der »juvenile arrests« stieg demnach von rund 3500 im Jahr 1950 auf mehr als 10 000 am Ende des Jahrzehnts und die der Festnahmen 16- bis 20-Jähriger von rund 10 000 auf etwa 20 000 im selben Zeitraum. Vgl. Juvenile Delinquency Evaluation Project, Delinquency in the Great City (Final Report No. 11), July 1961, Graph. A, S. 3, RBML/CU, Mobilization for Youth, Inc. Collection, Office Files, Minutes Board of Trustees/Executive Committee.

466 Robert Alden, »City Hall Parley Urges New Laws on Gang Weapons. 5 Prosecutors Join in Call for Stricter Legislation – Curfew Is Rejected«, in: *NYT* (11. 09. 1959), S. 1, 16.

467 Dies sind Forderungen der Kings County Grand Jurors Association an den Bürgermeister. Vgl. Schreiben vom 06. 04. 1954; NYCMA, Wagner Dept. Box 52, 4093.

gendschutzgesetzen sowie die Einführung von »Waldarbeitslagern« wurde diskutiert, um Jugendliche, die der Schule fernblieben, von der Straße zu holen.[468] Diese Vorschläge zielten abermals auf die Schließung jener »Kontrolllücke« (Peukert), die den Lebensabschnitt Jugend historisch hervorgebracht und durch Arbeitsverbote, Ausbildungsgebote und andere Regularien als Schutzraum definiert hatte, der nun wieder in Frage gestellt wurde.

Als Ende des Jahrzehnts ein Bericht der *New York Times* die Zahl der Todesopfer resümierte und damit eine Bilanz der Jugendgewaltdebatte zog, wurden etliche Namen getöteter Jugendlicher aufgezählt, unter denen Michael Farmer abermals herausgehoben wurde. Sein Tod habe besondere »massenhafte öffentliche Empörung« ausgelöst, da es sich bei ihm um einen körperlich eingeschränkten Jungen handelte und der Tod des Kindes einer »intakten weißen« Familie aus der Mittelschicht geeignet war, einen kollektiven Aufschrei auszulösen – während die Opfer aus Einwandererfamilien in der Regel im Polizeibericht in Form von Kurznachrichten abgehandelt wurden.[469]

Trotz der starken Fokussierung auf Kriminalität fanden durch die Berichterstattung auch einzelne kulturelle Elemente der spezifischen Gangkultur Eingang in die Debatte. Experten betonten, dass Gruppen stabilisierend auf Jugendliche wirken konnten, weil sie partiell die Werte ihrer sozialen Umgebung (etwa des Arbeitermilieus) teilten und verbreiteten. Manche jugendlichen Gruppen hätten daher bei Nachbarschaftsrivalitäten oder rassistischen Auseinandersetzungen auf die Unterstützung erwachsener Anwohner zählen können, bei denen es sich zum Teil um ehemalige Gangmitglieder gehandelt habe. Aufgrund ihres Wertesystems hätten Gangs bestimmte Formen der Kriminalität sogar vermindert. Der Gebrauch von Heroin etwa sei innerhalb von Jugendgangs in der Regel nicht toleriert worden, da Drogenabhängige als unzuverlässig und leicht zum Verrat erpressbar galten (beispielsweise bei Vernehmungen durch die Polizei).[470] Auch gehörten musikalische Aktivitäten zur Kultur vieler Gruppierungen. Zwar wurden vor allem Jazz und Rock'n'Roll mit der Jugendkriminalität in kausale Zusammenhänge gebracht, doch war die Musik amerikanischer *street clubs*

468 Diese Maßnahmen diskutiert Salisbury, *Die zerrüttete Generation*, S. 143-145.
469 Perlmutter, »10 Deaths Laid to Youth-Gang Action This Year«.
470 Schneider, »West Side Stories«, S. 134.

meist eine andere. Einige Cliquen aus Wohnblocks hatten sich zu *vocal harmony groups* zusammengeschlossen, die an Straßenecken einen charakteristischen mehrstimmigen Gesang praktizierten. In Ermangelung eigener Instrumente wurde die instrumentale *bass line* zumeist vokal imitiert, weswegen das Genre unter dem onomatopoetischen Begriff *doo-wop* firmierte und in den fünfziger Jahren (unter anderem mit den Hits von Frankie Lymon) kommerziell erfolgreich war.[471] Zwischen etlichen Gesangs- und Straßengruppen wurden Verbindungen konstruiert, Musiker entlehnten ihre Pseudonyme der *bop culture* aus den Gegenden, in denen sie aufgewachsen waren.[472]

2.4.2. *Hymns for Slim Jims*: Religiöse Interventionen

Präventive Maßnahmen fanden auch bei den Akteuren sozialer und kirchlicher Organisationen Unterstützung. Elizabeth Stucley, die in einem britischen Jugendclub mit »Teds« gearbeitet hatte, nahm diese gegen den »großen Aufschrei gegen Teddy Boys und -Girls und deren Kleidung« in Schutz, den sie als »dumm und unfair« bezeichnete: »Wenn die Schweizer und die Belgier sich daran erfreuen können, farbenfrohe Anzüge zu tragen, warum sollte der junge Cockney nicht einen für sich selbst erfinden? Am Ende verleihen die wundervollen Jackets, verrückten Krawatten, schillernden Socken unseren eintönigen Straßen wenigstens etwas Farbe.«[473] Im Kontrast zu der als Dramatisierung kritisierten Darstellung der *tabloids* entstand so ein Gegennarrativ, das auf Verständnis und Dialog setzte. Eine ökumenische Kommission, die 1955 das »Teddy Boy-Problem« der Stadt Clacton-on-Sea untersuchte, kam etwa zu dem Befund, die Lage sei weitaus ruhiger gewesen als erwartet. Im angeblichen Hauptquartier der Hooligans in Röhrenhosen fand sich »nichts außerhalb des Normalen – nur junge Leute, die einige

471 Philip Groia, *They All Sang on the Corner: A Second Look at New York City's Rhythm and Blues Vocal Groups*, New York 2001, bes. S. 103-115; Martin Pfleiderer, »›Sh-Boom.‹ Die Gesangsgruppen«, in: ders. u. a. (Hg.), *Stimme, Kultur, Identität. Vokaler Ausdruck in der populären Musik der* USA, *1900-1960*, Bielefeld 2015, S. 425-452, bes. 431-436.

472 Eric C. Schneider nennt etwa den Big Bopper, die Bop Chords oder die Jesters. Vgl. ders., *Vampires*, S. 140-143. Vgl. zu Verbindungen zwischen Musik und Gangs unten, Kap. 3.

473 Elizabeth F. Stucley, *Teddy Boys' Picnic*, London 1958, S. 120.

Tassen Tee tranken«.[474] Zu einer ähnlichen Diagnose kam auch ein Geistlicher der Methodisten, der sich mit einer »Edwardian gang« in Clapton zusammengesetzt hatte. Deren Mitglieder hätten ihre Kleidung weiter tragen wollen, sich aber zunehmend als Gewalttäter diskriminiert gefühlt und wünschten sich vor allem einen Jugendclub in ihrer Wohngegend.[475] Ende des Jahrzehnts gründete ein motorisierter Geistlicher der Church of England den Club 59 für jugendliche *ton-up boys*.[476]

In den USA eröffnete der jüdisch-philanthropische Federation Employment and Guidance Service in der New Yorker Bronx ein Zentrum in den »hochdelinquenten Nachbarschaften«, um aktive Gangmitglieder anzusprechen und ihnen Jobangebote zu unterbreiten. Mehrere psychologisch geschulte Mitarbeiter sollten sich unter die Jugendlichen der Gangs mischen, um ihr Vertrauen zu gewinnen. Ein Sprecher der Freimauer hatte schon ein Jahr zuvor gefordert, die Tempel zu öffnen, um Jugendliche dort Rock'n'Roll tanzen zu lassen und so die Jugenddelinquenz zu senken.[477] Reverend C. Kilmer Myers zufolge habe die Öffentlichkeit »hysterisch« auf die Jugendkriminalität reagiert. Die Verantwortlichen hätten »einem Großteil der Kinder den Krieg erklärt«, sagte der Geistliche im März 1958 bei einer Ansprache vor 200 Gästen der Jahresversammlung der New York Mission Society.[478] Vertreter von Religionsgemeinschaften positionierten sich mit ihrer harschen Kritik an der öffentlichen Debatte im Allgemeinen und den Stadtverantwortlichen im Speziellen teils als moderate Stimmen (wenngleich sich Vertreter der Geistlichkeit auch immer wieder an kulturpessimistischen Skandalisierungen etwa des Rock'n'Roll beteiligten, wie noch gezeigt werden wird).

474 So der Reverend der Congregationalisten R. Motson Thompson laut »The Churchmen Study A Town's Teddy Boys«, in: *Daily Express* (29. 11. 1955), S. 3. Der Geistliche Bob Couchman folgte dem Beispiel, indem er einen »Teddy Boy«-Gottesdienst anbot, vgl. Frank Entwisle, »When A Teddy Boy Turns to Sermons. It's Swinging Hymns for Slim Jims«, in: *Daily Mirror* (22. 08. 1956), S. 10.

475 Vgl. »Minister's Talk With ›Edwardian‹ Gang. Cooperation Promised«, in: *The Times* (06. 05. 1954), S. 3.

476 Vgl. John Stuart, *Rockers!*, London 1987, bes. S. 38-42.

477 »It Does Not Matter if They Rock and Roll, But It Does Matter Where They Go to Dance. Delinquency Curb Suggested«, in: *NYT* (25. 06. 1956), S. 14.

478 »Delinquency Action Hit. Vicar Says Hysteria Has Led to War on Children«, in: *NYT* (05. 03. 1958), S. 16.

Doch auch solche Akteure aus Sozialarbeit und Kirchen, die scheinbar gegen die Skandalisierung argumentierten, nutzten Mechanismen von Dramatisierung und Zurücknahme, um die von ihnen bevorzugten Methoden als Lösungsansätze zu propagieren. Indem etwa die Vertreter von Religionsgemeinschaften ihre eigene Rolle als gesellschaftlich nützlich darstellten und Kirchengemeinden als Rückzugsorte für Jugendliche präsentierten, in denen selbst »problematische« Individuen zu unauffälligen Mitgliedern der Gesellschaft heranwachsen konnten, partizipierten auch die moderat auftretenden Kommentatoren an der Skandalisierung. Um die politische Bedeutung zivilgesellschaftlicher Arbeit herauszustellen, setzten sie die Kompetenz der Kirche gegen die staatliche Bestrafung: Im Schutz kirchlicher Räume konnten Jugendliche unter Aufsicht therapiert werden, indem ihre »natürlichen« Aggressionen in sinnvolle Bahnen gelenkt wurden. Ein Geistlicher im britischen Nottingham inszenierte sich medienwirksam in den Filmnachrichten als »Teddy Boy«-Pfarrer, indem er seine Kirche für Rock'n'Roll-Tänze öffnete, dies aber an die Bedingung knüpfte, dass die Jugendlichen zuerst ehrenamtliche Arbeit in der Gemeinde leisten mussten – und verteilte demonstrativ Besen und Harken.[479] Durch die Verbindung von Engagement und sozialer Arbeit, so die Idee, werde der wilde Tanz und damit auch der wilde Jugendliche in einem der kirchlichen Kontrolle unterworfenen Raum gezähmt. Um dies tun zu können, musste aber das Narrativ des gefährlichen Jugendlichen durch das des gefährdeten ersetzt werden, der dauerhaft auf der Kippe steht.

2.4.3. Von der Kriminalisierung zur Therapeutisierung

Ende der fünfziger Jahre drehte sich die *Deliquency*-Debatte allmählich. Vermehrt kam die Frage auf, ob die Aufmerksamkeit, die spektakuläre Einzelfälle auf sich zogen, der Sache dienlich gewesen sei – und man das Problem nicht insgesamt überschätzt habe. Über die Zahl der Todesopfer von Ganggewalt im New York City jener Jahre existieren keine verlässlichen Statistiken, doch gilt das Jahr 1959 mit annähernd 20 Toten, darunter aber auch erwachsene Opfer und Täter, als Höhepunkt der Bandenkriege in der Nachkriegs-

479 *Teddy Boys Help Church. Nottingham*, British Pathé 1959, online: ⟨http://www.britishpathe.com/workspaces/show/wendy-cooper/teddy-boys-help-church/full⟩, letzter Zugriff 07.02.2018.

zeit.[480] Eine Schätzung der *New York Times* ging im September 1959 noch von zehn Todesopfern aus, im entsprechenden Artikel ist von rund 150 »potenziellen *fighting street gangs*« mit insgesamt rund 6500 bis 7500 Jugendlichen in New York die Rede, hauptsächlich in Harlem, der Bronx, den Vierteln Bedford-Stuyvesant und Navy Yard im Stadtteil Brooklyn sowie Ozone Park und South Jamaica in Queens.[481] Die statistischen Angaben von FBI und dem Children's Bureau gerieten in die Kritik, unter anderem weil das FBI die bloßen Festnahmen Minderjähriger auch dann als Fälle von *delinquency* mitgezählt hatte, wenn später deren Unschuld erwiesen wurde.[482] Historiographische Studien unterstützen Jahrzehnte später Einschätzungen, denen zufolge ein signifikanter Anstieg der Jugendkriminalität in den fünfziger Jahren gegenüber vorhergehenden Dekaden nicht feststellbar ist: Tatsächlich sei der Anteil Jugendlicher an Kriminalität in jenen Jahren überwiegend gleich geblieben und der Anteil von Straftätern und Jugendlichen in einigen Bereichen geringer gewesen als der unter den Erwachsenen.[483] Einen solchen eklatanten Anstieg der Jugendkriminalität hatten Experten aber immer wieder behauptet und damit ein allgemeines Klima permanenter Bedrohung geschaffen, in dem immer öfter der Ruf nach Kulturverboten ertönte und die Jugend pauschal als überdurchschnittlich kriminelle Gruppe gezeichnet wurde; noch im April 1958 hatte der Police Commissioner Stephen P. Kennedy auf einer gemeinsamen Konferenz von Polizei und Youth Board in ebendieses Horn gestoßen.[484] Auch der vieldiskutierten

480 Vgl. Schneider, »West Side Stories«, S. 131.

481 Vgl. Perlmutter, »10 Deaths Laid to Youth-Gang Action This Year«, S. 19 (meine Hervorhebung).

482 Ein sozialhistorisch statistikbasiertes Verfahren ist für den Gegenstand daher höchst fragwürdig, da Kriminalitätsstatistiken keineswegs ein neutrales Abbild historischer Wirklichkeit produzieren, sondern auch dann von sozialpsychologischen Vorannahmen und polit-ökonomischen Interessen geprägt sind, wenn sie nicht bewusst manipuliert wurden. Vgl. Rüdiger Graf, Kim Christian Priemel, »Zeitgeschichte in der Welt der Sozialwissenschaften. Legitimität und Originalität einer Disziplin«, in: *VfZ* 59 (2011), S. 479-495.

483 Vgl. James B. Gilbert, *A Cycle of Outrage: America's Reaction to the Juvenile Delinquent in the 1950s*, New York 1986, S. 14; Neumeister, »Die Jugend ist nicht kriminell«.

484 Vgl. den Abdruck der Rede in: *NYT* (23.04.1958), S. 28. Am Folgetag seiner Rede wurde die Abstellung von 100 Beamten des NYPD zur Bekämpfung der Gangs bekanntgegeben, vgl. »100 Police Added To War On Gangs«, in: *NYT*

These vom Werteverfall der Jugend wurde widersprochen. Gegen Ende des Jahrzehnts ergab eine 1961 veröffentlichte Befragung des Gallup-Instituts, dass amerikanische Jugendliche in ihrer Gesamtheit moralisch keineswegs »außer Rand und Band« geraten waren, wie ein Filmtitel 1956 insinuiert hatte, sondern im Gegenteil den Umfragen zufolge mehrheitlich an traditionellen Werten wie Ehe und Familie festhielten und beispielsweise eine Vermählung in jungen Jahren planten, und auch in anderen Staaten gaben Einstellungsanalysen Entwarnung.[485] Das Thema Jugend blieb dennoch weiterhin auf der Agenda. Der von urbanen Veränderungen, der (Binnen-)Migration und der Angst weißer Eliten vor dem Bedeutungsverlust des Modells der heteronormativen Kleinfamilie grundierte Zusammenhang der *delinquency scare*, der das subjektive Gefühl einer nationalen Bedrohung im Sozialtypus des jungen Delinquenten buchstäblich verkörpert hatte, produzierte maßgeblich den restriktiven Umgang mit neuen kulturellen Praktiken wie Musik, Tanz und Massenliteratur.

In Europa dienten die »amerikanischen Zustände« als Projektionsfläche für eigene Zukunftsängste. Die polizeilichen Autoritätsvorstellungen wurzelten hier, wie bereits angedeutet, oftmals noch in vordemokratischen Modellen von »Ruhe und Ordnung«. Auch kleinere Übertretungen oder andere Raumpraktiken wurden auf dieser überkommenen Grundlage mit Zwangsmaßnahmen und dem Einsatz von Gewalt geahndet und eskalierten in vielen Fällen. Die Vermutung, es könnten sich kommunistische Rädelsführer unter den Jugendlichen befinden, rief in Nordrhein-Westfalen den Verfassungsschutz auf den Plan, was zeigt, dass nicht nur in der DDR, sondern auch in der Bundesrepublik Jugendkonflikte hoch-

(24.04.1958), S. 27. Einen Anstieg der Gewalt vermeldete ein Jahr später auch das Youth Board: Ira Henry Freeman, »Youth Board Saw Gang Tensions Rise. Says It Told Police Before Fatal Fight but Lacked Funds to Prevent It«, in: *NYT* (23.09.1959), S. 30.

485 George Gallup, »The Cool Generation«, in: *Saturday Evening Post* (23.12.1961), S. 64-72. In Frankreich hielten Jugendliche nach einer Umfrage weitgehend an traditionellen Werten fest, vgl. Françoise Giroud, »La nouvelle vague«, in: *L'Express* (03.10.1957), S. 131, siehe auch Kap. 3.2.3.; in Deutschland bewertete eine EMNID-Umfrage die Jugend als »›normaler‹, als es viele Darstellungen erwarten lassen«: Rolf Fröhner, *Wie stark sind die Halbstarken? Beruf und Berufsnot, politische, kulturelle und seelische Probleme der deutschen Jugend im Bundesgebiet und in Westberlin*, Bielefeld 1956, bes. S. 95 u. S. 267, vgl. unten, Kap. 3.4.5.

gradig politisiert waren und mit der zeithistorischen Bedrohungslage des Kalten Krieges kontextualisiert wurden.

Die polizeilichen und gesetzgeberischen Maßnahmen etwa zur Kontrolle junger Motorradfahrer trugen zur Neujustierung der Lebensphase Jugend als eines von Geboten und Verboten definierten Zustandes bei und rückten durch die polemische Aufladung der Debatte kontroverse Jugendbilder in den Fokus der bundesrepublikanischen Öffentlichkeit, wie an den zahlreichen Zeitungsartikeln und Kommentaren zum Thema sichtbar wird. Etliche Maßnahmen gegen das Musikhören und den Motorenlärm stehen in einer längeren Tradition von Lärmkonflikten, waren aber auch Ausdruck kollektiver Ängste gegenüber der als Beschleunigung erfahrenen technischen Moderne. Im motorisierten Jugendlichen fanden diese Ängste eine Projektionsfläche, da Jugend als Avantgarde künftiger Entwicklungen in besonderer Hinsicht die als bedrohlich empfundene Veränderung kollektiver Werte und Normen verkörperte. Die scharfe Ablehnung, die in den fünfziger Jahren neuen kulturellen Praktiken und Inhalten entgegenschlug, lässt sich nur vor dem Hintergrund dieser frühen teils gewalttätigen Konflikte im öffentlichen Raum verstehen, in denen in der noch jungen westdeutschen Demokratie der Umgang mit der Jugend und deren Anrecht auf Räume ausgehandelt wurde. Die von Behauptungen drastischer Zuwachsraten kriminellen Verhaltens begleiteten Maßnahmen lassen sich als »Denormalisierungsalarm« verstehen, der Jürgen Link zufolge auf Regulierung und Homogenisierung von Gesellschaften abzielt.[486] Welche Rolle Experten bei diesen Berechnungen spielten, wird noch gesondert zu untersuchen sein.[487]

Die Typologisierungen abweichenden Verhaltens formierten sich jedoch nicht nur auf behördlicher Ebene. Die negativen Sozialklischees dienten auch manchen Jugendlichen als Subjektivierungsressource, indem sie pejorative Sozialklischees zur Selbstbeschreibung nutzten und in ordnungswidriges Gewalthandeln umsetzten. Der Zugewinn an Aufmerksamkeit, der aus der – zumeist negativen – Berichterstattung erwuchs, ermächtigte Jugendliche zu zunehmend selbstbewussten Sprechhaltungen, in denen sie altersspezifische Forderungen beispielsweise in Leserbriefen und im Rahmen von Aussprachen mit Vertretern von Polizei und

486 Link, *Versuch über den Normalismus*, S. 323.

487 Unten in Kap. 3.4.

Behörden erhoben und sich somit als eine durch Eigeninteressen definierte Gruppe artikulierten. In diesen Forderungen – etwa nach jugendadäquaten Räumen, Möglichkeiten für den Konsum von Musik, Tanz, Filmen oder zum Motorradfahren – wurden die ersten Umrisse einer altersspezifischen, internationalisierten Popkultur sichtbar. Doch nicht nur die Moden, Praktiken und Produkte der Jugend, auch die Ängste vor Delinquenz wurden durch die Aktivitäten inter- und supranationaler Institutionen sukzessive grenzüberschreitend verflochten.

2.5. Die Internationalisierung der Delinquenz

Zunächst ist festzuhalten, dass in den Diskursen zur Jugenddelinquenz durchaus national, ja sogar regional spezifische Konfliktlinien verhandelt wurden. Dieses Kapitel hat gezeigt, dass zum Beispiel in Großbritannien die landestypischen Klassengegensätze thematisiert wurden, nachdem sich Jugendliche aus den mittleren und unteren Schichten einen traditionellen Upper-class-Modestil angeeignet hatten. Ebenfalls wurde deutlich, dass im Unterschied zu den stark durch postkoloniale Einwanderungskonflikte und rassistische Gewalt geprägten Gesellschaften Großbritanniens und den USA in den beiden deutschen Gesellschaften eher Fragen von »Ruhe und Ordnung« und des Verhaltens im öffentlichen Raum dominierten. Trotz dieser Unterschiede kam es aber punktuell zu Transfers subkultureller Stile. In München etwa griff der Musiker Ossi Brunn 1957 das britische Jugendklischee auf, indem er seine Band Rocking Teddy Boys nannte.[488] (Abb. 13) Und in den USA wurde über die amerikanische Synchronfassung des Films *Die Halbstarken* das deutsche Jugendklischee rezipiert; die dortige Presse berichtete ausführlich über »Rock Riots« in Europa, so wie auch in Europa die amerikanische *delinquency scare* massiv rezipiert wurde.[489] Der junge bundesdeutsche Politikwissenschaftler und Mitarbeiter des SWF-Jugendfunks Kurt Sontheimer sprach schon im Sommer 1956 in einer Rundfunksendung von einer »Flut von Nachrichten und

488 Vgl. Geschichtswerkstatt Neuhausen (Hg.), *Vom Rio zum Kolibri*, S. 131; Christian Ertl, *Macht's den Krach leiser! Popkultur in München von 1945 bis heute*, München 2010, S. 14.

489 Vgl. zur amerikanischen Fassung von *Die Halbstarken* unten, Kapitel 3.2.3.

Artikeln« sowie Filmen »auch aus anderen Ländern«, die sich »des Themas der halbwüchsigen Jugend angenommen« hatten.[490]

Abb. 13: Ossi Brunn und seine Rocking Teddy Boys in München.

Die Hauptgemeinsamkeit lag jedoch in der Inszenierung von Einzelfällen zu diffusen Bedrohungsszenarien durch Medien, Lobbygruppen und politische Parteien. Jugendkultur war in der Konfliktphase Mitte der fünfziger Jahre in vielen Ländern ein Gegenstand kontroverser gesellschaftlicher Aushandlungsprozesse, die den Zyklen von Dramatisierung und Entwarnung sowie den Antagonismen Kriminalisierung und Therapeutisierung folgten. Auf die Konstruktion von Jugend als Problem und das Sckreckgespenst des bedrohlichen Jugendlichen reagierten moderat argumentierende Stimmen mit dem Gegennarrativ des bedrohten Jugendlichen, der durch sozialtherapeutische Interventionen in den von behördlichen oder zivilgesellschaftlichen Organisationen kontrollierten Räumen schädlichen kulturellen Einflüssen entzogen werden sollte. In diesen Debatten stritten, wie gezeigt wurde, Lokalpolitiker, Polizisten, Sozialarbeiter und die Vertreter von Religionsgemeinschaften über

490 Kurt Sontheimer, »Das Problem der Halbwüchsigen«, Sendemanuskript aus der Jugendfunkreihe »Was ist mit unserer Jugend los?‹ vom 12.06.1956, 17.20-17.50 Uhr, SWF (MW), zit. n. Christoph Hilgert, *Die unerhörte Generation. Jugend im westdeutschen und im britischen Rundfunk, 1945-1963*, Göttingen 2015, S. 264.

Zuständigkeiten und Kompetenzen. In Gestalt von gesellschaftlichen Deutungs- und Gestaltungsansprüchen wurden sowohl konkurrierende Konzepte der Problemlösung als auch eklatante Macht- und Eigeninteressen der jeweiligen Institutionen gegeneinander in Anschlag gebracht.

Im Resultat führten diese Aushandlungsprozesse oftmals zur Exotisierung und Kriminalisierung von Jugendmoden und Körperpraktiken. In den Diskursen über richtige Posituren und angemessene Bekleidungsstile, über Aufenthaltsorte und Aneignungen von Räumen sowie über sonische Manifestationen Jugendlicher in der Öffentlichkeit wurden gesamtgesellschaftliche Normen und Werte mitverhandelt und teils neu definiert. Normabweichendes Verhalten wurde dabei zumeist als Begleiterscheinung von Urbanisierung, Armut und der Abwesenheit normalisierter Familienverhältnisse gelesen.[491] Solche Projektionen richteten sich eher auf Städte, in denen die Verhältnisse fluider waren als in den von traditionalen Ordnungen und Überwachungsregimen geprägten ländlichen Räumen.[492]

Gerichtsprozesse, so wurde anhand spektakulärer Einzelfälle deutlich, trugen als paradigmatische Kulminationspunkte und »Erregungsorte« (Hagner) maßgeblich zur Generalisierung bei. Die Verfahren wurden oftmals von Expertendiskursen und teils von politischen Kampagnen begleitet und konnten Folgen auf der legislativen Ebene nach sich ziehen. Einzelne Jugendliche wurden zu Prototypen devianter Täter stilisiert, wie die Fälle von »Ronny the Masher« in London, Michael Farmer in New York und »Slim« in Ostberlin zeigten. Etliche Fälle wurden – wenn auch mit unterschiedlichen Hintergründen – politisch instrumentalisiert: Mussten in Großbritannien die »Teddy Boys« herhalten, um einen organisierten *race riot* zu einem lokalen Jugendproblem zu verharmlosen, so diente im Staatssozialismus der DDR die Anprangerung einzelner vermeintlich vom Westen gesteuerter Rädelsführer

491 Mitterauer, *Sozialgeschichte der Jugend*, S. 193.

492 Anders als auf dem Land waren Jugendliche in der Stadt nicht »in einen umfassenderen Gemeindeverband eingeordnet, der ihnen Grenzen setzte«, ebd., S. 212. Zur – weitgehend abwesenden – »Halbstarkenproblematik« im ländlichen Raum am norddeutschen Beispiel: Katja Jewski, *Stiefkinder des Fortschritts? Ländliche Jugend und Jugendkultur in Schleswig-Holstein in den 50er Jahren*, Frankfurt/M., Berlin u. a. 2003, S. 294-307.

des »Rowdytums« zur pauschalen Erklärung abweichender jugendlicher Stile und politischer Proteste. Zu den Gemeinsamkeiten dieser unterschiedlichen politischen Ausgangslagen gehört auch die vielfach geäußerte Überzeugung, es habe in den fünfziger Jahren einen starken Anstieg der Jugendkriminalität gegeben, sowohl was die Zahl verübter Taten als auch was eine vermeintlich historisch »neue Qualität der Gewalt« betrifft. Diesem Eindruck widersprachen in vielen Fällen nicht nur – wie die Fallbeispiele illustriert haben – zeitgenössische Kriminalstatistiken, auch spätere historiographische Arbeiten kamen für den Untersuchungszeitraum zu dem Ergebnis, dass in einer langen Perspektive unter Einbezug des 19. Jahrhunderts in Europa sogar von einem Rückgang der Gewalt ausgegangen werden muss.[493]

Zweifellos gab es in allen untersuchten Gesellschaften auch Probleme mit der Kriminalität Jugendlicher, weshalb es falsch wäre, die Jugendlichen der damaligen Zeit pauschal von Gewalt freizusprechen oder – sozusagen in überzogener Gegenbewegung zur geschilderten Dramatisierung – eine Verharmlosung konkreter Einzelfälle zu betreiben. Entscheidend ist, dass alltägliche Phänomene, die in anderen Epochen als kriminalstatistischer Alltag galten, in einem spezifischen zeithistorischen Rahmen zu einem zentralen gesellschaftlichen Problemfeld avancierten, das staatliches Handeln zu erfordern schien. Jugend, so lässt sich schlussfolgern, diente in den unterschiedlichen Gesellschaften als Erwartungshorizont einer Zukunft, die es durch unterschiedliche Politiken zu gestalten galt. Die in dieser Hinsicht von Nina Mackert als »produktiv« beschriebene amerikanische *delinquency scare* hatte nicht nur Äquivalente in Europa, sondern die jeweiligen Kollektivängste verschränkten und verstärkten sich in transnationalen Prozessen gegenseitig.[494] Schon in den fünfziger Jahren verbreiteten sich aber auch Konzepte der Vorsorge, die traditionelle Zuständigkeiten des Staates privaten Agenturen überließen und umgekehrt sozialpräventive Aufgaben auf staatliche Akteure (etwa die Polizei) zu übertragen suchten. Im Präventionsparadigma, das sich im weiteren Verlauf des 20. Jahr-

493 Gillis, *Geschichte der Jugend*, S. 183. Statistisch lassen sich solche großen Zeit- und topographischen Räume allerdings nicht genau betrachten, da es an abgleichbaren Daten fehlt, wodurch eine sozialgeschichtliche Interpretation verunmöglicht wird.

494 Mackert, *Jugenddelinquenz*, S. 39 f.

hunderts ausdifferenzierte und stark individualisierte, drückten sich »Vor-Sorgen, also die Befürchtungen und Hoffnungen von Gesellschaften« aus.[495]

Zur Vernetzung auf zwischenstaatlicher Ebene der anfangs noch von nationalen Rahmungen begrenzten Diskurse und Politiken trugen nicht nur die Medien, sondern auch inter- und supranationale Organisationen bei. So gab der Europarat um 1960 einen Bericht in Auftrag, der die Jugendkriminalität in zwölf Mitgliedsstaaten miteinander verglich.[496] Die Studie, die zwar einräumte, über kein statistisch verlässliches Instrumentarium zum Abgleich der mit höchst unterschiedlichen Techniken erhobenen Daten verfügt zu haben, aber dennoch einen partiellen Anstieg von Delinquenz konstatierte, zitierte etliche nationale Vorberichte, die versucht hatten, die Sozialtypen der »gamberros«, »blousons noirs« und »Teddy Boys« statistisch zu unterfüttern.[497] Zwar schloss sich die Kommission den von Musikpsychologen konstatierten Kausalbeziehungen zwischen Gewalt und Musik nicht an, erwähnte aber doch ausdrücklich das zeitgleiche Auftreten bestimmter Formen von Delinquenz und bestimmter Musik, suggerierte also zumindest einen Zusammenhang.[498]

Noch weiter ging ein Bericht, der auf übereuropäischer Ebene angesiedelt war. Eine interne Studie der World Health Organization (WHO) betrachtete 1960 die Subkulturen der Fünfziger als einen Prozess der Internationalisierung von europäischen und transatlantischen Dimensionen. Sie stellte Querbezüge zwischen den Jugendstilen verschiedener Staaten her und nannte dabei explizit »Teddy-Boys, Halbstarke, blousons noirs, nozems, lederjecke [sic!], schraffzieher, raggare, styliarski […], ›bop-hipsters‹; ›cool hipsters‹

495 Malte Thießen, »Gesundheit erhalten, Gesellschaft gestalten. Konzepte und Praktiken der Vorsorge im 20. Jahrhundert: Eine Einführung«, in: *ZF* 10 (2013), S. 354-365, hier: S. 358.

496 European Committee on Crime Problems (Hg.), *Some Aspects of Post-War Juvenile Delinquency in Twelve of the Member Countries of the Council of Europe*, Strasbourg 1960.

497 Ebd., S. 12.

498 Vgl. zur Kritik daran: Marina Fischer-Kowalski, »Halbstarke 1958, Studenten 1968: Eine Generation und zwei Rebellionen«, in: Ulf Preuss-Lausitz u. a. (Hg.), *Kriegskinder, Konsumkinder, Krisenkinder. Zur Sozialisationsgeschichte seit dem Zweiten Weltkrieg*, Weinheim, Basel 1983, S. 53-70, hier: S. 57.

[…] etc.; ›Zoot-hipsters‹«.[499] Der Bericht kam zu der bemerkenswerten Einschätzung, dass zwar einige Jugendliche selbst an der Konstitution solcher Klischeebilder beteiligt gewesen seien, diese aber vor allem kollektive Unsicherheiten und Ängste der Erwachsenen widerspiegelten.

Die Studie referierte dennoch die Ansicht, der harte Kern jugendlicher Gewalttäter aus sozial problematischen Verhältnissen bedürfe nicht nur der Therapie, sondern auch repressiver Maßnahmen. Hiermit waren nicht in erster Linie Straftäter gemeint, sondern solche Jugendlichen, die ein betont hedonistisches Freizeitverhalten an den Tag legten und eher durch einen wenig zielstrebigen Lebensentwurf auffielen als durch kriminelle Delikte. In vielen Staaten werde eine wachsende Gruppe Spätadoleszenter zwar nicht hinreichend delinquent, um entsprechende Behandlungen zu rechtfertigen, falle jedoch durch übermäßigen Tabak- und Alkoholgenuss auf, beteilige sich nicht an sportlichen Aktivitäten und habe einen ungeregelten Tagesablauf. Als adäquate Maßnahme gegen diese fehlgeleiteten Verhaltensweisen, die der Langeweile entsprängen, diskutierte die Studie die temporäre Internierung in Erziehungslagern mit militärischem Drill: »Für sie, so wird gesagt, möge eine kurzzeitige Entfernung aus ihrer gewohnten Umgebung einen sinnvollen Auftakt zu einem Perspektivwechsel bilden, und diese Gelegenheit kann auch gleich zu einer Verbesserung ihrer körperlichen Fitness und Disziplin genutzt werden, vielleicht gemeinsam mit den militärischen Kursen für Rekruten.«[500] Die Forderung nach militärischer Disziplinierung, Internierung und Zwangsarbeit wurde auch in den sich als liberal verstehenden Gesellschaften des Westens verhandelt, auch wenn sie dort in der Regel nicht in konkrete Pläne mündete – sieht man von in den USA diskutierten Vorschlägen zu punitiven (und teils ethnisch segregierten) Hochsicherheitsverwahrungen und zum Einsatz in der Landwirtschaft ab.[501]

499 World Health Organization (Hg.), *New Forms of Juvenile Delinquency. Their Origin, Prevention and Treatment. Report from the World Health Organization to the Second United Nations Congress on the Prevention of Crime and the Treatment of Offenders*, London (6. Juni) 1960; Reports on the Study and Prevention of Juvenile Delinquency 1947-1965, MEPO 2/8710, TNA/PRO, S. 30.

500 Ebd., S. 48.

501 Vgl. dazu Mackert, *Jugenddelinquenz*, S. 88-100, bes. S. 94f.

Was Axel Schildt für die Bundesrepublik formuliert hat, trifft auch auf andere Länder zu: Der »Strukturbruch« im Verhalten der Jugendlichen sei weniger eine »Rebellion« gegen die Väter und Mütter gewesen, sondern vor allem die »Ausbildung einer jugendlichen Teilkultur«, eines »eigenen jugendlichen Stils«.[502] Waren die vestimentären Stile urbaner Minderheitskulturen Mitte der Fünfziger noch als lokale Erkennungszeichen von Devianz bewertet worden, so fanden sich etliche ihrer Attribute schon Ende des Jahrzehnts in einer allgemeinen Jugendmode wieder, die zunehmend schichtenunabhängig von jungen Menschen getragen wurde und damit Jugend als eine neue soziale Gruppe sichtbar uniformierte.[503] Der Ausbruch Jugendlicher aus ihren nach sozialen Herkunftsmilieus spezifischen Bekleidungskonventionen hin zu einem dezidiert altersgebundenen modischen Stil lässt sich auch als Massenbohemisierung verstehen, in der sich neue, breitere Schichten als Avantgarden einer kulturellen Erneuerung positionierten und so eine aktive Rolle in jenem Prozess der Ästhetisierung einnahmen, der schließlich das Pop-Dispositiv hervorbrachte. In diesem Prozess überlagerten und durchdrangen sich kreative und regulative Prozesse, etwa in den Maßnahmen zur Kontrolle des Ästhetischen, wie sie in Kleiderverboten, der Zensur neuer Musiken und in Lärmrichtlinien zum Ausdruck kamen.

In den folgenden Kapiteln wird gezeigt, wie die Skandalisierungen und Kriminalisierungen von Jugend und ihren neuen kulturellen Praktiken emanzipativen Prozessen Vorschub leisteten. Jugendliche meldeten sich als zunehmend selbstbewusste Akteure zu Wort, formulierten eigene kulturelle Vorstellungen, beanspruchten urbane und mediale Räume und bildeten Lobbygruppen zur Durchsetzung dieser ästhetischen Repräsentationen aus. Es entstand eine Aufmerksamkeit für das Jugendthema, das nun auch positiv ausgestaltet wurde. Gegen Ende der fünfziger Jahre war der Teenager in den Industriestaaten zum Prototyp eines neuen Konsumenten geworden, der mit seinen spezifischen Moden, Fahrzeugen, Unterhaltungstechniken sowie Kulturprodukten eine

502 Schildt, »Von der Not der Jugend zur Teenager-Kultur«, bes. S. 348. Ebenso argumentiert: Heinz-Hermann Krüger, »Sprachlose Rebellen. Zur Subkultur der Rocker in den fünfziger Jahren«, in: Wilfried Breyvogel (Hg.), *Autonomie und Widerstand. Zur Theorie und Geschichte des Jugendprotestes*, Essen 1983, S. 78-82.

503 Vgl. Veillon/Missika, *Nous Les Enfants*, S. 123-154; Clarke, »Stil«.

klar umrissene gesellschaftliche und ökonomisch relevante Gruppe bildete.[504] Die Konstitution dieser Gruppe vollzog sich unter erheblichen Reibungen.

504 Vgl. »Ein neuer Typ wird produziert: der Teenager«, in: *deutsche jugend* 7 (1959), S. 117-21; Palladino, *Teenagers*; Savage, *Teenage*, bes. S. 463-476; Bill Osgerby, »Shakin' All Over: Teenagers, Consumption, and Social Change in Postwar Britain«, in: Michael A. Oliker, Walter P. Krolikowski S.J. (Hg.), *Images of Youth. Popular Culture as Educational Ideology*, New York 2001, S. 130-148.

3.
Rhythm, Rock and Riots: Neue Kulturkämpfe (1958-1961)

3.1. *Rock around the Globe*: Transnationale Musikstile

Es war ein Geräusch wie beim Abladen von Blechplatten, ein Scheppern und Rasseln. Dann jaulte, quietschte und heulte es.[1] Schließlich setzte ein Wimmern, Stöhnen und Stampfen ein, über das sich wiederum ein Kreischen und schrilles Pfeifen legte, das in den Ohren dröhnte: Mitte der fünfziger Jahre strapazierten Klänge die Hörgewohnheiten der Zeitgenossen auf beiden Seiten des Atlantiks. Die Ankunft neuer Musikstile – vor allem des Rock'n'Roll – wurde in vielen Äußerungen als eine geradezu schmerzhafte Erfahrung beschrieben. Dieser sonische Schock markierte eine musikalische Zäsur: den Beginn einer elektrifizierten Musik.[2] Aus musikhistorischer Sicht lässt sich diese einschneidende Wirkung des Rock zwar in Frage stellen. Die Übergänge zu anderen Musikgenres waren fließend, und manches, was als neu verkauft wurde, wurzelte bereits tief im Jazz-Age der ersten Jahrhunderthälfte.[3] Dennoch wird die gemeinsame Hörerfahrung einer Musik, die seinerzeit nahezu ausschließlich von Jugendlichen goutiert wurde, nicht erst im Rückblick des populären *generation building*

1 Vgl. *Offenbach-Post* (27.10.1958), zit. n. Wolfgang Kraushaar, *Die Protest-Chronik 1949-1959. Eine illustrierte Geschichte von Bewegung, Widerstand und Utopie, Bd. III: 1957-1959*, Frankfurt/M. 1996, S. 2013.

2 Hier werden unterschiedliche Zäsuren gesetzt. Kittler etwa sieht schon das »komponierte Feedback« Richard Wagners und dessen Musikdrama als »das erste Massenmedium im modernen Wortsinn«. Vgl. Friedrich A. Kittler, »Weltatem. Über Wagners Medientechnologie«, in: ders., *Die Wahrheit der technischen Welt – Essays zur Genealogie der Gegenwart*, hg. und mit einem Nachwort v. Hans Ulrich Gumbrecht, Berlin 2013, S. 160-180, hier: S. 160.

3 Vgl. etwa Stuart Nicholson, *Jazz and Culture in a Global Age*, Boston 2014; David Nasaw, *Going Out. The Rise and Fall of Public Amusements*, New York 1993. Grundsätzlich zur Konstruiertheit von Genres: Fabian Holt, *Genre in Popular Music*, Chicago, London 2007, bes. S. 20-24.

als prägend beschrieben.[4] Schon die zeitgenössischen Quellen legen Zeugnis von der vergemeinschaftenden Wirkung neuer Sounds ab.

Scheppernde Klänge, *peitschende* Rhythmen, *schrilles* Kreischen: Die Vokabeln, mit denen in den 1950er Jahren neue kulturelle Phänomene belegt wurden, betrafen vor allem die Klangwahrnehmung. Provoziert wurden diese Charakterisierungen nicht nur von getunten Motoren, sondern auch von elektrisch verstärkter Musik, von damals ungewöhnlichen Performances auf Bühnen und Tanzflächen sowie von neuen Praktiken der Aneignung des öffentlichen Raumes. Die pejorativen Begriffe für das, was als schriller Missklang empfunden wurde, füllten Zeitungen und Illustrierten ebenso wie wissenschaftliche Publikationen und die Paragraphen neuer Gesetze und Verordnungen. Sie waren in Schulen und Betrieben zu hören, auf Polizeiwachen und in Nachrichtensendungen, in Parlamenten, Experten-Kommissionen und Hörsälen. Mal mehr und mal weniger verklausuliert, markierte das sonische Vokabular Störstellen im gesellschaftlichen Zusammenleben als veränderte Sinneswahrnehmungen – und verortete umgekehrt ästhetische Brüche im sozialen Raum. Aus diesem Unbehagen zog die Kulturkritik jener Jahre Rückschlüsse auf die sittlich-moralische Verfasstheit ganzer Alterskohorten oder gar auf den Zustand der Zivilisation im Ganzen. Oftmals pauschalisierend und skandalisierend – aber gelegentlich auch durchaus differenziert – wurde über die Zusammenhänge zwischen Sound und Emotionen sowie zwischen Klang und Verhalten diskutiert. In diesen Debatten wurden Grenzen zwischen Alterskohorten, Geschlechtern, ethnischen und sozialen Gruppen neu gezogen.

Entgegen der oft vorgetragenen Behauptung, im 20. Jahrhundert habe das Visuelle dominiert, waren es nicht nur Bilder, sondern in besonderem Maße Klänge, um die herum sich neue

4 Die neuere historische Generationsforschung wendet sich von Karl Mannheims Konzept der durch übergreifende politische Erfahrungen hergestellten Entelechien ab. »Generationen« werden allenfalls als ex-post hergestellte narrative und pauschalisierende Konstruktionen im Sinne von »imagined communities« verstanden. Vgl. hierzu Ulrike Jureit, Michael Wildt (Hg.), *Generationen. Zur Relevanz eines wissenschaftlichen Grundbegriffs*, Hamburg 2005; Bernd Weisbrod, »Generation und Generationalität in der neueren Geschichte«, in: APuZ 8 (2005), S. 3-9; Anna von der Goltz, »Generational Belonging and the ›68ers‹ in Europe«, in: dies. (Hg.), *»Talkin' 'bout my generation«. Conflicts of Generation Building and Europe's ›1968‹*, Göttingen 2011, S. 7-28, hier: S. 15.

Gemeinschaften bildeten und die vehemente Ablehnung provozierten.[5] Über die Differenzen zwischen Wohlklang und Lärm, Musik und Geräusch, Kunst und Unterhaltung wurde das Regelwerk kultureller Ordnung neu justiert. Zwar ging es dabei nicht nur um Musik, sondern auch um Kleidung, Bild- und Schriftmedien, Körperpraktiken und Verhaltensnormen, doch auch in diesen nichtklanglichen Diskursen kam oftmals sonisches Vokabular zur Anwendung: Kleidermoden wurden als »schreiend« bezeichnet, Verhalten als »laut«, Farben als »quietschend«, Frisuren als »schrill«. Dem gegenüber stand das positive Leitbild des »guten Tons«, den Ratgeber und Benimmbücher anschlugen, um junge Menschen auf eine strikt definierte soziale Harmonielehre einzustimmen. Von Mädchen und jungen Frauen wurde ein »harmonisches Wesen« verlangt, junge Männer sollten »zu lautes« Auftreten vermeiden.[6] Dass es hierbei um mehr als um Metaphern geht, zeigt der Glaube an die Regulierbarkeit sozialen Verhaltens über Klang: Musik wurde mal eine kriminogene, mal eine harmonisierende Wirkung zugeschrieben; Klang diente als Protest- wie als Herrschaftsmedium, und das Angebot unterschiedlicher Sounds reflektierte die Repräsentation sozialer und altersspezifischer Gruppen – im Rundfunk ebenso wie in der Konzerthalle und auf der Straße.

Ging es im vorangehenden Kapitel dieser Studie vor allem um die Konstruktion von Klischees der Devianz, die sich rund um abweichendes Sozialverhalten und Gewalthandeln Jugendlicher konstituierten, so geht es in diesem Kapitel primär um Kulturprodukte und ästhetische Praktiken, die in der zweiten Hälfte der fünfziger Jahre entstanden. Die Kulturkämpfe um diese Innovationen waren eng mit dem zuvor beschriebenen Dispositiv der Delinquenz verschränkt beziehungsweise werden nur vor dessen Hintergrund verständlich. Die Politisierungen neuer Massenästhetiken fanden

5 Auch wenn diese Arbeit sich mit dieser Beobachtung – bzw. Ablauschung – auf das Feld der *Sound Studies* begibt, soll sie nicht in das münden, was Jonathan Sterne mit Recht als »audiovisuelle Litanei« kritisiert hat, also die Idealisierung von Klanggeschichte im Impetus einer Befreiung der Töne. Vgl. ders., *The Audible Past: Cultural Origins of Sound Reproduction*, Durham, London 2003, S. 15 f.

6 Vgl. Horst-Volker Krumrey, *Entwicklungsstrukturen von Verhaltensstandarden. Eine soziologische Prozeßanalyse auf der Grundlage deutscher Anstands- und Manierenbücher von 1870 bis 1970*, Frankfurt/M. 1984, S. 273; sowie exemplarisch Gertrud Oheim, *Einmaleins des guten Tons*, Gütersloh [25]1960, S. 145.

auf unterschiedlichen sensorischen Feldern statt, von denen das auditive besonders umkämpft war. Wurden zu Anfang bereits Lärmpolitiken thematisiert, so geht es nun dezidiert um musikalische Klänge, wobei ich mich nicht auf die Produktion und Distribution von Musik konzentriere (die aus industriesoziologischer und wirtschaftshistorischer Perspektive erforscht werden),[7] sondern auf die ästhetische Rezeption international verbreiteter Musikstile der damaligen Zeit.[8] Zu diesem Zweck werde ich Rezeptionserfahrungen mit Hilfe von Hörprotokollen aus Rezensionen und Hörerpost rekonstruieren, um die Klänge in ihren zeitgenössischen Sinnbezügen zu analysieren. Da Schallplatten nicht nur Ton-, sondern auch Bild- und Textspeicher sind, werden außerdem Plattencover betrachtet und *liner notes* gelesen, die oftmals ein Grund für Zensur waren. Schließlich nähert sich das Kapitel der körperlich-performativen Dimension populärer Musik und der transkulturellen und transnationalen Übertragungsprozesse musikalisch-ästhetischer Bewertungsordnungen.

3.1.1. Heulbojen und Geräuschathleten: Musik als Lärm

Zum Aufritt des amerikanischen Rock'n'Roll-Sängers Bill Haley im Oktober 1958 in der westdeutschen Stadt Mannheim schickte die *Offenbach-Post* einen Reporter, der über das Konzert einen Bericht verfasste. Nachdem der Vorhang sich gehoben hatte und »die goldenen Trompeten der Kapelle Kurt Edelhagen glänzten«, so notierte der Lokaljournalist, habe sich ein ungewöhnlicher Klang erhoben: »Es begann mit einem Lärm, als würden riesige Blechplatten abgeladen werden. Sofort geriet das Auditorium in einen Zustand der Besinnungslosigkeit.« Als Bill Haley die Bühne betritt, »gerät das Pu-

7 Vgl. Klaus Nathaus, C. Clayton Childress, »The Production of Culture Perspective in Historical Research: Integrating the Production, Meaning and Reception of Symbolic Objects«, in: *ZF* 10 (2013), S. 89-100; Christian A. Müller, »›Die nicht-kreativen Hintergründe liefern‹. Tonträgerindustrien in Ost- und Westdeutschland im Strukturwandel der 1950er bis 1980er Jahre«, in: Werner Plumpe, André Steiner (Hg.), *Der Mythos von der postindustriellen Welt. Wirtschaftlicher Strukturwandel in Deutschland 1960 bis 1990*, Göttingen 2016, S. 120-171.

8 Für die Erschließung zeitlich spezifischer auditiver Codes plädiert Jürgen Müller, »›The Sound of Silence‹. Von der Unhörbarkeit der Vergangenheit zur Geschichte des Hörens«, in: *HZ* 292 (2011), S. 1-29, hier: S. 25.

blikum außer Rand und Band. Die jungen Leute trampeln, pfeifen, kreischen und springen von ihren Sitzen auf. Die Ohren vibrieren, die Sitze wackeln und der Boden scheint zu beben.«[9] Dieser Bericht kann als durchaus typisch für den damaligen Umgang etablierter Medien mit neuen Musikstilen gelten. Die Beschreibung des Konzerts wird nicht im Register der Musikkritik vorgetragen, die zu dieser Zeit noch kein angemessenes begriffliches Instrumentarium zur Beschreibung der neuen Soundinfomationen ausgebildet hatte, sondern es wird zu einem Lärmereignis dramatisiert, dessen infernalische Dimensionen geradezu apokalyptisch anmuten: Sogar der Boden scheint zu beben.[10] In der Historiographie werden solche Äußerungen üblicherweise als Versuche einer Dramatisierung der Jugendkultur oder als unterschwellige antiamerikanische Ressentiments interpretiert. Um die klangliche Zäsur des Rock'n'Roll zu verstehen, muss man aber genauer hinhören.

In der kurzen Passage des Offenbacher Ohren- und Augenzeugen wird fast alles angerissen, was die Befürworter und Gegner der neuen Musikstile in jenen Jahren spaltete: die Lautstärke (»vibrierende Ohren«), die Qualität der Klänge (nicht Instrumente, sondern »Lärm« von »Blechplatten«) und das Publikumsverhalten (Pfeifen, Kreischen, Aufspringen). Viele Zeitungsartikel beschreiben zudem die Bühnen-Performances, mit denen sich Rock'n'Roll-Musiker von etablierten Aufführungsweisen abhoben – Bill Haley & His Comets etwa erregten mit semiakrobatischen Spielpraktiken Aufsehen, die zuvor schwarze Musiker wie Cecil James »Big Jay« McNeely bekannt gemacht hatten.[11] (Abb. 14) Bemerkenswert an

9 *Offenbach-Post* (27.10.1958), zit. n. Kraushaar, *Die Protest-Chronik*, S. 2013.

10 Das entsprechende Vokabular bildet sich erst ab den späten 1960er Jahren heraus, als eine spezialisierte Popkritik mit Begriffsbildungen wie *Riff, Groove* oder *Beat* um adäquate Beschreibungsformeln ringt und so die Semantik der Kulturkritik dem musikalischen Geschehen der Gegenwart anpasst. Vgl. Florence Tamagne, »Aux origines de la critique rock en France dans les années 1960: l'exemple de *Disco Revue*«, in: Pascale Goetschel u.a. (Hg.), *Lire, voir, entendre. La réception des objets médiatiques*, Paris 2010, S. 242-261; Jens-Christian Rabe, »Fliegende Klassenfeinde. Affirmation als Subversion oder die Geburt der deutschen Poptheorie aus dem Verdruss über linksalternativen Authentizitätskult und Schweinerock«, in: *Mittelweg 36* 25 (2016), S. 98-106.

11 McNeely spielte sein Saxophon auf dem Rücken liegend. Vgl. die ikonischen Fotos von Bob Willoughby in ders., *Jazz. Body and Soul – Photographies et Souvenirs*, Paris 2013, S. 67-70.

der Offenbacher Kritik ist, dass die Liedtexte hier gar keine Rolle zu spielen scheinen – wahrscheinlich wurde der englische Text im Deutschland der fünfziger Jahre auch kaum verstanden. Alles, was den Kritiker – wie viele andere auch – provozierte, waren ungewohnte klangliche Informationen.[12] Was aber war so radikal neu an dieser Musik, dass ihr sogar der musikalische Charakter selbst immer wieder gänzlich abgesprochen wurde?

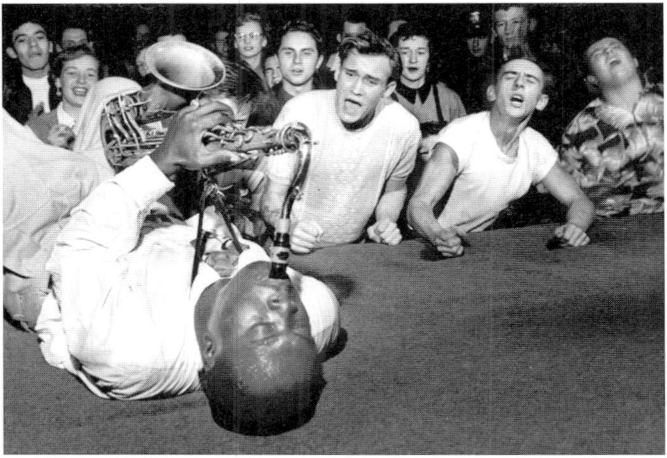

Abb. 14: »Big Jay« McNeely 1951 im Olympic Auditorium von Los Angeles beim Honken.

Der Offenbacher Rezensent hatte einen breiten Stilmix neuer zeitgenössischer Musikstile zu hören bekommen. Auf dem Mannheimer Konzert bildete das Orchester Kurt Edelhagen mit dem ehemaligen G.I. Bill Ramsey die Vorgruppe von Bill Haley & His Comets.[13] Beide Formationen waren für tanzbare Musik be-

12 Vgl. exemplarisch den Brief von J.K. vom 10.03.1958; im Schriftgut RIAS-Depositum im Deutschen Rundfunkarchiv (Babelsberg/Potsdam) A304-03-01/0002 [nachfolgend: DRAB, SG RIAS].

13 Vgl. Thomas Grotum, »Die Bill-Haley-Tournee 1958. ›Rock'n'Roll Panic‹ in der Bundesrepublik Deutschland«, in: Bodo Mrozek u.a. (Hg.), *Popgeschichte*, Bd. 2:

kannt. Haley hatte ursprünglich Western- und Country gespielt und kombinierte diese Einflüsse mit Elementen des Blues.[14] Bei seinen Adaptionen älterer Stücke hatte er deren Rhythmus und Geschwindigkeit modifiziert, vor allem das Tempo erhöht und so Tanznummern daraus gemacht.[15] Haley selbst beschrieb sein Verfahren später als Rechenexempel: »Ich merkte, dass ich, sagen wir, einen Dixieland-Tune nehmen und die ersten und dritten Beats fallen lassen konnte, um dafür den sechsten und vierten zu akzentuieren und einen Beat hinzuzufügen, auf den die Zuhörerschaft klatschen und ebenso gut tanzen konnte.«[16] Der 12. April 1954, an dem er in einem New Yorker Studio das Stück »Rock Around The Clock« aufnahm, mit dem die Band Sonny Dae & The Knights zuvor bereits einen Achtungserfolg hatte, gilt daher als ein Gründungsdatum des Rock'n'Roll.[17] Haley war einer der wenigen Rock'n'Roller, die international auf Tournee gingen. Zeitgleich waren jedoch auch andere Stücke entstanden, die ebenfalls zur Markierung des Beginns einer neuen musikalischen Ära herangezogen werden: Chuck Berry hatte »Maybellene« in Chicago eingespielt, Fats Domino »Ain't That A Shame« in New Orleans, und die Platters hatten in Los Angeles »Only You« aufgezeichnet.[18] Viele Urheber dieses neuen Musikstils waren Afroamerikaner. Die Interpretation, es handele sich im Kern um schwarze Musik, die von weißen Interpreten übernommen oder gar gestohlen wurde, greift jedoch zu kurz, denn die gewöhnlich als »schwarz« einge-

Zeithistorische Fallstudien 1958-1988, S. 19-39; ausführlich zum Mannheimer Konzert: S. 25-27.

14 Der frühe Blues hatte eine »synkopierte, gehende, treibende, stampfende und schlenkernde Rhythmik«. Vgl. Rudi Thiessen, *It's only Rock'n'Roll but I like it: Kult und Mythos einer Protestbewegung*, Berlin 1981, S. 49.

15 »›Rock‹ bediente sich einer Shuffle-Figur – einer Rhythmussequenz von punktierten Achtel- und Sechzehntelnoten – in auf- und absteigenden Terzen und eines altmodischen Swing Riffs und war einfach ein Song darüber, wie man Spaß hat: ›Put on your glad rags … and we'll rock till broad daylight …‹«, erklärt der Rockproduzent Arnold Shaw in seinem Buch *Rock'n'Roll. Die Stars, die Musik und die Mythen der 50er Jahre*, Reinbek bei Hamburg 1978, S. 147.

16 Zit. n. Dick Bradley, *Understanding Rock'n'Roll. Popular Music in Britain 1955-1964*, Buckingham, Philadelphia 1992, S. 59.

17 Peter Wicke, *Von Mozart zu Madonna. Eine Kulturgeschichte der Popmusik*, Frankfurt/M. 2001, S. 183.

18 Diese Titel nennt als archetypisch für das Genre: Shaw, *Rock'n'Roll*, S. 145.

ordneten Musikstile Blues, Jazz oder Rhythm & Blues (R&B) sind ebenfalls Produkte einer älteren Fusion afrikanischer Einflüsse mit den geistlichen und folkloristischen Musiktraditionen weißer Sklavenbesitzer, die etwa im Genre des christlich inspirierten Spirituals hörbar sind.[19] Gelegentlich wird die Erfindung des neuen, unscharfen Sammelbegriffs Rock'n'Roll als Versuch gewertet, den älteren, ethnisierenden Begriff des R&B umzucodieren, wenngleich die Ingredienzen des Stilmixes, die in den folgenden Jahren unter »Rock'n'Roll« subsumiert wurden,[20] höchst unterschiedlichen Klangtraditionen entstammen: R&B und Blues, die überwiegend von Schwarzen gespielt und gehört wurden, trafen auf den von weißen Einwanderern geprägten Hillbilly und die Country- und Western-Musik, in denen wiederum ältere Einflüsse europäischer Folklorestile aufgegangen waren.[21] Es handelt sich also um ein transkulturelles Amalgam, und das Rubrum »Rock'n'Roll« wurde zum Dach dieser pluralistischen Einflüsse und Traditionen.[22]

Nicht nur in Europa, auch in seinem Ursprungsland selbst, den Vereinigten Staaten, war der Rock'n'Roll heftiger Kritik ausgesetzt. Bereits im März 1955 wurden dort Klagen über die neuen Klän-

19 Gegen die Zwei-Komponenten-Formel »afrikanische Rhythmik + europäische Harmonik = Blues« argumentiert Gerhard Kubik, *Africa and the Blues*, Jackson 1999, S. 201.

20 Vgl. Linda Martin, Kerry Segrave, *Anti-Rock. The Opposition to Rock'n'Roll*, Hamden 1988, S. 5. Den Anspruch auf die Erfindung des Begriffes Rock'n'Roll erhob der Radio-DJ Alan Freed, doch taucht er schon in einem Song von 1947 auf. Vgl. Ulf Poschardt, *DJ Culture. Diskjockeys und Popkultur*, Reinbek bei Hamburg 1997, S. 61. Davor war er in Werbeanzeigen für Schallplatten u. a. von Nat King Cole und »Big« Joe Turner verwendet worden, 1948 pries das Label Savoy eine Platte von Brownie McGhee mit den Worten an: »It Rocks, It Rolls.«, zit. n. John A. Jackson, *Big Beat Heat. Alan Freed and the Early Years of Rock & Roll*, New York 1991, S. 83. Eine noch frühere Erwähnung findet der Begriff 1922 in dem Song »My Man Rocks Me« von Trixie Smith, vgl. Wolfgang Hagen, *Das Radio. Zur Geschichte und Theorie des Hörfunks – Deutschland/USA*, Paderborn, München 2005, S. 279.

21 Vgl. Nik Cohn, *AWopBopALooBopALopBamBoom. Pop History*, Reinbek 1971, S. 27 f.; Matthias S. Fifka, *Rockmusik in den 50er und 60er Jahren. Von der jugendlichen Rebellion zum Protest einer Generation*, Baden-Baden 2007, S. 21-29.

22 Charlie Gillett nennt den *Northern Band Rock'n'Roll*, den *New Orleans Dance Blues*, den *Memphis Country Rock* bzw. *Rockabilly*, den *Chicago Rhythm & Blues* und den *Vocal Group Rock'n'Roll*. Vgl. ders., *The Sound of the City: The Rise of Rock and Roll*, New York 1970, S. 29.

ge laut.[23] Im November zweifelte ein Kommentator der *New York Times* deren musikalische Qualität an, musste dann aber zu seinem eigenen Erstaunen feststellen, dass es praktisch die einzige Musik sei, die Millionen Teenager und junge Erwachsene überhaupt noch hörten: Mit einem Umsatz von 25 Millionen Dollar sei Rock'n'Roll zweifellos »Big Business«.[24] Wenig später erklärte eine Bibliothekarin, die sich der neuen Rock-Kultur gegenüber aufgeschlossen gab: »Was einige Jugendliche für Musik halten, halten viele Erwachsene für Krach.«[25] Im April 1956 veröffentlichte die *New York Daily News* – die auch maßgeblich zur *delinquency scare* jener Jahre beitrug – »eine Flut hysterischer Anti-Rock'n'Roll-Artikel«.[26] Als im November 1956 die ersten Nachrichten über die Verbreitung des Rock'n'Roll in Europa bekannt wurden, druckte die *New York Times* Karikaturen aus Schweden, Frankreich und England, um zu illustrieren, was sich als eine, wie ein Psychiater es nannte, »kommunikative Seuche« nun auch außerhalb der USA verbreite.[27] Als es zu Tumulten bei Konzerten kam, machten auch in Europa etliche Artikel die Lautstärke dafür verantwortlich: Bei Musik »in normaler Lautstärke«, so hieß es in der *Frankfurter Allgemeinen Zeitung*, könne sich das Bewusstsein mit dem Gehörten im Sinne eines lustvollen Lebensgefühls auseinandersetzen, erhöhe man sie aber, so wecke die Musik in Kombination mit ihrem Rhythmus hypnotisch wirkende Unlustgefühle, die in körperlichen Bewegungen abreagiert werden müssten.[28] Der Kommentator des *Heidelberger Tageblatts* notierte kurz nach dem Kino-Start des Filmes *Blackboard Jungle* mit der Titelmusik von Bill Haley, es sei »noch nicht zu spät, der R&B-Seuche entgegen zu steuern«.[29] Überrascht

23 Vgl. exempl. »Bridgeport Ban Stops the Music: Halts ›Rock'n Roll‹ Teen Dances«, in: *NYT* (26.03.1955), S. 17.

24 Die Musik sei »zu laut und der Beat zu stark«, siehe den Kommentar »Rock'n'Roll Means Big Business These Days«, in: *NYT* (19.11.1955), S. 26.

25 »Library Rock'n'Rolls, And Books Come Later«, in: *NYT* (24.03.1956), S. 24.

26 Thomas P. Doherty, *Teenagers and Teenpics. The Juvenilization of American Movies in the 1950s*, Philadelphia 2003, S. 73. Vgl. zur *delinquency scare* Kapitel 2.3.

27 »Europe Rocks'n' Rolls«, in: *NYT* (04.11.1956), S. 24-25.

28 Alfred Baresel, »Der Jazz als Staat im Staate«, in: *FAZ* (23.02.1957), S. BuZ4. Baresel zitiert hier den Psychologen Ernst August Kreft.

29 Zit. n. Horst Steffens, »›Noch nicht zu spät, der R&B-Seuche entgegen zu steuern.‹ Wie aus Stumpfsinn Kultur wurde«, in: *Gitarre & Bass* 5808 (2004), S. 32-41, hier: S. 35.

von dem immensen Erfolg der neuen Musik, beruhigten etliche Feuilletonisten, es handele sich nur um eine vorübergehende Modewelle. Zudem bestritten Kritiker – ebenso wie der zuvor zitierte Artikel aus der *Offenbach-Post* – immer wieder, dass es sich bei den neuen Tönen um Musik handele, und insistierten darauf, dass es tatsächlich mit Musikinstrumenten erzeugte Geräusche seien, die nicht der Sphäre der Musik, sondern der des Lärms angehörten.[30]

Dieser Konflikt ist erklärungsbedürftig, denn warum sollten die üblichen Definitionen von Musik nicht auf den Rock'n'Roll angewendet werden? Immerhin wurde er in Konzerthallen gegen Eintrittsgelder aufgeführt und auf den gleichen Instrumenten gespielt, die auch in klassischen Konzerten zum Einsatz kamen: Trompete, Klavier, Kontrabass oder Klarinette. Zwei gänzlich unterschiedliche Instrumentierungsstile bilden die beiden Pole des jungen Genres: einerseits vielköpfige Tanzorchester mit zumeist starkem Bläsersatz (vor allem Tenorsaxophonen), andererseits die für nachfolgende Rock-Genres von Beat bis Punk stilbildende Minimalbesetzung der Rockabilly-Trios aus Gitarre, Bass und Schlagzeug.[31] Als Novum kamen elektrisch verstärkte Gitarren hinzu, die von einigen Puristen als »nicht kunstfähig« eingestuft wurden, und zwar mit ähnlich technikfeindlichen Argumenten, die einige Jahrzehnte zuvor schon gegen die Fotografie und die Filmkunst vorgebracht wurden und die Tradition der Skandalisierung von Musikinstrumenten fortsetzten. So galten beispielsweise das Klavier (Pianoforte) und der Flügel den Verfechtern des Cembalos Mitte des 19. Jahrhunderts als »tyrannische Eindringlinge«, die den »Niedergang der Kammermusik« bewirken und eine Gefahr für die Sexualmoral darstellen würden, da sie mit ihrer breiteren Klaviatur das vierhändige Spiel und damit »einen direkten Körperkontakt« auf der Klavierbank ermöglichten.[32] Mikrophon und Verstärker, mit denen sich Gesangsstimmen in ungewohnter Lautstärke abspielen ließen, bereiteten den Zeitgenossen ebenfalls Probleme. Als sogenannte Crooner wie Frank Sinatra oder Bing Crosby in den dreißiger Jahren ihr überwiegend junges Publikum zu kollektivem Kreischen veranlasst

30 Ebd.

31 Vgl. Colin Larkin (Hg.), *The Encyclopedia of Popular Music (EPM)*, 10 Bde., New York [4]2006, s. v. den Eintrag »Rockabilly« in Bd. VII, S. 4594 f.

32 Vgl. Tim Blanning, *Triumph der Musik. Von Bach bis Bono*, München 2010, S. 204-210.

hatten, machte man die elektrische Verstärkung der Stimme dafür verantwortlich: Sie simuliere Intimität und Nähe und liefere die Jugendlichen damit schutzlos einer akustischen Illusion aus.[33] Eine ähnliche Abneigung löste nun die elektrische Verstärkung instrumentaler Klänge aus.

3.1.2. Musik unter Strom: Elektrifizierte Klänge

Schon in den dreißiger Jahren hatten Tüftler wie der Schweizer Adolph Rickenbacker oder die Amerikaner Les Paul und Leo Fender Verfahren zur technischen Modulation von Tönen entwickelt und dabei auf die damals noch recht neue Erfindung des Röhrenverstärkers zurückgegriffen.[34] Die später von Firmen wie Gibson oder Epiphone in Serie hergestellten Instrumente erlaubten neuartige Klangeffekte, die als Bruch mit dem Kanon sinfonischer Konzertinstrumente, aber auch mit den Tönen traditioneller Folklore empfunden wurden. Mit Hilfe von Verzerrern ließen sich akustische Signale elektronisch dehnen und verändern.[35] In den Vorbehalten gegen den solchermaßen verstärkten Rock'n'Roll spiegelte sich auch ein Unbehagen an der Elektrifizierung, wie es schon im späten 19. Jahrhundert aufgekommen war, begleitet von ambivalenten Gefühlen – einerseits der Erregung, aber auch der Angst.[36] Das »dröhnende Orgeln der elektrisch verstärkten Gitarren« sei keine Musik, sondern eine neue Stimulation des Massenvergnügens, beschied etwa ein bundesdeutscher Musikkritiker.[37] Auch die

33 Vgl. Susanne Binas-Preisendörfer, »Rau, süßlich, transparent oder dumpf – Sound als eine ästhetische Kategorie populärer Musikformen. Annäherung an einen populären Begriff«, in: *PopScriptum* 10 (2008), ⟨https://www2.hu-berlin.de/fpm/popscrip/themen/pst10/pst10_binas.htm⟩, letzter Zugriff 21.02.2018; Paula Lockheart, »A History of Early Microphone Singing, 1925-1939. American Mainstream Popular Singing at the Advent of Electronic Microphone Amplification«, in: *Popular Music and Society* 26 (2003), S. 367-85; Tilo Hähnel, »›The Cutest Flapper That You've Ever Seen‹. Über die Anfänge des Crooning«, in: Pfleiderer u. a. (Hg.), *Stimme, Kultur, Identität*, S. 129-150. Zum Kreischen vgl. Abschnitt 3.3.

34 Vgl. Manfred Nabinger, »The Vintage Age«, in: *Gitarre & Bass* 5808 (2004), S. 48-56.

35 Kittler, »Weltatem«, S. 170.

36 Joachim Radkau, *Das Zeitalter der Nervosität. Deutschland zwischen Bismarck und Hitler*, München 1998, S. 235.

37 W. S., »Don't knock the rock«, in: *FAZ* (28. 10. 1958), S. 14.

Kulturpropaganda der DDR sprach dem Rock'n'Roll offiziell ab, überhaupt Musik zu sein. Konsequenterweise wurde Bill Haley als »Heulboje« oder »Geräuschathlet« bezeichnet.[38]

Als sonderbar erscheint zunächst die Beschwerde, die neue Musik sei »zu laut«, denn Rock'n'Roll und Big Band Jazz fanden primär über den Rundfunk und Schallplatten Gehör, wo sich die Lautstärke ja problemlos auf das gewünschte Maß regeln ließ.[39] Was als »zu laut« erfahren wurde, war jedoch nur nicht die Gesamtlautstärke der Musik, sondern ihre ungewohnte Aussteuerung, die es erlaubte, einzelne Instrumente durch stärkere Akzentuierung im Verhältnis zu anderen lauter klingen zu lassen als gewohnt.[40] Dies betraf vor allem Saiteninstrumente wie die Gitarre, die klassisch mit »leisen« Darm- oder Nylonsaiten bespannt war, nun aber in der »Western«-Ausführung mit metallisch klingenden Stahlsaiten ausgestattet wurde und elektrisch verstärkt Klänge produzierte, wie sie das bürgerliche Konzertpublikum oder die Freunde von Zupfgeige und Wanderklampfe nicht gewöhnt waren. Westerngitarren wurden nicht mehr – wie klassische Gitarren oder Lauten – mit den einzelnen Fingerkuppen zum Klingen gebracht, sondern mit einem Plektrum geschlagen, was lautere Töne und einen stärker akkordisch wahrgenommenen Klang ermöglichte. Die Gitarrenbegleitung verschob sich damit von der Polyphonie zur Homophonie. Dazu kamen andere Techniken wie der von dem Rockgitarristen Bo Diddley kultivierte *bottleneck*; auch wurde das elektrische Feedback als ebenbürtiger Teil der neuen Klanglichkeit von Musik integriert.

Doch auch traditionellen Instrumenten ließen sich ganz ohne Elektrizität mit besonderen Techniken neue Töne entlocken. Die Assoziation des »Abladens von Blechplatten« verdankt sich vermutlich dem für damalige Verhältnisse exzessiven Einsatz von Becken in Schlagzeug-Soli oder von rhythmusorientiert spielenden Blech-

38 Bezirksleitung Schwerin der SED, Abt. Agitation/Propaganda (Hg.), *Heiße Musik und Kalter Krieg*, o. O./o. J., S. 21-22.

39 Sendungen mit »anspruchsvollem« Jazz waren in Deutschland – im Unterschied zu Großbritannien – zunächst nahezu ausschließlich im Nachtprogramm zu finden. In den 1950er Jahren öffneten sich vor allem die Dritten Programme dem Trad-Jazz. Vgl. Christoph Hilgert, *Die unerhörte Generation. Jugend im westdeutschen und im britischen Rundfunk, 1945-1963*, Göttingen 2015, S. 144 u. S. 147.

40 Vgl. zur neuen Studiotechnik Peter Wicke, *Von Mozart zu Madonna*, S. 189.

bläsern. Ein besonderes Charakteristikum des Rock'n'Roll war die Verwendung klassischer Melodieinstrumente als Rhythmusinstrumente. Als solches hatte der afroamerikanische Musiker »Big Jay« McNeely, der als ein Urheber des *Honking*-Stils gilt, das Saxophon bekannt gemacht: McNeely blies denselben Ton in rhythmischer Folge, was Kritiker an ein Nebelhorn erinnerte. Für einen deutschen Musikkritiker variierten solche Saxophontöne »zwischen Hahnenschrei und Luftschutzsirene«.[41] Einige Jazzer bemühten sich daher vehement um Abgrenzung von derlei Zweckentfremdungen. Ein Kritiker in der niederländischen Zeitung *De Volkskrant* betonte 1956, dass es sich beim Rock'n'Roll keinesfalls um Jazz handele, sondern um den von seinen vielen Vorgängern kaum unterscheidbaren »soundsovielten Tanzwahn«.[42]

Gegenstand von Modifikationen, Modulationen und Verfremdungen waren nicht nur Instrumente, sondern auch die menschliche Stimme. Der gelernte Kornettist Louis Armstrong setzte seinen Stimmapparat wie ein Blasinstrument ein: Im Refrain von »What A Wonderful World« ließ er einzelne Worte als Tremoli vibrieren wie das *cuivré* einer halbgestopften Trompete.[43] »You ain't nothing but a Hound Dog«, brüllte Willie Mae »Big Mama« Thornton im Intro eines vielfach gecoverten Songs, in dessen Finale sie ein Hundegebell imitierte.[44] Druckvoll pressten R&B-Sängerinnen wie Big Maybelle oder Etta »Miss Peaches« James ihre Texte im *southern slang* heraus und dehnten dabei Vokale sekundenlang.[45] Ihre Songs definierten Weiblichkeit nicht nur über die Texte, in denen sie nicht selten mit der herrschenden Sexualmoral brachen, sondern auch mittels ihrer Stimmen, die einen Resonanzraum selbstbewusst

41 W. S., »Don't knock the rock«, in: *FAZ* (28. 10. 1958), S. 14.

42 H[ans] de W[itte], »Rock'n'Roll de zoveelste danserage«, in: *De Volkskrant* (01. 09. 1956), S. 1.

43 Vgl. Louis Armstrong, »What A Wonderful World«/ders. & His All Stars, »Cabaret« (US 1967) ABC 10982 [45].

44 Vgl. Willie Mae ›Big Mama‹ Thornton, »Hound Dog«/»Rock A Bye Baby« (US 1953) Peacock 5-1612 [45]. Während sich das Original nicht in den Charts platzieren konnte, erreichte die Coverversion von Elvis Presley den ersten Platz der Single-Charts und wurde mit »Gold« ausgezeichnet: Elvis, »Hound Dog«/»Don't Be Cruel«, RCA Victor 47-6604 (US 1956) [45].

45 Vgl. etwa Big Maybelle, »Candy«/»That's a Pretty Good Love«, Savoy 1195 (US 1956) [78]; Etta James, »Good Rockin' Daddy«/»Crazy Feeling« (US 1955) Modern 962 [78].

auftretender Klang-Subjekte schufen und eine für Frauen damals ungewöhnliche Sprechhaltung ermöglichten. Sie wurden von weißen Sängerinnen wie Brenda Lee, Peggy Lee oder Wanda Jackson imitiert, aber auch von männlichen Musikern wie Elvis Presley, Johnny Burnette oder Jerry Lee Lewis und deren europäischen Interpreten.[46]

In die Stimmen von Rockabilly-Sängern mischten sich dazu weiße Folklore-Elemente wie der von den Singing Cowboys kultivierte Blue Jodel.[47] Harold Jenkins und Gene Vincent füllten Takt-Zwischenräume mit monosyllabischen Schluchzern, die Hörer an den Stimmbruch von Pubertierenden oder einen permanenten Schluckauf erinnerten, weswegen Elvis auch als »Schluckauf-Caruso« tituliert wurde.[48] Dieses Überschlagen oder Wegbrechen der Stimme ist ein bewusst herbei geführter vokaler Kontrollverlust, bei dem »besser unausgesprochene Dinge« durch – im Wortsinne: Versagen der Stimme nur angedeutet werden.[49] Für die Schallplattenaufnahmen wurden diese Kapriolen durch experimentelle Aufnahmetechniken unterstützt: Erwünscht war ein hallender Klang. Manche Rock'n'Roller stellten daher ihre Mikrophone in Hausfluren auf, Studios verfügten über eigens konstruierte Echokammern, in denen die Stimme möglichst lange nachhallte.[50] Der experimentelle Einsatz von Stimmen war auch in etablierten Gesangstraditionen ein integraler Bestandteil sowohl bei Opernsängerinnen als auch bei den »Knödeltenören« der Unterhaltungsmusik, etwa den Croonern und Schlagersängern. Das bedeutet auch, dass der Widerstand gegen den Rock'n'Roll nicht allein aus dessen Experimental- und Innovationspotenzial heraus erklärbar ist, sondern auch andere Motive eine Rolle gespielt haben, zum Beispiel ein Rassismus, der sich auch gegen als »schwarz« gehörte Weiße wie Elvis Presley richten konnten.

Die kreative Aussteuerung von aufgenommenen Stimmen und

46 Vgl. Christian Bielefeldt, »›Kiss Me Ting-A-ling-a-ling‹. Rock'n'Roll-Gesang bei Little Richard, Chuck Berry und Elvis Presley«, in: Pfleiderer u. a. (Hg.), *Stimme, Kultur, Identität*, S. 335-369.

47 Vgl. Richard A. Peterson, *Creating Country Music: Fabricating Authenticity*, Chicago 1997, S. 84-86.

48 Vgl. »Des Knaben Wunderhorn«, in: *Berliner Zeitung* (05. 06. 1960), S. 9.

49 Vgl. Bielefeldt, »›Kiss Me Ting-A-ling-a-ling‹«, S. 346.

50 Vgl. Susan Schmidt Horning, *Chasing Sound. Technology, Culture, and the Art of Studio Recording from Edison to the LP*, Baltimore 2013, S. 140.

Instrumenten, das sogenannte Amplifying, lag in der Verantwortung einer neuen Berufsgruppe, deren Rolle in der professionellen Produktion von Musik immer wichtiger wurde: Die Toningenieure wurden zu den eigentlichen Urhebern bestimmter Klangstile. Charakteristisch für diese Entwicklung sind der in einem Detroiter Aufnahmestudio kreierte Motown-Sound der sechziger Jahre oder der nach seinem Arrangeur benannte Phil-Spector-Sound.[51] In den Fünfzigern war der Sound des Plattenlabels Atlantic besonders perfektionistisch, weil Tontechniker starken Wert auf sorgsame Arrangements und eine »sauber koordinierte Interaktion von Solisten, Gesangsgruppe und einer größeren Band« legten.[52] Der frühe Rock'n'Roll von Musikern wie Carl Perkins, Johnny Cash oder Sleepy LaBeef erklang im überindividuell wiedererkennbaren sogenannten Sun-Sound, der auch auf die Aufnahmetechniken des Studiobesitzers Sam Phillips zurückging, eines einfallsreichen Tüftlers.[53] Schon vor der Konstituierung stilprägender Soundräume wie dem Abbey Road Studio überwanden Musiker die alte Arbeitsteilung zwischen Textern und Komponisten, Arrangeuren und Studiotechnikern, die Friedrich Kittler auf die Zeit der »British Invasion« datierte.[54] Musiker wie Ike Turner betätigten sich früh als Soundbastler, die mit Erfindungen wie dem Magnetbandschleifenecho einzelne Instrumente hervorheben und in ein gänzlich ungewohntes Klanggewand kleiden konnten.[55] Die Musik wurde

51 Vgl. Nelson George, *Where Did Our Love Go? The Rise and Fall of the Motown Sound*, New York 1985; Suzanne E. Smith, *Dancing in the Street. Motown and the Cultural Politics of Detroit*, Cambridge (Mass.), London 2003. Im Unterschied zum Sound anderer Label für afroamerikanische Soul- und R&B-Musik wie Stax oder Vee-Jay galt der Sound von Motown als spezifisch auf die Vorlieben weißer Teenager abgestimmt. Vgl. Gary Kenton, »›Come See about Me‹: Why the Baby Boomers Liked Stax but Loved Motown«, in: Brian Cogan, Thom Gencarelli (Hg.), *Baby Boomers and Popular Culture. An Inquiry into America's Most Powerful Generation*, Santa Barbara, Denver u. a. 2015, S. 279-304, hier: S. 282.

52 Götz Alsmann, *Nichts als Krach. Die unabhängigen Schallplattenfirmen und die Entwicklung der amerikanischen populären Musik 1943-1963*, Drensteinfurt 1985, S. 34

53 Vgl. Gillett, *The Sound of the City*, S. 35.

54 Friedrich A. Kittler, »Rock Musik – ein Mißbrauch von Heeresgerät«, in: ders., *Die Wahrheit in der technischen Welt*, S. 198-213, hier: S. 207.

55 Vgl. Robert Palmer, »The Church of the Sonic Guitar«, in: Anthony DeCurtis (Hg.), *Present Tense. Rock & Roll and Culture*, Durham, London 1992, S. 13-37, hier: S. 21.

teilweise stärker von den Aufnahmestudios als von den Labels geprägt, da vor allem kleine Produktionsfirmen sich Stunden- oder tageweise in dieselben Studios einmieteten. Ihr spezifischer Klang war selbst das Produkt transnationaler Prozesse, wie die Sound-Historikerin Susan Schmidt Horning am Beispiel der Cleveland Recording Company zeigt, deren Klangsignatur auf einen Import aus Deutschland zurückgeht: Der Ingenieur Kenneth Richard Hamann, ein Pionier der Stereofonie, hatte 1959 von einem Besuch der Audiostudios der Teldec und der Deutschen Grammophon in Berlin deutsche Neumann-Mikrophone mitgebracht und seine Aufnahmekonsolen dem Berliner Vorbild detailgetreu nachgebaut.[56] Kurz nach seiner Rückkehr nahm er im Masonic Auditorium von Cleveland mit diesem deutschen Equipment die Musik einer aufstrebenden Band auf: Bill Haley & His Comets.[57] Der Sound der Rock'n'Roller erforderte neue Techniken des *sub mixing*, und so entstand, was rückblickend als »die symbiotische Beziehung zwischen Ingenieur, Produzent und Musiker« beschrieben wurde.[58]

Oftmals veränderte sich der Klang eines Interpreten nach dem Wechsel zu einem anderen Studio oder Label grundlegend, was die Bedeutung der Studios nur unterstreicht. Längst ging es um mehr als bloßes Aufzeichnen – das Recording hatte sich zu einem hochspezialisierten technischen Vorgang entwickelt, der die Kreation von Sounds beinhaltete. War Elvis als Künstler bei Sun Records noch dem dort hergestellten Sound verpflichtet gewesen, so klang seine Musik nach dem Wechsel zum Major-Label Victor RCA völlig anders. Dafür sorgte nicht nur die reichhaltige Orchestrierung inklusive gelegentlicher Streicher, sondern auch die Studiotechnik, die Elvis' sparsam instrumentierten Country-Sound in populäre Musik à la Frank Sinatra transformierte, welche bevorzugt von breiteren Mittelschichten, vor allem auch von weiblichen Fans rezipiert wurde.[59] Die Erschließung neuer Hörerschichten war nicht

56 Vgl. Schmidt Horning, *Chasing Sound*, S. 146-147.

57 Ebd.

58 Ebd., S. 146 u. S. 151.

59 Die Frage, ob zu jener Zeit Sounds und Klänge nicht nur sozial und ethnisch codiert, sondern auch »gegendered« waren, lässt sich hier nicht abschließend beantworten. Vieles deutet aber darauf hin, z. B. die Überrepräsentation von männlichen Musikern in bestimmten Genres und an einzelnen Instrumenten. So finden sich im 20. Jahrhundert Frauen häufig an Harfe, Streich- und Holzblasinstrumenten, kaum aber hinter E-Gitarren und Schlagzeugen. Dies änderte

nur eine Frage des Marketings und der verbesserten Vertriebsstrukturen größerer Platten-Label, sondern auch eine des Klangs.

3.1.3. *Race & Roll*: Musik zwischen Rassismus und Afroamerikanophilie

Zu den Vorläufern des Rock'n'Roll gehörte auch der Ragtime, ein stark synkopierter Pianostil, der schon um 1910 von Komponisten wie Irving Berlin populär gemacht wurde. Ragtime wurde als Form des Jazz gehört, der wiederum so erfolgreich war, dass er manchen bereits seit 1920 als »weiße« Musik galt, während der ländliche Blues in jenen Jahren in den USA noch immer unter dem Begriff *race music* firmierte.[60] Die Rassensegregation hatte bis in die Hitparaden hinein gewirkt. Das amerikanische *Billboard Magazine* etwa ermittelte den Verkauf von als »schwarz« gelabelter Musik seit 1945 in sogenannten *race charts*. Ein Umstand, der die Verbreitung des Rock'n'Roll begünstigte, war die formale Aufhebung dieser musikalischen Rassentrennung im Jahr 1948. In der ersten Hälfte der 1950er hatten sich Rhythm & Blues und andere Musikstile mit den Wanderungsbewegungen von Afroamerikanern im Zuge der Suburbanisierung der Städte zunächst über die USA verteilt, vor allem der Jazz.[61] Jazz war zu dieser Zeit bereits ein ebenso unscharfes Label wie Rock'n'Roll,[62] dazu kamen noch andere populäre Stile, etwa Bossa Nova, Calypso, Dixieland, aber auch Teile des Croonerbeziehungsweise Schlager-Genres.

sich allmählich mit den Girl-Beatbands der 1960er und vor allem mit dem Punk der 1970er Jahre, die gleichwohl Vorläuferinnen in schwarzen Musikerinnen der 1940er/50er Jahre wie »Sister« Rosetta Tharpe hatten.

60 »Race records« hatte sich schon in den 1920er Jahren als Genrebezeichnung für afroamerikanische und Südstaaten-Musik herausgebildet. Vgl. Karl Hagstrom Miller, *Segregating Sound. Inventing Folk and Pop Music in the Age of Jim Crow*, Durham, London 2010, S. 187-214.

61 Vgl. Sebastian Kurme, *Halbstarke. Jugendprotest in den 1950er Jahren in Deutschland und den* USA, Frankfurt/M., New York 2006, S. 154. Zur Suburbanisierung vgl. oben, Kapitel 2.1.2.

62 Schon in der ersten Hälfte des 20. Jahrhunderts neigte das europäische Publikum dazu, als Jazz zu bezeichnen »welche Musik auch immer sie exotisch, faszinierend und typisch amerikanisch fanden«. Vgl. Bernd Ostendorf, »Subversive Reeducation? Jazz as a Liberating Force in Germany and Europe«, in: *Revue française d'études américaines* 12 (2001), S. 53-71, hier: S. 54.

Das Fremde, das aus den neuen Klängen und Rhythmen des Rock'n'Roll herausgehört wurde, beruhte nicht nur auf ästhetischen Vorbehalten; oftmals war es auch das Ergebnis einer ethnischen Codierung. Hierzu trugen die genealogischen Herleitungen »autochthoner« Traditionen durch Musikologen wesentlich bei, insbesondere solche, die das »Naturhafte« und »Körperliche« afrikanischer Musik betonten. »Rhythmischer« Musik wurde eine somatische Wirkung zugeschrieben, die mit den Attributen »wild«, »direkt« und »körperlich« assoziiert wurde und damit an einen Diskurs über »das Primitive« und »das Exotische« anschloss. Dieser arbeitete mit ethnischen Zuschreibungen und deutete Klänge als »schwarz« oder in zeittypischer Diktion: als »Negermusik«.[63] Da sie »Rasse« als klanglich spezifizierbar hörten, waren solche Zuschreibungen potenziell rasisstisch, oszillierten dabei aber zwischen zwei Polen: dem der Afrophilie, die das »Ursprüngliche« oder »Authentische« der neuen rhythmischen Musik in den Vordergrund stellte, und dem eines offen formulierten Rassenhasses.[64]

Der auf Musik gerichtete Rassismus konnte physische Gewalt nach sich ziehen, da der multiethnische Charakter der Musik nicht nur religiöse Fundamentalisten auf den Plan rief, sondern auch organisierte Rassisten. 1956 attackierten Schläger des rechtsextremistischen White Citizens Council den afroamerikanischen Jazz-Sänger Nat »King« Cole auf offener Bühne mit einem Mikrophonständer und begründeten diesen Angriff mit der Aussage, der Rock'n'Roll bringe mit seiner »einfachen schwer-hämmernden Musik der *negroes*« nur »Animalismus und Vulgarität« zum Ausdruck.[65]

63 Vgl. exempl. »Rundfunk: Blech an die Wand gedrückt«, in: *Der Spiegel* (17.01.1948), S. 17.

64 Zur Afroamerikanophilie vgl. Moritz Ege, *Schwarz werden. »Afroamerikanophilie« in den 1960er und 1970er Jahren*, Bielefeld 2007. Diese Intentionen spiegelten sich auch in der Wortwahl: Während der Begriff *negro* bzw. »Neger« im Untersuchungszeitraum teils noch zur Selbstbezeichnung verwendet wurde (als Fremdbezeichnung gleichwohl einen mindestens strukturellen Rassismus ausdrücken konnte), war die Verwendung von »Nigger« Ausdruck eines klar intentionalen Rassismus. Um diese graduellen Unterschiede nachvollziehbar zu markieren, wurden die Originalbegriffe hier beibehalten.

65 Vgl. Gillett, *Sound of the City*, S. 22; Peter Blecha, *Taboo Tunes: A History of Banned Bands and Censored Songs*, San Francisco 2004, S. 25; Karen Sternheimer, *Pop Culture Panics: How Moral Crusaders Construct Meanings of Deviance and Delinquency*, New York, London 2015, S. 105-112.

Galt der Rock'n'Roll in den USA teils als ethnisch »weiß gewaschen«, so entfaltete er in Deutschland eine gänzlich andere Wirkung.[66] Nach 1945 hatte sich zum Beispiel in der Bundesrepublik gegen Jazz-Programme ein heftiger ästhetischer Widerstand geregt, der rassistisch grundiert war.[67] Das vom Nordwestdeutschen Rundfunk gegründete *Jazz-Studio* unter Leitung von Christian Törsleff und dem 20-jährigen Alexis Korner vom britischen Soldatensender BFN war nach 1945 angetreten, den deutschen Hörern Nachhilfe in Sachen Jazz zu geben, doch hatte die Musik nicht die erwünschten Reaktionen erzielt, zumal man, anstatt sie langsam zu vermitteln, »gleich die wildesten Dissonanzen auf die unschuldigen Ohren der NWDR-Hörer« losgelassen hatte, wie *Der Spiegel* ironisch resümierte.[68] Schon um 1947 war der sogenannte Tanzmusik-Krieg entbrannt der auf den Seiten für Hörerzuschriften der Zeitschrift *Hör Zu* ausgetragen worden war: »Herr X. wollte [...] kein ›Quaken und Jaulen‹ nervtötendes Plärren und widerliches Grunzen‹, er wollte keine ›Negermusik‹, wenn er nach des Tages Lasten den Knopf seines Radiogerätes bediente, um den Tanzabend zu hören. Er wollte auch nicht die ›perversen‹ Gesänge von Damen, deren gesangliche Refrain-Note er mit der ›verabscheuungswürdigen Grimasse eines ordinären Brunstgeschreies‹ verglich«, hieß es in einer exemplarischen Zuschrift.[69] Bei einer Umfrage des NWDR sprach sich ein Viertel der Befragten gegen die ungewohnte Musik aus, und die Sendung wurde im Dezember 1948 schließlich eingestellt.

3.1.4. Menschliche Klangkörper: Die Performanz des Hüftschwungs

Die Attacken auf die neue Musik richteten sich nicht allein auf deren Klang und Rhythmus. Viele Kommentare kritisierten auch performative Aspekte.[70] Performativität als Konzept arbeitet mit

66 Noch in der zweiten Hälfte der 50er Jahre gehörten »Urwaldgeheul« und »Niggermusik« zu »den häufigsten Denunzierungsformeln«. Vgl. Kaspar Maase, *BRAVO Amerika. Erkundungen zur Jugendkultur der Bundesrepublik in den fünfziger Jahren*, Hamburg 1992, S. 140.

67 Vgl. Ostendorf, »Subversive Reeducation?«, S. 67.

68 »Baisse in Bebop. Montagabend gestrichen«, in: *Der Spiegel* (04.12.1948), S. 25.

69 Zit. in: »Rundfunk: Blech an die Wand gedrückt«.

70 Diese nichtklangliche, körperbasierte zeit-räumliche Dimension ist ein wesent-

bestimmten Voraussetzungen, etwa der Dichotomie zwischen Performer und seinem Gegenüber, dem Einsatz des Körpers als Objekt und der Bereitschaft und Fähigkeit des Publikums, diesen zu lesen.[71] Eine wesentliche Rolle spielen auch die Ereignishaftigkeit einer zeitlich begrenzten und im engeren Sinn nicht wiederholbaren Aufführung (im Gegensatz zur Aufzeichnung) sowie deren daraus resultierende Unvorhersehbarkeit.[72] Zur Bühnenshow etlicher Rockmusiker gehörten etwa akrobatische oder mimetische Spiel- und Tanztechniken. Der *duck walk* wurde zum emblematischen Element der Auftritte Chuck Berrys; Little Richard legte sein ausgestrecktes Bein aufs Klavier;[73] der Pianist Jerry Lee Lewis spielte stehend die Klaviatur seines Flügels und hämmerte gelegentlich mit dem Absatz seines Schuhs oder dem Gesäß auf die Tasten ein. Besonders kontrovers wurde der Hüftschwung von Elvis Presley verhandelt, dem er seinen Beinamen »The Pelvis« (»Das Becken«) verdankte und der ihn zum bekanntesten Symbol fehlgeleiteter Jugend machte, wie es zahlreiche Artikel ausdrückten.[74] In den USA bezeichnete ihn der TV-Kritiker John Crosby als Inbegriff der Obszönität, dem bundesdeutschen *Spiegel* galt er als Beschwörer »besessener Medizinmänner eines Urwald-Stammes, nur beherrscht von einer Musik«.[75]

Doch nicht nur Bühnenperformances, sondern auch die Körpersprache der Rezipienten führten zu Kontroversen. Die Teilnehmer am ersten Rock'n'Roll-Turnier in Frankfurt am Main machten 1957 einer Kritik zufolge »verklärte und blöde Gesichter zugleich, als sei man von Trance befallen, von einer fremdartigen Krankheit der Ekstase«.[76] Ihr »somnambuler Ausdruck in den jugendlichen

licher Teil von Pop-Musik im Sinne Diedrich Diederichsens. Vgl. ders., *Über Pop-Musik*, Köln 2014, S. XI.

71 Vgl. Simon Frith, *Performing Rites. On the Value of Popular Music*, Oxford 1996, S. 205.

72 Diese Definition gibt in Anlehnung an John L. Austin und Judith Butler: Erika Fischer-Lichte, *Performativität. Eine Einführung*, Bielefeld ²2013, S. 68-69.

73 Vgl. Wicke, *Von Mozart zu Madonna*, S. 181.

74 Vgl. Christopher R. Martin, »The Naturalized Gender Order of Rock and Roll«, in: *Journal of Communication Inquiry* 19 (1995), S. 53-74, hier: S. 57.

75 Zu Crosby vgl. Charlie Gillett, *Sound of the City*, S. 21; »Der Über-Rhythmus«, in: *Der Spiegel* (26.09.1956), S. 52.

76 lpk., »Schrill – komisch – unheimlich. Anmerkungen zum ersten ›Rock'n Roll‹-Tanzturnier in Frankfurt«, in: *FAZ* (21.01.1957), S. 8.

Gesichtern, diese peinliche Offenbarung von Sehnsüchten, die weit über die Pubertät und das individuelle Lustverlangen hinausreichen«, war gleichzeitig »Ohnmacht, Behexung, Gier, verzückter Krampf«.[77] Sollte Spaß weiterhin »in Form der Besessenheit« auftreten, dann stehe nichts Geringeres zu befürchten, als dass »die Zivilisation [...] zum Urwald werden« könnte. Jugendliche würden »durch Jazzkonzerte in Massenekstasen getrieben, zu denen es in der Neuzeit kein Gegenstück« gebe, kritisierte ein anderer Kommentator, dem »das teuflische Hopsassa« als perfekter Ausdruck für »juvenile[n] Autoritätshass« galt, der »nicht der Höhe, sondern der Höhle, der Hölle zugeordnet« sei.[78] Diese Kulturpessimismen schrieben Diskurse über Kontrollverluste fort, in denen Musik als toxischer Erreger und das »Tanzfieber« als Krankheit gedacht wurde, mit der sich das als Kollektivkörper imaginierte Publikum großflächig angesteckt habe.

Aufgrund ihrer neuen Bewegungsmuster gerieten Rock'n'Roll, Boogie-Woogie oder Swing als Tanzmusiken daher stärker in die Kritik als ebenfalls umstrittene Musikstile wie der Schlager oder der Bebop. Sie stellten die sozialen Normierungen der kulturellen Ordnungen in Frage, die dem Gesellschaftstanz als Handlungsroutinen und umfangreiche Regularien eingekörpert waren.[79] Zum Beispiel »führte« bei dem zunächst zu Big-Band-Jazz und später zu Rock'n'Roll getanzten Jive zwar noch der Mann, indem er Tanzrichtung und Figuren der Frau bestimmte, doch waren der ständige Körperkontakt und die feste Umarmung, die zum Repertoire vieler Standardtänze gehörte, bereits weitgehend abgeschafft: Die Partner kommunizierten hauptsächlich über die Spannung in den Armen und berührten sich oft nur an den Händen.[80] Das »Auseinandertanzen« wurde daher als Vorstufe improvisierter Tänze abgelehnt

77 Ebd.

78 Wolf Schneider, »Musik des Protests. Zur Psychologie des Jazz«, in: *FAZ* (08.02.1958), S. BuZ1.

79 Zur praxeologischen Dimension von Handlungsroutinen vgl. Sven Reichardt, »Praxeologische Geschichtswissenschaft. Eine Diskussionsanregung«, in: *Sozial.Geschichte* 22 (2007), S. 43-65, bes. S. 60; Lucas Haasis, Constantin Rieske, »Historische Praxeologie. Zur Einführung«, in: dies. (Hg.), *Historische Praxeologie. Dimensionen vergangenen Handelns*, Paderborn 2015, S. 7-54.

80 Vgl. dazu Uta G. Poiger, »Rock'n'Roll, Female Sexuality, and the Cold War Battle over German Identities«, in: *Journal of Modern History* 68 (1996), S. 577-616, hier: S. 595.

und mit etlichen lokalen Tanzflächenverboten belegt, da es nicht mehr auf der heteronormativ praktizierten Hierarchie von *lead* und *follow* beruhte.[81]

In diesem Kontext ist der Versuch zu verstehen, in der DDR mit dem Lipsi einen staatlich legitimierten Gegentanz einzuführen und seine wenig hüftbetonten Schrittfolgen als »anständig« und »unamerikanisch« zu propagieren.[82] Entstanden war der Lipsi 1959 im Umfeld einer Tanzmusikkonferenz des Verbandes der Komponisten und Musikwissenschaftler in Lauchhammer,[83] die unter dem Eindruck des »Bitterfelder Weges« stand, der die Trennung zwischen Elitenkunst und Werktätigen überwinden und eine »volksnahe« Kultur schaffen sollte. Zwar sollte der »Bitterfelder Weg« vor allem auf dem Gebiet der Literatur beschritten werden, aber es wurden auch Ideen zur Schaffung eines »neuen deutschen Volksliedes« entwickelt,[84] die zugleich gegen den Rock'n'Roll gerichtet waren. Ziel war eine Tanzmusik »für die Erbauer des Sozialismus«.[85] Das »volkseigene« Ergebnis im Sechsvierteltakt ließ zwar »lateinamerikanische Einflüsse« erkennen und baute auf dem Walzer auf, wurde aber als eigene Schöpfung des DDR-Komponisten René Dubianski positioniert.[86] Den Versuch, die von dem staatlich beauftragten Tanzlehrerpaar Christa und Helmut Seifert entwickelten Tanzschritte zu popularisieren, verglichen bundesdeutsche Kommentatoren mit der Lancierung einer »deutschen Tanzmusik« im Nationalsozialismus.[87]

Auf dem staatlichen Label Amiga erschienene Lipsi-Schall-

81 Vgl. Mark Fenemore, *Sex, Thugs and Rock'n'Roll. Teenage Rebels in Cold-War East Germany*, New York, Oxford 2007, S. 139.

82 Vgl. Michael Rauhut, *Beat in der Grauzone. DDR-Rock 1964 bis 1972 – Politik und Alltag*, Berlin 1993, S. 40; Yvonne Liebing, *All you need is beat. Jugendsubkultur in Leipzig 1957-1968*, Leipzig 2005, S. 18.

83 Vgl. zur Tanzmusikkonferenz: Peter Wicke, Lothar Müller (Hg.), *Rockmusik und Politik. Analysen, Interviews und Dokumente*, Berlin 1996, S. 20. Vgl. auch Arnd Bauerkämper, *Die Sozialgeschichte der DDR*, München 2005, S. 25.

84 Vgl. Sabine Meine, Nina Noeske, »Musik und Popularität. Einführende Überlegungen«, in: dies. (Hg.), *Musik und Popularität. Aspekte zu einer Kulturgeschichte zwischen 1500 und heute*, Münster, New York u. a. 2011, S. 7-24, hier: S. 13.

85 Heinz Hofmann, »Alles tanzte Lipsi«; in: *Musik und Gesellschaft* 2 (1959), S. 19-21, hier: S. 19.

86 Ebd.

87 Vgl. »Die Partei tanzt Lipsi« [Zitat aus *Die Zeit*], in: *FAZ* (14. 04. 1959), S. 2.

platten stilisierten den Tanz dagegen zum transatlantischen Exportschlager.[88] »Mister Brown aus USA / war bei uns zur Messe da / doch was ihn am meisten packt / das ist, das ist der Lipsi-Takt«, sang etwa die Schlagersängerin Helga Brauer im neuen Leipziger Rhythmus.[89] Bis in die USA dürfte es der Tanz jedoch kaum geschafft haben, da er schon in Dresden Spott und Häme erntete. So skandierte eine Gruppe Jugendlicher in der Innenstadt: »Wir brauchen keinen Lipsi und keinen Alo Koll – wir brauchen Elvis Presley mit seinem Rock and Roll« sowie »Wir brauchen keinen Ulbricht und keinen Grotewohl – wir brauchen Elvis Presley mit seinem Rock and Roll.«[90] Der zeitweilige Nationalkonservatismus der DDR-Kulturpolitik stieß bei der Jugend auf taube Ohren, ja provozierte sogar offenen Widerstand und galt nicht zuletzt aufgrund solcher Proteste, die allerdings nach hartem Durchgreifen gegen jugendliche Musikfans im Sommer und Herbst 1959 zunächst verstummten, als gescheitert.[91]

3.1.5. Boykott, Bann und Zensur

Die grundsätzlichen Vorbehalte gegenüber den neuen Klängen, Rhythmen und Körperpraktiken mündeten zwar in zahlreichen Pamphleten, Polemiken und Boykottkampagnen gegen den Rock'n'Roll; regelrechte Zensur in Form von Aufführungs-, Abspiel- und Verkaufsverboten wurde aber, wenn überhaupt, dann nur gegen einzelne Songs durchgesetzt. Etliche Musiker praktizierten zudem eine Art freiwilliger Selbstkontrolle. So hatte Bill Haley etwa das Stück »Shake, Rattle and Roll«, das der schwarze Blues-Musiker »Big« Joe Turner vor ihm aufgenommen hatte, auch

88 Uta G. Poiger spricht von »enormous propaganda efforts«, vgl. dies., *Jazz, Rock, and Rebels. Cold War Politics and American Culture in a Divided Germany*, Berkeley, Los Angeles u. a. 2000, S. 185.

89 Heidi Brühl und Orchester Rolf Anders, »Wir werden uns finden«/Helga Brauer und das Hemmann-Quintett mit dem Rundfunk-Tanzorchester Leipzig unter Leitung von Gerhard Kneifel, »Mister Brown aus USA« (DD 1959) Amiga 1 50759 [45].

90 Analyse betr.: Untersuchungsvorgänge gegen jugendliche Banden, Berlin, März 1960, BStU, HA IX/MF/11832, Hauptabteilung IX, Bl. 13. Alo Koll war in Leipzig Kapellmeister und Schlagerkomponist.

91 Vgl. Poiger, *Jazz, Rock, and Rebels*, S. 196 f.

inhaltlich zensiert.[92] Sexuelle Anspielungen, wie sie im Rhythm & Blues üblich waren, milderte Haley mit Rücksicht auf die Normen der an weißen Mittelschichten orientierten Rundfunksender ab oder beseitigte sie gleich ganz. Aus der Zeile »Get outta that bed, and wash your face and hands« wurde bei Haley etwa aus »Get out in that kitchen«; eine Anspielung auf ein durchsichtiges Kleidungsstück ließ er komplett wegfallen.[93] Vielen Kritikern reichte das nicht aus. Schon die Genrebezeichnung Rock'n'Roll, die sich in etwa mit »Schütteln und Wälzen« übersetzt lässt, wurde als sexuell anstößig empfunden.[94] In Großbritannien bezeichnete ein Geistlicher aus Nottingham den Rock'n'Roll als »ein Revival des Teufelstanzes [...], um Gesetzlosigkeit zu provozieren, nervliche Stabilität zu schädigen und das Sakrament der Ehe zu zerstören«.[95] Die *Daily Mail* erklärte Musikstile wie Ragtime, Blues, Dixie und Hot Cha-Cha-Cha zu Vorläufern des Boogie-Woogie »die offenkundig aus dem Dschungel stammen«, und spekulierte, »ob dies die Rache des *negros* ist«.[96] Auch weiße Kirchengruppen aus den amerikanischen Südstaaten verbreiteten die Verschwörungstheorie, der Rock'n'Roll sei ein von der NAACP kreiertes Mittel, um weiße Jugendliche zu korrumpieren.[97] Mitte der fünfziger Jahre gerieten in den USA etliche Schallplatten unter Blasphemie-Verdacht und damit auf den Index von Radiosendern. Auch wurde berichtet, dass Polizisten Barbesitzern Listen mit Musikstücken überreichten, die nicht von Jukeboxes gespielt werden dürften.[98] Manche dieser Gesetze wurzel-

92 Joe Turner and his Blue Kings, »Shake, Rattle, And Roll«/»You Know I Love You« (US 1954) Atlantic 1026 [78]; Bill Haley & His Comets, »Shake, Rattle, And Roll«/»A.B.C. Boogie« (US 1954/4) Brunswick 05338 [78].

93 Vgl. Gillett, *Sound of the City*, S. 25-27.

94 »Rock'n'Roll« bezeichnete in Deutschland »weit mehr als einen Tanz; es ist zum Schlagwort für eine Erscheinung geworden, die mit der Gewalt eines Naturereignisses über die Jugend der westlich-zivilisierten Welt hereingebrochen ist«. Joachim Stave, »Rock'n'Roll – halbstark«, in: *Muttersprache. Zeitschrift zur Pflege und Erforschung der deutschen Sprache* 67 (1957), S. 275-280, hier: S. 277.

95 Laut Bericht des *Daily Mirror* (08.10.1956), zit. n. *Melody Maker* (20.10.1956), S. 5.

96 *Daily Mail* (05.09.1956), zit. n. Richard Weight, *Mod!: A Very British Style*, London 2013, S. 27. Die Kursivierung markiert nicht übersetzte Terminologie.

97 Die NAACP = National Association for the Advancement of Colored People; vgl. Gillett, *Sound of the City*, S. 21.

98 Vgl. *Melody Maker* (18.06.1955), S. 3.

ten noch in der calvinistischen Musikfeindlichkeit des 16. Jahrhunderts.[99] Einige Boykotte wurden mit einem Gesetz begründet, das aus der Zeit der Hexenprozesse im 18. Jahrhundert stammte und nicht nur die Verächtlichmachung von Religion gesetzlich verbot, sondern auch die Veröffentlichung nichtpuritanischer Musik.[100] Auch die amerikanischen Zeitungskritiker erregten sich über die vulgären Inhalte der neuen säkularen Musik. Ein Konzert im Harlemer Apollo Theatre mit dem Gitarristen Bo Diddley, den Heartbeats und dem Bill-Dogett-Quartett, das der afroamerikanische DJ Tommy Smalls veranstaltete, habe bewiesen, dass es sich klanglich um einen Albtraum handele. Es brauchte nur wenig Phantasie, um die Kausalbezüge zwischen Titeln wie »Work With Me Annie« von Hank Ballard und der einige Monate später nachfolgenden Single »Annie Had A Baby« herzustellen.[101] Angesichts dieses Klimas überrascht es kaum, dass der Neuropsychiater Thomas Cusack auf der Jahrestagung der Psychopathologischen Gesellschaft Amerikas 1957 ein Verbot des Rock'n'Roll forderte.[102]

Grundiert wurde die Kampagne gegen »Obszönität« auch von wirtschaftlichen Interessen. Die amerikanische Musikindustrie spaltete sich zunehmend: Auf der einen Seite gab es die in der American Society of Composers, Authors, and Publishers (ASCAP) organisierten etablierten Major-Companies, auf der anderen Seite die kleineren sogenannten Independent-Labels, die sich in der Broadcast Music International (BMI) zusammengeschlossen hatten.[103] Da der Rock'n'Roll zunächst fast ausschließlich auf Indies erschien, übte die ASCAP Druck auf die Rundfunksender aus, ihn nicht zu spielen, was in einigen Fällen auch gelang, etwa bei Johnny

99 Calvin mochte Lieder, sah in der instrumentalen Musik aber (ähnlich wie Zwingli) die Ursache von »zügellosen Ausschweifungen, maßloser Genusssucht, Lüsternheit und Schamlosigkeit«, Blanning, *Triumph der Musik*, S. 22.

100 Vgl. Blecha, *Taboo Tunes*, S. 40.

101 [Hank Ballard &] The Midnighters, »Work With Me Annie«/»Until I Die«. Federal 12169; [Hank Ballard &] The Midnighters, »Annie Had A Baby«/»She's The One«. Federal 12195 (45).

102 Damit nahm er jedoch eine Minderheitenposition ein, der »eisiges Schweigen« entgegenschlug. Vgl. »Straßenkämpfe aus musikalischem Anlaß. Wie New Yorker Jugendliche ein Kino eroberten / Wissenschaftler gegen ein Verbot von ›Rock'n'Roll‹, in: *FAZ* (02. 03. 1957), S. 17.

103 Vgl. Martin, Segrave, *Anti-Rock*, S. 85-102.

Rays Stück »Such a Night«.[104] Die für die USA (nicht aber für europäische Staaten) typische Konkurrenz zwischen Majors und Indies spaltete damit auch die Rezeption, wenngleich sich die anfänglichen ästhetischen Differenzen zu verwischen begannen, nachdem Künstler wie Elvis zu Majors gewechselt waren.

Gesetzliche Musikverbote wurden vor allem aus autoritären Staaten berichtet. Auf Kuba wurden Berichten zufolge Rock'n'Roll-Fernsehshows verboten, in Ägypten durfte man ihn weder spielen noch in den Medien auch nur erwähnen, und im Iran erließ die Regierung ein Verbot per Dekret, meldeten die Nachrichtenagenturen 1957.[105] Derweil beschlossen in den USA gegen Ende des Jahrzehnts mehrere Radiosender, den Rock'n'Roll vollends aus dem Programm zu nehmen.[106] Verstöße gegen diese Spielverbote konnten personelle Konsequenzen haben. So wurde der Discjockey Dick Biondi vom Sender WKBW entlassen, weil er entgegen der Anweisung des Managements weiterhin Elvis-Singles aufgelegt hatte. In Portland, Oregon, kündigte der Radiosender KEX einem DJ, weil sich Teile der Hörerschaft darüber beschwert hatten, dass er Irving Berlins Klassiker »White Christmas« gespielt hatte – in der als obszön kritisierten Version von Elvis Presley.[107] Im Winter 1957 belegte KMPC dessen Christmas-Album mit einem Aufführungsbann, da man die populäre Aneignung des Weihnachtsliedes durch den als »Pelvis« berüchtigten Performer als einen Akt blasphemischer Entweihung betrachtete.[108] Dass es dabei nicht immer nur um die Texte, sondern vor allem um die neuartigen Klangstrukturen ging, illustriert das Beispiel der *Dreigroschenoper*: Bertolt Brechts und Kurt Weills »Die Moritat von Mackie Messer« hatte bislang nicht im Fokus der Jugendschützer gestanden. Als aber das Teenageridol Bobby Darin eine Coverversion aufnahm, verhängten

104 Vgl. Gillett, *Sound of the City*, S. 22.

105 Vgl. »Cuba Bans Rock'n'Roll. Use on TV Shows Halted by Communications Minister«, in: *NYT* (14.02.1957), S. 55; »Egypt Bans Rock'n'Roll as Sinuous Imperialism«, in: *NYT* (27.06.1957), S. 3; »Rock-'n'-roll-Tanzen ist in Iran durch ein Dekret der Regierung verboten worden«, in: *UP/FAZ* (30.07.1957), S. 5.

106 Darunter die Stationen KSFR in San Francisco, WPIN in St. Petersburg, KDEN in Denver, KSEL in Lubbock WZIP in Cincinatti, WLEV in Erie, WAMP in Pittsburgh sowie KING and KJR in Seattle. Vgl. Blecha, *Taboo Tunes*, S. 35.

107 Vgl. ebd.

108 Vgl. ebd., S. 33.

mehrere Radiosender im Staat New York umgehend einen Bann, da das Stück mit seinen Schilderungen aus der Welt des Verbrechens Jugendliche zur Nachahmung motivieren könne. Es hatte erst die neue musikalische Form gebraucht, um den unveränderten Text des altbekannten Stückes als jugendgefährdend erscheinen zu lassen.[109]

Die ästhetische Opposition gegen die neuen Klänge manifestierte sich in spektakulären Symbolhandlungen und performativen Akten der Destruktion. In Milwaukee etwa verbrannte ein Radio-DJ alter Schule auf einer Art Scheiterhaufen 200 Rock'n'Roll-Schallplatten auf dem Hof des Senders WINS.[110] In Ripley, Tennessee, kaufte ein kulturkonservativer Geschäftsmann bei einer Radiostation eine Viertelstunde Sendezeit, zerbrach knackend einige Schallplatten und nutzte die verbleibenden 13 Minuten zum Ausstrahlen von Stille.[111] Gegen die Verbreitung des Rock'n'Roll konnten solche Aktionen allerdings nichts ausrichten, im Gegenteil: Sie verhalfen ihm zu weltweiter Bekanntheit, zudem schuf das öffentliche Verbrennen und Zerstören von Schallplatten ikonische Fotos, die an die Bücherverbrennungen der Nazis erinnerten. (Abb. 15-18) In den USA waren derlei propagandistische Aktivitäten daher äußerst umstritten, zumal sie gegen das verfassungsmäßige Recht auf Redefreiheit verstießen, also gegen eine der Grundlagen der amerikanischen Demokratie.[112]

Auch in Europa kam es zu destruktiven Akten: Kirchliche Gruppen verbrannten Schallplatten und »Schundliteratur«, und die neue Musik geriet ins Visier von Jugendschützern und Zensurbehörden.[113] In Deutschland bezichtigten Kritiker die »Schallplattenin-

109 Vgl. ebd., S. 35.

110 Vgl. *The Billboard* (21.04.1955), S. 1, 4.

111 Laut einer Meldung von AP, vgl. »Neue Rundfunksendung: Stille«, in: *FAZ* (24.03.1959), S. 5.

112 Vgl. Paul Nolte, *Was ist Demokratie? Geschichte und Gegenwart*, München 2012, bes. S. 148-150.

113 Mitte der Sechziger verbrannten junge Christen Ausgaben des Jugendmusikmagazins *Bravo*, aber auch Bücher Erich Kästners, dessen Werke auch schon auf den Scheiterhaufen der Nazis gelandet waren. Vgl. Ferdinand Ranft: »›Ein Licht ins dunkle deutsche Land.‹ Die Bücherverbrennung des Jugendbundes für entschiedenes Christentum«, in: *Die Zeit* (15.10.1965), S. 2-3. Der Berliner Bischof Otto Dibelius rechtfertigte, was »Martin Luther im Jahre 1520 auchgemacht hat, und die Studenten im Jahre 1870«. Vgl. ders., »Man muß Mut

dustrie und die Rundfunkmanager«, als »täglichen Ohrenschmaus« einen Rhythmus zu servieren, »der zu einer Orgie lädt«.[114] In Großbritannien weigerte sich die BBC, die Single »Charlie Brown«, ein ironisches Lied der Coasters über einen jugendlichen Klassenclown, zu spielen, weil es unangemessene Begriffe enthalte.[115] Mit Boykotten wurden auch etliche Songs belegt, die sich – meist satirisch – auf die damalige Grusel- und Monsterfilmwelle bezogen.[116] Anders als gelegentlich behauptet wird, gab es jedoch keinen generellen Bann des Rock'n'Roll durch die BBC. In den vom Dance Music Policy Committee begutachteten Listen finden sich in den fünfziger Jahren zahlreiche Rock'n'Roll- und Rockabilly-Songs, die problemlos zur Sendung freigegeben wurden.[117] Beanstandet wurden nach den Richtlinien der BBC hingegen solche Songs, die *smut* enthielten, wozu Blasphemie, Sakrilege oder Parodien auf Religion, politische Propaganda oder anderes »kontroverses Material« gerechnet wurde, etwa Texte mit explizit sexuellen Anspielungen.[118] Auch die Ausstrahlung von Musikstücken mit religiösen Bezügen in Tanzsendungen hatte die Sendeanstalt strikt untersagt. Erst die Skiffle-Welle der sechziger Jahre führte zu einer Lockerung.[119] Populäre Adaptionen klassischer Musik und die Erwäh-

beweisen«, in: *Der Spiegel* (10.11.1965), S. 61. Ich danke Karsten Krampitz für den Hinweis auf diesen Sachverhalt.

114 Schneider, »Musik des Protests«.

115 The Coasters, »Charlie Brown«/»Three Cool Cats« (US 1959/1) Atco 45-6132 [45]. Vor allem das im Songtext vorkommende Wort »spitballs« verstieß gegen Anstandsnormen.

116 Etwa Bob McFadden & Dor, »The Mummy«/»The Beat Generation«, Brunswick 9-55140 (1959) [45] oder den Halloween-Tanzschlager von Bobby »Boris« Pickett & The Crypt-Kickers, »Monster Mash«/»Monsters' Mash Party«, (US 1962) Garpax 45-44167 [45]. Vgl. Blecha, *Taboo Tunes*, S. 34.

117 Vgl. die Akten der Entertainment Popular Music Policy 1957-1958, R19/1,824/3, BBC/WA.

118 Als Schmutz wurde definiert: »alles, was anständige Leute beleidigen könnte«. Die zentralisierte Genehmigungspraxis durch das PMC wurde im April 1964 aufgegeben und auf die jeweiligen Produzenten übertragen, die Grundsätze wurden dabei jedoch noch einmal bekräftigt. Vgl. Memo »Popular Music and Gramophone Records« (15.04.1964), Policy Censorship Songs, Records/Music 1960-1970; R34/1249; BBC/WA.

119 Vgl. Memo »Negro Spirituals« (07.11.1957), R19/1,824/3, BBC/WA, sowie Aktennotiz »Makin' A Joyful Noise« (28.10.1963), Entertainment Popular Music Policy; R19/1824/ID, BBC/WA. Skiffle-Stücke beruhten in großer Zahl auf

nung von Produkt- und Markennamen führten ebenfalls zum Status *»N.T.B.B. – not to be broadcasted«*.[120] Vom Schleichwerbungsverbot waren zum Beispiel einige Rockabilly-Songs betroffen, die typischerweise Referenzen an die Automarke Cadillac enthielten.[121] Doch auch solche beanstandeten Lieder wurden nicht generell verboten. Die Kommission räumte den Urhebern in der Regel die Möglichkeit ein, alternative Worte zu finden, und gab die geänderten Stücke dann nach neuerlicher Prüfung meist zur Ausstrahlung frei.[122] So wurden zu dem Song »Love is« etwa angemahnt, die Markennamen in der Zeile »a dry Martini« durch einen alternativen Text zu ersetzen. Der Musikverlag ersetzte den Reim daraufhin durch »the great Houdini«, und das Stück durfte in der BBC gespielt werden. In dem Song »Teenage World« wurde das Wort »Cokes« kurzerhand gegen »jokes« ausgetauscht.[123]

afroamerikanischen Spirituals religiösen Inhalts, weshalb schließlich die Ausstrahlung auch in Tanzsendungen erlaubt wurde.

120 Das Verbot der populären Interpretation von »Klassik« wurde im November 1963 aufgehoben. Vgl. Reference 03/GR/AI Head of Grammophone Programs (13.11.1963), Entertainment Popular Music Policy; R19/1824/ID; BBC/WA.

121 Vgl. etwa Aktennotiz »It Should Have Been Me« (05.03.1963), Entertainment, Popular Music Policy 1963; R19/1824/ID; BBC/WA.

122 Vgl. Reference 03/V/DM »Love Is« (18.12.1957), R19/1,824/3, BBC/WA.

123 Ebd.

Abb. 15-18: Verbrennung von »Schmutz und Schund«, Beatles-Platten und *Bravo*-Heften: 1965 im Schweizer Ort Brugg (15) und im bundesdeutschen Bietigheim (16), im amerikanischen »Bible Belt« (17) und in der DDR (18).

Die beanstandeten Stücke kamen aus allen Genres, jedoch nur zu einem geringen Teil aus dem Rock'n'Roll, der sich durch eher unverfängliche Texte auszeichnete beziehungsweise sich oftmals bereits einer Art Selbstzensur unterzogen hatte und – wie im bereits erwähnten Fall Bill Haleys – mit Rücksicht auf die Rundfunköffentlichkeit sexuell anzügliche Textpassagen der Originale entschärft hatte. Doch wurden auch in Großbritannien Stücke beanstandet, die Jugendgangs thematisierten, etwa der Song des Teenage-Trios The Shangri-Las »The Leader of the Pack«, in dessen Melodie Zweirad-Motoren aufheulen.[124] Gleichwohl wurde der

124 The Shangri-Las, »The Leader Of The Pack« / »What Is Love« (US 1964) Red

Rock'n'Roll auch in Großbritannien äußerst schnell adaptiert und brachte nationale Stars hervor wie Tommy Steele, Billy Fury, Adam Faith, Marty Wilde und vor allem Cliff Richard, der zu Anfang seiner Karriere als »der englische Elvis« galt.[125] Im britischen Radio wurden jedoch vielfach keine Rock'n'Roll-Schallplatten gespielt, sondern rein instrumentale Orchester-Adaptionen. Die zeitweilige Weigerung der BBC, »originale« Rock'n'Roll-Platten abzuspielen, wurzelte nicht in einem ästhetisch begründeten Widerstand der Senderverantwortlichen gegen die neue Musik. Vielmehr hatte man sich dem Druck der mächtigen britischen Musikergewerkschaft gebeugt, die sich mit Mitteln des Arbeitskampfes mehrere Jahre lang erfolgreich gegen die Verdrängung der Rundfunkorchester durch das Abspielen von Schallplatten wehrte und auf dem Einspielen erfolgreicher Musikstücke durch Studiomusiker bestand.[126] Einen ähnlichen Kampf gegen die Schallplatte hatte auch die amerikanische Musikergewerkschaft AFM bereits 1942 begonnen: Mit einem vier Jahre andauernden Streik hatte sie deren Vormarsch zu verhindern versucht – ohne Erfolg.[127]

Ganz anders sah es in den sozialistischen Staaten aus.[128] Während Zensurbestrebungen in den westlichen Systemen zwar gelegentlich die staatlichen Behörden beschäftigten, zumeist aber von Rundfunksendern und Musikfirmen ausgingen, war der Kulturkampf gegen die unerhörten Klänge in der DDR Chefsache, das heißt: er wurde von höchster Stelle aus geführt. Ebenso wie in manchen Staaten des europäischen Westens grundierten auch hier antiamerikanische Ressentiments die Diskussion, die jedoch aufgrund des Systemkonflikts auf grundlegende Weise ideologisiert war. Der Kampf gegen die »amerikanische Unkultur« wurde auch mit äs-

Birc RB 10-014 [45]; vgl. Aktennotiz »Doubtful records«; Policy Censorship Songs, Records/Music 1960-1970, R34/1249; BBC/WA.

125 Vgl. Martin Cloonan, »The Production of English Rock and Roll Stardom in the 1950s«, in: *PMH* 4 (2009), S. 271-287; Dominic Sandbrook, *Never Had It So Good. A History of Britain from Suez to the Beatles*, London 2005, S. 475-479.

126 Vgl. Richard Witts, »Needle Time: The BBC, the Musicians' Union, Popular Music, and the Reform of Radio in the 1960s«, in: *PMH* 7 (2012), S. 241-262.

127 Vgl. »AFM Plans Attack Phonos«; in: *The Billboard* 54 (1942), S. 62; »Senate Committee Named To Investigate Petrillo AFM«, in: ebd., S. 60. Vgl. Wicke, *Von Mozart zu Madonna*, S. 185.

128 Einen Überblick gibt Timothy W. Ryback, *Rock Around the Bloc: A History of Rock Music in Eastern Europe and the Soviet Union*, New York, Oxford 1990.

thetischen Argumenten betrieben, deren Ton der ostdeutsche Musikwissenschaftler Ernst Meyer schon 1951 vorgegeben hatte: »Der heutige Boogie-Woogie ist ein Kanal, durch den das Gift des Amerikanismus eindringt und die Gehirne der Werktätigen zu betäuben droht. Diese Bedrohung ist ebenso gefährlich wie ein militärischer Angriff mit Gasen.«[129] Es waren weniger die Texte, die störten, sondern als problematisch galt der dezidiert unpolitische Charakter der Musik, der dazu diene, die Hörer auf geradezu hypnotische Weise einzulullen und vom Zeitgeschehen abzulenken: »Der junge Mensch, dem Fredis [sic!] ›blaue Stunde‹ blauen Dunst vormacht, vergißt vor lauter Hula-Hula-Mädchen, Kokosinseln, Palmen und Liebe per Radio leicht, daß vor seiner Haustür in Westdeutschland der Atomkrieg vorbereitet wird«, hieß es in einer Broschüre gegen die neue Musik.[130] Ein DDR-Lexikon brachte den Rock'n'Roll auf die knappe definitorische Formel: »Aus den USA stammende, überspitzte, aufpeitschende Form des Boogie; verführt Jugendliche zu Exzessen; dient in WD als Mittel der ›psychologischen Kriegsführung‹ zur Ablenkung der Jugend von den pol. Tagesfragen.«[131]

Zumindest auf kulturellem Feld waren staatssozialistische Dogmatiker und westliche Kulturkonservative oftmals einer Meinung.[132] So zitierte die DDR-Propagandabroschüre *Heiße Musik und Kalter Krieg* ausführlich und zustimmend die »großbürgerliche Frankfurter Allgemeine Zeitung«, die den Rock'n'Roll als »Hohngeschrei auf jegliche Ordnung«, »Musik des Rückenmarks«, »Aufbegehren gegen eine gehirnbestimmte Welt« und »Dämonie des Unbewußten« beschrieben habe, in dessen »lustvolle Nacht seines animalischen Abgrunds hinab« tauche, wer sich der zerstörenden Wirkung der Musik hingebe.[133] Zwar wurden in der DDR-Propaganda die im Westen immer wieder auftauchenden rassistischen

129 In der Zeitschrift *Musik und Gesellschaft*, zit. n. Christian Peters u. a. (Hg.), *Elvis in Deutschland*, Bonn 2004, S. 40.

130 Bezirksleitung Schwerin (Hg.), *Heiße Musik und Kalter Krieg*, S. 21 f.

131 Alfred M. Uhlmann u.a., *Kleines Lexikon A-Z*, Leipzig 1959, s. v. »Rock and Roll«, S. 803-804.

132 Diese Übereinstimmung hebt auch hervor: Poiger, »Rock'n'Roll, Female Sexuality«, S. 578 u. S. 615.

133 Bezirksleitung Schwerin (Hg.), *Heiße Musik*. Die angeblich aus der FAZ stammenden wörtlichen Zitate sind dort nicht im Volltextarchiv auffindbar, daher vermutlich gefälscht, liegen inhaltlich und von der Diktion her aber durchaus auf der Linie bürgerlicher Verächter des neuen Klangs.

Termini weitgehend vermieden, doch auch dem Staatssozialismus war der transnationale Charakter der neuen Musik ein Dorn im Auge (beziehungsweise ein Stachel im Ohr), denn trotz aller Bekenntnisse zum Internationalismus wurde am Rock'n'Roll nicht nur die vermeintliche »Zerstörung und Preisgabe jeder melodischen Linie«, sondern insbesondere auch »die Verfälschung und Verwässerung nationaler Eigenheiten« kritisiert.[134]

Diese Verfälschung suchte die DDR-Führung schließlich auf legislative Weise einzudämmen. Am 2. Januar 1958 erging im Einvernehmen mit dem Minister der Justiz und dem der Finanzen die »Anordnung über die Programmgestaltung bei Unterhaltungs- und Tanzmusik«, um »Erscheinungen der Dekadenz und des Verfalls zu bekämpfen sowie das Schaffen der Autoren der Deutschen Demokratischen Republik zu fördern und unangemessene Devisenverpflichtungen zu verhindern«.[135] Sie verlangte, dass bei »allen Veranstaltungen von Unterhaltungs- und Tanzmusik [...] das Programm derart zu gestalten [ist], daß mindestens 60 Prozent aller aufgeführten Werke von Komponisten geschaffen sind, die ihren Wohnsitz in der Deutschen Demokratischen Republik, der Sowjetunion oder den Volksdemokratien haben«. Die Verordnung betraf unter anderem Aufführungen in Gaststätten, bei Sportveranstaltungen sowie in Kulturparks, Vergnügungsstätten, Betrieben, Vereinigungen und Klub- oder Kulturhäusern.[136] Ausdrücklich eingeschlossen wurde »das Abspielen von Schallplatten und Tonbändern«, das in der späteren DJ-Kultur an Bedeutung gewann.[137] Bei Zuwiderhandlung drohte ein Ordnungsgeld in Höhe von 500 Mark sowie den Wiederholungstätern unter den Berufsmusikern der Entzug der Spielerlaubnis.[138] Der Paragraph sollte Repressionen gegen Musikveranstalter und Musiker legitimieren, war in der

134 Ebd., S. 22.

135 Vgl. Gesetzblatt der Deutschen Demokratischen Republik I, Nr. 4, 1958, S. 38, zit. n. Elimar Schubbe (Hg.), *Dokumente zur Kunst-, Literatur- und Kulturpolitik der SED*, Stuttgart 1972, Dokument Nr. 165.

136 Ebd., § 1, Abs. 2.

137 Ebd.

138 Nach § 4, ebd. Laut der ersten »Anordnung über die Befugnis zur Ausübung von Unterhaltungs- und Tanzmusik« vom 27.03.1953 durften nur zertifizierte Berufsmusiker in Gaststätten und bei Veranstaltungen auftreten. Vgl. Zentralblatt der DDR vom 04.04.1953, S. 266; vgl. Rauhut, *Beat in der Grauzone*, S. 42.

Praxis jedoch schwer umzusetzen, da den Kontrolleuren der zuständigen Kulturabteilungen der Kreisräte zumeist die popmusikalische Expertise fehlte, um einschätzen zu können, wo das jeweilige Stück komponiert worden war, zumal wenn die Musiker es – eine gängige Praxis auf Bühnen in der DDR – in der Ansage kurzerhand als eigenes Stück ausgaben.[139]

3.1.6. Transnationale Verbreitung des Rock'n'Roll

Allen Anfeindungen zum Trotz etablierten sich unterdessen die neuen auditiven Codes des Rock'n'Roll, des Calypso und des Tanz-Jazz nahezu weltweit. Vor allem die schrägen Töne von Bill Haley, die zu so vielen internationalen Kulturpessimismen Anlass gegeben hatten, verbreiteten sich rasant. Schon 1954 erreichte seine Version von »Big« Joe Turners »Shake, Rattle And Roll« binnen kurzem Platz sieben der US-Charts und wurde zum Millionenseller. Sein Nachfolge-Hit »Rock Around The Clock« erklang im Vorspann des Kino-Filmes *Blackboard Jungle*, der im Zentrum sogenannter *cinema riots* stand.[140] Die Single hielt sich nach diesen Vorfällen 17 Wochen lang in den britischen Charts und tauchte in den folgenden 20 Jahren noch acht Mal in den Hitparaden auf.[141] Der weltweite Gesamtverkauf wird auf 22 Millionen Exemplare geschätzt, womit Bill Haleys Tanznummer lange Zeit die weltweit am meisten verkaufte Schallplatte war.[142] Nach und nach fanden sich in den verschiedenen Ländern Nachahmer, die das neue Genre in ihre Nationalsprachen übertrugen. So zutreffend die Metapher vom Siegeszug des Rock'n'Roll diesen Zahlen zufolge auch ist: Man darf sich diesen Triumph nicht als eine vollständige Verdrängung anderer Genres vorstellen. Weder beherrschten Rock, Jazz oder Boogie die nationalen Charts zur Gänze, noch wurden traditionelle Musikstile von ihnen marginalisiert. Das Gros der Schallplattenkäufer griff in Deutschland weiterhin zum Schlager und in Frankreich

139 Vgl. ebd., S. 44-48.
140 Vgl. dazu ausführlich Kap. 3.3.
141 Brian Lee Cooper, Wayne S. Haney, *Rock Music in American Popular Culture: Rock'n'Roll Resources*, New York 1995, S. 82.
142 Jay Warner, *Billboard's American Rock'n'Roll in Review*, New York 1997, S. 135.

zum Chanson.[143] In den USA wurden Crooner wie Frank Sinatra und Pat Boone allerdings in ihren Plattenverkäufen von den Stars des Rock'n'Roll überholt, und unter den Jugendlichen war die Akzeptanz neuer Musikstile ungleich größer.[144] Wie sehr gerade der Rock'n'Roll auf die Altersgruppe der Teenager zielte, wird an der Vielzahl jugendspezifischer Texte deutlich, die mit Titeln wie »Vacation's Over« oder »High School Hop« dezidiert die Lebenswelten von Schülern und Jugendlichen thematisierten.[145]

Bestimmte Sound-Stile verbreiteten sich zur Zeit ihrer Entstehung nicht international, sondern blieben zunächst weitgehend auf nationale Märkte beschränkt. So wurden nur einige wenige Künstler des kleinen Labels Sun einem nichtamerikanischen Publikum bekannt; selbst Elvis, der hier begann, hatte seinen internationalen Durchbruch erst nach seinem Wechsel zum Major-Label RCA Ende 1955. Europäische Rock'n'Roll-Fans bekamen statt der Originale übersetzte Coverversionen zu hören. So spielte in Deutschland der Schlagersänger Bernd Spier das Chuck-Berry-Stück »No Particular Place To Go« unter dem deutschen Titel »Ohne ein bestimmtes Ziel« ein.[146] Beliebt waren Sänger, die über einen original amerika-

143 Vgl. David L. Looseley, *Popular Music in Contemporary France. Authenticity, Politics, Debate*, Oxford, New York 2003, S. 15-30.

144 Vgl. dazu etwa die amerikanische Analyse deutscher Rundfunkhörer: Intelligence Branch, Information Control Division OMGUS USFET: Radio Listening in Germany, Winter 1946, Bd. 1, DRAF, A39-05/1. Zu amerikanischen Daten vgl. Serge R. Denisoff, *Solid Gold. The Popular Record Industry*, New Brunswick, London 1975, Tabellen S. 7, 9.

145 Oder Zeilen wie Chuck Berrys »Ring, ring, go to school/the teacher is teaching the golden rule«. Siehe Brian Lee Cooper, »Formal Education as a Lyrical Target: Images of Schooling in Popular Music, 1955-1980«, in: Michael A. Oliker, Walter P. Krolikowski (Hg.), *Images of Youth. Popular Culture as Educational Ideology*, New York 2001, S. 73-95, bes. S. 75. Vgl. für Deutschland auch: Klaus Theweleit, »So tun als gäbe es kein Morgen, oder: 2000 Light Years From Home«, in: Alexa Geisthövel, Bodo Mrozek (Hg.), *Popgeschichte*, Bd. 1: *Konzepte und Methoden*, Bielefeld 2014, S. 251-270, bes. S. 251. Dass der Musikkonsum in den Fünfzigern auch vom Bildungsniveau abhängt und bundesdeutsche Gymnasiasten eher Cool Jazz oder Klassik hörten als Rock'n'Roll, zeigen empirische Untersuchungen. Siehe z. B. »Interesse an Tanz- und Schlagermusik, Vergleich Norden-Süden Juli-Dez. 1954« (Typoskript), Nordwestdeutscher Rundfunk/Hörerforschung, DRAF/A53/28.

146 Vgl. Bernd Spier, »Memphis Tennessee«/»Ohne ein bestimmtes Ziel« (DE 1964) CBS 16168 [45].

nischen oder englischen Akzent verfügten: in Deutschland der ehemalige G.I. Bill Ramsey, in Frankreich der zeitweise in Großbritannien lebende Claude Moine, der seinen Namen zu Eddy Mitchell anglisierte.[147] Mangelhafte Sprachkenntnisse hinderten viele europäische Sänger an der Interpretation der amerikanischen und später britischen Originale. Insbesondere in Frankreich entstand eine frankophone Musikszene, die neben Übertragungen etliche eigenständige Rock'n'Roll-Titel hervorbrachte. Manche deutsche Sänger entwickelten ein phonetisches Englisch, das mit Einsprengseln wie »Baby« oder »yeah!« arbeitete, im Übrigen aber komplett unverständlich blieb.[148] Trotz solchen Unvermögens wurden einige phonische Charakteristika des Rock'n'Roll auch transatlantisch in andere Sprachen übertragen. Der von Elvis und anderen kultivierte erruptive Gesangsstil etwa findet sich in Aufnahmen von Peter Kraus sowie in manchen Liedern des damals noch kaum bekannten italienischen Sängers Adriano Celentano, der seine Karriere als Interpret von Elvis-Songs begann.[149] Solchen nationalen Aneignungen zum Trotz wurden auch in den darauffolgenden Jahren immer wieder Vorbehalte gegen Sounds, Performances und moralgefährdende Texte international artikuliert.

Insbesondere im Zuge der Ausbildung des sogenannten *young rebel style* kam es zu Popularisierungen von Delinquenz. Die Shangri-Las landeten ungeachtet des zeitweiligen Aufführungsboykotts mit ihrem Biker-Song »The Leader of the Pack« einen Nummereins-Hit, und das von dem Songwriter-Duo Jerry Leiber und Mike Stoller verfasste Stück »Black Denim Trousers And Motorcycle Boots« trieb das Outlaw-Klischee auf die Spitze.[150] In Boston, Detroit und New York geriet selbst ein Instrumental-Stück (von Link Wray & His Ray Men) auf den Index, weil es den Titel »Rumble«

147 Vgl. Bodo Mrozek, »Johnny Hallyday«, in: *MGG*, online unter: ⟨https://mgg-online.com/mgg/stable/48132⟩, letzter Zugriff 05.12.2018.

148 Vgl. die Liner Notes von Manfred Fleckenstein auf dem Re-Issue: *Didi And His ABC Boys: Das war ein harter Tag. Beatles-Songs* (DE 1989) BTS 943 403 Bear Tracks [RI/LP].

149 Vgl. »Hula Baby«, Polydor 23722; »Hoola Hop Rock«, auf: *Rockin' Celentano. Adriano Celentano 16 Rock'n Roll Hits* (DE 1969) Bellaphon 220-07-034 (LP). Vgl. auch Celentanos Interpretation von Presleys Hit »Ready Teddy« im Film *La Dolce Vita* (IT 1959, R.: Federico Fellini), Min. 38:45-41:15.

150 The Cheers, »Black Denim Trousers (And Motorcycle Boots)«/»Some Night In Alaska« (US 1955) Capitol F3219 [45].

trug und sich damit als Vertonung gewalttätiger Auseinandersetzungen zwischen Street Gangs verstehen ließ, die – wie im Michael-Farmer-Fall – Todesopfer gefordert hatten.[151] Auch in Frankreich nahmen auf dem Label Jubilee veröffentlichte Schallplatten das Motiv der kämpfenden New Yorker Jugendgangs visuell auf und bedienten sich der Gang-Namen der involvierten Gruppierungen. Die Platte *The Paragons Meet The Jesters* der beiden gleichnamigen Bands bildete 1959 auf dem Cover Jugendliche in Straßengang-Kluft ab. Die im selben Label nachfolgende Platte unter dem doppeldeutigen Titel *Boppin'!* (1961), der sowohl für einen Tanz als auch für Gang-Kämpfe stand, trieb die Ästhetisierung der Jugendgewalt auf die Spitze, indem im Hintergrund zwar unscharf, aber klar erkennbar zwei im *rebel style* mit Lederjacken gekleidete Jugendliche Baseball-Schläger in offenkundig gewalttätiger Absicht schwangen. Die Schallplatten kokettierten mit dem aggressiven Image des Rock'n'Roll und stellten visuell eine transatlantische Verbindung zwischen amerikanischer *delinquency*, neuen Musikstilen und europäischer Jugendkultur her.[152]

3.1.7. Soziale Dissonanz

Wie die Fallstudien dieses Kapitels gezeigt haben, wurden Mitte der fünfziger Jahre anhand neuer populärer Musikstile, insbesondere am Rock'n'Roll, moralische Konventionen, rassistische Zuschreibungen, Grenzen der Ausdrucksfreiheit und Unterschiede zwischen den Geschlechtern verhandelt. Wenn auch das Klangliche (Sound) dominierte, so spielten in diesen Diskursen stets auch außerklangliche Aspekte eine wichtige Rolle: darunter Körperinszenierungen (Performanz), Texte (Semantik), Ikonographie (Visualität/Semiotik) und Technisierung.

Die definitorischen Bemühungen, mit denen die Grenze zwischen dem klanglich Angenehmen und dem Unangenehmen theoretisch durchdrungen und regelhaft formuliert wurde, gehörten

151 Link Wray & His Ray Men, »Rumble«/»The Swag« (US 1958) Cadence 1347 [45], vgl. Blecha, *Taboo Tunes*, S. 28. Zum Farmer-Case vgl. oben, Kap. 2.2.2.

152 Auf einem Plattencover bildete man weiße Jugendliche ab, obwohl auf der Platte Musik afroamerikanischer Künstler zu hören war. Abbildungen aller drei Cover in: Michael Ochs, *ICONS. Classic Rock Covers*, Köln, London u. a. ²2002, S. 36-37.

schon länger zum Traditionsbestand einer sich als »abendländisch« beziehungsweise »westlich« verstehenden Kultur. Einer ihrer zentralen Begriffe ist Dissonanz. Etymologisch wird er aus dem lateinischen Wort *dissonare* – »verworren tönen, nicht übereinstimmen« – abgeleitet, das wiederum auf *sonare* (beziehungsweise *sonus*, Ton) zurückgeht.[153] Begründet wurde der Terminus »Dissonanz« von antiken Philosophen, weiterentwickelt von mittelalterlichen und frühneuzeitlichen Autoren – im 15. und 17. Jahrhundert findet er Verwendung für einen »unharmonischen Zusammenklang«, aber auch allgemein für »Unstimmigkeit« – und ausdifferenziert sowohl von klassischen als auch avantgardistischen Interpretationen im 20. Jahrhundert. Eine Vielzahl von Definitionen kreist um die Bestimmung des Auseinanderstrebens von Tönen und um ihr Gegenteil, die »Konsonanz«.[154] In der musikalischen Harmonielehre und den entsprechenden Theorien gilt keineswegs als ausgemacht, worin die »Natur« oder »Gesetzmäßigkeit« symphonischer im Unterschied zu diaphonischen Tonfolgen besteht und was die Verwandtschaften zwischen Tönen konstituiert. Vielmehr handelt es sich um zu einer bestimmten Zeit diskursiv ausgehandelte Kriterien – um historische Variablen.[155] Auch im sozialen Gefüge gesellschaftlichen Zusammenlebens bezeichnet »Dissonanz« Missverhältnisse: Als dissonant werden grundsätzliche Unvereinbarkeiten von Normen und Werten empfunden.

Die europäische Musiktradition kennt Dissonanz ganz überwiegend als zu vermeidenden Missklang, der aufzulösen sei.[156] Analog zur musikalischen Dissonanz sollten auch gesellschaftliche Missklänge »aufgelöst« werden: Das Erlernen von *rules of harmony* aus

153 Der Begriff ist auch im Neufranzösischen und im Englischen verbreitet. Vgl. Friedrich Kluge, *Etymologisches Wörterbuch der deutschen Sprache*, Berlin, New York [24]2002, s. v. »Dissonanz«, S. 205.

154 Aus musikwissenschaftlicher Perspektive lässt sich Konsonanz auf dreierlei Weise begründen: mathematisch als »Übergang von einfachen zu komplizierten Zahlenoperationen«, psychologisch als »Verschmelzungsstufen« und physikalisch-physiologisch als Entfernung koinzidierender oder subjektiver Obertöne. Siehe *MGG*, s. v. »Konsonanz-Dissonanz«, Bd. 5 (1996), Sp. 565-577.

155 Vgl. Claude v. Palisca, Brian C. J. Moore, *The New Grove. Dictionary of Music and Musicians*, hg. v. Stanley Sadie, 29 Bde., London, New York u. a. [2]2001, s. v. »Consonance«, Bd. 6, S. 325-328, hier: S. 327.

156 Musikalische Avantgarden, die sich des Stilmittels der Dissonanz bedienten, gelten noch bis weit ins 20. Jahrhundert hinein als dezidiert antitraditionell.

der musikalischen Praxis war schon im frühen 19. Jahrhundert ein Mittel der Kindeserziehung, hielt in volkspädagogische und schulische Konzepte Einzug und wurde so Bestandteil von »Bildung«.[157] Soziale Missklänge meinte man noch im 20. Jahrhundert mit Zensur und Boykotten auflösen zu müssen.

Der Rock'n'Roll und andere neue Musikstile in den 1950er Jahren gingen, wie die Fallbeispiele zeigen, aus arbeitsteiligen Prozessen hervor, an denen zunehmend Spezialisten für technische Verfahren beteiligt waren. Diese neuen Musiken stießen bei Anhängern etablierter Musiktraditionen auf breite und zum Teil heftige Ablehnung. Durch die transnationale Verbreitung wurden nationale Rahmungen immer stärker verwischt, Orte der Aufführung und Ausstrahlung von Musik avancierten zu Arenen, in denen gesellschaftliche Konflikte zwischen unterschiedlichen Gruppen ausgetragen wurden. Dies geschah in Form von (Selbst-)Zensur, Altersbeschränkungen, Aufführungsverboten und Boykottmaßnahmen bis hin zu gewalttätigen Auseinandersetzungen auf Bühnen (etwa in den Angriffen von Rassisten auf afroamerikanische Sänger). Medien dieser Debatten waren Kritiken, Hörerbriefe, Senderichtlinien, Anordnungen und Verbote.

Liedtexte, Körperpraktiken, Bühnenperformances und visuelle Codes interagierten mit sozialen, ethnischen und moralischen Normsetzungen und justierten diese neu. Die Produktion, der Vertrieb und die Konsumtion auch von Musik wurden in Institutionen und Gesetzen neu geregelt. Gerade am Beispiel der neuen, in den fünfziger Jahren des 20. Jahrhunderts aufkommenden Musikstile wird besonders deutlich, dass sich Musik weder als eine von gesellschaftlichen Debatten losgelöste »eigendynamische« Sphäre noch als inhaltsleeres Konsumprodukt begreifen lässt, als bloßes Beiwerk politischer und ökonomischer Prozesse. Sie ist vielmehr deren integraler Bestandteil. Um die Verbreitung der neuen Klänge und ihre Verschmelzung mit anderen jugendkulturellen Elementen zu einer transnationalen Popkultur zu verstehen, muss man zunächst eines der wichtigsten Jugendmedien der fünfziger Jahre betrachten: das Kino.

157 Vgl. Celia Applegate, *Bach in Berlin. Nation and Culture in Mendelssohn's Revival of the St. Matthew Passion*, Ithaca, London 2005, S. 150-159; Gunilla-Friederike Budde, *Auf dem Weg ins Bürgerleben. Kindheit und Erziehung in deutschen und englischen Bürgerfamilien 1840-1914*, Göttingen 1994, S. 135-141.

3.2. Jugend auf der Leinwand und im Konzert

Vier junge Männer lehnen betont lässig am Tresen einer Bar irgendwo in den USA. Ihre schwarze Kluft aus Denimstoff und Leder steht in maximalem Kontrast zu den Krawatten und Hüten der Kleinstadtbewohner, von denen sie misstrauisch beäugt werden. Vor wenigen Filmminuten noch sind sie auf schweren Motorrädern in Formation über einen Highway gedonnert. Jetzt wollen sie Bier trinken und Musik hören. Einer der Motorradfahrer zieht eine Mundharmonika aus seiner Lederjacke und spielt darauf eine beschwingte Melodie. Dann bestellt er unter dem Beifall seiner Kumpane ein Bier. Als ihm der ergraute Barkeeper – weißes Hemd und Hosenträger – eine Flasche reicht, bietet der Mundharmonikaspieler ihm seine Hand zum *thumb* an, einem Händedruck mit verschränkten Daumen: »*Hey pops, thumb me. Give me some skin and just ooooze it out!*« Während der alte Mann verständnislos die Brauen hochzieht, fragt ihn der junge: »*Pops, do you pick up on this jive, man? Did you dig the re-bop?*« Auf das ratlose Gesicht des Alten hin verdreht ein anderer Motorradfahrer die Augen und erklärt verächtlich: »*He's a square!*« Die Jugendlichen steigern ihren Dialog, der von Slang-Begriffen wie *bop, cat* und *jive* durchzogen ist, nahtlos in einen Scat-Gesang hinein. Die mehrfach wiederholte Frage »*Are you diggin' the re-bop?*« (sinngemäß: »Magst du den Jazz-Rhythmus?«) muss unbeantwortet bleiben, denn Alt und Jung haben nicht nur unterschiedliche modische Codes, gestische Repertoires und Musikgeschmäcker, sondern sie sprechen auch nicht mehr dieselbe Sprache.[158]

Diese Schlüsselszene aus *The Wild One*, László Benedeks archetypischem *biker movie* aus dem Jahr 1953, inszeniert mehr als nur einen Generationenkonflikt.[159] Der darin gesprochene Slang war erkennbar afroamerikanischen Jazzfans abgelauscht, wird hier aber von jungen Weißen gesprochen. Damit wurde Jugend weniger als neue soziale Klasse inszeniert als über die Sprache gewissermaßen ethnisiert. Tatsächlich ist die kleine Szene nahezu identisch mit einem Dialog aus *Stormy Wheather* (1943), einem der ersten Revue-

158 Das amerikanische Kino sei weit früher als der Rundfunk von derlei Teenage-Vokabeln infiltriert worden, schreibt Gillett, *Sound of the City*, S. 19.

159 *The Wild One* (US 1953, R.: Lázsló Benedek), TC 25:33-26:45.

filme mit fast ausschließlich afroamerikanischen Protagonisten.[160] Mitte der fünfziger Jahre erlebten die sogenannten *Young-Rebel-* oder *Juvenile-Delinquency*-Filme, kurz JD-Movies genannt, einen Boom und erfuhren in den folgenden Jahren eine starke Ausdifferenzierung und Popularisierung hin zum Musikfilm. Dieses Kapitel fragt nach der wechselseitigen Beeinflussung von Kinofilm und populärer Musik sowie nach der transnationalen Verbreitung jugendspezifischer Semiotiken. Insbesondere werden die damit verbundenen politischen Diskurse untersucht, in denen nicht nur die Grenzen des Darstellbaren neu justiert, sondern auch Positionen gegenüber popkulturellen Produkten bezogen wurden, die zwischen Verbieten und Strafen und einem pädagogisch-dialogischen Konzept oszillierten und mit Zugangsbeschränkungen und Geboten den Status Jugend weiter ausdifferenzierten.

3.2.1. *Cosh Boys* und *Reform School Girls*: Jugend im *exploitation movie*

Das Genre des Jugendproblemfilms selbst ist keine originäre Erfindung der Nachkriegsjahre, sondern konnte auf eine Tradition zurückblicken, die bis in die Anfangsjahre des Kinos zurückreicht. Bereits in der Zeit von der Jahrhundertwende bis zum Ersten Weltkrieg hatten Filme mit Titeln wie *Ten Nights in a Barroom* (1897), *Gambling Exposed* (1912) oder *The Curse of Drink* (1912) das Großstadtleben als moralisch abgründig thematisiert. Schon früh war eine Debatte darüber entbrannt, ob die filmische Inszenierung ebenjener angeprangerten Gefahren für Tugend und Moral als »schlechte Beispiele« der Abschreckung diente – oder nicht im Gegenteil zur Nachahmung anregte.[161] Um diesem Vorwurf zu entgehen, waren die Produzenten dazu übergegangen, moralische

160 »›*What do you know, pop, give me some skin!*‹ *[…]* ›*Say, this cat ain't hep to the jive. […]*‹ ›*Say, what the devil you two fools talkin' about?*‹ ›*We're talking jive. He just said he wants to shake your hand*‹«, erklärt Cab Calloway dem Steptänzer Bill »Bojangles« Robinson in dem Dialog – darin seinen Hit »Are You Hep To The Jive« zitierend, in: *Stormy Weather* (US 1943, R.: Andrew L. Stone), TC 57:35-58:00.

161 Vgl. Lee Grieveson, *Policing Cinema: Movies and Censorship in Early Twentieth Century America*, Berkeley, Los Angeles u. a. 2004, S. 107.

Statements in den Vorspann aufzunehmen, in denen sie sich von den gezeigten Inhalten distanzierten, auf die Abschreckungsabsicht hinwiesen und suggerierten, die gezeigten Ereignisse beruhten auf »wahren Begebenheiten«, vor denen man die Augen nicht verschließen dürfe. Die Nähe zur Reportage wird auch durch den Verzicht auf den sonst üblichen Hinweis unterstrichen, die Handlung sei fiktiv und jede Ähnlichkeit mit lebenden Personen rein zufällig.[162] Diese Strategie wurde bis in die fünfziger und sechziger Jahre beibehalten, dem Goldenen Zeitalter der *teenage exploitation*, in dem das Genre quantitativ einen Aufschwung nahm und qualitativ narrative Stränge ausbildete, die zu einer thematischen Aufgliederung führten. Ein einschlägiges Standardwerk ordnet in Großkategorien wie *Mild-youth-* oder *Wild-youth*-Filme und rubriziert Untergenres wie »Rock'n'Roll-Filme, *Juvenile Delinquency*-Filme, Motorrad- und *Hot-Rod*-Filme, Teen-Schwangerschafts- und -Heirats-Filme, Schulproblemfilme, *Bad-girl*-Filme, Teen-Horror-Filme, Strandfilme, Drogenfilme, *rebel movies* und Hippie-Filme«.[163] Um Jugendgangs ging es in *Crimes in the Street* (1956), *The Delinquents* (1957) oder *Live Fast, Die Young!* (1958).[164] *Girl-Movies* handelten üblicherweise von den sittlichen Gefahren für junge Mädchen, die oftmals durch ihren Umgang mit moralisch verkommenen Männern vom Pfad der Tugend abkamen und in Promiskuität oder Prostitution abzurutschen drohten.[165] Auch die im damaligen Mediendiskurs kaum thematisierte Gangbildung junger Frauen wurde in sensa-

162 Der Hinweis auf die Fiktionalität von Filmen war Natalie Zemon Davis zufolge seit 1934 verbreitet, gab aber den »Wahrheitsstatus« vieler Filme »nicht angemessen« wieder. Vgl. dies., »›Jede Ähnlichkeit mit lebenden oder toten Personen ...‹: »Der Film und die Herausforderung der Authentizität«, in: Rainer Rother (Hg.), *Bilder schreiben Geschichte. Der Historiker im Kino*, Berlin 1991, S. 37-63, hier: S. 38.

163 Alan Betrock, *The I Was A Teenage Juvenile Delinquent Rock'n'Roll Horror Beach Party Movie Book: A Complete Guide to the Teen Exploitation Film, 1954-1969*, London 1986, S. IX. Eigene Kursivierung markiert im Original belassene Begriffe.

164 *Crimes in the Street* (US 1956, R.: Don[ald] Siegel); *The Delinquents* (US 1957, R.: Robert Altman); *Live fast, Die Young!* (US 1958, R.: Paul Heinreid). Für Letzteren warben Plakate: »The Sin-Steeped Story of Today's ›Beat‹ Generation!«.

165 Vgl. Adrienne Boutang, »›Jeunes, je vous ai compris‹: stratégies de ciblage dans les teen movies des annnées 1950 à aujourd'hui«, in: *Le Temps de Médias* 21 (2013-14), S. 82-102, bes. S. 90.

tionalistischer und sexualisierter Weise in Szene gesetzt – etwa in *Reform School Girl* (1957), *Teenage Doll* (1957) oder *High School Hell Cats* (1958).[166]

In den fünfziger Jahren entdeckte das Kino Jugend als ein bevorzugtes Thema. Es drang in eine Lücke vor, die es gab, weil das Fernsehen die Jugendlichen noch kaum mit Programminhalten adressierte. Außerdem waren Jugendliche als Zielgruppe des Kinos immer bedeutender geworden, da die Erwachsenen aufgrund der zunehmenden Ausstattung der Haushalte mit Fernsehgeräten ausblieben.[167] Jugendliche verfügten hingegen in der Regel noch nicht über eigene Fernsehgeräte, zudem fungierte das Kino als wichtiger Sozialraum in einer an jugendautonomen Räumen armen Periode.[168] Jugendliche wurden daher nicht nur als Zuschauer umworben, sondern auch als bevorzugter Gegenstand thematisiert. Dabei griff auch das Kino die *delinquency scare* der fünfziger Jahre auf.

Ein Drittel der Filme des *young rebel*-Genres kam allein im Jahr 1957 heraus, dem internationalen Höhepunkt nicht nur der Filmwelle, sondern auch der »Halbstarkenkrawalle«.[169] Charakte-

166 *Reform School Girl* (US 1957, R.: Edward Bernds); *High School Hell Cats* (US 1958, R.: ders.). Im Trailer zu *Teenage Doll* (US 1957, R.: Roger Corman) formulierte eine Stimme aus dem Off in dramatischer Intonation den Realitätsanspruch der Krimihandlung und rief das Motiv der Frühpubertät auf: »*Teenage Doll* ist kein schöner Film. [...] Erfüllt von der heutigen, schockierenden Realität. [Auch] in deiner Stadt, deiner Schule, werden tausende junger Mädchen zu *teenage dolls*. Mädchen, die zu jung die nackten Tatsachen des Lebens kennenlernen, zu früh.« Zur Frühpubertät vgl. unten Kap. 3.4.1.

167 Diese Entwicklung – ein Rückgang bei den Kinogängerinnen von bis zu 25 Prozent – wurde seinerzeit als Krise des Kinos diskutiert, vgl. Transkript des Forumgesprächs »Wie kann dem deutschen Film geholfen werden?« im Bundestagsausschuss für Kulturpolitik und Publizistik am 14./15.05.1962 im Bundeshaus Bonn, in: Erich Feldmann (Hg.), *Die deutschen Film- und Fernsehhochschulen. Bericht und Dokumente zu ihrer Planung. Im Auftrage der Deutschen Gesellschaft für Film- und Fernsehforschung*, München, Basel 1967, S. 53-64, bes. S. 53 u. S. 62. In Frankreich sanken die Zuschauerzahlen binnen 15 Jahren um die Hälfte. Vgl. Michel Marie, *La nouvelle vague. Une école artistique*, Paris 1997, S. 59-62.

168 Vgl. Schildt, Axel, Siegfried, Detlef (Hg.), *Deutsche Kulturgeschichte. Die Bundesrepublik – 1945 bis zur Gegenwart*, München 2009, S. 118.

169 Die Zahlen variieren je nach Genre-Begriff und Epochenzuschnitt: Rund 35 Filme in den Jahren 1945-1960 zählt: Stephen Tropiano, *Rebels and Chicks: A History of the Hollywood Teen Movie*, New York 2006, S. 56. Caroline Amann und Katja Bruns kommen für die Jahre 1956-1963 auf insgesamt 51 Filme. Vgl. dies.,

ristikum dieses Genres war die Ausbeutung – *exploitation* – eines möglichst spektakulären Themas, das auch gesellschaftlich kontrovers diskutiert wurde. Viele dieser Filme können als szenische Adaptionen sozialer Dissonanzen gelten, die durch oftmals reißerische Kampagnen in Form dramatisierender Anzeigen und einer für damalige Verhältnisse provokativen Bildsprache der Filmplakate, noch verstärkt wurden.[170] Eine gängige Methode bestand darin, ein und denselben Film unter immer drastischeren Titeln wieder in die Kinos zu bringen, wenn die Debatte erneut entbrannte.[171] Oftmals wurden für Nebenrollen Laiendarsteller gecastet. Zwar ging es dabei vor allem darum, die Gagen niedrig zu halten, aber es bot den Produzenten auch die Möglichkeit, Jugendfilme mit der Behauptung zu authentifizieren, dass es sich bei diesen Schauspielern um »echte« Protagonisten aus spezifischen Milieus und Problemkonstellationen handele, die sich gewissermaßen selbst spielten, womit die Filme ihren fiktionalen Motiven zum Trotz einen semidokumentarischen Anspruch formulierten.[172]

Auch *The Wild One* hatte seine fiktionale Handlung der Zeitgeschichte entlehnt. Das Vorbild war ein Ereignis, das sich 1947 in Kalifornien zugetragen hatte. Bei einer von der *American Motorcycle Association* (AMA) organisierten sogenannten *gypsy tour* in die kalifornische Kleinstadt Hollister war es Presseberichten zufolge zu teils chaotischen Zuständen gekommen. Mit geschätzten 2000 Teilnehmern waren weit mehr Motorradfahrer angereist, als der

»Rock zwischen Calypso und Twist: Musiker im Rock'n'Roll-Film, 1956-1963. Eine kommentierte Filmographie«, in: *Kieler Beiträge zur Filmmusikforschung* 5 (2010), S. 445-484, ⟨www.filmmusik.uni-kiel.de/KB5/KB5.3-FilmoRockNRoll.pdf⟩, letzter Zugriff 26.02.2018. Kurme hingegen kommt auf rund 60 Filme allein der zweiten Hälfte der 1950er Jahre, vgl. ders., *Halbstarke*, S. 113. Zu den »Halbstarkenkrawallen« siehe oben, Kap. 2.2.4.

170 Betrock, *The I Was A Teenage*, S. 5.

171 So kam der Marihuana-Film *Reefer Madness* in den 1930er Jahren unter sechs verschiedenen Titeln in die amerikanischen Kinos: *The Burning Question*, *Tell Your Children*, *Dope Addict*, *Doped Youth*, *Assassin of Youth* und *Love Madness*; vgl. ebd., S. 4.

172 Rainer Rother hat eingewandt, dass die Trennung zwischen Dokumentarfilm und Spielfilm künstlich sei. Auch der Dokumentarfilm könne »so wenig wie der Spielfilm Vergangenes präsentieren«, siehe Rother, »Der Historiker im Kino (Vorwort)«, in: ders., (Hg.), *Bilder schreiben Geschichte*, S. 7-15, hier: S. 13. Vgl. auch Zemon Davis, »›Jede Ähnlichkeit mit lebenden oder toten Personen …‹«.

Veranstalter erwartet hatte.[173] Während des Wochenendes hatten einige von ihnen spontane Rennen in den Straßen der Kleinstadt veranstaltet. Nach Konflikten mit Polizisten wurden 50 Menschen festgenommen, überwiegend wegen Trunkenheit, Ruhestörung und rücksichtlosem Umherfahren.[174] Das später in der Zeitschrift der AMA zum »Hollister Holocaust« dramatisierte und zum Gründungsmythos sogenannter Outlaw-Motorradclubs stilisierte Ereignis erregte zunächst nur lokal Aufsehen, doch das im amerikaweit verbreiteten Magazin *Life* veröffentlichte Foto eines betrunkenen Motorradfahrers inspirierte den Autor Frank Rooney zu einer Kurzgeschichte über Biker, die eine Stadt in Angst und Schrecken versetzen.[175] Sie war unter dem Titel »Cyclists' Raid« zunächst in *Harper's Magazine*[176] und sodann in einer Anthologie erschienen und hatte dem von László Benedek in Szene gesetzten Drehbuch bei *The Wild One* als Anregung gedient.[177] Wenn er auch keine Dokumentation war, so stand der Film doch in einem – für das Genre typischen – komplexen Wechselverhältnis mit politischen Diskursen, da er nicht nur »reale« Ereignisse fiktionalisiert hatte, sondern auch Images kreierte, die wiederum Jugendlichen als Subjektivierungsressourcen dienten und neue Politiken – beispielsweise der Zensur – hervorbrachten.

Die eingangs thematisierte Bar-Szene aus *The Wild One* etwa

173 Vgl. Randy McBee, »›Here's Hoping the ›Hound‹ and His Friends had a Good Time‹: The Hollister Gypsy Tour of 1947 and the Rise of the ›Outlaw‹ Motorcyclist«, in: *IJMS* 11 (2015), ⟨http://motorcyclestudies.org/volume-11-issue-1-spring-2015/heres-hoping-the-hound-and-his-friends-had-a-good-time-the-hollister-gypsy-tour-of-1947-and-the-rise-of-the-outlaw-motorcyclist/⟩, letzter Zugriff 26.02.2018.

174 Vgl. C.I. Dourghty, »Havoc in Hollister«, in: *SFC* (06.07.1947), S.1.

175 *Life* (21.07.1947), S.31. »Let's Take Inventory«, in: *The Motorcyclist* 8 (1947), S.11, zit. n. McBee, »Here's Hoping the ›Hound‹«. Da in einem Statement betont worden war, es seien nur 1% der versammelten Motorradfahrer an ungesetzlichen Handlungen beteiligt gewesen, nennen sich Angehörige sogenannter Outlaw-Motorradclubs mit Bezug auf das Hollister »Riot« selbst »Einprozenter« und bringen ihre Solidarität mit diesen »Outlaws« auf einem Patch mit der Aufschrift »1%« zum Ausdruck. Vgl. William L. Dulaney, »A Brief History of ›Outlaw‹ Motorcycle Clubs«, in: *IJMS* 1 (2005), online: ⟨http://ijms.nova.edu/November2005/IJMS_Artcl. Dulaney.html⟩, letzter Zugriff 26.02.2018.

176 Frank Rooney, »Cyclists' Raid«, in: *Harper's Magazine* (Januar 1951), S.34-44.

177 Orville Prescott (Hg.), *Mid-Century. An Anthology of Distinguished Contemporary American Short Stories*, New York 1958, S.240-260.

bekamen nicht alle Kinozuschauer zu sehen. Der afroamerikanische Slang fand in den Synchronfassungen, in denen der Film in Frankreich (unter dem Titel *Equipée Sauvage)* und in Deutschland (*Der Wilde*) in die Kinos kam, keine adäquate Übersetzung, zumal die Codierung »schwarz« in Europa so ohnehin kaum lesbar gewesen wäre.[178] Auch kam der Film in vielen Fällen nur nach umfangreichen Schnittforderungen durch die Jugendschutz- und Zensurbehörden in die Kinos beziehungsweise durfte Minderjährigen gar nicht erst gezeigt werden, da er Jugend als bedrohlich inszenierte, aber nicht ohne Verständnis für die porträtierten Charaktere war. An seinem Ende werden die jugendlichen Motorradfahrer beinahe von einer Bürgerwehr rechtschaffener Kleinstädter gelyncht.[179] Bei den Einstufungsbehörden fand der Film daher ein geteiltes Echo. Trotz einer reißerischen Werbekampagne im *Exploitation*-Stil, die in ebenso dramatischer wie ungelenker Wortwahl auf Slogans setzte wie »Marlon Brando, rasender Rebell im Rausch und Taumel seiner Triebe!« oder »›Der Wilde‹ – in der zwingenden Zange des Unterbewußtseins und seiner Impulse«, zählte ihn ein offizielles Mitteilungsblatt zur Gattung des »zeitkritischen Problemfilms«. Bundesdeutsche Kritiker bewerteten den Film als »glaubhaft und gänzlich unsentimental« und lobten den Regisseur für seinen Mut, dieses »schwierige und stofflich wenig ergiebige Thema konsequent durchzuführen«.[180] Kritisiert wurde aber, dass er nicht »dem verrohten und kriminellen Jugendlichen, der ohne jeden moralischen Maßstab dahinlebt«, die Schuld gebe, sondern den Erwachsenen. Für den Einsatz in Jugendclubs sei der Film daher nur geeignet, um an ihm filmische Mängel zu demonstrieren und in einem anschließenden Gespräch zu zeigen, dass »solche Filme viel gefährlicher sein können als ungünstige Umwelteinflüsse, mißliche soziale Lage und fehlende Elternliebe«.[181] In solchen Forderungen,

178 Der belgische Untertitel lautete »Le gang descend sur la ville« bzw. »De gang overvalt de stad«; vgl. Affiche, Cinémateque Paris, A060-001.

179 *Biker movies* wie *The Mini-Skirt Mob* (US 1968, R.: Maury Dexter) oder *Easy Rider* (US 1969, R.: Dennis Hopper) zitieren das Vorbild und gelten als modernisierte Form des amerikanischen Outlaw-Movies, das traditionell im »Wilden Westen« spielte. Filme wie *Leather Boys* (GB 1963, R.: Sidney J. Fury) transferierten das Genre nach Europa und trugen zur Verbreitung des Rocker-Stils bei.

180 *FB 4/55* vom 15.06.1956; vgl. SDKS F28048_OT.

181 So das Fazit von Horst Breier vom Jugendfilmclub Hannoversch-Münden in einem Einstufungsblatt, enthalten in: ebd.

die auch andere Genres betrafen, wurden popkulturelle Produkte pädagogisiert.

Die Berliner Landesbildstelle machte den Film ebenfalls zum Thema, da »Halbstarke [...] überall in der Welt die Öffentlichkeit und die Erzieher« beschäftigten. Gespräche mit Jugendlichen hätten ergeben, dass diese in den Charakteren des Filmes »fast so etwas wie Vorbilder« sähen. In Anwesenheit des Senators für Jugend und Sport kam das Gremium zu dem Schluss, in *The Wild One* werde die Problematik »eindringlich aufgeworfen«, ohne jedoch eine Lösung aufzuzeigen. Es lehnte den Film für Jugendliche daher allgemein ab und empfahl ihn lediglich für »geschlossene Elternveranstaltungen« unter der Bedingung, dass eine Einführung und eine Diskussion stattfinden.[182] Die Freiwillige Selbstkontrolle (FSK) stufte den Film in der Bundesrepublik schließlich als »nicht jugendfrei« ein.[183] Auch das Board of British Film Censors verweigerte ihm mit Verweis auf die aktuelle Situation der Jugendkriminalität die Freigabe, und selbst eine daraufhin stark geschnittene Version wurde 1955 mit einem Bann belegt, der 1959 noch einmal erneuert wurde.[184]

The Wild One war nur der bekannteste einer Reihe von Filmen, die 1953 weltweit in die Kinos kamen und Jugend als eine problematische Gruppe inszenierten. Dies taten etwa André Cayattes *Avant le Déluge*, Federico Fellinis *I Vitelloni* oder Lewis Gilberts *Cosh Boy*.[185] Hauptfigur des britischen Films *Cosh Boy* ist ein vaterloser Junge aus der Mittelschicht, der in den Trümmern ausgebombter Grundstücke eine Bande von Nachbarsjungen um sich schart, aus reiner Habgier alte Damen überfällt, seine eigene Großmutter bestiehlt, zu Jazz-Musik tanzt und schließlich eine Minderjährige schwängert, die sich daraufhin in die Themse stürzt. Dieses

182 Protokoll der Begutachtung vom 01.10.1956 durch die Arbeitsgemeinschaft Film der Landesbildstelle Berlin, SDKS F28048_OT, Bl. 2-3.

183 Vgl. die Columbia-Pictures-Broschüre »Marlon Brando – Der Wilde«, o.J., enthalten in: SDKS F28048_OT.

184 Vgl. Daniel Biltereyst, »Youth, Moral Panics, and the End of Cinema. On the Reception of *Rebel Without a Cause* in Europe«, in: J. David Slocum (Hg.), *Rebel Without a Cause. Approaches to a Maverick Masterwork*, New York 2005, S. 171-189, hier: S. 174.

185 Vgl. *Avant le Déluge* (FR/IT 1953, R.: André Cayatte), *I Vitelloni* (IT 1953, R.: Federico Fellini), *Cosh Boy* (GB 1953, R.: Lewis Gilbert)..

Muster wiederholten etliche Filme so zuverlässig, dass es sich als ein genrebildendes dramaturgisches Prinzip identifizieren lässt: Männliche Jugendliche fordern die hergebrachte Ordnung so lange heraus, bis jemand (häufig eine junge Frau) Schaden an Leib oder Leben nimmt, und erst nach diesem Opfer stellt sich Reue oder Besinnung ein. Oftmals wird ein unbelehrbarer Haupttäter seiner verdienten Strafe zugeführt, während ein mittlerer Charakter, durch dessen schlechtes Beispiel abgeschreckt, schließlich doch noch auf den rechten Weg zurückfindet. Diesem Prinzip folgte auch *Cosh Boy*. Der junge Übeltäter entkommt (ähnlich wie Marlon Brando alias »Johnny« in *The Wild One*) am Ende nur knapp der Lynchjustiz wütender Bürger, sieht aber (im Unterschied zu Johnny) einer lebenslangen Zuchthausstrafe entgegen.

Die Filmhandlung unterbreitete etliche Deutungsangebote für das Entstehen von Jugenddelinquenz, die auch in anderen Medien debattiert wurden: das Aufwachsen ohne Vorbild und Strenge des Vaters, die »rechtsfreien« Räume einer vom Krieg verheerten Stadt, die Berufstätigkeit der alleinverdienenden Mutter sowie die enthemmende Wirkung rhythmischer Tanzmusik. Der Film, der am Schluss ein klares Statement für die Prügelstrafe abgibt, provozierte eine Zensurdebatte, die exemplarisch vor Augen führt, wie sehr in der Wahrnehmung der Zeitgenossen Fiktion und Realität ineinandergriffen.[186] Nach der Uraufführung von *Cosh Boy* gingen im Mai 1953 bei der Londoner Zensurbehörde mehrere Beschwerden ein, die auf ein Verbot für junge Zuschauer drangen, da diese von dem schlechten Beispiel des Titelhelden zur Nachahmung angeregt werden könnten. Die Bewohnerin eines Seniorenheims in Westminster etwa verlangte in einem Brief an die Behörden das Verbot des Filmes, da er zum Anstieg der Jugendkriminalität beitrage.[187] Die gleiche Forderung erhob ein Kritiker des *Sunday Dispatch*: »Es gibt

186 Aus diesen Zusammenhängen ergibt sich die zeithistorische Relevanz von Filmen als Quellen für die Zeitgeschichtsschreibung. Vgl. grundlegend Günter Riederer, »Film und Geschichtswissenschaft. Zum aktuellen Verhältnis einer schwierigen Beziehung«, in: Gerhard Paul (Hg.), *Visual History. Ein Studienbuch*, Göttingen 2006, S. 96-113; Rother, »Der Historiker im Kino«, S. 7-15; Arnold Sywottek, »Film und Geschichte – ein Problemaufriß«, in: Knut Hickethier u. a. (Hg.) *Der Film in der Geschichte. Dokumentation der GFF-Tagung*, Berlin 1997, S. 11-18.

187 Handschriftliches Schreiben, LMA: GLC/DG/EL/01 (121).

nur eines, das die Filmindustrie mit ›Cosh Boy‹ tun kann. IHN VERBIETEN!«[188]

In der Grafschaft Surrey wurde dieser Wunsch prompt umgesetzt, und auch das Public Entertainment Committee der Stadt Birmingham untersagte die Aufführung mit Verweis auf »die gegenwärtigen Vorfälle von Jugenddelinquenz«.[189] Die Londoner Zensurbehörde wies die Verbotsforderung zurück, versah den Film jedoch mit einer Altersbeschränkung. *Cosh Boy* wurde damit der erste britische Film mit einem sogenannten *X-rating*, einer Altersfreigabe erst ab 16 Jahren.[190] Da er just in der Zeit in die Kinos kam, als der Craig-Bentley-Fall vor dem Londoner Gericht Old Bailey verhandelt wurde, erhielt die Debatte zusätzliche Schärfe.[191] Die Parallelen des Kriminalfalls zu der fiktiven Handlung von *Cosh Boy* schienen offenkundig und wurden von Befürwortern eines Verbots als Argument angeführt. Außerhalb Großbritanniens erlangte der Film keine größere Bekanntheit; amerikanische Produktionen dominierten zunächst die Diskussion.

Enthielt *The Wild One* zwar etwas Jazz, aber noch keinen Rock'n'Roll, so trug *Blackboard Jungle* wesentlich zur Verbreitung der neuen Musik bei. Der amerikanische Spielfilm handelte von den Problemen eines Lehrers (gespielt von Glenn Ford) mit Jugendgangs an einer Schule in der New Yorker Bronx.[192] Er ist weniger ein *teenpic*, sondern steht eher in der Tradition der Problemfilme mit Sozialkolorit.[193] Im Verlauf der Handlung müssen sich die Schüler zwischen einem antisozialen Aufwiegler (Vic Morrow) und den Angeboten des Lehrers entscheiden. Dieser wiederum muss seinen eigenen latenten Rassismus überwinden. Der Film handelt nicht in erster Linie von Musik, enthält jedoch eine kur-

188 Jon Prebble, »Ban This Film!«, *Sunday Dispatch* (11.01.1953), S. 6.

189 »›Cosh Boy‹ Banned/Against ›public policy‹«, in: *To-day's Cinema* (17.03.1953), S. 5.

190 Vgl. Geoff Mayer, *Guide to British Cinema*, Westport 2003, S. 75.

191 Zum Bentley-Fall siehe oben, Kapitel 2.2.1.

192 *Blackboard Jungle* (US 1955, R.: Richard Brooks).

193 Letzteres Genre hatte sich in Hollywood in den 1930er Jahren etabliert und blühte infolge des Hollywood bzw. Paramount Anti-Trust-Case von 1948, in dem das oberste Gericht der USA die Unabhängigkeit der Kinos von den großen Studios durchgesetzt hatte; vgl. J. David Slocum, »Introduction: *Rebel Without A Cause,* Fifty Years Later «, in: ders. (Hg.), *Rebel Without a Cause*, S. 1-23, hier: S. 2-3.

ze Jive-Tanzszene und untermalt den Vorspann mit »Rock Around The Clock« von Bill Haley & His Comets, womit der Rock'n'Roll indirekt in den Kontext von Jugendgewalt, sozialen Spannungen und Kriminalität gesetzt wurde. Der Musikhistoriker Arnold Shaw bemerkt, der Film habe das Titelstück zu »einer Art Marseillaise der Rock-Revolution« gemacht[194] – die nun auch die Verkaufscharts anführte und sich im Juni 1955 bereits eine Million Mal verkauft hatte.[195] Für das europäische Publikum bot der Film eine der ersten Gelegenheiten, den Rock'n'Roll gemeinschaftlich mit Gleichaltrigen zu hören; auch waren Bill Haley und seine Formation bis zu diesem Zeitpunkt international noch wenig bekannt.

Schon zu seinem Europa-Start war der Film jedoch umstritten, da lokale US-Behörden in Atlanta und Memphis ihn als »amoralisch, obszön [und] lasterhaft« bewertet und Aufführungsverbote verhängt hatten.[196] In den USA gab es zwar offiziell keine Zensur, da die Freiheit der Rede und der Kunst unter dem Schutz der Verfassung standen, doch fungierten Zollbestimmungen zum Schutz der amerikanischen Wirtschaft sowie Bestimmungen zum Schutz vor Obszönität, Blasphemie, der Verächtlichmachung von Nationen und vor Tierquälerei als Einfallstore für Restriktionen, die von Bundesstaat zu Bundesstaat stark variieren konnten.[197] Ein Sprecher von MGM berief sich auf die Verfassung und protestierte scharf, indem er von politischer Zensur sprach und den Zensoren vorwarf, sie wollten das Problem der Jugendkriminalität verschweigen.[198] Auch im Senate Committee's Report Motion Pictures and Juvenile Delinquency wurde der Film 1956 als ein Werk mit schlech-

194 Shaw, *Rock'n'Roll*, S. 147.

195 Bill Haley & His Comets, »Thirteen Women (And Only One Man In Town)« / »(We're Gonna) Rock Around The Clock« (US 1955) Decca 9-29124 [45]. Gemeint ist die »Retail Disk Best Seller«-Liste. Vgl. Jim Dawson, *Rock Around the Clock. The Record that Started the Rock Revolution*, San Francisco 2005, S. 133.

196 Vgl. »›Blackboard Jungle‹ Banned« [AP], in: *NYT* (29.03.1955), S. 34.

197 Eine detaillierte Übersicht bietet: Leo Lunders (Hg.), *La censure des films et l'admission des enfants au cinéma a travers le monde*, Brüssel o.J. [1961], S. 114-150.

198 Vgl. Thomas M. Pryor: »U.S. Film Dropped at Fete in Venice. Loew Says Ambassador Luce Urged Committee to Erase ›Blackboard Jungle‹«, in: *NYT* (27.08.1955), S. 9.

tem Einfluss auf seine jugendlichen Zuschauer bezeichnet.[199] In der Tradition der Teenage-*Exploitation* wies ein Textvorspann im Film zwar auf den fiktionalen Charakter der Handlung hin, fügte aber hinzu: »Wir glauben jedoch, dass öffentliches Bewusstsein ein wesentlicher Schritt hin zur Lösung eines jeden Problems ist. Aus diesem Geist und diesem Glauben heraus wurde *Blackboard Jungle* produziert.« In Europa setzten sich diese Debatten fort. In Frankreich und Belgien erhielt der Film keine Altersfreigabe unter 16 Jahren.[200] Bereits auf dem Filmfestival von Venedig war er auf Druck der amerikanischen Botschafterin in Italien zurückgezogen worden, die den Film kritisiert hatte, da er die Verhältnisse in den USA in einem zu schlechten Licht darstelle. Nach einer ersten Vorführung in London vor Kritikern hatten Zeitungen *Blackboard Jungle* als »schockierenden Film über amerikanische Delinquenz« bezeichnet.[201] Bevor er in Deutschland im Oktober 1955 anlief, wurde der Film daher zunächst in einer internen Vorführung in Frankfurt am Main 200 Jugendpsychologen, Kriminalbeamten, Lehrern, Vertretern der Kirchen und der Jugendverbände gezeigt, die ihn mehrheitlich »als zu negativ« ablehnten. Lediglich der Filmbeauftragte der evangelischen Kirche, ein Pfarrer, hielt dagegen, da der Film »großartige Lehren auch für solche Elemente enthalte, die im Allgemeinen unter dem Namen ›Halbstarke‹ bekannt seien«.[202] Als der Film in Deutschland anlief, warben Plakate mit dem Skandal (Abb. 19). *Blackboard Jungle* führte zur ersten größeren Welle von Konflikten um Filme, den sogenannten *cinema riots*, die in Abschnitt 3.3 noch ausführlich behandelt werden.

199 Vgl. Biltereyst, *Youth, Moral panics*, S. 174.

200 Vgl. ebd., S. 175.

201 »›Rock & Roll‹ Film Banned By 7 Councils«, in: *Daily Telegraph* (13.09.1955), S. 9.

202 »Blackboard Jungle. Für und wider einen Film«, in: *FAZ* (28.10.1955), S. 5.

Abb. 19: Selbsterfüllende Prophezeiung: Plakatwerbung für *Blackboard Jungle.*

Im selben Jahr kam mit *Rebel Without A Cause* ein weiterer stilprägender Jugendproblemfilm in die Kinos, der für die Ausweitung der Diskussion über Jugenddelinquenz eine wichtige Rolle spielte.[203] Anders als *Blackboard Jungle* spielte er nicht in einem multiethnischen urbanen Ballungsraum wie der Bronx, sondern porträtierte weiße Jugendliche in den Suburbs von Los Angeles. Der fiktionale Charakter Jimmy (James Dean) gerät an eine Clique von Jugendlichen, die sich scheinbar aus purer Langeweile die Zeit bei gefährlichen Wettkämpfen mit Messern und illegalen Autorennen vertreiben. In diesem international erfolgreichen Film wurde die Debatte um Populärkultur und jugendliche Gruppenbildung nun auch auf die Mittelschichten ausgeweitet. Tatsächlich verbreitete sich der von den Darstellerinnen und Darstellern im Film getragene sogenannte *rebel style* – für junge Männer Blousons und hochgekrempelte Jeans, für Frauen enge *pencil skirts* – schnell unter amerikanischen College-Studenten und gelangte bis nach Europa. Bis ins Detail kopierten Jugendliche in nahezu allen Teilen der Welt Kleidung, Körperhaltung und Mimik ihrer filmischen Vorbilder.[204]

Auch *Rebel Without A Cause* bedient sich einer Authentizitätskonstruktion, denn seinen Titel hatte er einer gleichnamigen psychologischen Studie entnommen. Der amerikanische Psychoanalytiker Robert M. Lindner hatte einen polnischstämmigen Jugendlichen in Hypnose versetzt und die Transkription seiner therapeutischen Gespräche, in denen der Patient einen Mord gestand, 1944 als Buch veröffentlicht.[205] Mit dem Inhalt dieser Gespräche hatte der Film zwar keine Verbindung, aber er profitierte von der erheblichen Aufmerksamkeit, die sie in und außerhalb der Fachwelt erregt hatten, und schloß auch indirekt an den breit rezipierten wissenschaftlichen Diskurs an, der sich an Lindners Buch entzündet hatte. Der Film arbeitet überwiegend mit psychologischen Motiven, die ihren Ursprung in der Familie haben: Jimmy leidet unter der vermeintlichen Schwäche und Weichheit des eigenen Vaters, der als traditionelles männliches Rollenvorbild wenig taugt.[206] Im Mittelpunkt steht damit die Krise der Kleinfamilie, die als In-

203 *Rebel Without A Cause* (US 1955, R.: Nicholas Ray).

204 Die Jeans etwa war in Deutschland auch als »Jimmy-Hose« bekannt, vgl. oben, Abschnitt 2.4.2.

205 Robert M. Lindner, *Rebel without a Cause. The Hypnoanalysis of a Criminal Psychopath*, New York 1944.

206 Dies in starkem Kontrast zu Lindners Studie, in der der Täter/Patient unter »Penisneid« leidet und Angst vor seinem autoritären Vater hat, vgl. ebd., S. 159 u. S. 206f.

diz für die Erosion der weißen Mittelschicht dient.[207] Aus diesem Grund attackierten religiöse Gruppen in den USA, zum Beispiel die Catholic Classification Boards (CCB), den Film scharf, und die Commission de Classification (CNC) in Frankreich verweigerte eine Altersfreigabe unter 16 Jahren.[208] In Großbritannien protestierte wiederum die Produktionsfirma Warner gegen Schnittforderungen, die so weitreichend waren, dass sie den Film ihrer Ansicht nach auf »Nonsens« reduziert hätten.[209]

Diesen Einschränkungen durch die Zensurbehörden zum Trotz spielten die Filme *Blackboard Jungle* und *Rebel Without A Cause* binnen weniger Monate mehr als fünf Millionen Dollar in den USA ein und waren sodann auch international erfolgreich.[210] Der Erfolg von *Rebel Without A Cause* wurde noch dadurch gesteigert, dass James Dean drei Tage vor der Uraufführung bei einem Verkehrsunfall in seinem Porsche starb.[211] Da die von Dean verkörperte Hauptfigur in illegale Mutproben bei Autorennen verwickelt ist, die für einen Protagonisten des Films tödlich enden, drängten sich Parallelen zur Filmhandlung auf. Zudem zementierte der frühe Verkehrstod James Deans dessen weltweite Ikonisierung als nicht alterndes Jugendidol, das den zeitgenössischen Slogan *Live fast, die young*, der den Jugendkult einer Epoche radikal auf den Punkt brachte, bis zur letzten Konsequenz gelebt hatte. Sowohl *Blackboard Jungle* als auch *Rebel Without A Cause* lösten eine regelrechte Welle ähnlicher Filme aus, die allerdings nicht mehr eindeutig dem Genre »sozialer Problemfilm« angehören: Das aus *Blackboard Jungle* bekannte Motiv der Gewalt an Schulen wurde in einer Reihe von Highschool-Filme fortgeführt, etwa *High School Confidential!* (1958), *High School Big Shot* (1959) oder *High School Caesar* (1960).[212]

207 Zur Debatte um den Film in den deutschen Staaten vgl. Poiger, *Jazz, Rock, and Rebels*, S. 108 u. S. 121. Zum Narrativ der *broken families* vgl. Nina Mackert, *Jugenddelinquenz. Die Produktivität eines Problems in den USA der späten 1940er bis 1960er Jahre*, Konstanz, München 2014, S. 218-219 u. S. 221-226.

208 Vgl. Biltereyst, *Youth, Moral Panics*, S. 177 f.

209 Ebd.

210 Vgl. Tropiano, *Rebels & Chicks*, S. 56; Dawson, *Rock Around The Clock*, S. 121.

211 Vgl. Slocum, *Rebel without a Cause*, bes. S. 12.

212 Vgl. *High School Confidential!* (US 1958, R.: Jack Arnold); *High School Big Shot* (US 1959, R.: Joel »M.« Rapp); *High School Caesar* (US 1960, R.: O'Dale Ireland).

Auch soziale Organisationen setzten Mitte der fünfziger Jahre auf das Medium Kino und produzierten eine Fülle an Aufklärungsfilmen, die um Aufmerksamkeit für das Thema Jugendkriminalität warben und somit zur Delinquenzangst beitrugen. Kurzfilme schnitten reportagehafte Aufnahmen mit Expertenäußerungen zusammen und produzierten damit einen harten Wechsel zwischen dem »authentischen« Slang der Straße und dem Sprachduktus der Experten oder verfilmten »exemplarische« Narrative, die als Mahnung oder Beispiel, vor allem aber dem Fundraising privater Organisationen dienen sollten. Ein Kurzfilm mit dem Titel *Boy With A Knife,* den der Regisseur von *The Wild One* László Benedek 1956 drehte, gestaltete das Motiv der *broken family* aus: Der Sohn einer Patchworkfamilie leidet unter fehlender (Stief-)Mutterliebe und Gleichgültigkeit des zeitunglesenden Vaters. Erst die Aufmerksamkeit eines einfühlsamen Streetworkers (Richard Widmark) sensibilisiert den Vater und bewegt so auch den angehenden Messerstecher zur Einsicht.[213] In dem Kurzfilm *Ask me don't tell me*, den die Organisation Youth for Service 1961 produzierte, warb der Generalstaatsanwalt von Kalifornien für Verständnis, indem er Jugenddelinquenz als eine Folge der Trias aus mangelnder Elternliebe, schlechten Schulen und einer gestörten Umgebung bezeichnete und nachdrücklich für die Arbeit privater Organisationen warb. Der Film bebildert die erfolgreiche Umwandlung antisozialer in soziale Gruppen mit Aufnahmen freiwillig arbeitender Mitglieder von *street clubs*.[214]

Diese Filme, die bislang wenig Interesse bei Filmwissenschaftlern und Historikerinnen fanden, dienten aufgrund ihrer enormen Verbreitung speziell unter Jugendlichen als Transfermedien von Stilen, Moden und Klängen.

3.2.2. *Rebels and Rock*: Vom Problem- zum Musikfilm

Zwar hatten die ersten *Young-Rebel*-Filme Musik eher am Rande thematisiert, doch verschob sich der Fokus schnell auf die populären Klänge. Die Verschränkung musikalischer und gesellschaftlich-sozialer Dissonanzen schlug sich insbesondere in einer motivischen

213 Vgl. *Boy With A Knife* (US 1956, R.: Lás[z]ló Benedek).
214 Vgl. *Ask me don't tell me* (USA 1961, R.: David Myers).

Überlagerung von Jugendproblemfilm und Musikfilm nieder. Der exzeptionelle Erfolg von *Blackboard Jungle* und seines Titelstückes hatte gezeigt, dass die Genre-Kombination als Kassenschlager taugte und jungen Fans die Gelegenheit bot, Musikstars nicht nur zu hören, sondern auch zu sehen. Gleichzeitig nahm das Kino gesellschaftliche Vorwürfe gegen die Musik auf, indem es sie in die Handlung einwob und zumeist mit einer entwarnenden Botschaft verband: Rock'n'Roll und Jazz wurden zunächst problematisiert, am Ende des Films aber als harmlose Vergnügungen entdämonisiert. Diese Verschränkung zweier Genres hatte ihre Entsprechung auch in ökonomischen Prozessen der Konzentration, denn die großen amerikanischen Filmstudios MGM, United Artists, Paramount, Warner Bros., 20th Century Fox und Columbia hatten sich als Reaktion auf die Krise des Kinos in das boomende Geschäft mit Schallplatten eingekauft; einige von ihnen betrieben sogar eigene Plattenlabel. »Das erste synergetische Verhältnis zwischen Musikwirtschaft und Filmindustrie« war so entstanden und führte zu einem verstärkten Interesse der Filmproduzenten am Verkauf von Schallplatten.[215]

Im Herbst 1956 lief mit *Rock Around The Clock* einer der ersten Rock'n'Roll-Filme an, der den neuen Tanz und einige seiner Stars exemplarisch vorstellte – und deren Ruhm damit weiter beförderte. Der Trailer zum Film begann mit einem mit Jazzmusik unterlegten Lauftext: »Eine neue Art amerikanischer *folk music* fegt über die Welt, genau wie es Jazz und Swing zuvor taten.« Dieser Film thematisierte nicht die *juvenile delinquency*, sondern bewarb explizit die neue Musik – und wurde ein großer Erfolg.[216] Offenkundig war das Publikum weniger an pädagogischen Dramen und fiktionalen Handlungen interessiert als vielmehr am Rock'n'Roll selbst, der hier in einer Art Nummernrevue in Szene gesetzt wurde. Die Tanznummern und Auftritte von Musikern wurden von

215 Christoph Gurk, »Wem gehört die Popmusik? Die Kulturindustrie unter den Bedingungen postmoderner Ökonomie«, in: Tom Holert, Mark Terkessidis (Hg.), *Mainstream der Minderheiten. Pop in der Kontrollgesellschaft*, Berlin 1996, S. 20-40, hier: S. 31. Allerdings gab es Musikfilme auch schon vor dieser kulturindustriellen Fusion.

216 In Anzeigen wurde der Film als Biopic angekündigt, das die Lebensgeschichte Bill Haleys authentisch erzähle. Vgl. etwa die Werbeanzeige in: *Melody Maker* (13. 10. 1956), S. 5.

einer schlichten Handlung lose zusammengehalten, die der Musik deutlich untergeordnet war. Das neue Genre, dessen Pionier der Produzent »Jungle Sam« Katzman war, der bereits in den Vierzigern etliche Low-Budget-Produktionen auf die Leinwand gebracht hatte, bewegte sich nahe an einem auf Zelluloid gebannten Konzert.[217] Sein Erfolgskonzept bestand darin, dass er »Zeitungsüberschriften in Filmtitel« verwandelte.[218] Bei *Rock Around The Clock* folgte er ebendiesem Prinzip, indem er auf die Anti-Rock'n'Roll-Kampagnen reagierte, die Mitte der Fünfziger Schlagzeilen machten. Die Dreharbeiten begannen Mitte Januar 1956 und waren bereits nach zwei Wochen beendet.[219] Auch wenn der mit rund drei Millionen Dollar Produktionskosten vergleichsweise günstig realisierte Film auch Bigband-Musicals wie *The Glenn Miller Story* (1954) oder *The Benny Goodman Story* (1955) adaptierte, indem er in gewisser Weise die Bill-Haley-Story lieferte, so war doch ein Novum, dass allein durch die Auswahl der Stars und Musikstücke ein vorwiegend junges Publikum angesprochen wurde.[220] Allein in den USA erschien bis Ende 1956 ein halbes Dutzend schnell produzierter Rock'n'Roll-Filme, die schon im Titel deutlich machten, dass sie direkt an den Verkaufserfolg ihres Vorgängers anknüpfen wollten. Der Musikfilm *Rock, Pretty Baby* (1956) etwa enthält zwar kaum Rock'n'Roll, handelt aber von einem jungen Mann, der entgegen dem Wunsch seines Vaters nicht Arzt, sondern Musiker werden will. Üblicherweise haben solche Filme ein Happy End, das die Harmonie zwischen den Generationen herstellt und beweist, dass die Musik halb so wild ist und selbst eine Tätigkeit als DJ oder Musiker nicht zwangsläufig in Kriminalität und Drogensucht münden muss. Filme wie *Shake, Rattle and Rock!* (1956) oder auch *Don't Knock The Rock* (1956), in dem sich Musiker und Rock-Fans gegen die Aktivitäten einer fiktiven »Society for the Prevention of Rock and Roll Corruption of American Youth (SPARCAY)« weh-

217 Unter anderem orientalisierende Filme wie *Siren of Baghdad* oder *Flame of Calcutta* und einige Teenager-Streifen wie *Junior Prom*, *Freddie Steps Out* oder *High School Hero*. Vgl. Doherty, *Teenagers and Teenpics*, S. 54-57.

218 Ebd.

219 Ebd., S. 60.

220 Viele vorhergehende Filme hatten zwar Jugendliche thematisiert, waren aber durchaus für ein Publikum verschiedener Altersstufen konzipiert worden, siehe ebd., S. 65.

ren – eine deutliche Anspielungen auf die Aktivitäten der American Parents and Teacher Association –, suchten die Ressentiments der Älteren unter Verweis auf den Charleston-Craze der zwanziger Jahre als Bigotterie zu entlarven und holten damit gesellschaftliche Debatten über Jugend, Kultur und Kriminalität auf die Leinwand.

Für die Konstituierung von Stars war der Film ein wichtiges Medium, da es mit dem Soundtrack als eigenständiger Schallplattenveröffentlichung crossmediale Vermarktungsmöglichkeiten erschloss und Musiker mit fiktionalen Images ausstattete. So wurde Elvis Presley vor allem über den Film zu einem Weltstar. In *King Creole* (1958) spielte er die Hauptrolle in einem Hybrid aus juvenile delinquency (JD)- und Rock'n'Roll-Film, woraus sich zu einem wesentlichen Teil sein Image als Rebell und schlechtes Vorbild für Jugendliche speiste.[221] In der Folge spielte Presley in mehr als 30 Filmen mit, die als Western (*Flaming Star*), Road-Movie (*Roustabout*) oder Rennfahrerfilm (*Speedway*) daherkamen.[222] Die Filme selbst wurden von der Kritik als Schlagerunterhaltung für die spezifischen Anforderungen von Autokinos abgetan, die als kultureller Ausdruck jener *Drive-in-Culture* der amerikanischen Vorstadt der fünfziger Jahre galt.[223] Tatsächlich hatte das Management aus Elvis – entgegen dessen eigenen Ambitionen, ein zweiter James Dean zu werden – nie einen Schauspieler machen, sondern vielmehr seine Musik bestmöglich vermarkten wollen.[224] Nach seinem Militärdienst in Deutschland vollzog er einen radikalen Imagewandel vom Bürgerschreck zum familienkompatiblen Schlagerinter-

221 *King Creole* (US 1958, R.: Michael Curtiz).

222 *Flaming Star* (US 1960, R.: Don Siegel); *Roustabout* (US 1964, R.: John Rich); *Speedway* (US 1968, R.: Norman Taurog).

223 Für Nik Cohn bestand der Plot von *Rock Around The Clock* darin, »dass Bill Haley grinste«. Dem Filmhistoriker Richard Thompson zufolge war die Handlung der Filme so einfach gestrickt, dass man im Autokino ohne Probleme den Handlungsfaden wiederaufnehmen konnte, wenn man nach einer Ablenkung wieder zur Leinwand aufblickte. Zit. n. Cohn, *AWopBopALooBopALopBamBoom*, S. 66 u. S. 77. Vgl. zur Drive-in-Culture oben, Kap. 2.3.1 sowie Kenneth T. Jackson, *Crabgrass Frontier: The Suburbanization of the United States*, New York 1985, S. 246-271.

224 Vgl. Bodo Mrozek, »Der König mit den zwei Körpern«, in: Árpád v. Klimó, Jürgen Danyel, *Pop in Ost und West*, *ZOL* (April 2006), ⟨http://www.zeitgeschichte-online.de/thema/der-koenig-mit-den-zwei-koerpern⟩, letzter Zugriff 26. 02. 2018.

preten und Entertainer einer schichten- und generationenübergreifend gehörten Popmusik, die kaum mehr Anlass für Konflikte bot.

Zweifelsohne war der US-amerikanische Beitrag zum Genre des Musikfilms der produktivste, aber es wurde auch in Europa adaptiert. Britische Musikfilme übertrugen das Muster auf heimische Interpreten, zum Beispiel *The Tommy Steele Story* (1957) oder *Expresso Bongo* (1959), der am authentischen Ort im Londoner Stadtteil Soho nach einem Musical (1958) gedreht wurde und die Ankunft des Rock'n'Roll in Großbritannien nachzeichnete. Im Zentrum steht die *2i Coffee Bar*, ein populärer Treff junger Rock'n'Roll-Fans, den der Film, der schon im Titel mit »italienischen« und »afrikanischen« Motiven die Exotisierung der Jugendkultur betrieb, zur Wiege der britischen Rock-Bewegung stilisierte.[225] Cliff Richard, dessen Musikerkarriere ähnlich lange währte wie die von Johnny Hallyday in Frankreich, spielte in dem Film sowie in einigen Follow-ups wie *The Young Ones* (1961) oder *Wonderful Life* (1964) eine Rolle.

3.2.3. Denn sie wissen nicht, was sie tun sollen: *La nouvelle vague*

1958 kam in Frankreich Marcel Carnés *Les Tricheurs* in die Kinos.[226] Die Protagonisten des Films sind zwischen 18 und 22 Jahre alt und leben im Pariser Quartier Latin sowie im 16e Arrondissement. Die männliche Hauptfigur, der Sohn eines alleinerziehenden Vaters, trifft auf eine Bande Jugendlicher, in die er durch gefährliche Aufnahmerituale initiiert wird. Am Ende stirbt ein junges Mädchen. Aufmerksamkeit erregte weniger die fiktive Handlung des Films als seine Milieubeschreibung, die sich selbst als »eine große Dokumentation der Gegenwart über den generellen Geisteszustand der Jugend« verstand.[227] Der Film war von Anfang an umstritten. Seine Beschreibung der Jugendprobleme wurde als unentschieden und diffus kritisiert und keineswegs einhellig für angemessen gehalten.[228] So musste die Produktionsgesellschaft sich gegen die Com-

225 *Expresso Bongo* (GB 1959, R.: Val Guest). Vgl. zu Afrophilie und Italiensehnsucht unten, Kap. 4.2.1 und 4.2.2.

226 Vgl. *Les tricheurs* (FR 1958, R.: Marcel Carné).

227 *France Catholique* (31. 10. 1958), S. f.

228 Etwa die Kritik von Jean Carta, »›Les Tricheurs‹ film français de Marcel Carné«, in: *Témoignage Chrétien* (17. 10. 1958), S. 17.

mission de contrôle des films zur Wehr setzen, die beim Treffen der Commission d'agrément du Centre national de la cinématographie française (CNC) Vorbehalte gegen das Thema formuliert habe. In einem Schreiben warb die Produktionsgesellschaft um Verständnis und betonte, sie habe nicht die gesamte Jugend Frankreichs gemeint, sondern lediglich »diese gewisse Jugend, die an nichts glauben will, die ihre Gegenwart bis hin zur Raserei leben will, die das große Gefühl, das die Liebe ist, mit einem gewissen Zynismus behandelt, was zum Tode führen kann, definitiv aber zur Ausbeutung ihres Lebens«.[229] Der Film sei weder vulgär noch amoralisch.

Die jungen Charaktere in *Les Tricheurs* entstammen nicht der Arbeiterschicht, sondern sind – wie in *Rebel Without A Cause* – Kinder der Mittel- und Oberschicht. Breiten Raum nimmt die Darstellung ausgelassener Partys und eines an Konsum orientierten Lebensstils ein: Die jungen Protagonisten stehlen Schallplatten, und zwar nicht aus materieller Not, sondern aus purer Langeweile, und vertreiben sich die Zeit mit lebensgefährlichen Mutproben. In die Erpressung eines Politikers verwickelt, dessen Liebesbriefe sie zufällig finden, verstricken sie sich immer mehr in Lügen, an denen ein junges Mädchen schließlich zerbricht. Der Film interessiert sich so gut wie gar nicht für Sozialkritik, sondern fokussiert ganz auf den vermeintlichen Wertewandel und Hedonismus der Jugend sowie auf grundsätzliche Fragen der Ethik und Lebensführung, wie sie auch die existenzialistische Philosophie jener Jahre aufwarf.[230] Wie schon in *Rebel Without A Cause* muss auch hier am Ende ein jugendlicher Charakter bei einem Autounfall mit dem Leben bezahlen. Marcel Carnés Film erreichte in Frankreich mehr als 1,2 Million Zuschauer und lief auch im Ausland erfolgreich an. In den Schweizer Kantonen Waadt und Wallis wurde er verboten und evozierte in der Schweiz eine Diskussion über die Effekte fiktionaler Werke. Die Zensur des Films sei »ein Schildbürgerstreich«, der »von einer erstaunlichen Kurzsichtigkeit« zeuge, kritisierte etwa die *Neue Zürcher Zeitung*, die den Skandalfilm nicht nur für »stark, kraftvoll, lebenswahr« hielt, sondern in seiner »geistig-sitt-

229 Brief an den Präsidenten der Commission de Contrôle des Films Cinématographiques vom 04.03.1958 (Typoskript), Cinémathèque de Paris, CN 18-B14.

230 Vgl. den Abschnitt »Existenzialismus der Halbstarken« in: Sarah Bakewell, *Das Café der Existenzialisten. Freiheit, Sein und Aprikosencocktails*, München 2016, S. 323-328.

lichen Aussage« für eine der »besten Schöpfungen des französischen Meisterregisseurs«.[231]

Als der Film in Deutschland unter dem Titel *Die sich selbst betrügen* in die Kinos kam, warb der Verleih wie schon zuvor bei *Blackboard Jungle* mit dem Skandal.[232] (Abb. 20) Die Bezüge zur Musik waren eher schwach, doch begann der Film mit einer paradigmatischen Szene vor einer Jukebox, die Jazz-Musik spielt, und enthielt einige Tanzszenen.[233] Carné hatte sich nach eigener Aussage bewusst von der Welle filmischer Porträts »jener eindeutig kriminellen Halbstarken-Jugend, wie sie heute noch die Leinwand beherrschen«, abgesetzt und stattdessen »jene gewisse Studentenjugend von Saint-Germain-des-Prés« porträtieren wollen. Diese sei, so der Pressetext des Verleihs, »von Haus aus mit dicken Monatswechseln ausgestattet« und sehe »im hemmungslosen Ausleben sexueller Triebe, in Alkoholorgien und hinter dem Steuer schneller Sportwagen eine zweifelhafte Demonstration gegen Konvention und Überlieferung«.[234] Damit positionierte sich der Verleih klar innerhalb des Genres des Jugendproblemfilms und wollte sein Werk denn auch selbst als das Porträt einer internationalen Jugend verstanden wissen, die man unter vielen Namen kenne: »Man nennt sie die ›skeptische‹, die ›einsame‹ Generation, […] ›Halbstarke‹, ›Teenager‹, ›Twens‹, ›Beatniks‹, ›Bobbysoxers‹ oder ›Teddyboys‹.« Überall auf der Welt flüchteten diese Jugendlichen »aus Elternhäusern, wo man sie nicht versteht, […] in die spiegelwändigen Espressos, in die schwach erleuchteten Jazzkeller der Vergnügungsviertel, an die Spieltische der Vorstadt-Cafés, wo die Musikautomaten tagaus, tagein die Schlager der Saison herunterhaspeln«.[235] Dort entstehe nicht weniger als eine eigene Kultur: »Sie entwickeln ihre eigene Mode. Sie sprechen ihre eigene Sprache. Sie machen ihren

231 ms., »Ein Porträt der Halbstarken«, in: *NZZ* (22.11.1958), S. 9.

232 Pressemappe der Gloria Film, SDKS F23157_OT.

233 Laut Drehbuch »musique de jazz, étrange et syncopée: Shapes, Motions et Colors, par Shelly Manne«. Vgl. Les Tricheurs. Scénario de Marcel Carné & Jacques Sigurd. Silver-Films-Cinétel, SCEN 2663 B 813, 742, Cinémathèque de Paris. Der Film enthielt Stücke bekannter Jazz-Musiker wie Ray Brown, Roy Eldridge, Herb Ellis, Stan Getz und Dizzy Gillespie. Vgl. die Pressemappe der Gloria Film, ebd..

234 F. M. Bonnet, Marcel Carnés umstrittener Film: »Die sich selbst betrügen«, Typoskript im Presseheft der Gloria-Film, SDKS F23157_OT.

235 Ebd.

eigenen Geschmack. Deren Moral ist nicht ihre Moral.« Mit Bezug auf … *denn sie wissen nicht, was sie tun*, den deutschen Titel von *Rebel without A Cause*, ist hier die Rede von »der Generation, die weiß, was sie nicht will«.[236]

Abb. 20: »Ohne besondere Empfehlung«: Deutschsprachige Reklame für *Les Tricheurs*.

236 Jubiläumsprogramm 1959/60, »Die sich selbst betrügen«, ebd.

Die deutschen Kontrollorgane störten sich vor allem an dem zur Schau gestellten »Nihilismus« der Jugend und empfahlen, den »einseitigen« Film allenfalls in Jugendfilmclubs »mit reifem Publikum ab 18 Jahren« einzusetzen, jedoch »ohne besondere Empfehlung!«.[237] Die Filmbegutachtungskommission für Jugend und Schule an der Landesbildstelle Berlin kam zu dem Schluss, er vermöge »keine positiven Leitbilder zu vermitteln, jedoch erlaubt das ernsthafte Anliegen des Films die Erörterung des Problems in Elternkreisen«. Bei einer erneuten Prüfung zwei Jahre später – der Film war inzwischen in Frankreich mit dem Grand prix du cinéma français ausgezeichnet worden – wurde ihm abermals die Jugendtauglichkeit verweigert. Selbst die Freigabe ab 16 Jahren wurde verworfen, da der Film zwar weder von Jugendgewalt im eigentlichen Sinne noch von »Halbstarken« beziehungsweise *blousons noirs* handelte, insgesamt aber »zu wenig Positives« erkennen lasse, »wodurch die deprimierende Situation der Halbstarken noch einmal bewusstgemacht« worden sei.[238]

Im Unterschied zu anderen Ländern prägte das französische Kino kein eigenes Jugend-*exploitation*-Genre aus, sondern verhandelte das Thema eher im Medium des »anspruchsvollen Films«.[239] So widmete sich etwa der französische Filmkritiker und Regie-Debütant François Truffaut, der James Dean in einem Nachruf als einen »Baudelaire'schen Helden« gewürdigt hatte, in seinem ersten Langfilm der Jugendproblematik.[240] Der damals 27 Jahre alte Regis-

237 Protokoll der Filmbegutachtungskommission für Jugend und Schule über die Begutachtung des Filmes »Die sich selbst betrügen«, ebd. Das Urteil der achtköpfigen Kommission war einstimmig. Vgl. auch Mitteilungsblatt der Filmbegutachtungskommission für Jugend und Schule Berlin, »Die sich selbst betrügen«, Gutachten vom 14.07.1959, ebd.

238 Jugendprotokoll der Prüfsitzung des Arbeitsausschusses der FSK an der Landesbildstelle Berlin, Begründung der Beurteilung der 2. Vorlage nach §6 des Gesetzes zum Schutze der Jugend in der Öffentlichkeit vom 25.05.1959, SDKS 23157_OT. Als unmoralisch hatten schon in der ersten Vorlage nicht die Bilder, sondern die Texte bzw. das Narrativ des Filmes gegolten.

239 Jean Curtelin, »Le silence du cinéma français«, in: *Présence du cinéma* 4/5 (1960), S. 3-9. Dies gilt auch noch für die sechziger Jahre. Vgl. Sébastien Le Pajolec, »Le cinéma et les yéyés : un rendez-vous manqué?«, in: Ludivine Bantigny, Ivan Jablonka (Hg.), *Jeunesse oblige. Histoire des jeunes en France XIXe-XXe siècle*, Paris 2009, S. 183-198.

240 Vgl. François Truffaut »James Dean«, in: *Arts: Spectales* (07.04.1956), S. 1 u. S. 5.

seur entwickelte das stark autobiographisch geprägte Porträt einer schwierigen Jugend in der Großstadt und realisierte es schließlich 1959 unter dem Titel *Les Quatre Cents Coups*.[241] Darin thematisiert Truffaut die Probleme eines Kindes in Paris, das von seiner berufstätigen Mutter alleingelassen wird, die Schule schwänzt, sich auf kleine Diebstähle verlegt und schließlich in ein Heim für Schwererziehbare auf dem Land gebracht wird, wo auch pubertierende *blousons noirs* einsitzen.

Truffauts erste Regiearbeit wurde als einer der herausragenden Filme der internationalen Festspiele von Cannes des Jahres 1959 besprochen und sorgte abermals dafür, dass die Jugend-Thematik in vielen Staaten weiterhin auf der Agenda der Feuilletons blieb.[242] Der Film, in Deutschland unter dem Titel *Sie küssten und sie schlugen ihn* gestartet, wurde ein internationaler Erfolg. Fernsehsender strahlten ihn unter anderem in Albanien, Bulgarien, den Niederlanden, Polen, Rumänien, der Tschechoslowakei, der Türkei, Jugoslawien, Guatemala, Honduras, Nicaragua, San Salvador, Costa Rica, Panama, Kuba, Ägypten und Nigeria aus – und trugen so zur globalen Verbreitung westlicher Images von Jugend bei.[243] Ein Episodenfilm, den Truffaut mit anderen Regisseuren 1962 unter dem Titel *L'Amour à 20 ans* drehte, nimmt in der von Truffaut inszenierten Episode abermals Bezug auf die Jugendkriminalität: Antoine Doinel, der Protagonist der *Quatre Cents Coups*, ist darin inzwischen aus der psychologischen Betreuung einer Anstalt für jugendliche Straftäter entlassen worden und lebt an der Pariser Place de Clichy.[244] Mit seinen Freunden führt er das Leben einer poporientierten Großstadt-Adoleszenz: »Sie tauschen Bücher, vor allem aber Schallplatten, trinken Milchkaffee und *citrons pressés*

Vgl. dazu: Edgar Morin, *Les stars*, Paris ^{3}1972, S. 141; Biltereyst, *Youth, Moral Panics*, S. 172.

241 Als Filmtitel hatte Truffaut u. a. in Betracht gezogen: *Les Petits Copains*, *Les Vagabonds*, *Les Enfants Oubliés* und *Les Fuguers*. Vgl. Cinémathèque de Paris, TRUFFAUT2 B1, Liste de Titres Provisoires; *Les Quatre Cents Coups* (FR 1959, R.: François Truffaut). Wörtliche Übersetzung: Die 400 Schläge.

242 Siehe etwa *Combat*; Paul Guyot, »›Les 400 Coups‹ (Un Coup d'essai, un coup de maître)«, in: *France-Soir* (06. 05. 1959), S. 8; Roger Vadim, »Les 400 coups«, in: *L'Express* (07. 05. 1959), S. 38.

243 Vgl. Liste der Teldis, Truffaut 586 B 335, La Cinémathèque de Paris.

244 *L'Amour à 20 ans* (FR et al. 1962, R.: François Truffaut et al.). Weitere Fortsetzungen erschienen 1968 mit *Baisers volés* und *Domicile conjugal* (1972).

nach dem Konzert, begleiten sich bis zur Tür, sprechen spät nachts auf der Straße: Das ist die Phase der ersten Liebe.«[245] Beide Filme gelten als stilbildend für die Nouvelle Vague.

Diesen Begriff hatte das erst 1953 nach amerikanischen Vorbildern gegründete Nachrichtenmagazin *L'Express* im August 1957 eingeführt, und zwar in einem Artikel der Redakteurin Françoise Giroud über den Konflikt zwischen den Generationen.[246] Ende des Jahres positionierte das Magazin ihn abermals als Überschrift über den Ergebnissen einer Umfrage zu den Werten und Orientierungen der französischen Jugend, mit deren Erhebung der Verlag ein Meinungsforschungsinstitut beauftragt hatte. So sollten Erkenntnisse über die eigene Leserschaft gewonnen werden, doch passte das Thema auch zur Debatte um den Roman *Bonjour tristesse* von Françoise Sagan, der 1954 erschienen war und als Dokument eines Wertewandels der Jugend verhandelt wurde. Zeitweilig machte in diesem Zusammenhang auch der Medienbegriff des »Saganismus« (François Truffaut) die Runde, womit die Neigung französischer Jugendlicher zu Konsumprodukten, Sportwagen und Schallplatten bezeichnet wurde.[247] Den Ergebnissen der Umfrage zufolge, die eine mehrseitige Sonderbeilage der Zeitschrift dokumentierte, sahen die jungen Franzosen zu 53 Prozent optimistisch in die Zukunft, waren zwar materialistisch eingestellt, aber weiterhin familienorientiert. Die als unentschieden beschriebene Lebenshaltung überschrieb *L'Express* mit dem doppeldeutigen Begriff *vague*. Das Wort war geschickt gewählt, da es sowohl eine Undeutlichkeit bezeichnet als auch »Welle« bedeutet, also auf einen Trend verweist. Die Zeitschrift (die sich für einige Ausgaben auf dem Titel selbst

245 *L'amour à 20 ans*, sketch français: *Antoine et Colette*, Truffaut 420 B 202, La Cinémathèque de Paris.

246 Françoise Giroud, »La nouvelle vague«, in: *L'Express* (03.10.1957), S.f. Giroud war das Pseudonym von Françoise Gordji.

247 Françoise Quoirez hatte unter dem Pseudonym Sagan im Alter von 18 Jahren ihren Debütroman veröffentlicht, in dessen Mittelpunkt eine 17-jährige Ich-Erzählerin steht, und galt nach Übersetzungen in mehrere Sprachen international als literarische Stimme einer Generation. Vgl. Françoise Sagan, *Bonjour tristesse*, Paris 2004. Kurz vor der Umfrage war sie noch einmal Titelthema, vgl. *L'Express* (13.09.1957), S.1. Zum »Saganisme« vgl. Marie, *La nouvelle vague*, S.88; Jean-Claude Lamy, *Et dieu créa les femmes: Brigitte, Françoise, Annabel et les autres*, Paris 2011, S.233-244.

als Magazin der Nouvelle Vague bezeichnete) initiierte damit eine Debatte über die französische Jugend, an die wenige Monate später die Diskussion um *Les Tricheurs* – die Schummler – anknüpfen konnte, zumal die Protagonisten dieses Filmes ähnlich konsumorientiert und *vague* gezeichnet wurden, wie die Umfrage der Zeitschrift die Jugend insgesamt dargestellt hatte.[248]

Noch bevor der Begriff Nouvelle Vague als Exportlabel für das »junge« französische Kino positioniert worden war, popularisierte der Musiker Richard Anthony ihn in einem Song,[249] der als französische Coverversion eines Stücks der afroamerikanischen Band The Coasters unter dem Titel »Three Cool Cats« auf der B-Seite der Single »Charlie Brown« erschienen war – eine Single, die zeitweilig von der BBC boykottiert wurde.[250] Im französischen Text besingt Anthony Statussymbole des »Saganismus« und der Nouvelle Vague, die laut Umfrage einen hohen Stellenwert bei der neuen Jugend hatten. (Abb. 21) Als cineastischer Terminus, der für eine Schule des essayistischen Filmemachens steht, deren ästhetische Prinzipien François Truffaut in einem programmatischen Artikel bereits 1954 in den *Cahiers du cinéma* formuliert hatte, ohne dabei allerdings das Wort *vague* zu verwenden, etablierte sich der Begriff erst später.[251] Auch der ursprüngliche Artikel Girouds hatte keinerlei Bezug zum Film. Im Zusammenhang mit dem Kino wurde die Formel Nouvelle Vague erstmals 1958 in einer Kinozeitschrift verwendet, dort allerdings auf den Film *Les Tricheurs* bezogen, der jedoch gerade nicht von einem jungen Wilden stammte, sondern von dem damals schon betagten Marcel Carné, einem Exponenten des Poetischen Realismus der 1930 Jahre.[252] Der Wandel vom allge-

248 Vgl. »La Nouvelle Vague: Le Rapport Sur La Jeunesse (Suite et fin de l'enquête nationale de l'I.F.O.P)«, in: *L'Express* (12.12.1957), (Supplement au No. 838).

249 Vgl. Richard Anthony, »Personality«, »Pauv' Jenny« / »Nouvelle Vague«, »J'ai Rêvé« (FR 1959) Columbia ESRF 1237 [EP]. Zur Positionierung der Nouvelle Vague als cineastischer Begriff bzw. internationales Marketinglabel und Juvenilisierungsstrategie für den französischen Film vgl. Marie, *La nouvelle vague*, bes. S. 12-30.

250 The Coasters, »Charlie Brown« / »Three Cool Cats« (US 1959) Atco 45-6132 [45]. Vgl. zum Boykott der BBC oben, Kap. 4.1.5.

251 Vgl. François Truffaut, »Une certaine tendance du cinéma français«, in: *Cahiers du cinéma* 31 (1954), S. 15-28.

252 Vgl. Pierre Billard, »Quarante moins de 40 ans, la jeune académie du cinéma française«, in: *Cinéma* 58 (1958), S. 4-34; Marie, *La nouvelle vague*, S. 10; Simon

meinen Generationenlabel zum Genrebegriff ging maßgeblich auf die politische Steuerung durch den Schriftsteller und Filmemacher André Malraux zurück, den Charles de Gaulle zum ersten Kulturminister Frankreichs gemacht hatte. Ein von der Klassifikationskommission CNC lanciertes Kolloquium auf den Filmfestspielen von Cannes 1959 bewarb gezielt die Nouvelle Vague, indem es mit Truffauts *Les Quatre Cents Coups* das Debüt eines jungen Kritikers in den Wettbewerb schickte, dem noch im Vorjahr wegen seiner Polemiken gegen die Arriviertheit des französischen Kinos die Akkreditierung verweigert worden war – womit Malraux einen Aufmerksamkeitsgewinn für das französische Kino erzielte.[253]

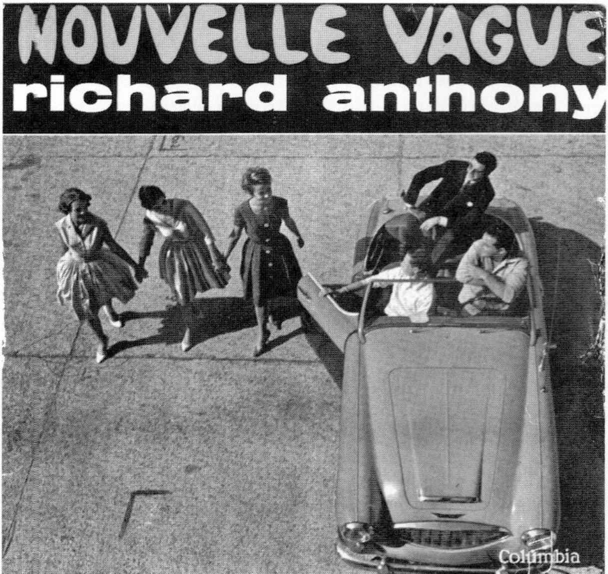

Abb. 21: Statussymbole der Konsumgesellschaft: *La Nouvelle Vague.*

Frisch, *Mythos Nouvelle Vague. Wie das Kino in Frankreich neu erfunden wurde*, Marburg 2007, S. 26.

253 Vgl. ebd., S. 27-32.

Vor seiner Etablierung als cineastischer Genrebegriff war der Begriff »Nouvelle Vague« um 1957/58 als ein neues Generationenlabel breit debattiert worden. Dieses massenmediale *generation building* blieb nicht unwidersprochen, zumal Kritiker darin eine diskursive Juvenilisierungsstrategie vermuteten, die den konservativen Regierungswechsel von 1958 und die Konstituierung der fünften französischen Republik mit dem Aufbruch einer neuen Generation gleichsetzen sollte.[254] Der linke Soziologe Henri Lefebvre etwa fand, dass Nouvelle Vague als Generationenbegriff »eine paradoxe und daher skandalöse Zusammenfassung« sei, schon weil aus den Umfragedaten viel zu weitreichende Schlüsse gezogen worden seien und die Jugend sich tatsächlich nicht wesentlich von den Werten ihrer Eltern unterscheiden würde.[255] In dem umstrittenen Begriff überschnitten sich publikumswirksam geführte Diskurse über Jugend, Ästhetik und Politik in Frankreich. Gerade das Kino, noch nicht aber die Popmusik, avancierte darin zu einer gesellschaftlich »relevanten« Gegenwartskunst, in der soziale und generationelle Fragen verhandelt werden konnten.

Die Jugendkrawalle auf deutschem Boden, die internationale Debatte über Jugendgewalt und Rock'n'Roll, vor allem aber der kommerzielle Erfolg amerikanischer *Juvenile-delinquency*-Filme hatten auch deutsche Filmemacher inspiriert, ihren eigenen Beitrag zum Genre zu leisten. Aber während sich die französischen Filme der Nouvelle Vague – zuallererst Jean-Luc Godards *À bout de souffle*, der ebenfalls im weitesten Sinne das Thema Jugend behandelt und dessen Titel von einem Song des Rock'n'Roll-Pianisten Jerry Lee Lewis inspiriert war[256] – zumindest bei Cinéasten weltweit großer Beliebtheit erfreuten, waren die bundesdeutschen Jugendproblem- und Musikfilme (beziehungsweise die Kombination aus beidem) zwar zahlreicher, aber zumindest international weit weniger erfolgreich. Hatte der bundesdeutsche Musikfilm im Allgemeinen die Tradition der Tonfilmrevuen der Ufa-Zeit fortgesetzt, so wan-

254 Vgl. den Leitartikel von Lucien Guissard, »La Nouvelle vague«, in: *La Croix* (17.12.1957), S. 1.

255 Henri Lebfevre, »La jeunesse aurait-elle découvert le bonheur?«, in: *L'Express* (19.12.1957), S. 10. Lefebvre war zu dieser Zeit Forscher an der C.N.R.S.

256 *À bout de souffle* (FR 1961, R.: Jean-Luc Godard); Jerry Lee Lewis And His Pumping Piano, »Breathless«/»Down The Line« (US 1958) Sun Records 288 [45].

derte nun eine sozialkritische Note ein.[257] Zwischen 1955 und 1959 erschienen rund zwei Dutzend Streifen über gefährdete Teenager mit Titeln wie *Weil du arm bist, mußt du früher sterben* (1956) oder *Sehnsucht hat mich verführt* (1959) sowie etliche Musikfilme, darunter einige mit Peter Kraus, die ebenfalls Jugendprobleme thematisierten.[258]

Der bekannteste westdeutsche Jugendproblemfilm dieser Jahre war *Die Halbstarken* (1956).[259] Das von dem Regisseur Georg Tressler und dem Journalisten Will Tremper verfasste Drehbuch beruht nach Trempers Angaben auf einer Sozialreportage im Jugendmilieu – eine Behauptung, mit der er, wie andere vor ihm auch, den Anspruch auf Authentizität der weitgehend frei erfundenen Handlung unterstrich. Im Mittelpunkt steht eine Clique von Jugendlichen um den jungen Freddy (gespielt von Horst Buchholz), dessen von einer amoralischen jungen Frau (Karin Baal) angestiftete kleinkriminelle Aktivitäten schließlich in Raub und sogar Mord münden – und damit weit über das Maß der in Deutschland diskutierten »halbstarken« Verhaltensweisen hinausgehen. Das von dem Grafiker Ernst Litter gestaltete Plakat inszenierte Buchholz als einen steinewerfenden Randalierer, der er im Film gar nicht war, und dies in einer Trümmer-Kulisse, die sich sowohl als Kriegsfolgelandschaft als auch als Bürgerkriegsszenario eines kommenden Generationenkonfliktes lesen ließ.[260] (Abb. 25) Für die weibliche Hauptrolle hatte man ein öffentliches Casting in Form eines Wettbewerbes veranstaltet, das mit der 15-jährigen Karin Blauermel (umbenannt zu Baal) ein Arbeitermädchen gewann; weitere Laiendarsteller wurden für Nebenrollen engagiert.[261]

Der Produzent hatte sich um staatliche Förderung für den Film

257 Vgl. Siegfried Müller, »Der deutsche Film in den Fünfziger Jahren«, in: Michael Reinbold (Hg.), *Party Perlon Petticoats. Kultur der Fünfziger Jahre in Westdeutschland. Aspekte einer kulturgeschichtlichen Epoche*, Oldenburg 2008, S. 54-65, hier: S. 63.

258 Eine einschlägige, aber unvollständige Filmographie der Zeitschrift *Présence du cinéma* listet 24 bundesdeutsche Werke. Vgl. *Présence du cinéma* 4/5 (1960), S. 76.

259 Vgl. *Die Halbstarken*, DE 1956, R.: Georg Tressler.

260 Dies konstatiert Kaspar Maase, »Die Halbstarken. Bilder einer neuen Jugend«, in: Gerhard Paul (Hg.), *Das Jahrhundert der Bilder. 1949 bis heute*, Göttingen 2008, S. 154-161, hier: S. 156.

261 Ebd.

bemüht, allerdings ohne Erfolg, da man auf behördlicher Seite im Drehbuch abermals das Aufzeigen positiver Lösungsansätze vermisste.[262] Die bundesdeutsche Kritik würdigte den am 27. September 1956 im Essener Ufa-Palast uraufgeführten Film als Dokument der »Jugendanarchie«.[263] Zwar wurde moniert, dass es sich im Grunde um einen Kriminalfilm handele, der »mit der vielberufenen Zeiterscheinung der ›Halbstarken‹ nicht mehr zu tun [habe] als etwa türkischer Honig mit der Türkei«,[264] beziehungsweise um eine »Fabel«, die »geschickt ausgedacht« worden sei. Doch als »bemerkenswert« wurde neben den »Rohheitsszenen« besonders eine Musikszene hervorgehoben: »in der Espresso-Bar, wenn der metallene Arm des Plattenspielers mitten im wildesten Toben eines Rock'n'Roll – die provozierend scharfe Musik sät Gewalt – einen alten preußischen Präsentiermarsch auflegt«.[265] Diese Szene wurde eingeleitet durch eine kurze Referenz an die oben zitierte Bar-Szene aus *The Wild Ones*: Auch hier wird die Jugendsprache von einem älteren Barkeeper nicht verstanden, in diesem Fall vom italienischstämmigen Besitzer der Espresso-Bar.[266] Die Verbindung von Musik und Gewalt, die in Vorgängern wie *Blackboard Jungle* noch nicht das Skript, sondern das Zuschauerverhalten hergestellt hatte, war, wie gezeigt wurde, in Expertendiskursen und Medienkommentaren etabliert worden, an die auch Filmkritiker und Zensoren anschließen konnten.

Anders als viele bundesdeutsche Produktionen erreichte *Die Halbstarken* ein internationales Publikum. In den USA etwa, wo der Film nach dem Schema der *teenage exploitation* unter dem reißerischen Titel *Teenage Wolfpack* auf den Markt kam, stellte das Kinoplakat Horst Buchholz (dessen Name für die US-Version kurzerhand zu »Henry Bookholt« amerikanisiert wurde) in eine Reihe mit der Ikone des US-Teenagerfilms: »Nothing like him has hit the screen since James Dean«.[267] (Abb. 22)

262 Vgl. Poiger, *Jazz, Rock, and Rebels*, S. 101.

263 »Ein deutscher ›Halbstarken‹-Film«, in: *FAZ* (08. 10. 1956), S. 10.

264 K. B., »Der Lohn der Halbstarken«, in: *deutsche jugend* 4 (1956), S. 525-526, hier: S. 525.

265 *Die Halbstarken*, TC 29:08-29:58.

266 TC 23:55-24:36. Vgl. dazu den Beginn von Abschnitt 3.2.

267 Vgl. Betrock, *The I Was A Teenage*, S. 65.

Abb. 22: Mit amerikanisierten Namen: *Die Halbstarken* in den USA.

Die Halbstarken wurde ein Jahr nach seiner Veröffentlichung mit dem Bundesfilmpreis ausgezeichnet und auch im europäischen Ausland gezeigt.[268] In Frankreich, wo der deutsche Film noch vor der Debatte um *Les Tricheurs* in die Kinos kam, hatte man Mühe, den Titel ins Französische zu übersetzen, und so erfand man als Pendant *Les demi-sel* (»Die Halbsalzigen«).[269] Auch in Belgien und den Niederlanden wurde der Film (*De Straathelden*) als authentisches Porträt der deutschen »Problemjugend« gesehen.[270] Schon die Ikonographie der Filmplakate lässt die Verbindungslinien erkennen: Das Motiv des von James Dean in *Rebel Without A Cause* getragenen roten Blousons zieht sich emblematisch durch Produktionen unterschiedlicher Länder (Abb. 23-26).

268 Vgl. Aimée Racine, *Les blousons noirs. Un phénomène socioculturel de notre temps*, Paris 1966, S. 10.

269 Vgl. Günther Kaiser, *Randalierende Jugend. Eine soziologische und kriminologische Studie über die sogenannten »Halbstarken«*, Heidelberg 1959, S. 100. Als Untertitel prangte auf den Filmplakaten der Slogan »Les Caïds en ›Blue Jeans‹«.

270 »Deze ›halbstarke‹ zijn helemaal ontspoord geraakt«, in: *Op Zoek Naar De Nozems*, o. O., o. J., S. 39-41.

Abb. 23-26: Der rote Blouson als internationales Alarmsignal: *Blackboard Jungle* (23), *Rebel Without A Cause* (24), *Die Halbstarken* (25) und *Berlin – Ecke Schönhauser* (26).

Die Halbstarken war zwar die bekannteste, doch bei weitem nicht die einzige westdeutsche Filmproduktion, die sich des Themas annahm. Mehrere Filme mit Peter Kraus, der ebenso wie Ted Herold als »deutscher Elvis« vermarktet wurde, folgten demselben Schema. In *Die Frühreifen* (1957) spielt der Sänger an der Seite des Schauspielers Christian Doermer einen Sohn reicher Eltern im Ruhrgebiet, der junge Mädchen (dargestellt von Heidi Brühl und anderen) erst mit Alkohol betäubt und dann zu pornographischen Filmaufnahmen verführt, woraufhin eines der Mädchen sich vor Verzweiflung von einem Hochhaus stürzt. Wesentlicher Bestandteil dieser Orgien war Musik, die dazu führe, dass die Jugendlichen sich in »eine einzige Horde brüllender, besoffener, gemeingefährlicher, schamloser Urwaldmenschen« verwandeln, wie ein Protagonist des Films anklagend formuliert, bevor zu flotter Jazzmusik Jive getanzt wird.[271]

Der Film hat starke Ähnlichkeiten mit *Les Tricheurs*. Analog zu Marcel Carnés Film thematisiert *Die Frühreifen* die moralische Libertinage einer bundesdeutschen *jeunesse dorée* zur Zeit des »Wirtschaftswunders«. Dem wilden Treiben der mit Sportwagen und Schallplatten gut versorgten dekadenten Jugend wird als positiver Charakter ein ernsthafter junger Bergarbeiter und Sozialist gegenübergestellt, der sein Geld spart, um es seiner Familie in die Ostzone zu schicken. Die bundesdeutschen »tricheurs« fanden bei den Zensoren mehr Anklang als ihr französisches Pendant: Auch wenn der Film nur vorgebe, sich mit Problemen der Jugenderziehung zu befassen, indem er einen »Kreis der Entarteten« darstelle, hieß es in NS-Diktion in der Einstufung, so beeinträchtige er die Erziehung von Jugendlichen »zur leiblichen, seelischen und gesellschaftlichen Tüchtigkeit keineswegs«. Bei ihrer Bewertung des umstrittenen Filmes von Carné urteilte die Filmbegutachtungskommission hingegen, man begegne immer wieder in den Kinos einer Filmart, die sich »etwas hochtrabend« Jugendproblemfilm nenne.[272]

Dennoch erkannte die Kommision an, dass solche Filme Fragen einer neuen jugendgemäßen Ethik ansprächen, die »nicht mit einer Handbewegung abgetan werden« könnten. Allerdings wurde bei

271 *Die Frühreifen* (DE 1957, R.: Josef von Báky), TC 01:06:24-01:06:40; vgl. SDKS F1596_OT.

272 Mitteilungsblatt der Filmbegutachtungskommission »Die sich selbst betrügen«, F23157_OT.

Die Frühreifen die Freigabe ab 16 Jahren an die Entfernung einer Szene geknüpft, »in der ein noch nicht sechzehnjähriges Mädchen, auf die verschlossene Tür zum Schlafzimmer ihrer Eltern deutend, sich über die Liebe recht ungebührlich, ja schon etwas schamlos äußert«.[273] Spätere Filme mit Peter Kraus, der als Sänger mit einer deutschen Version des Little-Richard-Hits »Tutti Frutti« debütiert hatte, folgten eher dem Schema der mit Elvis Presley gedrehten Musikfilme, etwa Wolfgang Beckers *Alle lieben Peter* (1959) über einen jungen Jazz-Musiker und etliche andere Schlagerfilme, deren musikalische Höhepunkte die Duette zwischen den beiden Teenager-Stars Peter Kraus und Cornelia »Conny« Froboess bildeten.[274] Sie sind die deutschen Adaptionen von *mild youth movies*, in denen mit dem sozial angepassten Jugendlichen, der sein Glück in romantischer Liebe, Konsumprodukten, Reisen und der finalen Aussicht auf eine erfüllte und lebenslange Ehebindung findet, das Gegenbild zum delinquenten Halbstarken entworfen wird.[275] Eine amerikanische Produktion beschritt hier andere Pfade: das nach einem Little-Richard-Hit benannte Rock-Movie *The Girl Can't Help It* (1956) des Regisseurs Frank Tashlin. Zwar versammelte er darin mit Little Richard, Gene Vincent, Eddie Cochran und den Coasters ein multiethnisches Line-up zeitgenössischer Rockstars, die von Teenagern gehört wurden, stellte ihnen mit Ray Anthony, Julie London und Abbey Lincoln aber auch Crooner und Jazzer an die Seite, die eher die ältere Generation ansprachen. Diese Verkopplung von Erwachsenen- und Jugendkultur sollte in den darauffolgenden Jahren auch in anderen popkulturellen Genres eine wichtige Rolle spielen.

3.2.4. Den Pop mit seinen eigenen Waffen schlagen: Der Jugendproblemfilm der DDR

In der DDR wurden Jugendpropblemfilme von den Regierenden zunächst scharf abgelehnt – offiziell wegen ihrer westlichen Prä-

273 Jugendprotokoll des Hauptausschusses der FSK vom 04.11.1957 zur Begründung der Beurteilung nach § 6 des Gesetzes zu Schutze der Jugend in der Öffentlichkeit, F23157_OT. Der Hauptausschuss stimmte dieser Schnittforderung zu.

274 *Alle lieben Peter* (DE 1959, R.: Wolfgang Becker).

275 Vgl. Doherty, *Teenagers And Teenpics*, S. 74-76. Zum Genre des *mild youth movie* vgl. Betrock, *The I Was A Teenage*, S. IX.

gung, inoffiziell aber auch aufgrund ihrer Neigung, unliebsame sozialpolitische Fragen aufzuwerfen. »Nicht weniger verderblich als die Schundschriften sind aber Filme, die zum größten Teil aus den USA importiert sind, die die Welt der Gangster und Räuber verherrlichen und wobei die Jugend zum Handeln angeleitet wird«, formulierte exemplarisch eine Anklageschrift gegen jugendliche Rock'n'Roll-Fans und konkretisierte: »Verbrecherromantik mit Antisowjet- und Kriegshetze gepaart, das ist die Geisteshaltung, von der die zukünftigen Natosöldner erfüllt sein sollen.«[276] Im Kampf gegen derart »zersetzendes« Kulturgut griff man zunächst zum Mittel der Unterdrückung. Da in den Jahren vor dem Mauerbau das junge Publikum jedoch in Scharen in die eigens nahe den Grenzübergängen eröffneten West-Kinos strömte, entschloss man sich gewissermaßen zur Gegenoffensive und begann, eigene Filme dieses Genres zu produzieren.

Der Regisseur Gerhard Klein hatte ein ostdeutsches *young rebel movie* gedreht, das deutlich von *Die Halbstarken* inspiriert war (dessen Titel ursprünglich auch für Kleins Film vorgesehen war) wie auch von dessen amerikanischen Vorbildern. Das war alles andere als selbstverständlich, da man in der DDR lange Zeit die Strategie verfolgt hatte, das »Halbstarkentum« als ein Problem westlich-dekadenter Gesellschaften und amerikanischer, sogenannter Unkultur darzustellen. »Halbstarke« durften nach ursprünglicher Leitlinie der SED in der DDR nicht existieren.[277] Eine andere Strategie hatte zeitweise darin bestanden, die Berichte über Krawalle in Westdeutschland als Proteste der Jugend gegen den kapitalistischen Adenauer-Staat zu interpretieren.[278] Ein DDR-spezifischer Jugendproblemfilm stellte daher ein Politikum und einen Wendepunkt in der propagandistischen Argumentation dar – und ein Risiko für seine Macher.

Kleins Film *Berlin – Ecke Schönhauser* (1957) ging dieses Risiko ein.[279] (Abb. 26) Er spielt an der Straßenkreuzung von Schönhauser Allee und Dimitroffstraße, die als Treffpunkt Jugendlicher bekannt war, die sich regelmäßig »an der Stange« zusammenfanden, einem

276 Eröffnungsbeschluss [o. D.], BStU, Hle MfS BV Halle, AU 118/59, Bd. 2, Bl. 225.

277 Vgl. Kap. 2.3.4.

278 Vgl. Poiger, *Jazz, Rock, and Rebels*, S. 91-95; Janssen, *Halbstarke*, S. 177-178.

279 *Berlin – Ecke Schönhauser* (DD 1957, R.: Gerhard Klein).

Geländer am U-Bahnhof.[280] Das Drehbuch von Wolfgang Kohlhaase porträtiert einige fiktive Jugendliche, die sich von dort kennen und gemeinschaftlich groben Unfug treiben: In der Eingangsszene wirft einer aus der Gruppe eine Straßenlaterne mit einem Stein ein und wird daraufhin festgenommen. Im Verlauf des Filmes weiten sich die rowdyhaften Aktivitäten zu organisierter Kriminalität aus. Der junge Karl-Heinz (gespielt von dem Horst Buchholz ähnelnden Harry Engel), der Westkontakte zu Schiebern und Kriminellen unterhält und ein Kind prokapitalistisch eingestellter Eltern ist, stiehlt gemeinsam mit dem etwa gleichaltrigen Arbeiter Dieter (Ekkehard Schall) auf einem Rock'n'Roll-Tanzabend im Berliner Pratergarten anderen Tänzern die DDR-Pässe und verkauft sie in den Westen, wo sie für Spionagezwecke missbraucht werden. Nachdem Karl-Heinz bei der Abwicklung illegaler Geschäfte versehentlich einen Mann erschlägt, fliehen mehrere Jugendliche nach Westberlin und landen dort in einem Auffanglager für (an Jeans und Lederjacken als »Halbstarke« erkenntliche) Flüchtlinge aus dem Osten. Dort werden sie von Nachrichtendienstlern verhört und geschlagen. Ein Jugendlicher stirbt an einer Vergiftung, Karl-Heinz wird von West-Polizisten auf der Flucht erschossen und Dieter kehrt schließlich reumütig zu seiner Freundin in die DDR zurück, wo er Wiederaufnahme bei den FDJ-Aktivisten und den strengen, aber verständnisvollen Genossen von der Volkspolizei findet.

Der Film war – ebenso wie sein westdeutsches Pendant *Die Halbstarken* – überwiegend mit Laiendarstellern besetzt, die teils im Westen gecastet worden waren, was seitens der Funktionäre säuerlich kommentiert wurde. Die DDR-Hauptverwaltung Film beim Ministerium für Kultur kritisierte das Engagement der bundesdeutschen Schauspielerin Ilse Pagé, »für deren Schauspiel-Nachhilfestunden wir Valutamittel zahlen mußten«.[281] Die Filmhandlung reagierte auf ein zentrales Problem der DDR Ende der fünfziger Jahre, das zum Mauerbau führte: die Abwanderung der Bevölkerung in den Westen. Gerade junge DDR-Bürgerinnen und

280 Der U-Bahnhof Dimitroffstraße wurde 1990 nach der ebenfalls angrenzenden Eberswalder Straße umbenannt; die Dimitroffstraße erhielt 1995 den ihr 1874 verliehenen Namen Danziger Straße zurück.

281 Zit. n. Ralf Schenk, »Mitten im Kalten Krieg 1950 bis 1960«, in: Filmmuseum Potsdam (Hg.), *Das zweite Leben der Filmstadt Babelsberg 1946-1992. DEFA-Spielfilme*, Berlin 1994, S. 50-157.

Bürger kehrten zunehmend der DDR den Rücken; so hatten 7684 junge Bürger im Juli 1958 die Republik gen Westen verlassen, einen Monat später waren es bereits 8970, im September 14229 und im Oktober 16002.[282] Interne Berichte räumten zudem eine Vertrauenskrise der FDJ ein, die bei den Jugendlichen aufgrund ihres Funktionärswesens abgelehnt werde.[283]

Das Ansprechen dieses Problems, wenn auch verpackt in eine fiktive dramatische Handlung, fand in der DDR ein kontroverses Echo, zumal in dem Film auch alltägliche Probleme der DDR wie Produktionsmängel in ungewöhnlicher Offenheit thematisiert wurden. Zudem bot sein Neorealismus nicht nur politische Gründe, sondern auch familiäre und psychologische Erklärungsmuster an. Insbesondere die durch den Krieg zerrissenen Familien, die autoritären Stiefväter und alleinerziehenden Mütter, aber auch der DDR-Alltag wurden als einengend dargestellt. So äußert der von Ekkehard Schall gespielte Dieter in einem Schlüsselzitat seine Unzufriedenheit recht unverblümt: »Warum kann ich nicht leben, wie ich will? […] Wenn ich an der Ecke stehe, bin ich halbstark. Wenn ich Boogie tanze, bin ich amerikanisch. Und wenn ich das Hemd über der Hose trage, ist es politisch falsch.«[284] Nachdem der Film in der FDJ-Zeitung *Junge Welt* zunächst gelobt worden war, mehrten sich die ablehnenden Stimmen.[285] Ein Kritiker bemängelte im *Neuen Deutschland*, der Film sei zu wenig politisch und rücke damit »in eine gefährliche Nähe eines allgemein-moralischen Jugendfilmes«.[286] Diese Kritik am offeneren, kritischeren Ton des DEFA-Filmes hatte seine Ursache in Chruschtschows Geheimrede auf dem XX. Parteitag der KPdSU im Februar 1956, in der er eine orthodoxe, ideologisch ausgerichtete Jugendpolitik proklamiert hatte – eine Linie, die von der FDJ auf der 16. Tagung des

282 Vgl. Peter Skyba, »Die FDJ im Tauwetter – Tauwetter in der FDJ?«, in: Helga Gottschlich (Hg.), *»Links und links Schritt gehalten …«. Die FDJ: Konzepte – Abläufe – Grenzen*, Berlin 1994, S. 206-226, hier: S. 207. Vgl. zur Interpretation dieser Zahlen auch Janssen, *Halbstarke*, S. 46-47.

283 Ebd.

284 TC 48:20-48:30.

285 Günter Stahnke, »Nicht nur für die an der Ecke. Gedanken zum neuen Film der DEFA ›Berlin – Ecke Schönhauser‹«, in: *JW* (31.08.1957), S. 4.

286 Horst Knietzsch, »Wo wir nicht sind … ›Berlin Ecke Schönhauser‹ – ein DEFA-Film von internationalem Format«, *ND* (03.09.1957), S. 4.

Zentralrates im Frühjahr 1957 bestätigt wurde.[287] Vor diesem Hintergrund wurde die Ablehnung des Filmes durch die DDR-Kritik interpretiert, die dazu führte, dass nach dem Abdruck kritischer Leserzuschriften auch die *Junge Welt* ihre anfängliche Begeisterung zurücknahm.

Umso bemerkenswerter ist es, dass *Berlin – Ecke Schönhauser* nicht in der DDR, sondern in der Bundesrepublik verboten wurde.[288] Dafür gab es mehrere Gründe. Zum einen galten im nach eigenem Selbstbild »freien Westen« Einschränkungen aufgrund des gesetzlich verankerten Jugendschutzes, den die Freiwillige Selbstkontrolle durchsetzte. Zum anderen gab es mit der DDR innerhalb jährlich ausgehandelter Handelsabkommen einen Programmaustausch, der jedoch an eine strikte Auswahl gekoppelt war.[289] Vor 1954 war die Aufführung von DEFA-Filmen in der Bundesrepublik »faktisch verboten«.[290] Seit Dezember 1953 entschied mit dem Interministeriellen Ausschuß für Ost/West-Filmfragen ein geheimes Zensurgremium darüber, was den Bundesbürgern politisch zuzumuten war.[291]

In dem auf Initiative des Innenministeriums der Bundesrepublik gegründeten Komitee saßen neben Vertretern der Ministerien auch Abgesandte des Bundesamtes für Verfassungsschutz. In seiner

287 Vgl. Ulrich Mählert, Gerd-Rüdiger Stephan, *Blaue Hemden – rote Fahnen. Die Geschichte der Freien Deutschen Jugend*, Opladen 1996, S. 117.

288 Vgl. Andreas Kötzing, »Zensur von DEFA-Filmen in der Bundesrepublik«, in: *APuZ* 1-2 (2009), ⟨http://www.bpb.de/publikationen/YYoDNH.html⟩, letzter Zugriff 26.02.2018; Martin Loiperdinger, »Film Censorship Germany: Continuity and Change through Five Political Systems«, in: Daniel Biltereyst, Roel Vande Winkel (Hg.), *Silencing Cinema: Film Censorship around the World*, New York 2013, S. 81-96, hier: S. 91.

289 Vgl. Thomas Lindenberger, »Looking West: The Cold War and the Making of Two German Cinemas«, in: Karl Christian Führer, Corey Ross (Hg.), *Mass Media, Culture and Society in Twentieth-Century Germany*, Basingstoke, Hampshire 2006, S. 113-128, hier: S. 117; Thomas Beutelschmidt, »Connected Enemies? Programming Transfer between East and West During the Cold War and the Example of East German Television«, in: *View* 3 (2014), S. 60-67.

290 Klaus Kreimeier, »Der westdeutsche Film in den fünfziger Jahren«, in: Dieter Bänsch (Hg.), *Die fünfziger Jahre. Beiträge zu Politik und Kultur*, Tübingen 1985, S. 283-305, hier: S. 291.

291 Vgl. Stephan Buchloh, *»Pervers, jugendgefährdend, staatsfeindlich«. Zensur in der Ära Adenauer als Spiegel des gesellschaftlichen Klimas*, Frankfurt/M., New York 2002, S. 218-248.

Gründungssitzung hatte der Ausschuss beschlossen, nur die Einfuhr solcher Filme zu erlauben, die »politisch einwandfrei sind«.[292] Gaben die Filme Anlass zur Beanstandung, so konnte das Verbot selbst Vorführungen im privaten Kreis betreffen, beispielsweise in nichtkommerziellen Filmclubs. Insbesondere Anträge von Organisationen, gegen die »politische Bedenken« erhoben wurden, waren hiervon betroffen. Solche Bedenken betrafen nicht nur politische Inhalte. Es sollte auch verhindert werden, dass die Einnahmen aus Filmvorführungen ganz oder teilweise »Personen oder Stellen zur Verfügung stehen, die mit dem Osten sympathisieren«.[293] Ein Argument der Befürworter einer derartigen Einschränkung der kulturellen Freiheit war, dass man im Kampf gegen totalitäre Staaten »sich der gleichen Methoden wie diese bedienen« müsse, wolle man nicht den Kürzeren ziehen.[294] So lautete die Argumentation des Filmreferenten des Innenministeriums, der auch darauf drang, die Existenz des Ausschusses brauche »nach außen nicht bekanntgegeben zu werden«.[295] Bis 1966 wurde hier de facto eine politische Zensur ausgeübt, die auch vor Märchenfilmen und Literaturverfilmungen deutscher Klassiker nicht haltmachte. Ein Verbot konnte schon ein von der sowjetischen Militärbank an die Produktionsfirma vergebener Kredit rechtfertigen, wie im Falle des österreichischen Biopics *Franz Schubert – ein Leben in zwei Sätzen*.[296] An *Berlin – Ecke Schönhauser* störte vor allem die Verächtlichmachung von Institutionen der Bundesrepublik, deren Verhältnisse »nicht wahrheitsgetreu« wiedergegeben worden seien. Auch nachdem die Szenen über das Auffanglager herausgeschnitten wurden, blieb der Ausschuss bei seiner Linie, wobei sich besonders das Innenministerium und das Ministerium für gesamtdeutsche Fragen hervortaten.[297] So entstand im Westen auf dem Filmmarkt ein Äquivalent zur Unterdrückungspraxis von Kulturgut im Sozialismus: »Verbo-

292 Sitzungsprotokoll des Bundesministeriums des Innern vom 05.01.1953 zur Frage des Imports aus sowjetisch dirigierten Ländern, zit. n. Buchloh, *»Pervers, jugendgefährdend, staatsfeindlich«*, S. 219.

293 Ebd., S. 220.

294 Ebd.

295 Niederschrift über die Besprechung betr. Einfuhr von Filmen aus der Ostzone vom 23.01.1951, zit. n. ebd., S. 221.

296 Zit. n. ebd., S. 226.

297 Vgl. Kötzing, »Zensur von DEFA-Filmen«. Demnach wurden zwischen 1953 und 1966 von 3180 geprüften Filmen 130 die Freigabe verweigert.

tene Einfuhr« gab es auch in der nach ihrem Selbstverständnis liberalen Bundesrepublik.

Der Jugendproblemfilm erlebte in den fünfziger Jahren einen Aufschwung, der, wie dieser Abschnitt gezeigt hat, nicht nur in der Hinwendung des Kinos zum jungen Publikum wurzelte, das in dieser Zeit noch nicht in gleichem Maße wie das erwachsene vom Fernsehen angesprochen wurde. Das Kino war auch ein wichtiger Ort für die Ausgestaltung gesellschaftlicher Themen, die in fiktionale Handlungen gekleidet, aber mit einem reportagehaften Anspruch versehen, an politische und sozialwissenschaftliche Diskurse der Zeit anknüpften. Wie sehr die Zeitgenossen das Kino als Wirklichkeitsmedium wahrnahmen, zeigen die umfangreichen Zensurforderungen und Alterseinschränkungen, die gerade diese Kunstform immer wieder trafen. In den Zensur- und Jugendschutzdiskursen halbstaatlicher und kirchlicher Gremien dienten die Filme zudem als Aushandlungsmedien nicht nur der Grenzen dessen, was Jugendlichen zumutbar war. Es wurde auch die »Angemessenheit« bestimmter Narrative von Jugend verhandelt, die nach zeittypischem Verständnis positive Rollenbilder enthalten sollten und andernfalls eine Begleitung etwa in Nachbesprechungen erforderten, womit die fiktionalen Werke quasi pädagogisiert wurden.[298]

Kinofilme hatten aufgrund hoher Zuschauerzahlen aus allen Schichten eine große gesellschaftliche Reichweite. Zudem spielten sie eine wichtige Rolle bei der Internationalisierung ursprünglich nationaler Motive, indem sie – als primär visuelle Medien – Tanzschritte, textile Moden, sprachliche und körpersprachliche Codes ebenso übermittelten, wie sie Kritik und Debatten verbreiteten. Durch den Musikfilm wurde das Kino zu einem der wenigen Orte, an dem man ausländische Pop- und Rockstars in Originalaufnahmen sehen und hören konnte, da die öffentlich-rechtlichen elektronischen Medien noch weitgehend rockabstinent waren und Formate wie die internationale Tournee oder das Musikfestival sich noch nicht etabliert hatten. Da das Kino als Ort zur Aufführung von Tanzmusik nicht konzipiert war, führte dies zu neuen Auseinandersetzungen. Eine Verkettung von Ereignissen, die als *cinema riots* in die Skandalgeschichte der fünfziger Jahre eingingen, trug

298 »Viele Heldentaten der Gangs beruhen auf Nachahmung des Kinos«, schrieb Thrasher schon 1927 in: Frederic M. Thrasher, *The Gang: A Study of 1,313 Gangs in Chicago*, Chicago 2013, S. 107.

entscheidend zur weitergehenden Problematisierung des Films als Jugendmedium bei. Um sie wird es im Folgenden gehen.

3.3. Internationale Kino- und Konzertkrawalle

Am 4. Dezember 1956 verließen zahlreiche junge Zuschauer »in einer Atmosphäre der Unternehmungslust« ein Kino in Mannheim, in dem der Film *Außer Rand und Band* (*Rock Around The Clock*) gezeigt worden war. Einge von ihnen waren »zum Handeln entschlossen«, sie wollten »schreien, singen, johlen«. Die Mehrzahl verhielt sich zunächst abwartend und lief »mehr aus Neugierde« mit.[299] Auf dem Alten Meßplatz versammelten sich rund 500 Jugendliche und zogen von dort aus in die Innenstadt, wo etwa 40 in das Lokal Rondo eindrangen und Scheiben, Tische, Stühle, Gläser und Aschenbecher beschädigten. Späteren Aussagen zufolge hatten sie dem Inhaber wegen der von ihm verlangten Verzehrkarten einmal zeigen wollen, »wie stark wir sind«, außerdem wollten sie dort tanzen. Als die Polizei anrückte, flüchteten die Jugendlichen und drangen in die Tanzdiele Prinz Max ein, wo sie einen an der Tür angebrachten Vorhang herunterrissen und »wie die Idioten« schrien, wie ein Zeuge formulierte. Im weiteren Verlauf gingen Fensterscheiben verschiedener Wohnhäuser zu Bruch, Passanten wurden beleidigt, die Fahrbahn mit Gegenständen blockiert, einige Rückspiegel und Antennen von parkenden Wagen beschädigt und ein an der Hauswand angebrachtes Reklameschild zerstört. Ein Kleinwagen wurde auf die Straße geschoben, eine Gaslaterne und eine öffentliche Fernsprechzelle demoliert, und ein 19-Jähriger warf einem »langsam vorbeifahrenden Mopedfahrer« den aus der Tanzdiele entwendeten Vorhang über den Kopf.[300]

Diese von dem führenden deutschen Kriminologen Günther Kaiser anhand von Polizeiakten minutiös rekonstruierten Ereignisse waren kein Einzelfall. Schon 1955 hatte das überwiegend jugendliche Publikum auf einem Konzert von Louis Armstrong in Hamburg seinem Unmut über die Kürze des Auftritts und die Absage eines weiteren Konzerts lautstark Luft gemacht und sich dem Ver-

299 Kaiser, *Randalierende Jugend*, S. 30.
300 Ebd.

such der Polizei widersetzt, die Menschenmenge aufzulösen.[301] In verschiedenen deutschen Städten kam es nach Kinovorstellungen und Konzerten zu konflikthaften Ereignissen, die sich zu ähneln schienen und die Diskussion über die Wirkungsweise der neuen Kulturprodukte anheizten. Bereits zuvor war es in Großbritannien zu solchen Störungen gekommen. Die außerordentliche Rolle, die das Kino in den Skandalisierungen der Jugendkultur der fünfziger Jahre spielte, ist nicht allein mit den Filminhalten zu erklären. Zur Dramatisierung ihrer Wirkung trug wesentlich eine Verkettung von Ereignissen bei, die als sogenannte *cinema riots* beziehungsweise *rock'n'roll riots* notorisch wurden und als exemplarisch für eine – wenngleich nicht intendierte – Rezeptionsverflechtung gelten können.[302] Indem sie den Begriff Riot – Aufruhr, Krawall – verwendeten, stellten beispielsweise die britischen Medien die Ereignisse in den Kontext der nationalen Konfliktgeschichte. Insbesondere London war seit Jahrhunderten auch ein Gewaltraum, in dem in Straßenkämpfen unterschiedliche religiöse, ethnische und wirtschaftliche Interessen ausgefochten wurden.[303] In der klassischen Definition E.P. Thompsons waren etwa die *food riots* des 18. Jahrhunderts ein traditionelles Mittel britischer Unterschichten, ihre Rechte einzufordern und nötigenfalls gewaltsam durchzusetzen.[304] Auch wenn Thompsons Konzept einer *moral economy* in den 1950er Jahren noch nicht zur Verfügung stand, knüpfte der Begriff Riot an historische Vorbilder an, sowohl aus der Zwischenkriegszeit als auch aus älteren Epochen; und er rief auf diese Weise Deutungsmuster auf, die gravierende Auseinandersetzungen erwarten ließen. Ich werde mich im Folgenden mit den Implikationen dieser zeitgenössischen Deutungen beschäftigen und insbesondere untersuchen, wie es dazu kam, dass lokale Ereignisse transregionale und schließlich transnationale Kreise zogen.

301 Vgl. Poiger, *Jazz, Rock, and Rebels*, S. 79.

302 Dieses Kapitel nimmt Arnold Sywotteks Anregung auf, internationale Rezeptionsverflechtungen als Aspekte einer »weithin noch ungeschriebenen Sozialkulturgeschichte des 20. Jahrhunderts« näher in den Blick zu nehmen; siehe ders., »Film und Geschichte – ein Problemaufriß«, S. 12.

303 Vgl. Clive Bloom, *Violent London. 2000 Years of Riots, Rebels and Revolts*, London 2003, bes. S. ix-x.

304 Edward P. Thompson, »The Moral Economy of the English Crowd in the Eighteenth Century«, in: *Past & Present* 50 (1971), S. 76-136.

3.3.1. Unruhen in Großbritannien

Im Februar 1956 meldete die Leitung der Kingsley Secondary School im Londoner Stadtteil Chelsea, einige ihrer Schüler hätten den Film *Blackboard Jungle* in einem lokalen Kino gesehen, was »einen schädlichen Effekt auf ihr anschließendes Verhalten« gehabt habe.[305] Der Film war vom British Board of Film Censors in die Kategorie X eingestuft und damit erst ab 16 Jahren freigegeben worden. Auf dieser Grundlage überprüften Beamte der Stadtverwaltung und der Feuerwehr bei Stichproben in 20 Kinos im Juni 1956, ob sich dort Personen unter 16 Jahren aufhielten, wurden aber nur in einem Fall fündig. Bereits bevor der Film anlief, hatten sich die Medien gegenseitig mit Spekulationen über anstehende Krawalle überboten.[306] Ende August 1956 erschienen tatsächlich erste Berichte über Störungen während der Filmvorführungen in zwei Londoner Kinos, bei denen zwei Kinomitarbeiter »eine raue Behandlung« durch Jugendliche erlitten.[307] Beide hatten versucht, die Zuschauer vom Tanzen in den Gängen abzuhalten, woraufhin ein Handgemenge entstanden war. Ein 15-Jähriger musste sich deswegen vor einem Jugendgericht verantworten.[308]

Die Ereignisse des Jahres 1956 waren bei weitem nicht die ersten Störungen in britischen Kinos.[309] Doch die ohnehin schon skeptisch beäugte neue Tanzmusik in Kombination mit einem Film, der Devianz darstellte, provozierte nun den Ruf nach einem kompletten Verbot. Die Filmverleiher mahnten jedoch zunächst zur Besonnenheit und wiesen darauf hin, dass es sich bei den Presse-

305 Public Control Department am London Council County, Report vom 02.11.1956 »for members only«, London Metropolitan Archive (LMA), GLC/DG/EL01/169.

306 »Sie [die jüngere Generation] wird, zweifelsohne, in diesen Film strömen und vielleicht die Kinos aus ihren Fundamenten rocken und rollen«, spekulierte etwa der Filmkritiker der *Kensington News* (24.08.1958), S.f.

307 Vgl. *Daily Film Renter* (30.08.1956), S.f.

308 Ebd.

309 Bereits im Mai 1955 hielt das London County Council es für notwendig, eine formelle, mit dem Stadtsiegel versehene Order »Discharge of Fireworks and Stink Bombs in Places of Public Entertainment« zu erlassen, nachdem olfaktorische Störungen von Filmvorführungen gemeldet worden waren. Vgl. LMA CL/GP/1/46.

berichten um Übertreibungen gehandelt habe.[310] Die Kinomitarbeiter seien längst wieder im Dienst und nicht ernsthaft verletzt worden, die aufgeschlitzten Leinwände seien von Zeitungsreportern sogar gänzlich erfunden worden, betonte der General Manager der A.B.C.-Kinos gegenüber einer Zeitung.[311] Diesen Beschwichtigungsversuchen zum Trotz verschwanden Kinokrawalle nicht aus den Schlagzeilen:[312] Eine Reihe von Berichten hielt das Thema aktuell und verknüpfte es mit der noch immer intensiv diskutierten »Teddy Boy«-Problematik.[313] Im Empire Cinema in Burnley sei ein Sachschaden in Höhe von 150 Pfund entstanden, als Glühbirnen zerstört und Sitze beschädigt worden seien, wurde am 5. September gemeldet.[314] Einen Tag später hieß es, eine Kinokette habe entschieden, den Film nur noch an Wochentagen zu zeigen, um weiteren Schaden durch aufgeheiterte Wochenendzuschauer zu verhindern.[315] Die Stadt Blackpool, die ihr »Teddy Boy-Problem« lösen wollte, habe sich aufgrund der Medienberichte über Störungen in London entschieden, den Film gar nicht erst zu zeigen, berichtete die *Times*.[316] Kurz darauf verbannten ihn auch die Städte Birmingham und Brighton sowie weitere Kommunen von den Kinoleinwänden,[317] und dort, wo *Blackboard Jungle* noch gezeigt wurde, kam es tatsächlich immer wieder zu Störfällen, etwa in Croydon, wo Polizisten mehrere Jugendliche in Gewahrsam nahmen, die während der Tanzszene im Film auf die Bühne gesprungen waren und dort direkt vor der Leinwand Jive getanzt hatten.[318]

In der Berichterstattung wurden diese Störungen nach bereits

310 »Dies ist ein rauer Bezirk, und alles, was passierte, war etwas Erregung, als ein Mitarbeiter des Kinos ein paar Gestalten kontrollierte, die zu sehr in Wallung geraten waren«, beschwichtigte ein Kinobetreiber. Vgl. *Daily Film Renter* (30.08.1956), S. f.

311 Vgl. *Kensington News* (31.08.1956), S. f.

312 *News Chronicle* (03.09.1956), S. f.

313 Vgl. hierzu oben, Kap. 2.1.3 und 2.2.1.

314 »›Rock & Roll‹ Film Inquiry. Run May Be Cut«, in: *Daily Telegraph* (05.09.1956), S. 9.

315 »Rock & Roll‹ Film Ban. No Sunday Showing«, *Daily Telegraph* (06.09.1956), S. 11.

316 »Rock And Roll Ban in Blackpool«, in: *The Times* (07.09.1956), S. 6.

317 Bootle, Wigan, Gateshead, South Shields, Durham und Tynemouth. Vgl. »A BIG BAN BY CINEMA FIRMS«, in: *Daily Mirror* (13.09.1956), S. 3; »So Birmingham Will Not ›Rock‹«, in: *Daily Worker*, 13.09.1956, S. 3.

318 »Uproar at ›Rock & Roll‹ Cinemas«, *Daily Telegraph* (10.09.1956), S. 7.

bekanntem Muster als »Teddy Boy«-Unruhen dargestellt. So berichtete der *Daily Telegraph*, »teddy boys and girls« hätten beim Erklingen der Titelmelodie begonnen, mit den Füßen zu stampfen und laut mit den Händen zu klatschen.[319] Im Londoner East End seien 120 Jungs und Mädchen aus ihren Kinositzen gesprungen und hätten sich nur unter Protest von Polizeibeamten aus dem Kino transportieren lassen, während Gruppen von »Teddy Boys« im Londoner Vorort Dagenham gar nicht erst in das Kino hineingelassen wurden.[320] In Twickenham rückte die Polizei an, weil eine Gruppe Jugendlicher nach dem Besuch des Kinos singend und tanzend durch die Straßen zog, und nahm zehn Personen wegen »beleidigender Rede und ungebührlichem Benehmen« fest.[321] Von London aus breiteten sich die Kinokrawalle Berichten zufolge binnen weniger Wochen über ganz Großbritannien aus. In Manchester etwa kam der Verkehr durch spontane Jive-Tänze auf einer Hauptverkehrsader zeitweise zum Erliegen, und in Bootle bei Liverpool setzte die Polizei Schlagstöcke gegen 1000 singende, schreiende und jivende Jugendliche ein, die nach einer Filmvorführung, die nach dem Zünden von Feuerwerkskörpern abgebrochen worden war, die Innenstadt auf eine Meilenlänge lahmlegten.[322] Die Zeitungen machten aus diesen Vorfällen teils *frontpage news*, und am 11. September hatten die Tänze im Kinosaal in den Schlagzeilen bereits den Status nationaler »rocking riots« erreicht.[323]

Den dramatischen Berichten dieses Tages zufolge hatten »Teddy Boys« im Anschluss an Vorführungen in mehreren Kinos den Straßenverkehr durch Tänze auf der Fahrbahn gestört, unter anderem in dem ohnehin als »Teddy Boy-Viertel« verrufenen Londoner Stadtteil Elephant and Castle.[324] Ausgelöst wurden die Konflikte allerdings dadurch, dass einigen im edwardianischen Stil gekleide-

319 Ebd.

320 Ebd.

321 »Rock & Roll Cinemas Call Police«, n: *Daily Telegraph* (03.09.1956), S. 7.

322 *Morning Advertiser* (11.09.1956), S. f. Zehn der 14 Festgenommenen zwischen 15 und 16 Jahren bekannten sich »nicht schuldig«: vgl. »›Rock And Roll‹ Disturbances. Film Halted in Manchester. Police Dogs Disperse London Crowd«, in: *The Times* (12.09.1956), S. 8; »Police Dogs Break Up ›Rock & Roll‹ Crowd. Uproar In Cinema«, in: *Daily Telegraph* (11.09.1956), S. 7.

323 Vgl. »Rock Riot Was Fun, Says Cinema Boss«, in: *Daily Sketch* (11.09.1956), S. 5.

324 Vgl. Kapitel 2.3.5.

ten Jugendlichen der Eintritt in das 3300 Sitze fassende Trocadero-Kino verweigert worden war, noch bevor sie dort in den Gängen hatten tanzen können.[325] Einer der abgewiesenen Jugendlichen habe eine Kinoscheibe eingetreten, 30 andere hätten das Foyer belagert und seien von der Polizei hinaus eskortiert worden. Nach Ende des Filmes blockierten angeblich bis zu 2000 Jugendliche die New Kent Road. Er habe den Soundtrack extra laut gespielt, gab der Kinobetreiber an, weil die Strategie anderer Lichtspielhäuser, den Ton während der Tanzszenen herunterzuregeln, gescheitert sei, da die Jugendlichen in Reaktion darauf einfach selbst den Rhythmus durch Gesang und Klatschen imitiert und so erst recht das unerwünschte Lärmverhalten an den Tag gelegt hätten.[326]

Die spektakulären Medienberichte führten zu massiven Sicherheitsvorkehrungen. Im nordöstlichen London gingen Polizisten innerhalb und außerhalb der Kinos Streife, in Südlondon heuerte ein Kinobesitzer zusätzliches »männliches Personal« zum Schutze seines Saales an.[327] Zeitweise waren dort bis zu 30 Mitarbeiter im Einsatz sowie zwei Polizisten vor dem Kino stationiert, während sich 20 weitere auf der nächstgelegenen Wache in Bereitschaft hielten. Diese sichtbare Präsenz von Polizei- und privaten Sicherheitskräften zeitigte jedoch nicht den gewünschten Effekt, sondern trug im Gegenteil zu einer Verschärfung der Situation bei. So erklärte einer der wenigen beteiligten Jugendlichen, die sich in einer Zeitung äußern durften: »Die Musik macht nicht viel mit dir. Aber wenn du ein Dutzend Polizisten siehst, die sich rund um die Wände aufgereiht haben, und einen Polizeihund im Foyer, dann weißt du, dass man von dir Krawall erwartet.«[328] Für eine weitere Dramatisierung sorgte der Tod eines 60 Jahre alten Kinobesuchers Ende September 1956, der sich angeblich gegen die »Rock'n'Roll-Riots« in den Kinos verbal zur Wehr gesetzt hatte und dessen Leiche kurz darauf nahe einem Kino aufgefunden wurde.[329] Dem Ergebnis der gerichtsmedizinischen Untersuchung zufolge, das zwar in die Ak-

325 Ebd.

326 Ebd.

327 Public Control Department, Report Entertainments, 08.01.1957, S.3, LMA GLC/DG/EL/01/172.

328 Jon Collen, »Rock'n Roll – Don't Worry It's Normal!«, in: *Daily Sketch* (13.09.1956), S.10.

329 »Rock 'n Roll Cinema Man Found Dead«, *Daily Mail* (27.09.1956), S.1.

ten der Stadtverwaltung einging, nicht aber in die Spalten der Zeitungen, war der Mann jedoch eines natürlichen Todes gestorben.[330] Dessen ungeachtet wurde der Tote als das erste Todesopfer der »Rock'n'Roll-Riots« dargestellt – eine erneute Suggestivmeldung, die geeignet war, einerseits das kriminelle Image der »Teddy Boys« und andererseits die verheerenden Auswirkungen der Rock'n'Roll-Filme auf drastische Weise zu dramatisieren.

Alarmiert von diesen Berichten, ließ die Londoner Stadtverwaltung Vorfälle in 30 Kinos untersuchen, in denen der Film *Rock Around The Clock* 1956 gezeigt worden war. Inspektoren besuchten stichprobenartig Vorführungen inkriminierter Rock'n'Roll-Filme und befragten das Personal der Kinos ausführlich über den Charakter der Ereignisse, da die Vorfälle die erst jüngst etablierten Bewertungsschemata zur Altersfreigabe von Filmen grundsätzlich in Frage stellten. Eine detaillierte Chronologie der Ereignisse wurde erstellt, die ein weitaus nüchterneres Bild zeichnete als die farbenfrohen Schilderungen der Presseberichte.[331] Oft war unerlaubtes Rauchen im Kino der Stein des Anstoßes, meistens aber das Tanzen in den Gängen während der Vorführung. Als das Kinopersonal dagegen vorging, sei es zu einigen Handgemengen und vereinzelt auch zur Beschädigung von Kinositzen gekommen. In einem Fall, als mehrere als »Teddy Boys« bezeichnete Jugendliche die Vorführung der Wochenschau mit dem Ruf »We want Rock« derart gestört hatten, dass die Nachrichten nicht mehr zu verstehen gewesen seien, wurden sie von der Polizei aus dem Saal entfernt und hinterließen drei zerbrochene Sitze.[332] Eine Stichprobe des zuständigen Inspektors in einer weiteren Vorführung des Filmes *Rock Around The Clock* verlief allerdings – abgesehen von vereinzeltem Mitklatschen – ohne jedwede Störung.[333]

Befragt nach den Ursachen der Kinokrawalle, waren sich die Kinobetreiber einig, das Publikumsverhalten sei nicht schlechter als an anderen Abenden gewesen, an denen geringfügige Störungen der Kinoaufführungen in manchen Gegenden ohnehin zum Alltag gehört hätten – ganz unabhängig davon, welcher Film ge-

330 Aktennotiz vom 02.10.1956, LMA, GLC/DG/EL/01/172.

331 Vgl. Public Control Department, Report Entertainments, District 10, vom 09.01.1957, LMA GLC/DG/EL/01/172.

332 Ebd.

333 Ebd.

zeigt wurde.[334] Weitere Stichproben in den laut Zeitungsberichten betroffenen Kinos erbrachten ebenfalls kaum Resultate. Ein interner Bericht vom 18. September 1956, der auf den Aussagen dreier befragter Kinobetreiber beruhte, die nicht in der Öffentlichkeit zitiert werden wollten, besagte, erst durch die Presseberichte sei das Interesse der Öffentlichkeit an einem mittelmäßigen Film geweckt worden, der sonst nicht halb so viel Aufmerksamkeit erhalten hätte und von manchen Kinos gar nicht erst ins Programm genommen worden wäre, weil er ohnehin nur am Wochenende Zuschauer angezogen hätte. Auch sei die Aufregung dem Kalkül einzelner Kinobetreiber gefolgt, die aus übertriebenen Presseberichten Gewinn hätten ziehen wollen.[335] Dennoch trugen die Vorfälle zur gestiegenen Aufmerksamkeit für Jugendliche im öffentlichen Raum bei.[336] Einzelne Stimmen nutzten die *cinema riots*, um mehr adäquate Räume für Jugendliche einzufordern. Bereits im September 1956 hatte ein Kommentator gefragt: »Wenn die Jungen tanzen wollen, warum machen wir ihnen dann keine Plätze dafür zugänglich? Warum nicht ein paar Jive-Sessions in unseren öffentlichen Parks und Stadthallen? Lasst sie doch Spaß haben.«[337]

1957 kam mit *Shake, Rattle And Rock!* erneut ein Film in die britischen Kinos, der den Rock'n'Roll zum Inhalt hatte. Die Befürchtungen, es könne abermals zu abweichendem Verhalten in den Filmtheatern kommen, erwiesen sich jedoch als unbegründet, wie Berichte der Londoner Behörden festhielten.[338] Ein Kontrolleur fand das junge Kinopublikum gar in einem »beinahe lethargischen« Zustand vor.[339] Gleichwohl hielt sich das Thema monatelang in den Medien und zog, wie noch gezeigt werden wird, eine rege wissenschaftliche Zuschauerverhaltensforschung nach sich.

334 Public Control Department, Report Entertainments vom 08.01.1957, S. 3, LMA GLC/DG/EL/01/172.

335 Report »Entertainments: Rock around the Clock«, 18.09.1956. LMA GLC/DG/EL/01/172.

336 Report »Entertainments. District 5«, 19.11.1956, LMA GLC/DG/EL/01/172.

337 »Rock Riot was Fun, Says Cinema Boss«, in: *Daily Sketch* (11.09.1959), S. 5.

338 Re[port] film entiteled »Shake, Rattle And Rock«, District 9, 21.01.1957, LMA, GLC/DG/EL/01/174.

339 Report »Shake, Rattle And Rock« des London County Council vom 02.01.1957, ebd.

3.3.2. London, Tokio, Bielefeld: Die Internationalisierung der *cinema riots*

Eine internationale Ausweitung erfuhr die Debatte, als auch in anderen europäischen Staaten ähnliche Vorfälle gemeldet wurden. Schon bevor *Blackboard Jungle* in Deutschland unter dem Titel *Die Saat der Gewalt* anlief, hatten die Berichte über die britischen Kinounruhen und die amerikanische *juvenile delinquency* die Erwartung ähnlicher Vorkommnisse geweckt. Bereits die Kinoplakate verwiesen in dicken Lettern auf den »diplomatischen Zwischenfall« (siehe oben, Abb. 19), der die Europapremiere des Filmes in Venedig skandalisiert hatte, und warben in *Exploitation*-Manier mit der dramatisierenden Aufschrift »Im Kreuzfeuer von Protesten und Begeisterung!«.[340] Als es dann tatsächlich zu den eingangs geschilderten Vorkommnissen in Mannheim und anderen Städten kam, wo in den Kinos sowie auf Straßen und öffentlichen Plätzen getanzt und teils randaliert wurde – in mehreren Fällen demolierten die jugendlichen Zuschauer noch im Kinosaal die Sitze, rissen Armlehnen ab und lieferten sich in der Innenstadt Rangeleien mit Polizisten –, war auch in Deutschland von einer sich selbst erfüllenden Prophezeiung die Rede.[341]

Diese Ereignisse ähnelten den aus der Presse bekannten Vorkommnissen in England, aber auch den in den US-amerikanischen JD-Movies gezeigten Taten. So erwähnt der Polizeibericht ausdrücklich, ein 18-Jähriger habe »versucht wie in dem Film ›… denn sie wissen nicht was sie tun‹ (Original: *Rebel without A Cause*) mit einem Messer den Reifen eines Kraftfahrzeugs seitlich anzustechen und dadurch zu beschädigen«.[342] Der Versuch misslang offenkundig, wie überhaupt die Schadensbilanz gemessen an der Zahl der beteiligten Jugendlichen verhältnismäßig gering war. Dass er dennoch breit diskutiert wurde, lag auch daran, dass solche Handlungen geeignet waren, die Nachahmungsthese zu belegen, der zufolge

340 Vgl. Kinoaushang, SDKS F12331_OT. Vgl. zum diplomatischen Skandal oben, Kap. 3.2.1.

341 So am 04. 12. 1956 in Mannheim nach Aufführung von *Außer Rand und Band*, ebenso am 11. 01. 1957 in Bielefeld anlässlich des zweiten Teils (im Original: *Don't Knock The Rock)*. Diese und zahlreiche weitere Beispiele dokumentiert Kaiser, *Randalierende Jugend*, bes. S. 30 f.

342 Ebd., S. 30.

die Filme eine kriminogene Wirkung auf Jugendliche hatten. Sie dienten Befürwortern schärferer Altersrestriktionen und Zensurvorgaben dazu, ihre Forderungen empirisch zu untermauern. Als sich die Polizei in Mannheim auf die Festnahme sogenannter Rädelsführer konzentrierte und acht Beschuldigte als solche vom örtlichen Bezirksschöffengericht im Januar 1957 zu Jugendarrest beziehungsweise zu Bewährungsstrafen verurteilt wurden, entbrannte eine ähnliche Debatte wie im selben Jahr in Köln.[343]

Nachdem in einer weiteren Verhandlung in Mannheim auch einige »passiv« an den Tumulten beteiligte Jugendliche angeklagt wurden, kam es zu einem Schriftwechsel zwischen dem Vorsitzenden des Jugendschöffengerichts und dem Ersten Staatsanwalt. Während der Vorsitzende die Ansicht vertrat, es sei »optisch falsch [...], aus einer Gruppe [...] von insgesamt 500 zehn herauszugreifen, die nicht mehr getan haben als die übrigen 490 auch«, erwiderte der Staatsanwalt, er halte es »aus Gründen der Persönlichkeitserforschung, aus erzieherischen und auch aus optischen Gründen für geboten, daß die zu erwartenden Zuchtmittel auf Grund einer Hauptverhandlung durch Urteil ausgesprochen werden«. Andernfalls bestehe die Gefahr der »Bagatellisierung« der Tat der jugendlichen Landfriedensbrecher. Der Strafantrag wurde jedoch abgewiesen, weil es den Beschuldigten an Unrechtsbewusstsein gemangelt habe.[344] Anhand der Bestrafung »aktiver« und »passiver« Täter wurde eine Typenbildung betrieben, aus der neue Maßnahmen zwischen Erziehen und Bestrafen hervorgingen sowie neue Strategien der Prävention.

Als Präventionsmaßnahme wurde immer wieder die Einschränkung kultureller Freiheiten diskutiert. Schon als *Rock Around The Clock* am 21. September 1956 unter dem sprechenden Titel *Außer Rand und Band* in die westdeutschen Kinos kam, schienen sich die britischen Debatten auf bundesdeutschem Boden zu wiederholen. Gut eine Woche nachdem der Film angelaufen war, hatte ihn die Zeitschrift *Bravo* vorgestellt und berichtet, dass britische Fans in Krawalle verwickelt gewesen seien. Die zu dieser Zeit noch weitgehend Rock'n'Roll-abstinente *Bravo*, die sich erst in den folgenden

343 Am 23.01.1957, vgl. ebd., S. 30. Vgl. zur Kölner »Knüppelparade« oben, Kap. 2.2.4.

344 Ähnlich argumentierte ein Gericht in Lübeck; vgl. (mit Bezug auf die Akten des Mannheimer Gerichts) Kaiser, *Randalierende Jugend*, S. 31.

Jahren von einer Programmzeitschrift für Erwachsene zu einem Jugendmusikmedium wandelte, bot eine rassistische Erklärung an: Der Rock'n'Roll basiere auf afrikanischen Rhythmen und habe deshalb die Kraft besessen, »kühle Engländer«, die normalerweise keine Krawalle anzettelten, in »weiße Neger« zu verwandeln.[345] Bei einer Vorführung des Films in Bielefeld wurden am 11. Januar 1957 die Armlehnen von rund 50 Sesseln demoliert, und nach der Vorführung ereigneten sich auf der Straße ähnliche Delikte wie zuvor in Mannheim. Als acht Jugendliche wegen Landfriedensbruch verurteilt wurden, hieß es in der Begründung des Gerichts, »Presse, Film und Masse« seien von »größtem Einfluss« gewesen.[346] Die Mitschuld an den Vorfällen gaben etliche Kommentatoren abermals dem Kino und forderten die »Beseitigung der ›Filmpest‹, vor allem der reißerischen Titel und Werbeplakate«.[347] Dass die Gewalt nicht immer von den Jugendlichen ausging, zeigt beispielhaft der Verlauf des Krawalls vom 2. November 1956 in Hannover nach der Kinopremiere eines Rock'n'Roll-Filmes:

> Ein Vater, der seine Tochter in dem tanzenden Haufen entdeckt hatte, sprang durch den Kreis und ohrfeigte sie. Er mußte sich anschließend vor dem grölenden Haufen in eine abfahrende Straßenbahn retten. Ein Boxer aus der Neustadt, dem das Gehabe der Jugendlichen nicht gefiel, schrie einen Kreis von etwa 100 Demonstranten an. Als er mit »Rock'n'Roll«-Rufen niedergeschrien wurde, sprang er in die Menge und verteilte wütend Boxhiebe. Der polizeilichen Aufforderung, die Schlägerei sofort einzustellen, wurde ohne Murren, aber mit »Rock'n'Roll«-Rufen entsprochen.[348]

Die Polizei schritt dem Bericht zufolge ein – gegen die tanzenden Jugendlichen, nicht gegen den erwachsenen Boxer. Bei etlichen Vorfällen infolge von Kinovorführungen waren es Ordnungskräfte oder Erwachsene, die sich durch die Normverstöße der Körper-

345 Vgl. »Die ganze Welt rockt und rollt«, in: *Bravo* (30.09.1956), zit. n. Poiger, *Jazz, Rock, and Rebels*, S. 89. Vgl. zum Begriff des »white negro« unten, Kap. 4.2.1; zur *Bravo* ausführlich Kap. 4.4.1.

346 Ebd., S 31.

347 Dies forderte der Oberregierungsrat und Leiter einer Haftanstalt Wilhelm Fischer am 20.03.1960 in der *Welt am Sonntag* unter der Überschrift »Jugendkriminalität – was tun?«, S. 2.

348 Curt Bondy u. a., *Jugendliche stören die Ordnung. Bericht und Stellungnahme zu den Halbstarkenkrawallen*, München 1957, S. 43.

sprache der Tänze provoziert fühlten und initiativ zu gewaltsamen Maßnahmen schritten.

In der DDR wurden im Unterschied zur Bundesrepublik zwar keine größeren »Kinokrawalle« bekannt, da Filme, die Rock'n'Roll-Musik enthielten, gar nicht erst in die Kinos kamen, aber vereinzelte Vorfälle gab es etwa in Rostock oder in Berlin-Köpenick, wo eine Gruppierung von rund 20 Jugendlichen Filmveranstaltungen in den Lichtspieltheatern Bali und Forum störten.[349] In Leipzig waren Filmtheater beliebte Treffpunkte von Jugendcliquen, von denen einige sich sogar nach Lichtspielhäusern benannten, wie die Adler-, die Lindenfels und die Capitol-Meute.[350] Die DDR-Behörden blickten durchaus besorgt auf die Vorgänge in westlichen Kinos, und die westlichen Kinokrawalle gingen in die Akten des MfS ein. Den Ermittlungen zufolge beteiligten sich auch Jugendliche aus der DDR, die vor dem Mauerbau häufig die eigens zu diesem Zweck nahe der Grenzübergänge eingerichteten Westberliner Kinos mit ermäßigten Eintrittspreisen für DDR-Jugendliche besuchten, ebenfalls an »Kinokrawallen« im Westen.[351] Noch 1961 stilisierte ein internes Kommuniqué der SED diese Vorfälle zum Argument für eine ideologisch begründete Ächtung des Rock'n'Roll.[352]

Zu Tumulten kam es nach Vorführungen von *Rock Around The Clock* auch in Skandinavien und den Benelux-Staaten. In Oslo gab es ebenso Tumulte wie im belgischen Mons, wo ein Film verboten wurde, nachdem jugendliche Kinogänger laut Presseberichten eine Polizeiwache mit Eiern und Tomaten angegriffen hatten.[353] Bereits

349 Anfang der 1960er Jahre laut »Berichterstattung über die Maßnahmen zur Bekämpfung des Rowdytums und der feindlichen Gruppierungen. Bezug: Dienstanweisung 4/62 des Präsidenten der Volkspolizei Berlin vom 28. 03. 1962«, Berlin, 08. 06. 1962, LAB C Rep. 104 Nr. 15, Bl. 11.

350 Vgl. Fenemore, *Sex, Thugs and Rock'n'Roll*, S. 86; Kaiser, *Randalierende Jugend*, S. 94.

351 Analyse betr.: Untersuchungsvorgänge gegen jugendliche Banden, Hauptabteilung IX, Berlin, März 1960, BStU, HA IX/MF/11832, Bl. 15.

352 Informationsdienst des ZK der SED, Abt. Agitation und Propaganda, Nr. 48/IV, 1961, zit. n. Heide Riedel, *»Lieber Rundfunk ...«. 75 Jahre Hörergeschichte(n)*, hg. v. Deutsches Rundfunkarchiv und Deutsches Rundfunkmuseum, Berlin 1999, S. 283.

353 »U.S. Film Causes Rioting«, in: *NYT* (05. 09. 1956), S. 22; »Rioters Rock'n'Roll in Oslo«, in: *NYT* (24. 09. 1956), S. 3; »Belgian Town Band U.S. Film«, in: *NYT* (17. 12. 1956), S. 34.

zum Filmstart hatte beispielsweise die niederländische Tageszeitung *De Volkskrant* die Hoffnung formuliert, die werktätigen jungen Fans aus Fabriken und Büros mögen keine Exzesse veranstalten.[354] Die deutsche Debatte über die sogenannten Halbstarken war in dem Nachbarland ausführlich rezipiert worden. Das »Halbstarkenproblem« hätten die Deutschen ihrem »Führer« zu verdanken, verkündete die linkskatholische Zeitung unter der Überschrift »Erben von Adolf Hitler«; denn es handele sich dabei um die Spätfolgen einer nationalsozialistischen Erziehung.[355] Dieser Sonderwegsthese standen jedoch nicht nur die Probleme der Briten, sondern auch die mit der eigenen Jugend entgegen. Nur einen Tag nach Veröffentlichung seiner provokativen Thesen musste das Blatt ein eigenes »Halbstarkenproblem« eingestehen. Sogenannte *swingnozems* aus Haarlem hatten einen mit jugendlichen Musikfans aus Zandvoort besetzten Zug abgepasst und diese bedroht. Der pejorative Begriff *nozem* war zur Bezeichnung jugendlicher Stile geprägt worden,[356] der ebenfalls gebräuchliche Begriff *vatkoppen* (wörtlich: Fettköpfe) spielte auf die Brillantinefrisuren der jungen Männer an und bildete das Äquivalent zu dem in den USA üblichen Terminus *greaser*.[357] Nach Vorführungen von *Rock Around The Clock* kam es in der Stadt Apeldoorn zu Straßenschlachten zwischen Jugendlichen und der Polizei, die den Film tagelang in den Schlagzeilen hielten.[358] Ähnliche Vorfälle wurden global gemeldet: Demnach seien auch in Tokio Kinositze zertrümmert und in Sydney Straßen blockiert

354 H[ans] de W[itte], »Rock'n'Roll de zoveelste danserage«, in: *De Volkskrant* (01.09.1956), S. 15.

355 Hans de Witte, »Jeugdmisdadigheid neemt toe. ›Halbstarken‹ straatterreur in West-Duitsland. Erfenis van Adolf Hitler«, *De Volkskrant* (05.09.1956), S. 5.

356 *Nozem* (davor: *nootsum*) war ein kolloquialer Begriff für Halbswüchsige in Rotterdam, der sich in den 1950ern für Lederjacken tragende Rock'n'Roll-Fans verbreitete und mit dem niederländischen Wort für Motorrad (*broomfiets*) zu *brozem* zusammengezogen wurde. Die etymologische Herkunft von nozem ist unklar; vermutet wird eine Verwandtschaft mit dem engl. nothing. Vgl. Frans Collingnon, *Het woordenreservat. Ouden en nieuwe woordschatten in de Nederlandse taal*, Voorburg 2004, S. 81-84; Eric Duivenvoorden, *Rebelse jeugd. Hoe nozems en provo's Nederland veranderden*, Amsterdam 2015.

357 Dieser Begriff hatte in den USA jedoch auch rassistische Konnotationen, da er vor allem auf junge Hispanics angewandt wurde.

358 Vgl. A.N.P., »Rock-rel te Apeldoorn nog niet geëindigt«, in: *Het Parool* (23.10.1956), S. 7.

worden, in British Columbia (Kanada) habe eine Menschenmenge ihr musikalisches Idol fast erdrückt, und im indonesischen Jakarta »drohte eine Theater-Galerie unter den stampfenden Tritten rhythmisch elektrisierter Zuschauer einzustürzen«.[359]

3.3.3. Die Kriminalisierung der internationalen Tournee

Zum Anlass heftiger Konflikte geriet die Tournee von Bill Haley, dessen Titelstück zum Film *Blackboard Jungle* schon die britischen »Kinokrawalle« provoziert hatte. Auch wenn Musiker wie Franz Liszt in vorangegangenen Jahrhunderten internationale Gastspiele gegeben, sinfonische Orchester sowie Opernsängerinnen weite Konzertreisen unternommen hatten und Jazz-Musiker wie Louis Armstrong schon zu Beginn des Jahrzehnts auch transatlantisch unterwegs waren, war die populäre Tanzmusik vergleichsweise lokal geblieben. Die internationale Tournee ihrer Stars war ein noch kaum etabliertes Format; die Erfahrungen damit hielten sich daher in sehr engen Grenzen.[360] Bill Haley & His Comets war eine der ersten Bands, die dieses Format erprobten, als sie im Herbst 1958 in der Bundesrepublik binnen nur einer Woche zehn Konzerte absolvierte, was bei teils mehreren Auftritten pro Abend in unterschiedlichen Städten einen erheblichen logistischen Aufwand bedeutete.[361] Obwohl als Deutschlandtournee organisiert, wurde sie doch als internationale Tour wahrgenommen, denn schon vor den ersten Konzerten erschienen Berichte über Tumulte in Paris und London bei Konzerten Bill Haleys, und aufgrund der Kinounruhen haftete der von ihm und seiner Band dargebotenen Musik ohnehin der Ruch des Krawalls an.[362] Auch hatte es bei Berliner Jazz-Konzerten im Sportpalast, in der Waldbühne und im

359 »Straßenkämpfe aus musikalischem Anlaß«, in: *FAZ* (02.03.1957), S.17.

360 Vgl. Anaïs Fléchet, »Les festivals de musique populaire: un objet transnational (années 1950-1970)«, in: dies. u.a. (Hg.), *Une histoire des festivals. XXe-XXIe siècle*, Paris 2013, 63-77.

361 Vgl. Grotum, »Die Bill-Haley-Tournee 1958«, S.23.

362 Vgl. Marianne Koch, »Außer Rand und Band«, in: *B.Z.* (23.10.1958), S.8, sowie in: Polizeibericht: Betr. Ausschreitungen anläßlich der Jazz-Konzert-Veranstaltung am 26.10.1958 im Sportpalast, Berlin, 28.10.1958, »Jazz-Veranstaltung Bill Haley 26.10.1958«, S.1, PhS, S4 9130.

Rundbau am Zoo bereits Tumulte gegeben.[363] Als Haley mit den Comets am 26. Oktober im Berliner Sportpalast spielte, kam es zu einem Krawall, der als Vorfall mit dem größten entstandenen Schaden in die Geschichte der »Halbstarkenkrawalle« einging.[364]

Der 1910 eröffnete Sportpalast an der Potsdamer Straße hatte eine lange Tradition als Veranstaltungsort für Sport- und Revueereignisse. Seit den zwanziger Jahren diente er als Versammlungsstätte für politische Kundgebungen und hatte mit dem »Sportpalastwalzer« einen Gassenhauer hervorgebracht.[365] Das Berliner Publikum eignete sich das ursprünglich aus Wien stammende Stück an, indem es an einer bestimmten Stelle jeweils Pfiffe ausstieß, die – ebenso wie andere Publikumsgeräusche – in die Musik aufgenommen wurden. Aufgrund solcher sonischen Aneignungen war die Arena als ein populärer Ort markiert, an dem Sport- und Musikveranstaltungen bisweilen nahtlos ineinandergriffen.[366] Hallen wie der Sportpalast bildeten damit, wie Daniel Morat gezeigt hat, bereits in der ersten Hälfte des 20. Jahrhunderts »multisensorielle Erlebnisräume« populären Vergnügens. Im Unterschied zum bürgerlichen Konzertpublikum, das im 19. Jahrhundert zunehmend verstummt war, waren sie durchaus auf lautstarke Anteilnahme angelegt.[367] An den Konflikten um das Bill-Haley-Konzert wird aber auch deutlich, dass selbst etablierte Orte populären Vergnügens auf das neuartige Format des Rockkonzerts noch nicht vorbereitet waren. Die Höhe der Bühne, die Absperrungen und vor allem die Bestuhlung waren auf ein zwar nicht unbedingt stilles, jedoch überwiegend stillsitzendes Publikum ausgelegt.

363 Am 08.04. bei der Veranstaltung *Zehn Jahre Jazz in Berlin* und am 08.09.1956 bei *Schlager und Humor* in der Waldbühne sowie am 30.03.1957 bei einem Rockkonzert im Rundbau. Vgl. Grotum, »Die Bill-Haley-Tournee«, S. 23.

364 Ebd., S. 28.

365 Vgl. Daniel Morat, »Sport und Vergnügungskultur. Der Sportpalastwalzer (Wiener Praterleben)«, in: Gerhard Paul, Ralph Schock (Hg.), *Sound des Jahrhunderts. Geräusche, Töne, Stimmen 1989 bis heute*, Bonn 2013, S. 112-115.

366 Ebd., S. 115.

367 Ebd. Zum Verstummen des bürgerlichen Publikums vgl. im Anschluss an Lawrence W. Levine, *Highbrow/Lowbrow. The Emergence of Cultural Hierarchy in America*, Cambridge (Mass.), London 1988, S. 83-168, bes. S. 146, sowie die Arbeiten von James H. Johnson und Peter Gay aus den 1990er Jahren; zuletzt auch Sven Oliver Müller, *Das Publikum macht die Musik. Musikleben in Berlin, London und Wien im 19. Jahrhundert*, Göttingen 2014.

Schon als die Vorgruppe auftrat – abermals die Jazz-Kapelle von Kurt Edelhagen –, riss es Teile des Publikums aus den Sitzen, allerdings nicht vor Begeisterung. Der Jazz stieß auf wenig Gegenliebe des Publikums, das den Auftritt mit Pfiffen, Buh-Rufen und etlichen Wurfgeschossen quittierte und die Band nach kurzer Zeit von der Bühne jagte – die dann von Jugendlichen geentert wurde, die ein Transparent entfalteten, auf dem Bill Haley willkommen geheißen wurde. Erst der eilig aus seinem Hotel geholte amerikanische Musiker habe die Menge beruhigen können.[368] Mit Beginn seines Konzerts geriet das Publikum Beobachtern zufolge »sofort in Ekstase«. Während die Musik vom – laut Polizeibericht – »infernalischen Lärm« des Publikums übertönt wurde, sprangen Jugendliche unterschiedlichen Geschlechts auf die Bühne und begannen auch dort zu tanzen.[369] Nach einer halben Stunde gab der Veranstalter den Abbruch des Konzerts über Lautsprecher bekannt, und die Polizei begann sofort mit der Räumung des Saales, konnte aber nicht verhindern, dass »die das Podium umlagernden Gruppen von Jugendlichen die inzwischen von der Kapelle Bill Haley fluchtartig verlassene Bühne stürmten und zum Teil aus Unmut über den Abbruch der Veranstaltung und zum Teil aus reiner Krawalllust den Flügel und die Mikrophonanlage zerstörten und weitere Sachbeschädigungen begingen«.[370] (Abb. 27) Als wirkungslos erwies sich – mangels ausreichenden Wasserdrucks – der Versuch, die Konzertbesucher mit Hilfe eines Wasserschlauchs von der Bühne zu spritzen, und so wurde der »Gebrauch des Polizeiknüppels« angeordnet.[371] Zeitungsreporter beschrieben die Räumung als Saalschlacht im Stil der Zwischenkriegszeit: Mit »heruntergelassenem Sturmriemen« habe das Einsatzkommando die »vertierten Horden« vor sich hergetrieben, die »Gummiknüppelhiebe treffen Schuldige und Nichtschuldige«.[372] Nach weiteren Auseinandersetzungen auf der Straße mit einer nach Polizeiangaben 800-1000 Personen umfassenden Menge, bei der einige Autos beschädigt wurden, endeten

368 Vgl. Ausschreitungen anläßlich der Jazz-Konzert-Veranstaltung am 26.10.1958 im Sportpalast, Berlin, 28.10.1958, S. 2, S4 9130, PhS.

369 Ebd., S. 2.

370 Ebd., S. 3.

371 Ebd.

372 »Sportpalast: Wie die Wilden. Bombardement mit Stuhlbeinen gegen die Polizei«, in: *Die Welt* (27.10.1958), S. 1 u. 11.

die Konflikte gegen 23.30 Uhr mit der Wiederherstellung von »Ruhe und Ordnung«.[373]

Abb. 27. Das Bill-Haley-Konzert im Berliner Sportpalast am 26. Oktober 1958 endet abrupt.

In der Berliner Lokalpresse begann am Folgetag eine neuerliche Debatte über die Wirkung von Musik und den Zustand der Jugend. Das Konzert wurde mit gewohntem Vokabular als ein dissonantes Lärmereignis beschrieben, zwischen normabweichender Klangästhetik und Gewalthandeln ein Kausalzusammenhang unterstellt. Das »transatlantische Schmalzlocken-Idol« Haley und seine »Veitstanz-Instrumentalisten« galten als Idol von »Brutal-Fatzkes«, das Konzert war die »Radau-Veranstaltung« eines »Massenaufpeitschers«.[374] Als Beleg für eine geplante Störung wurden in mehreren Berichten die von den Fans mitgebrachten Hupen und Tröten sowie das Mitführen von Stöcken und Knüppeln angeführt, wobei der Polizeibericht Letzterem entschieden wider-

373 Vgl. Ausschreitungen anläßlich der Jazz-Konzert-Veranstaltung am 26. Oktober 1958 im Sportpalast, Berlin, 28.10.1958, S. 2, S4 9130, PhS.

374 »Nach der ›Schlacht‹: 50000 DM Schaden im Sportpalast. 18 Rädelsführer festgenommen«, in: *Der Abend* (27.10.1958), S. 1 u. 3.

sprach.[375] Einige Jugendliche sagten aus, sie seien von spontanem Ärger gepackt worden, entschuldigten sich nachträglich für ihr Verhalten und boten ihre Hilfe beim Aufräumen an. Die Diskussion kreiste um die Vorhersehbarkeit der Ereignisse, denn Veranstalter und Polizei waren offenkundig auf Konflikte vorbereitet gewesen. Das belegen die doppelt so hohen Sicherheitsmaßnahmen, zu denen die Bereitstellung von vier Einsatzzügen aus fünf Berliner Bezirken mit insgesamt 80 mit Tschakos und Knüppeln ausgerüsteten Polizisten gehörte.[376] Eine Boulevardzeitung hatte in Erwartung von Ausschreitungen keinen Musikkritiker, sondern gleich den Polizeireporter geschickt. Die Bilanz der Krawalle: 25 Verletzte, darunter fünf Polizisten, 18 Festnahmen und 50 000 DM Sachschaden. Es folgten ein juristisches und ein politisches Nachspiel.[377]

Da es auch bei den Haley-Konzerten in Hamburg und Essen zu Konflikten kam, wenn auch – aufgrund von am Boden festgeschraubten Stühlen – mit geringerem Sachschaden, weitete sich die Diskussion über die Lokalpresse hinaus auf die nationale Berichterstattung aus. Gegen die festgenommenen Berliner Verdächtigen ermittelte ein eigens gebildetes »Sonderdezernat zur Bekämpfung des Bandenunwesens«, das auch Filmaufnahmen auswertete, um weitere Verdächtige festzustellen.[378] Im Verlauf der Verhandlung legte die Richterin einem Bericht zufolge Fotos vor, die Konzertbesucher in »somnambule[r] Selbstvergessenheit« zeigten, »die Gesichter oftmals bis zur Unkenntlichkeit entstellt«, und verglich einen der Angeklagten mit einem »Pavian im Zoo«, der »den Wärter angefallen hat«.[379] Das Verfahren vor der Jugendkammer des Landgerichts Berlin endete im Juni 1959 mit der Verurteilung eines Jugendlichen zu einer Bewährungsstrafe von acht Monaten, zwei Jugendliche erhielten mehrwöchige Freizeitarreste, außerdem gab es eine bußgeldpflichtige Verwarnung sowie einen Freispruch.[380]

375 Ausschreitungen anläßlich der Jazz-Konzert-Veranstaltung am 26.10.1958 im Sportpalast, Berlin, 28.10.1958, S. 1, S4 9130, PhS.

376 Ebd.; OrgAbt 1, Az.: 1081/58 Just [masch. Schreiben], Berlin, 04.12.1958 [unpag.], S4 9130, PhS.

377 Ebd.

378 Vgl. »Groß-Razzia auf Sportpalastschläger«, in: *Der Kurier* (30.10.1958), S. 1; zur Auswertung von Filmaufnahmen: »Rock'n'Roll-Konzerte sollen verboten werden«, in: *TSP* (29.10.1958), S. 12.

379 »Procontra: ›Immer mit dem Rhythmus mit‹«, in: *TSP* (10.06.1959), S. 11.

380 M.B., »Mildes Urteil für Jugendliche. Der Krawall im Sportpalast war Folge

Die meisten Kommentatoren kritisierten diese Urteile als zu mild,[381] und nachdem im faschistischen Spanien nach Tumulten bei einem Besuch in Barcelona der Diktator General Franco ein Auftrittsverbot gegen Haley verhängt hatte, entbrannte auch in Deutschland eine Diskussion um das Verbot von Rockkonzerten.[382] Zahlreiche in den Berliner Zeitungen abgedruckte Briefe sprachen sich für die Abschaffung von »Gelegenheiten zum Massenwahn« aus, wie eine Leserin des *Tagesspiegels* es ausdrückte.[383] Auch die sozialdemokratische Senatorin für Jugend und Familie, die ehemalige Widerstandskämpferin Ella Kay, die sich zuvor noch für ein »Recht auf Austoben« ausgesprochen hatte (und 1960 einen Jugend-Jazz-Club eröffnen sollte), wurde nun scharf attackiert, da das Konzert in den Zusammenhang mit innerstädtischen Lärmkonflikten gestellt wurde.[384] Mieter fühlten sich »in ihrer Ruhe« durch »Toben und Schreien« gestört, aber auch durch Jugendliche, die »auf ihren Mopeds dauernd um den Block rumgerast« seien.[385] Andere Kommentare spielten auf die Vorgeschichte des Ortes an. Im Berliner Sportpalast hatte Joseph Goebbels 15 Jahre zuvor seine berüchtigte Rede inszeniert, mit der die »Volksgemeinschaft« mit Hilfe neuester audiotechnischer Mittel (beipielsweise verstärkt eingespieltem Applaus) auf den »totalen Krieg« eingestimmt worden war.[386] Der Krawall sei eine »Schande für das gesamte deutsche Volk«, schrieb ein Leser der *Bild*. Eine Leserin der *Welt* zeigte sich allerdings beruhigt darüber, dass »eine Jugend, die den Rauch von zwei Weltkriegen hinter sich sieht, nur Stühle zerschlägt«.[387]

einer Massenhysterie«, in: *Berliner Morgenpost* (12.06.1959), S. 3; dazu auch Grotum, »Die Bill-Haley-Tournee«, S. 29.

381 Vgl. M.B., »Mildes Urteil für Jugendliche«; »Haupttäter blieben unerkannt. Nur milde Strafen für die Radaubrüder vom Sportpalast«, in: *Die Welt* (12.06.1959), S. 14; Hanne Bär, »Dummheit entschuldigt«, in: *Der Kurier* (12.06.1959), S. 8.

382 Vgl. AP-Meldung abgedruckt in: *FAZ* (24.11.1958), S. 5.

383 Irma Kukulka, Berlin-Steglitz, »Der Krawall«, in: *TSP* (02.11.1958), S. 30.

384 Vgl. DK, »Vorwürfe gegen Senatorin Kay. Vorbeugende Kontrollen fehlten – Abmachungen nicht eingehalten«, in: *Der Kurier* (29.10.1958), S. 7.

385 Julius Dannenberg, Neukölln, »›Recht auf Austoben‹ zuerkannt«, in: *Der Kurier* (02.11.1958), S. 14; »Warum – weiß ich nicht«, in: *Die Welt* (08.11.1958), S. 11.

386 Vgl. Karl-Heinz Göttert, »Wollt ihr den totalen Krieg? Der Lautsprecher und die Medialisierung der Stimme des Politikers«, in: Paul/Schock (Hg.), *Der Sound des Jahrhunderts*, S. 292-297.

387 Vgl. den Leserbrief von Helmut Krieg, »Sportkrawall ist eine Schande für uns!«,

Schließlich beschäftigte das vielfach geforderte Verbot bestimmter Musikveranstaltungen auch den Berliner Senat. Schon kurz nach dem Konzert hatte sich der Regierende Bürgermeister Berlins Willy Brandt in einer Rede vor jungen Gewerkschaftlern von »dieser Art Jugendlicher« distanziert.[388] Am 28. Oktober 1958 entschied der Senat, »Krawallkonzerte durch die Anwendung bestehender Bestimmungen unmöglich zu machen«, indem die Gewerbepolizei über den jeweiligen Veranstalter vorab Auflagen bis hin zum Verbot verhängen sollte.[389] Der christdemokratische Bürgermeister Franz Amrehn kündigte an, auf der Grundlage von § 14 des Polizeiverwaltungsgesetzes »Veranstaltungen, die Tumulte erwarten lassen«, nicht mehr zu genehmigen. Was pauschale Verbote anging, dämpfte allerdings der Justizsenator die Erwartungen, denn es dürfe nur von Fall zu Fall entschieden werden.[390] Als Kriterium für etwaige Verbote wurde zum Beispiel erwogen, solche Konzerte zu unterbinden, die Bestandteil von Tourneen waren, die bereits »zu Exzessen« geführt hätten, man dachte aber auch darüber nach, Veranstaltungsorte mit einer »unrühmliche[n] Tradition« beziehungsweise einem »negativen genius loci« – zu denen nun die Hamburger Ernst-Merck-Halle und der Berliner Sportpalast gerechnet wurden – für künftige Konzerte dieser Art nicht mehr zuzulassen.[391] Auch die Jugendsenatorin sprach sich insgesamt für härtere Auflagen aus: Polizisten sollten künftig früher gegenüber »Ruhestörern« eingreifen, wozu bereits der Einsatz mitgeführter Instrumente wie Tröten und Hupen eine hinreichenden Legitimation biete.[392] Nach einigen verlorenen Verfahren vor Verwaltungsgerichten war eine eher zurückhaltende Linie verfolgt worden, die nach dem Bill-Haley-Konzert nun aber aufgegeben werden sollte, was auch Polizeivertreter befürworteten. Der zweite interne Polizeibe-

in: *Bild-Zeitung* (01.11.1958), S. 6; Leserbrief von Gösta von Uexküll, »Zu wild oder nicht wild genug?«, in: *Die Welt* (08.11.1958), S. 11.

388 Vgl. dpa-Meldung vom 04.11.1958.

389 Vgl. B. Tempel, »Polizei soll früher eingreifen«, in: *Die Welt* (29.10.1958), S. 11.

390 Gi, »Radaubrüdern soll das Handwerk gelegt werden. Stellungnahme des Jugendsenats zu den letzten Krawallen«, in: *Spandauer Volksblatt* (30.10.1958), S. 5; »Rock'n'Roll-Konzerte sollen verboten werden«, in: *TSP* (29.10.1958), S. 12.

391 Vgl. [Günter Mat]thes, »Am Rande bemerkt«, in: *TSP* (30.10.1958), S. 12.

392 Ebd.

richt, der stärker von einer Rechtfertigungshaltung gegenüber der Kritik aus Politik und Medien geprägt ist, bilanziert:

Sieht man von den unerfreulichen Begleitumständen ab, so ist in Auswirkung der Ausschreitungen doch erreicht worden, dass beim Senat von Berlin ernsthaft die Frage eines vorbeugenden Verbotes derartiger Veranstaltungen diskutiert wird. Ein solches Verbot, das nur auf § 14 PVG zu stützen ist, könnte sich natürlich nicht gegen Jazz-Veranstaltungen schlechthin, sondern nur gegen besonders »krawallträchtige Veranstaltungen« (z. B. mit der »Heulboje« Johnny Ray, mit Elvis Presley und Bill Haley u. ä.) richten.[393]

An diesem Zitat wird deutlich, dass und wie sich die Berliner Polizeibehörde mit Blick auf die neue Jugendkultur als (kultur-)politischer Akteur begriff und auch positionierte – und dabei bis hart an die Grenze dessen ging, was ihr verfassungsgemäß erlaubt war. Auch in der veröffentlichten Meinung fanden die Verbotspläne nicht durchgehend Anklang, sondern wurden bisweilen in die Kontinuität nationalsozialistischer Kulturverbote gestellt. Ein Kommentar erinnerte daran, dass »die Zeiten noch gar nicht so lange [vorbei] sind, da uns gewisse Musikformen als ›entartet‹ vorenthalten wurden«, weswegen der Ruf nach der Polizei einen »bitteren Nachgeschmack« habe.[394]

In den Jahren nach Bill Haleys Deutschlandtournee begann eine vorsichtige Neubewertung des Rock'n'Roll. Immerhin hatten 25 000 Menschen die Konzerte besucht, und trotz der Ausschreitungen in einigen Städten setzte sich allmählich die Erkenntnis durch, dass ein Massenpublikum auf Dauer nicht zu ignorieren, geschweige denn umzuerziehen sei.[395] Die Auswirkungen waren zunächst gleichwohl verheerend für das noch junge Format der internationalen Tournee von Rockmusikern, da die Krawalle in Berlin, Hamburg und Essen die Berichterstattung dominierten, wenngleich die große Mehrzahl der Konzerte in insgesamt zehn Städten mehr oder weniger reibungslos über die Bühne gegangen war.[396]

Auch in der DDR wurden die Kino- und Konzertkrawalle

393 Vgl. Bericht über die Ausschreitungen vom 11. 11. 1958, PhS.

394 »Der Ruf nach der Polizei«, in: *Spandauer Volksblatt* (30. 10. 1958), S. 5.

395 Vgl. Horst Steffens, »›Wie aus Stumpfsinn Kultur wurde.‹ Die wilden Jahre der E-Gitarre«, in: *Gitarre & Bass* 5808 (2004), S. 32-41.

396 Vgl. Grotum, »Die Bill-Haley-Tournee«, S. 21 f.

durchaus wahrgenommen und nach bekanntem Muster kontrawestlich politisiert. Als bekanntwurde, dass sich unter den auf dem Berliner Konzert festgenommenen Jugendlichen auch der Sohn eines Polizisten befand, wurde dieses Detail gerade in der DDR-Presse süffisant ausgebreitet, die den Vorfall zum Anlass nahm, die »amerikanische Unkultur« des Rock'n'Roll ebenso wie das harte Durchgreifen der West-Polizei zu kritisieren.[397] Konzertkrawalle gab es in der DDR so gut wie keine, zumal ausländische Musiker kaum Auftrittsmöglichkeiten hatten. Allerdings kam es bei öffentlichen Veranstaltungen durchaus, wenn auch selten, zu Massenkrawallen, die durch Rock'n'Roll-Tänze ausgelöst und durch Polizeieinsätze niedergeschlagen wurden.[398]

3.3.4. Konzertkrawalle in den USA

Während man in Europa über die amerikanischen Wurzeln der neuen Jugendkrawalle debattierte, wurde im Ursprungsland des Rock'n'Roll zunächst über eher kleinere Vorfälle in Minneapolis, Minnesota und Wisconsin berichtet,[399] doch man nahm auch die europäischen Vorfälle zur Kenntnis. Die *New York Times* informierte detailliert über »Rock'n'Roll Fights« in London und in Oslo und die bereits erwähnten Ereignisse in Belgien.[400] Schon in den Jahren zuvor war es zu etlichen Konflikten bei Rock'n'Roll-Konzerten gekommen. Mal tauchte das neue Musikgenre in einer Überschrift über einen Jugendlichen auf, dem ein weißer Tänzer nach einem Konflikt in den Rücken geschossen habe, wenig später berichtete die *New York Times* von »Rock'n'Roll Riots« in Chattanooga, Tennessee, wo es bei einem Konzert der Sängerin LaVern Baker zu Tumulten gekommen sei, die zu neun Festnahmen führten.[401] In

397 Vgl. »Nicht weit vom Stamm«, in: *ND* (29.10.1958), S. 8.

398 Etwa auf einem Pressefest der *LVZ* 1958, vgl. Fenemore, *Sex, Thugs and Rock'n'Roll*, S. 144-146.

399 Vgl. Tropiano, *Rebels & Chicks*, S. 63.

400 »U.S. Film Causes Rioting«, in: *NYT* (05.09.1956), S. 22; Thomas P. Ronan, »British Rattled By Rock'n'Roll«, in: *NYT* (12.09.1956), S. 40; »That Rock'n'Roll Movie Excluded by British City«, in: *NYT* (13.09.1956), S. 40; »Rioters Rock'n'Roll in Oslo«, in: *NYT* (24.09.1956), S. 3.; »Belgian Town Bans U.S. Film«, in: *NYT* (17.12.1956), S. 34.

401 »Boy Shot At Rock'n'Roll Dance«, in: *New Amsterdam News* (18.02.1956); »Rock'n Roll Riot Jails 9«, in: *NYT* (04.02.1956).

New York beendeten Polizisten ein tumultartig verlaufenes Konzert des Pianisten Fats Domino, indem sie Tränengasgranaten in die Ventilation der Konzerthalle schossen.[402]

Zu einem größeren Zwischenfall kam es am 30. Juni 1956 in der Ashbury Hall in New Jersey nach einem Konzert der Band Frankie Lymon And The Teenagers. Die direkt an der Atlantikküste gelegene altgediente Halle, die rund 3500 Zuschauer fasst, hatte sich in den fünfziger Jahren zu einer wichtigen Bühne für emporstrebende Rock'n'Roll-Stars entwickelt. Frankie Lymon hatte soeben das Stück »I'm Not A Juvenile Delinquent« veröffentlicht, in dem er die *delinquency scare* musikalisch ironisierte.[403] Seine Band gehörte zu den sogenannten *integrated groups*, da das Line-up sowohl afroamerikanische als auch aus Puerto Rico stammende Musiker umfasste. Als »Junge von der Straße« verkörperte Lymon den amerikanischen Traum vom Aufstieg zu nationaler Berühmtheit, und mit dem Bandnamen The Teenagers war seine Begleitgruppe als idealtypische Vertreterin der amerikanischen Jugend positioniert worden. Musikalisch gehörte sie allerdings weniger dem Rock'n'Roll als vielmehr dem *Vocal-Harmony-* beziehungsweise dem *Doo-Wop*-Genre an, das aus der Amateurszene urbaner *streetcorner groups* hervorgegangen war.[404] Dennoch beeinflusste Lymon in mehrfacher Hinsicht den Diskurs um den Rock'n'Roll in den fünfziger und sechziger Jahren, wozu maßgeblich auch der Vorfall in New Jersey beitrug.

Während des Konzerts in der Ashbury Hall brach eine Schlägerei im Auditorium aus, woraufhin das Publikum in einer Panikreaktion zum Strand flüchtete, wo es zu weiteren Auseinandersetzungen kam, bei denen drei junge Männer Stichwunden erlitten und 25 weitere Menschen verletzt wurden. Stadtoffizielle machten daraufhin einerseits Besucher aus Newark verantwortlich für die Gewalt, andererseits den Rock'n'Roll. Der Bürgermeister und das City Council diskutierten einen Bann des Rock'n'Roll in der Halle, der zwar nicht durchgesetzt wurde, jedoch blieb das Verhältnis zwischen Musikveranstaltern und Stadtverwaltung angespannt.[405]

402 Vgl. »Gas Ends Rock'n'Roll Riot«, in: *NYT* (04.11.1956), S. 20.

403 Siehe oben, Kap. 2.4.

404 Vgl. zu den Zusammenhängen zwischen *street gangs* und *corner songs* oben, Kap. 2.1.

405 Vgl. Helen-Chantal Pike, *Asbury Park's Glory Days. The Story of an American Resort*, Piscataway 2005, S. 75.

Auch erregte der Vorfall Aufmerksamkeit in der überregionalen Berichterstattung. Das Magazin *Time* etwa nannte den Vorfall in einem Atemzug mit einem Polizeieinsatz in San José, Kalifornien, bei dem 73 Beamte gegen die randalierenden Besucher eines Konzertes vorgegangen waren und in dessen Folge die benachbarte Stadt Santa Cruz den Rock'n'Roll in öffentlichen Gebäuden verboten hatte.[406]

Eine Schlüsselrolle nahm in den USA der DJ Alan »Moondog« Freed ein, der Ende der fünfziger Jahre zum Ziel von Skandalisierungskampagnen wurde. Freed war sowohl Veranstalter von Rock'n'Roll-Konzerten, als auch Darsteller in mehreren Rock'n'Roll-Filmen, deren fiktionale Handlung durch seine Präsenz gewissermaßen authentifiziert wurde. Als mit Fred F. Sears' Musikfilm *Don't Knock The Rock* in den USA das Follow-up zu dem bereits durch die britischen Tumulte bekannten *Rock Around The Clock* in den USA anlief, war die Stimmung in der Öffentlichkeit bereits angespannt. US-Medien hatten über Ausschreitungen britischer »Teddy Boys« berichtet, und die Berichte über die Krawalle in Europa hatten die Ablehnung gegenüber dem Rock'n'Roll geschürt, der hier freilich nicht als Ausdruck einer »Amerikanisierung« wahrgenommen wurde, sondern eher als multiethnisches Kulturprodukt und Unterschichtsphänomen.[407] Seine Attraktivität bei Jugendlichen bezog *Don't Knock The Rock* daraus, dass er eine beträchtliche Anzahl der bekanntesten Stars des Rock'n'Roll versammelte und im Stil einer Nummernrevue Musikstücke in voller Länge ausspielte, so dass er im Grunde wie ein gefilmtes Konzert wirkte. Zudem stellte er die dazugehörigen Tanzschritte vor, darunter artistische Einlagen aus älteren Tanzstilen wie dem Lindy Hop, dem Shim Sham oder dem Jitterbug, die sich als integrative Angebote an ältere Zuschauer verstehen ließen.

Anlässlich der Premiere des Filmes mit einer angeschlossenen Live-Show von Alan Freed im New Yorker Paramount Theatre kam es am 22. Februar 1957 zu tumultartigen Szenen auf dem Times

406 Vgl. *Time* (23.07.1956), S. 30, sowie Kurme, *Halbstarke*, S. 167.

407 Vgl. Thomas P. Ronan, »British Rattled by Rock 'n' R'oll; Youths Go Wild in Theatres, Jive and Sing in the Street and Attack Policemen/Not in Police Groove/No Stir in New York/Berlin Is Having Trouble«, in: *NYT* (12.09.1956), S. 40; »Rioters Rock'n' Roll in Oslo«, *NYT* [UP] (24.09.1956), S. 3 sowie »Belgian Town Bans U.S. Film«, in: *NYT* (17.12.1956), S. 34.

Square. Es waren nicht die ersten Tumulte im Zusammenhang mit Freed: Schon 1953 hatte die von ihm in der Cleveland Arena organisierte *Moondog's Rock and Roll Party* abgebrochen werden müssen, weil dort dreimal mehr als die erwarteten 10 000 Zuhörer erschienen waren.[408] In der Person Alan Freeds fanden die wütenden Proteste der Anti-Rock-Kampagnen gegen die neue Jugendkultur schon allein deswegen eine geeignete Symbolfigur, weil ihm von der Presse der inoffizielle Ehrentitel »King of Rock'n'Roll« verliehen worden war, und zwar noch vor Elvis Presley. Zudem galt er als Erfinder des Begriffs »Rock'n'Roll«, der als sexuell anstößig verrufen war. Auch in *Don't Knock The Rock* spielt Freed sich gewissermaßen selbst: einen versierten DJ in Anzug und Krawatte aus den älteren Geburtsjahrgängen, der die verunsicherten Eltern davon überzeugt, dass der Rock'n'Roll ihre Kinder nicht in Problemfälle verwandele, sondern eine so fröhliche wie harmlose Tanzmusik sei.[409] (Siehe unten, Abb. 41)

Berichten zufolge waren 175 Polizisten zusammengezogen worden, um die Premiere zu begleiten. Als 1000 Jugendliche die Empore des Kinosaals erklommen, versuchten Männer der Feuerpolizei und ein Statiker des Building Department deren Einsturz zu verhindern, indem sie die Jugendlichen daran hinderten, wild herumzuspringen.[410] Obwohl kein gravierender Schaden entstand, wurde international über die Ereignisse berichtet, oftmals »im Stil einer Kriegsberichterstattung«.[411] Die *Frankfurter Allgemeine Zeitung* schrieb von einer »Rock'n'Roll-Armee«, der die New Yorker Polizei »ihre 175 Berittenen und ein Fußvolk von 350« entgegenstelle, die nun »ständig im Broadway-Hinterhalt« lägen.[412] Das einzige Delikt, von dem die *FAZ* zu berichten wusste, bestand allerdings darin, dass die Jugendlichen »gejohlt und gepfiffen« hätten, was im kulturellen Klima der Zeit offenbar eine Nachricht wert war.

408 Vgl. Gillett, *Sound of the City*, S. 16.

409 Vgl. *Don't Knock the Rock* (US 1956, R.: Fred. F. Sears).

410 Vgl. Kurme, *Halbstarke*, S. 167-169.

411 Ebd., S. 168.

412 »Straßenkämpfe aus musikalischem Anlaß«, in: *FAZ* (02. 03. 1957), S. 17.

3.3.5. Wendepunkt der Debatte: Das Boston Rock'n'Roll Riot von 1958

Eines der folgenschwersten Ereignisse, wenn nicht gar der politische Wendepunkt in der Diskussion um den Rock'n'Roll und seine Wirkung auf die Jugend in den USA fand im Jahr 1958 statt. Für Samstag, den 3. Mai war ein monumentales Konzert in der Boston Arena angekündigt, das mit 17 Acts des Rock'n'Roll ungewöhnlich viele Stars aufbot, darunter so bekannte Solisten wie Jerry Lee Lewis, Jo Ann Campbell, Screamin' Jay Hawkins sowie Bands wie Buddy Holly & The Crickets, The Chantels, Danny and the Juniors, Frankie Lymon, Billy Ford and The Thunderbirds, Dicky Doo and The Don'ts: ein Line-up, das Sänger aus den Südstaaten mit Vokal-Ensembles aus der Bronx vereinte.[413] Ebenso gemischt wie die Interpreten war das Publikum. Zeitzeugen zufolge war die Arena mit 6000 Jugendlichen gefüllt, ein »Mix, der zu vierzig Prozent *black* war«.[414] Die Stadt Boston galt mit ihrer tiefkatholischen Basis nicht gerade als ein Hort der neuen Popkultur. Richard Sinnott, dem Chef der lokalen Prüfstelle, eilte spätestens seit dem Verbot des Songs der Kingsmen *Louie, Louie* ein Ruf als unerbittlicher Zensor voraus. *Banned in Boston* war in den Fünfzigern ein nationaler Slogan, der unter Musikfans bald als Qualitätssiegel galt.[415]

Über das, was an jenem Abend geschah, kursieren widersprüchliche Angaben. Bei manchen jugendlichen Fans hinterließ die Bühnenshow einen nachhaltigen Eindruck. Der damals 11-jährige John McColgan beschreibt sie im Superlativ als eine normüberschreitende Bühnenperformance:

> Screaming Jay Hawkins war das Wildeste auf der Bühne, was ich jemals gesehen hatte. Er erschien in einem pinkfarbenen Paillettenanzug, einem schwarzen Hemd mit weißer Schnürsenkel-Krawatte und mit weißen Wildlederschuhen. Er war groß und bewegte seinen Körper wie ein Gummiband. An einem Punkt sprang er in die Höhe und landete mit

413 Vgl. die Konzertankündigung im *Boston Herald* (03.05.1958), S. 22.

414 Vgl. »Eight Hurt In Melee at ›Rock‹ Fete«, in: *Boston Herald* (04.05.1958), S. 1. George Moonoogian erinnert sich daran in einem Augenzeugenbericht, abgedruckt in: Michael Barson, Steven Heller, *Teenage Confidential: An Illustrated History of the American Teen*, San Francisco 1998, S. 72-73.

415 Vgl. Blecha, *Taboo Tunes*, S. 30.

seiner Rückseite zum Publikum und begann sich selbst auf den Hintern zu trommeln.[416]

Als Chuck Berry die Bühne in seinem berühmten Entengang betrat, machte sich im Zuschauerraum Unruhe breit. Augenzeugenberichten zufolge waren Angehörige mehrerer *street gangs* im Publikum, deren Anwesenheit zuvor jedoch nicht bemerkt worden war. Jetzt gaben sich einige von ihnen zu erkennen, wie ein anderer Zeitzeuge sich erinnert:

Die Kids neben mir hatten mit der zweiten Hälfte der Show zu trinken begonnen. An einem Punkt [...] knoteten [sie] rotweiß-gemusterte Bandanas um ihre Köpfe, womit sie sich als Mitglieder der notorischen Bostoner Straßengang Band of Angels identifizierten. Auf der anderen Seite begann eine andere Gang ihre farbigen Bandanas anzulegen. Offensichtlich hatten verschiedene rivalisierende Banden diese Nacht und diesen Ort gewählt, um ihre Differenzen zu klären.[417]

Als sich Unruhe breitmachte, hauptsächlich wegen unerlaubter Jive-Tänze in den Rängen, ordnete die massiv anwesende Polizei mitten im Konzert an, den Zuschauerraum hell zu erleuchten. Moderator Alan Freed kommentierte diese Maßnahme mit zwei knappen Sätzen, deren Wirkung in den darauffolgenden Wochen zum Gegenstand erbitterter Debatten werde sollte: »Sie wollen die Lichter nicht wieder ausschalten, Kids. Ich glaube, sie wollen nicht, dass ihr Spaß habt.«[418] Zwar hatte es dem Zeitzeugen John McColgan zufolge schon vorher massive Störungen gegeben, etwa durch »rowdyhaftes« Benehmen und das Werfen von Böllern während des Konzertes der Diamonds – aber als die Lichter aufflammten und Alan Freed seine berühmt gewordene Bemerkung machte, sei die Stimmung gewissermaßen vollends gekippt und das Publikum habe seinem Unmut lautstark Luft gemacht.[419]

Was dann genau vor der Halle geschah, ist unklar, doch in den

416 E-Mail von John McColgan an den Verfasser, 15.10.2009.

417 Barson, *Teenage Confidential*, S. 72.

418 Nach Aussage des Managers lautete das Freed-Zitat: »Es sieht aus, als ob die Bostoner Polizei nicht möchte, dass ihr Kids auch mal Spaß habt.« Vgl. »Arena to Ban Rock'n'Roll After Brawls«/»Rock'n'Rollers in Gory Brawls«, in: *Boston Herald* (05.05.1958), S. 1 u. S. 5, hier: S. 5.

419 E-Mail von John McColgan.

Erinnerungen von Zeitzeugen kam es zu einer panikartigen Massenflucht. Berichten zufolge wurden acht bis 15 Teenager durch tätliche Angriffe verletzt, während die Menge aus der Arena strömte. Ein Jugendlicher erlitt einen Stich in die Brust; ein 19-Jähriger wurde mit mehreren Stichwunden in die Intensivstation eingeliefert.[420] Auch Medienberichte deuteten auf Gangs: Schwarze Lederjacken aus den Bostoner Bezirken Back Bay, South End und Roxbury seien außerhalb der Arena gesichtet worden, als die Zuschauer aus dem Konzert strömten.[421]

Den Lokalmedien war das Ereignis zunächst nur ein paar Zeilen wert gewesen. Es war zwar ein gravierender Vorfall, aber keineswegs der erste dieser Art. Ein Konzert des Entertainers Frank Sinatra in den vierziger Jahren in New York war auch schon von Ausschreitungen begleitet worden, bei denen Schaufensterscheiben zerschlagen und Fans verletzt wurden, als 10 000 von ihnen zum Paramount Theatre drängten und ihrem Ärger darüber Luft machten, dass man sie nicht hineingelassen hatte.[422] Während Sinatra mit seiner Verkörperung weißer Entertainment-Kultur wenig Anlass für rassistische Invektiven geboten hatte, ereignete sich das »Boston Rock'n'Roll Riot«, wie der Vorfall bald symptomatisch getauft wurde, auf dem Zenit der Jugenddelinquenzangst jener Jahre. Binnen weniger Tage wurde aus einem Lokalereignis ein medial orchestriertes Politikum von nationaler Dimension.

Zunächst kündigte am 5. Mai der Bürgermeister von Boston an, er werde die Vergabe von Rock'n'Roll-Lizenzen künftig auf Kirchen und soziale Organisationen limitieren. Sponsoren wie die Catholic Church Youth Organization (CYO), die Albany Diocese und eine lokale Radiostation in Troy entzogen der Veranstaltungsreihe ihre Unterstützung. Am 6. Mai zierte ein Porträtfoto von Alan Freed die Titelseite des *Boston Herald*. Veranstalter in Connecticut und New York State hatten die bereits gebuchte Big-Beat-Show abgesagt, um ähnliche Vorkommnisse zu vermeiden.[423] Der Bürgermeister von New Haven erklärte, solange er Bürgermeister sei, werde diese

420 Vgl. »Eight Hurt In Melee at ›Rock‹ Fete«.
421 Ebd.
422 Vgl. Martin, »The Naturalized Gender Order of Rock and Roll«, S. 58.
423 Vgl. »Without Incident in Maine: More Cities Ban Rock, Roll Show!« / »- Restrictions Ordered Here«, in: *Boston Herald* (06.05.1958), S. 1 u. S. 9.

Show nicht nur verboten bleiben, sondern es werde auch keine weiteren Rock'n'Roll-Schlachten mehr geben.[424]

Die Debatte über das Ereignis geriet einerseits zu einem kulturellen Kreuzzug gegen die Person Alan Freeds, andererseits zu einer Kampagne gegen den Rock'n'Roll an sich. Der Gouverneur von New Hampshire etwa erklärte ihn zum Symptom für ansteigende Jugendkriminalität.[425] Unterdessen hatte der Chef der Nationalgarde in Trenton die Show im Interesse der öffentlichen Sicherheit und Ordnung verboten, und dieser Entscheidung schloss sich auch der Polizeidirektor von Newark an. In Providence, dessen Polizeichef zuvor erklärt hatte, er mache sich keine Sorgen, weil sein Bezirk eine andere Sorte von Jugendlichen habe, ging unterdessen ein weiteres Konzert Freeds reibungslos über die Bühne – lediglich ein Teenager wurde wegen Störung des Ablaufs von Polizeibeamten des Saales verwiesen. Unterdessen kommentierte auch FBI-Chef J. Edgar Hoover das »Boston Rock Riot« mit den Worten, der Rock'n'Roll übe einen korrumpierenden Einfluss auf Amerikas Jugend aus.[426] Am 7. Mai beschloss der Bezirksstaatsanwalt von Boston, ein Schwurgericht einzusetzen, das über die angeblich von Freed verursachte Randale urteilen solle. Die Ermittler luden zahlreiche Zeugen, um Freed wegen der »gesetzeswidrigen Zerstörung von Eigentum« unter Anwendung eines alten *anti-anarchy statute* anzuklagen, was einem Kapitalverbrechen entsprochen hätte.[427] Am Abend des 8. Mai kündigte Alan Freed seinen Vertrag beim Sender WINS, der sich nach Auskunft seines Managers »wischiwaschi« verhalten habe.[428]

Freed wies die Anschuldigungen zurück und blieb gegen Kaution auf freiem Fuß. Einige Vorwürfe wurden wegen mangelnder Erfolgsaussichten wieder fallengelassen, andere nicht mehr verhandelt, nachdem wesentliche Zeugen nicht mehr auffindbar waren.[429] Alan Freeds Reputation erlitt aufgrund dieser Kampagnen jedoch

424 Ebd.

425 Ebd.

426 Vgl. Blecha, *Taboo Tunes*, S. 25.

427 Vgl. »Dist. Atty. Byrne seeks Indictments in Sluggings, Stabbings«, in: *Boston Herald* (08.05.1958), S. 1.

428 Vgl. »Jury Probes Licensing of Rock-Roll [sic!] Show«, in: *Boston Herald* (09.05.1958), S. 4.

429 Martin/Segrave, *Anti-Rock*, S. 98.

schweren Schaden. Ein im *Billboard Magazine* bereits angekündigter Nachfolger der beiden Rock'n'Roll-Filme *Rock Around the Clock* und *Don't Knock the Rock* wurde aufgegeben, und Freed verlor etliche seiner Engagements.[430] Um das Ereignis herum hatte sich eine temporäre Anti-Rock-Allianz aus Vertretern lokaler Verwaltungen, Religionsgemeinschaften bis hin zu Bundesbehörden formiert.[431] Das Klima dafür hatten neben den rassischen Implikationen und den Debatten über Jugendkriminalität auch die dramatisierten Berichte über die Kinounruhen in Europa bereitet, womit sich auch die amerikanische Debatte transnationalisiert hatte.[432] Zum entscheidenden Schlag gegen Freed wurde erst einige Jahre später ausgeholt, allerdings auf einem anderen Gebiet.[433] Für die Entstehung der neuen Musikkultur und insbesondere des neuen Formats der Tournee von Rockmusikern aber wurden die sogenannten »Rock'n'Roll Riots« zu einem Rückschlag, der ihre Etablierung auch in den USA erheblich dämpfte – vorerst jedenfalls.

3.3.6. Krawall und Aufmerksamkeitsökonomie

In den Jahren 1956 und 1957 kam es, wie an einigen Fallbeispielen gezeigt wurde, in verschiedenen Staaten zu einer Reihe von Tumulten in Kinos und auf Konzerten, die als »Cinema-« beziehungsweise »Rock'n'Roll-Riots« notorisch wurden. Über die tumultartigen Vorfälle wurde in den Medien breit berichtet, und sie wurden von Kinoverleihern mitunter operationalisiert, um Aufmerksamkeit für Filme zu erzielen, denen durch ihre umstrittene Wirkung eine besondere Relevanz attestiert werden sollte. Als die infolge der Ereignisse geführten Debatten um den Zusammenhang von Kultur und Jugendkriminalität zu Boykott- und Verbotsbestrebungen führten, versuchten Verleiher und Kinobetreiber gleichermaßen, die »Riots« wieder zu entdramatisieren, weil sie um ihre Einnahmen fürchteten.

Folgt man der Definition E.P. Thompsons, der Riots als gewaltsame Aufstände mit dem Ziel der Durchsetzung unterdrückter Interessen marginalisierter Gruppen der Bevölkerung definierte, so

430 Zur Ankündigung des Films vgl. »Haley Pic Set Back 2 Months«, in: *Billboard Magazine* (16.09.1957), S. 26.

431 Vgl. Martin/Segrave, *Anti-Rock*, bes. S. 85-102.

432 Vgl. etwa »Europe Rocks'n'Rolls«; »Rioters Rock'n'Roll in Oslo«.

433 Siehe unten, Kap. 3.6.6.

handelte es sich bei den untersuchten Ereignissen nicht um Ereignisse dieser Kategorie. In der Regel fehlte sowohl die gewalttätige Komponente als auch die politische Stoßrichtung. Aus Sicht von Behördenakten handelte es sich um vereinzelte und zumeist minderschwere Konflikte, die nach Ansicht der Kinobetreiber kaum über das übliche Maß an grobem Wochenendunfug hinausgingen. Indem vor allem Kommentatoren der Boulevardpresse die Vorfälle als »Riots«, »Aufstände«, »Krawalle« oder als Saalschlachten im Stil der politischen Kämpfe der Zwischenkriegszeit interpretierten, schrieben sie der neuen Kultur jedoch eine Wirkung zu, die die herkömmliche Ordnung in Frage stellt, ja sogar umzustürzen drohte, mindestens aber zu innerstädtischem Chaos führe. Wie die Leserbriefspalten der zeitgenössischen Tageszeitungen zeigen, wurde die neue Musik ebenso wie das dazugehörige Publikumsverhalten (etwa das Tanzen in Kinosälen) von weiten Teilen der Bevölkerung schroff abgelehnt, auch wenn immer wieder moderate Stimmen zur Besonnenheit mahnten und mehr jugendadäquate Räume politisch einforderten.

Dass die Diskurse dabei eher den Zyklen und Mechanismen der Aufmerksamkeitsökonomie folgten, wie sie typisch für eine Mediengesellschaft sind, verdeutlicht inbesondere das Gewalterereignis in Boston.[434] In dessen Folge betrieben lokale und überregionale Interessenverbände die Skandalisierung des Rock'n'Roll, die in eine breit angelegte Verbotskampagne mündete, an der sich Sprecher von Religionsgemeinschaften, aber auch Repräsentanten von Exekutivorganen wie der Nationalgarde und der Bundespolizei beteiligten. Aus diesen Dramatisierungen, die in Klängen die Ursache für soziales Verhalten sahen, resultierte erst die »revolutionäre« Wirkung des Rock'n'Roll – eine Zuschreibung, die auch in retrospektiven positiven Deutungen dieses Musikgenres überliefert ist.[435] Auch wenn diese postulierten Wirkungszusammenhänge weitgehend als Resultat kulturkonservativer Kampagnen erscheinen, so erregten Jugendliche gleichwohl mit Massenaufläu-

434 Vgl. Georg Franck, *Ökonomie der Aufmerksamkeit. Ein Entwurf*, München 2007 zur Populärkultur bes. S. 159-180.

435 Vgl. exempl. Robert G. Pielke, *Rock Music in American Culture: The Sounds of Revolution*, Jefferson 2012. Ein Beispiel für die geradezu groteske Übertreibung einer Art Zeitzeugenfiktion bietet Chris Hyde, *Rock'n'Roll Tripper. Stories & Bilder*, Rheinberg 1983.

fen und den Performances etwa von Tänzen im öffentlichen Raum eine neue Aufmerksamkeit, die zu einer stärkeren Wahrnehmung von Jugend als einer sozialen Gruppe mit spezifischen kulturellen Ausdrucksformen und Bedürfnissen führte. In dem Maße, in dem sich Politik und Verwaltung zuständig fühlten und praktische Maßnahmen der Regulierung von Aufführungen und ihrer Räume diskutierten, wuchs auch der Bedarf an theoretisch und empirisch untermauerter Beratung durch Experten.

3.4. Die Stunde der Experten

Im Jahr 1957 brach der New Yorker Journalist Harrison E. Salisbury zu einer Reise auf, die er rückblickend als die wichtigste seiner Karriere bezeichnete. Sie kostete 15 Cent und dauerte keine Stunde. Der erfahrene Kriegsberichterstatter fuhr mit der Untergrundbahn von Manhattan nach Brooklyn. Dort wollte er ein Krisengebiet erkunden, das nur wenige Kilometer von seiner eigenen Wohnung entfernt lag: die Lebenswelt von Teenagern in einem innerstädtischen »Problemviertel«. Sein Reisebericht, zuerst als Reportage-Serie in der *New York Times* und dann als populäres Sachbuch erschienen, fand ein beachtliches Echo.[436] Obwohl er im eigenen Land unterwegs war, stellte der ehemalige Moskau-Korrespondent seine Erkundungen in einen Zusammenhang mit dem global-politischen Konflikt seiner Epoche: »Das Teenage-Problem und das russische Problem – es gab da, so vermutete ich, eine erheblich engere Verbindung zwischen den beiden großen Themen unserer Zeit, als die meisten sich vorzustellen vermochten.«[437] Der Wettstreit mit der Sowjetunion, in dem die USA – beim sogenannten »Sputnik-Schock« – gerade eine entscheidende Niederlage erlitten hatte, erfordere, so der Autor, die Ressource Jugend, um mit gut ausgebildeten Kräften jene technisch-militärische Überlegenheit

436 Die Berichte standen teils auf der Titelseite. Vgl. Harrison E. Salisbury, »Youth Gang Members Tell of Lives, Hates and Fears«, in: *NYT* (25.03.1958), S. 1. Auf dem Buchcover wurde der Titel daher als »The Headline-Making Book« beworben.

437 Harrison E. Salisbury, *The Shook-Up Generation*, New York 1958, S. 8 (dt.: *Die zerrüttete Generation*, Reinbek bei Hamburg 1962. Der zitierte Satz fehlt in der deutschen Ausgabe).

der Sowjetunion wettzumachen, die sich auf dramatische Weise im Weltraum gezeigt hatte. Damit wachse der »Front«, an der Lehrer, Polizisten und Sozialarbeiter im Landesinneren kämpften, eine sicherheitspolitische Bedeutung zu. Wie, so fragte Salisbury rhetorisch, könne Amerika der außenpolitischen Bedrohung standhalten, wenn doch ein Konflikt im Land selbst tobe, den zu lösen es nicht imstande war?

Salisburys Stimme wurde zwar durchaus gehört, aber es waren schon lange nicht mehr nur die mal sensationslüstern, mal einfühlsam geschriebenen Berichte der Reporter, die den Ton in den Debatten angaben. Das postulierte Bedrohungspotenzial, das im Zuge der Diskussion um die angeblich dramatisch ansteigende »Delinquenz« sowie aus den Kino- beziehungsweise Konzertkrawallen entstanden war, verlangte geradezu nach Verwissenschaftlichung. Zusätzlich verstärkt wurde dieses Verlangen durch die mediale Aufmerksamkeit, die zu emblematischen Tätertypologien avancierte Einzelfälle ausgelöst hatten. Der steigende Druck der Öffentlichkeit auf die politischen Entscheidungsträger rief daher eine weitere Instanz auf den Plan: den Experten.

Der Experte (und in jenen Jahren nur selten: die Expertin) war in der sich ausdifferenzierenden Medien- und Wissensgesellschaft zu einer Autorität aufgestiegen, von der man sich Auskunft darüber erhoffte, »wie sich das soziale und ökonomische Leben in einer modernen Gesellschaft verbessern ließe«.[438] Aufgrund der Massenmedien wurde im 20. Jahrhundert esoterisches Expertenwissen allgemein verfügbar, zirkulierte schneller, prägte Alltagsvorstellungen und spielte eine wichtige Rolle bei der Bildung einer »öffentlichen Meinung«.[439] In der Mitte des Zentenniums strebten die professionellen Experten nicht mehr nur nach Expertise in eng umgrenzten Fachfragen; vielmehr ging es ihnen jetzt darum, »ihre Kompetenz für die Beschreibung der Gesellschaft zu sichern oder neu zu etablieren«.[440] Nun sahen sie ihre Aufgabe darin, Daten zu sam-

438 Mackert, *Jugenddelinquenz*, S. 13.

439 Lutz Raphael, »Ordnungsmuster und Selbstbeschreibungen europäischer Gesellschaften im 20. Jahrhundert«, in: ders. (Hg.), *Theorien und Experimente der Moderne. Europas Gesellschaften im 20. Jahrhundert*, Köln, Weimar u. a. 2012, S. 9-20, hier: S. 15.

440 Paul Nolte, *Die Ordnung der deutschen Gesellschaft. Selbstentwurf und Selbstbeschreibung im 20. Jahrhundert*, München 2000, S. 239.

meln, die bei der Beantwortung der drängenden offenen Fragen helfen sollten.[441] Experten spielten aber auch eine wichtige Rolle bei der transnationalen Perspektivierung von Problematiken, da sie als Angehörige von Bildungseliten über Fremdsprachenkenntnisse verfügten, Zugang zu ausländischen Wissensressourcen hatten und grenzüberschreitend vernetzt waren.

Ende der fünfziger Jahre führte die durch Massenkonflikte und skandalisierte Einzelfälle gestiegene Aufmerksamkeit von Medien und Politik zu einer Verdichtung von Diskursen, die neues Wissen über die Zusammenhänge zwischen Jugend, Kultur, Lebensverhältnissen und sozialem Verhalten generierten. Als Experten fungierten in der Regel Akademiker, die in universitäre Forschungszusammenhänge eingebunden waren. Aber auch nichtuniversitäre Forscher, etwa Journalisten wie Salisbury, und Akteure aus der Praxis, darunter Richter, Lehrerinnen oder Streetworker, meldeten sich zu Wort.[442] Jürgen Link unterscheidet drei Diskurstypen, denen sich auch die unterschiedlichen in diesem Kapitel untersuchten Expertenäußerungen zuordnen lassen: Erstens *Elementardiskurse*, die Normalität in stereotypen Äußerungen über abweichendes Verhalten zum Ausdruck bringen, zweitens *Spezialdiskurse*, »die ein spezielles Wissen für ein spezialistisches Publikum« bereitstellen, und drittens *Interdiskurse*, die zwischen beiden Typen vermitteln, indem sie etwa Spezialdiskurse für eine allgemeingebildete Öffentlichkeit übersetzen.[443] Interdiskurse haben Schnittmengen mit den »elementaren« Alltagsgewissheiten, sind aber auch um »terminologische Differenzierung« bemüht.[444] Als solche Interdiskurse können einflussreiche populärwissenschaftliche Bücher sowie Dokumentarfilme und Reportagen gelten.

Gerade die zeitgenössische Jugend- und Popkultur, die in den fünfziger und sechziger Jahren nicht zu jenen traditionellen For-

441 Vgl. Daniel Morat, *Docupedia-Zeitgeschichte*, 20.11.2011, s.v. »Intellektuelle und Intellektuellengeschichte«, Version 1.0, ⟨http://docupedia.de/zg/Intellektuelle_und_Intellektuellengeschichte⟩, letzter Zugriff 26.02.2018.

442 Vgl. etwa: Irwin D. Davidson, Richard Gehman, *The Jury is still out*, New York 1959; Elizabeth F. Stucley, *Teddy Boys' Picnic*, London 1958; Tony Parker, *The Plough Boy*, London 1965; E[mile] Copferman, *La génération des blousons noirs*, Paris 1962.

443 Vgl. Jürgen Link, *Versuch über den Normalismus. Wie Normalität produziert wird*, Göttingen [5]2013, S. 19.

444 Ebd.

schungsgebieten gehörte, die Sozialprestige für die herrschenden bildungsbürgerlichen Eliten versprachen, und daher zunächst kaum Aufmerksamkeit bei Wissenschaftlern fanden, wurde damals zum Untersuchungsgebiet freier Autoren.[445] Diese fanden durchaus Gehör und wurden – vorausgesetzt, sie hatten Spezialkenntnisse über den Gegenstand erworben – aufgrund ihrer Erfahrung als »authentisch« bewertet, zumal sie ihre Expertise auch geschickt zu vermarkten wussten.[446] Den Expertenstatus begründete in der Regel ein Buch. Das von Salisbury erfuhr erhebliche Aufmerksamkeit, etliche Auflagen und wurde auch ins Deutsche übersetzt. Wenngleich er darin eine dramatisch ansteigende Kriminalität von Jugendlichen behauptet, tritt der Journalist der *New York Times* nicht als Befürworter scharfer Restriktionen auf. Vielmehr schildert er Begegnungen mit »realen« Jugendlichen, die sich selbst Gruppen zugehörig fühlten oder in Konflikte mit der Polizei geraten waren. Er kritisiert die stadtplanerische Schaffung neuer urbaner »Ghettos« und schließt sich dem Narrativ der »broken families« an, das die Ursache von Delinquenz mit der Krise der Kleinfamilie als Kernzelle der Mittelschicht erklärt: »Ein Kind, das umsorgt ist, wird kein zerrütteter Jugendlicher.«[447] Eine scharfe Attacke reitet Salisbury gegen den New Yorker Polizeichef, der sich gegen die vermeintliche Umwandlung von Polizisten in Sozialarbeiter gewehrt hatte, weil er meinte, sozialtherapeutische Aufgaben seien bei anderen Institutionen besser aufgehoben. Salisbury positionierte sich mit seinem Buch somit als einer jener *cold war liberals*, die innenpolitisch moderat und reformerisch wirkten, sich aber unter das außenpolitische Primat des Antikommunismus stellten.[448]

In seinem Text macht Salisbury aber auch popkulturelle Produkte für die Entstehung von Delinquenz verantwortlich, darunter »[b]illige Boulevard-Blätter, unzüchtige Magazine und brutale

445 In Deutschland vgl. Karl Rauch, *Junge Menschen heute. Probleme und Lösungen*, München 1956; Wilhelm Roessler, *Jugend im Erziehungsfeld. Haltung und Verhalten der deutschen Jugend in der ersten Hälfte des 20. Jahrhunderts unter besonderer Berücksichtigung der westdeutschen Jugend der Gegenwart*, Düsseldorf 1957.

446 Vgl. zur Denkfigur der Authentizität Achim Saupe, *Docupedia-Zeitgeschichte*, 22. 10.2012, s. v. »Authentizität«, Version 2.0, ⟨http://docupedia.de/zg/Authentizit.C3.A4t_Version_2.0_Achim_Saupe?oldid=97377⟩, letzter Zugriff 26. 02. 2018.

447 Salisbury, *Die zerrüttete Generation*, S. 134.

448 Zu den *cold war liberals* Poiger, *Jazz, Rock, and Rebels*, S. 110-123.

Comic-Bücher«, in denen »Bilder von schönen Mädchen und hübschen jungen Männern eingestreut sind, die in eine Weise gekleidet sind, die sich kaum für den Garten Eden schickt«.[449] In seiner Beschreibung der »Shook-up kids« erwähnt er, die Mitglieder von Straßengangs konsumierten nicht nur spätabendliche Gruselfilme, sondern auch die Rock'n'Roll-Fernsehshow des Moderators Dick Clark. Auch nennt er einen Rock-Radiosender, dessen DJ in seiner Sendung regelmäßig Grüße an Straßengangs ausgerichtet habe.[450] Besonders plakativ stellt aber der Titel seines Buches die Verbindung zwischen Rock'n'Roll und Delinquenz her. *The Shook-Up Generation* zitiert indirekt den im Ersterscheinungsjahr äußerst populären Elvis-Song »All Shook Up« – ein Liebeslied, das auf dem Buchcover aber zu einem Label für Jugenddelinquenz umgedeutet wird und damit erneut Konfliktverhalten mit einem umstrittenen Musikphänomen gleichsetzt.[451] Unter der Klammer des Generationenbegriffs suggeriert der Titel, Salisburys lokale Beobachtungen in Brooklyn seien auf die gesamte amerikanische Jugend übertragbar, wenn nicht sogar über sie hinaus. So wurde aus einer minoritären Gruppe innerhalb eines spezifischen urbanen Settings »ein Problem, das uns alle angeht«, wie es übereinstimmend in vielen Artikeln der fünfziger Jahre in unterschiedlichen Ländern hieß.[452]

Die Jugend wurde in solchen Expertendiagnosen als eine gesellschaftliche Einheit konstruiert, die nach Intervention, zuerst aber nach Analyse und genauem Studium verlangte. Hierfür mussten unterschiedliche Jugendliche zunächst gruppiert und individuelle Verhaltensformen zu Mustern und Typologien systematisiert werden. Weil das Thema Jugend mittlerweile als ein drängendes Problem der Gegenwart konstitutiert worden war, versprachen Studien, die dies betrieben, auch außerwissenschaftliche Aufmerksamkeit in Medien und Politik und nicht zuletzt Gewinne auf dem

449 Hier zitiert er den unitarischen Reverend Walter Donald Kring. Vgl. Salisbury, *Die zerrüttete Generation*, S. 132.

450 Vgl. die amerikanische Originalausgabe *The Shook-Up Generation*, S. 55. (In der deutschen Ausgabe ist der Satz über die amerikanische Sendung von Dick Clark nicht enthalten.)

451 Presley, Elvis with The Jordanaires, »All Shook Up« / »That's When Your Heartaches Begin« (1957/3), RCA 47-6870 [45].

452 Vgl. exemplarisch Martha M. Eliot, »Juvenile Delinquency Is Everybody's Business«, in: *Christian Advocate* (24.09.1953), S. 29.

Buchmarkt. Ein besonderes Bedrohungspotenzial entfaltete der demographische Befund, wonach die Gruppe der jungen Menschen aufgrund hoher Geburtenraten mehr Einfluss auf zukünftige Gesellschaften nehmen werde. Indem sie altersstatistische Prognosen mit den Delinquenzbehauptungen korrelierten, prognostizierten Hochrechnungen eine düstere Zukunft.[453] Da der Anteil delinquenter Jugendlicher seit Jahren exponentiell wachse, steige – so die kulturpessimistische Hypothese – mit dem Anwachsen von Jugend unter der Gesamtbevölkerung der Anteil Krimineller zukünftig ebenfalls exponentiell.

Mit seinem Buch *1,000,000 Juvenile Delinquents* stieß der Journalist Benjamin Fine 1955 in ebendieses Horn. Seine geradezu dystopischen Prophezeiungen, die von einer Verdoppelung der Kriminalität bis 1960 ausgingen, leisteten einer biologistischen Sicht auf soziale Probleme Vorschub und imaginierten Kriminalität als eine soziale Krankheit von geradezu pandemischen Ausmaßen.[454] Zu den sozialpsychologischen Grundlagen solcher Prognosen gehörten die kontroversen und von einem schlichten Behaviorismus grundierten Studien des Ehepaars Glueck, denen zufolge jugendliche »Delinquenten« sozusagen automatisch in ihrem erwachsenen Leben zu Kriminellen würden.[455] Indem Kriminalität im Rahmen des *recidivism*-Paradigmas als veranlagungsbedingtes Persönlichkeitsmerkmal und gesellschaftliche »Krankheit« gedeutet wurde, ließ sich auch minder schweres »abweichendes« Verhalten im Ju-

453 Diese Denkfigur stand mit einem älteren Diskurs in Verbindung, der im 20. Jahrhundert katastrophische Dramatik gewann. Vgl. Thomas Etzemüller, *Ein ewigwährender Untergang: Der apokalyptische Bevölkerungsdiskurs im 20. Jahrhundert*, Bielefeld 2007, bes. S. 160.

454 Vgl. Benjamin Fine, *1,000,000 Delinquents*, London 1956, S. 26. Fine ging von einem demographischen Anstieg der 10- bis 17-Jährigen im Jahr 1960 aus und prognostizierte 750 000 Gerichtsfälle und eine Gesamtzahl von 2 250 000 Straftaten. Damit hatte er die Prognose eines älteren Buchtitels vervielfacht: Sheldon Glueck, Eleanor Touroff Glueck, *One Thousand Juvenile Delinquents. Their Treatment by Court and Clinic*, Cambridge, London 1934. Vgl. dazu Mackert, *Jugenddelinquenz*, S. 27 f.; Bodo Mrozek, »Panic on the Streets of London«, in: Ronald Grätz, Hans-Georg Kopp (Hg.), *Konfliktkulturen. Texte zu Politik, Gesellschaft, Alltag, Kunst*, Göttingen 2011, S. 157-164, hier: S. 159. Ein französischer Titel potenzierte das Motiv in den Sechzigern abermals: Claude Dufrasne u. a., *Aspects de la jeunesse. Des millions de jeunes*, Paris 1967.

455 Vgl. Glueck/Glueck, *One Thousand Juvenile Delinquents*. Dazu ausführlich Mackert, *Jugenddelinquenz*, S. 63-64.

gendalter als frühes Symptom einer Infektion verstehen, die im Erwachsenenalter zum vollen Ausbruch kommt und nicht nur Individuen, sondern auch die als Kollektivkörper gedachte Bevölkerung anstecken kann – mit entsprechend verheerenden Folgen. Diese schon damals umstrittenen Denkfiguren schufen einen drängenden Bedarf für kausal-theoretische Expertise einerseits und darauf aufbauende pragmatische Lösungsansätze andererseits. Etliche Experten lieferten gleich beides in einem. Das Spektrum der Themen, Erklärungsansätze und Lösungsvorschläge war denkbar breit. Im Folgenden wird es vor allem um solche Diskurse gehen, die sich mit Fragen der Popkultur beschäftigten. Der Expertendiskurs wird dabei nicht reproduziert, sondern historisch kontextualisiert.[456] So unterschiedlich die Ansätze und Bewertungen auch sind, so ist doch den meisten gemeinsam, dass sie Jugend als Ressource zukünftiger Gesellschaften betrachten und deren kulturelle Ausdrucksformen in der Gegenwart als Ausblicke auf das Kommende verhandeln. Viele der damaligen Expertisen über den Zustand der Jugend waren somit – *erstens* – Zukunftsvoraussagen. *Zweitens* dienten sie in vielen Fällen den Eigeninteressen der Experten, die um Deutungshoheit, gesellschaftlichen Status und vielfach auch um ökonomische Ressourcen konkurrierten, und *drittens* waren die versachlicht auftretenden Expertenurteile enger mit fiktionalen Diskursen aus der Welt des Kinos, der Musik und der Belletristik sowie mit den Schlagzeilen der Boulevardmedien verflochten, als sie oftmals glauben machen wollten. In Frankreich beispielweise hatten Jugendkulturen (ebenso wie in Italien) im Unterschied zu den Nachbarländern vor 1958 keine vergleichbare Angst vor Delinquenz ausgelöst.[457] Als aber Marcel Carnés *Les Tricheurs* im Oktober 1958 in die Kinos kam, begann pünktlich zum Filmstart eine gesellschaftliche Diskussion nicht nur über den Film,[458] sondern

456 Siehe dazu allgemein Rüdiger Graf, Kim Christian Priemel, »Zeitgeschichte in der Welt der Sozialwissenschaften. Legitimität und Originalität einer Disziplin«, in: *VfZ* 59 (2011) 4, S. 479-495, bes. S. 484.

457 Dies konstatiert etwa Tosco R. Fyvel, *Insecure Offenders. Rebellious Youth in the Welfare State*, London 1961, S. 23 (dt.: *Die ratlosen Rebellen. Jugend im Wohlfahrtsstaat*, Stuttgart 1969). Vgl. zu Italien: »Die Taktik der weichen Hand. Italiens ›giovanotti‹ sind keine ›Halbstarken‹«, in: *FAZ* (17.11.1956), S. BuZ6.

458 Vgl. Gérard Jarlot, »Les Tricheurs«, in: *France Observateur* (23.10.1958), S. 23; Marcel Carné, »Pas d'accord avec vos critiques …«, in: *France Observateur* (06.11.1958), S. 23. Siehe auch oben, Kap. 3.2.3.

auch über den Zustand der französischen Jugend. Die auflagenstarke Zeitschrift *L'Express*, die wenige Monate zuvor die Debatte um eine generationelle Nouvelle Vague initiiert hatte, nahm den Spielfilm abermals zum Anlass für eine Sonderbeilage, die unter der Überschrift »Wer sind die Tricheurs?« verschiedene Reportagen über die Probleme real existierender Jugendlicher enthielt,[459] in denen nahtlos an die Jugenddiskurse anderer Ländern angeknüpft wurde, als deren Teil die französischen »tricheurs« nun verstanden wurden. Beispielsweise gab ein junger spanischer Migrant seine Frustration zu Protokoll, und unter dem Foto eines Jive tanzenden Londoner »Teddy Boy« beschwerte sich ein britischer Altersgenosse darüber, dass die Bücher lesende Bevölkerung sich gegen die neuen Medien Kino, Radio und Fernsehen wende.[460] Auf diese Weise wurden die Jugenddebatten anderer Länder gleichsam auf Frankreich übertragen; nicht nur die *faits divers* der Tageszeitungen, auch pädagogische und humanistische Zeitschriften nahmen sich umgehend des Themas an.[461] Zwar war die Handlung von Carnés Film gänzlich fiktiv, doch hatte der Regisseur behauptet, sein Film habe dokumentarischen Charakter, da er selbst im Milieu des (für seine *caves de jazz* bekannten) Pariser Bezirks Saint-Germain-des-Prés zu Recherchezwecken mehrere Monate mit den jugendlichen Vorbildern seiner Charaktere verbracht habe.[462] Diesen Topos hatten, wie oben bereits gezeigt wurde, auch andere Filmschaffende bemüht – und ihr Kalkül schien aufzugehen, da die Filminhalte immer wieder in den Debatten mitverhandelt wurden, wie auch umgekehrt wissenschaftliche Analysen von Delinquenz filmisch

459 Vgl. Françoise Giroud, Jean Cau, Marek Hlasko, Bill Hopkins, Miguel de Salabert, »Qui sont les Tricheurs?«, in: *L'Express* (Sonderheft), (16.10.1958), S. 13-25.

460 Ebd., S. 22.

461 U.a. *L'action laïque*, *L'Éducation nationale* und *L'École des parents*. Vgl. Stefanie Middendorf, *Massenkultur. Zur Wahrnehmung gesellschaftlicher Modernität in Frankreich 1880-1980*, Göttingen 2009, S. 268. Auch in anderen Ländern widmeten sich pädagogische Zeitschriften den »kofferradiotragenden, bürstenhaarigen Gesellen«, vgl. exempl. Horst Gehrke, »Zum Problem der Halbstarken«, in: *Die berufsbildende Schule. Zeitschrift des Deutschen Verbandes der Gewerbelehrer e.V.* 8 (1956), S. 536-540, hier: S. 538; in den USA vor allem *The National Parent-Teacher*, ausführlich ausgewertet in Mackert, *Jugenddelinquenz*, bes. S. 190, S. 207, S. 210 u. S. 234.

462 Vgl. »›Je n'ai rien inventé‹: Un entretien avec Marcel Carné«, in: »Qui sont les Tricheurs?«, S. 17 f. Siehe auch oben, Kap. 3.3.

dramatisiert wurden.[463] Auch in der Bundesrepublik illustrierten zur damaligen Zeit Fotos aus amerikanischen *young rebel movies* Artikel über deutsche Jugendliche.[464] In diesem Geflecht fiktionaler und wissenschaftlicher Diskurse fanden viele Expertenäußerungen statt, die das Jugendbild ebenso beeinflussten wie den Umgang mit der neuen Kultur, woraus wiederum neue Politiken hervorgingen.

3.4.1. Frühpubertät und »natürliche« Aggressivität

Einige Experten versuchten die als »neu« charakterisierten Verhaltensweisen junger Menschen im Anschluss an den klassischen Adoleszenzdiskurs als ein biologisches Phänomen zu beschreiben und somit die »Frühreife« junger Menschen in körperlich-organischen Prozessen zu begründen. So wurden vor allem weibliche Teenager als sexuell »zu früh« entwickelt definiert, während männliche Aggressivität als eine durch Testosteron ausgelöste körperliche (Über-) Reaktion biologisiert wurde. Der amerikanische Psychologe Paul H. Landis hatte 1945 ein vielbeachtetes Buch geschrieben, in dem er die Pubertät als einen transitorischen Prozess vor dem Hintergund aus körperlich-biologischen Entwicklungen, psychologischen Erfahrungen und sozialen Anpassungsleistungen beschrieb, der in unterschiedlichen Umgebungen verschieden verlaufe.[465] Damit hatte er die Pubertät als eine Lebensphase konstituiert, die als biographische Krisenzeit »bewältigt« werden müsse. Solche anthropologischen Modelle waren nicht selten eng mit politischen Faktoren verknüpft. So konstatierte eine mit Mitteln des Marshallplans geförderte Studie über die »körperliche und seelische Entwicklung« deutscher Nachkriegskinder 1954, dass aufgrund der Kriegsfolgen »Reifungsprozesse bei Mädchen außerordentlich früh einsetzten und sich zum Teil schon im Grundschulalter bemerkbar machten«.[466] Infolge dessen hätten die Schulleistungen nachgelas-

463 Weitere Beispiele sind *Die Halbstarken* und *Rebel Without A Cause*, siehe oben, Kap. 3.2.3.

464 Etwa im *Hamburger Anzeiger* die Filmstills aus *Rebel Without A Cause*. Vgl. Poiger, *Jazz, Rock, and Rebels*, S. 106.

465 Vgl. Paul H. Landis, *Adolescence and Youth. The Process of Maturing*, New York, London 1947, bes. S. v u. S. 17.

466 Vgl. Carl Coerper u. a. (Hg.), *Deutsche Nachkriegskinder. Methoden und erste Ergebnisse der deutschen Längsschnittuntersuchungen über die körperliche und seelische Entwicklung im Schulkindalter*, Stuttgart 1954. Vgl. dazu »Deutsche

sen und die Lesefähigkeit sei beeinträchtigt worden. Männlichen Adoleszenten hingegen wurde vor allem ein aggressives Verhalten attestiert, wie es auch von anderen Autoren naturalisiert wurde. Besondere Bedeutung in diesem Zusammenhang kam der Thymusdrüse zu, in der Triebhaftigkeit und Aggressivität verortet wurden. So machte der publizistisch einflussreiche Schweizer Psychoanalytiker und Kindertherapeut Hans Zullinger 1958 »in den Drüsen produzierte Sekrete« für die Änderung selbst kultureller Vorlieben verantwortlich.[467] Auch Kriminologen bezeichneten die Massenaufläufe und Gruppenkrawalle als »endothymes« Verhalten, das sie als Symptom einer Jugend- beziehungsweise Adoleszenzkrise verstanden.[468] Der Hamburger Studienrat und Publizist Hans Heinrich Muchow sah wenige Jahre später im Konsum von Filmen, die eigentlich »für das seelische Tragvermögen von Erwachsenen bestimmt« seien, am samstagabendlichen »Urlaub bis Mitternacht«, an der »erwachsenen« Kleidung (wenn auch in der »lässigen Nuance der Blue Jeans«) ebenso wie im Anspruch auf Partys sowie auf »eine feste Freundin« jene historische »Groß-Epoche« der Jugend enden, deren Beginn er um 1770 ansetzte.[469] Muchows Theorien einer »Kulturpubertät« fanden nicht nur publizistische Verbreitung, sie wurden auch von der zeitgenössischen Kriminologie als Erklärungsansätze herangezogen und dienten auf diese Weise der Verpolizeilichung von Expertenwissen.[470]

Während einige Experten argumentierten, sozial auffälliges Verhalten sei biologisch »normal« und eine (im Sinne einer anthropologischen Konstante) gleichsam »natürliche« Reaktion in

Nachkriegskinder. Erste Ergebnisse einer bedeutsamen Untersuchung«, in: *FAZ* (04.12 1954), S. D5.

467 Zullinger schreibt, der junge Mensch könne »das lyrische Gedicht […] genießen, während er vorher eher die Ballade vorzog«. Vgl. ders., *Jugendliche und Halbstarke. Ihre Psychologie und ihre Führung*, Zürich, Stuttgart 1958, S. 8.

468 Vgl. Günther Kaiser, »Zur Ätiologie der sog. Halbstarken (I.)«, in: *Unsere Jugend. Zeitschrift für Jugendhilfe in Wissenschaft und Praxis* 10 (1958), S. 63-69, hier: S. 64.

469 Hans Heinrich Muchow, *Jugend und Zeitgeist. Morphologie der Kulturpubertät*, Reinbek bei Hamburg 1962, S. 16.

470 Der Kriminologe Günther Kaiser deutet in den von ihm empirisch untersuchten Großkrawallen die »aggressive Sozialfeindlichkeit« mit einer früheren Schrift Muchows als Ausdruck des Erlebnisdrangs nach einem »unrationalen und zweckfreien Leben«; ders., »Zur Ätiologie der sog. Halbstarken (I.)«, S. 120.

einer Lebensphase, in der, wie Zullinger schrieb, »Angst und Unsicherheit regiert und die Reizbarkeit und Ausfälligkeit biologisch gerechtfertigt« sei, nahmen andere an, die Ungleichzeitigkeit von körperlicher und »sittlicher Reife« führe dazu, dass die jungen Menschen den biologischen Mechanismen gleichsam hilflos ausgeliefert seien.[471] Diese Einschätzung schlug sich auch in einem europäischen Memorandum nieder, das den »biologischen Faktoren« der Jugendkriminalität die Form von Statistiken gab und diese als »Beweis [betrachtete], dass in manchen Ländern [...] die Pubertät graduell früher einsetzt«.[472] Die Biologie junger Menschen wurde hier nicht nur kulturprägend gedacht, mehr noch: in vielen Diagnosen erschien sie selbst als ein Resultat kultureller Prozesse. Insbesondere das vorzeitige Einsetzen der Pubertät wurde oftmals mit der Massenkultur begründet. Der Wiener Kriminalpsychologe Otto Wilfert etwa hält in einer 1959 erschienenen Studie die »aktionsgeladene, krisenreiche Lebensphase der Pubertät« im Großen und Ganzen für »naturgegeben«, macht für die Verschärfung dieser »Krisenzeit« jedoch gesellschaftlich-kulturelle Faktoren verantwortlich, vor allem eine »Verflachungstendenz [...] in wesentlichen Lebensbereichen«, die einer Verarmung des Gefühlslebens, gleichsam einer »Scheinbefriedigung« aus Effekten gleichkomme.[473] Das Problem sei die neue Vergnügungs- und Freizeitindustrie, die an Stelle des »echten Erlebens« den passiven Konsum technisch perfekt simulierter Kreativität gesetzt habe.[474] Dies evoziere zwei Resultate, nämlich »grenzenlose Langeweile mit Erlebnisarmut und eine fast hysterisch übersteigerte, affektgeladene Atmosphäre«.[475] Diese entlade sich in einer Triebabfuhr, die zu den Phänomenen führe, die ihm als Ausgangspunkt seiner Untersuchung gedient hatten: den »›Gangs‹, ›Platten‹, ›Komplizengemeinschaften‹, ›Halbstarken‹«.[476]

471 Exemplarisch Edwin Kaiser, *Wir Starken und die Halbstarken*, Zürich, Stuttgart 1958, S. 23.

472 European Committee on Crime Problems (Hg.), *Some Aspects of Post-War Juvenile Delinquency in Twelve of the Member Countries of the Council of Europe*, Strasbourg 1960, S. 9.

473 Otto Wilfert, *Jugend-»Gangs«. Entstehung, Struktur und Behandlungsmöglichkeit der Komplizengemeinschaft Jugendlicher*, Wien 1959, S. 8.

474 Ebd., S. 3.

475 Ebd., S. 8.

476 Ebd., S. 1.

Die genannten Probleme zeichneten sich, so Wilfert, mittels einer musikalischen Metapher, durch das Unvermögen aus, »sich *harmonisch* in die Gemeinschaft außerhalb, die Gruppenumwelt, einzufügen«.[477] Auch wenn er in seinen Lösungsvorschlägen den in Amerika entwickelten sozialpräventiven Maßnahmen den Vorzug vor Repression gab und damit zu den eher liberalen Stimmen gehörte, so beruhten seine Grundannahmen – ähnlich wie die Salisburys – doch auf einem kulturpessimistischen Krisenmodell, dem zufolge Popkultur dissonante Gesellschaften hervorbringt, die erst durch sozialtherapeutische Maßnahmen wieder in einen Gleichklang zu bringen seien.

3.4.2. Die Stadt als Problemzone

Wenn der jugendliche Körper in diesen Expertisen aufgrund vorschneller, krisenhaft verlaufender biologischer Reifungsprozesse als besonders anfällig für Kriminalität oder Delinquenz konzipiert wurde, so lag die Vermutung nahe, dass diese sozial-kulturelle Krankheit in bestimmten Räumen besonders rasch »übertragen« werden konnte. Viele Forscher fanden diese Räume in den urbanen Settings, die seit der explosionsartigen Verstädterung im 19. Jahrhundert als »nervöse Zonen« problematisiert wurden und unter anderem als Chiffre für enthemmte Sexualität dienten.[478] Mitte des 20. Jahrhunderts galten Metropolen mit Blick auf Jugendproblematiken in mehrfacher Hinsicht als neuralgische Gebiete: Aufgrund ihrer vielfältigen massenkulturellen Angebote wurden sie einerseits als Auslöser von Delinquenz identifiziert, andererseits wegen ihrer Beschaffenheit und Bevölkerungsdichte bei gleichzeitiger Anonymität als ideale Brutstätten für Kriminalität verstanden. Schon Paul Landis hatte in seiner Analyse der Pubertät einen Kontrast zwischen Land und Stadt betont und das Großstadtleben als »vergnügensmotiviert« problematisiert.[479] Neben dem städtischen

477 Ebd., S. 10 (meine Hervorhebung).

478 Radkau, *Das Zeitalter der Nervosität*, S. 309-315; Paul Nolte, »Verdoppelte Modernität – Metropolen und Netzwerke der Vergnügungskultur um 1900. Eine Einführung«, in: ders. (Hg.), *Die Vergnügungskultur der Großstadt. Orte – Inszenierungen – Netzwerke (1880-1930)*, Köln, Weimar u. a. 2016, S. 1-11, hier: S. 1.

479 Vgl. das Kapitel »Problems of Work-World Adjustments of Farm, Village and

Vergnügungsangebot geriet auch das Wohnen in den Blickpunkt. Immer wieder wurden gerade die Neubauten des sozialen Wohnungsbaus als gefährliche Orte von Gang-Aktivitäten thematisiert.[480] Schlagzeilen über gewalttätige Jugendgruppierungen sorgten dafür, dass gerade die im Planungsoptimismus der Architekten als Lösung urbaner Probleme konzipierten Neubausiedlungen permanent auftauchten und somit als neuralgische Zonen territorialer Gewaltkriminalität definiert wurden.

Nach dem breit diskutierten Michael-Farmer-Case,[481] der Tötung eines 15-Jährigen, hatte der Kriminologe (und spätere Hippie-Forscher) Lewis Yablonsky von der Columbia University, der in der Nähe des Tatorts ein Programm zur Kriminalitätsprävention leitete, detaillierte Informationen über die tatverdächtigen *street gangs* Egyptian Kings und Dragons gesammelt und daraus die Schlussfolgerung gezogen, dass die Enge der Wohnsituation eine maßgebliche, wenn nicht sogar die entscheidende Rolle bei der Entstehung des Bandenwesens spiele.[482] Damit hatte er eine griffige und generalisierbare Erklärung für die Gewaltverbrechen gefunden, die politisches und stadtplanerisches Handeln dringend erforderlich erscheinen ließen – und sich nebenbei selbst als Politikberater positioniert. Zonen der Delinquenz wurden vor allem in Großstädten der USA und Großbritanniens sowie in den *banlieues* rund um Paris von Experten erforscht.[483] Dort war die Bewohnerschaft stärker von transkontinentaler Migration geprägt als in Deutschland, wenngleich auch in den beiden deutschen Staaten bestimmte Stadtteile als Krisengebiete markiert wurden, wie an den Kontrollen des Jugendamtes im Westberliner Bezirk Wedding und

City Youths. Basic Economic Values of Rural and Urban Society«, in: Landis, *Adolescence and Youth*, S. 354-373.

480 Vgl. den Abschnitt »Controversies over High-Rise Public Housing« bei Lawrence J. Vale, »Standardizing Public Housing«, in: Eran Ben-Joseph, Terry S. Szold (Hg.), *Regulating Place: Standards and the Shaping of Urban America*, New York, London 2005, S. 67-121, hier: S. 88-91.

481 Siehe oben, Kap. 2.2.2.

482 Vgl. Verbatim Transkript, »Who killed Michael Farmer? A Broadcast over the CBS Radio Network«, in: *Developments in Infant and Child Care. A Newsletter for Science Writers and Editors* 9 (July-August 1958), S. 11.

483 Auch die HLM genannten Sozialbauten der französischen Vorstädte wurden als Fabriken für *blousons noirs* charakterisiert. Vgl. René Kaës, *Vivre dans les grands ensembles*, Paris 1963, S. 113 f.

den Vorgängen rund um die Lichtenberger »Bahnhof-Beatles« in Ostberlin beispielhaft deutlich wird.[484]

In den Vereinigten Staaten konnte die raumorientierte Delinquenzforschung bereits damals auf eine gewisse Tradition zurückblicken. Im Chicago der 1930er Jahre hatte eine Forschergruppe um den Soziologen Clifford M. Shaw Daten von 60 000 Jugendlichen ausgewertet, die mit dem Gesetz in Konflikt geraten waren, und auf deren Wohngebiete bezogen.[485] Sein topographisches Modell von Devianz entwickelte Shaw im sogenannten *area approach*, der die Stadt in Zonen abweichenden Verhaltens aufteilte (Abb. 28-29).[486] Auch frühere kommunal finanzierte Studien aus dem Soziologie-Department der Universität Chicago hatten sozialwissenschaftliche Theorien hervorgebracht,[487] auf die sich ähnliche Untersuchungen der fünfziger Jahre stützten, beispielsweise eine Studie von Albert Cohen oder die Arbeiten des Soziologen Milton M. Gordon, für den die Wohnlage neben der regionalen, ethnischen sowie sozialen Herkunft einen Schlüssel zur Identität in der Moderne bildete, die er in seinem frühen Konzept der Subkultur beschrieb.[488] Das von Robert MacIver geleitete Juvenile Delinquency Evaluation Project

484 Vgl. zum Wedding oben, Kap. 2.3.1. Zu den Lichtenberger Beatles vgl. Thomas Funk, »Klubtramps in Ostberlin. Widerständige Raumpraxen jugendlicher Beatfans in den 1960er Jahren«, in: Mrozek u. a. (Hg.), *Popgeschichte*, Bd. 2, S. 91-110, bes. S. 97-99.

485 Vgl. Clifford R. Shaw, Henry D. McKay, *Juvenile Delinquency and Urban Areas. A Study of Rates of Delinquency in Relation to Differential Characteristics of Local Communities in American Cities*, Chicago 1942.

486 Vgl. Bodo Mrozek, »Subkultur und Cultural Studies. Ein kulturwissenschaftlicher Begriff in zeithistorischer Perspektive «, in: Geisthövel/ders. (Hg.), *Popgeschichte*, Bd. 1, S. 101-125, hier: S. 103.

487 Louis Wirth, *The Ghetto*, Chicago 1928; Harvey Warren Zorbaugh, *Gold Coast and the Slum: A Sociological Study of Chicago's Near North Side*, Chicago ³1983. Laut Christian Topalov handelt es sich um die einzigen Buchveröffentlichungen, die aus dem von Ernest W. Burgess geleiteten und mit Mitteln des Local Community Research Committee finanzierten Programm hervorgingen. Vgl. Christian Topalov, »›Traditional Working-Class Neighborhoods‹: An Inquiry into the Emergence of a Sociological Model in the 1950s and 1960s«, in: *Osiris* 18 (2003), S. 212-233, hier: S. 216.

488 Albert K. Cohen, *Delinquent Boys: The Culture of the Gang*, New York 1955; Milton M. Gordon, »The Concept of the Sub-Culture and its Application«, in: *Social Forces* 26 (1947), S. 40-42. Siehe dazu Mrozek, »Subkultur und Cultural Studies«, S. 104.

wendete das topographische Modell von Delinquenz dann 1961 auf New York City an.[489]

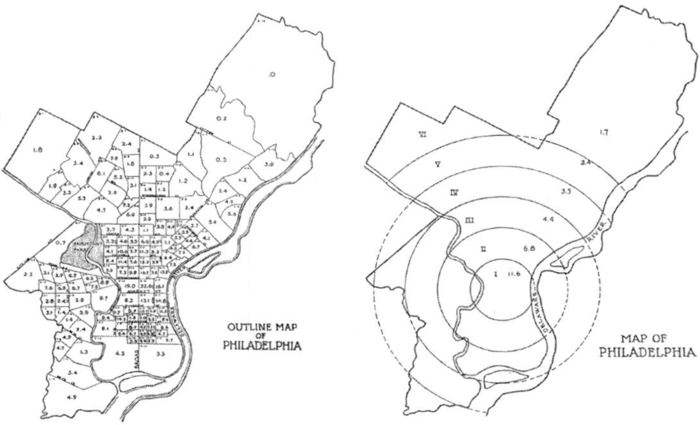

Abb. 28-29: Urbane Tektonik der Kriminalität: Innerstädtische Jugenddelinquenz in Philadelphia in der Darstellung der Chicago School.

Die in Großbritannien, Frankreich, vor allem aber in den USA betriebene *slum clearance*,[490] mit der Umsiedlungsmaßnahmen verbunden waren, sollte nicht nur die morastigen Straßen und »subhumanen« Lebensbedingungen aus dem 19. Jahrhundert beseitigen, sondern auch – in der Sprache der Zeitgenossen – den Sumpf der Kriminalität insbesondere Jugendlicher trockenlegen.[491] Diese Maßnahmen gerieten in den fünfziger und sechziger Jahren in die

489 Vgl. Juvenile Delinquency Evaluation Project, Delinquency in the Great City (Final Report No. 11), July 1961; Mobilization for Youth, Inc. Collection, Office Files, Minutes Board of Trustees/Executive Committee, MfY, RBML/CU.

490 Unter *slum clearance* wurden hauptsächlich der flächendeckende Abriss von Altbauten zur Schaffung von Wohnblocks, die Verbreiterung von Straßen und die Modernisierung von Ver- und Entsorgungssystemen verstanden – Maßnahmen, die häufig mit einer ethnisch grundierten Besiedelungspolitik einhergingen.

491 Typoskript »The Slum Housing Problem & The Role Of MFY New York City«, o.J. [um 1967], S. 3-4, MfY, RBML/CU.

Kritik, und nahezu zeitgleich erschienen in verschiedenen Staaten Studien, die ebenjene neu geschaffenen »Sozialquartiere« ihrerseits als Ursache von Delinquenz problematisierten. Auf der Grundlage von Befragungen der Bewohner von Vierteln wie Bethnal Green in London, dem West End von Boston oder dem 13ᵉ Arrondissement von Paris wurde argumentiert, die Maßnahmen des *urban renewal* bedeuteten einen Bruch mit etablierten Strukturen der »traditionellen Viertel der Arbeiterklasse«. Der Soziologe Christian Topalov hat herausgearbeitet, dass dieses neue Narrativ der Zerstörung gewachsener Strukturen von den Studien, die es kritisierten, überhaupt erst in die Welt gesetzt wurde.[492] Frühere soziologische Untersuchungen hatten dieselben Stadtviertel und Quartiere keineswegs mit Familienbindungen und traditionellen Gemeinschaftsformen einer Arbeiterklasse beschrieben, sondern im Gegenteil als desintegrierte Zonen des Transits beziehungsweise als urbane »Slums«.[493] Erst im Moment ihrer Bedrohung avancierten sie in den Studien der Soziologen von Problemzonen zu »traditionellen Gemeinden der Arbeiterklasse« und damit zu erhaltenswerten Strukturen. Dieses Narrativ wurde Topalov zufolge durch die Nähe der Verfasser zu privaten Think Tanks und Stiftungen bedingt, die sozialpolitischen Maßnahmen kritisch gegenüberstanden.[494]

Die Ansicht, die neuen Sozialquartiere seien gewissermaßen kriminogen, wurde in der zeitgenössischen Literatur zur Jugenddelinquenz auf unterschiedliche Weise ausbuchstabiert.[495] Der für das New Yorker Bürgermeisteramt tätige Soziologe Bernard Lander etwa unterschied stabile Quartiere von solchen, die – insbesondere durch Einwanderung – Veränderungen unterworfen waren und dadurch höhere Kriminalitätsraten aufwiesen, und erklärte damit Migration und Diversität zu Ursachen von Kriminalität: »[E]ine der Ursachen von Delinquenz [...] ist die Mobilität der Bevölkerung in

492 Drei Studien, die allesamt auf dem Buchmarkt erschienen und teils mehrere Auflagen und Übersetzungen erfuhren, waren: Michael Young, Peter Willmott, *Family and Kinship in East-London*, London ²1957; Herbert J. Gans, *The Urban Villagers: Group and Class in the Life of Italian-Americans*, New York 1962; und Henri Coing, *Rénovation urbaine et changement social: L'îlot n° 4 (Paris-13ᵉ)*, Paris 1966. Vgl. Topalov, »›Traditional Working-Class Neighborhoods‹«, S. 230.

493 Etwa Wirth, *The Ghetto*; Zorbaugh, *Gold Coast*. Vgl. Topalov, »›Traditional Working-Class Neighborhoods‹«, S. 216.

494 Ebd.

495 Vgl. Salisbury, *Die zerrüttete Generation*, S. 61-72.

einer spezifischen Gemeinschaft«.[496] Andere kritisierten die »kalte« Architektur der Neubauten des sozialen Wohnungsbaus, deren Anonymität zu Bandenbildung, Frustration und Gewalt führe. John Barron Mays verortete in einem kontrovers aufgenommenen Buch die Entstehung der Kriminalität explizit im sozialen Wohnungsbau und markierte sie damit als Problem der »unteren Klassengesellschaft, die in einer gewissen Hinsicht illegalem Verhalten positiv gegenüberstehe«. Vor allem arme Wohnviertel, mit ihren wechselnden Standards und ihrem Bevölkerungswandel, »scheinen besonders kriminogen zu sein«.[497]

Auch Richard Hoggart konstruiert in seinem 1957 erstveröffentlichten Buch über die Auflösung einer klassenspezifischen Arbeiterkultur einen Gegensatz zwischen der Wärme traditioneller Arbeiterkulturen und der Kälte der neuen materiellen Welt.[498] Idealtypisch für Letztere sei die Einrichtung von Milchbars, die sich mit der »Garstigkeit ihres modernen Schnickschnacks« als Treffpunkte sogenannter »Juke-Box Boys« etabliert hätten, die mit ihren Drape-Anzügen und bedruckten Krawatten eine perspektivlose Gruppe bildeten, welche nichts mit der typischen Arbeiterkultur mehr zu tun habe, deren Verschwinden er beklagt.[499] Diese Charakterisierung einer an den oberflächlichen Reizen und gefährlichen Idealen von *spicy magazines*, Pin-Ups und Schallplattenmusik orientierten Jugend seitens eines Marxisten weist verblüffende Ähnlichkeiten mit den Kulturpessimismen der Konservativen auf. Wie sie sah auch Hoggart »in einem schrecklichen Sinne die neuen Arbeiter« entstehen.[500]

Ähnlich argumentiert der britische Soziologe Tosco R. Fyvel, der einige Jahre nach dem Amerikaner Salisbury aufbrach, um jene Viertel in Süd-London zu erkunden, die als Heimat gewaltbereiter »Teddy Boys« galten. Auch Fyvel schildert seine Reise als eine Art Abenteuerreise in die Wildnis des Großstadtdschungels; und wie Salisbury verortet er Delinquenz in stadthistorischen Prozessen und

496 Zit. n. Fine, *1,000,000 Delinquents*, S. 100.

497 John Barron Mays, *The Young Pretenders: A Study of Teenage Culture in Contemporary Society*, New York ²1968, S. 27.

498 Vgl. Richard Hoggart, *The Uses of Literacy. Aspects of Working-Class Life, with Special References to Publications and Entertainments*, London 1957, S. 37.

499 Ebd., S. 203.

500 Ebd., S. 205.

architektonischer Raumproduktion. Die Ziegelblöcke des sozialen Wohnungsbaus in Großbritannien gelten ihm als eine entfremde Architektur, die Gewalt hervorbringe. »Je urbaner die britische Arbeiterjugend wurde, je mehr moderne Schulen und Wohnsiedlungen gebaut wurden, desto mehr Jungen schienen dem neuen Trend zum Bandenkrieg zu verfallen; immer mehr trugen ›zu ihrer Verteidigung‹ Klappmesser und Fahrradketten bei sich«, schreibt Fyvel in seinem ebenfalls ins Deutsche übersetzten Buch.[501] Da aufgrund der Verwüstungen durch den Bombenkrieg Neubaumaßnahmen ohnehin notwendig waren und keine vergleichbare *slum clearance* stattgefunden hatte, fand übrigens in Deutschland zu dieser Zeit keine auch nur annähernd vergleichbare Debatte statt. Allerdings verfestigten sich ähnliche Narrative über Sozialbauviertel in den späten sechziger und siebziger Jahren, wie Christiane Reinecke am Beispiel des Berliner Märkischen Viertels nachgewiesen hat.[502]

3.4.3. Massenkultur als Kriminalitätsfaktor: Wissenschaftliche Kulturkritik

Ein weiterer Schwerpunkt der Expertendiskurse waren die neuen Zeitregime. Zahlreiche Betrachtungen kreisten um temporale Verschiebungen in den Lebenskonzepten der Zeitgenossen. Technisierung und gewerkschaftliches Engagement führten zu neuen Arbeitszeitregelungen – etwa dem 1958 auch in Deutschland eingeführten arbeitsfreien Samstag –, so dass ein neuer Chronotopos entstand: die »Freizeit«.[503] War dieses Narrativ auch eines der zentralen Argumente im Wettstreit der politischen Systeme, der auch auf dem Gebiet von Haushaltstechnik und Konsum geführt wurde, so wurde der Zugewinn von unregulierter Lebenszeit bei Jugendlichen und Industriearbeitern zunehmend mit Sorge betrachtet; man hatte Angst vor gesamtgesellschaftlichen Umwälzungen.[504] In

501 Fyvel, *Ratlose Rebellen*, S. 21.

502 Vgl. Christiane Reinecke, »Am Rande der Gesellschaft? Das Märkische Viertel – eine West-Berliner Großsiedlung und ihre Darstellung als urbane Problemzone«, in: *ZF* 11 (2014), S. 212-234. Hier, auf S. 221, auch der Bezug auf Topalov.

503 Vgl. Axel Schildt, Detlef Siegfried, »Introduction: Youth, Consumption and Politics in the Age of Radical Change«, in: dies. (Hg.), *Youth Cultures in Changing European Societies, 1960-1980*, New York, Oxford 2006, S. 1-35, hier: S. 3.

504 Vgl. zur sog. *kitchen debate* David Crowley, »Thaw Modern: Design in Eastern

seinem zu Beginn des Jahrzehnts erschienenen Buch *The Lonely Crowd* hatte der New Yorker Soziologe und Pädagoge David Riesman die Veränderung dessen beschrieben, was er den »sozialen Charakter« der Amerikaner nannte.[505] Das Buch wurde mit etlichen Übersetzungen und Neuauflagen einer der ersten soziologischen Weltbestseller.[506] Riesman beleuchtet darin die Aufwertung der Freizeit sowie die Entstehung eines Marktes für Kinder. Dabei bereiten ihm die Minderjährigen sowie die Angehörigen der »unteren« Bevölkerungsschichten besondere Sorgen, da sie die neu entstehenden Kontrolllücken nun zunehmend eigenverantwortlich mit Inhalten füllen konnten – und damit den Eliten zu entgleiten schienen, die für sich die kulturelle Führungsrolle beanspruchten und diese etwa mittels Schulbildung durchsetzten. Um seine These der Entstehung eines »außengeleiteten« amerikanischen Sozialcharakters zu untermauern, führt er beispielhaft jugendliche Jazz-Fans und *hot rodders* an, wie sie auch der Journalist Tom Wolfe einige Jahre später in seinen Reportagen beschreiben wird. Die Ausweitung subkultureller und jugendspezifischer Moden auf die Gesamtgesellschaft, etwa das Verschwinden des Abendanzugs und die Verbreitung von »Freizeitbekleidung« in der Arbeitswelt, gelten auch ihm als Zeugen für einen neuen »Freizeitzwang«.[507] Riesman orientierte sich an den Denkern der »Frankfurter Schule« und hing einem hierarchischen Kulturmodell an, dem zufolge es die Aufgabe der gebildeten Schichten sei, dem breiten Publikum »erstklassige« Kulturprodukte zugänglich zu machen, damit es seine Freizeit »individuell und abwechslungsreich« gestalten könne, weshalb er für professionelle »Freizeitberater« plädiert. Dennoch hält er sich in seinem Buch mit Werturteilen zurück und gesteht selbst Comic-Lesern und Jazz-Fans einen selbstbestimmten und geschmacksdistinktiven Umgang mit diesen neuartigen Kulturprodukten zu.[508]

Europe after 1956«, in: ders., Jane Pavitt (Hg.), *Cold War Modern: Design 1945-1970*, London 2008, S. 129-154, hier: 132-134.

505 David Riesman, *The Lonely Crowd. A Study of the Changing American Character*, New Haven, London 1950.

506 Vgl. das Vorwort zur deutschen Ausgabe in: *Die einsame Masse. Eine Untersuchung der Wandlungen des amerikanischen Charakters*, Darmstadt, Berlin-Frohnau u. a. 1956, S. 9. Aus dieser Ausgabe wird im Folgenden zitiert.

507 Ebd. S. 250.

508 Ebd., S. 458, 466.

Ein solches Bemühen um Wertneutralität war jedoch eher die Ausnahme, denn viele Experten der damaligen Zeit betrieben die systematische Verwissenschaftlichung einer Kulturkritik, die in der neuen Freizeitkultur nicht nur ein Symptom, sondern abermals auch die Ursache einer gesellschaftlichen Krankheit sah, die dringend therapiert werden müsse. In diesem Zusammenhang spielten auch ökonomische Prozesse eine Rolle. Der keynesianische Ökonom John Kenneth Galbraith etwa prägte das Schlagwort von der »Gesellschaft im Überfluss«.[509] In seinem gleichnamigen, in viele Sprachen übersetzten Wirtschaftsbestseller aus dem Jahr 1958 argumentiert er – ähnlich wie Salisbury –, von den USA würden (in Konkurrenz zur Sowjetunion) »in erster Linie Tüchtigkeit, Intelligenz, Bildung« verlangt. Das zielte direkt auf die Jugend, die er als Ressource verstand; er nahm aber auch den Massenkonsum kritisch in den Blick.[510] Im Anschluss an Galbraith etablierte sich vor dem Hintergrund des wirtschaftlichen Aufschwungs und der angeblich um sich greifenden materialistischen Orientierung die Annahme einer »Luxusverwahrlosung« als gängige Argumentationsfigur bei den zeitgenössischen Autoren auch anderer Staaten und gewann in den beginnenden sechziger Jahren noch an Prominenz.[511]

Dieser kritische Blick auf massenkulturelle Produkte war bereits in der sogenannten Chicago School der Soziologie angelegt.[512] Milton M. Gordon, einer der amerikanischen Schöpfer des Begriffs Subkultur, korreliert soziale, urbane, ethnische und regionale Faktoren, um das Entstehen von Gruppenidentitäten zu erklären.[513] Albert Cohen baut in seinem bereits erwähnten Buch über *juvenile delinquency* zwar darauf auf, betrachtet die Massenkultur aber nicht mehr primär als Verursacherin von Kriminalität.[514] Einen weite-

509 John Kenneth Galbraith, *The Affluent Society*, Boston 1958. Im Folgenden wird aus der dt. Übersetzung zitiert: *Gesellschaft im Überfluß*, München, Zürich 1959.

510 Ebd., S. 372-373.

511 Etwa bei den deutschsprachigen Autoren Müller und Busemann, vgl. Benno Hafeneger, *Jugend-Gewalt. Zwischen Erziehung, Kontrolle und Repression. Ein historischer Abriss*, Opladen 1994, S. 147. In der Debatte um Jugend-Hooliganismus in Großbritannien der Jahre 1964 und 1965 wurde die Denkfigur der Luxusverwahrlosung kausal bemüht. Vgl. unten, Kap. 4.5.2.

512 Vgl. Mike Brake, *Soziologie der jugendlichen Subkulturen. Eine Einführung*, Frankfurt/M., New York 1981, S. 38-41.

513 Gordon, »The Concept of the Sub-Culture«.

514 Cohen, *Delinquent Boys.*

ren Schritt entfernte sich der Kulturanthropologe Walter B. Miller von einer pauschalen Schuldzuweisung an die Massenkultur, diskutiert allerdings ausgerechnet männliche Stereotype aus Filmen und Comics noch im Zusammenhang mit Jugendkriminalität als geschlechtsspezifische Rollenmodelle: »Das Vorbild für den ›tough guy‹ – hart, furchtlos, zurückhaltend, befähigt zur physischen Auseinandersetzung – wird repräsentiert durch den Filmgangster der Dreißiger, den Privatdetektiv und den Film-Cowboy.«[515]

Unter Berufung auf Miller betonen wenig später die New Yorker Soziologen Richard Cloward und Lloyd Ohlin in ihrer einflussreichen *Theory of Delinquent Gangs toughness* als sozial konstitutives Element das abweichende Wertesystem der Straßengangs, das von einer durch neue Medien vermittelten Populärkultur verbreitet würde. Entscheidend für Cloward und Ohlin ist ein nicht nur klassenbedingter, sondern auch altersspezifischer Wertewandel, der sich im Lebensstil, auf der Ebene der Sprache und in nichtsprachlichen Zeichen äußere. So wurden Mitglieder der Banden als *cats* oder *chicks* angesprochen, Außenstehende hingegen als *squares* verächtlich gemacht, und die Kleidung fungierte als Distinktionsmerkmal par excellence:

> Die Erscheinung, das Auftreten und der Geschmack des idealen *cat* können am Besten als »cool« charakterisiert werden. Der *cat* sucht einen hochgradig entwickelten und sophistizierten Kleidungsgeschmack auszustellen. In seinem Gebaren ringt er um eine selbstbewusste und gelassene Haltung, wobei er seine Distanz und »Überlegenheit« gegenüber den *squares* betont. Er entwickelt ein farbenfrohes, diskriminierendes Vokabular und ritualisierte Gebärden, die seinen Sinn für Differenz von der konventionellen Welt und seine Solidarität mit der verborgenen Sukultur ausdrücken.[516]

515 William C. Kvaraceus, Walter B. Miller, *Delinquent Behavior. Volume 1: Culture and the Individual*, Washington, D.C. 1959, S. 74-75; zit. n. Richard A. Cloward, Lloyd E. Ohlin, *Delinquency and Opportunity: A Theory of Delinquent Gangs*, Glencoe 1960, S. 66. Siehe hierzu auch: Walter B. Miller, »Lower Class Culture as a Generating Milieu of Gang Delinquency«, in: *Journal of Social Issues* 14 (1958), S. 5-19, hier: S. 8.

516 Cloward/Ohlin, *Delinquency and Opportunity*, S. 27. Die Arbeiten von Cloward und Ohlin wurden später für die Etablierung einer politisch ausgerichteten Streetwork herangezogen, die in den sechziger Jahren auf Gemeinschaftsbildung und politische Ermächtigung marginalisierter Bevölkerungsgruppen zielte.

Theorien, die der schädlichen Wirkung populärer Inhalte das Wort redeten, wurden von Akteuren aus Politik und Verwaltung gerne und häufig aufgegriffen.[517] Nicht nur vor den Hearings des amerikanischen Subcommitee to Investigate Juvenile Delinquency, sondern auch in Anhörungen und Gremien in Europa wurden vor allem der Film und später das Fernsehen verantwortlich gemacht, weil sie als transatlantische Transfermedien neuer Freizeitmoden und Habituskonzepte fungierten.[518] Die niederländische *Volkskrant* veröffentlichte einen Essay, der das Kino anklagte, das sich der neuen Jugend widmete – den »französischen Internatsschülerinnen in Petticoats, knochenharten Asphaltjungens, existenzialistischen Schülern und den rock- und rollenden Swing-Nozems«.[519] Kritisiert wurde ausdrücklich das Genre des *teenage exploitation movie*: Auch wenn es sich bei den Themen dieser Filme, beispielweise die Prostitution weiblicher Minderjähriger, die Jugendkriminalität und die Frühpubertät, durchaus um ernsthafte Probleme handele, so sei das Kino mit seinen dämmrigen Sitzen dennoch kein geeigneter Ort, um diese angemessen darzustellen. Seine dauerhafte Popularität bei Jugendlichen, die selbst dann anhielt, als Fernsehgeräte in die Haushalte einzogen und die Erwachsenen zunehmend zu Hause blieben, wurde mit seiner Rolle bei der Anbahnung erster sexueller Kontakte begründet. Das Kino werde »vom Sex beherrscht, es ist der Ort, wohin man nach allgemeiner Billigung sein Mädchen mitnehmen kann; auf der Leinwand ist Sex zu sehen, und auch im Zuschauerraum ist eine ganze Menge Sex vorhanden«, attestiert auch Fyvel alarmiert.[520]

Durch die *cinema riots* avancierte das Kino zum bevorzugten Analysegegenstand etlicher Experten. Die Diskussion um Zensurmaßnahmen und Altersbeschränkungen erzeugte einen Beratungsbedarf, der zudem Einfluss auf konkrete politische Maßnahmen

517 Vgl. Bodo Mrozek, »East Side Stories. Die Mobilization for Youth im New York der sechziger Jahre«, in: *Informationen zur modernen Stadtgeschichte* 4 (2015), Schwerpunkt: Jugend und Stadt, hg. v. Jürgen Reulecke, S. 68-79.

518 Etwa vom hessischen Generalstaatsanwalt. Vgl. »Die Story von der schlechten Jugend. ›Jugendkriminalität und Publizität‹/Generalstaatsanwalt und Direktor der Strafanstalt für Frauen in Frankfurt berichteten«, in: *FAZ* (06.03.1959), S. 17.

519 Hans de Witte, »De film knipoogt naar de jeugd in deze eeuw de puberteit«, in: *De Volkskrant* (06.10.1956), S. 17.

520 Fyvel, *Die ratlosen Rebellen*, S. 80.

versprach. Zahlreiche Studien setzten sich daher auf grundsätzliche Weise mit dem Kino auseinander, das nicht nur als ein der elterlichen Überwachung entzogener Ort problematisiert wurde. Trete der Film »zu früh und zu reichlich« in das Erleben des junger Menschen ein, so meinten Pädagogen, dann störe er deren »gesunde« Entfaltung: »Das Tempo, der schnelle Wechsel und der zumeist für diese Stufe wenig geeignete Inhalt wirken eher verwirrend als klärend« und führten zu unbewussten Angstzuständen.[521] Die überstarke Eindruckskraft der Filmbilder habe überdies unempfindlich für die reale Welt und ihre bescheideneren Pointen gemacht. Sobald die Sinne durch Reize überladen würden, erlahme die Lust zur Erfindung eigener Bilder. Solche Einschätzungen trugen zu Regulierungs- und Kontrollmaßnahmen bei und lieferten Zensurbeschlüssen in vielen Fällen die wissenschaftlichen Grundlagen.

Die Wirkung des Films auf junge Menschen wurde auch mittels Umfragen und Laborforschung erkundet. Infolge des gesteigerten öffentlichen Interesses waren zahlreiche Gremien, Arbeitskreise und Institute entstanden, die Wissen über die Wirkungsweise unterschiedlicher Filme auf Menschen unterschiedlicher Altersgruppen generieren wollten. Eine »triebpsychologisch« inspirierte Studie ermittelte etwa, dass »Revuefilme« eine Gefahr für »Jugendliche mit schwacher Ichsteuerung und mangelnden Sozialbindungen« seien. Aus der Untersuchung der Wirkung eines einzigen Filmes zog sie den Schluss, er evoziere bei Jugendlichen insgesamt »eine aktivierende Tendenz der Triebbedürfnisse bei einer leichten Verminderung moralischer Bremsen« – und das, obwohl der Film »von Schlüpfrigkeiten so gut wie frei« war.[522] Ausgehend von solchen Grundannahmen und zudem angeregt von den Schlagzeilen über die »Kinokrawalle«, entwickelten Wissenschaftler in den fünfziger Jahren unterschiedliche Verfahren, mit denen die »kriminogene« Wirkung von Filmen auf Jugendliche gemessen werden sollte. Beispielsweise protokollierte der Wiggle-Test, den Majorie G. Dawson, die Leiterin der amerikanischen Children's Film Library, erfunden hatte,

521 Fritz Stückrath, »Der Film und das Weltbild des jungen Menschen«, in: *Universitas* 13 (1958), S. 793-801, hier: S. 795.

522 Bei dem Film handelte es sich um *Die Dritte von rechts* (D 1950, R.: Géza von Cziffra). Siehe Friedhelm Bellingroth, *Triebwirkung des Films auf Jugendliche. Einführung in die analytische Filmpsychologie auf Grund experimenteller Analysen kollektiver Triebprozesse im Filmerleben*, Bern, Stuttgart 1958, S. 31 u. S. 101.

bei welchen Filmen Minderjährige unruhig auf ihren Sitzen herumrutschten, um daraus auf Grundmuster von Langeweile über Unruhe bis hin zu offenem Widerstand zu schließen. Der Hamburger Filmtest nach Stückrath-Schottmeyer war eine Versuchsanordnung, bei der jungen Zuschauern drei Bilder vorgelegt wurden, die sich auf die Zeit vor, während und nach dem Kinobesuch bezogen und zu denen sie jeweils eine Geschichte erzählen sollten, die sodann auf »Tatmuster« hin untersucht wurden. Die englische Forscherin Mary Field fotografierte mit einer Infrarotkamera im Kino die Mimik von Kindern, die Erwachsenenfilmen ausgesetzt wurden. Ein nach dem spanischen Psychiater Pigem Serra benannter Test fragte Wunschvorstellungen vor und nach dem Anschauen eines bestimmten Films ab, und der ebenfalls auf Filmmotive angewandte Thematische Apperzeptionstest (TAT) verglich Fürsorgezöglinge und als »normal« deklarierte Schüler im Hinblick auf ihre Reaktionen auf Bildtafeln, die Menschen in Alltagssituationen zeigten.[523] Vielen dieser Studien waren Vorannahmen über Normalität beziehungsweise Delinquenz eingeschrieben, die sich in den gebildeten Samples abbildeten und die Ergebnisse entsprechend präfigurierten.

In der US-amerikanischen Medienforschung spielte der aus Österreich emigrierte Psychoanalytiker und Soziologe Paul Lazarsfeld, der zeitweilig auch mit Theodor W. Adorno zusammenarbeitete, eine wichtige Rolle. Bereits während der dreißiger Jahre hatte die Rockefeller-Stiftung Lazarsfeld als Leiter des Büros für die Erforschung der medialen Wirkungsweise des Rundfunks an die Universität Princeton berufen; wenig später erhielt er einen Lehrstuhl für Soziologie an der Columbia-Universität. Mit Hilfe eines Apparates, des sogenannten Program Analyzers, hatte er experimentelle Forschungen zur psychischen Rezeption von Radio- und Filmprogrammen durchgeführt. Als er 1955 vor dem Congressional Subcommitee zur *juvenile delinquency* als Sachverständiger aussagte, kam ihm als Pionier der laborgestützten Medienforschung besonderes Gewicht zu.[524] Im Widerspruch zu vormals von ihm getätigten Aussagen warnte er nun vor der schädlichen Wirkung gewaltsamer Fernsehinhalte auf Kinder, räumte allerdings ein, dass

523 Vgl. Liliane Decurtins, *Film und Jugendkriminalität*, Zürich 1961, S. 135-164.

524 Vgl. James B. Gilbert, *A Cycle of Outrage: America's Reaction to the Juvenile Delinquent in the 1950s*, New York 1986, S. 114-116.

diese Einschätzung nicht auf Erkenntnissen aus seiner Forschung beruhe. Lazarsfeld nutzte seinen Auftritt vor der Politik und empfahl die Einrichtung einer Stiftung oder einer Arbeitsgruppe des Weißen Hauses zum Thema Kinder und Medien. Sein Plädoyer für die eigene Labor- und Geräteforschung unterstrich er mit einem anschaulichen Beispiel: »Ich möchte keinen unpassenden Vergleich anstellen, aber selbstverständlich hätten wir keine Atombombe, hätten wir deren Entwicklung lediglich Doktoranden überlassen.«[525] Wie andere Experten ließ auch er die Gelegenheit nicht ungenutzt, der Öffentlichkeit sowie potenziellen Finanziers aus Politik und Wirtschaft die eigene Forschung als wichtigen Beitrag zur Bekämpfung des »Feindes im Innern« zu präsentieren und deren Institutionalisierung einzufordern.

Die Behauptung, es bestehe ein kausaler Zusammenhang zwischen Film und Kriminalität, blieb indes umstritten. Kommissionen wie das britische Departmental Committee on Children and the Cinema oder das 1953 aus dem Arbeitskreis Jugend und Film in München hervorgegangene Wissenschaftliche Institut für Jugendfilmfragen betonten, dass weniger konkrete Handlungen, wohl aber allgemeine Gewohnheiten und Gefühle, Wertmaßstäbe und Ideale durch das Kino geprägt würden, die Mädchen noch stärker beträfen als Jungen.[526] Dies erteilte zwar der schlichten Nachahmungsthese eine Absage, maß dem Medium aber einen erheblichen Einfluss bei der Persönlichkeitsbildung zu – was medienkritische Lobbygruppen dankbar aufnahmen.[527] Ähnlich wurde auch

525 Vgl. Timothy Richard Glander, *Origins of Mass Communications Research During the American Cold War. Educational Effects and Contemporary Implications*, Mahwah 2000, S. 216.

526 Vgl. K. C. Wheare (Hg.), *Report of the Departmental Committee on Children and the Cinema*, London 1950; Martin Keilhacker, »Jugend vor der Filmleinwand. Eine Betrachtung aus der Sicht des Wissenschaftlichen Instituts für Jugendfilmfragen«, in: *deutsche jugend* 3 (1955), S. 168-174. Die Daten zum Münchner Institut in: Friedrich Domay (Hg.), *Handbuch der deutschen wissenschaftlichen Gesellschaften. Einschließlich zahlreicher Forschungsinstitute und Arbeitsgemeinschaften in der Bundesrepublik Deutschland*, Wiesbaden 1964, S. 682.

527 Auch in den Medien wurde immer wieder gegen die Kriminalisierung von Jugend argumentiert. Vgl. etwa die Artikel von Heddy Neumeister: »Die Erfindung der Halbstarken«, in: *FAZ* (07. 09. 1956), S. 1; »Die Jugend ist nicht kriminell«, in: *FAZ* (14. 11. 1956), S. 1; »Die Story von der schlechten Jugend«, in: *FAZ* (06. 03. 1959), S. 17.

mit Blick auf das Radio argumentiert, zum Beispiel seitens eines Gremiums religiöser Führer der katholischen, evangelischen und jüdischen Gemeinden in New York City. In einer Broschüre äußerte sich das ökumenische Subcommittee on Mass Media wie folgt:

> Das Radio präsentiert zum größten Teil Sendungen, die hochgradig informativ und unterhaltend sind. Sein Leumund ist jedoch durch die unseriösen Andeutungen und Suggestionen der populären Songs vieler sogenannter »Disc-Jockey«-Programme beschädigt worden. Es gibt einen echten Bedarf an mehr nichtkommerziellen Programmen, die das moralische und spirituelle Klima in den Mittelpunkt stellen.[528]

Zum Schutz dieses Klimas empfahl das Komitee Zensurmaßnahmen sowie neue Gesetze gegen Kriminalität und moralische Unzuverlässigkeit der Presse.

Ein häufiger Topos in den Diskursen über neue Massenmedien war die »Filmsucht«. Hatte schon der Wiener Publizist Karl Bednarik (ähnlich wie Richard Hoggart) in einer Analyse über den »jungen Arbeiter neuen Typs«, der sich in Sozialisierungsformen wie »Blasen«, »Platten« und Cliquen organisiere und an seinen Zootsuit-Anzügen ebenso wie an seiner Vorliebe für Jazz und Filme erkennbar sei, das Kino als typischen »Kulturraum« identifiziert, so wurde es in vielen Betrachtungen zum Ort eines »Kinorausches« oder eben sogar einer »Filmsucht« pathologisiert.[529] Eine Schrift konstatierte als Beleg für diese Abhängigkeit entrüstet, es gebe Filmsüchtige, die es auf mehr als fünf Kinobesuche pro Woche brächten.[530] Dem schlossen sich Forderungen nach höheren Altersbarrieren für Kinder und Jugendliche an, die aber von entsprechenden Untersuchungen in Frage gestellt wurden. Das bereits 1949 gegründete Deutsche Institut für Filmkunde, aus dem später das Deutsche Filminstitut hervorgehen sollte, gab 1957 mehrere Gutachten in Auftrag. Als Gutachter fungierten eine Ministerialrätin für Erziehung und Volksbildung, zwei Universitätsprofessoren der Psychologie sowie einer der Pädagogik, die allesamt die Auffassung vertraten, dass es die vielfach behauptete »Filmsucht« der Jugend

528 The Committee of Religious Leaders of the City of New York (Hg.), *Influences Affecting the Moral and Spiritual Climate of New York City. Interim Report to the Mayor* [o. J.].

529 Karl Bednarik, *Der junge Arbeiter von heute – ein neuer Typ*, Stuttgart 1953, S. 38.

530 Vgl. Kaiser, *Wir Starken und die Halbstarken*, S. 25.

nicht gebe, und infolgedessen gegen eine Anhebung der Altersgrenze auf 18 Jahre plädierten. Damit dürften sie allerdings im Sinne ihrer Auftraggeber argumentiert haben, denn das Institut war keine unabhängige Institution, sondern wurde von der Filmwirtschaft finanziert.[531] Mit einer anderen Untersuchung, für die mit einigem Aufwand Daten von 140 000 Jugendgerichtsverfahren (zwischen 1945 und 1952) ausgewertet wurden, widersprach das Institut dann erneut der These vom Kausalzusammenhang zwischen Film und Verbrechen, da nur fünf klare Fälle (und 15 »wahrscheinliche«) hätten identifiziert werden können.[532]

Auch im Staatssozialismus wurden Anstrengungen unternommen, eine Verbindung zwischen Delinquenz und neuer Jugendkultur herzustellen. Neben allerlei stereotyp vorgetragenen Begründungen in Parteitags- und Zentralkomiteesprosa gab es auch den Versuch einer nicht rein außenpolitisch motivierten, systematischen Ursachenforschung. 1956, im ersten Jahr der internationalen »Rock'n'Roll-Riots« und angeregt durch äquivalente Ereignisse auf dem Boden der DDR, hatte der Jugendrichter Horst Luther eine juristische Dissertationsschrift begonnen, die dem »Wesen des Rowdytums« in der DDR und der Entwicklung von »Methoden zu seiner Bekämpfung« galt.[533] Luthers Forschungsarbeit strebte nach einer straf- beziehungsweise verwaltungsstrafrechtlichen Vereinheitlichung der unter dem Begriff »Rowdytum« firmierenden Vergehen.[534] Zusammenfassend versteht der Jurist darunter »die öffentliche Ordnung gefährdende strafbare Handlungen« beziehungsweise »in leichten Fällen« ordnungswidrige Taten, durch die »andere Menschen oder fremdes Eigentum gefährdet oder verletzt werden [...] *und* die vorsätzlich mit der Absicht begangen werden, die Nichtachtung der Normen des gesellschaftlichen Zusammen-

531 Vgl. *Film und Jugend*, Bd. 4, S. 7-8. Zum Status des Instituts vgl. Feldmann (Hg.), *Die deutschen Film- und Fernsehhochschulen*, S. 20-21.

532 Vgl. Ludwig Thomé, »Film – der ›große Unbekannte‹, ein Plädoyer«, in: *deutsche jugend* 3 (1955), S. 175-177, hier: 176.

533 Horst Luther, *Das Rowdytum in der Deutschen Demokratischen Republik und seine Bekämpfung*, Dissertation eingegangen zur Erlangung der Doktorwürde der juristischen Fakultät der Humboldt-Universität zu Berlin (Ost) am 19. 06. 1959, S. 1 u. S. 3. Zu den dort erwähnten Ausschreitungen auf dem Gebiet der DDR vgl. oben, Kap. 2.3.4.

534 Vgl. ebd., S. 2-3.

lebens zum Ausdruck zu bringen«.[535] Als eine der Hauptursachen für Vergehen und Verstöße betrachtet auch er eine fehlgeleitete Freizeitgestaltung,[536] und belegt dies mit eigenen empirischen Studien notorischer Gruppierungen, darunter auch die bereits erwähnte sogenannte Killer-Slim-Bande aus Ostberlin.[537] Cliquen und Banden zeichnen sich ihm zufolge durch »ihre Primitivität insgesamt, ihre Leere, Ziellosigkeit, ihre primitiv-materialistischen Bestrebungen« aus.[538]

Als Ursache macht Luther ein ganzes Bündel unterschiedlicher Gründe aus, darunter mangelnde elterliche Erziehung, Überfürsorge und »Verwöhnen«, außerdem aus dem »Zusammenbruch des Hitler-Faschismus stammende Anschauungen und Verhaltensweisen«, aber auch alkoholbeeinflusstes Rauschhandeln sowie »Erlebnissucht«.[539] Medien dieser negativen Beeinflussung seien »Literatur, Funk, Film, Musik, Mode, Tanz« – also jene popkulturellen Produkte, auf deren Kontrolle und Eindämmung auch kulturkonservative Autoren unterschiedlicher politischer Richtungen im Westen drangen.[540] Explizit bezieht sich Luther in seiner Arbeit auf die westlichen »Rock'n'Roll-Riots«, die er im Kontext des Kalten Krieges verortet. Demnach versuche »das Bonner Regime, den Rock'n'Roll für die versuchte Verwirklichung der Atomkriegspolitik der NATO einzuspannen, die Jugend damit zu vergiften [...]«. Die »Veitstanz-Seuche« habe Teile der Jugend »auf den Weg des Gemeinen und der Kriminalität gedrängt« und so nicht nur ideelle, sondern auch materielle Schäden verursacht, weswegen es keiner »tiefsinnige[n] Erörterungen über den Charakter des Rock'n'Roll« bedürfe.[541] Luthers Abhandlung, die einige Parallelen zu westlichen

535 Ebd., S. 30.

536 Ebd., S. 123.

537 Außerdem nennt er die Ostsee-Clique, die Clique Marienburger Straße, die Weißenseer-Clique, die Veteranen-Clique und die Zeli-Meute. Diese Namen, die sich zumeist auf Berliner Straßen und Bezirke bezogen, hätten sich, so Luther, die Jugendlichen selbst ausgedacht. Vgl. ebd., Bd. 1, S. 145. Vgl. zur sog. Slim-Gruppe oben, Kap. 2.2.3.

538 Ebd., S. 129.

539 Ebd., S. 164-167.

540 Ebd., S. 165. Vgl. zu ähnlichen Argumenten im Westen Mackert, *Jugenddelinquenz*, S. 230, 236-237. Die mütterliche Überfürsorglichkeit zum Beispiel wurde in USA unter dem Begriff *mommyism* diskutiert.

541 Ebd., S. 282.

Diskussionen, etwa über den »mommyism« oder die »Freizeitsucht« auswies, war der Beginn der wissenschaftlichen Auseinandersetzung mit Jugend in der DDR, die schließlich 1966 mit der Gründung des Zentralinstituts für Jugendforschung gebündelt und auf Dauer gestellt wurde.[542]

3.4.4. Rhythmus versus Takt

Wie bereits am Beispiel verschiedener Musikstile gezeigt wurde, erregten neue Sounds und Musikstile teils heftige Abwehrreaktionen. Sie artikulierten sich in Hörerprotesten, Boykotten und politischen Debatten, oft begleitet von Forderungen nach Zensur, aber auch Experten meldeten sich zu Wort, vor allem Kritiker und Musikwissenschaftler. Kaum zu überschätzen für die kulturpessimistischen Projektionen, die sich auf die neuen Klänge und Rhythmen richteten, sind die Schriften Theodor W. Adornos, die auch die akademische Sicht auf Popkultur nachhaltig beeinflusst haben. Schon als junger Kritiker hatte Adorno unter Pseudonym seine scharfen Angriffe auf den Jazz verfasst, den er als Ausdruck einer »seelenlosen Moderne« verwarf, einer Modernität, die »wesentlich auf Klang und Rhythmus bezogen« sei.[543] Es sei bei Jazz wie beim Kino: Hier wie da erhebe sich das Individuum »zunächst als Couplet-Ich, identifiziert sich mit dem Refrainkollektiv, geht tanzend in dieses ein und findet damit seine sexuelle Erfüllung«.[544] Jazz als »Synthese von Marsch und Salonmusik« sei aber »eine falsche«, so das wer-

542 Vgl. ausführlich dazu die Beiträge in: Walter Friedrich, Hartmut Griese (Hg.), *Jugend und Jugendforschung in der DDR. Gesellschaftliche Situationen, Sozialisation und Mentalitätsentwicklung in den achtziger Jahren*, Opladen 1991; Walter Friedrich, »Geschichte des Zentralinstituts für Jugendforschung. Anfänge der Jugendforschung in der DDR«, in: ders. u. a. (Hg.), *Das Zentralinstitut für Jugendforschung Leipzig 1966-1990. Geschichte, Methoden, Erkenntnisse*, Berlin 1999, S. 13-69. Zu den Anfängen vgl. auch Dorothee Wierling, »Die Jugend als innerer Feind. Konflikte in der Erziehungsdiktatur der sechziger Jahre«, in: Hartmut Kaelble u. a. (Hg.), *Sozialgeschichte der DDR*, Stuttgart 1994, S. 404-425, v. a. S. 410.

543 Hektor Rottweiler (d. i. Theodor W. Adorno), »Über Jazz«, in: *Zeitschrift für Sozialforschung* 5 (1936), S. 235-259, hier: S. 235.

544 Ebd., S. 253.

tende Fazit.[545] Diese Geschmackspräferenzen generalisierte Adorno später zur Musiktheorie.[546]

Nicht nur die Protagonisten der kritischen Theorie Frankfurter Provenienz wandten sich mit ihren später kanonisch gewordenen Thesen zur Kulturindustrie gegen die Massenkultur, auch Hannah Arendt sah sie als Vorbotin einer nivellierten Gesellschaft.[547] Die Dominanz deutscher und österreichischer Exilanten im amerikanischen Diskurs hatte auch eine biographische Dimension. Zum einen hatte die Interpretation des Nationalsozialismus als gewissermaßen proto-popkulturelle Massenbewegung eine vor allem psychoanalytisch grundierte Tradition und findet sich etwa in den frühen Arbeiten Wilhelms Reichs. Zum anderen hatten viele der tief in den europäischen bildungsbürgerlichen Geschmackspräferenzen und nationalkulturellen Traditionen verwurzelten Intellektuellen das ihnen aufgezwungene amerikanische Exil als einen Kulturschock erfahren, den sie in ihren wissenschaftlichen Schriften zu verarbeiten suchten. Aber auch in den USA selbst galt mindestens seit dem 19. Jahrhundert europäische, vor allem deutsche sinfonische Musik als höherwertiger Ausdruck einer gleichermaßen »echten« wie »ernsten« Emotionalität, während die inländischen Musikkulturen als geschichtslos betrachtet und daher geringer geschätzt wurden, wie Jessica Gienow-Hecht herausgearbeitet hat.[548]

Schon die frühen »Hotmusiken«, zum Beispiel der (von Adorno ebenfalls abgelehnte) Cakewalk um die Jahrhundertwende, waren umstritten,[549] und während der 1920er und 30er Jahre hatte sich in den USA eine Front aus Erziehern, Geistlichen und klassischen Musikern gebildet, die afroamerikanischen Jazz aufgrund

545 Ebd., S. 257.

546 Prominent im »Kulturindustrie-Kapitel« der *Dialektik der Aufklärung* von Max Horkheimer und Theodor W. Adorno: »Kulturindustrie. Aufklärung als Massenbetrug«, in: dies., *Dialektik der Aufklärung. Philosophische Fragmente* (= Theodor W. Adorno, *Gesammelte Schriften*; Bd. 3), hg. v. Rolf Tiedemann, Frankfurt/M. ²1984, S. 141-191. Ebenso in: Theodor W. Adorno, »Über den Fetischcharakter in der Musik«, in: ders., *Gesammelte Schriften*, Bd. 14, S. 14-50, bes. S. 20.

547 Ebd.; Hannah Arendt, *The Origins of Totalitarianism*, New York 1973, S. 326.

548 Vgl. Jessica C. E. Gienow-Hecht, *Sound Diplomacy. Music and Emotions in Transatlantic Relations, 1850-1920*, Chicago, London 2009, bes. S. 40-65.

549 Vgl. Astrid Kusser, *Körper in Schieflage. Tanzen im Strudel des Black Atlantic um 1900*, Bielefeld 2013, bes. S. 105-138.

seiner Rhythmik gleichsam als industriell, primitiv und sexualisiert ablehnten.[550] Und auch in den Fünfzigern war es in den Ohren vieler Musiktheoretiker der besondere rhythmische Charakter, der Jazz und Rock'n'Roll miteinander verband und zugleich von den traditionellen »abendländischen« Musiktraditionen grundsätzlich unterschied.

Der dem Jazz nahestehende deutsche Musikautor Alfred Baresel etwa machte 1958 Differenzen zwischen Takt und Rhythmus aus.[551] Beide Kategorien würden oftmals ineins gesetzt, seien jedoch grundverschieden. Während die europäische Musiktradition auf Takt gebaut sei, der dem »Gesetz des Denkens« folge und auf Abmachungen beruhe, entspringe der Rhythmus einem »naturhaften Körpergefühl«. Wie in Benimmvorschriften habe »der gute Ton« beziehungsweise das Taktgefühl durch Erziehung und Drill auch in der Musik eine »Diktatur des Takts« errichtet, aus der erst die Volksmusik (auch als Zitat in den Werken »klassischer« Komponisten) und der Jazz wieder herausgeführt hätten. Baresel beruft sich auf Musiktheoretiker wie Kenneth R. Long, der behauptete, »der Neger« würde nicht den Takt zählen, sondern den »Rhythmus fühlen«. Gestützt auf den Musikethnologen Curt Sachs konstatiert er, die europäische Musik habe sich »in den letzten Jahrhunderten in den Fesseln eines starren Taktschemas verfangen, das allen metrischen Fluß in das Stampfwerk gleichmäßig abfolgender Hebungen und Senkungen« zwinge.[552] Müsse ein Umgang mit der taktfixierten Musik erst mühsam erlernt werden, so wirke rhythmische Musik gleichsam direkt auf den Körper ein: »[A]lle Beine und Schultern in der Jazz-Konzerthalle schlagen oder zucken diesen naturhaften Rhythmus spontan mit.« Für Baresel konnte das Publikum so nach »jahrhundertelanger Entwöhnung« aus der vom Takt errichteten Körperdiktatur beispielsweise des preußischen Militärmarsches oder des Wiener Walzers ausbrechen. Die neuen Tänze ließen »der Bewegungsphantasie [...] weitesten Spielraum«. Das fragwürdige Ideal dieser an sich begrüßenswerten Entwicklung sei jedoch der Rock'n'Roll, »bei dem jeder Tänzer macht, was ihm im Augenblick

550 Vgl. Joel Dinerstein, *Swinging the Machine: Modernity, Technology, and African American Culture between the World Wars*, Amherst, Boston 2003, S. 52.

551 Alfred Baresel, »Die Diktatur des Takts. Eine überholte Musikästhetik auf ethischer Basis«, in: *FAZ* (07. 06. 1958), S. BuZ4.

552 Zit. n. ebd.

einfällt«, doch sei dies eine über »das Ziel hinausschießende Reaktion auf eine Zwangsmaßnahme«.[553] Zwar irrt Baresel hier, denn wie alle Paartänze beruht auch der Rock'n'Roll auf Bewegungsmustern, die durch Grundschritte, Absprachen und Imitation konstituiert werden, ist also keineswegs eine vollkommen freie und spontane Improvisation; aber seine Beschreibung spiegelt idealtypisch wieder, wie viele Zeitgenossen den neuen Tanz sahen: als Höchstmaß an Disziplinlosigkeit. Nicht alle Gegner rhythmischer Musik waren auch gegen den Walzer eingestellt, im Gegenteil: Der Autor einer Lehrerzeitung meinte, Erwachsene könnten einfach »nicht verstehen, dass der junge Mensch den rhythmischen Boogie dem melodiösen Walzer vorzieht. Der Walzer verkörpert den gültigen guten Ton, der Boogie gilt als überspannt und ist mit guter Erziehung schlecht in Einklang zu bringen.«[554]

Die Kontroverse Takt versus Rhythmus war nicht nur ein musikwissenschaftlicher Streit um Begriffe; es ging auch um Wertzuschreibungen, die den »abendländischen« Musikgeschmack auf einer höheren Entwicklungsstufe verorteten als die Musiken des globalen Südens. Der britische Musiksoziologe Simon Frith beschreibt den Zusammenhang so:

> Es ist wichtig zu verstehen, wie dieses Argument funktioniert, weil es im Herzen der Behauptungen über Rock, Rhythmus und Sex liegt. Die Logik ist hier nicht, dass afrikanische Musik (und afrikanischstämmige Musik) »körperlicher«, »direkter« sexuell als europäischstämmige Musik ist. Vielmehr lautet das Argument, dass afrikanische Musik direkt im Kontakt mit dem Körper ist, weil »der Afrikaner« primitiver und »natürlicher« als der Europäer ist und seine Zustände und Erwartungen direkt sinnlich, also nicht symbolisch vermittelt sind. Bedenkt man, dass afrikanische Musik sich meist ganz offensichtlich in ihrer ausgeprägten Rhythmik von europäischer Musik unterscheidet, dann muss es das Rhythmische sein, was das Primitive, Sexuelle zum Ausdruck bringt.[555]

Wegweisend für eine solche europäische Musikidolatrie, die bis heute den konservativen Mainstream der Musikwissenschaften prägt, war neben anderen der Kulturphilosoph Ludwig Klages, der in einer 1933 erschienenen Schrift Rhythmus und Takt als Ausdruck unterschiedlicher Kulturstufen klassifiziert hatte. Rhythmus

553 Ebd.

554 Gehrke, »Zum Problem der Halbstarken«, S. 539.

555 Frith, *Performing Rites*, S. 127.

sei – wie der Pulsschlag oder die Wellenbewegung in einem Teich – eine Erscheinung der Natur, der Takt hingegen »eine menschliche Leistung«.[556] Rhythmische Musik galt Klages, der schon vor 1933 offen antisemitisch war, als Götzendienst der »geschichtslosen Völker der Gegenwart«, der »Primitiven«, deren ganzes Leben im Rhythmus schwinge.[557] Das Eindringen rhythmischer Musik in »zivilisierte« Kulturen sei daher eine rückschrittliche Entgrenzung: Im Unterschied zum maßvollen Takt entstehe Rhythmus aus dem mit »bestimmten Wallungen, Zuständen, Lebensstufen verbundenen Fortfall gewisser Hemmungen«.[558]

Rhythmus lässt sich sowohl auf Phänomene der Musik als auch auf solche der Natur und der Zivilisation beziehen. Es handelte sich daher nicht nur um eine musikästhetische, sondern auch um eine gesellschaftliche Kategorie. Die Zuschreibungen differieren: Soziologen des 19. Jahrhunderts wie Georg Simmel hatten den Rhythmus dem Komplex Natur und dem »gleichmäßigen« Kleinstadtleben zugeordnet, Vertreter der Avantgarde hingegen sahen in der Mechanisierung von Arbeit und Verkehr, überhaupt in der rasant fortschreitenden Technisierung der Lebenswelt eine neue, urbane Rhythmik entstehen, die sie euphorisch als Sensorik des modernen Lebens feierten.[559] Die Rhythmus-Debatten der fünfziger Jahre schlossen an diese älteren Diskurse an und brachten, wie bereits gezeigt wurde, Theorien und Modelle hervor, die Verhaltensweisen insbesondere der Jugendlichen und der »Massen« mit den somatischen Wirkungen von Bildern und Tönen erklärten. Westliche Kunstmusik hatte in erster Linie als das erzieherische Programm einer Verfeinerung gegolten.[560] Der Rock'n'Roll drehte nach Ansicht vieler Theoretiker der damaligen Zeit diese zivilisie-

556 Ludwig Klages, *Vom Wesen des Rhythmus*, Kampen auf Sylt 1933, S. 23.

557 Ebd., S. 78.

558 Ebd., S. 94.

559 Vgl. Daniel Morat, »Der Rhythmus der Großstadt um 1900«, in: *Zeitschrift für Kulturphilosophie* 1 (2013), S. 29-38, bes. S. 30 f., 36.

560 Für den französischen Enzyklopädisten Jacques Lacombe etwa war Kunst gemacht, um »Menschen zu überzeugen, ihr wildes Verhalten zu ändern«. Ders., *Le Spectacle des beaux arts, ou considérations touchant leur nature, leurs objects, leurs effets et leurs règles principtales*, Paris 1758, zit n. James H. Johnson, *Listening in Paris. A Cultural History*, Berkeley, Los Angeles u. a. 1995, S. 284. Für England vgl. Budde, *Auf dem Weg ins Bürgerleben*, S. 135-141; für Deutschland vgl. Applegate, *Bach in Berlin*, S. 150-159.

rende Wirkung von Kunst um und machte aus dem Menschen das, was er vor Urzeiten schon einmal war: einen »Wilden«.

Nicht nur die rhythmische Struktur der neuen Musiken wurde kritisch kommentiert, auch die Klanglichkeit beziehungsweise Textur des Klangs geriet ins Visier von Laien und Experten. Der mit etlichen Veröffentlichungen zum Thema Jugend hervorgetretene Hamburger Gymnasiallehrer Hans Heinrich Muchow zum Beispiel sah im Jazz ein »Entstaltungsphänomen«, das einer kulturellen Zäsur gleichkomme.[561] Im sogenannten »dirty-Spiel« ziele die Tonbildung nicht mehr auf das Reinheitsideal »aller bisherigen abendländischen Musik«, sondern auf ein Verschmieren (*»smear«*) des Tons, bei dem dessen Kontur verwischt, quasi körperlich aufgelöst und gleichsam »ent-staltet« werde. Der Rhythmus übertrage diese Wirkung vom Tonkörper auf den Körper des Menschen, denn gerade der Off-Beat erzeuge einen physischen Spannungszustand, der sich in Wippen, Treten und Tanzen nach außen ableite und »in die Ekstase« überführe. Als Beispiel für diese klangliche Auflösung von Körpern gelten Muchow afroamerikanische Musiker wie Louis Armstrong, deren Stimmen und Töne als »Nachahmungen von Dschungel- und Urwaldlauten zu verstehen« seien, weil eine »Auflösung« oder »Verwischung« der Klanggestalt vollzogen werde. Ebensolche Auflösungsphänomene machte der Autor nicht nur auf dem Gebiet des Klangs aus, sondern auch in der Literatur. Er nennt Françoise Sagan, deren Romane eine emotionale »Wischigkeit, Verschwommenheit und Ungenauigkeit« ausdrückten, die Muchow als ein Merkmal der Nachkriegsjugend beschrieb – womit er den französischen Diskurs über den »Saganismus« und die Nouvelle Vague in den deutschsprachigen Raum importierte.[562] Seine Auflösungs- und Entgrenzungsängste (die an die von Klaus Theweleit beschriebenen männlichen Kollektivängste der Zwischenkriegszeit vor Körperauflösungen erinnern, an die »Abwehr der Sümpfe, Schleime, Breie«) übertrug Muchow vom ästhetischen ins soziale Feld seiner Gegenwart, in

561 Hans Heinrich Muchow, *Sexualreife und Sozialstruktur der Jugend*, Hamburg 1959, S. 105. Zu Muchow vgl. Detlef Siegfried, *Time is on my Side. Konsum und Politik in der westdeutschen Jugendkultur der 60er Jahre*, Göttingen 2006, S. 96; Philip Jost Janssen, *Jugendforschung in der frühen Bundesrepublik. Diskurse und Umfragen*, Historische Sozialforschung/Historical Social Research (HSR) Supplement 22, Köln 2010, S. 89-92.

562 Ebd., S. 114.

dem »halbstarke« Jugendliche »in mehr oder weniger organisierten Banden, in Rudeln und schließlich als *amorphe Massen*« aufträten.[563]

3.4.5. Hinter verschlossenen Türen: Experten als Politik- und Polizeiberater

Wie bereits angedeutet, strebten viele Experten nach direktem Einfluss auf politische Entscheidungsprozesse. Nicht selten ging es ihnen dabei – wie Lazarsfeld – um die Erweiterung ihrer eigenen Machtposition, die Absicherung der eigenen Forschung und die Erschließung neuer Ressourcen. Ein bewährtes Mittel zu diesem Zweck war die Teilnahme an Kommissionen, die mal öffentlich, mal hinter verschlossenen Türen tagten.

Mitte der fünfziger Jahre diskutierten behördliche Gremien und Kommissionen verstärkt das als neu betrachtete kulturelle Phänomen abweichender Jugendstile. Dies geschah in berufsständischen Vereinigungen, nationalen Notstandskomitees und institutionalisierten Kontrollinstanzen auf supranationaler Ebene. Häufig wurden dort auch die von Medien und Popkultur konstruierten fiktiven Sozialtypen verhandelt. So adressierte die Jahresversammlung der Vereinigung britischer Schuldirektoren die kontrovers diskutierte Jugendmode als drängendes Problem: »Der Teddy Boy ist ein Monument des Versagens der Erwachsenen«, hieß es im Eröffnungsvortrag zur Debatte über den Bericht des King George's Jubilee Trust on the Citizens of Tomorrow.[564] Auch die 450 Delegierten lokaler Behörden auf einer Konferenz der britischen National Playing Fields Association beschäftigten sich im Herbst 1956 mit »Teddy Boys«. Ein Jugendamtssprecher aus Surrey vertrat dort die Drei-Gruppen-Theorie und machte 13 Prozent der Jugendlichen als »antisozial« aus, betonte allerdings, nicht alle »Teddy boys and girls« gehörten dieser Gruppe an, sondern nur einige schwarze Schafe unter ihnen. Rock'n'Roll sei nicht die Ursache des Problems, vielmehr ein unschuldiges, wenn auch lautstarkes Ventil zum Abbau nervöser Energie.[565]

563 Ebd., S. 125 (meine Hervorhebung). Vgl. Klaus Theweleit, *Männerphantasien: Teil 1: Frauen, Fluten, Körper, Geschichte*, Reinbek 1990, S. 418-422.

564 Zit. n. »Less Pay For ›Under 21s‹. Headmaster's Cure For Teddy Boys«, in: *The Times* (31. 12. 1955), S. 2.

565 Ebd.

Auch vor dem Subcommittee on Delinquency des US-amerikanischen Senats wurden immer wieder dezidiert kulturkritische Positionen vorgetragen, die den Rock'n'Roll verantwortlich machten: »Elvis Presley ist natürlich ein Symbol, aber ein gefährliches. Seine Striptease-Possen drohen die jugendliche Welt in eine offene Revolte gegen die Gesellschaft zu rock'n'rollen. Der Gangster von morgen ist der Presley-Typ von heute.«[566] An solchen Gremien waren immer häufiger Wissenschaftler beteiligt; der New Yorker Bürgermeister Wagner hatte in seinem 1,5-Millionen-Dollar-Budget zur Bekämpfung der Delinquenz 1955 auch eine »Spezial-Gutachterkommission mit 15 Forschern« unter Leitung eines Soziologen vorgesehen.[567]

Ein ähnliches Bild bot sich in Deutschland, wo die Stereotype aus Medien und Popkultur ebenfalls lokale und überregionale Institutionen beschäftigten, in denen Experten eine Schlüsselrolle spielten. Als beispielsweise in Frankfurt am Main das »Auftreten Halbwüchsiger« im Stadtteil Bornheim die Polizei und das Jugendamt alarmierte, wurde im Volksbildungsheim ein runder Tisch unter Leitung eines Stadtrates zum Thema einberufen.[568] Aufgrund der Vorkommnisse und der steigenden Zahl von Berichten beschloss das Amt auf einer Deputationssitzung im Frühjahr 1956, das »Problem der Halbstarken« zu erörtern. Als Referenten wurden die Soziologieprofessoren Max Horkheimer und Helmut Schelsky sowie der durch seine musik- und adoleszenzkritischen Schriften einschlägig ausgewiesene Oberstudienrat Hans Heinrich Muchow angefragt, außerdem der Stadtrat Rudolf Prestel und der Kinder- und Jugendpsychiater Werner Villinger vom Universitätsklinikum Marburg.[569] In einem Grundsatzreferat sprach der Stuttgarter Professor Eduard Baumgarten vom George-Washington-Institut für Vergleichende Sozialwissenschaften »nach allgemeinen Ausführungen über dieses

566 Extract from Final Facts Finding Report to Midcentury White House Conference, Children's Bureau Records, Rec. Group 102, National Archives College Park Maryland, NAI.

567 Draft: Mayor Wagner's Testimony before Senator Lehman's Subcommittee vom 16.11.1955, Wagner Dept. Box 52, 4093; NYCMA. Zu diesem Maßnahmenplan vgl. oben, Kap. S. 2.2.2.

568 Vgl. »An das Kommando der Schutzpolizei« vom 02.02.1956 (Typoskript), Jugendschutz/Halbstarkenproblem, ISG Frankfurt/M., Fürsorgeamt 5.027.

569 Jugendamt, Brief an Stadtrat Prestel (Typoskript), Frankfurt/M., den 09.05.1956, ISG Frankfurt/M., Fürsorgeamt 5.027.

Problem und sein Vorhandensein auch in anderen europäischen Ländern und vor allem in den USA«.[570] Am 26. Oktober 1956 war eine weitere Aussprache über das »Problem der Halbstarken« auf dem Frankfurter Römerberg angesetzt, an der rund 120 Personen aus allen Bereichen der öffentlichen und privaten Jugendhilfe teilnahmen.[571] Der Titel der Veranstaltung wurde erst im letzten Moment geändert: Anstatt einer Aussprache über das »Problem der Halbstarken« gab es eine über »heute besonders aktuelle Erscheinungen der im Entwicklungsalter stehenden Jugend«, weil man »es doch vorgezogen [hatte], das Wort ›Halbstarke‹ darin zu vermeiden«.[572]

Diese Zurückhaltung gegenüber dem umstrittenen Begriff ließ eine 1956 publizierte EMNID-Studie vermissen. Obwohl sie sich keineswegs mit sozialen Randgruppen beschäftigte, sondern vielmehr die Werte und Einstellungen der bundesdeutschen Jugend in ihrer Gesamtheit durch Befragungen zu ermitteln suchte, erschien die Studie unter dem plakativen Titel »Wie stark sind die Halbstarken?«.[573] Im Geleitwort zur Buchausgabe fragt der Leiter der EMNID-Institute Georg von Stackelberg nach der Anzahl von Boogie-Woogie-Liebhabern und »Halbstarken«: »Wo sind die, deren Ideal angeblich Gewalttätigkeit heißt? Wo sind die Krawallhelden und Texas-Boys, und wie groß ist ihre wirkliche Zahl?«[574] Dass die Studie diese aktuellen Fragen schwerlich beantworten konnte, offenbaren aber schon die folgenden Sätze, denen zufolge die darin erhobenen Daten bereits in den Jahren 1953 bis 1955 erhoben worden waren, also *bevor* es überhaupt zu den (erst seit 1956/57) breit diskutierten Krawallen gekommen war. Entsprechend verschoben wirken die im Abschnitt »Sonntägliche Liebhabereien« präsentierten statistischen Ergebnisse der Umfragen, denen zufolge nur fünf

570 Betr.: Grundsatzreferat über das »Problem der Halbstarken« Frankfurt/M. 14.07.1956 (Typoskript), ISG Frankfurt/M., Fürsorgeamt 5.027.

571 Sozialverwaltung Jugendamt Frankfurt/M. 27.09.1956 [Typoskript], ISG Frankfurt/M., Fürsorgeamt 5.027.

572 Entwurf Einladung, Der Magistrat; ISG Frankfurt/M., Fürsorgeamt 5.027; Mitteilung Stadtrat Dr. Prestel an Prof. Dr. Baumgarten vom 09.10.1956, Jugendschutz/Halbstarkenproblem, ISG Frankfurt/M., Fürsorgeamt 5.027.

573 Rolf Fröhner u.a., *Wie stark sind die Halbstarken? Beruf und Berufsnot, politische, kulturelle und seelische Probleme der deutschen Jugend im Bundesgebiet und in Westberlin*, Bielefeld 1956.

574 Ebd., S.7.

Prozent der befragten Berliner Jugendlichen Boogie-Woogie und Jitterbug tanzten, während Walzer, Tango, Foxtrott und Slow-Fox mit insgesamt um die 70 Prozent die Liste anführten und »die Jugend hinsichtlich der Tänze damit erstaunlich konservativ gesinnt« sei.[575] Allerdings war der Begriff »Rock'n'Roll« (der oft mit Boogie synonym gesetzt wurde) in den Umfragejahren noch nicht in dem Maße verbreitet wie im Veröffentlichungsjahr, in dem etliche Musikfilme Premiere hatten und die Kinokrawalle ihn auf die Titelseiten brachten. Mit ihrem Fazit, die Jugend sei »insgesamt ›normaler‹, als es viele Darstellungen erwarten lassen«, wollten die Autoren zwar zur Versachlichung beitragen, doch mit der Wahl des dramatisierenden Titels spekulierten sie zugleich auf aufmerksamkeitsökonomische Profite und leistete so einen weiteren Beitrag zur Verwissenschaftlichung des von Belletristik und Kino geprägten Begriffs »Halbstarke«.[576]

Einen Dauerplatz nahmen Experten in jenen Gremien ein, in denen es um die Kontrolle kultureller Inhalte ging. Dabei arbeiteten sie Hand in Hand mit der Polizei und den Vollzugsbehörden, gelegentlich auch mit Nachrichtendiensten, wie dem im Geheimen tagenden bundesdeutschen Interministeriellen Ausschuss für Filmfragen, von dem bereits die Rede war.[577] In den diversen Gremien, die Kulturprodukte auf ihre Eignung für Jugendliche prüften, saßen Wissenschaftler neben den Vertreterinnen von Eltern, Lehrern, Verwaltungen, Polizei, Parteien und Religionsgemeinschaften. In der als Folge des bundesdeutschen Gesetzes zum Schutze der Jugend in der Öffentlichkeit gegründeten Freiwilligen Selbstkontrolle der Filmwirtschaft (FSK) wurden auf Veranlassung der Obersten Jugendwohlfahrtbehörde die Kollegien um einen Jugendpsychologen oder einen Pädagogen erweitert, um die acht Beisitzer bei der Feststellung über die »vermutlich abträglichen Wirkungen des Films« zu unterstützen und eine altersbezogene Empfehlung abzugeben.[578] Zur Gesetzesänderung, die seit 1957 Kinder unter sechs Jahren von Filmveranstaltungen gänzlich ausschloss, hatten Exper-

575 Vgl. ebd., S. 95, sowie S. 267, Tabelle 53. Ein ähnliches Ergebnis betraf Hörvorlieben: Nur 4% gaben Tanz- und Jazzmusik an, vgl. ebd., S. 147.

576 Ebd., S. 21.

577 Siehe oben, Kap. 3.2.4.

578 Vgl. Theo Fürstenau, »Jugend in der Traumfabrik«, in: *deutsche jugend* 4 (1956), S. 30-36, hier: S. 35.

ten ebenfalls beigetragen.[579] Ähnliche Kommissionen bestanden in anderen Ländern: in Großbritannien das schon 1912 gegründete regierungsunabhängige British Board of Film Censors (BBFC), in Frankreich seit 1946 die Commission de Classification (CNC) und die konfessionelle Commission Catholique du Cinéma (CCC).[580] In diesen Gremien waren neben ehrenamtlichen Bürgern auch Wissenschaftler tätig. In einer 1959 unter Leitung von Henry de Ségogne, einem ehemaligen Minister der Vichy-Regierung, ins Leben gerufenen neuen französischen Kommission saßen acht Experten aus Sozial- und Erziehungswissenschaften, Rechtswissenschaften und Pädagogik.[581] Ziel ihrer Arbeit war es erklärtermaßen, der Zensur eine wissenschaftliche Grundlage zu geben, die 1961 mit neuen Dekreten schließlich zu zwei Stufen der Altersfreigabe führte.[582] Mit solchen Gutachten, Streitschriften, Reportagen und Analysen prägten Experten nicht nur den öffentlichen Mediendiskurs; sie empfahlen sich auch hinter den Kulissen der Politik, aber auch der Wirtschaft als Berater – und ließen sich dabei in etlichen Fällen als Legitimationsinstanzen instrumentalisieren.[583]

Auch an der Produktion von Filmen wirkten Experten mit. Der freudianische Kinderpsychologe Bruno Bettelheim von der Universität Chicago war Berater bei der Produktion von *Why Vandalism*, einem Kurzfilm, der das Narrativ der Sachbeschädigung aus Langeweile und aufgrund einer gestörten Elternbeziehung propagierte.[584]

579 Es handelt sich um § 6 des Gesetzes zum Schutz der Jugend in der Öffentlichkeit vom 27.07.1957. Vgl. Hans Ott, »Die Misere des Kinder-und Jugendfilms«, in: *deutsche jugend* 6 (1958), S. 550-554.

580 Zu den Daten vgl. die Selbstauskünfte der noch immer bestehenden Kommissionen: ⟨www.cnc.fr⟩ bzw. ⟨http://www.bbfc.co.uk/⟩, beide letzter Zugriff 02.03.2018. Eine tabellarische Übersicht der Kontrollgremien und Gesetze in 19 Staaten findet sich in: *Film und Jugend*, Bd. IV: *Beiträge zur Frage der Jugendfreigabe von Filmen für bestimmte Altersgruppen*, Wiesbaden, Biebrich Schloss 1956, S. 9-10 (als Ms. gedruckt). Die Grenze zwischen Kindheit und Jugend lag damals in allen Staaten bei 16 Jahren, mit Ausnahme von Österreich, den Niederlanden und der Schweiz (18 Jahre) sowie Luxemburg (17 Jahre).

581 Vgl. Middendorf, *Massenkultur*, S. 270-271.

582 Ab 13 und ab 18 Jahren, vgl. ebd., S. 272.

583 Polizeiverantwortliche in New York wurden etwa per Dienstanweisung verpflichtet, die Artikelserie über Jugendgangs des Reporters Salisbury zu lesen. Vgl. »Police Ordered to Read Stories on Youth Gangs«, in: *NYT* (26.03.1958), S. 32.

584 Vgl. *Why Vandalism* (US 1955, P.: Hal Kopel).

Neben Film und Musik hatten Experten vor allem die schädliche Wirkung sogenannter Heftchen-Romane und Bildgeschichten ausgemacht und trugen auch hier zur Regulierung bei. Schon das frühe 20. Jahrhundert war von kulturkritischen Schmutz-und-Schund-Debatten geprägt. In den Fünfzigern erlebten diese Debatten eine Neuauflage und führten zu zahlreichen Urteilen und Gesetzesänderungen, die sich vor allem gegen Comics richteten. Die vom US-Senat eingesetzte Kommission zur Ermittlung der Ursachen von Jugenddelinquenz verhandelte Grusel-Comics und Kriminalgeschichten, was zum Comic Code von 1954 führte, in dem sich die Heftverleger eine strenge Selbstzensur auferlegten.[585] In Großbritannien führte der Children and Young Persons (Harmful Publication) Act 1955 zum Einfuhrstopp für amerikanische Horror- und Thriller-Comics.[586] Auch das schwedische Parlament debattierte über »Heftchenliteratur«, und in Frankreich wurden Comics mit Gewaltdarstellungen per Gesetz verboten.[587] Wenn auch vielfach bezweifelt wurde, dass literarische Werke (ebenso wie Kinofilme) zu direkten Nachahmungstaten oder sonstigen kriminellen Handlungen führen, so stand doch die »Schundliteratur« immer wieder im Mittelpunkt von Zensurdebatten.[588] Auch in Luthers Arbeit über das Rowdytum der DDR nahmen Krimi-Hefte eine zentrale Rolle als Ursache von Verbrechen aller Art ein, was sich in der Zensurpraxis der DDR widerspiegelte.[589] In verschiedenen Staaten kam es zu symbolischen Bücherverbrennungen von Comic- und sogenannten Schundromanen.[590] Die Verbreitung von Comic-Heften und Groschenromanen ließ sich damit jedoch kaum aufhalten. Vielmehr nahm sich das Medium selbst des Halbstarken-Klischees an und profitierte so von der Skandalisierung. Etliche Taschenbü-

585 Amy Kiste Nyberg, *Seal of Approval. The History of the Comics Code*, Jackson (MS) 1998; Andreas Platthaus, *Im Comic vereint. Eine Geschichte der Bildgeschichte*, Frankfurt/M., Leipzig 2000, S. 136-140.

586 Vgl. hierzu Bill Osgerby, *Youth Media*, London, New York 2004, S. 67.

587 Vgl. Ulf Boëthius, »Youth, the Media and Moral Panics«, in: Johan Fornäs, Goran Bolin (Hg.), *Youth Culture in Late Modernity*, London 1995, S. 39-57, hier: S. 41.

588 Dies bezweifelte auch der hessische Generalstaatsanwalt Fritz Bauer 1959, vgl. »Die Story von der schlechten Jugend.«

589 Vgl. Luther, *Das Rowdytum*, S. 264.

590 Vgl. Abb. 15-18.

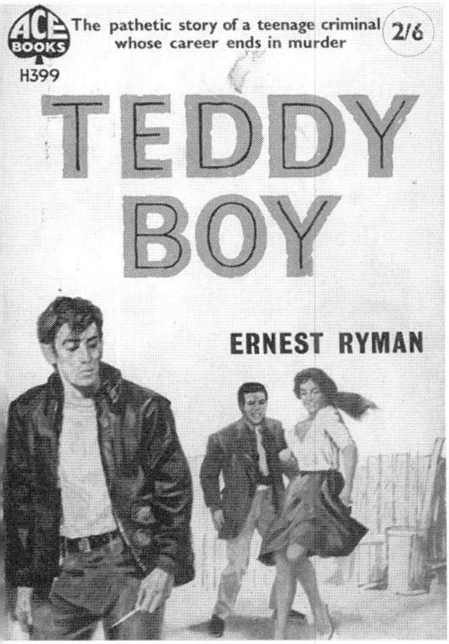

Abb. 30-33: Groschenromane fiktionalisieren delinquente Sozialtypen des gefährlichen wie der gefährdeten Jugendlichen: In Großbritannien (30), den USA (31), der Schweiz (32) und Frankreich (33).

cher griffen die Stereotypenbildungen auf und dramatisierten sie weiter, indem sie den Prinzipien des Exploitation-Genres folgten, das sich nicht nur auf das Kino beschränkte, sondern auch populäre Romane umfasste (Abb. 30-33).[591]

3.4.6. Skeptisch und vaterlos: Von der Kriminologie zur Soziologie

Überragt werden die Studien und Debatten über die Wirkungszusammenhänge zwischen Popkultur, Kriminalität, Biologie, Entwicklungspsychologie und die daraus abgeleiteten Kontrollregime von einzelnen Versuchen, Jugend als neue soziale Gruppe gewissermaßen als Ganzes definitorisch zu fassen. Hier tat sich vor allem die vergleichsweise junge Disziplin der Jugendsoziologie hervor. Deutlich inspiriert von Riesmans Bestseller *The Lonely Crowd* widmete der bundesdeutsche Soziologe Helmut Schelsky der Jugend 1957 seine umfangreiche und auf empirischen Erhebungen gegründete Studie *Die skeptische Generation*.[592] Hatte Schelsky in seiner Einführung zur deutschen Ausgabe des Buches von Riesman schon dafür plädiert, dessen Thesen auch auf andere Länder zu übertragen, so suchte er nun einige davon auf Westdeutschland anzuwenden – und übertrug damit einen amerikanischen Diskurs auf bundesdeutsche Verhältnisse.[593] Schelsky, zuvor bereits mit einer im Taschenbuchformat erschienenen Soziologie der Sexualität einer breiten Öffentlichkeit bekannt geworden, wusste die in der zweiten Hälfte der fünfziger Jahre gestiegene Aufmerksamkeit für das Thema Jugend durchaus werbewirksam zu nutzen.[594]

591 Vgl. etwa: Mac Driving [Glenn Douglas], *Die Bande der Halbstarken. Kriminalroman*, Rastatt 1957.

592 Helmut Schelsky, *Die skeptische Generation. Eine Soziologie der deutschen Jugend*, Düsseldorf, Köln ³1958.

593 Vgl. die Einführung von Helmut Schelsky, in: Riesman, *Die einsame Masse*, S. 9-25 hier: S. 17.

594 Helmut Schelsky, *Soziologie der Sexualität. Über die Beziehungen zwischen Geschlecht, Moral und Gesellschaft*, Hamburg 1955. Schon vor Abgabe des Manuskripts schrieb ihm sein Verleger, er teile den Optimismus des Autors hinsichtlich der »Erfolgsmöglichkeiten des Buches« und habe den Verlagsvertretern eingeschärft, die Buchhändler in besonderem Maße auf den »großen Interessentenkreis« hinzuweisen. Vgl. Schreiben Peter Diederichs' an Schelsky, Düsseldorf, 10. 09. 1957, zit. n. Franz-Werner Kersting, »Helmut Schelskys

In seinem Buch, das die hochgesteckten Absatzerwartungen rasch erfüllte, unterschied Schelsky – weitgehend dem Generationenbegriff Karl Mannheims folgend – genealogisch eine »jugendbewegte« und die ihr folgende »politische Generation« von der aktuellen, ihm zufolge »skeptischen« Jugend, die sich durch »Entpolitisierung und Entideologisierung« von ihren beiden Vorgängerinnen unterscheide.[595] Dieses Labeling belegt den von der jüngeren Forschung hervorgehobenen konstruktivistischen Charakter des Generationenkonzeptes, denn Schelsky betrieb damit die Aufwertung der bürgerlichen Jugendbewegung zu einem Epochenphänomen, obwohl deren Bünde nur eine zahlenmäßig kleine Gruppe umfasst hatten, wie er selbst in seinem (im vormals freistudentischen Eugen-Diederichs-Verlag) erschienenen Werk einräumte.[596] Überdies wurde die Ideologisierung seiner eigenen Alterskohorte in den nationalsozialistischen Massenorganisationen, die eher das Etikett einer »Hitlerjugendgeneration« nahegelegt hätte, in der Analyse auffallend zurückhaltend behandelt.[597] In seinen ausgreifenden Deutungen zielt der Soziologe weit über den eigentlichen Gegenstand hinaus, und so dürfte der publizistische Erfolg auch darin begründet gewesen sein, dass die Eingrenzung der gegenwärtigen jungen Jahrgänge letztlich auch die abgrenzende (Selbst-)Beschreibung der älteren erforderte, deren Angehörige sich in Schelskys Standortbeschreibungen wiederfinden konnten.[598] Der – streckenweise eher sperrig zu lesende – Text verweigert sich simplen kultur-

›Skeptische Generation‹ von 1957. Zur Publikations- und Wirkungsgeschichte eines Standardwerks«, in: *VfZ* 50 (2002), S. 465-495, hier: S. 465.

595 Ebd., S. 84. Diese Jugend zeichne sich durch einen »skeptischen und nüchternen Wirklichkeitssinn« aus (S. 88). Vgl. Mannheim, »Das Problem der Generationen«.

596 Vgl. zur Kritik an Mannheims Konzept der »generationellen Lagerung« zuletzt: Jureit, *Generationen*; Weisbrod, »Generation und Generationalität«. Die Jugendbewegung wird auf nur rund 250 000 Mitglieder (von 6,5 Millionen 14- bis 25-jährigen Reichsbürgern im Jahr 1926) geschätzt, was für ein Generationenkonstrukt eher wenige sind. Vgl. Rüdiger Ahrens, *Bündische Jugend. Eine neue Geschichte 1918-1933*, Göttingen 2015, S. 21-22.

597 Schelskys eigene Rolle im Nationalsozialistischen Studentenbund, die im Wahlkampf von der CDU enthüllt wurde, zwang den Sozialdemokraten zum Rücktritt von seinen politischen Ämtern. Vgl. Kersting, »Helmut Schelskys ›Skeptische Generation‹«. Zur (Selbst-)Entideologisierung Schelskys vgl. Nolte, *Die Ordnung der deutschen Gesellschaft*, S. 238.

598 Vgl. Janssen, *Jugendforschung in der frühen Bundesrepublik*, S. 99-110.

pessimistischen Niedergangsszenarien und vermeidet populistische Lösungsvorschläge – etwa über den gesetzlichen Jugendschutz oder die von Schelsky in elitär-jugendbündischer Tradition besonders gering geschätzte »Jugendpflege«.

Doch trug auch Schelsky zur Hierarchisierung und Dramatisierung populärkultureller Phänomene bei.[599] Die »Halbstarken«-Debatte der Jahre 1956 und 1957 etwa instrumentalisierte er zum »wirkungsfördernden Faktor«, um das Buch in zahlreichen Rundfunkgesprächen zur aktuellen Situation zu vermarkten.[600] Auch beim Verkaufserfolg konnte Schelsky so bei Riesman nicht nur anknüpfen, sondern den Umsatz von dessen deutschsprachiger Ausgabe sogar noch übertreffen.[601] In seiner Analyse der Veränderung der Freizeit unterscheidet er wertend zwischen »solitären Aktivbeschäftigungen«, zu denen Basteln, Sport, aber auch das Lesen gehörten, sowie den geringer geschätzten »passiven« Praktiken, wozu er neben dem Musikhören eigenartigerweise auch den Besuch von Tanzveranstaltungen zählt.[602] In diesen Zuordnungen kamen Hierarchisierungen kultureller Praktiken zum Ausdruck, die teils in Vorkriegskategorien (etwa jugendbewegter Konsum- und Modernitätsfeindlichkeit) wurzelten. Auch Schelsky macht eine Gruppe der sogenannten »Freizeitsüchtigen« aus, in denen sich »eine abnorme Intensivierung der *Verbraucherhaltung*« zeige.[603] Die Symptome dieser Sucht äußern sich ihm zufolge in der »Tanzwütigkeit, der Kinobesessenheit oder Lesebesessenheit von Groschen- und Kriminalromanen, als Rummelplatzjugend«.[604] Die aus solchen Pathologisierungen resultierende angebliche Gefährdung habe sich aber nicht nur quantitativ im übermäßigen Konsum, sondern auch qualitativ manifestiert. Zwar ist Schelsky der Meinung, die These der »kriminogenen« Effekte von Gangster-Filmen sei zu schlicht und Verbote nicht das Mittel seiner Wahl, aber dennoch bilanziert er in seiner »Gesamtanalyse des Freizeitverhaltens der

599 Zur Kritik an Schelsky vgl. Poiger, »Rock'n'Roll, Female Sexuality«.

600 Vgl. Kersting, »Helmut Schelskys ›Skeptische Generation‹«, S. 481.

601 Schelsky verkaufte mit 100 000 Exemplaren doppelt soviele deutschsprachige Bücher wie Riesman. Vgl. Michael Hagner, *Zur Sache des Buches*, Göttingen 2015, S. 156.

602 Schelsky, *Die skeptische Generation*, S. 354.

603 Ebd., S. 358.

604 Ebd., S. 360.

Jugend« Beeinträchtigungen der »Erlebens- und Verhaltensformen des modernen Jugendlichen«.[605] Konkret benennt er »Realitätsverlust durch Sentimentalität der Schnulzen« oder des Kinos und anderer massenkultureller Produkte, die mit ihrem »irrealen und unverbindlichen Charakter der Verbraucherwelt« den Lebensstil, persönliche Glücksansprüche, Partnerideale sowie »Vorstellungen von Lebensfülle« gleichsam überschrieben.[606] Ausblickend gelten ihm »die unter dem Namen der ›Halbstarken‹ begriffenen Erscheinungen« als »Ausbruchsversuche« einer »sezessionistische[n] Jugendgeneration«.[607] Schelsky warb durchaus um Verständnis sogar für die randalierende Jugend, allerdings meinten schon Zeitgenossen, sein »begriffs- und vergangenheitspolitisch[es]« Generationenkonstrukt sei eher eine biographische Auseinandersetzung mit seiner eigenen (nationalsozialistischen) Vergangenheit denn als zutreffende Beschreibung der gegenwärtigen Jugend zu lesen.[608]

Schelsky gehörte ebenso wie Bondy und Blücher zu den von Uta Poiger und anderen beschriebenen *cold war liberals*.[609] Unabhängig von ihrem parteipolitischen Standort trugen sie in der zweiten Hälfte des Jahrzehnts zur Bildung eines übergreifenden liberalen bundesdeutschen Konsenses gegenüber der sozialistischen Herausforderung bei, der wesentlich auf dem Gebiet von Jugendfragen ausgehandelt wurde. Auch wenn viele Forscher sich selbst wohl nicht als Liberale beschrieben hätten, positionierten sie sich insbesondere durch die Auseinandersetzung mit Riesmans Thesen über die amerikanische Konsumgesellschaft und ungeachtet parteipolitischer Präferenzen als Antikommunisten im Kalten Krieg.[610] Schelsky etwa entfernte sich in seiner moderaten Einschätzung des Massenkonsums argumentativ sowohl von der Frankfurter Schule als auch von konservativen Vorstellungen einer »Entgermanisierung

605 Ebd., S. 365.

606 Hier nahm Schelsky sein bereits 1955 formuliertes, umstrittenes Modell einer »nivellierten Mittelstandsgesellschaft« wieder auf, das er 1961 zu einer »Strukturaussage« abschwächte, die eher von Überkreuzungen als von sozialen Angleichungen ausging. Zur Kritik an Schelskys Konzept vgl. Hans Braun, »Helmut Schelskys Konzept der ›nivellierten Mittelstandsgesellschaft‹ und die Bundesrepublik der 50er Jahre«, in: *AfS* 29 (1989), S. 199-223, bes. S. 220-223.

607 Schelsky, *Die skeptische Generation*, S. 494-497.

608 Kersting, »Helmut Schelskys ›Skeptische Generation‹«, S. 488.

609 Vgl. Poiger, *Jazz, Rock, and Rebels*, S. 110-123.

610 Vgl. ebd., S. 112.

der Kultur« – wenn auch manche dieser Ressentiments zumindest unterschwellig weiterhin durchschienen.

Von der durch das Delinquenz-Paradigma und die Frage nach einem Werteverfall beherrschten Jugenddiskussion der fünfziger Jahre sollte sich die Soziologie erst zu Beginn der 1960er Jahre mehrheitlich lösen. Der spätere Begründer der Kultursoziologie Friedrich Tenbruck etwa knüpfte in seinem Entwurf einer künftigen Jugendsoziologie bei Landis, Riesman und Schelsky an (und griff auf dasselbe empirische Material wie dieser zurück),[611] verstand die zu untersuchenden neuen kulturellen Formationen aber weitgehend wertneutral als Bestandteile eines Informationsnetzes, das Jugendliche mit der Gesellschaft verbinde.[612] Dazu rechnete er explizit auch popkulturelle Produkte und Orte.[613] Sein Buch *Jugend und Gesellschaft* war der Auftakt einer Verschiebung von der Kriminologie zur Soziologie, die eine Fülle neuer Publikationen hervorbrachte und Jugend – oftmals ausgehend von den negativen Sozialtypen – neu als soziale Gruppe zu definieren suchte. Die Soziologie überwand auf ihrem Weg von der »Krisenwissenschaft« zur Gesellschafts- und Gegenwartswissenschaft so allmählich das bis dahin vorherrschende Primat der Kriminologie.

3.4.7. Verwissenschaftlichung als Zukunftspolitik

Experten, so lässt sich zusammenfassend festhalten, produzierten neues Wissen, das zwei Felder neu konturierte: Jugend und eine neuartige Massenkultur. Sie spielten eine aktive Rolle in Zensurgremien, lieferten Gesetzesvorlagen und beeinflussten die Medienberichterstattung ebenso wie die Kampagnen von Lobbygruppen.

611 Janssen, *Jugendforschung in der frühen Bundesrepublik*, S. 12.; Braun, »Helmut Schelskys Konzept der ›nivellierten Mittelstandsgesellschaft‹«, S. 220.

612 Zu den Gemeinsamkeiten vgl. Poiger, *Jazz, Rock, and Rebels*, S. 113. Die Entkriminalisierung der Jugend folgte auch der von Tenbruck betriebenen Popularisierung der Soziologie von einer Spezialdisziplin zur Gesellschaftswissenschaft. Vgl. Nolte, *Die Ordnung der deutschen Gesellschaft*, S. 236.

613 Konkret benannte er: »Radio, Kino, Fernsehen, Comics, Illustrierte, Zeitschriften, Lesehefte, Bücher und Zeitungen« ebenso wie Schlager-Festivals, Fan-Klubs, Modeschauen, Leseringe der Buchgesellschaften, Werbung, Plakat, Kurzfilm und auch Orte wie das Gasthaus, das Tanzcafé und den Rummelplatz. Vgl. Friedrich H. Tenbruck, *Jugend und Gesellschaft. Soziologische Perspektiven*, Freiburg i.B. 1962, S. 23.

In vielen Fällen trugen sie zur *delinquency scare* bei, von der sie sich Gewinne auf dem Buchmarkt, Auftragsforschung und politischen Einfluss erhofften. Selbst wenn sie »Entwarnung« gaben, trugen Studien und Debatten, die fiktionale Images wie die britischen »teddy boys«, amerikanischen »young rebels«, deutschen »Halbstarken« oder französischen »blousons noirs« zu Überschriften und Untersuchungsgegenständen versachlichten, zu deren Verwissenschaftlichung bei – und leisteten damit einen Beitrag zur gesellschaftlichen Etablierung fiktionaler Sozialklischees.

Fast allen Arbeiten zur sogenannten Jugenddelinquenz war die – keineswegs selbstverständliche – Vorannahme gemein, dass die unter diesen Begriff subsumierten Verhaltensweisen mit dem Alter der Beforschten in einem Kausalzusammenhang standen.[614] Wenn auch einige Experten die Relevanz der umstrittenen Stereotype zu relativieren suchten, so fanden sich doch etliche, die bereit waren, an dem aus der skandalisierenden Berichterstattung jener Jahre resultierenden Aufmerksamkeitsgewinn zu partizipieren und die fiktionalen Sozialtypen in ihr Begriffsinventar aufzunehmen, ohne sie zu hinterfragen. Solchermaßen zertifiziert, fanden sie ihren Weg in die Maßnahmenkataloge von Exekutivbehörden. Indem sie die Verwissenschaftlichung und Verpolizeilichung jugendkultureller Phänomene betrieben, sind die entsprechenden Expertisen daher nicht als neutrale Untersuchungen zu verstehen, sondern als integraler Bestandteil der Dramatisierungen jener Jahre.

Die teils auf experimenteller Forschung basierenden Deutungsversuche beruhten auf der Grundannahme, die neuen kulturellen Formate seien sowohl sensorial als auch inhaltlich ein zentraler Transmitter gesellschaftlicher Beschleunigung und wirkten auf die jungen, noch »formbaren« Jahrgänge prägend. Nicht zufällig waren diese Diskurse mit solchen über die Großstadt verschränkt, die seit dem späten 19. Jahrhundert als *der* Raum der Entfremdung des Individuums beziehungsweise der »Vermassung« und der Nervosität gedacht worden war. Im Anschluss an solche Narrative wurde nun Popkultur – *avant la lettre* und zumeist *ex negativo* – als Symptom beschleunigten gesellschaftlichen Wandels problematisiert. Den

614 Dies ist insofern bemerkenswert, als bei der – zeitgenössischen Untersuchungen zufolge oftmals weit höheren – Kriminalität älterer Menschen weder eine altersspezifische Ursache gesucht noch eine Verteilung von Delikten auf bestimmte Spannen des Erwachsenenalters überhaupt erst ermittelt wurde.

außenpolitischen Hintergrund bildete der Kalte Krieg, der auch die Wissenschaftskulturen systematisch einbezog und in einen »Kulturkrieg« mündete.[615]

Die in solchen Expertisen betriebene Neuperspektivierung weg vom menschlichen »Handeln« hin zum Paradigma messbaren »Verhaltens« stand aber auch in engem Zusammenhang mit dem von Jürgen Link so bezeichneten Normalismus, der auf Verdatung beruhte und die statistisch berechnete (aber fiktive) »Mitte« gegenüber den »Extremen« nobilitierte.[616] Verhalten wurde in Kurven berechnet, deren als »normal« definierte fiktive Mittelwerte bei Überschreitung normalisierende Interventionen auslösen. Solche Homogenisierungsstrategien waren teils in größere politische Programme eingebettet, etwa keynesianische oder sozialpräventive, später auch in ökologische Politiken. In den öffentlichen Elementar-, wissenschaftlichen Spezial- und populärwissenschaftlichen Interdiskursen spielten Experten bei der Produktion und Internationalisierung solcher Normalisierungsstrategien eine prominente Rolle. Eine übergreifende Gemeinsamkeit der unterschiedlichen Diskurstypen liegt darin, dass sie die »Futurisierung« (Paul Nolte) der Gegenwart betrieben.[617] Besondere Bedeutung erlangten Expertisen, die Jugend als Problem adressierten, aus ihrer prognostischen Kraft: Jugend war für sie in erster Linie ein gedachter Ort, auf dem über die Zukunft von Gesellschaften entschieden wurde und den es daher in besonderem Maße zu überwachen und gegebenenfalls zu regulieren galt.

3.5. Der transatlantische Elvis: Fanclubs als Netzwerke

Als am 1. Oktober 1958 die USS General George M. Randall in Bremerhaven einlief, säumten Hundertschaften junger Deutscher

615 Vgl. Gangolf Hübinger, »Wissenschaften, Zeitdiagnosen und politisches Ordnungsdenken. Zur Einführung«, in: ders. (Hg.), *Europäische Wissenschaftskulturen und politische Ordnungen in der Moderne (1890-1970)*, München 2014, S. 1-28, hier: S. 26.

616 Vgl. Link, *Versuch über den Normalismus*, S. 20; ders., *Normale Krisen? Normalismus und die Krise der Gegenwart (Mit einem Blick auf Thilo Sarrazin)*, Konstanz 2013, S. 10.

617 Nolte, *Die Ordnung der deutschen Gesellschaft*, S. 394.

die Kaimauern. An Bord des Truppentransporters befanden sich 1382 junge Amerikaner, die sich in Brooklyn eingeschifft hatten, um ihren Militärdienst an der Frontlinie des Kalten Krieges im geteilten Deutschland abzuleisten. Die Aufmerksamkeit der Massen galt nur einem von ihnen: dem 23 Jahre alten Rekruten Elvis Aaron Presley, einem ehemaligen Lastwagenfahrer, der zu diesem Zeitpunkt bereits Schallplattenmillionär war. In der US-Garnison Friedberg sollte der Wehrdienstleistende die Abwehr gepanzerter sowjetischer Invasionseinheiten trainieren, die im Ernstfall in der hessischen Tiefebene, dem sogenannten Fulda Gap, erwartet wurden.[618] Private Presleys militärische Ausbildung an der Panzerwaffe dürfte jedoch von untergeordneter Bedeutung gewesen sein. Die Stationierung des Sängers hatte strategische Relevanz vor allem für das Verhältnis zwischen Besatzern und Besetzten. Seine ungeheure Popularität unter deutschen Teenagern, das »Phänomen Elvis«, wurde an jenem Oktobertag augenfällig wie selten zuvor in Europa. Die Jugendlichen waren hier nicht zusammengekommen, um ein Konzert zu hören. Elvis trat während seines Militärdienstes nicht in Deutschland auf und hatte sich während der Überfahrt an das selbstauferlegte Gesangsverbot gehalten und lediglich instrumental in die Tasten des Schiffsklaviers in der Offiziersmesse gegriffen. Die Jugendlichen waren einzig erschienen, um dem Star leibhaftig zu begegnen, während er seinen Fuß erstmals auf europäischen Boden setzte, und ihn so »zu einem Ereignis« zu machen, wie Greil Marcus es nannte.[619]

»Dieser Tag war der größte Tag meines Lebens«, vertraute die 15-jährige Marion H. ihrem Tagebuch an, und das, obwohl sie und ihre Freundin den King des Rock'n'Roll an jenem ersten Oktober gar nicht zu Gesicht bekommen hatten. »Ein amerikanischer Soldat gab sich als Elvis aus, nur um die Fans vom Laufsteg abzuhalten. Nur ganz wenige fielen auf diesen Trick herein, und zu diesen gehörten leider Petra und ich.«[620] Nicht alle waren allerdings

618 Vgl. Peter Heigl, *Sergeant Elvis Presley in Grafenwöhr, Bayern/Bavaria*, Amberg 2007, S. 5.

619 Greil Marcus, *Dead Elvis. Die Legende lebt*, St. Andrä-Wördern 1997, S. 22. Vgl. auch Mrozek, »Der König mit den zwei Körpern«. Vgl. zu Stars als »Aktanten der Medienproduktion« Christoph Jacke, *Medien(sub)kultur. Geschichten – Diskurse – Entwürfe*, Bielefeld 2004, S. 270-300.

620 Zit. n. Peters u. a., *Elvis in Deutschland*, S. 19.

von der friedlichen Landung in Bremerhaven begeistert. »Schütze Presley stößt nach Deutschland vor«, meldete militärisch unterkühlt die *Süddeutsche Zeitung*, und eine erzürnte Bürgerin schrieb wenig später an die Friedberger Stadtverwaltung, man solle den weiblichen Dauerbelagerern des dort stationierten Soldaten Presley zeigen, dass sie »sehr dumm« seien: »Am besten Sie jagen sie mit der Peitsche davon.«[621]

Der medienträchtige Landgang hatte einem Phänomen neue Aufmerksamkeit verschafft, das zu weiteren Problematisierungen Anlass gab: dem Fantum.[622] Nicht nur in Deutschland polarisierte die kollektive Begeisterung junger Musikliebhaberinnen die Öffentlichkeit. Zu ähnlichen Szenen wie in Bremerhaven war es zuvor schon in New York gekommen, als sich »dreitausend weinende Backfische« über den Times Square »gewälzt« hatten, wie es in der Presse hieß.[623] Den Berichten zufolge handelte es sich um »die eingeschriebenen Mitglieder einer neuen Vereinigung, die sich der bedingungslosen Verehrung eines Gottes der Halbwüchsigen widmet: [...] die Mitglieder der ›Elvis-Presley-Fan-Clubs‹«.[624] Mit der Verbreitung neuer Musikstile hatten sich weltweit Gemeinschaften um das neuartige Kulturgut Rockmusik formiert, deren Angehörige nicht nur ein emotionales Verhalten an den Tag legten, das auf Teile der Öffentlichkeit befremdlich wirkte, sondern auch einen erstaunlichen Grad an internationaler Vernetzung und professioneller Organisation besaßen – wie anlässlich der spektakulären Landung in Bremerhaven sichtbar wurde, zu der die deutschen Elvis-Clubs ihre Anhänger höchst effektiv mobilisiert hatten.

Auch anderswo begannen sich Freunde der Rock- und Schlagermusik in Clubs, Vereinen und Dachverbänden zu organisieren. In vielen Ländern des Westens und – unter teils konspirativen Bedingungen – auch des politischen Ostens fanden sich junge Mu-

621 Zit. n. ebd., S. 16. Das Dokument wurde in der Ausstellung »Elvis in Deutschland« im Haus der Geschichte in Bonn ausgestellt. Vgl. Bodo Mrozek, »Der E-Day. Als wir Amerika noch liebten«, in: *TSP* (21. 11. 2004), S. 22.

622 Vgl. grundsätzlich Mark Duffett, »Introduction«, in: ders. (Hg.), *Popular Music Fandom. Identities, Roles and Practices*, New York/London 2013, S. 1-15; Lisa A. Lewis, »Introduction«, in: dies., *The Adoring Audience. Fan Culture and Popular Media*, London, New York 1992, S. 1-8.

623 »Schlager/Presley: Elvis, the Pelvis«, in: *Der Spiegel* (12. 12. 1956), S. 52.

624 Ebd.

sikfreunde zusammen und artikulierten ihre kulturellen Interessen kollektiv. Die Ausbreitung von Fanclubs stieß auf Skepsis bei den Zeitgenossen, und in der Geschichtsschreibung haben Fan-Phänomene bislang wenig Aufmerksamkeit gefunden. Dabei lässt sich an ihnen exemplarisch nachvollziehen, wie sich *imagined communities* zu *organized communities* transformierten und als gleichsam institutionelle Agenturen alters- und klassenspezifischer Geschmacksvorstellungen fungierten, wie im Folgenden gezeigt werden wird. In den diversen Diskursen der fünfziger Jahre war zwar viel über Jugend geredet worden, doch die Jugendlichen selbst waren dabei nur selten zu Wort gekommen. Ermutigt durch die neue Aufmerksamkeit, von der sie sich ins Zentrum gesellschaftlicher und politischer Debatten gestellt sahen, begannen zuvor marginalisierte Jugendliche ihre kulturellen Bedürfnisse als Ansprüche zu formulieren – mit den Fanclubs als ihrem Sprachrohr.

Fantum entsteht, wo Menschen sich auf eine spezifische Auswahl aus dem größeren Spektrum zur Verfügung stehender kultureller Angebote nicht nur absichtsvoll beschränken, sondern diese zur Subjektivierung nutzen. Fans zielen auf die Wiederholung einer einmal gemachten ästhetischen Erfahrung, indem sie in der Regel auf ein bestimmtes Geschmacksmuster oder auf eine bestimmte Künstlerpersönlichkeit (oder mehrere) fixiert sind. Diese Kanonbildung vollzieht sich sowohl durch Inklusion als auch durch Exklusion: Während inkorporierte Praktiken und Taxonomien das Kollektiv nach innen hin formen, grenzt der Ausschluss von abweichenden Schemata es nach außen hin ab.[625] Diese Phänomene sind kein Spezifikum des 20. Jahrhunderts.[626] Schon im frühen 18. Jahrhundert waren Musiker und Komponisten zu umschwärmten Persönlichkeiten des öffentlichen Lebens aufgestiegen.[627] Mit der Herausbildung eines Massenmarktes für Druckerzeugnisse Mitte des

625 Zum Teilen bestimmter ästhetischer Werte in der populären Musik vgl. Fabian Holt, *Genre in Popular Music*, Chicago, London 2007, bes. S. 22-24.

626 Das späte 19. Jahrhundert als »starting point« definiert Thomas Schmidt-Lux, »Geschichte der Fans«, in: Jochen Roose u. a. (Hg.), *Fans. Soziologische Perspektiven*, Wiesbaden 2010, S. 47-68, hier: S. 47. Erste Erscheinungen sind bereits von öffentlichen Wettkämpfen in der Antike und aus dem Mittelalter bekannt, manche Autoren betrachten Fans aber als ein Merkmal der Moderne.

627 Vgl. Antoine Lilti, *Figures publiques. L'invention de la célébrité (1780-1850)*, Paris 2014, S. 316-326.

18. Jahrhunderts hatte sich der Handel mit Porträts von Musikstars zu einer beachtlichen Devotionalienproduktion entwickelt, die einen Vorgeschmack auf die spätere audiophone Kulturindustrie gab.[628] Damals war die Überhöhung von Musikern zu charismatischen Helden der Künste, deren Verehrung im frühen 19. Jahrhundert einen vorläufigen Höhepunkt erreichte, durch visuelle Kunst bereits ein wichtiger Faktor.[629]

Wurde die Moderne im Anschluss an Norbert Elias als Entsinnlichungsmaschine beschrieben, so lassen sich seit dem 18. Jahrhundert gegenläufige Prozesse beobachten, die von den technischen Medienrevolutionen entscheidend befördert wurden.[630] Mit der Erweiterung medialer Öffentlichkeit über die städtischen Eliten hinaus, mit der Literarisierung großer Teile der Bevölkerung und der Erfindung des phonographischen Verfahrens, das die Aufzeichnung und Wiedergabe von Tönen erlaubte, ließen sich die vormals an das Aufführungsereignis gebundenen Klänge reproduzieren, auf Trägermedien weitergeben und in Privathaushalten auf Vorrat halten.[631] Dem von Walter Benjamin am Beispiel der Fotografie beschworenen Verlust der »Aura« des Kunstwerkes in Zeiten seiner technischen Reproduzierbarkeit begegneten die Produzenten mit neuen Strategien der Reauratisierung: Künstlerpersönlichkei-

628 Vgl. Blanning, *Triumph der Musik*, S. 32. Zu Dirigenten als Stars vgl. Gienow-Hecht, *Sound Diplomacy*, S. 71 f.

629 Schon Haydn ließ geschönte Porträts (mit retuschierten Pockennarben) von sich verbreiten, und Richard Wagner war von Beethovens »erhabenster überirdischer Originalität, mit welcher sich durchaus nichts vergleichen ließ«, zunächst nicht aufgrund der Musik hingerissen; er fand sie vielmehr auf lithographierten Porträts. Siehe dazu Blanning, *Triumph der Musik*, S. 35, S. 47, S. 56 u. S. 59.

630 Vgl. Norbert Elias, *Über den Prozeß der Zivilisation. Soziogenetische und psychogenetische Untersuchungen*, Bd. 1: *Wandlungen des Verhaltens in den weltlichen Oberschichten des Abendlandes*, Frankfurt/M. [18]1993, bes. S. 230-263; Walter J. Ong, *Ramus. Method, and the Decay of Dialogue. From the Art of Discourse to the Art of Reason*, Chicago, London 2004, S. 110; Marshall McLuhan, *Die Gutenberg-Galaxis. Die Entstehung des typographischen Menschen*, Hamburg, Berkeley 2011, bes. S. 343-362; Andreas Reckwitz, *Die Erfindung der Kreativität. Zum Prozess gesellschaftlicher Ästhetisierung*, Berlin [3]2013, S. 34.

631 Vgl. Evan Eisenberg, *Der unvergängliche Klang. Mythos und Magie der Schallplatte*, Frankfurt/M., Berlin 1990, S. 26 f.; Bodo Mrozek, »Die Schallplatte«, in: Daniel Morat, Hansjakob Ziemer (Hg.), *Handbuch Sound. Geschichte – Begriffe – Ansätze*, Stuttgart 2018, S. 360-363.

ten wurden zu verehrungswürdigen Ausnahmemenschen stilisiert – eine ästhetische Strategie gegen die als »Vermassung« empfundene Demokratisierung der Kunst(re)produktion, die bereits um die Jahrhundertwende auf dem Buchmarkt den Typus des charismatischen »Dichterfürsten« hervorgebracht hatte.[632] Da seine Autorität nicht durch traditionelle Machtstrukturen legitimiert war, sondern er nur kraft seiner »Sendung« Gefolgschaft verlangte, war auch der Rockstar ein Träger von Charisma im Sinne Max Webers; auf ihn traf in besonderem Maße zu, dass sein »Charismatismus« vom Erfolg abhängig war.[633] Gegenstück zum Künstler-Star als einem »Ästhetisierungsagenten« (Reckwitz) war das Publikum, das sich erst als für ästhetische Signale empfängliches Kollektivsubjekt zu neuen Gemeinschaften konstituieren musste.[634] Ab der ersten Hälfte des 20. Jahrhunderts wurde das Verhältnis zwischen dem Star und seinen Anhängern zunehmend auch ökonomisch relevant und von einer professionalisierten Industrie gesteuert.[635] Bei diesen Formierungsprozessen spielten die an vielen Orten entstehenden Vereinigungen eine wesentliche Rolle.

3.5.1. *Campaigning for Rock*: Subkultureller Lobbyismus

In den fünfziger und sechziger Jahren des 20. Jahrhunderts wurde Musikhören nicht nur als eine individuelle, sondern insbesondere von Jugendlichen als eine intersubjektive Praxis ausgeübt. Dies resultierte ursprünglich aus einem Mangel. Da die meisten jungen Hörer in der unmittelbaren Nachkriegszeit keine eigenen Abspiel- oder Empfangsgeräte besaßen, konnten sie ihre Musik oftmals nur kollektiv hören: in der Konzerthalle, im Kino bei einem Musikfilm,

632 Diesen Prozess schildert am Beispiel Stefan Georges: Wolfgang Braungart, *Ästhetischer Katholizismus. Stefan Georges Rituale der Literatur*, Tübingen 1997, bes. S. 155-166.

633 Zum Begriff »Charisma« bei Max Weber siehe »Charismatismus«, in: ders., *Wirtschaft und Gesellschaft. Die Wirtschaft und die gesellschaftlichen Ordnungen und Mächte*, Nachlaß, Teil-Bd. 4: *Herrschaft*, hg. v. Edith Handke in Zusammenarbeit m. Thomas Kroll, Tübingen 2009, S. 460-472, hier: S. 462.

634 Vgl. Reckwitz, *Die Erfindung der Kreativität*, S. 34.

635 Schon in den vierziger Jahren hatten weibliche Fans des Sängers Frank Sinatra »Swoonatra Fan Clubs« gegründet. Vgl. Martin, »The Naturalized Gender Order Of Rock and Roll«, S. 58.

in einem Lokal mit einer Jukebox oder um eines der wenigen im Besitz Jugendlicher befindlichen Rundfunkgeräte geschart. Doch auch mit zunehmender Verbreitung mobiler Plattenspieler und preisgünstiger Transistorradios, die eine von den Geräten ihrer Eltern unabhängige Senderwahl ermöglichten, blieb das Hören eine gruppenbezogene Praxis.[636] Musik diente nicht nur als Klangtapete im Hintergrund oder als Taktgeber auf der Tanzfläche; sie hatte auch eine sozial differenzierende Funktion.

Die neuen Möglichkeiten der Speicherung von Klängen etwa auf Schallplatten führte zusammen mit einem zunehmend ausdifferenzierten Rundfunkprogramm, neuen Metamedien wie Musikzeitschriften sowie neuen Musikorten wie Jukebox-Bars, Konzerthallen, Ballrooms, *Caves de Jazz*, *Record Hops* und Beat-Schuppen zu einer wesentlichen Verschiebung: Musik wurde zunehmend an Profis delegiert, die sie arbeitsteilig produzierten, ortsunabhängig wieder abspielbar machten und global vertrieben. Im Zuge dieses Prozesses verloren Wanderklampfe, Banjo, Akkordeon und Tanzorchester an Bedeutung, wurden aber keineswegs durch portable Abspielgeräte und Diskotheken komplett verdrängt. An der Gründung vieler tausend Amateurbands lässt sich ablesen, dass das Musikmachen auch abseits etablierter Institutionen wie Chören oder Musikschulen nach wie vor eine attraktive kulturelle Praxis blieb. Mit der Professionalisierung der Musikproduktion ging der Aufstieg des Stars als eines kommerzialisierten Künstler-Typus mit unternehmerischem Charakter einher. Eine Schlüsselrolle spielten hierbei neue Medien wie *Bravo*, *Seventeen* oder *Salut les copains*, die sich auf eine personalisierte Star-Berichterstattung verlegten und diese mit neuen Produkten begleiteten, beispielsweise Postern mit den Konterfeis der Idole für die heimischen Wände.[637]

Clubs entstanden oftmals in Eigeninitiative junger Musikhörerinnen. Auch wenn neue Musiker und Bands immer öfter von den Marketingabteilungen der Musikindustrie gezielt als Stars

636 Vgl. Andreas Fickers, *Der »Transistor« als technisches und kulturelles Phänomen. Die Transistorisierung der Radio- und Fernsehempfänger in der deutschen Rundfunkindustrie 1955 bis 1965*, Bassum 1998, S. 84.

637 Jean-François Sirinelli spricht in *Les baby-boomers. Une génération 1945-1969*, Paris 2003, S. 178-179, von einer »Geselligkeit ›SLC‹ [*Salut les copains*, B.M.], die mit Postern und Sammlungen einen Ahnenkult konstituiert, der es erlaubt, sich mit einem Sänger oder einer Sängerin zu identifizieren […]«.

»aufgebaut« wurden, formierten sich viele Fanclubs der fünfziger und sechziger Jahre gewissermaßen »von unten« als Interessengemeinschaften Gleichgesinnter. Die ersten Elvis-Clubs etwa waren in den USA bereits zu der Zeit entstanden, als die Karriere des Sängers noch in ihren Anfängen war und ohne dass das Elvis-Management von ihnen Notiz nahm. Der nach eigenen Angaben erste Club auf nationaler Ebene wurde von einer Schülerin aus Dallas, Texas, gegründet, der 18-jährigen Kay Wheeler.[638] Als Motivation gab Wheeler an, sie habe vor allem bei den Radio-DJs ein Bewusstsein für den Star schaffen wollen (»to make them Presley-conscious«), da dessen Musik im Rundfunk nicht hinreichend repräsentiert gewesen sei. Bei ihren Anrufen sei sie aber oftmals mit dem Hinweis abgefertigt worden, es handele sich bei Presley um einen Hillbilly-Sänger, der nicht ins Programm passe. Hintergrund für dieses Spartendenken war die oftmals ethnisch codierte Zielgruppenorientierung vieler Sender in den USA, in der sich noch die Rassensegregation spiegelte.[639]

Nachdem die junge Texanerin ihren Club gegründet und sich als dessen Präsidentin hatte wählen lassen, koordinierte sie die Aktivitäten von Gleichgesinnten. Ihre Lobbyarbeit war professionell und zeitigte schnell den gewünschten Erfolg, wie Wheeler einer Tageszeitung verriet: »Mein erster Job war es, Briefe an alle Discjockeys zu schreiben. Als die Brieflawine begann, sahen viele DJs Presley in einem neuen Licht.«[640] Von der lokalen Ebene arbeiteten sich die Aktivistinnen schnell auf die nationale hoch. Ein dem Rock'n'Roll gegenüber ablehnend eingestellter, kulturkonservativer Kolumnist der überregionalen *Washington Post* zollte ihnen widerstrebend Anerkennung, als er Ziel einer Kampagne Jugendlicher wurde, die ihn mit Anrufen und Leserbriefen bombardierten, in denen sie sich gegen einen befürchteten Bann des Rock'n'Roll sowie die Verächtlichmachung ihres Idols in der Presse wehrten: »Niedliche Kids: Keine Unterschriften, nur Initialen. Alle Briefe hatten denselben Text«, bemerkte der Kolumnist anerkennend und

638 Vgl. Bob Brock: »Presley Fan Club, at First a Gag, Now Big Business for Tech Girl«, in: *Dallas Times Herald* (19.05.1956), S. A-7.

639 Auch die Charts spiegelten diese Trennung wider und wurden getrennt nach Pop-, Rhythm & Blues oder Country & Western (hierhin gehörte die Kategorie »Hillbilly«) gezählt.

640 Brock: »Presley Fan Club«.

wunderte sich: »Wo nur haben sie die Grundtaktiken des Lobbyismus schon so früh in ihrem Leben gelernt?«[641] Entgegen der Auffassung, der Rock'n'Roll sei ein männlich codiertes Phänomen, in dem Frauen keine Rolle spielten, war der Elvis-Club nicht nur eine weibliche Gründung, sondern zählte auch viele Mädchen und junge Frauen zu seinen Mitgliedern.[642] Auch in Frankreich war es mit der Pariserin Josette Sureau eine junge Frau, die den ersten Fanclub für Johnny Hallyday initiierte, den »französischen Elvis«.[643]

Nachdem Kay Wheelers Adresse über den Rundfunk bekanntgegeben worden war, erhielt sie hunderte Briefe »von Mädchen, die alle dem lokalen Club beitreten wollten«.[644] Der Club stellte daraufhin gegen einen Mitgliedsbeitrag von 1,50 US-Dollar Ausweise in der Lieblingsfarbe des Stars (pink) aus, dazu gab es ein Portfolio mit biographischem Material sowie einen regelmäßigen Newsletter, der über Musik, Konzerttermine und Elvis' vermeintliches Privatleben informierte. (Abb. 34) Nach eigener Aussage erfuhr Wheeler auf Anfrage beim Elvis-Management, dass noch keine offizielle Fan-Organisation bestand, woraufhin ihr Club in Dallas als solche anerkannt wurde und die Schülerin so bald einem nationalen Verband mit 200 000 Mitgliedern vorstand.[645] Als Elvis 1977 starb, gab es weltweit 5000 Clubs, die ihm gewidmet waren.[646]

641 Lawrence Laurent, »Looks Like This Elvis Is a Latter-Day Liberace«, in: *TWP* (02. 06. 1956), S. 31.

642 Diese stereotype Sichtweise stellt auch Christopher R. Martin in Frage, siehe »The Naturalized Gender Order Of Rock and Roll«, S. 54.

643 Vgl. Bernard Violet, *Johnny, le rebelle amoureux*, Paris 2003, S. 147.

644 Brock: »Presley Fan Club«.

645 Ebd.

646 Vgl. Gabriel Segré, *Le culte Presley*, Paris 2003, S. 152.

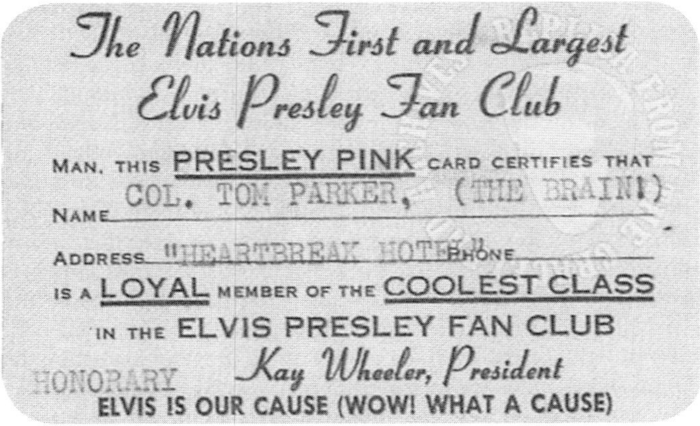

Abb. 34: Mitgliedskarte in Kay Wheelers Elvis-Club, ausgestellt auf den Manager »Colonel« Tom Parker.

Abb. 35: Das von der Stasi beschlagnahmte Mitgliedsbuch des RRC Schwerin, das einen Geheimcode zur Verschlüsselung von Club-Nachrichten enthält.

Für das Elvis-Management, das mit dem Wechsel von Scotty Moore zum überaus erfolgreichen Manager Tom »Colonel« Parker einen deutlichen Professionalisierungsschub erfuhr, entwickelten sich die organisierten Fans zur Hauptzielgruppe für neuartige Produkte, die dem Bedürfnis der Fans zur Gruppenbildung entgegenkamen und einen bekenntnishaften Charakter hatten. Neben dem Verkauf von Tonträgern, Konzertkarten und Kinotickets machte das Lizenzgeschäft den Star zur eigenständigen Produktmarke, mit dessen bloßem Namen sich Geld verdienen ließ. Diese Nebenrechte rückten allmählich ins Zentrum der Markenstrategie. Allein im Jahr 1957 kauften die Fans 120 000 Elvis-Jeans, 240 000 Elvis-T-Shirts und vier Millionen Armbänder mit seinem Namen.[647] Ein solch radikales Branding hatte es in der damals noch jungen Geschichte der Popmusik so noch nicht gegeben. Elvis verkaufte in den Jahren 1957 und 1958 weltweit 50 Millionen Schallplatten – in etwa so viel wie die gesamte Produktion der Bundesrepublik Deutschland des Jahres 1957.[648] Das amerikanische Erfolgskonzept fand schnell seinen Weg nach Europa. Für den Pullover »Peter-Kraus-Coll« stand offenkundig das erfolgreiche Elvis-Merchandising Pate, allerdings musste der Markteinführungspreis von 66,60 DM eilig auf 29,80 DM reduziert werden, da man entweder die Kaufkraft der bundesdeutschen Kraus-Fans oder die Popularität des Sängers überschätzt hatte.[649]

Die Gemeinsamkeit der Mitglieder von Fanclubs war die kollektive Begeisterung für einen Star oder einen spezifischen Musikstil, der als Gruppengeschmack auch über solche spezifisch codierten Produkte kultiviert und verbreitet wurde. Soziologische Untersuchungen von Elvis-Clubs haben gezeigt, dass diese auch altersmäßig und sozial relativ homogen waren. Eine solche Untersuchung fand im französischen Ableger Les Amis d'Elvis vor allem Arbeiter und Angestellte, die aus Unter- oder Mittelschichtselternhäusern stammten und – mit Ausnahme eines Mathematikers und eines Ingenieurs – keine akademische Ausbildung hatten. Auf die Frage nach ihrer Motivation, dem Club beizutreten, schilderten viele ihre erste »Begegnung« mit dem Star als einen *coup de foudre*, der sich etwa beim Hören einer Schallplatte ereignen konnte. Ein weibli-

647 Harry P. Brown, Pat H. Broeske, *Elvis. Die Biographie*, Stuttgart 1997, S. 160.
648 Vgl. Peters u. a., *Elvis in Deutschland*, S. 16.
649 Ebd., S. 47. Vgl. Maase, *BRAVO Amerika*, S. 161.

cher Elvis-Fan beschrieb ihn so: »Die Stimme von Elvis war eine Zäsur in meinem Leben. Und das war wie ein physischer Schock [...], ich hatte eine Gänsehaut.«[650] Es war aber nicht die Wirkung der Musik allein, schon die bloße Präsenz des Stars konnte bei Fans Gefühlserlebnisse von ungekannter Intensität erwecken. Als Elvis anlässlich eines Auftrittes im Louisiana Hayride ein Jugendzentrum besuchte, wurde ein Mädchen von einem ganzen Bündel von Emotionen überwältigt, wie sie einem Zeitungsreporter unter Tränen erklärte: Da waren »gleichzeitig die Gefühle Liebe, Hass, Ärger, Heldenverehrung, Ängstlichkeit und auch einige andere mehr, deren Namen sie nicht auf der Zunge hatte«.[651] Damit vollzog sie idealtypisch das, was Andreas Reckwitz eine ästhetische Subjekt-Subjekt-Beziehung nennt: Die Rezipientin steht dem Künstler »in einer Haltung der ästhetischen sinnlichen Wahrnehmung und emotionalen Erregbarkeit« gegenüber.[652]

Die Clubs kanalisierten solche Leidenschaften und schufen ein Forum, sie gemeinsam auszuagieren.[653] Dabei griffen sie auf die bewährten bürokratischen Organisationsformen traditioneller Verbandsbildung zurück, wie bereits am Beispiel des von Kay Wheeler gegründeten Elvis-Clubs deutlich wurde. Dies galt aber auch für die Fanclubs in der DDR: Der RRC Schwerin fertigte als erste Maßnahme handkolorierte Mitgliedsbücher mit Fotos an, die mit einem selbstgebauten Stempel »Rock'n Roll Clubleitung« und Unterschrift bestätigt wurden sowie einen Geheimcode zur Verschlüsselung von Nachrichten enthielten.[654] (Abb. 35) In manchen deutschen Clubs waren auch anglisierende Pseudonyme üblich, die der subkulturellen Subjektivierung der Fans dienten. So nannten sich junge Mecklenburger »Jun Chester«, »Pummel« oder »Tex«; den Mitgliedern eines Dessauer Rock'n'Roll-Clubs wurde von den DDR-Behörden vorgeworfen, dass sie »sich zum größten Teil nur mit Spitznamen ansprachen wie ›Billie, Cherie, Bobi, Pigman,

650 Segré, *Le culte Presley*, S. 156.

651 »Elvis Sings, Wiggles for Frenzied Fans«, in: *The Shreveport Times* (16.12.1956), S. 1.

652 Reckwitz, *Die Erfindung der Kreativität*, S. 41.

653 Zur Psychologie des Fantums vgl. Kap. 5 und 6 (»The Inner Fan: Fandom and Psychoanalysis« bzw. »Fandom as Extension of Self: Self-Reflection and Narcissm«) in: Cornel Sandvoss, *Fans. The Mirror of Consumption*, Oxford 2005.

654 Vgl. die beschlagnahmten Ausweise: MfS-HA XX, Nr. 17378, Bl. 99, 103, 105, 111.

Steigi, Rocky, Rolli, Elvis‹ usw.«.[655] Manche Clubs betrieben eigene Clubheime in umgestalteten Kellerräumen (Abb. 36), andere waren gezwungen, konspirativ zu agieren, da das Interesse für amerikanische Musik und Musiker als Bekenntnis zum US-Imperialismus ausgelegt wurde. Clubtreffen erfolgten an wechselnden Plätzen in der Öffentlichkeit, aber auch unter dem Vorwand des Skatspiels oder Biertrinkens in Kneipen. Der eigentliche Zweck war jedoch das Hören westlicher Musik, die allerdings nicht in ihrer ganzen Breite zur Verfügung stand und daher teils unter Verstoß gegen die Einfuhr- und Aufführungsbestimmungen erst mühsam beschafft werden musste. Die Mitglieder des Dessauer Clubs, der sich 1956 formiert hatte, versammelten sich ein- bis zweimal pro Woche in einer Privatwohnung, um illegalen Tonbandaufnahmen aus Westdeutschland zu lauschen.[656] Zu den regelmäßigen Aktivitäten des Schweriner RRC gehörten Treffen, auf denen Tanzmusik und Rock'n'Roll-»Schlager« auf NWDR gehört wurden, aber auch »andere Sender des kapitalistischen Auslands«.[657] Die Dessauer hörten nicht nur Tonbänder ab, sondern auch die RIAS-Sendung *Schlager der Woche*,[658] die Hörerwünsche erfüllte. In der dortigen Redaktion stellte man fest, dass »gelenkte Post« zwar selten sei, die verschiedenen Clubs jedoch durch regelmäßige Hörerpost »*ihre* Stars in die Spitzengruppe zu bringen« versuchten – ganz nach dem Vorbild der amerikanischen Elvis-Fans.[659]

655 BStU, Hle MfS BV Halle AU 118/59, Bd. 2, »Rock'n Roll-Club in Dessau«, 18. 12. 1958, Bl. 248.

656 Vgl. BStU, Hle MfS BV Halle AU 118/59, Bd. 1, Vernehmungsprotokoll, 02. 12. 1958, Bl. 74; »betr. Rockn'-Roll-Club-Ost«, Schwerin, 09. 12. 1958, BStU, MfS-HA XX, Nr. 17378, Bl. 45.

657 Vgl. Vernehmungsprotokoll (handschriftl.), 19. 12. 1958, BStU, ebd., Nr. 17378, Bl. 0057.

658 Vgl. Protokoll, BStU, Hle MfS BV Halle AU 118/59, Bd. 1, Bl. 238.

659 Typoskript »Schlager der Woche«, 25. 04. 1961, DRAB, SG RIAS.

Abb. 36: Ostdeutsches Klubheim von Rock'n'Roll-Fans mit Postern und *Bravo*-Starschnitt aus dem Westen.

3.5.2. Serielle Authentizität: Reauratisierung der technisch reproduzierten Kultur

Die Hauptaktivität von Fanclubs bestand in der Kultivierung affektiver Bindungen an das musikalische Ideal, und so nahm das Sammeln starspezifischer Objekte einen wichtigen Raum ein. Das konnten Schallplatten, aber auch bekenntnishafte Symbole sein sowie beliebige Alltagsgegenstände aus dem persönlichen Besitz des Stars, die durch ihre Nähe zu seiner Person auratisch aufgeladen und zu jenen »Berührungsreliquien« sakralisiert worden waren, »deren Aura sich aus der Unmittelbarkeit mit der physischen Person« ableitet.[660] Eine solche Nähe oder Ummittelbarkeit ließ sich durch das Signieren massenindustrieller Erzeugnisse schaffen. Indem der Künstler eigenhändig seinen Namen in ein Buch oder auf ein Schallplattencover schrieb, vorzugsweise in Gegenwart des

660 Wie Martin Sabrow am Beispiel Friedrichs II. ausführt: »Sehnsucht nach dem Authentischen. Der Glaube an das Echte und die Gebeine Friedrichs des Großen«, in: *Merkur* 772 (2013), S. 767-777, hier: S. 775.

Fans, verloren diese den Charakter einer technisch reproduzierten Massenware und erlangten den Status von Unikaten.[661]

Die Bühnengarderoben von Stars entwickelten sich daher zu belagerten Zonen, die von Sicherheitskräften geschützt werden mussten, weil die Fans dem Star ein Autogramm abnötigen oder gar ein Kleidungstück vom Leib reißen wollten. Die signierten Objekte waren sowohl symbolisch – als soziales Kapital innerhalb der Fan-Gemeinschaft – als auch ökonomisch wertvoll – als *collectibles*, für die sich ein eigener Sammlermarkt ausdifferenzierte.[662] Ähnliche Marktmechanismen waren bereits aus der bürgerlichen Kunstproduktion bekannt, erfassten nun aber – mit wachsendem Wohlstand – auch die mittleren bis unteren Einkommensschichten. Bill Ramseys Schlager »Souvenirs«, der den säkularen Devotionalienhandel des kommerzialisierten Star-Kultes der fünfziger Jahre ironisierte, schaffte es 1959 an die Spitze der bundesdeutschen Hitparade.[663]

Die massenhafte Sehnsucht nach »Originalen« war bald kaum mehr zu stillen. Elvis hatte während seiner Stationierung in Deutschland Berichten zufolge etliche Angestellte, die nur mit der Beantwortung seiner Fanpost beschäftigt waren.[664] Das Interesse an Elvis-Autogrammen etwa war so groß, dass das Management

661 »Sie hat es erreicht. Ihre hingebungsvoll geschlossenen Augen drücken die Sehnsucht von Millionen Teenagern aus. Fast entrückt legt sie den Kopf nach hinten, ohne dabei das Foto des Mannes aus der Hand zu lassen, der ihre ganze Glückseligkeit so gut im Griff hat«, spottete etwa die *Frankfurter Allgemeine Zeitung* über einen weiblichen Elvis-Fan und setzte nach: »Die Betörung von so viel stupsnasiger Blondheit läßt ihn dennoch die Distanz des Autogrammgebenden nicht vergessen, wie seine bedachte Gebärde mit dem gespreizten Daumen deutlich macht.« Vgl. mm. [=Marianne Morawe]: »Elvis«, in: *FAZ* (07.10.1958), S. 9.

662 Die Fans von Schriftstellern etablierten schon früh die Praxis des »Signierens« von Büchern. Bei Klassik-Fans sind regelrechte Hausaltäre verbreitet, die dem verehrten Komponisten mit Büsten etwa auf dem Flügel oder gerahmten Porträts einen Platz im privaten Wohnumfeld einräumen. Verehrer von Popstars schlossen hier an.

663 »Souvenirs Souvenirs / kauft ihr Leute kauft sie ein / denn sie sollen wie das Salz / in der Lebenssuppe sein / von der Gitarre eine Saite / die Elvis schlug / und den Verschluß der Bluse / die die Lollo trug […] / Souvenirs Souvenirs / kauft ihr Leute kauft sie ein«. Bill Ramsey, »Mach keinen Heck-Meck« / »Souvenirs, Souvenirs« (DE 1959) Polydor 24037A.

664 Dies berichtet die *FAZ* (07.11.1958), S. 9. Die dort angegebene Zahl von 25 Angestellten erscheint jedoch als sehr hoch gegriffen.

Unterschriftenstempel anfertigen ließ, um die vielen Anfragen bewältigen zu können. Die Aura-Produktion wurde so gleichsam industrialisiert, das Individuelle wurde seriell. Im Zuge dieser Massennachfrage griff das Merchandising als Markenkonzept auch auf andere Produktfamilien über. Der Name »Elvis« prangte in den Fünfzigern bald nicht nur auf Tonträgern und Kleidung, sondern auch auf Kosmetika (unter anderem auf Lippenstiften in den nach Elvis-Songs benannten Farben Tuttifrutti-Rot und Tender-Pink sowie dem ebenfalls nach einem Hit benannten Parfüm Teddy-Bear).[665] In der Bundesrepublik Deutschland kam eine Toilettenseife unter dem Namen des Rock'n'Roll-Sängers auf den Markt (Abb. 37), und aus Akten des MfS der DDR geht hervor, dass Memorabilia westlicher Herkunft selbst die Zonengrenze in großer Zahl überwanden.[666]

Abb. 37: Olfaktorisches Relikt der Popkultur: die Toilettenseife »Elvis«.

665 Presleys Manager Tom Parker hatte einen Vertrag mit dem auf das Merchandising von Comic-Figuren spezialisierten Produktmanager Hank Saperstein und der Randolph Manufacturing Company geschlossen. Vgl. Susan Doll, »Elvis Presley Collectibles«, ⟨http://entertainment.howstuffworks.com/elvis-presley-collectibles1.htmhttp://entertainment.howstuffworks.com/elvis-presley-collectibles1.htm⟩, letzter Zugriff 08. 01. 2018.

666 Bei Durchsuchungen wurden ein James-Dean-Tuch, Elvis-Karten und Magazine wie *Praline* oder *Micky Maus* beschlagnahmt, anderswo eine »aus dem Westen stammende Gummifigur«, die Elvis darstellt und ihre Glieder in alle Richtungen verbiegen kann und daher »für große Heiterkeit« sorgte. Vgl. BStU, Hle MfS BV Halle AU 118/59, Bd. 27, Bl. 22.

Das Sammeln von Objekten war eine traditionelle Freizeitbetätigung der bürgerlichen Gesellschaft, die für Bildung, Geschmack und Wohlstand stand. Im Zuge der »Objektexpansion« als Ergebnis von Industrialisierung und Kapitalisierung weitete sich aus, was bereits Marx als Warenfetischismus bezeichnet hatte.[667] Als maßvolle Freizeitbeschäftigung betrieben, galt das Sammeln Mitte des 20. Jahrhunderts als eine pädagogisch wünschenswerte und förderungswürdige Freizeitaktivität Heranwachsender, da hier die Fähigkeiten geübt würden, die im späteren Leben von Nutzen sein sollten: das Wirtschaften, Ordnen und Organisieren sowie das frühzeitige Ausbilden einer Spezialisierung. Zudem spiegelte das Sammeln das kapitalistische Modell des Strebens nach Wachstum und Privateigentum wider und galt als Einübung eines systemerhaltenden Konsumverhaltens. Zumeist wurde es, speziell wenn es mit Fantum verbunden war, als eine vorübergehende Erscheinung gesehen, die mit einer bestimmten Entwicklungsstufe verbunden ist. In westlichen Jugendratgebern wurde es daher im Allgemeinen empfohlen. »Wahrscheinlich wird Sammeln einen Spitzenplatz in der Liste deiner Liebhabereien einnehmen«, schrieb etwa die amerikanische Autorin Frances Ullmann in ihrem international verbreiteten Ratgeber *Girl Alive!* und empfahl:

> Du kannst alles sammeln, von Zündholzschachteln bis zu Puppen fremder Länder, von Schmetterlingen bis zu antiken Münzen. [...] Und dein Eifer wird belohnt; allmählich werden deine Sammlungen dein Interesse gefangennehmen, daß du über jeden einzelnen Gegenstand eine Menge entdecken und lernen wirst, über seine Herkunft, seine Entstehung, sein Material, seine Geschichte, die Gebräuche des Ursprungslandes usw.[668]

Die Fixierung Jugendlicher auf Idole aus der Unterhaltungsindustrie wurde vor allem dann problematisiert, wenn junge Mädchen auf eine nach dem Rollenverständnis der Zeit unangemessene Weise für einen männlichen Star schwärmten. Während die männlichen Elvis-Fans medialen Spott ernteten oder aber im Klischee des

667 Vgl. zur Objektexpansion: Reckwitz, *Die Erfindung der Kreativität*, S. 39; Karl Marx, *Das Kapital*, Bd. 1, in: *MEW*, Bd. 23, Berlin 171988, S. 85.

668 In deutscher Übersetzung: Frances Ullmann, *Tips für Teenager. Wege zu Charme, Beliebtheit, gewandtem Benehmen und Selbstvertrauen*, Rüschlikon-Zürich, Stuttgart u. a. 1961, S. 223-224.

aggressiven Halbstarken zur Projektionsfläche kollektiver Ängste wurden, widmeten sich moralisierende Kommentare besonders den weiblichen Fans.[669]

Fanobjekte entstanden aber nicht nur innerhalb einer kulturindustriellen Vermarktungsmaschinerie. Die materielle Fankultur umfasste auch die »Erfindung, Herstellung und Verbreitung neuer Artefakte«.[670] Solche »hybriden Quasiobjekte« (Reckwitz) schufen Fans selbst als in liebevoller Heimarbeit hergestellte Unikate. Elvis-Fans bastelten sich überdimensionierte Gürtelschnallen, auf denen sie die Konterfeis ihres Stars am eigenen Körper präsentierten wie mächtige Wappenschilde.[671] In der DDR bastelten sich Fans Halsketten mit dem Abbild ihres Stars.[672] An diesen Artefakten, die in teils bizarren Größen daherkamen, zeigt sich beispielhaft, dass Fankultur nicht nur ein von der Industrie gesteuerter Massenkonsum war, sondern auch als selbstbestimmte Kulturpraxis betrieben wurde. Man definierte sich auch äußerlich als Teil einer *imagined community* und war auf diese Weise auch Unbekannten gegenüber als Träger eines Gruppengeschmacks erkennbar. (Abb. 38 und 39)

669 Vgl. detailliert dazu Poiger, »Rock'n'Roll, Female Sexuality«, S. 577-616, bes. S. 586-588.

670 Reckwitz, *Die Erfindung der Kreativität*, S. 37.

671 Vgl. die Fotodokumentation über Schweizer Elvis-Fans von Karlheinz Weinberger: Ulrich Binder, Pietro Mattioli, (Hg.), *Karlheinz Weinberger. Photos 1954-1995*, Zürich 2000, S. 82, S. 85, S. 87 f., S. 117 u. S. 155. Zu Weinberger vgl. Katharina Böhmer, »›Auch die Schweiz kennt das Problem‹. Die Halbstarken der 1950er und 1960er Jahre als transnationale Jugendkultur und Gesellschaftsproblem im westeuropäischen Vergleich«, in: Dietmar Hüser (Hg.), *Populärkultur transnational. Lesen, Hören, Sehen und Erleben im Europa der langen 1960er Jahre*, Bielefeld 2017, S. 225-250, hier: 233.

672 BStU, Hle MfS BV Halle AU 118/59, Vernehmungsprotokoll, Bd. 7, Bl. 108.

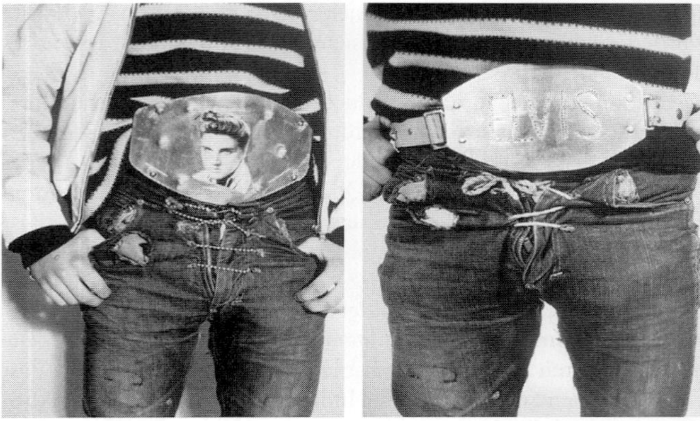

Abb. 38-39: Prä-Punk: Selbstgebastelte Fan-Objekte aus der Schweiz um 1960.

Auch Kleinkrafträder waren Gegenstände von Clubgründungen, da sie keineswegs nur als zweckrationale Fortbewegungsmittel oder phonstarke Lärmmaschinen betrachtet wurden. Manche Jugendlichen gingen mit ihren Maschinen Beziehungen ein, die psychoanalytisch als »emotional-sinnhaft (Mittel zur Erlangung des sozialen Kontaktes)« gedeutet wurden oder gar als Vehikel, um »ichhafte Tendenzen zum Ausdruck zu bringen«.[673] Gerade männliche Motorradfahrer neigten dazu, ihre Motorräder »als persönlichen Gegenstand« zu betrachten, zu dem sie »eine Zuneigung« entwickelten.[674] Eine Untersuchung von Münchener Moped-»Blasen« ergab, dass etliche Fahrer ihre Maschinen mit Eigennamen wie Mecki, Susi, Norton-Micky, Blue-Tiger, Baby oder Devil personalisierten. Waren manche dieser Namen Referenzen an die Geschwindigkeit

673 Heinz Schimetschke, *Der jugendliche Mopedfahrer. Eine verkehrspsychologische Untersuchung der Verhaltensmotivation männlicher Jugendlicher*, München, Zirndorf/Nürnberg 1958, S. 59. Vgl. auch Heinz-Herrmann Krüger, »›Es war wie ein Rausch, wenn alle Gas gaben.‹ Die ›Halbstarken‹ der 50er Jahre«, in: Deutscher Werkbund e.V. und Württembergischer Kunstverein Stuttgart (Hg.): *Schock und Schöpfung. Jugendästhetik im 20. Jahrhundert*, Neuwied 1986, S. 269-274.

674 So der Journalist Hunter S. Thompson in seiner Reportage über den Outlaw-Motorrad-Club »Hell's Angels«: *Hell's Angels*, München 2004, S. 153.

(»Blitz«), so waren andere nach Auskunft der befragten Jugendlichen mit dem (Kose-)Namen der jeweiligen Freundin oder eines heimlich geliebten Mädchens aus der Nachbarschaft identisch, was als eine geradezu libidinöse Bindung zum technischen Objekt gedeutet wurde.[675] Diese affektiven Bindungen wurden – ebenso wie die an Musikstars – kollektiv in Moped-Klubs gepflegt.[676]

Während die neu entstandenen Fanorganisationen in den traditionellen Medien zumeist geringgeschätzt wurden, waren sie tatsächlich quantitativ und ökonomisch bedeutsame Instrumente der Durchsetzung kultureller Vorlieben. Nicht nur Elvis- und Rock-Fans schlossen sich zusammen, auch Filmschauspieler wie James Dean oder Marilyn Monroe und verschiedene Schlagersänger hatten eine organisierte Anhängerschaft. Ende der fünfziger Jahre ist von »insgesamt 800 existierenden ›Film- und Star-Clubs‹« in Westdeutschland die Rede, die insgesamt 130 000 Mitglieder versammelt haben sollen.[677] Der Sänger Peter Kraus brachte es 1958 allein auf 116 Fanclubs in der Bundesrepublik.[678] Der amerikanische Schlagersänger Pat Boone bekam im selben Jahr rund 4000 Briefe in der Woche von seinen weltweit 300 000 in 3300 Clubs organisierten Fans, von denen die meisten im Teenageralter waren.[679] Wie Boone musste auch der unter dem Pseudonym Frank Alamo bekannt gewordene französische Kinderstar Jean-François Grandin ein eigenes Büro unterhalten, um seine Fanpost zu beantworten, da er zeitweise bis zu 2000 Briefe bekam – am Tag. Darin übermittelten ihm die Fans nicht nur Autogrammwünsche und stellten Fragen zu seiner Musik, sie erzählten ihm auch aus ihrem Leben: »In dieser Zeit vertraute man sich seinem Lieblingssänger an. Man erzählte ihm seine Miss-

675 Schimetschke, *Der jugendliche Mopedfahrer*, S. 61.

676 Mopedbesitzer waren überwiegend männlich, während junge Frauen typischerweise als Sozias mitfuhren; vgl. Gabriele Dietz, »Sozius-Miezen. Halbstarke Mädchen«, in: Angela Delille, Andrea Grohn (Hg.), *Perlonzeit. Wie die Frauen ihr Wirtschaftswunder erlebten*, Berlin 1985, S. 32-36.

677 Bezirksleitung Schwerin (Hg.), *Heiße Musik und Kalter Krieg*, S. 23-26. Die Zahlen entstammen offenkundig dem westdeutschen Artikel von Hans Heigert, »Ein neuer Typ wird produziert: der Teenager«, in: *deutsche jugend* 7 (1959), S. 117-121. Kaspar Maase hält insbesondere die Mitgliederzahlen jedoch für überhöht, vgl. ders., *BRAVO Amerika*, S. 271, Fn. 65.

678 Vgl. Teddy Hoersch (Hg.), *BRAVO. 1956-2006*, München 2006, S. 47.

679 Vgl. *The Milwaukee Journal Green Sheet* (15. 01. 1958), S. 1.

geschicke, seine Probleme mit dem Eltern.«[680] Johnny Hallyday brachte es zeitweilig auf 3000 Briefe pro Tag.[681]

3.5.3. Fanclubs in der DDR I: Hetze und Zersetzung

Die Verbreitung einer Ästhetik jenseits der staatlichen Lenkung durch die Kunst- und Kulturpolitik beschäftigte in autoritären Systemen wie dem der DDR die Jugendbehörden und zunehmend auch die Polizei. Um 1957 waren Jazz-Clubs hier bereits ins Visier der Ermittler geraten.[682] Um von der Staatssicherheit als beobachtungswürdig eingestuft zu werden, reichte schon die westliche Orientierung aus. Diese Linie folgte einer Vorgabe Walter Ulbrichts, der erklärte, die Bezeichnung »Clubs« sei nicht richtig; es handele sich vielmehr um »Banden«.[683] Als Bandenmitglieder wurden in der DDR sowohl Jugendliche kriminalisiert, die durch ihre kulturellen Vorlieben von der vorgegebenen Linie abwichen, als auch solche, die durch Gewalttätigkeiten oder Provokationen der öffentlichen Ordnung aufgefallen waren. Die Übergänge waren teils fließend und ebenso schwer zu konkretisieren wie das Ausmaß des Phänomens.[684] Die Volkspolizei hat allein im Jahr 1959 nach eigenen Angaben 250 »Banden« mit insgesamt 2200 Mitgliedern »zerschlagen«.[685] Eine Einschätzung des MfS von 1960 ging davon aus, dass von den »im Bezirk Erfurt festgestellten 32 Clubs Jugendlicher allein 16 Gruppen [...] vorwiegend durch Rowdytum in Erscheinung getreten sind«.[686] Inwieweit diese Verhaltensweisen aus politischer Opposition entstanden – gegen repressive Verordnungen bei Veranstaltungen sowie Kontrollen und Festnahmen –, ist

680 Vgl. Jacques Barsamian, François Jouffa, *L'âge d'or du yéyé. Le rock, le twist, et la variété française des années 60*, Poitiers, Ligugé 1983, S. 139.

681 Vgl. Violet, *Johnny, le rebelle*, S. 147.

682 Vgl. etwa BStU, BVfS Leipzig, Leitung, 02131/01, Bl. 14.

683 »Leipzig ist nicht New York«, ND (13. 11. 1958), S. 5. Vgl. dazu Janssen, *Halbstarke*, S. 206.

684 Vgl. zur Vergesellschaftung von »Kinderbanden«: Dorothee Wierling, *Geboren im Jahr Eins: Der Jahrgang 1949 in der* DDR. *Versuch einer Kollektivbiographie*, Berlin 2002, S. 158-163.

685 So die Angaben der HVDVP im Jahr 1960 nach SAPMO-BArch, DY 30, IV/2/12/88, Bl. 8, zit. n. Janssen, *Halbstarke*, S. 200.

686 »Untersuchungsvorgänge gegen jugendliche Banden«, Analyse der Hauptabteilung IX, Berlin, März 1960, BStU, HA IX/MF/11832, Bl. 14.

auch im Einzelfall oft nur schwer zu beurteilen. Zweifellos waren unter den beobachteten Gruppen etliche, die durch ganz gewöhnliche Gewalttaten auffielen – ein Aspekt, den jüngere Forschungen tendenziell ausblenden.[687] Tatsächlich war das Bild komplexer.

Die untypische Zusammensetzung etlicher Fanclubs der DDR, in denen männliche Jugendliche dominierten, legt nahe, dass es sich bei ihnen – wie auch bei einigen westlichen Clubs – tatsächlich eher um Straßengangs und Nachbarschaftscliquen gehandelt hatte.[688] Im Schweriner Rock'n'Roll-Club (RRC) wurden Mädchen keine Ausweise ausgestellt, »da sie ja Mädchen sind«. Offenkundig wurden die Mädchen als wechselnde Begleiterscheinungen betrachtet, die keine Mitgliedschaft legitimierte. Dennoch brauchte man sie, gerade in Rock'n'Roll-Clubs, denn der gemischtgeschlechtliche Paartanz erforderte in den heteronormativ-homosozial ausgerichteten Geselligkeiten eine Tanzpartnerin. So zeigte auch das Club-Emblem des RRC einen Mann und eine Frau in Paartanzhaltung (siehe oben, Abb. 35).[689]

Das MfS unterschied selbst zwischen »›Clubs‹, die den west-

687 Es besteht die Tendenz, die Quellen einseitig zum Beleg einer Opferrolle umzudeuten, unpassende Aspekte zu verschweigen und alle Jugendlichen pauschal zu Oppositionellen zu erklären. Der von der Stasi »Rock'n'Roll Bande« genannte Dessauer Club etwa taucht in der bisherigen Forschung pauschal als Opfer einer Kriminalisierung zur »Diskreditierung der amerikanischen Lebensweise« auf. Tatsächlich wurden diesen Jugendlichen auch mehrere tätliche Angriffe zur Last gelegt, darunter Sexualdelikte wie die versuchte Gruppenvergewaltigung einer Minderjährigen. Diese Tat wird in den Akten vom Opfer ausführlich geschildert und von den Angeklagten selbst nicht bestritten. Vgl. BStU, Hle MfS BV Halle AU 118/59, Bd. 2, Bl. 113. Andere Vorwürfe betreffen Nazi-Schmierereien. Vgl. dazu etwa »Untersuchungsvorgänge gegen jugendliche Banden«, Analyse der Hauptabteilung IX, Berlin, März 1960, BStU, HA IX/MF/11832, Bl. 8 ff.

688 So provozierte der Elvis-Club im Gelsenkirchener Bonhoeffer-Haus handfeste Auseinandersetzungen u. a. mit der Schreberjugend. Vgl. *Halbstark an Rhein und Ruhr*, Teil 1 (DE 2008, R.: Werner Kubny, Per Schnell), TC 20:20-24:50.

689 »Eigentlich wollen wir keine Mädchen aufnehmen, denn durch die ist schon einmal alles [bei der Polizei] herausgekommen. Wenn ihr quatscht, dann bekommt ihr Dresche«, sagte ein weibliches Mitglied des Rock'n'Roll-Clubs Dessau laut Vernehmungsprotokoll vom 12. 11. 1958, BStU, Hle MfS BV Halle AU 118/59, Bd. 1, Bl. 224. In vielen anderen Clubs überwiegen dagegen Mädchen und junge Frauen. Zum Begriff der Homosozialität vgl. Jürgen Martschukat, Olaf Stieglitz, *Geschichte der Männlichkeiten*, Frankfurt/M., New York 2008, S. 115.

lichen Kult pflegen, und […] Banden, die ein hemmungsloses Rowdytum organisieren«.[690] Doch nicht nur die »Banden« waren Gegenstand staatlicher Gegenmaßnahmen. So wurde es etwa für notwendig erachtet, in Schwerin einen »Rock'n-Roll-Club von Jugendlichen im Alter von 14-17 Jahren […] operativ zu bearbeiten«. Ziel dieser »Bearbeitung« sollte es sein, »den näheren Sinn und Charakter des Clubs in Erfahrung zu bringen, ihn durch operative Maßnahmen zu zersetzen und offiziell mit Hilfe der FDJ in der Presse auszuwerten«.[691] Bezeichnenderweise ist die Zielsetzung (Zersetzung und propagandistische Ausschlachtung) schon formuliert, bevor die Aufklärung überhaupt begonnen hat. Die Feststellung der »sittlichen Verkommenheit« erfolgte durch Befragung von Lehrern der verdächtigen Jugendlichen, die prompt die gewünschten Auskünfte gaben.[692] Ein 16-Jähriger wurde als »völlig verkommenes Subjekt« eingestuft, das durch Lügen und insbesondere die Weigerung, an FDJ-Manövern teilzunehmen, auffalle: »Kampfdemonstrationen und dergleichen lehnt er grundsätzlich ab.«[693] Stattdessen orientierte sich der Verdächtige an anderen Werten: »K. ist äußerst westlich eingestellt. Für die Kleidung, die er ›modern‹ nennt, schwärmt er.« Dies treffe »besonders für Nietenhosen und dergleichen zu«, auch lese der Lehrling Westliteratur.[694] Bei der Befragung durch einen Oberfeldwebel und einen Leutnant der Staatssicherheit, die sich als Kriminalpolizisten ausgaben, erklärte ein anderer Jugendlicher, sie hätten den Club gegründet, »weil sie sich für moderne Musik interessieren«.[695] Das im Club vertretene Männlichkeitsideal sei ebenso verwerflich wie die Orientierung an Vorbildern aus dem Showgeschäft: »Ihr Ideal von Männlichkeit wurden solche Figuren wie Elvis Presley und Bill Haley.«[696] Durch

690 Hauptabteilung IX, Analyse betr.: Untersuchungsvorgänge gegen jugendliche Banden, Berlin, März 1960, BStU, HA IX/MF/11832, Bl. 7.

691 Abteilung V/6, Maßnahmeplan zur Bearbeitung eines Rock'n-Roll-Clubs in Schwerin vom 16.11.1958, BStU, MfS-HA XX, Nr. 17378, Bl. 25.

692 Ebd., Bl. 26.

693 Ermittlungsbericht, Schwerin, 20.11.1958, BStU, MfS-HA XX, Nr. 17378, Bl. 28.

694 Ebd., Bl. 29.

695 Abteilung V/6, Betr.: Aussprache, Schwerin, 20.11.1958, BStU, MfS-HA XX, Nr. 17378, Bl. 30.

696 BStU, Hle MfS BV Halle AU 118/59, Bd. 19, Bl. 255.

diese Idole verlören die Jugendlichen das Interesse an vormilitärischen Einheiten wie der Gesellschaft für Sport und Technik (GST) und entwickelten ihre abweichenden Männlichkeiten in Gegenkollektiven außerhalb des Einflussbereiches der Massenorganisationen, was mitunter zu oppositionellen Äußerungen geführt habe: Parteimitglieder seien als »Bonbon-Träger« verunglimpft und FDJ-Angehörige bedroht worden.[697]

Das mit der Mitgliedschaft in einem Fanclub verbundene Risiko war den meisten Mitgliedern bewusst. Bei einer Vernehmung gab ein Gründungsmitglied des Schweriner RRC an, er habe den Mitgliedern von Anfang an verboten, über den Club zu sprechen.[698] Außerdem wurden Pseudonyme verwendet sowie eine Geheimschrift für die Einträge im Club-Buch.[699] Die Treffen mit auf Empfehlung eingeladenen potenziellen Neumitgliedern verliefen streng klandestin, und zur ersten Kontaktaufnahme wurde vorab ein Erkennungsdialog vereinbart.[700] Die Grenze zwischen kindlicher Räuberromantik und notwendiger Konspiration zum Schutz vor staatlicher Verfolgung war hier fließend.[701]

Ein besonderes Problem für die DDR-Behörden stellte die internationale Vernetzung der Fanclubs dar. Die Mitglieder der Clubs gaben an, den Kontakt zu westlichen Clubs zu Zwecken des »Erfahrungsaustausch[s] über die Organisation des Clubs sowie über die neuesten Rock'n Roll-Titel oder für das Erlernen von Tän-

697 Vgl. BStU, Hle MfS BV Halle AU 118/59, Bd. 20, Bl. 38.

698 Vgl. Vernehmungsprotokoll (handschriftl.) vom 19.12.1958, BStU, MfS-HA XX, Nr. 17378, Bl. 62.

699 Mit Hilfe eines selbst entwickelten Schlüssels wurden Buchstaben zu Zahlen codiert – offenkundig, »um wichtig zu tun«, wie die Behörden meinten. Vgl. Ermittlungsbericht, Abteilung V/6 vom 10.12.1958, BStU, MfS-HA XX, Nr. 17378, Bl. 46.

700 »Er kommt mit zwei brennenden Zigaretten zum Treff, ich bitte ihn um Feuer. Er gibt es mir. Ich sage: ›Du mußt ein ziemlich starker Bursche sein.‹ Darauf er: ›Wieso?‹ Ich sage darauf: ›Nu, weil du gleich zwei Zigaretten rauchst.‹ Darauf weiß er Bescheid, daß ich der Richtige bin.« Handschriftlicher Bericht eines Informanten, aufgenommen am 05.12.1958, BStU, MfS-HA XX, Nr. 17378, Bl. 41.

701 So wurde unter dem Telefon-Geheimcode 4711 angeblich der Schmuggel von Ampullen mit Rauschgift im Wert von 500 Mark aus dem Schweriner Hafen geplant, doch mussten die Beschuldigten später zugeben, sie hätten diese und andere »Räuberpistolen« nur erfunden, um sich selbst »interessanter zu machen«, siehe Vernehmungsprotokoll (handschriftl.) vom 19.12.1958, BStU, MfS-HA XX, Nr. 17378, Bl. 65.

zen« zu suchen, deren Schritte in der DDR nicht gelehrt wurden, weswegen die Tanzversuche der Jugendlichen oftmals »nur ein Gehopse« waren, wie das Mitglied eines Fanclubs selbstkritisch einräumte.[702] Die West-Kontakte waren, wie aus den Akten des MfS hervorgeht, keine Einzelfälle und nahmen teilweise beträchtliche Ausmaße an. Ein Jugendlicher aus Rostock stand »mit 20 verschiedenen sogenannten Starclubs in Westdeutschland« in Verbindung, schrieb mitunter an einem Tage zehn Briefe und wurde in neun westlichen Clubs als Mitglied aufgenommen, darunter der Connie-Francis-Club in Bad Hersfeld, der Elvis-Presley-Club in Kray, der Rex-Gildo-Club in Flettenberg und der Freddy-Quinn-Club in Wien. Tausende Briefkontakte in nur wenigen Monaten in einem Bezirk waren keine Seltenheit, darunter Autogrammwünsche, Briefpartnerschaften und Klubverbindungen.[703] Bei einem anderen Jugendlichen in der DDR wurden signierte Autogrammkarten von Stars wie Karin Baal, Carlos Otero und Max Greger konfisziert sowie Starkarten aus den USA.[704] Daran zeigt sich, dass die Clubs übernationale Gemeinschaften bildeten und als transnationale Sozialisationsnetzwerke fungierten. Die Briefkontakte vermittelten nicht nur Informationen über die Stars, sondern auch über das Leben der jugendlichen Fans jenseits der innerdeutschen Grenze und in anderen Ländern.

In den Direktiven der Staatsicherheit hatten solche West-Kontakte eine primär politische Funktion und galten als feindgesteuerte Versuche der Zersetzung der DDR: »In einigen Fällen sind Jugend-

702 Bd. 1, Vernehmungsprotokoll [mit dem Mitglied eines Dessauer Clubs] vom 14. 11. 1958, Bl. 265; MfS BV Halle AU 118/59, Bd. 2, Vernehmungsprotokoll mit Bernd L. vom 01. 12. 1958, BStU, Hle MfS BV Halle AU 118/59, Bl. 68.

703 So ermittelte die Abteilung M im Kreis Rostock 1965 allein im Monat Mai 28 Verbindungen zu westlichen Starclubs, im selben Monat des Folgejahres waren es bereits 50 Verbindungen. Im Dezember 1965 wurden dem MfS »1081 Materialien über Verbindungen von Jugendlichen zu westdeutschen Starclubs, Rundfunksendern usw. bekannt«, darunter 647 Autogrammwünsche (von denen 239 erfüllt wurden), 74 Kontakte zu westlichen Rundfunksendern wie Radio Luxemburg, NDR und dem Deutschlandfunk, 61 Postkartenspiele, 34 Briefpartnerschaften und 26 Klubverbindungen. Siehe Information 1/66, BStU, Rstk BdL 292, Bl. 3. Siehe auch BStU, Rstk BdL 301, Information Nr. 11/66, Bl. 5-6. Von 647 Autogrammwünschen im Dezember 1965 wurden 239 erfüllt, vgl. Information Nr. 1/66 vom 10. 01. 1966, BStU, Rstk BdL 292, Bl. 3.

704 Vernehmungsprotokoll, BStU, Rstk MfS BV Rostock AU 2850/64 HA Bd. 1, Bl. 53; BStU, Rstk AU 2850/64, BA zur HA, Bd. 3.

liche dazu übergegangen, auf Veranlassung der Starklubs weitere Jugendliche für derartige Verbindungen zu werben. Der Postweg wird weiterhin vom Gegner dazu ausgenutzt, um sogenannte ›menschliche Kontakte‹ auf privater Ebene anzuknüpfen. Aus solchen Brieffreundschaften ergeben sich dann Besuche westdeutscher Jugendlicher in der DDR oder Zusammenkünfte im demokratischen Berlin.«[705] Dies traf etwa auf die Aktivitäten des Westberliner Senders RIAS insoweit zu, als dass er ausdrücklich zu Brieffreundschaften ermunterte und Schlager sendete, die auf die Teilung anspielten.[706] Die »menschliche« Dimension der Kontakte wurde zur »Methode« umgedeutet und kriminalisiert: Westdeutsche Studentenorganisationen hätten »die Besuche und Zusammenkünfte im Sinne der feindlichen Kontaktpolitik zur politisch-ideologischen Beeinflussung der Jugendlichen in der DDR ausgenutzt«.[707]

Die Diskrepanz zwischen dem Schutz des Privatlebens und der eigenverantwortlichen Gestaltung der Freizeit abseits staatlicher Kontrolle war auch den Überwachungsorganen bewusst.[708] Da aber in der »durchherrschten Gesellschaft« der DDR auch das Private als politisch galt, war für die DDR-Behörden die Legitimation zum Eingriff in die Privatsphäre der Jugendlichen gegeben.[709] Die Staatssicherheit gab Anweisung, Clubgründungen dezidiert als feindliche Aktivitäten – als Tatbestand der »staatsgefährdenden Propaganda und Hetze«– zu bekämpfen,[710] was operative Vorgänge und strafrechtliche Konsequenzen nach sich zog.[711]

Auch bei der Verbreitung von Tonträgern an den Einfuhrkontrollgesetzen vorbei spielten Clubs eine wichtige Rolle. Ende der

705 Information 4/66 für die Leiter der operativen Abteilungen und Kreisdienststellen, Rostock 03.03.1966, BStU, Rstk BdL 292, Bl. 11.

706 Vgl. Jörg-Uwe Fischer, »Schlagerkrieg im Äther. Schlager und Politik im DDR-Rundfunk der 1960er Jahre«, in: *info 7* 29 (2014), S. 44-47.

707 Ebd.

708 Bericht über negative Erscheinungen und deren Ursachen unter der Jugend – wie wird seitens der FDJ entgegengewirkt, Karl-Marx-Stadt 11.04.1963, BStU, KMSt AKG 6554, Bl. 112.

709 Vgl. Jürgen Kocka, »Eine durchherrschte Gesellschaft«, in: Kaelble u.a. (Hg.), *Sozialgeschichte der DDR*, S. 547-553.

710 Orientierung für inoffizielle Mitarbeiter zur Aufklärung und Bearbeitung der Feindtätigkeit unter der Jugend vom 19.04.1962, BStU, KMSt AKG 2741, Bl. 9.

711 Urteil vom 25.05.1959, BStU, Hle MfS BV Halle AU 118/59, Bd. 19, Bl. 251-252.

sechziger Jahre entwickelten sich daraus Schallplattentauschringe, die mehrere Städte umfassten und von den Behörden wegen »organisierter Kriminalität gegen das Zoll- und Devisengesetz« operativ bearbeitet wurden.[712]

3.5.4. Fanclubs in der DDR II: Von der ästhetischen Opposition zur Politisierung

Auch wenn Fanclubs in der Regel zunächst keinen explizit politischen Charakter hatten,[713] so sind mehrere Fälle belegt, in denen aus der Kriminalisierung ihrer freizeitlich-kulturellen Betätigungen eine dezidierte Gegnerschaft zum DDR-System erwuchs. In Strausberg etwa hatten Jugendliche einen Ted-Herold-Fanclub gegründet, wozu sie der gemeinsame Besuch eines Musikfilmes in Westberlin angeregt hatte.[714] Der Club diente dem gemeinschaftlichen Hören westlicher Musik und kollektiven Ausflügen nach Westberlin, wo die Jugendlichen Musik- und Kriminalfilmvorführungen besuchten. Geplant war außerdem das autodidaktische Erlernen von Tanzschritten, die in der DDR nicht unterrichtet wurden, vor allem Rock'n'Roll und Cha-Cha-Cha; auch sollte bei geeigneter Gelegenheit der Westberliner Sportpalast einmal besucht werden, in dem Bill Haley 1958 aufgetreten war (siehe oben, Abb. 27).[715] Die Ausflüge in den Westen dienten vor allem dem Kauf (und gelegentlich auch Diebstahl) des in der DDR unterdrückten Kulturgutes, hauptsächlich von Schallplatten, aber auch Star-Postkarten, Groschenromanen und Zeitschriften, darunter die *Bravo*.

Der Club geriet ins Visier der Ermittler, nachdem seine Adresse im April 1960 in der entsprechenden Rubrik der *Bravo* bekannt-

712 Verstöße u. a. gegen § 146, Abs. 1 und § 218, Abs. 1; § 219 des StGB. Vgl. BStU, Lpz AOP 784/72, XIII 115, 71, Bl. 14. Vgl. zum Leipziger Schallplattenring auch: Yvonne Liebing, *All you need is beat. Jugendsubkultur in Leipzig 1957-1968*, Leipzig 2005, S. 108-112.

713 In einigen Fällen sind Fanclubs bekannt, die neben amerikanischen und anderen westlichen Unterhaltungsprodukten auch *Landser*-Hefte oder verbotene NS-Abzeichen tauschten. Ob dies aus einer rechtsextremistischen Haltung heraus geschah oder eher wegen des Reizes am Verbotenen, geht aus den Akten zumeist nicht eindeutig hervor.

714 *Die Schlagerparade 1960*, laut Vernehmungsprotokoll vom 28. 08. 1961, BStU, MfS BV Frankfurt/Oder AU 122/61, Bd. 1, Bl. 39.

715 Ebd.

gegeben worden war. Die Veröffentlichung hatte zu regen Briefkontakten in den Westen und bis nach Frankreich geführt, die auch nach Auflösung des Clubs fortbestanden.[716] Aussprachen bei Volkspolizei und Staatssicherheit entfalteten allerdings nicht die gewünschte Wirkung. Als die FDJ ein Kulturforum in Neuenhagen durchführte, um bei den Jugendlichen gegen die westliche Musik zu agitieren, kam es zu offenem Protest. Ein Sprecher des Kultusministeriums hatte Hörbeispiele mit besonders dekadenten Schlagern vorbereitet und befragte die zahlreich erschienenen Jugendlichen, ob das Gehörte »nun tatsächlich so schön und ihr Geschmack« sei. Eine Gruppe auffallend gekleideter Jugendlicher aus Strausberg, deren Wortführer »ein zitronenfarbenes Hemd« mit einem »braunrot gefärbten Löwen auf dem Rücken« trug, beantwortete die vom Genossen rhetorisch gemeinten Fragen, indem sie stets »na klar« und »jawohl« brüllten, das »wäre eben Rhythmus«.[717] Als die Mitglieder des Strausberger Fanclubs eine Aktion gegen systemkonforme Mitschüler planten, wurde dies vereitelt und der Club aufgelöst.[718] Diese Zwangsauflösung führte zu einer politischen Radikalisierung der Jugendlichen. Als Reaktion auf die Abriegelung der DDR durch den Mauerbau pinselten die Clubgründer Michael Gartenschläger und Gerd Resag im Sommer 1961 Parolen wie »Macht das Tor auf«, »Freie Wahlen« und »Nieder mit der SED« an Wände und zündeten eine Scheune der LPG an, einerseits um »der DDR einen wirtschaftlichen Schaden zuzufügen«, andererseits aber auch um bei einer Flucht in den Westen dort als politisch Verfolgte Asyl zu erhalten.[719]

716 Vgl. Vernehmungsprotokoll vom 28.08.1961, BStU, MfS BV Frankfurt/Oder AU 122/61, Bd. 1, Bl. 38, sowie den handschriftlichen Brief an Gartenschläger vom 03.03.1961, ebd., Bl. 29-31.

717 Bericht über ein durchgeführtes FDJ-Jugendforum im Kulturhaus Neuenhagen am 27.01.1961, Volkspolizeiamt Strausberg, 03.02.1961, BStU, BV Frankfurt/Oder AOG 560/62, Bd. 1, Bl. 24.

718 Bei einem Schulfest sollte angeblich ein Tumult verursacht werden, indem durch Sabotage das Licht gelöscht, eine Stinkbombe geworfen und im entstehenden Chaos unliebsame Mitschüler verprügelt werden sollten, doch blieb dieser Plan Theorie, auch deswegen, weil er der Stasi vorab zu Ohren gekommen war. Vgl. ebd., Bl. 41.

719 Dass Brandstiftern politisches Asyl gewährt werde, hatten die Jugendlichen der Lektüre einer DDR-Zeitung entnommen, vgl. Vernehmungsprotokoll vom 26.08.1961, Frankfurt/Oder, ebd., Bl. 192.

Auch wenn es sich bei dem Strausberger Club nur um eine vergleichsweise kleine Gruppe handelte, deren harter Kern aus etwa fünf Jugendlichen bestand, wirkten die »Erkenntnisse« strafverschärfend, die man bei der Staatssicherheit über die »feindliche Agententätigkeit« der Clubs gewonnen hatte. Einer Einschätzung des MfS zufolge handelte es sich bei den Ted-Herold-Clubs in der Westzone um eine straffe Organisation »mit ca. 500 Nebenclubs in Westdeutschland und Westberlin« und einem Hauptclub mit Sitz in Bad Homburg.[720] Nach einer Denunziation wurden Gartenschläger, Resag und drei weitere Jugendliche festgenommen und in einem Schauprozess zu lebenslangen Haftstrafen verurteilt. Während des Prozesses wurden Beweisstücke wie ein mit einem Elvis-Porträt selbstbemaltes Hemd, Schallplatten und Tonbänder in Vitrinen ausgestellt, die DDR-Presse berichtete zu Abschreckungszwecken ausführlich über den Prozess gegen die »Ted Herolde«.[721]

Der Fall Gartenschläger wurde von der DDR-Propaganda zum Anlass genommen, sich direkt an Jugendliche zu wenden, um gegen Fanclubs zu agitieren. Eine Broschüre der Agit-Prop-Abteilung Schwerin erklärte unter der Überschrift »Filmdivas als Lockmittel« die Fanclubs pauschal zu westlichen Institutionen, deren Sinn und Zweck die Infiltration der DDR und die Anwerbung von Agenten sei. Die »insgesamt 800 existierenden ›Film- und Star-Clubs‹« seien Instrumente der »NATO-Sender«, die damit versuchten, die altersgemäße Sammelleidenschaft ostdeutscher Jugendlicher auszunutzen. Dabei gingen die Clubs angeblich in mehreren Schritten vor: Nach einer ersten Kontaktaufnahme komme eine Genehmigung zur Clubgründung, »wobei der Empfänger zum ›Unterclubführer‹ ernannt« werde, der »ständig vom Hauptclub in Westdeutschland brieflich ›Hinweise‹ [erhalte], oder der ›Unterclubführer‹ wird nach Westberlin oder Westdeutschland eingeladen, wo ihm eine entsprechende ›Anleitung‹« gegeben werde. Am Ende dieses Prozesses sei die »Vereinigung solcher Jugendlicher […] nämlich alles andere als ein ›Film- oder Star-Club‹«.[722]

Ein Beispiel aus Gera zeige, dass aus Clubs tatsächlich bewaff-

720 Einschätzung vom 30.08.1961 (Abschr.), Berlin, MfS BV Frankfurt/Oder AU 122/61, Bd. 11, Bl. 87.

721 Vgl. Freya Klier, *Michael Gartenschläger, Kampf gegen Mauer und Stacheldraht*, hg. v. Bürgerbüro Berlin e.V., Berlin 2009, S. 45-49.

722 Vgl. ebd.

nete Banden entstehen, deren staatsfeindliche Aktivitäten die »Verbreitung von Hetzmaterial, Drohungen gegen Bürger, Überfälle, Einbrüche, Diebstähle, Mord und Brandstiftung« und Sprengstoffanschläge umfassten.[723] Die zentralen Drahtzieher dieser Anwerbeagenturen seien die Rundfunkverantwortlichen westlicher Sender wie RIAS oder Radio Luxemburg, namentlich deren Sprecher Camillo Felgen und »die Rattenfängerin Elisabeth Merkels«.[724] Illustriert wurde der Propagandatext mit einem Foto von Elvis Presley aus dem Film *Jailhouse Rock*, unter dem eine Bildunterschrift erklärte: »Hüftwackler und Starkult dienen dem gleichen schmutzigen Werk: Der Agentenwerbung«.[725] Besonders alarmiert zeigten sich die DDR-Organe, weil die selbsterklärte Dachorganisation Union der Fanclubs ihre Mitgliedsclubs in der Broschüre *Die Fans in der Zone* explizit zur moralischen und materiellen Unterstützung der östlichen Pendants aufgefordert hatte.[726] Das MfS wertete die Fanclubs daher als »Instrumente der psychologischen Kriegsführung und der NATO«.[727] Tatsächlich hatten einige Fanorganisationen nach Beschlagnahmungen ihrer Post explizite Richtlinien für den Kontakt zu DDR-Fans erlassen, in denen vor politischen Äußerungen allerdings explizit gewarnt wurde.[728]

Diese Art politischer Propaganda konnte nicht sonderlich viel ausrichten, im Gegenteil: Bei manchen unpolitisch eingestellten Jugendlichen weckte sie erst den Widerstand gegen die Geschmackspolitik der SED und konnte zu einer Radikalisierung führen. So gaben in etlichen Fällen Jugendliche ihr Interesse an westlichen Kulturprodukten als Grund an, die DDR verlassen zu wollen, und einzelne radikalisierten sich aufgrund der restriktiven

723 Bezirksleitung Schwerin (Hg.), *Heiße Musik und Kalter Krieg*, S. 23-26.

724 Die Schlagertexterin Elisabeth »Lilibert« Merkels, später verheiratete Bertram, war Mitbegründerin von Radio Luxemburg, des englischsprachigen Programms von Radio Luxembourg.

725 Bezirksleitung Schwerin (Hg.), *Heiße Musik und Kalter Krieg*, S. 27.

726 Einschätzung vom 30.08.1961 (Abschr.), Berlin, MfS BV Frankfurt/Oder AU 122/61, Bd. 11, Bl. 88.

727 Ebd., Bl. 91.

728 So empfahl etwa die in Hamburg erscheinende *Star Revue* bei Korrespondenzen mit Fans in der DDR »jede politische Erörterung aus dem Spiel« zu lassen. Vgl. Merkblatt der *Star-Revue* »Korrespondenz zwischen Filmfreunden der DDR und der Bundesrepublik«, undatiert, Pressehaus Hamburg.

Kulturpolitik und stellten Flubblätter her.[729] Darüber hinaus hatte das rigide Vorgehen der DDR-Organe gegen die organisierten Formen abweichenden Gruppengeschmacks auch ein außenpolitisches Nachspiel. Die unverhältnismäßig hohen Zuchthausstrafen gegen die jungen Ted-Herold-Fans aus Strausberg, die zwar in Jugendarrest umgewandelt, aber nicht zur Bewährung ausgesetzt wurden, führten zu internationalen Protesten und setzten die Unterdrückung von Fanclubs in der DDR auf die Agenda international agierender Menschenrechtsaktivisten. So wandte sich eine Gruppe aus Oxford an den Staatsratsvorsitzenden Walter Ulbricht, um gegen die harten Urteile gegen Gartenschläger und seine Freunde zu protestieren, da nach ihren Informationen »das einzige Vergehen, das Michael Gartenschläger nachgewiesen wurde, darin [bestand], dass er einen Jazz-Klub westlichen Stiles in Ostberlin gründen half«.[730] Das entsprach zwar nicht den Tatsachen, wuchs sich aber zu einer breiten Kampagne für unterdrückte Musikfreunde aus.[731] Studenten aus Großbritannien setzten sich ebenso für die Verurteilten ein wie Lehrer aus Skandinavien und Australien.[732]

Die von Amnesty International koordinierten Protestbriefe zeigten schließlich Wirkung. Anlässlich eines Schreibens aus Belfast ließ der Präsident der Volkskammer im Dezember 1965 den Fall vom Generalstaatsanwalt prüfen.[733] In seiner Antwort schloss dieser eine Begnadigung aus, da es sich bei den Verurteilten um Mitglieder einer Gruppe handele, die das Ziel verfolgt habe, die Bevölkerung zu terrorisieren – Strafmaß und Haftbedingungen deckten sich mit den Bestimmungen der DDR.[734] Gartenschläger selbst protestierte unterdessen mit spektakulären Fluchtversuchen sowie Protesten gegen die Haftbedingungen und erreichte damit

729 Vernehmungsprotokoll Gerhard L., BStU, Rstk AU 2850/64, HA Bd. 1, Bl. 95; Masch. Flugblatt »aufruf an alle«, BStU, Rstk AU 2850/64 GA, Bd. 6, Bl. 14.

730 Schreiben an den Vorsitzenden des Staatsrates, Oxford, 27.06.1963, BStU, MfS BV Frankfurt/Oder AU 122/61, Bd. 6, Bl. 205.

731 Dies auch noch nach Jahren. Vgl. etwa die Briefe der Victorian Section und der Svenska Section von Amnesty vom 05.12.1969, ebd., Bl. 284 u. 285.

732 Schreiben an Walter Ulbricht vom 18.06.1963, Bl. 213 u. 237; Protestschreiben vom 29.08.1963 aus Trondheim und vom 14.10.1963 aus Sydney, ebd., Bl. 214 u. 218; Schreiben vom 03.07.1963, ebd., Bl. 227; Schreiben aus London vom 01.07.1963, ebd., Bl. 222.

733 Der Präsident an den Generalstaatsanwalt, Berlin, 09.12.1965, ebd., Bl. 267.

734 Schreiben an den Präsidenten der Volkskammer, 09.12.1965, ebd., Bl. 272.

einige Verbesserungen für seine Mitgefangenen.[735] Im Mai 1971 wurden er und Resag schließlich von der Bundesrepublik freigekauft.[736] Mittlerweile zum erbitterten Gegner der DDR geworden, betätigten sich beide im Westen als Fluchthelfer und sabotierten DDR-Grenzanlagen.[737] Am 1. Mai 1976 wurde der einstige Ted-Herold-Fan Michael Gartenschläger auf dem »Todesstreifen« der Grenzanlagen erschossen.[738]

Doch nicht nur in der DDR wurde das Fantum als negative Erscheinung betrachtet. Auch im Westen galten die neuen Idole als ungeeignete Vorbilder für die Jugend, und auch hier erregte die organisierte Begeisterung für internationale Kultur alte kulturkritische Reflexe, wenngleich es nicht zu staatlichen Repressionen kam.[739] Als sich wenige Monate vor Elvis' vielbeachtetem Militärdienst in Deutschland junge Filmfans in Frankfurt am Main trafen, um eine bundesweite Union der Filmclubs zu gründen, kommentierte die *Frankfurter Allgemeine Zeitung* süffisant, die 315 existierenden Clubs mit etwa 25 000 Mitgliedern seien gar keine Filmclubs »im üblichen Sinne«:

Die einen ersetzen dem Star einen Reklamefachmann, indem sie Autogrammpost erledigen, die anderen sind Aktivisten bei den Premieren. Die

735 Einmal sei es Gartenschläger beinahe gelungen, sich in einer Kiste vom Zuchthausgelände tragen zu lassen, ein anderes Mal erklomm er einen Schornstein und schrieb dort das Wort »Hunger« an, woraufhin Anwohner mit Essen zum Gefängnistor kamen. Nach diesem Vorfall seien die Rationen verdoppelt worden. Vgl. Klier, *Michael Gartenschläger*, S. 91.

736 Ebd.

737 Vgl. die Biographie des Forschungsverbundes SED-Staat auf ⟨https://www.fu-berlin.de/sites/fsed/Das-DDR-Grenzregime/Biografien-von-Todesopfern/Gartenschlaeger_Michael/index.html⟩, letzter Zugriff 01. 08. 2018. Einem Pressebericht zufolge hielt die »Kampfgruppe Gartenschläger« in den 1970er Jahren Kontakte zu Rechtsextremisten. Vgl. »Dr. Schreck und die Neonazis«, *Der Spiegel* (07. 09. 1981), S. 59-66.

738 Gartenschläger hatte vom Westen aus Tötungsanlagen im »Todestreifen« der deutsch-deutschen Grenze demontiert und so den Nachweis erbracht, dass dort international geächtete Splitterminen zum Einsatz kamen. Die Todesschützen des MfS wurden nach 1989 vom Vorwurf der vorsätzlichen Tötung freigesprochen, vgl. Andreas Frost, *Michael Gartenschläger: der Prozess. Mutmaßliches* DDR-*Unrecht vor einem bundesdeutschen Gericht*, hg. v. Landesbeauftragten für Mecklenburg-Vorpommern für die Unterlagen des Staatssicherheitsdienstes der ehemaligen Deutschen Demokratischen Republik, Schwerin 2002.

739 Vgl. Poiger, »Rock'n'Roll, Female Sexuality«, S. 577-616.

einen singen nur die Lieder von Vico Torriani, die anderen verteidigen Karin Baal, das Mädchen, das ausgesucht wurde, mit knapp sechzehn Jahren, die Hauptrolle im Film »Die Halbstarken« zu übernehmen.[740]

Marion Michel, die als Nackedei und »Liane« über die Leinwand husche, habe sich sogar »chinesischer Verehrer in Vereinsform zu erfreuen«.[741] Außerdem herrsche ein »Mangel an Persönlichkeiten jenseits der Filmbranche, die zur Konstituierung von Clubs führen könnten«. Es wurde auch eingeräumt, dass sich in der »Union all dieser redlichen und zufälligen Fans« Jugendliche »mit ihrem Geschmack und ihrem Idol organisieren wollen«.[742] Dass die neuen Fanclubs gerade dieses Anliegen mit ihren historischen Vorläufern, den literarischen Gesellschaften, Theaterclubs und bürgerlichen Musikvereinen teilten, die ihren künstlerischen Heroen mit bisweilen ebenso heiligem Eifer gehuldigt hatten, wurde geflissentlich übersehen. Die Spannungen zwischen der älteren *dominant culture* und den jüngeren *emergent cultures* mit ihren alternativen Kriterien des Ästhetischen kamen in diesen Invektiven zum Ausdruck – die paradoxerweise vielleicht gerade deshalb so heftig ausfielen, weil sich die selbsterklärten Vertreter eines »echten« Cinéasmus vor gar nicht allzu langer Zeit selbst hatten verteidigen müssen: als das Kino als »kulturlos« galt.[743]

3.5.5. Agenturen der Etablierung

In der Abqualifizierung jugendlichen Fantums aus den unteren und mittleren Schichten der Gesellschaft gegenüber den mittlerweile vollumfänglich akzeptierten bürgerlichen Fanritualen spiegelten sich Züge eines altersspezifischen und sozialen Konfliktes, der auf der Ebene der Ästhetik ausgetragen wurde. Betrachtet man die Aktivitäten der in Zusammenschlüssen organisierten jugendlichen Musikinteressenten genauer, so erscheinen sie keineswegs als willfährige Konsumenten, das heißt Opfer einer kommerziellen Warenwirtschaft, wie die zeitgenössische Kulturkritik suggerierte und auch heutige produktionszentrierte Ansätze nahelegen, sondern sie

740 »Eine Dachorganisation für den Star-Kult«, in: *FAZ* (12.05.1958), S. 9.

741 Ebd.

742 Ebd.

743 Vgl. zum Begriff der *dominant* bzw. *residual* vs. *emergent culture* Raymond Williams, *Marxism and Literature*, Oxford 1977, S. 121.

lassen sich als Prosumenten *avant la lettre* verstehen.[744] Vor allem aber entwickelten sie das, was Michel de Certeau die »Kunst des Handelns« genannt hat beziehungsweise »eine *andere* Produktion, die als Konsum bezeichnet wird«. Diese sei »listenreich und verstreut, aber sie breitet sich überall aus, lautlos und fast unsichtbar, denn sie äußert sich nicht durch eigene Produkte, sondern in der Umgangsweise mit den Produkten, die von einer herrschenden ökonomischen Ordnung aufgezwungen werden«.[745] Auch die Jugendlichen der 1950er- und 1960er-Jahre sind als solche *citizen consumers* zu verstehen, die aktiv das Musikprogramm mitgestalteten und sich ihrer Marktmacht zunehmend bewusster wurden.[746]

Es wurde deutlich, dass die Fanclubs in den weitgehend hegemonial kontrollierten medialen Räumen der fünfziger und sechziger Jahre Räume zur kulturellen Betätigung schufen – in Vereinsheimen, Jazz-Kellern, Clubräumen, aber auch im Rahmen der von ihnen organisierten Tausch- und Sammlerbörsen, Autogrammstunden und Tanz-Veranstaltungen –, die es bis dato für Jugendliche kaum gab. Darüber hinaus wirkten sie in den öffentlichen Raum hinein, vernetzten sich überregional und entwickelten sich zu Agenturen einer altersspezifisch geprägten Geschmacksbildung – aus *imagined communities* wurden *organized communities*.[747]

744 Den wirtschaftszentrierten Begriff des *prosumers* prägte der Trendforscher Alvin Toffler um 1980. Er zieht die Begriffe Konsument und Produzent zu einem Kofferwort zusammen und bezeichnet so den aktiven Konsumenten, der selbst Inhalte schafft. Damit weist er voraus auf den sogenannten »usergenerierten Content« des Internetzeitalters, das nicht mehr klar zwischen Produzent und Konsument unterscheide. Vgl. Alvin Toffler, *The Third Wave*, New York 1980 (dt.: *Die dritte Welle. Zukunftschance. Perspektiven für die Gesellschaft des 21. Jahrhunderts*, München 1983); vgl. dazu Kai-Uwe Hellmann, »Prosumer Revisited. Zur Aktualität einer Debatte. Eine Einführung«, in: Birgit Blättel-Mink, ders. (Hg.), *Prosumer revisited. Zur Aktualität einer Debatte*, Wiesbaden 2010, S. 13-48, bes. S. 14-20.

745 Michel de Certeau, *Die Kunst des Handelns*, Berlin 1988, S. 11 u. S. 13.

746 Die Entstehung von Konsumbürgern und *citizen consumers*, die durch Boykotte und aktiven Konsum an Bedeutung gewinnen, beschreibt Paul Nolte, *Was ist Demokratie?*, S. 389-394.

747 Der Begriff ist angelehnt an den – eher an Nationalstaaten entwickelten – Terminus von Benedict Anderson, der die Entstehung von Gemeinschaften als kollektiven Vorstellungswelten beschreibt: *Imagined Communities. Reflections on the Origin and Spread of Nationalism*, rev. and ext. edition, London, New York [12]2003.

Fanclubs suchten ihren spezifischen Musik- oder Filmgeschmack auch innerhalb der Hegemonialkultur durchzusetzen – etwa durch Fanpost an Sendeverantwortliche. Als Lobby zur Verbreitung popkultureller Inhalte wirkten sie auf private und öffentlich-rechtliche Medien ein, die gerade in den europäischen Staaten Mitte des 20. Jahrhunderts noch vorwiegend den Geschmack der bürgerlichen Minderheit bedienten.[748]

Diese Aktivitäten lassen sich ebenfalls als »Handlungsweisen« verstehen, »mit deren Hilfe sich die Benutzer den Raum wiederaneignen, der durch die Techniken der soziokulturellen Produktion organisiert wird«.[749] Allein durch ihre schiere Zahl wurden Fanclubs zunehmend auch von der allgemeinen Medienöffentlichkeit wahrgenommen und wirkten somit als *pressure groups*. Die daraus resultierenden Diskussionen und Auseinandersetzungen lassen sich als Erziehungskonflikte verstehen, die von altersspezifischen und sozialen Grenzen konturiert wurden.[750] Besonders heftig und politisch aufgeladen wurden diese Auseinandersetzungen, wie gesehen, in der Geschmacksdiktatur der DDR und – in unterschiedlicher Intensität – in anderen staatssozialistisch-autoritären Systemen geführt. Insbesondere das Massenphänomen Elvis hatte Mitte der fünfziger Jahre zu ersten Diskussionen rund um das Fantum jugendlicher Musikliebhaber geführt. Mit der »Beatlemania« der ersten Hälfte der sechziger Jahre erreichte diese Debatte ihren Höhepunkt. Bevor wir in dieses Jahrzehnt eintreten, soll es in den verbleibenden Abschnitten dieses Kapitels um das in vielerlei Hinsichten wichtigste Musikmedium der fünfziger Jahre gehen: das Radio.

748 In der Bundesrepublik kamen ähnliche Taktiken wie in den USA zur Anwendung. So klagte Werner Götze, der »Plattenkramer« der Sendung »Schlagerbarometer« des Bayerischen Rundfunks, es komme »immer wieder vor, daß Fan-Clubs ihre Mitglieder veranlassen, mehrere Zuschriften pro Mitglied einzusenden und erfundene Namen zu verwenden«. Vgl. »›Schlager von heute‹ und ›Schlager von morgen‹«, in: *Bild und Funk* 23 (04.06.1961), S. 6-8.

749 de Certeau, *Die Kunst des Handelns*, S. 16.

750 Für die Bundesrepublik wird etwa konstatiert, dass die US-Populärkultur zwar großen Einfluss hatte, »aber im Wesentlichen an der Institution des öffentlich-rechtlichen Rundfunks vorbeilief«, siehe Hans J. Kleinsteuber, »Hörfunk und Populärkultur in den USA der 50er Jahre«, in: Axel Schildt, Arnold Sywottek (Hg.), *Modernisierung im Wiederaufbau. Die westdeutsche Gesellschaft der 50er Jahre*, Bonn 1998, S. 513-529, hier: S. 513.

3.6. Wellenzeit: Vom Jugendfunk zum Rock-Radio

Wie viel Musik – und welche – war Mitte der fünfziger Jahre im Rundfunk zu hören? Machen wir eine Zeitreise und stellen uns einen Rundfunkamateur vor, der sich an einem zentral gelegenen Empfangsort in Nordeuropa installiert hat, vielleicht auf einer Anhöhe irgendwo nahe der niederländisch-deutschen Grenze. Nehmen wir an, es ist der 6. April 1956. Das Wetter ist ideal für den Empfang, und der imaginäre Hörer hat sich eine außergewöhnlich gute, meterhohe Antenne selbst gebaut. Was würde er (wie die meisten Radio-Bastler ist er männlich) an jenem Freitagabend empfangen?

Der Bastler stellt den Regler seines aufgerüsteten Empfängers auf 506 m bei 593 Kilohertz ein. Klar und deutlich erklingen in seinem Kopfhörer die letzten Takte von Tschaikowskis Konzert Nr. 1 für Klavier in b-Moll, gespielt vom Sinfonieorchester des Hessischen Rundfunks. Weil unser Radioamateur kein Freund sinfonischer Musik ist, dreht er schnell weiter auf 575 kHz, doch Alfred Prugels Belehrung über »Die Grundlagen unserer Ernährung« ist auch nicht das, was er sucht. Im Bayerischen Rundfunk (BR) auf 375 m und 800 kHz erzählt Friedrich Burschell das Leben Shakespeares, und im Südwestfunk (SWF) dirigiert Hans Rosbaud das Rundfunkorchester durch Beethovens »Per pietà, non ricercate«. Hoffnungsfroh richtet unser Hörer seinen Empfänger auf den Sender Freies Berlin (SFB) aus, wo gerade die Sendung *Zauberklang der Operette* mit einer Melodie aus Abrahams *Viktoria und ihr Husar* verklingt, bevor Frau Felicitas durch die Sendung *Väter haben das Wort* führt. Schnell weiter. Musikalischer geht es auf Radio Hilversum 1 zu, denn bei den Niederländern gibt es – vor dem *Frauenfunk* – für immerhin eine knappe halbe Stunde Tanzmusik. Weiter geht es über die englische BBC 3 (*Philosophy and Science*) zu BBC Light. Bei *Dance Music for Everyone* laufen hier zwar aktuelle Tanznummern, doch in der wenig überzeugenden Instrumentalversion des Londoner Rundfunkorchesters.

Und so bleibt er wieder einmal bei den alliierten Soldatensendern aus Deutschland hängen: Beim *R&B Showcase* des American Forces Network (AFN) und auf dem British Forces Network (BFN), wo bis zum Sendeschluss gegen ein Uhr Schallplatten zu hören sind. Nun laufen auch im Zweiten Programm des SFB bis

Mitternacht Lieder wie »Wenn mein Herz Heimweh hat« von Fritz Wunderlich und der »Harlem Boogie« von Rudolf Krause, eingespielt von der Bigband des Westdeutschen Rundfunks (WDR). Danach herrscht Stille auf den meisten Kanälen, nur im RIAS und im WDR kommt noch Musik, auf SFB 1 sogar Mambo und einige Swing-Nummern.[751] Auch das Nachtprogramm von Radio Luxemburg sendet nun amerikanischen Blues, moderiert in englischer Sprache. Könnte sein Gerät amerikanische Stationen empfangen, so hätte er auf vielen Kanälen die Stimmen von Croonern im Ohr und auf einigen wenigen Sendern mit etwas Glück sogar Rhythm and Blues und Rock'n'Roll.

Rock, Jazz und Schlager waren, wie diese Stichprobe illustriert, Mitte der fünfziger Jahre im europäischen Rundfunk so gut wie gar nicht und auch in den USA erst vereinzelt präsent. Sie erklangen nur in wenigen Sendungen, die von den Programmzeitschriften eigens ausgewiesen wurden und von den Hörern planvoll abgepasst werden mussten; es gab keinen einzigen Sender, der vorwiegend Popmusik spielte oder sich in erster Linie an ein jugendliches Publikum wandte.[752] Dennoch war das Radio eine der wichtigsten Quellen des Musikkonsums gerade von Jugendlichen. Es war vergleichsweise kostengünstig, überall verfügbar und stellte Informationen über neue Trends bereit – zumindest in gewissem Maße. Der Rundfunk behauptete daher Mitte des 20. Jahrhunderts seine herausragende Stellung und galt bis weit in die sechziger Jahre hinein trotz der wachsenden Konkurrenz des Fernsehens als Leitmedium.[753]

Die Erfolgsgeschichte des Rundfunks begann in der ersten Hälfte des 20. Jahrhunderts, in dem sich entscheidende Veränderungen vollzogen hatten: Das Empfangen von Frequenzen war anfangs

751 Alle Inhalte sind dem Rundfunkprogramm vom 06.04.1956 entnommen. Vgl. *Hör Zu! Berlin. Die Illustrierte Rundfunk- und Fernsehzeitung* 14 (4) 1956, S. 56-57.

752 Pro Sender oftmals nur wenige Sendungen in der Woche vgl. »Was möchten Sie hören?«, Rubrik Tanzmusik/Jazz, ebd., S. 44.

753 Vgl. Klaus Arnold, Christoph Classen, »Radio in der DDR. Einleitung«, in: dies. (Hg.), *Zwischen Pop und Propaganda. Radio in der DDR*, Berlin 2004, S. 13-26, hier: S. 14. In Frankreich beispielsweise verfügten 1960 nur 13,1 % über ein Fernsehgerät. Vgl. Christian Delporte, »Au miroir des médias«, in: Jean-Pierre Rioux, Jean-François Sirinelli (Hg.), *La culture de masse en France de la belle Époque à aujourd'hui*, Paris 2002, S. 305-351, hier: S. 326.

eine Angelegenheit von Amateuren gewesen, die mit aufwendigen Basteleien ihre Antennen mühsam ausrichteten, um möglichst weit entfernte Signale (zumeist über Kopfhörer) empfangen zu können.[754] Im Laufe der Zeit hatte sich das Radio aufgrund optimierter Empfangs- und Sendetechnik zum passiv nutzbaren Nebenbei-Medium entwickelt. Die Sendungen wurden zunehmend kollektiv über Lautsprecher gehört, da in der Regel nur ein Empfänger pro Familie zur Verfügung stand und zumeist der als »Familienoberhaupt« gedachte Vater die Programmauswahl bestimmte.[755] Trotz der in den vorherigen Kapiteln analysierten, zum Teil heftigen Kämpfe um die Wirkung populärer Musik war es also keineswegs so, dass Rock'n'Roll und Jazz Mitte der fünfziger Jahre omnipräsente Phänomene gewesen sind, die im Begriff waren, andere Musiken zu verdrängen. Ich werde in den verbleibenden Abschnitten dieses Kapitels der Frage nachgehen, welche Musik wo und wann zu hören war, die Entstehung neuer, jugend- und popspezifischer Angebote verfolgen und dabei vor allem auf die transnationalen Mechanismen bei der allmählichen Etablierung popkultureller Rundfunkformate – und die Widerstände gegen sie – fokussieren.[756]

Der Rundfunk war im 20. Jahrhundert das grenzüberschreitende Medium par excellence. Sein Empfangsbereich lässt sich als ein ebenso unsichtbarer wie diffuser transnationaler Ätherraum beschreiben, dessen Grenzen sich je nach Empfangstechnik und Wetterlage verschieben konnten. Elektromagnetische Wellen ließen sich nicht wirksam begrenzen – was es erschwerte, diese transnationalen Räume zu kontrollieren, um Empfangsgebühren und Werberichtlinien durchzusetzen oder Inhalte zu unterdrücken.[757]

754 Vgl. Brian Currid, *A National Acoustics. Music and Mass Publicity in Weimar and Nazi Germany*, Minneapolis, London 2006, S. 29-44.

755 Gehört wurde durchschnittlich drei Stunden lang am Tag. Vgl. Schildt, »Von der Not der Jugend zur Teenager-Kultur. Aufwachsen in den 50er Jahren«, in: ders./Sywottek (Hg.), *Modernisierung im Wiederaufbau*, S. 335-348, hier: S. 341-342.

756 Mit Ausnahme einiger weniger Einzelstudien sind Jugendmedien in Überblicksdarstellungen bis heute weitgehend ein Forschungsdesiderat. Vgl. Aline Maldener, Clemens Zimmermann, »Einleitung. Jugendmedien in Wissenschaft und Forschung«, in: dies. (Hg.), *Let's Historize It! Jugendmedien im 20. Jahrhundert*, Wien u. a. 2018, S. 7-34, hier: S. 7.

757 Dies gilt vor allem für die Kontrollbestimmungen der DDR, betrifft aber auch

Neben den Printmedien war der Rundfunk einer der wichtigsten Orte der medialen Repräsentation gesellschaftlicher Gruppen und daher ein Schauplatz erbitterter Konflikte. Während sich die Produktionsmittel für auf Papier verbreitete Informationen in den meisten europäischen Ländern nahezu vollständig in privater Hand oftmals dynastischer Verlegerfamilien befanden, waren die Sender in Großbritannien und Deutschland ganz überwiegend »öffentlich-rechtlich«, das heißt unter indirekter Kontrolle der Politik und zivilgesellschaftlicher Organisationen; lediglich in Frankreich gab es eine Koexistenz privater und staatlicher Radios.

In den USA hingegen war das Senden frühzeitig liberalisiert worden.[758] Nach einer raschen Ausbreitung von Rundfunksendern in den zwanziger Jahren hatte die Federal Radio Commission (FRC) 1926 mit liberaldemokratischem Pathos formuliert, die Möglichkeit, ein Programm frei von Regierungseinfluss empfangen zu können, sei nichts anderes als ein »Recht des amerikanischen Volkes«.[759] Das amerikanische Rundfunksystem, das sich Kritikern zufolge eher durch die Abwesenheit eines Systems auszeichnete, hielt den Staat weitgehend heraus und setzte auf werbefinanzierte Programme.[760] Dies war einer Demokratisierung des Hörergeschmacks und damit der Verbreitung massenkultureller Inhalte zuträglich, wohingegen Radioinhalte in Europa aufgrund der politischen Organisation der Rundfunkanstalten zumindest partiell staatlicher Kontrolle unterworfen waren.[761] Mangels (privater)

die Bemühungen gegen sogenannte Piratensender. Vgl. Alexander Badenoch, »Between Rock and Roll and a Hard Place: ›Pirate‹ Radio and the Problems of Territory in Cold War Europe«, in: ders. u. a. (Hg.), *Airy Curtains in the European Ether. Broadcasting and the Cold War*, Baden-Baden 2013, S. 297-319; Jan F. J. Gorus, *Piratenzenders. Europese en internationale aspecten*, Antwerpen 1977.

758 Ebd., S. 17. Zur Entstehung des Rundfunks in den USA vgl. Christopher H. Sterling, John M. Kittross, *Stay Tuned: A History of American Broadcasting*, Mahwah, London ^{3}2002, S. 15.

759 Zit. n. Gorus, *Piratenzenders*, S. 18.

760 Vgl. zur Entstehung der US-Rundfunklandschaft: David Goodman, *Radio's Civic Ambition. American Broadcasting and Democracy in the 1930s*, Oxford 2011, bes. S. 9-20.

761 Lediglich in den faschistischen Staaten Portugal und Spanien bestanden zwar private, aber staatsnahe Sender fort. Siehe Dietrich Oehler, *Das deutsche Strafrecht und die Piratensender. Vortrag und Diskussionsbericht aus einem Roundtable-Gespräch des Instituts für Rundfunkrecht mit den Justitiaren der Rundfunkanstalten und anderen Personen am 5. März 1970*, München 1970, S. 3.

Konkurrenz konnten es sich die Sendeverantwortlichen zudem erlauben, die öffentlich-rechtlichen Programme nach ihren eigenen schichtspezifischen Geschmackskriterien zu gestalten.[762] Damit lag die Entscheidung darüber, welche Inhalte für Jugendliche angemessen sind, bei den von Erwachsenen dominierten gesellschaftlichen Großgruppen, also Parteien, Kirchen und Verbänden. Wie in der ersten Hälfte des 20. Jahrhunderts unterbreitete der Rundfunk der unmittelbaren Nachkriegszeit nur wenig altersspezifische Angebote, da junge Menschen »höchstens Objekte der Belehrung darstellten und hinsichtlich ihrer Unterhaltungsinteressen auf die Programminhalte für alle Erwachsenen angewiesen blieben«.[763] Jugendfunkstunden und Schulfunk wollten Jugendliche an »Klassiker« der »abendländischen« Kultur heranführen und warteten beispielsweise mit Bastelanleitungen auf, die in Rollenbildern aus der ersten Hälfte des 20. Jahrhunderts wurzelten: Flugzeugmodellbau für Jungen, Nähen und Stricken für Mädchen.[764] Dies änderte sich ab Mitte der fünfziger Jahre gravierend – auch bedingt durch die Krise des Hörfunks.

Ausgelöst wurde diese Krise durch das Fernsehen, das sich in den USA etwas früher als in den meisten europäischen Staaten verbreitet hatte.[765] Prognosen, denen zufolge der Hörfunk mit dem Erfolg des Fernsehens in der Bedeutungslosigkeit versinken oder gar ganz verschwinden würde, erwiesen sich jedoch als falsch. Zwar verlor das Radio insbesondere am Abend viele Hörer, die nun lieber den Fernseher einschalteten, doch wurde dafür der Morgen umso wichtiger: Beim Aufstehen und beim Frühstück wurde Radio gehört, bei der Fahrt zur Arbeit lief das Autoradio.[766] Jugendliche, die noch

762 In Deutschland wurzelte das Verständnis des Rundfunks als Medium der Volkserziehung in Ideen aus der Vorkriegszeit. Vgl. Axel Schildt, »Das Radio und sein jugendliches Publikum von den zwanziger zu den sechziger Jahren. Eine Skizze«, in: Inge Marßolek, Adelheid von Saldern (Hg.), *Radiozeiten. Herrschaft, Alltag, Gesellschaft (1924-1960)*, Potsdam 1999, S. 251-266, hier: S. 254.

763 Ebd., S. 253.

764 So lockte der Schulfunk des NDR/WDR am 22.02.1956 mit dem Thema »Dachstuhlbrand durch Kurzschluß: Vom Nutzen der VDE-Vorschriften«. Vgl. *Hören und Sehen* 8 (1960), S. 25.

765 Von 108 sog. *pre-freeze stations* 1952 verfünffachte sich die Zahl der Fernsehsender in den USA auf mehr als 530 Mitte der 1960er Jahre. Vgl. Sterling, Kittross, *Stay Tuned*, S. 351-353. Vgl. zum Musikfernsehen unten, Kap. 4.4.2.

766 Vgl. exemplarisch Stefan Kursawe, *Vom Leitmedium zum Begleitmedium. Die*

nicht über eigene Fernsehgeräte verfügten, wurden als Publikum an den Wochenenden wichtiger. Während das Fernsehen zunehmend als Nachrichtenmedium genutzt wurde, diente der Hörfunk als wichtiger Lieferant von Tanzmusik, vor allem am Samstagabend.[767] Ein diesbezüglich entscheidender Faktor war die Infrastruktur von Sende- und Empfangsnetzwerken der unterschiedlichen Wellenformate, die Mitte der Fünfziger einem Wandel unterworfen war.

Während die Langwelle kaum mehr eine Rolle spielte, gewannen Mittel- und Ultrakurzwelle in den Fünfzigern erheblich an Bedeutung. In den USA kam es auf der Mittelwelle (AM) zu einer regelrechten Programmexplosion: 1960 waren mehr als die Hälfte der 3456 Sender lokale Stationen, die ihr Zielpublikum recht genau kannten und es auch nach seiner sozialen Zusammensetzung spezifisch ansprechen konnten.[768] Zwar stagnierte hier das Wachstum neuer Sender auf UKW (FM), doch blieb die Geschäftsgrundlage der Anzeigenwerbung trotz Konkurrenz durch das Fernsehen grundsätzlich erhalten und war für die meisten Sender durchaus lukrativ.[769] Gegen Ende des Jahrzehnts nahmen in den USA die UKW-Frequenzen, die vor allem als Spartenkanäle für klassische Musik gedient hatten, einen deutlichen Aufschwung. Während sich traditionelle Hörspielinhalte wie Krimis und *soap operas* zunehmend ins Fernsehen verlagerten (etwa die populäre Westernserie *Gun Smoke*), entstanden im Rundfunk neue Musikformate. Manche Sender spezialisierten sich auf ganze Genres wie R&B für eine zuerst überwiegend afroamerikanische Hörerschaft.[770] Jugendliche wurden in den USA als Zielgruppe wichtiger, da sie zunehmend mit preisgünstigen transistorisierten UKW-Empfangsgeräten aus deutscher, später auch aus japanischer Produktion ausgestattet wa-

Radioprogramme des Hessischen Rundfunks 1960-1980, Köln, Weimar u. a. 2004. Das Autoradio wurde Ende der 1950er Jahre zum Standard. Vgl. Heike Weber, *Das Versprechen mobiler Freiheit. Zur Kultur- und Technikgeschichte von Kofferradio, Walkman und Handy*, Bielefeld 2008, S. 142-150.

767 Sterling, Kittross, *Stay Tuned*, S. 365; Bodo Mrozek, »Verhaltenslehren des Vergnügens. Zur Zeitgeschichte der Party«, in: *ZIG* IX (2015), Themenheft *Die Party*, hg. v. Jens Hacke, Stephan Schlak, S. 20-30.

768 Vgl. Sterling, Kittross, *Stay Tuned*, S. 349-351, S. 362 u. S. 365.

769 Allerdings rutschten kleine unabhängige Stationen oftmals in die roten Zahlen. Vgl. ebd., S. 350.

770 Die Zahl der R&B-Sender stieg von 20 im Jahr 1952 auf 50 am Ende der Dekade an, vgl. ebd., S. 367.

ren.[771] Die Dominanz von UKW in Deutschland hatte historisch-politische Gründe, denn der Kriegsverlierer Deutschland war bei der Verteilung der Mittelwelle-Frequenzen auf der Kopenhagener Wellenfrequenz übergangen worden und hatte aus dieser Not eine Tugend gemacht; in Frankreich hingegen blieb die Mittelwelle die wichtigere Frequenz.[772] Die Ultrakurzwelle bot gegenüber den reichweitenstärkeren Lang- und Mittelwellen eine entscheidende Verbesserung der Empfangsqualität und wurde im bundesdeutschen Volksmund bald als »Welle der Freude« für »unterhaltende« Formate bekannt.[773]

Sie erforderte jedoch umfangreiche Investitionen in Sende- und Empfangstechnik: Zum Aufschwung der Frequenz trug der 1948 in den amerikanischen Bell Laboratories entwickelte Transistor bei, ein technisches Bauteil, das zwischen 1955 und 1959 die alte Elektronenröhre weitgehend verdrängte und daher bald zum Synonym für einen tragbaren Rundfunkempfänger avancierte.[774] Batteriebetriebene Kofferradios gab es bereits seit Ende der Zwanziger, doch waren sie weder handlich noch erschwinglich: Ein 5-Röhren-Koffergerät der Firma Blaupunkt mit eingebautem Lautsprecher kostete zu dieser Zeit 425 Reichsmark und wog 15 Kilogramm.[775] In den 1950ern trug der Transistor maßgeblich zur Mobilisierung bei, zunächst durch die Umrüstung von Röhrenradios mit billigen Vorsatzgeräten, dann mit tragbaren Transistorradios. Diese ver-

771 Die neuen Geräte enthielten eine Automatic Frequency Control (AFC) für stabileren Empfang. Vgl. ebd., S. 351; zur Rolle von Taschenradios vgl. Heike Weber, »Mobil hören. Klang- und technikhistorische Zugänge zum Pop und seinen ›Nutzern‹«, in: Geisthövel/Mrozek (Hg.), *Popgeschichte*, Bd. 1, S. 155-175, hier: S. 159.

772 Vgl. Georg von Glowczewski, »Der Kopenhagener Wellenplan 1948 und seine politischen, rechtlichen und technischen Folgen für die ARD«, in: Winfried B. Lerg, Rolf Steininger (Hg.), *Rundfunk und Politik: 1923 bis 1973. Beiträge zur Rundfunkforschung*, Berlin 1975, S. 385-410, bes. S. 387 f.

773 Vgl. Riedel, *»Lieber Rundfunk ...«*, S. 228 u. S. 277.

774 Forschungen zur kulturellen Dimension der Transistorisierung heben die Rolle der Jugend bei der Verbreitung der neuen Technologie hervor. Vgl. Fickers, *Der »Transistor«*; Philip K. Eberly, *Music in the Air. America's Changing Tastes in Popular Music, 1920-1980*, New York 1982, S. 205. Entscheidende Vorteile des kleinen Verstärkerelements waren Zuverlässigkeit und höhere Lebensdauer, geringerer Stromverbrauch, Miniaturisierung und Gewichtsreduktion.

775 Heide Riedel, *60 Jahre Radio. Von der Rarität zum Massenmedium* (Katalog), hg. vom Deutschen Rundfunk-Museum e.V., Berlin ²1987, S. 49.

gleichsweise kleinen Geräte, von denen sich viele in Design und Vermarktung erkennbar an Jugendliche richteten, veränderten auch die Hörgewohnheiten. Ihre Attraktivität beruhte hauptsächlich darauf, die Musik auch außerhalb familiär kontrollierter Bereiche hören zu können, was insbesondere bedeutete, eine eigene Programmauswahl treffen zu können und diese ungestört und/oder mit Gleichgesinnten konsumieren zu können. Vor allem Jugendliche aus einkommensschwachen Familien, die in beengten Wohnverhältnissen lebten, brachten die Musik so »auf die Straße«.[776] Auf der Industriemesse in Hannover wurde 1957 das erste Transistorradio der westdeutschen Elektroindustrie vorgestellt, 1956/57 kam der Rock'n'Roll nach Europa – Innovationen in Technik und Kultur gingen Hand in Hand.[777]

Die Industrie stellte sich sehr schnell auf die neue, auf Technik, Mobilität und Beschleunigung ausgerichtete Jugendkultur ein. Durch japanische Billigproduktion verringerte sich der Preis für die anfangs mit um die 200 Mark recht teuren mobilen Rundfunkempfangsgeräte erheblich,[778] rasch entwickelte sich das Radio vom Statusobjekt zum allgemeinverfügbaren Konsumgut, und die Jugend avancierte zur wichtigen Zielgruppe für Gerätehersteller und Sender. Zwischen 1953 und 1960 verdoppelte sich in etwa die Zahl jugendlicher deutscher Radiobesitzer.[779] Gut ein Viertel der männlichen Jugendlichen sowie 14 Prozent der 17- bis 20-Jährigen Frauen hatten 1960 in der Bundesrepublik Deutschland ein eigenes Gerät und bereits 40 Prozent der 14- bis 19-Jährigen eigene Schallplatten.[780] »Musik zum Mitnehmen« war 1959 ein Reklame-Slogan, der Kultur als schnell verfügbare, allzeit und überall konsumierbare Ware ausrief.[781]

776 Vgl. Weber, *Das Versprechen mobiler Freiheit*, bes. S. 87-90.

777 Vgl. Fickers, *Der »Transistor«*, S. 84.

778 Das Kofferradio »Transita« der bundesdeutschen Firma Nordmende kostete 1961 noch 218 DM; vgl. Werbeanzeige in: *Bild und Funk* 14 (02.04.1961), S. 15.

779 Vgl. Maase, *BRAVO Amerika*, S. 78.

780 Ebd. In der DDR verbreiteten sich transistorisierte Kofferradios ab 1959, also nur wenig später; vgl. Fenemore, *Sex, Thugs and Rock'n'Roll*, S. 133.

781 *Funk-Technik* 6 (1959), S. 163.

3.6.1. Kofferheulen und Henkelplärren: Neue Lärm- und Ätherkriege

Nicht nur die Programmgestaltung löste Debatten aus, auch der öffentliche Raum wurde damit zur Konfliktzone gesellschaftlicher Dissonanzen. Da der Betrieb eines Transistorradios Asphalt in Tanzflächen verwandeln konnte, geriet es, wie zuvor schon das Motorrad, unter Verdacht. Die Behörden werteten das Radiohören im öffentlichen Raum – mit »Plärren« und »Kofferheulen« genannten tragbaren Geräten – als Bekenntnis zum Halbstarken- beziehungsweise Rowdytum. Die Westberliner Kommission zur Bekämpfung des Rowdytums berichtete 1959 über Kontrollen Jugendlicher mit Radioapparaten, die von Mitte September bis Mitte Oktober 1959 auf öffentlichen Wegen, Straßen und Plätzen überprüft wurden. In diesem Zeitraum wurden 150 junge Radiobesitzer ermittelt, die keine Rundfunkgebühren bezahlten. Die Post wurde benachrichtigt und in 22 Fällen Anzeige wegen ruhestörenden Lärms erstattet, so die Behörde, die in einem Bericht festhielt, dass »Teilerfolge erzielt« und die Maßnahmen gegen die Jugendlichen »von der Bevölkerung günstig aufgenommen« worden seien.[782]

Auch im Ostteil der Stadt hatten Untersuchungen über das »Bandenunwesen« immer wieder hervorgehoben, dass Jugendliche auf den Straßen Musik aus Kofferradios abspielten und damit die Ruhe störten.[783] Besonders brisant war dies deshalb, da sich große Teile Ostdeutschlands im Empfangsbereich westlicher Sender befanden und die Geräte daher als potenzielle Apparate zum Empfang von Feindpropaganda unter Pauschalverdacht standen. Tatsächlich ging aus Umfragen hervor, dass DDR-Jugendliche in großer Zahl ihre Geräte auf westliche Sender einstellten: 67 Prozent der befragten jungen Leipziger beispielsweise hörten Radio Luxemburg und Deutschlandradio (oder beide), und nur 4 Prozent lehnten es ab, westlichen Rundfunk zu hören.[784] War der Rundfunk für Jugend-

782 Betr.: Bekämpfung des Rowdytums, S. 47. Maschinenschriftliche Mitteilung an die Bezirksämter, Landesarchiv Berlin, B Rep 010, Nr. 2300.

783 Vgl. exempl.: Vertrauliche Verschlusssache BVI-509/59 Stellvertreter Operativ der HVDVP betr. Rowdytum und Bandentätigkeit, Berlin, 16. 12. 1959, LAB, C REP 303, Nr. 41, bes. Bl. 80.

784 Diese Zahlen ermittelte das Leipziger Zentralinstitut für Jugendforschung (ZIJ) Ende der sechziger Jahre. Vgl. Fenemore, *Sex, Thugs and Rock'n'Roll*, S. 78.

liche generell attraktiv, da er Musik preisgünstig zur Verfügung stellte, so kam für die Jugend in der DDR noch der Vorteil hinzu, damit Einfuhrschwierigkeiten umgehen zu können, von denen ein Gutteil der »Westmusik« betroffen war.

Auch in den Sendern selbst wurden Konflikte über Geschmackspolitiken ausgetragen. Sowohl inhaltlich als auch strukturell spiegelte die deutsche Rundfunklandschaft die Einflusszonen der Alliierten. Als Reaktion auf die Gleichschaltung des deutschen Rundfunks, der im Nationalsozialismus eines der wichtigsten Propagandainstrumente gewesen war, war den Deutschen aufgrund alliierten Beschlusses nach 1945 »jede unbeaufsichtigte Sendetätigkeit« verboten worden. Die Alliierten hatten die bestehenden Stationen beschlagnahmt und manche von ihnen genutzt, um eigene Programme auf Sendung zu bringen. Die Briten hatten am 4. Mai 1945 nach Vorbild der BBC den Nordwestdeutschen Rundfunk (NWDR) als einzigen Sender in Hamburg mit weiteren Funkhäusern in Köln, Hannover und Berlin errichtet.[785] Die Franzosen waren am 31. März 1945 mit dem Südwestdeutschen Rundfunk (SWF) in Baden-Baden auf Sendung gegangen, und in der Sowjetzone hatte der Berliner Rundfunk den Sendebetrieb am 13. Mai 1945 aufgenommen.[786]

Die Amerikaner entschieden sich mit den Worten des Generals Lucius D. Clay für dezentrale Sender, da es »die grundlegende Politik« der US-Militärregierung sei, »daß der entscheidende Einfluß auf die Mittel der öffentlichen Meinungsbildung, wie Presse und Rundfunk, diffus verteilt sein soll und von jeder Regierungsbeteiligung freigehalten werden muß«.[787] Sowohl die Sowjets als auch die Westmächte hatten dabei von Beginn an auch auf »Unterhaltung« gesetzt. Fast unmittelbar nach der bedingungslosen Kapitulation übertrug der Berliner Rundfunk einen bunten Abend, »als sei zwischendurch nichts Welterschütterndes passiert«.[788] Der Soldatensender AFN Munich funkte aus der Sendeanlage einer ehe-

785 Vgl. Dierk L. Schaaf, »Der Nordwestdeutsche Rundfunk – NWDR. Ein Rundfunkmodell scheitert«, in: Winfried B. Lerg, Rolf Steiniger (Hg.), *Rundfunk und Politik: 1923 bis 1973. Beiträge zur Rundfunkforschung*, Berlin 1975, S. 295-310.

786 Vgl. Riedel, *60 Jahre Radio*, S. 78.

787 Zit. n. ebd., S. 79.

788 Ebd., S. 83.

maligen Schwabinger Gauleiter-Villa heraus, nun allerdings auch jene Rhythmen, die zuvor als »entartet« gegolten hatten und daher verboten worden waren; im BFN moderierte der britische Blues-Musiker und vormalige Besatzungssoldat in Deutschland Alexis Korner eine Jazz-Sendung.[789] Tatsächlich war der Bruch hier aber kein schroffer, denn schon der NS-Rundfunk hatte keineswegs nur aus Propaganda und Militärmärschen bestanden, sondern erfreute sich gerade wegen seines Anteils an populärer Tanzmusik großer Beliebtheit.[790]

Die Soldatensender waren im Zweiten Weltkrieg als mobile Sendeeinheiten auf Lkws für Truppenbetreuung und Propaganda gestartet und wurden nach Kriegsende in den Besatzungszonen stationiert.[791] Sie waren wichtige transnationale Medien, zumal sie anfangs in den USA vorproduzierte und auf Schellack-Platten aufgenommene Sendungen ausstrahlten und somit ein originär amerikanisches Programm in Europa sendeten.[792] Rundfunk-Disc-Jockeys wie der Sergeant der U.S. Army George Hudak oder sein Kollege Mike Dewey wurden zu regelrechten Stars in Berlin, die bei Veranstaltungen ein deutsches Massenpublikum anzogen.[793] Hudaks Sendung *Frolic at Five* hatte den amerikanischen Akzent populär gemacht, und auch spätere deutsch-amerikanische Rundfunkstars wie Bill Ramsey hatten ihre Karrieren in Armeesendern begonnen. Doch auch in Großbritannien und Frankreich war das AFN-Programm beliebt, und zwar schon seit den 1940er Jahren: 150 000 Briefe von Hörern erreichten den Sender jährlich von der britischen Insel, und nachdem französische Hörer gegen Pläne zum Abzug des US-Senders nach 1945 protestiert hatten, war des-

789 Ebd.

790 Hans Dieter Schäfer, *Das gespaltene Bewusstsein. Vom Dritten Reich bis zu den langen fünfziger Jahren*, erw. Neuausg., Göttingen 2009, S. 48-51.

791 Obgleich keine konkreten Zahlen vorlagen, wurde die Zahl der deutschen Hörer, die um 1960 AFN regelmäßig einschalteten, auf 4 bis 5 Millionen geschätzt. Vgl. Patrick Morley, *»This Is The American Forces Network«. The Anglo-American Battle of the Air Waves in World War II*, Westport, London 2001, S. 132.

792 Vgl. Chris Howland, *Yes, Sir! Aus dem Blickwinkel eines englischen Gastarbeiters*, Reinbek 2009, S. 69. Demnach wurden Magnetbänder erst nach 1948 üblich.

793 Vgl. Bodo Mrozek, »Vom Ätherkrieg zur Popperschlacht. Die Popscape West-Berlin als Produkt der urbanen und geopolitischen Konfliktgeschichte«, in: *ZF* 11 (2014), S. 288-299, hier: S. 290-291.

sen Präsenz in Paris aus »diplomatischen Gründen« eigens verlängert worden.[794]

Auch auf den nationalen Hörfunk hatten diese Sender Einfluss: Soldaten wie der britische Korporal Chris »Mr. Pumpernickel« Howland wechselten in den Fünfzigern zu deutschen Rundfunkanstalten und betrieben dort die Internationalisierung des Musikprogramms, als deren »natürliche« Botschafter sie ihr fremdsprachlicher Akzent auswies, der gewissermaßen als Authentizitätsmarker rezipiert wurde.[795] Howland, der Sohn eines BBC-Redakteurs, wirkte in der Sendung *Rhythmus der Welt* im NWDR seit 1953 als einer der ersten bundesdeutschen »Schallplatten-Jockeys«.[796] (Abb. 42) Sein Markenzeichen wurden Geräusche – Wasserfälle, Pferdegetrappel, Explosionen –, mit denen er die Sound-Signatur angloamerikanischer Radio-DJs imitierte, wie sie Alan Freed in seiner Zeit beim amerikanischen Sender WJW in Cleveland bekannt gemacht hatte. (Abb. 41) Freed hatte eine Kuhglocke geläutet, auf einem Telefonbuch getrommelt und in die Songs hineingesungen, um der als »rau« und »anders« empfundenen Musik einen spezifischen Moderationsstil zu verpassen.[797] Wie sehr sowohl seine Musikauswahl als auch sein Moderationsstil als »schwarz« codiert waren, zeigten nicht nur die Attacken weißer Rassisten, die Freed einen *»nigger lover«* nannten, sondern auch der von afroamerikanischen DJs wie Willie Bryant formulierte Vorwurf, Freed nehme schwarzen Discjockeys den Job weg. Diese Kritik wurde auf einem Straßenprotest in Harlem skandiert, auf dem schwarze Demonstranten forderten, Freed durch einen Afroamerikaner zu ersetzen.[798]

794 Vgl. Morley, *»This Is The American Forces Network«*, S. 130-131. 1962 war von den 36641 Zuschriften ein Drittel von Deutschen, vgl. ebd., S. 135; Eddy Florentin, »A.F.N. Paris! Des auditeurs hors programmes«, in: *Cahiers d'histoire de la radiodiffusion* 91 (2007), S. 174-179.

795 Wolfgang Rumpf, »Das In-the-Mood-Gefühl. Leichte Musik unter amerikanischer Flagge. Radio Bremen 1945-1949«, in: Ulf Scharlau, Petra Witting-Nöthen (Hg.), *»Wenn die Jazzband spielt ...«: Von Schlager, Swing und Operette. Zur Geschichte der leichten Musik im deutschen Rundfunk. Symposium der Historischen Kommission der ARD und des Westdeutschen Rundfunks am 28. und 29. Juni 2005 in Köln*, Berlin 2006, S. 45-50.

796 Vgl. Howland, *Yes, Sir!*, S. 133.

797 Vgl. Hagen, *Das Radio*, S. 275.

798 Vgl. Jackson, *Big Beat Heat*, S. 76-77. Die Kursivierung markiert im Original belassene Terminologie.

Sendungen wie die von Howland fanden vor allem bei jungen Hörern Anklang; die Gesamtheit des bundesdeutschen Publikums zeigte sich in der ersten Hälfte der 1950er Jahre noch wenig rockaffin. Umfragen der beginnenden Hörerforschung zufolge interessierte sich zwar ein Viertel der bundesdeutschen Hörer »sehr stark« für Tanz- und Schlagermusik (und weitere 25 Prozent immerhin »ziemlich stark«), doch war unter den Tanzmusiken der Walzer mit 26 Prozent im Norden und 37 Prozent im Süden der Republik mit Abstand am populärsten. Ihm folgten Tango und Slowfox (14 beziehungsweise 17 Prozent) und »gemäßigte ›deutsche Tanzmusik‹« (11 beziehungsweise 16 Prozent). Nur sechs Prozent der Norddeutschen wünschten »Jazz und ganz moderne Schlager, Blues etc.«, und nicht mehr als drei Prozent von ihnen bevorzugten Klänge, die als »›flotte Musik‹, ›lebhaft‹, ›amerikanisch‹« bezeichnet wurden.[799]

Eine weitere repräsentative Umfrage unter der Hörerschaft des NWDR erbrachte ein Jahr später, dass nur zwei Prozent sich zu »Jazz Hot«-Musik bekannten, während die mit 48 Prozent größte Gruppe der Befragten diesen Stil sogar dezidiert ablehnte.[800] Schon »wenige Takte bzw. kleine eingeschobene Stücke« hätten zur negativen Beurteilung ganzer Sendungen beigetragen, so die Untersuchung, die erbrachte, dass »die Ablehnung dieses ›amerikanischen Gedudels‹ besonders heftig« gewesen sei.[801] Diese Ablehnung, so wies die Untersuchung nach, stieg jedoch signifikant mit dem Lebensalter an: Mehr als die Hälfte der über 20-Jährigen lehnte Jazz ab, unter den 15- bis 19-Jährigen waren es hingegen nur 20 Prozent.[802] Die Tendenz war also klar: Jazz- und »Hotmusik«-affine Hörer erschienen als eine nachwachsende Gruppe, die ein zukunftsfähiger Rundfunk bedienen musste. Rock und Pop wurden damit für den Hörfunk überlebenswichtige Zukunftsmusiken. Ein solches zielgruppenorientiertes Denken war insbesondere un-

799 Interesse an Tanz- und Schlagermusik, Vergleich Norden-Süden Juli-Dez. 1954 (Typoskript), Nordwestdeutscher Rundfunk/Hörerforschung, DRAF/A53/28, Bl. 2; vgl. auch die EMNID-Studie von 1956, der zufolge 18% der Jugendlichen »Schlager-, Jazz- und Marschmusik-Komponisten« [eine eigentümliche Kombination »leichter« Genres] vorzögen. Rolf Fröhner u. a., *Wie stark sind die Halbstarken?*, S. 150.

800 Stellung der Hörerschaft zum Musikprogramm des NWDR (Grobuntersuchung) April 1955, NWDR Hörerforschung, DRAF/A53/28, Bl. 5.

801 Ebd., Bl. 6.

802 Ebd.

ter den öffentlich-rechtlichen Radiomachern allerdings noch nicht sonderlich ausgeprägt.

Dennoch entstanden schon in den fünfziger Jahren einige wenige neue Sendungen und Formate, die sich dezidiert an Jugendliche richteten und mit neuen Klängen experimentierten. Neu waren insbesondere Sendungen, die Musik von Schallplatten abspielten. Auch diese Entwicklung kam aus den USA, wo die bei der Jugend akzeptierten Musikgenres R&B und Rock'n'Roll in der zweiten Hälfte der fünfziger Jahre von DJs im Rundfunk gespielt wurden und immer mehr Raum einnahmen – auch wenn die Sender- und Programmchefs befürchteten, damit die weiße Mittelschicht zu verprellen. Auf diese Weise wurde der Radio-Discjockey noch vor dem Tanzflächen-DJ zu einer wichtigen Instanz: zum Musikvermittler und Experten, der durch Programmauswahl und oftmals auch mit einem signifikanten Moderationsstil eine neue Art des Radiomachens prägte. Prototypen dieser Entwicklung waren der bereits erwähnte Alan »Moondog« Freed in Cleveland und später in New York, aber auch andere weiße DJs, die vor allem auf »schwarze Musik« setzten.[803] (Abb. 40-45)

Um ihre Hauptzielgruppe – die Jugendlichen – zu erreichen, waren in den USA kleine Radiostationen frühzeitig auf das Abspielen von Schallplatten als kostengünstige Alternative zu Live-Musik und eigenen Produktionen ausgewichen und hatten dabei oftmals auf Vinyl-Singles kleiner Indie-Labels gesetzt.[804] In Europa hatten sich solche Konvergenzen zwischen Rundfunk und Musikindustrie zu diesem Zeitpunkt noch nicht in gleichem Maße etabliert, zumal hier die Musikergewerkschaften intervenierten, die durch die Schallplatte die Existenzgrundlage der Orchestermusiker bedroht sahen, denn die meisten großen Rundfunksender unterhielten eigene Rundfunkorchester, zeichneten in Konzertsälen auf oder übertrugen live.

803 Genannt wurden: Zenas »Daddy« Sears in Atlanta, Ken »Jack The Cat« Elliott in New Orleans, »Jumpin« George Oxford in San Francisco oder Hunter Hancock in Los Angeles. Vgl. Arnold Shaw, *Honkers and Shouters. The Golden Years of Rhythm and Blues*, New York 1978, S. 508, zit. n. Hagen, *Das Radio*, S. 277.

804 Vgl. Sterling, Kittross, *Stay Tuned*, S. 367; Carl Belz, *The Story of Rock*, New York 1972, S. 46-47. Vgl. dazu Hagen, *Das Radio*, S. 281.

Abb. 40-45: Goodson Radio DJ in Texas (40), Alan »Moondog« Freed bei WABC in Cleveland (41), »Mr. Pumpernickel« Chris Howland beim NWDR (42), Herausgeber und DJ Daniel Filipacchi und Michel Cogoni comoderieren die Sendung *Salut les copains* auf Europe No. 1 (43), die schwedische »Piratin« Britt Wadner beim Seesender Radio Syd unter Deck (44), und Michael Joseph »Emperor Rosko« Pasternak wechselte vom Seesender Radio Caroline als »Président Rosko« zu Radio Luxemburg und später zur BBC (45).

Begünstigt durch crossmediale Effekte zwischen Kino, Rundfunk, Fernsehen, Musikindustrie und Live-Musik, stieg der Schallplattenabsatz in den USA zwischen 1955 und 1957 rasant an, wobei die Verkaufszahlen von »Megastars« wie Elvis Presley eine signifikante Rolle spielten.[805] Die skandalisierende Berichterstattung der Printmedien mag als Verstärker zusätzliche Aufmerksamkeit generiert haben, entscheidend war jedoch, dass sich in der zweiten Hälfte der Fünfziger vor allem auf kleinen UKW-Sendern mit dem sogenannten Top-40-Radio in den USA ein Programmtypus etabliert hatte, der auch in den folgenden Jahrzehnten den privaten Rundfunk international prägen sollte, vor allem in den 1980er Jahren.

3.6.2. Record Hop und Top-40: Die Entstehung der DJ-Culture

Das Top-40-Format, das in seiner Entstehungsphase stark auf auch von amerikanischen Teenagerzeitschriften wie *Seventeen* favorisierte Crooner wie Doris Day oder Perry Como setzte, wandte sich mit den Massenerfolgen des Rock'n'Roll im letzten Drittel des Jahrzehnts verstärkt dieser umstrittenen Musik zu.[806] Eine entscheidende Innovation des von dem Brauerei- und Rundfunkunternehmer Robert Todd Storz geprägten, bald national und international verbreiteten Top-40-Formats bestand darin, dass es nicht mehr vom Geschmack der Radiomacher bestimmt wurde, sondern von dem der Hörerinnen und Hörer: Gesendet wurde, was dem Publikum mehrheitlich gefiel – und so lange, wie es ihm gefiel.[807] In dem Maße, in dem sich Rockmusik unter den zahlreicher werdenden jugendlichen Zuhörern durchsetzte, verdrängte sie im Top-40 allmählich die etablierten Schlagersänger, was das Formatradio zu einem wichtigen Verstärker dieser Musik und die DJs selbst zu Stars machte. Viele Stationen entsandten ihre Radio-DJs auf Tanzveranstaltungen, sogenannte Record Hops, wodurch es zu rückwir-

805 1957 wurden fast doppelt so viele Platten verkauft wie zwei Jahre zuvor. Vgl. Denisoff, *Solid Gold*, S. 92-143.

806 Vgl. Hagen, *Das Radio*, S. 269; Eberly, *Music in the Air*, S. 200 u. S. 202.

807 Ermittelt wurde dies durch ein ausgefeiltes Verfahren der Hörerforschung. Vgl. Richard W. Fatherley, David T. MacFarland, *The Birth of Top 40 Radio. The Storz Station's Revolution of the 1950s and 1960s*, Jefferson, London 2014, bes. S. 89-105.

kenden Effekten kam: Das Top-40-Radio hatte durch Hörerbeteiligung die »Hits« erfragt, die der Radio-DJ nun als spezifisches Musikwissen zurück zum Publikum brachte – entweder via Radio nach Hause oder in personam auf die örtliche Highschool-Party. Die dort gemachten Beobachtungen über das Tanzverhalten konnten dann wiederum in seine Radioprogrammgestaltung einfließen.[808] Auf diese Weise wurde der DJ auch außerhalb des Senders auf den Tanzflächen eine Institution.[809]

Es sollte noch bis Mitte der sechziger Jahre dauern, dass sich das Top-40-Radio in Europa etablierte, aber auch hier entstanden gegen Ende der 1950er Jahre neue Sendeformate, wenn auch schleppend und gegen starke Widerstände. Weit verbreitet, aber keineswegs neu, war der Vorwurf, das Radio liefere als Nebenbei-Medium »seichte« Inhalte, die nichts mit »echtem« Kulturgenuss zu tun hätten. Die volkspädagogischen Vorstellungen der Radiomacher alter Schule standen jedoch den Bedürfnissen weiter Teile des Publikums in Bezug auf das Radioprogramm diametral entgegen. Das war bereits in den Anfangsjahren des Rundfunks vor dem Krieg der Fall gewesen und hatte sich auch in den 1950er Jahren noch nicht wesentlich geändert.[810]

Bei der Entwicklung des Jugendradios wirkten solche Vorbehalte besonders hemmend, da hier in besonderem Maße pädagogische Ansprüche geltend gemacht wurden und auch das Eindringen »kommerzieller« Inhalte sehr kritisch gesehen wurde. Eine Schlüsselrolle bei der Entstehung des Jugendradios spielte diesbezüglich Radio Luxemburg.[811] Der Privatsender befand sich außerhalb der Einflusszone der Phonographic Performance Limited (PPL), die als Verwertungsgemeinschaft die Rechte der Rundfunkmusiker in Großbritannien vertrat. Die Restriktionen beim Abspielen von

808 Vgl. dazu ebd., S. 206.

809 Vgl. für die 1960er Jahre Thomas Schopp, »Der Diskjockey Tom Donahue und das Freeform-Radio in den USA. Ein klanggeschichtlicher Blick auf populäre Kultur«, in: Mrozek u. a. (Hg.), *Popgeschichte*, Bd. 2, S. 113-131, bes. S. 115-117; Hilgert, *Die unerhörte Generation*, S. 149; 278. Für die USA vgl. Philip H. Ennis, *The Seventh Stream. The Emergence of Rocknroll in American Popular Music*, Hanover, London 1992, S. 137-160.

810 Vgl. auch, bezogen auf die DDR, Arnold/Classen, »Radio in der DDR. Einleitung«, S. 14.

811 Unter diesem Namen firmierte der Sender (vor 1954: CLR) bis zu seiner Umbenennung zu RTL im Jahr 1966.

Schallplatten, denen sich die BBC mit Rücksicht auf die Rundfunkmusiker unterworfen hatte, galten für ihn nicht. In Großbritannien war Radio Luxemburg neben dem AFN zunächst die einzige ernstzunehmende Konkurrenz zum Monopol der BBC.[812] Der Sender hatte auf der Europäischen Rundfunkkonferenz von Kopenhagen 1948 eine Mittelwellenfrequenz für sein englischsprachiges und niederländisches Programm *Two O Eight* erhalten, sendete aber auch französischsprachig auf Langwelle und produzierte ab 1957 für deutschsprachige Hörer[813] – genauer: Hörerinnen, denn zunächst galt er als »Hausfrauensender«, der deutsche Schlager mit Haushaltsthemen verband. Vor allem das englischsprachige Programm zielte mit internationaler Tanzmusik auf die Jugend und wurde als Nachtprogramm auch auf der deutschen Frequenz ausgestrahlt. Auch das französische Programm wurde im Laufe der Zeit »jünger«, etwa durch den im Januar 1957 gestarteten und von Gilbert Carpentier und Maurice Biraud moderierten *Club des vedettes*.[814]

Eine ähnlich wichtige Rolle spielten andere sogenannte *radios périphériques* in unabhängigen Kleinstaaten wie Andorra, Monte Carlo, dem noch unter Sonderstatut stehenden französischen Protektoratsgebiet Saarland oder eben Luxembourg.[815] Private Investoren hatten diese Standorte gewählt, um die strengen staatlichen Sendereglementierungen Frankreichs zu umgehen – und um Steuern zu sparen.[816] Weit erfolgreicher bei Jugendlichen als das anfänglich eher auf Familienunterhaltung ausgelegte Radio Luxemburg

812 Vgl. Cloonan, »The Production of English Rock«, S. 277. Auch AFN war zum Teil durch Werbung finanziert, was im werbefreien britischen Äther als Affront gegen die Rundfunkpolitik der BBC galt. Vgl. Morley, *»This Is The American Forces Network«*, S. 131.

813 CLT (Hg.), *50 Jahre RTL Radio Luxemburg*, Luxembourg 2007, S. 11.

814 Vgl. Bernard Lauzanne, »L'année radiophonique 1957 au jour le jour«, in: *Cahiers d'histoire de la radiodiffusion* 93 (2007), S. 13-50, hier: S. 13. Der *Club des vedettes* war einmal pro Woche zu hören.

815 Zu den *radios périphériques* gehörten neben Radio Luxemburg/RTL auch Radio Andorra, Radio Monte Carlo, Tele-Saar, Europe 1, sowie Andorraradio, Radio des Vallées und Sud Radio. Vgl. *Les radios périphériques*, online: ⟨http://100ansderadio.free.fr/HistoiredelaRadio/RadiosPeripheriques.html⟩, letzter Zugriff 07. 03. 2018.

816 Um Einfluss auf diese exterritorialen frankophonen Sender zu nehmen, hatte sich der französische Staat mit der Beteiligungsgesellschaft Société Financière de Radiodiffusion (Sofirad) in etliche dieser Stationen eingekauft. Vgl. ebd.

war die Radio- und Fernsehstation Europe 1. Im April 1955 in Paris mit einer Langwellenstation bei Saarlouis gegründet, blieb der Privatsender auch nach der Eingliederung des Saarlandes in die Bundesrepublik Deutschland am 1. Januar 1957 erhalten, konzentrierte sich aber auf ein französischsprachiges Programm.[817] Europe 1 hatte im September 1957 zehn Sendungen für Popmusik ins Programm aufgenommen, von denen *Salut les copains*, moderiert von Daniel Filipacchi, die erfolgreichste war (siehe oben, Abb. 43).[818] Im Jahr 1957 war in Frankreich außerdem die *Music-hall du dimanche* auf Chaîne Parisienne gestartet. Und auch in Deutschland entstanden in der zweiten Hälfte der Fünfziger in den meisten öffentlich-rechtlichen Programmen neue Sendungen, die sich auf Jugend-Schlager und internationale Tanzmusik konzentrierten und offensiv um das junge Publikum warben. Dazu gehörten Sendungen mit bemüht »jugendlichen« Titeln wie *Heiße Sachen: Tanztee der Jugend*, die der Süddeutsche Rundfunk (SDR) 1956 lancierte, ab 1959 gefolgt von der *Mittwochsparty*.[819] Hinzu kamen das *Schlagerbarometer* auf BR eins (monatlich seit 1959), die *Schlagerskala* (seit 1958) im SDR, die *Frankfurter Schlagerbörse* (seit 1959) im Hessischen Rundfunk und *Der Musikautomat* im NDR. Der SFB hatte gleich drei Sendungen im Programm: *Sie und Er blättern in der Schlagermappe des Monats*, das Telefonspiel *Die böse Sieben* und die *Berliner Musikbox* (ab 1961).[820]

817 Vgl. Andreas Fickers, »Die Anfänge des kommerziellen Rundfunks im Saarland. Die Geschichte der Saarländischen Fernseh-AG (Tele-Saar und Europe 1)«, in: Rainer Hudemann (Hg.), *Medienlandschaft Saar von 1945 bis in die Gegenwart*, Bd. 1: *Medien zwischen Demokratisierung und Kontrolle (1945-1955)*, München 2010, S. 241-308. Das Saarland war zum Zeitpunkt der Gründung von Europe 1 eigenständig, stand aber unter französischer Verwaltung. Nach dem Saar-Referendum im Oktober 1955 und dem ein Jahr später geschlossenen Saarvertrag wurde es am 01. 01. 1957 das zehnte Bundesland der Bundesrepublik Deutschland.

818 Vgl. Lauzanne, »L'année radiophonique 1957 au jour le jour«, S. 42.

819 Inge Marßolek, Adelheid von Saldern, »Massenmedien im Kontext von Herrschaft, Alltag und Gesellschaft. Eine Herausforderung an die Geschichtsschreibung«, in: dies. (Hg.), *Radiozeiten*, S. 11-38, hier: S. 36.

820 Vgl. *Bild und Funk* 23 (1961), S. 7.

3.6.3. Zwischen Popularisierung und Politisierung: Das Beispiel RIAS

Die Einführung solcher neuen Sendungen war oftmals von Konflikten begleitet. Dies zeigen beispielhaft die Debatten um die Sendung *Schlager der Woche* des Westberliner Senders RIAS, die von 1947 bis 1985 sogenannte leichte Musik bot. In Deutschland vor allem auf UKW gehört, erreichte sie auf Kurzwelle Hörer in aller Welt, wie Zuschriften aus Rumänien, Großbritannien und Neuseeland zeigen.[821] Einmal pro Woche präsentierte das zweistündige Musikmagazin circa 20 Musiktitel, darunter fünf Neuerscheinungen, die von der Musikredaktion ausgewählt und von den Radio-DJs anmoderiert wurden.[822] Die »Hits« wurden aus Hörerwünschen ermittelt, die »von der Abteilung Hörerpost statistisch erfasst und an das Referat ›Schlager der Woche‹ weitergeleitet« worden waren. Die Musikauswahl folgte also ähnlichen Prinzipien wie das Top-40-Radio in den USA.

Der RIAS war stark vom Kalten Krieg beeinflusst und eine explizite Gegengründung zum Berliner Rundfunk in der »Sowjetischen Besatzungszone« (SBZ).[823] Anfangs nur mit einem Mittelwellensender ausgestattet, hatte die Station Reichweite und Programm ausgebaut und sendete seit Anfang der fünfziger Jahre auch auf Kurzwelle und UKW, seit November 1953 sogar mit einem zweiten Programm. Sendeinhalte des RIAS wurden auf dem in München stationierten amerikanischem nach Osten ausgerichteten Propagandasender Voice of America (VoA) wiederholt und waren per Langwelle deutschlandweit zu empfangen. Offiziell kein Teil der Landesrundfunkanstalt SFB, wurde der RIAS zu großen

821 RIAS Berlin Pressedienst, »500 Mal Schlager der Woche« Kritik – Wünsche – Anerkennung zum 08. 03. 1958 (unpag.), DRAB, SG RIAS A304-03-01/0002.

822 Sendetermine waren montags von 19.31 Uhr bis 20.30 Uhr auf RIAS I und mittwochs von 20.01 Uhr bis 21 Uhr auf RIAS II. Vgl. Typoskript »Schlager der Woche« vom 25. 04. 1961, DRAB, SG RIAS A304-03-01/0002.

823 Schon im Mai 1945 hatten die Sowjets den ehemaligen Reichssender Berlin unter ihre Kontrolle gebracht und betrieben ihn seit dem 13. Mai 1945 mit eigenen Programmen. Siehe Petra Galle, Axel Schuster, *Archiv- und Sammlungsgut des RIAS Berlin. Ein Findbuch zum Bestand im Deutschen Rundfunkarchiv*, Potsdam 2000, S. 14.

Teilen von der Bundesregierung finanziert, was allerdings geheim gehalten wurde.[824]

Jugendradio war schon früh ein integraler Teil des RIAS, der politisch-neutral gestartet war und in dessen Programm anfangs sogar gelegentlich mit kommunistischen Ideen sympathisiert wurde. Nach der Berlin-Blockade und dem Aufstand vom 17. Juni 1953 entwickelte er sich jedoch zunehmend zu einem Sprachrohr von Kapitalismus und »westlicher« Demokratie. Hintergrund dieser politischen Umorientierung waren die in der Truman-Doktrin verkündete Offensive gegen den Kommunismus sowie die *Strategy of Freedom*, die der Nationale Sicherheitsrat der USA 1950 beschlossen hatte. Der Rundfunk avancierte in diesen Kontexten »zum zentralen Instrument der Psychologischen Kriegsführung« und hatte mit der United States Information Agency (USIA) eigens eine zentrale Koordinierungsbehörde erhalten.[825] In dieses strategisch und ideologisch hoch aufgeladene Spannungsfeld war auch das Jugendprogramm des RIAS eingebettet. Dessen Kinder- und Jugendprogramm war stark am Schulfunk ausgerichtet, beschränkte sich jedoch nicht auf Wissensvermittlung, sondern lehrte auch den politischen Systemvergleich. Das Kulturprogramm zielte mit solchen Forderungen auch auf die Hörerinnen und Hörer jenseits der Mauer, die spätestens seit der Formalismusdebatte bestimmte Inhalte entbehren mussten.[826] Durch die Vermittlung von Brieffreundschaften sollten Kontakte ostdeutscher Jugendlicher in den Westen erhalten werden, der Kirchenfunk und die Literatursendungen sollten der Zensur in der DDR entgegenwirken.

Oberflächlich betrachtet, war die bereits 1947 gestartete Sendung *Schlager der Woche* eine der am wenigsten politischen Sendungen: Es handelte sich um ein reines Musikprogramm, in dem anfangs hauptsächlich deutsche Schlager gespielt wurden.[827] Wie

824 Vgl. Petra Galle, *RIAS Berlin und Berliner Rundfunk 1945-1949. Die Entwicklung ihrer Profile in Programm, Personal und Organisation vor dem Hintergrund des beginnenden Kalten Krieges*, Münster, Hamburg u. a. 2003, S. 110-114.

825 Bernd Stöver, »Radio mit kalkuliertem Risiko. Der RIAS als US-Sender für die DDR 1946-1961«, in: Arnold, Classen (Hg.), *Zwischen Pop und Propaganda*, S. 209-228, hier: S. 209.

826 Vgl. Galle/Schuster, *Archiv- und Sammlungsgut des RIAS Berlin*, S. 25.

827 Schlager waren jedoch schon im »Ätherkrieg« der späten 1940er Jahre mit Texten politisiert worden, die sich auf den Systemkonflikt hin hören ließen.

der entsprechende musikalische Jahresrückblick zeigt, dominierten noch 1954 deutschsprachige Lieder: Gisela Griffel mit »Diesmal muß es Liebe sein« und Friedel Hensch mit dem »Leopold«; Wolfgang Sauer sang »Glaube mir«, Lieselotte Malkowsky »Ach könnt' ich einmal an der Reeling steh'n« und Renate Holm das »Traumlied«; Willy Hagara besang den »Capitano«, und Gitta Lind bat »Sei lieb zu mir«. Von insgesamt 21 Titeln waren nur drei nicht deutschsprachig: Vico Torrianis Chanson »Bonsoir, Bonsoir«, »Three coins in the fountain« von den Four Aces und Mary Fords spanisches »Vaya con Dios«.[828] Nur zwei Jahre später ist der Sound ein völlig anderer: Im Rückblick auf die Hits von 1957, dem Jahr der sogenannten Kino- und Rock'n'Roll-Krawalle, waren alle 21 gelisteten Titel englischsprachig. Statt Schlagern gab es nun Swing und Jazz von Lionel Hampton, Louis Armstrong und Jimmy Dorsey, Calypso von Ray Anthony und Harry Belafonte sowie Rock von Bill Haley, Guy Mitchell und Elvis Presley.[829] Der zur selben Zeit mit dieser Internationalisierung des Programmes vollzogene Genrewechsel zu Rock- und Jazzmusik ereignete sich parallel zum Durchbruch des Rock'n'Roll im amerikanischen Top-40-Radio und wurde in Deutschland von einem Sender mit amerikanischen Verbindungen vorangetrieben.[830] Mit dem *Club 18* begründete der RIAS 1958 überdies eine eigene Jazzsendung.

Dieser Wandel vollzog sich, wie schon angedeutet, nicht ohne Konflikte. Zahlreiche empörte Schreiben erreichten den RIAS.[831] So gab ein mit »Gemeinschaftl. Rundfunkhörer« unterschriebener Brief an, man müsse sich »schämen Deutscher zu sein, und zwar deshalb, weil der Rias unter dem Titel ›Schlager der Woche‹ jeden Montag zum Tanze Schlager aus dem schwärzesten Teil Afrika's [sic!] bringt, wo keine Kultur herrscht«. Diese Tanzmusik klinge, als ob »Wahnsinnige spielen, die im Irrenhaus eingesperrt sind«, weshalb der für diese »Negermusik« zuständige Redakteur

Dies gewann mit dem Mauerbau an Aktualität. Vgl. Fischer, »Schlagerkrieg im Äther«, S. 44-47.

828 Rückblick 1954, Abteilung Tanz- und U.-Musik, 22.12.1954 (unpag.), DRAB, SG RIAS A304-03-01/0002.

829 Rückblick 1957, Abteilung Tanz- und U.-Musik, 03.01.1958 (unpag.), ebd.

830 Zum Durchbruch des Rock'n'Roll im amerikanischen Rundfunk siehe Eberly, *Music in the Air*, S. 213.

831 Vgl. zu Hörerprotesten gegen »nigger music« und »communists« in den USA ebd., S. 213-214.

sofort entlassen werden müsse.[832] Der Konflikt eskalierte, als auf einer Jubiläumsveranstaltung mit 12 000 Besuchern anlässlich der 500. *Schlager der Woche*-Sendung am 8. März 1958 in der Berliner Deutschlandhalle die Schauspielerin Romy Schneider von jugendlichen Fans ausgepfiffen und von zu diesem Zweck mitgebrachten Waldhörnern und Tröten übertönt wurde.[833] Im Auditorium der Halle entpuppte sich der Geschmackskonflikt als einer zwischen Lebensaltern. Eine Besucherin des Konzertes verwahrte sich gegen diese »12-16-jährigen Bengels«, zwischen denen sie mit ihrem Mann habe sitzen müssen und denen man »zuviel Konzessionen« mache.[834] Ein Hörer aus Spandau, der die Übertragung des Konzertes offenkundig erwartungsfroh herbeigesehnt hatte, schrieb: »[D]ie Kinder wurden früh gebadet und ins Bett gebracht und bei einer Flasche Aperetif [sic!] sollte nun zusammen mit der Ehefrau, die sich auch ganz mächtig beeilt hatte, diese Sendung genossen werden.« Diese habe sich dann jedoch als »eine grausame Enttäuschung« herausgestellt, da man das Programm an den »Halbschwachen« ausgerichtet habe.[835] Er hoffe daher für die Zukunft wieder auf die »beruhigende« Wirkung der Stimme von Vico Torriani. Erneut zeigt sich, dass bestimmte musikalische Genres zu Chiffren bestimmter gesellschaftlicher Gruppen signifiziert wurden und insbesondere bei Massenereignissen soziale Spannungen und Konflikte sicht- beziehungsweise hörbar machten.

Anhand von *Schlager der Woche* wurde aber noch eine weitere Konfliktlinie sichtbar: Da die Sendung nach ihrer Wende zur Rockmusik zunehmend von Jugendlichen gehört wurde, stand sie besonders im Fokus der DDR-Medien, die meinten, sie verabreiche das »Gift des Amerikanismus« durch Musik. Der Empfang des RIAS in der DDR sollte daher unterbunden werden.[836] Das Abhören von West-Medien in der DDR wurde zwar nie explizit ver-

832 Handschriftl. Brief vom 10.03.1958, DRAB, SG RIAS A304-03-01/0002.

833 Brief von E.H., betr.: Ihre Sendung »500 Mal Schlager der Woche«, vom 09.03. sowie von R.E. vom 11.03.1958, DRAB, SG RIAS A304-03-01/0002.

834 Brief von Günter G. vom 10.03.1958, »Lieber Rias«, DRAB, SG RIAS A304-03-01/0002.

835 Brief von J.K. vom 10.03.1958, DRAB, SG RIAS A304-03-01/0002.

836 Die Zahl der Strafverfahren gegen Nutzerinnen westlicher Medien lässt sich nicht genau ermitteln, lag aber vermutlich im dreistelligen Bereich: Franziska Kuschel, *Schwarzhörer, Schwarzseher und heimliche Leser. Die DDR und die Westmedien*, Göttingen 2016, S. 304.

boten, aber in vielen Fällen als strafverschärfender Tathintergrund instrumentalisiert; seit Einführung des Strafrechtsergänzungsgesetzes 1957 konnte das öffentliche Hören entsprechender Sender als »Staatsgefährdende Propaganda und Hetze« (§ 19 StEG) verfolgt werden.[837]

Um den Empfang von Westsendern zu verhindern, wurden Störsender eingesetzt,[838] die zeitweise erhebliche Auswirkungen zeitigten. Zwei NVA-Soldaten, die sich als regelmäßige Hörer von *Schlager der Woche* zu erkennen gaben, schrieben 1958 an deren Redaktion, der Empfang auf Mittelwelle sei sehr gefährlich. Unter den Soldaten kursiere der Ausspruch, »man könne den Störsender nur deshalb so schlecht empfangen, weil der RIAS so stark dazwischensende«.[839] In ihrem Brief äußerten die Soldaten Musikwünsche und baten um Nennung.

> Der größte Teil von uns hört begeistert die »Schlager der Woche«. Dieser Brief soll dazu beitragen, daß wir nicht ganz vergessen werden und zeigen, daß wir keineswegs das sind, was man so gerne von uns behauptet. Wir sind doch alle »freiwillig« Soldat geworden und es gibt nur wenige, die ihre Überzeugung zu diesem Schritt veranlasste. In unsrer Kompanie gibt es keinen dieser Art. Dieser Brief ist vielleicht etwas zu politisch abgefaßt, doch konnten wir diese Probleme nicht umgehen, wo wir doch täglich nichts anderes hören. Wir möchten auch alle Schlagerfreunde in Ost und West herzlichst grüßen. Doch besonders grüßen wir alle Schlagerfreunde im Westen Deutschlands. Sie sollen und dürfen nicht vergessen, daß um 19.30 Uhr auch viele junge Menschen mit ihnen am Radio sitzen, die eventuell 60 Minuten Schlager teuer bezahlen müssen.[840]

Mit diesem Brief schrieben sich die jungen Hörer in den dominanten geopolitischen und ideologischen Konflikt ihrer Epoche ein. Die von ihnen imaginierten »Schlagerfreunde« konzipierten sie als eine musikalische Geschmacksgemeinschaft über politische Grenzen hinweg, deren Mitglieder in einem nicht sichtbaren Sende- und Empfangsraum miteinander verbunden sind. Durch

837 Ebd., S. 73, S. 79.

838 Vgl. Christoph Classen, »›Um die Empfangsmöglichkeiten … des Senders RIAS völlig auszuschalten …‹ Störsender in der DDR 1952 bis 1988«, in: *Rundfunk und Geschichte* 40 (2014), S. 25-40.

839 Horst und Klaus an Fred Ignor, 17. 12. 1958 (handschriftl.), DRAB, SG RIAS A304-03-01/0002.

840 Ebd.

die Aneignung als Vehikel zur Bildung von *imagined communities* wurden so auch politikferne Kulturprodukte wie das Schlagergenre politisiert.

3.6.4. In internationalen Gewässern: »Piratensender« auf See

Der Rundfunk war, wie gezeigt wurde, in der Mitte des 20. Jahrhunderts ein einflussreiches und von der Jugend intensiv genutztes Medium, das in der Regel von privaten sowie halbstaatlichen, professionellen institutionalisierten Akteuren betrieben wurde. Jugendliche versuchten nicht nur durch Hörerwünsche und Protestschreiben auf die Programmgestaltung einzuwirken – einige strahlten ihre eigenen Programme aus. Dafür nutzten sie sogenannte Piratensender, die sich unter Umgehung der zumeist durch Post- und Fernmeldegesetze sowie Sendelizenzen geregelten staatlichen Vergabemonopole Zugang zum Äther verschafften. Auch in den westlichen Demokratien war die Sendetätigkeit stark reglementiert und unterlag einem umfangreichen, von Gesetzen und Verordnungen geschützten Regelwerk, das in den meisten Staaten Europas darauf abzielte, das Medium Rundfunk weitgehend unter öffentlich-rechtliche Kontrolle zu stellen.[841] Das staatliche Monopol auf die funktechnische Sendung kultureller Inhalte war immer wieder Gegenstand von Konflikten, die in den meisten Staaten Europas aber zugunsten des Staates entschieden wurden. In Deutschland beispielsweise wurde es erst Anfang der achtziger Jahre gelockert, mit der Einführung des »dualen Systems«, das auch privaten Sendern Lizenzen erteilte.

Ende der fünfziger Jahre hatte die zunehmende Technisierung der Lebenswelt nicht nur die Empfangs-, sondern auch die Sendetechnik in die Hände von Amateuren gebracht. Der Selbstbau kompakter Sender setzte zwar gewisse Spezialkenntnisse und den Zugang zu technischen Ressourcen voraus, da aber beides deutlich einfacher zu erlangen war als früher, wurden nun auch Laien dazu befähigt, ihre eigenen Sender zu »bauen« und zu betreiben. Private Quereinsteiger installierten Sender auf alten Seebunkeranlagen vor der Küste sowie auf Schiffen, die jenseits der Meilenzonen kreuzten, und umgingen damit die Lizenzvergabe. (Abb. 46-47) Frühe

841 Diese Monopole garantierten die jeweiligen Rundfunkgesetze: In Belgien seit 1920, in England seit 1925. Vgl. Gorus, *Piratenzenders*, S. 14 f.

»Piratensender« auf See sind bereits aus den dreißiger Jahren bekannt, als antifaschistische Kanäle nach Deutschland funkten.[842] Nach dem Krieg waren neue illegale Musiksender vereinzelt um 1958 aufgetaucht, und um 1961 erhielt auch die BBC ernsthafte Konkurrenz durch »Piraten«.[843] Bis in die siebziger Jahre hinein sendeten sie aus der rechtlichen Grauzone heraus und erreichten ein breites Publikum.[844] Auf See befanden sie sich zum einen außerhalb des Geltungsbereichs der Rundfunk- und Fernmeldegesetze derjenigen Länder, in die sie sendeten, zum anderen zahlten sie weder Tantiemen für die ausgestrahlte Musik noch Steuern auf die teils beträchtlichen Gewinne aus Werbeeinnahmen. Die Schiffe, auf denen die Sender installiert waren, fuhren oftmals unter sogenannten Billigflaggen von außereuropäischen Staaten wie Panama, die eine unkomplizierte Registrierung ermöglichten und einen seerechtlichen Schutz vor dem Aufbringen durch die Marine europäischer Staaten boten.[845] Äußerst erfolgreich waren die Sender Veronica, das bei britischen Mods äußerst beliebte Radio Caroline oder Radio London, die einen neuen Moderationsstil etablierten und wesentlich zur Entstehung eines eigenständigen Popjournalismus beitrugen, der sich an ein jüngeres Publikum wandte und im Gegensatz zum »staatstragenden« und erzieherischen Charakter der monopolistischen Staatsradios stand.[846] Die bundesdeutsche *FAZ* bemerkte 1964 etwa die lockere Form und den »amerikanischen Stil« des Nordseesenders Veronica mit dem »bunten Programm«, der sich vor allem bei »Hausfrauen […] ›Fans‹ und Teenagern« großer Beliebtheit erfreue.[847]

842 Vgl. Wolf-Dieter Roth, *Piratensender – Geschichte und Praxis. Die Story der Seesender, Alpensender und der illegalen Rundfunkpiraten*, Baden-Baden 2004, S. 105.

843 Vgl. Cloonan, »The Production of English Rock«, S. 277.

844 Vgl. Dietrich Oehler, *Das deutsche Strafrecht und die Piratensender*, S. 4.

845 Ebd., S. 9.

846 Der Brightoner Mod-Ausstatter Barnet »Barnie« Obermann verkaufte nach eigenen Angaben 10 000 T-Shirts mit Radio Caroline-Motiv. Vgl. Mark Burns, »The Changing Scene«, in: *The Mod's Monthly* 4 (Juni 1964), unpag. [S. 3].

847 Hubert Delvos, »Piratensender vor der Küste«, in: *FAZ* (10. 08. 1964), S. 5; vgl. auch Georges Menant, »Chez les pirates des ondes defense d'aborder«, in: *Paris Match* 900 (09. 07. 1966), S. 38-42.

Abb. 46: Die mit Rundfunkantennen ausgerüstete King David hatte den »Piraten«-Sender Radio Capital an Bord und kreuzte vor der niederländischen Küste in internationalen Gewässern.

Abb. 47: Die verlassene Seefestung Shivering Sands vor der britischen Ostküste wurde 1964 von dem Musiker und »Piraten« Screaming Lord Sutch okkupiert und in Radio City umbenannt.

Diese Sender waren ein Versuch, kulturelle Monopole durch dezidiert andere Programminhalte zu brechen. Alexander Badenoch hat jedoch gezeigt, dass dahinter vor allem wirtschaftliche Motive standen. Diesen – teils von finanzstarken Unternehmern und Gesellschaften betriebenen – Radio- und auch TV-Sendern ging es nicht in erster Linie um die Verbreitung der von den etablierten Sendern geächteten Musik, sondern um das Erzielen von Werbeeinnahmen.[848] Der Begriff der »Piraterie« beruht daher auf einer Romantisierung, denn etliche Sender waren weder illegal, noch sendeten sie besonders »subversive« Inhalte; sie nutzen lediglich eine rechtliche Lücke mit einem gewinnorientierten Konzept.[849] Während die Gewerkschaften der Rundfunkmusiker das Abspielen von Schallplatten (vor allem in Großbritannien) zu verhindern suchten, standen den Piraten ohnehin keine Orchester zur Verfügung, so dass Schallplatten eine kostengünstige Quelle für aktuelle Musik bildeten. Die Werbewirtschaft erkannte schnell die Bedeutung der Exterritorialen und schaltete bevorzugt Werbespots bei ihnen. In manchen Ländern, so zum Beispiel in den Niederlanden, waren die Piratensender zeitweise die einzigen Sender, die im Gegensatz zum gebührenfinanzierten Staatsfunk überhaupt Rundfunkwerbung ermöglichten. Der schwedische Schiffssender Radio Nord, der Anfang der Sechziger gezielt nach Stockholm ausstrahlte und zwei US-amerikanischen Millionären gehörte, wurde via Propellerflugzeug mit Schallplatten versorgt, die mit Fallschirmen abgeworfen, aus der See gefischt und dann von der multinationalen Crew aus Matrosen, DJs und Funkern in einem hochmodernen Senderaum unter Deck auf Sendung gebracht wurden.[850] Auch die Musikindustrie erkannte die Bedeutung der Piraten, die aus deren hohen Einschaltquoten resultierte, und bemusterte sie gezielt mit Schallplatten. Der schwedischen Radio-Piratin Britt Wadner (Radio Syd) wurde 1964 ein exklusives Interview mit den Beatles in Kopenhagen gewährt, und auch die Rolling Stones unterhiel-

848 Alexander Badenoch, »The Peculiar Silence of the ›Boat that rocked‹«, in: *ZOL* (September 2009), ⟨http://www.zeitgeschichte-online.de/film/peculiar-silence-boat-rocked⟩, letzter Zugriff 07.03.2018.

849 Vgl. ders., »Between Rock and Roll«, S. 298.

850 Vgl. »Ätherpiraten. ›Hier ist Radio Nord‹. Die aktuellste Rundfunkstation liegt vor der schwedischen Küste«, in: *Bild und Funk* 27 (02.07.1961) (Bayern-Ausgabe), S. 2-3.

ten freundschaftliche Kontakte zu ihr (siehe oben, Abb. 44).[851] Als Ende der sechziger Jahre zwei Schweizer den Seesender Radio Nordsee International auf Deutschland richteten, erließ auch die Bundesrepublik ein Gesetz gegen die Piratensender.[852]

Doch selbst diese kommerziellen Sender konnten ihre Attraktivität nur daraus beziehen, dass sie sich in Moderationsstil und Musikangebot von den staatlich kontrollierten Medien abhoben und ein dezidiert anderes Programm machten, das im Festlandrundfunk von den Hörern offenkundig vermisst wurde. Damit waren die Programme der Piratensender gerade für Jugendliche interessant. Die Normierungen, denen zufolge einige Musikstile kulturell wertvoller sind als andere und die zu einem stark eingeschränkten Musikprogramm führten, wirkten noch bis in die siebziger Jahre fort. Das Ende der kommerziell erfolgreichen Seesender wurde durch ein Seegesetz im Jahr 1967 eingeleitet,[853] dem sich die Niederlande fünf Jahre später mit dem sogenannten Anti-Veronica-Gesetz anschlossen. Trotzdem blieben sowohl exterritoriale Stationen als auch illegale Inlandssender bis in die achtziger Jahre hinein auf Sendung.

3.6.5. »Für alle Halbstarken an der Ecke«: Der Freiheitssender Holzhausen

Rundfunkhörer im Leipziger Ortsteil Holzhausen, die im November 1959 den Frequenzregler ihrer Radios in den Bereich bis 41 UKW drehten, konnten ungewohnte Klänge empfangen. Abends zwischen 20 und 21 Uhr waren dort an manchen Tagen jene Rhythmen zu hören, die sonst im DDR-Radio äußerst limitiert, wenn nicht ganz tabu waren: amerikanischer Rock'n'Roll, westdeutsche Schlager, Jazz und Boogie-Woogie. Noch verdächtiger war der Name des Senders, der sich als Sender Freies Holzhausen meldete und »im Hitparadenstil der US-amerikanischen Moderatoren«

851 Vgl. Roth, *Piratensender*, S. 114.

852 Das Ausführungsgesetz zu dem Europäischen Übereinkommen vom 26. September 1969, das allerdings völkerrechtlich zunächst nicht bindend war. Vgl. dazu Oehler, *Das deutsche Strafrecht und die Piratensender*, S. 2.

853 Der Marine Broadcasting Offences Act vom 14. August 1967, vgl. Badenoch, »Between Rock and Roll«, bes. S. 313-315.

die Titel präsentierte.[854] Unter den Hörern befand sich auch ein Leutnant der Volkspolizei, dessen Ermittlungen zunächst nichts erbrachten, da der Sender schon nach kurzer Zeit wieder verstummte. Als er sich nach einiger Zeit wieder meldete, nahm die Kreisstelle Leipzig der Staatssicherheit die Ermittlungen auf.[855] Befragungen unter Rundfunkhörern in Holzhausen erbrachten, dass etliche Einwohner den Slogan des Senders kannten: »Wer Sorgen und Nöte hat, wendet sich an den Freiheitssender Holzhausen.«[856] Da in den Sendungen immer wieder Personen aus Holzhausen erwähnt wurden, konzentrierten sich die Ermittlungen auf die Ortschaft selbst.

Die autoritätskritischen Ansagen (ein Lehrer wurde als »nicht zurechnungsfähig« bezeichnet)[857] führten schnell zur Einengung des Kreises der Verdächtigen auf drei Personen, aus denen zwei potenzielle »Piraten« ermittelt wurden: der 18-jährige Dieter W. und der 15-jährige Thomas S., die so unter »dringenden Verdacht der ungenehmigten Errichtung und des Betriebes eines Senders« gerieten.[858] Der Verdacht ließ sich erhärten: Bei Haussuchungen in den Wohnungen beider Verdächtiger fanden sich jeweils eine selbstgebastelte UKW-Sendeanlage »größeren Formats«.[859] (Abb. 48) Gegen beide ergingen Haftbeschlüsse.[860]

854 Liebing, *All you need is beat*, S. 55.

855 Betr.: Illegaler Sender in der Gemeinde Holzhausen vom 19. 11. 1959, BStU, Lpz AU 165/60, Bl. 9.

856 Ebd.

857 Aufgrund seiner Neigung zum Alkoholgenuss entstehe schon durch Erwähnen seines Namens allgemeine Heiterkeit. Vgl. Sachstandsbericht vom 30. 11. 1959, BStU, Lpz AU 165/60, Bl. 37-38.

858 Betr.: Illegaler Sender, Bl. 4.

859 Ebd., Bl. 10.

860 Haftbeschluss vom 20. 11. 1959, BStU, Lpz AU 165/60, Bl. 12 u. 13.

Abb. 48: »Für die Halbstarken, die immer an der Ecke stehen«: Den illegalen Freiheitssender Holzhausen hatten zwei Schüler in ihrem Jugendzimmer zusammengebaut.

Die Funkamateure gestanden, westliche Rundfunkinhalte auf Tonband aufgenommen und sodann über die eigene Frequenz weiterverbreitet zu haben, was vom Kreisgericht als Verbrechen eingestuft wurde, »welches mit einer Freiheitsstrafe von mehr als 2 Jahren bedroht ist«.[861] In den sofort eingeleiteten Verfahren wurden sie beschuldigt, »Unruhe in der Bevölkerung« geschürt zu haben.[862] Da angeblich Fluchtgefahr (!) bestand, wurde Untersuchungshaft angeordnet. Die Beschlagnahme umfasste nicht nur verdächtige Sendetechnik, darunter ein UKW-Vorsatzgerät »Favorit«, Netzteil und Magnettonbänder. Die Effektenlisten enthalten auch Gegenstände, die beide Verdächtige als Mitglieder der Rock'n'Roll-Szene auswiesen: blaue Nietenhosen und Taschenkamm, verbotenes Schriftgut aus dem Westen wie die *Bild*-Zeitung und die Romane *Großer Bär* und *Der Satansteufel* sowie als »phornographisch« [sic!] eingestufte Abbildungen, vermutlich Pin-Ups, vor allem aber eine

861 Ebd., Bl. 24.
862 Verfügung vom 18. 11. 1959, BStU, Lpz AU 165/60, Bl. 14.

Rock'n'Roll-Medaille mit Halskette von der Art, wie sie Fanclubs als Abzeichen nutzten.[863]

Bei seinen illegalen Sendeaktivitäten konnte W. auf beruflich erworbene Fachkenntnisse zurückgreifen, da er als Hilfsarbeiter im Fernmeldeamt Leipzig beschäftigt war. Doch auch der drei Jahre jüngere Schüler S., der Sohn eines selbstständigen Handwerkers, verfügte über einigen technischen Sachverstand: Er bastelte an einem zweistufigen Sendegerät. Ihre Kenntnisse hatten beide Jugendliche sich aus Broschüren der *Radio-Praktikerbücherei* und der Zeitschrift *Der Funkamateur* angeeignet. In den Verhören gaben die Jugendlichen an, den Namen »Sender Freies Holzhausen« dem Westberliner RIAS nachgeahmt zu haben, der sich als »eine freie Stimme der freien Welt« bezeichnete. Die Jugendlichen hatten jedoch keineswegs dezidiert politische Inhalte verbreitet, sondern hauptsächlich Tanzmusik ausgestrahlt. Die Zielgruppe war dabei genau benannt: W. gab im Verhör zu, er habe Musikstücke mit den Worten angekündigt: »Der folgende Schlager wird gesendet für die Halbstarken, die immer an der Ecke stehen.«[864]

Der Freiheitssender Holzhausen war offenkundig nicht der einzige Piratensender der DDR. Thomas S. gab an, den Rock'n'Roll von einem anderen illegalen Sender aufgenommen zu haben, der unter der Bezeichnung ZZ I bei 100.3 MHZ auf Sendung gewesen sei. Dieser ebenfalls illegale Amateursender gab seine Sendeleistung mit 10 Watt an und sendete eine »Bill-Haley-Schau« sowie Mitschnitte von Radio Luxemburg. Einige Jahre später gelang es dem Sender Freies Paunsdorf (dessen Abkürzung SFP auf Sächsisch wie SFB – Sender Freies Berlin – klang) unentdeckt eine wöchentliche Hitparade selbstaufgenommener westlicher Songs zu übertragen.[865]

Auch im Westen gingen Jugendliche auf Sendung. Bekannt wurde der Fall von bundesdeutschen Primanern, die in Siegen eine Kurzwellen-Amateurfunkanlage mit modifiziertem Frequenzbereich betrieben und damit seit 1953 illegal sendeten. Neben Musik strahlten sie selbstproduzierte Hörspiele und Interviews aus, die sie zuvor auf der Straße aufgenommen hatten. Der Sender wurde von einem Peilwagen der Oberpostdirektion aufgespürt, und die Funk-

863 Effektenaufstellung, BStU, Lpz AU 165/60; Bl. 27-32.

864 Auch sprach S. in seinen Sendungen einzelne Freunde mit Namen an. Vernehmungsprotokoll vom 19.11.1959; BStU, Lpz AU 165/60, Bl. 45.

865 Von 1964 bis 1968. Vgl. Liebing, *All you need is beat*, S. 114.

geräte wurden für die Dauer von zwei Jahren beschlagnahmt.[866] In den USA war der Kampf gegen illegale Funkstationen eine der Hauptaufgaben der Federal Communications Commission (FCC). Auch jugendliche Funkamateure gerieten dabei immer wieder in den Fokus der Kontrolleure, darunter auch der spätere Mitbegründer des TOP-40-Radio Todd Storz, dessen illegaler UKW-Sender 1942 in Nebraska verboten worden war.[867]

Generell lehnten sich illegale Sender gegen die öffentlich-rechtlichen Sende- und Geschmacksmonopole auf, die als restriktiv empfunden wurden. Ging es im Westen vor allem um deren Infragestellung, so bargen illegale Sendeaktivitäten für Funkamateure in den sozialistischen Staaten ungleich höhere Gefahren.[868] Im Staatssozialismus behielten Schwarzsender eine hohe Attraktivität, da sie nicht nur zur Programmvielfalt beitrugen, sondern auch politische Opposition betrieben, in der Tschechoslowakei etwa nach dem Einmarsch der Truppen des Warschauer Paktes 1968. In der DDR beschäftigten die Seesender, die »stundenlang heisse Schlagerrhythmen aus[strahlten]«, zwar das Staatliche Komitee für Rundfunk (SRK), doch gaben sie wenig Anlass zur Sorge, da sie nur äußerst begrenzt zu empfangen waren – was auch für die Bundesrepublik galt.[869] In Frankreich verbreiteten sich illegale *radios libres* mit staatskritischem Charakter vor allem seit 1969.[870] In Österreich trat noch in den 1980er Jahren ein illegaler Sender mit dem dezidierten Anspruch an, das inhaltliche Monopol des ORF zu brechen, und in den Niederlanden bestanden solche Rundfunksender sogar bis zur Durchsetzung des Internets in den 1990er Jahren.[871]

Zweifelsohne haben Piratensender wesentlich zur Transformation des Rundfunks beigetragen und transnationale Ätherlandschaften geschaffen, die zur Entwicklung eines privatwirtschaftlichen

866 Vgl. Roth, *Piratensender*, S. 52.

867 Vgl. Fatherley, MacFarland, *The Birth of Top 40 Radio*, S. 15.

868 Vgl. Weber, *Das Versprechen mobiler Freiheit*, S. 45-57.

869 Deutscher Demokratischer Rundfunk, betr. »Radio Veronica«, »Radio Caroline«, »Radio London« vom 15. August 1967, BStU, BVfS Leipzig Abt. IX 00132/02, Bl. 63-64.

870 Vgl. Christophe Deleu, *Les anonymes à la radio. Usages, fonctions et portée de leur parole*, Brüssel 2006, S. 32.

871 Vgl. Edward Larkey, »Austropop. Popular Music and National Identity in Austria«, in: *Popular Music* 11 (1992), S. 151-185, hier: S. 178; Badenoch, »Between Rock and Roll«, bes. S. 317-318.

Modells von Popkultur beitrugen. Da sie sich zumeist am Top-40-Konzept orientierten und mit ihrem neuen Moderationsstil eine ernsthafte Konkurrenz für die sowohl werbearmen als auch noch weitgehend rockabstinenten öffentlich-rechtlichen Programme darstellten, sahen sich auch staatliche Sender gezwungen, ihre Programme sukzessive zu ändern, um vor allem junge Hörer zu halten: »Schweden reagierte auf die Piratensender mit ›Melodiradio‹ schon 1961, Finnland brachte den teils kommerziellen Radiosender ›Sävelradio‹ 1963 heraus, und 1967 kam die BBC mit ›Radio 1‹, das viel vom Stil und auch vom Personal der ›Piraten‹ übernahm.«[872] Für Großbritannien galt, dass »die BBC ihr eigenes Programm wesentlich im Hinblick auf leichte Musik aufgelockert hat, nachdem die Piratensender zum Schweigen gebracht worden waren«.[873] Sendungen wie *Saturday Night Club* (BBC Radio), *Thank you Lucky Star* (ABC-ITV) und *Ready! Steady! Go!* (ITV) traten an deren Stelle.[874] Selbst der DDR-Rundfunk öffnete sich und sendete ab 1964 ein Jugendprogramm mit Rockmusik.[875]

3.6.6. Gekaufte DJs: Plugging und Payola-Skandale

Die Veränderung des Rundfunks unter dem Druck internationalisierter Formate ab Mitte der fünfziger Jahre ging nicht ohne Skandale über die Bühne. Insbesondere die neuen Radio-Formate, die sich rund um die Schallplatte entwickelt hatten, standen im Zentrum erbitterter *Payola*-Debatten. Der Begriff *payola* war bereits 1937 vom Magazin *Variety* geprägt worden und bezeichnete Versuche von Plattenfirmen, mit Hilfe von »Gefälligkeiten« Bandleader und Radioredakteure zum Spielen bestimmter Musikstü-

872 Alexander Badenoch, »Die europäische Wiedergeburt des Radios? Die Entwicklung und Arbeit des EBU-Radioprogrammkomitees«, in: *Rundfunk und Geschichte* 1-2 (2010), S. 4-18, hier: S. 13; Cloonan, »The Production of English Rock«, S. 277.

873 Oehler, *Das deutsche Strafrecht und die Piratensender*, S. 4. Wie schon oben in Kap. 3.6.1 und 3.6.2 ausgeführt, hat auch der Erfolg des Privatsenders Radio Luxemburg diese Entwicklung maßgeblich beeinflusst.

874 Vgl. Bertrand Lemonnier, *La révolution pop dans l'Angleterre des années soixante*, Paris 1986, S. 73.

875 Vgl. ausführlich unten, Kap. 4.4.3.

cke zu bringen.[876] Gerüchte über Bestechungen von DJs waren durch das ganze Jahrzehnt hindurch immer wieder Thema in den Printmedien.[877] Waren zunächst Quiz-Shows wegen manipulierter Ergebnisse zum Gegenstand von Untersuchungskommissionen geworden, so weiteten sich diese Nachforschungen 1959 auch auf Rundfunk-DJs aus, denen vorgeworfen wurde, sie hätten sich von Schallplattenverlagen mit Geld, Gefälligkeiten und Geschenken (von Weinflaschen bis hin zu Prostituierten) bestechen lassen, bestimmte Titel häufiger in ihren Sendern zu spielen, und damit den Wettbewerb verzerrt.[878] *Song plugging* galt seit dem späten 19. Jahrhundert als Bestandteil des Marketings der in der New Yorker Tin Pan Alley ansässigen Musikindustrie.[879] Ende der fünfziger Jahre wurde es unter dem Begriff *payola* beziehungsweise *plugola* (nach dem *plugging* genannten *product placement* bestimmter Waren und Produkte) skandalisiert, als ein Untersuchungsunterausschuss des Weißen Hauses bekannte Radio- und Fernseh-DJs vorlud, darunter Dick Clark.[880]

Die Hearings gerieten – ähnlich wie die des Ausschusses zur *juvenile delinquency* – zu einem Tribunal; am Pranger standen nicht nur unlauterer Wettbewerb und Korruption, sondern auch das neue Musikgenre. Mehrere Ausschussmitglieder nutzen das Verfahren, um Geschmackskritik an der Rockmusik zu äußern, wohingegen die Aussage eines Redakteurs des Magazins *Billboard*, dem zufolge *payola* lange vor den DJs existiert habe, eilig übergangen wurde.[881] Im Zentrum der Berichterstattung über den Skandal stand wiederum Alan »Moondog« Freed, der schon drei Jahre zuvor durch das sogenannte Boston Rock'n'Roll-Riot ins Zentrum einer Kampagne geraten war, die das Ziel hatte, die Rockmusik zu

876 Vgl. Glenn C. Altschuler, *All Shook Up. How Rock'n'Roll Changed America*, Oxford, New York 2003, S. 142.

877 Vgl. June Bundy, »Vox Jox«, in: *Billboard Magazine* (20.05.1957), S. 142.

878 Vgl. Sterling, Kittross, *Stay Tuned*, S. 394.

879 Vgl. Rebee Garofalo, »Payola«, in: John Sheperd u.a. (Hg.), *Continuum Encyclopedia of Popular Music of the World (EPMOW)*, Bd. 1: *Media, Industry and Society*, London, New York 2003, S. 558-559. »Tin Pan Alley« ist der Spitzname des Abschnitts der 28. Straße zwischen der Fifth und der Sixth Avenue von Manhattan.

880 Vgl. Sterling, Kitross, *Stay Tuned*, S. 394.

881 Mitglieder des Komitees bezeichneten Rock als »horrible« bzw. »raucous sound« und »junk music« Vgl. Martin, Segrave, *Anti-Rock*, S. 91.

verbieten.[882] Freed, dem kurz zuvor beim Bostoner Rockkonzert ein unvorsichtiger Satz zum Verhägnis geworden war, hielt diesmal den Mund und nahm sein Recht auf Aussageverweigerung in Anspruch. Während sich der Fernsehssender ABC hinter seinen Moderator Dick Clark stellte, der mit einem blauen Auge davonkam, »überlebte« Freed den Skandal nicht: Sein Ruf war ruiniert, seine Rundfunkkarriere endete abrupt. Mit der Fokussierung auf die Person Freeds rückte abermals der Rock'n'Roll ins Zentrum einer Kriminalisierungsdebatte, denn infolge der Anhörungen entbrannte eine Diskussion darüber, ob der rasante Aufstieg des Rock'n'Roll ohne *Payola*-Strategien überhaupt möglich gewesen wäre, kriminelles Handeln also sozusagen zur DNA der neuen Musikrichtung gehöre. Einen solchen ursächlichen Zusammenhang bezweifelte jedoch damals schon der Vorsitzende der FCC Frederick W. Ford nach Prüfung der Ermittlungsergebnisse.[883] Dennoch erhielten die Invektiven gegen die neuen Formate nun im Lichte des *Payola*-Verdachts neuen Auftrieb.[884]

Als Generalbundesanwalt William Rogers im Dezember 1959 an Präsident Eisenhower appellierte, ein Gesetz zum Schutz vor »falscher und irreführender Programmgestaltung und Werbung« zu schaffen, erreichte der Skandal die höchste politische Ebene.[885] Die Anhörungen und Untersuchungen durch die FCC, den Kongress und den Generalbundesanwalt mündeten schließlich in die Communications Act Amendments, die *payola* künftig unterbinden sollten. Dies gelang jedoch nicht, wie weitere Skandale in den nachfolgenden Jahren immer wieder unter Beweis stellten.[886] Betroffen waren im Übrigen nicht nur einzelne DJ-Persönlichkeiten, sondern das Image des jungen Berufsbildes als solches wurde skandalisiert und damit auch neue Rundfunkformate wie das Top-40-Radio. Dessen Begründer Todd Storz hatte 1958 gerade die Kansas City Pop Music Disc Jockey Convention und das Radio Programming

882 Siehe oben, Kap. 3.3.5.

883 Vgl. »Ford Doubts Payola Made R&R Popular«, in: *Billboard* (02.05.1960), S. 1.

884 Vgl. Eberly, *Music in the Air*, S. 212, sowie *Billboard* (03.11.1958), S. 22, zit. n. Eberly, S. 215. Vgl. zur *delinquency scare* oben, Kap. 2.

885 Eberly, *Music in the Air*, S. 395.

886 Vgl. exempl. die Titelgeschichte »Das Kartell der Schlagermacher«, in: *Der Spiegel* (02.10.1963), S. 95-110, sowie »Payola Probers Plot Hush Hush Hearings – Aided by Subpoena«, in: *Billboard* (28.05.1966), S. 1.

Seminar mit insgesamt rund 1500 Teilnehmern abgehalten und so Einfluss auf die Rundfunk-DJs zu nehmen versucht, als sich das House Legislative Oversight Committee für die Verbindungen der Storz-Sender zu 18 Plattenfirmen zu interessieren begann.[887]

Auch in Europa waren *plugging* und *payola* gängige Praktiken. Sendungen von Radio Luxemburg waren bisweilen um eine bestimmte Produktmarke herum gestaltet und von Firmen gesponsert.[888] Auch betrieb der Sender die eigene Schallplattenmarke *Festival* und hatte sich in die Schallplattenfirma *Disques de France* eingekauft, deren Platten er regelmäßig im Programm spielte.[889] Auch der Soldatensender AFN, dessen DJs in Großbritannien als Stars galten, war ein beliebtes Ziel von *pluggers* der britischen Musikindustrie.[890] Schon 1953 war der für die Sendung *Schlagerparade* des NWDR zuständige Musikredakteur Christian Törsleff dem Nachrichtenmagazin *Der Spiegel* zufolge durch einen (gemessen an seinem Gehalt) allzu luxuriösen Lebensstil aufgefallen und nach einer internen Untersuchung entlassen worden.[891]

In der Bundesrepublik führte 1958 (nahezu zeitgleich mit den geschilderten Untersuchungen in den USA) ein Quizshow-Skandal zur Problematisierung von populärer Musik und insbesondere deutscher Schlager in elektronischen Medien. Partizipative Elemente galten in Rundfunk und Fernsehen übernational als ein beliebtes Element zur Publikumsbindung und dienten auch dem *product placement*.[892] Die in Köln produzierte und vom späteren »Ratefuchs« Guido Baumann moderierte Fernsehshow *Hart auf hart* war Gegenstand scharfer Kritiken geworden, da überkomplexe Regeln – Kandidaten mussten auf Fotos einen »geheimnisvollen Gegenstand« erraten – und undurchsichtige Preisvergabekriterien

887 Vgl. Fatherley, MacFarland, *The Birth of Top 40 Radio*, S. 106.

888 Vgl. Anna Jehle, *Welle der Konsumgesellschaft. Radio Luxembourg in Frankreich 1945-1975*, Göttingen 2018, S. 290.

889 Ebd. Daneben hielt die Produktionsfirma CLR/CLT auch Beteiligungen an anderen rundfunkfernen Wirtschaftsunternehmen.

890 DJs wie Ralph »Muffit« Moffat, George Monaghan, Jack Powers oder Dick Dudley. Vgl. Morley, *»This Is The American Forces Network«*, S. 131. Chris Howland schildert in seinen Memoiren, dass er auch von der Schallplattenfirma Philips für Tourneen engagiert wurde, vgl. Howland, *Yes, Sir!*, S. 138.

891 Vgl. »Ende mit Dissonanzen«, in: *Der Spiegel* (09.09.1953), S. 30.

892 Für das Beispiel von Radio Luxembourg vgl. Jehle, *Welle der Konsumesellschaft*, S. 255-258.

zu zahlreichen Zuschauerprotesten auf den Leserbriefseiten der *Hör Zu!* geführt hatten.[893] Ungeachtet der Proteste hielt der Intendant des WDR an der Reihe fest, bis sie schließlich unter anhaltendem Druck im November 1958 nach nur sechs Sendungen vorzeitig abgebrochen wurde.[894] Zu diesem Zeitpunkt hatten Journalisten aber bereits Recherchen über die Produzenten begonnen und nahezu monopolistische Verhältnisse aufgedeckt. Den Berichten zufolge herrschte im Kölner Funkhaus eine »Schlagerverbundwirtschaft«, in deren Zentrum der Musikproduzent und freie Mitarbeiter des Senders Kurt Feltz gestanden habe. Wie eine andere Programmzeitschrift auszählte, war Feltz an 29 im Sender gespielten Titeln selbst »mindestens sechsundvierzigmal beteiligt oder interessiert: u. a. vierzehnmal als Verleger, siebzehnmal als Schallplattenproduzent«. Infolge dieser Vorwürfe beschäftigte sich die Ständige Programmkonferenz des Deutschen Fernsehens, das Gemeinschaftsgremium des Nord- und Westdeutschen Rundfunkverbandes NWRV, mit dem »Fall Feltz«. Der WDR-Verwaltungsrat plante einen »Untersuchungsausschuß zur Durchleuchtung der Feltz'schen Verbundwirtschaft im Kölner Funkhaus«, schrieb *Der Spiegel*, der sich Ende November 1958 des *Plugging*-Themas abermals annahm.[895]

Über Feltz hatte das Nachrichtenmagazin schon mehrfach berichtet: Im Januar 1955 anlässlich eines Plagiatsprozesses, den Feltz als Arrangeur von Coverversionen verloren hatte, und im November desselben Jahres mit einer umfangreichen Titelgeschichte, die seinen Aufstieg vom Philosophiestudenten und Komponisten von Durchhalteliedern wie »Es geht alles vorüber« (1944) zum »meistverdienende[n] Gema-Mitglied« nachvollzog.[896] Schon 1949 hatte Eduard Rhein, der Chefredakteur der *Hör Zu!*, die sich als »Anwalt des Publikums« positionierte, eine Kampagne gegen Feltz und seinen Einfluss im öffentlich-rechtlichen Rundfunk geführt, die Korruption anprangerte, später aber auch im Sinne des Verlegers (Axel Springer) die Strategie verfolgte, die Privatisierung

893 Vgl. Lu Seegers, *Hör zu! Eduard Rhein und die Rundfunkprogrammzeitschriften (1931-1965)*, Potsdam 2001, S. 338-348. Bis 1972 schrieb sich die Programmzeitschrift *Hör Zu!*, danach (und bis heute): *Hörzu*.

894 Vgl. »Quiz-Sendung: Hart auf hart«, in: *Der Spiegel* (26. 11. 1958), S. 66-68.

895 Vgl. ebd.

896 Vgl. »Plagiat: Eine Melodie bringt Leid«, in: *Der Spiegel* (19. 01. 1955), S. 37; »Feltz: Anbiete Unterhaltung«; in: *Der Spiegel* (23. 11. 1955), S. 44-53.

des Rundfunks durch Delegitimierung der öffentlich-rechtlichen Sender vorzubereiten.[897] Anlass für eine erneute Beschäftigung mit Feltz im Zuge der Kontroverse um *Hart auf hart* war dessen 1955 angekündigter Einstieg in das Musikfilm-Geschäft, aber der Artikel über die Wandlung der Schlagerindustrie »vom Text zum Sound« hätte auch erwähnt, dass selbst nach dessen »auf eigenen Wunsch« erfolgtem Ausscheiden als Abteilungsleiter im Jahr 1950 der WDR intern noch immer der »Feltz-Sender« genannt werde.[898] Eine Überprüfung hatte damals tatsächlich ergeben, dass Feltz »29 Prozent seiner Aufführungen bei seinem Heimatsender« erzielt hatte, woraufhin man 1951 seine Aufführungszahlen auf 30 pro Monat und Welle kontingentiert hatte.[899]

Die Debatte um die von Feltz produzierte Quizshow *Hart auf hart* zog Ende der Fünfziger weite Kreise und lenkte so den Blick auf den Umgang mit Schlagermusik und die Nähe von Rundfunkverantwortlichen und Musikproduzenten.[900] Feltz reagierte auf seine Weise und produzierte den vom Jazzer Hazy Osterwald intonierten »Kriminal-Tango«, in dem die Zeile »Und die Kripo kann nichts finden / was daran verdächtig wär« seinen eigenen Fall musikalisch herunterspielte.[901] Die Vorgänge führten zu einer »Sensibilisierung in den Rundfunkanstalten« und einer »Aversion gegen

897 Überdies förderte auch Rhein ihm verbundene Komponisten, die nicht minder NS-belastet waren. Vgl. ausführlich zum »Fall Feltz«: Seegers, *Hör zu!*, S. 338-348; Klaus Nathaus, »From Dance Bands to Radio and Records. Pop Music Promotion in West Germany and the Decline of the Schlager Genre, 1945-1964«, in: *PMH* 6 (2011), S. 289-309, hier: 295-298; ders., »Vom polarisierten zum pluralisierten Publikum. Populärmusik und soziale Differenzierung in Westdeutschland, circa 1950-1985«, in: Sven O. Müller u. a. (Hg.), *Kommunikation im Musikleben. Harmonien und Dissonanzen im 20. Jahrhundert*, Göttingen 2015, S. 251-275. Vgl. zur Privatisierungspolitik der Zeitungsverleger: Hans Bausch (Hg.), *Rundfunkpolitik nach 1945*, Zweiter Teil: *1963-1980*, München 1980, S. 531-538.

898 Ebd., S. 47.

899 Konrad Dussel, *Hörfunk in Deutschland. Politik, Programm, Publikum (1923-1960)*, Potsdam 2002, S. 377.

900 Vgl. Telemann, »Fernsehspiegel: Einer für alle«, in: *Der Spiegel* 50 (10. 12. 1958), S. 56.

901 Hazy-Osterwald-Sextett, »Kriminal-Tango« / »Sechs Musikanten« (DE 1959) Polydor 24 048 [45]. Vgl. Heinz Geuen, Anno Mungen (Hg.), *Kontinuitäten, Diskontinuitäten: Musik und Politik in Deutschland zwischen 1920 und 1970*, Schliengen 2006, S. 158.

den deutschen Schlager bei den Programmverantwortlichen«.[902] Im November 1960 beschäftigte sich eine vom Kuratorium des NWRV einberufene Expertenkommission in einem Gutachten »aus Anlaß der Angelegenheit Feltz« (zu der inzwischen zwei Gerichtsprozesse anhängig waren) mit der Verwendung von Schlagern in Rundfunk und Fernsehen.[903] Zwar richtete sich die von Feltz produzierte Musik nicht primär an eine jugendliche Zielgruppe, doch wurde an seinem und ähnlichen Fällen die Legitimität der Produktion und Ausstrahlung populärer Musik verhandelt. Die Berichterstattung zementierte den Eindruck, es handele sich bei bestimmten weitverbreiteten Genres um bloßen »Kommerz«, während die Gewinnstrategien der Produzenten »klassischer« Musik in der Regel nicht hinterfragt wurden.[904]

Rund um den »Fall Feltz« verdichteten sich Debatten um die neuen Unterhaltungsformate und dazugehörigen Netzwerkbildungen aus halbstaatlichen Konstrukten, privaten Akteuren, gesetzlichen Bestimmungen, beispielweise des Urheberrechts, und Institutionen wie etwa Wahrnehmungsgesellschaften. Damit war – ähnlich wie in den amerikanischen *Payola*-Untersuchungen – die Frage nach der Verbindung von kulturellen Inhalten, wirtschaftlicher Organisation und politischer Kontrolle aufgerufen. Unter dem Eindruck der diversen Skandale recherchierte die Programmzeitschrift *Bild und Funk* im April 1961 per Umfrage bei Redakteuren von Schlagersendungen bundesdeutscher Landesrundfunkanstalten, um zu erfahren, wie dort die Musikauswahl insbesondere von Schallplatten getroffen werde, welche Rolle Hörerwünsche spielten und ob »gelenkte Post« – etwa durch Fanclubs – festzustellen sei.[905] Der NWDR hatte für seine schon 1953 unter *Payola*-Verdacht ge-

902 Dussel, *Hörfunk in Deutschland*, S. 377. Die Untersuchungen gegen Feltz wurden eingestellt, und Feltz legte seinen Streit mit der *Hör Zu!* 1961 bei. Vgl. Seegers, *Hör zu!*, S. 348.

903 *Archiv-Dienst Funk Fernsehen Film* 52 (14. 11. 1960): Die Verwendung von Schlagern in Rundfunk und Fernsehen. Ein Gutachten, DRAF/A61/9.

904 Dass auch Dirigenten symphonischer Musik zu Stars auratisiert wurden, betont Jürgen Osterhammel, »Kühle Meisterschaft. Dirigenten des frühen 20. Jahrhunderts zwischen Selbstdarstellung und Metierbeschreibung «, in: Müller u. a. (Hg.), *Kommunikation im Musikleben*, S. 154-178, hier: S. 177.

905 Vgl. Schreiben der *Bild und Funk* an die Bunte Redaktion des RIAS Berlin vom April [genaues Datum unleserl.] 1961, DRAB, SG RIAS A304-03-01/0002.

ratene *Schlagerparade* zur Ermittlung der beliebtesten Titel eigens bis zu 3000 Stimmzettel an die Beschäftigten von Großbetrieben ausgegeben und unter notarieller Aufsicht auszählen lassen, dann aber mit der Hörerpost abgeglichen, die, wie der *Spiegel* süffisant anmerkte, »zum Teil von interessierten Stellen am laufenden Band produziert wurde, so daß verständlicherweise Tests und Hörerpost nicht immer miteinander übereinstimmten«.[906]

Das Ergebnis der *Bild und Funk*-Recherche erschien im Juni 1961 aus Anlass der Deutschen Schlagerfestspiele unter der provokanten Überschrift »Hochstapelei nach Noten?«.[907] Der Artikel zweifelte am vorgeblichen Bestreben der Musikindustrie, »allen deutschen Komponisten die gleiche ehrliche Chance [zu] geben, neue Tanzmusik zu schaffen«, da schon über die Verwendung des Schlagerbegriffs kein Konsens herrsche. Gelte er den einen als spezifisches Genre, so sähen andere darin ein Synonym für Hit, womit jedes Musikstück zum Schlager werden könne, wenn es denn Erfolg beim Publikum hat. Die Veranstalter des Festivals boten zudem eine qualitative Unterscheidung an und wollten unter dem Begriff »Tanzmusik [...] für Anspruchsvolle, Schlager mit Niveau« verstehen, die es von »Konjunktur-Idolen« wie Freddy oder Caterina Valente zu unterscheiden gelte.[908] Einen solchen qualitativen Standard hielten etliche Rundfunkverantwortliche auch in ihrem Musikprogramm aufrecht, wie die Recherche der Programmzeitschrift ergab.[909] Beim BR beispielsweise werte man die bis zu 6000 Hörerzuschriften im Monat zwar aus, unterdrücke aber selbst oft nachgefragte Lieder, und zwar nicht nur, wenn sie von den Programmverantwortlichen für »moralisch anstößig« gehalten wurden oder »das religiöse Empfinden verletzten«, sondern auch dann, wenn die Interpreten nach Ansicht der Redakteure »kein musikalisches Niveau« hatten.[910] Titel wie »Ich bin ein Mann« von Ted He-

906 Vgl. »Schlagerparade/Rundfunk: Ende mit Dissonanzen«, in: *Der Spiegel* (09.09.1953), S. 30.

907 Vgl. »Schlager von heute und ›Schlager von morgen‹«, in: *Bild und Funk* 23 (04.06.1961), S. 6-8.

908 Ebd., S. 7.

909 Ebd. Auch die privaten Programmzeitschriften betrieben hier Kulturpolitik: Rheins *Hör Zu!* berichtete z. B. nicht über die Schlagersänger Peter Alexander und Caterina Valente, weil diese von Feltz produziert wurden. Vgl. Seegers, *Hör zu!*, S. 347.

910 Ebd., S. 8.

rold oder »Tiger« von Peter Kraus wurden demnach boykottiert.[911] Beim SDR in Stuttgart wurden die Hörerwünsche trotz 2000 bis 5000 Zuschriften monatlich zugunsten einer redaktionellen Auswahl ignoriert. Eine tabellarische Aufstellung des Intendanten des SDR enthüllt, dass man dort gezielt Hörerwünsche missachtet hatte. Waren 1954 noch 67 Prozent Schlager gewünscht und immerhin mit 62 Prozent Programmanteil auch gesendet worden, so wurden 1955 nur noch 35 Prozent gespielt, obwohl der Anteil der Schlagerwünsche auf 69 Prozent gestiegen war.[912] Operetten und volkstümliche Musik hingegen wurden im Verhältnis zur Nachfrage »doppelt und dreifach« gespielt.[913] Für die der »Klassik« anhängenden Redakteure stellten diese Genres, wenngleich von der Hörerschaft kaum nachgefragt, offenbar einen gangbaren Kompromiss zwischen historischer »Hochkultur« und gegenwärtiger »Unterhaltung« dar. Auch andere Musikredaktionen bekannten sich freimütig zur »Geschmacksauswahl«, zum Beispiel die des Hessischen Rundfunks (HR). Im Nordosten der Bundesrepublik gaben die Abteilungen »Tanzmusik« und »Bunte Redaktion« der Landesrundfunkanstalten hingegen an, sich strikt nach Verkaufscharts und Hörerwünschen zu richten: beim NDR nach der Musikbox-Hitparade, die von der Zeitschrift *Der Automatenmarkt* zusammengestellt wurde, und in Berlin nach internationalen und regionalen Verlaufscharts (SFB) sowie den telefonisch und brieflich geäußerten Hörerwünschen (RIAS).[914]

Auch in Großbritannien waren die Charts manipuliert worden. Da sie aus den Verkäufen einer festgelegten Anzahl von überwiegend Londoner Schallplattengeschäften ermittelt wurden, war es ziemlich leicht, sie gezielt zu beeinflussen, um bestimmte Musiker in die Hitparade zu bringen, was bis in die sechziger Jahre hinein auch geschah. Berichtet wurde über eine Firma, die hunderte Hausfrauen bezahlte, um an bestimmten Tagen eine bestimmte Platte zu kaufen. Schon ab 500 auf diese Weise aufgekauften Platten sei eine

911 Ted Herold mit dem Orchester Johannes Fehring, »Ich bin ein Mann«/»Carolin (Darf ich nicht dein Boyfriend sein?)« (DE 1959) Polydor 24 027 [45]; Peter Kraus, »Ich bin ja so allein (Lonely Boy)«/»Tiger«, (DE 1959) Polydor 24 099 [45].

912 Dussel, *Hörfunk in Deutschland*, S. 378.

913 Ebd.

914 Vgl. »Schlager von heute und ›Schlager von morgen‹«, S. 8.

Positionierung in den Top-30-Charts möglich gewesen, die dann wiederum tausende von Bestellungen nach sich ziehen konnte.[915]

3.6.7. Transnationale Juvenilisierung

Zusammenfassen lässt sich festhalten, dass der Einfluss des Rundfunks auf die Etablierung einer internationalisierten Rock- und Popmusik bedeutend war, sich aber nicht ohne Konflikte entfaltete. In allen Ländern öffeneten sich neue Formate jungen Hörerinnen, die damit nun nicht mehr belehrt und zu bildungselitären Musikvorlieben umerzogen werden sollten, sondern denen eigene Geschmacksentscheidungen zugebilligt wurden. Allerdings kam es in allen behandelten Staaten zu Widerständen gegen diesen Bedeutungsgewinn. Diese hatten zum einen mit den unterschiedlichen Prägungen und Geschmackspräferenzen der Programmverantwortlichen zu tun, zum anderen übten organisierte Lobbygruppen Einfluss auf die Sender aus. Vor allem der Vormarsch des TOP-40- beziehungsweise Hit-Radios trug zur Verbreitung neuer Musikstile bei, wenngleich die Einflussnahme der Musikindustrie zu neuen Skandalisierungen Anlass bot.

Insbesondere die europäischen öffentlich-rechtlichen Rundfunkanstalten (vor allem die monopolistische BBC) waren im Unterschied zur privatwirtschaftlicen Konkurrenz anfangs wenig rockaffin. Kommerzielle Sender bereiteten in den USA den Weg für neue Musiken, aber auch in Europa, wo Radio Luxemburg, Europe 1, die Soldatensender und auch die »Piraten« Pioniere waren. Angesichts dieser Konkurrenz öffneten sich in der zweiten Hälfte der fünfziger Jahre dann auch die öffentlich-rechtlichen Sender für die neuen Rhythmen – zunächst zögerlich und mit starken Einschränkungen aufgrund qualitativer Vorbehalte gegenüber bestimmten Musikrichtungen. Der Prozess, der diese Veränderungen hervorbrachte, war ein transnationaler, in dem Trends und Inhalte grenzüberschreitend übermittelt und ausgetauscht wurden. Gerade die exterritorial operierenden und multinational ausgerichteten Seesender trugen (vor allem in den sechziger Jahren) zu einer allmählichen Modernisierung des Ätherraumes bei. Selbst der Rundfunk

915 Vgl. Terry Rawlings, *Mod: Clean Living Under Very Difficult Circumstances. A Very British Phenomenon*, London 2000, S. 98.

der DDR öffnete sich 1964 diesem Trend zu einer internationalen Popkultur, allerdings widerstrebend, wie im nächsten Kapitel gezeigt wird.[916] Auch das Programm der DDR ist somit das Ergebnis eines transnationalen Prozesses, in dem Inhalte, gewonnen durch die Dauerbeobachtung der »Anderen«, durch Abgrenzung, nachholende Annäherung und oftmals durch Parteitagsbeschlüsse veranlasste *roll backs* konstituiert wurden.

Kehrten wir zurück zu jenem imaginären Rundfunkhörer, der den Abschnitt über das Radio (3.6.) eröffnet hat, und setzten ihn fünf Jahre später abermals an sein Radiogerät, so böte sich ihm ein anderes Hörerlebnis. Zwar bringen viele Sender an diesem ersten Freitag im April 1961 klassische Musik von Beethoven (HR) über Liszt (SDR) bis Mozart (SWR) sowie diverse Lesungen und Vertonungen anspruchsvoller Literatur (BR2, HR2, RIAS1, ÖR2), doch die Zahl der Schallplatten-Sendungen hat sich gegenüber 1956 eklatant erhöht: Auf Bayern 2 bietet *In der Bar nebenan* Tanzmusik im New-Orleans-Stil von Ernie Felice und Skitch Henderson, der HR lädt zum *Plattenpicknick*, der UKW-Sender des SWR spielt *Was jeder gerne hört*, und auf der Deutschen Langwelle intonieren Tanzorchester aus Baden-Baden *Melodie und Rhythmus*. Radio Luxemburg bietet mit der *Schallplattenreise, laut und leise* und *Musik am laufenden Band* gleich zwei »jüngere« Programme. Im französischsprachigen Programm moderiert Marie-Josée Neuville *Nous, les jeunes*.[917] Aus Italien und der italienischen Schweiz (Monte Ceneri) kommt Jazz, und der Österreichische Rundfunk wendet sich unter dem Titel *Hallo Teenager! Tanzmusik und Plaudereien für junge Leute* explizit an die Jugend.[918] Zwar gibt es noch keine eigenen Jugendfrequenzen und mit Ausnahme der Militärsender auch noch keine ausgesprochenen Popmusikkanäle, doch ist Jugend im öffentlich-rechtlichen Rundfunk als Gruppe nun stärker repräsentiert als noch wenige Jahre zuvor. Diese an Widerständen und Skandalen reiche Entwicklung war der Prozess einer (erzwungenen) Verjüngung der Programminhalte, die zugleich deren Internationalisierung bedeutete.

916 Siehe unten, Kap. 4.4.3.

917 Vgl. *Cahiers d'histoire de la radiodiffusion* 93 (2007), S. 90.

918 Vgl. das Rundfunkprogramm in: *Bild und Funk* 14 (02. 04. 1961) (Ausgabe Bayern), S. 48-49.

3.7. Etablierung versus Skandalisierung

In der zweiten Hälfte der fünfziger Jahre bildeten sich neue kulturelle Produkte, Praktiken und Medien heraus, die, wie dieses Kapitel gezeigt hat, sowohl euphorisch begrüßt wurden als auch auf heftige Ablehnung stießen. Die darauf bezogenen Debatten waren eng mit dem in Kapitel 2 analysierten Delinquenz-Diskurs und den von ihm hervorgebrachten Jugendklischees verschränkt. Unter den kulturellen Feldern, auf denen gesellschaftliche Spannungen ausgetragen wurden, sticht das auditive Feld als ein Ort kontroverser Hegemonialkämpfe hervor. Neue Musikstile (wie Rock'n'Roll, Jazz oder Calypso) wurden aufgrund differierender klanglicher, performativer und visueller Codes nicht nur als Ausdruck emotionaler Enthemmung und körperlicher Entgrenzung, sondern auch als Ursache delinquenten Verhaltens problematisiert. Unter dem demographischen Druck zunehmend »jüngerer« Gesellschaften deuteten Kritiker die neuartigen Klänge zudem als Vorboten eines kulturellen Umbruchs, der als Krise nationalkultureller Identitäten empfunden und als Angriff auf vertraute hegemoniale Kulturvorstellungen weithin abgelehnt wurde.

Als klangliche Resonanzfläche dieser Krisen diente vor allem der Rock'n'Roll, da er als die Musik von einkommensschwachen Gruppen und ethnischen Minderheiten galt und so in mehrfacher Hinsicht als Ausdruck eines gesellschaftlichen »Außen« beziehungsweise »Unten« dargestellt wurde. Daher war er in allen untersuchten Ländern Ziel von Zensur- und Boykottbestrebungen, die von gesellschaftlichen Lobbygruppen ausgingen, aber auch von großen Teilen der Funktionseliten in Medien und Politik unterstützt wurden. Wesentliches Medium einer zunehmend transnationalen Verbreitung neuer Moden, Körpercodes und Musikstile war das Kino, das mit dem Jugendproblemfilm und der *teenage exploitation* selbstreferentielle Genres kreiert hatte, die diese Hegemonialdebatten thematisierten und daraus einen Aufmerksamkeitsgewinn zu ziehen suchten, in der Folge jedoch ebenfalls zum Ziel von Zensurforderungen und des Rufs nach Altersbeschränkungen wurden. Auf zwischenstaatlicher Ebene führten diese Diskurse in Einzelfällen zu diplomatischen Konflikten. Zusätzliche Nahrung erhielten Spekulationen über den kriminogenen Charakter der neuen popkulturellen Formen und Inhalte durch die sogenannten Rock'n'Roll

Riots, mitunter gewalttätigen, in der Regel aber nur tumultartigen Konflikten, die sich bei Konzerten und der Vorführung von Musikfilmen (oft aus nichtigem Anlass) ereignet hatten. In Reaktion darauf wurden neue legislative und exekutive Maßnahmen erprobt und die Etablierung neuer popkultureller Formate, allen voran der internationalen Tournee, vorerst gebremst.

Die massenmedial orchestrierten Konflikte setzten die politischen Entscheider unter Druck und weckten den Bedarf an Expertisen zur Erklärung der Zusammenhänge zwischen jugendlichem Fehlverhalten und neuen kulturellen Ausdrucksformen. Experten aus Wissenschaft, Journalismus und pädagogischer Praxis wirkten an der Produktion popkulturellen Wissens mit, arbeiteten aber zumeist unter dem Primat der Kriminologie. Von der wissenschaftlichen Unterfütterung politischer Maßnahmen durch empirische Daten zur kriminogenen Wirkung von Kultur versprachen sich Jugend- und Kulturforscher einen Gewinn an gesellschaftlicher Relevanz. Viele Experten suchten durch die Mitgliedschaft in gesetzgebenden Kommissionen und Zensurgremien, die eng mit der Polizei und der Politik kooperierten, Einfluss zu gewinnen, um die eigene wissenschaftliche Arbeit zu legitimieren, besser zu vernetzen und zu verstetigen. Als Reaktion auf diese Bestrebungen bemühten sich Lobbygruppen der Kulturindustrie durch Auftragsforschung Wissen zu generieren, das der Entkriminalisierung etwa des Kinos dienen sollte. Die gesellschaftliche Kontroverse spiegelte sich somit auch im Feld der Wissenschaft. Diese zunehmend transnational vernetzten Diskurse, die oftmals die imaginierte Situation anderer Staaten (beispielsweise im Topos »amerikanische Verhältnisse«) mitverhandelten, verdichteten sich ab 1960 zu disziplinären Bündelungen in der neuen universitären Forschungsrichtung einer von der Kriminologie weitgehend entkoppelten Jugendsoziologie, in der die Verwissenschaftlichung der Lebensphase Jugend institutionalisiert wurde.

Neben die Kriminalisierungen und Kulturkämpfe traten Prozesse der Etablierung neuer Formate, die wiederum Ergebnis transnationaler Formierungen waren. Wesentliche Netzwerke dafür waren Fan- und Starclubs, in denen sich vor allem junge Musikliebhaber organisierten und mit einer professionellen Lobbyarbeit selbstbewusst versuchten, die Repräsentation ihrer altersspezifischen kulturellen Interessen durchzusetzen, indem sie massenhaften Druck auf

Rundfunk-DJs und Senderverantwortliche ausübten. Wie deutlich wurde, gingen derartige Prozesse der Demokratisierung vom amerikanischen privatisierten Rundfunk aus, der sich mit Mitteln der Hörerforschung dezidiert an den kulturellen Interessen seines (jugendlichen) Publikums orientierte, während die öffentlich-rechtlichen Sendeanstalten in Europa sich noch stark als elitendominierte Bildungseinrichtungen verstanden und gegen die artikulierten Interessen neuer Hörergruppen die minoritären Geschmacksvorstellungen selbsterklärter Bildungsschichten verteidigten. Unter dem Druck privater *radios périphériques* aus Luxemburg und anderen Kleinstaaten sowie in Konkurrenz zu sogenannten Piratensendern auf See öffneten sich Radiostationen allmählich den Interessen ihrer jungen Hörerschichten. Versuche von Hörern, die staatlich und international kontrollierten Frequenzen durch eigene Sendetätigkeiten zu unterlaufen, wurden dagegen kriminalisiert und im Staatssozialismus mit besonderer Konsequenz verfolgt. Die neuen popkulturellen Formatbildungen gerieten durch Korruptionsskandale am Ende der fünfziger Jahre unter Druck. In diesem Zusammenhang etablierte sich der Vorwurf der Kommerzialisierung von Kultur durch die neuen Musiken und Formate, der auch künftig von Verfechtern einer Elitenkultur prominent ins Feld geführt werden wird.

Zwar setzten sich neue Sounds, Stile und Sendeplätze in der zweiten Hälfte der Dekade mehr und mehr durch, aber die kulturellen Vorlieben blieben noch weitgehend sozial und altersspezifisch differenziert. Die neuen Inhalte und Formate wurden zumeist als Symptome gesellschaftlicher Veränderung diskutiert und galten allenfalls als Unterhaltung, nicht aber als Kultur im engeren Sinne. Dem lagen Strategien der Ausgrenzung des Illegitimen beziehungsweise des »unrein Ästhetischen« (Reckwitz) zugrunde,[919] die in den hegemonialen Kämpfen zwischen elitendominierter Hoch- und neuer Popkultur in vielfältiger Weise zum Ausdruck kamen. Diese Kämpfe verloren in den sechziger Jahren zunehmend an Konfliktpotenzial. Wie das nächste Kapitel zeigen wird, spielten neue Körperpraktiken wie der Twist sowie neue Musikstile wie der Beat eine entscheidende Rolle bei der gesamtgesellschaftlichen Etablierung eines Pop-Dispositivs.

919 Vgl. Reckwitz, *Die Erfindung der Kreativität*, S. 58.

4. Vom Beat zum Pop: Jugendkultur für Erwachsene (1961-1965)

4.1. Lockerungsübungen auf der Tanzfläche: Der Twist

Als am Abend des 6. August 1960 ein korpulenter junger Mann namens Chubby Checker die Studiobühne der *Dick Clark Show* betrat, trug er Sportsakko und Krawatte – eine eher konventionelle Garderobe, verglichen mit den antikisierenden Togen, in die sich die kurz zuvor aufgetretene Boygroup Little Caesar & The Romans gehüllt hatte. Checkers Erscheinungsbild stand in scharfem Kontrast zu den Bewegungen, die er auf der Bühne aufführte. Zum *Up-tempo*-Beat eines R&B-Stückes drehte der achtzehnjährige Afroamerikaner seinen massigen Körper auf den Fußballen hin und her, führte dazu gegenläufige Bewegungen mit dem Becken aus, ließ die Arme aus den Ellbogen pendeln und sprang ab und zu in die Höhe. »Come on, everybody«, rief er dazu immer wieder ins Mikrofon, »let's do the Twist!«[1]

Nur wenige Fernsehzuschauer dürften an jenem Augustabend geahnt haben, dass der Tanz, der in diesem Moment erstmals ein nationales Fernsehpublikum erreichte, einmal als »vielleicht der populärste Tanz der Rock-Ära« gelten würde.[2] Von der Geschichtsschreibung ist er bislang kaum beachtet worden. Das liegt auch daran, dass die frühen sechziger Jahre im Vergleich zum »halbstarken« Rock'n'Roll der Jahre 1955 bis 1958 als eine in musikalischer Hinsicht eher unwichtige Epoche gelten, die von »süßlichen Schnulzen und lauwarmer Dutzendware« dominiert gewesen sei.[3] Auch gesell-

1 Online: ⟨https://youtu.be/xbKoC9AYMd8⟩, letzter Zugriff 18.05.2017; vgl. die Fotos in: Klaus Plaumann (Hg.), *Rock'n'Roll Music*, Frankfurt/M. ²1991, S. 351 u. S. 397.

2 Colin Larkin (Hg.), *The Encyclopedia of Popular Music*, 10 Bde., New York ⁴2006, s. v. »Twist«, Bd. VII, S. 5546.

3 Vgl. »Wird der Rock'n'Roll abserviert?«, in: *Leg Auf. Die große deutsche Schallplattenillustrierte* 1 (1959), S. 4. Vgl. auch F. Fifka, *Rockmusik in den 50er und 60er Jahren. Von der jugendlichen Rebellion zum Protest einer Generation*, Baden-Baden

schaftlich werden die Sixties als »Transformationsphase« meist von ihrem Ende her gedacht, das heißt von den Studentenrevolten des Jahres 1968 ausgehend interpretiert. Der Twist wird in der Regel allenfalls als Kronzeuge für dieses Verdikt herangezogen: als eine belanglose, kommerzielle Massenunterhaltung ohne substanzielle gesellschaftliche Bedeutung. Wird er überhaupt einmal in der Literatur erwähnt, so gilt zumeist noch immer Chubby Checker als sein alleiniger Erfinder.[4]

Dieses Kapitel analysiert die Entstehung, Verbreitung und Skandalisierung des Twist. Damit zeichnet es exemplarisch Konfliktlinien nach, die soziale Dissonanz hervorbrachten, aber auch wesentlich zu Verbreitung und Etablierung des Tanzes beitrugen. Tänze haben als Modi nonverbaler Kommunikation, als performative Körperpraktiken und als Formen theatraler Aufführung das Interesse nicht nur der Kultur-, sondern auch der Geschichtswissenschaften gefunden. Mit ihren komplexen Regularien gelten sie als sozial konstitutive Rituale, die zunächst kultischen Zwecken dienten, schon in vormodernen Zeiten aber auch der rituellen Formierung gesellschaftlicher Großgruppen, etwa der höfischen Gesellschaft. Tänze waren überdies Aushandlungsmedien der Grenzen von *race* und *gender*.[5] Im 20. Jahrhundert waren Tanzflächen als Freiräume markiert, die partiell anderen Regeln und Normen unterworfen waren als denjenigen, die in der Arbeits- und Alltagswelt galten. Sie fungierten als Arenen der Transkulturation, aber auch als Konfliktfelder medialer Skandalisierung, körperlicher Kontrollregime und polizeilicher Intervention.[6]

Die Vorgeschichte des Twist reicht bis weit in die erste Hälfte des 19. Jahrhunderts zurück. Als Beschreibung eines Tanzschrittes lässt sich der Begriff *twist* bis in die Musik afrikanischer Sklaven auf den Baumwollplantagen der amerikanischen Südstaaten zurück-

2007, S. 57; Peter Wicke, *Von Mozart zu Madonna. Eine Kulturgeschichte der Popmusik*, Frankfurt/M. 2001, S. 207-229.

4 Checker selbst stilisiert sich auf seiner Website zum alleinigen Erfinder des Twist, siehe ⟨http://chubbychecker.com/bio.asp⟩, letzter Zugriff 18. 05. 2017.

5 Vgl. exemplarisch Linda J. Tomko, *Dancing Class. Gender, Ethnicity, and Social Divisions in American Dance, 1890-1920*, Bloomington, Indianapolis 1999, S. 212-220.

6 Zum Begriff der Transkulturation vgl. Fernando Ortiz, »Transculturation and Nationalism«, in: Rafael Rojas (Hg.), *Essays in Cuban Intellectual History*, New York 2008, S. 43-64.

verfolgen.[7] Das als *twisting* bezeichnete Drehen des Körpers auf den Fußballen bei gegenläufigen Bewegungen des Beckens weist darüber hinaus starke Ähnlichkeiten mit Tänzen westafrikanischer Stammeskulturen auf.[8] Seine Ursprünge liegen damit in dem von Paul Gilroy als *Black Atlantic* charakterisierten transnationalen Kulturraum, der drei Kontinente umfasst.[9] Schon für das Jahr 1844 sind transatlantische Transfers dokumentiert: Tänzer, die von afrikanischen Sklaven abstammten, hatten in Schottland und England den »Grape Vine Twist« vorgeführt. Weitere Spuren fanden sich in Tänzen wie dem »Messin' Around« von 1912 oder im »Baltimore« von 1928.[10] Auch in Deutschland war bereits in den Dreißigern ein Tanz namens »Twist« bekannt.[11]

4.1.1. Vom Black Atlantic in den American Bandstand

Die erste bekannte Tonaufnahme eines Musikstückes, das in direkter Linie zum späteren Modetanz steht und zudem den Titel »The Twist« trägt, datiert aus den späten fünfziger Jahren. Sie stammt jedoch nicht von Chubby Checker, sondern von dem R&B-Musiker Hank Ballard. Das zweieinhalbminütige Stück, das er am 6. April 1959 veröffentlichte, war aufgrund von Rhythmik, Tempo und Lyrics sofort als Tanznummer erkennbar.[12] Zwar firmiert Ballard auf dem Plattencover als Urheber von Musik und Text, doch tatsäch-

7 Vgl. Stephanie M. H. Camp, »The Pleasures of Resistance. Enslaved Women and Body Politics in the Plantation South 1830-1861«, in: *The Journal of Southern History* 68 (2002), S. 533-572.

8 Vgl. Katrina Hazzard-Gordon, *Jookin': The Rise of Social Dance Formations in African-American Culture*, Philadelphia 1990, S. 19, S. 83 u. S. 170. Gegenläufig bewegte Körperteile gelten als »Charakteristikum afrikanischer Tanztechnik«, Astrid Kusser, *Körper in Schieflage. Tanzen im Strudel des Black Atlantic um 1900*, Bielefeld 2013, S. 14.

9 Vgl. Paul Gilroy, *The Black Atlantic. Modernity and Double Consciousness*, London, New York ^{3}1996 (1993), bes. S. 72-110.

10 Vgl. Jim Dawson, *The Twist. The Story of the Dance that Changed the World*, London 1995, S. 1-4; Marshall Stearns, Jean Stearns, *Jazz Dance. The Story of American Vernacular Dance*, New York 1968, S. 4 u. S. 106-107.

11 Eine direkte Kontinuität bis in die 1960er Jahre lässt sich allerdings nicht belegen. Vgl. Linda Braun, *Experiencing Ragtime and Jazz in Germany, 1890-1945* [Diss. in Vorb. John's Hopkins Univ.]. Ich danke der Autorin für den Hinweis.

12 Hank Ballard & The Midnighters, »The Twist«/»Teardrops On Your Letter« (US 1959) King 5171.

lich wurde das Stück von dem Gospel-Musiker Joseph »Brother Jo Jo« Wallace um 1956 sowohl komponiert als auch getextet.[13] Wallace war mit seiner Gesangsgruppe The Sensational Nightingales auf Spirituals spezialisiert. Im Text seiner Urversion des Twist beschrieb er Tanzbewegungen, die als sexuelle Anspielungen interpretiert werden konnten.[14] Die Gospelgruppe hatte das Stück daher als »zu weltlich« abgelehnt und es nicht in ihr Repertoire aufgenommen.[15] Erst Hank Ballard war bereit, den Titel einzuspielen. Der gebürtige Detroiter verfügte bekanntermaßen über ein Händchen für eingängige Melodien und hatte auch mehrfach bewiesen, dass er Verstöße gegen Sitten und Gebräuche nicht scheute.

Eine seiner ersten Platten, »Work with me Annie«, enthielt bereits zweideutige Zeilen – »Annie, please don't cheat, give me all my meat!« – und war daher 1954 von etlichen Radiostationen auf den Index gesetzt worden.[16] Als Ballard das erste Demo von »The Twist« aufnahm, unterzog er die Version von Wallace einigen Modifikationen.[17] Einerseits erhöhte er das Tempo des ursprünglich als 12-bar-Blues komponierten Stücks, und andererseits desexualisierte er den Text – ein Übersetzungsverfahren, das zuvor bereits von Rock'n'Roll-Musikern wie Bill Haley oder Elvis Presley mit Rücksicht auf die herrschenden Moralvorstellungen und Boykottpraktiken der auf die weiße Mittelschicht zielenden Radiosender praktiziert worden war.[18] Aus dem »up and down« der Wallace-Fassung wurde so auf Ballards Bandaufnahme das unverfänglichere »around and around«.[19]

Am 11. November 1958 nahm Ballard den Twist im King-Studio in Cincinnati, Ohio, unter professionellen Bedingungen auf. Die Demoversion veränderte er stärker zum Tanzstück, indem er

13 Zu Gospel vgl. Philip H. Ennis, *The Seventh Stream. The Emergence of Rocknroll in American Popular Music*, Hanover, London 1992, S. 71-98.

14 Vgl. zum afroamerikanischen Ursprung des Tanzes: Thomas F. DeFrantz, *Dancing Many Drums. Excavations in African American Dance*, Madison 2002, S. 171.

15 Joe Cook, der Sänger der Gruppe Little Joe and The Thrillers, erinnert sich, dass ihm Wallace das Stück bereits 1956 anbot. Vgl. *EPM*, s. v. »Twist«.

16 Was ihn nicht daran gehindert hatte, ein Follow-up mit dem beziehungsreichen Titel »Annie Had A Baby« herauszugeben (Federal 12195).

17 Daran erinnerte sich Cal Green, der zeitweilige Gitarrist von Hank Ballard, im Jahr 1988. Vgl. *EPM*, s. v. »Twist«.

18 Vgl. oben, Kap. 3.1.5.

19 Dawson, *The Twist*, S. 12.

sie shuffelte. Das Mitte der vierziger Jahre gegründete Label King war zunächst auf Hillbilly-Musik spezialisiert, hatte aber bald eine Sparte für »race«-Musik eröffnet, die von dem Produzenten Henry Glover geleitet wurde. Anfang der Sechziger wurden viele schwarze Musiker infolge des *Color-line*-Rassismus, der den Musikmarkt der Jahrzehnte davor gespalten hatte, noch immer von weißen Produzenten vermarktet.[20] Glover ließ den Twist erstmals auf Vinyl pressen. Der Honking-Sound, der auf der Jahrzehnte später wiedergefundenen, unveröffentlichten Demoaufnahme noch das Saxophonsolo dominiert hatte, wurde von dem Studiomusiker Ray Felder deutlich zurückgenommen.[21] Das Stück klang damit weit weniger nach R&B als zuvor; dem an der Studioaufnahme mitwirkenden Gitarristen Cal Green zufolge war es nun »beinahe Country«.[22] Besondere Chancen räumte Glover dem Stück offenkundig nicht ein, da er es auf die B-Seite einer Single pressen ließ. Die A-Seite hatte er für eine von ihm selbst geschriebene langsame Ballade mit dem Titel »Teardrops on Your Letter« reserviert. Der kommerzielle Erfolg der Platte war respektabel, aber nicht spektakulär: Nach Erscheinen im Januar 1959 hielt sich das Titelstück der A-Seite kurzzeitig in der Top-100 in den Billboard R&B Charts. Als Radio-DJs zunehmend die B-Seite zu spielen begannen, kletterte »The Twist« im April in die Rundfunkcharts, hielt sich dort immerhin für zehn Wochen, zeitweise auf Platz 16.[23] Eine zweite Chance

20 Vgl. Gerri Hirshey, *Nowhere To Run. The Story of Soul Music*, New York 1994, S. 61.

21 Vgl. zum »Honking« oben, Kap. 3.1.2.

22 Dawson, *The Twist*, S. 11-12.

23 Die *Rhythm&Blues Billboard Charts*, die bis Juni 1949 als *Race Charts* firmierten und später in den *Hot R&B/Hip-Hop Songs* aufgingen, bedienten sich in den 1950er Jahren unterschiedlicher Verfahren. Wurden in den seit 1942 erscheinenden Verkaufscharts Singles nur unter ihrem Haupttitel (meist der A-Seite) erhoben, so boten zwei Neuerungen die Möglichkeit, den Erfolg einzelner Titel zu unterscheiden: die seit 1945 ermittelten *Juke-Box-Charts* und das seit Januar 1955 bestehende Ranking *Most Played by R&B Disk Jockeys*. Für die Popularität von Hank Ballards *Twist* unter Afroamerikanerinnen spricht der Umstand, dass die Platte in den als Pop-Charts geltenden *Billboard's Hot 100* Platz 87 belegte, die B-Seite sich aber überraschend in den *Rhythm & Blues Charts* hocharbeitete, wie John A. Jackson hervorhebt: *American Bandstand. Dick Clark and the Making of a Rock'n'Roll Empire*, New York, Oxford 1997, S. 217. Vgl. auch Joel Whitburn (Hg.), *Billboard Top R&B Singles 1942-1999*, Wisconsin 2000, S. vii-ix, S. 20. (Das Nachschlagewerk greift auf alle drei Rankings zurück, ohne diese jeweils einzeln auszuweisen.)

erhielt »The Twist« im Sommer 1960, dieses Mal auf der A-Seite einer Single auf dem Plattenlabel Parkway Records und gesungen von Chubby Checker.[24] Dieses Pseudonym verwendete der 1941 in Philadelphia geborene Ernest Evans, der auf einem Geflügelmarkt gearbeitet hatte, bevor er dem Songwriter Kal Mann vorgestellt wurde und eines seiner Stücke aufnahm. »Entdeckt« hatte ihn der Fernsehmoderator Dick Clark, der Checker dazu brachte, es mit dem bereits aus der Hitparade verschwundenen Stück noch einmal zu versuchen.

Checkers Neuaufnahme, die am 8. August 1960 erschien, zeugt von keinerlei Ambition, dem Original von Ballard eine neuartige musikalische Interpretation angedeihen zu lassen.[25] Der entscheidende Unterschied lag in der Unterstützung des Interpreten durch den Medienprofi Dick Clark. Clark bot dem Tanz ein überregionales Forum: Er spielte den Twist nicht nur im *American Bandstand*, sondern räumte Checker auch Auftritte in seiner Wochenendsendung *The Dick Clark Show* ein, die aus Manhattan zur Primetime am frühen Abend gesendet wurde. Checkers Performance wurde ein Erfolg, und ein Kritiker bemerkte, der Sänger habe keine Mühe gescheut, seinen Texten auch Taten folgen zu lassen: »Shake, Baby, shake.«[26]

Sendungen wie *American Bandstand* bezogen einen beträchtlichen Teil ihrer Attraktivität aus der Präsentation von Musikstücken und konnten diesen in die Charts verhelfen, was sich dann auch für den Moderator Dick Clark auszahlen konnte, der an einigen der Hit-Singles finanziell beteiligt war.[27] Ob er bei der Neuproduktion des »Twist« auch kommerzielle Eigeninteressen jenseits der Legalität verfolgte, ist nicht belegt. Im Zuge des *Payola*-Skandals

24 Chubby Checker, »The Twist«/»Toot« (US 1960) Parkway 811 [45].

25 Sein mimetisches Talent hatte Checker auf seiner ersten, für Clark produzierten Single bewiesen, auf deren B-Seite er Größen des Rock'n'Roll imitiert. Vgl. Chubby Checker, »Schooldays, Oh Schooldays«/»The Class. Chubby Checker imitating Fats Domino, The Coasters, Elvis Presley & The Chipmunks« (US 1958) Parkway 804 [45].

26 Mimi Clar, »Dick Clark Show. Bowl Rock'n'Roll Delights Teenagers«, *LAT* (13.08.1961), S. 3.

27 Etwa die Single von Danny & The Juniors, »At The Hop« / »Sometimes (When I'm All Alone)« (US 1957) ABC-Paramount 9871 [45], die 1958 Platz 1 der Charts erreichte, vgl. dazu Jackson, *American Bandstand*, S. 210 sowie ebd., Appendix II, S. 291.

war auch eine Überweisung von 7000 Dollar des Labels Cameo Parkway an Clark bekannt geworden, und zwischenzeitlich ging der Begriff »Clarkola« durch die Presse, doch Clark überstand die Untersuchungen weitgehend unbeschadet.[28] Seine Beteiligungen an Plattenfirmen musste er daraufhin verkaufen, allerdings gibt es Stimmen, denen zufolge er tatsächlich ein stiller Teilhaber geblieben war.[29]

Befördert durch seine Fernsehpräsenz, erreichte »The Twist« abermals die Single-Verkaufscharts, hielt sich monatelang auf den vorderen Plätzen und war zwischenzeitlich sogar auf Platz eins.[30] Danach versuchte sich Checker mit »Pony Time« an einer weiteren Coverversion.[31] Nachdem der dazugehörige Tanz, in dem Checker in der Tradition von *animal dances* pantomimisch ein tänzelndes Pferd imitierte, sich nicht durchzusetzen vermochte und die Platte nach elf Wochen in den Charts ihren kommerziellen Zenit überschritten hatte, schrieb der Songwriter Kal Mann das Stück »Let's Twist Again«.[32] Das Resultat, das mit Textzeilen wie »do you remember when / things were really hummin', / yeah, let's twist again, / twistin' time is here« den Erfolg vom Vorjahr beschwor und damit zu wiederholen trachtete, wurde der Sommerhit des Jahres 1961 und hielt sich von Juli bis September in der Top-100 der Singlecharts.[33] Hatte Checkers »The Twist« sich bereits rund eine Million Mal verkauft, so brachte das Revival es nun auf weitere 500 000 verkaufte Platten.[34]

28 Vgl. zu den Vorwürfen gegen Clark ausführlich: Jackson, *American Bandstand*, S. 168-194 sowie Frederic Dannen, *Hit Men: Powerbrokers and Fast Money Inside the Music Business*, London 2003. Vgl. zum *Payola*-Skandal oben, Kap. 3.6.6.

29 Vgl. Dick Clark, *Rock, Roll and Remember*, New York 1978, S. 140; R. Serge Denishoff: *Solid Gold. The Popular Record Industry*, New Brunswick, London 1985, S. 224-231.

30 Vgl. *Billboard Top R&B Singles*, s. v. »Checker«, S. 76.

31 Von Don Convay & the Goodtimers. Vgl. *Billboard Top R&B Singles*, s. v. »Conway«, S. 76.

32 Mimetische Animal Dances hatten eine lange Tradition bis ins 19. Jahrhundert. Vgl. Mark Knowles, *The Wicked Waltz and Other Scandalous Dances. Outrage at Couple Dancing in the 19th and 20th Century*, Jefferson 2009, S. 61.

33 Ebd.

34 Vgl. *Melody Maker* (09. 12. 1961), S. 11.

4.1.2. Peppermint Twist: Der Teenage-Craze als Gesellschaftstanz

Maßgeblich zur Verbreitung des Sommerhits trug das Medieninteresse an einem New Yorker Club bei, der Peppermint Lounge. Das Tanzlokal in Midtown Manhattan an der West 45th Street hatte sich in den fünfziger Jahren auf Rock'n'Roll spezialisiert und wurde von Matrosen, Motorradfahrern und Prostituierten frequentiert, wie der Schriftsteller Tom Wolfe in einem seiner Feuilletons festhielt: »Außer Bienenkorbfrisuren-Babys mit ihren Stretchhosen, flauschigen Pullis und Dick Tracy-Augen waren da auch Jungens mit Presley-, Big Bopper-, Tony Curtis- und Chicagoer Boxcar-Frisuren.«[35] Als Hausband war die multiethnische Tanzkapelle The Starliters engagiert, die von dem italienischstämmigen Geschichtsstudenten und Leadsänger Joseph DiNicola geleitet wurde.[36] Unter dem Pseudonym Joey Dee hatte er sich auf das Covern von Hits spezialisiert, unter anderem auch von »The Twist«.

Die unerwartete Beliebtheit des Tanzes beim dem Teenageralter deutlich entwachsenen Publikum der New Yorker Bar erregte das Interesse der Klatschpresse, befördert durch eine PR-Strategie des Clubmanagements, das sich aktiv um die Berichterstattung bemüht hatte.[37] Die Peppermint Lounge fand als vermeintlicher Geburtsort einer neuen Tanzmode mehrfach Erwähnung in den Gesellschaftskolumnen der Presse. »Der Twist ist der neueste *teenage dance craze*«, schrieb etwa der Gesellschaftskolumnist des *New York Journal-American* und ergänzte: »Aber man muss kein Teenager sein, um den Twist zu tanzen.«[38] Wenige Tage später besuchte die Modekolumnistin der *New York Herald Tribune* das Lokal, und binnen kurzem berichtete auch die überregionale Presse. Im nationalen Magazin *Newsweek* hieß es, der Twist, »eine Rock'n'Roll-Komödie des Eros«, habe die Peppermint Lounge »in

35 »Back to the Peppermint Lounge«, zuerst in der *New York Herald Tribune.* Siehe Tom Wolfe, *Das bonbonfarbene tangerinrot-gespritzte Stromlinienbaby*, Reinbek bei Hamburg 1968, S. 58-62, hier: S. 59.

36 Die Band firmierte zeitweise auch in der Schreibweise (The) Starlighters.

37 Vgl. Dawson, *The Twist*, S. 49.

38 Zit. nach ebd., S. 50. Als Cholly Knickerbocker (d. i. Igor Cassini) 1960 im *Journal-American* dies über den Twist schrieb, sei der Tanz bei den amerikanischen Teenagern jedoch schon »durch« gewesen, so Stearns/Stearns, *Jazz Dance*, S. 4.

einen Schmelztiegel für Prominente, Matrosen und Geschäftsleute verwandelt«.[39]

Infolge der Berichterstattung zog der Club zunehmend das Premierenpublikum des unweit gelegenen Broadways an, darunter etliche Persönlichkeiten aus dem Showbusiness. Ein Kommentator der *New York Times* beschrieb die »Szene eines grotesken Schaubildes, jede Nacht [...] Greta Garbo, Noel Coward, Elsa Maxwell, Tennessee Williams, der Duke of Bedford und die Countess Bernadotte – oft im Smoking oder Dior-Kleid – mit Matrosen, lederbejackten Herumtreibern und Mädchen in Torerohosen um den Eintritt in den grellbunt dekorierten Innenraum der Peppermint Lounge wetteifernd«.[40] Ein anderer Beobachter fühlte sich erinnert an »Charm, Lärm, Geruch und Unordnung eines überfüllten Zoos«.[41] Das Faszinosum bestand darin, dass an diesem Ort jugendliche Subkultur auf »High Society« in Gestalt der Prominenten aus den Klatschspalten traf, weswegen ein Kolumnist die Szene mit dem Harlem der Roaring Twenties verglich.[42]

Joey Dee & The Starliters avancierten schnell zur bekanntesten Twist-Kapelle und erhielten zahlreiche gutdotierte Engagements, beispielsweise auf einer Fundraising-Party der Modeindustrie im New Yorker Metropolitan Museum of Art, dessen Direktor einem Bericht des Reporters Gay Talese zurfolge entsetzt über die Unterleibsbewegungen zwischen den Gemälden von Rembrandt und Cézanne war.[43] Auch die Musikwirtschaft reagierte mit zahlreichen Produktionen, darunter eine Aufnahme von Joey Dee, der den »Peppermint Twist« 1961 einspielte. Kurz darauf erschien das Album *Doin' the Twist at the Peppermint Lounge*, das nach Dees Aussage vor Ort mit nur einem einzigen Mikrophon im Schnelldurchgang aufgenommen worden war. Ende 1961 kam mit *Hey, Let's Twist!* der Film zur Erfolgsgeschichte der Bar in die Kinos. Joey Dee und seine Starliters spielten in Nebenrollen sich selbst,

39 Zit. n. Dawson, *The Twist*, S. 50.

40 Arthur Gelb, »Habitues of Meyer Davis Land Dance The Twist/Cafe Society Voyages West of 5th Ave. to Pursue Fad/Peppermint Lounge Provides Required Rock'n' Roll«, in: *NYT* (19. 10. 1961), S. 37 u. S. 39.

41 Zit. n. Dawson, *The Twist*, S. 51-53.

42 Gelb, »Habitues of Meyer Davis Land Dance The Twist«.

43 Gay Talese, »Twist Danced at Metropolitan as Director Watches in Dismay«, in: *NYT* (21. 11. 1961), S. 41.

während der eigentliche Hauptdarsteller des an Handlung und bekannten Stars armen Films der Twist selbst war.[44] Anlässlich der Besprechungen der deutschen Fassung *Twist ... daß die Röcke fliegen* bemängelte der Kritiker der *FAZ* daher, dass ihm die Namen der Darsteller Joey Dee oder Jo Ann Campbell ebenso wenig sagten wie deren »wohlfrisierte Köpfe«.[45]

War der Twist anfangs das Produkt kleinerer Labels wie King, Cameo Parkway oder Roulette, so versuchten nach seinem neuerlichen Comeback als Medienereignis und Tanzmode auch die großen Plattenfirmen an seinem Erfolg zu partizipieren. Zu Beginn des Jahres 1962 erschienen vermehrt Twist-Platten bei Majorlabels. Im März 1962 waren fünf der meistverkauften 30 Singles der USA Twist-Stücke, und in den britischen Single-Charts hielten sich sechs Schallplatten, die den Twist im Titel führten und bei Branchenriesen wie R.C.A., Columbia, Philips und London erschienen waren.[46] Dazu ließen die Produzenten nun bekannte Entertainer aus anderen Genres Twist-Stücke aufnehmen. Der Rockabilly-Musiker Jerry Lee Lewis spielte ein Stück mit dem Titel »I've Been Twistin'« ein, die Plattenfirma Atlantic produzierte ebenso schnell das Album *Do The Twist With Ray Charles*, das die bekannten Hits des R&B-Sängers in rhythmisch nur geringfügig auf Twist hin modifizierten Versionen enthielt.[47] Selbst Frank Sinatra, der wenige Jahre zuvor noch gegen neue Moden wie den Rock'n'Roll polemisiert hatte, nahm nun ein Twist-Stück auf, was eine Branchenzeitung zu dem Statement veranlasste: »Na gut – wir geben auf. Der Twist ist definitiv angekommen. Wenn der King runter auf den Boden geht und mit der Masse twistet, was könnten wir anderes tun, als uns zu unterwerfen?«[48]

Im Winter 1961 organisierte ein Plattenlabel schließlich eine Europa-Tournee mit den bekanntesten amerikanischen Vertretern

44 Vgl. »Hey, Let's Twist!«, in: *Internet Movie Database* (IMDB), ⟨http://www.imdb.com/title/tt0054971/⟩, letzter Zugriff 18.05.2017.

45 G.V., »Cinema. ›Twist ... daß die Röcke fliegen‹«, in: *FAZ* (06.01.1962), S. 42.

46 Vgl. *Record Retailer and Music Industry News* (08.03.1962).

47 Vgl. Jerry Lee Lewis and his pumping piano, »I've Been Twistin'/Ramblin' Rose«, Sun Records 374 [45]; Ray Charles, *Do The Twist With Ray Charles* (US 1961) Atlantic Records 8054 [LP].

48 Frank Sinatra, »Ev'rybody's Twistin'«/»Nothing But The Best« (US 1962) Reprise R.20063 [45]. Das Stück kam aber im Las-Vegas-Bigband-Sound daher und distanzierte sich in den Lyrics von den schnellen Wechseln der Moden. Das Zitat stammt aus: »Are Modernists Taking to the Twist«.

der neuen Musik. »Der Twist hat Amerika im Sturm genommen. [...] Viele Nachtclubs schwenken auf eine Twist-Politik ein und engagieren Rockbands für die Twister«, berichtete der britische *Melody Maker* in einem Artikel über »Chubby, the Twist man«.[49] Im Vorfeld der bevorstehenden England-Premiere hoffte man beim Plattenlabel Cameo Parkway auf eine Wiederholung der jüngeren Popgeschichte: »Die neue amerikanische Tanzsensation ›The Twist‹ könnte durchaus ein ähnlicher *craze* werden wie der Charleston. Und sie könnte aus Chubby einen weiteren Presley machen«, hoffte der für Europa verantwortliche Produzent des amerikanischen Labels im Interview.[50] Das Line-up bei Checkers Auftritten in Europa war divers: Im Programm fanden sich Rock'n'Roller wie der Gitarrist Duane Eddy, mit den Saxophonisten Ronnie Scott und Kathy Stobart aber ebenso Solistinnen aus der Jazz-Szene. Der Twist wurde so als Mittler zwischen dem als proletarisch klassifizierten Rock und dem avantgardistisch codierten Modern Jazz positioniert. Auch die Jazz-Clubs öffneten sich nun dem Twist. Im März 1962 stellten Clubs der Modern Jazz Enthusiasts' Society in mehreren britischen Städten ihre Bühnen den sich nun überall formierenden Twist-Kapellen zur Verfügung.[51]

Der Erfolg der Peppermint Lounge hatte zu zahlreichen Kopien geführt. »Die Peppermint Lounge ist synonym mit dem Twist, und während die Twist-Verrücktheit das Land mehr und mehr in die Zange nimmt [...], schießen Peppermint Lounges oder Nachahmerlokale wie Pilze aus dem Boden«, schrieb in den *liner notes* des Live-Albums *Twistin' at the Miami Beach Peppermint Lounge* der Produzent Henry Glover, der in einer lizenzierten Filiale das Konzept selbst nach Florida exportiert hatte.[52] Unterdessen startete Bill Haley, der Altstar des Rock'n'Roll, eine zweite Karriere als »King of Twist« in Mexiko.[53] Auch in Europa etablierten sich in größeren Städten Nacht- und Tanzclubs als Twist-Lokale. In den Jazz-Clubs des Londoner Bezirks Soho hatte der Twist andere Tänze verdrängt, und im Londoner Vorort Ilford versuchte die luxuriöse Bar Twist at

49 *Melody Maker* (09.12.1961), S. 11.

50 *Melody Maker* (04.11.1961), S. 1.

51 »Are modernists taking to the Twist?«, in: *Melody Maker* (31.03.1962), S. 11.

52 The 7 Blends, *Twistin' At The Miami Beach Peppermint Lounge With The 7 Blends*, Roulette R 25172 [LP].

53 Vgl. Bill Haley Y Sus Cometas, *Twist* (MX 1961) Discos Dimsa DML 8255 [LP].

the Top in der obersten Etage eines Hochhauses mit einem Sieben-Tage-die-Woche-Twist-Programm an den Erfolg der New Yorker Lokalität anzuknüpfen.[54] Dem Bericht eines Korrespondenten zufolge verdrängte der Twist auch in Paris bereits 1961 seine Vorgänger Cha-cha-cha und Merengue.[55]

4.1.3. *Don't Knock The Twist*: Kino ohne Krawall

Da der Rock'n'Roll international maßgeblich durch das Kino verbreitet worden war, lag es nahe, Ähnliches mit dem Twist zu versuchen. Columbia Pictures produzierte 1961 einen Film, der das erste reine Rock-Movie *Rock Around The Clock* nicht nur im Titel, sondern auch inhaltlich kopierte. *Twist Around The Clock* wurde allerdings kein Publikumserfolg und trug zur Verbreitung des Tanzes nicht viel bei.[56] In Italien drehte Adriano Celentano, der sich zuvor bereits einen Namen als »italienischer Elvis« gemacht hatte, ein *musicarello*, in dem er mit seiner Band die Riviera entlang tourt und bei Twist-Rhythmen allerlei Raufereien mit der örtlichen Jugend bestehen muss.[57] Trotz dieses und anderer Versuche kam das Musikkino der Twistbewegung noch nicht einmal ansatzweise an den Erfolg des Rock'n'Roll-*Craze* heran. Weit wirkmächtiger dürften Kassenschlager anderer Filmgenres gewesen sein, die den Tanz eher nebenbei aufnahmen.[58]

Wo genau die Tanzbewegungen entstanden sind, lässt sich – wie bei den meisten Tänzen – nicht genau ausmachen. Die Moves, die Checker erstmals vor einem großen Fernsehpublikum demonstrie-

54 Vgl. *Melody Maker* (17.02.1962), S. 3.

55 Vgl. Robert Alden: »French Dancers Import the Twist; But Many Critics Denounce Rock'n' Roll Influence«, in: *NYT* (29.10.1961), S. 9.

56 EPM, s. v. »Twist Around The Clock«, Bd. VII, S. 5546.

57 *Uno Strano Tipo* (IT 1963, R: Lucio Fulci). Unter *musicarello* wird die spezifisch italienische Variante eines handlungsarmen Musikfilmes verstanden. Vgl. Jacopo Tomatis, »›This Is Our Music‹: Italian Teen Pop Press and Genres in the 1960s«, in: *IASPM Journal* 4 (2014), S. 24-42, hier: S. 26. Zu Celentano siehe oben, Kap. 3.1.6.

58 So enthielt der Soundtrack des ersten James-Bond-Filmes *Dr. No*, der 1962 weltweit Rekorde an den Kinokassen brach, das Instrumentalstück »Twistin' With James«, und selbst Miss Marple – gespielt von der 71-jährigen Margaret Rutherford – twistete im Abendkleid in: *Murder At The Gallop* (GB 1963, R: George Pollock), TC 01:06-01:07:50.

te, gelten jedoch als Grundlage für den später verbreiteten Massentanz. Checker selbst lieferte in Dick Clarks Fernsehshow eine anschauliche Anleitung: »Tu einfach so, als würdest du deinen Körper mit beiden Händen mit einem Handtuch abreiben während du aus der Dusche kommst und dabei mit beiden Füßen eine Zigarette austrittst.«[59] Es spricht einiges dafür, dass es sich bei den afroamerikanischen Wurzeln weniger um eine *invention of tradition* (Hobsbawm) handelt.[60] Die Musikindustrie setzte bei der Vermarktung des Twist nicht darauf, ihn als »authentischen« (afro-)amerikanischen Tanz zu promoten, im Gegenteil: Songwriter, Arrangeure und Filmemacher übersetzten den Tanz schnellstmöglich in andere Nationalkulturen, transponierten ihn in ästhetische Schemata (zum Beispiel Schlager) und brachten ihn in die Nähe von bereits etablierten Tanzmusiken, etwa den »Latin Standards«.[61] Dennoch waren die Twist-Moves nicht gänzlich neu. Als Element von Bühnenshows gehörten sie bereits zum Bewegungsrepertoire von Rock'n'Roll-Musikern. Ein Kritiker stellte daher die rhetorische Frage, wenn der Twist tatsächlich neu sei, was für Bewegungen denn dann der als »Pelvis« berüchtigte Elvis Presley schon Jahre zuvor in der Ed-Sullivan-Show aufgeführt habe.[62] Doch auch wenn Checkers Bewegungen bereits von Rock'n'Roll-Musikern auf der Bühne praktiziert wurden, waren sie noch nicht als Tanzflächenstandard etabliert.

Die Durchsetzung des Twist auf den Dancefloors verlief weit konfliktreicher als sein Einzug in die Charts. Das Verhalten auf dem Parkett wurde Anfang der sechziger Jahre von einem ganzen Bündel sozialer Normierungen und festgelegter Konventionen geregelt, die in Benimmbüchern und Tanzanleitungen niedergelegt waren. Besonders streng waren die »Sitten«, die Geschlechterrollen

59 Dawson, *The Twist*, S. 34.

60 Mit *invention of tradition* wird die nachträgliche Erfindung angeblicher Ursprünge bezeichnet, die der Legitimation dient, »ein Set von Praktiken, […] die darauf zielen, bestimmte Werte und Verhaltensnormen durch Wiederholung einzuüben, was automatisch eine Kontinuität mit der Vergangenheit impliziert«. Vgl. Eric Hobsbawm, Terence Ranger, *The Invention of Tradition*, Cambridge 1992, S. 1; Aleida Assmann, *Lexikon Geschichtswissenschaft. Hundert Grundbegriffe*, Stuttgart 2002, s. v. »Tradition«, S. 289-290.

61 Etwa auf der LP von Perez Prado, *Twist Goes Latin* (US 1962) RCA Victor LMP/LSP-2524.

62 Vgl. Geoffrey Holder, »The Twist? It's not a Dance«, in: *NYT* (03.12.1961), S. SM78.

festzulegen suchten: Dem »Herren« wurde dabei die aktive Rolle zugewiesen; der »Herr muß zuerst den Raum betreten, denn seine Aufgabe ist es, Plätze zu suchen. Selbstverständlich muß er dabei individuelle Wünsche der Dame berücksichtigen«, heißt es in einer einschlägigen Publikation aus dem Jahr 1957.[63] Nach absolviertem Tanz »bedankt [er] sich mit einem Kopfnicken, bietet ihr den Arm und führt sie zum Tisch zurück. Dort bedankt er sich nochmals mit einer knappen Verbeugung, was sich auch der eigenen Dame gegenüber gehört, rückt ihr den Stuhl zurecht und nimmt erst dann neben ihr Platz.«[64] Vor allzu modischen oder abweichenden Tanzschritten wurde explizit gewarnt.[65] Der Paartanz, bei dem der Mann »führte« und üblicherweise auch die Initiative beim Auffordern der gewünschten Partnerin ergreifen musste, war selbst bei dem zu schneller Rock'n'Roll-Musik üblichen Jive-Tanz die Regel. Seltene Ausnahmen, in denen Männer und Frauen »auseinander« tanzten, waren choreographierte Line-Dances wie Madison, Stroll oder der Bop, ein berührungslos gehüpfter Rock-Tanz, bei dem sich die Partner aber zumeist gegenüberstanden und aufeinander reagierten. Improvisieren im Raum ohne einen zuvor mehr oder weniger förmlich »aufgeforderten« Partner war Mitte des 20. Jahrhunderts nicht nur unüblich; es hätte auch gegen den detailliert formulierten und in Tanzschulen gelehrten Komment verstoßen.

Es ist umstritten, inwieweit Tanz als Spiegel gesellschaftlicher Machtverhältnisse begriffen werden kann. Die mimetischen und parodistischen Elemente ermöglichten auch Umkehrungen und Übertretungen gesellschaftlicher Normierungen, die sogar konstitutiv für viele Tänze waren. Um zu gewährleisten, dass sie im tolerierten Rahmen blieben, wurden Tanzflächen überwacht und kontrolliert. Normverstöße wurden protokolliert und in etlichen Fällen vor Gerichten verhandelt, mitunter auch bestraft. Die kom-

63 Gertrud Kolbe, Friedrich Riese, *Otto, benimm dich!*, Berlin Ost 1957, S. 29. In Bezug auf die Tanzregularien unterschieden sich Bücher aus Ost und West kaum.

64 Dawson, *The Twist, S. 32.*

65 Kolbe/Riese geben ein abschreckendes Beispiel: »Einige möchten sogar beim langsamen Walzer am liebsten Rock'n Roll tanzen. Es sind Jungen in bedruckten Hemden, die von anständigen Mädchen meistens ›Körbe‹ kriegen. Als eine doch einmal aus Versehen mit solch einem Heini tanzte und der sich verrenkte und auf einmal in die Knie ging, ließ sie ihn einfach stehen oder besser hocken, daß ein paar beinahe ›Häschen in der Grube‹ mit ihm spielen wollten. Der hat sich geschämt!« (Ebd., S. 10)

plexen Regime, die Tanzflächen regulierten, beschränkten Frauen keineswegs durchweg auf die passive Rolle, wie mit Recht eingewandt wurde.[66] Doch waren bei den allermeisten Standardtänzen die Rollen des *lead*, der Tanzrichtung und Geschwindigkeit vorgab, und des darauf reagierenden *follower* nach altem Geschlechtermuster verteilt: Männer »führten«, Frauen »folgten«. Diese etablierte Rollenaufteilung brach der Twist auf.

Seine Besonderheit lag darin, dass die Twist-Bewegungen allesamt geschlechtsneutral waren und die Partner sich zwar noch gegenüberstanden, beim Tanzen aber nicht mehr berührten. Diese neuen Bewegungsmuster betrieben in der Konsequenz die schrittweise Auflösung des traditionellen Gesellschaftstanzes. Die *FAZ* bezeichnete ihn deswegen als einen »Antitanz« mit weitreichenden Folgen für das Geschlechterverhältnis: Der Twist schaffe die Führungsrolle des Mannes auf dem Parkett faktisch ab.[67] Zwar waren die Paare noch bestrebt, ihre Bewegungen zu synchronisieren, doch der Twist war eine Bewegung in Richtung eines individualisierten Improvisierens, das schließlich zum weitgehenden Niedergang des Paartanzes auf populären öffentlichen und privaten Tanzflächen führte. (Abb. 49)

Damit ging auch die Abschaffung des förmlichen »Aufforderns« und der aktiven Auswahl des Tanzpartners einher, bis dahin ein Privileg der Männer und nur ausnahmsweise durchbrochen von der »Damenwahl«, die als Besonderheit vom Kapellmeister ausgerufen wurde und meist nur für die Dauer weniger Tänze die Verkehrung dieser festgeschriebenen Rollen erlaubte. Selbst vergleichsweise liberale Benimmbibeln setzten dieser ohnehin nur temporären Wahlfreiheit strenge Grenzen: »Kommt es heutzutage zur Damenwahl, so wählt die wohlerzogene Dame natürlich den Herrn, der sie mitgebracht hat. [...] Aber Zufallsbekanntschaften darf sie nicht so auszeichnen, lieber soll sie sitzen bleiben.«[68] Da sich beim Twist »die Partner nicht berühren dürfen«, seien nun gänzlich neue Konstellationen möglich, argwöhnte eine Kritik in einer deutschen Fachzeitschrift.[69] Noch ein weiterer Aspekt kommt

66 Zum Beispiel von Kusser, *Körper in Schieflage*, S. 94-97.

67 G. V., »Eins links, eins rechts«, in: *FAZ* (16. 12. 1961), S. 41.

68 Hans-Otto Meissner, Isabella Burkhard, *Gute Manieren stets gefragt. Takt, Benehmen, Etikette*, München 1962, S. 281.

69 *Der Musikmarkt*, zit. n. »Twist: Da scheppert's«, in: *Der Spiegel* 1/2 (10. 01. 1962), S. 75.

hinzu: Der Gesellschaftstanz war als allgemein akzeptiertes Eheanbahnungsritual gesellschaftlich legitimiert und somit im Grundsatz heteronormativ codiert. Die Bewegungsmuster des Twist ermöglichten nun das gemeinsame Tanzen außerhalb der heterosexuellen Paarbildung und lösten diese Normierung auf. Tänze zwischen gleichgeschlechtlichen Partnern erregten jedoch Anstoß. »Obwohl genügend weibliche Personen vorhanden sind, tanzen auch laufend männliche Jugendliche zusammen«, notierte etwa 1964 empört ein als Beobachter abgeordneter Mitarbeiter des Volkspolizeikreisamtes am Rande einer Leipziger Tanzfläche.[70]

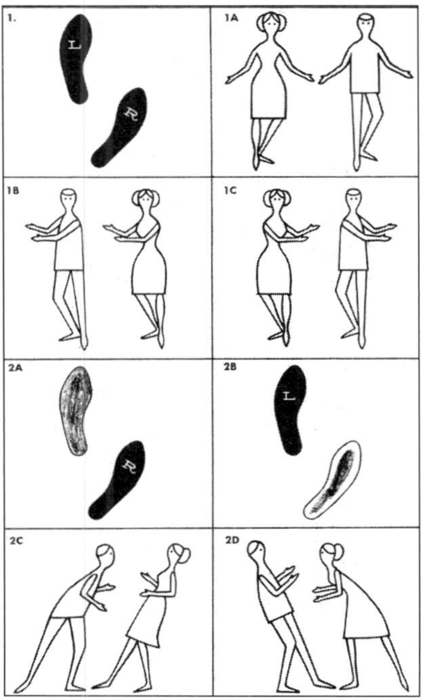

Abb. 49: Abschaffung der Führungsrolle des Mannes: Die geschlechtsneutralen Tanzfiguren des Twist kamen ohne Berührung aus.

70 Sachstandsbericht zur operativen Bearbeitung der Kapelle »The Butlers«, BStU, Lpz AOG 1822/68, Volkspolizeikreisamt Leipzig, 09.09.1964, Bl. 29.

Die Reaktionen auf den neuen Tanz waren dementsprechend kontrovers. Die *FAZ* beschrieb die Ankunft des Twist auf deutschem Boden routiniert im Stile einer Katastrophenmeldung: Der Tanz sei »im Amoklauf« durch Amerika gerast, »wie ein in Brand gesetzter Benzintank« explodiert und »in Frankreich mit der Gewalt einer modernen Atomwaffe« eingeschlagen. Ein Kritiker verglich den Twist, der ihm als »in einen Zuschau-Sport verwandelter synthetischer Sex« galt, mit afrikanischen Tanzritualen: »Vom Anbeginn aller Zeiten war der klassische Weg, männliche Potenz und sexuelle Kraft zu zeigen, ein und dieselbe Unterleibsbewegung. In afrikanischen Fruchtbarkeitstänzen findet man sie nackt.«[71] Solche rassistischen Invektiven waren jedoch eher selten, da der Twist zum Zeitpunkt seiner internationalen Verbreitung weitgehend »seiner ›rassischen‹ Komponenten entkleidet« war.[72]

Twist-Stücke wurden schnell in nationale ästhetische Schemata inkorporiert: Etablierte Sänger interpretierten sie in den jeweiligen Landessprachen und Musikkulturen und transformierten somit das ursprünglich (afro-)amerikanische Genre in den Kanon nationaler Unterhaltungstraditionen. (Abb. 50) Die deutsche Electrola etwa hatte eine witzelnd als Oliver Twist & The Happy Twistler benannte Band das Original von Hank Ballard in deutscher Sprache einspielen lassen. Der Schlagersänger Paul Würges veröffentlichte ein Stück mit dem Titel »Twist ist gut für die Linie«, und Caterina Valente sang den »Peppermint Twist« auf Deutsch.[73] Um auch vom transatlantischen Geschäft zu profitieren, spielte dessen New Yorker Star Joey Dee einige deutschsprachige Twist-Nummern unter Titeln wie »Bitte, bitte, Baby« ein, die er 1963 im Hamburger Star-Club vorstellte.[74] Chubby Checker, der auf den Plattencovern nun als »King of Twist« annonciert wurde, nahm mit dem »La Paloma Twist« eine Version des italienischen Klassikers auf, der bereits als

71 Vgl. *NYT* (03.12.1961), S. SM78.

72 Detlef Siegfried, *Time Is on My Side. Konsum und Politik in der westdeutschen Jugendkultur der 60er Jahre*, Göttingen 2006, S. 123.

73 Vgl. V.A., *Twist in Germany*, W3.

74 Joey Dee, »Bitte, bitte Baby«/»Joey's Party« (US 1963) Roulette RL 4521 [45]; vgl. Peter Brügge, »Wer twistet wird gestempelt«; in: *Der Spiegel* (06.02.1963), S. 48-51.

internationaler Schlager Charterfolge feierte.[75] In London spielten Fats And The Chessmen den »Big Ben Twist« ein.[76] In Frankreich regionalisierte Dick Rivers den Tanz zum »Saint Tropez Twist«, die Rockformation Les Chaussettes Noires spielte frankophon »Le Twist«, und der 18 Jahre alte Jean-Pierre Kalfon avancierte zum *Chopin du Twist*, auch wenn Sprachpuristen den Tanz zu »le touiste« französisierten.[77] Der von der *Bravo* umgehend zum »Twist-König« gekrönte französische Sänger Johnny Hallyday nahm im Frühjahr 1962 eine deutsche Twist-Schallplatte auf und demonstrierte den Tanz im Berliner Jazz-Club »Badewanne«.[78] In ihrer ersten Ausgabe warb die 1961 gegründete französische Schallplattenzeitschrift *Disco revue* auf dem Titel mit dem Alleinstellungsmerkmal »die einzige auf Rock und Twist spezialisierte Zeitschrift weltweit« und porträtierte Stars wie Sylvie Vartan, die als »das Schulmädchen des Twist« beworben wurde.[79] Der Tanz war so erfolgreich, dass eine französische Journalistin bereits im September 1961 prophezeite, der Twist werde den Rock entthronen, noch bevor das Jahr vorbei sei.[80]

75 Chubby Checker, »Slow Twistin'«/»La Paloma Twist« (US 1963) Parkway P-835-8.

76 Fats And The Chessmen, »Big Ben Twist«/»Old MacDonald Had A Twist« (GB o. J.) Pye International 7N 25 112 [45].

77 Vgl. Werbeanzeige im *Melody Maker* (27.01.1962), S. 11. Der Pariser Literaturwissenschaftler René Etiemble empfahl die französisierte Schreibweise, vgl. Bertrand Le Gendre, *1962 l'année prodigieuse*, Paris 2012, S. 211. Zu Kalfon vgl. Jacques Barsamian, François Jouffa, *L'âge d'or du Yéyé. Le rock, le twist, et la variété française des années 60*, Poitiers, Ligugé 1983, S. 136. Les Chaussettes Noires, »Le Twist«, »Rock Des Carts« / »Quand Je Te Vois«, »Petite Sheila« (FR 1961) Barclay 70 417; Les Chats Sauvages avec Dick Rivers, »Twist A Saint Tropez«, »C'est Pas Sérieuz«/»Est-ce Que Tu Le Sais?« / »Oh Boy!« (FR 1962) Pathé EA 569 [EP].

78 Vgl. *Bravo* 9 (04.03.1962), S. 6. Auch in Frankreich war Hallyday als Twist-Performer notorisch. Vgl. Bernard Violet, *Johnny, le rebelle amoureux*, Paris 2003, S. 136.

79 Vgl. *Disco revue* 10 (Mai 1962), S. 7. Zu Vartan vgl. Violet, *Johnny, le rebelle*, S. 115-134.

80 Nicole Hirsch, »Le twist part à l'assaut du rock, Hallyday et Anthony mènent l'offensive«, in: *France Soir*, zit. n. Barsamian/Jouffa, *L'âge d'or du Yéyé*, S. 69.

Abb. 50: In nationale Unterhaltungsschemata übersetzt: Labels von Twiststücken aus den USA, Frankreich, der Bundesrepublik, Polen, der Tschechoslowakei und der DDR.

Im Zentrum westlicher Kritik standen weder die Musik noch die Texte, sondern – neben seinem geschlechtsneutralen Bewegungsrepertoire – die unterleibsbetonten, gegenläufigen Figuren. Laut einer Wiener Zeitung bedeutete »ein ›Twist‹, ›Slop‹ oder ›Shake‹ [...] letztlich das Alleinsein mit dem Spiel der eigenen Muskeln, das überdies immer primitiver wird«.[81] »Männer und Frauen winden sich: Sie schlottern, schlingern, kollern, taumeln, als sei ihr zentrales Nervensystem gestört. Einige stoßen wilde Schreie aus und lassen die Hüften hin und her zucken. Andere kommen zu Fall. Doch die Polizei schafft keine Ordnung«, klagte der westdeutsche *Spiegel* über die neue Körperlichkeit.[82] Äußerungen wie diesen waren ältere Diskurse eingeschrieben, die Tänze als Epidemien begriffen, an denen sich die Körper anstecken konnten. Solche Narrative der Affizierbarkeit durch Musik und Bewegung, die in mittelalterlichen und frühneuzeitlichen Beschreibungen von »Tanzfiebern« wurzelten und durch die virologisch-medizinische Wissensproduktion des 19. Jahrhunderts neue Nahrung erhalten hatten, hatten zwar deutlich an Kraft und Einfluss verloren, waren aber als rhetorische Figuren noch geläufig, etwa in der Rede vom »Twist-Fieber«. Astrid Kusser hat gezeigt, dass schon um 1900 die Rede von der Epidemie ein »Marktgeschehen« zum Ausdruck brachte, »dem der Einzelne ohnmächtig gegenüberstand« – sich also als Modernisierungs- und Kommerzialisierungskritik lesen ließ.[83] Die Kommentatoren der 1960er Jahre hielten zumeist ironische Distanz zum Gegenstand, da sie ihn für ein Phänomen hielten, das – wie eine minderschwere Virusinfektion – bald vorübergehen würde.

Diese Distanzierung war gegenüber dem Twist weit stärker ausgeprägt als bei den Debatten um den Rock'n'Roll in den fünfziger Jahren. Dennoch kam es auch jetzt noch zu vereinzelten behördlichen Verboten. »Dies ist kein Tanz – das ist ein öffentliches Ärgernis«, entschieden die Bezirkshauptleute im oberösterreichischen Vorarlberg und untersagten das Twist-Tanzen per Verordnung.[84] Ein britisches Musikmagazin berichtete unter der Schlagzeile »Der vulgärste Tanz, der je erfunden wurde« über seine Skandalisierung.[85] Ein Ballroom in New York verbot das Twist-Tanzen im

81 Gemeinde Wien (Hg.), *Stadt Wien. Offizielles Organ der Bundeshauptstadt*, 70. Jg., September 1965, S. 1, zit. n. Martina Krenn, *Schmutz–Sex–Drogen. Jugend und das Populare 1955-1975*, Wien 2009, S. 95.

82 »Da scheppert's«, in: *Der Spiegel* (10. 01. 1962), S. 74.

83 Kusser, *Körper in Schieflage*, S. 48.

84 Vgl. Herbert Dachs, Robert Kriechbaumer (Hg.), *Geschichte der österreichischen Bundesländer nach 1945*, Bd. 4: *Vorarlberg*, Wien 1998, S. 356. Für den Hinweis danke ich Anton Tantner.

85 Ren Grevatt, »The Most Vulgar Dance Invented«, *Melody Maker* 36 (16. 12. 1961), S. 13.

Herbst 1961 aus ästhetischen Gründen: »Es fehlt ihm an wahrer Grazie, und da wir zuvor schon den Rock'n'Roll geächtet haben, [...] werden wir auch das Twist-Tanzen nicht erlauben«, sagte der Besitzer einer Zeitung.[86] In St. Louis untersagte der Dekan der Universität den Twist auf einer Mardi-Gras-Party wegen seiner Obszönität, und der amerikanische Komiker Bob Hope prägte das Bonmot: »Schaltete man die Musik aus, würden sie festgenommen.«[87] Auch wurde das Twisten in der Öffentlichkeit mit Geldstrafen geahndet: Im englischen Durham wurde ein Mann wegen »Störung des Friedens durch Twist-Tanzen auf der Straße« verurteilt.[88]

Auch Experten aus den Humanwissenschaften machten die Tanzmode unverzüglich zum Forschungsfeld. Eine Publikation des italienischen Psychologenverbandes erklärte den unterleibsbetonten Tanz zur »Pantomime eines Sexualtraumas«, psychiatrische Untersuchungen machten pathologische sexuelle Persönlichkeitsstörungen sowie eine fehlentwickelte Emotionalität der Tänzer für ihn verantwortlich.[89] Orthopäden warnten vor »Twistverletzungen« wie Hüft- und Kniegelenksveränderungen, Muskelzerrungen oder gar Knochenabsplitterungen; in Italien sollte ein Gutachten klären, ob Twist Ischias auslöse.[90] In einer britischen Medizinzeitschrift berichtete ein Londoner Arzt in einem Leserbrief, er habe gleich zwei Tanzverletzungen in einer Woche behandeln müssen.[91] Da der Twist keine reine Jugendmode mehr war, sondern neuerdings auch von älteren Jahrgängen praktiziert wurde, argumentierte eine medizinische Zeitschrift gegen das Twisten über 40: »Fast alle Patienten, die nach einer Twistnacht schmerzgebeugt in der Praxis eines

86 »Roseland Dance City Rules Out the Twist«, in: *NYT* (21.10.1961), S. 12.

87 *TWP* (03.03.1962), S. A9; Bob Hope, in: *Senior Scholastic* (10.01.1962), zit. n. Linda Martin, Kerry Segrave, *Anti-Rock. The Opposition to Rock'n'Roll*, Hamden 1988, S. 103.

88 Vgl. »Angry Twist Dancer Is Fined As Litterbug«, in: *Chicago Tribune Press Service* (12.05.1962), S. C13.

89 Edward M. Levine, »The Twist: A Symptom of Identity Problems as Social Pathology«, in: *Israel Annals of Psychiatry & Related Disciplines* 4 (1966), S. 198-210.

90 Etwa die *Medical Tribune*, vgl. Le Gendre, *1962. L'année prodigieuse*, S. 211; »Wenn alte Knochen twisten ...«, faksimiliert im unpag. Booklet von: V. A., *Twist in Germany* (DE 1999) Bear Family Records BCD 16186 AH 8 [RI/CD]; vgl. die Meldung aus dem Vatikan in: *Der Spiegel* (14.02.1962), S. 89.

91 Leserbrief, in: *British Medical Journal* 5280 (1962), S. 803; »Risk in the Twist Cited by Surgeon«, in: *NYT* (03.12.1961), S. 154.

Orthopäden erscheinen, sind in den Gelenken nicht mehr so jung, wie sie es im Herzen zu sein glauben.«[92] Während der Körper normalerweise mit Schmerzen auf unnatürliche Bewegungen reagiere, hypnotisierten Rhythmus und Musik die Teenager, spezifizierte ein amerikanischer Chirurg, wodurch es zum gefährlichen »Over-Twisten« komme.[93] Der deutsche Arzt Horst Klein riet daher dazu, »den heißen Twist nur lauwarm zu tanzen«.[94]

Die Kulturindustrie reagierte auf diese Skandalisierungen in ähnlicher Weise wie zuvor beim Rock'n'Roll. Columbia Pictures brachten 1962 den Film *Don't Knock The Twist* mit Chubby Checker ins Kino, der ein Sequel von *Hey, Let's Twist!* war und wie dieser ein Plagiat eines Rock-Movies (*Don't Knock The Rock*), das, wie in Kapitel 3 gezeigt wurde, 1956 die Debatte um Rock'n'Roll und Jugendgewalt ironisiert und um Verständnis für Teenager und Musik geworben hatte.[95] Der wesentliche Unterschied war, dass außerhalb autoritär und antiwestlich eingestellter Staaten der Twist kaum mehr für Jugendgewalt verantwortlich gemacht wurde. Vielmehr wurde er schnell von Erwachsenen adaptiert und nicht mehr als jugend- beziehungsweise subkulturelle Praxis betrachtet. Die Reaktionen der Musikindustrie auf die Twist-Debatten wirkten daher eher wie eine aufmerksamkeitsökonomisch motivierte Selbstskandalisierung und nicht wie ernsthafte Auseinandersetzungen mit den Vorwürfen. So resümierte eine Branchenzeitschrift die Angriffe von Medizinern, Tanzlehrern und eines Bischofs auf den Twist und fragte hocherfreut: »Wonach mehr könnte ein Reklamefachmann fragen?«[96]

Der Kommerzialisierung konnte eine solche Aufregung durchaus dienlich sein, solange sie nicht mit flächendeckenden Verboten oder Alterseinschränkungen einherging. Im Vergleich zu früheren Skandalisierungen von Tänzen, Klängen, Schriften und Bildern, die kausal mit Delinquenz begründet worden waren, fielen die Kommentare nun weit weniger heftig aus. Viele der kolportierten Fälle waren eher Kuriosa, die unter der Rubrik »Vermischtes« verhandelt wurden. Außerdem meldeten sich von Anfang an besonnene Stim-

92 Zit. n. *Twist in Germany*.
93 Holder, »The Twist? ›It's not a Dance‹.«
94 »Wenn alte Knochen twisten …«, faksimiliert in: *Twist in Germany* (unpag.).
95 Vgl. *Don't Knock The Twist* (US 1962, R: Oscar Rudolph). Zu *Don't Knock The Rock* siehe oben, Kap. 3.2.2.
96 »Will The Twist Topple The Trad?«, in: *Melody Maker* (10.03.1962), S. 10 f..

men zu Wort, die zur raschen Abkühlung der Debatte beitrugen. Ein bundesdeutsches Benimmbuch gab sich beispielsweise 1962 moderat, indem es »Sprung-, Wackel- und sonstige wilde Tänze« zwar nicht in den Kanon des Erwünschten, zumindest aber den des Erlaubten einschloss und dabei an die Skandalisierung des Walzers um 1790 erinnerte.[97]

Diese Haltung setzte sich auch international allmählich durch. Als die Tänzerin Ginger Rogers, deren Berühmtheit noch im Jazz Age wurzelte, den Twist Ende 1961 als »ungrazil, vulgär und einen personifizierten Exhibitionismus« bezeichnete und die Parole *resist the Twist* ausrief, konstatierte ein Kommentator, die Nation sei bereits »Twist-verrückt« und diejenigen, die Rogers' Bedenken teilten, befänden sich längst in der Minderheit.[98]

4.1.5. Saint-Tropez-Twist und Knickebeinshake: Renationalisierungen

Zu einer größeren Skandalisierung kam es jedoch in der DDR, wo noch Ende der fünfziger Jahre in Tanzsälen Tafeln mit der Aufschrift »Offen tanzen verboten!« eine geschlossene Tanzhaltung forderten, was einem Zwang zum Paartanz gleichkam.[99] Im selben Jahr, in dem Chubby Checker den Twist etablierte, formulierte ein Kommuniqué der für Propaganda zuständigen Abteilung der SED die funktionalen Ziele der Tanzmusik. »Die Grundtendenz der Entwicklung unserer Tanzmusik in der DDR liegt darin, die Schönheiten des Lebens in beschwingter oder lyrisch besinnlicher Weise zu besingen. Ihre Funktion ist es, in unterhaltsamer Form die Erkenntnis zu festigen, daß das Leben im Sozialismus schön, interessant, sinnvoll und gut ist.«[100] Der unterleibsbetonte Tanz

97 Meissner, Burkhard, *Gute Manieren*, S. 277.

98 Bob Thomas (AP), »Ginger Rogers Lashes Out at ›Vulgar‹ Twist«, in: *LAT* (30. 12. 1961), S. 10.

99 Vgl. K. G., »Mensch, tanz richtig!«, in: *Melodie und Rhythmus* 8 (1958), S. 20-21. Der Artikel beklagte diesen Zwang und suchte offene Tanzhaltungen zu rehabilitieren, etwa im Tanz »Rheinländer«, der als »Tanz der guten Laune« propagiert wurde.

100 Informationsdienst, hg. vom ZK der SED, Abt. Agitation und Propaganda, Nr. 48/IV, 1961, zit. n. Heide Riedel, *»Lieber Rundfunk …« 75 Jahre Hörergeschichten*, hg. vom Deutschen Rundfunkarchiv und Deutschen Rundfunkmuseum, Berlin 1999, S. 284.

amerikanischer Abkunft schien jedoch wenig geeignet, diesen Anspruch zu verkörpern, denn auch wenn man selbstkritisch eingestand, dass die DDR-Tanzmusik durchaus noch Schwächen habe und zum Teil »zweifellos noch zu eintönig und nicht zugkräftig genug« sei, so galt westliche Musik doch noch immer per se als feindlich.[101] Zwar erschienen in der DDR mehr als 30 Twist-Nummern auf dem Label Amiga, allerdings teils unter dezidiert unamerikanischen Titeln wie »Aus Apfelkernen und Nudelsternen« oder »Kartäuser Knickebein-Shake«.[102] Es gab Musikprogramme auf Festivals mit Titeln wie *Teddy tanzt Twist* oder eine »Wasser, Twist und Lampions – bunte Nacht der Jugend auf der Spree« überschriebene Fahrt mit der Weißen Flotte der Berliner Ausflugsschifffahrt – eine Art ostdeutsche Riverboatshuffle.[103] Das Jugendradio DT64 spielte Twist-Stücke,[104] und die Sängerin Ruth Brandin beteuerte auf einer Amiga-Single: »Mich hat noch keiner beim Twist geküßt.« Auch war der Twist auf den *Big-Beat*-Compilations enthalten, die von Kapellen wie der Theo-Schumann-Combo dominiert wurde.[105] Der Jazz-Musiker Schumann bewegte sich in seinen Kompositionen »auf dem schmalen Grat zwischen Beat, Schlager und Jazz« und gilt mit seinen eigentümlichen Genremischungen als wichtiger Schöpfer einer DDR-typischen Popmusik. In der DDR wurden internationale Tanzmoden »einer kunstästhetischen Revision unterzogen und zu ›anspruchsvoller Eigenständigkeit‹ umgeschmolzen«, wie Michael Rauhut analysiert. Im Resultat entstanden Fusionen aus neuen Rhythmen und etablierten Tanzschulenstandards, die mit Bindewort-Konstruktionen als »Calypso-Twist, Shuffle-Swing,

101 Vgl. ebd.

102 Eine Compilation versammelt 30 Titel: V.A., *Twist in der* DDR (DE 2003) Bear Family BCD 16371 AH [RI/CD].

103 Vgl. Michael Rauhut, *Beat in der Grauzone. DDR-Rock 1964 bis 1972. Politik und Alltag*, Berlin 1993, S. 49, 79. Zu westdeutschen *Riverboatshuffles* vgl. Kap. 4.2.4.

104 Im Juni 1965 etwa den »Peppermint Twist«, allerdings in einer »unmöglichen Aufnahme«, die zu Beschwerden Anlass gab. Vgl. DT64-Postbulletin, 01.06.1965, DRAB, Hörerpost DT64, Postanalysen, H 086-02-04/0001, S. 259. Am 07.09.1965 spielte DT64 den »Wilhelm Tell Twist« von Charly Cotton und seinen Twist-Makers, vgl. DT64-Postbulletin, 09.09.1965, DRAB, Hörerpost DT64, Postanalysen, H 086-02-04/0001, S. 159.

105 V.A., *Big Beat 1* (DD 1965) Amiga 850039 [LP]; V.A., *Big Beat 2* (DD 1965) Amiga 850049 [LP].

Big-Beat-Shake, Hully-Gully-Rock, Beat-Foxtrott, Beat-Mambo etc.« etikettiert wurden.[106]

Wenngleich viele dieser Kompositionen keine reinen Cover der US-Versionen waren, wie sie in Westeuropa dominierten, betrieben sie semantisch eine Angloamerikanisierung. Der »Watussi-Twist« etwa »lebte geradezu von der Konzentration solcher Begriffe wie ›Baby‹, ›Jacky‹, ›Billy‹«.[107] Im Verlauf der Kampagnen der DDR-Behörden gegen das Einsickern westlicher Jazz- und Rockmusik geriet auch der Twist bald in ähnlicher Weise zum Synonym für westliche Kultur wie zuvor Rock und bald darauf Beat. Im Zuge der Unterdrückung der Beatbands wurden etwa die Ostberliner Sputniks mit Auftrittsverbot belegt, die im Twistkeller in der Treptower Puschkinallee den »Gitarren-Twist« gespielt hatten. In einem Bericht zum Deutschlandtreffen der Jugend im Mai 1964 vermerkte die Kulturabteilung des Magistrats von Groß-Berlin, dass sich »in der Karl-Marx-Allee einige junge Burschen in einer Art amerikanischem Dauertwist« versucht hätten.[108] Im liberalen Klima des Deutschlandtreffens waren solche Manifestationen »amerikanischer Schlagerkultur« zeitweise möglich, was auch im Westen bemerkt wurde. *Der Spiegel* beschrieb mit einigem Erstaunen den ungewöhnlichen Körperakt der »DDR-Jungbürgerin Petra Böttcher« bei einem im DDR-Fernsehen übertragenen Konzert. Die von Weltjugendfestspielen her bekannte Interpretin sozialistischen Liedgutes »bog den Oberkörper zurück, ließ die Fäuste unterm Kinn kreisen, hob mal das linke, mal das rechte Bein. […] Sie tanzte Twist.«[109] Diese kurze Zeit der Liberalität sollte nur wenig später mit Repressionen gegen die Twist- und Beatbands enden. Als die Band Butlers 1965 verboten wurde, hob man besonders hervor, dass auf ihren Konzerten »andere Tänze als Twist und Rock and Roll […] nicht gespielt« wurden.[110]

Berichten zufolge behinderten zahlreiche Verbote die Verbreitung des Tanzes in sozialistischen Staaten, in der Sowjetunion kam es zu verbalen Attacken der Staatspresse. Und auch in vielen nicht-

106 Rauhut, *Beat in der Grauzone*, S. 86.
107 Ebd.
108 LAB (STA), Rep. 121, Nr. 105, zit. n. Rauhut, *Beat in der Grauzone*, S. 79.
109 »Erst kommst Du«, in: *Der Spiegel* (27.03.1969), S. 92.
110 Betr.: Information zum Tansabend [sic!] »The Butlers«, 06.09.1964, BStU, Lpz AOG 1822/68, Bl. 50. Vgl. zum »Butlers«-Verbot unten, Kap. 4.5.4.

europäischen Ländern reagierte man restriktiv.[111] So wurde die Pariser Sängerin Nancy Holloway während einer Tournee aus dem Libanon ausgewiesen, weil sie sich dem von der Polizei in Nachtclubs durchgesetzten Twist-Verbot bei einem Auftritt in Beirut widersetzt habe.[112] Im November 1962 untersagte der Polizeichef von Teheran den amoralischen Tanz in einem Theater, in Bangkok erging ein Aufführungsverbot von Twist-Filmen in Kino und Fernsehen,[113] dem wenige Monate später ein landesweites Verbot der Tänze Twist und Rock'n'Roll aus Gründen des Jugendschutzes folgte.[114] Während das indische Kino Filme mit expressiven Twist-Einlagen produzierte,[115] wurde in Tanzschulen in Taiwan das Unterrichten des Twist verboten; in Indonesien unterlag Twist-Musik im Radio noch 1965 der Zensur.[116]

Im Westen öffneten sich die Tanzflächen schnell dem neuen Hüftschwung, der Twist wurde zum Gesellschaftstanz. 1965 erklärten ihn mit 46 Prozent fast die Hälfte der 14- bis 21-jährigen Deutschen zu ihrem bevorzugten Tanz.[117] Damit ging er im Ensemble der verbreiteten Tänze auf und erschien auf Tanz-Langspielplatten gleichberechtigt neben Foxtrott, Slow Fox oder English Waltz als eine Art neuer Pop-Standardtanz. Für die Tanzschulen stellte der Twist jedoch eine Gefahr dar, weil er auf nur einer Grundbewegung beruhte, die man intuitiv erlernen konnte, ohne dafür Kurse unter professioneller Anleitung zu besuchen. Er war »mehr eine Bewegung als ein Tanz«, wie es die Anleitung auf dem Cover einer der vielen Twist-Langspielplatten für die private Tanzparty ausdrückte.[118] Entsprechend reagierten die Tanzlehrer zunächst eher verhalten auf die neue Welle. »Er ist ein Spaß im Privaten, aber kein Gesellschaftstanz«, erklärte eine Vertreterin der Zunft einer

111 Vgl. (UPI), »Soviets Approve Twist If Decent«, in: *TWP* (22.07.1965), S.12.

112 Vgl. Art Buchwald, »In Exile for Doing the Twist«, in: *LAT* (18.01.1962), S.1.

113 Vgl. (AP), »Twist Films Banned«, in: *LAT* (14.01.1962), S.16.

114 Vgl. (AP), »Thailand Bans Twist«, in: *Times Herald* (06.05.1962), S.16.

115 Bemerkenswert der Auftritt des Musikers Mohammed Rafi in *Gumnaam* (IN 1965, R.: Raja Nawathe), TC 5:52-11:10.

116 Vgl. »Twist Teaching Banned«, in: *TWP* (mit AP) (25.03.1962), S.12 sowie »Rock and Roll banned«, in: *TWP* (mit Reuters) (19.05.1965), S. A3.

117 Vgl. Siegfried, *Time Is on My Side*, S.123.

118 The Candymen Orchestra, *Let's Twist! Vol. II.* (US o.J.) Diplomat Records FM 112 [LP].

Zeitung, und einer ihrer Kollegen kritisierte seine Primitivität.[119] Um überhaupt noch von dem Tanz zu profitieren, öffneten sich einige Tanzlehrer zögerlich dem neuen Geschäft. »Offen gesagt, ist der ›Twist‹ nicht unser favorisierter Tanz«, bekannte eine New Yorker Tanzschule in einer Werbeanzeige, um dann aber fortzufahren: »Aber wer jung im Herzen ist [...], kann in sechs Unterrichtsstunden für nur 35 $ zum Twist-Experten werden.«[120] Zur Vermittlung von »Amerika's neuestem und lebenfrohstem Spaßtanz« griff die Schule zu ungewöhnlichen Angeboten: Auf Wunsch entsandte sie Twist-Instruktoren in die Wohnungen ihrer Kunden. Nach Auskunft der Schule hatten im Herbst 1961 bereits mehr als 500 Erwachsene den »Körper verdrehenden Teenage-Tanz« auf diese Weise gelernt.[121] Auch in England waren Twist-Instruktoren mit der Verbreitung des Tanzes beschäftigt, der einem Bericht zufolge Anfang 1962 zwar in London bereits beliebt war, sich in Nordengland aber nur schleppend durchsetzte. Um die Verbreitung zu beschleunigen, versuchte ein Tanzlehrer dort unter dem Pseudonym Peppi and His New York Twisters den amerikanischen Tanz in Liverpool zu popularisieren.[122] Das »Twist Girl« Sheila Steele tourte durch britische Pubs als »das erste Mädchen, das den Twist singt, tanzt und unterrichtet«.[123]

Den Tanzmusikern verschaffte die Twist-Mode zahlreiche neue Engagements. Die Branchenpresse spekulierte über einen neuen Boom, der nicht nur zu veritablen Schallplattenumsätzen, sondern auch zu einer verstärkten Nachfrage nach Tanzorchestern und Livebands führen würde.[124] Gerade in Großbritannien, wo die Musikergewerkschaft traditionell stark war, häuften sich Meldungen, denen zufolge Clubs und Bars mehr Tanzkapellen engagierten, um vom neuen *dance craze* zu profitieren.[125] Der Twist schwang sich zu einer alters- und schichtenübergreifend erfolgreichen Mode auf,

119 »Called A Passing Fad: Teacher Predict Death for the Twist«, LAT (25. 02. 1962), S. 1.

120 Werbeanzeige in: *NYT* (30. 10. 1961), S. 21; vgl. auch *LAT* (28. 01. 1962), S. J3.

121 Vgl. »Business Bulletin. A Special Background Report on Trends in Industry and Finance«, in: *WSJ* (19. 10. 1961), S. 1.

122 Vgl. Jerry Dawson, »›Twisting‹ Slowly in The North«, in: *Melody Maker* (20. 01. 1962), S. 10.

123 Werbeanzeige im *Melody Maker* (27. 01. 1962), S. 11.

124 Dies prognostizierte der *Melody Maker* (06. 01. 1962), S. 4.

125 Vgl. »Are Modernist Taking to the Twist?«.

durchbrach also auch jene sozialen Schranken, die noch für den Rock'n'Roll gegolten hatten. Einem Zeitungskommentator zufolge verdrängte er in Deutschland Mitte der Sechziger selbst den zuvor erfolgreichen Trad Jazz. »Hamburg, einst das New Orleans des Nordens«, sei inzwischen »eine Hochburg des Twist«.[126] Nach Gastspielen von Chubby Checker und Joey Dee galt der Hamburger Star-Club dem *Spiegel* als deutsche »Hauptstätte der Twist-Bewegung«, und auch in den benachbarten Clubs O.K. und Top Ten setzte sich der Twist durch.[127] *Twist im Star-Club Hamburg*, das Live-Album der deutschen Beatband The Rattles, verkaufte sich eine Million Mal.[128]

Diese Popularität in Europa verschaffte dem Twist auch in seinem Heimatland neues Prestige, es wurde fleißig reimportiert. In Chicago demonstrierten Joe Cavalier und die Parisian Twisters den Tanz, und auch in Washington, D.C. praktizierte man »le Twist« nun als *dernier cri* aus Frankreich.[129] Eine Gesellschaftskolumne berichtete von einem Empfang in der Residenz des französischen Botschafters im Stadtteil Georgetown: »Die Sensation waren zehn exotisch aussehende Dior-Mannequins aus Paris, alle schlank und aufreizend mit langen schwarzen falschen Wimpern, die uns zurückgebliebenen Washingtoniern den Twist beibrachten.«[130] Unter den Gästen befanden sich zahlreiche Politiker, davon einige aus der engeren Umgebung des US-Präsidenten. Über den transatlantischen Umweg Paris kam so ein Tanz in der Oberschicht der amerikanischen Hauptstadt an, der bereits seit langem in den nur

126 MAC, »Heißer Twist und dufte Miezen«, in: *Echo am Abend* (14.09.1964), S. 4.

127 »Wer twistet, wird gestempelt«, in: *Der Spiegel* (06.02.1963), S. 48. Vgl. Siegfried, *Time Is on My Side*, S. 125. Ein Außendienstbeamter der Jugendbehörde beklagte in seinem Bericht über einen nächtlichen Besuch im Club Top Ten den »ohrenbetäubenden Lärm, verursacht von einer Kapelle«, zu der sich auf der kleinen Tanzfläche »etwa 40-50 Personen nach den Twist-Klängen« bewegten und der Kontrolle widersetzten, indem sie sich weigerten, den Tanz zu unterbrechen. Bericht über die Streife Nr. 70 am 23.05.1962, StAHH, 354-5 II, 356-10.05-1.

128 The Rattles, *Twist im Star-Club Hamburg* (DE 1963) Philips 48068 L [LP]; vgl. zum Verkauf Siegfried, *Time Is On My Side*, S. 125.

129 Cavalier präsentierte den Twist mit Tänzerinnen aus Paris. Vgl. den Kurzfilm *Twist Craze* (US 1962, R: Allan David).

130 »Guests Have Great Time As Judiciary Reception Is Mixed Up«, in: *The Indianapolis Star* (22.10.1961), S. 96.

wenige Blocks entfernten Armutsquartieren der schwarzen Bevölkerung getanzt wurde.[131] Getwistet wurde nicht nur auf offiziellen Bällen und Empfängen, auch traditionell eher puritanische Wohltätigkeitsveranstaltungen wurden als Twist-Partys abgehalten.[132] Schließlich erreichte der Twist in den USA die höchste politische Ebene: Zunächst musste ein Journalist der Nachrichtenagentur Associated Press sich für einen Bericht entschuldigen, dem zufolge Jackie Kennedy in einem Nachtclub in Florida »halb den ›Twist‹ getanzt« habe – er hatte die First Lady mit der Nichte eines Senators verwechselt.[133] Wenig später kam das Gerücht auf, der Präsident selbst habe bei einem privaten Dinner im *Blue Room* dem populären Tanz gehuldigt. Pierre Salinger, der Pressesprecher des Weißen Hauses, dementierte: Schon sein weithin bekanntes Rückenleiden habe John F. Kennedy daran gehindert.[134] Nur wenige Jahre später waren Poptänze wahlkampftauglich: Der Schauspieler Steve McQueen, ein Unterstützer des demokratischen Kandidaten Lyndon B. Johnson, eröffnete den US-Wahlkampf vor 800 jugendlichen Unterstützern in Kalifornien im Sommer 1964, indem er den neuen Modetanz Watussi tanzte. Jenseits des Atlantiks berichteten die Hochglanzmagazine über seine Tanzpartnerin – die jüngste Tochter des Präsidenten – und erklärten den neuen Tanz: als einen Kompromiss zwischen Surf und Twist.[135]

131 Die Französisierung des Twist betrieb auch ein Film mit Joey Dee, der darin den Tanz auf einem Ozeandampfer über den Atlantik nach Frankreich exportiert. Vgl. *Two Tickets to Paris* (US 1962, R.: Greg Garrison).

132 Vgl. »The Twist Party On Nov. 6 to Aid Homeless Girls; Dance at Four Seasons Will Be a Benefit for Proposed Haven«, in: *NYT* (24.10.1961), S. 33; »Twist für Josephine«, in: *FAZ* (24.07.1964), S. 30.

133 Vgl. »No White House Twist. Salinger Denies Reports of New Steps at Party«, in: *NYT* (15.10.1961), S. 40.

134 Vgl. Betty Beale, »President Skips the Twist«, *LAT* (22.11.1961), S. 1. Chubby Checker erklärte einem britischen Magazin dessen ungeachtet: »I know the President does the Twist. Why? 'Cos Kennedy's a winner!«, siehe *Music Maker* (23.12.1961), S. 2.

135 Vgl. François Herbert, »A Hollywood une danse ouvre la campagne électorale: Steve Mac [sic!] Queen vote Johnson«, in: *Paris Match* (22.08.1964), unpag. [S. 16-19].

4.1.6. Transnationale Umwege: Übergangsritual der Pop Society

Der Twist war nur einer von vielen Modetänzen, die sich Anfang der sechziger Jahre zu einem regelrechten *dance craze* summierten. Bevor er in Deutschland ankam, tanzte man dort bereits den Madison, einen auf komplizierten Schrittfolgen beruhenden Gesellschaftstanz, der auch in Tanzschulen unterrichtet wurde. Der Twist war allerdings der erfolgreichste – und er stimulierte weitere Tanzerfindungen. In rascher Folge entstanden immer neue Kreationen, von denen manche Neuauflagen der bereits vor dem Krieg etablierten sogenannten *animal dances* waren, deren Bewegungen auf Tier-Pantomimen beruhten: der Pony, der Alligator, der Frog oder der Elephant. Daneben gab es Tänze wie den Swim, den Jerk oder den Tickle, die Bewegungsmuster aus anderen Zusammenhängen isolierten und ästhetisierten. Das von dem R&B-Sänger Chris Kenner komponierte und erstveröffentlichte Stück »Land Of The 1000 Dances«, das den Boom zum Thema machte, erwähnte 1962 in seinem Text allein 16 Modetänze.[136] Die meisten dieser Modetänze blieben zwar Eintagsfliegen (The Fly sogar im Wortsinne), doch sind sie allesamt Stationen auf dem Weg zum berührungsfreien Tanzen, wie es seit Mitte der Sechziger weithin üblich wurde.[137] Damit wurden auch viele der in Tanzschulen gelehrten Konventionen obsolet.

Im Unterschied zu seinen Vorgängern Rock'n'Roll oder Bop entfaltete der Twist eine sozialintegrative Wirkung, denn sein Gleichstellungsangebot wurde klassen- und geschlechterübergrei-

136 Das Stück wurde später von diversen anderen Interpretinnen aufgenommen, darunter Major Lance und Tina Turner. Die bekannteste Version stammt von Wilson Pickett, der es damit 1966 an die Spitze der Charts schaffte. Vgl. Whitburn (Hg.), *Billboard Top R&B Singles*, s. v. »Pickett«, S. 349. Vgl. Chris Kenner, »Land of the 1000 Dances«/The Falcons & Band (Ohio Untouchables), »I Found A Love« (US 1962) Instant/Lu Pine Productions 130112 [45]; Wilson Pickett, »Land Of The 1000 Dances«/»You're So Fine« (US 1966) Atlantic 45-2348 [45].

137 Angesichts weiterer berührungsfreier Tänze wie dem Specht, dem Fisch und dem Putzfrau äußerten sich auch deutsche Tanzlehrer besorgt. Vgl. »Kratzen und küssen«, in: *Der Spiegel* (22.07.1964), S. 72-73.

fend angenommen.[138] Bereits die Zeitgenossen bemühten für diese Prozesse am Beispiel des Twist den Begriff »Pop«:

Niemand weiß so recht, wie man diese neue Gesellschaft nennen soll, aber der Name Pop-Society taucht auf. Das liegt daran, daß die Mitglieder der besseren Gesellschaft in New York keinen eigenen, natürlichen, aristokratischen Stil mehr zu haben scheinen – sie entlehnen alle ihre Stile »Pop«-Gruppen, was gleichbedeutend ist mit populären, »vulgären« oder »Boheme«-Gruppen. Sie tanzen Jerk, Monkey, Shake, sie hören Beat-Musik, die Frauen kleiden sich wie »Sub«-Teenager mit Stretchhosen und künstlichen Wimpern, und sie beziehen ihren Geschmack in Sachen Kunst – wie bei »Untergrund«-Filmen und »Pop«-Malerei – hauptsächlich von verschiedenen Boheme- und Camp-Kulturaposteln.[139]

Als prototypischer Poptanz scherte sich der Twist nicht um Entgegensetzungen à la Rock versus Standard; vielmehr trug er zu deren Nivellierung bei. Auch wenn die Rolle von Modetänzen bei gesellschaftlichen Transformationsprozessen nicht überschätzt werden darf, so überbrückte der Twist auch die Großdichotomie zwischen Sub- und Hegemonialkultur. Als einer der ersten altersübergreifenden Modetänze der sechziger Jahre vereinte er Menschen verschiedener Herkunft und unterschiedlichen Alters – bisweilen sogar auf denselben Tanzflächen. Zu seiner Verbreitung trugen crossmediale Effekte bei, die sich aus dem Zusammenspiel von Plattenindustrie, Presse, Kino und audiovisuellen Medien ergaben.[140] Außerdem stand der Modetanz mit den Internationalisierungs- und Subjektivierungsangeboten in Beziehung, die den Übergang von einer nach Geschlecht, Schicht und ethnischer Herkunft stark differenzierten Kultur zu einer stärker nivellierten Popkultur vorantrieben und Popmusik zunehmend gruppenübergreifend hör- und tanzbar machten.

138 Bereits den Zeitgenossen fiel die plötzliche Verbreitung von Rockmusik über den Umweg des Tanzes auf: »Die Café-Gesellschaft, die den Rock'n'Roll jahrelang ignorierte, hat plötzlich, in einem offensichtlichen Prozess von Massenhypnose diesen Teenage-Craze umarmt«, notierte der Kolumnist Arthur Gelb; siehe *NYT* (19.10.1961), S. 37.

139 Wolfe *Das bonbonfarbene tangerinrot-gespritzte Stromlinienbaby*, S. 11.

140 Als Beispiel für *cross promotion* führt den Twist an: John Mundy, *Popular Music on Screen: From the Hollywood Musical on Screen to Music Video*, Manchester 1999, S. 26.

4.2. Hipster, Beatniks, Mods und Exis: Subkulturen aus der Mittelschicht

Die Affinität breiter Schichten zu afroamerikanischen Tanz- und Musikstilen, die – wie der Twist – in der ersten Hälfte der sechziger Jahre von der Mehrheitsgesellschaft inkorporiert wurden, hat eine längere Vorgeschichte. Im März 1957 berichtete das afroamerikanische Magazin *Ebony* mit leicht amüsiertem Unterton, Bongo-Partys seien »das neueste Ding auf protzigen Hollywood-Partys« zwischen Beverly Hills und Malibu. »Afrikanische« Schreie und ekstatische Tänze hätten dort weiße Hollywood-Stars so sehr in Rage versetzt, dass einzelne Gäste bereits ohnmächtig zusammengebrochen seien. Zum *master of ceremony* habe sich Anyaogy Ukonu aufgeschwungen. Der Sohn eines afrikanischen Stammesoberhauptes war zum Studium an die UCLA gekommen und leitete eine Trommelgruppe mit dem Namen Ukonu's Afro-Californians. Ukonu selbst habe den Wirkungen des Bongo-Craze jedoch eher erstaunt gegenübergestanden: »Sonderbarerweise, findet Ukonu, stehen *Whites* mehr auf den Bongo-Beat als *Negroes*. ›*Whites*‹, sagt er, gehen auf afrikanische Rhythmen richtig ab.«[141]

4.2.1. Bongos, Beats, »White Negroes«: Afroamerikanophilie und Exotismus

Schon in den vierziger und fünfziger Jahren hatten afrikanische Objekte (und das, was man dafür hielt) zunächst in die Künstler- und Studentenszene US-amerikanischer Großstädte Eingang gefunden und über den in Bar-Lounges kultivierten Exotica-Stil breite Schichten erreicht. Auf den Partys der New Yorker Beatnik-Szene in Greenwich Village etwa, die Beobachtern zufolge um 1960 ebenso wie die von San Francisco zur »kapitalen Touristenattraktion« wurde, waren »orientalische« Feze in Mode, aber auch polynesische und afrikanische Dekors.[142] Die Firma Witco etwa bot

141 »Bongo Party. Wild drum music is new fad at swank Hollywood parties«, in: *Ebony* 3 (1957), S. 78-80. Die Kursivierung markiert originalsprachlich belassene Begriffe, B.M.

142 Vgl. Ned Polsky, »The Village Beat Scene: Summer 1960«, in: ders., *Hustlers, Beats, and Others*, Chicago 1985, S. 144-183, hier: S. 148. Auch in Europa galten

den »Bora Bora Kopfjägerraum« an, eine mit Speeren und Leopardenfell dekorierte Cocktailbar für den Heimbedarf.[143] Solche Exotismen, in denen sich die »ambivalente Wertschätzung von als ›fremd‹ konstruierten Praktiken, Zeichen, ›Kulturen‹ und Menschen« beobachten lässt, legitimierten temporäre Ausbrüche aus hegemonialen Rollenmustern und Kontrollregimen, nahmen dabei aber dichotomische Zuschreibungen vor, die das Eigene und das Fremde in einem Prozess des »Othering« festschrieben und »Race« damit ähnlich wie in negativen Rassismen konturierten.[144]

Der Bongo-Craze der fünfziger und frühen sechziger Jahre war nur ein Höhepunkt einer Welle von Exotismen, die das »Primitive« als naturhaftes Gegenbild zur technischen Moderne idealisiert und in außerwestlichen Räumen verortet hatten – und damit an eine lange Tradition in Kunst und Literatur anknüpfen konnten.[145] Ganze »Kulturen« wurden durch einige wenige, besonders fremd wirkende Objekte repräsentiert, womit sich die popkulturelle Aneignung durchaus in den Tradionen der kolonialen ethnologischen Sammlungsstrategien befand, auch wenn hier zumeist keine Originale gehortet wurden. Wie in Europa, wo neue popkulturelle Einflüsse aus den USA als Ergebnisse eines transatlantischen Transfers

afrikanische Dekors und Masken als schick: Vgl. »A Paris, rue Jacob, le dîner des collectionners de têtes«, in: *Paris Match* 893 (21.05.1966), S. 96.

143 Vgl. die umfangreiche Materialsammlung zu »Polynesien-Pop« in: Sven A. Kirsten, *The Book of Tiki*, Köln u. a. 2000, bes. S. 256.

144 Zum Begriff des Othering vgl. Stuart Hall, »The Spectacle of the ›Other‹«, in: ders. (Hg.), *Representation. Cultural Representations and Signifying Practices*, London, Thousand Oaks u.a. 1997, S. 223-279, bes. S. 230; ders., »Who needs Identity?«, in: ders., Paul du Gay (Hg.), *Questions of Identity*, Los Angeles u. a. 1996, S. 1-17, bes. S. 5 f.; Moritz Ege, *Schwarz werden. »Afroamerikanophilie« in den 1960er und 1970er Jahren*, Bielefeld 2007, S. 13, Fn. 10.

145 Benjamin Schmidt datiert die Entstehung des europäischen Exotismus bereits in die Niederlande der Frühen Neuzeit. Siehe ders., *Inventing Exoticism. Geography, Globalism, and Europe's Early World*, Philadelphia 2015, bes. S. 163-227. Warenrassismus und die Entstehung des Massenkonsums untersucht Stefanie Wolter, *Die Vermarktung des Fremden. Exotismus und die Anfänge des Massenkonsums*, Frankfurt/M. 2005, bes. S. 30-44. Zu Diskursen des Exotischen in Literatur und bildender Kunst vgl. Michael Mayer, *»Tropen gibt es nicht.« Dekonstruktionen des Exotismus*, Bielefeld 2010, bes. S. 25-30; für Frankreich vgl. Anaïs Fléchet, »L'exotisme comme objet d'histoire«, in: *Hypothèses* 11 (Publications de la Sorbonne 2008), S. 15-26, sowie grundlegend Edward Said, *Orientalism*, London 2003.

interpretiert wurden,[146] konzipierte man auch in den USA dieselben Phänomene als Einflüsse eines kulturellen »Außen«, das allerdings im Inland lag: in den Sounds, Räumen und Praktiken von Afroamerikanern, aber auch in Idealisierungen der europäischen Kultur, vor allem der französischen, britischen und italienischen.[147] In den frühen sechziger Jahren entstanden aus dieser Gemengelage neue Jugendkulturen, die afroamerikanische und kontinentaleuropäische Moden zu Identitätskonstrukten verbanden und mit ihren Rezeptionsweisen neue Dissonanzen auslösten, die Massenmedien, Politik und Polizei beschäftigten. Abermals stand dabei rhythmische Musik im Mittelpunkt.

In der »Afroamerikanophilie« (Moritz Ege) wurden, wie bereits am Beispiel des Rock'n'Roll deutlich wurde, Images vom Schwarzsein unter den Vorzeichen einer affektbesetzten Natur- und Triebhaftigkeit konstruiert und dienten als Gegenbild zur domestizierenden Zivilisation.[148] In solchen Diskursen wurden Rhythmen als musikalische Droge beschrieben, die durch ihre rauschhafte Wirkung Weißen den körperlichen Zugang zu einer Erlebniswelt erschließe, die normalerweise nur Menschen einer bestimmten Hautfarbe zugänglich sei: Musik mache aus Weißen Schwarze.[149] Damit einher ging die These der Sexualisierung, wie sie in dem

146 Eines Transfers, der unter dem Begriff der »Amerikanisierung« sowohl als Kommerzialisierung bzw. Verflachung von Kultur kritisiert als auch als Modernisierungsschub begrüßt wurde (in Deutschland auch als Demokratieimport), aber ganz unterschiedliche Konzepte beinhalten kann. Vgl. Eckart Conze, »Wege in die Atlantische Gemeinschaft. Amerikanisierung und Westernisierung in Westeuropa nach 1945«, in: Rainer Marcowitz (Hg.), *Nationale Identität und transnationale Einflüsse. Amerikanisierung, Europäisierung und Globalisierung in Frankreich nach dem Zweiten Weltkrieg*, München 2007, S. 72-86.

147 Vgl. zur Amerikanisierung als Demokratisierung: Nina Verheyen, *Diskussionslust. Eine Kulturgeschichte des »besseren Arguments« in Deutschland*, Göttingen 2010, bes. S. 59-64; Philippe Roger, »Amérique, Amerique«, in: Jean-Pierre Rioux, Jean-François Sirinelli (Hg.), *La France d'un siècle à l'autre 1914-2000. Dictionnaire critique*, Paris 1999, S. 683-690.

148 Siehe oben, Kap. 3.1.4. Vgl. außerdem zum Gegensatz von Rhythmus und Takt Kap. 3.4.4.

149 Dies hatte etwa die bundesdeutsche Programmzeitschrift *Bravo* anlässlich eines Rockkonzerts behauptet: »Die ganze Welt rockt und rollt«, *Bravo* (30.09.1956), Vgl. dazu Uta Poiger, *Jazz, Rock & Rebels. Cold War Politics and American Culture in a Divided Germany*, Berkeley, Los Angeles u.a. 2000, S. 89. Vgl. auch Kapitel 3.3.1.

aus dem 18. Jahrhundert bekannten Motiv zum Ausdruck kommt, Musik führe insbesondere bei Frauen zu ekstatischem Kontrollverlust. Amerikanische Groschenromane mit hohen Auflagen, die teils im Beatnik-Milieu spielten, beschrieben Mitte der Sechziger in expliziter Prosa die Wirkung »schwarzer« Musik auf »weiße« Frauen, wie sie in Frankreich der *Paris Match*-Journalist Roger Vadim in seinem skandalisierten Regiedebut *Et Dieu … créa la femme* 1956 in ähnlicher Weise in Szene gesetzt hatte:[150]

> Den Kopf zurückgeworfen in einer Ekstase erotischer Bewegung, zuckte sie und ließ ihre üppigen Kurven zu den sensitiven Rhythmen kreisen, während ihre Hände an den Knöpfen ihrer Bluse herumspielten. Ihre Augen waren auf den hypnotischen Wirbel des Trommlers fixiert, der seine Takte immer schwerer und klarer in ihrer Bedeutung hämmerte.[151]

In solchen Interpretationen des Effektes afrikanischer Musik auf den Körper wurden Klänge als Befreiung einer von der Zivilisation domestizierten Sexualität gedeutet.[152] (Abb. 51-53) »Afrika« stand dabei für eine Art naturhaften Urzustand, der im »zivilisierten Weißen« mühsam unterdrückt werde, aber – da er sozusagen in jeder und jedem schlummere – mittels entsprechender Rhythmen aktiviert werden könne. Musik wurde so zur Stimulanz einer ursprünglichen Sexualität naturalisiert, und dies in enger Verknüpfung mit dem *race*-Diskurs. Schon in den Debatten um den Rock'n'Roll war *race* eine Projektionsfläche für die Spaltung der Gesellschaft gewesen, allerdings standen damals vor allem Jugendliche aus der Arbeiterklasse und den unteren Mittelschichten im Zentrum. Im Bongo-Craze sowie in den Jazz-Szenen der späten fünfziger und frühen sechziger Jahre wurden nun Jugendliche aus den oberen Mittelschichten zum Gegenstand neuer Typenbildungen.

150 *Et Dieu … créa la femme* (FR 1956, R: Roger Vadim) mit Brigitte Bardot in der Hauptrolle enthält eine umstrittene Bongo-Szene (TC 1:19:17-1:24:31). Der in Deutschland unter dem Titel *Und immer lockt das Weib* in die Kinos gekommene Film war in verschiedenen Ländern nur in zensierten Fassungen zu sehen. Vgl. Jean-Claude Lamy, *Et Dieu créa les femmes: Brigitte, Françoise, Annabel et les autres*, Paris 2011, S. 32-38.

151 Anthony Naylor, *The Sex Kitten Grows Up*, New York 1965 [Klappentext].

152 Vgl. zur Debatte um den Film: François Truffaut, »Et Dieu … créa la femme. ›Sincère, amoral, intelligent et puritain‹«, in: *Arts Spectacles* (05.12.1956), S. 6; ders., ›Les critiques de cinéma sont des misogynes: B.B. est victime d'une cabale«, in: *Arts Spectacles* (18.12.1956), S. 3.

Abb. 51-53. Kulturprodukte des Bongo Craze: US-amerikanische *beat novel* (51), Schallplattencover (52) und *headless shot* aus dem Film *Et Dieu … créa la femme* (53).

In seinem Essay »The White Negro« hatte der Schriftsteller Norman Mailer 1957 auf plakative Weise eine solche Typisierung vorgenommen. In dem zuerst in der linksintellektuellen New Yorker Zeitschrift *Dissent* erschienenen Text vertritt er die These, es handele sich bei der Imitation »schwarzer« Kultur und vor allem des Jazz durch Weiße nicht nur um Mimikry, sondern um die Entstehung einer neuen sozialen Gruppe, die nicht mehr auf Hautfarbe beruhe.[153] Im »Hipster«, einer Substantivierung des Adjektivs *hip*, das in der schwarzen Jazz-Szene der ersten Hälfte des 20. Jahrhunderts geprägt wurde,[154] sieht Mailer die Verkörperung einer urbanen Ethnie: »Der Hipster hat die existenzialistische Essenz des *Negro* absorbiert und kann daher aus praktischen Gründen als *white Negro* gelten.«[155]

Als ursächlich für die Entstehung dieses Typus gelten ihm nicht nur die altersbezogenen und modischen Abgrenzungsprozesse (*hip* versus *square*), sondern auch zeithistorische Faktoren wie die Erfahrung des Zweiten Weltkrieges, die Angst vor dem Atomkrieg und das Ende der Rassensegregation. Zwar schließt Mailer an das gängige *Broken-family*-Narrativ an, das als zeitgenössischer Marker für nichtweiße Lebensverhältnisse sowie als Erklärungsmodell für Jugenddelinquenz diente, doch zieht er daraus keine alarmistisch-kulturpessimistischen Schlüsse, sondern entwickelt stattdessen ein romantizistisches Klischee. In Mailers Definition ist der Hipster dem Typus des delinquenten Psychopathen zwar durchaus verwandt, wie ihn der Psychologe Robert M. Lindner 1944 in seiner *Hypnoanalysis Of A Criminal Psychopath* definiert hatte (dessen Haupttitel *Rebel Without A Cause* sich der populäre Film mit James Dean in der Hauptrolle angeeignet hatte), allerdings nicht in einer kriminellen, sondern in einer kulturellen Variante.[156]

Mailers Essay, der auch Referenzen an die sexualpsychologische Terminologie Wilhelm Reichs enthielt, gab sich nicht als Expertenwissen aus, sondern verstand sich als emphatischer Beitrag zu einer

153 Norman Mailer, »The White Negro. Superficial Reflections on the Hipster«, in: *Dissent* 4 (1957), S. 276-293.

154 Das Adjektiv *hep* bzw. *hip* lässt sich etymologisch bis in die erste Dekade des 20. Jahrhunderts zurückführen. Mit *hepcat* wurde dann in den 1930er und 40er Jahren ein (zumeist afroamerikanischer) *aficionado* musikalischer und vestimentärer Moden bezeichnet, der ein Vorläufer des Hipsters ist, wie ihn Mailer beschreibt. Vgl. Phil Ford, *Dig. Sound and Music in Hip Culture*, Oxford, New York 2013, S. 20; Ulf Poschardt, *Cool*, Reinbek bei Hamburg 2002, S. 70. Im Jargon der Opiumraucher der ersten Jahrhunderthälfte soll es den Zustand des Rausches bezeichnet haben, bei dem man auf der *hip* (Hüfte) lag: vgl. Polsky, »The Village Beat Scene«, S. 147.

155 Mailer, »The White Negro«, S. 279. Auch hier: Kursivierung markiert nicht übersetzte Terminologie.

156 Vgl. ebd., S. 296.

Literatur, die in der Kultur marginalisierter Gruppen den Ausweis einer neuen Authentizität suchte – und damit den Anspruch erhob, selbst Teil der beschriebenen Phänomene zu sein. In ähnlicher Weise partizipierten Schriftsteller in verschiedenen Staaten am noch jungen Pop-Diskurs und betrieben damit die Etablierung von als deviant geltenden Praktiken. Zu ihnen gehörten amerikanische Romanciers und Journalisten wie Arthur Miller oder Tom Wolfe, Briten wie Alan Silitoe oder Colin MacInnes, in Frankreich Françoise Sagan sowie – einige Jahre später – Hubert Fichte in der Bundesrepublik und Uwe Greßmann in der DDR.[157]

Mailer hatte seinem Text ein Zitat von Caroline Bird vorangestellt, die 1957 einen Artikel über die Hipster der sogenannte *Unlost Generation* publiziert hatte,[158] als deren idealtypischen Vertreter sie den Schauspieler James Dean präsentierte, von dessen Film *Rebel Without A Cause* auch Mailer stark inspiriert gewesen sein dürfte.[159] Mit ihrer Bezeichnung hatte sich Bird von der Selbstbeschreibung amerikanischer Autoren wie Gertrude Stein und Ernest Hemingway im Paris der Vorkriegszeit als Mitglieder einer *lost generation* abgegrenzt – und sich zugleich auf dieses prominente Label bezogen.[160] Der Romancier John Clellon Holmes machte den Begriff

157 In den USA nahm man die Beat-Autoren als repräsentativ für die zeitgenössische Jugend wahr, auch wenn ihr »Klassensprecher« Kerouac 1957 bereits 35 Jahre alt war; vgl. Norman Podhoretz, »The Know-Nothing Bohemians«, in: *Partisan Review* 2 (1958), S. 305-318, hier: S. 305. Unter dem Generationsparadigma wurden dort auch die britischen *angry young men* wahrgenommen. Vgl. Stephen Spender, »Anglo Saxon Attitudes (Britain's Young Rebels)«, in: *Partisan Review* 1 (1958), S. 110-116. Der Erfolg von Françoise Sagan sei zwar »in ihren Ursprüngen eher soziologisch als literarisch«, aber dennoch »gut geeignet, die Revolte unserer Zeit zum Ausdruck zu bringen«, konstatiert im selben Heft Jean Bloch-Michel, »Francs and Rubles«, ebd., S. 117-121. Zu Fichte vgl. Axel Schildt, Detlef Siegfried (Hg.), *Deutsche Kulturgeschichte. Die Bundesrepublik, 1945 bis zur Gegenwart*, München 2009, S. 315 f.; zum »Ost-Beatnik« Uwe Greßmann vgl. Gerrit-Jan Berendse, »Beat am Prenzlauer Berg. Das Treffen zweier Subkulturen«, in: Philip Brady, Ian Wallace (Hg.), *Prenzlauer Berg. Bohemia in East Berlin?*, Amsterdam 1995, S. 45-66, hier: S. 50.

158 Caroline Bird, »Born 1930: The Unlost Generation«, in: *Harper's Bazaar* 2 (1957), S. 104-107; 174-175.

159 Siehe auch oben, Kap. 3.2.1.

160 Zur *beat generation* gibt es reichlich literaturwissenschaftliche und amerikanistische Literatur. Vgl. exempl. die Überblicksdarstellungen von Jonah Raskin, *American Scream. Allen Ginsberg's Howl and the Making of the Beat Generation.*

Beat Generation als Label für ebendiese Alterskohorte bekannt, die ihm zufolge durch eine gemeinsame zeithistorische Erfahrung der Unsicherheit geprägt worden war, vor allem durch den weltkriegsbedingten Verlust von Familienangehörigen und eine daraus resultierende Neigung zu Depressionen, Narkotika, Bebop, die Philosophie Sartres und sexueller Promiskuität.[161] »Beat Generation« etablierte sich aber nicht als soziologischer Begriff für eine ganze Alterskohorte, sondern als Bezeichnung für eine kleine Gruppe von Schriftstellern um den Romancier Jack Kerouac und den Lyriker Allen Ginsberg.[162] Wenngleich Mailer sich selbst auf die Seite der Marginalisierten zu stellen suchte – ebenso wie Kerouac in seinem Buch *On The Road* oder Ginsberg mit seinem skandalisierten Langgedicht *Howl* –, so schrieb er sich mit seiner essayistischen Intervention doch in den zeitgenössischen Diskurs über kriminogene Literatur und die Psychopathologie der *juvenile delinquency* ein, indem er neben den kriminalpsychologischen Untersuchungen Lindners auch die des Ehepaars Glueck rezipierte.[163] Dabei konnte Mailer an Überlegungen des Literaturkritikers Anatole Broyard anknüpfen, der bereits 1948 den Hipster als einen Typus von »unfertiger Delinquenz« definiert hatte.[164]

Mailers Essay war schon kurz nach der Veröffentlichung kontrovers diskutiert worden. In einer Folgenummer der Zeitschrift *Dis-*

Berkeley, Los Angeles 2004; Mike Evans, *The Beats. From Kerouac to Kesey, an Illustrated Journey through the Beat Generation*, Philadelphia, London 2007.

161 John Clellon Holmes, »This is the Beat Generation«, in: *NYT* (16.11.1952), S. SM10.

162 Gleichwohl wurde »Beat Generation« auch als Lebensstil-Konzept verstanden, wie die Ironisierung des Begriffs durch das Rock'n'Roll-Duo Bob & Dor zeigt: Dies., »The Mummie«/»The Beat Generation« (US 1959) Brunswick 9-55140 [45]. Obwohl der Begriff fast ausschließlich mit dem literarischen Feld verbunden ist, gibt es einen Kriminalfilm aus der Zeit, der ihn im Titel führt: *The Beat Generation* (US 1959, R: Charles F. Haas). Das Titelstück aus dem Soundtrack erschien 1959 als Single: Louis Armstrong and His All-Stars, »Beat Generation«/»Some Day You'll Be Sorry«, MGM Records 45 MGM 1034 [45]

163 Vgl. Mailer, »The White Negro«, S. 281.

164 Vgl. Anatole Broyard, »A Portrait of the Hipster«, in: *Partisan Review* 15 (1948), S. 721-727. Am Beispiel Broyards wurde später der Typus des *white negro* debattiert: Erst nach dem Tode des hellhäutigen Broyard wurde bekannt, dass er ein Sohn afroamerikanischer Eltern war, dies aber zeitlebens verheimlicht hatte. Vgl. Mark Greif, »Positionen«, in: ders. u. a. (Hg.), *Hipster. Eine transatlantische Diskussion*, Berlin 2012, S. 23-31, hier: S. 26.

sent teilte der Soziologe Ned Polsky zunächst dessen Einschätzung, in den Hipstern formiere sich die einzig signifikante neue Gruppe moderner Rebellen in den USA.[165] Ob als Motorrad-Outlaws, Marihuana-Raucher, Jazz-Fans oder Leser von Comics, Science-Fiction und der Philosophie Sartres: die Hipster formierten sich ihm zufolge zu einer Gesellschaft mit einer eigenen Sicht auf die Welt, eigenen Verhaltensregeln, neuen Institutionen und einem spezifischen Soziolekt – »eine[r] Subkultur der marginalisierten Menschen«.[166] Polsky, der mit dem Begriff der *marginal men* an die Soziologie etwa Robert Ezra Parks aus den zwanziger Jahren anknüpfte, kritisierte aber den Romantizismus Mailers und bezweifelte die von Mailer postulierte Aufhebung rassischer Grenzen innerhalb dieser subkulturellen Gruppe, da sich die Erfahrung von Afroamerikanern nicht einfach übertragen lasse und zu wechselseitigen Idealisierungen geführt habe: »Die innere Tragödie der Hipster-Subkultur ist: ihre *white* Mitglieder fühlen sich von den *Negro*-Mitgliedern aufgrund von deren Schwarzheit angezogen, während sich die *Negros* – und dies ignoriert Mailer – von den *Whites* eben wegen ihrer *Whiteness* angezogen fühlen.«[167]

Norman Podhoretz, der später zu einem der einflussreichsten konservativen Denker wurde, widersprach Mailer in der *Partisan Review* vehement. In einem »The Know-Nothing Bohemians« überschriebenen Kommentar zur Beat Generation ging er unter Bezugnahme auf Kerouacs *On the Road* auf den »neuen Bohemismus« ein: »Autostopp [...], auf ›wilde‹ Parties in New York gehen, in Denver und San Francisco von der Hand in den Mund leben [...], intensiv über Liebe, Gott und das Seelenheil reden, auf Marihuana high sein (aber niemals auf Heroin oder Kokain), fieberhaft Jazzkonzerten in überfüllten kleinen Bars lauschen und nach Belieben mit schönen Mädchen schlafen«, so seine abschätzige Zusammenfassung.[168] Besonders kritisch sah Podhoretz die von den Beats proklamierten *»interracial friendships«* und Liebesaffären, die für die neue Boheme dieselbe Rolle spielten wie Sex für bohemistische Kreise vor dem Krieg:

165 Ders. [ohne Titel], in: Norman Mailer, *Advertisements for Myself*, London 1994, S. 318-322 (dt.: *Reklame für mich selber*, Berlin 1963).

166 Ebd., S. 321.

167 Ebd. Kursivierungen markieren im Original belassene Terminologie.

168 Podhoretz, »The Know-Nothing Bohemians«, S. 306.

Es wird eine Neuigkeit für die *Negroes* sein zu erfahren, dass sie so fröhlich und ekstatisch sind; ich bezweifle, dass jemals ein so idyllisches Bild des *Negroe Life* gezeichnet wurde seitdem gewisse Südstaaten-Ideologen versuchten, die Welt davon zu überzeugen, die Dinge auf den alten Plantagen seien für die Sklaven einfach prima gelaufen.[169]

Podhoretz pflichtete Polsky bei, der den Primitivismus der Beats als »eine umgekehrte Art und Weise, den *nigger* auf seinem Platz zu halten« kritisiert hatte.[170] Tatsächlich konstatierte schon 1957 ein Artikel in der afroamerikanischen *Ebony*, dass Schwarze sich zunehmend von Blues und Trad Jazz abwandten, da er nun Mitgliedern der weißen Mittel- und Oberschicht zur Konstruktion musikalischer Authentizität diente, und beklagte: »Es ist eine Schande, dass *negroes* ihre eigene Kunstform nicht mehr kennen.«[171]

Nachdem Mailers Essay in den USA in Lawrence Ferlinghettis Edition City Lights in San Francisco erschienen war, die als auratisches Zentrum der sogenannten *beat generation* galt, wurde er einer internationalen Öffentlichkeit bekannt, zumal auch bekannte Schriftsteller wie Jack Kerouac und Allen Ginsberg in ihrer Belletristik auf den Begriff des Hipsters rekurriert hatten.[172] In einer Reaktion hatte der französische Romancier Jean Malaquais bezweifelt, dass schwarze Amerikaner und ihre weißen Nachahmer gemeinsam eine neue »Rasse« verkörpern können, sah aber in dem von Mailer beobachteten Phänomen Parallelen zu den Jugendstilen anderer Länder, namentlich »der britische Teddy, der russische besprizornyé, die polnischen hooligans, die französische pseudo-existentialistische Fauna« hätten sich nicht wesentlich anders benommen als der amerikanische Hipster.[173] Auch Malaquais machte zeithistorische Gründe für das Auftreten dieser Vergemeinschaftungen aus,

169 Kursivierungen markieren im Original belassene Terminologie.

170 Vgl. »Reply to Norman Mailer«, in: *Dissent* 5 (1958), S. 77-81; Polsky, *Hustlers, Beats, and Others*, S. 178.

171 Berta Wood, »Are Negroes Ashamed Of The Blues? White critic says they scorn tradition that produced jazz, prefer white culture«, in: *Ebony* (5/1957), S. 64-68, hier: 65.

172 In Deutschland etwa durch die Auswahl von Karl O[tto] Paetel u.a. (Hg.), *Beat: eine Anthologie*, Reinbek bei Hamburg 1962. Vgl. Ferlinghetti Papers, City Lights Books Records sowie Herbert Huncke papers, TBLC.

173 Jean Malaquais: »Reflections on Hip«, nachgedruckt in: Norman Mailer: *Advertisements for Myself*, London: Harper Collins/Flamingo 1994 (1961), S. 312-315, hier: S. 313.

betonte aber die Gleichzeitigkeit von Hochindustrialisierung, paternalistischen Strukturen, extremer innerer Unsicherheit und einer staatlich finanzierten Wohlfahrt, die allesamt zu einem Verlust des individuellen Selbst geführt hätten. Als Kommunist sprach sich Malaquais aber gegen eine Romantisierung dieser aus seiner Sicht fehlgeleiteten Jugend aus. Massenmedien und Popkultur vermittelten »idiotische Klischees« und falsche Ideale und erzeugten damit Konformisten.[174] »Hip« sei nichts als ein blühender Ausdruck des romantischen Idealismus Norman Mailers. Das Buch eines anderen französischen Autors trieb die Rassialisierung der Jugenddebatten 1961 auf die Spitze: Unter dem Titel *La nouvelle race* wollte der Journalist Michel de Saint Pierre die Jugend als Ganzes als eine neue »Rasse« verstanden wissen.[175]

Auch andere Autoren hatten sich schon um 1950 mit dem musikalisch-populärkulturellen *blackfacing* weißer Jugendlicher befasst.[176] Der Schriftsteller Milton Klonsky etwa, ein genauer Beobachter der Szene im »Village«, hatte die New Yorker Boheme der späten Vierziger mit ihrer Emphase für Marihuana, Bebop und »Anti-Art« als Erbin der europäischen Dada-Bewegung der zwanziger Jahre gelesen.[177] Solche Einschätzungen waren jedoch die Ausnahme, denn für die meisten Kulturkritiker erschien die neue *middle culture* als besonders verwerflich, da sie »in schlechter Weise Hochkultur und Populärkultur vermischt«.[178] Um 1960 wurden die Diskurse über das Verschwimmen von Klassengrenzen zunehmend

174 Ebd.

175 Michel de Saint Pierre, *La nouvelle race*, Paris 1961.

176 Unter *blackfacing* wird eine performative Mimikry verstanden, die auf die sog. Minstrel-Shows des späten 19. und frühen 20. Jh. zurückgeht, bei denen sich hellhäutige Performer die Gesichter dunkel schminkten. Vgl. Eric Lott, *Love and Theft. Blackface Minstrelsy and the American Working Class*, Oxford 1993.

177 Milton Klonsky, *A Discourse on Hip. Selected Writings of Milton Klonsky*, hg. v. Ted Solotaroff, Detroit 1991, S. 137.

178 So etwa das Urteil des Kritikers Weldon Kees 1948, zit. n. Thomas Hecken, *Pop. Geschichte eines Konzepts 1955-2009*, Bielefeld 2009, S. 57. Dies knüpft an die Entstehung einer *middlebrow culture* an, die bereits im ersten Drittel des 20. Jahrhunderts angesetzt wird. Vgl. Joan Shelley Rubin, *The Making of Middlebrow Culture*, Chapel Hill 1992; Paul Nolte, »Verdoppelte Modernität. Metropolen und Netzwerke der Vergnügungskultur um 1900«, in: ders. (Hg.), *Die Vergnügungskultur der Großstadt. Orte – Inszenierungen – Netzwerke (1880-1930)*, Köln, Weimar u. a. 2016, S. 1-11, hier: S. 6.

rassialisiert und exotisiert. Auch für David Riesman, den Analytiker der amerikanischen Freizeitgesellschaft, überschnitten sich in der neuen Konsumkultur

> eine sympathische Attitüde oder sogar eine Preferenz für *Negro*-Musiker, eine egalitäre Attitüde mit Blick auf die Geschlechterollen in Liebe und Arbeit; eine internationale Perspektive, bewusst oder unbewusst, die zum Beispiel im französischen Interesse an amerikanischem Jazz zum Ausdruck kommt und in der Identifikation mit benachteiligten Gruppen, nicht nur *Negroes*, von denen der Jazz ausgeht, und [...] ein romantischer Kult des Proletariats.[179]

Ähnliche Beobachtungen wurden bald auch in Europa gemacht.

4.2.2. *Dedicated Followers of Fashion*: Mods und die Kontinentalisierung der Jugendkultur

In London fiel bereits Ende der fünfziger Jahre ein neuer Jugendstil auf, der ähnlich elegant wie die neo-edwardianische Mode war, sich aber nicht an traditionellen englischen, sondern an kontinentaleuropäischen Modeelementen und afroamerikanischer Musik orientierte.[180] Ein frühes Portrait dieser Szene findet sich in einem narrativen Interview mit einem Zeitzeugen, der sich an eine Gruppe 15- bis 16-Jähriger erinnert, die sich um 1958 bevorzugt in den Bezirken Camden und Soho aufhielt und dort mit ihrem extravaganten Bekleidungsstil Aufsehen erregte: mit italienischen Nadelsteifenanzügen aus Mohair im kurzen *bum-freezer*-Schnitt, Schuhen aus hauchdünnem Leder, kubanischen Absätzen und maßgeschneiderten Reißverschluss-Hemden sowie italienischen Motorrollern. Anführer der Clique war ein besonders elegant gekleideter junger Klempner.

> Sie waren die ersten Menschen, die ich jemals auf Lambrettas sah als kleiner Teenager, weil sie auch diese Mode lostraten mit stylischer italienischer Kleidung. Und diese riesigen Mäntel, die er [der Anführer] mit einem

179 David Riesman, »Listen to Popular Music«, in: *American Quarterly* 2 (1959), S. 359-371. Vgl. dazu Charlie Gillett, *The Sound of the City. The Rise of Rock and Roll*, New York 1970, S. 14. Vgl. zu Riesman oben, Kap. 3.4.6. Kursivierungen markieren im Original belassene Terminologie.

180 Bill Osgerby, *Youth in Britain Since 1945*, Oxford 1998, S. 42.

großen Umschnallgürtel auf seiner Lambretta trug […], das war wirklich außergewöhnlich.[181]

Auch wenn in den detailreichen Erinnerungen des Zeitzeugen der Begriff kein einziges Mal fällt, so handelt es sich bei der hier mit großer Emphase beschriebenen Clique aller Wahrscheinlichkeit nach um eine der Keimzellen einer Londoner Jugendsubkultur, die als »Modernists« beziehungsweise »Mods« wenige Jahre später wegen Zusammenstößen mit Gruppen junger Rocker in südenglischen Badeorten in die Schlagzeilen gerieten.[182]

Ähnlich wie beim »Teddy Boy«-Phänomen spielte Bekleidung eine wesentliche Rolle. Gegen Ende der Fünfziger hatte sich italienische Mode, angeregt durch Kinofilme wie William Wylers *Roman Holiday* oder Federico Fellinis *La Dolce Vita* international verbreitet.[183] Der italienische Stil beziehungsweise die »kontinentale Linie« zeichnete sich durch kürzere Anzugjacken und figurbetonte Schnitte aus und unterschied sich deutlich vom ursprünglich anglozentrischen, dann amerikanisierten Teddy Boy-Look; wie dieser orientierte sie sich an den *dress codes* der Oberschicht. Neben Italien übte auch Frankreich einen bedeutenden Einfluss auf den britischen Mod-Stil aus:[184] Französische Studentenclubs in London gehörten zu den bevorzugten Szene-Treffs, französische Zeitungen dienten, dekorativ zusammengefaltet in Manteltaschen und auf Cafétischen, als modische Accessoires auch bei denen, die kein Wort Französisch sprachen, als semiotisches Bekenntnis zu »kontinentaler« Lebensart.[185] Die subkulturelle Verklärung Frankreichs

181 Interview mit dem Design-Consultant Michael Wolff vom 11. 09. 2001, siehe Oral History of Wolff Olins, Oral History Collection, Sound Archive, British Library, online: ⟨http://sounds.bl.uk/Oral-history/Branding-design/021M-C1015X0003XX-0011V0⟩, letzter Zugriff 22. 05. 2017.

182 Siehe dazu unten, Kapitel 4.5.2.

183 *Roman Holiday* (US 1953, R.: William Wyler); *La Dolce Vita* (IT 1959, R.: Federico Fellini). Vgl. Richard Weight, *Mod! A Very British Style*, London 2013, S. 395.

184 Cathy McGowan bekannte im Sommer 1964: »[V]iele Ideen, die sich in französischen Magazinen fanden, wurden eins zu eins übernommen oder nur leicht variiert, um verschiedene Leute in und um London einzukleiden«; siehe *The Mod's Monthly* 6 (August 1964), S. 4.

185 Vgl. Richard Barnes, *Mods! Over 150 Photographs From the Early 60's of the Original Mods*, London 1991, S. 9. Auch bei bundesdeutschen »Exis« diente die Zei-

war kein neues Phänomen, denn insbesondere Paris war in der Literatur bereits seit den 1830er Jahren als prototypischer Ort einer Boheme inszeniert worden, in der sich »ein stadträumlich lokalisierbares künstlerisches Milieu« manifestierte, das »als Subkultur das bürgerliche Establishment auf Distanz hält«.[186] Diese Verklärung war auch im 20. Jahrhundert noch hochwirksam, nicht nur bei den Beats in den USA, den Mods in der Metropole London oder den deutschen Existenzialisten.[187] Die in Nordengland aufgewachsene Sheila Rowbotham etwa schreibt über ihre Jugend: »Ich träumte davon, eine junge Existenzialistin zu sein. Ich trug schwarze Strümpfe, enge Kleider von C&A, noch billigere Einteiler, den weitesten schwarzen Pullover, den ich finden konnte und schwarze *high heels*. Ich trug schwarzen Kajal rund um meine Augen auf und dazu grünen Lidschatten.«[188]

Wie der des Hipsters hatte auch der Begriff Mod, eine Kurzform von Modernist, seine Ursprünge in der Musik. Infolge der Ausdifferenzierung in unterschiedliche Stile wie Bebop oder Cool Jazz entstanden Schismen zwischen Subgenres des Jazz. Besonders zwischen Fans des Trad Jazz beziehungsweise Dixieland auf der einen und Anhängern des weniger tanzorientierten Modern Jazz auf der anderen Seite kam es um 1960 zu Spannungen. Auf dem Beaulieu Jazz Festival in der südenglischen Grafschaft Hampshire, einer der ersten Open-Air-Konzertreihen, hatten sich 1960 und 1961 die Anhänger von Trad und Mod Jazz gewalttätige Auseinandersetzungen geliefert.[189]

tung als subkultreller Signifikant. Vgl. Diedrich Diederichsen, Dick Hebdige, Olaph-Dante Marx, *Shocker – Stile und Moden der Subkultur*, Reinbek 1983, S. 142.

186 Andreas Reckwitz, *Die Erfindung der Kreativität. Zum Prozess gesellschaftlicher Ästhetisierung*, Berlin ^{3}2013, S. 75.

187 Vgl. Evans, *The Beats*, S. 122-123.

188 Sheila Rowbotham, »Revolt in Roundhay«, in: Liz Heron (Hg.), *Truth, Dare or Promise. Girls Growing Up in the 50s*, London 1985, S. 189-236, hier: S. 207. Die gleichen Insignien kennzeichneten auch bundesdeutsche »Existenzialisten«, vgl. Heinz-Hermann Krüger, »Viel Lärm um nichts? Jugendliche ›Existenzialisten‹ in den 50er Jahren«, in: Deutscher Werkbund e.V. und Württembergischer Kunstverein Stuttgart (Hg.), *Schock und Schöpfung. Jugendästhetik im 20. Jahrhundert*, Neuwied 1986, S. 263-268, hier: 263.

189 Vgl. »British Newsnotes«, in: *Billboard* (11.06.1960), S. 31. Zum Beaulieu-Festival vgl. George McKay, »›The pose … is a stance‹: Popular Music and the

Mods der späten fünfziger und frühen Sechziger galten als Fans insbesondere afroamerikanischer Musiker wie Thelonius Monk, Miles Davis oder Dizzy Gillespie, die nicht nur als »modern« in ihrem Musikstil galten, sondern auch in ihrer Bekleidung, die kontinentaleuropäischen Moden folgte. Charlie Parker und Miles Davis hatten Ende der vierziger Jahre Kontakte zu Sartre und seinem Kreis in Paris geknüpft, Davis trug bevorzugt italienische Modemarken.[190] Simone de Beauvoir hatte in den 1940ern in den USA Jazz-Clubs besucht und pflegte nach dem Krieg engen Kontakt mit dem Jazzmusiker und Autor Boris Vian.[191] Französische Jazz-Musiker sähen selbst dann aus wie *Rive-gauche*-Intellektuelle, behauptete der Jazz-Kolumnist einer britischen Zeitschrift, wenn es sich bei ihnen nicht um Franzosen, sondern um in Paris lebende Afroamerikaner handele: Sie trugen Anzüge und Brillen.[192] Ungeachtet dieser populären Klischees sahen Kenner Paris als Stadt des Jazz zu dieser Zeit bereits im Niedergang. Zwar gehöre die Caveau de la Huchette zu den »lebendigsten der aussterbenden Sorte von ›New Orleans‹-Kellern«, lobte Francis Newton 1960 in *The New Statesman*, doch sei es im Allgemeinen nicht gut um den Pariser Jazz bestellt. Das französische Radio habe seine Amateurwettbewerbe eingestellt, es erschienen kaum Schallplatten mit Aufnahmen französischer Musiker, und die wenigen Clubs seien so überteuert, dass sie fast ausschließlich von Touristen besucht würden.[193] Und doch wurden über den transnationalen Umweg der Musik textile Moden aus Frankreich in Großbritannien von britischen Jugendlichen als afroamerikanisch codiert rezipiert und in ihr subkulturelles Repertoire aufgenommen.[194]

Zwar wurde das Mod-Phänomen als homogen wahrgenommen, doch hatte der Stil in seiner Binnendifferenzierung unterschiedliche Typen hervorgebracht, etwa die *individualists* und die

Cultural Politics of Festival in 1950s Britain«, in: ders. (Hg.), *The Pop Festival. History, Music, Media, Culture*, New York u. a. 2015, S. 13-31, hier: S. 20.

190 Vgl. Weight, *Mod!*, S. 5, 30.

191 Vgl. Colin W. Nettelbeck, »Jean-Paul Sartre, Simone de Beauvoir and the Paris Jazz Scene«, in: *Modern & Contemporary France* 9 (2001), S. 171-181.

192 Vgl. Francis Newton, »Parisian Jazz«, zit. n. Eric Hobsbawm, *The Jazz Scene*, New York 1993, S. 253-255. Vgl. zu »Newton« unten, Kap. 4.4.

193 Ebd.

194 Vgl. Lewis MacAdams, *Birth of the Cool. Beat, Bebop, and the American Avantgarde*, New York 2001, S. 23-32 u. S. 45.

keenees.[195] In der Szene der sogenannten Fashion-Mods stand der Begriff *Ticket* für einen Mitläufer, wohingegen tonangebende Jugendliche, deren Stil von anderen nachgeahmt wurde, als *Faces* bezeichnet wurden.[196] Viele selbsterklärte Mods kauften zwar ihre Kleidung »von der Stange«, modifizierten und individualisierten sie aber, indem sie die Schnitte ändern ließen oder farbige Innenfutter einnähten, andere leisteten sich sogar Maßanfertigungen aus eigenen Entwürfen und wurden so selbst zu Gestaltern ihrer eigenen Mode.[197] Professionelle Modemacher erkannten das Potenzial der neuen Jugendstile, etwa der Designer John Stephen, der in der Londoner Carnaby Street individuelle Entwürfe für Musiker anfertigte.[198] Eine Besonderheit waren farbige Hemden (auch in weiblich codierten Farben wie pink), die zunächst von offen homosexuellen Männern, dann aber auch von Mods getragen wurden, aber Anfang der Sechziger noch nicht allgemein üblich waren; zum Anzug trug man ein weißes Hemd,[199] das als Teil der Unterwäsche betrachtet wurde, weswegen das Ausziehen der Anzugjacke – insbesondere »in Gegenwart von Damen« – als unschicklich galt.[200] Weil einige von ihnen nicht nur bunte Hemden trugen, sondern auch Kajal oder Makeup verwendeten, wurden männliche Mods daher oftmals pauschal mit dem als Vorwurf gemeinten Etikett der »Verweiblichung« belegt oder pauschal als *gay* betrachtet. Zu Zentren des neuen Jugendstils avancierten Anfang der Sechziger das Londoner Viertel Soho sowie Teile des Nachbarbezirks Kensington-Chelsea; hier verdichteten sich künstlerische und hedonistische

195 Vgl. *The Mod's Monthly* 2 (April 1964), S. 4; Paul ›Smiler‹ Anderson, *Mods. The New Religion. The Style and Music of the 1960s Mods*, London u. a. 2013, S. 36.

196 Vgl. Barnes, *Mods!*, S. 10.

197 Das *Mod's Monthly* hatte bereits in seiner ersten Nummer festgestellt, dass viele Mods ihre »*dollyrocker*, Kleidung und Frisuren« selbst entwarfen, und dazu aufgefordert, Fotos solcher Unikate einzusenden, um sie in den kommenden Ausgaben vorzustellen. »Why are Mods so much in the News? Now they are Dictating Fashion Trends«, in: *The Mod's Monthly* 1 (März 1964), unpag. [S. 7].

198 Vgl. »Are You A Mod?«, in: *The Mod's Monthly* 7 (September 1964), unpag. [S. 5]; »Down Carnaby Street«, ebd., [S. 12].

199 Für Anzüge galt: »Die Hauptfarben sind und bleiben gedecktes Grau und Blau in kräftigen Tönen.« Neu waren »Braun-Nuancen wie Palisander, Muskat und Kupfer und ein tiefes Malachitgrün«, vgl. »Steckbrief eines Gentleman«, in: *Stern* 34 (23. 08. 1964), S. 58.

200 Vgl. Weight, *Mod!*, S. 74; Anderson, *Mods*, S. 18.

Netzwerke, Orte und Szenen zum Mythos »Swinging London«.[201] Galt die Carnaby Street als Zentrum für Herrenmode, so konzentrierten sich an der King's Road in Chelsea Boutiquen für junge Frauen, die ebenfalls dem Mod-Stil zugerechnet wurden.[202] Die Modeschöpferin Mary Quant, die (ebenso wie der französische Designer André Courrèges) als Erfinderin des Mini-Rocks gilt, wurde als genuin »mod« rezipiert, womit die Jugendkultur in der *haute couture* ankam.[203]

Die Selbstbeschreibung des Mod-Stils als extravagant und avantgardistisch wurde durch seine zunehmende Verbreitung durch Magazine und das Fernsehen allmählich untergraben – als Massenphänomen konnte er schon per definitionem nicht mehr »Mod« sein, also dem Bedürfnis nach Abweichung entsprechen, das wiederum auf einem radikalen Konzept von Konsum basierte, das auf Beschleunigung und immer kürzere Produktionszyklen angelegt war. Diesen Widerspruch brachte der Modekolumnist des Szene-Magazins *Mod's Monthly* zum Ausdruck, der darüber klagte, dass *cuban heels* und *hush puppies* eigentlich nicht mehr tragbar seien, nachdem sie als geradezu synonym für Mod-Schuhe galten: »[A]lles was wir tun können, ist darauf warten, dass jemand mit Inspiration sich etwas Exentrisches zum Anziehen ausdenkt.«[204]

Dies wurde zunehmend schwieriger, denn 1964, auf dem medialen Höhepunkt des Mod-Phänomens, hatte fast jedes Modelabel seine eigene Kollektion auf den Markt gebracht, so dass der »individuelle« Mod-Stil auch »von der Stange« erhältlich war. Der Chef eines großen Modehauses wurde anonym mit der Aussage zitiert, er verkaufe die Hälfte seiner Kollektion nur wegen der Nachfrage nach *shimmy shakers* und *dolly rockers*, woraufhin das *Mod's Monthly* seine Leserschaft aufrief, selbst kreativ zu werden: »Anstatt sich

201 Vgl. »Down Carnaby Street«, in: *The Mod's Monthly* 7 (September 1964), unpag. [S. 12]. Vgl. zu »Swinging London«: Anna Braun, »Where was Pop? Die Robert Fraser Gallery zwischen Popmusik und bildender Kunst in ›Swinging London‹«, in: Bodo Mrozek u. a. (Hg.), *Popgeschichte*, Bd. 2: *Zeithistorische Fallstudien 1958-1988*, Bielefeld 2014, S. 65-88, bes. S. 67-69. Vgl. dazu ausführlich Kap. 5.1.

202 Vgl. Kenneth O. Morgan, *Britain Since 1945. The People's Peace*, Oxford, New York ³2001, S. 256; Anderson, *Mods*, S. 40; Tracy Tolkien, *Schick & schrill. Klassiker der Design-Mode*, Reinbek bei Hamburg 2001, S. 58.

203 Vgl. etwa das Editorial des *Mod's Monthly* 6 (Juli 1964), S. 3.

204 Vgl. *The Mod's Monthly* 3 (Mai 1964), S. 9.

sagen zu lassen, was die beste Mode zum Tragen ist, wie es noch vor einem Jahr üblich war, sagst DU nun den Modehäusern, was du willst. [...] *Don't be mod-est!*«[205]

Stilbildend für das Mod-Phänomen war auch die Musik. Nicht nur der bereits erwähnte afroamerikanische Jazz, auch die Musikstile karibischer Einwanderer inspirierten die britische Mod-Szene.[206] Neben dem Calypso hatten sie auch Blue Beat und Ska populär gemacht, der insbesondere in London mit seiner großen Population afrokaribischer Migranten in von Mods frequentierten Clubs wie dem Flamingo gespielt wurde, wo dem Mod-Stil zugerechnete Musiker wie Georgie Fame & The Blue Flames, Tony Sheveton and The Shevelles und die Mitglieder der Beatband The Animals zum Stammpublikum gehörten.[207] Viele der frühen Konzerte fanden unter provisorischen Bedingungen statt, und so dauerte es nicht lange, bis sich auch die kommunalen Behörden für die Szene zu interessieren begannen. Als Studenten einer Kunstschule im Sommer 1963 ein Beat-Konzert mit der kaum bekannten Band The Rolling Stones organisierten, beschrieb ein Inspektor die Veranstaltung so: »Die Halle war beinahe in Dunkelheit und so vollgestopft mit jungen Leuten, dass es fast unmöglich war hineinzukommen. Ungefähr 300-350 Personen waren anwesend. Eine fünfköpfige Band spielte am äußersten Ende der Halle, und der Tanz war in vollem Gange.«[208] Die Veranstalter wurden schließlich von den Behörden wegen einer unangemeldeten Musikveranstaltung zur Rechenschaft gezogen.

Ab Mitte der sechziger Jahre verbreitete sich vor allem Rhythm & Blues als Tanzmusik in den Londoner Clubs. Als ausgesprochene R&B-Orte in der Hauptstadt und deren näherer Umgebung galten 1964 der 100 Club in der Oxford Street, das Studio 51 in der Great

205 »Why are Mods so much in the News? Now they are Dictating Fashion Trends«, in: *The Mod's Monthly* 1 (März 1964), unpag. [S. 7]. Meine Kursivierung.

206 Ein Austausch, der als »ein zentrales Merkmal britischer Jugendsubkulturen in den Jahrzehnten nach 1945« gilt, siehe Osgerby, *Youth in Britain*, S. 42.

207 Vgl. »Top Spots for Mods – Where is Your Favourite Club?«, in: *The Mod's Monthly* 1 (März 1964), unpag. [S. 10]; »Records for Mods«, in: ebd., unpag. [S. 14].

208 Poster warben mit der Aufschrift »Come to the Klondike with the incredible rolling stones at Eel Pie Island on Friday, July, 12th from 7.30-12.00 Twickenham [Technical College] department of Graphic Design«. Letter »Clerk of the City Council«, 02. 09. 1963, LMA, GLC/DG/EL/03/E010.

Newport Street, der Blueopera Club in Edmonton, der Attic Club in Hounslow, der (nach einem Stück von Bo Diddley benannte) Crawdaddy Club in Richmond und der Bromley Club in Kent.[209] Dienstags gab es im Marquee – mit seiner populären Hausband Manfred Mann ein ebenso bedeutender Mod-Club wie das Flamingo[210] – eine regelmäßige Blue Beat Night, doch besaß das Lokal bis 1969 keine offizielle Lizenz, sondern firmierte bis dahin formal als ein privater Jazz-Club für registrierte Mitglieder.[211] Nicht verborgen blieb indes, dass Mitglieder *on the door* gemacht wurden, indem sie kurzerhand Beitrittsanträge ausfüllten oder Mitgliedschaften für nur eine Nacht erwarben – damals eine gängige Praxis nichtlizenzierter Clubs, um Steuern und Auflagen der Behörden zu umgehen. Dabei legte man Wert auf Exklusivität und nahm nur diejenigen auf, die entsprechend gestylt waren; der Modernismus war auch ein Lookismus.[212]

Auch die musikalischen Vorlieben folgten dem Prinzip der Exklusivität. Der Schlagzeuger der Beatles, Ringo Starr, erklärte in der Sendung *Ready! Steady! Go!* auf die Frage, ob er ein Rocker oder ein Mod sei, ebenso ironisch wie ausweichend, er sehe sich selbst eher als »Mocker« (Täuscher) – ein Kunstgriff, mit dem er keinen der beiden Fan- und Konsumentenkreise vor den Kopf stieß.[213] Aus Opposition zur Massenkompatibilität der Beatles bezogen sich Mods anfangs eher auf die noch wenig bekannten Rolling Stones. Als aber auch sie mit Bestplatzierungen in den Hitparaden den Mainstream erreichten, wandten sich etliche Mods von ihnen ab und favorisierten unbekanntere Bands.[214] Unterdessen verbreitete

209 »Clubs Where Things Swing«, in: *The Mod's Monthly* 7 (September 1964), unpag. [S. 11].

210 »Top Spots for Mods – Where is Your Favourite Club?«, in: *The Mod's Monthly* 1 (März 1964), unpag. [S. 10].

211 Vgl. Anderson, *Mods*, S. 57-99; vgl. zu weiteren Clubs: Terry Rawlings, *Mod – Clean Living Under Difficult Circumstances. A Very British Phenomenon*, London 2000, S. 40.

212 »Wenn ein Nichtmitglied, das sich für Jazz interessierte, zum Marquee kam, war immer ein Vorstandsmitglied anwesend, das seinem Mitgliedsantrag stattgeben und ihm Einlass gewähren würde. Erschien die Person unattraktiv, so wurde Diskriminierung praktiziert.« Vgl. Note on an opposed application for hearing, 23.06.1969, LMA, DG/EL/41.

213 Vgl. *The Mod's Monthly* 3 (Mai 1964), S. 8.

214 Auf die kontrovers debattierte Frage »Are the Stones Mod or Not?« antwortete

sich die ursprünglich in Großbritannien entstandene Mod-Mode unter dem Einfluss der Beatles-Welle auch in den USA. »Letzten Monat war ich in Amerika, und der große Renner da drüben sind alte britische Klamotten. Ja, die alten Tweeds, Wildleder- und Cordsachen«, schrieb Andrew Oldham, der Manager der Rolling Stones, im Frühjahr 1964 im *Monthly* und empfahl: »Wenn du hip sein willst, sei britisch.«[215] Um 1964 wurden Chelsea-Boots und andere Elemente des »britischen« Stils, der sich tatsächlich aus unterschiedlichen, auch kontinentalen und afroamerikanischen Moden zusammensetzte, in anderen Ländern populär. Vor allem in den USA wurden diese Stilelemente als dezidiert britisch wahrgenommen und – versehen mit dem Nimbus einer neuen Pop-Kultur – von dort in ihre europäischen Ursprungsländer zurücktransferiert. Selbst in Frankreich, das sich als Mutterland der Mode verstand, wurde Mitte der Sechziger *la mode anglaise* populär und in einer Ausgabe der Zeitschrift *Âge tendre* als »nouveau style Copains 63 – Regent Street« präsentiert.[216] »In France le style anglais is the thing and les hip people are making with the English clothes«, formulierte in formvollendetem Anglofranzösisch das *Mod's Monthly*. In Paris trage man Bowler-Hüte, Wildlederschuhe und *ankle swingers* im Mod-Stil, und das Magazin selbst kündigte im Mai 1964 optimistisch an, demnächst auch in Frankreich, Belgien, Schweden und den USA zu erscheinen.[217]

Die Entwicklung des Mod-Stils ist häufig als Übernahme afroamerikanischer Einflüsse, das heißt als einseitiger transatlantischer Kulturtransfer interpretiert worden. »I look all white but my dad was black«, lautet etwa die Zeile eines vielzitierten Songs der Modband The Who, die sich wie ein Zitat aus Mailers Definition des

das *Mod's Monthly*: »[D]ie Antwort muss sein: ja und nein. ›Ja‹, weil sie konstant ihren Stil ändern, ›nein‹, weil [sie] modemäßig […] OUT [sind]! Ganz und gar out! […] Alle von ihnen tragen die Klamotten, die sie mögen, was sie eher zu Stylern und Individualisten macht als zu vollgültigen Mods.« Vgl. *The Mod's Monthly* 8 (Oktober 1964), S. 3.

215 Andrew Oldham, »Mods Around the World!«, in: *The Mod's Monthly* 1 (März 1964), S. 12.

216 Vgl. Anne-Marie Sohn, *Âge tendre et tête de bois. Histoire des jeunes des années 1960*, Paris 2001, S. 73 u. S. 75.

217 Vgl. Mark Burns, »Fantastic reception«, in: *The Mod's Monthly* 3 (Mai 1964), unpag. [S. 3].

Hipsters als *»white negro«* las.[218] Für den amerikanischen Markt hatte die Band aus Rücksicht auf den mutmaßlichen Rassismus der US-Rundfunkstationen eine neue Version eingesungen und darin die Zeile ersetzt durch »I try walking forward but my feet walk back«.[219] Doch auch trotz solcher Selbstzensur wirkte der neue britische Jugendstil transnational auf die afroamerikanischen Originale zurück. Im Jahr 1965 erklärte etwa das afroamerikanische Magazin *Ebony* unter der Überschrift »Youthquake« die von der Mod-Szene geschätzten Designer zum neuen Ideal: »Sie vertreten das, was als *Youthquake* bekannt ist [...]. Es spiegelt das Tempo der Zeit in Musik, Kleidung und Tanz und funktioniert als Passwort für die heutige angeturnte Generation. Sie sind Teil der *›in‹ crowd* und sie bleiben im Orbit.«[220] Im Zentrum der afroamerikanischen Ebony Fashion Fair 1965 standen Zweiteiler und kurze Röcke nach Londoner Vorbild.[221]

Die britische Mod-Szene, die sich Ende der fünfziger bis Mitte der sechziger Jahre formierte, hatte sich somit als transkulturelles Amalgam aus unterschiedlichen Stilelementen kontinentaleuropäischer Bekleidungsstile, afroamerikanischer und afrokaribischer Musiktraditionen bedient und diese mit als originär britisch codierten Elementen verschmolzen: mit Schuluniformen und College-Krawatten, dem Logo der Londonder U-Bahn (das ab 1962 auch der deutschen TV-Sendung *Beat-Club* als Signet diente) und typisch britischen Verkehrsschildern, mit dem Union Jack (als Anzugstoff) oder dem *Target*-Emblem der britischen Luftwaffe (als T-Shirt-Motiv). Besonders The Who taten sich mit entsprechenden Bricolagen hervor und exportierten diese von ihnen im Stil der Pop-Art kreierte Britishness gezielt. Während auf dem Cover der britischen Pressung von *My Generation* – ihres 1965 erschienenen ersten Studioalbums – John Entwistle in einem aus einer

218 The Who, »Substitute«/»Instant Party« (GB 1966) Reaction 591 001 [45].

219 The Who, »Substitute«/»Waltz For A Pig« (US 1966) ATCO 45-6409 [45]. Vgl. Andy Neill, Matt Kent, *Anyway, Anyhow, Anywhere. The Complete Chronicle of The Who 1958-1978*, London 2005, S. 113; Weight, *Mod!*, S. 87.

220 Die Formulierung zitiert das bei britischen Mods beliebte Stück des afroamerikanischen Musikers Dobie Gray: »The ›In‹ Crowd«/»Be A Man« (US 1964) Charger Rec. CRG-105 [45]; »Fashion Fair 1965: Fashions In Orbit/›Youthquake‹ Creation To Highlight Big Show«, in: *Ebony* (9/1965), S. 157-161, hier: 158.

221 Ebd.

zerschnittenen britischen Nationalflagge zusammengenähten Sakko zu sehen ist, posiert die Band auf dem US-Release derselben Platte vor dem Londoner Big Ben: Wurde für die britischen Fans ein nationales Hoheitssymbol dekonstruiert, so bediente man den ausländischen Markt mit einer touristischen Ikone.[222] (Abb. 54-55) Wenngleich der Mod-Stil eine spezifisch britische Prägung aufwies, so bestanden doch auffallende Gemeinsamkeiten sowohl mit dem Beatnik-Stil als auch mit anderen Jazz-Szenen. Aus den mit unterschiedlichen Herkunftslegenden ausgestatteten modischen und musikalischen Versatzstücken entwickelte sich allmählich ein Stil- und Genremix, der eine transnationale Jugendmode im umfassenden Sinn hervorbrachte, die ab Mitte der 1960er Jahre von kommerziellen Herstellern vermarktet und von professionellen Medien verbreitet wurde.[223] Aus einer vormals auf die Jugend bezogenen Produktwelt und einem gruppenspezifischen Lebensgefühl wurde so mehr und mehr eine gesamtgesellschaftliche Popkultur, die auf verschiedene Altersschichten ausstrahlte.

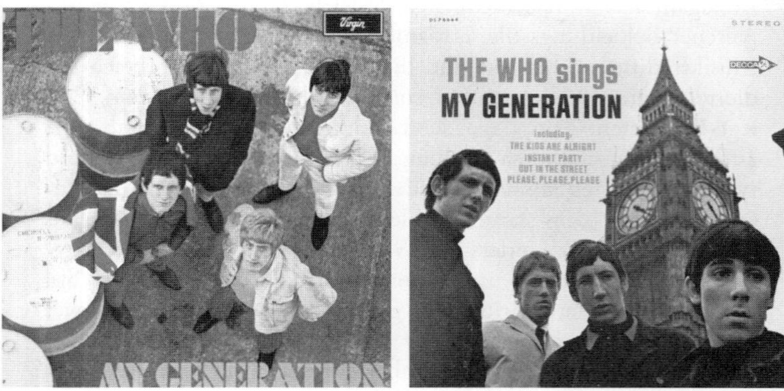

Abb. 54-55: Visuelle Marketing-Strategien: Zerschnittenes Hoheitssymbol für den heimischen Markt, intaktes Nationalsymbol für den US-amerikanischen.

222 Vgl. The Who, *My Generation* (GB 1965) Brunswick LAT 8616 [LP]; dies., *Sings My Generation* (US 1966) Decca DL 74664 [LP]. Dazu auch: Ross Halfin (Hg.), *Maximum The Who. The Who in the Sixties*, Guildford 2002, S. 10.
223 Vgl. Bill Osgerby, *Youth Media*, London, New York 2004, S. 155 (Abb. 7.1).

4.2.3. Frankophilie und »Pseudo-Intellektualität«: Jazzer in der DDR

In den Sechzigern tauchten auch in der DDR neue Gruppierungen auf, die sich an afroamerikanischen und französischen Vorbildern orientierten und vorwiegend aus mittleren Schichten stammten. An der Bergakademie von Freiberg war die Existenz von Jazz-Clubs bekannt, »in denen nach westlichem Vorbild musikalische Veranstaltungen organisiert« wurden.[224] Wurden die Mitglieder von tendenziell konfliktbereiten Gruppen mit einer Neigung zu westlicher Tanzmusik größtenteils in »Arbeiterkreisen« verortet, so tendierten Jugendliche mit »bürgerlichem Hintergrund« auch in der DDR laut Behörden mehr zum Jazz. Das allein schon machte die Musik ideologisch suspekt. In der studentischen Jugend fielen Clubs und Veranstaltungsreihen auf, etwa im »sogenannten Jazzclub« an der Hochschule für Maschinenbau Karl-Marx-Stadt, wo »die westliche Kultur (vor allem auf musikalischem Gebiet) gepriesen« wurde.[225]

Schon Ende der fünfziger Jahre hatte ein Musterprozess die Freunde der Jazzmusik kriminalisiert und eine Debatte über den Umgang mit afroamerikanischer Musik entfacht. In der Gerichtsverhandlung gegen den Initiator des Jazz-Clubs Reginald Rudorf, der 1957 wegen »Boykotthetze und Aufweichungs- und Zersetzungstätigkeit« in Untersuchungshaft kam, wurde Grundsätzliches zur Sprache gebracht.[226] Rudorf hatte ein Studium der Gesellschaftswissenschaften abgeschlossen, war zeitweise Mitglied der LDPD gewesen und hatte danach bis zu seinem Ausschluss 1957 der SED angehört. Er hatte als Dozent gearbeitet und wurde, nachdem er etliche Rundfunksendungen produziert und Vorträge über Jazz gehalten hatte, als »Jazz-König der DDR« bekannt.[227] Sei-

224 Lage-Einschätzung zu Problemen der Jugend sowie zu Fragen der Arbeitsniederlegungen und Streikerscheinungen im Bezirk Karl-Marx-Stadt, 25.05.1963, 20.12.1965, Bl. 81, BStU, MfS BV KMSt AKG 7240.

225 Bericht über negative Erscheinungen und deren Ursachen unter der Jugend vom 11.04.1963, BStU, KMSt AKG 6554, Bl. 109. Vgl. zu Jazz-Clubs in der DDR: Christian Schmidt-Rost, *Jazz in der DDR und Polen. Geschichte eines transatlantischen Transfers*, Frankfurt/M. 2015, bes. S. 81-102.

226 Fernschreiben »Aktion Freude«, Leipzig, 29.07.1957, BStU, BVfS Leipzig Leitung, 02131/02, Bl. 26. Vgl. zu Rudorf ausführlich auch Poiger, *Jazz, Rock, and Rebels*, S. 150-163; Schmidt-Rost, *Jazz in der* DDR *und Polen*, S. 106-123.

227 Anschreiben, Leipzig, 10.12.1957, BStU, BVfS Leipzig Leitung, 02131/02, Bl. 129.

ne »Feindtätigkeit« war nach Stasi-Einschätzung »darin zu suchen, dass er unter dem Deckmantel von Jazz-Vorträgen, die er in einer Reihe von Städten in der DDR seit 1954 gehalten hat, eine systematische Aufweichtaktik unter den meist jugendlichen Zuhörern betrieb«.[228] Bei einem Vortrag hatte Rudorf beispielsweise geäußert, die Gründe für das 1955 ausgesprochene Verbot des Leipziger Jazz-Clubs seien »erlogen und erfunden«.[229]

Zudem hatte er bekannte Funktionäre der FDJ als Bürokraten, Hohlköpfe und »Zwergdespoten« bezeichnet. Im Dezember 1956 war der Konflikt um die Musik eskaliert, nachdem Rudorf bei einem Vortrag vor Jugendlichen des VEB Kirow-Werkes in Leipzig ausgeführt hatte, die FDJ sei durch Einflüsse der Volksmusik degeneriert worden und habe eine »Latsch-Politik« betrieben: »Der Beschuldigte verstieg sich in die Ansicht, dass moderner amerikanischer Jazz die Musik des Jahrhunderts« sei, und habe geäußert, dass »sich verschiedene Funktionäre davon überzeugen lassen müssten, dass von Amerika das Neue, das Moderne komme, vor dem sich auch die sozialistischen Länder nicht verschließen können«.[230] Als er sich gegen die Behauptung wandte, in Ungarn seien Konterrevolutionäre als Mitglieder von Jazz-Clubs getarnt gewesen,[231] schlugen mehrere Anwesende den Referenten und seinen Assistenten zusammen und machten ihm so »auf ihre Art begreiflich [...], was es heisst, in dieser Form gegen die DDR und gegen demokratische Organisationen zu hetzen«, wie ein offizieller Bericht zynisch formulierte.[232] Rudorf war daraufhin in die Bundesrepublik geflüchtet, aber wieder zurückgekehrt und hatte gegen den gezielten Überfall auf seine Person durch »ausgesuchte SA-Schläger der FDJ- und SED-Bezirksleitung« protestiert.[233] Gegen Freunde von Rudorf, die sich zum Jazz-Club Waschbrett zusammengeschlossen hatten, wurde ermittelt, weil sie in Moskau für seine Freilassung

228 Auskunftsbericht, Leipzig, 10.12.1957, ebd., Bl. 131.

229 Ebd., Bl. 132.

230 Auskunftsbericht, Leipzig, 10.12.1957, ebd., Bl. 131.

231 Vgl. BStU, Lpz AU 43/57, Bd. 1-8, hier: Bd. 1, Bl. 76.

232 Auskunftsbericht, Leipzig, 10.12.1957, BStU, BVfS Leipzig Leitung, 02131/02, Bl. 132.

233 In einem Brief an seinen bei Radio DDR tätigen Freund Max Spielhaus vom 24.12.1956, im Original in: BStU, Lpz AU 43/57, Bd. 6, Bl. 8.

protestieren wollten.[234] Trotz der erklärten Absicht der Behörden, vor Gericht nicht über den Jazz selbst zu verhandeln, war es dem Beschuldigten gelungen, während des Prozesses das Gespräch immer wieder auf die internationale und politische Bedeutung des Musikstils zu lenken, der seiner Ansicht nach gerade deswegen in der DDR hätte geachtet werden müssen, weil er in den USA geächtet worden sei.[235] In seiner Verteidigung verwies Rudorf unter anderem auf die Ideologie von Politikern aus den sozialistischen Bruderländern, beispielsweise Tito, Gomułka und Chruschtschow, und konkretisierte, er wolle »nicht behaupten, dass diese Funktionäre Nazis sind, aber ihre Argumente sind nazistisch«. Der Fall gelangte bis in oberste Regierungskreise; ein Stellvertreter des Ministers für Staatssicherheit forderte »einen kurzen Auskunftsbericht über diesen komischen Professor, der die Freunde der amerikanischen Musik um sich scharte«.[236] Doch nicht nur gegen Rudorf wurde ermittelt, auch junge Jazz-Fans standen unter Beobachtung. In Gera etwa wurde ein Operativvorgang gegen einen Jazz-Club von Oberschülern eingeleitet, die schwarze Kleidung trugen.[237]

Nachdem durch das Verfahren gegen den »König des Jazz der DDR« und dessen Freundeskreis 1957 die Jazz-Szene erheblich geschwächt worden war, organisierten sich Jazz-Fans Anfang der sechziger Jahre auch in Berlin wieder neu. Eine Interessengemeinschaft rund um eine Jazzkapelle, die im Lokal Alt Bayern an der Friedrichstraße auftrat, hatte offenbar 1962 versucht, »in der Humboldt-Universität Fuß zu fassen«.[238] Da sie im RIAS erwähnt wurde, wurde die »operative Bearbeitung« eingeleitet.[239] Insgesamt wurden in Berlin 34 Jazz-Gruppen ermittelt, die im Schnitt fünf bis sieben Mitglieder hatten – zumeist Oberschüler, Studenten,

234 Fernschreiben »Aktion Freude«, Leipzig, 29.07.1957, BStU, BVfS Leipzig Leitung, 02131/02, Bl. 26.

235 Bericht Gerichtsverhandlung R., Leipzig, 30.08.1957, ebd., Bl. 114-115.

236 An das Ministerium, Leipzig, 04.12.1957, ebd., Bl. 128.

237 Abteilung V/1: Operativplan und Bericht über die Aussprache vom 22.01.1959, BStU, 180/58, Bl. 141-144.

238 Abteilung K, Betr.: Berichterstattung über die feindlichen Maßnahmen zur Bekämpfung des Rowdytums und der feindlichen Gruppierungen. Bezug: Dienstanweisung 4/62 des Präsidenten der Volkspolizei Berlin vom 28.03.1962, Berlin, 08.06.1962, LAB C Rep. 104, Nr. 15, Bl. 89.

239 Ebd.

Lehrlinge und Ingenieure.[240] Im April 1962 wurden die Bands Big Town Boys und The Playboy Skiffle mit Auftrittsverboten belegt und observiert.[241] Im November des Jahres kam es zum »Operativ-Vorgang ›Jazzer‹« gegen eine Gruppe von Jugendlichen, die sich »auf der Basis des gemeinsamen Interesses an der Jazz-Musik zusammengefunden« hatte.[242] Vorgeworfen wurden den Jugendlichen sexuelle Ausschweifungen und »politisch negative« Diskussionen, unter anderem eine geplante Gedenkstunde anlässlich des Jahrestages des Mauerbaus.[243]

Die detaillierten Einschätzungen der Stasi zu Lebensumständen und Persönlichkeit von Jazzfreunden zeugen von abweichenden Lebensstilen, die sich innerhalb subkultureller Milieus entgegen einem Jugendbild konstituierten, wie es Partei und Massenorganisationen entwarfen. Der Berliner Kreis scharte sich um einen Kaufmannssohn, doch unter dessen Anhängern befand sich auch ein Installateur mit dem Spitznamen »Rübezahl« (den Ermittlern zufolge auf seinen roten Vollbart zurückzuführen), der ein mit Blechschildern behängtes altes Auto fuhr, seine Mädchenbekanntschaften häufig gewechselt habe und als »Veranstalter sog. Partys« bekannt war. Er verfügte über »eine Reihe Tonbänder und Schallplatten westlicher Herkunft sowie verschiedene Hefte der WD Jugendzeitschrift ›Tween‹ [sic!]«.[244] Der Arbeiter »Rübezahl« pflegte anscheinend einen bohemienhaften Lebensstil und umgab sich mit Attributen der akademisch gebildeten Mittelschichten: »In seinen Diskussionen gibt er sich als Vertreter der existenzialistischen Philosophie aus, verfügt jedoch nicht über bedeutende Kenntnisse auf diesem Gebiet.«[245] Als ein typischer Vertreter dieser Philosophie galt auch der Maler Henry C., der seine »negative Grundeinstellung« offenbarte, indem er empfahl, sich als Faschingskostüm einen Sack über den Kopf zu ziehen, die Hände zu fesseln und ein Schild mit der Aufschrift »Presse« um den Hals zu hängen.[246]

240 Ebd., Bl. 98.

241 Ebd., Bl. 99-100.

242 Auskunft »streng geheim«, o. D., BStU, MfS HA XVIII, Nr. 22866, Bl. 1.

243 Der Verdacht auf eine »staatsfeindliche Tätigkeit« konnte jedoch nicht erhärtet werden, so dass die Ermittlungen eingestellt wurden, siehe ebd.

244 Gemeint war *Twen*. Abschlussbericht Operativ-Vorlauf »Jazzer«, Berlin, 11. 08. 1964, BStU, MfS HA XX, 18520, Bl. 4. Vgl. zu *twen* unten, Kap. 4.4.1.

245 Ebd.

246 Ebd., Bl. 11.

Referenzen an den Existenzialismus französischer Prägung zeigen, dass – ebenso wie bei amerikanischen Beatniks, britischen Mods und bundesdeutschen Exis (von denen noch die Rede sein wird) – auch in der DDR Images von Frankreich eine Projektionsfläche für Subjektivierungen Jugendlicher bildeten. Leipziger Jugendliche verwendeten zum Beispiel als Erkennungszeichen Anstecknadeln mit Eiffelturm-Motiv, die über eine Feriendelegation ins Land gekommen waren.[247] Ein junger Leipziger, der in einem Jazz-Quintett Posaune spielte, für selbstgefertigte Mitschnitte von Jazz-Musik »eine fanatische Liebe« aufbrachte und »ganze Nächte mit Schneiden« zubrachte, las »ungeheuer viel und unplanmäßig alles, was ihm in die Finger« kam,[248] doch seine philosophischen und politischen Anschauungen boten »ein Bild heftiger Konfusion«.[249] Er wurde wegen politischer Äußerungen denunziert und geriet so ins Visier der Ermittler.[250] Der »leidenschaftliche Abhörer des Dritten Programms« des NDR, der auch im Café Corso Stammgast war und den geheimpolizeilichen Erkenntnissen zufolge viele Bekanntschaften zu Schülerinnen der örtlichen Ballettschule unterhielt, habe »alle Dinge an der Kunst gemessen« und zum »Modernismus« geneigt. Er versuchte, »wie er selber sagt, sich eine Philosophie anzueignen, indem er sehr, sehr viel liest und sich nach allen Seiten orientiert«.[251] Dabei habe er versucht, sich »durch die Aneignung anspruchsvoller Ideen und Philosophen einen intellektuellen Anstrich zu geben«.[252]

Offensichtlich wurde hier nicht nur das auch im Westen gepflegte Klischee des frankophilen Pseudointellektuellen bedient, sondern auch auf gewohnte Weise mit Zensur gedroht. »Falsche Philosophie« musste dieser Argumentation zufolge verboten wer-

247 Vgl. Dorothee Wierling, »Die Jugend als innerer Feind. Konflikte in der Erziehungsdiktatur der sechziger Jahre«, in: Hartmut Kaelble u.a. (Hg.), *Sozialgeschichte der* DDR, Stuttgart 1994, S. 404-425, hier: S. 423 (Fn. 19).

248 Bandaufnahme: Bericht über Gespräche [Typoskript], Leipzig, 16.04.1966, BStU, Lpz AOP 784/72, XIII 115/71, Bl. 36.

249 Bericht des GI »Robert«, Leipzig, 02.03.1966, BStU, Lpz AOP 784/72, XIII 115/71, Bl. 19.

250 Ebd.

251 Bandaufnahme: Bericht über Gespräche [Typoskript], Leipzig, 16.04.1966, BStU, Lpz AOP 784/72, XIII 115/71, Bl. 36.

252 Bericht des GI »Robert«, Leipzig, 02.03.1966, BStU, Lpz AOP 784/72, XIII 115/71, Bl. 19.

den, da sie die Jugendlichen angeblich in ihrer (staatsbürgerlichen) Entwicklung ebenso störe beziehungsweise in »Konfusion« stürze wie ein falscher Musikgeschmack.[253] Die hier als verfehlt bezeichnete Suche nach geistiger, kultureller und sexueller Orientierung diente hauptsächlich der Stigmatisierung abweichender Lebensstile und westlicher kultureller Vorbilder. Tatsächlich hatte der Beschuldigte sich in einigen politischen Fragen durchaus fundierte Ansichten angeeignet. Zur Kulturpolitik des 11. Plenums etwa äußerte er, er sei zwar »kein uneingeschränkter Fan von Wolf Biermann und Stefan Heym«, doch lehne er die Restriktionen gegen die beiden Künstler kategorisch ab.[254]

Wenn die Jazz-Szene in der DDR auch eher klein war und es zu größeren Konflikten mit Beat-Fans erst Mitte der Sechziger kommen sollte, so zeigen diese vereinzelten Auseinandersetzungen doch, dass subkulturelle Gruppenbildungen von Angehörigen der mittleren und oberen Schichten in der DDR mit geheimdienstlichen Mitteln observiert und – wie im Falle Rudorfs – auch mit drastischen Mitteln bis hin zur physischen Gewalt »zersetzt« wurden. Im Unterschied zu Abweichlern aus dem Milieu der Werktätigen boten sie zwei Angriffspunkte: Sie ließen sich aufgrund ihrer sozialen Herkunft aus ehemals »privilegierten« Gruppen des (Klein-)Bürgertums als Feinde der Arbeiterklasse ausgrenzen. Aufgrund ihrer geistigen Interessen etwa an französischer Philosophie drohte von ihnen zudem eine direkte politische Gefahr, die nicht über Sounds oder Körperpraktiken vermittelt wurde, sondern sich in »falschen« Lektüren philosophischer Texte als direkter Ideologieimport manifestierte.

Eine Schwierigkeit stellte die Interpretation des »afrikanischen« Jazz als Musik der unterdrückten schwarzen Bevölkerung in den USA dar In einem Grundsatzartikel prangerte die Musikzeitschrift *Melodie und Rhythmus* zwar die »diskriminierenden, men-

253 Zur Bedeutung französischer Intellektueller für das deutsch-französische Verhältnis direkt nach 1945 vgl. Martin Strickmann, »Französische Intellektuelle als deutsch-französische Mittlerfiguren 1944-1950«, in: Patricia Oster, Hans-Jürgen Lüsebrink (Hg.), *Am Wendepunkt. Deutschland und Frankreich nach 1945 – zur Dynamik eines ›transnationalen‹ kulturellen Feldes, Dynamiques d'un champ culturel ›transnational‹ – L'Allemagne et la France vers 1945*, Bielefeld 2008, S. 17-47, zur DDR bes. S. 31.

254 Ebd., Bl. 37.

schenfeindlichen« Darstellungen »vom ›sexuell perversen Neger‹« in den USA an, die ein Ergebnis der »karikierende[n] Darstellung des Negermilieus« im Minstrel sei, dem »in den Vereinigten Staaten vorwiegend aus politischen Gründen gehuldigt wird«.[255] Andererseits stieß besonders der sogenannte »Hot« Jazz auf Ablehnung. Im Swing, Bebop und auch im Progressive Jazz zeige sich die Abschleifung, Nivellierung, einseitige Ausnutzung und Brutalisierung bestimmter westlicher Vortragsweisen. Der Jazz habe seine ursprüngliche Verbindung mit der Volksmusik verloren und sei zum Ausdruck der »kapitalistischen Großstadt in der Ära des Imperialismus« verkommen. Jazz-Stücke brächten »vorgetäuschte Lebensfreude, Abstumpfung, Pessimismus, Zynismus« zum Ausdruck, die vor allem Jugendliche anzögen. Bei einzelnen Individuen löse die Musik sogar »vollständige Enthemmung« und unkontrollierte Handlungen aus.[256] Auch der Verdacht einer zu lockeren Sexualmoral gehörte in der DDR der frühen sechziger Jahre ins Standardrepertoire der stereotypen Vorwürfe gegen den Jazz, wie in den detailfreudigen Observationsprotokollen der inoffiziellen Stasi-Mitarbeiter deutlich wird. Auch in der DDR wurden außerwestliche Klänge stark sexualisiert. So polemisierte *Melodie und Rhythmus* bereits 1958 gegen die vom »Wimmern« der Hawaii-Gitarren ausgelösten »akustischen Wellen der Sentimentalität« (und damit gegen die auch in der DDR angekommenen Exotismen des Polynesien-Pop), die »Backfische, [die] noch grün«, und »Herren, die schon blau waren«, zu unsittlichen Umarmungen in dunklen Bars verführt hätten.[257] Doch nicht nur in der DDR, auch in der Bundesrepublik waren die subkulturellen Praktiken jugendlicher Jazz-Fans Gegenstand moralischer Skandalisierungen und ideologischer Verdächtigungen.

255 Vgl. Jürgen Elsner, »Metamorphosen der Jazz-Interpretation. Wandlung der Vortragsweise als Symptom einer inneren Wandlung des Jazz«, in: *Melodie und Rhythmus* 4 (1958), S. 14-15 u. S. 30.

256 Vgl. Abteilung K, Betr.: Berichterstattung über die feindlichen Maßnahmen zur Bekämpfung des Rowdytums und der feindlichen Gruppierungen, LAB C Rep. 104 Nr. 15, Bl. 98.

257 Wolfgang Carlé, »Duett für Hawaii-Gitarre und Zitronenlikör«, in: *Melodie und Rhythmus* 1 (1958), S. 15.

4.2.4. »Jazz-Orgien« in der bundesdeutschen Mittelschicht

Im Dezember 1962 konstatierte die Zeitschrift *deutsche jugend*, das Wort *Beatnik* habe seit einiger Zeit Eingang in die deutsche Umgangssprache gefunden. Zwar diene es zumeist als »Formel für ein literarisch verbrämtes Halbstarkentum«, doch stelle die »Revolte der Beatniks ein interessantes Phänomen der industriellen Massengesellschaft dar« und sei eng mit dem Jazz verbunden.[258] Als Beatniks oder »Exis« galten in Westdeutschland Jazz-Fans, die sich auch hier Anfang der sechziger Jahre oftmals in selbstorganisierten Clubs zusammenfanden.[259]

Private Clubs waren für Jugendliche vor allem deshalb attraktiv, weil Getränke zum Selbstkostenpreis abgegeben und gemeinsame Tanzabende über Mitgliedsbeiträge finanziert wurden, die dadurch deutlich erschwinglicher waren als Konzerte, die von gewinnorientierten Veranstaltern organisiert wurden.[260] Der Hamburger Jazz-Club katakombe zum Beispiel, der die Behörden beschäftigte, weil sich dort Mädchen im Alter von 16 und 17 Jahren in einer »anstoßerregenden Sitzhaltung« mit den männlichen Heranwachsenden unterhielten, hatte sich selbst eine Verfassung gegeben. Nach ihren eigenen, hektographierten »Allgemeinen Richtlinien« war die 1959 gegründete katakombe »eine Gemeinschaft, die den Zweck hat, Gleichgesinnten die Möglichkeit zu geben, sich mit kulturellen Problemen, insbesondere dem Jazz zu befassen«.[261] Man finanzierte sich durch Spenden der Mitglieder und wählte einen aus sechs Personen bestehenden Vorstand. Satzungsgemäße Aktivitäten waren das gemeinsame Hören von Schallplatten und Diskussionen über Musik.

In Großstädten unterhielten private Jazz-Clubs oftmals eigene Räumlichkeiten, bevorzugt in sogenannten Jazz-Bunkern, ehema-

258 Hans-Christian Kirsch, »Eine kleine Auswahl für ruhige Stunden«, in: *deutsche jugend* 10 (1962), S. 569-571. Schon das Wort *Beatnik* erzeugte einen gewissen Argwohn, weil es eine semantische Wurzel im Russischen hat; man befand sich im Kalten Krieg, nur wenige Jahre zuvor war es zum »Sputnik-Schock« gekommen.

259 Zur bundesdeutschen »Exi«-Szene vgl. Stephan Braese, »Die ›Exis‹: Eine westdeutsche Jugendbewegung aus dem Geiste des Pariser Jazz«, in: ders., Ruth Vogel-Klein (Hg.), *Zwischen Kahlschlag und Rive Gauche. Deutsch-französische Kulturbeziehungen 1945-1960*, Würzburg 2015, S. 199-212.

260 Vgl. Schankerlaubnis für Jazzclubs, StAHH, 354-5 II, 356-10.10-7, Bl. 63.

261 Ebd., Bl. 10.

ligen Luftschutzräumen und Flaktürmen aus dem Zweiten Weltkrieg, die für Konzerte, Bandproben und Partys vor allem wegen ihrer vollständigen Schallisolierung geeignet waren. In den Wohnquartieren von Großstädten war Lärmbelästigung einer der Hauptgründe für Musikkonflikte mit Polizei und Behörden. In Hamburg trugen solche Bunker französisierende und anglisierende Namen wie Le Domicile, Storyville und Mardi Gras oder – retro-nostalgisch – Die Röhre oder Vatis Tuba.[262] Bei manchen von ihnen handelte es sich um illegale Clubs, da sie auch Nichtmitgliedern Zutritt gewährten und an sie Getränke mit Aufpreis ausschenkten: Sinalco, Flaschenbier, auch Branntwein. Außerdem fanden in einigen Bunkern nicht genehmigte Konzerte statt.[263]

Allein in Hamburg waren 1962 insgesamt rund 1000 Räume in Bunkern vermietet, deren Einrichtung provisorisch und aus Behördensicht mangelhaft war, wie eine Innenraumbeschreibung des am Hamburger Grindelhof gelegenen Cotton Club belegt:[264]

> An Sitzgelegenheiten sind nur von den Beinen befreite alte Sofas vorhanden. Von einem Sitzen auf diesen kann nicht gesprochen werden, es ist mehr ein Flegeln in fast liegender Stellung. Als Abortanlagen ist nur ein Sitzbecken vorhanden, welches von den männlichen und weiblichen Gästen gemeinsam benutzt wird. Eine verschließbare Tür gibt es nicht zu dieser »Toilette«. Lediglich ein zerrissener Vorhang trennt den Toilettenraum von den anderen Räumen. In allen Räumen herrscht eine schlecht riechende Luft, die bestimmt nicht dazu angetan ist, die Gesundheit der Bewohner zu erhalten.[265]

Im Jazz-Bunker Club der Schaffies, in dem gelegentlich Kostümfeste stattfanden, herrschten gar »unbeschreibliche Zustände«: »[E]inige alte, beschädigte Möbel und ein demoliertes Klavier stellen neben einer selbstgebauten Bar die ganze Einrichtung dar. Kerzen in Flaschen brachten Licht in das Dunkel, die Wände waren mit Netzen dekoriert worden.« Jedoch nicht alle Jazz-Clubs verstießen gegen bürgerliche Konventionen oder gar gegen behördliche Vorschriften. Die jungen Betreiber des von der Bundesvermögens-

262 Betr.: Jazzbunker. Hamburg, 17.01.1962, StaHH, 354-5 II, 356-10.10-7, Bl. 74.

263 Bericht über Jugendschutzstreife vom 10.09.1960, ebd., Bl. 34.

264 Vgl. Vermerk Jazzbunker vom 15.02.1962, StaHH, 354-5 II, 356-10.10-7, Bl. 91; Protokoll der Polizeibehörde Revierwache 74 Harburg vom 27.01.1962, ebd., Bl. 80.

265 E/WI 12 A 4/1 C 3 Hamburg, 26.04.1965; ebd., Bl. 122.

verwaltung vermieteten Jazz-Bunkers in der Müggenkampstraße machten auf die Kontrolleure »einen sehr ordentlichen Eindruck und schienen sich um eine vernünftige Atmosphäre in ihrem Bunker zu bemühen«.[266] Der Jazz-Club Magnum hielt seine Zusammenkünfte dreimal wöchentlich in einem Hochbunker ab, man hörte »dort Musik und diskutiert[e] über alle möglichen Themen«. Dabei ging es »sehr gesittet zu. Alle störenden und ›schrägen‹ Elemente habe man herausgeekelt«, lobt ein Bericht anerkennend.[267] Zeitweise war das öffentliche Image der Jazz-Clubs jedoch so schlecht, dass sich der Airport Jazz Club, der sich um öffentliche Förderung bemühte, zur Distanzierung gezwungen sah.[268] Dass nicht nur die Clubs und Bunker als problematisch angesehen wurden, sieht man daran, dass auch das Harburger Freiluftkonzert »Jazz im Stadtpark« 1965 ins Visier der Behörden geriet – weil nach Konzertende »verschiedene Jugendliche während der Dunkelheit an abseits gelegenen Stellen im Harburger Stadtpark [...] in verfänglichen Situationen angetroffen« worden waren.[269]

In den frühen sechziger Jahren sorgten in Hamburg aber vor allem sogenannte Riverboat-Shuffle-Fahrten für einen Skandal, der die Jugendkultur der Jazz-Fans und Beatniks ins öffentliche Bewusstsein brachte.[270] (Abb. 56) Schon im Mai 1959 hatte ein Jazz-Club eine Bootsfahrt organisiert. Vier Hamburger Amateur-Jazzbands sollten die ganze Nacht lang auf der *Hugo Basedow* spielen; der Dampfer sollte um 21 Uhr in Geesthacht ablegen und nach einer Tanzveranstaltung im Hotel Stadt Hamburg um sechs Uhr morgens wieder an den Landungsbrücken eintreffen. Die nächtliche Vergnügungstour junger Jazz-Enthusiasten hatte jedoch bereits im Vorfeld die Aufmerksamkeit der Jugendbehörden erregt, denn das Hamburger Amt für Jugendschutz wollte sicherstellen, dass keine Jugendlichen unter 18 Jahren an dieser Fahrt teil-

266 Vermerk vom 14.02.1962, ebd., Bl. 81.

267 Bericht der Jugendgerichtshilfe vom 29.01.1962; ebd., Bl. 88.

268 Betr.: Anerkennung der Förderwürdigkeit durch die Jugendbehörde, StAHH, 354-5 II, 210-11.157, Bl. 11.

269 Einsatz der Jugendschutzstreife Nr. 112 vom 06.09.1965; StAHH, 354-5 II, 356-10, 05-7.

270 Der Begriff geht auf ein von Hoagy Carmichael komponiertes Jazz-Stück aus dem Jahr 1924 zurück, das als Standard des Dixieland-Genres gilt. Vgl. Vladimir Bogdanov u. a., *All Music Guide to Jazz: The Definitive Guide to Jazz Music*, San Francisco 2002, S. 201.

nehmen.[271] Auf Drängen der Jugendschützer brachte der Organisator der Bootsfahrt, ein noch bei seinen Eltern wohnhafter 18-Jähriger, am Bootssteg Plakate an und ließ gemäß einer vorab unterzeichneten Verpflichtungserklärung über Lautsprecherdurchsagen verkünden, dass Minderjährige das Boot vor dessen Abfahrt um 22 Uhr zu verlassen hätten. Da die Jugendschutzbehörde mit Missachtung dieser Auflagen rechnete, hatte sie bereits im Vorfeld angeregt, die Bereitschaftspolizei einzubeziehen und Einsatzwagen zum Abtransport einer größeren Zahl von Jugendlichen angefordert.[272] Vorab waren 800 Eintrittskarten verkauft worden. Auch die Presse war bereits aufmerksam geworden: die *Bild* berichtete unter der Überschrift »›Riverboat‹ mit Zapfenstreich«.[273]

Abb. 56. Dixielandparty des Hamburger Jazz-Clubs mit dem Raddampfer *Hugo Basedow* auf Elbfahrt (1956).

271 Jugendschutz Vermerk vom 08.05.1959, StAHH, 356-10.10-8, Bl. 1.
272 Betr.: »River-Boat-Shuffle« am 23./24.05.1959, StAHH, 356-10.10-8, Bl. 3.
273 »›Riverboat‹ mit Zapfenstreich«, in: *Bild*, Hamburger Ausg., (14.05.1959), S. 3.

Die Bootsfahrt geriet – erwartungsgemäß – zum Eklat. Hatten sich die jungen Musikfans, deren »Aufmachung vom buntesten Räuberzivil bis zum gepflegten Anzug bzw. Tanzkleid« variierte, an der Anlegestelle noch »verhältnismäßig ordentlich« benommen, so vermerkte der Beobachter der Jugendschutzbehörde in seinem Protokoll, dass während der Fahrt »eine große Anzahl von Mädchen und Jungen sich ziemlich öffentlich abknutschten«, was »auf die Gesamtbeurteilung der Veranstaltung recht übel« gewirkt habe.[274] Neben Flaschenwürfen auf vorbeiziehende Kähne der Nutzschifffahrt verzeichnete er vor allem Übertretungen sexualmoralischer Konventionen. Am Hotel angekommen, drängten 150 bis 200 junge Leute die Ordner beiseite und stürmten den Gastraum, »ca. 15 bis 20 junge Männer und Mädchen setzten sich auf ihre Mäntel in die Mitte der Tanzfläche und tranken dort alkoholische Getränke, sie lärmten und knutschten sich ab«.[275] Wie die Polizei berichtete, ereigneten sich rund um das Lokal »die üblichen Knutschereien bis hin zum Geschlechtsverkehr«.[276] Als wenig erfolgreich erwies sich der Versuch der anwesenden Polizeibeamten, um 22 Uhr die Jugendlichen zum Verlassen des Lokals aufzufordern. Die Lautsprecheranlage, noch am Vorabend funktionstüchtig, erwies sich als defekt, »so daß man von der Bühne her mit Sprechchören die Jugendlichen aufforderte, den Saal zu verlassen«. Der Protokollant räumte ein, dass dieses Verfahren »bei 800 bis 900 Gästen in einem solchen Trubel nur Heiterkeit erzeugen konnte«.[277] Bis auf die geschilderten Vorkommnisse sei die Veranstaltung jedoch ruhig verlaufen, auch nach der Rückkehr an die Landungsbrücken, wo die Motorroller standen, hätten sich die Jugendlichen »recht ordentlich verhalten«.[278]

Ein weit dramatischeres Bild zeichneten anderntags die Medien. Die monothematische Sonderseite einer Lokalzeitung beschrieb in expressionistischen Wortgemälden »Plünnenheinis« und »Vogelscheuchen«: etwa einen »Nietenhosenheini, der mit spindeldürren Beinen über das Parkett hüpft wie eine Wasserspinne über

274 Vermerk 356-10.20/133 vom 09.06.1959, StAHH, 356-10.10-8, Bl. 13.
275 Ebd.
276 Ebd.
277 Ebd.
278 Ebd.

Entengrütze«, wobei der Tanzstil selbst keinen »Unterschied zum Rock'n'Roll, nur wildes Gehotte zum gar nicht einmal so schlechten Dixieland« habe erkennen lassen. Das Resultat habe an ein »Inferno« erinnert, an »ein Gewirr von blauen, roten und – offensichtlich gerade zeitgemäßen weißen – Nietenhosen, ein wildes Durcheinander wirbelnder, quer oder längs und buntgestreifter Hemden und ein Hin und Her ringelbesockter femininer und maskuliner Füße jeder Größe und Beschaffenheit«.[279] Ähnlich wie bei den englischen Mods wurde eine Vermischung vor allem zwischen den Geschlechtern beklagt, da die Kleidung nicht mehr den alten Grenzziehungen folgte und dazu in »schreienden« Farben getragen wurde, die von den »leisen« Tönen traditioneller Herrenbekleidung – Grautönen und Erdfarben – abwich. Anlässlich einer Folgeveranstaltung, einer »Jazz-Invasion nach Kollmar« im Mai 1960, mutmaßte ein weiterer Pressartikel, »daß viele männliche Teilnehmer durch lange Bärte und viele ›Damen‹ durch ihr ungepflegtes Äußeres unbedingt den Beweis erbringen wollten, daß sie über ihre bürgerliche Umwelt so dächten wie Götz von Berlichingen«.[280] Es sei erschienen, was »Hamburgs Existenzialistenkeller an Typen ausweisen«.[281] Auch sei es zu Prügeleien zwischen Jugendlichen sowie zu Festnahmen gekommen.

Als Jugendliche bei einer Folgeveranstaltung als Reaktion auf diese Berichterstattung das Auto eines Pressefotografen einkesselten und die Herausgabe seiner Filme verlangten, formulierte die Lokalzeitung, die im Vorjahr noch moderat berichtet hatte, ein thesenhaftes Resümee: »Mit Jazz hat das Treiben nichts mehr zu tun. Veranstaltungen dieser Art sind jugendgefährdend. Solche Massenveranstaltungen stören die öffentliche Ruhe und Sicherheit. Sie erfüllen den gesetzlichen Tatbestand der Erregung öffentlichen Ärgernisses. Sie gefährden die Sittlichkeit.«[282] Eine Schlagzeile sprach gar von »Orgien am Elbstrand« und schrieb über Schautänze von »Mädchen, die weniger als einen Bikini anhatten«.[283] Einem Rundfunkbericht zufolge zogen Hamburger Jugendliche »johlend

279 Sonderseite »Vier Bands und eine heiße Nacht«, in: *Der Sachsenwald* (28.02.1959), S.f.
280 *Bergedorfer Heimatblatt* (27.05.1960), S.f.
281 Ebd.
282 Ebd.
283 *Hamburger Morgenpost* (31.05.1960), S.f.

und grölend« durch die Geesthachter Straßen.[284] Nach einer Einschätzung des Hamburger Jugendamtes waren diese Medienberichte »noch sehr zahm«. Eine Rücksprache mit einem Redaktionsmitglied habe ergeben, dass »die Dinge, wie sie wirklich passiert waren, gar nicht in einer Zeitung wiederzugeben seien«.[285]

Alarmiert durch Behörden und Presseberichte, reagierte 1960 die Regionalpolitik. Ende Mai erließ ein Landrat ein »generelles Verbot für die Durchführung von Jazz-Veranstaltungen«[286] und drohte Gastwirten, die sich dem Musikverbot nicht beugten, mit dem Entzug der Konzession. Die Maßnahme sollte den sittlichen Anstand in der Elbregion wiederherstellen, denn »das aufreizende und unsittliche Verhalten vieler jugendlicher Pärchen hatte besonders Familien schockiert, die bei ihrem Vatertagsausflug ahnungslos in die von 20-21 Jahre alten jungen Leuten veranstaltete River-Boat-Shuffle gerieten«, wie es in der Begründung des Musikverbotes hieß.[287] Die Hamburger Jugendbehörden mischten sich ebenfalls ein. Obgleich rechtlich nicht zuständig, wollten auch sie »dem Treiben nicht stillschweigend zusehen«, da es überwiegend Hamburger Jugendliche gewesen seien, die sich außerhalb der Stadt- und Landesgrenzen am Elbstrand Ausschweifungen hingegeben hätten.[288] Hamburger Beamte suchten daher auf die Schifffahrt einzuwirken, derartige Fahrten zu unterbinden – ein Vorhaben, das rechtlich jedoch auf ähnlich tönernen Füßen stand wie das eigenmächtige Verbot von Jazzmusik durch den Landrat. Auf kritische Nachfragen hin berief dieser sich auf eine Polizeiverordnung des Regierungspräsidenten in Schleswig über Tanzlustbar-

284 Manuskript der NDR-Sendung »Die Umschau am Abend« vom 17.07.1961 (19.15-19.45 Uhr), StAHH, 356-10.10-8, Bl. 82-83.

285 Vermerk vom 01.07.1960, ebd., Bl. 21.

286 Der Landrat an die Jugendbehörde der Freien und Hansestadt Hamburg am 22.07.1960, ebd., Bl. 25.

287 »Steinburger Landrat greift durch«, in: *Elmshorner Nachrichten* (31.05.1960), S.3.

288 Die Hamburger Jugendbehörde verstärkte Anfang der Sechziger ihre Maßnahmen gegen Orte der neuen Jugendkultur. Vgl. Julia Sneeringer, »›Star-Club auf!‹ Musikkultur und Jugendprotest im Hamburg der 1960erJahre«, in: *19 Tage Hamburg. Ereignisse und Entwicklungen der Stadtgeschichte seit den fünfziger Jahren*, hg. von der Forschungsstelle für Zeitgeschichte in Hamburg, Hamburg 2012, S.95-110. Zu vergleichbaren Anstrengungen in Norddeutschland vgl. Katja Jewski, *Stiefkinder des Fortschritts? Ländliche Jugend und Jugendkultur in Schleswig-Holstein in den 50er Jahren*, Frankfurt/M. u.a. 2003, bes. S.309-311.

keiten von 1930 sowie auf das Preußische Polizeiverwaltungsgesetz von 1931, das aufgrund eines Innenministererlasses von 1951 (anders als in anderen deutschen Ländern) noch immer in Kraft war, auch wenn es Preußen längst nicht mehr gab.[289]

Bootsfahrten Jugendlicher beschäftigten Polizei und Behörden noch in den folgenden Jahren. Die Hamburger Senatskanzlei ordnete 1961 unter Verweis auf die Erfahrungen von 1959 und 1960 an, dass eine »intensive Überwachung zu erfolgen habe«.[290] Daraufhin koordinierten weibliche Beamte der Schutzpolizei, die Wasserschutzpolizei und die Dienststelle Jugendschutz ihre Aktivitäten, bündelten ihre Einsatzkräfte und ließen die Ausflugsdampfer von Schnellbooten eskortierten. In einer Aussprache erklärte ein Veranstalter von Shuffles, ein 22-jähriger kaufmännischer Lehrling, die Presseberichte seien stark übertrieben gewesen. Die von ihm organisierte Fahrt am 7. Mai 1961 auf den Schiffen *Senator Petersen* und *Bürgermeister Diestel* sorgte jedoch abermals für Beanstandungen, wie das Jugendamt festhielt.[291] Der Bericht endet mit der Einschätzung, dass »bei dieser Veranstaltung eine Jugendgefährdung von selten gefundener Intensität vorhanden war«, da anzunehmen sei, dass die Beobachter gar nicht alle Gefährdungen zu Gesicht bekommen hätten. Es müsse daher mit »allen zur Verfügung stehenden Rechtsmitteln« versucht werden, Jugendliche in Zukunft von Veranstaltungen dieser Art fernzuhalten.[292]

Treten in der Behördensicht vor allem sexualmoralische Übertretungen hervor, so interessieren aus transnationaler Sicht besonders die grenzüberschreitenden Aspekte der Jugendkultur, die auch in Hamburg zu beobachten waren. Ähnlich wie schon die sogenannte Swing-Jugend im Hamburg der vierziger Jahre waren die hanseatischen Jazz-Fans der frühen Sechziger stark angloamerikanisch orientiert. Die Programme der Handzettel kündigten nach britischem Vorbild »Lunchtime Concerts« an, die Jazzmusiker bedienten sich anglisierender Namen wie Riverside Band oder kamen tatsächlich aus England, wie der Klarinettist Eggy Lee, der im Juni 1961 an Bord der *Hugo Basedow* vor knapp tausend jungen deutschen Jazz-

289 Der Landrat an die Jugendbehörde der Freien und Hansestadt Hamburg am 22.07.1960, StAHH, 356-10.10-8, Bl. 25.

290 Vermerk Jugendschutz vom 20.04.1961, ebd., Bl. 30-31.

291 Vermerk Jugendschutz vom 09.05.1961, ebd., Bl. 41-43.

292 Ebd.

Fans spielte.[293] Wie Fotos dokumentieren, trugen die Teilnehmer der Riverboat-Shuffles lange US-Parkas und in ganz Deutschland fuhren Jugendliche Motorroller vom Typ Vespa – beides klassische Accessoires der britischen Mods.[294] Und wie diese stammten ihre westdeutschen Pendants vornehmlich aus der Mittelschicht. Die aktenkundigen Veranstalter der Hamburger Shuffles waren Lehrlinge in kaufmännischen Betrieben, in einem Fall ein Student. Eine dieser Veranstaltungen wurde von der KOMBA-Jugend Hamburg, einer Untergruppierung des Bundes der Deutschen Kommunalbeamten und -angestellten (DBB) angemeldet, 1962 trat die Gesellschaft für Internationalen Jugendaustausch als Veranstalterin auf.[295] Die Riverboat-Fahrten wurden nostalgisch mit den Raddampfern auf den Flüssen des amerikanischen Südens assoziiert, auf denen Jazz-Stars wie Louis Armstrong ihre Karriere begonnen hatten.[296] Fans des Trad beziehungsweise New Orleans-Jazz hatten schon in der ersten Hälfte der fünfziger Jahre international eine Szene mit starken Retro-Elementen ausgebildet.[297]

Die Riverboat Shuffles waren indes nicht auf Hamburg beschränkt. Will McBride, der amerikanische Fotograf, der als »junger Beat« 1955 mit einem Stipendium nach Westberlin gekommen war, schloß sich einer Gruppe von Jazz-Fans an, deren Treiben er bei Konzerten im Club Eierschale, im Atelier des Künstlers Kurt Mühlenhaupt und bei Partys in der eigenen Wohnung oder am Wannsee mit seiner Leica festhielt.[298] (Abb. 57) Am Beginn seiner interna-

293 Vgl. jonas: »Als ›Hugo‹ davonschaufelte – atmete Geesthachts Bevölkerung merklich auf«, *Bergedorfer Zeitung* (06.06.1961), S. 53.

294 Vgl. etwa das Foto in ebd. sowie: Will McBride, *Berlin im Aufbruch. Fotografien 1953-1963*, hg. v. Mathias Bertram, Leipzig 2013, S. 140. Im Ruhrgebiet ist eine Beat-Band mit Namen The Mods dokumentiert. Vgl. Horst-D. Mannel, Rainer Obeling, *Beat Geschichte(n) im Revier*, Recklinghausen o. J. [1993], S. 182, 224.

295 Vgl. Bericht über die Streife Nr. 135 am 14.07.1962, StAHH, 356-10.10-8, Bl. 112.

296 Vgl. William Howland Kenney, *Jazz on the River*, Chicago, London 2005, bes. S. 1-12 u. 64-87.

297 Vgl. Simon Reynolds, *Retromania. Warum Pop nicht von seiner Vergangenheit lassen kann*, Mainz 2012, S. 207.

298 Hans-Michael Koetzle, »›Ich war verliebt in diese Stadt.‹ Zu den Berlin-Fotos von Will McBride«, in: Will McBride, *Berlin im Aufbruch*, S. 5-9, hier: S. 7. Ich danke Marcus Gärtner für den Hinweis und Stephan Erfurt für weiterführende Informationen.

tionalen Karriere als Fotograf stand eine Serie von Fotos, die er bei einer Riverboat-Shuffle auf der Spree aufnahm.[299] Willy Fleckhaus druckte die mit großer Brennweite in körnigem Schwarzweiß fotografierten Bilder 1960 im Juni-Heft der Zeitschrift *twen*.[300]

Im Verlaufe der sechziger Jahre öffneten sich die Veranstalter jedoch zunehmend dem Beat und anderen neuen Musikstilen. Bereits 1963 hatte ein Teilnehmer einer Shuffle geäußert, es sei »nicht mehr das alte ›Shuffle Volk‹ wie noch vor zwei, drei Jahren«.[301] Während das intellektuelle Publikum nach Cool Jazz verlangte, wandte sich die junge *shuffle*-Szene in den deutschen Jazz-Bunkern und britischen Mod-Clubs schnelleren Rhythmen zu: R&B und Skiffle-Beat.[302] Ein anderer Veranstalter meldete eine Twist-Shuffle an, und ein Jahr darauf verkündete eine Zeitung, »Hamburg, einst das New Orleans des Nordens, ist heute eine Hochburg des Twist«.[303]

Die geschilderten Vorkommnisse in Hamburg und Umgebung, auch in Berlin, sowie die mit ihnen einhergehenden Praktiken der Jugendlichen wurden zwar öffentlich problematisiert, zumeist als Verstöße gegen die Sexualmoral und autoritäre Ordnungsvorstellungen, jedoch waren diese Debatten im lokalen, bestenfalls regionalen Rahmen verblieben. Ganz anders verhielt es mit Musik-Ereignissen, die etwa zeitgleich in Bayern stattfanden; an ihnen entzündeten sich Auseinandersetzungen in einer für die Bundesrepublik bislang beispiellosen Größenordnung.

299 Zu McBrides Fotos vgl. Kathrin Fahlenbrach, »Ereignisästhetik. Die Wechselwirkung von Medien. und Protestästhetik in der Studentenrevolte von ’68«, in: *SPIEL* 20 (2001), S. 134-150, hier: S. 144 f.

300 Ebd., S. 8. Vgl. Hans-Michael Koetzle, Carsten Wolff (Hg.), *Fleckhaus. Design, Revolte, Regenbogen*, Stuttgart 2017, S. 64.

301 Jugendbehörde. Bericht über die informatorische Teilnahme an der *River Boat Shuffle* am 23. 05. 1963, StAHH, 356-10.10-8, Bl. 124.

302 Ebd.

303 MAC, »Heißer Twist und dufte Miezen«, in: *Echo am Abend* (14. 09. 1964), S. 4.

Abb. 57: Riverboat Shuffle um 1960 auf der Spree.

4.2.5. »Twist-Unruhen« in München: Die Schwabinger Krawalle

Am 5. Juni 1962 ging kurz nach 22 Uhr in der Funkzentrale der Münchner Polizei ein Anruf des Pförtners der Universität ein, der eine spontane Ansammlung vor dem Haupteingang und im Foyer anzeigte, aus der heraus es zu Ausschreitungen gekommen sei. Am Ort des Geschehens fanden Beamte der Funkstreife eine Menschenmenge von circa 2000 Personen vor, die einem Jazz-Konzert gelauscht hatte und die Kapelle durch Blockieren des Ausgangs zum Weiterspielen zwingen wollte, obwohl das Ende des Konzertes auf 22 Uhr festgesetzt worden war. Im Tumult zerbrach eine Glastür, Konzerthefte gingen in Flammen auf, und dem Polizeibericht zufolge gelang es nur »durch erhebliche Mühe«, die Musiker aus dem Universitätsgebäude heraus zu eskortieren, wobei sie »mit lauten Pfuirufen und Pfiffen bedacht« wurden.[304] Vor der Tür trafen die Polizisten auf neue Probleme: Die Reifenventile des Streifenwagens waren herausgeschraubt worden, und die Jazzfans nahmen

304 Bericht über den Ablauf der Einsätze in Schwabing. München, 26.07.1962, StAM, Polizeipräsidium 9845, Bl. 1.

eine drohende Haltung gegen die Beamten ein: Sie »keilten sie ein, griffen sie körperlich an und hinderten die Polizeiwagen durch Hochheben am Heck am Wegfahren«.[305] Als auch das zur Verstärkung gerufene Überfallkommando nichts ausrichten konnte, wurde der Bereitschaftszug der Polizeischule angefordert. Die Bilanz des Einsatzes: neun Festnahmen und Anzeigen wegen »Aufruhrs«.

Dieser Vorfall gilt als Auftakt einer Serie von Ereignissen im München des Sommers 1962, die weitreichende politische und polizeiliche Folgen hatte und in deren Zentrum jugendliche Musiker und ihr bürgerliches Publikum standen. Zwei Wochen nach dieser Episode brachen Unruhen aus, die in Dauer und Ablauf den Ereignissen in der Bonner Innenstadt vom September 1959 ähnelten, als sich hunderte Schaulustige unter Jugendliche und Polizei gemischt hatten.[306] Obwohl zwischen dem Jazz-Tumult an der Ludwig-Maximilians-Universität und den »Schwabinger Krawallen« zwei Wochen und eine Distanz von einigen Kilometern lagen, wertete auch der Polizeibericht die Ereignisse an der Universität im Nachhinein als den Beginn der bis dato größten Jugendkrawalle der bundesdeutschen Nachkriegsgeschichte.[307]

Der Stadtteil Schwabing galt schon zur Jahrhundertwende als Ort der Boheme – als Münchner Quartier Latin nach Pariser Vorbild, in dem sich internationale Künstler und »Genieanwärter aller Art« herumtrieben und die Langhaarigkeit der Schwabinger Männer ebenso wie die Kurzhaarigkeit der Frauen »ein wichtiges Kennzeichen« war, wie sich der ortskundige Zeitzeuge Erich Mühsam erinnerte.[308] Nach dem Zweiten Weltkrieg avancierte München zu einem der bundesdeutschen Zentren amerikanisch geprägter Popkultur. Mit AFN Munich hatte der amerikanische Soldatensender hier sein erstes Programm gestartet, und der von Geheimdiensten finanzierte US-Sender Free Europe hatte seine Studios in unmittel-

305 Ebd.

306 Vgl. Wolfgang Kraushaar, *Die Protest-Chronik 1949-1959. Eine illustrierte Geschichte von Bewegung, Widerstand und Utopie*, Bd. III: *1957-1959*, Hamburg 1996, S. 2275 f.

307 Bericht über den Ablauf der Einsätze in Schwabing, 26.07.1962, StAM, Polizeipräsidium 9845, S. 1.

308 Erich Mühsam, *Namen und Menschen. Unpolitische Erinnerungen*, Leipzig 1949, vgl. auch Ulrike Voswinckel, *Freie Liebe und Anarchie. Schwabing – Monte Verità. Entwürfe gegen das etablierte Leben*, München 2009, S. 39.

barer Nähe des Englischen Gartens.[309] Sogenannte Ami-Clubs wie der Bürgerbräukeller in Haidhausen, der Hofbräukeller am Wiener Platz, die Cracker-Box an der Leopoldstraße oder Militärclubs wie der Officer's Club und das Casino der McGraw-Kaserne waren Zentren des Swing, Jazz und Rock'n'Roll – und Treffpunkte für afroamerikanische Soldaten und junge Deutsche.[310] Der 1950 gegründete Hot Club München imitierte ein Pariser Vorbild, den an (afro-) amerikanischem Swing und Jumpin' Jive orientierten Hot Club de France, und galt bis zu seiner Schließung 1964 als Jazz-Lokal, das »sich mit jedem Pariser Existenzialistenkeller messen« habe können, wie der Münchner Kolumnist Siggi Sommer befand.[311] Die Nachfolge des Clubs trat 1965 das Domicile an, in dem internationale Jazzer, zum Beispiel Chet Baker oder George Mraz, spielten,[312] dazu hatten sich Rotlicht-Lokale wie die Babalu Bar zu Jazz-Kneipen gewandelt. Zusammen mit den Konzertkellern und Buchhandlungen entstand ein Viertel, in dem sich Amüsement, Popmusik und intellektuelles Außenseitertum verdichteten, wie sie sonst kaum in der katholischen bayerischen Landeshauptstadt repräsentiert waren.[313]

Am Abend des 20. Juni 1962, zwei Wochen nach dem Tumult an der Uni, ging bei der Funkzentrale der Münchner Polizei erneut eine Anzeige wegen Ruhestörung ein. Am Wedekindplatz verursachten demnach »Gitarristen und 150 Studierende und Schwabinger Nachtbummler« ruhestörenden Lärm, indem sie »musizierten, sangen, in die Hände klatschten, zum Teil auch tanzten und grundlos grölten«.[314] Wie einer der Straßenmusiker später aussagte, waren

309 Vgl. Patrick Banush, »Cornel Chiriac. Der einsamste Discjockey der Welt«, in: Mirko Hecktor (Hg.), *Mjunik Disco. Von 1949 bis heute*, München 2008, S. 121.

310 Vgl. Christian Ertl, *Macht's den Krach leiser! Popkultur in München von 1945 bis heute*, München 2010, S. 9 f.; Richard Rigan, »Cracker-Box. Bier und Prügeleien«, in: Hecktor (Hg.), *Mjunik Disco*, S. 30.

311 Zit. n. [o. A.], »Hot Club. Mädchen in Hosen«, in: ebd., S. 28. Der Club befand sich zunächst im Studio 15 an der Schwabinger Leopoldstraße, ab 1953 in den Katakomben unter dem Augustinerkeller an der Arnulfstraße (vgl. ebd.).

312 Vgl. [o. A.], »Domicile. Die letzte Zigarette«, in: Hecktor (Hg.), *Mjunik Disco*, S. 36.

313 Seit Mitte der Sechziger spezialisierten sich Clubs wie das Tabarin oder das Birdland auf afroamerikanische Soul-Musik. Vgl. Florian Fricke, »PN hithouse. Swinging Sixties«, in: Hecktor (Hg.), *Mjunik Disco*, S. 34.

314 Bericht über den Ablauf der Einsätze in Schwabing, 26. 07. 1962, StAM, Polizeipräsidium 9845.

sie zuvor bereits »wegen Ruhestörung« aus dem Englischen Garten von der Polizei vertrieben worden, obwohl es dort keine Anwohner gab, die sich durch die Musik hätten gestört fühlen können.[315] Beim Eintreffen wurden die Beamten mit Buhrufen empfangen und forderten angesichts der Menge vorsorglich Verstärkung an. Als per Lautsprecher zur Räumung des Platzes aufgefordert wurde, schallten den Polizisten Sprechchöre entgegen, die »Vopo«, »Nazistaat« und »Polizeistaat« skandierten. Die nach mehreren Warnrufen durchgeführte Räumung verlief »teils widerstandslos«.[316]

Für den darauffolgenden Tag verzeichnet der Polizeibericht abermals einen Funkruf wegen »Ruhestörung durch Musikanten«, diesmal am Monopteros.[317] Dort fanden die Beamten 40 bis 50 Passanten vor, die drei jungen Männern beim Gitarrespiel auf einer Bank lauschten. Die Gitarristen – zwei Gymnasiasten und zwei Lehrlinge – spielten russische Folklore und waren Mitglieder einer Gruppe des bundes deutscher jungenschaften (bdj), der in der Tradition der linken Vorkriegsjugendbewegung stand.[318] Es mag eine Rolle gespielt haben, dass sich die Jugendlichen durch das Singen russischer Lieder im angespannten politischen Klima des Kalten Krieges »verdächtig gemacht« hatten.[319] Bei einer späteren Hausdurchsuchung wurden ein Samowar und eine Dostojewski-Ausgabe als »Beweismaterial« gesichert.[320]

Eine halbe Stunde später fand die Funkstreife auch am Wedekindplatz Gitarristen vor, diesmal Amerikaner, die viele Zuhörer um sich versammelt hatten, die sich auf polizeiliche Aufforderung hin jedoch schnell zerstreuten. Beim Versuch der Auflösung eines weiteren spontanen Konzertes in der Martiusstraße kam es zu einer

315 Hannes Kerber, »Weltstadt mit Schmerz«. Interview mit Wolfram Kunkel vom 18.06.2007, ⟨http://jetzt.sueddeutsche.de/texte/anzeigen/386547⟩, letzter Zugriff 22.05.2017.

316 Ebd.

317 Bericht über den Ablauf der Einsätze in Schwabing.

318 Vgl. Diethart Kerbs, »Zur Geschichte und Gestalt der deutschen Jungenschaften«, in: *Neue Sammlung* 6 (1966), S.146-170; Rüdiger Ahrens, *Bündische Jugend. Eine neue Geschichte 1918-1933*, Göttingen 2015, S.280-283.

319 Dies schreibt Stefan Hemler, »Aufbegehren einer Jugendszene«, in: Gerhard Fürmetz (Hg.), *»Schwabinger Krawalle«. Protest, Polizei und Öffentlichkeit zu Beginn der 60er Jahre*, Essen 2006, S.25-57, hier: S.33.

320 Bericht über den Ablauf der Einsätze in Schwabing, Bl. 5.

Rangelei.[321] Abermals wurde ein Funkwagen von mehreren Jugendlichen durch Anheben des Hecks am Wegfahren gehindert und die Luft aus einem Reifen gelassen. Als Verstärkung eintraf, kam es laut Polizeibericht zu ersten Stein- und Flaschenwürfen auf die Polizeiwagen.[322] Kurz darauf erfolgte das Kommando »Gummiknüppel frei!«; Polizisten rückten in Formation einer Räumungskette gegen die Menschen vor und nahmen 23 als »Rädelsführer« verdächtige Personen fest.[323]

Da sich infolge der Ereignisse eine große Menschenmenge gebildet hatte, wurde der Bereitschaftszug der Polizeischule aufgeboten, um »durch gütliche Einwirkung auf die in großer Zahl Herumstehenden die Fahrbahn frei zu halten«, wie der Polizeibericht – im Kontrast zu späteren Zeuginnenaussagen – den Einsatz beschreibt.[324] Gegen 0.45 Uhr meldete ein Inspektor die vollständige Blockade der Leopoldstraße in Höhe der Martiusstraße durch »eine dichte tausendköpfige Menschenmenge« sowie »Versuche, Fahrzeuge umzuwerfen und durch Besteigen und Einschlagen zu beschädigen«.[325] Ein Teil der Menge saß demonstrativ auf der Straße, auch wurden Stühle aus den Lokalen auf die Fahrbahn gestellt.[326] Es erging daher die Anordnung, zunächst ausschließlich die Fahrbahn, nicht aber die Gehwege zu räumen. Schließlich eskalierte die Situation:

Die Polizeikräfte wurden mit ohrenbetäubendem Gejohle und Gebrüll empfangen. Die Räumkette ging nur langsam vor […]. An den beiden Flügeln der Räumkette kam es beim Auftreffen auf die dort zu Hunderten versammelten Störer, die trotz Aufforderungen die Fahrbahn nicht verließen, zu Widerstandshandlungen, die vereinzelt die Anwendung des Gummiknüppels notwendig machten. Hierbei wurden mehrere Festnahmen besonders widersetzlicher Störer durchgeführt. […] Aus deren Mitte kamen Rufe wie »Vopo«, »Nazipolizei« u. ä. Auch wurden Bierflaschen gegen die Beamten auf der Fahrbahn geworfen.[327]

321 Ebd.
322 Ebd., Bl. 6.
323 Ebd., Bl. 7.
324 Ebd., Bl. 8.
325 Ebd., Bl. 9.
326 Ebd.
327 Ebd., Bl. 10.

Als die Räumketten vorrückten, zog sich ein Teil der angesammelten Personen laut Protokoll in die Lokale Schwabinger Nest, Europa-Espresso, Tabu, Babalu, Leopold und Picnic zurück, wobei 26 Studierende, 13 Jugendliche sowie sieben nicht näher spezifizierte »Ausländer« festgenommen wurden. Gegen 41 Personen wurde später Anzeige wegen Aufruhrs und Landfriedensbruchs erhoben.[328]

Die Tradition Schwabings als Künstler- und Amüsierviertel war auch der Münchner Polizei bekannt. In einer Lagebesprechung führte ein Kriminaldirektor aus, in Schwabing bestünden »praktisch Sonderrechte«, die etwa in der »Tolerierung des versteckten Bettels und der unerlaubten Gewerbeausübung« zum Ausdruck kämen, auch habe man bei der Polizei »zur Kenntnis nehmen müssen, daß diese Zustände angeblich zum Fluidum« des Bezirkes gehörten. Eine nachträgliche Analyse der behördeninternen Zeitschrift *Polizei* rechtfertigte das harte Vorgehen damit, dass in jener ersten Nacht Bürger in einer selbst »über Schwabinger Verhältnisse weit hinausgehenden Form ihrer Nachtruhe beraubt« worden seien und man daher aufgrund des bayerischen Polizeiaufgabengesetzes zum Eingreifen verpflichtet gewesen sei.[329] Abermals wurde also das historische Paradigma von »Ruhe und Ordnung« aufgerufen.

Die Aufläufe, an denen sich nach einer Schätzung des Polizeipräsidenten rund 30 000 Menschen beteiligten, zogen sich über fünf Nächte hin. Die Polizei bot während der gesamten Dauer der Krawalle rund 1000 Polizisten auf, darunter Polizeischüler, Sofortkommandos verschiedener Reviere, Alarmhundertschaften, Kriminalbeamte in Zivil und 22 Polizeipferde. Erst als es am sechsten Tag heftig zu regnen begann, ließen die Krawalle nach.[330] Die Folgen

328 Einige der Festgenommenen erfüllten mehrere der erfassten Kriterien – daher die abweichende Gesamtzahl. Die Statistik findet sich in: Bericht über den Ablauf der Einsätze in Schwabing. München, 26.07.1962, StAM, Polizeipräsidium 9845, Bl. 11.

329 Dr. Manfred Schreiber, »Die ›Schwabinger Krawalle‹«, in: *Die Polizei. Zentralorgan für das Sicherheits- und Ordnungswesen, Polizei-Wissenschaft, -Recht, -Praxis* 56 (1965), S. 33-37, hier: S. 34.

330 An einem Baum fand sich ein Zettel: »Das Polizeisportfest fällt heute wegen schlechter Witterung aus«. Vgl. Sturm, »›Wildgewordene Obrigkeit‹? Die Rolle der Münchner Polizei während der ›Schwabinger Krawalle‹«, in: Fürmetz: *»Schwabinger Krawalle«*, S. 59-105, hier: S. 33. Spätere Aufkleber trugen die Aufschrift »Schwabinger Sommernachts-Spiele«, vgl. Gerhard Fürmetz, »Auftakt zu einer neuen Zeit?«, in: ders., *»Schwabinger Krawalle«*, S. 205-229, hier: 221.

waren beträchtlich: Insgesamt 200 Personen wurden ins Polizeigefängnis eingeliefert. Zwar betonte der Münchner Polizeipräsident, er und seine Beamten seien »keine Schlägernaturen« und er hätte lieber »allen ein Zuckerbrot gegeben«, doch waren hunderte Verletzte die lebenden Beweise dafür, dass es zu ganz erheblicher Polizeigewalt gekommen war.[331]

Zwei Studenten hatten erhebliche Verletzungen erlitten, einer von ihnen schwebte nach einem Leberriss zeitweise in Lebensgefahr. Nach einem Schlag mit dem Gummiknüppel war er zu Boden gestürzt und Augenzeugen zufolge weiterhin traktiert worden. Auch habe ein regelrechtes Spießrutenlaufen durch Polizeispaliere stattgefunden, und Fliehende seien gezielt mit Knüppelhieben verletzt worden. Ein Ehepaar, das in einem Hauseingang Schutz gesucht hatte, war angegriffen, der Mann von Polizisten bewusstlos geprügelt worden.[332] Ein Journalist wurde geschlagen, nachdem er seinen Presseausweis vorgezeigt hatte, und auch der Leiter des Jugendamtes, der vor Ort war, um den Konflikt zu moderieren, erlitt Blessuren.[333] Ein spanischer Hauptmann auf Urlaub gab an, noch im Gefängnis geschlagen und mit Nazi-Parolen angebrüllt worden zu sein.[334] Als bekannt wurde, dass auch der amerikanische Vizekonsul gleich an zwei aufeinanderfolgenden Abenden auf seinem Heimweg Knüppelhiebe erlitten hatte, wurden vorsorglich das bayerische Justizministerium, die Bayerische Staatskanzlei und das Bundesjustizministerium benachrichtigt, da man internationale Komplikationen befürchtete. Ein Bürger schrieb in einem Protestbrief an den bayerischen Justizminister, dass der »Schaden, der durch das sinnlose Schlagen der Polizei im Ausland entstanden ist, erheblich größer ist als der andere Schaden. Ich komme sehr viel ins Ausland und gebe nur eine Frage wieder, die

331 Vgl. Anton Heigl, »Wir sind keine Barbaren!«, in: *WAMS* (01.07.1962), S. 5.

332 Vgl. Michael Sturm, »›Unruhestifter‹ und Polizisten vor Gericht«, in: Fürmetz (Hg.), *»Schwabinger Krawalle«*, S. 175-203, hier: S. 199.

333 Vgl. Sturm, »›Wildgewordene Obrigkeit‹?«, S. 78.

334 »Du kannst wohl zu Hause Hauptmann gewesen sein, hier bist Du Scheiße! Bei Hitler hätte man dich längst erschossen!«, zit. n. Loe., »Nachspiel zu den Schwabinger Krawallen – Unterricht in Demokratie«, in: *Die Zeit* (24.05.1963), online unter ⟨http://www.zeit.de/1963/21/aus-den-geheim-dossiers-der-polizei⟩, letzter Zugriff 22.05.2017. Vgl. Sturm, »›Unruhestifter‹ und Polizisten vor Gericht«, S. 190. Der dieser Äußerungen beschuldigte Beamte plädierte später auf »unzurechnungsfähig« und wurde psychiatrisch begutachtet.

an mich gerichtet wurde: Gibt es bei der deutschen Polizei wieder SS-Methoden […]?«[335]

Dieser Vergleich beschäftigte auch die bundesdeutsche Presse. Obwohl der Anlass für den Ausbruch der Krawalle »vergleichsweise banal« erschien, fanden sie schon aufgrund der außergewöhnlich hohen Beteiligung von mehreren zehntausend Bürgerinnen und Bürgern ein breites Medienecho.[336] Im Südwestfunk etwa fragte der Moderator Malte Rauch in einer als »zorniges Jugendjournal« angekündigten Sendung, ob sich der »Gummiknüppelterror wesentlich vom braunen Terror der SA oder Brutalität der Volkspolizei« unterscheide.[337] Die Kölner Sendung *Zwischen 15 und 25* stellte den Umgang mit Musik in der Öffentlichkeit in den Mittelpunkt und ließ fünf junge Amateurmusiker interviewen, während der Münchner *Jugendfunk* einen Zusammenhang zur New-Orleans-Jazz-Bewegung herstellte, indem er in einer Sendung zum Thema das Traditional »When The Saints Go Marching In« als Zwischenmusik spielte.[338]

Die Erfahrung der Krawallnächte führte zu einer langfristigen Politisierung vieler Münchner, die mit Straßenmusik, Sitzblockaden und Twist-Tänzen zunächst wenig zu tun gehabt hatten. Die Räumungen von Straßencafés unter Einsatz des Gummiknüppels hatten etliche unbeteiligte Passanten und Café-Besucher in die Ereignisse hineingezogen. (Abb. 59) Viele von ihnen gerieten so erstmals in den Konflikt mit der Ordnungsmacht, einige schlossen sich daraufhin in der Interessengemeinschaft zur Wahrung der Bürgerrechte zusammen, die als eine der ersten Bürgerinitiativen der Bundesrepublik gilt und sich international mit Menschenrechtsgruppen vernetzte.[339] Sprecher der IG war der Anwalt Till Burger, der bereits vor Ort die mündliche Auseinandersetzung mit dem

335 BayHStA, MJu 24030, Fritz Haberstock an den bayerischen Justizminister vom 22.10.1962, zit. n. Sturm, »›Unruhestifter‹ und Polizisten vor Gericht«, S. 185.

336 Vgl. Andreas Voith, »›Tanz der Gummiknüppel‹ und andere Sensationen. Zur Presseberichterstattung über die ›Schwabinger Krawalle‹«, in: Fürmetz (Hg.), *»Schwabinger Krawalle«*, S. 107-123.

337 Zit. n. Fri., »Zornige junge Männer«, in: *deutsche jugend* 10 (1962), S. 381-382.

338 Vgl. ebd.

339 Vgl. Esther Arens, »Lektion in Demokratie. Die ›Schwabinger Krawalle‹ und die Münchner ›Interessengemeinschaft zur Wahrung der Bürgerrechte‹«, in: Fürmetz (Hg.), *»Schwabinger Krawalle«*, S. 125-140.

Münchner Oberbürgermeister bestritten hatte und im Zuge seines Engagements ins Visier des Staatsschutzes geriet, der sich wie schon 1957 in Köln – vergeblich – darum bemühte, politische Hintergründe der Krawalle aufzudecken.[340] Auch wurde der Verdacht laut, das Polizeipräsidium habe der Presse vertrauliche Akten zugespielt, um Burger zu diskreditieren, da detaillierte Angaben über dessen frühere Mitgliedschaft in der SA, nicht aber über seinen frühzeitigen Austritt aus der Nazi-Organisation bekannt geworden waren.[341] Das juristische Nachspiel endete schließlich nach sechs Jahren, in denen 400 Ermittlungsverfahren und 60 Prozesse geführt worden waren.[342] Etliche Jugendliche saßen monatelang in Untersuchungshaft. Nach Abschluss der Ermittlungen wurden sechs Freiheitsstrafen zwischen drei und 13 Monaten verhängt und 24 weitere zur Bewährung ausgesetzt. Sieben Jugendliche wurden zu Arrest und etliche Beschuldigte zu Geldstrafen verurteilt. Auch gegen Beamte wurde ermittelt, doch die 143 Verfahren, zumeist wegen »Körperverletzung im Amt«, führten zu nur vier Verurteilungen, in deren Begründungen als besonders verwerflich gewertet wurde, dass die Misshandlungen von Ausländern dem Ruf der Touristenstadt München Schaden zugefügt hatten.[343]

Langfristig führten die Auseinandersetzungen um die Krawalle zu einigen Reformen bei der Münchner Polizei. Jahre später räumte der Polizeipräsident in einem Resümee ein, nach dem Krieg die Ausbildung »im geschlossenen Einsatz« vernachlässigt zu haben.[344] Die Einsatzrichtlinien stammten aus dem Jahr 1930 und enthielten als deeskalierende Maßnahme lediglich den Ratschlag, angespannte Situationen durch »ein Scherzwort« zu entschärfen – eine Taktik, die offenkundig weder von allen Polizisten beherrscht wurde noch in allen Situationen aufging.[345] Auf einer Auswertung in der Kriminalpolizeidirektion bemerkte etwa ein Polizeioberamtmann,

340 Ebd. S. 137. Demnach fiel Burger auf, weil er im Juli 1962 vor einer Jugendgruppe des neutralistischen Bundes der Deutschen sprach. Zu weiteren haltlosen Verdächtigungen vgl. Sturm, »›Wildgewordene Obrigkeit‹?«, S. 84 u. S. 86.

341 Vgl. Loe., »Nachspiel zu den Schwabinger Krawallen – Unterricht in Demokratie«.

342 Vgl. Sturm, »›Unruhestifter‹ und Polizisten vor Gericht«, S. 202.

343 Vgl. ebd., S. 195.

344 Schreiber, »Die ›Schwabinger Krawalle‹«, S. 35.

345 Vgl. Sturm, »›Wildgewordene Obrigkeit‹?«, S. 67.

dass »im Gegensatz zu früher den eingesetzten Kräften seit der Zeit nach dem 2. Weltkrieg jede praktische Erfahrung fehle«.[346]

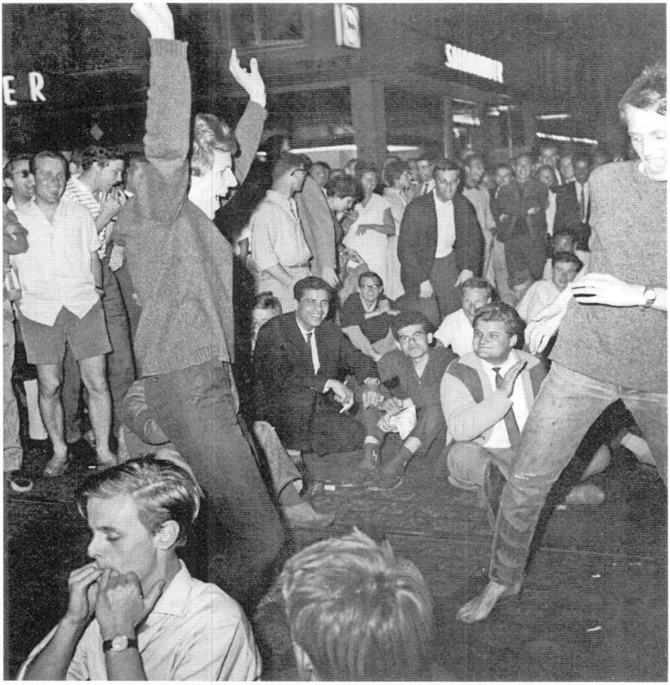

Abb. 58: »Twist-Unruhen«? Sitz- und Tanzblockade in Schwabing (1962).

Als direkte Reaktion auf die Eskalation und die Vorwürfe gegen die Polizei wurde mit der »Münchner Linie« eine deeskalierende Polizeitaktik begründet. Polizisten erhielten Unterricht in Massenpsychologie, und die Stelle eines Polizeipsychologen wurde eingerichtet, um den Beamten beizubringen, »ihre Emotionen zu

346 Vorbereitungen der Stadtpolizei München zur Bekämpfung evtl. Ordnungsstörungen im Raume der Leopoldstraße, München, 04.07.1963, StAM, Pol. Dir München 11131, Bl. 4.

kontrollieren«. Auch sollten Polizeischüler nicht mehr bei solchen Lagen eingesetzt werden, da sie aufgrund ihrer mangelnden Erfahrung zu unangemessener Gewaltanwendung neigten – worin auch ein wesentlicher Grund für die Brutalität des Schwabinger Einsatzes gesehen wurde. »Erfahrene, überlegt handelnde und gewandte Dienstkräfte« wurden in Dreier-Trupps in den Jahren nach dem Krawall in Schwabing auf Patrouillen geschickt, um »kleinere auftretende Ordnungsstörungen zu beseitigen«; dabei sollten sie jedoch »mit angemessener Zurückhaltung verfahren« und »unbillige Härte vermeiden«.[347] Teil der neuen Taktik waren aber auch restriktive Maßnahmen gegen entstehende Jugendszenen: Der Einsatz ziviler »Greifertrupps« der Kriminalpolizei sollte verstärkt, neuartige Tränengasgranaten sowie ein zweiter Wasserwerfer sollten angeschafft werden. Die von den Opfern der Polizeieinsätze geforderte Kennzeichnung von Polizisten durch Namensschilder oder Nummern, seitdem immer wieder eine Forderung von Bürgerrechtlerinnen, lehnte die Polizeiführung hingegen ab.[348]

Auf juristischer Ebene führten die Schwabinger Krawalle allerdings zu keinerlei Reform, wenngleich die Paragraphen, die gegen die Protestierer zur Anwendung kamen, mehrheitlich aus wilhelminischer Zeit stammten und offenkundig überkommene obrigkeitsstaatliche Vorstellungen von Ruhe und Ordnung widerspiegelten.[349] Erst nach den Erfahrungen mit den gewalttätigen Auseinandersetzungen der Studentenproteste um 1968 sollte es 1970, mit Verabschiedung des Dritten Gesetzes im Rahmen der Großen Strafrechtsreform, unter der sozial-liberalen Koalition zu einer Neufassung des Versammlungsrechts kommen, in deren Zuge auch die noch aus dem Kaiserreich stammenden Paragraphen 115 und 116 abgeschafft wurden, die insbesondere »Aufrührer« bei »Zu-

347 Polizeitaktische Erwägungen im Falle neuerlicher Ordnungswidrigkeiten in Schwabing, München, 15.05.1965, StAM Pol. Dir. 11131, Bl. 6.

348 Der Polizeipräsident verwies auf die herabgesetzte Erinnerungsfähigkeit des Einzelnen bei turbulenten Ereignissen und bemerkte lapidar: »Das würde bei der Kennzeichnung von Beamten nicht anders sein.« Schreiber, »Die ›Schwabinger Krawalle‹«, S. 35.

349 Vgl. zum Dispositiv von »Ruhe und Ordnung« grundsätzlich: Achim Saupe, »Von ›Ruhe und Ordnung‹ zur ›Inneren Sicherheit‹. Eine Historisierung gesellschaftlicher Dispositive«, in: *Zeithistorische Forschungen/Studies in Contemporary History* 9 (2010), S. 170-187.

sammenrottungen« mit Mindeststrafen belegt und Landfriedensbruch als »Aufruhr« definiert hatten.[350]

Die Konflikte um jugendliche Raumpraktiken in Schwabing waren nach den Krawallen keineswegs vom Tisch. 1964 erging in München eine Präsidialverfügung »zur Vorbeugung der Möglichkeit, daß sich im Bereich Schwabing Entwicklungen anbahnen, die in der weiteren Folge zu Ordnungsstörungen größeren Ausmaßes führen könnten«.[351] Verfügt wurde die Durchführung allabendlicher Streifengänge von Schutz- und Kriminalpolizei in den neuralgischen Gebieten, die bereits während der Krawalle als Brennpunkte galten.[352] Eine Präsidialverfügung resümierte ein Jahr später, Schwabing sei »nach wie vor ein Krisengebiet« und bedürfe deshalb vorbeugender Maßnahmen, um Entwicklungen zu vermeiden, die »Ordnungsstörungen größeren Ausmaßes« zur Folge haben könnten. Dass man aus den Auseinandersetzungen gelernt hatte und auch den Bezirk Schwabing als eine dissonante Zone zu respektieren suchte, zeigt eine Präzisierung des Polizeipräsidiums: »Recht und Ordnung müssen im gleichen Umfang durchgesetzt werden, wie auch gleichzeitig auf die von der Stadt geforderte Eigenheit des traditionellen Schwabinger Milieus Bedacht zu nehmen ist.«[353]

Jenseits ihrer exekutiven und legislativen Folgen sind die Krawalle in ihrer zeithistorischen Bedeutung umstritten. Intertemporale Vergleiche mit den Studentenprotesten um 1968 ergaben mehr Unterschiede als Gemeinsamkeiten – sowohl in den Aktionsformen als auch in der Motivation.[354] Die Vorfälle von Schwabing stehen nicht nur zeitlich zwischen den »Halbstarken«-Krawallen der fünfziger Jahre und den politisch artikulierten Studentenprotesten um 1968. Während bereits die Zeitgenossen versuchten, die Ereignisse als »Rowdytum« und »halbstarke« Randale abzuqualifi-

350 Vgl. Sturm, »›Unruhestifter‹ und Polizisten vor Gericht«, S. 203. Vgl. §§ 115, 116 und § 125, RStGB (vom 15.05.1871) sowie 3. StrRG vom 20.05.1970 (BgBl. I 505).

351 Präsidialverfügung vom 29.05.1964, Polizeidirektion München 11130, StAM.

352 Vgl. ebenfalls den Bericht über Schwabinger »Portokassenjünglinge«, »Westentaschen-Halunken« und »Paradebienen«: Walther H. Schüneman, Werner Bokelberg, »Was kostet ein Kuss in München?«, in: *Stern* (07.07.1964), S. 20-23.

353 Präsidialverfügung Nr. 24 vom 14.05.1965.

354 Vgl. Stefan Hemmler, »Anstoß für die Studentenbewegung? Warum die ›Schwabinger Krawalle‹ wenig mit ›1968‹ zu tun haben«, in: Fürmetz (Hg.), *»Schwabinger Krawalle«*, S. 151-171.

zieren – zeitweise war von einer ominösen Weiße-Hemden-Bande die Rede, die allerdings nicht auffindbar war –, zeigt die Auswertung der Alters- und Bildungsstruktur deutliche Unterschiede zu den bundesdeutschen »Großkrawallen« der fünfziger Jahre.[355] Waren damals hauptsächlich Lehrlinge und junge Arbeiter involviert, so war der Anteil von Studenten in Schwabing signifikant höher. Dies trug zur Konstruktion des Studenten als einer die Stabilität bedrohenden Sozialfigur bei, die sich im Laufe der folgenden Jahre noch verfestigen sollte.[356] Aktionsformen wie spontane Blockaden von Straßen und Plätzen, Übergriffe auf Fahrzeuge und der wenig bis gar nicht organisierte Tumult wiesen jedoch deutliche Ähnlichkeiten mit den als »halbstark« bezeichneten Aktivitäten der Vorjahre auf. In den frühen Sechzigern wurden typische Aktionsformen der Arbeiterjugend nun auch von Mittelschichten und der akademischen Bildungsschicht übernommen: Subkulturelle Gruppenbildung, spontane Aneignung der Straße durch Tanz und Musik sowie teils gewaltsamer Widerstand gegen das als Freiheitsbeschränkung empfundene Eingreifen der Staatsmacht.

Stellt man die »rätselhaften Krawalle«, die von der Forschung als singuläres Ereignis diskutiert wurden,[357] in einen internationalen Kontext, so fallen eher Gemeinsamkeiten mit den Konflikten um Jazz im öffentlichen Raum auf, wie sie in Berlin, Hamburg, London und Paris Anfang bis Mitte der sechziger Jahre zu ähnlichen Debatten führten. Die Interpretation als »Twist-Krawalle« hebt die wichtige Rolle von Musik im öffentlichen Raum hervor, die nicht nur als Initialzündung der Proteste fungiert hatte, sondern auch im Verlauf spontaner Aktionen immer wieder erklang.[358] In

355 Siehe dazu oben, Kap. 2.2.4 sowie 3.3.2.

356 Zur Zusammensetzung der Krawallteilnehmer in den Fünfzigern vgl. Günther Kaiser, *Randalierende Jugend. Eine soziologische und kriminologische Studie über die sogenannten »Halbstarken«*, Heidelberg 1959, S. 138. Zur Konstruktion »des Studenten« vgl. Martin Kalb, *Coming of Age. Constructing and Controlling Youth in Munich, 1942-1973*, New York, Oxford 2016, S. 164-169.

357 Gerhard Fürmetz, »Die ›Schwabinger Krawalle‹ von 1962. Vom Ereignis zum Forschungsgegenstand«, in: ders. (Hg.), *»Schwabinger Krawalle«*, S. 9-23, hier: S. 10.

358 Diese Bezeichnung verwendet etwa Knut Hickethier, »Protestkultur und alternative Lebensform«, in: Werner Faulstich (Hg.), *Die Kultur der 60er Jahre*, München 2003, S. 11-30, hier: S. 16. Vgl. auch Hannes S. Macher, »Unruhe in Bayern I: Prügelorgien an Fronleichnam«, in: *Literatur in Bayern* 28 (2013), S. 29-30.

einer nachträglichen Auswertung hob die der Zeitschrift der Polizei hervor, dass auf den besetzten Schwabinger Straßen Twist getanzt wurde, wie auch Pressefotos festhielten – im Polizeibericht ist von »Veitstänzen« die Rede, die den Verkehr zum Erliegen gebracht hätten.[359] (Abb. 58) Auch der Münchner Polizeipräsident hob hervor, die Jugendlichen hätten sich durch »heiße Musik« zu den Krawallen stimulieren lassen.[360]

Abb. 59: »Polizeisportfest« mit Knüppeln: Räumungseinsatz bei den »Schwabinger Krawallen« des Sommers 1962.

Auch die Zeitschrift *twen* griff die Schwabinger Krawalle auf. Unmittelbar nachdem sie dort debattiert wurden, erschien dort der Text Norman Mailers über den »White Negro«.[361] Der als »Jazz-Papst« bekannte bundesdeutsche Kritiker Joachim-Ernst Berendt stellte der Leserschaft unter der Überschrift »Hip. Von *twen* zur

359 Vgl. Direktion der Schutzpolizei, Polizeitaktische Erwägungen im Falle neuerlicher Ordnungsstörungen in Schwabing, München, 15.05.1963, StaM, Pol. Dir. München 11131, Bl. 31.

360 Schreiber, »Die ›Schwabinger Krawalle‹«, S. 34.

361 Joachim-Ernst Berendt, »Hip. Von *twen* zur Diskussion anheimgestellt: die Philosophie der ›weißen Neger‹«, in: *twen* 1 (1962), S. 41 f.

Diskussion anheimgestellt; die neue Philosophie der ›weißen Neger‹« ausgewählte Passagen aus Mailers Essay in deutscher Übersetzung vor, kurz nachdem er in einem Interview mit der linken Zeitschrift *konkret* Mailers Konzept des Hipsters präsentiert hatte, dabei jedoch darauf verzichtete, den Begriff »spezifisch amerikanischen Zuschnitts« zu »verdeutschen«, da etwa das eingeführte Wort »Existenzialist« irreführende Assoziationen ergäbe.[362] Berendt hatte selbst 1960 mehrere Monate lang in den USA verbracht, um dort »schwarze« Musik zu studieren. Die Ergebnisse seiner Forschungsreisen bereitete er für das deutsche Publikum in mehreren Büchern und Rundfunkprogrammen auf und wandte sich, beeinflusst von Mailers Ideen, Anfang der sechziger Jahre vor allem dem Blues zu.[363]

In solchen Diskursen über abweichende Klänge, soziale Randfiguren und unangepasstes Verhalten überlagerten sich abermals gesellschaftlich-soziale mit ästhetisch-musikalischen Vorstellungen von Konsonanz und Dissonanz. Ein neuer, integrativer Musikstil rückte diese Konflikte schließlich von den Rändern in den Mainstream: der Beat. Nirgendwo wurden sie so breit rezipiert wie anhand der Skandale rund um eine junge Band aus Liverpool, die den Namen des neuen Musikstils im Namen führte und ihn weltweit bekannt machte.

4.3. Das Kreischen der Töchter: Die »Beatlemania« als emotionale Praxis

Das junge Mädchen hat die Augen geschlossen und die Lippen geöffnet. Das halblange Haar umweht die Stirn wie ein Strahlenkranz, die heftige Kopfbewegung eingefroren zwischen dem im Sekundenbruchteil schnappenden Verschluss eines Kameraobjektivs. Rings um sie herum sind Gleichaltrige mit entrücktem Gesichtsausdruck

362 Richard Wollheim, »Leben wie ein Held. Gespräch mit Norman Mailer«, in: *konkret* (20.11.1961), S.12. Es handelt sich dabei um eine Übersetzung des englischen Interviews, das zuerst im *New Statesman* erschienen war. Zur ambivalenten, sexualisierten Afrophilie von *konkret* vgl. Ege, *Schwarz werden*, S.87-92.

363 Vgl. Detlef Siegfried, »White Negroes. The Fascination of the Authentic in the West German Counterculture of the 1960s«, in: Belinda Davis u.a. (Hg.): *Changing the World. Changing Oneself. Political Protest and Collective Identities in West Germany and the U.S. in the 1960s and 1970s*, New York, Oxford 2010, S.191-213, hier: S.192f.

in ähnlichen Posen der Ekstase erstarrt. Fast meint man die Schreie zu hören und die Röte zu sehen, die Begeisterung und Hingabe in die jungen Gesichter getuscht haben. Aber die Momentaufnahme des deutschen Fotografen Wilfried Bauer mit dem einsilbigen Titel »Beat« ist schwarzweiß – und das Medium stumm. (Abb. 60)

Abb. 60: Die von Wilfried Bauer bei einem Konzert in der Hamburger Ernst-Merck-Halle aufgenommene und zum Deutschen Jugendfotopreis eingereichte Fotografie »Beat« rückt ekstatische junge Mädchen in den Fokus.

Der Sound zu Bildern wie diesem gellte in den Jahren 1963 bis 1966 als schrilles Kreischen durch die Nachrichtensendungen, die Fotos junger Frauen im Ausnahmezustand füllten Zeitungs- und Magazinseiten. In den Kommentarspalten mischte sich die Rhetorik des Skandals mit dem Tonfall der Besorgnis. Von »einer Art Trance« oder »Ekstase« war die Rede, die über die »Massen minderjähriger Weiblichkeit« gekommen sei.[364] Überwältigt von ihren Gefühlen, stünden Jugendliche »unter einem emotionalen Bannfluch«, so die Deutung eines britischen Musikmagazins im Februar 1964.[365] Im

364 Vgl. »Vier Liverpudel«, in: *Der Spiegel* (26.02.1964), S. 60.
365 Jack Hutton, »Beatlemania – The Night Carnegie Hall Went Berserk«, in: *Melody Maker* (22.02.1964), S. 10.

Fokus der Skandalisierung, für die sich schnell ein griffiges Label fand, stand dieses Mal nicht die Bedrohung durch stereotyp gezeichnete gewalttätige junge Männer; Mitte der sechziger Jahre rückten Mädchen und junge Frauen aus der Mittelschicht ins Zentrum der Debatten über Jugend unter dem Einfluss von Popmusik. Unter dem vielzitierten Begriff der »Beatlemania« wurde nicht nur die Wirkung von Klängen skandalisiert, sondern es wurde auch neu verhandelt, welche Gefühle Jugendliche zeigen durften und mit welchen Zwangs- und Disziplinarmaßnahmen sie gegebenenfalls zu kontrollieren waren. In diesem Zusammenhang wurden neue Wissensbestände generiert und neue Regierungstechnologien erprobt.

Der Aufstieg der Beatles ist bis in die kleinsten Einzelheiten dokumentiert, sie gelten mittlerweile geradezu als Wahrzeichen der Popgeschichte Großbritanniens. Ziel dieses Abschnitts ist es daher nicht, den Aufstieg der Band oder des Beat-Genres nachzuvollziehen. Vielmehr soll die Verhandlung von Gefühlen am Beispiel der »Beatlemania« im Zusammenhang mit der Skandalisierung und Etablierung von Pop exemplarisch analysiert werden. Zur Neuinterpretation der »Beatlemania«, die aus geschlechtergeschichtlicher und musikwissenschaftlicher Perspektive schon einige Aufmerksamkeit gefunden hat,[366] bieten sich jüngere Ansätze der Geschichte der Gefühle an. Im Folgenden wird daher die Lesart der Zeitgenossen mit Theorien der Emotionsforschung konfrontiert und der internationale Transfer affektiver Praktiken bis in außerwestliche Räume nachvollzogen.

4.3.1. *A Beginning*: Der Beat als transnationale Musik

Am Anfang stand abermals ein neuer Musikstil, der tief in älteren Genres wurzelte. Schon Ende der fünfziger Jahre hatten vor allem Amateurbands Trad Jazz mit Elementen des Rock'n'Roll verbunden. Das Resultat solcher Stilfusionen, die aus eklektizistischen Instrumentierungen (etwa aus halbakustischen Gitarren, Waschbrett und einem selbstgebastelten Seifenkistenbass) hervorgingen, schlug

366 Vgl. Barbara Ehrenreich u.a., »Beatlemania. A Sexually Defiant Consumer Subculture?«, in: Ken Gelder, Sarah Thornton (Hg.), *The Subcultures Reader*, London, New York 1997, S. 523-536; Peter Wicke, *Rock und Pop. Von Elvis Presley bis Lady Gaga*, München 2011, S. 25.

sich in einer neuen Genrebildung nieder: dem Skiffle Beat. Dabei taten sich vor allem britische Bands aus nordenglischen Industriestädten hervor. Eine spezifische Spielart war der Mersey-Stil, benannt nach dem Schifffahrtskanal, der die Industriestadt Manchester mit der Hafenstadt Liverpool verbindet.[367] Ursprünglich das Amateurphänomen einer halböffentlichen Do-it-yourself-Szene, erreichte das Genre bald den Musikmarkt, wie zahlreiche im Sommer 1963 erschienene Schallplatten mit Mersey-Beat anzeigen.[368]

Zur weiteren Verbreitung trugen semiprofessionell organisierte Konzertreihen bei. Im Mai 1964 organisierte zum Beispiel der Londoner Veranstalter Bob Alexander in Kooperation mit örtlichen Schallplattenhändlern eine Folge von *Big Beat Nights.*[369] Von London expandierte die Partyreihe in andere britische Städte wie Brighton, Portsmouth und Southsea. Im Zuge der Popularität des neuen Genres weitete auch die BBC ihre vom Gastgeber des *Saturday Club* Brian Matthew moderierte Show *Easy Beat* im Sommer 1964 von 30 Minuten auf eine volle Stunde pro Woche aus.[370] Studioband war The John Barry Seven unter der Leitung von John Barry Prendergast, dem Filmmusik-Arrangeur, der mit den Soundtracks der James-Bond-Filme bekannt geworden war und auch in den britischen Musikshows *Oh Boy* und *Six-Five Special* auftrat.[371] *Easy Beat* stellte noch unbekannte Bands vor und spielte auch Schallplatten ab. Zudem widmeten sich neue Printmagazine wie *Mersey Beat* dem neuen Musikstil und seinen Bands. Lonnie Donegan, der britische »King of Skiffle«, platzierte annähernd drei Dutzend Lieder in den amerikanischen Charts.[372] Obgleich es sich um ein vielschichtiges Genre mit vielen Unterkategorien handelte, wurde es mit keiner Band mehr verbunden als mit einer, die den Musikstil schon in ihrem Namen trug.

367 In Liverpool gab es Mitte der Sechziger rund 400 Amateur-Beatbands, deren jüngste Mitglieder 8-10 Jahre alt waren. Vgl. Dieter Baacke, *Beat – die sprachlose Opposition*, München 1968, S. 33.

368 Etwa die Compilation *This Is Mersey Beat. Vol. 1* (GB 1963) Oriole PS 40047.

369 Vgl. *Record Retailer and Music Industry News* (26. 05. 1964), S. 20.

370 Vgl. File TV Light Entert./Six-Five Special; BBC WAC, Reading, TI2/360/4.

371 Sein »James Bond Theme« hatte allerdings starke Ähnlichkeiten mit dem Stück »Ninety Nine Years« von Guy Mitchell. Vgl. ders., Jimmy Caroll & His Orch. & Chorus, »Ninety Nine Years (Dead Or Alive)«/»Perfume, Candy And Flowers« (US 1955), Columbia 4-40631 [45].

372 *EPM*, s. v. »Donegan, Lonnie«, Bd. II, S. 1588.

Die Biographie der Beatles verlief frühzeitig international. Bevor sie in Liverpool erfolgreich wurden, waren die jungen britischen Musiker John Lennon, Paul McCartney, George Harrison, Stuart Sutcliffe und Pete Best in der norddeutschen Hafenstadt Hamburg aufgetreten, und auch Ringo Starr, der 1962 einstieg, war mit der Gruppe Rory Storm & the Hurricanes, einer der führenden Bands des Mersey-Beats, zeitgleich mit den Beatles in Hamburg, was darauf hindeutet, dass die Beat-Szene schon in ihren Anfängen keine rein britische war.[373] Etliche Stücke hatten ihren musikalischen Ursprung in afroamerikanischen Originalen, und auch räumlich war die Szene transnational vernetzt.[374] Hamburg spielte als »Outlet für zweitrangige britische Performer« eine wesentliche Rolle bei der Internationalisierung des Musikstils.[375] Die Hansestadt mit ihren liberalen Gaststätten- und Prostitutionsregelungen war in den frühen Sechzigern ein Anziehungspunkt für Vergnügungssuchende vieler Länder.[376] Die notorischen Beat-Schuppen im Amüsierviertel St. Pauli und vor allem der Star-Club entwickelten sich schnell zu Hot Spots des neuen Genres Beat mit internationalem Line-up und Publikum.[377] Die überregional noch kaum bekannten Beatles traten hier vor einem gemischten Publikum »inmitten der Hamburger Subkultur mit ihren Prostituierten, Betrunkenen und Halbkriminellen« auf, unter Vertrag bei dem Hamburger Komponisten und Produzenten Bert Kaempfert.[378] Auch andere englische Acts spielten auf Hamburger Bühnen, aber auch in Paris und anderen europäischen Städten.[379]

373 Rory Storm & the Hurricanes waren außerdem schon Anfang der 1960er Jahre auf Tour in Spanien und Frankreich.

374 Die Beatles coverten u. a. Chuck Berry oder The Marvelettes. Vgl. Egbert Klautke, »Die ›britische Invasion‹ der 1960er Jahre. Britische Pop- und Rockmusik in den Vereinigten Staaten«, in: Dietmar Hüser (Hg.), *Populärkultur transnational. Lesen, Hören, Sehen und Erleben im Europa der langen 1960er Jahre*, Bielefeld 2017, S. 108-125, hier: S. 113.

375 So John Davis, »›Die Briten kommen.‹ British Beat and the Conquest of Europe in the 1960s«, in: Martin Conway, Kiran Klaus Patel (Hg.), *Europeanization in the Twentieth Century*, New York 2010, S. 229-252, hier: S. 243.

376 Julia Sneeringer, »›Assembly Line of Joys‹: Touring Hamburg's Red Light District, 1949-1966«, in: *Central European History* 41 (2009), S. 65-96.

377 Vgl. ausführlich zum Star-Club: Siegfried, *Time Is on My Side*, S. 209-237.

378 Peter Kemper, *The Beatles*, Stuttgart 2007, S. 25.

379 Neben den bereits erwähnten Rory Storm & the Hurricanes auch Tony Sheridan oder Gerry & the Pacemakers.

Da das Auflegen von Schallplatten sich an den Tanzflächen noch nicht etabliert hatte, spielten die Livebands in Beat-Schuppen wie dem Kaiserkeller, dem Top Ten oder dem Indra Club nahe der Reeperbahn eine wichtige Rolle für das Tanzpublikum, doch entwickelte gerade der Star-Club sich zu einer Bühne für internationale Größen des bereits etwas in die Jahre kommenden Rock'n'Roll, darunter Gene Vincent, Little Richard und Jerry Lee Lewis. Detlef Siegfried zufolge hatte sich der Club als »musikalisches Gütezeichen für die Jugend« zu etablieren verstanden (wie auch das Fachblatt *Musikmarkt* anerkannte) – und sich damit als maßgebliches Vorbild für die Beat-Clubs der Bundesrepublik positioniert.[380] Auch international fand der Club Anerkennung, etwa in Cathy McGowans Kolumne im *Mod's Monthly*.[381] Anfang der sechziger Jahre erregten diese Clubs den Unmut des Bürgervereins St. Pauli, und im Juni 1964 musste der Star-Club nach einer Medienkampagne und beständigen Kontrollen durch eigens aufgestellte »Jugendschutztrupps« von Polizei und Wohlfahrtsbehörde vorübergehend schließen – wogegen Jugendliche mit einem der ersten »Sit-ins« auf deutschem Boden friedlich und erfolgreich protestierten.[382] In diesem internationalen Milieu zwischen Hafen, Rotlicht und neuer Teenagerkultur machten sich die Beatles einen Namen als Clubband. Als sie nach Liverpool zurückkehrten, priesen Plakate sie dem britischen Publikum dezidiert als eine in Deutschland erfolgreiche Band an.[383] Noch bevor Medienberichte die Gruppe zu »britischen Invasoren« des Musikmarktes erklärten, hatte sie in beiden Ländern vom Image einer im Ausland populären Band gezehrt. In Live-Schuppen wie dem Liverpooler Cavern Club, wo sie hunderte Auftritte absolvierten, erregte die gefeierte Tanzband nicht nur das Interesse ihres späteren Managers Brian Epstein, sondern provozierte bereits frühe Manifestationen der »Beatlemania«.[384]

380 *Der Musikmarkt* 11 (15.11.1964), zit. n. Siegfried, *Time Is on My Side*, S. 229.

381 Vgl. Cathy McGowan, »Cathy McGowan's Mod Miscellany«, in: *The Mod's Monthly* 3 (Mai 1964), unpag. [S. 8 f.].

382 Sneeringer, »›Star-Club auf!‹ Musikkultur und Jugendprotest im Hamburg der 1960er Jahre«, S. 96. Es handelt sich jedoch nicht um das erste »Sit-in« nach 1945 auf deutschem Boden – schon bei den »Schwabinger Krawallen« kam es 1962 zu spontanen Sitzblockaden.

383 Vgl. die Plakatsammlung des Museums »The Beatles Story« in Liverpool.

384 Es sind beinahe 300 Auftritte allein im Cavern-Club dokumentiert. Vgl. Mark Lewisohn, *The Complete Beatles Chronicle*, London 2000, S. 118. Vgl. Kemper, *The Beatles*, S. 28.

Unter diesem Begriff fassten Medien die Verhaltensweisen jugendlicher Fans der Beatles, die bei deren Konzerten ihren Emotionen auf ungewöhnliche Weise freien Lauf ließen. So zum Beispiel am 13. Oktober 1963 im Londoner West End. Vor einem Theater, in dem die Fernsehshow *Sunday Night at the London Palladium* aufgezeichnet wurde, versammelten sich spontan so viele Fans, dass der Verkehr auf der Oxford Street zeitweise zum Erliegen kam. Jugendliche versuchten in das Gebäude einzudringen. Als die Londoner Polizei eingesetzt wurde, filmten Fernsehteams die kollektive Verzückung, und Fotografen schossen Bilder, die am Folgetag unter der Überschrift »Beatlemania« die Zeitungsspalten der britischen Boulevardpresse füllten.[385] Für bemerkenswert hielten die Kommentatoren eine sonische Praxis, die als Ausdruck von emotionalem Kontrollverlust gedeutet wurde: Die Jugendlichen stießen schrille Pfiffe aus und steigerten sich in ein kollektives Kreischen hinein.

Der Begriff »Beatlemania« verweist auf frühere künstlerbezogene Massenbegeisterungen und -moden, vor allem auf die »Lisztomanie«,[386] in der bereits einige Züge dessen angelegt gewesen waren, was nun in der »Beatlemania« verhandelt wurde.[387] Im frühen 19. Jahrhundert hatte der als Wunderkind gestartete Klaviervirtuose und Komponist Franz Liszt mit den Konventionen der Musik-Performance seiner Zeit gebrochen, sich ein vergleichsweise exzentrisches Äußeres zugelegt und einen exaltierten Vortragsstil entwickelt. Sein Auftreten wurde von zeitgenössischen Kommentatoren zwar pathologisiert, aber vor allem weibliche Fans waren dem Musiker offenbar auf »manische« Weise verfallen – bis hin zur Ohnmacht, aus der sie gelegentlich mit Riechsalz wieder erweckt werden mussten. Anlässlich einer Tournee des Pianisten in Berlin um die Jahreswende 1841/42 hatten zunächst Karikaturen in den Feuilletons das Verhalten des Konzertpublikums und dessen Kult um den langhaarigen Musiker verspottet, der sich darin ge-

385 Vgl. Dominic Sandbrook, *Never Had It So Good. A History of Britain from Suez to the Beatles*, London 2005, S. 475 f.; Wicke, *Rock und Pop*, S. 25.

386 Das Wort verwendete u. a. Heinrich Heine. Vgl. ders., »Musikalische Saison von 1844. Erster Bericht«, in: ders., *Essays II: Über Frankreich*, zit. n. Tim Blanning, *Triumph der Musik. Von Bach bis Bono*, München 2010, S. 69-70.

387 »Wo sie [die Beatles] niedergehen, fallen Massen minderjähriger Weiblichkeit über sie her und in eine Art Trance, wie sie, nach Meinung von Kritikern, seit Franz Liszt nicht mehr dagewesen ist«, siehe »Vier Liverpudel«.

zeigt habe, dass sich Damen im Publikum um Souvenirs aus dem Besitz des Künstlers gebalgt hätten. Liszt habe eine an Fanatismus grenzende und alle Schichten umfassende Begeisterung ausgelöst, die vor allem Frauen betroffen habe. Deren Enthusiasmus wurde bereits zu dieser Zeit zum Gegenstand eines medizinischen Diskurses, der um die emotionale Anfälligkeit von Frauen kreiste und in dem Weiblichkeit anhand der Musikalität als besonders emotional definiert wurde. Die androgyne Erscheinung des Virtuosen, seine gestisch und mimetisch unterstrichene musikalische Performance versetze das Publikum nicht nur in einem übertragenen Sinne in Erregung: Frauen, so glaubten Beobachter, durchlebten während seiner Konzerte »eine Art ›Höhepunkt‹«.[388]

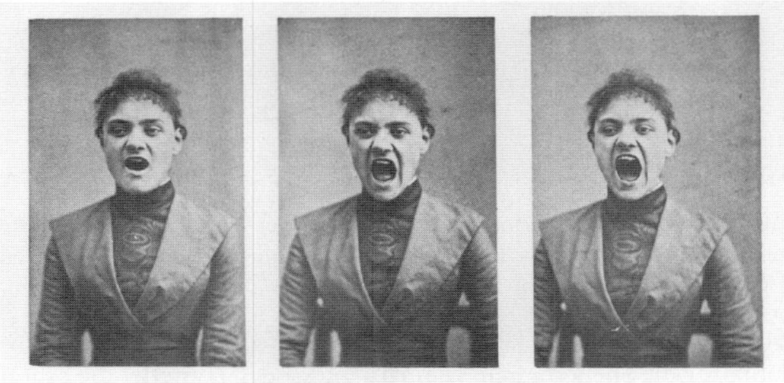

Abb. 61: Vorstellungen der Hysterie als einer »weiblichen Krankheit«, wie sie die Lehrfotografien des französischen Arztes Jean-Martin Charcot um 1880 visualisiert hatten, waren noch im populären Gedächtnis der Zeitgenossen.

388 Vgl. Nina Noeske, »Die Geburt der Virtuosität aus dem Geiste der Hysterie? Zur ›Lisztomanie‹ als weibliches Phänomen«, in: *Die Tonkunst* 5/4 (2011), S. 495-505, hier: S. 499; Vgl. auch James Deaville, »The Politics of Liszt's Virtuosity. New Light on the Dialectics of a Cultural Phenomenon«, in: Michael Saffle, Rossana Dalmonte (Hg.), *Liszt and the Birth of Modern Europe. Music as a Mirror of Religious, Political, Cultural, and Aesthetic Transformations*, Hillsdale, New York 2003, S. 115-142; ders., »Liszt's Virtuosity and His Audience. Gender, Class and Power in the Concert Hall of the Early 19th Century«, in: Annette Kreutziger-Herr (Hg.), *Das Andere. Eine Spurensuche in der Musikgeschichte des 19. und 20. Jahrhunderts*, Frankfurt/M., Berlin u. a. 1998, S. 281-300. Für Hinweise danke ich Annabelle Spallek.

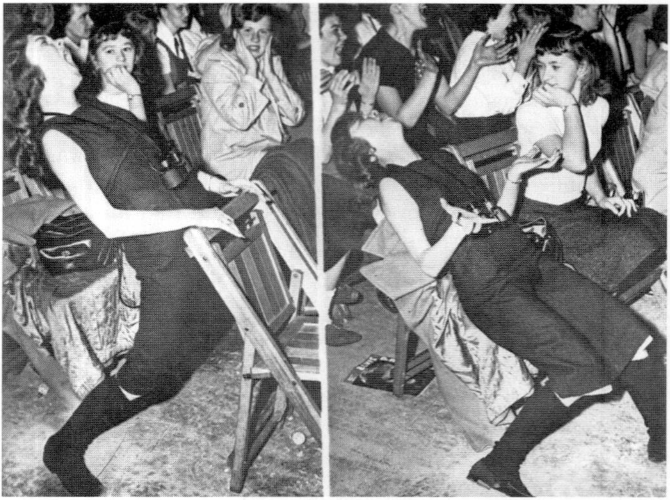

Abb. 62: Schon das performative Kreischen der Elvis-Fans aktualisierte medizinhistorisch bereits überwundene Vorstellungen einer »emotionalen Überempfindlichkeit« von Frauen.

Schon im 17. und 18. Jahrhundert galten besonders Frauen als anfällig für die »fieberhaften Wahnzustände« der Hysterie, die schon in der Antike als »Frauenkrankheit« bekannt war. Als Ursache wurde eine gestörte Funktionsweise einzelner Organe, vor allem der Gebärmutter angenommen,[389] und zu den Symptomen zählte »ein plötzlicher und reichlicher Fluss hellen und klaren Urins«, aber auch »Schwindelgefühle und Betäubungszustände«.[390] Michel Foucault hat nachgezeichnet, wie im Verlauf des 18. und 19. Jahrhunderts wahnhafte Störungen nicht mehr als solche der Organe, sondern der Nerven betrachtet wurden und sich die Definition damit von viszeralen hin zu emotionalen Störungen verschob. Die Hysterie wurde nun als eine »der Liebesglut« verwandte *maladie d'amour* oder *mélancolie érotique* gezeichnet, die »epidemisch und

389 Vgl. Michel Foucault, *Wahnsinn und Gesellschaft. Eine Geschichte des Wahns im Zeitalter der Vernunft*, Frankfurt/M. 1973, S. 293.

390 Robert Whytt, *Traité des maladies nerveuses*, Bd. 2, Paris 1777, S. 1-132, zit. n. Foucault, *Wahnsinn und Gesellschaft*, S. 287.

ansteckend« sei.[391] Aufgrund ihrer unterschiedlichen nervlichen Konstitution ließen sich Frauen leichter erregen als der »robustere, trockenere, durch die Arbeiten ausgebranntere« Mann.[392] Krank wurde man nicht nur, weil man falsch, sondern, so Foucault, »weil man zuviel empfindet«.[393] Dieses Leiden, das Frauen zu Opfern und gleichzeitig zu Täterinnen ihrer eigenen Empfindungen machte, wurde, so meinte man, vor allem durch den Missbrauch kultureller Produkte ausgelöst: Romane, Theatervorstellungen und andere insbesondere städtische Kulturereignisse galten als »Erreger« dieser weiblichen Nervenkrankheit.[394] War um 1900 das Leiden der Neurasthenie auch als eines von Männern konzipiert worden, das mit der massenhaften Diagnose von Nervenerkrankungen im Ersten Weltkrieg weiter der »Verweiblichung« entzogen wurde, so hielt sich die Neigung der Frau zu »nervlichen« Unausgeglichenheiten gerade in der Literatur hartnäckig als Topos.[395]

Ähnliche Erscheinungen wie die aus der Medizingeschichte von Wahnsinn und Hysterie bekannten Symptome meinten nun die Beobachter der neuen Musikszene Anfang der sechziger Jahre des 20. Jahrhunderts zu erkennen. (Abb. 61) Auch wenn der Begriff »Beatlemania« zunächst ironisch gemeint gewesen sein mag, verdichtete sich um das Phänomen herum bald ein Diskurs, der Polizei, Medien, Wissenschaft und Politik beschäftigte und in dessen Zentrum vor allem Mädchen und junge Frauen aus den mittleren und oberen Einkommensschichten standen. Ähnliche Szenen wie die vor dem Londoner Palladium wiederholten sich nach der massenwirksamen Berichterstattung bei nahezu jedem Auftritt der Beatles. Als die »Fab Four« am 4. November 1963 mit zahlreichen anderen Acts, darunter Marlene Dietrich und Burt Bacharach, im

391 Dies betonten medizinische Schriften von Jacques Ferrand und Joseph Raulin aus dem 18. Jahrhundert. Vgl. ebd., S. 288-289.

392 Samuel A. D. Tissot, *Traité des nerfs et de leurs maladies*, Paris 1778-1780, Bd. 1, S. 278-279, zit. n. Foucault, *Wahnsinn und Gesellschaft*, S. 304.

393 Ebd., S. 305.

394 Ebd. Die nach der an Einbildungen leidenden Heldin aus Gustave Flauberts von der Zensur bedrohtem Roman *Madame Bovary* benannte Form der Hysterie war der »Bovarismus«. Vgl. Elisabeth Bronfen, *Das verknotete Subjekt. Hysterie in der Moderne*, Berlin 1998, S. 233.

395 Zur Geschlechtsspezifik der Neurasthenie vgl. Joachim Radkau, *Das Zeitalter der Nervosität. Deutschland zwischen Bismarck und Hitler*, München 1998, S. 121-144.

Londoner Prince of Wales Theatre auftraten, »übertönte eine Lärmwoge wimmernder und kreischender Mädchen den Auftritt«.[396] Das Kreischen war so laut, dass die Musik kaum hörbar war. Eine von der BBC arrangierte Fernsehaufnahme für die Sendungen *Juke Box Jury* und *It's The Beatles* geriet kurz darauf zum Fiasko. Als nach zahlreichen Verzögerungen »wegen Massen von Gratulanten und Presseleuten auf der Bühne« die Band endlich zu spielen begann, misslang die Tonaufnahme gänzlich, wie der zuständige Aufnahmeleiter der BBC empört in einem Memo festhielt: »Der Lärm im Theater war so ohrenbetäubend, dass die Beatles ihre eigene interne Balance nicht finden konnten und daher unharmonisch sangen.«[397]

Auch auf Konzerten der Gruppe außerhalb Londons ereignete sich Ähnliches. Nicht nur lärmten die Fans in den Konzerthallen, auch vor den Gebäuden kam es zu Tumulten. In Newcastle wurden 70 Polizisten von etwa 5000 Teenagern förmlich überrannt, in Stockholm belagerten 2000 Fans den Flughafen.[398] Presseberichte machten aus diesen Episoden ein Ereignis, von dem international Notiz genommen wurde. Vom »Beatles-Fieber« war die Rede, das über England hereingebrochen sei »wie eine mittelalterliche Seuche«, deren »furchterregende« Symptome »Augenrollen, Gliederzucken und Schreien« seien, wie man sie bereits aus der Zeit der »Twist-Panik« kannte.[399] Eine deutsche Zeitung rief die »Käferplage« aus. »Brave Mädchen werden zu Hyänen«, meldete eine andere und spekulierte: »Auch die deutschen sollen bald zittern und zucken.«[400] Bevor es dazu kam, sollte sich diese Prophezeiung zunächst auf der anderen Seite des Atlantiks erfüllen: Die erste US-Tournee der Beatles stellte alles in den Schatten, was bis dahin an Resonanz auf die Band zu beobachten war.

396 Kemper, *The Beatles*, S. 45.

397 »The Beatles« Recordings 7th December 1963, Report by Barney Colehan, 10. 12. 1963; BBC WAC, T12/644/1. Zur Entwicklung der Praktik des *over dubbing* vgl. Bodo Mrozek, »Historicization in Pop Culture. From Noise Reduction to Noise Recording«, in: Jens Papenburg, Holger Schulze (Hg.), *Sound as Popular Culture. A Research Companion*, Cambridge (Mass.) 2016, S. 121-132.

398 Vgl. Kemper, *The Beatles*, S. 45 f.

399 *WAZ* (14. 12. 1963), zit. n. Bernd Matheja, *»Internationale Pilzvergiftung«. Die Beatles im Spiegel der deutschen Presse 1963-1967*, Hambergen 2003, S. 18. Zur Twist-Panik vgl. oben, Kap. 4.1.

400 *Mendener Zeitung* (30. 11. 1963); *Kölner Stadtanzeiger* (16./17. 11. 1963), beide zit. n. Matheja, *»Internationale Pilzvergiftung«*, S. 14 f.

Als die Beatles drei Monate nach dem Release ihres zweiten Albums, das am Tag der Ermordung von John F. Kennedy erschienen war, in New York amerikanischen Boden betraten, belagerten mehrere tausend junger Fans den Flugplatz und hunderte das Hotel.[401] Ihren Fernsehauftritt zwei Tage später in der *Ed Sullivan Show* sahen rund 73 Millionen Menschen. Die Tourneen der Beatles durch die USA – eine zweite mit elf Konzerten absolvierten sie 1965 – gerieten zum Ausdruck dessen, was amerikanische Medien bald die *British Invasion* nannten.[402] Presse, Rundfunk und Fernsehen berichteten ausgiebig über die vier »Liverpudel« und überboten sich in dramatischen Schilderungen der normverletzenden Begeisterung Jugendlicher. Selbst die Kinovorstellungen mit Musik-Filmen der Beatles wurden von schrillem Kreischen übertönt. Auf einer Filmvorführung von *A Hard Day's Night*, so erinnerte sich ein Kinobesucher, schrien die Fans »ihren Weg durch fast den ganzen Film; das Kreischen war so laut, dass ich es schwierig fand, die Songs zu erkennen«.[403]

Das Phänomen war auch in den USA nicht gänzlich neu. Schon 1956 waren anlässlich von Elvis-Konzerten Berichte über »mehrheitlich weiße Mittelschichts-Mädchen« erschienen, »die sich bis zum Punkt der ›Versklavung‹, der ›Beinahe-Hysterie‹ oder des ›Pandämoniums‹ schrien, tanzten, und schluchzten«.[404] (Abb. 62)

401 Vgl. die Chronologie in Jim DeRogatis, Greg Kot, *The Beatles vs. The Rolling Stones. Sound Opinions on the Great Rock'n'Roll Rivalry*, Minneapolis 2010, S. 64 f.

402 Vgl. Steven R. Hoffbeck, »The Beatles in Minnesota«, in: *Minnesota History* 60 (2007), S. 190-201, hier: S. 192; »Mersey Sound In Britain – Spector Sound in U.S.«, in: *Record Retailer and Music Industry News* (16. 01. 1964), S. 18.

403 William R. Chemerka, »Beatlemania in New Jersey. An Insider's View«, in: Kathryn Grover (Hg.), *Teenage New Jersey 1941-1975*, Newark 1997, S. 71-84, S. 85-98, S. 89. Vgl. *A Hard Day's Night* (GB 1964, R.: Richard Lester).

404 Christopher R. Martin, »The Naturalized Gender Order of Rock and Roll«, in: *Journal of Communication Inquiry* 19 (1995), S. 53-74, hier: S. 55; vgl. Alan Posener, Maria Posener, *Elvis Presley. Mit Selbstzeugnissen und Bilddokumenten dargestellt*, Reinbek bei Hamburg [7]2003, S. 80-82. Noch früher war es bei Konzerten von Sängern wie Frank Sinatra oder Pat Boone zu Übertretungen gekommen, bei denen junge Mädchen schrien, in Ohnmacht fielen und zur Bühne stürmten; und schon um die Jahrhundertwende hatte es tumultartige Szenen bei symphonischen Konzerten gegeben. Siehe zu Letzteren: Jessica C. E. Gienow-Hecht, *Sound Diplomacy. Music and Emotions in Transatlantic Relations, 1850-1920*, Chicago, London 2009, S. 129-130; zu Elvis siehe oben, Kap. 3.1. und 3.5, zu Croonern, Kap. 3.1.1.

Doch während junge Elvis-Fans in der Regel relativ diszipliniert für ein Autogramm Schlange gestanden und Bebop-Fans ihr geradezu andächtig-kontemplatives Hörverhalten allenfalls mit Fingertrommeln und Mitwippen aufgelockert hatten (Abb. 63), schien die Beatles-Begeisterung in den USA nun eine neue völlig andere Qualität und damit eine Bedrohungsdimension anzunehmen, die man glaubte mit einem massiven Sicherheitsaufgebot und restriktiven Polizeimaßnahmen in ihre Schranken weisen zu müssen.[405] (Abb. 64)

Abb. 63: Die Fans des »intellektuellen« Jazz lauschen der Musik andächtig und konzentriert.

405 In Milwaukee etwa waren Konzerte von Frank Sinatra, Jimmy Dorsey und Elvis Presley vergleichsweise störungsarm verlaufen, während die Ankunft der Beatles in der Stadt mit einem Großaufgebot von Ordnungskräften gesichert werden musste. Vgl. Jonathan Kasparek, »A Day in the Life. The Beatles Descend on Milwaukee«, in: *The Wisconsin Magazine of History* 84 (2000/2001), S. 14-23, hier: S. 16.

Abb. 64: Beatles-Fans versuchen am 26. Oktober 1965, den Buckingham Palace anlässlich einer Ordensverleihung durch Elizabeth II. zu erstürmen.

Nachdem mehrfach Fans versucht hatten, Absperrungen zu durchbrechen und Bühnen zu stürmen, wurde ein Minimum von 100 Ordnern zur Bedingung für ein Beatles-Konzert. Als die Band in Atlantic City gastierte, säumten nicht nur 100 uniformierte Wachmänner, sondern auch 287 Ordner und 187 Polizisten die Reihen der Convention Hall.[406] In New York City wurde eigens mit Ohrstöpseln ausgerüstete Riot Police gegen die Fans aufgeboten, um umherlaufende Fans zurück auf ihre Sitze zu verweisen.[407] Sanitäter wurden mit Ammoniak zur Wiederbelebung Ohnmächtiger ausgerüstet, Tragen bereitgestellt. Immer wieder kam es zu Rangeleien und Festnahmen. In San Francisco versammelten sich 9000 Fans auf dem Flugplatz, in Denver wurden mehrere Mädchen von einer Menschenmenge niedergetrampelt, in Houston enterten Fans die Tragflächen des Flugzeugs, das die Beatles ausfliegen sollte, und in Milwaukee durchbrachen mehr als 100 Teenager die Absperrungen

406 Vgl. *Newark Sunday News* (29.08.1964), S. 2.
407 »US Riot squad out for British groups«, in: *Melody Maker* (22.08.1964), S. 11.

und stürmten der landenden Maschine mit den Beatles an Bord auf der Rollbahn entgegen.[408] Während der zweiten US-Tournee der Band wurde bekannt, dass es in Minnesota eine von lokalen Polizeibehörden koordinierte und als »streng geheim« klassifizierte »Operation Beatle« zur *crowd control* gab.[409]

Diese drastischen Polizeiaktionen, die zwar notwendig waren, um die Musiker vor ihren eigenen Anhängern zu schützen, mancherorts aber das Gebot der Verhältnismäßigkeit zu verletzen schienen, entsprangen einer Verunsicherung, auf die man nicht anders zu reagieren wusste als mit Disziplinierungsmaßnahmen. Insbesondere das Verhalten der weiblichen Beatles-Fans brach in mehreren Hinsichten mit etablierten Normen. Dies betraf zum einen das Publikumsverhalten bei Konzerten. Hatten Musikaufführungen noch im frühen 18. Jahrhundert überwiegend als Orte der geselligen Unterhaltung gedient, bei der die Musik den Hintergrund für soziale Kontakte und Gespräche zwischen den Zuhörern bildete, so war das Konzertpublikum, wie etliche Studien herausgearbeitet haben, ab Mitte des 18. Jahrhunderts allmählich verstummt.[410] Im Zuge einer Sakralisierung der Kultur hatten sich Musiker in Virtuosen verwandelt, denen das Publikum mit Bewunderung und Verehrung begegnete; und Komponisten wie Richard Wagner hatten sich zu Ausnahmepersönlichkeiten stilisiert, deren Werke nur in der quasisakralen Atmosphäre von Kunsttempeln angemessen genossen werden konnten. Dieser Prozess, der das vormalige Nebenbei-Medium Musik in den Status einer Innerlichkeitskunst erhob, die absolute Aufmerksamkeit erforderte, betraf zwar nur eine bestimmte Form von Musik und vor allem das bürgerliche Milieu, das sich mit diesen Praktiken sowohl von der Kultur des Adels als auch von der

408 Vgl. Kasparek, »A Day in the Life«, S. 17.

409 Der als Sicherheitskoordinator eingesetzte Captain der Polizei ließ sich mit den Worten zitieren, die Aussicht auf 30 000 hysterische Teenager mache ihn frösteln – persönlich ziehe er es vor, in einen Fluss voller Piranhas zu springen, als diesen Teens entgegenzutreten. Vgl. Hoffbeck, »The Beatles in Minnesota«, S. 193.

410 Vgl. im Anschluss an die Arbeiten von James H. Johnson und Peter Gay aus den 1990er Jahren zuletzt Sven O. Müller, *Das Publikum macht die Musik. Musikleben in Berlin, London und Wien im 19. Jahrhundert*, Göttingen 2014. Von der »Sacralization of Culture« spricht Lawrence W. Levine, *Highbrow/Lowbrow. The Emergence of Cultural Hierarchy in America*, Cambridge (Mass.), London 1988, S. 146.

Arbeiterschicht abgrenzte; auf Volksfesten, in Tanzlokalen und in Wirtshäusern wurde Musik gleichwohl bis ins 20. Jahrhundert hinein weiterhin als Hintergrundkunst konsumiert.[411] Bands wie die Beatles brachten die Popmusik nun auch mit der Sphäre der besitzenden Schichten in Kontakt, da sie eine zwar altersmäßig homogene, sozial aber durchaus vielschichtige Hörerschaft ansprachen.[412]

War der Rock'n'Roll noch vorwiegend von jungen Arbeitern gehört worden, so sprachen Beatbands zunehmend auch mittlere und obere, die Beatles sogar die obersten Schichten an.[413] Und während die Rock'n'Roll-Konzerte in Freiluftbühnen und Sportarenen – zum Beispiel der Boston Arena oder dem Berliner Sportpalast – stattgefunden hatten, traten insbesondere die Beatles mehrfach in Häusern auf, die eigentlich für den hochkulturellen Kunstgenuss der oberen Zehntausend reserviert waren: der Royal Albert Hall in London, der Carnegie Hall in New York City oder dem Budokan in Tokio. Durch die traditionelle Sitzanordnung in diesen Häusern waren Konflikte und Tumulte gewissermaßen vorprogrammiert.[414]

Die Beatles waren von Anfang an als familientaugliche Entertainer für alle Schichten inszeniert worden. Die Lederjacken im *rebel style*, die sie noch in Hamburg getragen hatten, waren ebenso modischen Anzügen und Krawatten gewichen wie John Lennons *neoedwardian drapes*. Umstritten war, inwieweit die anfänglich mit maßgeschneiderten Chesterfield-Anzügen als Mods inszenierten

411 Vgl. Reckwitz, *Die Erfindung der Kreativität*, S. 84-89. Siehe dazu auch oben, Kap. 3.2.2.

412 Vgl. Thomas Mergel, *Großbritannien seit 1945*, Göttingen 2005, S. 137-140.

413 Dies ermittelte A. J. W. Taylor, »Beatlemania – A Study in Adolescent Enthusiasm«, in: *British Journal of Social and Clinical Psychology* 5 (1966), S. 81-88. Bezeichnend in diesem Zusammenhang ist John Lennons berühmte Bemerkung im Londoner Prince of Wales Theatre, mit der er das Publikum auf den billigen Plätzen zum Mitklatschen aufgefordert und »dem Rest« mit Blick auf die anwesenden Mitglieder der königlichen Familie in der Loge empfohlen hatte, mit den Juwelen zu rasseln. Vgl. »Vier Liverpudel«, wobei *Der Spiegel* das Zitat fälschlich Paul McCartney zuschrieb. Der Ausspruch wurde als eine spontane Provokation gewertet, mit der sich Lennon trotzig dem Establishment entgegengestellt habe. Andere Autoren betonen, dass die Äußerung keineswegs spontan fiel, sondern geplant war. Nachzuhören ist sie am Anfang des Stückes »Twist And Shout«, auf: The Beatles: *Anthology 1*, Capitol Records/Apple Records (US 1995) CDP 7243 8 34445 2 6 [MR/CD], 2/3.

414 Vgl. Jack Hutton, »Beatlemania – The Night Carnegie Hall Went Berserk«, in: *Melody Maker* (22.02.1964), S. 10.

Beatles dem *Modernism* zuzurechnen waren. Zwar versuchte das Magazin *Mod's Monthly* die bis dato erfolgreichste Band aller Zeiten zu vereinnahmen, doch stand deren Massenerfolg dem Distinktionsbedürfnis der Szene entgegen, sich vom Musikgeschmack der Allgemeinheit abzuheben. Beide Phänomene – »Beatlemania« und Modernismus – werden zwar zumeist getrennt diskutiert, wurden damals jedoch vor allem in der internationalen Wahrnehmung stark miteinander assoziiert.[415] So wurde in Japan nach dem Besuch der Beatles der Mod-Stil populär, als dessen Vertreter die Band dort wahrgenommen wurde. Tatsächlich spricht einiges dafür, die »Beatlemania« als eine Popularisierung und Personalisierung des Mod-Phänomens zu verstehen, wenn auch unter einem anderen Namen. Die Mod-Ikone Cathy McGowan etwa bekannte 1964 nach einem Besuch in den USA in ihrer Mode-Kolumne: »Von den Mods hatten sie da drüben noch nichts gehört, aber sie waren begeistert von meinen Klamotten.«[416] Im Zuge der »Beatlemania« waren die Amerikaner selbst eher ungewohnten Auswüchsen britischer Jugendmode wie »Oma-Schuhen und weißen Strümpfen« wohlgesinnt: »Ich kam«, so McGowan, »zu der Erkenntnis, dass sie denken, wenn die Beatles britisch sind, dann muss britische Mode das Ding sein, das man haben muss.«[417]

4.3.2. *She's Leaving Home*: Weibliche Sexualität als Skandalon

Der eigentliche Skandal der »Beatlemania« war jedoch einer der Rollenbilder und Geschlechternormen. Skandalös war zum einen die überwiegend von Mädchen und jungen Frauen in Konzertsälen und vor Fernsehkameras an den Tag gelegte Emotionalität, die im Widerspruch zu den herrschenden Gefühlsnormen stand.[418] In

415 Vgl. etwa David Fowler, *Youth Culture in Modern Britain, c. 1920 - c. 1970. From Ivory Tower to Global Movement – A New History*, New York 2008, S. 3. *Modernism* wird hier – wie von Richard Weight vorgeschlagen – großgeschrieben, um den Jugendstil der Sixties vom *modernism* bzw. der »klassischen Moderne« des frühen 20. Jahrhunderts abzugrenzen. Vgl. Weight, *Mod!*, S. xi.

416 Cathy McGowan, »Cathy McGowan's Mod Miscellany«, in: *The Mod's Monthly* 3 (Mai 1964), unpag. [S. 8].

417 Ebd.

418 Carol Z. und Peter Stearns entwickelten den Begriff *emotionology*, um die Etablierung von Gefühlsnormen zu beschreiben. Vgl. dies., »Emotionology. Clari-

den abweichenden emotionalen Praktiken junger Mädchen sah man eine präpubertäre Sexualität zum Ausdruck kommen, die durch den Stimulus der Beatmusik und die damit verbundenen visuell-performativen Reize sich in nicht mehr kontrollierbaren Gefühlsausbrüchen ihren Durchbruch verschafft habe. Vor allem aber war bemerkenswert, dass nun nicht mehr die Devianz junger Männer im Zentrum der Aufmerksamkeit stand, wie noch während der sogenannten Cinema- und Rock'n'Roll Riots der fünfziger Jahre, sondern über das Verhalten junger Frauen debattiert wurde. Im Unterschied zu jungen Männern, die oftmals pauschal als Gewalttäter dämonisiert worden waren, wurden Frauen jedoch – ganz in der Tradition des älteren Diskurses der Psychiaterisierung von Gefühlen – zu Opfern ihrer eigenen Gefühle erklärt. Diese Sichtweise entspricht prototypisch dem »hydraulischen Konzept« von Emotionen, dem zufolge sich ein Gefühl im Innern des Menschen formiert und nach außen hin in körperlichen Reaktionen sichtbar wird.[419]

Zusätzliche Schärfe gewann dieser Diskurs durch die Kategorie *class*. Für junge Mädchen der *upper class*, die sich nun vermehrt im Publikum der Beat-Musik fanden, galten strenge sexuelle Erziehungsregime. Die meisten in den Benimmbüchern vorgeschriebenen und von Eltern und Lehrern exerzierten Regularien richteten sich dezidiert an Töchter aus gebildeten Schichten und waren auf die Aufrechterhaltung moralischer und emotionaler Standards gerichtet, die im Wesentlichen frühe sexuelle Erfahrungen verhin-

fying the History of Emotions and Emotional Standards«, in: *AHR* 90 (1985), S. 813-830. Dieses Konzept ist mittlerweile in die Kritik geraten, vgl. die Überblickstexte: Bettina Hitzer, »Emotionsgeschichte – ein Anfang mit Folgen«. Forschungsberichte, in *H-Soz-U-Kult,* ⟨http://www.hsozkult.de/literaturereview/id/forschungsberichte-1221⟩, letzter Zugriff 22. 05. 2017; Nina Verheyen, *Docupedia-Zeitgeschichte,* 18. 06. 2010, s. v. »Geschichte der Gefühle«, Version: 1.0, ⟨http://docupedia.de/zg/Geschichte_der_Gef.C3.BChle?oldid=106441⟩, letzter Zugriff 22. 05. 2017.

419 Diese bis heute weitverbreitete Betrachtungsweise wurde mittlerweile von der neueren Emotionsforschung zurückgewiesen, die nicht zwischen Innerlichkeit und äußerem Ausdruck unterscheidet, sondern im Gegenteil betont, dass körperliche Praktiken, Mimik und Gestik aktiv an der Herstellung von Gefühlen beteiligt und damit deren integraler Bestandteil sind. Am trainierten Lächeln von Stewardessen demonstrierte dies Arlie R. Hochschild, *The Managed Heart. Commercialization of Human Feeling*, Berkeley 1983, bes. S. 194-198.

dern sollten.[420] Diese Regularien sollten einerseits junge Menschen unter besonderen Schutz vor etwaigen emotionalen Verletzungen stellen, andererseits lebten in ihnen traditionelle sexuelle Zwangsregime fort, die im Wesentlichen darauf abzielten, den Wert einer jungen Frau für den künftigen Ehepartner durch ihre Jungfräulichkeit zu garantieren. Akzeptierte jugendkulturelle Inhalte dienten weitgehend der Einübung und Vorbereitung auf die spätere Rolle der Ehefrau und Mutter, nicht aber auf die einer selbstbestimmten oder gar außerhalb der Institution Ehe ausgelebten Sexualität. Sexuelle Aktivität junger Frauen außerhalb der Ehe galt daher als eine Form von Delinquenz.[421]

Die öffentliche Ausstellung von Gefühlen, wie sie weibliche Beatfans zeigten, die halbgeschlossenen Augenlider, die »tierischen Schreie« und die verzerrten Gesichtszüge der jungen Mädchen legten daher den Verdacht nahe, dass es sich dabei um manifest sexuelle Zustände handelte. Im *New Statesman* nannte ein Experte die Beatles eine Masturbationsphantasie für Mädchen.[422] Eine auf einem Konzert diensthabende Krankenschwester sprach schließlich aus, was viele Fernsehzuschauer ohnehin schon vermuteten: Die weiblichen Fans durchlebten in aller Öffentlichkeit »echte Orgasmen«, die durch das Zusammenspiel von emotional wirksamer Musik und körperlich-performativer Bühnenpräsenz der männlichen Musiker ausgelöst würden.[423] Barbara Ehrenreich, Elizabeth Hess und Gloria Jacobs haben diese sexuelle Dimension der US-amerikanischen Variante der »Beatlemania« stark betont und mit den in *advice books* vermittelten Rollenbildern kontextualisiert. Darin sei jungen Mädchen die Zumutung auferlegt worden, anziehend für gleichaltrige Jungs zu erscheinen, sich deren Avancen aber gleichzeitig mittels verschiedener Strategien im Wortsinne vom

420 Vgl. Gunilla-Friederike Budde, *Auf dem Weg ins Bürgerleben. Kindheit und Erziehung in deutschen und englischen Bürgerfamilien 1840-1914*, Göttingen 1994, S. 25-50.

421 Vgl. Martin, »The Naturalized Gender Order of Rock and Roll«, S. 57; Nina Mackert, *Jugenddelinquenz. Die Produktivität eines Problems in den* USA *der späten 1940er bis 1960er Jahre*, Konstanz, München 2014, S. 227-237.

422 Vgl. Gerard Degroot, *The 60s Unpluggged. A Kaleidoscopic History of a Disorderly Decade* London 2008, S. 224.

423 Vgl. Kemper, *The Beatles*, S. 43.

Leibe zu halten.[424] Für die erfolgreiche Abwehr sexueller Angebote habe man den jungen Mädchen die alleinige Verantwortung übertragen – beziehungsweise die Schuld im Falle eines Misserfolges, während es dem allgemein akzeptierten Rollenverständnis junger Männer entsprach, diesen Widerstand mittels Verführung zu brechen.[425] Ehrenreich, Hess und Jacobs zufolge gerieten diese starren Rollenbilder und restriktiven moralischen Regime, die noch in den fünfziger Jahren weitgehend intakt waren, nicht erst mit der »sexuellen Revolution« der späten sechziger und dem Feminismus der siebziger und achtziger Jahre in Bewegung, sondern schon zu Zeiten des Aufstiegs der Beatles.[426]

Zunehmend wurden Frauen als sexuell eigenständige Subjekte sichtbar und skandalisiert. Anlässlich der Aufdeckung eines auf Long Island bestehenden und auf Hausfrauen spezialisierten Prostitutionsrings im Winter 1963 löste zum Beispiel eine Verkäuferin eine Debatte aus, die sich mit den Worten zitieren ließ: »Ein Mann jede Nacht oder jede Nacht ein anderer Mann: Wo ist da der Unterschied?«[427] Einige Monate zuvor hatte in Großbritannien die sogenannte Profumo-Affäre die Öffentlichkeit beschäftigt. Im März 1963 hatten Enthüllungen über intime Kontakte des britischen Kriegsministers John Profumo zu der vorbestraften Tänzerin Christine Keeler, die gleichzeitig mit einem sowjetischen Militärattaché liiert war, zum Rücktritt des Ministers geführt. Vordergründig eine Spionage-Affäre, hatte die Episode auch Details über ausschweifende Partys der »politischen Klasse« mit Prostituierten an den Tag gebracht und fand schließlich Eingang in die Popkultur.[428]

424 Etwa »küssen, *necking* und *petting*«. Vgl. Ehrenreich u. a., »Beatlemania«, hier: S. 529.

425 Ebd., S. 530.

426 Zu nationalen Unterschieden, die aber nichts am Befund ändern, dass die moralischen Regime der fünfziger Jahre einen weitgehend restriktiven Charakter hatten, siehe für Deutschland: Dagmar Herzog, *Die Politisierung der Lust. Sexualität in der deutschen Geschichte des zwanzigsten Jahrhunderts*, München 2005; für Großbritannien: Frank Mort, *Capital Affairs. London and the Making of the Permissive Society*, New Haven 2010; für die USA: John d'Emilio, Estelle B. Freedman, *Intimate Matters. A History of Sexuality in America*, Chicago [3]2012; für Frankreich: Anne-Claire Rebreyend, *Intimités amoureuses. France 1920-1975*, Toulouse 2008.

427 *Look* (15. 12. 1964), zit. n. Ehrenreich u. a., »Beatlemania«, S. 531.

428 Christine Keeler hatte auch Beziehungen zu Kariben unterhalten und war dabei

Im Sommer 1964 erregte Ingmar Bergmans Kinofilm *Das Schweigen* europaweit Diskussionen, weil darin eine Sexszene einer Frau mit einem Fremden in einem Hotelzimmer und sogar die weibliche Masturbation dargestellt wurden. Kinobesitzer erhielten daraufhin Bombendrohungen, in Deutschland gründete sich eine »Aktion saubere Leinwand« gegen den Film.[429]

In diesem von Skandalen geprägten, hoch sexualisierten Debattenklima, das die allmähliche Erosion sexueller Rollenbilder anzeigte, erschien auch die massenhafte Begeisterung junger Mädchen auf Popkonzerten als Resultat einer zumindest emotionalen, möglicherweise sogar sexuellen Erregung, die sich irritierenderweise in aller Öffentlichkeit abspielte. Ein weithin rezipierter Artikel des *New York Times Magazine* bezeichnete die »Beatlemania« entsprechend als eine atavistische Krankheit, die an den Fluch von Medizinmännern erinnere.[430] Der Artikel bezog sich explizit auf Theodor W. Adornos kulturpessimistische Einschätzung des Jitterbug, eines Tanzes aus der Swing-Ära.[431] Ein Detail wurde besonders stark skandalisiert: Berichten zufolge waren nach Beatles-Konzerten die Sitze, auf denen junge Mädchen gesessen hatten, nass von Urin. Dies schien die Befürchtungen drastischer körperlicher Kontrollverluste zu bestätigen und rief abermals die Experten auf den Plan, allen voran Psychologen, zumal dieses Symptom aus der älteren medizinhistorischen Literatur bereits bekannt war.[432] »Reaktion auf Beatles verwirrt sogar die Psychologen«, meldete im Februar

in ein Eifersuchtsdrama verwickelt worden, das zu einer Schießerei und einer Messerstecherei zwischen zwei um sie konkurrierenden Afro-Kariben führte. Die Profumo-Affäre nahm u. a. die jamaikanische Skaband The Skatalites zum Anlass, eine instrumentale Coverversion des von Bob Dorough and Ben Tucker für Herbie Mann geschrieben Titels »Comin' Home Baby« nach ihr zu benennen: R. Alphonso & The Skatalites, »Christine Keeler«/Lee King Perry, »Feel Like Jumpin'«, (JM o. J.) C & N Records [45].

429 Im Original: *Tystnaden* (SE 1963, R.: Ingmar Bergman). Vgl. dazu Herzog, *Die Politisierung der Lust*, S. 168; A. K., »Aktion saubere Leinwand. Und was dahintersteckt«, in: *konkret* (Juni 1965), S. 6-7 sowie den Kommentar »Entartung« von Klaus Rainer Röhl, ebd., S. 7.

430 Vgl. Michael R. Frontani, *The Beatles. Image and the Media*, Jackson 2007, S. 35.

431 Vgl. Theodor W. Adorno, »On Popular Music«, in: *Studies in Philosophy and Social Science* 9 (1941), S. 17-48.

432 Vgl. Foucault, *Wahnsinn und Gesellschaft*, S. 293.

1964 ein Fachblatt.[433] Zwar gebe es keine hinreichenden Studien, doch ließ sich ein Psychologe mit der (dem »hydraulischen Modell« folgenden) Aussage zitieren, die Musik sei für junge Mädchen ein wichtiges »Ventil zum Ablassen sexuellen Druckes«, da sie im Unterschied zu ihren männlichen Altersgenossen diesen nicht in gleichem Maße über den Sport ausgleichen könnten. Der aus diesem Mangel resultierende Gefühlsstau führe auf Konzerten zu emotionalen Eruptionen.[434]

Tatsächlich beschrieben die Jugendlichen selbst immer wieder die starken Gefühle, die sich ihrer beim Hören von Musik bemächtigten. Beatles-Fans berichteten übereinstimmend davon, wie es »über sie gekommen« sei. Sie erzählten, wie sie sich Haarbüschel ausgerissen und so lange geschrien hätten, bis sie ihre Stimmen zeitweise verloren; wie sie von Weinkrämpfen geschüttelt wurden oder sich vor Erregung nicht mehr auf ihren Plätzen halten konnten.[435] Musik, so demonstrieren diese Schilderungen, wurde als Stimulus zur Herstellung bestimmter emotionaler Zustände eingesetzt. Die Thematisierung einzelner Gefühle in Liedtexten, etwa von Liebe und Zuneigung, Heim- oder Fernweh, hatte zur Etablierung ganzer musikalischer Genres wie der Schnulze oder dem Liebesduett geführt. Aber auch andere Emotionen wie Begehren, Trauer und Wut prägten musikalische Stile.[436] Tonaufnahmen dienten damit gewissermaßen als Ressourcen einer emotionalen Vorratshaltung und wurden dementsprechend zum Herbeiführen und Wiederaufrufen erlernter und erinnerter Gefühlszustände benutzt. Die Gefühlsgeschichtsschreibung hat herausgestellt, dass die Vorstellung von »natürlichen« Emotionen, die von Kontroll- und Zwangsregimen eingehegt werden, ahistorisch ist, da Emotionen stets sozial erlernt sind.[437] Auch die kognitive Übersetzung

433 »Beatles Reaction Puzzles Even Psychologists«, *Science News Letter* 85 (29.02.1964), S. 141. Vgl. hierzu auch Ehrenreich u. a., »Beatlemania«, S. 527.

434 Ebd.

435 Vgl. Garry Berman (Hg.), *»We're going to see the Beatles!« An Oral History of Beatlemania as Told by the Fans Who Were There*, Santa Monica 2008, S. 129.

436 Vgl. Henning Wellmann, »›Let fury have the hour, anger can be power‹. Praktiken emotionalen Erlebens in den frühen deutschen Punk-Szenen«, in: Mrozek u. a. (Hg.), *Popgeschichte*, Bd. 2, S. 201-226.

437 Vgl. Jan Plamper, *Geschichte und Gefühl. Grundlagen der Emotionsgeschichte*, München 2012; William S. Reddy, *The Navigation of Feeling. A Framework for the History of Emotions*, Cambridge 2001.

des emotionalen Gehalts von Musik in entsprechende körperliche Praktiken lässt sich als *doing emotions* verstehen – als performativer Prozess einer intersubjektiven Verständigung.[438] Diese Lernprozesse vollzogen sich innerhalb von Gemeinschaften, die sich zumeist entlang sozialer, ethnischer oder generationeller Rahmungen bildeten und damit dem unterlagen, was Maurice Halbwachs als die *cadres sociaux* bezeichnet hat: Sie waren kulturell vermittelte kollektive Praktiken.[439]

4.3.3. *I've Got A Feeling*: Die Beatlemania als emotionale Performanz

Die Wirkungsweise von Musik als emotionaler Stimulus thematisierten bereits die Zeitgenossen. Schon anlässlich der Rock'n'Roll Riots Ende der Fünfziger war die Wirkung des Rock'n'Roll in Zeitungsartikeln als emotionales »Ventil« thematisiert worden:

> Die Jugendlichen kommen nicht mit der Absicht, die Einrichtung zu demolieren. Sie kommen, um sich von einer Musik, [die] sich ausschließlich an das Gefühl wendet, in eine Ekstase treiben zu lassen. Es ist eine Art Ausweg aus einer gefühlsarmen Erlebniswelt [...]. Der Gefühlsstau wird in der enthemmenden Massensituation frei, wobei die Musik nicht die Ursache, sondern die Initialzündung ist.[440]

Es spricht einiges dafür, dass weniger das Hören der Musik als vielmehr das gemeinsame Praktizieren von Emotionen bei vielen Fans im Vordergrund der Konzertbesuche stand, denn sie nahmen offenkundig in Kauf, dass ihr Kreischen die Musik übertönte – die Lieder kannten sie ohnehin auswendig, da die meisten von ihnen mittlerweile mit Unterhaltungstechnik gut ausgestattet waren.[441] Ein wichtiger Aspekt des Konzertbesuchs war die Interaktion mit

438 Vgl. Maurice Halbwachs, *Das Gedächtnis und seine sozialen Bedingungen*, Frankfurt/M. 1985, bes. S. 361-368.

439 Ebd. Halbwachs' Thesen zur Intersubjektivität des Erinnerns lassen sich m. E. auf die Herausbildung emotionaler Ordnungen übertragen.

440 Kommentar im *TSP*, zit. n. »Rock'n'Roll und Gefühlsstau«, in: *FAZ* (30.10. 1958), S. 2.

441 Dies bestätigt auch die Oral-History: »[...] alle schrieen und niemand hörte wirklich zu. Alle sahen ihnen in gewisser Weise zu und sagten: ›Naja, wir müssen sie nicht hören, denn wir haben ja die Platten – wir wollen sie nur sehen!« Berman (Hg.), *»We're going to see the Beatles!«*, S. 171.

Gleichgesinnten, die verbale Artikulation von Begeisterung in einer zwar wortlosen, aber lautstarken Form der Kommunikation mit Alters- und Geschlechtsgenossinnen oder, anders gesagt: die Herstellung einer temporären Emotionsgemeinschaft.[442] Die leibhaftige Begegnung mit einem bewunderten, vielleicht auch als erotisch attraktiv bewerteten »Star« bildete hierfür den Anlass, denn auf ihn ließ sich die emotionale Praktik richten. Die Interaktion fand aber nicht nur zwischen Star und Fan statt, sondern vor allem zwischen den Fans, also innerhalb des Publikums, das sich darin als Gemeinschaft formierte. Der befürchteten Sexualisierung ließ sich auch eine entwicklungspsychologische Deutung entgegenhalten, der zufolge der Star gerade aufgrund seiner Unerreichbarkeit für sexuell noch unerfahrene Jugendliche besonders attraktiv war: als ein ins Artifizielle stilisiertes Ideal, das in der Inszenierung aller menschlichen Mängel enthoben war, die potenzielle Sexualpartner aus der Lebenswirklichkeit der Jugendlichen haben mochten. Dieser – psychoanalytisch geprägten – Deutung zufolge konnten Fans ihre emotionale Hingabe auf diese Weise vergleichsweise gefahr- und folgenlos erproben, da sie vom Star nicht erwidert wurde.[443]

Aber auch wenn das Risiko der emotionalen Verletzung in solchen abstrakten Beziehungen gering blieb, so verliefen sie doch nicht für alle Teenager problemlos. Immer wieder finden sich in Ego-Dokumenten Berichte von krisenhaften Erfahrungen. So schrieb eine junge Rundfunkhörerin Mitte der sechziger Jahre eine Art Hilferuf an die Redaktion des DDR-Jugendsenders DT64:

Was kann man tun, wenn man in einen Menschen verknallt ist und ihn vergöttert? Mir geht es so – ich bin in die Schlagersängerin Helga Brauer verknallt. Ich träume oft von ihr, und ihre Bilder hängen an meiner Wand. Ich habe schon die Bilder abgenommen, aber es hat nichts genutzt. Ich kann sie nicht vergessen. Ich bin reinweg verliebt in sie … Wenn ich sie höre oder sehe, kommen mir die Tränen. Bei unserem Fleischer ist eine

442 Für die Untersuchung der »Gefühlssysteme« unterschiedlicher »emotionaler Gemeinschaften« plädiert Barbara Rosenwein, »Worrying about Emotions in History«, in: *AHR* 107 (2002), S. 821-845.

443 Ein weiblicher Beatles-Fan erinnerte sich an die Exklusivität der Gefühle, die für jeweils einen der Musiker reserviert wurden: »Alle von uns hatten ihre eigenen Favoriten. Sandy bewunderte George, Caroles Favorit war John, Laurie hatte ein Ding mit Paul am Laufen, und ich liebte Ringo.« Vgl. Hoffbeck, »The Beatles in Minnesota«, S. 196.

Verkäuferin, die sieht auch wie Helga Brauer aus. Ich bin ihr auch schon langsam gefolgt ... Leider kann ich mit Helga Brauer nicht sprechen, denn sie wohnt ja in Leipzig. Aber doch habe ich sie sehr lieb. Bitte, helft mir, ich weiß keinen Ausweg mehr. Was soll ich bloß tun?[444]

Inwieweit es sich bei den in diesem Brief beschriebenen Gefühlen um eine platonische Liebe, ein homosexuelles Coming-out oder nur eine oberflächliche Schwärmerei handelte, wissen wir nicht.[445] Zweifellos aber diente Musik als eine kulturelle Ressource zur performativen Herstellung emotionalen Erlebens, und Konzertbesuche waren Anlässe für solche *emotional performances*, in denen Fans gemeinsam Gefühle aufführten – nicht im Sinne der Nachahmung, sondern im Sinne eines aktiven *doing emotions*.

Diese ungewohnten emotionalen Praktiken stellten Klänge und Liedtexte und damit auch die Künstler unter moralischen Verdacht. Das Management der Beatles achtete daher streng darauf, dass aus dem exzessiven Backstage-Leben, das die Band schon in ihrer Hamburger Zeit geführt hatte, möglichst wenig an die Öffentlichkeit drang.[446] Erste Untersuchungen der Songs durch Experten erbrachten jedoch – anders als noch wenige Jahre zuvor beim Rock'n'Roll – keine besonders alarmierenden Ergebnisse.[447] Zwar galt der Beat etlichen Autoren als Ausweis qualitativ minderwertiger Musik, vor der die Jugendlichen durch Erziehung zu gutem

444 DT64-Postbulletin Nr. 21-22/66 vom 28. u. 29.01.1966, DRAB; H-086-02-04/0012, Bl. 25. Helga Brauer war – ironischerweise – die DDR-Interpretin des Schlagers »Liebeskummer lohnt sich nicht«.

445 Fragen nach der Authentizität von Gefühlen will – in Abgrenzung zu den Natur- und Lebenswissenschaften – die Emotionsgeschichte dezidiert nicht beantworten. Es geht vielmehr um »die historisch wandelbaren Codes ihres [der Gefühle] Ausdrucks, die unterschiedlichen gesellschaftlichen Vorgaben des Zeig- und Sagbaren«. Pascal Eitler, Monique Scheer, »Emotionengeschichte als Körpergeschichte. Eine heuristische Perspektive auf religiöse Konversionen im 19. und 20. Jahrhundert«, in: *GG* 35 (2009), S. 282-313, hier: 283.

446 Den anekdotischen Memoiren des Bookers und Club-Betreibers Horst Fascher zufolge pflegten die Beatles in ihrer Zeit im Star-Club enge Kontakte zum Rotlichtmilieu von St. Pauli und waren Rauschmitteln verschiedenster Art durchaus zugetan. Auch ihr Verhältnis zur Hygiene wird als eher unkonventionell beschrieben. Vgl. Horst Fascher, *Let The Good Times Roll! Der Star-Club-Gründer erzählt*, Frankfurt/M. 2006, bes. S. 101-113.

447 Vgl. »Mit den Beatles beim Psychiater«, in: *Quick* (05.06.1964), S. 78-82.

Geschmack zu bewahren seien.[448] Doch fand man namentlich im mehrstimmigen harmonischen Falsett-Gesang Liverpooler Provenienz keine besonders auffälligen oder anstößigen Muster.[449] Auch die Analyse der Liedtexte erbrachte keine Erklärung für die scheinbar sexuelle Anziehungskraft der Beatles. Eine Forscherin des Merill Palmer Institute for Child and Family Development in Detroit fand zu ihrem Erstaunen »keine vulgären oder anzüglichen Wörter«. Selbst das – vergleichsweise unverdächtige – Wort *kiss* tauchte bei den zehn untersuchten Songs nur ganze zwei Mal auf.[450] Eine weitere psychologische Analyse schloss sich diesem Urteil an und stellte sogar fest, dass sich die Lieder durch eine »bemerkenswerte Abwesenheit sexueller Inhalte« auszeichneten.[451] Doch während solche wissenschaftlichen Studien auf der Ebene der Sexualmoral Entwarnung gaben, sorgte die »Beatlemania« auf internationaler Ebene für politische Komplikationen.

4.3.4. *Here, There and Everywhere*: Die Beatlemania als globales Phänomen

Zu einem ersten diplomatischen Zwischenfall kam es bereits, als die Beatles im Februar 1964 im Anschluss an einen Auftritt in Washington einer Einladung in die britische Botschaft folgten. Ein Korrespondent des *Daily Express* gab im Anschluss eine farbenfrohe Schilderung der Party: Man habe die Musiker mit »Yeah! Yeah!«-Rufen empfangen, und junge Repräsentanten des diplomatischen Corps hätten John Lennon in Rugby-Manier bedrängt, während

448 Vgl. etwa Walter L. Anslinger, »The Stage Band. A Defense and an Answer«, in: *Music Educators Journal* 51 (1965), S. 84-86.

449 Dem unlängst unternommenen Versuch, den »Yeah«-Refrain eines typischen Beatles-Songs zur hochdosierten »Irritationsform« einer »eigenartige[n] Reibung« und Dissonanz zu interpretieren, ist daher mit Skepsis zu begegnen. Vgl. Michael Hutter, Franz Kasper Krönig, »Der ›Yeah‹-Refrain. Zur Wirkung einer großen Sekunde auf die Jugendkultur der 1960er Jahre«, WZB Discussion Paper, Wissenschaftszentrum Berlin für Sozialforschung, Abteilung: Kulturelle Quellen von Neuheit, No. SP III 2011-401, S. 18, ⟨https://www.econstor.eu/bitstream/10419/56936/1/690003218.pdf⟩, letzter Zugriff 23. 05. 2017.

450 Emma Shiefman, »The Beatles? Yeah! Yeah! Yeah!«, in: *The Reading Teacher* 19 (1965), S. 31-34, hier: S. 32.

451 Evan Davies, »Psychological Characteristics of Beatle Mania«, in: *JHI* 30 (1969), S. 273-280, hier: 275.

George Harrison von Fotografen in einer Ecke festgehalten worden sei. Ringo Starr sei unterdessen Opfer der Attacke einer Trophäenjägerin geworden, die ihm mit einer Nagelschere eine Locke seiner Pilzfrisur abgeschnitten habe, woraufhin er die diplomatische Gesellschaft mit wenig diplomatischen Worten kommentiert habe.[452] Die Gastgeberin, Lady Ormsby-Gore, habe sich noch vor Ort bei den Beatles entschuldigt. Der Vorfall zog eine rege Korrespondenz nach sich. In mehreren Schreiben versicherten Botschaftsangehörige, die Beatles seien keinesfalls physisch attackiert worden und hätten sich äußerst wohl gefühlt. Dies belege auch ein Dankesschreiben des Beatles-Managers Brian Epstein, der sich im Namen der Band für die Gastfreundschaft des Botschafter-Paares und für den »reizenden Abend« bedankt hatte.[453] Das später in einer kanadischen Zeitung abgedruckte Foto einer jungen Frau, die mit einer Haarlocke und einem Autogramm von Ringo Starr posierte und die Verantwortung für die Attacke übernahm, widersprach jedoch dieser Darstellung, und der Vorfall beschäftigte nach einer offiziellen Anfrage noch mehrere Wochen lang die Diplomaten.[454] Gegen die Behauptung, die Musiker hätten sich auf der Party äußerst wohl gefühlt und die Berichte seien eine reine Erfindung eines Zeitungsredakteurs, sprach im Übrigen auch, dass die Beatles zwei Jahre nach dem Vorfall eine Einladung in die britische Botschaft in Tokio absagten mit der Begründung, sie würden nach ihren traumatischen Erfahrungen in Washington keine Botschaftspartys mehr besuchen.[455]

Andere britische Diplomaten reagierten deutlich reservierter auf das auch im außereuropäischen Ausland weithin diskutierte Phänomen der »Beatlemania«, das, wie mehrere Berichte konstatierten, zu einer veränderten Wahrnehmung Großbritanniens in der Welt geführt habe. So schrieb ein Mitarbeiter der britischen Botschaft in

452 »Ich bin äußerst wütend. Dieser Haufen hier ist furchteinflößend – viel schlimmer als die Kids.« *Daily Express* (03.02.1964), S.f. Zur Geschichte der Haartrophäe vgl. Michaela Lindinger, »Sehr verehrte Überbleibsel. Zum Rohstoff Haar«, in: Susanne Breuss (Hg.), *Mit Haut und Haar. Frisieren, Rasieren, Verschönern*, Wien 2018, S. 130-134.

453 Text of the letter received by H.M. Ambassador, Washington and given by telephone to Parliamentary Office (Typoskript), (PRO) TNA FO 371/179513.

454 »Beatle barbered«, in: *Oshawa Times* (24.02.1964), S.f.

455 The Beatles in Tokyo: restricted, Japan, 19.07.1966, TNA/PRO, FO 371/187127, S. 2.

Mexiko in einer vertraulichen Depesche an das Foreign Office in London, er sei in höchstem Maße beunruhigt über die mexikanischen Reaktionen auf die Beatles, die sich in der Presse zu einem »wesentlichen Thema« entwickelt hätten und inzwischen selbst seriöse Zeitungen beschäftigten. »Etliche Karikaturisten haben die Gelegenheit genutzt, uns mit Spott zu überziehen, und eine Zeitung fragte in ihrer Überschrift, ob die Engländer verrückt geworden seien«, stellte er in seinem Bericht aus dem Sommer 1965 alarmiert fest.[456] Anlass war die Aufnahme der Beatles als Mitglieder des Ordens *The Most Excellent Order of the British Empire* (MBE) durch Queen Elizabeth II. Die Königin war damit dem Beispiel des französischen Präsidenten Charles de Gaulle gefolgt, der Brigitte Bardot in die *Légion d'Honneur* aufgenommen hatte, doch einigen Kommentatoren galt die Verleihung als ultimativer Beweis des Niedergangs Britanniens. Mehrere Ordensträger gaben ihre Medaillen demonstrativ zurück und tausende Bürger protestierten bei der Regierung.[457]

In mehreren anonymen Briefen hätten auch Mexikaner ihrer Kritik auf deutliche Art und Weise Ausdruck verliehen und selbst Ihre Majestät davon nicht ausgenommen: »Es ist insbesondere bedauerlich, dass ein oder zwei Schreiber so weit gegangen sind, die Queen persönlich zu kritisieren, was höchst ungewöhnlich ist, da die Mexikaner normalerweise sehr respektvoll mit der Würde der königlichen Familie umgehen.«[458] Die britische Botschaft schickte daraufhin eine Erklärung an alle wichtigen mexikanischen Zeitungen, um die Seriosität des Ordens zu verteidigen. Der Beamte des Auswärtigen Dienstes hoffte, »dass der Sturm sich bald legen und keinen bleibenden Schaden am britischen Image in Mexiko hinterlassen wird«. In London reagierte man auf das Schreiben eher schmallippig: »[B]esonders das Missverständnis in Bezug auf die

456 British Embassy to the American Department of the Foreign Office: »Restricted« (Typoskript), TNA/PRO, FO 371/179513.

457 So am 15.06.1965 ein ehemaliger Geschwader-Führer der RAF, der den Orden Ihrer Majestät »herabgewürdigt und entwertet« sah, wie die *Times* berichtete. Zwei Tage später war von einer wahren Flut an Protestschreiben die Rede, die an den Premierminister adressiert waren. Vgl. ausführlich das Kapitel »The MBE Controversy Reflected in the Pages of The Times«, in: Elizabeth Thompson, David Gutman (Hg.), *The Lennon Companion*, Cambridge 2004, S. 53-56.

458 Vgl. British Embassy to the American Department of the Foreign Office: »Restricted«.

Bedeutung der Auszeichnung ist unglücklich, aber ich denke, wir versuchen lieber nicht, das zu korrigieren, um keine schlafenden Hunde zu wecken.«[459]

4.3.5. *With A Little Help From My Friends*: Fans und Netzwerkbildung

Die anhaltende negative Berichterstattung hatte unterdessen zur Mobilisierung der Fans geführt. Im Sommer 1964 hatte ein Teenager aus New Jersey, die 16-jährige Jo Anne Carpenito, die Beatles Defending Association of America (BDAA) gegründet. Nach Angaben der Gründerin waren die Mitglieder der BDAA, der binnen kurzem 600 Teenager von Kanada bis North Carolina angehörten, hauptsächlich mit dem Schreiben von Leserbriefen an die Beatles-feindliche Presse beschäftigt.[460] Wie schon zuvor die Rock-Anhänger organisierten sich nun auch die Beatles-Freunde in internationalen Clubs. Einer der ersten war bereits vor dem Erscheinen von Plattenaufnahme der Beatles entstanden. Ein Teenager hatte begonnen, monatliche Newsletter zum Preis von fünf Schillingen an zumeist weibliche Fans zu versenden, in denen persönliche Details über die Musiker steckbriefartig vermerkt waren: Körpergröße, Augenfarbe, Vorlieben. Die Fanpost wuchs derart an, dass sie in großen Säcken angeliefert werden musste, und Mitte 1963 hatte der Club bereits mehr als 40 000 Mitglieder.[461]

Das rasch entstehende internationale Netzwerk der Beatles-Clubs erstreckte sich bis in die DDR, doch während es staatsnahen Gruppen mitunter möglich war, Briefkontakte ins westliche Ausland zu unterhalten, wurde Fanpost immer wieder konfisziert.[462]

459 American Department: Mexican reaction to the award of M. B. E. to the »Beatles«, 07. 07. 1965, TNA/PRO, FO 371/179513.

460 Vgl. Chemerka, »Beatlemania in New Jersey«, S. 92.

461 Vgl. Bob Spitz, *Yeah! Yeah! Yeah! The Beatles, Beatlemania, and the Music That Changed the World*, New York, Boston 2007, S. 86.

462 Solche Eingriffe gehörten zur Herrschaftspraxis der DDR, obwohl das Post- und Fernmeldegeheimnis 1949 in der Verfassung und 1974 als Grundrecht anerkannt wurde. Wenngleich nicht durch die Verfassung legitimiert, praktizierte die Staatssicherheit von 1950 bis zum Ende der DDR die Postkontrolle, so dass das Postgeheimnis nur de jure bestand. Vgl. Hanna Labrenz-Weiß, *Abteilung M* (= MfS-Handbuch Anatomie der Staatssicherheit; Teil III/19), hg. v. BStU,

Dagegen regte sich Widerstand: Im Januar 1965 unterschrieben 22 Mädchen aus Dresden, die einen Beatles-Fan-Club gegründet hatten, eine Beschwerde. Sie hatten die Hitparade-Redaktion von Radio Luxemburg angeschrieben, doch war ihr Brief konfisziert worden.[463] Dies war kein Einzelfall, denn schon ein Jahr zuvor waren Briefe an einen Beatles-Club in Schweden abgefangen worden.[464] Anhand des Umgangs mit der Musik der Beatles kritisierten junge DDR-Bürger abermals den Eingriff des Staates in die Persönlichkeitsrechte.

Nicht nur in den sozialistischen Staaten war Beatmusik umstritten. Als die Stadt Liverpool ihre weltweit zu Ruhm gekommenen Söhne auf Vorschlag zahlreicher junger Bürger mit einem Empfang ehren wollte, artikulierte sich die Kluft zwischen den Generationen in zahlreichen Briefen an den Bürgermeister.[465] Während junge Briefeschreiber den Lord Mayor zu seiner Entscheidung beglückwünschten, beschwerten sich ältere Bürger in teils scharf formulierten Eingaben. So befürchtete ein 70-jähriger Einwohner, die Begrüßungszeremonie werde einer verabscheuungswürdigen »Teenage-Obsession« noch zusätzlichen Auftrieb geben.[466] Ein anderer protestierte »strongly« gegen die Verschwendung öffentlicher Gelder an »diese Bastarde, die noch nicht einmal der Königin Englisch korrekt sprechen können«, und äußerte, hätte er dazu den Mut, so würde er auf dem Weg der Beatles eine Landmine platzieren.[467] Auch die BBC hatte anlässlich der ersten Aufnahmen von Beatles-Auftritten erzürnte Briefe erhalten. Ein Zuschauer aus der Grafschaft Hertfordshire etwa war erbost, weil die Kameraführung ausgiebig auf dem Publikum lag, dessen Kreischen »verletzend auf Geist + Gesundheit« gewirkt habe.[468] Weitere Spannungen gab es im außereuropäischen Raum. Eine Tour nach Australien zeigte die-

Berlin 2005, S. 14-22, ⟨https://www.bstu.de/informationen-zur-stasi/publikationen/publikation/abteilung-m⟩, letzter Zugriff 06. 01. 2019.

463 DT64-Postbulletin, 08. 01. 1965, DRAB, Hörerpost DT64, Postanalysen, H 086-02-04/0001, Bl. 419.

464 Ebd.

465 Vgl. die Korrespondenz zwischen dem Lord Mayor und Brian Epstein im LRO, 352 BEA 1/2, Bl. 1-9.

466 Handschriftl. Brief an den Lord Mayor vom 14. 02. 1964, LRO, 352 BEA/1/2, Bl. 4.

467 Anonymer Brief vom 09. 07. 1964, LRO, 352 BEA/1/27(III).

468 Handschriftl. Brief aus Watford vom 10. 12. 1963, BBC WAC, N31/5/1.

selben Begleiterscheinungen wie schon in Amerika; Hundertschaften der Polizei waren im Einsatz.[469] In Israel waren die Tickets für ein Konzert 1965 schon gedruckt, doch wurde die Auftrittserlaubnis bis zum Schluss verweigert, da man das kulturelle Niveau der Beatles als zu gering erachtete und negative Effekte auf die Jugend fürchtete.[470] Dass auch der nichtwestliche Raum für die »Beatlemania« empfänglich war, zeigte 1966 die Asien-Tournee, die die Band zunächst nach Japan und dann auf die Philippinen führte.

Der Besuch der Band auf der asiatischen Insel wurde passenderweise von einem tropischen Sturm begleitet und galt der japanischen Presse daher als »Beatles-Taifun«, eine Bezeichnung, die sich im Folgenden für die »Beatlemania« in Japan etablierte.[471] Auch hier standen der hohen Popularität der Band bei den japanischen Teenagern skeptische bis ablehnende Stimmen aus Teilen der japanischen Öffentlichkeit gegenüber. Während die Medien mit eher mildem Spott reagierten und auch den japanischen Premierminister karikierten, indem sie ihn mit einer Pilzkopf-Perücke vor Schulmädchen um politische Unterstützung werben ließen, regte sich heftiger Widerstand aus dem nationalistischen Lager.[472] Vor allem die Entscheidung, die Beatles im Tokioter Budokan auftreten zu lassen – fünf Konzerte an drei aufeinanderfolgenden Tagen waren geplant –, empörte die Rechtskonservativen. Die Halle war durchaus geeignet, denn sie fasste 10 000 Zuschauer, doch war sie hauptsächlich für traditionelle Kampfkunstdarbietungen bestimmt, die als nationales Kulturerbe galten. Der Auftritt der Gitarrenmusiker aus dem europäischen Ausland stellte dazu einen maximalen Kontrast dar. Zwar hatte die ehrwürdige Halle auch schon die Aufführung leichterer Künste erlebt, »aber niemals etwas dem japanischen Geist so Fremdes wie ein Konzert elektrischer Gitarren«.[473] Im Vorfeld des ersten Konzertes kündigten nationalistische Extremisten

469 Vgl. »Roll Over Australia«, in: *Melody Maker* (27.06.1964), S. 10.

470 Vgl. Motti Regev, Edwin Seroussi, *Popular Music and National Culture in Israel*, Berkeley, London 2004, S. 140.

471 Vgl. Christine Jacqueline Feldman, *»We are the Mods«. A Transnational History of a Youth Culture*, New York 2009, S. 159.

472 »Auch das gehört zu Japans ›verlorenem Gesicht‹: Enthemmte Twist-Fans eifern den Beatles nach / Japans neuer Prophet«, in: *Stern* (13.09.1964), S. 41.

473 The Beatles in Tokyo: restricted, Japan, 19.07.1966, TNA/PRO, FO 371/187127, Bl. 2.

an, die Halle vor einer Entweihung durch westliche Popkultur zu beschützen, und gaben sich entschlossen, dabei auch jene Kampfkünste einzusetzen, deren Ehre sie meinten verteidigen zu müssen. Im sich verdüsternden Klima des heraufziehenden »Beatles-Taifuns« drohten daraufhin die finanziellen Unterstützer der Konzerte, namentlich die Zeitung *Yomiuri*, mit einem Rückzug. Erst der Abdruck einer Ehrenerklärung eines hochrangigen Mitglieds der Budokan-Halle für die Beatles, in der die Musiker als Träger eines Ordens der britischen Krone vorgestellt wurden, sicherte die Vorfinanzierung.

Die Konzerte selbst waren bereits Monate zuvor ausverkauft und wurden von einer beispiellosen Aktion zum Schutz der inneren Sicherheit begleitet. Die japanische »Operation Beatles« umfasste 35000 Polizeibeamte, deren Einsatz die japanischen Steuerzahler umgerechnet geschätzte 30000 Pfund Sterling kostete. Beobachtern zufolge hatte der Aufwand der Tokioter Polizei dem anlässlich der Olympischen Spiele 1964 nicht nachgestanden. Eingezwängt in einen Kordon aus Sicherheitskräften und Feuerwehr, konnten die japanischen Teenager dem nur halbstündigen Auftritt der Band beiwohnen, der von Konzerten minder populärer einheimischer Beatbands gerahmt wurde, die sich infolge der »Beatlemania« auch in Japan gegründet hatten. Die Reaktionen der japanischen Fans glichen denen ihrer westlichen Altersgenossen, wie der nüchterne Kommentar des diplomatischen Berichts belegt: »Während der Auftritte im Innern des Budokan gab es das Geschrei und die Hysterie, die die Beatles provozieren, wo immer sie erscheinen, und die Musik war nur schlecht bis gar nicht hörbar, aber es gab nicht eine Spur von Unordnung.«[474] Letztere Feststellung war insofern bemerkenswert, als die emotionalen Codes in Japan anderen Konventionen folgten als die in Europa.[475] Die emotionale Performance des Publikums ließ sich offenkundig auf andere Kontinente expor-

474 Ebd.

475 Darauf deutet etwa die Analyse der auf Empathie gründenden *omoiyari*-Kultur hin, vgl. Takie Sugiyama Lebra, *Japanese Patterns of Behavior*, Honolulu 1976, bes. S. 38-50 u. S. 256. Grundsätzliche Unterschiede etwa im Prozess der Subjektivierung zwischen »westlichen« und »asiatischen« Jugendlichen konstatieren auch Fred Rothbaum u. a., »The Development of Close Relationships in Japan and the United States. Paths of Symbiotic Harmony and Generative Tension«, in: *Child Development* 71 (2000), S. 1121-1142.

tieren, wie die bereitwillige Übernahme der über Medienberichte an das junge japanische Publikum vermittelten Gefühlspraktiken bewies – wenngleich größere Tumulte hier ausblieben.

Der Erfolg der Tokioter Konzerte war nicht nur ein rein kommerzieller für die Band. Auch das Image des einstigen britischen Empires, noch zwei Jahrzehnte zuvor Gegner im Weltkrieg, hatte sich radikal gewandelt: »Die nüchterne Wahrheit ist, dass mit Ausnahme der Britischen Ausstellung von 1965 kein gegenwärtiges Ereignis, das mit dem Vereinigten Königreich in Verbindung steht, einen vergleichbaren Eindruck in Tokio hinterlassen hat«, berichtete ein Diplomat nach London.[476] In der Botschaftskorrespondenz des Jahres 1966 wurde die Tournee denn auch als enormer Erfolg britischer Kultur im Ausland gefeiert: »Ich habe die Ehre berichten zu dürfen, dass die Beatles, MBE, [...] ein Fünf-Tages-Wunder waren und eine ›Beatles-Stimmung‹ die Stadt ergriffen hat«, heißt es geradezu enthusiastisch in einer vertraulichen Depesche an das Außenministerium.[477]

Die mit der »Beatlemania« einhergehende neue Beliebtheit Großbritanniens bestätigen auch Befunde der Oral History. »England wurde plötzlich populär, und wir wollten alles über England und London wissen«, erinnerte sich ein weiblicher Fan aus den USA.[478] Teenage-Magazine wie *Seventeen*, die ein ums andere Mal die neue Musikmode auf ihre Cover hoben, betätigten sich als Vermittler zu Beatles-Fans in anderen Staaten, und die zwischen US-amerikanischen und Liverpooler Fans entstandenen Brieffreundschaften überdauerten die Beatles-Welle in einigen Fällen um Jahrzehnte.[479]

4.3.6. *Money (That's What I Want)*: Pop als Wirtschaftsfaktor

Der Erfolg der Beatles führte zu einer förmlichen Explosion der Marktanteile britischer Musikproduktion: 1964 stieg der Gewinn ihrer Plattenfirma innerhalb nur eines Jahres von 27 auf 101 Milli-

476 The Beatles in Tokyo: restricted, Japan, 19.07.1966, TNA/PRO, FO 371/187127, Bl. 1.

477 Ebd., Bl. 2.

478 Berman (Hg.), *»We're going to see the Beatles!«*, S. 46.

479 Vgl. ebd., S. 57.

onen Mark, und der Aktienkurs des Schallplattenkonzerns schoss in die Höhe.[480] Der Umsatz der Beatles galt nun als Ausweis für »eine eigene tragfähige Popkultur« in Großbritannien.[481] Allein im Monat Februar 1964 generierten britische Tonträger in den USA Einnahmen von 2,5 Millionen US-Dollar.[482] Angeregt vom Erfolg des Beat und insbesondere der Beatles, bewarb auch das Hausblatt der Schallplattenindustrie in fast jeder Ausgabe neue Bands wie The Monotones, The Wackers oder »das neue Kraftzentrum aus Liverpool«, The Merseybeats.[483] Allerdings kam kaum eine Band auch nur in die Nähe des Erfolgs der Beatles, was auch an deren professionellem Management lag.[484]

Die »Beatlemania« begleitete ein umfangreiches Merchandising, verglichen mit dem die Elvis-Vermarktung nahezu lächerlich wirkte. Die Produktpalette umfasste Artikel wie Beatles-Figuren, Sammelkarten, Aufkleber, Kühlschrankmagneten, Perücken und Buttons (»Ich bin ein Beatles-Fan – Im Notfall rufen Sie Paul oder Ringo«).[485] Dazu kamen Eierbecher und Beatles-Eiscreme, »Puppen in allen Größen, aus Zucker, um sie in den Mund zu stecken, aus Plastik, um sie ins Bett zu stecken«, wie *Der Spiegel* anzüglich bemerkte.[486] Auch die Bekleidungsindustrie sprang auf den Zug auf: So hatte etwa die amerikanische Firma Kangol sich die exklusiven Weltrechte für »Beatles«-Kopfbedeckungen gesichert, um am transnationalen Image zu verdienen, und vertrieb unter anderem eine als *fab hat* vermarktete Baskenmütze aus Krokodillederimitat, im »Stil, den John Lennon trug, als er Frankreich besuchte«.[487] An-

480 Vgl. »Goldene Zahnstocher«, in: *Der Spiegel* (14.10.1964), S.127.

481 Vgl. George Peden, »Modernisierung in den 50er Jahren. Die britische Erfahrung«, in: Axel Schildt, Arnold Sywottek (Hg.), *Modernisierung im Wiederaufbau. Die westdeutsche Gesellschaft der 50er Jahre*, Bonn 1998, S.47-68, hier: S.65.

482 Vgl. »America has Gone Berserk Over Britain's Beatles«, in: *Melody Maker* (15.02.1964); »Bigger-Bigger-Grows British Beat in the USA«, in: *Melody Maker* (18.05.1964); Kasparek, »A Day in the Life«, S.17.

483 Vgl. die Annonce »It's Love that really counts – The Merseybeats«, in: *Record Retailer and Music Industry News* (17.08.1963), S.6.

484 *Record Retailer and Music Industry News* (22.08.1963), S.5.

485 Vgl. die Abbildungen in DeRogatis/Kot, *The Beatles vs. The Rolling Stones*, S.5, sowie die teilausgestellte Sammlung des privaten Museums The Beatles Story in Liverpool.

486 »Vier Liverpudel«, S.60.

487 »Hatgear that's Real Gear«, in: *The Mod's Monthly* 1 (März 1964), S.3.

dere Bekleidungshersteller hielten ähnliche Verträge, es gab offizielle Beatles-T-Shirts, -Schlafanzüge, -Hemden und -Unterwäsche.[488]

Mit der wachsenden Popularität der neuen britischen Kultur im Ausland erfuhren die anfänglich stark angefeindeten Beatles in der zweiten Hälfte der sechziger Jahre eine allmähliche Umwertung zu neuen Pop-Ikonen Großbritanniens, »die eine Zeitlang einen einzigartigen nationalen Status beanspruchten«.[489] Nach der Rückkehr von der ersten US-Tour hatte der konservative britische Premierminister Sir Alec Douglas-Home die Beatles seine persönliche Geheimwaffe genannt.[490] Diese Bemerkung war nicht nur ironisch zu verstehen: Tatsächlich hatten sich amerikanische Fans für die »Britishness« der Band begeistert, die sowohl in ihrer europäisch codierten Kleidung, den Chesterfield-Jackets und eng geschnittenen Anzügen zum Ausdruck kam als auch in ihrer Sprache: »[I]hr knackiger englischer Akzent trieb alle in den Wahnsinn.«[491] Auch in der kontinentalen Presse, die noch 1964 überwiegend mit der Meinung eines deutschen Kommentators übereinstimmte, der prophezeite, die »quecksilbrigen Zottel-Knaben« mit den »Fransen-Frisuren« würden »gewiß Eintagsfliegen des Show-Geschäfts« bleiben, war ab Mitte der sechziger Jahre eine Trendwende in der Bewertung der Beatles und ihrer Musik zu beobachten.[492] Es zeichnete sich eine sukzessive Aufwertung der Jugendkultur ab, die immer weniger als eine Erscheinung der Devianz, sondern zunehmend als politisches Phänomen begriffen wurde.

Etliche Kommentatoren hatten das Verhalten der Jugendlichen als ein »Aufbegehren« gegen den Mainstream interpretiert und versucht, es mit der allgemeinen politischen Lage zu kontextualisieren: dem »schockierenden Tod« des Präsidenten Kennedy, der Gefahr eines nuklearen Vernichtungsschlages, der »Brutalität in den täglichen Berichten über getötete Amerikaner« in Vietnam.[493] Damit

488 Vgl. »Vier Liverpudel«, S. 60.

489 Vgl. Morgan, *Britain Since 1945*, S. 257.

490 Vgl. Hunter Davies, *The Beatles. The Only Authorized Biography*, London 1968, S. 212.

491 Hoffbeck, »The Beatles in Minnesota«, S. 197.

492 Dies prophezeite der Artikel »Ein ganz neues Beatles-Gefühl« in: *deutsche jugend* XII (1964), S. 373.

493 So argumentiert Bernard Gendron, *Between Montmartre and the Mudd Club. Popular Music and the Avant-garde*, Chicago, London 2002, S. 166. Dort auch

verschob sich der Blick von einem rein musikalischen Phänomen auf ein gesellschaftliches Symptom. Ein Artikel in einer konservativen deutschen Zeitung etwa sah die Musik der Beatles bereits in einem ideologischen Zusammenhang. Ein Beat-Fan zu sein bedeute, »eine Weltanschauung zu haben, sich – wie in Liverpool – zu den Atomgegnern zu zählen und teils in saurer (schmuddeliger) Dekoration gegen alles Alte zu stemmen«.[494]

Auch in anderen Ländern wichen die pauschalen Anklagen der Einsicht, dass sich die Beatles-Fans nicht mehr als eine fehlgeleitete Geschmacksminorität marginalisieren ließen, sondern dass man es hier womöglich mit dem Ausdruck eines Konsensphänomens innerhalb einer ganzen Alterskohorte zu tun hatte. Pädagogen plädierten daher dafür, die Musik der Beatles in den Schulunterricht einzubeziehen, allerdings zunächst nur in Schulen in »Problemvierteln« sowie bei Leseanfängern und Kindern mit besonderen Lernschwierigkeiten, für die der begrenzte Wortschatz ihrer Lieder prädestiniert sei.[495] Vor den drohenden emotionalen Implikationen, der im Klassenzimmer natürlich unerwünschten »Übererregung«, wurde zwar gewarnt, doch fegte eine Pädagogin derlei Bedenken mit der rhetorischen Frage beiseite: »Aber würden nicht die meisten Lehrer lieber ein Problem damit haben, Begeisterung im Zaum zu halten, als Apathie zu bekämpfen?«[496] Schließlich konstatierten 1966 auch erste valide soziologische Daten, dass es sich bei den Beatles-Fans keineswegs um eine Randgruppe handelte.[497] Ein Psychologe gab daraufhin Entwarnung, da es sich bei der »Beatlemania« den empirischen Ergebnissen zufolge nicht um eine Persönlichkeitsstörung handele, im Gegenteil: »Der Beatles-Fan unterscheidet sich keineswegs in Intelligenz oder Persönlichkeit von der allgemeinen adoleszenten Bevökerung.«[498] Was hier sichtbar wird, ist eine allmähliche Entkriminalisierung sozialer Dissonanzen, die zum einen das Resultat der in den Vorjahren erreichten

die Zitate aus der amerikanischen Presse, die Leserbriefen an die *New York Times* im Jahr 1964 entstammen.

494 Erika Kempe-Wiegand, »Ist Ihr Sohn ein Beatle?«, in: *Die Welt* (06.11.1965), S.V.

495 Dies empfahl Shiefman, »The Beatles? Yeah! Yeah! Yeah!«, S. 32.

496 Ebd., S. 34.

497 Zu diesem Schluss kam Taylor, »Beatlemania – A Study in Adolescent Enthusiasm«, S. 88.

498 Davies, »Psychological Characteristics of Beatle Mania«, S. 278.

Sensibilisierung für die differierenden kulturellen Artikulationen Jugendlicher war und sich zum anderen einem ökonomischen Kalkül verdankte: Man hatte erkannt, dass Fan-Phänomene von geradezu volkswirtschaftlicher Bedeutung waren.

Auch auf dem Kontinent machten die Behörden allmählich ihren Frieden mit der »Beatlemania« und versuchten in Einzelfällen von ihr zu profitieren. »Seitdem das Beatles-Fieber die Welt heimsucht, schießen die Pilzköpfe wie Pilze aus dem Boden«, formulierte eine Informationsschrift der Stadt Frankfurt am Main empathisch. Diese sich rhythmisch entfaltende Begeisterung habe nun auch die Stadtverwaltung angesteckt, und das Jugendamt betätige sich »sozusagen als amtlicher Pilzsammler«, indem es einen Wettbewerb für Amateur-Beatles ausschrieb, »um einem allzu wilden Wachstum vorzubeugen«. Die Antwort sei »ein vielstimmiges ›Yeah, yeah, yeah!‹« gewesen: Fast sechzig Gruppen meldeten sich zum »großen Kampf der Gitarren« im Frankfurter Volksbildungsheim.[499] Und die interne Zeitschrift der Westberliner Polizei präsentierte ihren Lesern die »Amateur-Beatles« der Band The Tonics: zwei junge Bereitschaftspolizisten.[500]

4.3.7. *In Spite Of All The Danger*: Beatlemania ohne Beatles (DDR)

Solche behördlichen Lockerungsübungen suchte man in den kulturautoritären Staaten vergebens. Im faschistischen Spanien kontrollierte das Franco-Regime die Einfuhr von Beatles-Platten und lancierte eine politisch motivierte Kampagne gegen die Band.[501] Auch im staatssozialistischen Deutschland wurde der rasante Aufstieg der Beatles zum schichtenübergreifenden Konsensphänomen vorerst politisch ausgebremst. In der DDR waren Beat-Platten

499 Presse- und Informationsamt der Stadt Frankfurt am Main, Nr. 3, o. J., ISG, Ortsgeschichtliche Sammelmappe S3/9.042. Auch Recklinghausen versuchte mit einem jährlichen Beat-Festival des Jugendamtes »ein deutsches Liverpool« zu werden. Vgl. Baacke, *Beat*, S. 33.

500 Josef B. Hoff, »Mehr als ein Hobby! Auch junge Amateur-›Beatle‹ [sic!] fanden zur FÜR«, in: *Polizei Schau. Zeitschrift für die Berliner Polizei* 2 (1965), S. 20.

501 Vgl. Isabelle Marc, »Submarinos amarillos. Transcultural Objects in Spanish Popular Music during Late Francoism«, in: Sílvia Martínez, Héctor Fouce (Hg.), *Made in Spain. Studies in Popular Music*, New York, London 2013, S. 115-124, hier: S. 118.

mit Ausnahme einiger weniger Amiga-Produktionen nur äußerst schwer zu erhalten;[502] die Beatles durften zunächst gar nicht vertrieben werden. Dennoch ging die »Beatlemania« auch an osteuropäischen Jugendlichen nicht vorbei, auch wenn sie den direkten Kontakt zur Band entbehren mussten.[503] Die widersprüchliche Praxis, einerseits Beat (in geringer Dosis) im Jugendfunk DT64 und in größerem Umfang in dem für den Westen als Propagandafunk produzierten Soldatensender zu spielen, andererseits aber die Einfuhr von Beatles-Platten in die DDR zu unterbinden, stieß bei den Musikhörern auf Unverständnis. Eine der ersten Beatles-Platten im DDR-Rundfunk lief auf DT64 zu Pfingsten 1964 und war aus dem Westen geschmuggelt worden. Den Erinnerungen eines Moderators zufolge glaubten damals viele Hörer, »der Beat auf DT64 ist sozusagen direkt von Walter Ulbricht befohlen worden«.[504] Die Einfuhr aus dem Westen wurde jedoch weiterhin mit regelmäßigen Konfiszierungen von Schallplatten reguliert – Maßnahmen, die wiederum Empörung auslösten.[505]

Die sozialistischen Länder gingen durchaus unterschiedlich mit Beatles-Platten um. In der UdSSR kursierten sie bis 1976 als Samisdat in Form illegal geschnittener Schallfolien, die Fans oftmals aus Röntgenbildern herstellten.[506] Ungarn und die Tschechoslowakei handhabten die Musikzensur etwas freier und wurden so zur wichtigen Einfuhrquelle von Beatmusik in Ostblock-Staaten mit restriktiverer Gesetzgebung. Beim DDR-Label Amiga, einer Tochter der VEB Deutsche Schallplatten, die dem Ministerium für Kul-

502 Namentlich die LPs der Amiga Big Beat-Reihe und Bands wie die Sputniks wurden vertrieben.

503 Vgl. Peter Wurschi, *Rennsteigbeat. Jugendliche Subkulturen im Thüringer Raum 1952-1989*, Köln, Weimar u.a. 2007, S. 108; Rauhut, *Beat in der Grauzone*, S. 176-180.

504 Andreas Ulrich, Kalle Neumann, »Der Anfang«, in: Andreas Ulrich, Jörg Wagner (Hg.), *DT64. Das Buch zum Jugendradio 1964-1993*, Leipzig 1993, S. 16-29, hier: S. 23.

505 Vgl. DT64-Postbulletin, 15. 10. 1965, DRAB, Hörerpost DT64, Postanalysen, H 086-02-04/0001, Bl. 121.

506 Diese Scheiben waren als »Rock auf Knochen« bekannt. Einzelne Stücke firmierten auf Samplern des staatlichen Labels Melodija als Volkslieder, und noch die ersten offiziellen Schallfolien erschienen ohne Angabe der Band nur unter den Namen der Komponisten. Vgl. Bodo Mrozek, »Lennon statt Lenin«, in: *TSP* (01. 02. 2011), S. 22.

tur unterstand, berief man sich zwar auf eine gemeinsame Linie, doch gab es durchaus Unterschiede, wie auch die Hörer wussten.[507] Ein Musikfan aus Plauen erhielt auf seine Anfrage, warum denn Beat-Aufnahmen nur noch einen relativ geringen Raum einnahmen, die Antwort, dieser Stil sei »im internationalen Rahmen rückläufig«. »Über diesen Satz könnte man direkt lachen; AMIGA will sich zum Weltmarkt rechnen«, schrieb der Schüler in aller Offenheit und kommentierte: »AMIGA vermiest sich mit der Zeit die Teens und Twens! [...] Oder kann man Beat-Platten aus der ČSSR beziehen?«[508] Einem solchen intersozialistischen Handel geboten immer öfter die Grenzkontrollen Einhalt, wie der Briefwechsel von Schülern mit den Zollbehörden zeigt.[509]

Doch weder mit Einfuhr- noch mit Auftrittsverboten oder Zollkontrollen ließ sich die DDR-Jugend wirksam von der Beatles-Begeisterung abschirmen, wie zahlreiche Schreiben an den Rundfunk dokumentieren.[510] Die Musikpolitik erschien wenig konsequent, wenn ein Moderator sich etwa im Rundfunk gegen die Rolling Stones aussprach und nur wenige Stunden später eine Coverversion eines Stones-Songs von einer ostdeutschen Band ausstrahlte (die von den Sendeverantwortlichen vermutlich nicht als solche erkannt worden war). Etliche Beat-Fans der DDR argumentierten für den Beat indem sie die Beatles als Beispiel für eine saubere, gemäßigte Band unter anderem von den Stones abgrenzten.[511]

507 Vgl. Christian A. Müller, »›Die nicht-kreativen Hintergründe liefern.‹ Tonträgerindustrien in Ost- und West-Deutschland im Strukturwandel der 1950er bis 1980er Jahre«, in: Werner Plumpe, André Steiner (Hg.), *Der Mythos von der postindustriellen Gesellschaft. Wirtschaftlicher Strukturwandel in Deutschland 1960 bis 1990*, Göttingen 2016, S. 120-171, hier: S. 125.

508 DT64-Postbulletin, 30.06.1966, DRAB, Hörerpost DT64, Postanalysen, H 086-02-04/0002, Bl. 241.

509 DT64-Postbulletin, 26.07.1966, DRAB, Hörerpost DT64, Postanalysen, ebd.; Bl. 202. Konfisziert wurden die Titel »Yesterday Man/To Whom It Concerns« und »Please Please Me/Lei Ti Ama«. DT64-Postbulletin, 20.07.1966, DRAB, Hörerpost DT64, Postanalysen, H 086-02-04/0002, Bl. 209; DT64-Postbulletin, 13.07.1966, DRAB, Hörerpost DT64, Postanalysen, ebd., Bl. 219.

510 DT64-Postbulletin, 28.03.1966, DRAB, Hörerpost DT64, Postanalysen, H 086-02-04/0002, Bl. 361; DT64-Postbulletin, 12.06.1965, DRAB, Hörerpost DT64, Postanalysen, H 086-02-04/0001, Bl. 249.

511 Vgl. DT64-Postbulletin, 23.02.1966, DRAB, Hörerpost DT64, Postanalysen, H 086-02-04/0002, Bl. 411.

Zum politischen Problem wurde die Begeisterung für Großbritannien, die durch das Medium der Popmusik auch Jugendliche in der DDR ergriff.[512] Ostdeutsche Amateur-Beatbands gaben sich häufig englische Namen; im Berliner Prater traten die Brightles und die Earls auf,[513] eine Musikgruppe aus Rochlitz nannte sich gar teddy-boys.[514] Staatlich gelenkte Versuche, die Anglophilie der Szene mit satirischen Mitteln ins Lächerliche zu ziehen, stießen ebenfalls auf Widerspruch. So verwahrte sich eine Englisch-Klasse aus Lübbenau gegen einen verunglimpfenden »Englisch-Kurzlehrgang« im Rundfunk.[515] Dabei war die Sprache für Beat-Fans nicht ausschlaggebend, denn »[...] was die Jugend an diesen Schlagern so begeistert, ist ihr Rhythmus. Der Text ist ja nicht zu verstehen, da er der jeweiligen Landessprache entspricht«, argumentierte ein Obermaat aus Stralsund, der sich für mehr »flotte Musik« in der DDR aussprach.[516] Tatsächlich konnten die staatlichen Kontrolleure oft kaum unterscheiden, welche Stücke unter »verbotene Einfuhr« fielen und welche zuvor auf DDR- Schallplatten erschienen waren.[517]

Auch wenn die Beatles nicht in der DDR auftraten, so sind doch »Beatlemania«-ähnliche Reaktionen von Fans mancher DDR-Gruppen dokumentiert, die ihren anglo-amerikanischen Vorbildern an Performativität in nichts nachstanden und dem ostdeutschen Konzertpublikum lautstarke Begeisterungsexpressionen entlockten. Selbst das von den Beatles-Fans international bekannte Kreischen war Bestandteil der DDR-Beat-Szene und wurde dort als sexualisierte Praxis geduldet.[518] Der Besucher eines Auftritts des

512 Vgl. Einschätzung über Rowdygruppen und andere westlich dekadente Einflüsse auf die Jugend im Bezirk Rostock [Typoskript], 21.10.1965, BStU, MfS BV Rostock, Leiter der BV, Nr. 102, Teil 2 von 2, Bl. 336.

513 DT64-Postbulletin, 08.09.1965, DRAB, Hörerpost DT64, Postanalysen, H 086-02-04/0001, Bl. 160.

514 DT64-Postbulletin, 21.01.1965, ebd., Bl. 394.

515 Am 30. Juni 1966. Vgl. DT64-Postbulletin, 04.07.1966, DRAB, Hörerpost DT64, Postanalysen, H 086-02-04/0002, Bl. 236.

516 DT64-Postbulletin, 05.03.1966, DRAB, Hörerpost DT64, Postanalysen, ebd., Bl. 391-392.

517 Rauhut, *Beat in der Grauzone*, S. 38-48.

518 »Geschrien kann ja ruhig mal werden, das mache ich selbst auch, die Kleidung sollte man aber doch am Körper lassen.« Einschätzung über Rowdygruppen und andere westlich dekadente Einflüsse auf die Jugend im Bezirk Rostock

Ostberliner Diana Show Quartetts war etwa nachhaltig schockiert vom »Gezappele« des Melodie-Gitarristen, der »sich beim Spielen seines Hemdes entledigte«, so dass »sich niemand zu wundern [braucht], wenn Lieschen Müller auf dem Parkett einen ekstatischen Anfall bekommt«.[519] Für heftige Konflikte sorgte der Fall der »Lichtenberger Bahnhofs-Beatles«, einer Gruppe Langhaariger, die sich nach Schließung mehrerer Ostberliner Jugendclubs 1964 und 1965 in der Unterführung des Bahnhofs trafen und dort von der Polizei drangsaliert wurden.[520] Doch auch in kleinen Städten kam es zu Konflikten mit Beatles-Fans.[521]

Erst Mitte des Jahrzehnts deutete sich eine Trendwende an, die jedoch nicht von langer Dauer war. Die erste legal erhältliche Tonaufnahme der Beatles in der DDR erschien 1965 auf dem staatlichen Label Amiga als Lizenz-Pressung und wurde von drei Singles begleitet, doch blieb *The Beatles* lange Zeit die einzige Kompilation im LP-Format, und die geringe Auflage konnte den Bedarf bei weitem nicht decken.[522] Im selben Jahr erreichten mit den Leipziger Beat-Unruhen die Konflikte um die Beatmusik ihren vorläufigen Höhepunkt – und zogen rigide Maßnahmen nach sich.[523]

4.3.8. *It's All Too Much*: Das Ende der Beatlemania

Im Westen erreichte die »Beatlemania« 1966 einen weiteren Höhepunkt. John Lennon hatte den von den Beatles selbst mit wachsendem Unbehagen beobachten Fan-Kult mit den Worten kommen-

[Typoskript], 21.10.1965, Bl. 334, BStU, MfS BV Rostock, Leiter der BV, Nr. 102, Teil 2 von 2.

519 Vormals Dieter Hesse Quartett, zeitweilig auch Quintett. DT64-Postbulletin, 08.10.1965, DRAB, Hörerpost DT64, Postanalysen, H 086-02-04/0001, Bl. 131.

520 Vgl. die Oral History von Thomas P. Funk, »Unterm Asphalt. Die Kunden vom Lichtenberger Tunnel«, in: Michael Rauhut, Thomas Kochan (Hg.), *Bye, bye, Lübben City. Bluesfreaks, Tramps und Hippies in der DDR*, Berlin 2009, S. 116-139.

521 Vgl. BStU, MfS BV KMSt AKG 7240, Bericht über einige negative Erscheinungen unter Jugendlichen und Kindern, Karl-Marx-Stadt, 20.12.1965, Bl. 38.

522 The Beatles, *The Beatles* (DD 1965) Amiga 8 50 040 [LP].

523 Vgl. dazu unten, Kapitel 4.5.4.

tiert, die Beatles seien nun populärer als Jesus.[524] Das Zitat diente fundamentalistischen Christen im *bible belt* der USA als willkommener Anlass, einmal mehr gegen den verderblichen Einfluss weltlicher Popmusik zu predigen. Christliche Rundfunksender wie WAQY in Alabama starteten die »Ban the Beatles«-Kampagne. Vor laufendem Mikrophon wurden Platten der Band zerbrochen und öffentlich verbrannt.[525] Auch in Georgia und Texas wurden Scheiterhaufen errichtet, auf denen Beatles-Schallplatten, Perücken und Bilder der Musiker in Flammen aufgingen, unter Beteiligung von Radiostationen wie WAYX oder KLUE (siehe oben, Abb. 17). In South Carolina nagelten Aktivisten des Ku-Klux-Klan ein Beatles-Cover an ein brennendes Kreuz und beschuldigten die Band des Atheismus. Klansmen störten auch Konzerte in Washington, D.C. und in Memphis, wo sie Feuerwerkskörper auf die Bühne warfen.[526] Diese Aktionen provozierten wiederum Pro-Beatles-Demonstrationen: Aus Protest begannen Sender, die bis dato Beatles-abstinent waren wie der texanische WSAG, die Musik der britischen Band zu spielen, um so für die verfassungsgemäße Meinungsfreiheit zu demonstrieren. Popmusik gab hier zu einem politischen Konflikt um die Bürgerrechte Anlass, wie ihn in ähnlicher Form zur selben Zeit auch die *Free Speech Movement* in performativen Auseinandersetzungen austrug.[527]

Außerhalb religiös-fundamentalistischer Kreise setzte sich unterdessen ein zunehmend gemäßigter, ja sogar verständnisvoller Umgang mit den Beatles-Fans durch. Dies galt aber nicht für die Mitglieder der Band selbst, die zunehmend gereizt auf die zahlreichen Übertretungen ihrer eigenen Fans reagierten. Um sich mit ihrer Musik gegen den Lärm durchzusetzen, hatten sie 60-Watt-Verstärker angeschafft, was mit 112 Dezibel beinahe der Lautstärke eines startenden Düsenjets entsprach, doch es half nichts.[528] Konzerte dauerten kaum mehr länger als 30 Minuten, manche mussten vorzeitig abgebrochen werden. Das Kreischen der Fans war so do-

524 Dominic Sandbrook, *White Heat. A History of Britain in the Swinging Sixties*, London 32009, S. 225-227.

525 Vgl. Peter Blecha, *Taboo Tunes. A History of Banned Bands and Censored Songs*, San Francisco 2004, S. 42.

526 Ebd., S. 44.

527 Ebd., S. 43.

528 Vgl. »Louder Beatles«, in: *The Record Retailer and Music Industry News* (28. 11. 1963), S. 29; zur Aufrüstung der Verstärker vgl. Klautke, »Die ›britische Invasion‹ der 1960er Jahre«, S. 118 f.

minant geworden, dass die BBC für eine Dokumentation über den Mersey-Beat die Band in einem leeren Saal auftreten lassen musste, damit die Musik überhaupt hörbar war. In die Filmaufnahme wurde per *overdubbing* ein moderates Kreischen nachträglich hinzugemischt, um den Eindruck eines Live-Konzertes zu erwecken.[529] Zudem hatten die Fans begonnen, die Band mit Gummibärchen zu bewerfen, nachdem einer ihrer Musiker in einem Interview leichtfertig geäußert hatte, er möge derlei Süßigkeiten.[530] Vorfälle, bei denen Fans in die Hotelzimmer eindrangen, Hotelausgänge blockierten oder sich in den Garderobenschränken versteckten, hatten sich gehäuft. Die französische Zeitschrift *Paris Match* druckte ein Foto von Teenagern auf einem Hochhausdach, die mit einem suizidalen Sprung in die Tiefe drohten, sollten die Beatles nicht auftreten, und von Polizisten gesichert werden mussten.[531] Derlei Übertretungen ebenso überdrüssig wie ihres Images einer Teenage-Sensation, entfernten die Beatles sich immer mehr von ihren jungen Anhängern. Mit ihren Kinofilmen im Stile der Pop-Art und Konzept-Alben wie *Revolver*, vollends aber mit dem drogeninspirierten Sound von *Sgt. Pepper's Lonely Hearts Club Band* suchten sie zunehmend ein neues Selbstverständnis als Musiker.[532] John Lennon besann sich auf sein Art-School-Studium und betätigte sich als bildender Künstler.[533] Auf Konzerten spielte die Band kaum noch die Lieder ihrer Hit-Singles, sondern erging sich in zunehmend psychedelischen Klangexperimenten. Auf einer von der deutschen Jugendzeitschrift *Bravo*

529 Vgl. Frontani, *The Beatles*, S. 24; Olivier Julien, »Le son Beatles et la technologie multipiste«, in: *Les Cahiers de l'OMF* 4 (1999), S. 35-52.

530 Die eilig nachgeschobene Korrektur, sie hätten Jelly Babies als Kinder gemocht, seien aber mittlerweile zu Candy und Schokolade übergegangen, verschlimmerte die Situation, denn nun waren die Bühnen mit Schokoriegeln gepflastert. Vgl. Timothy Green, »They Crown their Country with a Bowl-Shaped Hair-Do«, in: *Life* (31. 01. 1964), S. 30.

531 Vgl. »Oh, non, Paul … pas ça!«, in: *Paris Match* 908 (03. 09. 1966), S. 12.

532 Zur Rolle von LSD bei den späten Beatles vgl. Phil Rose, »›Love Is All You Need‹. Why There Will Never Be Another Beatles«, in: Brian Cogan, Thom Gencarelli (Hg.), *Baby Boomers and Popular Culture. An Inquiry into America's Most Powerful Generation*, Santa Barbara u. a. 2015, S. 225-240, hier: S. 232-234. The Beatles, *Revolver* (GB 1966/8) Parlophone PCS 7009 [LP]; Dies., *Sgt. Pepper's Lonely Hearts Club Band* (GB 1967/6) Parlophone PMC 7027 [LP].

533 Zu den Überschneidungen mit der Kunstwelt vgl. Walter Grasskamp, *Das Cover von Sgt. Pepper. Eine Momentaufnahme der Popkultur*, Berlin 2004; Braun »Where was Pop?«.

organisierte »Blitztournee«, die unmittelbar vor der bereits erwähnten Asien-Reise stattfand, gaben die Beatles auf dem Kontinent ihr letztes Konzert in Europa in Hamburg – der Stadt, in der sie ihre Karriere einst begonnen hatten. (Abb. 65-67) Nach den Konzerten in Tokio kam es dann in Manila zu einem Zwischenfall mit der Steuerbehörde, zudem wurde die Band, da sie einer Einladung der First Lady Imelda Marcos nicht gefolgt war, bei ihrer Abreise von einem wütenden Mob verfolgt, dem sie auf dem Flugplatz nur knapp entkam. Zunehmend von ihrem Erfolg überfordert (und intern zerstritten), gaben die Beatles am 29. August 1966 in San Francisco ihr allerletztes öffentliches Konzert – und beendeten damit abrupt die »Beatlemania«,[534] deren Charakter umstritten blieb. War die nahezu weltweite Welle ein Phänomen einer kollektiven Psychose beziehungsweise »Hysterie« gewesen? Oder hatten die Fans sich durch eine Massendemonstration abweichenden Verhaltens den Freiraum für einen neuen emotionalen Ausdruck geschaffen?

Abb. 65: Wie zuvor das französische Jugendmagazin *SLC* organisierte die bundesdeutsche *Bravo* Popkonzerte.

534 Vgl. Mark Lewisohn, *The Beatles Live*, London 1986, S. 197.

Dass es sich bei den häufig als Kontrollverlust beschriebenen Praktiken keineswegs um rein psychophysische Reaktionen handelte, sondern um sozial erlernte und massenmedial verbreitete Praktiken, wie hier argumentiert wurde, bestätigen die Äußerungen junger Fans. So bekannte ein weiblicher Fan nach einem Konzert offen: »[W] ir fühlten uns genau wie die Fans, über die wir in den Teen-Magazinen gelesen hatten.«[535] Andere Berichte deuteten darauf hin, dass der vermeintliche Kontrollverlust weniger radikal war, als die Kommentatoren dies nahelegten. Eine polizeiliche Beobachtung von Beat-Konzerten in Westberlin erwähnt 1966 ausdrücklich die Enthemmung und die Triebabfuhr und rekurriert (in impliziter Adaption des oben erwähnten hydraulischen Konzepts von Emotionen) auf den Begriff der Hysterie.[536] Das Geschrei der »primitiven Ekstase« und die »widerlichen Gebärden« seien »keinesfalls mehr menschlich«, aber auch Tiere seien zu derartigen Ausdrucksformen nicht fähig – »mit Ausnahme von Menschenaffen«, wie der Protokollant der Polizei anfügte und auch das »feminine Aussehen« der Beat-Sänger hervorhob.[537] Der »Rausch der Ekstase« trete »insbesondere bei Mädchen« auf und führe auch zu »vermutlich nicht einmal bemerkt[en] Blasenentleerungen«, doch räumt der Beobachter ein, dass »sie auch keine Möglichkeit hatten, aus der Menge herauszukommen, um ihre Notdurft zu verrichten«. Insbesondere in Kino- und Theatersälen würden sie durch feste Stuhlreihen und massiv eingreifende Ordner »in ihrer Bewegungsfreiheit gehindert« und ebenso daran, »ihre rhythmisch angeheizten Gefühlsregungen [...] durch körperliche Bewegungen abzureagieren«.[538] Das Symptom eines körperlichen Kontrollverlustes avancierte damit zur gewöhnlichen Notdurft, an deren Verrichtung die Polizeimaßnahmen die Teenager gehindert hatten. Dem von Medien gezeichneten Eindruck massenhafter unkontrollierter Trancezustände widersprach auch der (als Reaktion auf die »Schwabinger Krawalle« eingestellte) Münchner Polizeipsychologe Umbach 1965 nach eige-

535 Zit. n. Hoffbeck, »The Beatles in Minnesota«, S. 198.

536 Erfahrungsbericht über den polizeilichen Einsatz anläßlich von Beat-Veranstaltungen in der Neuen Welt und im Europa-Palast, Berlin, 23. 12. 1966, Bl. 2, PhS 3.43.3.

537 Ebd., S. 17.

538 Ebd., S. 8.

nen Feldforschungen.[539] Weitere Berichte brachen mit der These vom vollständigen Kontrollverlust, indem sie hervorhoben, dass einige weibliche Fans immer exakt dann in Tränen ausgebrochen seien, wenn sich die Kameras auf sie richteten oder sie ihr Kreischen unterbrachen, um die im Eifer des Gefechts herabgefallene Handtasche diszipliniert und ordentlich zu verstauen, bevor sie abermals ins vermeintlich enthemmte Kreisch-Konzert einstimmten.[540]

Solche Verhaltensweisen müssen nicht notwendigerweise ein Indiz für die Vorspiegelung »falscher Emotionen« sein, sondern lassen sich auch als absichtsvolle *navigation of feeling* (William Reddy) interpretieren.[541] So gesehen hätten die jungen Frauen, denen die gesellschaftliche Beachtung als öffentlichen Akteurinnen weitgehend versagt geblieben war, das mediale Interesse genutzt, um als solche sichtbar und anerkannt zu werden. Im Blitzlichtgewitter der Fotografen wurden sie zu aktiven Performerinnen ihrer Emotionen und erzielten damit eine Aufmerksamkeit, die im Resultat zu einer von den Jugendlichen durchaus erwünschten Debatte über ihre Bedürfnisse führte.

Selbst der Westberliner Polizeibericht über Beat-Konzerte, der sich ansonsten für kaum ein Ressentiment zu schade war, wandte sich »entschieden« gegen »die Ansicht einiger Erwachsener«, hier fänden »sexuelle Orgien der Jugend von heute« statt. »Rein erotische Verhaltensweisen« seien nicht zu erkennen gewesen, »kaum, daß einmal die hautengen Berührungen in dem Gedränge an der Bühne die Fans zu unsittlichen Berührungen verleiten«.[542] Der Interpretation eines primär sexuellen Erlebens widersprachen auch Selbstauskünfte der Fans. »Es war kein überwiegend sexuelles Ding«, erinnerte sich ein weiblicher Fan aus den USA, »es war mehr so, als wolltest du sie herzen und knuddeln – da waren sehr viele Emotionen in unseren Köpfen«.[543] Es spricht daher einiges dafür, die »Beatlemania« in erster Linie als eine emotionale Perfor-

539 Dr. Rolf Umbach, »Beat-Ekstase und Polizeieinsatz«, in: *Polizei Schau. Zeitschrift für die Berliner Polizei* 2 (1965), S. 75.

540 Vgl. Wicke, *Rock und Pop*, S. 27.

541 Vgl. Reddy, *The Navigation of Feeling.*

542 Erfahrungsbericht, Bl. 18. Allerdings sei es »backstage« gelegentlich zu sexuellen Kontakten zwischen Bandmitgliedern der Beatles und minderjährigen Fans gekommen, woraufhin die Kriminalpolizei ermittelte. Vgl. ebd., Bl. 19.

543 Berman (Hg.), *»We're going to see the Beatles!«*, S. 127.

mance zu verstehen. Konzerte waren nicht nur Orte eines Musikerlebnisses, sondern aus gefühlsgeschichtlicher Perspektive auch Arenen, in denen Emotionen gemeinschaftlich eingeübt und ausagiert wurden. Die Akteure solcher Performances waren nicht nur die Musiker auf der Bühne, sondern auch das Publikum. Wie die »Beatlemania« zeigt, war das von den Fans an den Tag gelegte Verhalten dabei nicht immer mit den Vorstellungen von Konzertveranstaltern, Plattenfirmen, Musikern und Management kongruent. Die Positionierung der Beatles als einer zwar frechen, aber gleichwohl für die Mittelschichten kompatiblen Musikgruppe scheiterte an den emotionalen Praktiken der Fans und führte zu massiven Konflikten zwischen der Band und ihrem Publikum – mit der oben beschriebenen Konsequenz, dass die Band sich entschloß, keine Konzerte mehr zu geben.

Abb. 66-67: Mit der »Bravo-Beatles-Blitztournee« schuf sich das Jugendmagazin den Anlass für die eigene Berichterstattung.

Die Musikstile Rock, Jazz und Beat trugen mit ihrer neu etablierten Institution der internationalen Tournee, wie gezeigt wurde, zur Konstituierung emotionaler Stile und ihrer internationalen Vermittlung bis in außerwestliche Räume und hinter den »Eisernen Vorhang« bei. Dabei standen diesmal keine amerikanischen, sondern aus Großbritannien stammende Klänge im Zentrum der Debatten Betrachtet man die Frühgeschichte der Beatles in Hamburg und die vielfältigen Amalgame ihrer Musik, so ist jedoch auch die »British Invasion« weniger als der transatlantische Richtungswechsel eines einseitigen Kulturtransfers, sondern vielmehr als das

Phänomen einer wechselseitigen Verflechtung zu verstehen.[544] Die emotionale Performance, die unter dem Begriff der »Beatlemania« verhandelt wurde, markierte das Ende eines längeren Prozesses, in dessen Verlauf sich das Publikumsverhalten tiefgreifend verändert hat. Am Beispiel der Beatles wird ersichtlich, wie Praktiken des Bürgertums (etwa das Fanverhalten bei Virtuosen-Konzerten des 19. Jahrhunderts) Mitte der sechziger Jahre des 20. Jahrhunderts allmählich die breite Mittelschicht erreichten, die dem Rock'n'Roll in den fünfziger Jahren noch skeptisch gegenüberstand. Allerdings ließ noch 1968 der *Stern* unter der anspielungsreichen Überschrift »Wollt ihr den totalen Beat?« die Musikpädagogin Gotho von Irmer zu Wort kommen, die unter Berufung auf Untersuchungen des Max-Planck-Instituts für Verhaltensphysiologie an Goldfischen davor warnte, dass Beatmusik den Herzschlag verändern könne, was – wie bei einer Hinrichtungsmethode »im alten China« – zum plötzlichen »Musiktod« führen könne.[545] Der Beat war vor allem anhand der emotionalen Performances weiblicher Fans Anlass für Skandalisierungen in den Medien, aber auch für einen Expertendiskurs, der neues Gefühlswissen produzierte. Die »Beatlemania« brachte zwar kurzfristig neue Zwangsmaßnahmen der *crowd control* hervor, führte langfristig aber zu einer grundlegenden Veränderung der kulturellen Bewertungsordnungen und Organisationsformen populärer Kultur. Dazu trugen maßgeblich neue Medienformate bei, denen sich das folgende Kapitel widmet.

4.4. Pop-Zines, Beat-TV und Jugendsender: Verschriftlichung, Visualisierung und Juvenilisierung der Medien

Zu Beginn der »Beatlemania« war auch der *New Statesman* auf das Pop-Phänomen aufmerksam geworden. Es handele sich bei

544 So beschreibt es auch John Davis, »›Die Briten kommen.‹ British Beat and the Conquest of Europe in the 1960s«, in: Martin Conway, Kiran Klaus Patel (Hg.), *Europeanization in the Twentieth Century*, New York 2010, S. 229-252, hier: S. 243.

545 »Wollt ihr den totalen Beat?/Macht Beatmusik krank? Die Frage an den Experten«, in: *Stern* 40 (03.10.1968), S. f.

der Liverpooler Band um durchaus liebenswürdige junge Leute, schrieb der Jazz-Kolumnist der linken britischen Wochenzeitung im Herbst 1963, doch habe die Band ungeachtet ihrer Fähigkeit zur Erweckung weiblicher »Teenager-Hysterie« keinen tieferen Eindruck bei ihm hinterlassen.[546] Im Gegenteil: Es gehe bei der Beatmusik nicht um Musik, sondern nur um den »sound«, um ein elektrisch verstärktes Geräusch nach Machart des Rock'n'Roll, das sich allenfalls als *musique concrète* der Massen verstehen lasse. Über die Bedeutung und die Popularität der Urheber dieses Geräuschphänomens machte sich der Kolumnist keine Illusionen: »In 29 Jahren wird nichts von ihnen überlebt haben.«[547]

Diese so nüchterne Vorhersage war mit dem Autorennamen Francis Newton gezeichnet – ein Pseudonym, hinter dem sich der frisch promovierte Historiker Eric Hobsbawm verbarg, der seit Mitte der fünfziger Jahre eine Jazz-Kolumne für den *Statesman* schrieb.[548] Bezogen auf die Beatles war die Zukunftsprognose des Vergangenheitsexperten zwar nicht sehr hellsichtig, gemessen an anderen zeitgenössischen Äußerungen jedoch ungewöhnlich gelassen, denn bei den meisten anderen Jazz-Kennern erregte die neue Popmusik ähnlich starke Abwehrreflexe, wie sie wenige Jahrzehnte zuvor Swing und Jazz bei Hörern klassischer Musik ausgelöst hatten. Hobsbawm hingegen schenkte weder der von ihm schon sogenannten »Pop-Kultur« im Allgemeinen, noch der »sympatischen Gruppe von Burschen« aus Liverpool im Besonderen größere Aufmerksamkeit.[549]

Die kleine Jazz-Kolumne im *New Statesman*, damals noch ein »amtierender Wächter über die britische Hochkultur«, war einer der wenigen Orte, an denen neue Musikstile in Kategorien der Ästhetik verhandelt wurde.[550] Nur wenige Kritiker – neben Hobsbawm schrieb in Großbritannien auch der Deutsche Ernest Bornemann

546 Francis Newton, »Beatles and Before«, in: *New Statesman* (08. 11. 1963), online: ⟨http://www.newstatesman.com/society/2007/06/beatles-music-blues-1963⟩, letzter Zugriff 23. 05. 2017.

547 Ebd.

548 Wie Hobsbawm noch kurz vor seinem Tod in der *London Review of Books* bekannte, war sein Pseudonym eine Hommage an den kommunistischen Swing-Trompeter Frankie Newton. Vgl. Eric Hobsbawm, »Diary«, in: *London Review of Books* 32 (2010), S. 41.

549 Newton, »Beatles and Before«.

550 Vgl. Hobsbawm, *The Jazz Scene*, S. xviii.

eine Jazz-Kolumne – widmeten sich dieser Musik.[551] Zwar gab es in den USA erste Kritiker, die – wie Clyde Reid – auch Konzerte von R&B-Musikern besprachen, doch erschienen solche Texte fast ausschließlich in den Spalten afroamerikanischer Zeitungen.[552] (Hobsbawm etwa schrieb auch deswegen unter Pseudonym, weil er »annahm, dass seine Aufstiegschancen gegen Null gingen«, falls seine Kollegen von seinen Veröffentlichungen zum Jazz erführen.)[553] Die meisten Medien behandelten die neuen Musikstile als vorübergehende Modephänomene von Teenagern, die unter den Zeitungsleserinnen ohnehin eine zu vernachlässigende Größe bildeten. In der Tagespresse wurde über sie, wenn überhaupt, dann in einer skandalisierten oder distanzierten Form berichtet; Popmusik galt dort als Ursache oder Symptom einer sozialen Abweichung, nicht jedoch als eine ästhetisch ernstzunehmende Klangkunst. Selbst ausgewiesene Musikzeitschriften wie der 1926 gegründete britische *Melody Maker* oder der seit 1952 mit ihm konkurrierende *New Musical Express (NME)* hatten sich in den Fünfzigern nur zögerlich dem Rock'n'Roll geöffnet.

Erst in den frühen Sechzigern entstanden neue Formate in Print und elektronischen Medien, die mit anderen Semantiken und Semiotiken zur Verschriftlichung und Visualisierung der bisher vor allem auditiv geprägten jungen Popkultur beitrugen. Diese Entwicklung wurde zumeist als eine Verschiebung weg von erzieherischen und hin zu unterhaltenden Formaten beschrieben. Kennzeichnend für diese neuen Formate war ihr transmedialer und transnationaler Ansatz, weshalb ihre Entstehung von starken nationalkulturellen und elitären Vorbehalten innerhalb und außerhalb der Medien gebremst wurde. Während die neuen illustrierten Zeitschriften wesentlich zu einer Verschriftlichung der Popkultur beitrugen und erste Ansätze einer Historisierung und Kanonisierung der Musikstile der fünfziger Jahre entwickelten, dienten expe-

551 Im *Melody Maker*. Vgl. Siegfried, *Time Is on My Side*, S. 336; ders., *Moderne Lüste. Ernest Bornemann – Jazzkritiker, Filmemacher, Sexforscher.* Göttingen 2015, S. 116.

552 Vgl. exempl. die Kolumne »Backstage with Clyde Reid«, in: *New York Amsterdam News* (16.06.1956), S. 28.

553 Dies vermutet Peter Burke, »Zwei Hobsbawms?«, in: Andreas Linsenmann, Thorsten Hindrichs (Hg.), *Hobsbawm, Newton und Jazz. Zum Verhältnis von Musik und Geschichtsschreibung*, Paderborn 2016, S. 31-36, hier: S. 31.

rimentelle Fernsehformate als Versuchslabor einer popspezifischen visuellen Ästhetik. Wie dieses Kapitel argumentieren wird, waren sie damit keineswegs nur unterhaltend, sondern betrieben die Etablierung neuer popspezifischer Wissensbestände, propagierten Verhaltenscodes, die erlernt werden mussten und als Subjektivierungsressourcen dienten, und trugen wesentlich zur Internationalisierung der Popkultur bei.

4.4.1. *Salut les magazines*: Vom Fanzine zur Pop-Zeitschrift

Jugendzeitschriften gab es schon im späten 19. Jahrhundert, doch hatten sie sich oftmals an Jugendbewegungen und Organisationen orientiert, die überwiegend nach Geschlechtern getrennt organisiert waren.[554] *Der gute Kamerad* etwa adressierte seit 1886 Jungen mit Modellbauanleitungen, Kriegs- und Seefahrererzählungen, Lagerfeuerromantik und Technikbegeisterung, während Mädchenzeitschriften wie die seit 1917 von der amerikanischen Girl Scout Association herausgegebene *The American Girl* auf Tiergeschichten, Anstandsregeln und Hausarbeit festgelegt waren.[555] Diese Zeitschriften dienten der Konstituierung und Einübung wehrhafter und technikzentrierter Männlichkeit auf der einen und häuslicher und mütterlicher Weiblichkeit auf der anderen Seite und standen oftmals in der Einflusssphäre konfessioneller oder politischer Verbände.[556]

Diese Rollenschemata wurden in der ersten Hälfte des 20. Jahrhunderts zunehmend aufgebrochen, in Frankreich etwa durch die Entstehung einer sogenannten *presse distractive*, die mit unterhaltenden Produkten, zum Beispiel Comics, der traditionellen *presse*

554 Die ersten englischen Mädchenzeitschriften werden auf das Jahr 1864 datiert, vgl. Penny Tinkler, *Constructing Girlhood. Popular Magazines for Girls Growing Up in England, 1920-1950*, London 1995, S. 45.

555 Vgl. Hans-Heino Ewers, *Erfahrung schrieb's und reicht's der Jugend. Geschichte der deutschen Kinder- und Jugendliteratur vom 18. bis zum 20. Jahrhundert*, Frankfurt/M. 2010, S. 197, Fn. 113.

556 Amerikanische Mädchenzeitschriften waren oft konfessionell geprägt wie etwa *The Catholic Girl*, *Catholic Miss* oder *Queen's Gardens*. Vgl. hierzu Kelley Massoni, *Fashioning Teenagers. A Cultural History of Seventeen Magazine*, Walnut Creek 2010, S. 29.

éducative Konkurrenz machte.[557] Dies hatte auch mit warenökomischen Veränderungen zu tun. Eine eigenständige Jugendmode, die sich an junge Menschen in ihrem zweiten Lebensjahrzehnt richtete, näherte sich in den dreißiger und vierziger Jahren allmählich den Produktionszyklen und Stilwechseln der Erwachsenenmode an.[558] Die seit 1935 in den USA erscheinende *Mademoiselle* etwa stellte speziell Bekleidung für junge Frauen zwischen 18 und 34 Jahren vor und trug so wesentlich zur Ausdifferenzierung eines altersspezifischen Geschmacks bei. In den vierziger Jahren erschienen vermehrt eigenständige Jugendmodemagazine, die sich über Werbeanzeigen der Bekleidungsindustrie finanzierten. Im Zweiten Weltkrieg war dann die Erwerbstätigkeit von Frauen und Jugendlichen aufgrund der Abwesenheit erwachsener Männer exponentiell gestiegen. So waren zu Kriegsende zwei von fünf Amerikanerinnen und Amerikanern im Alter zwischen 16 und 17 Jahren erwerbstätig, wodurch auch die Kaufkraft der amerikanischen Jugendlichen erheblich wuchs.[559] Diese Prozesse stimulierten die Entwicklung neuer Produkte, die vor allem auf die mittleren und gehobenen Einkommen abzielten.[560]

Sogenannte *teen shops* spezialisierten sich auf Jugendmode und inserierten gezielt in den Anzeigensektionen von Zeitungen und Magazinen.[561] Um diesem Anzeigenaufkommen der Industrie ein Forum zu verschaffen, entwickelten die Zeitungsverlage neue, auf Jugendliche spezialisierte Zeitschriften. Dafür mussten altersspezifische Medieninhalte entwickelt werden. Eine wesentliche Rolle spielte die Illustrierte *Seventeen*, die 1944 erstmals erschien und als eine Mittlerin zwischen den spielerischen *All American Girl Maga-*

557 Vgl. Jean-Marie Charon, »Lire et grandir en s'amusant ou la grande aventure de la presse des jeunes«, in: *Éla* 130 (2003), S. 223-236, hier: S. 226.

558 Die amerikanische *Vogue* diagnostizierte im Juli 1945 eine »Teenage Revolution«, die sich darin zeige, dass Geschäfte und Kaufhäuser Jugendliche als eine Kundschaft umwarben, die einen eigenen Stil ausgeprägt habe. Vgl. Jon Savage, *Teenage. Die Erfindung der Jugend (1875-1945)*, Frankfurt/M., New York 2008, S. 470.

559 Im Jahr 1944 auf rund 750 Millionen Dollar, vgl. Osgerby, *Youth Media*, S. 19.

560 Vgl. Massoni, *Fashioning Teenagers*, S. 30.

561 Etwa das 1934 in New York eröffnete Kaufhaus Lord & Taylor »for girls of 12, 14, 16«. Vgl. ebd., S. 28. Andere Autoren datieren die Entstehung eines eigenständigen Marktes für spezielle Jugendprodukte schon auf die Zwanziger, vgl. Osgerby, *Youth Media*, S. 18.

zines und den konsumorientierten neuen Modemagazinen fungierte, indem sie Elemente aus beiden Sphären zusammenführte. Das auflagenstarke Heft richtete sich an *college girls* aus der oberen Mittelschicht, die über eine entsprechende Kaufkraft verfügten.[562] In den fünfziger und sechziger Jahren erschienen vermehrt geschlechterübergreifend ausgerichtete Jugendmagazine, die sich nicht nur an textilen Moden, sondern auch an Film und Fernsehen sowie an Rock, Schlager und Jazz ausrichteten.[563] Traditionsreiche Musikzeitschriften wie der britische *Melody Maker* und das schon 1894 gegründete amerikanische Branchenmagazin *Billboard* hatten sich ebenso wie Rundfunkprogrammzeitschriften primär an Erwachsene gerichtet, während die Organe der Jugendverbände von pädagogischen Vorstellungen geprägt waren. In die Lücke zwischen diesen unterschiedlichen Formaten stießen allmählich neue Teenagermagazine vor, die wesentlich zur Konstituierung einer Lebensphase beitrugen, die es so zuvor nicht gegeben hatte und die Jon Savage daher als das »Teenage« bezeichnet.[564]

Nicht nur in den USA, wo seit den vierziger Jahren eine Fülle neuer Teenagermagazine an den Kiosken um junge Käufer konkurrierte, sondern auch in Europa setzten sich neuen Formate durch – allerdings aufgrund der Nachwirkungen des Zweiten Weltkriegs etwas später, im Zuge des in den fünfziger Jahren einsetzenden wirtschaftlichen Aufschwungs. In Großbritannien warben auflagenstarke Magazine verstärkt um junge Leserinnen: ab 1956 *Mirabelle*, ab 1959 *Boyfriend* und ab 1964 *Jackie*, die es zeitweise auf mehr

562 Die Startauflage betrug 530000 und stieg innerhalb von sechs Monaten auf 650000 Exemplare. Vgl. Savage, *Teenage*, S. 450.

563 Vgl. Aline Maldener, »Fabulous consumerism? Mediale Repräsentationen jugendlicher Konsumkultur in westdeutschen, britischen und französischen Jugendzeitschriften der 1960er und 1970er Jahre«, in: Hüser (Hg.), *Populärkultur transnational*, S. 199-224, hier: S. 202 f.

564 1942 verwendete etwa die *New York Times* erstmals den Begriff »Teenager«, und zwar in dem Artikel »›Tricks‹ Bring Crowd to Buy War Stamps« über den Verkauf von Kriegsbriefmarken in einer High School am 18. 10. 1942. Vgl. hierzu Massoni, *Fashioning Teenagers*, S. 27. Etwa zur selben Zeit findet der Begriff Eingang in die Lexika. Vgl. hierzu Kelly Schrum, *Some wore Bobby Socks: The Emergence of Teenage Girls' Culture, 1920-1945*, New York 2004, S. 18 f. Savage wertet *Seventeen* als Zäsur in der Erschaffung des Teeangers: Mit dem Erscheinen der ersten Ausgabe vollendete sich für ihn ein fünfzig Jahre währender Prozess der Erschaffung des Teenagers. Vgl. ders., *Teenage*, S. 463-474.

als 600 000 verkaufte Exemplare in der Woche brachte.[565] Eine große Zirkulation erzielte auch die seit April 1960 im Fleetway-Verlag erscheinende Zeitschrift *Honey*, die ab Oktober 1960 den Untertitel *For the Teens and Twenties* führte, der 1962 wiederum abgeändert wurde zum hedonistischeren *Young, Gay, and Get-Ahead*.[566]

Einige Gründungen wie die britischen Magazine *Rave* oder *The Mod's Monthly* hatten zunächst eher den Charakter von Fanzines, die sich als Sprachrohre subkultureller Straßenstile verstanden, expandierten aber schnell und dienten als Brücke zur Mode- und Musikindustrie. Schon das Editorial der ersten Nummer des *Monthly* kündigte an, sich künftig auf die »Essentials« zu konzentrieren.[567] »Mod« erschien darin als die Summe der konsumierten Produkte. Auf dem mit formatfüllenden Fotos gestalteten Cover in moderner Typographie zeigten Schlagworte an, worum es inhaltlich gehen sollte: »Schuhe Hüte Mäntel Platten Tänze«.[568] Der Erfolg war für ein Medium, das sich an ein subkulturelles Publikum richtete, beachtlich: Nach Verlagsangaben hatte die erste Ausgabe des neuen Magazins bereits 50 000 Abonnenten.[569] (Abb. 68)

565 *Jackie* startete mit einer Auflage von rund 340 000 Exemplaren, *Boyfriend* mit 418 000 und *Mirabelle* in den 1950ern mit mehr als 540 000 Heften wöchentlich. Vgl. Angela McRobbie, *Feminism and Youth Culture*, New York 2000, S. 67. McRobbie datiert das erste Heft auf 1964 (ebd., S. 81), tatsächlich erschien es bereits 1962.

566 Vgl. die Sammlerwebsite *Magforum,* ⟨http://www.magforum.com/glossies/music_magazines.htm⟩, letzter Zugriff 06. 01. 2019.

567 *The Mod's Monthly* 1 (März 1964), S. 3.

568 Ebd.

569 Ebd.

Abb. 68-71: Neue Zeitschriften als Sprachrohre einer internationalisierten Jugendkultur.

Zum Marktführer entwickelte sich in Großbritannien die 1964 ebenfalls bei Fleetway Publications gestartete Zeitschrift *Fabulous* mit 300 000 verkauften Exemplaren im ersten Jahr.[570] Ein Jahr darauf lasen das Magazin dessen eigenen Angaben zufolge eine halbe Million Menschen.[571] Gegründet von der Journalistin Unity Hall, die zuvor für die Mädchenzeitschrift *Princess* gearbeitet hatte, war sie sowohl von der Mod-Bewegung als auch von der »Beatlemania« inspiriert.[572] Das Adjektiv im Titel war dem vom Journalisten und zeitweiligen Pressesprecher der Beatles Tony Barrow geprägten Slogan »the fab four« entnommen und hatte sich rasch zum jugendsprachlichen Modewort der Sixties entwickelt.[573] Ebenso wie *Rave* war *Fabulous* bis ins Grafikdesign von den klaren Linien und avantgardistischen Schrifttypen des *Modernism* beeinflusst und entwickelte eine eigene Pop-Ästhetik, die in Typographie und Layout an die Bildsprache von Plattencovern anknüpfte.[574] (Abb. 69) Mitte der Dekade kamen neue Titel wie *Petticoat* hinzu.[575] Im Fokus dieser Zeitschriften standen Teenager-Trends und -Moden, da das übergeordnete ökonomische Ziel das Anzeigengeschäft mit der jungen Konsumentengruppe war.

Viele dieser Printmedien entwickelten sich in trans- beziehungsweise intramedialen Zusammenhängen. Zum wichtigsten Organ der französischen Yé-yé-Bewegung schwang sich in der ersten Hälfte der sechziger Jahre die Zeitschrift *Salut les copains* (*SLC*) auf, die von 1962 bis 1976 erschien.[576] Schon 1959 hatte der Sender Europe 1 unter diesem einem Chanson von Gilbert Bécaud entliehenen Titel ein Hörfunkformat gestartet, das bis Ende der sechziger Jahre bestand.[577] Im Zentrum der von Werbeeinspielungen und Jingles

570 Vgl. Chris Tinker, »Shaping 1960s Youth in Britain and France: Fabulous and Salut les copains«, in: *IJCS* 14 (2011), S. 641-657, hier: S. 642.

571 Vgl. Jonathon Green, *All Dressed Up. The Sixties and the Counterculture*, London 1999, S. 45. Die Zahl erscheint im Vergleich zu anderen Magazinen und angesichts der semiprofessionellen Machart des Magazins jedoch sehr hochgegriffen.

572 Vgl. Tinker, »Shaping 1960s Youth«, S. 643.

573 Vgl. Kenneth Womack, *The Beatles Encyclodpedia. Everything Fab Four*, Santa Barbara 2014, s. v. »Tony Barrow«, S. 77.

574 Vgl. *Fabulous* 1 (Februar 1964).

575 Um 1966. Vgl. Tinker, »Shaping 1960s Youth«, S. 643.

576 Vgl. ebd., S. 642; Bodo Mrozek, Paolo Prato, *EPMOW*, s. v. »Yé yé«, S. 558-559.

577 Vgl. Gilbert Bécaud, »Salut Les Copains«, »Incroyablement«/»Les Marchés de Provence«, »Pour Qui Veille l'Étoiles« (FR 1958) La Voix de son Maître 7 EGF 284 [EP].

durchzogenen Sendung (*»Toutes vos vedettes ... de cinq à sept«*)[578] standen Schallplatten, der Wortanteil war eher kurz gehalten. Die Stars wurden mit Vornamen (Johnny und Sylvie) wie Freunde oder Familienmitglieder präsentiert, über deren Privatleben detailliert berichtet wurde.[579] Damit adaptierte die Sendung weitgehend die Prinzipien des amerikanischen TOP-40 Radios.[580] Zwar stand der frankophone Rundfunk in einer eigenständigen französischen Privatradio-Tradition, doch hatte der Generaldirektor von Europe 1, Louis Merlin, in seiner Zeit bei Radio Luxemburg den amerikanischen Rundfunk bei einem längeren Aufenthalt in den USA ausführlich studiert und Elemente wie die Kultivierung identifizierbarer Sprecher-Persönlichkeiten und bestimmte Moderationstechniken nach Frankreich importiert.[581] Die Sendung war außerordentlich erfolgreich, wie sich an den bis zu 40 000 Hörerzuschriften pro Woche ablesen ließ.[582]

Die Journalisten Daniel Filipacchi und Frank Ténot (beide ebenso wie die *Fabulous*-Macherin Unity Hall Mitte 30) konzipierten 1962 in Kooperation mit dem Sender eine gleichnamige Zeitschrift nach dem Vorbild amerikanischer Magazine und begründeten so eine frühe transmediale Strategie, die für die Popmedien der sechziger Jahre typisch wurde.[583] (Abb. 70 sowie oben, Abb. 43) In Großbritannien etwa kam es zu der bereits beschriebenen Zusammenarbeit zwischen dem *Mod's Monthly* und der BBC-Sendung *Ready Steady Go!*, und auch die bundesdeutsche Zeitschrift *Bravo* kooperierte wenig später mit Radio Luxemburg, indem beide eine gemeinsame Hitparade veröffentlichten – ebenso wie die britische

578 »Alle eure Stars ... von fünf bis sieben«.

579 Vgl. exmpl. das Sendungsprotokoll vom 21. 05. 1965 in: Christophe Quillien, Jean Marie Périer, *Nos annés Salut les copains 1959-1967*, Paris 2009, S. 6 f.

580 Siehe dazu oben, Kap. 3.6.2.

581 Vgl. Comité de l'Histoire de la Radiodiffusion (Hg.), *Histoire Générale de la Radio et de la Télévision en France*, Bd. II: *1944-1974*, hg. v. Christian Brochand, Paris 1994, S. 360.

582 Vgl. Sébastien Le Pajolec, »Le cinéma et les yéyés. Un rendez-vous manqué ?«, in: Ludivine Bantigny, Ivan Jablonka (Hg.), *Jeunesse oblige. Histoire des jeunes en France: XIXe-XXIe siècle*, Paris 2009, S. 183-198, hier: S. 185; Luc Bernard, *Europe 1. La grande histoire dans une grande radio*, Paris 1990, S. 84.

583 Sie war allerdings keine Novität, denn schon in den Vierzigern begleitete Radio Luxemburg etwa mit der Zeitschrift *C'est la vie* sein Frauenprogramm *Rein d'un jour*. Vgl. Jehle, *Welle der Konsumgesellschaft?*, S. 222 f.

Jugendzeitschrift *Fabulous*, die sich zum Start dieser Kooperation 1966 in *Fabulous 208* umbenannte und damit die Sendefrequenz von Radio Luxemburg in den Titel aufnahm.[584] Der Erfolg der einzelnen Formate wurde vom Zusammenspiel verschiedenartiger Medien wesentlich begünstigt.[585] Die Printausgabe von *Salut les copains* entwickelte sich rasant: Gegen Ende des ersten Jahres verkaufte *SLC* bereits 500 000 Exemplare des oftmals mehr als 100 Seiten starken Heftes an den französischen Kiosken, und binnen kurzem stieg die Zahl auf eine Million.[586]

Schon das erste Heft setzte ganz auf die neue Musik zwischen Rock und der gerade erst entstehenden Yé-yé-Welle.[587] Die Szene junger frankophoner Musiker, deren Jugendkult der Chansonnier Serge Gainsbourg in seinem Lied »Chez les yé-yé« ironisierte (»Non rien n'aura raison de moi/J'irai chercher ma Lolita/Chez les yé-yé«), versammelte Künstler ganz unterschiedlicher Genres, darunter Rock und Pop und *variété populaire*.[588] Die Zeitschrift druckte Liedtexte zum Mitsingen von Stars wie Petula Clark, Richard Anthony oder Jeanne Moreau. Die Informationen über deren Privatleben wurden mit zielgruppenorientierten Produktwerbungen verbunden. Der aus dem Film *Beat Girl*[589] bekannte britische Filmstar Gillian Hills warb etwa für die Vespa GT, die Jeans-Marke Coddy präsentierte sich als »der Kreateur der Rock- und Twist-Mode in Frankreich« und Gitarrenhersteller präsentierten für Rockmusik optimierte Modelle. Auch Plattenlabel bewarben ihre Erzeugnisse, so etwa die Polydor, die eine EP von Audrey Arno mit Titeln wie

584 Vgl. Chris Tinker, »Mixed Masculinities in 1960s British and French Youth Magazines«, in: *JPC* 7 (2014), S. 84-108, hier: S. 86.

585 Vgl. Claire Blandin, »Radio et magazine: une offre plurimédia pour les jeunes des sixties«, in: *Le Temps des Médias* 21 (2013-14), S. 134-142, bes. 137-139; Anne-Marie Sohn, *Âge tendre et tête de bois. Histoire des jeunes des années 1960*, Paris 2001, S. 83.

586 Le Pajolec, »Le cinéma et les yéyés«, S. 642.

587 Edgar Morin, »Salut les copains I: Une nouvelle classe d'âge« / »Salut les copains II: Le ›Yé-yé‹«, in: *Le Monde* (06./07./08. 07. 1963); Philippe Birgy, »›Si cette histoire vous amuse, on peut la recommencer‹. Le yéyé et l'importation de contre-culture américaine«, in: *Volume!* 9 (2012), S. 151-167.

588 Serge Gainsbourg, »Chez les yé-yé«, »Le temps des yoyos«/»Elaeudanla Teïteïa«, »Scenic Railway« (FR 1964) Philipps Medium 434.888 BE [EP]. Vgl. die Lyrics in: ders., *Mon propre rôle I*, Paris 2014, S. 101-103.

589 *Beat Girl* (GB 1960, R.: Edmont T. Gréville).

»Viens Twister« anpries.[590] Daneben widmeten sich Porträts den Interpreten der Musik, zum Beispiel der »Petite Mademoiselle Dynamite« Brenda Lee, und ein »Pro und Contra« diskutierte den in schwarzem Ganzleder-Outfit posierenden Rock'n'Roll-Musiker Vince Taylor, einen französischen Wiedergänger des amerikanischen Rockabilly-Sängers Gene Vincent.[591] Für die Leserinnen gab die Sängerin Sylvie Vartan Einblick in ihren Alltag zwischen Friseur, Kleiderschrank und Hobbys.[592] Es wäre jedoch zu kurz gegriffen, in diesen Inhalten die bloße »Kommerzialisierung« zu sehen, die schon im zeitgenössischen Diskurs als Vorwurf erhoben wurde und zu Zensurdebatten führte. Gerade die Berichte über das Privatleben von Stars enthielten ebenso wie Musikstücke, Tanzschritte und Produktinformationen Anleitungen für einen altersspezifischen Lebensstil, dessen Codes als Subjektivierungsressourcen eines neuen *generation building* genutzt wurden.

Salut les copains etwa inszenierte offensiv den Konflikt mit der älteren Generation, der auch traditionelle Medien und Experten beschäftigte. Über dem Foto eines mit einem Dutzend Teenagern besetzten Cabrios wandte sich die Überschrift an die jugendlichen Leser und fragte, ob sie Ärger mit ihren Eltern bekämen, sollten diese sie auf einem solchen Foto erblicken. Neben den klar im Zentrum stehenden Musikerporträts, die große Schnittmengen mit den in Anzeigen beworbenen Schallplatten der Musikindustrie aufwiesen, widmete sich ein »um das Tonbandgerät herum« zwischen Teenagern initiiertes Rundgespräch jeweils einem kontroversen Thema von ethischen Dimensionen. So diskutierten Jugendliche ihre Position zu Politik und Philosophie, Moral und kollektiven Werten, darunter auch umstrittene Fragen wie die Haltung zum Militärdienst und zum Krieg in Algerien.

Der Schwerpunkt lag jedoch – wie schon in der Rundfunksendung – auf den Stars. In Homestories wurden deren vermeintliche Privatleben und Konsumvorlieben inszeniert. Intime Fotos zeigten Elvis bei der Musterung einzig mit einer Unterhose bekleidet und im Gespräch mit seinen Eltern. Den größten Anteil nahmen jedoch

590 Vgl. *SLC* 1 (September 1962), S. 3-10.

591 Vince Taylor ist das Pseudonym des in London geborenen Maurice Brian Holden.

592 Ebd.

die neuen französischen Stars ein. Die Entscheidung zwischen Jazz und Pop, für die älteren Musikmagazine in Großbritannien noch in der Schwebe, war hier bereits klar gefallen; die Grundsatzfrage »Jazz oder Pop?«, die eine Zwischenüberschrift kontrovers zu verhandeln vorgab, war daher rein rhetorisch.[593] Von den in der eigenen Hitparade vorgestellten Rock- und Twiststars kamen in der ersten Ausgabe nur vier angelsächsische auf neun frankophone Musiker. Ebenso wie ihr deutsches Pendant *Bravo* war *SLC* kein Medium einer vollständigen Internationalisierung oder Amerikanisierung der Musik, sondern diente auch der Etablierung eines Ensembles französischer Stars, die bei den Plattenfirmen der in der Zeitschrift werbetreibenden nationalen Musikindustrie unter Vertrag standen. Diese an angloamerikanischen Vorbildern orientierte, aber überwiegend frankophone Musikszene fand in *SLC* ihr wichtigstes Printmedium, auch wenn konkurrierende Zeitschriften an ihrer Erfolgsformel partizipierten – etwa die an eine gleichnamige Fernsehsendung angelehnte *Âge tendre* (ab 1963) sowie die für eine weibliche Zielgruppe entwickelte *Mademoiselle Âge tendre* (ab Oktober 1964) mit bis zu 500 000 verkauften Exemplaren.[594]

Der selbsterklärte Anspruch von *Salut les copains* als Leitmedium einer neuen Jugendmusikszene kam in einem Rückblick auf die Ära der *classic rocker* zum Ausdruck.[595] Darin verabschiedete das Magazin die bisherige Rockmusik retrospektiv und positionierte sich selbst als Sprachrohr einer neuen Phase, indem es die »großen europäischen Sänger« Eddy Mitchell, Johnny Hallyday, Adriano Celentano und Cliff Richard als die musikalischen Erben der »legendären Pioniere« Buddy Holly, Elvis Presley und Little Richard – und auch der Blues-Musiker der ersten Jahrhunderthälfte – präsentierte. Damit zog *SLC* nicht nur eine transatlantische Verbindungslinie, sondern auch eine Trennlinie zwischen den alten und den neuen Musikern, welchen sich die Berichterstattung des Magazins in den darauffolgenden Jahren exklusiv widmete. In solchen frühen Reflexionen sind zudem erste Ansätze einer Popgeschichtsschreibung zu erkennen, wenn auch noch im Stile einer wenig dif-

593 »Sidérantes, ces Spotnicks!«, in: *SLC* 10 (Mai 1963), S. 42.

594 Vgl. Sohn, *Âge tendre*, S. 83.

595 »À la recherche des legendaires pioniers: l'épopée du rock«, in: *SLC* 14 (September 1963), S. 22-25 u. S. 108.

ferenzierten Mythenbildung, die sich Musikerbiographien in einer nahezu hagiographischen Weise näherte.[596]

Auch andere Sender folgten dem Beispiel von Europe 1. Radio Luxemburg brachte die Magazine *Formidable* und *Hello* heraus, die allerdings nicht denselben Bekanntheitsgrad erreichten und nach wenigen Jahren eingestellt wurden.[597] Die Zeitschrift *Bonjour les amis* war schon am Titel klar als Imitat erkenntlich.[598] Eine popmusikalisch andere Ausrichtung hatte die bereits vor *SLC* von dem 19 Jahre alten Jean-Claude Berthon gemeinsam mit etwa Gleichaltrigen in Nancy gegründete *Disco revue* (1961-1967), die als Geburtsstätte der französischen Pop-Kritik gilt, aber dem älteren Rock'n'Roll verhaftet war – wie der als Alleinstellungsmerkmal positionierte Untertitel *La seule revue de rock'n roll* bekräftigte, der zeitweilig um den Zusatz *et twist* sowie *internationale* erweitert wurde.[599] Die Auflage der *Disco revue* blieb mit geschätzten 40 000 bis 80 000 Exemplaren jedoch weit hinter der von *SLC* zurück.[600] Im Fokus ihrer Berichterstattung standen nicht so sehr die frankophonen, sondern vor allem die angloamerikanischen Alt-Stars des Rock'n'Roll. In den redaktionseigenen Charts »die Auswahl der Leser – Einstufung der ausländischen Titel« wurden phasenweise fast alle Plätze von US-amerikanischen Musikern belegt, deren Porträts auch die Bildstrecken im Heft füllten: von Gene Vincent über Eddie Cochran bis zu Fats Domino.[601] Vorbild war zunächst der britische *New Musical Express*, der in dieser Zeit eine ähnliche Auswahl favorisierte, doch schwenkte auch die *Disco revue* Anfang der Sechziger auf französische Musiker der Yé-yé-Welle ein, solange diese sich dem Schema »Rock« zuordnen ließen. Ähnlich wie die deutsche *Bravo* war auch die *Disco revue* ein Medium der Vernet-

596 Vgl. auch die Elvis- und James-Dean-Stories, die in der *Bravo* ab Heft 15 in Fortsetzungen erschienen, geschrieben teils »vom Chefkorrespondent [sic!] in Hollywood«.

597 Vgl. Jehle, *Welle der Konsumgesellschaft?*, S. 240.

598 Vgl. Tinker, »Shaping 1960s Youth«, S. 642.

599 Vgl. Florence Tamagne, »Aux origines de la critique rock en France dans les années 1960. L'exemple de *Disco Revue*«, in: Pascal Goetschel u. a. (Hg.), *Lire, voir, entendre. La réception des objets médiatiques*, Paris 2010, S. 242-251, hier: S. 242. Die Zeitschrift benannte sich 1964 um in *Disco revue. Le lien international des Rockers* (DRI) und im November 1966 noch einmal in *Les Rockers* (LR).

600 Vgl. ebd., S. 249.

601 Vgl. *Disco revue* 20 (Oktober 1963), S. 3.

zung von Fans: Der vom Chefredakteur Berthon gegründete Club des rockers hatte 4000 Mitglieder und trat – auch dies eine Parallele zu deutschen und britischen Zeitschriften – als Organisator von Rock-Veranstaltungen in einschlägigen Clubs hervor.[602]

Im Dezember 1966, dem Jahr, in dem auch die deutsche Wochenzeitschrift *Pop Rocky* startete, erschien mit dem kleinformatigen *Disco Guide* in Frankreich eine weitere der Popmusik gewidmete Zeitschrift, herausgegeben von der Société des Arts et du Spectacle (SODAS).[603] Während der redaktionelle Teil die üblichen Star-Porträts bot, bildete ein ausführlicher Schallplattenkatalog mit alphabetischem Register auf farblich abgehobenem Papier einen beträchtlichen Teil des Heftes, das sich damit explizit an Schallplattenkäufer wandte. Zwar standen mit französischen Musikern wie Jacques Dutronc und Eddy Mitchell sowie internationalen Stars wie den Rolling Stones vor allem Exponenten des Pop und Rock im Vordergrund, doch widmeten sich ständige Rubriken auch dem Jazz und der klassischen Musik. Dazu gab es eine Hitparade mit einer Tabelle zum Selberausfüllen, die Raum für ein persönliches Ranking der Leser bot. Wie es im Editorial der ersten Ausgabe hieß, verstand sich das Heft als Werkzeug sowohl für Amateure als auch für Profis des Musikgeschäftes.[604] In dieser Charakterisierung kommt die Funktion der neuen Musikzeitschriften zum Ausdruck: Sie füllten eine Lücke, die traditionelle Medien mit ihrer Ignoranz bis hin zur Kriminalisierung neuer Musikstile gelassen hatten; sie dienten der Konstituierung eines spezifischen Popwissens, gaben Informationen über Stars, setzten die unterschiedlichen Genres auch historisch zueinander in Beziehung und boten erste Ansätze der Entwicklung eines Vokabulars zur ästhetischen Beschreibung und Einordnung von Popmusik.

In Westdeutschland spielte eine ursprünglich als Erwachsenenmedium konzipierte Zeitschrift die wichtigste Rolle. Die im August 1956 mit einer Startauflage von rund 30 000 Exemplaren erstmals erschienene *Bravo* eroberte in den frühen Sechzigern allmählich die Position eines Leitmediums unter den neuen popaffi-

602 U. a. im Golf Drouot, im Locomotive und im Palladium. Vgl. Tamagne, »Aux origines de la critique rock«, S. 243.

603 Vgl. Joachim H. Knoll, *Jugend, Jugendgefährdung, Jugendmedienschutz*, Münster u. a. 1999, S. 25.

604 Vgl. *Disco Guide* 1 (Dezember 1966), S. 4.

nen Zeitschriften.[605] Auf dem Cover der ersten Ausgabe prangten noch Fotos mit Szenen aus Filmen, in denen die US-Schauspieler Richard Widmark und Marilyn Monroe zu sehen waren. Die Illustrierte des Kindler & Schiermeyer-Verlages, deren Chefredakteur Peter Boenisch später zur *Bild* wechselte und dann Sprecher der Bundesregierung wurde, war nicht als Jugendmedium, sondern als Programmzeitschrift gestartet, wie der Untertitel *Zeitschrift für Film und Fernsehen* anzeigte. Rasch fand sie jedoch im Zuge des prosperierenden Starkultes unter Jugendlichen eine Leserschaft, die sich hauptsächlich aus unter 20-Jährigen zusammensetzte.[606] Eine repräsentative Umfrage von 1960 ergab, dass die Leserschaft zu zwei Dritteln weiblich war und zu 69 Prozent jünger als 24 Jahre; 36 Prozent waren zwischen 12 und 16.[607] In Reaktion auf diesen ungeahnten Erfolg bei der Jugend erfolgte eine Neupositionierung, die sich im März 1957 in einer Änderung des Titels niederschlug: *Bravo. Die Zeitschrift mit dem jungen Herzen*. Den Ursprung als Programmzeitschrift verriet nur noch die kleingedruckte Spezifizierung *Film Fernsehen Schlager*.[608] (Abb. 71) Die Auflage erhöhte sich innerhalb nur eines Jahres auf 200 000 Exemplare und lag 1959 bereits bei 523 000.[609] Nachdem der Axel Springer Verlag Mitte der Sechziger Kindler & Schiermeyer gekauft hatte, gingen infolge weiterer Ankäufe auch die vom Bauer-Verlag in Konkurrenz gestarteten Zeitschriften *Wir* und *OK* in *Bravo* auf.[610] In den darauffolgenden Jahren stieg die Auflage bis auf 2,9 Millionen, womit sie die des Nachrichtenmagazins *Der Spiegel* übertraf.[611]

605 Vgl. Kaspar Maase, »Medium jugendlicher Emanzipation. BRAVO in den 50ern«, in: Archiv der Jugendkulturen e.V. (Hg.), *50 Jahre Bravo*, Bad Tölz 2005, S. 25-36, hier: S. 25; Claudia Nothelle, *Zwischen Pop und Politik. Zum Weltbild der Jugendzeitschriften »Bravo«, »›ran« und »Junge Zeit«*, Hamburg 1994, S. 129.

606 Ebd., S. 130. Später erschien *Bravo* im Axel Springer Verlag, dann im Heinrich Bauer Verlag.

607 Vgl. Horst F. Neißer, *Die Jugendzeitschrift – Ihr Einfluß dargestellt am Beispiel BRAVO*, Fellbach-Oeffingen 1982, S. 9.

608 Vgl. *Bravo* 13 (31. 03. 1957). Ab Heft 34 (1957) fiel der Untertitel ganz weg.

609 Vgl. Manfred Berger, »Bravo. 50 Jahre Pubertätserotik und Teenie-Pop«, in: *Unsere Jugend. Zeitschrift für Studium und Praxis der Sozialpädagogik* 58 (2006), S. 341-344.

610 Vgl. Rudolf Stefen, *Massenmedien und Jugendschutz*, Bonn-Beuel: BPS/Röger-Druck KG 1976, S. 34.

611 Im dritten Quartal 1974. Vgl. Neißer, *Die Jugendzeitschrift*, S. 9. Vgl. zu den IVW-Zahlen: Stefen, *Massenmedien und Jugendschutz*, S. 39 u. S. 41.

Inhaltlich startete *Bravo* eher bieder und ohne besonderen Fokus auf den subkulturellen Rock'n'Roll. In der Rubrik »BRAVO-Musicbox Schlagerfavoriten« tauchten vielfach deutschsprachige Titel wie »Sei zufrieden«, gesungen vom Rogers-Duo oder »Ich weiß, was dir fehlt« von Peter Alexander auf.[612] Im Zentrum der Magazingeschichten standen die Stars selbst, darunter vergleichsweise hausbackene Protagonisten wie die Fernsehfamilie Schölermann, der Komiker Theo Lingen, der Sportler Toni Sailer (»Schikanone und Herzensbrecher«) oder die Theaterschauspielerin Hannelore Schroth. Auch journalistisch servierte *Bravo* zunächst Hausmannskost: »Hilde freut sich auf Kartoffelsuppe« war ein Porträt der deutschen Schauspielerin Hildegard Knef überschrieben.[613]

Dennoch fanden auch die bekanntesten internationalen Stars der jungen Popkultur früh Beachtung und banden eine junge Leserschaft an das Magazin. Der angeblich auf Tatsachen beruhende Fortsetzungsroman »Ich war Jimmys Freund«, dessen Held der Filmschauspieler James Dean war, wurde als eine an Schlägereien reiche Gangstergeschichte im Stile von Groschenromanen erzählt. Auf die Elvis-Presley-Story folgte »Halbstarker, König, Hochstapler: Die Horst-Buchholz-Story« in 27 Teilen, danach die Peter-Kraus- und die Conny-Froboess-Story (in 14 beziehungsweise 12 Teilen).[614] Zwischen »knallharten Kriminalstories« wie »Die unheimlichen Augen« und »erregenden Liebesromanen« wie »Verbotener Frühling« entfaltete sich das literarische Repertoire des Magazins.[615]

Ab Heft 17 führte *Bravo* die Rubrik »Clubnachrichten« ein, die zur Gründung popkultureller Kunstvereine aufriefen. »Wer einen Fanclub gründen will, braucht weder zur Polizei noch zur Stadtverwaltung zu laufen. Der Name des Clubs liegt im Ermessen des Erfinders, er kann so jung sein, wie er will«, ermunterte der Gründungsaufruf. Aufgelistet wurden die Adressen von zwölf bereits existierenden Clubs, die den Stars Angelika Meissner, James Dean, Caterina Valente, Horst Buchholz, Rudolf Lenz, Rudolf Schock, Katharina Mayberg, Peter Alexander, Tyrone Power sowie der *Bravo* selbst gewidmet waren.[616] Mit dieser Rubrik gelang es der Zeit-

612 *Bravo* 12 (24.03.1957), S. 34.
613 *Bravo* 5 (03.02.1957), S. 38.
614 Ab *Bravo* 17 (28.04.1957).
615 Ebd.
616 Vgl. ebd., S. 2. Zum Dortmunder James-Dean-Club vgl. Hans-Jürgen von

schrift, sich als eine Art inoffizielles Vereinsregister der wachsenden Zahl von Fan-Vereinigungen anzudienen, ein explizit poporientiertes Publikum über diese Multiplikatoren anzusprechen und sich als Knotenpunkt in deren Netzwerkbildung zu positionieren.

Parallel zur Internationalisierung des Musikprogramms in Rundfunksendern wie dem RIAS wurde auch die Star-Berichterstattung der *Bravo* zunehmend von US-amerikanischen Künstlern und deren deutschen Counterparts dominiert.[617] Jazz-Musikern wie Chet Baker oder Louis Armstrong wurde der deutsche Bandleader Kurt Edelhagen zur Seite gestellt, auf Berichte über die international bekannten Schauspieler Marlon Brando und Marilyn Monroe folgten Porträts ihrer deutschen Äquivalente. Europäische Interpreten, beispielsweise die französischen Stars der Yé-yé-Szene oder die britischen Rock'n'Roller, die in ihren Heimatländern vergleichbare Medien wie *SLC* oder *Fabulous* dominierten, tauchten zunächst eher am Rande auf. Kaspar Maase hat nachgezeichnet, wie *Bravo* in den ersten Jahren ihres Bestehens das soldatische Männlichkeitsideal unterlief und eine dezidiert zivile Haltung einnahm, weibliche Identitäten beeinflusste und mit dem Rassismus der Älteren brach.[618] Demnach verband *Bravo* die »argumentativen Botschaften in Richtung Toleranz und Zivilität [...] mit attraktiven Zügen US-amerikanischer Populär- und Alltagskultur«.[619]

Mitte der sechziger Jahre änderte sich diese geographische Orientierung zumindest graduell. *Bravo* blickte zwar immer noch nach Westen, nun jedoch nicht mehr nur über die Nachbarländer hinweg in die USA und riskierte auch ein paar Seitenblicke nach Süden und Norden (nicht aber nach Osten). Unter der Überschrift »Europäer willkommen« proklamierte das Magazin 1962 einen Kurswechsel:

Die Tage sind vorbei, wo die BRAVO-Musicbox voll von Hits amerikanischer Herkunft war. Wir haben uns an den Songs, mit denen uns die USA so reichlich beliefern, wohl ein bißchen satt gehört. Natürlich mögen wir

Wensierski, »Bambule, Elvis, Petticoat. Die Jugendkultur der Halbstarken der fünfziger Jahre«, in: Dietmar Osses, Katarzyna Nogueira (Hg.), *Einfach anders! Jugendliche Subkulturen im Ruhrgebiet*, Essen 2014, S. 41-49.

617 Vgl. zur Internationalisierung des Hörfunks oben, Kap. 3.6.7.

618 Vgl. Kaspar Maase, *Bravo Amerika. Erkundungen zur Jugendkultur der Bundesrepublik in den fünfziger Jahren*, Hamburg 1992, S. 113-158.

619 Ebd., S. 145.

noch immer den Akzent, der den deutsch gesungenen Schlager von Connie Francis, Gus Backus und Bill Ramsey so reizvoll macht. Aber wir holen uns den beliebten »fremden Zungenschlag« nicht mehr über den großen Teich. Das haben wir auch gar nicht mehr nötig. Denn mehr und mehr setzen sich bei uns die singenden Nachbarn durch. Italien und Griechenland, Frankreich, Holland, England und Schweden haben entdeckt, daß die Bundesrepublik ein weites Feld ist, auf dem man mit deutsch gesungenen Schlagern gut und erfolgreich ackern kann.[620]

Der Kommentar fand sich auf einer Doppelseite, auf der Musiker aus europäischen Nachbarländern vorgestellt wurden: Siw Malmkvist (Schweden), Mina (Italien), die Blue Diamonds (Niederlande/Indonesien), Nana Mouskouri (Griechenland), Charles Aznavour (Frankreich) und andere.[621] Die Rubrik »Hallo Bravo« setzte in den folgenden Monaten diese Ankündigung um und druckte bevorzugt Nachrichten über Musiker aus Europa. Mit Beginn der Beat-Welle in der ersten Hälfte der Sechziger dominierten Stars aus Großbritannien die Fotostrecken, wo sich das Magazin einen London-Korrespondenten leistete.[622] Aber auch das westliche Nachbarland Frankreich spielte immer wieder eine Rolle. So informierte eine Kolumne über den französischen Kinofilm oder neue Frisurentrends von jenseits des Rheins.[623] Neben der bundesdeutschen *Bravo* begannen auch US-amerikanische Teenager-Zeitschriften etwa zeitgleich sich für Frankreich zu interessieren. Edwin Miller, Kolumnist der *Seventeen*, empfahl den Leserinnen seiner Kolumne »Teens are listening to« im März 1962 die Lieder des »romantischen Franzosen« Yves Montand.[624]

An dem neu erwachten Interesse für französische Popkultur fällt auf, dass es zeitlich mit dem Start der französischen *SLC* zusammenfiel. Die Stars, die nun die *Bravo*-Kolumnen bevölkerten, waren teils dieselben, die im französischen Magazin vorgestellt wurden, und auch die politischen Themen wurden dort auf auf-

620 Vgl. *Bravo* 19 (13.05.1962), S. 4f.

621 Ebd.

622 Vgl. Werner Fleischer, »All You need is BRAVO oder: Als BRAVO die Beatles nach Deutschland holte«, in: AdJK (Hg.), *50 Jahre BRAVO*, S. 51-71, hier: S. 57f.

623 Vgl. *Bravo* 6 (17.02.1962), S. 16; *Bravo* 8 (25.02.1962), S. 7.

624 *Seventeen* 3 (März 1962), S. 22. In der Kolumne dominierten *Crooners* bzw. *Great American Standards* von Frank Sinatra, Jazz von Duke Ellington und melodische Klassikeditionen; Rock kam kaum vor.

fallend ähnliche Weise behandelt. Anfang 1962 fragte als Auftakt einer Leserumfrage eine Doppelseite in der *Bravo*: »Sind Kriegsdienstverweigerer Feiglinge?«[625] Die Rubrik »Wir und Ihr« institutionalisierte die Berichterstattung über den Generationenkonflikt anhand kontroverser Themen, indem sie jeweils die Meinungen zweier Erwachsener und zweier Teenager gegenüberstellte. Und auch *SLC*, in der deutsche Popmusik sonst eher wenig Beachtung fand, veröffentlichte ein ganzseitiges Interview mit Peter Kraus und das Feature »SLC quer durch Europa«.[626] Im Dezember 1965 publizierte *SLC* ein Sonderheft, das sich der Situation der deutschen Jugend widmete und als Ausdruck einer steigenden Europäisierung und Adaption der französisch-deutschen Annäherungspolitik infolge des Elysée-Vertrages von 1963 gedeutet wurde.[627] Liest man *Bravo* und *SLC* parallel, so deutet einiges darauf hin, dass durch das grenzüberschreitende »Lifting« von Themen und journalistischen Formaten transnationale Synergien hergestellt wurden.

In der DDR, wo das Lesen der *Bravo* unerwünscht war, widmete sich seit 1957 die Zeitschrift *Melodie und Rhythmus* der Musik. Schon das erste Editorial machte jedoch deutlich, dass der im Titel geführte Begriff des Rhythmus nicht die »westliche musikalische Traumfabrik oder die Exzesse à la Rock'n'Roll« bezeichnete, sondern diesen eine Musik entgegensetzen wollte, »die den Optimismus unseres Aufbaus ausstrahlt«.[628] Die Strahlkraft der Zeitschrift auf Jugendliche war eher gering, da sie sich trotz einzelner Versuche der Popularisierung systemkonformer Stars eher abstrakt und ideologisch mit Musik auseinandersetzte. Dem Brief eines jungen Lesers, die Zeitschrift solle doch mehr über Schlager und weniger über »fragwürdige Operetten bringen«, antwortete ein »Die Ouvertüre« überschriebenes Editorial im zweiten Jahr des Bestehens der Zeitschrift paradigmatisch, sie bleibe bei der »guten Operette«, die »ein besonders intensives Erlebnis« vermittle: »Es lebe die Operette! Aber wohlgemerkt eine Operette, die mit beiden Beinen in unserer neuen sozialistischen Zeit

625 Vgl. *Bravo* 2 (14.01.1962), S. 10 f.

626 Vgl. Kurt Wieler, »Peter Kraus«, in: *SLC* 22 (Mai 1964), S. 68; vgl. Chris Tinker, *Mixed Messages. Youth Magazine Discourse and Sociocultural Shifts in Salut les copains (1962-1976)*, Oxford u. a. 2010, bes. S. 83-93.

627 Vgl. ebd., S. 87, sowie Jack Hayward, *Fragmented France. Two Centuries of Disputed Identity*, Oxford 2007, S. 339.

628 *Melodie und Rhythmus* 1 (Januar 1957), Umschlaginnenseite.

steht.«[629] Dieser kleine Disput kann als exemplarisch für die Haltung der DDR-Zeitschrift zur Popkultur gelten: Forderungen junger Leser nach internationaler Popmusik wurden zunächst aufgenommen, dann aber abschlägig beantwortet, um sie mittels »sozialistischer« oder nationalkultureller Alternativvorschläge zu kanalisieren.[630] Im Unterschied zu den Jugendmusikzeitschriften des Westens war hier eine direkte staatliche Lenkung erkennbar, die zeitweilig der Leitlinie folgte, die auf den Bitterfelder Kulturkonferenzen von 1958 und 1964 sowie der Tanzmusikkonferenz von 1959 formuliert, im Dezember 1965 aber *de facto* wieder aufgehoben wurde.[631]

Auch in Belgien und den Niederlanden entstanden in den späten Fünfzigern Zeitschriften und Magazine, die sich speziell an Jugendliche richteten. Bereits seit 1944 erschien die von der Schallplattenindustrie unterstützte niederländische Musikzeitschrift *Tuney Tunes*, die sich anfänglich wenig für den aus Amerika kommenden Rock'n'Roll interessierte, ab 1959 jedoch ausführlich über Elvis Presley berichtete. 1955 kam der *Muziek Expres* hinzu, der es 1963 auf eine Auflage von 150 000 Exemplaren brachte, die sich bis 1974 auf 375 000 mehr als verdoppelte. Zuerst an musikinteressierten Lesern aller Altersstufen ausgerichtet, wurden seit 1960 verstärkt Jugendliche angesprochen, auf die auch die Werbeanzeigen für Motorroller, Plattenspieler, Make-up und Kleidung abzielten. Eine reine Jugendzeitschrift war dagegen das 1960 von André van der Louw verantwortete belgische Magazin *Twen* (ab Mai 1961: *Taboe*), das sich an Jugendliche ab 16 Jahren richtete und zwar kontroverse Jugendthemen wie Sexualität und Drogen behandelte, nicht aber den Rock'n'Roll (dafür Jazz). Die 1965 gegründete *Hitweek* war ein publizistischer Angriff auf den etablierten *Muziek Expres*, der mit Auflagen zwischen 30 000 und 48 000 Exemplaren allerdings eher schwach ausfiel. Im selben Jahr erschien auch erstmals das der anarchisch-politischen Kabouterbewegung verbundene, stärker gegenkulturell ausgerichtete Magazin *Aloha*.[632]

629 »Die Ouvertüre über das Thema: Operette«, in: *Melodie und Rhythmus* 1 (Januar 1958), Umschlaginnenseite.

630 So auch bei Poptänzen. Vgl. *Melodie und Rhythmus* 8 (April 1958), S. 20 f. Dazu auch oben, Kap. 3.1.4.

631 Vgl. zum »Bitterfelder Weg«: Simone Barck, Stefanie Wahl (Hg.), *Bitterfelder Nachlese. Ein Kulturpalast, seine Konferenzen und Wirkungen*, Berlin 2007.

632 Vgl. Nico Markus (Hg.), *The Sixties. Nozems, Provo's en Piraten*, Amsterdam

So gut wie alle diese neuen Jugendzeitschriften standen von Beginn an im Kreuzfeuer einer Kritik, die eine »dichte Fülle wissenschaftlicher, vermeintlich wissenschaftlicher, feuilletonistischer und denunziatorischer Auseinandersetzungen mit der kommerziellen Jugendpresse« hervorbrachte.[633] Schon die Zeitgenossen diskutierten die neuen Teenagermagazine als Medien des Pop. Dieser Begriff etablierte sich erst allmählich und wesentlich auch in diesen Zeitschriften. Während in Deutschland die Denkfigur der »Amerikanisierung« Teil der Kritik war, so erhob sich im angloamerikanischen Raum Fundamentalkritik gegen dieselben Entwicklungen, die dort unter dem Label Pop zusammengefasst wurden. Die Vorwürfe lauteten dort: Stereotypenbildung, Oberflächlichkeit, Primitivität und Kommerzialisierung. Auch der angeblich hermetische Charakter der Magazine wurde beklagt: Indem sie sich der Sprache der Teens bedienten, schlössen sie faktisch alle Leser aus, denen deren Tonfall und Themen nicht geläufig sind. Die Verwendung eines jugendspezifischen Slangs zeichnete die englischsprachigen Teenagermagazine (im Unterschied zu der anfänglich eher konservativen *Bravo*) von Anfang an aus: Es sei die Sprache des Pop, bestehend aus DJ-Vokabeln wie »rave«, »yummy«, »yacked«, »zacked« und Redewendungen wie »do your own thing«, die in den Stories der Zeitschrift *Jackie* verwendet werde, monierte eine kritische Analyse.[634] Die französische *SLC* veröffentlichte ein Alphabet der Grundbegriffe der »copains« in mehreren Folgen, das amerikanische Slang-Wörter wie »flipped« oder »hitch-hike« beinhaltete, aber auch Fachbegriffe der Popmusik wie »Fender« oder »Harmony«.[635] Der abwertende französische Begriff »croulant« diente zur Kennzeichnung dezidiert engstirniger und unmodischer Zeitgenossen – analog zum deutschen »Spießer«, zum britischen »old fogie« und zum amerikanischen »square«.[636] Auch ins Englische hielt nach einer Beobachtung des amerikanischen Magazins *Time* ein »flip

2002, S. 11. Vgl. zu den Ursprüngen einer bundesdeutschen Alternativpresse: Sven Reichardt, *Authentizität und Gemeinschaft. Linksalternatives Leben in den siebziger und frühen achtziger Jahren*, Berlin 2014, S. 247-277.

633 Joachim H. Knoll, »Noch eine BRAVO-Analyse!«, in: ders., Rudolf Stefen (Hg.), *Pro und Contra BRAVO*, Baden-Baden 1978, S. 11-25, hier: S. 11.

634 Vgl. McRobbie, *Feminism and Youth Culture*, S. 98.

635 Vgl. »Dictionnaire des copains illustré«, *SLC* 22 (Mai 1964), S. 20 u. S. 34.

636 Vgl. Tinker, »Shaping 1960s Youth«, S. 649.

jargon« Einzug, dessen Kernbegriffe »super«, »groovy« oder »gear« die Sprache verjüngten.[637] In der Konsequenz, so einige Kritiker, führe dies zu einer generationellen Spaltung der Gesellschaft: Die Elterngeneration werde in den *Teenage Magazines*, wenn sie dort überhaupt einmal vorkomme, als griesgrämig (»sour«) dargestellt; junge Leser würden durch diese stereotypen Darstellungen in eine Traumwelt hineingezogen, in der ihnen suggeriert werde, sie seien Teil einer Popmusik-Avantgarde – was jedoch eine illusionäre Tendenz sei und letztlich der kommerziellen Ausbeutung jugendlicher Bedürfnisse diene.[638]

Schon in den fünfziger Jahren war Zuhörern aufgefallen, dass Jugendliche auch in Deutschland neue Redewendungen und Begriffe gebrauchten, die sich durch ihre Sprache zogen wie ein Geheimcode, der von Außenstehenden nur schlecht oder gar nicht mehr verstanden wurde und zu weiten Teilen Musikszenen entlehnt war. Einzelne Wörter aus diesen Jugendsprachen sickerten in die Umgangssprache ein, allen voran die Begriffe »Teenager« und »Twen«. Der Begriff »Twen« etwa bezeichnete, noch bevor er als Name einer belgischen und einer westdeutschen Zeitschrift diente, einen Anzugschnitt, einen Haarschnitt und ganze »Twen-Abteilungen« in Kaufhäusern – womit die 20- bis 30-Jährigen als eine marktrelevante Gruppe auch im öffentlichen Raum markiert wurden.[639]

In der DDR, wo die jeweils aktuellen ideologischen Richtungswechsel durch die Anwendung minutiöser Sprachregelungen nachvollzogen wurden und Sprache dadurch hoch politisiert war, provozierte die Bildung semantischer Subsysteme besonders. Die ostdeutsche *Melodie und Rhythmus* veröffentlichte ebenfalls ein Fortsetzungslexikon, das allerdings mit Lemmata wie »Quodlibet« und »Rhapsodie« um die Vermittlung musikwissenschaftlichen Fachvokabulars bemüht war und sich eher als Korrektiv der an Pop orientierten Jugendsprache las.[640] Zeitgleich wurden jugendsprach-

637 Vgl. »Great Britain. You Can Walk Across It On The Grass«, in: *Time* 87 (15.04.1966), S. 32-42, hier: S. 41.

638 So argumentiert Connie Alderson, *Magazines Teenagers Read. With Special Reference to Trend, Jackie and Valentine*, Oxford u. a. 1968, S. 104f.

639 Vgl. den amüsierten Bericht »Einen Twen, der Herr?«, in: *deutsche jugend* 6 (1958), S. 466f. sowie »Teenager«, in: *deutsche jugend* 6 (1958), S. 328.

640 Vgl. »Unser kleines Musiklexikon«, in: *Melodie und Rhythmus* 1 (Januar 1958), hier: S. 31.

liche Neologismen in der DDR-Tagespresse als »Sprache der Faschisten« diffamiert. Die angeblich von jugendlichen Gewalttätern verwendeten Formulierungen (»Den Dicken kappen wir uns!«) stammten demnach aus dem »›Sprachschatz‹ der faschistischen Umgangssprache, der auch den Ton in westdeutschen Büchern und Filmen bestimmt« und sowohl »aus einem jener berüchtigten amerikanischen ›Krimis‹« wie aus »einem Tatsachenbericht aus einem faschistischen KZ« stammen könnte, formulierte 1962 ein Artikel in der *Jungen Welt*.[641]

Dieser Rigorismus gegenüber jugendsprachlichen Neubildungen war kein ostdeutsches Spezifikum – auch die westdeutsche *Bild* druckte ein angeblich auf einer Leserumfrage beruhendes Glossar von »Mini-Wörtern« und »Beat-Brocken«, die auch einen Wandel auf dem Gebiet der Moral anzudeuten schienen: Das Wort »Babe« stand dort für eine ledige Mutter, »Drucksache« für einen Kuss, »Emaille« für Make-up und »Gebiß« für eine Mädchengruppe.[642] Waren einige Wörter wie »Heule« (Transistorradio), »Fetzer« (Beatplatte) oder »Truppe« (Beatband) Eigenkreationen der deutschen Musikszene, so deuteten aus dem Englischen stammende Vokabeln wie »hip« (sehr, sehr gut), »Boy« (Kumpel) oder »Soxer« (Mädchen) auf eine wachsende Internationalisierung der Jugendsprache hin. Einige Begriffe waren aber auch dem Französischen entlehnt (etwa »Jalousie« für Minirock oder »Chausseewanze« für Kleinwagen), und in manchen deutschen Jazz-Lokalen pflegte das Publikum ein mit französischen Vokabeln durchsetztes Argot. Eilig zusammengestellte Nachschlagewerke verstanden sich eher als Mahnmale einer angeblichen Sprachverhunzung denn als Gebrauchswörterbücher.[643] So erschien die einschlägige Sammlung *Die Sprache der Teenager und Twens* in der »Schriftenreihe zur Jugendnot«, beklagte die Übernahme von Wörtern aus dem Rotwelschen, einer »Ganovensprache«, beziehungsweise aus den »Slums« und deutete dies

641 »Sind Rowdys Verbrecher? Ein Prozeß und seine Lehren«, in: *JW* (05.01.1962), S. 5.

642 »Mini-Wörter und Beat-Brocken«, in: *Bild* (um 1964) [Ausriss in Archivbestand – genaues Erscheinungsdatum nicht überliefert].

643 Der Sprachwissenschaftler Heinz Küpper wies schon 1960 darauf hin, dass die vermeintliche Jugendsprache weder neu noch ein Indikator für radikale Veränderung sei, da sich Sprache »organisch und weniger in Revolutionen« gestalte. Vgl. ders., »Die Sprache der jungen Leute«, in: *deutsche jugend* 8 (1960), S. 275-278, hier: 278.

als Erbe der Kriegsjahre und als Ausdruck »innerer Nöte«: »Eine schwere Krankheit kann lange wachsen, ohne daß der Kranke das geringste spürt.« Es gelte daher die sprachlichen »Quellen« zu erkunden, »aus denen das trübe Gewässer ›Jugendnot‹ gespeist wird«.[644] In diesen Kulturpessimismen kamen die Ängste selbsterklärter Bildungseliten vor einem als »Vermassung« imaginierten sprachprägenden Einfluss bislang medial nur schwach vertretener Schichten ebenso zum Ausdruck wie die Ablehnung einer Internationalisierung, als deren Avantgarde die sich transnational formierende Popkultur begriffen wurde.

Neben der Sprache stand die Star-Berichterstattung im Fokus der Kritik. Connie Alderson, die auflagenstarke englischsprachige Magazine wie *Trend*, *Valentine* und *Jackie* über einen Zeitraum von acht Monaten im Jahr 1964 auswertete, kommt zu dem Ergebnis, dass Stories über Popstars in allen Magazinen viel Raum einnahmen und anteilsmäßig nur von Comicstrips und Anzeigenwerbung übertroffen wurden.[645] Popstars wirkten auch in Modestrecken und Werbeanzeigen mit, und manche Comicstrips waren mit Titeln von Popsongs aus den Hitparaden überschrieben. Diese Entwicklung hin zum Pop stellt das eigentliche Novum gegenüber den Vorkriegszeitschriften dar, die bereits in den zwanziger Jahren Teenager als eine durch altersspezifischen Konsum charakterisierte Gruppe angesprochen hatten.[646] Dass sich dieser Konsum in zunehmenden Maße auf Popstars, Schallplatten und die daran orientierte Mode bezog, ist eine Entwicklung, die im Wesentlichen erst in den Fünfzigern begann und sich im Verlauf der Sechziger verfestigte.[647]

Auch Politik und Zensurbehörden interessierten sich für die neuen Formate. Die Einfuhr von *Bravo* in die DDR führte wie die fast aller westlichen Medienerzeugnisse zu Beschlagnahmungen und in der Folge zu einem regen Schwarzmarkthandel;[648] aber

644 Ernst Günther Welter, *Die Sprache der Teenager und Twens*, Frankfurt/M. 1961, S. 5 f.

645 Die untersuchten Magazine hatten im Untersuchungszeitraum alle eine Auflage von mehr als 350 000 Exemplaren. Vgl. Alderson, *Magazines Teenagers Read*, S. 105.

646 Dies hebt hervor Tinkler, *Constructing Girlhood*, S. 184.

647 Vgl. Alderson, *Magazines Teenagers Read*, S. 8 f.

648 Vgl. exempl.: Vernehmungsprotokoll Harry S., Rostock, 24.06.1966, BStU, MfS BV Rostock AU 2502/66 HA, Bd. 1, Bl. 148.

auch in der Bundesrepublik beschäftigte das Teenagermedium den Staat. Der Bundestag hatte 1952 mit einer Mehrheit von CDU/CSU ein Gesetz über den Vertrieb jugendgefährdender Schriften verabschiedet, das am 9. Juni 1953 in Kraft getreten war.[649] Darin wurde die Meinungs-, Informations- und Pressefreiheit durch den besonderen »Schutz der heranwachsenden Jugend« beschränkt. Zur Überwachung dieses Schutzes war 1954 die Bundesprüfstelle für jugendgefährdende Schriften (BPjS) geschaffen und mit der Indizierung »gefährdender« Publikationen beauftragt worden – die Jugendlichen unter 18 Jahren nicht »feilgeboten oder zugänglich gemacht werden« dürfen. Dies beinhaltete ein Werbeverbot und schloss vor allem den Versandhandel sowie den Vertrieb an Zeitungskiosken aus, wodurch die Verbreitung solcher Schriften generell eingeschränkt wurde.

Von diesen Maßnahmen war *Bravo* immer wieder bedroht. Besonders eine Innovation rief die Zensoren auf den Plan. Ende 1958 wurde der *Bravo*-Starschnitt vorgestellt, ein heraustrennbares Centerfold in der Heftmitte, das in einer Folge von elf Einzelteilen erschien und sich zu einem lebensgroßen Fotoplakat zusammensetzen ließ.[650] Schon US-amerikanische Magazine hatten Hollywood-Schauspieler auf Postern abgebildet, und die französische *SLC* bot einige Jahre später Musikerporträts als »King Size Pin Ups« zum Aufhängen, doch *Bravo* sicherte sich die Rechte für das Medienformat mehrteiliger Plakate in Lebensgröße.[651] Dieses neuartige Bildmedium führte zu einer Beschwerde aus dem Sozialministerium des Bundeslandes Rheinland-Pfalz, das der Auffassung war, der erste Starschnitt der nur mit einem Body und Netzstrümpfen bekleideten französischen Schauspielerin Brigitte Bardot setze falsche Leitbilder.[652] Kulturkritische Kommentatoren warfen den

649 Nachdem es den Vermittlungsausschuss passiert hatte. Vgl. Stephan Buchloh, *»Pervers, jugendgefährdend, staatsfeindlich«. Zensur in der Ära Adenauer als Spiegel des gesellschaftlichen Klimas*, Frankfurt/M., New York 2002, S. 81.

650 Vgl. Detlef Siegfried, »Starschnitt. Die Bildsprache der *Bravo*«, in: Gerhard Paul (Hg.), *Das Jahrhundert der Bilder. Bildatlas 1949 bis heute*, Göttingen 2008, S. 146-153, hier: S. 148 u. S. 150.

651 Vgl. ebd.

652 Der Antrag auf Indizierung wurde abgelehnt. Vgl. Gert Braun, »Bravo = ein Ärgernis für rechts und links«, in: Knoll, Stefen (Hg.), *Pro und Contra BRAVO*, S. 131-145, hier: S. 133.

popmusikalischen Ikonen vor, als »Hausaltar« der Verehrung profaner Idole zu fungieren, wie Hellmuth Karasek im Feuilleton der *Zeit* monierte.[653] Starschnitte erhielten neben O. W. Fischer und Ruth Leuwerik auch die »Halbstarken«-Darsteller James Dean und Horst Buchholz, später auch die Schauspieler der Western-Fernsehserie *Bonanza* und gleich mehrfach der französische Apachen-Darsteller Pierre Brice.[654] Insgesamt bildeten immerhin sieben der 120 Starschnitte Persönlichkeiten aus Frankreich ab.[655] Im Juni 1959 lehnte die Bundesprüfstelle den Antrag, *Bravo* in die »Liste jugendgefährdender Schriften« einzutragen, mit der Begründung ab, der Umstand, dass die darin veröffentlichten »Texte ›oberflächlich‹ oder ›moralisch indifferent‹« seien, rechtfertige keine pauschale Indizierung.[656] In den darauffolgenden Jahren waren *Bravo*-Hefte (die ab 1962 verhalten und ab 1969 offensiv die Sexualität Jugendlicher in einer Aufklärungsrubrik thematisierten) aber immer wieder Gegenstand von Beschwerden und führten zu Indizierungen einzelner Ausgaben, da sie für »Lähmung der Leistungsmotivation und Leistungsidentität, Schulversagen und Schulflucht, Desintegration der Sexualität in die gesamtmenschliche Persönlichkeit und für Flucht in Drogen und Alkoholgenuß« verantwortlich gemacht wurden, wie es in einer Begründung hieß.[657] Besonders habe *Bravo* den Sozialisationsprozess weiblicher Jugendlicher behindert, die als »Objekte ›zum Vernaschen‹ und mit negativen oder negativ belasteten Eigenschaften dargestellt« worden seien, wie es in einer rechtskräftigen Entscheidung der BPjS hieß.[658]

653 Zit. n. Siegfried, »Starschnitt«, S. 150.

654 Vgl. Teddy Hoersch (Hg.), *BRAVO 1956-2006*, München 2006, S. 56 f.

655 Vgl. Alex Demeulenaere, Florian Henke, Christoph Vatter, »Deutsch-französische Schnittstellen in Populärkultur und Medien. Interkulturelle Verflechtungen und Vermittlungsprozesse in der Populärkultur als Gegenstandsbereich und Herausforderung für die kulturwissenschaftliche Frankoromanistik«, in: dies. (Hg.), *Interfaces franco-allemandes dans la culture populaire et les médias. Dispositifs de médiation interculturels et formes de perceptions de l'autre / Deutsch-französische Schnittstellen in Populärkultur und Medien. Interkulturelle Vermittlungsprozesse und Fremdwahrnehmung*, Berlin 2017, S. 9-30, hier: S. 14.

656 Vgl. Stefen, *Massenmedien*, S. 37.

657 BPjS-Entscheidung Nr. 2384 vom 06. 10. 1972 über Bravo Nr. 6 und 7 desselben Jahres. Vgl. Manfred Berger, »Bravo BRAVO! – 50 Jahre Leitmedium (?) der Jugend«, in: *kjl&m* 59 (2007), S. 63-67.

658 Ebd.

Noch Jahrzehnte nach ihrer Gründung wurden die poporientierten Zeitschriften immer wieder angegriffen. Konservative monierten, *Bravo* entlasse »aus den Verbindlichkeiten der Tradition«. Wertsetzungen, die »über die Tagesaktualisierung hinausgreifen«, seien nicht erkennbar und es werde einer Einstellung zugestimmt, die sich »am Rande einer zunehmend differenzierten Subkultur« befinde.[659] Linke Kritiker monierten, die neuen Medien seien ein Produkt »der gegenwärtigen Konsumgesellschaft, das kritisches Selbstbewußtsein nicht herstelle« und die Jugendlichen dazu anleite, »sich in die Mechanismen des Konsums einzuüben«, womit sie systemverfestigend wirkten – zumal gesellschaftliche Problemfelder wie der Vietnamkrieg oder linke Bewegungen nach dem Verkauf an den Springer-Verlag in der *Bravo* bewusst ausgeklammert wurden.[660] Es gab somit einen breiten Konsens gegen die neue Jugendpublizistik, die einige Kritiker der sechziger Jahre regelrecht »verstört« habe.[661] Elitistische Ressentiments provozierte zudem der sozial integrative Massencharakter der neuen Jugendpublizistik: »Kitsch entsteht durch Massenkonsum. Schon heute gibt es eine umfangreiche sogenannte ›Volksliteratur‹, die gewaltige Profite aus dem erschreckend gedrückten Niveau erzielt«, konstatierte ein zeitgenössischer Kritiker.[662] Besonderen Argwohn erweckte, wie schon erwähnt, neben der Fokussierung auf den Konsum die Inszenierung des Stars als ein Identifikationsmuster, das mit stereotypen Bildern Vorstellungen von Luxus und Karriere geweckt habe, die von der Lebensrealität Jugendlicher weit entfernt gewesen seien.[663] Zudem habe die Verknüpfung von Star und Produkt eine emotionale Begeisterung für eine Person direkt auf die Produkte übergeleitet, um auf die Kaufkraft der Jugend zu zielen.

Andere Theorien zum Medienkonsum Jugendlicher wichen al-

659 Zu diesem Schluss kommt Knoll in »Noch eine BRAVO-Analyse!«, S. 11.

660 Ebd.; Klaus Farin, »Vorwort. 50 Jahre BRAVO. Ein Projekt des Archivs der Jugendkulturen e.V.«, in: AdJK (Hg.) *50 Jahre BRAVO*, Berlin 2006, S. 9-23, hier: S. 18, Andreas Kuttner, »›1968‹ in der BRAVO?«, in: ebd., S. 73-83.

661 Berger, »Bravo BRAVO! – 50 Jahre Leitmedium (?) der Jugend«, S. 67.

662 Helmut Lamprecht, *Teenager und Manager*, München 1965, S. 53, zit. n. Joachim H. Knoll, »Die gegenwärtige Jugend und was sie liest. Zur Typologie und zum Medienkonsum der heutigen Jugendgeneration«, in: ders., Stefen (Hg.), *Pro und Contra BRAVO*, S. 27-90, hier: S. 68.

663 Vgl. Joachim Braun, »BRAVO im Spiegel der Literatur«, in: ebd., S. 91-116, hier: S. 95.

lerdings von dieser Argumentation ab. Unter dem *Use-and-gratification*-Paradigma konstatieren sie, Jugendliche könnten durchaus zwischen den artifiziellen Medienimages und ihrer eigenen sozialen Realität unterscheiden und seien daher keineswegs Opfer einer Manipulation.[664] Vielmehr habe die Beschäftigung mit medialen Inhalten einen eskapistischen Charakter, der dem zeitweisen Rückzug und der Erholung diene – ebenso wie ein erwachsenes Theaterpublikum zwischen den Romanzen auf den Bühnen des bürgerlichen Trauerspiels und ihrem eigenen Privatleben differenzieren kann. Demgegenüber erneuerte die aufkommende feministische Medientheorie die alte Kritik an der Oberflächlichkeit unter anderen Vorzeichen.[665] Die Teenage- und insbesondere die Mädchenmagazine, so ein häufig vorgetragenes Argument, stabilisierten traditionelle Geschlechterrollen und verbreiteten normierte Körperideale, indem sie mit Schmink- und Flirttipps die Aufgabe der jungen Frau darauf reduzierten, möglichst schnell einen Mann zu finden. Allerdings wird auch diese These einer direkten Beeinflussung von einigen jüngeren medien- und popwissenschaftlichen Arbeiten zurückgewiesen.[666] Die jungen Zeitschriftenleserinnen, so argumentieren Medienwissenschaftler, seien geistig durchaus in der Lage, die komplexen und zumeist widersprüchlichen Zeichen und Diskurse aus der Distanz heraus zu lesen, ohne sie sich dabei willenlos anzueignen.[667]

664 Vgl. Aline Maldener, Clemens Zimmermann, »Einleitung. Jugendmedien in Wissenschaft und Forschung«, in: dies. (Hg.), *Let's Historize It! Jugendmedien im 20. Jahrhundert*, Wien u.a. 2018, S. 7-34, hier: S. 8.

665 Vgl. McRobbie, *Feminism and Youth Culture*, S. 132. Zur feministischen Kritik an McRobbie vgl. Maldener, Zimmermann, »Einleitung. Jugendmedien in Wissenschaft und Forschung«, S. 8.

666 Vgl. McRobbie, *Feminism and Youth Culture*, S. 114. Siehe auch Gordon Tait, »›The Seven Things All Men Love in Bed‹. Young Women's Magazines and the Governance of Femininity«, in: Kerry Mallan, Sharyn Pearce (Hg.), *Youth Cultures. Texts, Images, and Identities*, Westport, London 2003, S. 82-89; Renate Freund, »Toughe Jungs und süße Girls? Geschlechterverhältnisse und Jugendsexualität in der BRAVO«, in: AdJK (Hg.), *50 Jahre BRAVO*, S. 85-102, bes. S. 88. Penny Tinkler hingegen spricht vom »kulturellen ›Know How‹« der Leserinnen, die sich von den dominanten Werten der Magazine weder manipulieren noch betrügen ließen, sondern sie durchaus zu erkennen gewusst hätten, ohne sie notwendigerweise zu teilen. Vgl. dies., *Constructing Girlhood*, S. 187.

667 Vgl. Jonathan Bignell, *Media Semiotics. An Introduction*, Manchester 2002, S. 55 f.

In der zweiten Hälfte der Sechziger politisierte sich der Pop. Eine Verbindung zwischen Jugendkultur und Politik machte die 1959 gegründete deutsche Zeitschrift *twen* zum Programm. Unter ihrem 30 Jahre alten Gründungschefredakteur Adolf Theobald, vor allem aber durch den Einfluss des Gestalters Willy Fleckhaus positionierte sich die Zeitschrift nicht nur mit intellektuellen Inhalten, sondern auch mit einem großzügigen und modernen Layout als progressives und politisches Medium für die Mittelschichten.[668] (Abb. 72-73) Am Jazz ebenso orientiert wie an intellektuellen Debatten, beschäftigten sich Artikel mit den langen Haaren junger Männer, mit der Jugend anderer Länder oder mit dem französischen Chanson. Zur Popkultur von Sendern wie Radio Luxemburg blieb die Monatsschrift eher auf Distanz und offenbarte einen intellektuellen Anspruch mit einem »scharfen linken Akzent«, dem allerdings die systemkritische Radikalität fehlte, wie sie zeitgleich dezidiert politische Magazine wie etwa *konkret* ausbildeten.[669] Dennoch bildete sich gegen die Zeitschrift eine Front aus »Klerikalen und Kommunisten, Altjugendbewegten und Berufstabuisten«, die den »Superindividualismus ohne Bindung an Gesellschaft und Moral« anprangerten, den die freizügige Zeitschrift befördere, wie der Präsident des Bayerischen Jugendrings befürchtete.[670] Als 1966 der Axel Springer Verlag die Zeitschrift *twen* (ebenso wie die *Bravo*) kaufte und zu einem stärker an Massenästhetik und Konsumkultur als an politisch-ethischen Themen orientierten Medium umgestaltete, stieg die Auflage von 100 000 verkauften Exemplaren im Jahr 1966 bis auf 261 000 Ende 1968. Dies war eine zur These von der allgemeinen Politisierung der Gesellschaft um 1968 gegenläufige Entwicklung, was für ein Primat des Pop vor der Politik spricht, aber auch daran gelegen haben mag, dass *twen* Untersuchungen zufolge weniger Abiturientinnen als vielmehr Leser mit Realschulabschluss ansprach, die von der Politisierung nicht in dem Maße erfasst wurden wie die Studierenden.[671]

668 Vgl. dazu ausführlich: Koetzle, Wolff (Hg.), *Fleckhaus*, bes. S. 42-79; Siegfried, *Time Is on My Side*, S. 284-294.

669 Vgl., ebd., S. 186, 287. *twen* erschien 1959 zunächst zweimonatlich, danach monatlich.

670 Vgl. Koetzle, Wolff (Hg.), *Fleckhaus*, S. 45-46.

671 Vgl. ebd., S. 291 f.

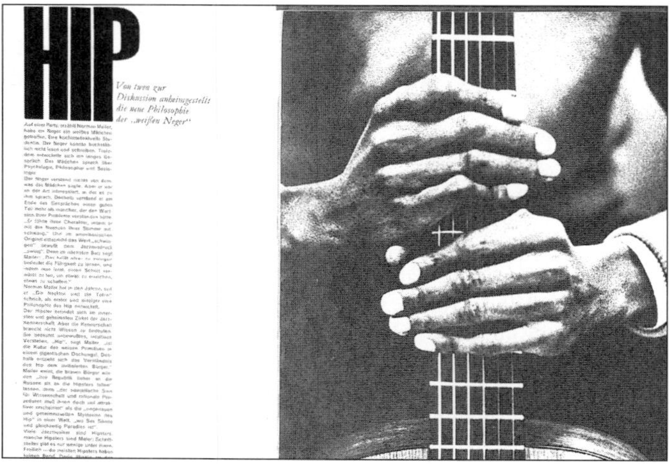

Abb. 72-73: Modernistische Gestaltung, transnationale Inhalte für weltoffene Leser: Willy Fleckhaus' Layout der Zeitschrift *twen* knüpft an die Ästhetik von Plattencovern an.

Zusammenfassend lässt sich festhalten, dass sich in fast allen Staaten des »Westens« Mitte der sechziger Jahre eine Jugendpresse neuen Typs ausbildete, die Jugend über altersspezifische Geschmacksinteressen ansprach und in deren Zentrum kulturindustrielle Produkt- und Künstlerimages standen, wobei Film und Musik dominierten. Wie stark auch journalistische Inhalte der Zeitschriften von den Interessen der Kulturindustrie gesteuert wurden, wie ein immer wieder erhobener Vorwurf lautete, kann allerdings erst dann fundiert beurteilt werden, wenn die Zeitschriftenverlage und die Musikindustrie ihre Archive vorbehaltlos der Forschung öffnen – was bisher noch nicht geschehen ist. Allein die Parallelen zwischen Schallplattenwerbungen und redaktionellen Porträts deuten hier auf enge Verflechtungen hin, die in Frankreich auch ganz offen in Gestalt von Teilhaberschaften von Medien an Plattenlabels zutage traten. Die neuen Jugendmedien entwickelten visuelle Codes sowie popspezifische Semantiken und trugen so zur Verschriftlichung und Visualisierung der zuvor stark audiophon geprägten Popkultur bei.[672] Einen zusätzlichen Schub in Richtung Visualisierung brachte das Fernsehen, das sich Mitte der Sechziger mit neuen jugendspezifischen Formaten – wenn auch nur zögerlich – ebenfalls der Popkultur öffnete.

4.4.2. Pop-Fernsehen: Vom Bandstand in den Beatclub

Als am 25. September 1965 auf Radio Bremen erstmals die Sendung *Beat-Club* ausgestrahlt wurde, machte ein provokanter Act den Anfang. Auf der Bühne standen vier männliche Musiker, deren Kostümierung in historischen Uniformen der US-Kavallerie den Bandnamen Die Yankees visualisierte, und spielten ein Lied, das ebenjenes Devianz-Klischee beschwor, das noch wenige Jahre zuvor politische Debatten sowie polizeiliche und sozialtherapeutische Maßnahmen evoziert hatte. »Halbstark / Oh, Baby, Baby, Baby, halbstark / halbstark nennt man sie«, lautete der Refrain.[673] Das Fernsehpublikum hatte ein Ansager vorab förmlich vorgewarnt und

672 Eine »zunehmende Ästhetisierung der audiovisuellen Gestalung« in den Medien der Sixties attestieren: Kathrin Fahlenbrach, Reinhold Viehoff, »Der Aufstieg des Beat-Club, sein Niedergang – und die Folgen«, in: *SPIEL* 18 (1999), S. 259-278, hier: S. 273.

673 Die Yankees, »Halbstark«/»La-La-La-La-La-La« (DE 1965) Polydor 52 589 [45].

damit das neue Format demonstrativ als Tabubruch inszeniert: »Sie aber, meine Damen und Herren, die Sie Beatmusik vielleicht nicht mögen, bitten wir um Ihr Verständnis. Das ist eine Live-Sendung mit jungen Leuten und für junge Leute.«[674] Während der Übertragung wechselte die Kameraeinstellung von der Bühne in eine Distanzperspektive, aus der heraus die Band in den Hintergrund trat. Im Vordergrund waren nun tanzende Jugendliche zu sehen, die das Studiokonzert zu einem Live-Ereignis authentifizierten und mit nahezu unbewegten Gesichtern und sparsamen Beat-Moves körpersprachlich zu demonstrieren schienen, dass die besungene Sozialfigur kein Anlass zur Beunruhigung mehr war. Mit gestärkten Kragen an den Kleidern und gelockerten Krawatten auf weißen Hemden markierten die sorgfältig gecasteten jungen Musikfans, dass sie keineswegs »halbstark« waren, sondern brave Angehörige der mittleren Schichten. Die Wahl des Titels ließ sich damit ebenso als Akt der nostalgischen Historisierung einer vergangenen Jugendkultur verstehen, wie sie auch die französische Zeitschrift *Salut les copains* mit ihrer retrospektiven Einordnung der Rock'n'Roll-Ära betrieb.[675]

Das Jugendmusikfernsehen war international ein vergleichsweise neues Format. Ihre ersten Fernsehauftritte hatten amerikanische Rock'n'Roll-Stars noch in konventionellen Show-Formaten absolviert, die sich an Erwachsene richteten. Bei seinen Versuchen, den Sänger ins Fernsehen zu bringen, war das Management von Elvis Presley mehrfach auf Vorbehalte gestoßen, bevor es am 28. Januar 1958 schließlich beim Network-Sender CBS Erfolg hatte. Die *Stage Show*, in der Elvis vor einem nationalen Fernsehpublikum auftrat, war eine Bigband-Revue, die ein eher älteres Publikum angesprach, und sein Auftritt in der wöchentlichen *Steve Allen Show* des Senders ABC war mit Rücksicht auf den Musikgeschmack des erwachsenen Publikums mit komödiantischen Elementen inszeniert worden. Ins Reich der Legenden hingegen gehört allerdings die oft kolportierte Anekdote, der zufolge die Verantwortlichen des Senders CBS aus Furcht vor Protesten den wegen seiner Hüftschwünge als *the pelvis* berüchtigten Sänger nur aus der Ferne oder vom Gürtel aufwärts

674 Der Nachrichtensprecher Wilhelm »Mr. Tagesschau« Wieben.
675 Vgl. »À la recherche des legendaires pioniers: l'épopée du rock«, in: *SLC* 14 (September 1963), S. 22-25. Siehe auch oben, Kap. 4.4.1.

gefilmt hätten.[676] Ähnlich wie die gedruckte *presse éducative* war das Fernsehen in den fünfziger Jahren noch weitgehend der »jugendspezifisch ausgerichteten Wissensvermittlung« verpflichtet gewesen, zumal in Deutschland, doch hatten auch hier die bewegten Trickfilme und die Jugendserien neue Angebote gemacht.[677] Bestanden zunächst Vorbehalte gegen solche Kulturformen, so sprach der überwältigende Erfolg der Elvis-Auftritte mit Quoten von mehr als 80 Prozent der Fernsehzuschauer jedoch für die Einrichtung eigener Formate für die neue Jugendmusik.[678]

Das Fernsehen hatte sich in den USA während der fünfziger Jahre flächendeckend verbreitet: Während es 1948 rund 100 000 Empfangsgeräte gab, hatten 1959 mit 50 Millionen Geräten bereits sieben von acht Haushalten Fernsehempfang.[679] In der Mitte des Jahrzehnts waren in den USA – früher als in den meisten europäischen Staaten – neue Formate für Jugendliche entstanden. Die Fernsehlandschaft war von der Konkurrenz zwischen großen etablierten Sendern wie CBS und NBC sowie dem kleineren ABC geprägt, der um die jüngeren Zuschauer buhlte. Zu einer der einflussreichsten Musiksendungen entwickelte sich der schon 1952 gestartete *American Bandstand*, der 1957 zum ABC Network wechselte und dessen Bedeutung nicht nur in der Inszenierung von Songs und Interpreten der Rock- und Popmusik bestand, sondern auch in der Verbreitung von Tanzschritten, textilen Moden und Körpercodes durch ein jugendliches Studiopublikum.[680] Mitte der Sechziger kamen neue Formate wie *Upbeat* (1964-1971) und *Shindig!* (1964-1966) hinzu, eine der ersten regelmäßigen Live-

676 Die Anekdote findet sich u. a. bei Pamela Clarke Keogh, *Elvis Presley. The King*, Berlin 2005, S. 93-96, sowie bei Peter Harry Brown, Pat H. Broeske, *Elvis. Die Biographie*, Stuttgart 1997, S. 85-90. Vgl. korrigierend: Norma Coates, »Elvis from the Waist up and Other Myths: 1950s Music Television and the Gendering of Rock Discourse«, in: Roger Beebe, Jason Middleton (Hg.), *Medium Cool. Music Videos from Soundies to Cellphones*, Durham, London 2007, S. 226-251.

677 Vgl. Knut Hickethier, *Geschichte des deutschen Fernsehens*, Stuttgart, Weimar 1998, S. 162.

678 Vgl. Brown, Broeske, *Elvis*, S. 108.

679 Vgl. Donald F. Roberts, Ulla G. Foehr, *Kids and Media in America*, Cambridge 2004, S. 5. Blanning gibt für 1947 14000 Geräte an, in: ders. *Triumph der Musik*, S. 232.

680 Vgl. Jackson, *American Bandstand*. Siehe auch oben, Kap. 4.1.1.

Popmusiksendungen zur besten Sendezeit am Abend.[681] *Shindig!*, gleichnamig mit einem Song der Band The Shadows und moderiert von dem DJ Jimmy O'Neill, unterstützt von der Studioband Shindogs und den weiblichen Shin-digger Dancers, löste auf ABC die Folk-Sendung *Hootenanny* ab und bot vielen afroamerikanischen R&B- und Soul-Musikern ein Forum.[682] In der ersten Folge war der Sänger Sam Cooke aufgetreten, später waren es Künstler des Detroiter Motown-Labels wie The Supremes und Musikerinnen wie The Ronettes, die von dem kalifornischen Arrangeur Phil Spector produziert wurden. Im Herbst 1965 wurde die anfänglich halbstündige Sendezeit verdoppelt. Zu diesem Anlass, auf dem Höhepunkt der »Beatlemania«, wurden britische Bands wie The Kinks, The Rolling Stones sowie amerikanische Acts wie The Byrds und The Everly Brothers, die neben afroamerikanischen Soul-Musikern auftraten, live in London aufgenommen.[683] Martin Lüthe hat herausgearbeitet, wie die Bewegtbilder des Pop im Fernsehen zu Inszenierungen einer spezifisch »schwarzen« Körperlichkeit vor allem von Frauen führte: Die Sängerinnen der Band The Supremes um Diana Ross etwa hatten betont reduzierte, desexualisierte Tanzschritte und Moves einstudieren müssen, die alten Klischees afroamerikanischer Frauen entgegenwirken sollten, um die Band als angemessen für ein junges weißes Publikum zu positionieren. In Sendungen wie *Shindig!*, aber auch im britischen *RSG!* übernahm das weiße Studiopublikum diese sparsamen Tanzschritte, die nun charakteristisch für die britische Mod-Szene (und später für den britischen Northern Soul-Tanz) wurden. Über Tourneen, vor allem aber über Gastauftritte in Fernsehsendungen erreichten sie schließlich auch den deutschen *Beat-Club* – und Fernsehstudios wirkten fortan als mediale Räume einer Transkulturation.

Auch in Europa waren in den Fünfzigern neue Sendungen für junge Zuschauer entstanden.[684] Die britische BBC hatte popaffine

681 *Upbeat* löste *The Big 5 Show* ab. Vgl. Deanna R. Adams, *Rock'n'Roll and the Cleveland Connection*, Kent 2002, S. 63; »Television, Cinema, Books«, in: *Time* (18. 09. 1964), online: ⟨http://content.time.com/time/magazine/article/0,9171,830696,00.html⟩, letzter Zugriff 28. 05. 2017.

682 The Shadows, »Shindig«/»It's Been A Blue Day« (GB 1964), Columbia DB 7106.

683 Vgl. Rod Barken, »Shindig!«, in: *TV-Party*, ⟨http://www.tvparty.com/shindig.html⟩, letzter Zugriff 28. 05. 2017.

684 Vgl. Osgerby, *Youth Media*, S. 25.

Sendungen konzipiert wie *Hit Parade* (1952) oder *Off the Record* (1956).[685] Dazu kamen Programme auf ITV wie der *TV Music Shop* (1955) oder *Thank You Lucky Star* (ABC-ITV). Zwar hatte die BBC im Fernsehen mit der *Jukebox Jury* (1959) den Titel einer US-Sendung adaptiert, allerdings in einem sehr steifen Format umgesetzt, bei dem an Tischen sitzende Paare die Qualität neuer Musikstücke bewerten sollten. Mit den Fernsehsendungen *Six-Five Special* (1957-58) und *Oh, Boy* (1958-59) hatte sich die BBC der Rockmusik sogar ein Stück weiter geöffnet als in ihren Hörfunkkanälen. Die Sendungen gerieten jedoch in die Kritik. Proteste gegen neue Inhalte kamen nicht nur von außen, sondern wurden auch intern von Programmverantwortlichen formuliert. So beschwerte sich ein Controller der BBC im Januar 1958 in einem Schreiben über die »vollkommen überflüssigen und nicht kleidsamen Tänze« eines weiblichen Teenagers sowie über dessen hautenges Gewand, das er als »eine der anzüglichsten Requisiten, die ich jemals auf einem Bildschirm gesehen habe« beschrieb.[686] Die Balance des Programmes habe sich zudem zu sehr »in die Richtung des ›Rock and Roll‹« entwickelt und damit weg vom Jazz und von nationalen Bands.[687] Daraufhin drohte der stellvertretende Leiter der Abteilung »Light Entertainment« den Produzenten der Sendung mit der Kündigung des Engagements des britischen Rock'n'Roll-Sängers Marty Wilde, da »Nachtclubcharaktere« und »Pressley[sic!]-artige Bauchtänzer« nicht in das Programm der BBC passten.[688] Auch die Mitwirkung von tanzenden Teenagern in der Sendung, ein Element, das auch Dick Clarks Show in den USA kultiviert hatte, erregte intern Anstoß.[689] Nach weiteren Beschwerden über die im Fernsehstudio agierenden »juvenile delinquents« wurde das Programm als »erschöpft« bewertet und schließlich abgesetzt. Auch das Experiment

685 Vgl. ebd., S. 28, sowie ders., *Youth in Britain*, S. 39.

686 Kenneth Adam, Controler of Programme Urgent, to A./H.L.E. Tel. Subject: Six-Five Special, vom 13.01.1958, TI2/360/4, BBC Written Archives Center Reading (BBC WAC). Ähnlich argumentierte im April der Deputy Director of Television Broadcasting to A./H.L.E. Tel. Subject: Six-Five Special, 08.04.1958, ebd.

687 Ebd.

688 Tom Sloane, Assistant Head of Light Entertainment Television, to C.P. Tel. Subject: Six-Five Special, 13.01.1958, BBC WAC, ebd.

689 Vgl. Cecil McGivern, Deputy Director of Television Broadcasting, to H.L.E. Tel. Subject: Six-Five Special, 24.02.1958, ebd.

einer Übertragung der Sendung aus Frankreich wurde schnell wieder abgebrochen.[690]

In Frankreich hatte der Sender RTF Télévision von 1961 bis 1965 die ebenfalls nach einem Songtitel – einem Chanson von Gilbert Bécaud – benannte Musiksendung *Tête de bois et tendres années* im Programm, die mit ihrer Musikauswahl und mit Animationseffekten auf das junge Publikum zielte und im Unterschied zu der stärker dem Chanson verpflichteten Sendung *Discorama* mit einem jungen Studiopublikum und dem Fokus auf Schallplatten ähnlich wie der *American Bandstand* konzipiert war.[691] Sendungen wurden nicht nur im Studio, sondern am »authentischen Ort«, dem Pariser Club Le Golf Drouot, aufgezeichnet, dem damals bekanntesten Rock'n'Roll-Club Frankreichs.[692] Die französischen Jugend-Formate schafften es jedoch nicht ins Abendprogramm, was mit der Fernsehpolitik de Gaulles erklärt wird. In seiner zentralistisch gelenkten »Telekratie« wurden einerseits etwa die Hälfte der Chansons Georges Brassens' aufgrund ihrer staatskritischen Inhalte (»Le déserteur«) mit Sendeverboten belegt, andererseits ging es der gaullistischen Medienpolitik darum, die Politik der nationalen Einheit zwischen Eliten und Massen auch medial herzustellen, wozu unterhaltende Formate gebraucht wurden, mit denen sich die junge Generation integrieren ließe.[693] Diese staatliche Lenkung hatte entfernte strukturelle Ähnlichkeiten mit der DDR-Medienpolitik, wenngleich man zu einer gänzlich anderen Bewertung popkultureller Formate gekommen war: Der französischen Medienstrategie galten sie als Instrument der gesamtgesellschaftlichen Integration, in der DDR hingegen als Ursache einer Spaltung.

Waren britische Formate wie der *Six-Five Special* teils deutlich

690 Controler of Programmes Television to H.L.E. Tel. Subject: Six-Five Special from Paris, 22.04.1958, ebd.; Head of Light Entertainment Television to C.P. Tel. Subject: Six-Five Special, 25.11.1958, ebd.

691 Vgl. zu *Discorama*: Chris Tinker, »›ONE STATE, ONE TELEVISION, ONE PUBLIC.‹ The Variety Show in 1960s France«, in: *Media History* 14 (2008), S. 223-237. Gilbert Bécaud, »Tête de bois«, »Je Me Balance« / »C'Était Moi«, »Viens« (FR 1960/9) La Voix de son Maître EGF 502 M [45].

692 Le Golf Drouot residierte in einer ehemaligen Indoor-Minigolfanlage. Vgl. Tinker, »ONE STATE«, S. 230; Vgl. David Looseley, *Popular Music in Contemporary France. Authenticity, Politics, Debate*, Oxford, New York 2003, S. 24.

693 Vgl. Tinker, »›ONE STATE, ONE TELEVISION, ONE PUBLIC.‹«, hier: S. 229-230.

an Dick Clarks amerikanischem Pendant orientiert, so war der bundesdeutsche *Beat-Club* mit seinem tanzenden jungen Studiopublikum – gecastet im Bremer Twen-Club – nicht nur die Adaption eines britischen Vorbilds; er hatte auch denselben Schöpfer.[694] Das Konzept zum *Six-Five Special* hatte der studierte Musikologe, Medienmanager, passionierte Jazz-Kenner und spätere Sexualforscher Ernest Bornemann entwickelt und an die BBC verkauft.[695] Vergleicht man diese Sendung mit Clarks US-Formaten, so waren die Nahaufnahmen von »schwitzenden Tänzern und hypnotisierten Gesichtern« nicht von einer ganz so »präzedenzlose[n] Intimität«, wie sie Detlef Siegfried beschreibt, doch war immerhin die Moderation durch einen jungen Mann und eine junge Frau, die »den spannungsreichen Eindruck einer halb-amourösen Beziehung« vermittelte, ein Novum.[696] Dieselben Ingredienzien bot auch der von der anfangs erst 22 Jahre alten Uschi Nerke mit wechselnden männlichen Counterparts moderierte *Beat-Club*, entwickelte dabei aber eine weit radikalere Medienästhetik als seine angloamerikanischen Vorläufer.[697] Insbesondere die von Uschi Nerke teils nach Londoner Vorbildern selbstentworfene Garderobe erregte immer wieder Anstoß und führte 1965 zu einer Debatte über erlaubte Rocksaumlängen, die im *Katholischen Kirchenblatt* ebenso ausgetragen wurde wie in der Boulevard-Presse.[698] Für das neue Format, zu dessen erklärten Vorbildern auch die britische Sendung *Top of the Pops* (BBC) gehörte, zeichnete der studierte Theaterwissenschaftler und ehemalige Hamburger Jazz-Trompeter Michael »Mike« Leckebusch als Regisseur verantwortlich.[699] Mit seinem dem Londoner U-Bahn-Logo nachempfundenen grafischen Signet im Stile der Band The Who, den fast ausschließlich anglophonen Bands und der Übernahme der Hitparade der BBC orientierte sich

694 Vgl. Uwe Nielsen, *40 Jahre Beat-Club*, Berlin 2005, S. 14.

695 Vgl. Siegfried, *Moderne Lüste*, S. 116; ders., *Time Is on My Side*, S. 337.

696 Zit. n. ebd.

697 Die Sendung, die zeitweilig bis zu 75 % des jungen Fernsehpublikums vor den Bildschirmen versammelte, verprellte jedoch mit ihrer zunehmend experimentellen Ästhetik ihre Fans und wurde, als sie 1972 nur mehr 1 % der Zuschauer erreichte, zugunsten der konventioneller inszenierten Show *Musikladen* eingestellt. Vgl. Nielsen, *40 Jahre Beat-Club*, S. 354.

698 Vgl. »Trägt Uschi zu kurz?«, in: *Bild*, zit. n. Uschi Nerke, *40 Jahre mein BEAT-CLUB. Persönliche Erlebnisse und Erinnerungen*, Benitz 2005, S. 12.

699 Vgl. Nielsen, *40 Jahre Beat-Club*, S. 13.

die Sendung an der *»British Invasion«*, was ähnliche Kulturkämpfe auslöste, wie sie öffentlich-rechtliche Radioformate schon zuvor hatten bestehen müssen.[700] Schon in der ersten Sendung war den Yankees mit den Livebirds eine reine Frauenband gefolgt – Mitte der Sechziger noch eine absolute Ausnahme.[701] Künftig traten zwar auch deutsche Beatbands wie die Lords oder die Rattles auf, vor allem aber internationale Acts wie Sounds Inc., Manfred Mann, The Moody Blues, The Who, The Pretty Things oder The Kinks.[702]

Wie Detlef Siegfried gezeigt hat, entfernte sich Leckebusch im Verlaufe der sechziger Jahre immer weiter vom ursprünglichen Konzept und entwickelte mit schnellen Schnitten, später auch mit professionellen Hintergrund-Tänzerinnen (wie es sie bereits in *Shindig!* gab) und – nach Einführung des Farbfernsehens – auch mit psychedelischen Öl-Projektionen neue Formen einer Bildästhetik des Pop.[703] Neben Verdoppelungen, Überblendungen und grafischen Verfremdungen wurden auch begleitende Filme im Scopitone-Stil gezeigt, einem Vorläufer des späteren Musikvideos.[704] Waren manche der visuellen Effekte mit leeren Cola-Flaschen als Prismen vor den Kameraobjektiven eher hausgemacht, so kehrte Leckebusch in späteren Sendungen mit Hilfe der Ampex-Elektronik die Kontraste der Graustufen um und verwandelte so – laut *Spiegel* – »Weiße in Schwarze«.[705] (Abb. 74-75)

700 Vgl. exempl. den Leitartikel von Peter Voss, »Beatle-Köpfe im Fernsehen – schlechte Vorbilder! Meine Meinung: Der TV-Beatclub macht den Eltern nur unnötige Schwierigkeiten«, in: *Neue Welt* 48 (27.11.1965), S. 5, faksimiliert in: Nielsen, *40 Jahre Beat-Club*, S. 18.

701 Eine weitere reine Mädchenband waren die Rag Dolls. Vgl. die Doku des WDR *Halbstark an Rhein und Ruhr*, Teil 1 (DE 2008, R.: Werner Kubny, Per Schnell), TC 35:15-43:00.

702 Vgl. *The Story of Beat-Club 1965-1968*, hg. v. Radio Bremen, Studio Hamburg Distribution & Marketing GmbH 2011 [DVD-Box].

703 Vgl. dazu die ausführliche Darstellung bei Siegfried, *Time Is on My Side*, S. 340-354.

704 Vgl. etwa den Film von The Hollies *Carrie Anne* vom 22.07.1967, auf: *The Story of Beat-Club 1965-1968*, Teil 5 [DVD]. Zum Scopitone-Format vgl. Amy Herzog, »Illustrating Music: The Impossible Embodiments of the Jukebox Film«, in: Beebe, Middleton (Hg.), *Medium Cool*, S. 30-58.

705 Vgl. »Die Realität blubbert«, in: *Der Spiegel* (26.08.1968), S. 113; Nerke, *40 Jahre Beat-Club*, S. 20.

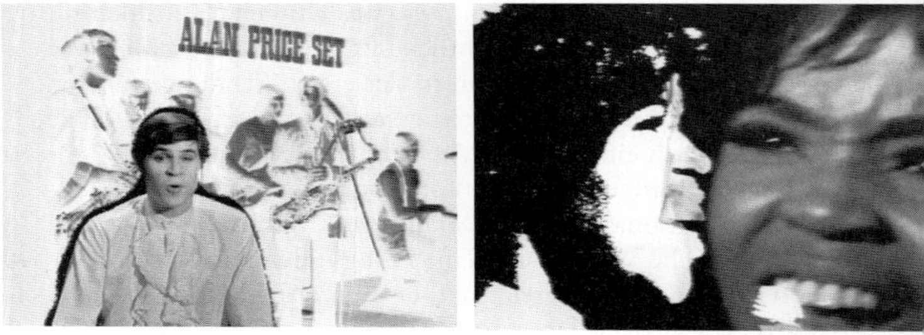

Abb. 74-75: Televisionäres *blackfacing*: Die bundesdeutsche TV-Musiksendung *Beat-Club* verwandelt »Weiße in Schwarze« – und umgekehrt.

Der *Beat-Club* war eines der wenigen deutschen Pop-Formate, die auch im Ausland positiv rezipiert wurden, beispielsweise vom britischen *NME*.[706] Mit der Musiksendung war, so das Fazit von Detlef Siegfried, »die Bundesrepublik auf einem Gebiet zum internationalen Vorreiter aufgestiegen, das zehn Jahre zuvor als rein amerikanische Adaption angesehen worden war«.[707] Zudem wurden, wie Michael Esch präzisiert hat, etliche Brücken nach Großbritannien geschlagen: Zeitweiliger Co-Moderator Nerkes war der Brite David Lee Travis, ein ehemaliger DJ des »Piratensenders« Radio Caroline, eine Folge wurde in London aufgezeichnet, und die Hitparade wurde von der BBC beziehungsweise dem BFBS übernommmen.[708] Die Sendung wurde in 48 Ländern ausgestrahlt und hatte damit eine hohe internationale Reichweite.[709] Auch das Konkurrenzprodukt des Hessischen Rundfunks, die 1966 gestartete Sendung *Beat Beat Beat*, orientierte sich transnational, in Kooperation mit dem ebenfalls in der ehemaligen amerikanischen Besatzungszone Hessen beheimateten amerikanischen Soldatensender AFN allerdings transatlantisch.[710]

706 Vgl. Hickethier, *Geschichte des deutschen Fernsehens*, S. 256.

707 Siegfried, *Time Is on My Side*, S. 343.

708 Vgl. Michael G. Esch, »›Wir haben keine Go-Go-Girls mehr‹: Der Beat Club als Quelle und Akteur in der Kanonisierung des Rock«, in: Maldener, Zimmermann (Hg.), *Let's Historize It!*, S. 213-258, hier: S. 225 u. S. 243.

709 Im Jahr 1969. Vgl. Fahlenbrach, Viehoff, »Der Aufstieg des Beat-Club«, S. 266.

710 Vgl. ebd., S. 225.

In Großbritannien waren im Zuge der Mod-Welle zwischenzeitlich ebenfalls neue Formate entstanden. Anders als bei den »Teddy Boys«, die in den Medien überwiegend als Gewaltphänomen diskutiert worden waren, suchte die BBC, die unter dem wachsenden Druck der neuen popaffinen privaten Radiokonkurrenz stand, sich mit TV-Angeboten gleich innerhalb der neuen Szene zu positionieren.[711] Eine 1963 für Southern TV entwickelte Sendung mit dem provokanten Titel *Dad, You're A Square* orientierte sich etwa am Showformat der älteren *Juke Box Jury* der BBC, inszenierte aber durch getrennte Eltern- und Jugend-Panels die Popkultur als Generationenkonflikt.[712] Die Fernsehsendung *Ready Steady Go!* (*RSG*) präsentierte ab 1963 auf ITV die neue Beatmusik und den Mod-Stil und wurde daher als »nicht so sehr ein Programm – mehr ein Lebensstil« verstanden. Sie sei »ein Spiegel der Teenager-Geschmäcker, der Stars, die sie anbeten, der Art, wie sie sich kleiden, all dies reflektiert in einer Fernsehserie«, hieß es in einem 1965 erschienenen Guide zum britischen Fernsehen.[713]

Zwischen dem Fanzine *Mod's Monthly* und dem Fernsehsender kam es zu transmedialen Kooperationen. Die Journalistin und Moderatorin von *RSG*, Cathy McGowan, die zur Ikone der Mod-Bewegung stilisiert wurde, schrieb eine regelmäßige Mode-Kolumne im *Monthly*, in die sie Anekdoten aus dem Backstage-Bereich der Sendung einstreute. Ab Mai 1964 war auch Vicki Wickham, die stellvertretende Programmleiterin der Show, regelmäßig mit Beiträgen vertreten. *RSG* entwickelte sich so schnell zum audiovisuellen Leitmedium der Mod-Szene und trug wesentlich zu deren Popularisierung vom subkulturellen Code zu einer weitverbreiteten Jugendmode bei. Die Sendung erreichte Anfang 1964 drei Millionen Haushalte, das Aufnahmestudio wurde von tausenden im Mod-Stil bekleideten Jugendlichen belagert, die sich teils gewaltsam Einlass zu verschaffen suchten, und nach jeder Folge gingen in der Redaktion hunderte Anfragen ein, in denen junge Zuschauer nach detaillierten Auskünften über die dort zur Schau gestellten

711 Ein internationales an Schallplatten und Publikumshits orientiertes Programm machten Privatsender wie Radio Luxemburg, Soldaten- und Piratensender. Vgl. oben, Kap. 3.6.

712 Vgl. Osgerby, *Youth in Britain*, S. 40.

713 In: Ken u. Sylvia Ferguson, *Television Show Book*, London: Purnell 1965, zit. n. Osgerby, *Youth in Britain*, ebd.

Bekleidungstrends verlangten.[714] Einer Redakteurin der Sendung zufolge bemühte man sich darum, alle Anfragen zu beantworten: »[W]ir versuchen endlose Listen zu erstellen, um die hunderten Briefe und Anrufe zu beantworten, die wir jede Woche erhalten.«[715] Die britische Sendung wurde aber auch auf den amerikanischen Markt exportiert: Der in London aufgenommene Serienneustart der ABC-Show *Shindig!* war tatsächlich eine Ausgabe von *Ready Steady Go!*, die kurzerhand für den amerikanischen Markt geliftet wurde.[716] Zudem wagte Dick Clark das Experiment, das britische Original als *RSG! USA!* dauerhaft ins US-Fernsehen zu übernehmen, was jedoch mißlang: Die Sendung wurde nach einigen Folgen wieder aus dem Programm genommen.[717]

In den USA wie in Europa entwickelte sich das Fernsehen ab 1960 »zu einem modernen, schnellen Leitmedium«, und zwar mit Blick sowohl auf die Reichweite der Sender und das Nutzerverhältnis zwischen Hörfunk und Print als auch auf die Orientierung an internationalen Vorbildern.[718] Dazu trugen auch die genannten neuen Musik-Formate bei. Sendungen wie *American Bandstand, Beat-Club, SLC* oder *RSG* hatten aber nicht nur programmreformerische Konsequenzen für das Fernsehen, dem sie die junge Zuschauergruppe erschlossen; sie veränderten auch die Popkultur, die bis dahin vor allem auditiv geprägt war. Diedrich Diederichsen hat zu Recht darauf hingewiesen, dass Popmusik – oder wie er schreibt: Pop-Musik – keineswegs eine rein klangliche Angelegenheit ist, sondern auch (körperliche) Praktiken, Narrative und Visualisie-

714 Zu den Einschaltquoten vgl. Chris Roberts, »Mecca for Mods?«, in: *Melody Maker* (25.01.1964), S. 8; »1,500 TV ›Mods‹ Star Riot«, in: *Daily Mirror* (15.01.1964), S. 1.

715 Vicki Wickham, »Behind the Scenes of The Biggest Mod T.V. Show Ever!«, in: *The Mod's Monthly* 1 (März 1964), S. 8.

716 Dies berichtet der ehemalige Talent-Scout von ABC Rod Barken in: »Shindig!«, online: ⟨http://www.tvparty.com/shindig.html⟩, letzter Zugriff 28.05.2017.

717 Vgl. Mark Armstrong, *Swinging Britain. Fashion in the 1960s*, London 2014, S. 66. Auch die französische Show *Têtes de bois et tendres années* stellte sich international auf und sendete etwa im Mai 1965 live aus dem Cavern Club in Liverpool, vgl. Tinker, »ONE STATE«, S. 227.

718 Eggo Müller, »Funktionsgeschichte des Fernsehens«, in: Knut Hickethier u. a. (Hg.), *Der Film in der Geschichte. Dokumentation der GFF-Tagung*, Berlin 1997, S. 43-55, hier: 46.

rungen integral umfasst.[719] Bis Anfang der Sechziger waren dies vor allem die Standbilder auf Plattencovern, die Performances der seltenen Live-Konzerte und die Fotos in den wenigen Zeitschriften, die sich mit Pop beschäftigten;[720] bewegte Bilder lieferte vor allem das Kino. Mit der Entstehung fester Sendeplätze für Musikperformances, die einzelnen Genres gewidmet waren und so auch zu deren Ausdifferenzierung beitrugen, wurde die visuelle Komponente nach und nach institutionalisiert und gewann gegenüber dem rein Auditiven an Bedeutung.

4.4.3. Temporäre Lockerungen: Der Beat-Sender DT64 in der DDR

Zum Mainstreaming der Popkultur trug zunächst nach wie vor auch der Hörfunk bei, wo es ab Mitte der Sechziger zu einer regelrechten Explosion popaffiner Formate kam, die erheblichen Einfluss ausübten. Britische Sendungen wie *Saturday Night Club* (BBC Radio) galten als maßgeblich für den Erfolg der Beatles in Großbritannien.[721] DJs wie Murray the K, der (wie auch einige andere) gelegentlich als »fünfter Beatle« bezeichnet wurde, hatten in Großbritannien einen Sprachstil ausgeprägt, den Jugendliche in der Alltagssprache kopierten.[722] Unterstützt vom Erfolg der gleichnamigen Zeitschrift, diente der Erfolg der frankophonen Sendung *Salut les copains (SLC)* des privaten Senders Europe 1 anderen französischen Sendern sowie den *radios périphériques* als Vorbild für neue Formate. Die Sendungen *Special Blue-Jeans* auf Radio Andorre, *Label J.* auf Radio Monte Carlo, *Le collège du rhythme* auf Paris Inter (dem späteren France Inter) und *Bonjour les jeunes* auf Radio Lausanne trieben die generationelle Differenzierung der Rundfunkprogramme voran.[723] 1965 kamen mit *Top-Inter* (auf

719 Vgl. Diedrich Diederichsen, *Über Pop-Musik*, Köln 2014, S. XI.

720 Vgl. Kalle Laar, »Vinyl Culture und Zeitgeschichte. Schallplattencover als Quellen der *visual history*«, in: Mrozek u. a. (Hg.), *Popgeschichte*, Bd. 2, S. 361-370; Detlef Siegfried, »Sgt. Pepper & Co. Plattencover als Ikonen der Popkultur«, in: Gerhard Paul (Hg.), *Bilder, die Geschichte schrieben. 1900 bis heute*, Göttingen 2011, S. 189-195.

721 Vgl. Bertrand Lemonnier, *La révolution pop dans l'Angleterre des années soixante*, Paris 1986, S. 73.

722 Vgl. Barnes, *Mods!*, S. 6.

723 Vgl. Sohn, *Âge tendre*, S. 79.

France Inter) weitere popaffine Sendungen hinzu; unter dem Titel *Inter jeunesse* widmete France Inter ab 1964 sogar sein gesamtes Abendprogramm der Jugend[724] und installierte mit *Le Popclub* eine Sendung, die als eine der ersten in Europa den Begriff »Pop« im Titel führte.[725] Radio Luxemburg versuchte mit der Sendung *Balzac 10-10* der Sendung *SLC* von Europe 1 zur selben Sendezeit Konkurrenz zu machen. Wie Anna Jehle zeigt, gelang dies jedoch erst 1966 nach einer umfangreichen Programmreform, zu der auch die Anwerbung des amerikanischen DJs Emperor Rosko gehörte, der zuvor für den Offshore-»Piratensender« Radio Caroline gearbeitet hatte und nun bei Luxemburg als Président Rosko seine Karriere mit der Sendung *Minimax* fortsetzte (siehe oben, Abb. 45).[726]

In der BRD hatten sich, wie bereits gezeigt wurde, Ende der fünfziger Jahre einige jugendspezifische Radioangebote allmählich etbablieren können, doch blieben sie von der Sendezeit und Dauer her begrenzt; der Bayerische Rundfunk etwa stellte seine *Teenager-Party* nach nur wenigen Monaten wegen »mangelnden Niveaus« wieder ein.[727] Gleichwohl hatte sich der Rundfunk in der ersten Hälfte der Sechziger – nicht zuletzt unter dem Eindruck der »Beatlemania« – hier weiter internationalisiert und juvenilisiert. In der DDR hingegen war er nahezu pop-abstinent geblieben, bevor er im Frühjahr 1964 eine überraschende Wende nahm. Am Morgen des 15. April meldete sich früh um fünf Uhr eine neue Stimme mit der Ansage: »Hier ist DT64. Wir senden vom Deutschlandtreffen der Jugend 1964 in Berlin.« Dieses Festival war eine jener gesamtdeutschen Veranstaltungen, mit denen die FDJ ihren Willen zu einer Wiedervereinigung unter sozialistischen Vorzeichen dokumentieren wollte. Es blieb das letzte Treffen dieser Art und war zugleich der Start eines neuen an Jugendliche gerichteten Hörfunkformats, das unter dem Motto »Wer informiert sein will, hört DT64« die Jugendkultur in der DDR für Jahrzehnte entscheidend prägen sollte, auch wenn die ursprüngliche Planung eine andere war: Mit der

724 Vgl. Anna Jehle, *Welle der Konsumgesellschaft?*, S. 239.

725 Ebd.

726 Vgl. ebd. Ab 1967 arbeitete Rosko für die BBC.

727 Vgl. Axel Schildt, »Das Radio und sein jugendliches Publikum von den zwanziger zu den sechziger Jahren – Eine Skizze«, in: Inge Marßolek, Adelheid von Saldern (Hg.), *Radiozeiten. Herrschaft, Alltag, Gesellschaft (1924-1960)*, Potsdam 1999, S. 251-266, hier: S. 262.

Aufgabenstellung, die Teilnehmer »umfassend zu informieren, zu organisieren und zu mobilisieren«, sollte das Format während des Festivals auf Mittelwelle und Ultrakurzwelle 99 Stunden lang senden, um danach relativ rasch wieder aus dem Äther zu verschwinden.[728] Der Aufwand war beträchtlich: Sechs Schnellreportagewagen, eine schwimmende UKW-Station auf der Spree, ein mobiles Tanzorchester, ein Pavillon am Berliner Alexanderplatz, 20 Sprechstellen in der DDR und ein eigens zusammengestelltes Reporterteam waren im Einsatz.[729] Auch beim Marketing hatte man weder Kosten noch Mühen gescheut: Luftballons, Wimpel und Sonnenschirme im Wert von 19 050 Mark warben für das Programm, das die Deutsche Demokratische Republik in einem möglichst vorteilhaften Klanggewand präsentieren sollte.[730] Zielgruppe waren nicht nur die 500 000 ostdeutschen jugendlichen Teilnehmer, sondern auch ihre rund 10 000 Gäste internationaler Jugendorganisationen vor allem aus der Bundesrepublik und aus Westberlin. Es gab Sendungen wie *Jazz und Volksmusik in neuem Gewand* oder – für neue Liedproduktionen – *Junge-Welle-Tonband-Box*; in *Prof. Eisler antwortet* kamen Jugendprobleme zur Sprache. Vor allem aber erklangen Beat-Stücke westlicher Herkunft in bisher für einen DDR-Inlandssender ungekanntem Ausmaß.

Dass Mangel an einer eigenen Jugendmusik herrschte, war den Rundfunkverantwortlichen der DDR seit einiger Zeit durchaus bewusst. Reformvorschläge von Funktionären wie Albert Norden und dem (inzwischen in Ungnade gefallenen) Karl Schirdewan hatten schon Mitte der Fünfziger ähnliche Ansätze propagiert.[731] Und schon Anfang der fünfziger Jahre hatte die SED-Zeitung *Neues Deutschland* selbstkritisch berichtet, die Hörer fühlten »sich von dem tierischen Ernst einer Unzahl Sendungen abgestoßen. Sie bemängeln, daß leichtverständliche Musik und der Humor zu

728 Presseinformation Staatliches Rundfunkkomitee; Berliner Rundfunk, Chefredaktion, Unterlagen zum Sonderstudio DT64 1964-1977; DRAB; F-086-02-04/0010, Bl. 2.

729 Ebd.

730 Vgl. die handschriftliche Aufstellung der Kosten für Werbemittel: Berliner Rundfunk, Chefredaktion, Unterlagen zum Sonderstudio DT64 1964-1977, DRAB, F-086-02-04/0010, Bl. 14.

731 Vgl. Peter Skyba, *Vom Hoffnungsträger zum Sicherheitsrisiko. Jugend in der DDR und Jugendpolitik der SED 1949-1961*, Köln u. a. 2000, S. 332-339, S. 342-357 u. S. 415.

kurz kommen. […] Sie werfen der Tanz- und Unterhaltungsmusik Armut an Einfällen vor.«[732] Besondere Probleme bereitete die Tanzmusik, die auch Nichttänzer interessierte. »Das Mitanhören von Tanzmusik ohne zu tanzen – und es besteht kein Zweifel darüber, daß es sehr beliebt ist – hat aber eine Forderung an gesteigerte Qualität der Tanzmusik zur Folge«, hatte 1958 eine Diskussion von Rundfunkmitarbeitern, Musikern und Kulturfunktionären in der Ostberliner Akademie der Künste resümiert.[733] Für sogenannte anspruchsvolle Tanzmusik wurde eigens der sowjetophile Begriff der »Estradenmusik« kreiert, der Klänge bezeichnete, die auf einer Estrade (Bühne) dargeboten werden und dem Repertoire etablierter Traditionen entlehnt sind. Sie konnte schnellere Stücke Beethovens ebenso umfassen wie Operette und Musical und galt als die ideologisch zu bevorzugende Alternative zu amerikanischer Tanzmusik.[734] Hatte man in den ersten Jahren der SBZ im Zuge der Formalismusdebatte noch Anschluss an sowjetische Vorgaben gesucht, so waren die Geschmacksvorgaben in den fünfziger Jahren nach dem Aufstand vom 17. Juni 1953 »aus Furcht vor weiteren Hörerverlusten« gelockert worden.[735] Neue Formate sollten mit dem als besonders aggressiv empfundenen westlichen RIAS konkurrieren, darunter die äußerst beliebte Sendung *Schlagerlotterie* sowie die *Schallplattentruhe* oder die *Telefon-Wunschsendung*.[736]

Die Auswertung von Hörerpost hatte ergeben, dass viele Jugendliche in Ostblockstaaten die Westsender der Musik wegen vorzogen und ihre Empfangsknöpfe mit Vorliebe auf die westlichen Stationen *Radio Free Europe* oder *Voice of America* einstellten.[737]

732 Olaf Badstübner, »Der Rundfunk muß seine Programmgestaltung ändern. Ergebnisse einer Untersuchung der Lage beim Berliner Rundfunk«, in: *ND* (04.04.1952), S. 4, vgl. dazu Riedel, *»Lieber Rundfunk …«*, S. 280.

733 Deutsche Akademie der Künste, Sektion Musik, Diskussion über Tanzmusik. Stiftung Archiv der Parteien und Massenorganisationen der Deutschen Demokratischen Republik im Bundesarchiv, SAPMO-BArch: Dr 1/6133, zit. n. Rauhut, »Kunst und Klassenkampf«, S. 102.

734 Ebd.

735 Ebd., S. 109.

736 Riedel, *»Lieber Rundfunk …«*, S. 281.

737 Vgl. Edward Larkey, »›Heute muss ich mal an euch schreiben …‹. Leserbriefe an DT64 und die Aushandlung kulturpolitischer Legitimation beim DDR-Rundfunk«, in: Klaus Arnold, Christoph Classen (Hg.), *Zwischen Pop und Propaganda. Radio in der* DDR, Berlin 2004, S. 323-340, hier: S. 323.

Eine Heimleiterin im Ostberliner Bezirk Friedrichshain äußerte 1961 freimütig vor dem Referat für Jugendfragen, es gebe auf dem landeseigenen Sender »keine gescheite Musik, für die sich die Jugendlichen interessieren könnten«.[738] Unter den Jugendlichen habe allgemeines Einverständnis über das Hören von RIAS, SFB und AFN geherrscht, auch über Schallplatten westlicher Herkunft.

Beunruhigt über solche Berichte hatten daher die Jugendredaktionen bereits im Vorjahr Vorschläge eingebracht, »um mehr als bisher Probleme der Jugend« zu behandeln, und zwar »spannender und interessanter«, als es in den bisherigen Sendungen der Fall war.[739] Vorausgegangen war dem ein Jugendkommuniqué der SED am 17. September 1963 mit dem ebenso sperrigen wie programmatischen Titel »Hausherren von morgen. Der Jugend Vertrauen und Verantwortung«.[740] Schon im Juli war der moderat eingestellte Journalist und ehemalige FDJ-Funktionär Kurt Turba zum Leiter der Jugendkommission des ZK der SED berufen worden und hatte auf Wunsch Walter Ulbrichts bisherige Jugendfunktionäre, darunter Erich Honecker, abgelöst. Turba, der ebenso wie der Jugendforscher Walter Friedrich zur Gruppe der »Modernisierer« gehörte, die in den Sechzigern ein nicht rein ideologisch geprägtes Jugendbild zeichneten, formulierte weitreichende Reformen und kündigte »eine bedeutende Veränderung der Jugendarbeit der Partei, der FDJ und aller Staatsorgane« an, wozu auch die Überwindung »bürokratischer Erscheinungen« und »administrativer Methoden« in der Jugendarbeit gehöre.[741] Das Kommuniqué läutete eine kurze

738 Vgl. Rauhut, *Beat in der Grauzone*, S. 29.

739 Junge Welle Radio DDR, Komitee-Vorlage vom 20.08.1963, DRAB, 56/63, Bl. 7.

740 Vgl. Ulrike Schuster, »Die SED-Jugendkommuniqués von 1961 und 1963. Anmerkungen zur ostdeutschen Jugendpolitik vor und nach dem Mauerbau«, in: Institut für zeitgeschichtliche Jugendforschung (Hg.), *Jahrbuch für zeitgeschichtliche Jugendforschung* 1994/95, Berlin 1995, S. 58-75. In der Forschung wurde das Kommuniqué weniger als Ausdruck der Liberalisierung gewertet denn als ein Umbau, der Kompetenzen von der FDJ auf die Gewerkschaften verlagerte. Vgl. Dorothee Wierling, *Geboren im Jahr Eins. Der Jahrgang 1949 in der DDR. Versuch einer Kollektivbiographie*, Berlin 2002, S. 198; Heiner Stahl, »Agit-Pop. Das Jugendstudio DT64 in den swingenden sechziger Jahren«, in: Arnold, Classen (Hg.), *Zwischen Pop und Propaganda*, S. 229-248, hier: S. 231.

741 Ebd. Zu den »Modernisierern« in der DDR vgl. Wierling, »Die Jugend als innerer Feind«, S. 419.

Phase der Dynamisierung der DDR-Jugendpolitik ein, die jedoch spätestens mit dem berüchtigten 11. Plenum des ZK der SED im Dezember 1965 nach nur zwei Jahren abrupt wieder endete.[742] Die Gründung von DT64 fiel just in diese kurze Phase. Das Jugendprogramm konnte davon profitieren, dass man sich zwar nach wie vor von »schwarze[n] Schafe[n]« wie »Bummelanten und Rowdies« abgrenzte, Tanzmusik jedoch als einen »legitimen Ausdruck von Lebensfreude und Lebenslust« begriff. Diese neue Offenheit hatte man in den dialektischen Slogan gegossen: »Welchen Takt die Jugend wählt, ist ihr überlassen: Hauptsache, sie bleibt taktvoll!«[743]

Die neuen Freiheiten, die von manchen Jugendlichen so interpretiert wurden, als hätte die Partei »den Twist erlaubt«, galten allerdings nur innerhalb gewisser Grenzen, denn definitionsgemäß war der Rundfunk in der DDR nach wie vor staatlich gelenkt und ein Instrument der Partei.[744] Schon Lenin hatte dessen Rolle definiert: Als kollektiver Organisator, Agitator und Propagandist sollte der Rundfunk erziehen und mobilisieren.[745] Dies galt auch für DT64, dessen Aufgabe darin bestand, die jeweilige jugendpolitische Doktrin zu verbreiten. Näher spezifiziert wurde dies in dem Leitsatz, den der SED-Verantwortliche für Presse und Agitation Hermann Axen schon im Gründungsjahr der DDR 1949 ausgegeben hatte: »Es ist notwendig, eine klare ideologische Führung im Rundfunk zu haben« und diese »in jeder Sendung, in jeder Abteilung des Rundfunks auf die Linie der Partei zu diskutieren und anzuwenden«.[746] In der stalinistischen Phase der DDR konnte die Missachtung dieser Maxime drastische Folgen haben. Die Amtsenthebung und Verurteilung mehrerer Rundfunkverantwortlicher zu mehrjährigen Haftstrafen in den ersten Jahren der Republik, von der auch der Chefredakteur des Deutschlandsenders betrof-

742 Vgl. Wierling, *Geboren im Jahr Eins*, S. 195-213. Das 11. Plenum wird wegen der dort beschlossenen Wende in der Jugend- und Kulturpolitik auch als »Kahlschlag-Plenum« bezeichnet.

743 Zit. n. ebd., S. 198.

744 Zit. n. ebd., S. 201.

745 Vgl. Daniela Münkel, »Herrschaftspraxis im Rundfunk der SBZ/DDR. Anspruch – Sicherung – Grenzen«, in: Marßolek, von Saldern (Hg.), *Radiozeiten*, S. 83-100, hier: S. 83.

746 Zit. n Riedel, *»Lieber Rundfunk …«*, S. 256.

fen war, hatte dies unmissverständlich deutlich gemacht.[747] Auch das Radio war der Bespitzelung durch die Staatssicherheit ausgesetzt; »Sicherheitsbeauftragte« in den Sendern überwachten die Redaktionen im Auftrag des MfS.[748] Das Jugendradio war hiervon nicht ausgenommen, da auch der Redaktionsbereich, der »für die ›Formung‹ von Kindern und Jugendlichen verantwortlich war, von Partei und Staatssicherheit in seiner sicherheitspolitischen und politisch–ideologischen Relevanz« keineswegs unterschätzt wurde, wie der gezielte Einsatz von Informellen Mitarbeitern der Stasi zeigt.[749] Da DT64 als Einfallstor für feindliches Gedankengut durch westliche Musik galt, wurden die IM »gerade dieser Redaktionen regelmäßig konsultiert«.[750]

Die zeitweilige Öffnung des DDR-Rundfunks für westliche Kultur lag aber nicht nur in innenpolitischen Reformen begründet; sie reagierte auch auf Konkurrenz von außen. Da der Rundfunk prinzipiell ein grenzüberschreitendes Medium ist, ließ er sich natürlich weitaus schlechter einhegen und kontrollieren als etwa der Vertrieb von Papiermedien oder materiellen Tonträgern. Daher befand sich das DDR-Radio noch stärker in einer direkten Konfrontation mit seinen westlichen Konkurrenten. Wohl oder übel mussten sich die DDR-Verantwortlichen auf den Wettbewerb einlassen, der von den Hörern täglich am Frequenzregler entschieden wurde. Das DDR-Radio agierte damit *de facto* innerhalb eines transnationalen Raumes; es musste auf ausländische Sender reagieren – sei es durch Anpassung oder bewusste Abgrenzung.

DT64 sollte dieser Konkurrenz etwas entgegensetzen und zugleich die Richtlinien des Jugendkommuniqués zu den »Hausherren von morgen« hörbar machen. »In unseren Sendungen muss die neue Melodie des Kommuniqués durchdringen«, hatte der Vorsit-

747 Ebd., S. 257; vgl. auch Münkel, »Herrschaftspraxis im Rundfunk der SBZ/DDR«, S. 97.

748 Vgl. Rauhut, »Kunst und Klassenkampf«, S. 103.

749 Dieses Thema ist noch nicht hinreichend erforscht, doch war in der Redaktion von DT64 Mitte der Sechziger mindestens ein leitender Mitarbeiter als IM tätig. Vgl. Stahl, *Jugendradio*, S. 18, sowie: ders., *Die Ideologiepolizei. Die rundfunkbezogenen Aktivitäten des Ministeriums für Staatssicherheit der ehemaligen DDR in der DDR sowie in der Bundesrepublik Deutschland*, Frankfurt/M. 2008, S. 230.

750 Ebd., S. 322. Die Dokumentation bezieht sich allerdings vorwiegend auf die 1970er und 1980er Jahre.

zende der Staatlichen Rundfunkkommission (SRK) den Auftrag für die Jugendredaktionen formuliert.[751] Der Erfolg von DT64 überraschte selbst die Programmverantwortlichen, die nicht damit gerechnet hatten, »daß wir waschkörbeweise Briefe erhalten würden, die ein ständiges festes Jugendprogramm forderten«.[752] Die Verstetigung des Jugendstudios über die Dauer des Deutschlandtreffens hinaus war jedoch umstritten. Chefredakteure und Intendanten sprachen sich zunächst einmütig gegen eine Fortführung aus. Das Jugendstudio während des Festivals habe von der »heißen Tanzmusik« gelebt, die bei einer Fortführung den Rundfunk »ideologisch und kulturpolitisch in die Enge« treiben würde, gab die Intendantin des Berliner Rundfunks zu bedenken, und ihr Kollege beim Deutschlandsender pflichtete bei, das Programm sei »getragen von Elementen, die wir nicht in unserem offiziellen Programm haben dürfen«.[753] Auch die kurzzeitig erwogene Gründung eines ganzen Jugendsenders mit eigener Frequenz nach Vorbild des gen Westen gerichteten Freiheitssenders 904 wurde verworfen. Schließlich setzte sich ein Kompromissvorschlag der Intendantin des Berliner Rundfunks durch, wonach das Jugendstudio zwischen 16 und 18 Uhr Teil des werktäglichen Programms ihres Senders werden sollte. Diese Verstetigung wurde bewilligt, und so ging DT64 am 29. Juni 1964 abermals auf Sendung, diesmal aber als eigenständige Jugendredaktion. Nicht weniger als 30 Mitarbeiter, davon 19 Journalisten, machten ein zunächst zweistündiges, später dreieinhalbstündiges Programm, das werktags ab 16 Uhr ausgestrahlt wurde und republikweit empfangen werden konnte, auch über die Grenzen der DDR hinaus.[754] Die Resonanz war beachtlich: In den ersten fünf Jahren erreichten 237 000 Hörereinsendungen die Redaktion, die alle Zuschriften in Bulletins quantitativ und qualitativ auswertete.[755] Seit Mitte der fünfziger Jahre betrieb man auch in

751 Zit. n. Heiner Stahl, *Hausherren von Morgen. Die Jugend- und Medienpolitik der SED und ihre Umsetzung bei Jugendstudio DT64 im Zeitraum von 1964 bis 1971*, Magisterarbeit, Universität Potsdam 2002, S. 20.

752 Werner Kapitols, »Das ist Musik für unser Ohr …« (Typoskript), Berliner Rundfunk, Chefredaktion, Unterlagen zum Sonderstudio DT64 1964-1977, DRAB, F-086-02-04/0010, Bl. 78.

753 Zit. n. Stahl, »Agit-Pop«, S. 237.

754 Kapitols, »Das ist Musik für unser Ohr …«, Bl. 78.

755 Nach einer Untersuchung des Zentralinstituts für Jugendforschung hörten mehr als 53 % der Jugendlichen im Kreis Grimma 1967 DT64, 14 % sogar täg-

der DDR die Hörerforschung mit großer Ernsthaftigkeit, um Einblicke in das Nutzerverhalten zu erlangen und Kritik entgegenwirken zu können.[756]

Den etwas anderen Ton machte bei DT64 nicht nur die Musik, die seit den Anfängen fester Bestandteil des Programms war – bereits zur Eröffnung hatten die Jena Oldtimers New-Orleans-Jazz gespielt. Auch die Moderation führte einen neuen Sprechstil ein. Während sich der DDR-Rundfunk in der Regel einer sehr förmlichen Sprache bediente, die Sprachanalysten mit dem Duktus von Kant und Hegel verglichen, sprachen die DT64-Moderatoren ihre Hörer auf saloppe Art und Weise an und suchten sich so selbst als Teil der Jugendkultur auszugeben (»Allen Tach-chen, Tach-chen, sagt der Achim«).[757] Schon als Festivalprogramm hatte DT64 so viele Beatles-Stücke gespielt, dass »ältere DDR-Bürger argwöhnten, es handele sich um einen Westsender, den ihre Kinder da hörten«; später wurde die Vorschrift, wonach maximal 40 Prozent westlicher Musik gespielt werden dürfe, dadurch unterlaufen, dass einfach auf den gesamten Berliner Rundfunk hochgerechnet wurde und DT64 damit einen weitaus höheren Anteil bediente als der Gesamtsender.[758] Die Musik kam teils aus einem eigens angelegten Schallplattenarchiv, das sich auch aus den Spenden von Freunden und Verwandten der Radiomacher im Westen speiste. Teilweise schnitten Techniker kurzerhand Sendungen des West-Rundfunks mit und strahlten die Musik abermals aus – womit sie sich de facto derselben Piratentechniken bedienten, aufgrund deren Jugendliche kriminalisiert wurden.[759] Außerdem kam auf DT64 immer wieder die Politisierung von Musik und Freizeit zur Sprache. Politische The-

lich, und nur 6% der Befragten antworteten mit »nie«. Vgl. Untersuchung zur Freizeitgestaltung der Jugend im Kreis Grimma, Berliner Rundfunk, Chefredaktion, Unterlagen zum Sonderstudio DT64 1964-1977, DRAB, F-086-02-04/0010, Bl. 92.

756 Vgl. Konrad Dussel, *Hörfunk in Deutschland. Politik, Programm, Publikum (1923-1960)*, Potsdam 2002, S. 111-116.

757 So eine spätere Ansage. Vgl. Riedel, *»Lieber Rundfunk ...«*, S. 274; Olaf Leitner, »Rock im DDR-Jugendradio«, in: Ulrich, Wagner (Hg.), *DT64*, S. 40-53, hier: S. 40.

758 Riedel, *»Lieber Rundfunk ...«*, S. 286.

759 Dies sagte der DT64-Moderator Karl-Heinz »Kalle« Neumann im Interview aus, siehe Ulrich, Neumann, »Der Anfang«, S. 23. Zur Kriminalisierung junger »Piraten« vgl. Kapitel 4.6.4.

men fanden durchaus Zustimmung bei den Hörerinnen, doch es wurde auch immer wieder bemängelt, dass »die Gesprächsthemen zu[nehmen] und der musikalische Teil [...] zu kurz [kommt]«.[760]

Auch im Westen entfaltete der Jugendsender seine Wirkung. So teilte ein Hörer aus dem bundesdeutschen Fulda mit, DT64 gefalle ihm »außerordentlich gut«, zumal man nicht wie in den anderen DDR-Sendern, »im Laufe einer Stunde mindestens einmal etwas von den ›Bonner Kalten Kriegern‹, Revanchisten oder ›Naziverbrechern‹ in unserer Regierung« höre. Der Hörer sprach sich für eine andere Basis der Verständigung aus, um nicht »unser deutsches Volk in einen noch tieferen Zwiespalt zu bringen, als es im Augenblick ist«, und bat um die Vermittlung einer Briefpartnerin aus der DDR.[761] Eine Zuschrift aus Lübeck hob hervor, »daß bei Ihnen so gut wie gar nicht ›gehetzt‹ wird, wie es meiner Meinung nach bei anderen ostzonalen Sendern ist. Daher ist Ihre politische Information auch für westdeutsche Jugendliche glaubhaft. Unter meinen Freunden wird Ihre Sendung viel gehört.«[762] Ein Westberliner Hörer lobte ausdrücklich die sozialistischen Inhalte von DT64, störte sich aber an der Schlagermusik, die – »gemessen am übrigen Kulturniveau der DDR – recht albern und kitschig« sei. Er empfahl mehr »guten amerikanischen Jazz« und machte die Redaktion auf ihr Gegenstück im Sender Freies Berlin aufmerksam.[763]

Tatsächlich beeinflusste die Gründung eines DDR Pop-Funks das Programm im Westen. Der RIAS reagierte mit einem eigenen »Sonderprogramm für Jugendliche«, das zu Pfingsten 1964 dem 99-Stunden-Programm zum Deutschlandtreffen Paroli bieten sollte.[764] Vielen DDR-Offiziellen war DT64 hingegen zu westlich,[765] und in den Lenkungsgremien der Partei wuchs das Unbehagen an den musikalischen Inhalten. Ein Gutachten der Abteilung Agitati-

760 DRAB/SGHF, Hörerpost DT64, Postanalysen, H 086-02-04/0002, Bl. 99.

761 Ebd., Bl. 147.

762 DT64-Postbulletin, 03.07.1966, DRAB/SGHF, Hörerpost DT64, Postanalysen, H 086-02-04/0002, Bl. 198.

763 DT64-Postbulletin, 23.06.-25.06.1966, ebd., Bl. 251.

764 Vgl. Rauhut, »Kunst und Klassenkampf«, S. 123.

765 DT64-Postbulletin, 26.07.1966, DRAB/SGHF, Hörerpost DT64, Postanalysen, H 086-02-04/0002, Bl. 203. Die Auswertung der Hörerpost spiegelt übrigens keine einheitliche Tendenz wieder, da die Kommentare sowohl in politischen als auch in ästhetischen Fragen von emphatischer Zustimmung bis zu harscher Kritik reichen.

on für das Sekretariat des Zentralrats der FDJ hielt zwar durchaus anerkennend fest, dass DT64 »dem klassischen Volksliedgut und dem modernen Jugend- und Kampflied einen beachtlichen Platz in seinen Sendungen einräumt und damit die Singebewegung der Freien Deutschen Jugend nach Kräften unterstützt«, empfahl aber dennoch, dass »der Musikredakteur bei der Titelwahl mehr als bisher darauf achten [sollte], daß Text- und Musikbeiträge inhaltlich aufeinander abgestimmt werden«. Und auch wenn das Musikprogramm von DT64 »keine richtige Angriffsfläche« geboten habe, da es sich bei den gespielten Titeln zumeist um »Grenzfälle« handelte, die keinen direkten Anlass zur Frontalkritik gaben,[766] war das Jugendstudio immer wieder Angriffen ausgesetzt. Im August 1965 konstatierte Peter Czerny aus der ZK-Abteilung Kultur, dass »DT64 eine andere Kulturpolitik betreibt, nicht durch bestimmte, nicht zu akzeptierende Titel, sondern durch die Häufung« von Beat und tanzbaren Schlagern.[767] Konkret wurde kritisiert, dass bei offiziellen Anlässen »Schlager« gespielt würden – und kein »Arbeiter-, Kampf- oder Volkslied«.[768] Ein geheimes FDJ-Papier resümierte, DT64 werde »sozusagen als Kritikwelle der DDR betrachtet«.[769] Auf dem 11. Plenum griff Erich Honecker Mitte Dezember 1965 das Jugendstudio schließlich direkt an. DT64 habe »einseitig die Beatmusik propagiert«, eine Musik, die durch »fehlerhafte Beurteilung« unterschätzt worden und vom Gegner verwendet worden sei, um »Jugendliche zu Exzessen aufzuputschen«.[770]

Diese Kritik des vormaligen FDJ-Vorsitzenden und hochrangigen Mitgliedes des Politbüros blieb nicht ohne Folgen für DT 64. Noch im Sommer des Jahres hatte der Zentralrat der FDJ den Sender als »Waffe im Kampf gegen die Westsender« rhetorisch in Stellung zu bringen versucht, doch nach dem 11. Plenum domi-

766 Stahl, »Agit-Pop«, S. 238.

767 Genosse P. Czerny: Einschätzung DT64, 26.08.1965, SAPMO-BArch, DY 30/IV A 2/9.06/159, zit. n. ebd.

768 Anlass war ein Beitrag zum Geburtstag des Bruders von Hanns Eisler. Abteilung Agitation: Information an das Sekretariat des Zentralrats über die Teilnahme von Jugendstudio DT64 an der Parteidiskussion, Berliner Rundfunk, Chefredaktion, Unterlagen zum Sonderstudio DT64 1964-1977, DRAB, F-086-02-04/0010, Bl. 101-102.

769 Ulrich, Neumann, »Der Anfang«, S. 25.

770 Zit. n. Berendse, »Beat am Prenzlauer Berg«, S. 54.

nierte das politische Lied.[771] Neue Klassik-Formate verdrängten populärkulturelle Inhalte, der Beat erklang nur noch »dosiert und gesäubert«.[772] Infolgedessen nahmen die Forderungen vonseiten der Hörer nach mehr »heißer Beat-Musik« und mehr »scharfen Platten« ebenso zu wie die Kritik am als langweilig und veraltet empfundenen Musikprogramm der Sendung beziehungsweise am veränderten Sendekonzept.[773] Dessen ungeachtet wurde das Jugendstudio nun stärker in die Rundfunkkommission SRK eingebunden, erhielt einige Auflagen und wurde zu regelmäßigen Berichten verpflichtet. Nur so konnte es die nach dem Plenum einsetzende Kahlschlag-Politik überstehen.[774]

Auch wenn DT64 Ausdruck und zugleich Motor einer Teilliberalisierung der Rundfunkinhalte in der DDR war, so blieb sein Programm doch stets Bestandteil einer Doppelstrategie, denn parallel ging die Ächtung westlicher Programme weiter. DT64 trug dazu bei, ein Schema zu etablieren, das in den USA sowie in den französischen und exterritorialen Privatsendern entwickelt worden und über die alliierten Sender in den deutschsprachigen Rundfunk eingesickert war: das »auf Popmusik spezialisierte Jugendradio«.[775] Es weckte teilweise die Hoffnung auf einen jugendspezifischen, ideologiefernen Raum innerhalb der politisch gelenkten DDR-Medien. Tatsächlich unterlag DT64 jedoch derselben politischen Kontrolle wie die anderen Medien des Landes auch. Das Experiment, in Gestalt von DT64 jugendaffine westliche Formate zugleich auf-

771 Vgl. zum politischen Lied und der DDR-Singebewegung unter dem Dach der FDJ exempl. Rebecca Menzel, »Pop-Politisierung? Folk und Protestsong als Herausforderung unterschiedlicher Pop-Systeme«, in: Mrozek u. a. (Hg.), *Popgeschichte*. Bd. 1, S. 247-266.

772 Vgl. Rauhut, »Kunst und Klassenkampf«, S. 123.

773 DT64-Postbulletin, 26. 04. 1965, DRAB, Hörerpost DT64, Postanalysen, H 086-02-04/0001, Bl. 286. Vgl. exempl. DT64-Postbulletin Nr. 116-117 vom 26./27. 05. 1966, DRAB, Hörerpost DT64, Postanalysen, H 086-02-04/0002, Bl. 287, sowie DT64-Postbulletin Nr. 17/66 vom 22. 01. u. 24. 01. 1966, DRAB, H-086-02-04/0012, Bl. 28.

774 Abt. Kultur, Genosse Czerny, Vorschläge zur Entwicklung der Tanzmusik in Hinblick auf eine verbesserte Erziehung der Jugend (1. Entwurf) vom 18. 10. 1965, S. 2, SAPMO-BArch, DY 30/IV A 2/9.06/159. Zit. n. Stahl, »Agit-Pop«, S. 240.

775 Vgl. hierzu Thomas Lindenberger, »Geteilte Welt, geteilter Himmel? Der Kalte Krieg und die Massenmedien in gesellschaftsgeschichtlicher Perspektive«, in: Arnold, Classen (Hg.), *Zwischen Pop und Propaganda*, S. 27-44, hier: S. 40.

zunehmen und zu kontrollieren, dauerte knapp zwei Jahre, bevor die Politik einer zeitweiligen Lockerung vorerst beendet wurde. Neue Zwangsmaßnahmen gegen die missliebige Popkultur folgten, wie noch gezeigt wird.[776] DT64 bestand allerdings bis 1993 weiter, ab 1986 schließlich als eigener Sender.

4.4.4. Neue Medienästhetiken des Pop

Die in den frühen Sechzigern entstandenen massenwirksamen Jugendmedien neuen Typs hoben sich, wie anhand etlicher Beispiele gezeigt wurde, dezidiert von der Berichterstattung ihrer traditionellen erzieherisch orientierten Vorläufer ab. Es enstand ein »Medienverbund aus Musik, Film, Fernsehen und der übrigen Jugendpresse«.[777] Von der deutschen Forschung wurden die Popmedien oftmals als Akteure einer Amerikanisierung dargestellt. Bezieht man aber die sechziger Jahre mit ein und nimmt auch die Medien anderer Länder in den Blick, so zeigt sich, dass hier komplexere transnationale Prozesse wirkten. Das lässt sich unter anderem daran sehen, dass neben der britischen Beat-Welle Jugendzeitschriften wie *Bravo* und *SLC* zu einer deutsch-französischen Popberichterstattung beitrugen und deutsche Fernsehformate sich an britischen Vorbildern orientierten – die wiederum an amerikanische Vorbilder angelehnt waren, aber eigenständige Ästhetiken ausbildeten.

In den neuen Jugendzeitschriften, die kulturkritische Vorbehalte weckten und immer wieder Gegenstand von Zensurforderungen waren, sind Anfänge einer Semantik des Pop zu erkennen, die eine Beschäftigung mit den von Erwachsenenmedien weitgehend ignorierten Akteuren und Produkten der Massenunterhaltung institutionalisierten und sich von diesen traditionellen Medien mitunter bewusst abgrenzten. Dies kam etwa in der Oppositionshaltung der französischen *Disco revue* zum Ausdruck, die sich dezidiert nicht als journalistisches Erzeugnis verstand, sondern sich aus der Fan-Perspektive ihrem Gegenstand – der Rockmusik – widmete.[778] Die neuen Zeitschriften prägten aber auch erste Narrative der Herkunft unterschiedlicher Popmusiken und betrieben damit gleichermaßen

776 Siehe unten, Kap. 4.5.4

777 Nina Lammers, »BRAVO und die Mediennutzung von Jugendlichen«, in: AdJK (Hg.), *50 Jahre BRAVO*, S. 265-281, hier: S. 271.

778 Vgl. Tamagne, »Aux origines de la critique rock«, S. 244.

die Verschriftlichung und die Historisierung der anfänglich stark audiophon geprägten Popkultur.[779] Sie fungierten nicht nur als Spiegel, sondern auch als Akteure der Popkultur, indem sie Kooperationen zwischen unterschiedlichen Medienformaten initiierten und selbst als Veranstalter von Konzerten agierten – mit zum Teil gravierenden Folgen, wie sich an mehreren umstrittenen Ereignissen noch zeigen sollte. Die Diagnose, es habe eine Verschiebung von einer erzieherischen *presse éducative* zu einer unterhaltenden *presse distractive* stattgefunden, greift jedoch zu kurz, da auch die neuen Formate mehrheitlich von Erwachsenen für Jugendliche konzipiert wurden und durchaus Lebenserfahrung intergenerationell weiterzugeben suchten, was besonders in den Aufklärungsrubriken ab Anfang der sechziger Jahre deutlich wurde.[780] Zudem generierten die neuen Zeitschriften ein spezifisches Popwissen, das Kenntnisse von Musikstilen vermittelte, biographische Informationen über deren Interpreten bot, Tanzschritte visualisierte, Songtexte verschriftlichte und ein spezifisches Vokabular etablierte. All dies musste ebenfalls »erlernt« werden und trug entscheidend zur intersubjektiven Selbstverständigung im Zuge eines *generation building* bei. Für die Konstituierung von Selbstverhältnissen spielten die Identifikationsangebote popkultureller Medien eine immer wichtigere Rolle.[781]

Dass dieses Popwissen auf dem privatwirtschaftlich geprägten Medienmarkt zirkulierte, bevor es in die öffentlich-rechtlichen Sender (oftmals gegen den Widerstand der Verantwortlichen) einsickerte, ist kein Sonderweg einer jugendlichen »Kommerzialisierung«. Diese Entwicklung folgte vielmehr der Wirtschafts- und Medienpolitik der jeweiligen Staaten, die (in Westeuropa) die Printmedien liberalisiert, den Rundfunk aber weitgehend unter

779 Eine wichtige Rolle mag auch darin bestanden haben, dass Jugendliche durch altersgerechte Magazine überhaupt erst zur Lektüre motiviert wurden und sich das Lesen damit auf andere Medien als das Jugendbuch erweiterte. So jedenfalls argumentiert Jim Trelease in seinem Vorwort zu Donald R. Stoll (Hg.), *Magazines for Kids and Teens*, Newark 2009, S. V.

780 Etwa mit der Rubrik »Dr. Sommer« in der bundesdeutschen *Bravo*. Für Frankreich vgl. exempl. Patricia Legouge, »Les représentations de la sexualité dans *Jeune & Jolie*«, in: *Le Temps des Médias* 21 (2013/14), S. 68-81.

781 Vgl. Alexa Geisthövel, »Lebenssteigerung. Selbstverhältnisse im Pop«, in: dies., Bodo Mrozek (Hg.), *Popgeschichte*, Bd. 1: *Konzepte und Methoden*, Bielefeld 2014, S. 177-199.

die Aufsicht von Politik und traditionellen Interessenverbänden gestellt hatten. Diese Institutionen standen Neuerungen zumeist skeptisch gegenüber, da die Verantwortlichen sie als Infragestellung der eigenen Geschmackshoheit empfanden. Zugespitzt lässt sich sagen, dass die Kritik am »kommerziellen« Charakter von Pop sich aus zwei Quellen speiste: aus der sozialpolitischen Bestrebung, junge Menschen mit Hilfe besonderer Politiken der Zensur unter »Jugendschutz« (auch vor den Märkten) zu stellen, und auf der Fiktion, »echte« Kultur sei eine vom liberal-kapitalistischen Gesellschaftssystem losgelöste Sphäre, die sich jenseits des Marktes abspiele.[782] Besonders kritisiert wurde in letzterem Zusammenhang das Star-System als vermeintlich originärer Ausdruck der neueren Popkultur; tatsächlich lässt es sich jedoch von über die Virtuosen des frühen 19. Jahrhunderts bis zu den *héros du jour* der *Gentlemen Magazines* des 18. Jahrhunderts zurückführen, erfasste Mitte des 20. Jahrhunderts aber auch die Jugendkultur.[783]

Ab Mitte der sechziger Jahre prägten popspezifische performative und visuelle Ästhetiken das öffentlich-rechtliche Fernsehen, was bedeutete, dass sich nun auch stärker staatlich kontrollierte Medien der Jugend öffneten. Neue Show-Formate institutionalisierten Popkonzerte auf festen Sendeplätzen und schufen Medienräume, in denen sich afroamerikanische und britische Popmusik begegnen und miteinander interagieren konnten. Die Bewegtbilder des Fernsehens erweiterten das zuvor auf Ton (Hörfunk), Schrift und Fotografie (Magazine, Plattencover) beschränkte popmediale Repertoire erheblich, so dass sich zum Beispiel die Körperlichkeiten von Tanzschritten oder Bühnenperformances, aber auch neuartige Wahrnehmungsanordnungen (Knut Hickethier) wie die Psychedelik auf breiter Basis entwickeln und transnational verbreiten konnten, wie am Beispiel des bundesdeutschen, aber von ameri-

782 Wie sehr auch die dem Schema »Bildung« bzw. »Klassik« zugeordnete sinfonische Musik zeitgleich den Dichotomien von Fan und Star folgte, lässt sich etwa an »charismatischen« Dirigenten nachvollziehen. Vgl. Jürgen Osterhammel, »Kühle Meisterschaft. Dirigenten des frühen 20. Jahrhunderts zwischen Selbstdarstellung und Metierbeschreibung«, in: Sven O. Müller u. a. (Hg.), *Kommunikation im Musikleben. Harmonien und Dissonanzen im 20. Jahrhundert*, Göttingen 2015, S. 154-177, hier: S. 177.

783 Vgl. Antoine Lilti, *Figures publiques. Aux origines de la célébrité 1750-1850*, Paris 2014, S. 98-106.

kanischen und britischen Vorbildern inspirierten und international beachteten *Beat-Club* augenfällig wurde.[784] Diese Erweiterungen vollzogen sich jedoch nicht losgelöst von den anderen Medienformaten, sondern schlossen an deren »bestehende kulturelle Kontexte und aktuelle Vorräte sozialen Wissens« an.[785] So entstand ein enges Geflecht aus Images, Sounds und Semantiken des Pop, das den Magazinjournalismus von Programmzeitschriften wie *Bravo* in intermedialen und transnationalen Kooperationen verzahnte und neue Formate hervorbrachte.

Waren diese Mediendispositive des Pop primär in westlichen Verflechtungen entstanden, so strahlten sie doch auch hinter den »Eisernen Vorhang« aus. Unter dem Konkurrenzdruck eines zunehmend ausdifferenzierten Angebots westlicher medialer Popformate öffnete sich 1964 auch der Hörfunk der DDR vorübergehend diesen Konzepten. Insbesondere das Jugendprogramm DT64 betrieb eine zeitweilige Liberalisierung restriktiver, politisch begründeter Geschmacksvorgaben der sozialistischen Kultur- und Medienpolitik. Die DDR-Initiativen hatten wiederum Einflüsse auf den Westen, wie am RIAS hörbar wurde, der auf das Sonderprogramm DT64 mit der Ausdifferenzierung und Anpassung des eigenen Angebots reagierte.

Wie anhand von Hörerpost gezeigt wurde, mussten Jugendliche in Ost wie West ihre Musikgeschmäcker durch beharrliche Proteste gegen die hegemonialen Bestrebungen der Sendeverantwortlichen durchsetzen, die sich selbst als – im Wortsinn – tonangebende Eliten begriffen und noch gegen die Ergebnisse der eigenen Hörerforschung ihre Geschmacksvorlieben durchzusetzen suchten. Diese Debatten erwiesen sich als ein zäher Kampf gegen nationalkulturelle, vor allem aber gegen ideologische Vorgaben und bildungsbürgerliche Ressentiments.

Entgegen allen Widerständen verstetigten sich in den sechziger Jahren altersspezifische und interaktive Angebote in Hörfunk und Fernsehen, die Jugendliche nicht nur als Zuschauer, sondern auch

784 Vgl. Knut Hickethier, »Einleitung. Zu den Rahmenbedingungen der Programmgeschichte«, in: ders. (Hg.), *Institutionen, Technik und Programm. Rahmenaspekte der Programmgeschichte des Fernsehens*, München 1993, S. 21-30, hier: S. 25.

785 Monika Elsner u. a., »Zur Entstehung des Dispositivs Fernsehen in der Bundesrepublik Deutschland der fünfziger Jahre«, in: ebd., S. 31-61, hier: S. 37.

als Akteure im Studio sichtbar machten, ihre Post verlesen und beantworten ließen.[786] Dieser Prozess, der Pop als eine »junge« Kultur definierte, spiegelte demographische und ökonomische Entwicklungen wider und trug zu einer weiteren Ausdifferenzierung der Lebensphase »Jugend« entlang einer spezifischen Mediennutzung bei, wenngleich diese wiederum nach Bildungshintergrund und Einkommensschicht binnendifferenziert blieb.[787] Wenn die Etablierung von Pop auf festen Sendeplätzen Mitte der sechziger Jahre auch noch keineswegs abgeschlossen war, so wurden doch bereits wichtige Weichen für die Pluralisierung und altersmäßige Öffnung unterschiedlicher Medien sowie für die Entstehung einer reflektierten Popkritik gestellt, die neue Musikstile auch ästhetisch ernst nahm.

4.5. Die Spur der Steine: Jugend-Musik-Konflikte in den Sechzigern

In der ersten Hälfte der sechziger Jahre hatte sich die Palette jugendkultureller Produkte in vielerlei Hinsicht ausgeweitet. Das Beispiel Twist zeigt, wie nun auch Erwachsene an vormals als spezifisch »jung« geltenden Praktiken teilhaben wollten und Jugendlichkeit als gesellschaftliches Paradigma anerkannten. Die Begeisterung für den Beat und insbesondere die Beatles machte deutlich, dass Popmusik über die Arbeiterjungend hinaus nun ganz unterschiedliche gesellschaftliche Gruppen erreichte und schichtenunabhängig zur Subjektbildung herangezogen wurde. Spezialisierte Jugendmusikmedien erreichten Spitzenauflagen und begründeten audiovisuelle Ästhetiken des Pop, schufen aber auch erstmals eine Sprache, in der diese kulturellen Inhalte in einer nicht pejorativen Weise verhandelt werden konnten. Mit all diesen Aufwertungen, von denen das vorangehende Kapitel handelt, waren die scharfen Kulturkämpfe keineswegs beendet. Auch in den Sechzigern erschütterten Konfliktereignisse um Jugend und Popkultur in verschiedenen Staaten die Öffentlichkeit, die an die »alten Zeiten« der *delinquency scare* und der »Rock'n'Roll Riots« erinnern, jedoch auch neue Facetten aufweisen. Im Folgenden werden einige besonders signifikante Ereignisse auf Grundlage sowohl von Polizei- und Behördenakten als

786 Auf den Aspekt der Interaktivität weist hin: Tinker, »ONE STATE«, S. 228.
787 Vgl. Bill Osgerby, *Youth Media*, S. 9.

auch von Medienberichten nachgezeichnet und analysiert. In einem zweiten Schritt werden dann die transnationalen Beziehungen herausgearbeitet – entlang einer Linie, die von Paris über Brighton und Westberlin bis nach Leipzig gezogen wird.

Dadurch wird unter anderem sichtbar, wie stark die üblicherweise vor allem in ihren nationalen Kontexten diskutierten Geschehnisse schon in den zeitgenössischen Diskursen aufeinander bezogen worden sind.

4.5.1. *La Nuit de la Nation*: Paris 1963

Schauen wir zuerst nach Frankreich, wo es in den 1950er Jahre zunächst keine mit den deutschen »Halbstarken« oder den britischen »Teddy Boys« vergleichbare *delinquency scare* gegeben hatte. Um 1959 waren allerdings auch hier ähnliche Stereotype entstanden.[788] Am 19. November 1961 war es bei einem Konzert des französischen Rock'n'Roll-Sängers Vince Taylor im Palais des Sports vor 4000 jungen Zuhörern zu Ausschreitungen gekommen, die mit 25 Verletzten, 12 Festnahmen und einem Schaden von 20 000 Francs bilanziert wurden.[789] Der zumeist in schwarzes Leder gekleidete Taylor war daraufhin vom Magazin *Paris Match* zum Phänotyp des jugendlichen *blouson noir* erklärt worden. In einer Titelstory hatte die auflagenstarke Zeitschrift eine neue Kollektivangst beschworen.[790] Vorhergehende Ereignisse – darunter Auseinandersetzungen

788 Während der Bill Haley-Tournee kam es im Oktober 1958 in Paris zu einem Krawall. Vgl. Jean Susini, »Deux Essais de Prévention de la Délinquance Juvénile par la Police Française«, in: *Revue de science criminelle et de droit pénal comparé* 4 (1960), S. 697-791; M. Yzerman, »Police Française et Délinquance Juvénile«, in: *Revue internationale de police criminelle* 152 (1960) [restricted], zit. n. Council of Europe, *The Effectiveness Of Current Programmes For The Prevention Of Juvenile Delinquency In Certain European Countries. Revised Version of a Report Based on a Survey Conducted under the Auspices of the European Committee on Crime Problems, and Presented by R. L. Morrison (Criminological Division, Legal Directorate) to the United Nations European Seminar held at Frascati, Italy, from 14th to 23rd October 1962* (= Publications of the Council of Europe), Strasbourg 1963, S. 31; Kaiser, *Randalierende Jugend*, S. 100.

789 Vgl. ›After The Riot!«, in: *Melody Maker*, 02.12.1961, S. 9; Sohn, *Âge tendre*, S. 267.

790 Vgl. ebd. Auch bei einem Konzert des Sängers Richard Anthony war es 1961 im Pariser Palais des Sports zu Ausschreitungen gekommen; vgl. David Loosley, *Popular Music in Contemporary France*, S. 26.

an Badeorten in Südfrankreich, die Rangelei Minderjähriger aus der südwestlichen Pariser *banlieue* mit Gästen eines Straßencafés am 23. Juli 1959 sowie eine Massenschlägerei zwischen Jugendlichen und Ausflüglern am darauffolgenden Tag – hatten der Debatte um aggressive *blousons noirs* Nahrung gegeben und dieses Klischee zwischen 1959 und 1961 in zahlreichen Presseartikeln verfestigt.[791]

Zu einem bislang beispiellosen Medienereignis geriet im Sommer 1963 ein Konzert, das als *La Nuit de la Nation* bekannt wurde. Sechs Jahre nach den Debatten um jugendliche »tricheurs« und die Nouvelle Vague brachte es das Thema »Jugend« abermals auf die Titelseiten der französischen Zeitungen und löste politische Diskussionen aus. Der private Radiokanal Europe 1, zu dieser Zeit einer der führenden frankophonen Jugendsender, hatte das Konzert gemeinsam mit der Zeitschrift *Salut les copains* in Paris aus Anlass des 50. Jubiläums der Tour de France am 22. Juni 1963 organisiert.[792] Der Eintritt war frei, und das Line-up versammelte mit Musikern wie Dick Rivers oder Richard Anthony und Bands wie Les Chats Sauvages so viele Stars der jungen französischen Rock- und Yé-yé-Szene auf einer Bühne unter freiem Himmel wie nie zuvor.[793] Die Bühne stand an einem symbolträchtigen Ort, auf der Place de la Nation im Osten von Paris, weswegen das Musikereignis in der nachfolgenden Berichterstattung zur *Nuit de la Nation* verklärt wurde, zu einer für die Zukunft Frankreichs geradezu schicksalhaften Nacht – allerdings im negativen Sinne.

Aufgrund der kurzfristigen Planung wurde das Konzert im Vorfeld lediglich in der Radiosendung *Salut les copains* (*SLC*) auf Europe 1 beworben. Gleichwohl hatten die Veranstalter die Behörden vorab darauf hingewiesen, dass es sich um eine »große populäre Demonstration« handeln werde, bei der mit einer gewissen Menge an Zuhörern zu rechnen sei, wenn nicht gar mit einem »bemer-

791 Vgl. »Pour la protection de la jeunesse: ›L'expérience des plages‹«, in: *Liaisons* 119 (10.05.1966), S. 1-5; Tamagne, »Le ›blouson noir‹«, S. 99-114.

792 Vgl. Pierre Robin, »La ›Nuit de la nation‹ d'Europe No 1«, in: *Cahiers d'histoire de la radiodiffusion* 39 (1993/94), S. 44-54.

793 Vgl. Préfecture de Police, Depart de 50ème TOUR DE FRANCE SPECTACLE D'EUROPE No 1, Paris, 19.07.1963, Archives de la Préfecture de Police de Paris, APP-FD 248, 610: »La nuit de la nation, 22.06.1963 [unpag.]. Zum Line-up vgl. Florence Tamagne, »La Nuit de la Nation. Jugendkultur, Rock'n'Roll und *moral panics* im Frankreich der sechziger Jahre«, in: Mrozek u. a. (Hg.), *Popgeschichte*, Bd. 2, S. 41-62, hier: S. 42.

kenswerten Massenauflauf«.[794] Doch selbst die Macher von *SLC* hatten die Reichweite ihrer Sendung beziehungsweise die Attraktivität des Konzerts unterschätzt.[795]

Schon am frühen Abend wurde deutlich, dass der Andrang weit größer als erwartet war und Equipment und Absperrmaßnahmen nicht ausreichen würden. Die Logistik hatte eine Bühne, einen Projektionswagen für Licht und Ton und einen weiteren Wagen mit einer Verstärkeranlage vorgesehen, dazu 300 Stühle für geladene Gäste in einem eigens dafür eingerichteten VIP-Bereich hinter der Bühne.[796] Außerdem hatte die Polizeipräfektur vorsorglich mehrere Flächen und ein Gebiet mit einem Radius von 250 Metern rund um die Bühne herum absperren lassen. (Abb. 76) Auf den insgesamt 15 000 Quadratmetern wurden zwischen 30 000 und 40 000 Menschen erwartet.[797] Schätzungen zufolge strömten an jenem Abend jedoch etwa 150 000 Personen auf die Place de la Nation, davon 80 Prozent Jugendliche zwischen 14 und 21 Jahren – was in etwa einem Fünftel der gesamten damaligen Pariser Jugend entsprach.[798] Veranstalter und Polizei wurden von diesen Dimensionen vollkommen überrascht, zumal ein Massenkonzert dieser Größenordnung in der noch jungen Popgeschichte präzedenzlos war. Statt drei hätten sich nun zehn Personen je einen Quadratmeter teilen müssen, weswegen die Zuschauer auf das gesamte Gelände auswichen. Um überhaupt einen Blick auf die Musiker werfen zu können, erklommen etliche Jugendliche Bäume und Straßenlaternen, Balkons und Dächer, aber auch die Markisen umliegender Geschäfte. (Abb. 77) Durch die nur 2,5 Meter hohe Bühne war die Sicht für große Teile des Publikums und insbesondere für die beträchtliche Zahl der hinter der Bühne versammelten Besucherinnen »praktisch null«, wie auch der Polizeibericht einräumte.[799]

794 Ebd.

795 Sie lag damals bei circa 1,6 Millionen Zuhörerinnen, vgl. Tamagne, »La Nuit de la Nation«, S. 43-44.

796 Vgl. Images et Son/Europe 1 au Commissaire Principal de Police Municipal, Paris, 10. 06. 1963, APP-FD 248, 610.

797 Vgl. Le Directeur-Adjoint, Chef du 3ème Disctrict à Monsieur le Directeur Générale de la Police Municipale, Paris, Objet: Spectacle organisé par Europe 1, 22. 06. 1963, APP-FD 248, 610, Bl. 2.

798 Ebd., Bl. 5.

799 Le Directeur-Adjoint, Chef du 3ème Disctrict à Monsieur le Directeur Générale, ebd., Bl. 3.

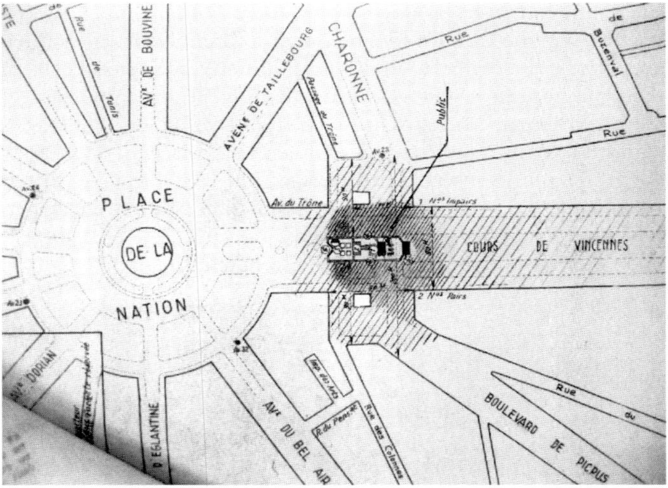

Abb. 76: Unzureichender Platz: Planskizze der Préfecture der Pariser Polizei zur Sicherung des *Concert de la nation* am 22. Juni 1963.

Das Konzert verlief dementsprechend spannungsreich. Die Absperrungen hielten an mehreren Stellen dem Druck der Massen nicht stand, partiell brach Panik aus. Die Polizeieinheiten wurden daher eilig auf rund 600 Beamte verstärkt und durch 40 beurlaubte Matrosen der Kriegsmarine ergänzt, die eigentlich das Konzert hatten hören wollen, sich nun aber spontan als Helfer anboten, wie der Bericht hervorhebt; de facto wurde hier also Militär im Innern eingesetzt, wie auch einige Presseberichte bemerkten.[800] Etliche Zuhörer äußerten nachdrücklich ihre Unzufriedenheit mit den mangelhaften Bedingungen, aber auch mit den musikalischen Darbietungen. Beim Auftritt der Sängerin Sylvie Vartan flogen Gegenstände in Richtung Bühne, unter anderem Damenschuhe. Die Musik selbst ging zu großen Teilen im Pfeifkonzert der Besucher unter, was auch der für solche Massen nicht ausreichenden Musikanlage geschuldet war. Einzig Johnny Hallyday erntete nach anfänglichen Pfiffen schließlich Beifall, der dann allerdings derart eupho-

800 Vgl. etwa »Policiers et militaires ont uni leurs efforts pour contenir les 150 000 fans de ›Johnny‹«, in: *Le Parisien libéré* (24. 06. 1963), S. 16.

risch ausfiel, dass er das Gelände nur unter Polizeischutz verlassen konnte, weil die Fans ihr Idol berühren wollten. Dabei entstanden Pressefotos, die Hallyday und Vartan hinter vergitterten Fenstern von Polizeiwagen zeigen, als würden Kriminelle abtransportiert.[801] (Abb. 78) Gegen Mitternacht brachen große Teile des Publikums vorzeitig auf, um die letzten U-Bahnen zu erwischen, doch noch nach Ende des Konzerts wurden gegen ein Uhr nachts vereinzelt Auseinandersetzungen mit Gruppen von Jugendlichen gemeldet. Insgesamt kam es im Verlauf der Veranstaltung zu 73 Festnahmen, und 46 Strafverfahren wurden nachfolgend eingeleitet.[802]

Abb. 77-78: Hinter Gittern: Während Musikfans das Großstadtmobiliar der Pariser Place de la Nation erklimmen, wird die Sängerin Sylvie Vartan von der Polizei vor ihnen in Sicherheit gebracht.

Am Tag danach zeigten Anwohner Sachbeschädigungen an, von denen die meisten durch das Erklettern von Gebäudeteilen ent-

801 Vgl. Jean Maquet, Jean Durieux: »C'est qui c'est vraiment passé à la Nation«, in: *Paris-Match* (06.07.1963), unpag. [S. 20-27]; »COPAINS mais pas VOYOUS«, in: *Capri* (07.08.1963), S. 13.

802 BMO, Conseil Municipal de Paris, 1er session ordinaire de 1963, séance du jeudi 27 au Directeur Général de la Police Municipale, APP-FD 243. Vgl. dazu auch Tamagne, »La Nuit de la Nation«, S. 46.

standen waren.[803] Ein Zeitungskiosk war geplündert worden, mehrere Fahrraddiebstähle wurden zur Anzeige gebracht, und einem Polizisten war im Gedränge die Dienstwaffe entwendet worden.[804] Auch wurden etliche Autodiebstähle gemeldet, von denen sich einige jedoch weitab vom Konzert ereignet hatten. Angesichts der Massenpanik, die zeitweilig auszubrechen drohte, waren dies allerdings eher Petitessen, denn unter den gegebenen Umständen war die Veranstaltung insgesamt vergleichsweise glimpflich abgelaufen. Und doch zog sie eine breite Diskussion in der Presse, unter Experten und Politikern nach sich, die der um die *tricheurs* ähnelte und auch das Klischee der *blousons noirs* aktualisierte.[805] In den Wochen nach dem Konzert titelten Tages- und Wochenzeitungen mit Schlagzeilen wie »Salut Les Voyous« (»Hallo, Strolche«) und schoben damit *SLC* – der Sendung wie dem Magazin – die Schuld an den Ereignissen zu.[806] *France-Soir* stellte einen Zusammenhang mit den *juvenile-delinquency*-Filmen der fünfziger Jahre her und wählte als Überschrift des Berichtes über ein angebliches Meer von *blousons noirs* den französischen Verleihtitel des amerikanischen Filmes *Blackboard Jungle* von 1955: »Graine de violence 1963«.[807] Florence Tamagne hat in einer detaillierten Analyse der Medienreaktionen gezeigt, dass bei der Suche nach »tieferen Ursachen« strukturell ähnlich vorgegangen wurde wie in den Debatten nach den »Rock'n'Roll Riots« in Deutschland, England und den USA, indem zeithistorische Konflikte auf die Ereignisse übertragen wurden, hier jedoch: spezifisch französische Problemkonstellationen.

803 Vgl. »Les habitants de la place de Nation disent: ›Droles de copains, drole de soirée«; »Les branches d'arbres n'ont pas résisté«, in: *Paris-Presse-L'Intransigeant* (25.06.1963), S. 12.

804 Vgl. Le Sous-Directeur Commissaire Contrôleur Général Chef du 3ème District à Monsieur le Directeur Général de la Police National, Objet: Service d'ordre pour le spectacle d'Europe no 1, cours de Vincennes, 24.06.1963, APP-FD 248, Bl. 1.

805 Vgl. »A la fête du twist de la Nation, il y avait 1000 voyous et 149 000 copains«; in: *France-Soir* (25.06.1963), S. 9.

806 »Jacques Renard a demandé à Daniel Filipacchi, organisateur de la soirée: Vos ›copains‹, vous ne les trouvez pas un peu stupides?«, in: *Paris-Presse-L'Intransigeant* (26.06.1963), S. 6.

807 Dt.: *Die Saat der Gewalt.* Charles Bacelon, »Graine de violence 1963. Un lycéen blessé sauvagement à Paris: encore des blousons noirs«, in: *France-Soir* (27.06.1963), S. 7.

Ein Teil der Kommentatoren machte – nach bekanntem Muster – die Musik für die »Enthemmungen« verantwortlich. Vor allem der Polizeibericht schrieb der synkopierten Musik, namentlich den »diversen Formationen des ›Twist‹« eine aufpeitschende Wirkung zu.[808] Die Lieder von Johnny Hallyday hätten einen »frenetischen Rhythmus« und führten daher angeblich zu Kontrollverlusten.[809] Einem Bericht zufolge schlossen die Chansonniers Gilbert Bécaud und Charles Aznavour sich zusammen, um gemeinsam den Kampf gegen die »anschwellende Flut der Rock-Idole« aufzunehmen.[810] Andere Kommentare kontextualisierten die Vorgänge mit den aktuellen innen- und außenpolitischen Konflikten der französischen Gesellschaft, die sich von den zeitgleich geführten Diskussionen in Deutschland (um die Amerikanisierung) und den USA (um Zensur) grundlegend unterschieden. Die wenig popaffine linke Zeitung *Libération* etwa beschuldigte die gaullistische Regierung der Komplizenschaft mit den *blousons noirs*, die anders als streikende Arbeiter mit Samthandschuhen angefasst worden seien – und übertrug so innenpolitische Konflikte auf das Konzert.[811] *Le Populaire* erinnerte angesichts des geringen Polizeiaufgebots an die massiven Einsätze bei Demonstrationen für den Frieden in Algerien.[812]

Diese argumentative Verknüpfung mit den Konflikten der französischen Dekolonialisierung, die mit dem Waffenstillstand des seit 1954 geführten Algerienkrieges im März 1962 offiziell besiegelt worden war, bildete einen ganzen Strang der Debatte aus.[813] Hierzu trug vor allem ein Vorfall bei, der zunächst als »gewaltsame Sittlichkeitsverletzung« am Rand des Polizeiberichts stand, aber zunehmend ins Zentrum der Berichterstattung rückte und als die

808 Le Directeur-Adjoint, Chef du 3ème Disctrict à Monsieur le Directeur Général de la Police Municipale, APP-FD 248, 610, Bl. 4.

809 Ebd.

810 »Ils fondent le trust des ›anti-copains‹«, in: *Paris-Presse-L'Intransigeant* (24.06.1963), S. 3.

811 *Libération* (06.07.1963), zit. n. Tamagne, »La Nuit de la Nation«, S. 55. Vgl. auch »Les ›blousons noirs‹ de la Nation ont dit à Camille Gilles: ›On est prêt à recommender‹«, in: *Paris-Presse-L'Intransigeant* (26.06.1963), S. 6.

812 Vgl. *Le Populaire* (25.06.1963), zit. n. Tamagne, »La Nuit de la Nation«.

813 Vgl. grundsätzlich Jürgen Danyel, Patrice G. Poutrus, »Einleitung«, in: *ZfG* 55 (2007), S. 101-104.

Vergewaltigung einer jungen Zuschauerin durch eine Gruppe *blousons noirs* teils algerischer Herkunft firmierte, die sich – so wurde immer wieder betont – unter den Augen der Öffentlichkeit und auch der Polizei in unmittelbarer Nähe der Absperrung mitten in der Menge zugetragen habe.[814] In der Folge dieses – aufgrund konträrer Zeugenaussagen umstrittenen – Vorfalls richtete sich die Aufmerksamkeit etlicher Kommentatoren auf die im Zuge der blutigen Auseinandersetzungen zwischen der algerischen Unabhängigkeitsbewegung und dem französischen Militär erfolgte Migration aus der ehemaligen Kolonie nach Frankreich.[815]

Auch zur Erklärung der Vorfälle selbst wurden Dekolonialisierungskonflikte herangezogen. Linke Zeitungen wie *Combat* sahen in dem vermeintlichen Krawallkonzert eine logische Folge der Brutalisierung durch den ungerechten Krieg, den Frankreich in Algerien geführt hatte. Für einen Kommentar in *Libération* war der Jugendkonflikt gar ein Echo der jüngsten Geschichte, der »Befreiung [von den Deutschen], der Kolonialkriege mit ihren Schrecken, der Attentate der FLN in den Straßen von Paris, der Berichte von Folter, Granaten, Anschlägen, dem Kampf der OAS, dem Plastiksprengstoff, und darüber hinaus der [...] all dies begleitenden intellektuellen Zügellosigkeit«.[816]

Von konservativer Seite wurde hingegen eine allgemeine sittliche Verrohung der Jugend beklagt, ergänzt um ein elitistisches Klassenargument, das in der populären Kultur ein Sprachrohr bislang marginalisierter Bevölkerungsgruppen vermutete, die sich nun in aller Öffentlichkeit unter der kommerziell motivierten Regie neuer Medien als ziellose, aber destruktive Masse konstituierten. Der Polizeibericht bezeichnete die versammelten Jugendlichen als weder wohlhabend noch intellektuell (»ni de condition aisée, ni des intellectuels«).[817] Schließlich meldete sich auch die Politik zu Wort: Am 3. Juli forderte der Innenminister die Veranstalter auf, in

814 Vgl. zu den widersprüchlichen Angaben über dieses Ereignis ausführlich Tamagne, »La Nuit de la Nation«, S. 48-50.

815 Zur algerischen Migration vgl. Marcel Streng, »Abrechnungen unter Nordafrikanern? Algerische Migranten im Alltag der französischen Gesellschaft während des Algerienkrieges (1954-1962)«, in: *Werkstatt Geschichte* 35 (2003), S. 57-80.

816 *Combat* und *Libération* (06. 07. 1963), zit. n. Tamagne, »La Nuit de la Nation«, S. 55.

817 Le Directeur-Adjoint, Chef du 3ème Disctrict à Monsieur le Directeur Général.

Zukunft eigene Ordnungskräfte abzustellen – eine Maßnahme, die auch in Deutschland wenige Jahre später obligat wurde.[818]

Das Konzert zog auch eine Expertendiskussion nach sich. Motiviert durch das Konzert und die nachfolgende Debatte, kreierte der Philosoph Edgar Morin in einem mehrteiligen Artikel für *Le Monde* eine neue Bezeichnung für Jugendliche,[819] *décagénaires*, eine eigenwillige Übersetzung von *teenager*, die sich allerdings nicht durchsetzte.[820] Die Yé-yé-Szene erschien ihm weniger als eine durch semiotische und semantische Codes (mit dem zentralen Begriff *copain* – Kumpel) und auditive Vorlieben zusammengehaltene Geschmacksgemeinschaft, vielmehr als eine neue Altersklasse, die in Pop-Tänzen wie dem Twist ein konstitutives Ritual gefunden habe.[821] Der Autor Yves-Marie Cloître machte wenig später in einem Buch die an Schallplatten, Film- und Musikstars orientierte und in Haar- und Kleidertracht von den älteren Jahrgängen sichtbar differente Jugend gar als einen Staat im Staate aus.[822] Auch die internationale Presse nahm von dem Konflikt Notiz.[823]

Ein Jahr nach dem Konzert erschien in der Zeitschrift der französischen Polizei eine Reportage von Georges Simenon über das Milieu jugendlicher Straßenbanden aus dem Jahr 1937. Ähnlich wie die einschlägigen Texte über die deutschen Eckensteher oder die amerikanischen *street gangs* hatte der Krimiautor in einer Miniatur einen Archetypus junger *gars* beschrieben, die an ihren Mützen und Halstüchern erkennbar gewesen seien und mit Dolchen und Pistolen die Bürger von Paris bedroht hätten. Auch schloss er an die Pathologisierung der Großstadt als Ansteckungszone für Kriminalität an. In einem Kommentar zu diesem Text zog ein Polizeikommissar Parallelen zur Gegenwart der sechziger Jahre: Abermals gäben

818 Vgl. 3854-3 Juillet 1963, APP-FD 248, 610, Bl. 5. Zu Deutschland vgl. unten, Kap. 4.5.3.

819 Morin, »Salut les copains«.

820 *Le Monde* (07./08.07.1963). Vgl. dazu Sohn, »Edgar Morin et les décagénaires«, in: Jean-Michel Chapoulie u.a. (Hg.), *Sociologues et sociologies. La France des années 60*, Paris 2005, S. 155-162, hier: S. 157.

821 Vgl. Bodo Mrozek, Paolo Prato, »Yé-Yé«, in: *EPMOW*, S. 558-559; Sohn, *Âge tendre*, S. 10.

822 Yves-Marie Cloître, *Johnny Hallyday. Les idoles et les jeunes*, Paris 1964, S. 116, zit. n. Sohn, *Âge tendre*, S. 65.

823 Vgl. exmpl. »Vartan-Hallyday. Yeah, yeah, yeah«, in: *Der Spiegel* (28.04.1965), S. 155.

(motorisierte) Gruppen jugendlicher »blousons dorés« Anlass zur Beunruhigung, die ohne jedes Motiv Passanten mit Fahrradketten und Gummiknüppeln angriffen. Illustriert wurde der Beitrag mit einer Aufnahme des Amüsierviertels Pigalle bei Nacht, laut Bildunterschrift eine Welt der Träume und Mythen, die geeignet sei, den Geist gewisser Jugendlicher zu deformieren.[824]

Ein anderer Kommissar zog einen transatlantischen Vergleich. Zwar hätten sich die von Simenon vor Jahrzehnten beschriebenen Zustände mittlerweile geändert, doch erinnerten die Probleme in bestimmten Pariser Vierteln ebenso wie in Nizza und Marseille an den »Krieg der ›Gangs‹« auf der anderen Seite des Atlantiks. Ähnlich wie in Amerika dominierten ihm zufolge auch in Frankreich zunehmend ethnische Konflikte die Auseinandersetzungen zwischen Jugendbanden. So würden etwa Korsen ihre Territorien gegen Nordafrikaner verteidigen. Auch er gab urbanen Vergnügungen wie Clubs und Pferderennen eine Mitschuld an den Konflikten.[825] Die Begriffswahl diente dabei dem semantischen *Othering*: Wie Roland Barthes wenige Jahre zuvor bemerkt hatte, war der Begriff »Bande« in der Politik stets dann verwendet worden, wenn Migranten oder Ausländer im Spiel waren, denn »ist die ›Bande‹ eine französische, zeichnet man sie mit dem Namen *Gemeinschaft* aus«.[826]

Abermals wurde das international verbreitete Motiv der Zerstörung traditioneller Arbeiterquartiere durch die »kriminogene« Architektur des sozialen Wohnungsbaus aufgerufen. Illustriert von einer Luftansicht einer durch Neubaublocks zersiedelten Stadtlandschaft, beschrieben als »Ausweitung der urbanen Zone«, fragte der Kommentar in *Liaisons*: »Wie viele Träume und Gewalttaten werden dort geboren?«[827] Eine Bildstrecke illustrierte den Archetypus des jugendlichen Delinquenten mit den anonymisierten erkennungsdienstlichen Polizeifotos von vier *blousons noirs*: einer jungen Frau mit Halstuch und vier männlichen Minderjährigen, alle in Jeans, manche mit Lederjacken bekleidet. Der Text bleibt vage und

824 »Le ›Milieu‹ et son influence«, in: *Liaisons. Bulletin de la Préfecture de Police* 42 (1964), S. 5 f.

825 Ebd.

826 Roland Barthes, »Afrikanische Grammatik«, in: ders., *Mythen des Alltags*, Berlin ^{3}2015, S. 178-186, hier: S. 178.

827 »Le ›Milieu‹ et son influence«, S. 9.

verrät über die ihnen vorgeworfenen Vergehen nur, sie seien wegen schwerer Verstöße festgenommen worden. Zwar dürfe man nicht verallgemeinern, so der Kommentar, doch würden diese Bilder der Adoleszenz ein ungutes Gefühl im Betrachter erwecken – womit der Artikel ebenjene Verallgemeinerung betrieb, vor der er eingangs noch gewarnt hatte. (Abb. 79) Die Bildsprache stand klar in jener anthropometrischen Tradition, die seit dem späten 18. Jahrhundert im Zuge der Erfindung der Fotografie Bilder von Devianz und Anomalie auch öffentlich zur Schau stellte.[828] Als Techniken der Standardisierung waren die *mugshots* nicht nur das bildliche Pendant von Aufschreibsystemen wie Jugendkarteien und Zwangsgestelltenbüchern; sie legitimierten auch die Polizeitechniken nach außen und nahmen somit Stigmatisierungen bewusst in Kauf.[829]

Abb. 79: ›Blousons noirs‹ mit und ohne schwarze Blousons: Devianz-Typologisierung der französischen Polizei.

828 Vgl. Susanne Regener, *Visuelle Gewalt. Menschenbilder aus der Psychiatrie des 20. Jahrhunderts*, Bielefeld 2010, S. 155-157.

829 Vgl. Susanne Regener, »Verdächtige darstellen. Polizeiliche Strategien und Selbstregulierung«, in: Rebekka Habermas, Gerd Schwerhoff (Hg.), *Verbrechen im Blick. Perspektiven der neuzeitlichen Kriminalitätsgeschichte*, Frankfurt/M. 2009, S. 415-439, hier: S. 417.

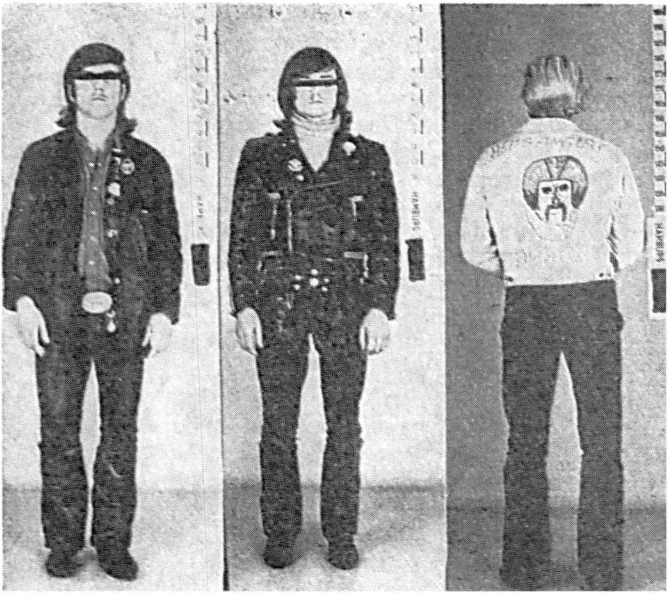

Abb. 80: In anthropometrischer Tradition: *Mugshots* der deutschen Polizei von Hamburger Rockern.

Es lässt sich festhalten, dass die Konflikte anlässlich des Konzerts auf der Place de la Nation, die nach Aktenlage vor allem als das Resultat logistischer Fehlplanungen und mangelhafter Sicherheitsmaßnahmen erscheinen, polizeiliche, politische und intellektuelle Debatten über den Zustand der Jugend im Speziellen und den der französischen Kultur im Allgemeinen auslösten, die im internationalen Vergleich zwar in dieser Ausprägung nachholenden Charakter hatten, aber trotz aller spezifisch zeithistorischer und nationaler Kontextualisierungen nahtlos an die Reihe der in anderen Staaten zu beobachtenden Skandalisierungen anschlossen.

4.5.2. *Rumble in Brighton*: Mods und Rockers um 1964

Ein knapper halbes Jahr nach den Ereignissen von Paris kam es in Südengland zu Konflikten, die eine ähnlich breite Debatte wie in Frankreich auslösten und Erinnerungen an die »Teddy Boy«-Diskussionen der fünfziger Jahre wachriefen. Am Osterwochenende 1964 hatten zahlreiche Jugendliche auf Motorrädern und -rollern Fahrten zu Seebädern an der britischen Südküste unternommen. Ziel der Ausflügler waren oftmals Musikereignisse in örtlichen Clubs, darunter ein Wohltätigkeitskonzert für die Hungerhilfe, auf dem mehrere Modbands auftraten, neben anderen The Zodiacs und The Ron Smith Five.[830] Kollektive Ausflüge an die Küste hatten insbesondere unter Londoner Jugendlichen eine gewisse Tradition, was auch für gelegentliche Auseinandersetzungen mit lokalen Jugendlichen galt.[831] Neu war allenfalls die Motorisierung von Jugendlichen mit günstigen Kleinkrafträdern, die als Zeichen des wachsenden Wohlstands der fünfziger und sechziger Jahre interpretiert wurde, wobei die Mehrheit der Jugendlichen mit der Bahn oder per Autostopp anreiste.[832]

Am jenem Osterwochenende kam es in Clacton-on-Sea zu Schlägereien zwischen Gruppen von einheimischen und städtischen Jugendlichen, wobei einige Strandhütten und eine Fensterscheibe beschädigt wurden. Obwohl das Ausmaß der Zerstörung eher gering war, erklärten Zeitungen, vor allem Boulevardblätter wie der *Daily Mirror* und der *Daily Express*, den Osterfeiertag zum »Day of Terror« und den Ausflugsort zum Schauplatz einer »Mod Invasion«.[833] Auch in den kommenden Wochen hielten die Zeitungen das Thema auf den Titelseiten mit Schlagzeilen wie »MOD-

830 Vgl. »Stomping For A Mini Bus«, in: *Evening Argus/Sussex Daily News* (01.04.1964), S. 22.

831 Vgl. Osgerby, *Youth in Britain*, S. 44. Schon in den 1950er Jahren waren Auseinandersetzungen zwischen Jugendlichen am Strand von Brighton in den Schlagzeilen, vgl. Ray Ferris, Julian Lord, *Teddy Boys. A Concise History*, Croydon 2012, S. 24; siehe dazu auch oben, Kap. 2.

832 Dies ermittelte die British Transport Commission. Vgl. County Borough of Hastings Police, August Bank Holiday (1964) Disturbances at Hastings [Typoskript], East Sussex Record Office [ESRO], SPA2/26/11, Bl. 6.

833 Vgl. Barnes, *Mods!*, S. 127.

SCHLACHT« oder »›BLUT, WIR WOLLEN BLUT‹«.[834] Als Folge dieser medialen Aufmerksamkeit, die der Kulturwissenschaftler Stanley Cohen in seiner klassischen Analyse bereits 1972 untersucht hat, wurden großangelegte exekutive Maßnahmen angeordnet, die neue Polizeimethoden und politische Debatten mit legislativen Folgen hervorbrachten.[835]

Die Ereignisse vom Osterwochenende 1964 waren nicht die ersten, die Medienberichte über Konflikte zwischen Mods und Rockern hervorbrachten. Schon im September 1963 hatte eine Schlagzeile des *Daily Mirror* den »KRIEG DER ROCKER UND MODS« ausgerufen. Anlass war die Verurteilung eines 17 Jahre alten »Rockers« aus Essex zu einer sechsmonatigen Freiheitsstrafe, weil er einen etwa Gleichaltrigen niedergeschlagen hatte, der einem anderen Modestil anhing.[836] Aufgrund solcher Berichte wandelte sich das Klischee der Mods, die anfangs als konsumorientierte Modeavantgarde (und dann als kommerzielle Mode) gegolten hatten, gegen Ende des Jahres 1963 zu dem eines Gruppenstils, der als antagonistisch zu dem der Rocker angesehen wurde.[837] Rocker waren in den frühen Sechzigern noch nicht die teilweise straff organisierten erwachsenen Berufskriminellen späterer Jahre, sondern eine durch Kleidung, Musik und Motorräder markierte Subkultur Jugendlicher, die ihre Treffpunkte an Orten wie dem Londoner Ace Café oder dem (von einem motorisierten Geistlichen der Church of England betriebenen) Club 59 hatten.[838] Der dort kultivierte Stil wurzelte in den Darstellungen amerikanischer Outlaw-Biker, die – nach Filmen wie *The Wild One* – einen unverwechselbaren semiotischen Code etabliert hatten, der schon Mitte der fünfziger Jahre in

834 Vgl. »Youngsters beat up seaside town/97 Leather Jacket Arrests. The city that sank to its knees«, in: *Daily Express* (30.03.1964), S.1; *Evening Argus* (18.05.1964), S.1.

835 Vgl. Stanley Cohen, *Folk Devils & Moral Panics. The Creation of the Mods and Rockers*, London 1972, bes. S.35. Ich lese Medienberichte im Folgenden parallel mit lokalen Polizeiakten aus dem East Sussex Record Office (ESRO) sowie politischen Akten aus den National Archives in Kew Gardens (TNA).

836 »The War of the Rockers and Mods«, in: *Daily Mirror* (18.09.1963), S.25.

837 Vgl. »Mods and Rockers«, in: *Daily Mirror* (11.11.1963), S.9; »Yeah, yeah, yeah! It's the Beatles Ballet. All Set – Mods and Rockers«, in: *Daily Mirror* (13.12.1963), S.5, »Tiny's Too Big To Be A Mod«, in: *Daily Mirror* (18.01.1963), S.1.

838 Vgl. John Stuart, *Rockers*, London 1987, bes. S.38-42.

Songs wie »Black Denim Trousers« ironisiert worden war.[839] Grundiert wurde die Rivalität zwischen Rockern und Mods durch soziale Differenzierungen vor dem Hintergrund der britischen Klassengesellschaft: Rocker standen mit ihren schweren Motorrädern und der dazugehörigen Lederkluft eher der Berufsästhetik der Arbeiterklasse nahe, Mods hingegen bevorzugten italienische Motorroller mit breiten Schutzblechen, die ebenso wie die weiten M51-Parkas ihre eleganten italienischen Anzüge vor Straßenschmutz schützten. In diesen semiotischen Antagonismen spiegelte sich die ältere Differenzierung zwischen *blue collar* und *white collar workers*.[840] Die zeitgenössische Analyse eines Wissenschaftlers der London School of Economics bestätigte, dass Rocker sich vielfach aus ungelernten Arbeitern rekrutierten, während dem Mod-Stil zugeneigte Jugendliche eher im Handel tätig waren und damit besseren Aufstiegschancen entgegensahen, obwohl beide Gruppen über durchaus ähnliche Einkommen verfügten.[841] Ihre »Konflikte« waren im Übrigen keineswegs immer gewalttätig, sondern wurden oft eher spielerisch ausgetragen, wenn etwa in lokalen Tanzhallen abwechselnd Gruppen von Mods und Rockern einen Ring auf der Tanzfläche bildeten, indem die jeweils präferierten Tanzstile abwechselnd unter dem Beifall der Umstehenden aufgeführt wurden.[842]

Bei den Auseinandersetzungen, die am Karfreitag 1964 im Seebad Clacton begannen und dem »Krieg« der Modestile neue Publizität verschafften, ging es handfester zur Sache. Mehr als 97 Festnahmen nach Auseinandersetzungen zwischen Gruppen von Jugendlichen untereinander, aber auch mit Anwohnern, Kneipenbesitzern und der Polizei wurden an jenem letzten Wochenende im März berichtet. Ein Auslöser war die Weigerung einiger Barbesitzer, Gruppen von Jugendlichen zu bedienen, die kollektiv den neuen Modestilen

839 In dem Stück wurde ein als »the Terror of Highway 101« bezeichneter Motorradfahrer mit den Zeilen besungen: »Well, he never washed his face and he never combed his hair / He had axle grease imbedded underneath his fingernails / On the muscle of his arm was a red tattoo, / a picture of a heart saying ›Mother, I love you‹«. Vgl. The Cheers, »Black Denim Trousers«/»Some Night In Alaska« (US 1955) Capitol F 3219 [45].

840 Vgl. »Solid Glitter. Status Symbols of the Riding Mods«, in: *Daily Mirror* (08.05.1964), S. 17.

841 Paul Barker, Alan Little, »The Margate Offenders. A Survey«, in: *New Society* 96 (1964), S. 6-10, hier: S. 9.

842 Vgl. Cohen, *Folk Devils*, S. 140.

anhingen – offenbar weil sie nach einschlägigen Presseberichten Konflikte in ihren Lokalen befürchteten. Da das Osterwochenende politisch relativ ereignisarm verlaufen war, prangten die Ereignisse, die ihren Kern in ein paar Sachbeschädigungen an Strandhütten und Bars hatten, am Montag danach auf der Titelseite des *Daily Express*.[843] Am Dienstag legte der *Daily Mirror* mit einer dramatischen Titelstory über eine Messerstecherei und Schüsse in einer Straße von Clacton-on-Sea nach, die am Ende desselben Artikels allerdings wieder relativiert wurde: Das Opfer eines Messerstichs liege »komfortabel« im Krankenhaus, und die Schüsse entpuppten sich als Kinderstreich mit einer Schreckschusspistole.[844] Die Zeitungen hielten den »Konflikt« dennoch weiterhin auf den Titelseiten.[845] Vor den Pfingstfeiertagen Mitte Juni enthüllten Artikel »Geheimpläne«: Um »eine Invasion zurückzuschlagen«, seien die Küstenorte »bereit für Tumult«.[846] Als es am Pfingstwochenende tatsächlich zu Auseinandersetzungen kam und berittene Polizei eingesetzt wurde, beherrschte das Thema abermals die Titelseiten. »*Wild Ones* ›verprügeln‹ Margate« meldete der *Daily Mirror* mit Bezug auf den gut zehn Jahre alten Film mit Marlon Brando, auf anderen Titelseiten wurde die »Schlacht von Brighton« als bisheriger Höhepunkt der Ereignisse mit Fotos von durch die Luft geworfenen Liegestühlen illustriert.[847]

843 Vgl. »Youngsters beat up seaside town/97 Leather Jacket Arrests. The city that sank to its knees«, in: *Daily Express* (30.03.1964), S.1.

844 Vgl. »More arrests at Clacton/Boy stabbed at Margate«, in: *Daily Mirror* (31.03.1964), S.1. Der *Daily Express* legte mit einem Bericht nach, der die Zahl der Festnahmen auf hundert anhob: »Among The Wild Ones in Clacton Yesterday«, in: *Daily Mirror* (31.03.1964), S.6; »Eight Arrested in Fresh Trouble at Clacton«, in: *The Times* (31.03.1964), S.10. In diesen Berichten war von Schüssen und Messerstichen allerdings keine Rede.

845 Etwa mit dem Bericht über die Platte von Vandyke & The Bambis, »Doin' The Mod«/»All I Want Is You« (GB 1964) Piccadilly 7N.35180 [45]. »Vandyke Knocks The Rockers. No Riots, If You Please!«, in: *Daily Mirror* (16.04.1964), S.23; »200 Teenagers in ›Battle of Waterloo‹«, in: *Daily Mirror* (04.05.1964), S.4; »The Wild Whitsun Reckoning Goes on/Brighton: Eight Sent to Prison«, in: *Evening Argus/Sussex Daily News* (19.05.1964), S.1 u. S.3. Zur Schätzung der Zahl der Festnahmen vgl. Cohen, *Folk Devils*, S.37 (Tabelle 1).

846 »Clacton's ›Beat the Mods‹ Plans«, in: *Daily Express* (12.05.1964); »Seaside Towns Ready For Trouble«, in: *Evening Argus* (16.05.1964).

847 »Wild Ones ›Beat Up‹ Margate«, in: *Daily Mirror* (18.05.1964), S.1; »Battle of Brighton«, in: *Evening Argus* (18.05.1964), S.1, u. S.9 (»›Blood, we want Blood‹«).

(Abb. 81) Das Foto eines Mods, der einen am Boden liegenden Rocker mit dem Fuß trat, wurde zum ikonischen Beweis für die vermeintliche Feigheit der in »Rudeln« kämpfenden Jugendgruppen stilisiert, die auch vor Gericht immer wieder verbal zu »Wölfen« oder »Ratten« dehumanisiert wurden.[848]

Abb. 81. Rumble in Brighton: Fotografen wurden beschuldigt, Jugendliche zu fotogenen Taten angestachelt zu haben.

Angeblich waren tausende Jugendliche in tumultartige Szenen verwickelt, doch blieb der Schaden mit einigen zerbrochenen Schaufensterscheiben und Liegestühlen gemessen daran vergleichsweise gering. Von mehreren Messerstechereien, die eine Zeitung meldete, war keine einzige schwerwiegend, doch kam es zu fast 200 Festnahmen.[849] Die meisten Vorwürfe lauteten auf »Hausfriedensbruch«, »drohende Worte und Verhalten«, »obszöne Sprache«, »unordent-

848 »Living For Kicks. Portrait of a Mod in Action at Brighton Yesterday«, in: *Daily Mirror* (19.05.1964), S. 1.

849 Ein Opfer »was not badly hurt. Nor was another stabbed teenager«, ein ominöses drittes »was taken away in a car by friends«: »Gangs Wreck the Day Trips«, in: *Daily Mirror* (19.05.1964), S. 1. Zur Zahl der Beteiligten vgl. »1,000 Youths in Fight at Brighton«, in: *The Times* (19.05.1964), S. 12.

liches Benehmen«, einige wenige auf »Besitz einer Angriffswaffe« und nur sehr vereinzelte auf Widerstand gegen die Staatsgewalt oder tätlichen Angriff gegen Polizeibeamte, wobei drei Polizisten verletzt wurden.[850] Die verhängten Strafen hatten exemplarischen Charakter: Ein 18-Jähriger wurde zu einer dreimonatigen Freiheitsstrafe verurteilt, weil er den Bezug eines Liegestuhls zerrissen hatte, ein anderer erhielt für den Besitz einer Milchflasche, die aufgrund ihrer Tauglichkeit als Wurfgeschoss als »Angriffswaffe« gewertet wurde, eine Geldstrafe – ebenso wie der Träger eines messingbeschlagenen Gürtels.[851]

Eine weitere Eskalationsstufe schien erreicht, als Schlagzeilen 1964 den Tod eines Mods meldeten, der mit seinem Motorroller von einer Klippe der südenglischen Steilküste gestürzt war. Wenngleich es sich um einen Verkehrsunfall handelte, suggerierte die Art der Berichterstattung einen Zusammenhang mit den Gruppen-Rivalitäten – eine Verzerrung der Ereignisse, die sich nach einem weiteren Unfall im August 1964 in ähnlicher Form wiederholte.[852] Auch der Bericht über einen in einer Messerstecherei in Grays, Essex, tödlich verletzten 22-Jährigen wurde in den Zusammenhang mit einem *gang fight* zwischen Mods und Rockern gestellt, obwohl das Opfer keinem der beiden Stile angehört habe.[853] Diese Berichte, die ein Klima der Angst vor gewalttätigen Banden erzeugten, eskalierten nicht nur in der Medienöffentlichkeit, sondern auch in Polizei, Jugendbehörden und Politik. Ein in der jüngeren Vergangenheit beispielloser Aktivismus war die Folge.

Anfang Juni 1964 erörterten die Chief Constables von Sussex grundsätzliche Strategien für Feiertage und Wochenenden.[854] Ein

850 Vgl. die Angaben zu den Tatvorwürfen in Margate in: »Dr. Simpson's Riot Medicine. Three Months' Detention for the ›Dregs of Vermin‹ which Hit His Town«, in: *Daily Express* (20.05.1964), S. 7. Dazu auch die detaillierte Aufstellung in Cohen, *Folk Devils*, S. 102.

851 »Street Clash Youths in Court«, in: *The Times* (21.05.1964), S. 6.

852 Vgl. Cohen, *Folk Devils*, S. 42. Der Scooter-Unfall auf den Klippen bildet das Ende des Kinofilms *Quadrophenia* (GB 1979, R: Franc Roddam) der – inspiriert von Cohens Studie – die Ereignisse von Brighton in Szene setzte und 15 Jahre danach ein Mod-Revival auslöste.

853 »Mods v Rockers – Then a Killing«, in: *Daily Mirror* (23.07.1964), S. 7.

854 Vgl. County Borough of Hastings Police: August Bank Holiday (1964) Disturbances at Hastings, Bl. 1; ESRO, SPA2/26/11, Bl. 1.

leitender Polizist sprach laut Protokoll das durch die Berichterstattung geschaffene Klima an und drang mit Blick auf die geplanten polizeilichen Maßnahmen auf ein Minimum an Publizität.[855] Da die vereinbarten neuen Maßnahmen bereits über das übliche Maß an Polizeipräsenz hinausgingen, wurde die Frage nach sogenannten »Bereitschaftslagern« zunächst vertagt, dafür aber der Einsatz von Polaroid- und Filmkameras ebenso vorbereitet wie erkennungsdienstliche Maßnahmen zum Abnehmen von Fingerabdrücken. Auch kamen Gefangenentransporte und der Einsatz von Fahrzeugen des Zivilschutzes zur Sprache.[856]

Die Konflikte zwischen Mods und Rockern in den südlichen Badeorten Clacton-on-Sea, Brighton, Hastings, Margate und Bournemouth beschäftigten auch Expertenkommissionen in London. Bei seinem Treffen vom 13. Juli 1964 debattierte das Advisory Committee on Juvenile Delinquency über die neuen Jugendstile. Anwesend waren Vertreter unterschiedlicher Dienststellen, darunter Staatssekretäre aus dem Innenministerium, Vertreter des Arbeits- und des Gesundheitsministeriums sowie des Department for Education and Science.[857] Ein Mitglied des Komitees berichtete, er habe einige Mods und Rocker getroffen, die in die Auseinandersetzungen in Margate involviert gewesen seien. Diese Jugendlichen seien junge Hafenarbeiter oder kämen aus Sozialbausiedlungen, wo es nur wenige Freizeitmöglichkeiten gebe.[858] Der Innenminister vertrat daraufhin die Meinung, dass »die in die Vorfälle am Strand involvierten Jugendlichen aufgrund des Mangels an Erholungsstätten in ihren Wohngebieten gelangweilt« seien, und regte eine Kampagne gegen Langeweile in den Wohngebieten an. Ein anderes Kommissionsmitglied widersprach und begründete das Problem mit einem »unangemessenen privaten Hintergrund und Schulversagen«, was nicht mit Freizeitangeboten zu lösen sei, sondern Präventivmaßnahmen erfordere, die in der frühen Kindheit ansetzen. Diese Sichtweise erntete Zustimmung, doch wies ein Psychologe des Komitees darauf hin, dass es in jeder Gruppe »Gestörte und

855 The Assistant Chief Constable, ebd.

856 Ebd., Bl. 4.

857 Advisory Committee on Juvenile Delinquency, Minutes of the third meeting, held at the Home Office, Whitehall on 13th July 1964, TNA/PRO, HO 361/39, S. 1.

858 Ebd., S. 3.

die Normalen« gebe, und empfahl – auch mit Blick auf die Medienberichte: »Die Gestörten müssen studiert werden; die anderen könnten zu viel studiert werden.«[859]

Diese Positionen knüpften an die oben dargestellten Expertendiskurse über *juvenile delinquency* aus den fünfziger Jahren an und riefen Interpretamente wie den *area approach* mit Blick auf problematische Wohngebiete wieder auf. In der sofort beginnenden Ursachenforschung wurde die Gewalt der Jugendlichen untereinander, gegen die Polizei sowie gegen zumeist öffentliches Eigentum als ein Dekadenzphänomen nach dem Muster der sogenannten Wohlstandsverwahrlosung debattiert, wie sie der Ökonom John Kenneth Galbraith wenige Jahre zuvor kritisiert hatte.[860] Die *Times* berichtete, dass unter den Festgenommenen etliche Kinder aus respektablen Familien gewesen seien, und interpretierte die Ereignisse als Kriminalität aus Langeweile, die durch das Ende der Wehrpflicht ausgelöst worden sei: »›Zwei Jahre Disziplinierung in der Armee‹, war die von den meisten favorisierte Lösung«.[861]

Die These von der Wohlstandsverwahrlosung, die mit der Inszenierung der Londoner Mod-Szene als einer an kommerziellen Moden und teuren Konsumprodukten orientierten britischen *jeunesse dorée* durchaus korrespondierte, nährte eine von Zeitungen kolportierte Anekdote, der zufolge ein Londoner Mod eine Ordnungsstrafe in Höhe von 75 Pfund gleich an Ort und Stelle mit einem Scheck bezahlt habe.[862] Zwar hatte der betreffende Jugendliche nur drei Tage später betont, weder im Besitz von 75 Pfund noch eines Bankkontos gewesen zu sein und überhaupt noch nie im Leben einen Scheck ausgefüllt zu haben, doch wurde die Episode immer wieder erzählt, da sich an ihr plakativ illustrieren ließ, wie gut es den gelangweilten britischen Jugendlichen im Vergleich zur Generation ihrer Eltern gehe – und wie undankbar sie mit diesem Privileg umgingen.[863] Auch wurde eine sexualwissenschaftliche

859 Ebd.

860 John Kenneth Galbraith, *Gesellschaft im Überfluß*, München, Zürich 1959. Vgl. hierzu auch Kap. 3.4.3.

861 »Arrested Boys are from Respectable Homes. Jolt for Complacent Parents«, in: *The Times* (22.05.1964), S. 7.

862 Vgl. Rawlings, *Mod: Clean Living*, S. 82. Ähnlich: »Youth offers £ 2,000 bail«, in: *Daily Express* (21.04.1964), S. f.

863 Vgl. Cohen, *Folk Devils*, S. 33. In Franc Roddams Spielfilm über die Brighton-Krawalle *Quadrophenia* (GB 1979) wird die Anekdote abermals inszeniert: Der

Untersuchung angekündigt, die schon vor den Ereignissen in Auftrag gegeben worden war, nun aber von der Aufmerksamkeit zu profitierten suchte.[864]

In anderen Berichten wurden das Zusammenwirken von Beatmusik und *Purple-heart*-Pillen, die als populäre Aufputschmittel der Mod-Szene galten, als musikalisch-medikamentöser Ursachencocktail für die Ausschreitungen diskutiert.[865] Die Musiker Brian Jones und Paul McCartney wandten sich in Interviews gegen eine neuerliche Verdammung der Musik, und McCartney machte stattdessen mit dem Alkohol eine nicht nur in der britischen Gesellschaft weithin akzeptierte Droge verantwortlich (»Beschuldigt Bier, nicht Beat«).[866] In einem weiteren Treffen im Mai befasste sich das Londoner ministerielle Komitee auch mit neuen Modedrogen. Ein Mitglied hatte den Missbrauch von Tabletten zur Sprache gebracht, die in der Mod-Szene konsumiert worden seien, und den Drogenkonsum dem Zwang zur modischen Konformität dieser Szene zugeordnet: »[J]unge Leute befanden sich unter dem konstanten Druck, modisch zu sein, und gegenwärtig war es modisch, ›purple hearts‹-Pillen zu nehmen.« Es wurde daher ein Präventionsgesetz gegen den Drogenmissbrauch angeregt, das juristisch nicht mehr zwischen Drogenhandel und Konsum unterscheiden, sondern für beides das gleiche Strafmaß anrechnen sollte: »Würde der Drogenkonsum als eine Form geistiger Abnormität betrachtet, käme er schnell aus der Mode.«[867] Viele solcher Initiativen, die auch im Parlament debattiert wurden, setzten offenkundig auf Strafverschärfung jugendspezifischer Delikte.

Gerade dem Konsum von Drogen wurde ein wesentlicher Anteil

Pop-Sänger Sting zückt dort in der Rolle eines Mods mit großer Geste das Scheckbuch und bezahlt die Ordnungsgelder aller Beschuldigten gleich mit, entpuppt sich später aber als geringverdienender Gepäckträger.

864 Das daraus hervorgegangene Buch, das auch ins Deutsche übersetzt wurde, enthielt jedoch keine Bezüge zu den Vorgängen in Brighton und den anderen Seebädern: Michael Schofield, *Das sexuelle Verhalten junger Leute*, Reinbek bei Hamburg 1969.

865 Vgl. »Prison For ›Purple Hearts‹ Pedlar«, in: *The Times* (23.05.1964), S. 12.

866 »The Wild Ones«; in: *Melody Maker* (11.04.1964), S. 7; »Keep music and riots separate«, *Melody Maker* (30.05.1964), S. 16.

867 Advisory Committee on Juvenile Delinquency, Minutes of the second meeting, held at the Home Office, Whitehall on 4th May 1964, TNA/PRO, HO 361/39, Bl. 3

am Hooliganismus zugeschrieben, obwohl Razzien vor Ort, bei denen Jugendliche sich in vielen Fällen ganz entkleiden mussten, nur in wenigen Einzelfällen Drogen zutage gefördert hatten und auch im medizinischen Diskurs kein ursächlicher Zusammenhang zwischen dem Konsum von Aufputschmitteln und dem Vollzug von Sachbeschädigungen festgestellt worden war.[868] Auch der Tod eines Jungen, der am 3. August 1964 vor Hastings ertrank, lenkte die Debatte auf Drogen, denn wenngleich er weder dem Mod- noch dem Rocker-Milieu zuzurechnen war, so ergab die Obduktion des 15-Jährigen doch den Konsum von Alkohol und Aufputschmitteln.[869] Ein weiteres Treffen des Komitees diskutierte den schädlichen Einfluss von Massenmedien und empfahl Abenteuerspielplätze und Jugendclubs. Wohl wissend, dass Letztere nicht von allen Jugendlichen frequentiert würden, regte es außerdem eine Diskussion über den künftigen Umgang mit den sogenannten *unclubbables* an – den durch diese staatlichen Maßnahmen nicht erreichbaren Jugendlichen, die als potenzielle Gefährder galten. Allerdings war man sich weiterhin einig, die Hauptverantwortlichkeit in den Familien zu suchen, in deren Autorität der Staat aber nur in Ausnahmefällen eingreifen sollte.[870]

Auch die Polizei reagierte auf die Ereignisse mit einer Verschärfung ihrer Maßnahmen. Am 30. Juni offerierte ein Schreiben aus dem 6. District des County Police Headquarter unter der Überschrift »Hooliganismus an Wochenenden« die Entsendung von mehr »manpower«.[871] Es wurde erwogen, die insgesamt 30 Polizisten aus den umliegenden Divisionen in der Grafschaft Sussex an den Feiertagswochenenden durch massive Kontingente aus Kent sowie der London Metropolitan Police zu verstärken, da es sich im Grunde um ein importiertes urbanes Phänomen handele, für das London zuständig sei, wo man auch über einschlägige Erfahrungen verfüge.[872] Diese Hilfsmaßnahmen gingen weniger auf die lokalen

868 Vgl. Cohen, *Folk Devils*, S. 94f.

869 County Borough of Hastings Police, August Bank Holiday (1964) Disturbances at Hastings [Typoskript], ESRO, SPA2/26/11, Bl. 7.

870 Advisory Committee on Juvenile Delinquency, Minutes of the third meeting, held at the Home Office, Whitehall, on 13th July 1964, TNA/PRO HO 361/39, Bl. 3.

871 Vgl. ESRO, SPA2/26/11.

872 Schreiben vom 30.06.1964 und vom 08.07.1964, ebd.

Polizeibehörden zurück als auch auf das Innenminsterium in London, wo die neuen Klischees jugendlicher Sozialfiguren mittlerweile als innenpolitische Gefährdung debattiert wurden, die eine Reaktion der Politik erfordere.[873] Das außerordentliche Interesse des Ministers an dem eher lokalen Problem erklärt ein Schreiben aus dem Ministerium, das in einer ausführlichen Begründung die politische Motivation deutlich macht:

> Der Innenminister hat sich persönlich detailiert mit den Polizeiplänen befasst, mit Hooliganismus an Ferienwochenenden im August umzugehen, und er hat einen Plan angeregt, eine Abteilung der Londoner Polizei in Bereitschaft zu halten, um die regionalen Polizeikräfte zu unterstützen, sollte es zu Ärger kommen. Viele von uns halten solchen Ärger für unwahrscheinlich […]. Aber da der Innenminister der Bevölkerung mehr oder weniger eine Garantie gegegeben hat, dass sie an den Ferienwochenenden unbehelligt bleiben wird, bin ich wenig geneigt, das Unterstützungsangebot der Metropolitan Police abzulehnen. Der Innenminister ist eher »vor Ort« in der Sache, da er aufgrund des neuen *Police Act*, der am 1. August in Kraft tritt, die Berechtigung erhält, Unterstützungen anzuordnen, und am 31. Feiertag ist und, sollten ernsthafte Konflikte ausbrechen, das Parlament wissen wollen würde, warum der Minister das neue Gesetz denn nicht genutzt hätte.[874]

Der Minister sah die Vorfälle im Zusammenhang mit einem neuen Polizeigesetz und fürchtete um diese von ihm betriebene Reform, sollte sie in der Presse zum Gegenstand der Kritik werden – was bereits der Fall war. Die überkonfessionelle Moral Re-Armament-Bewegung (MRA) etwa hatte im Mai 1964 aufgrund der Einlassungen des Minister zu Mods und Rockern einen ganzseitigen offenen Brief als Anzeige im auflagenstarken *Daily Express* geschaltet, der dem Minister persönlich (und seiner Generation im Allgemeinen) moralisches Versagen vorwarf. Stattdessen forderte die MRA – unter Berufung auf Mahatma Gandhi, Gott, die lateinamerikanische Anti-Korruptionsbewegung und andere – eine moralische Revolution, »die Mods, Rocker, Purple Heart-Abhängige, Beatniks, Squares und alle anderen, die eure Generation schwierig finden«, vereine.[875] Ein Schreiben aus dem Büro des Polizeichefs von Chi-

873 Vgl. ebd.
874 Ministerielles Schreiben vom 22.07.1964 [Typoskript], ESRO, SPA2/26/11.
875 »Dear Mr Brooke. An Open Letter to the Home Secretary«, in: *Daily Express*

chester deutet ebenfalls an, dass »es […] Druck auf den Innenminister aus dem Parlament [gab] und er entschieden hat, es sei das Beste, die ›Luftreserve‹-Pläne der *Metropolitan [Police]* umzusetzen und eine Erklärung im [Unter-]Haus abzugeben.«[876]

Vor Ort hingegen waren längst nicht alle von der Notwendigkeit der vom Innenministerium angeordneten Maßnahmen überzeugt. »Wir glauben, dass unsere lokalen Kooperationen für die gewöhnlichen Wochenenden auch dann ausreichen werden, wenn es ernsthaften Ärger geben sollte«, stellte noch im Juni 1964 ein Schreiben des Chief Constable von Lewes fest. Die Londoner Politik betrieb aber bereits eine weitere Eskalation, indem sie die Maßnahmen auf die Königliche Luftwaffe ausweitete. Im Innenministerium wurde Mitte des Monats bei einem informellen Treffen die Zusammenarbeit mit dem Verteidigungsministerium besprochen.[877] An der Royal-Airforce-Basis Northolt sollten sich vier Gruppen von jeweils 69 Polizisten bereithalten; zwei vollgetankte Militärflugzeuge standen zum Truppentransport startbereit. Ende Juli richtete Scotland Yard in London eine schnelle Telefonverbindung ein, den sogenannten Blitz-Polizeiruf, um diese Luftreserve auf zehn verschiedene Landebahnen in der Nähe möglicher Krawallorte an der Küste dirigieren zu können.

Die fliegende Polizeireserve kam am ersten Augustwochenende zum Einsatz. Im Ballroom auf dem Pier von Hastings war für den Abend ein Konzert der noch wenig bekannten Band The Rolling Stones angekündigt, das laut Polizeibericht aber bereits einige tausend Zuhörer anlockte.[878] Dutzende Polizisten wurden in einer kostspieligen Spezialaktion aus der Hauptstadt in verschiedene Küstenorte geflogen, die nur rund zwei Autostunden von London entfernt liegen, um sie an dem sieben Meilen langen Strandabschnitt zielgenau einsetzen zu können. Den Protokollen zufolge verlief der Einsatz denkbar unspektakulär. Über seine zehn-

(24.05.1964), S. 14. Die MRA war aus der Oxford Group der 1920er und 1930er Jahre hervorgegangen, einer sich selbst als »urchristlich« verstehenden Erweckungsbewegung mit dem Ziel der Stärkung der gesellschaftlichen Moral.

876 Vgl. ESRO, SPA2/26/11.

877 Vgl. Ministerielles Schreiben an alle Polizeichefs des 5. und 6. Bezirks, London, 17.07.1964, ESRO, POL/59 1099/4/76, Bl. 5.

878 County Borough of Hastings Police, August Bank Holiday (1964) Disturbances at Hastings [Typoskript]; ESRO, SPA2/26/11, Bl. 5.

stündige Schicht am Sonntag, dem 2. August schrieb ein Sergeant der örtlichen Polizei: »Es gab keine Vorfälle, in die East Sussex Polizeioffiziere involviert waren, und in der von uns kontrollierten Gegend wurden nur sehr wenige Störungen bemerkt […]. Gelegentlich scherten rund 500 Personen aus, marschierten recht ordentlich über die Promenade bis zum Pier und kehrten wieder zurück.«[879]

In der Medienberichterstattung wurde ein anderes Bild gezeichnet. Auf der Titelseite des *Daily Mirror* prangten anderntags Fotos behelmter Polizisten der *riot squad* unter der Tragfläche einer Militärmaschine mit dem Target-Hoheitszeichen der Airforce – das auch in der Mod-Szene auf T-Shirts und Parkas Verwendung fand – samt der detaillierten Nacherzählungen einzelner Zusammenstöße mit Überschriften im Stil einer Kriegsberichterstattung. (Abb. 82) Die berichteten Vorfälle waren allerdings ausgesprochen alltägliche Episoden, die schwerlich den Einsatz von Luftunterstützung rechtfertigten und es unter gewöhnlichen Umständen weder in den Polizeibericht noch in die Rubrik »Vermischtes« auf der letzten Zeitungsseite geschafft hätten: Es ging um zwei Jugendliche, die in einer Rauferei Fußtritte erlitten hatten, und um einen Kneipenwirt, der unter nicht näher erläuterten Umständen eine Schnittwunde am Arm erlitten hatte.[880] Aufgepeitscht durch die mediale Erregungsspirale der vorangegangenen Wochen und die außergewöhnlichen Polizeiaktionen fanden sich solche Petitessen nun in großer Aufmachung unter der reißerischen Überschrift »Schlacht von Hastings« wieder.[881]

879 Einsatzprotokoll vom 02.08.1964, ESRO, SPA2/26/11.

880 Vgl. »Night Rioting at Hastings. Baton Charges on Hooligans. Police Sent By Air«, in: *The Times* (03.08.1964), S. 8; »Riot Police Fly to Seaside/Battle of Hastings – 18 arrested«, in: *Daily Mirror* (03.08.1964), S. 1.

881 Ebd.

Daily Mirror

3d. Monday, August 3, 1964 No. 18,854

Battle of Hastings—18 arrested

RIOT POLICE FLY TO SEASIDE

Torpedo boats attack a U.S. warship

THREE torpedo boats attacked an American destroyer 30 miles off the coast of Communist North Vietnam, in South-East Asia, yesterday.

They fired three torpedoes, and also attacked the destroyer with gunfire.

The destroyer, Maddox, fired back—and minutes later four jet fighters from the American aircraft carrier Ticonderoga,

"Riot squad" police file quietly into the transport plane at Northolt. A few minutes later they were in the air on their way to the trouble town.

Abb. 82: Einsatz der Luftwaffe im Innern: Kräfte der Londoner Metropolitan Police besteigen eine Transportmaschine der Royal Airforce zur Subkulturbekämpfung.

Die eingesetzten Polizisten nahmen die Ereignisse offenbar als weit weniger dramatisch wahr. In ihren internen Protokollen finden sich kaum Meldungen über besondere Vorkommnisse mit Jugendlichen, dafür jede Menge lobende Kommentare über die gute Qualität der von den Behörden in Hastings bereitgestellten Mittagsmahlzeiten.[882] Einer beschrieb den Einsatz als geradezu spielerisch:

> Sie waren wie eine Schafherde. Befahl man ihnen, sich zu bewegen, so bewegten sie sich. Befahl man ihnen zu stehen, standen sie. Wenn einige der wenigen echten Krawallmacher rannten, rannten sie auch. Es war dieses Rennen, das die normalen Bürger erschreckte. [...] An diesem Tag hatte ich aber den Eindruck, dass die überwältigende Mehrheit dieser jungen Leute sich gar nicht mit der Polizei anlegen wollte.[883]

Auch der abschließende Polizeibericht sprach nur von »leichter Unordnung«, bei der lediglich »einige minderschwere Vorfälle

882 Vgl. auch Einsatzbericht vom 12.08.1964, ESRO, SPA2/26/11.

883 East Sussex Constabulary, Duty at Hastings August Bank Holiday Monday, 1964, Lewes Station/Lewes Division, 11.08.1964, ESRO, SPA2/26/11, Bl. 2.

auftraten«.[884] Der Chief Constable von Lewes nannte die Stadt daher *overpoliced* und schloss seinen Bericht mit einer klaren Bewertung: »Es wäre nicht nötig gewesen, Entsatz aus Kent und von der Metropolitan Police anzufordern.«[885] Die trotz dieser Ereignisarmut gemeldeten 18 Festnahmen waren offenkundig einer neuen, für den Umgang mit Jugendgruppen konzipierten Polizeitaktik geschuldet. Sie sollte der anfänglichen Konfusion jener Polizisten entgegenwirken, die in ihren Berichten beklagt hatten, es habe keine Lagebesprechung gegeben, so dass sie gar nicht gewusst hätten, was genau das Ziel des Einsatzes gewesen sei – zumal das gruppenweise Herumstehen oder Umherfahren von Jugendlichen per se kein Delikt war, das ein polizeiliches Einschreiten gerechtfertigt hätte. Dies änderte ein – unter politischem Druck entstandener – rigider Maßnahmenkatalog, der den Polizisten Handlungsmöglichkeiten auch gegen nichtkriminelles Verhalten bot, etwa gegen »verdächtig aussehende Jugendliche«.[886] Am 12. August bedankte sich der Bürgermeister von Hastings beim Polizeichef von Lewes »sehr herzlich für das gewaltige Ausmaß an Hilfe […] während der Invasion in unsere Stadt durch ›Mods‹ und ›Rockers‹«.[887] Ein Polizist aus Newhaven hingegen resümierte: »[I]ch habe nichts anderes zu berichten als die Tatsache, dass diese ›Haufen‹ viel zu viel Publizität erhalten; der Zahl von Zeitungsreportern und Kameramännern nach zu urteilen, die ich sah, würde ich sagen, dass die Situationen hauptsächlich von diesen selbst verursacht wurden.«[888] Dass solche nüchternen Kommentare auf wenig Resonanz stießen, zeigte sich im darauffolgenden Frühjahr.

Am Osterwochenende 1965 rollte mit der Operation »Bloomsbury« ein neuer Großeinsatz an, geplant in einer gemeinsamen Sitzung von Scotland Yard und dem Home Office. Auf Anordnung des Comissioners hatten sich Londoner Polizeieinheiten »in Erwartung von Störungen größeren Ausmaßes durch junge Personen während

884 County Borough of Hastings Police, August Bank Holiday (1964) Disturbances at Hastings [Typoskript], ESRO, SPA2/26/11, Bl. 6.

885 The Chief Constable/Superintendent, Hooligans at Hastings, East Sussex Constabulary, Bexhill Station/Bexhill Division, 10.08.1964, ESRO, SPA2/26/11, Bl. 2.

886 Zit. n. Cohen, *Folk Devils*, S. 93.

887 Schreiben des Bürgermeisters von Hastings vom 12.08.1964, ESRO, SPA2/26/11.

888 Protokoll vom 11.08.1964, ESRO, SPA2/26/11.

der Osterferien« abermals am Royal-Airforce-Flughafen Northolt bereitzuhalten. Einsatzziel war es diesmal, Gruppen potenzieller »Krawallmacher« von vorneherein aufzulösen, unter Gewaltandrohung aus der Stadt zu eskortieren und Einzelne festzunehmen.[889]

Weitere Maßnahmen wurden im Juni durchgeführt. Für die Pfingstferien 1965 wurden unter dem Codenamen »Bradshaw« diesmal nicht nur Flugzeuge, sondern auch ein Hubschrauber zur Verfügung gestellt, um Polizeitruppen in Stärke von jeweils 24 Mann unabhängig von den Landebahnen der Flughäfen schnell ins »Krisengebiet« bewegen zu können. Um den Hubschrauber anzufordern, wurden Rauchsignale vereinbart, Leuchtspurmunition an die Polizeieinheiten ausgegeben und potenzielle Landeplätze markiert. Für die im August desselben Jahres folgende Operation »Drummond« stellte Scotland Yard detaillierte Sicherheitshinweise zur Verfügung, da ernsthafte Verletzungen befürchtet wurden – allerdings nicht infolge von Zusammenstößen mit den mutmaßlichen Gewalttätern, sondern beim Springen aus dem Helikopter unter kreisenden Rotorblättern, da den Londoner Stadtpolizisten für paramilitärische Lufteinsätze jegliche Ausbildung fehlte.

Ebenso wie im Vorjahr folgten diesen Einsätzen Schnellverurteilungen der festgenommenen Jugendlichen. Bei einem Teil der Verstöße, das geht aus den Tagesprotokollen der Polizeiwachen hervor, handelte es sich um reine Verkehrsdelikte, darunter einige Unfälle mit Motorrädern der Fabrikate Norton und Triumph, außerdem wurden mehrere Motorroller vom Typ Vespa und Lambretta gestohlen: Marken, die als emblematisch für den Rocker- beziehungsweise den Mod-Stil galten.[890] Nur sechs der 44 in Margate gleich am Folgetag des Tumults angeklagten Jugendlichen bekannten, in einen Konflikt verwickelt gewesen zu sein, während alle anderen sich zu Unrecht festgenommen sahen. Einige vermuteten als Grund für ihre Festnahme, man habe sie für Mods oder Rocker gehalten, obwohl sie den Unterschied selbst gar nicht genau hätten benennen können.[891]

889 Vgl. ebd. sowie *Daily Express* (20.04.1965), S. 4; siehe auch »Mod ›Battle‹ At Bognor Station«, in: *Evenig Argus* (17.04.1965), S. 11.

890 Vgl. Daily Occurance Book des Stationary Department im County Borough of Brighton am 15.05.1965, ESRO, SPA 3/12/18.

891 Vgl. Barker/Little, »The Margate Offenders«, S. 8. Das galt vor allem für lokal ansässige Jugendliche, die festgenommen worden waren.

Nach ihrer Schnellverurteilung erhoben etliche Beklagte schwere Vorwürfe gegen Polizisten. Ein Jugendlicher sagte aus, er sei von einem Polizisten aufgefordert worden, ein Stück Treibholz vom Strand aufzuheben, das er mit dem Fuß vor sich her gekickt hatte. Als er der Aufforderung nachkam, sei er wegen Besitzes einer Angriffswaffe zu einer Strafe verurteilt worden, die er vorsichtshalber bezahlt habe, um weiteren Ärger zu vermeiden.[892] In einem anderen Fall wurde der metallene Taschenkamm eines Rockers als »Angriffswaffe« eingestuft.[893] Andere berichteten von willkürlichen Festnahmen Jugendlicher, die einzig durch ihre Kleidung aufgefallen waren. Mehrere beklagten Misshandlungen während der Festnahmen und auf den Gefangenentransporten in den Streifenwagen, wo sie geschlagen und mit dem Gesicht auf den Boden gedrückt worden seien, vor allem während der Polizeieinsätze am Osterwochenende in Brighton 1964, wie aus einem Untersuchungsbericht an das National Council of Civil Liberties (NCCL) hervorgeht.[894] Der Innenminister selbst wertete die Polizeiaktionen beider Jahre abschließend als Erfolg. Wie er bei der Eröffnung eines neuen Polizeihauptquartiers im September 1965 in Brighton sagte, habe die Polizei Ruhe, Durchsetzungskraft und »gute Laune« in schwierigen Situationen bewiesen.[895]

Diese Einschätzung teilten nicht alle. Nicht nur gegen die Polizeimaßnahmen, auch gegen die Art der Berichterstattung wurden Vorwürfe laut. In der Londoner Mod-Szene selbst hatte man die Presseberichte scharf zurückgewiesen. Das *Mod's Monthly* kommentierte schon im Juni 1964 in einem Leitartikel, Mods seien »tödlich beleidigt von Zeitungen, die sie aussehen lassen wie *juvenile delinquents*«.[896] Doch auch die ortansässigen Lokalzeitungen beschwerten sich im Sommer 1964 über die »in hohem Maße übertriebenen Berichte, die wenig oder keine Beziehung zu den aktuellen Fakten unterhalten«, das heißt über eine Art der Berichterstattung, an der sie sich noch im Frühjahr selbst beteiligt

892 Ebd.
893 Cohen, *Folk Devils*, S. 97.
894 Dem NCCL lagen neun voneinander unabhängige Beschwerden gegen »wrongful arrests« vor. Zit. n. ebd., S. 96 f. Vgl. auch die Oral History in: Rawlings, *Mod. Clean Living*, S. 63-83.
895 »Home Secretary Praises Police at Brighton«, in: *The Times* (28.09.1965), S. 15.
896 »Go Mod Go«, in: *The Mod's Monthly* 4 (Juni 1964), unpag. [S. 3].

hatten.[897] Mittlerweile distanzierten sie sich aber von Berichten der nationalen Boulevardpresse, in der Gruppen von Jugendlichen grundsätzlich als »Banden« tituliert worden seien, um die Lage zu dramatisieren. Kritisiert wurde auch, dass mutmaßliche jugendliche Täter in den meisten Berichten mit vollem Namen und Wohnort angegeben worden waren, um sie zu stigmatisieren und so einen Abschreckungseffekt zu erzielen – ein problematisches Vorgehen, da für Jugendliche ein besonderer Schutz der Persönlichkeit galt.[898] Ein Lokalreporter berichtete, etwa 100 Mods hätten – anders als von einigen überregionalen Zeitungen dargestellt – ausgesprochen friedlich gefeiert und lediglich etwas gelärmt, als einer der Ihren wegen Besitzes eines Kegels festgenommen wurde.[899] Die *Times* räumte ein, die Berichte über »Massenschlägereien« seien gänzlich übertrieben gewesen und von den wenigen als »Rockers« erkennbaren Jugendlichen in der Stadt sei kein einziger in eine der geschilderten Auseinandersetzung verwickelt gewesen.[900] Im Frühjahr 1965, als sich die Berichterstattung des Vorjahres zu wiederholen schien, kündigten mehrere lokale Organisationen (darunter das Clacton Council und die Boarding House Association) an, sich beim britischen Presserat über die »ausgeschmückten Geschichten« zu beschweren, da man befürchtete, dass sie sich negativ auf den Wochenendtourismus auswirken und Krawalltouristen anziehen, andere aber abschrecken würden.[901]

Stanley Cohen hat in seiner Analyse der massenmedialen Aufbereitung der Ereignisse beschrieben, wie Berichte über »Nichtereignisse« eine akute Bedrohungslage simulierten: Um ein Ereignis,

897 »Packed, Peaceful and Prosperous«, in: *East Essex Gazette* (07.08.1964), S. 1; »No Weekend Violence: Towns Upset Over Scare Stories. Exaggeration is condemned«, in: *East Essex Gazette* (19.03.1965), S. 1. Eine dramatisierende Überschrift über angeblich waffenstarrende Jugendliche (»They wield knives, chains and bottles«), die im darunter stehenden Artikel dann wieder zurückgenommen wurde, da weder Waffen gefunden noch Menschen verletzt worden seien, war noch am 17.04.1965 im *Evening Argus* erschienen (S. 11).

898 Vgl. etwa »£ 1,900 Fines after Margate Disturbances ›Mentally Unstable Hooligans‹«, in: *The Times* (19.05.1964), S. 8; »Detention for Youths. ›Fitting You Should Lose Freedom‹«, in: *The Times* (04.08.1964), S. 5; »75 Teenagers in Court at Brighton«, in: *The Times* (20.04.1965), S. 6; »Mods Court Warns Missing Fathers ›Be here next week‹«, in: *Evening Argus* (22.04.1965), S. 7.

899 *East Essex Gazette* (19.03.1965), Seite: East Essex Photo News [unpag.]

900 »Reports of Violence ›Grossly Exaggerated‹«, in: *The Times* (16.03.1965), S. 18.

901 Vgl. »Action demanded«, in: *East Essex Gazette* (19.03.1965), S. 2.

das gar nicht stattgefunden hatte, zur Nachricht zu erheben, fotografierten Reporter einen leeren Strand und ergänzen suggestive Überschriften wie »Hastings – ohne sie«.[902] (Abb. 83) Cohen interpretiert die Skandalisierung nach dem Muster von *moral panics*, einem in der Katastrophenpsychologie (etwa bei Erdbeben, Kriegen oder Tornados) entwickelten Modell, das im Anschluss an die Massenpsychologie von Gustave Le Bon und die Sozialtheorie von Neil Smelser analysiert, wie nicht eintretende Ereignisse schlimmere Auswirkungen zum Beispiel durch Massenpaniken provozieren können als eine tatsächlich geschehene Katastrophe.[903] Dies sei, so Cohen, idealtypisch an der Medienpanik über Mods und Rocker nachvollziehbar.[904]

902 *Daily Mirror*, »Whitsun 1965«, zit. n. Cohen, *Folk Devils*, S. 39.

903 Cohen definiert eine *moral panic* als »einen Umstand, eine Episode, Person oder eine Gruppe von Personen [...], die als Bedrohung gesellschaftlicher Werte und Interessen definiert werden; und deren Natur in stilisierter und stereotypischer Weise dargestellt wird«, in: ders, *Folk Devils*, S. 9. Vgl. Gustave Le Bon, *Psychologie der Massen*, Stuttgart 1964; vgl. Neil J. Smelser, *Social Change in the Industrial Revolution*, London 1959.

904 Das Modell der *moral panics*, das von einer (tendenziell ahistorischen) Gesetzmäßigkeit menschlichen Verhaltens ausgeht, ist jedoch inzwischen in die Kritik geraten, weil es praktisch nicht zu entscheiden ist, ob die Ereignisse ohne die *moral panic* nicht gänzlich anders verlaufen wären. Dann hätte es sich nicht um Panikmache gehandelt, sondern um erfolgreiche Gefahrenprävention. Siehe etwa David Garland, »On the Concept of Moral Panic«, in: *Crime Media Culture* (2008), ⟨http://cmc.sagepub.com/cgi/content/abstract/4/1/9⟩, letzter Zugriff 29. 05. 2017.

EXPRESS PICTURE BY HARRY DEMPSTER

EASIDE COURTS GIVE
ATTLE JUDGMENTS

nult and shouting

total of 49 youths ve now been dealt th at Margate since Mod - and - Rocker ts began. Fifteen veniles are still to pear in court on ne 3. The fines total far is £1,030. The for the riots? Local siness men reckon out £100,000 has been

time to pay. Six juveniles, including a 15-year-old pint-sized lad who could barely be seen as he stood before the Bench, were remanded to Lewes Prison.

They will appear today with others before the Juvenile Bench.

The father of a 16-year-old boy said what had happened had come as a great shock to him and his wife.

harm, and one of assault on police.

Patrick Bright, a 19-year-old labourer, of Poole, Dorset, was remanded in custody till May 26, accused of causing grievous bodily harm.

More than 40 other youths were remanded on £40 bail, some until May 25, others until June 5.

IT'S all quiet now on Margate front, and a family doctor takes a stroll.

He is Dr. George Simpson, surveying the Whitsun battleground yesterday after sending two young hooligans to a detention centre for three months.

With a normal, peaceful holiday scene behind him he said: "It's nice to be able to walk along here again without fear of being molested.

"But I think I taught them a lesson in court on Monday. I felt we had to bang these hooligans down with the heaviest penalties."

Warning

Sitting as chairman of Margate magistrates he had handed out fines totalling £1,800 and sentences of jail or detention.

He went on: "It may take more than one dose of nasty medicine to persuade these thugs that this behaviour does not pay."

Abb. 83: Margate ohne sie: Der Strandspaziergang von »family doctor« George Simpson wird zum medialen »Non-Event«.

Diese skandalisierende Mediendebatte um »Mods and Rockers« provozierte auch Diskussionen über mögliche Gesetzesänderungen. So regte etwa der Chief Constable von Eastbourne an, Personen die Fahrerlaubnis zu entziehen, die Motorräder zur Begehung krimineller Handlungen einsetzten – ein Vorschlag, der auch schon in der deutschen »Halbstarken«-Debatte der fünfziger Jahren diskutiert worden war.[905] Ein Abgeordneter aus Brighton wandte sich an den Innenminister mit dem Vorschlag, eine Art Arbeitsdienst für Jugendliche nach Vorbild der (erst drei Jahre zuvor abgeschafften) Wehrpflicht einzuführen: Man solle sie im Kanalbau einsetzen oder in Bergwerke schicken.[906] In mindestens acht parlamentari-

905 Diese Anregung wurde jedoch vertagt, vgl. Cohen, *Folk Devils*, S. 39. Zur deutschen Debatte um das Konfiszieren von Fahrzeugen vgl. oben, Kap. 2.3.1.

906 Vgl. Cohen, *Folk Devils*, S. 133.

schen Debatten wurden 1964 direkt oder indirekt die »Mods & Rocker«-Konflikte mitverhandelt.[907]

Von den diskutierten politischen Maßnahmen zur Strafverschärfung wurde allerdings nur eine umgesetzt: die Erhöhung der Strafgebühren von maximal 20 auf 100 GBP im *Criminal Justice Administration Act*, die sich allerdings auch als inflationsbedingte Anpassung lesen lässt, denn das Gesetz stammte aus dem Jahr 1914.[908] Richard S. Grayson hat die Zurückhaltung der Politik gegenüber Gesetzesverschärfungen als Bestätigung des – für die Nachkriegszeit kontrovers diskutierten – parteiübergreifenden Wertekonsenses in der Jugendpolitik interpretiert.[909] Jugend wurde in den beiden tonangebenden Parteien (Labour und Tories) im Großen und Ganzen in der Verantwortlichkeit der Familie belassen, die der Staat gegebenenfalls mit sozialtherapeutischen Maßnahmen anleitend und beratend »stärken« konnte. Betrachtet man die bisweilen drastischen lokalen Polizeimaßnahmen, die auf politischen Druck aus dem Innenministerium durchgesetzt wurden, so wurde das »Problem« auf der Ebene behördeninterner Einsatzbefehle allerdings ganz konkret in Angriff genommen – mittels polizeilicher Zwangsmaßnahmen gegen Umherstehende oder anders Gekleidete, die sich parlamentarisch schwerlich hätten legitimieren lassen. Ähnlich wie im Fall der französischen *blousons noirs* schlug sich die Konstruktion der neuen Jugendklischees direkt und dauerhaft in der Polizeiarbeit nieder. Der bekannte Katalog devianter Sozialtypen wurde um das Klischee des motorisierten, verwöhnten Hooligans aus Langeweile erweitert, Ängste vor einer »Vermassung« durch semiotisch anders codierte Gruppen wurden insbesondere von den Medien geschürt und durch Referenzen an die amerikanische *delinquency scare* noch unterstrichen, etwa durch die

907 In der Debatte über ein neues Drogengesetz vom 31. März, bei einer Initiative zur Anhebung des Mindestalters zum Führen eines Kraftfahrzeuges im House of Lords am 8. April, einer zur Bestrafung von Hooligans am 15. April sowie in einer zweistündigen Debatte über »juvenile delinquency and hooliganism« am 27. April im House of Commons. Weiterhin in zwei Statements des Innenministers zu »Seaside Ressorts (Hooliganism)«, einer Debatte über die Verschärfung von Strafen und während zweier Lesungen der Malicious Damage Bill am 23. Juni und am 2. Juli. Vgl. ebd., S. 134.

908 Vgl. »Heavier Fines to Curb Hooligans«, in: *The Times* (05.06.1964), S. 12.

909 Richard S. Grayson, »Mods, Rockers and Juvenile Delinquency in 1964. The Government Response«, in: *CBH* 12 (1998), S. 19-47, bes. S. 21 u. S. 42-43.

Paraphrasierung amerikanischer Filmtitel in den Überschriften der Boulevardpresse. Auch datierte der Begriff Hooligan – ähnlich wie das deutsche Etikett des Halbstarken – bereits ins späte 19. Jahrhundert und schrieb so ältere Jugendklischees fort.[910]

Das mediale und politische Echo der Vorfälle in Südengland strahlte auch international aus: In den USA, in Kanada, Australien und Südafrika wurde über sie berichtet,[911] nicht selten wurden sie international kontextualisiert, wenn etwa eine belgische Zeitung eine »West Side Story« an der englischen Küste meldete, eine Schweizer Zeitung die britischen Jugendkulturen als paradigmatisch für eine übernationale Generationenbildung erklärte oder im August 1965 Jugendkonflikte in Oslo und Stockholm als solche zwischen »Mods and Rockers« tituliert wurden.[912] Wie sehr Mitte der sechziger Jahre die lokalen Vorfälle in East Sussex als Chiffre für die »Luxusverwahrlosung« der jungen Generation im internationalen Maßstab galten, zeigt eine Ansprache von Papst Paul VI. im August 1964. Vor katholischen Pfadfindern fand das Kirchenoberhaupt wenig schmeichelhafte Worte für die »existenzialistischen Extravaganzen« die »unglücklichen Gesichter der Teddy Boys oder der ›Mods‹ und ›Rockers‹, die tiefgreifende, bemitleidenswerte Dramen voller Leid, Mangel an Vertrauen, Lastern, Schlechtigkeit und Delinquenz enthüllen«, wie ihn eine Nachrichtenagentur zitierte.[913] Dieses internationale Echo auf ursprünglich lokale Ereignisse führte dazu, dass auch in den Debatten anderer Staaten die von britischen Massenmedien geprägten Images von Jugend mitverhandelt wurden.

4.5.3. Das Rolling-Stones-Konzert in Berlin 1965

Die Vorgänge in Frankreich und England erregten auch in Westdeutschland die Aufmerksamkeit der Medien. Nachdem die bundesdeutsche Illustrierte *Quick* großformatige Fotos der Unruhen

910 Vgl. Gerard Degroot, *The 60s Unpluggged. A Kaleidoscopic History of a Disorderly Decade*, London 2008, S. 175.

911 Vgl. Cohen, *Folk Devils*, S. 30.

912 Vgl. »Englands Jugend. Zwei ziellose Lager?«, in: *NZZ* (26.09.1964), S. A22; »›Mods And Rockers‹ In Swedish Riot«, in: *The Times* (30.08.1965), S. 6.

913 »The Pope on ›Mods‹ and ›Rockers‹« (n. Reuters), in: *The Times* (18.08.1964), S. 8.

von Margate abgebildet hatte, wo Jugendliche »wie ein Orkan« über die Ferienorte hergefallen seien, wurde nach ausführlicher Berichterstattung in den Leserbriefspalten diskutiert, wie das »Problem der Jugendlichen-Krawalle in England zu überwinden« sei.[914] Für den *Spiegel* handelte es sich um einen Lärmkonflikt zwischen »unterschiedlichen Kavalkaden-Geräusche[n]«: »Mischt sich das Schnurren von Motorrollern mit dem Dröhnen schwerer Maschinen, dann greifen Englands Bobbys nach ihren kurzen Knüppeln.«[915] Bald aber beschäftigten auch inländische Dissonanzen zwischen jugendlichen Anhängern unterschiedlicher Kleidungs- und Musikstile die Öffentlichkeit. Bereits im September 1963 erschienen lokale Zeitungsberichte über gewalttätige Konflikte zwischen Jazz-Fans und Lederjackenträgern in Norddeutschland.[916] Demnach hatten sich auch in Deutschland Rocker formiert, die »vornehmlich Jacken und Hosen aus Glanzleder« tragen und deren besonderer Stolz es sei, »ihren Körper unempfindlich gegen Schmerz zu machen«.[917] Diese Berichte wurden in den Jugendämtern mit Besorgnis zur Kenntnis genommen, da man fürchtete, sozial grundierte Konflikte könnten sich ausweiten. In Frankfurt am Main prophezeite das Jugendamt, die »Anhänger anspruchsloser Tanzmusik« könnten anderen Jugendlichen, die »Liebhaber einer anspruchsvollen Jazzmusik sind und meist einen entsprechenden Bildungsgrad« haben, »den Krieg« erklären.[918] Die Außendienstler des Amtes wurden daher angewiesen, »auf ähnliche Tendenzen zu achten und der Amtsleitung entsprechende Beobachtungen und Vorkommnisse zu berichten«.[919] Dabei sei Presseöffentlichkeit zu vermeiden, da die detaillierten Schilderungen – wie bei den »Halbstarkenkrawallen« der 1950er Jahre – zu Nachahmungstaten führen könnten. In ihrer Antwort bestätigten die zuständigen Jugendpfleger die Existenz einer ledertra-

914 »Vorsicht, die Mods kommen!«, in: *Quick* 23 (07.06.1964), S. 14-18; Robert Flögel, »Mods gegen Rockers«, in: *Quick* 26 (28.06.1964), S. 3.

915 »England/Halbstarke. Gutes Gefühl«, in: *Der Spiegel* (13.05.1964), S. 113-114.

916 Vgl. (AP), »Rowdies schlagen erbarmungslos zu. Freunde anspruchsvoller Jazzmusik werden in Flensburg terrorisiert«, in: *FR* (21.09.1963), S. 8.

917 Ebd.

918 Jugendamt-Amtsleitung an die Abteilungen Erziehungspflege/Jugendpflege, Betr.: Jugendliche Rowdies, Frankfurt/M., 23.09.1963, ISG Frankfurt/M., Fürsorgeamt 5.027.

919 Ebd.

genden Rockerszene auch in Frankfurt.[920] Auch wenn sie friedlich sei, wolle man gleichwohl die »Rocker und Jazzer« beobachten.[921] In Hamburg wurde zum gleichen Zweck 1965 eine »Rocker-Kartei« angelegt, in der in den ersten drei Jahren rund 150 Personen erfasst wurden (siehe oben, Abb. 80). Zusätzlich wurde eine Kommission aus Vertretern von Jugend-, Justiz- und Sozialbehörden sowie von Kirche, Jugendwerk und Polizei beauftragt, Lösungsvorschläge zum »Rockerproblem« zu entwickeln.[922] Auch in Westberlin registrierte eine »Jugendkartei« der Kriminalpolizei nicht nur Straftaten, sondern auch Ordnungswidrigkeiten »und andere Gebarungen« wie »Vermißtsein«, Selbsttötungsabsichten und »bei Mädchen Gekra-Verdacht«.[923] Anhand dieser Kartei wollte man aufgrund der Auswertung von Mehrfacheinträgen nachweisen, wie viele Jugendliche bestimmter Altersgruppen »akut und wie viele anscheinend chronisch von der Kriminalität befallen sind«, womit abermals die Vorstellung kriminellen Verhaltens als einer sozialen Krankheit zum Ausdruck kam.[924] Neue Jugendkulturen, die sich von der Mehrheit abhoben, gerieten so auch in Deutschland immer stärker unter

920 Vgl. Sozialverwaltung Jugendamt/Abt. Erziehungshilfe an die Jugendamtsleitung: Betr.: Jugendliche Rowdies, Frankfurt/M., 30.10.1963, ISG Frankfurt/M., Fürsorgeamt 5.027.

921 Tatsächlich kam es einige Jahre später in Frankfurt zu gewalttätigen Angriffen und Raubüberfällen von Rockern auf Homosexuelle. Vgl. Hauptverhandlung vor dem Jugendschöffengericht am 07.12.1967, Jugendamt/Abt. Erziehungshilfe, Frankfurt/M., 14.12.1967, ISG Frankfurt/M., Fürsorgeamt 5.027. Im November des Jahres 1967 waren »an einigen Stellen Gewaltanwendungen von sogenannten Rockers aufgetreten«, auf den Leiter des Jugendamtes wurde geschossen, Oberschüler belästigt, Kirchen verunreinigt und »der Klub Voltaire in verschiedener Weise angegriffen«. Vgl. Jugendamt/Amtsleitung an die Abt. Erziehungshilfe: Betr.: Rockers, Frankfurt/M., 30.11.1967, ebd. Ein Jahr später wurde über die Bildung jugendlicher Banden im Stadtteil Frankfurter Berg berichtet, doch ereignete sich all dies erst nach 1966. Vgl. Jugendamt Amtsleitung an Sozialverwaltungsamt, betr.: Jugendliche aus dem Wohnbezirk Frankfurter Berg, Frankfurt/M., 18.01.1968, ebd.

922 1968 wurde die Zentrale Dienststelle zur Bekämpfung des Rocker-Unwesens geschaffen, die zusätzlich eine Merkmals- und Spitznamenkartei einführte und rund 1000 »Rocker« bundesweit erfasste. Vgl. Willibald Piesch, Klaus Wilken, »Rocker«, in: *Kriminalistik* 23 (1969), S. 410-412.

923 Kriminalrat Ludwig Hoberg, »Eine einmalige Einrichtung. Die Jugendkartei der Kriminalpolizei«, in: *Polizei Schau. Zeitschrift für die Berliner Polizei* 2 (1965), S. 25-26. »Gekra« ist eine Abkürzung für »Geschlechtskrankheiten«.

924 Vgl. ebd., S. 25.

polizeiliche und behördliche Überwachung, auch wenn dies nur punktuell in der Öffentlichkeit thematisiert wurde.

Einen Kulminationspunkt medialer, polizeilicher und politischer Diskurse bot im Herbst 1965 die Deutschland-Tournee der Rolling Stones. Die britische Band hatte – kurz nach der »Beatlemania« – eine Reputation erworben, die ein noch größeres Skandalpotenzial entfaltete als die der Beatles.[925] Waren die *fab four* als eine Gruppe inszeniert worden, die in gepflegten Outfits auftrat, kontroverse Texte zunächst vermied und in Konzerthäusern selbst vor der königlichen Familie spielte, so bauten die von Mick Jagger und Keith Richards gegründeten Rolling Stones bewusst ein »Böse Buben«-Image auf, so dass die Musiker von den meisten Briten primär als »verlotterte, haarige Schreckensgestalten« wahrgenommen wurden.[926] Obwohl es sich um Mitglieder der Mittelschicht handelte – Jagger etwa war der Sohn eines Lehrers und einer Avon-Beraterin und hegte eine Vorliebe für den snobistischen Cricket-Sport –, galten die Stones zudem als Underdogs der Musikszene mit einem spezifisch »proletarischen« bis devianten Image.[927] Als erklärte Fans des schwarzen Rock'n'Rollers Chuck Berry oder des Blues-Musikers Muddy Waters (dessen Lyrics sie ihren Bandnamen entliehen hatten) stellten sie sich stärker in die musikalischen Traditionen des Rhythm & Blues als in die des Mersey-Beats.[928] Musikalisch kultivierten sie damit einen Stil, »den man eher von einer *couloured* U.S. Gruppe erwartet hätte als von einem Haufen, wilder, aufregender weißer Jungs«, wie eine frühe Erwähnung in der britischen Musikpresse hervorhob und auch die Sleeve Notes des ersten Albums sinngemäß erklärten.[929] Ihre Musik wurde zunächst dem R & B zugerechnet, einem spezifisch »schwarz« konnotierten Genre, das in den USA wenige Jahre zuvor noch in ethnisch segregierten Charts geführt worden war.[930]

Die Anfänge der Karriere der Stones liegen in Londoner Jazz-

925 »It's Stones vs. Beatles«, in: *Melody Maker* (20.06.1964), S. 1.

926 Vgl. Ray Coleman, »Rebels with a Beat!«, in: *Melody Maker* (08.02.1964), S. 10.

927 Vgl. Morgan, *Britain Since 1945*, S. 261.

928 Vgl. Keith Richards (with James Fox), *Life*, London 2011, S. 108.

929 Vgl. Muddy Waters, »Rolling Stone«, auf: ders., *The Chess Box* (US 1989) MC/Chess CH680002 [6 LP-Box]; *Record Mirror* (April 1963), zit. n. Fifka, *Rockmusik*, S. 115; The Rolling Stones, *The Rolling Stones* (GB 1964) Decca LK 4605 [LP].

930 Zu den sog. *race charts* vgl. Kap. 3.1.3 und 4.1.1.

Clubs wie dem Marquee oder dem Flamingo, die zu Beginn der Sechziger auf R&B spezialisiert waren und als Treffpunkte der Mod-Szene galten.[931] Bekannt wurden die Stones auch durch Auftritte in der Fernsehsendung *Ready Steady Go!*. Ähnlich wie die Beatles mit Brian Epstein und The Who mit Peter Meaden verfügten auch die Stones mit dem erst 19 Jahre alten Andrew Loog Oldham über einen Manager, der mit der Londoner Musikszene und den musikalischen und textilen Moden jener Jahre vertraut war.[932] Im Unterschied zu den großen Plattenfirmen, die schon die Trends Rock'n'Roll und Twist anfänglich verkannt hatten und nun den Beat zu verschlafen drohten, verstand es Oldham, die Zeichen der Mod-Kultur nicht nur zu lesen, sondern auch selbst neue Marketingimpulse zu setzen. Um die von ihm promotete Band von den Beatles signifikant zu unterscheiden, hatte er frühzeitig ein Image als Gegen-Beatles aufgebaut und sie als Prototypen »rebellischer« Jugendlicher stilisiert. Zu diesem Zweck hatte Oldham das Alter der Musiker um bis zu fünf Jahre nach unten geändert.[933] Das Face-Lifting, das der Band aus aufmerksamkeitsökonomischen Erwägungen zu einem Zeitpunkt ein Negativimage verschaffte, als die »Beatlemania« bereits abebbte, folgte einer Art von *immoral economy*. Darunter soll hier – an Andreas Reckwitz anknüpfend – die Logik einer Selbstskandalisierung verstanden werden, die sich bereits im 19. Jahrhundert herausgebildet hatte und auf die Zertifizierung der Originalität eines Künstlers durch die (partielle) Ablehnung des Publikums abzielte.[934] Diese Mechanismen hatten auch die Rock'n'Roll-Filme der fünfziger und die Twist-Skandalisierungen der frühen sechziger Jahre bedient, sie wurden vom Management der Stones nun aber mit besonderer Konsequenz umgesetzt.[935] Schon Jahre bevor die Band mit Verstößen gegen das

931 Siehe oben, Kap. 4.2.2.

932 Vgl. Andrew Loog Oldhams Artikel »Mods Around the World!«, in: *The Mod's Monthly* 1 (März 1964), unpag [S. 12]; sowie seine Autobiographie *Stoned*, London 2000, bes. S. 78.

933 Laut dem Musiker John Douglas wirkten sie zuvor »gauche, naïve, friendly and generally without charisma«, in: ebd., S. 207, 232; vgl. auch Dominic Sandbrook, *White Heat. A History of Britain in the Swinging Sixties*, London [3]2009, S. 546-569.

934 Vgl. Reckwitz, *Die Erfindung der Kreativität*, S. 74.

935 »Rolling Stones: Tick im Hirn«, in: *Der Spiegel* (08.09.1965), S. 122; »Ich singe nicht von Revolution«, in: *Der Spiegel* (21.09.1970), S. 222. Siehe auch oben, Kap. 3.2 und 4.1.

Betäubungsmittelgesetz, Urinieren in der Öffentlichkeit und satanistischen Liedtexten auf sich aufmerksam machte, wurde sie mit dem Slogan »die härteste Band der Welt« beworben.[936]

Hatte ihre erste USA-Tournee im Juni 1964 noch im Schatten der ungleich erfolgreicheren Beatles-Tournee vom Februar desselben Jahres gestanden, so übertraf die Deutschland-Tournee im Herbst 1965 die Ereignisse während der »Beatlemania« bei weitem.[937] Organisiert wurde die Tournee von der deutschen Jugendzeitschrift *Bravo*, die damit dem Vorbild ihres französischen Pendants *Salut les copains* folgte, das zwei Jahre zuvor das Massenkonzert auf der Pariser Place de la Nation veranstaltet hatte. Der *Bravo*-Tournee der Stones, die Auftritte in Münster, Essen, München, Berlin und Hamburg umfasste, ging eine dramatisierende Berichterstattung voran, die sich einerseits auf das Image der Band und andererseits auf Vorkommnisse während internationaler Konzerte bezog, etwa einen Vorfall in Irland, bei dem Fans die Bühne gestürmt hatten. Aus Großbritannien wurde gemeldet, dass die »*Wild Ones of Beat*« auf ihren Tourneen mit speziellen Polizeimaßnahmen – verriegelten fensterlosen Transportfahrzeugen, geheimen Routen und extra abgestellten Polizisten – im Stile einer »Militäroperation« geschützt werden mussten, angeblich um Aufruhr zu verhindern, was die »revolutionäre« Wirkung der Band nur unterstrich.[938] Im nordenglischen Blackpool, dem irischen Belfast, dem schwedischen Halsingborg und der nordamerikanischen Stadt Lynn war es zu Konflikten gekommen, bei denen teils Polizeihunde und Wasserwerfer eingesetzt worden waren.[939]

Vor der Deutschland-Tournee hatte die *Bild* »Ekstase, Ohnmacht und Krawall« als »Hauptziele« der Band definiert, laut *Spiegel* fürchtete der Hamburger Veranstalter, dem bereits bei der Bill-Haley-Tournee sieben Jahre zuvor erheblicher Sachschaden entstanden war, abermals um seine Bühne.[940] Die im Axel Springer Verlag erscheinende Berliner Boulevardzeitung *B.Z.* prophezeite, die Waldbühne könne sich »auf einiges gefasst machen« denn ihr

936 Vgl. Original-Ticket im Berliner Rock- und Pop-Archiv, AdJK.

937 »Stones Shake States«, in: *Melody Maker* (06.06.1964), S. 1. Zur »Beatlemania« vgl. oben, Kap. 4.3.

938 »Stones Dragnet! Police Riot Squads Ready for Action«, in: *Melody Maker* (05.09.1964), S. 1.

939 Martin, Segrave, *Anti-Rock*, S. 132 f.

940 »Rolling Stones: Tick im Hirn«, S. 122.

drohe die »Musikschlacht des Jahres«, während die Illustrierte *Quick* unter der Überschrift »Bindet die Stühle an!« das »Schlimmste« befürchtete.[941] Die *Bravo* selbst hatte die Stones anfänglich äußerst distanziert als hässliche Burschen mit »schulterlangen Mähnen, düsteren Mienen, seltsamen Anzügen und dem sonstigen ungepflegten Äußeren« dämonisiert und war damit ganz auf die Strategie der Selbstskandalisierung der Band eingestiegen.[942] Kurz vor der von ihr organisierten Tournee vollzog die Jugendzeitschrift jedoch eine Kehrtwende, zu der sie sich unter der Überschrift »BRAVO war auf Draht – BRAVO hat schnell geschaltet« freimütig bekannte.[943] Das Event wurde mit Superlativen beworben (Abb. 84): Auf Anzeigen und Tickets prangte der Slogan von der »härtesten Band der Welt«; das Motto »Heißer geht's nicht mehr« wurde im Nachhinein als selbsterfüllende Prophezeiung gedeutet.

Abb. 84: »Heißer« als beim Konzert der »härtesten Band der Welt« geht's nicht mehr: Anzeigenwerbung für das Berliner Konzert der Rolling Stones 1965.

941 F. R., »Die ›Steine‹ rollen auf uns zu«, in: *B.Z.* (06.09.1965), S. 22 f.; »›Musikschlacht des Jahres‹«, in: *B.Z.* (09.09.1965), S. 4; »Bindet die Stühle an!«, in: *Quick* 37 (12.09.1965), S. f.; K.G., »›Sie sollen kreischen‹. ›Rolling Stones‹ haben in Berlin viel vor«, in: *Bild* (02.09.1965), S. 4.

942 Vgl. »Krawall verboten!«, in: *Bravo* 36 (1964), S. 37; »Hässlichkeit verkauft sich doch«, in: *Bravo* 41 (1964), S. 52.

943 *Bravo* 35 (1965), zit. n. Hoersch (Hg.), *BRAVO*, S. 189.

Schon die Vorbereitungen involvierten eine großangelegte Polizeiaktion. Als die fünf jungen Briten am 15. September auf dem Westberliner Flughafen Tegel die Gangway hinabstiegen, schirmten umfangreiche Sicherheitsmaßnahmen das Rollfeld ab. Nur ein Dutzend handverlesener Freunde des Veranstalters und einige Reporter hatten Zugang zu den Musikern, die den militärischen Teil des Flughafens mit einer Sondergenehmigung des französischen Stadtkommandanten passierten und ihn über einen der Allgemeinheit nicht zugänglichen Ausgang verließen.[944] Ein Bus fuhr sie direkt in die geheim gehaltene Unterkunft. An die Presse wurde gezielt die Fehlinformation weitergegeben, es seien Zimmer in der Innenstadt gebucht worden, tatsächlich hatte man die Band jedoch weit abgelegen im Grunewald untergebracht.[945]

Auf der geheimen Route über Berliner Seitenstraßen zum Pressehaus des Springer-Verlags, wo die Band eine kurzfristig anberaumte Pressekonferenz gab, folgten der Kolonne unauffällige Zivilfahrzeuge, die bereit waren, gegebenenfalls motorisierte Fans abzudrängen, doch kam es – von einem leichten Auffahrunfall in der Kolonne abgesehen – zu keinen ungewöhnlichen Vorkommnissen.[946] Bis zum Abend lief auch der Zustrom von Fans zur Charlottenburger Waldbühne, einer 1936 im Stile eines Amphitheaters erbauten Arena, weitgehend ungestört. Rund 21 000 Menschen befanden sich bereits im Stadion, während sich weitere tausend Fans, die keine Karten mehr bekommen hatten, vor den Toren versammelten.[947] Pünktlich um 20 Uhr betraten nacheinander die Berliner Vorbands die Bühne, darunter die Racketts, die Team Beats Berlin sowie die für ihre Beatles-Eindeutschungen bekannten Didi

944 Betr.: Eintreffen der englischen Kapelle »The Rolling Stones« in Berlin, 09.09.1965, Polizeihistorische Sammlung (PhS) 3.43.3.

945 Im Schloßhotel Gehrhus im Palais Pannwitz, nicht im Sachsenhof in der Motzstraße. Vgl. M.K., »Berlin: ›Stones‹ haben ein Quartier«, in: *Bild*, Berliner Ausg. (11.09.1965), S. 1; Werner Kahl, »Sturm auf ›Stones‹-Hotel«, in: *Bild* (Berliner Ausg.) (14.09.1965), S. 3; Verlaufs- und Erfahrungsbericht über den polizeilichen Einsatz anläßlich des Berlin-Aufenthaltes der »Rolling Stones«, Berlin, 23.09.1965, PhS 3.43.3, Bl. 3.

946 Ebd.; L.R., »Verkehrsunfall auf der Fahrt zum Hotel Gehrhus. Es krachte bei den ›Steinen‹«, in: *B.Z.* (16.09.1965), S. 4.

947 Vgl. Ereignismeldung, Kommando der Schutzpolizei S1, Berlin, 16.09.1965, PhS 3.43.3, Bl. 3.

& His ABC-Boys. Der Auftritt des britischen Hauptakts war für 21.30 Uhr vorgesehen.[948]

Die Berliner Polizei hatte umfangreiche Vorkehrungen getroffen und 357 Beamte, zwölf Polizeipferde und 30 Hunde bereitgestellt.[949] Laut Einsatzbefehl waren Polizisten für »verkehrspolizeiliche Maßnahmen«, »Verhinderungen von Ordnungsstörungen« und das »Unterbinden strafbarer Handlungen« vor Ort zuständig.[950] Zu diesem Zweck wurden Greiftrupps und »starke Eingreifreserven in der Nähe der Bühne« aufgestellt.[951] Zur Überwachung waren auch Fototrupps in Zivil unterwegs und man hatte eigens eine Gefangenensammelstelle im Polizeigefängnis Kaiserdamm eingerichtet.[952] Mit allzu schweren Ausschreitungen rechnete man aber offenkundig nicht, denn als Ausrüstung waren nur »Dienstanzug, Plastikmütze, Polizeiknüppel« angeordnet worden, keine Tschakos und Schilde.[953]

Dass dies nicht ausreichen würde, deutete sich bereits gegen 21.10 Uhr an, als laut Protokoll draußen vor der Arena die ersten Flaschenwürfe gemeldet wurden. Schon vorher war es vereinzelt zum »Polizeiknüppelgebrauch« durch Beamte der Reserve gekommen, die Gruppen von Fans ohne Ticket am Überwinden der Absperrungen zu hindern suchten. Der Polizeibericht vermerkt das »Umwerfen von Autos« (die in den späteren Schadensberichten allerdings nicht mehr auftauchen) und den Einsatz des Wasserwerfers.[954] Größere Gruppen von Jugendlichen wurden »zerstreut«, etliche Festgenommene zu den Sammelstellen abtransportiert. Ein Jugendlicher wurde von einem Polizeihund gebissen.[955] Auch die Ereignisse in der Arena selbst sind minutiös dokumentiert. Ab 21.10 Uhr wurde die Stimmung »angeheizt«, erste Feuerwerkskörper gezündet und vereinzelt Gegenstände geworfen, darunter Schuhe und Unterwäsche. Auf der Bühne hätten Textilien »damenlos« her-

948 Ebd.

949 Vgl. Verlaufs- und Erfahrungsbericht über den polizeilichen Einsatz, PhS 3.43.3, Bl. 13.

950 Einsatzbefehl S 1-524/65, 13.9.1965, ebd., Bl. 3a.

951 Ebd., Bl. 6.

952 Ebd., Bl. 7.

953 Ebd.

954 Verlaufs- und Erfahrungsbericht, Bl. 1.

955 Ebd., Bl. 9.

umgelegen, kommentierte später eine Zeitschrift.[956] Die Ordner hatten unterdessen »Schwierigkeiten, die Bühne freizuhalten«. Um 21.25 vermerkt das Polizei-Protokoll einen ersten »Höhepunkt der Stimmung vor Auftreten der ›Rolling Stones‹«.[957] Um 21.31 Uhr eskalierte laut Polizeiprotokoll die Lage:

> Auftritt der »Rolling Stones«. Ordnerschutz und Absperrung vor der Bühne wird von stärkeren Gruppen durchbrochen, die versuchen, die Bühne zu erreichen. Einsatz von Polizeikräften zur Sicherung der Musiker und des Bühneninventars; Bühne und Umgebung werden schnell geräumt, hierbei vereinzelter Polizeiknüppelgebrauch. Kurzfristige Unterbrechung der Darbietung, sodann planmäßiger Ablauf. Die Masse der eingesetzten Kräfte kann zurückgenommen werden. Weiteres Ansteigen der Stimmung. Das Werfen mit Gegenständen und Zünden von Feuerwerksköpern nimmt noch zu.[958]

Nachdem die Rolling Stones etwa zehn Minuten gespielt hatten, erklommen mehrere Dutzend Fans die Bühne, um dort neben den Musikern zu stehen. Uniformierte räumten »unter Einsatz des Polizeiknüppels«, und nach einer kurzen Pause konnte die Band den Auftritt fortsetzen. Nach nur zwanzig Minuten brach der Veranstalter das Konzert jedoch ab.[959] Nun wurden die Zuschauer von gleißend weißem Scheinwerferlicht geblendet.[960] Diese Maßnahme basierte auf Erfahrungen bei Jazz-Konzerten, die erbracht hätten, dass sich mit weißem Licht die Emotionen der Fans angeblich steuern und regelrecht »abkühlen« ließen. In der Waldbühne, so resümierte der Bericht, trat jedoch der gegenteilige Effekt ein: Hier gab das Publikum »beim Anstrahlen alle Hemmungen auf und fühlte sich als ›photogener Mittelpunkt‹«.[961] Als die Schweinwerfer auf

956 »Welcher Spieler hat uns in der Hand? Eine Betrachtung von Wolfgang Fietkau«, in: *Blickpunkt* 143 (1965), S. 3. Vgl. auch »Herrenlos: 20 Dessous«, in: *Bild*, Berliner Ausg., 17.09.1965, S. 3.

957 Betr.: Waldbühnenveranstaltung am 15.09.1965 (in: Verlaufs- und Erfahrungsbericht), Bl. 2.

958 Ebd., Bl. 3.

959 Schutzpolizei S 1, undat./unpag., PhS 3.43.3.

960 Vermerk betr. Konzert der »Rolling Stones« am 15.09.1965 in der Waldbühne, 08.09.1965, PhS 3.43.3.

961 Betr. Waldbühnenveranstaltung am 15.09.1965, Verlaufs- und Erfahrungsbericht, Berlin, 17.09.1965, PhS 3.43.3, Bl. 6.

eine Durchsage des Veranstalters hin um 21.50 Uhr plötzlich abgeschaltet wurden, womit den Zuschauern offenkundig das Ende der Veranstaltung bedeutet werden sollte, gerieten – ähnlich wie beim Bostoner »Rock'n'Roll Riot« – etliche in der plötzlichen Dunkelheit in Panik.[962] Das für 22 Uhr vermerkte »Ende der Veranstaltung« verlief laut Protokoll tumultartig:

Hunderte von Jugendlichen [versuchen], die Bühne zu stürmen. Gleichzeitig beginnt die mutwillige Zerstörung des Inventars in der Waldbühne. Teile demolierter Bänke, Schuhe, Kleidungsstücke, leere Flaschen usw. werden zur Bühne und auf die Polizeikräfte geworfen. Den eingesetzten Kräften gelingt es, unter Gebrauch des Polizeiknüppels die Bühne und den Rasenplatz zu räumen. Die Kräfte werden zurückgezogen und neu gegliedert. Die vorsätzlichen Zerstörungen an den Bänken, Zäunen, Absperrungen und Beleuchtungseinrichtungen nehmen einen immer größeren Umfang an. Gleichzeitig versuchen größere Gruppen erneut über die Grünfläche zur Bühne vorzudringen.[963]

Inwieweit diese Zerstörungen tatsächlich vorsätzlich waren, blieb allerdings umstritten. Berichten zufolge waren Zuschauer gruppenweise auf die Bänke gestiegen und hatten dort rhythmisch zu hüpfen begonnen, während sie in Sprechchören eine Zugabe forderten. Diesem Druck hielten die für ein sitzendes Publikum gemachten Holzbänke nicht stand, und als die ersten Bretter splitterten, begannen Fans weitere Bänke zu zertreten – sei es aus Übermut, wie befragte Randalierer hinterher angaben, sei es aus Wut über den zu kurzen Auftritt der Band und die Knüppeleinsätze der Polizei, wie andere aussagten.[964] Das Konzert der jungen Band, die nur über ein schmales Repertoire verfügte, war ohnehin nur für eine knappe halbe Stunde angesetzt gewesen, doch sein Ende war »viel zu früh für einen Teil der in Ekstase befindlichen Fans« erfolgt, resümierte auch der Polizeibericht.[965] Kurz nach dem abrupten Ende wurde »zur Ver-

962 Vgl. das Interview mit einem Randalierer: »Wenn man da mitten drinne is, denn fällt det ja nich uff, wenn da eener mehr mitmischt«, in: *Blickpunkt* 143 (1965), S. 5-10, hier: S. 8.

963 Betr. Waldbühnenveranstaltung am 15.09.1965, Verlaufs- und Erfahrungsbericht, Bl. 6.

964 Vgl. »Wenn man da mitten drinne is«, S. 7.

965 Verlaufs- und Erfahrungsbericht über den polizeilichen Einsatz anläßlich des Berlin-Aufenthaltes der »Rolling Stones«, Berlin, 23.09.1965, PhS 3.43.3, Bl. 11.

meidung weiterer Zerstörungen mit der Räumung der Waldbühne unter Anwendung des Polizeiknüppels« begonnen.[966]

Als geradezu apokalyptisch stellte sich das Geschehen aus Sicht eines Rundfunkreporters dar, der von der Pressetribüne aus dem Spektakel beiwohnte: »Jugendliche Leiber [...] bewegt wie von verschluckten Pressluftbohrern, sich selbst mit den Fäusten auf die Köpfe schlagend, blicklos aufgerissene Augen, stampfende Füße, schleudernde Arme.« Das Konzert selbst sei »nicht ohne Faszination: Es klingt wie ein Choral des Frevels«. Bei seinem abrupten Ende unterschied der Ohrenzeuge »das harte Geräusch, das beim Zertrümmern der Sitzbänke entsteht, das Jaulen und Bellen der Polizeihunde, das Johlen und Pfeifen der Masse, Hilferufe nach Sanitätern, Scherbenklirren«.[967] Mittlerweile räumten Postenketten der Polizei die Bühne und den Rasenplatz davor. Auf dem Heimweg wurden weitere Sachbeschädigungen registriert, in einem S-Bahnzug zerschlugen »ca. 1000 Jugendliche mehrere Fensterscheiben und Einrichtungsgegenstände«, bevor auch hier 50 Polizisten räumten.[968]

Der Polizeibericht präsentierte am Folgetag nüchterne Zahlen, von denen einige später nach oben korrigiert wurden: 89 vorläufige Festnahmen, 61 Fälle von Erster Hilfe, 28 ambulant Behandelte, 26 verletzte Polizisten, von denen sechs in Krankenhäusern versorgt werden mussten, ein verletztes Polizeipferd, ein demolierter S-Bahnzug und 300 000 Mark Sachschaden an der Waldbühne. Die Holzbretter der Sitzbänke waren zu 80 Prozent beschädigt, die Holzzäune zu 90.[969]

Am Morgen des 16. September lag nicht nur die Waldbühne in Trümmern, sondern für etliche Kommentatoren abermals das Ansehen der noch jungen angloamerikanischen Pop- beziehungsweise Rockmusik – und das eines Teils der deutschen Jugend. Wie schon bei vorhergegangenen Konflikten begann in Westberlin und der Bundesrepublik erneut eine Debatte über den Zustand der Jugend, mittlerweile schon mit einer gewissen Routine. Polizeisprecher er-

966 Um 22.15 Uhr, siehe ebd.

967 Anlage b3 zu S 1 524/65 vom 23.09.1965: »Abschrift des Kommentars von Matthias Walden über den Verlauf der Veranstaltung mit den Rolling Stones in der Waldbühne«, PhS 3.43.3.

968 K 157-/65 Bericht, Berlin, 16.09.1965, unpag., PhS 3.43.3.

969 Vgl. Verlaufs- und Erfahrungsbericht über den polizeilichen Einsatz, Bl. 13.

hoben scharfe Vorwürfe gegen das Konzertmanagement und kritisierten vor allem den Einsatz von Ordnern, die teilweise »aufgrund des äußeren Erscheinungsbildes« nicht von den Störern zu unterscheiden gewesen seien; auch seien statt der angekündigten 400 nur 300 Ordner anwesend gewesen.[970]

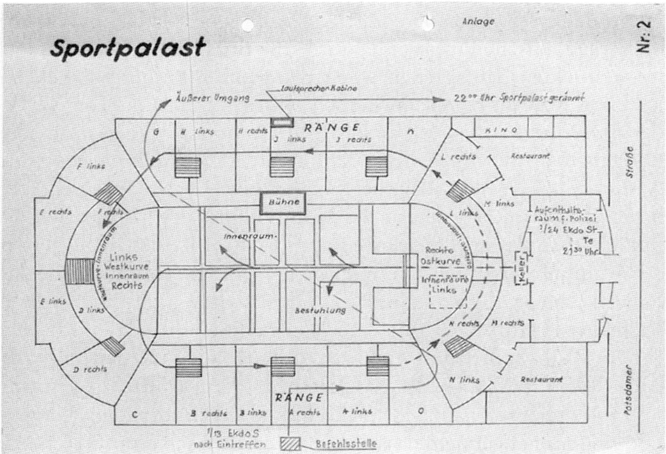

Abb. 85: Präzedenzfall: Sicherheitsvorkehrungen und Räumrouten wurden auch im Berliner Sportpalast von der Polizei detailliert geplant.

Die *Bravo*, die als Veranstalterin in der Kritik stand, verfolgte eine Doppelstrategie: Zwar zollten die Organisatoren der Polizei per Brief schon am Tag nach dem Konzert »allerhöchste Anerkennung für die fabelhafte Leistung«, die Beamte »unter Einsatz ihres Lebens« erbracht hätten, und sprach den verletzten Polizisten ihr Mitgefühl aus.[971] Im Heft hingegen verteidigte ein Mitarbeiter das Konzert gegen Kommentatoren der Zeitungen: Die Stones hätten neun Songs gespielt und damit ihre Fans »also nicht betrogen«, weswegen es »unfair« sei, sie für »die Untaten der Randalierer ver-

970 Ebd., Bl. 6; vgl. auch »Ordner mit Beatle-Mähne bezog irrtümlich Dresche«, in: *Bild*, Berliner Ausg. (16.09.1965), S. 3.

971 Hajo Bar an Polizeiinspektion Charlottenburg, Berlin, 16.09.1965, PhS 3.43.3.

antwortlich zu machen«.[972] Wenige Monate später, nachdem »die Stein-Lawine über uns hinweggerollt« war, dankte die Redaktion auch öffentlich der Polizei.[973]

Doch nicht nur die *Bravo* als prototypische Vertreterin einer Jugendpresse neuen Typs und Organisatorin des viel kritisierten Starkults, auch die Polizei geriet unter Druck. Zur Verteidigung ihrer Strategie verwiesen leitende Polizisten (neben dem Alkohol) auf die »systematische Propaganda durch die Boulevardpresse«, die mit fettgedruckten Schlagzeilen wochenlang die Stimmung angeheizt und den Krawall regelrecht herbeigeschrieben habe.[974] Der Verlag der *Bravo* hatte sich vorab an den Polizeipräsidenten gewandt, »die nötigen Schritte einzuleiten, damit der Ablauf reibungslos vonstatten geht«.[975] Alle Sicherheitsmaßnahmen waren in einer Vorbesprechung mit Vertretern des Veranstalters, des Ordnerdienstes und des Schulamtes Charlottenburg, dem offiziellen Hausherren der Waldbühne, gemeinsam besprochen worden, somit konnte das Polizeikommando also keineswegs Überraschung anführen, zumal nach den Erfahrungen mit dem Westberliner Bill-Haley-Konzert von 1958 im Sportpalast ein breit diskutierter Präzedenzfall vorlag.[976] (Abb. 85) Auch das Management hatte frühzeitig gewarnt und 100 Polizisten zum Schutz der Bühne angefordert, von Uniformierung aber abgeraten, da »die Menge somit noch ermuntert wird, die Bühne zu stürmen«.[977] Dieses Ansinnen hatte man aufseiten der Polizei jedoch »aus grundsätzlichen Erwägungen« abgelehnt und stattdessen die studentischen Arbeitsvermittlungen Heinzelmännchen und Tusma zum Rekrutieren von Ordnern empfohlen.[978] Im Folgenden entwickelte sich ein spannungsreicher Diskurs zwischen Konzertveranstalter, Massenmedien, Polizei und Politik über grundsätzliche Verantwortlichkeiten und Interessenlagen.

972 *Bravo* 41 (1965), zit. n. Hoersch (Hg.), *BRAVO*, S. 191.

973 Brief Kindler & Schiermeyer Verlag GmbH an den Polizeipräsidenten von Berlin, München, 04. 11. 1965, PhS 3.43.3.

974 Verlaufs- und Erfahrungsbericht, Bl. 7.

975 Brief Kindler und Schiermeyer Verlag an den Polizeipräsidenten vom 01. 09. 1965, PhS 3.43.3.

976 Vgl. dazu ausführlich oben, Kap. 3.3.3.

977 Brief The Lords / Hajo Bar an das Kommando der Schutzpolizei, Berlin, 01. 09. 1965, PhS 3.43.3.

978 Brief des Kommandeurs der Schutzpolizei an Hajo-Bar, Berlin, undat., PhS 3.43.3.

In einer Rechtfertigung gegenüber dem Bürgermeister schoben Verantwortliche der Polizei die Schuld an der Eskalation weiterhin der Boulevardpresse zu.[979] Fünf Tage vor dem Konzert hatte die *B.Z.* sich noch in Toleranz gegenüber den emotionalen Praktiken der Jugendlichen geübt: »In der Waldbühne soll ja gekreischt werden, darf man Jacken schwingen und in Ohnmacht fallen. Das gehört dazu.«[980] Dieses Zitat wurde von der Zeitschrift der Polizei im Nachhinein als unzulässiges »Schüren des Feuers« gewertet.[981] Einem konservativen Rundfunkkommentator zufolge gaben viele jedoch dem rechtskonservativen Verleger Axel Springer persönlich die »Hauptschuld an dem bedauerlichen Riesenärgernis«, »als sei die tobende Horde vom deutschen Zeitungskaiser in einer selbstverfaßten Direktive angeleitet und dämonisch suggeriert worden, Berlins schönstes Amphitheater zu vernichten, Polizisten die Arme zu brechen und die S-Bahnzüge zu demolieren«.[982]

Schon beim ersten Konzert der Stones-Tour im Münchner Zirkus Krone hatte der dortige Polizeipsychologe Rolf Umbach (der seine Stelle den »Schwabinger Krawallen« verdankte) die expressiven Beschreibungen im *Spiegel* (etwa »konvulsivisches Nicken oder rhythmisches Schwenken des Apostel-Haarwuchses« und die als »beidhändiges Melken einer Elefantenkuh« beschriebenen Gesten zum Rhythmus der Musik) dahingehend korrigiert, dass es sich keineswegs um eine »psychische Epidemie« handele, sondern um »eine harmlose Ventilsitte« nach Art des Faschings.[983] Der Begriff »Ventilsitten« entstammt der psychoanalytisch inspirierten Ethnologie und bezeichnete in dem seit den späten fünfziger Jahren intensivierten

979 Vermerk, betr. Große Dringlichkeitsanfrage der Fraktion der CDU über Verhinderung von Rowdyszenen und Zerstörungswut in Berlin vom 22.09.1965, PhS 3.43.3, Bl. 2.

980 »Neandertaler mit nervösem Engelsgesicht. ›Rolling Stones‹ im Anmarsch«, in: *B.Z.* (10.09.1965), S. f.

981 Walter Becker, »Polizeiliche und sozialpädagogische Forderungen aus ›Beat‹-Krawallen«, in: *Die Polizei* 37 (1966), S. 68.

982 Matthias Walden, »No Satisfaction!«, in: *Der Monat* 206 (1965), S. 78-88. Walden distanzierte sich Jahre später von seiner Reportage, da er darin die Gewalt verharmlost habe, die schließlich zu »1968« geführt habe. Vgl. ders., *Die Fütterung der Krokodile. Ansichten – Einsichten*, Müchen, Wien 1980, S. 11-30, hier: S. 11.

983 Vgl. Sturm, »›Wildgewordene Obrigkeit?‹«, bes.: S. 101; Martin Morlock, »Girlie Action«, in: *Der Spiegel* (22.09.1965), S. 157.

Expertendiskurs über die Ursachen abweichenden Verhaltens Jugendlicher sogenannte ritualisierte Ersatzhandlungen. Diese dienten demnach dem Ausleben von Übertretungen zum Zwecke der Triebabfuhr einer »natürlichen Aggression« innerhalb eines kontrollierten Rahmens, der vor ernsthaften Schäden schütze. Derartige ritualisierte Anlässe lägen in traditionellen Mai-Scherzen oder »orgiastischen Festen« wie dem Fasching vor, der auch als *moral holiday* galt.[984] In solchen Deutungen wurde vor allem männliche Aggression naturalisiert. Auch Alexander Mitscherlich hatte dem Sport und den »Beschädigungskämpfen« in Filmen eine solche Rolle innerhalb moderner Gesellschaften zugewiesen: Anstatt dass Rituale wie Konzerte oder Sportereignisse als aufputschend und enthemmend kriminalisiert wurden, wuchs ihnen dieser Theorie zufolge eine mäßigende und stabilisierende Wirkung zu.[985] Günther Kaiser hatte in seiner kriminologischen Studie die »Halbstarken«-Vorfälle allerdings von den Ventilsitten ausgenommen, da diese – ähnlich wie in Hobsbawms Konzept der *moral economy* – von der Bevölkerung anerkannt sein müssten (wie etwa der Fasching), was bei den Großkrawallen von Jugendlichen nicht der Fall gewesen sei.[986]

Der Ventilsitten-Interpretation, der sich das Berliner Kommando der Schutzpolizei in seinem Einsatzbefehl noch angeschlossen hatte, erteilte es in der Auswertung der Ereignisse in der Waldbühne eine klare Absage, an der es auch in den kommenden Jahren festhielt.[987] So pauschalisierte eine polizeiliche Analyse des Phänomens noch 1966 die Konzertbesucher zu »Gammler[n] mit verdreckten Fellstiefeln (auch im Sommer), um den Hals eine überdimensionale Metallkette, an der in Höhe des Bauches ein Amulett« baumele.[988] Auch die »harte Beat-Musik« galt im polizeilichen Hörverständnis als »rhythmisch stark akzentuierte Lärmorgie, die durchaus geeignet ist, bei jugendlichen Zuhörern eine gefährliche Massenhysterie zu

984 Vgl. Werner Fuchs u. a. (Hg.), *Lexikon zur Soziologie*, Opladen 1978, s. v. »Ventilsitte«, S. 816.

985 Im Kapitel »Die Idee des Friedens und die menschliche Aggressivität«. Alexander Mitscherlich, *Gesammelte Schriften*, Bd. V: *Sozialpsychologie 3*, Frankfurt/M. 1983, S. 350.

986 Vgl. Kaiser, *Randalierende Jugend*, S. 218-220.

987 Einsatzbefehl S 1-524/65, 13. 09. 1965, PhS 3.43.3, Bl. 3a.

988 [Polizeiliche] Erfahrungsberichte über Beat-Veranstaltungen, Berlin, 11. 01. 1967, PhS 3.43.3, Bl. 5.

erzeugen«.[989] Der bereits während der »Beatlemania« aktualisierte Topos der Hysterie, welche bei als exaltiert empfundenen Bewegungen der Fans zur Musik oder angesichts der mimetisch zur Schau gestellten Kontemplation diagnostiziert wurde, psychopathologisierte einmal mehr eine Rezeptionspraktik, die zudem geschlechtsspezifisch konnotiert war.[990] (Vgl. oben, Abb. 61) Die Klassifikation aus dem Vokabular der Psychiatrie ging mit dem Vorwurf der Verweiblichung einher, der in den Topoi »langmähnig« und »hochhackig« zum Ausdruck gebracht wurde. Phil May, der Sänger der britischen Band The Pretty Things, erscheint im Westberliner Polizeibericht etwa als »ein durchweg femininer Typ, mit ausgesprochenem Penner-Look«.[991] Wie sehr Normen für korrektes Aussehen und Benehmen sowie den »guten Ton« mit der jüngsten deutschen Geschichte resonierten, belegen auch die Mitschriften des Berichterstatters auf der Pressetribüne, der Kommentare wie »Wahnsinn«, »verbieten«, »kasernieren« und »Reichsarbeitsdienst« protokollierte.[992]

Der Ruf nach Kulturverboten erklang nicht nur auf der Tribüne. Gleich nach den Vorfällen in der Waldbühne forderte der Kommandeur der Berliner Schutzpolizei ein generelles Verbot von Beat-Konzerten.[993] Nach einem Aufführungsverbot rief auch der Berliner Bürgermeister und Senator für Sicherheit und Ordnung, Heinrich Albertz (SPD), der kurz nach dem Konzert ankündigte, es werde in Zukunft in Berlin »keine Veranstaltungen dieser Art mehr geben«, und behauptete, diese Entscheidung werde »von der übergroßen Mehrheit der Berliner Jugend verstanden und gebilligt«.[994] Aufgrund einer Großen Dringlichkeitsanfrage der CDU-Fraktion diskutierte schließlich das Berliner Abgeordnetenhaus das aus dem

989 Ebd., Bl. 3.

990 Zur Hysterie-Diskussion vgl. Noeske, »Die Geburt der Virtuosität«; Regener, *Visuelle Gewalt*, S. 155-160.

991 Vgl. Erfahrungsbericht über den polizeilichen Einsatz anläßlich von Beat-Veranstaltungen in der Neuen Welt und im Europa-Palast [Abschrift], Berlin, 23.12.1966, PhS 3.43.3, Bl. 13.

992 Anlage b3 zu S 1 524/65 vom 23.09.1965: »Abschrift des Kommentars von Matthias Walden über den Verlauf der Veranstaltung mit den Rolling Stones in der Waldbühne«, PhS 3.43.3, Bl. 3.

993 Agenturmeldung »berliner polizei fuer verbot von krawall-veranstaltungen«, undat. Typoskript, PhS 3.43.3.

994 Heinrich Albertz, »Weiter geht es nicht mehr!«, in: *Polizei Schau. Zeitschrift für die Berliner Polizei* 2 (Oktober 1965), S. 3.

Ruder gelaufene Konzert.[995] Im Zentrum der Debatte, in der Vertreter der Parteien ihre jeweiligen jugend- und sicherheitspolitischen Doktrinen erprobten, stand die Frage, ob Hinweise auf eine Gefährdung vorgelegen hätten und man das Konzert nicht von vorneherein hätte verhindern müssen.[996] Während der Abgeordnete Günter Dach (CDU) die Ansicht vertrat, man habe dem Publikum der Waldbühne mit dem Wasserwerfer »die heilsame Wirkung der Lehren von Kneipp« beibringen sollen und an den Festgenommenen »ein Exempel« statuieren müssen, gab Hermann Oxfort (FDP) zu bedenken, Wasserwerfer hätten die fatale Eigenschaft, »nicht zwischen Schuldigen und Unschuldigen« zu unterscheiden. Er plädierte gegen Verbote, da der Staat so wenig wie möglich verbieten sollte.[997] Ähnlich mäßigend äußerte sich der Senator für Jugend und Sport, Kurt Neubauer (SPD), der manche »der hier anwesenden Älteren« daran erinnerte, dass, »als er in den goldenen zwanziger Jahren merkwürdige Tänze vollführte, auch seine Eltern relativ verständnislos diesem Verhalten gegenüberstanden«.[998] Aufgrund der Mehrheitsverhältnisse wurde nach ausgedehnter Debatte ein Verbot schließlich verworfen. Allerdings blieb wegen einer Weigerung der Versicherung, die Kosten in voller Höhe zu übernehmen, die Waldbühne derart beschädigt, dass dort vorerst ohnehin keine Beatbands mehr auftreten konnten. Sie wurde schließlich durch pragmatische Maßnahmen rockkonzerttauglich gemacht: mit Zäunen, die sich nicht mehr überklettern ließen, und metallverstärkten Bänken, die das Gewicht ganzer Gruppen tragen konnten.[999] Getränke wurden nur noch in Pappbechern ausgegeben, um ihren Missbrauch als Wurfgeschosse zu vermeiden.[1000]

995 In der 57. Sitzung am 23.09. sowie in der 58. Sitzung am 07.10.1965.

996 Vermerk betr. Große Dringlichkeitsanfrage der Fraktion der CDU über Verhinderung von Rowdyszenen und Zerstörungswut in Berlin, III B 3-0321/440 5254, PhS 3.43.3.

997 Nachdruck der Debatte in: *Polizei Schau. Zeitschrift für die Berliner Polizei* 2 (1965), S. 21.

998 Ebd., S. 15.

999 -ska. »Harter Test für Waldbühnenbänke«, in: *Die Welt* (06.01.1967), S. 9; Vgl. H. J. Bünger, »Stadtrat ›randalierte‹ auf dem Mittelring zur Probe. Die neuen Sitze der Waldbühne können einiges aushalten«, in: *Berliner Morgenpost* (17.02.1967), S. 5.

1000 Vgl. Erfahrungsbericht über den polizeilichen Einsatz anläßlich von Beat-Veranstaltungen, Bl. 9, 15.

Die Debatten um Konzertkrawalle wurden nicht nur in Berlin geführt, zumal die Tournee weitere Spielorte im Bundesgebiet umfasste. In der Abschlussbesprechung des ungleich weniger konflikthaft verlaufenen Einsatzes beim Stones-Konzert in Hamburg zwei Tage vor dem Berliner Auftritt vertrat der zuständige Polizeidirektor die Ansicht, dass »der Gummistab nicht das richtige Mittel sei, aufgeputschte Jugendliche zu beruhigen«.[1001] Hier hatte man in der Halle nur Beamte in Zivil eingesetzt, darunter auch solche, die dem Aussehen der jugendlichen Beat-Fans angepasst waren, um notfalls als »Leithammel« aufzutreten. Um die Jugendlichen »in ihrem Jargon anzusprechen«, waren auch solche Polizisten zum Einsatz gekommen, die Schauspielerfahrung mitbrachten: die Sprecher des Kasperltheaters der Polizei.[1002] Bessere Erfahrungen als mit den vor Beat und Böllern scheuenden lärmempfindlichen Polizeipferden hatte man in Hamburg zudem mit Motorrädern gemacht, deren Einsatz ausdrücklich empfohlen wurde, denn »die Jugendlichen, ansprechbar für alles Technische, bewunderten den Schneid und die Fahrkünste der Kradfahrer«.[1003] Auch wurden »zum ersten Mal Ton- und Filmaufnahmen gemacht«, die zur Beweissicherung, aber auch zu Lehrzwecken herangezogen wurden.[1004] In Essen kamen ebenfalls unkonventionelle Methoden zum Einsatz: Bei einem Konzert in der Grugahalle hatte man Berichten zufolge die Fläche vor der Bühne mit Schmierseife präpariert, woraufhin Fans beim Versuch, die Bühne zu stürmen, unter dem Gelächter der Menge ausrutschten.[1005]

Auch Verbote wurden überregional diskutiert: Das Stadt- und Polizeiamt Bremen forderte die Unterlagen der Berliner Kollegen an, um damit die Voraussetzungen für ein Verbot des Konzertes der »sog. Beat-Band ›Rolling Stones‹« zu prüfen.[1006] Ein solches hatten die amerikanischen Städte Cleveland und Baltimore bereits über

1001 Niederschrift über die am 23.09.1965 stattgefundene Abschlußbesprechung betr. Einsatz »Rolling Stones« am 13.09.1965, Hamburg, den 29.09.1965, PhS 3.43.3.
1002 Ebd., S. 2.
1003 Ebd., S. 7.
1004 Ebd., S. 3.
1005 Meldung vom 30.10.1965, in PhS 3.43.3. (Der Wahrheitsgehalt dieser mit einer Karikatur illustrierten Meldung bedarf noch der Überprüfung.)
1006 Funkschreiben an Kommando der Schutzpolizei vom 22.09.1965, PhS 3.43.3.

ihre Stadthallen verhängt, und aus rund 15 weiteren US-Städten sind temporäre Rock-Boykotte im Namen der öffentlichen Sicherheit bekannt.[1007] Die Stadt München erwog eine Vergnügungssteuer in Höhe von mehr als 14000 Mark, da es sich beim Auftritt der »Londoner Sängerknaben« nicht um Musik gehandelt habe, sondern um ein Volksvergnügen.[1008] Das Ereignis setzte aber auch Behördenreformen in Gang. Im Mai 1966 etwa führte die Polizeiverwaltung Wiesbaden im Vorfeld eines Konzerts eine Arbeitstagung zum Thema »Moderne Verhaltensweisen der Polizei gegenüber Jugendlichen« durch, auf der sie die Auswertung der Berliner Ereignisse diskutierte.[1009] Polizisten wurden in Massenpsychologie geschult, was von manchen Beamten anfänglich als eine »Gehirnwäsche« durch den Polizeipräsidenten abgelehnt worden war.[1010] In München wurde für leitende Polizeibeamte ein Jazzexperte engagiert, der ihnen anhand der Musik einer »sehr guten Jazzband« eine Einführung gab, um Verständnis für ungewohnte Klänge zu wecken.[1011] Und das Polizeiinstitut in Hiltrup empfahl bei einer dreitägigen Tagung über »Sondereinsätze« gegen Beat-Fans, »die heißeste Musik in die Mitte der Veranstaltung« zu legen und nicht an den Schluss: »dann kann man die jungen Leute ›wieder abbauen‹ und braucht nicht so sehr zu befürchten, daß ihr Tatendrang sich am Schluß in Zerstörungen Luft macht«.[1012]

Auch die internationalen Ereignisse wurden bei der deutschen Polizei als Vergleichsgröße herangezogen. Die Zeitschrift *Die Polizei* wertete als Vorläufer der Konflikte beim Berliner Konzert der Rolling Stones unter anderem Sachbeschädigungen bei Pariser

1007 Im *civic center* von Baltimore blieb der Bann bis 1970 in Kraft. Vgl. Martin, Segrave, *Anti-Rock*, S. 131-132; Karen Sternheimer, *Pop Culture Panics. How Moral Crusaders Construct Meanings of Deviance and Delinquency*, New York, London 2015, S. 113.

1008 (ap), »Rolling Stones machen keine Musik – nur Lärm«, in: *Berliner Morgenpost* (26. 01. 1966), S. 12.

1009 Anfrage des Polizeipräsidenten Wiesbaden an den Polizeipräsidenten Berlin vom 31. 03. 1966, PhS 3.43.3.

1010 Niederschrift der 4. Arbeitstagung mit Beamten der Schutz- und Kriminalpolizei des Außendienstes im Hause St. Michael in Königshofen. Wiesbaden, 05. 02. 1966, S. 1, PhS 3.43.3

1011 Umbach, »Beat-Ekstase und Polizeieinsatz«, S. 75.

1012 Kurt H. Orb, »Yeah, yeah, yeah! Die Beatles sind unter uns. Polizeiinstitut Hiltrup behandelt ein aktuelles Thema«, in: *Deutsche Polizei* 8 (1966), S. 240 f.

Rockkonzerten, die Konflikte in Clacton und Brighton des Jahres 1964, Fälle von Ohnmacht und »Ekstatikern« bei der Aufführung von Beatles-Filmen desselben Jahres in Liverpool sowie Sachbeschädigungen bei Beatles-Auftritten in Australien und San Francisco.[1013] Die Debatte um das Westberliner Rolling-Stones-Konzert reflektierte also die Konflikte anderer Staaten und internationalisierte gewissermaßen die Polizeitaktiken. So hatte beispielsweise das bayerische Innenministerium die Unterlagen der französischen Polizei über die Ereignisse während der »Nuit de la Nation« angefordert, ausgewertet und die Erkenntnisse in eine Reform der Polizeimaßnahmen für den »geschlossenen Einsatz« einfließen lassen, die sich vom »scharfen Eingreifen« uniformierter Kräfte distanzierte. Zudem ließ das Ministerium die gesammelten Erkenntnisse der Pariser Polizei übersetzen und seinen Polizeidienststellen, Polizeischulen und Gemeinden zu Lehr- und Ausbildungszwecken zukommen.[1014] Gleichzeitig kam es aufgrund einer befürchteten Übertragung »amerikanischer Zustände« zu einer Verschärfung der Diskussion, wie aus einem bundesdeutschen Polizeibericht hervorgeht, der festhielt, dass bei Jugendkrawallen in den USA »Zwangsmittel« wie das »Schießen mit Schrotflinten« angewandt worden seien und dass »in Übereinstimmung mit den ordnungswilligen Bürgern auch einmal härtere Mittel zur Wiederherstellung der öffentlichen Sicherheit und Ordnung angebracht sein könnten«.[1015] Doch dazu kam es ebenso wenig wie zu einem generellen Beat-Verbot, wenngleich einzelne Aufführungen in der Folge Mühe hatten, einen Veranstaltungsort (und einen Versicherer) zu finden.[1016] Dies verlangsamte die Etablierung von Open-Air-Rockkonzerten in Westdeutschland.

1013 »Krawalle im Ausland«, in: *Die Polizei. Fachzeitschrift für die öffentliche Sicherheit* 56 (1965), S. 36.

1014 Brief des Bayerischen Staatsministeriums des Innern an die bayerische Landes-, Grenz- und Bereitschaftspolizei, die bayerischen Polizeischulen und die Gemeinden, 26.05.1965, Einsatz- und Erfahrungsberichte zu versch. Großeinsätzen, BayHStA, Nr. 119/472.

1015 »Krawalle im Ausland«, in: *Die Polizei. Fachzeitschrift für die öffentliche Sicherheit* 56 (1965), S. 3f.

1016 Vgl. f., »Die Waldbühne im Wiederaufbau. Nur noch seriöse Veranstaltungen in den nächsten Jahren«, in: *Der Kurier* (24.10.1966), S. 7; DA, »›Rolling Stones‹ kommen nicht. Fluch der bösen Taten«, in: *Der Abend* (01.03.1967), S. 5.

4.5.4. Kulturelle Opposition: Die Leipziger Beat-Demonstration

Der Westberliner Polizeibericht hatte sein Plädoyer zum künftigen Verbot von Rockkonzerten auch damit begründet, dass die Vorfälle in der Waldbühne »dem Sowjetzonenregime ein willkommener Anlaß waren, in großer Aufmachung von der ›Kriminalität der Jugend in West-Berlin‹ und dem ›Versagen der Behörden‹ zu berichten«.[1017] Diese Einlassung war eine massive Unterschätzung der Auswirkungen, die das Ereignis auf die Jugend- und Kulturpolitik der DDR haben sollte. Die Reaktionen in der DDR beschränkten sich keineswegs auf hämische Kommentare in der Presse und offizielle Verlautbarungen, in denen SED-Politiker die westlichen »Beat-Unruhen« auf gewohnte Weise als Erscheinungen der Dekadenz und Symptom einer Erosion des Kapitalismus interpretierten.[1018] Das Konzert der Rolling Stones ging als Beleg dieser These sogar als Lehrstoff in ostdeutsche Schulbücher ein.[1019]

Offiziell waren in einer »entwickelten sozialistischen Gesellschaft« Erscheinungen wie die in der Westberliner Waldbühne per definitionem ausgeschlossen. Intern aber waren auch die Autoritäten der DDR noch immer in höchstem Maße beunruhigt, da die operativen Berichte aus den Bezirksverwaltungen der Sicherheitsbehörden ein Bild zeichneten, das mit der offiziellen Propaganda nur wenig gemein hatte. Demnach waren auch nach der Abriegelung der innerdeutschen Grenze durch den Mauerbau von 1961 unter den Jugendlichen der DDR »dekadente Phänomene« zu beobachten, die denen des Westens in nichts nachzustehen schienen. Dies war umso alarmierender, als mittlerweile eine Jugend herangewachsen war, die ihr bewusstes Leben bereits zur Gänze im Sozialismus verbracht hatte, über keine eigenen Erinnerungen an andere politische Systeme mehr verfügte und daher auch als »integrierte Generation« charakterisiert wurde.[1020] Insbesondere die

1017 Verlaufs- und Erfahrungsbericht, Bl. 19.

1018 Vgl. »Entfesselte Roheit«/»Die Schlacht in der Waldbühne« in: *Berliner Zeitung* (17.09.1956), S. 2 u. S. 12; »350 Polizisten mit Hunden«, in: *ND* (17.09.1965), S. 4; »Krawall in Westberlin«, in: *Neue Zeit* (16.09.1965), S. 6.

1019 Vgl. Yvonne Liebing, *All you need is beat. Jugendsubkultur in Leipzig 1957-1968*, Leipzig 2005, S. 68.

1020 Vgl. Wierling, *Geboren im Jahr Eins*, S. 190. Als »integrierte Generation«

wachsende Popularität der Beatbands bereitete Politikern Sorge, denn zu Vorgängen wie in Paris, Brighton und Berlin (West) durfte es nach dem Willen der zuständigen Behörden in der DDR unter keinen Umständen kommen, da man eine starke Symbolwirkung auf die Jugend befürchtete und auch um das Ansehen der Republik im Ausland besorgt war. Einige Vorkommnisse wiesen aber darauf hin, dass ähnliche Konflikte auch im Staatssozialismus bereits aufgetreten waren, wenn auch im kleineren, lokalen Maßstab, und größere womöglich noch bevorstanden.

Immer mehr ostdeutsche Jugendliche kleideten sich internen Berichten zufolge nach dem Vorbild westlicher Beat-Fans und legten entsprechende Verhaltensweisen an den Tag. (Abb. 86) Junge Mädchen toupierten sich die Haare wie die Sängerinnen schwarzer Girl-Groups in den USA hoch, und ihre männlichen Altersgenossen distanzierten sich in engen Röhrenhosen, spitzen Schuhen und jenen als »Ami-Kutten« bekannten US-Parkas, die auch von britischen Mods und Hamburger Jazz-Fans getragen wurden, von der Kleiderordnung des Erwünschten.[1021] Der Abriegelung durch den »Schutzwall« zum Trotz wurde das von der *Bravo* organisierte Westberliner Stones-Konzert auch von Fans in der DDR gehört.[1022] In der Öffentlichkeit eines Eiscafés auf der Karl-Marx-Allee hatte etwa eine Gruppe von 18 Jugendlichen, die sich als »die Lederjacken« bezeichneten, »Originaltonbänder von der Rolling-Stones Veranstaltung in der Waldbühne ab[gehört]«, und zwar so laut, dass »die Jugendlichen vom Ober aufgefordert [wurden], das Tonband leiser zu stellen«, wie ein Bericht der Staatssicherheit festhielt.[1023] Auch konfiszierte die Stasi als Abzeichen getragene Metallstreifen,

fasst Bernd Lindner die zwischen 1945 und 1960 Geborenen. Vgl. ders., »Die Generationenfolge im Osten Deutschlands und ihre Bedeutung für die Gegenwart«, in: *Sozialer Fortschritt. Unabhängige Zeitschrift für Sozialpolitik* 11 (1996), S. 269-274. Dazu: Wurschi, *Rennsteigbeat*, S. 46-48; ders., *Jungsein in der* DDR, Erfurt 2014, S. 39-46.

1021 Vgl. Liebing, *All you need is beat*, S. 66.

1022 2. Bericht zur Aufklärung und Beseitigung operativer Schwerpunkte und zur Verhinderung von Zusammenrottungen, Provokationen und Ausschreitungen negativer Jugendlicher in der Hauptstadt der DDR der Arbeitsgruppe Operativ, Verwaltung für Staatssicherheit Groß-Berlin, 13. 11. 1966, BStU, MfS, HA XX 6166, Bl. 10.

1023 Ebd., Bl. 12.

in die mit einer Punze der Name »Mick Jagger« eingeprägt worden war.[1024]

Abb. 86: »Phänomen der Dekadenz«: »Langhaarige« in der DDR.

Es ließ sich immer schwerer ignorieren, dass auch in der DDR eine Beat-Szene entstanden war, die eine weitverzweigte Anhängerschaft mobilisieren konnte und weitgehend außerhalb der staatlichen Strukturen von Kulturarbeit und FDJ organisiert war, aber auch in den Kulturhäusern regulär auftrat. Viele dieser Bands machten Instrumentalmusik im sogenannten Surf-Stil, wie ihn in den USA Gitarristen wie Link Wray oder Dick Dale geprägt hatten.[1025] Seinen Namen verdankte das Genre einer lautmalerisch »Twang« oder auch »Surf-Guitar« genannten Spielweise, die – basierend auf den neuen elektrischen Effektmaschinen von Instrumentenherstellern wie Leo Fender – das regelmäßige Heranrauschen der Brandung an den Stränden der Surfreviere imitierten.[1026] In Frankreich machten Bands wie die frankokanadischen Les Jaguars diesen Stil bekannt;

1024 Metallobjekt, BStU, MfS, AU, Nr. 12493/70, Bd. 1, 428.

1025 Vgl. Link Wray & His Wraymen, »The Rumble«/»The Swag« (US 1958) Cadence 1347 [45]; Dick Dale & The Del-Tones, *King Of The Surf Guitar* (US 1963) Capitol ST 1930 [LP].

1026 Vgl. Martin Schmidt, *Surf Beat. Das Who-Is-Who der Surf- und Instromusik*, Mainz 2007, bes. S. 148-172.

hier wurden 1966 rund 50 000 Amateurgruppen und 1,2 Millionen Gitarren gezählt.[1027] Britische Bands wie The Shadows oder The Tornados landeten mit Titeln wie »Apache« oder »Tel-Star« europaweite Hits.[1028] In Deutschland fehlte zwar der Bezug zur polynesisch-amerikanischen Surf-Kultur, doch war die zumeist rein instrumentale Musik äußerst beliebt, da es vielen Bands ohnehin an akzentfreien englischen Gesangsstimmen fehlte.[1029] Dies galt in besonderem Maße für die DDR, wo hunderte Amateurbands Beat- und Surfmusik spielten. Eine behördliche Schätzung ging allein im Bezirk Karl-Marx-Stadt von 101 Gitarrenbands aus.[1030] In Rostock gab es Gruppen mit Namen wie Die Teddys, Bongo-Quartett, Die Coalas, Die Bimbos, Tempis oder Die Mikados.[1031] Im liberaleren Klima nach dem Jugendkommuniqué der »Hausherren von morgen« im September 1963 waren Surf- und Beatstücke der Dresdner Theo-Schumann-Combo und des Franke-Echo-Quintetts auf einer mehrteiligen Reihe des volkseigenen Labels AMIGA erschienen, das 1965 auch erstmalig eine Platte mit Liedern der zuvor verfemten Beatles herausbrachte.[1032] Besondere Popularität genoss die

1027 Sohn, *Âge tendre*, S. 91; Vgl. Les Jaguars, »Mer Morte«/»Supersonic Twist« (CA 1963) Tournesol TL 17 [45].

1028 The Shadows, »Apache«/»Quartermaster's Stores« (GB 1960) Columbia 45 DB 4484 [45]; The Tornados, »Telstar«/»Jungle Fever« (GB 1962) Decca 45-F494 [45].

1029 Allein in Hannover wurden 1966 rund 200 Beatbands gezählt, vgl. Baacke, *Beat*, S. 33. Eine Schätzung des WDR ging 1965 von 10 000 Bands in der BRD aus. Vgl. *Halbstark an Rhein und Ruhr*, Teil 1 (DE 2008, R.: Werner Kubny, Per Schnell), TC 26:00-26:21. Zur Westberliner Szene vgl. Erko Sturm, *And The Beat Goes On. Die Berliner Musikszene in den sechziger Jahren*, Marburg 2014, bes. S. 52-65.

1030 Vgl. Einige Erscheinungen über die Durchsetzung des Beschlusses des Sekretariats des Zentralkomitees vom 11. 10. 1965, BStU, KMSt AKG 7225, Bl. 240. Im Kreis Havelberg wurden 9 »Tanzorchester« festgestellt, von denen nur die Globetrotters der Beat-Musik zuzuordnen waren. Vgl. BStU, BV Mgb KD HV 3928, Übersicht über Beatgruppen und deren Zusammensetzung, Havelberg, 12. 11. 1965, Bl. 41. Auch in Thüringen wurden Bands zur Einstufung vorgeladen, vgl. Wurschi, *Rennsteigbeat*, S. 116.

1031 Vgl. Aufstellung Laientanzkapellen, Rostock, 22. 09. 1964, BStU, MfS BV Rostock AS Nr. 76/76, Bl. 87.

1032 V. A., *Big Beat I* (DD 1965), Amiga 850039 mono [LP]. Zum Jugendkommuniqué allgemein vgl. Schuster, »Die SED-Jugendkommuniqués von 1961 und 1963«; The Beatles, *The Beatles* (DD 1965) Amiga 8 50 040 [LP].

Leipziger Band Butlers (zuerst: Klaus Renft Combo) um den Bassisten Klaus Jentzsch (später: Renft), die ebenfalls prominent auf dem zweiten »Big Beat«-Sampler von Amiga vertreten war.[1033] Mit DDR-typischen Eigenbauten von Verstärkern und Instrumenten wie einer von dem Musiker Dieter Franke gebauten E-Gitarre mit drei Hälsen, die mehrere Bandmitglieder zugleich spielen konnten, war sie auch überregional zu einem gefragt Show-Act avanciert.[1034]

Konzerte von Beatbands waren 1964 und 1965 den Ermittlungen zufolge oftmals Orte von Auseinandersetzungen verfeindeter Fangruppen (etwa zwischen Anhängern der Butlers und der Starlets), aber auch von Konflikten mit Ordnungskräften. In den Akten der Staatssicherheit werden diese Anlässe minutiös aufgeführt, da man Belege sammelte, um Verbote zu rechtfertigen.[1035] Zwar waren die meisten Verstöße minderschwerer Natur und schienen ein Resultat der Überfüllung von Sälen zu sein, in denen die »Bestuhlungspläne« nicht eingehalten wurden.[1036] Gelegentlich brach sich der Unwille – ähnlich wie beim Rolling-Stones-Konzert in der Waldbühne – gegen diese restriktiven Sitzordnungen in gewaltsamen Aktionen gegen das Mobiliar Bahn, wie etwa am 23. Februar 1965 im Volkshaus Pegau, wo neben den Stühlen auch Biergläser, Teller, Aschenbecher und Toilettenbecken zu Bruch gingen. Als einige Jugendliche zwecks Feststellung der Personalien »zugeführt« werden sollten, protestierte vor der Dienststelle der Volkspolizei eine Menge mit Sprechchören wie »›Cheriff [sic!] gib die Kumpel frei‹«.[1037]

Die Volkspolizei ermittelte besonders in Leipzig gegen Beatgruppen, da es bei deren Konzerten angeblich schon mehrfach zu großen Ausschreitungen gekommen sei und die Laienkapellen gar »einen

1033 V. A., *Big Beat II* (DD 1965), Amiga 850049 mono [LP]. In nur vier Monaten registrierten Beobachter der Polizei 31 Konzerte dieser Band und kartographierten deren Spielorte und Konzerttermine minutiös auf Millimeterpapier. Die Band benannte sich anlässlich der Neugründung 1992 in The Butlers um, taucht unter diesem Namen aber auch schon (fälschlich) in den Stasi-Akten auf.

1034 Vgl. Rauhut, *Beat in der Grauzone*, S. 53.

1035 Dies legt insbesondere die Kriminalakte 384/64 nahe, die in der BStU unter Lpz AOG 1822/68 abgelegt ist.

1036 Vgl. etwa den Bericht Volkspolizeikreisamtes, Leipzig vom 05. 03. 1965, Kriminalakte Nr. 384, BStU, Lpz AOG 1822/68, Bl. 22.

1037 Ebd., Bl. 23.

Brennpunkt« der Jugendkriminalität darstellten.[1038] Bei Konzerten sei es zu Vergehen gegen das Gesetz zum Schutze der Jugend, zur unberechtigten Benutzung von Pkws, zum Fahren unter Alkoholeinfluss, zu »grobem Unfug«, Landfriedensbruch, Körperverletzung sowie »staatsfeindlicher Hetze« gekommen: ein Katalog, der dem Ensemble an Verstößen ähnelte, das westliche Kriminologen wenige Jahre zuvor den »halbstarken Verhaltensweisen« zugeordnet hatten – ergänzt allerdings um DDR-spezifische Delikte, die aus restriktiven Paragraphen resultierten.[1039] Als verschärfend wirkte sich aus, dass die Musik als Indiz der Orientierung an westlicher Kultur eingestuft wurde. Ein Bericht sah die Entstehung der Gitarrenbands in der »Beatlemania« begründet, da im Jahr 1964 in Leipzig etliche Jugendtanzkapellen gegründet worden seien, die »den sogenannten ›Beathle-Stil‹ [sic] zu interpretieren« suchten.[1040] Insbesondere Spielweise und Aufbau der Butlers »erfolgte nach den [sic] Vorbild der engl. Kapelle ›The Beatles‹«.[1041] Wie sehr der Bandname mit dem britischen Vorbild assoziiert wurde, zeigt sich auch daran, dass in den operativen Berichten der Überwachungsbehörden immer wieder fälschlich von »Beatlers« statt von Butlers die Rede ist.[1042]

Obwohl viele Laienkapellen vom Kabinett für Kulturarbeit beim Rat der Stadt Leipzig offiziell zugelassen waren, stieß vor allem ihre Zielsetzung und »Wirkung« auf Kritik, denn »das Verhalten und Auftreten der einzelnen Kapellen bei Tanzveranstaltungen erfolgt nach unserer Einschätzung mit dem Ziel, die anwesenden Jugendlichen in Extase [sic] zu versetzen«.[1043] Schon geringfügige Anlässe hätten zu »Schlägereien, rowdyhaftem Benehmen und damit verbunden zu Sachbeschädigungen« geführt, was allerdings auch durch die ständig überfüllten Veranstaltungsräume begünstigt werde, wie der Bericht einräumte.[1044] Doch selbst wenn keine Vor-

1038 Beschluss des Volkspolizeikreisamtes Leipzig vom 19.03.1965, ebd., Bl. 11.

1039 Zu westlichen »halbstarken Verhaltensweisen« vgl. Kaiser, *Randalierende Jugend*, S. 23-27.

1040 Bericht des Volkspolizeikreisamtes Leipzig vom 05.03.1965, Kriminalakte Nr. 384, ebd., Bl. 13.

1041 Sachstandsbericht zur operativen Bearbeitung der Kapelle »The [sic] Butlers«, Leipzig, 09.09.1964, ebd., Bl. 29.

1042 Etwa in: Einschätzung der Tanzveranstaltung in Altenburg am 30.01.65, Schmölln, 02.02.1965, BStU, Lpz AOG 1822/68, Bl. 167.

1043 Ebd.

1044 Ebd.

fälle dieser Art vorlagen, wurde beanstandet, die Bands hätten ihr Publikum zu ungewohnten emotionalen Performances animiert, deren »Ausgangspunkt [...] zum großen Teil in der Spielweise der Kapellen zu suchen« gewesen sei.[1045]

Eine eigens einberufene Expertenkommission kam zu der Einschätzung, »dass diese Art von Musik, entsprechend der Vorstellungen auf allen musischen Gebieten das Nevau [sic] zu heben und zu fördern, nicht dazu angetan ist unsere Jugend eine kulurvolle [sic] Tanzmusik zu bieten. Die Art der Musik bringt die Jugendlichen im Verlauf der Zeit in einen Zustand, den man als Extase [sic] bezeichnen kann« und der »dazu führen könnte, dass Schlägereien größten Ausmaßes zustande kommen«.[1046] Zum Beleg der These, bestimmte Klänge wirkten emotional enthemmend, wurden auch westdeutsche Untersuchungen herangezogen, zum Beispiel das an Goldfischen durchgeführte Experiment des Max-Planck-Instituts und die darauf gründende These eines plötzlichen »Musiktods«.[1047] Auch warnte eine Fortsetzungsserie in einer SED-Zeitung unter dem aufklärerischen Titel »Hinter den Kulissen des Schlagers« unter Berufung auf einen dänischen Arzt – und im Anschluss an den älteren Diskurs der »Filmsucht« – mit einem drastischen Fallbeispiel vor den Folgen einer neuen Abhängigkeit:

> Kalle litt an [...] einer Krankheit, die eigentlich keine ist: der Musiksucht. Seine Körperkonstanten waren derart an eine Überdosis [sic] von Geräuschbeeinflussung gewöhnt, daß sie da zusammenbrachen, völlig durcheinander gerieten, ähnlich den Erscheinungen, die auftreten, wenn man Süchtigen das Rauschgift entzieht.

Der Patient, der nach einem Motorradunfall im Krankenhaus seine musikalische »Droge« hatte entbehren müssen, sei jedoch nach einer vom Arzt begleiteten Entziehungskur wieder auf dem Weg der Besserung: »Nächstes Jahr zu Ostern wird er [...] in sinnvollen

1045 Bericht des Volkspolizeikreisamts Leipzig vom 05.03.1965, Kriminalakte Nr. 384, BStU, Lpz AOG 1822/68, Bl. 25.

1046 Ebd., Bl. 26.

1047 Im Hauptstaatsarchiv Leipzig findet sich der mit Unterstreichungen versehene Nachdruck eines Artikels aus der westlichen Zeitschrift *Kontakte*, der unter der Überschrift »›Let's go, let's go‹ – wohin?« die Ergebnisse der Studie resümiert. Vgl. HStaL, BT RdB Lpz 20237/22734.

Mengen wieder Freude am Schlager finden.«[1048] Eine zusätzliche Warnung war der Verweis auf die Folgen für das Sexualleben des Patienten, das durch seine Musiksucht zum Erliegen gekommen sei.

Da englische Bandnamen als Internationalisierung in die falsche Himmelsrichtung und daher als unerwünscht gewertet wurden, drängte eine andere Maßnahme der DDR-Behörden auf Zwangseindeutschung. Um die Musiker »von der Änderung ihrer englischen Bezeichnungen in deutsche zu überzeugen«, wurden die Kulturabteilungen der Kreisräte beauftragt, »Aussprachen« mit ihnen zu führen. Wie aus internen Berichte hervorgeht, zeigte diese Maßnahme jedoch kaum Erfolg, da noch immer »grundsätzliche Unklarheiten« bestanden und vielen Musikern der Sinn der kulturpolitischen Maßgaben – etwa der Erfüllung der geforderten Quote von westlicher und sozialistischer Musik nach der Verordnung über Tanz- und Unterhaltungsmusik aus dem Jahr 1958 – in vielen Fällen »nicht klar und eindeutig aufgezeigt« werden konnte.[1049] Etliche von ihnen reagierten auf den Druck zur Umbenennung mit offenem Widerspruch. Ein Mitglied der Belmonti-Combo aus dem Kreis Freiberg etwa äußerte, die Anordnung sei »diktatorisch und stellt eine Unterdrückungsmaßnahme gegenüber den Tanzkapellen dar«.[1050] Der Leiter der Band The Shatters äußerte, die Jugend solle selbst »entscheiden, ob sie solche Tanzmusik haben will oder nicht«.[1051]

Auch bei den Fans stießen »aufklärerische« Zeitungsartikel auf wenig Begeisterung, in einer Berufsschule kam es sogar zur öffentlichen Verbrennung eines beatkritischen Zeitungsartikels.[1052] Be-

1048 Joachim Lucios, »Heiße Rhythmen, verbrannte Finger. Hinter den Kulissen des Schlagers«, in: *Freies Wort. Organ der Bezirksleitung Suhl der SED/FW-Beilage* Nr. 48 (27.11.1965), S. 3.

1049 Dies räumt ein Bericht aus Karl-Marx-Stadt ein: Bericht über negative Erscheinungen unter der Jugend vom 17.12.1965, BStU, KMSt AKG 7238, Bl. 140-141; Vgl. zur Anordnung über die Ausübung bzw. Programmgestaltung von Tanz- und Unterhaltungsmusik oben, Kap. 3.1.5.

1050 Bericht über negative Erscheinungen unter der Jugend vom 17.12.1965, BStU, KMSt AKG 7238, Bl. 141. Die Band firmiert in den Akten auch als Combo Belmonti bzw. Die Belmontis.

1051 Bericht des Volkspolizeikreisamtes Leipzig, 05.03.1965, BStU, Lpz AOG 1822/68, Bl. 14.

1052 Vgl. Verbrennung einer Zeitung wegen eines Anti-Beat-Artikels in der *LVZ* durch Schüler der BBS des Kirow-Werkes, HStaL, 21123, IV/A/2/09/02/365.

sonders das Verbot englischsprachiger Namen für Musikgruppen sorgte für Kopfschütteln. In einem Schreiben an den Sender DT64 klagten 24 Jugendliche aus Zwickau: »Seit cirka 14 Tagen kursiert bei uns nur noch ein Gespräch: Die Beat-Gruppen, die einen englischen Namen wie ›Ratlers‹, ›Chatters‹ [sic!] oder ›The Hurricans‹ tragen, müssen diese Namen ablegen. So müssen beispielsweise ›The Chatters‹ unter dem Namen ›Gitarren Schau Leipzig‹ auftreten. Warum dürfen Beat-Gruppen ihre Namen nicht behalten? Die Geburtsstadt des Beat ist doch schließlich Liverpool.«[1053] Der stellvertretende Sekretär einer FDJ-Wohngruppe in Oelsnitz war zwar damit einverstanden, dass Gruppen wie die Butlers oder The Gammlers verboten wurden, lehnte aber das Verbot englischer Bandnamen ab: »So etwas ist purer Blödsinn. Man darf ja nicht einmal mehr englische Wörter auf Plakate malen. Beat ist eine Musikart und diese kann man nicht eindeutschen.«[1054] Zudem bezweifelte er die Durchführbarkeit der 60:40-Regelung. »Wie sollen die Mitglieder der Kapellen wissen, was zur Zeit alles übernommen wurde? Wenn es die Abteilung AWA beim Rat der Stadt selbst nicht genau weiß.«[1055] Auch die Rundfunkpraxis war in diesem Punkt inkonsequent. In einer Sendung polemisierte der Moderator gegen englische Versatzstücke wie die Bezeichnung von Jungs als »Boys« in Schlagertexten, spielte wenige Minuten später aber ein Musikstück mit dem Titel »So geht's nicht, mein Boy«, was höhnische Kommentare junger Hörerinnen provozierte.[1056]

Tatsächlich gestalteten sich die Kontrollen zur Einhaltung der Quotenregelung äußerst schwierig für die Behörden.[1057] Kontrolleure klagten in Berichten darüber, dass Bands angaben, Eigenkompositionen zu spielen, dies aber nicht nachprüfbar sei, da nicht nach Noten gespielt worden sei. Vielen Mitarbeitern der Kulturbehörden fehlte das notwendige Popwissen, um beurteilen zu können, welche Stücke aus dem Westen und welche aus dem Osten stammten, zumal bei sehr ähnlich klingender Instrumentalmusik.

1053 DT64-Postbulletin, 05.11.1965, DRAB, Hörerpost DT64, Postanalysen, H 086-02-04/0001, Bl. 86. Gemeint sind hier offenbar The Shatters.

1054 DT64-Postbulletin, 16.11.1965, DRAB, Hörerpost DT64, Postanalysen, H 085-02-04/0001, Bl. 66.

1055 DT64-Postbulletin, 16.11.1965, ebd., Bl. 66.

1056 Vgl. DT64-Postbulletin, 27.11.1965, ebd., Bl. 49.

1057 Vgl. Rauhut, *Beat in der Grauzone*, S. 44.

Bei der zuständigen Abteilung zur Wahrung der Aufführungsrechte von Musik (AWA) in Leipzig etwa räumte man ein, man brauche einen Vorlauf von 14 Tagen, um Kollegen aus Berlin anzufordern, denn nur diese seien in der Lage, eine genaue Einschätzung der Musikstücke vorzunehmen.[1058] Eine Auflistung aus dem Kulturhaus Parkschlösschen vermerkt neben deutschsprachigen Titeln wie »Das Wunder der Liebe« oder »Du schwarzer Zigeuner« etliche englischsprachige Titel, etwa »My Bonnie (Lies Over The Ocean)« oder das von der Auswanderung in die USA handelnde Lied »America« aus Leonard Bernsteins Musical *West Side Story*, dessen Brisanz den Kontrolleuren entgangen war,[1059] da sie des Englischen offenbar nicht mächtig waren.[1060] Auch in den Schulen und Lehrbetrieben und sogar in den FDJ-Clubhäusern artikulierte sich Widerspruch gegen die Quotenregelung.[1061]

Standen am Anfang Kontrolle und gesellschaftlicher Druck durch Pressekommentare und Massenorganisationen, so wurden 1965 unter dem Eindruck westlicher Ereignisse, vor allem des Rolling-Stones-Konzertes in Westberlin, konkrete Maßnahmen zur Unterdrückung der unerwünschten Musik eingeleitet.[1062] Mehrere Bands wurden »operativ bearbeitet«, darunter auch die Butlers.[1063]

1058 Als Alternative erwog man folgendes Vorgehen: »Eine weitere Möglichkeit ist, das [sic!] mit Unterstützung der Abt. K in einem Klubhaus alle Musikstücke auf ein Tonband aufgenommen werden. Diese Bänder müssen dann nach Berlin eingeschickt werden, wo dann die Überprüfung durchgeführt werden kann.« Vgl. Ermittlungen bei der AWA-Bezirksverwaltung, Leipzig, 21. 09. 1964, BStU, Lpz AOG 1822/68, Bl. 103.

1059 Bei einigen Stücken findet sich hinter dem Vermerk »Eigenkomposition« ein Fragezeichen, und die Auswertung ergibt statt der vorgeschriebenen 60:40-Quote ein Verhältnis von 71:29. Vgl. AWA Bezirksverwaltung Leipzig, Kontroll-Musikfolge der Band Butlers im Kulturhaus Parkschlößchen, Brandis, 11. 10. 1964, BStU, Lpz AOG 1822/68, Bl. 153.

1060 Darauf deutet auch die häufig falsche Schreibweise der Bandnamen in den Überwachungsprotokollen hin, die oftmals in ein phonetisches Englisch übersetzt wurden. So wurden aus [The] Butlers »De Butlers« oder aus The Guitarmen »De Gitarrenmäns«. Vgl. Lpz AOG 1822/68, Bericht über die Tanzveranstaltung am 30. 01. 1965, Altenburg, 13. 02. 1964, Bl. 176.

1061 Vgl. Jugendclubhaus »Walther Barth«, An den Rat der Stadt, Abt. Kultur, Leipzig, 18. 05. 1965, StadtAL, StVur, 10749.

1062 Vgl. Ehrhart Neubert, *Opposition in der DDR*, Erfurt 2009, S. 30.

1063 Vgl. Betr.: Operative Bearbeitung der Tanzkapelle »The Butlers«, Leipzig, 23. 09. 1964, BStU, Lpz AOG 1822/68, Bl. 91.

Das erklärte Ziel dieser Ermittlungen war zunächst die Kontrolle, im Zuge einer kulturpolitischen Radikalisierung bald aber »die Zerschlagung« der Kapellen.[1064] Die dafür vorgesehenen Maßnahmen waren die in der DDR-Diktatur inzwischen vielfach erprobten Mittel nachrichtendienstlicher Tätigkeit: »Personenaufklärung«, »Anwerbung geeigneter Personen als IM«, »Zersetzung« und schließlich Verbot.[1065]

Mit Blick auf die Butlers führte die »Aufklärung« anfangs nicht zu Ergebnissen, die ein Verbot gerechtfertigt hätten. Die Ausspionierung eines Musikers der Band ergab nur, dass dessen Beurteilungen »durchweg positiv« ausfielen.[1066] Da die Mitglieder der Butlers keine Berufsmusiker waren, wurden sie als Laienorchester geführt und unterstanden unmittelbar dem Haus der Volkskunst, das ihre Auftritte ganz offiziell vermittelte.[1067] Gelegentlich kam es bei diesen zwar zu Rangeleien,[1068] in »Aussprachen« gaben die Musiker jedoch an, sie hätten keine Schuld daran, wenn einzelne Rowdies ihre Konzerte besuchten. Im Großen und Ganzen sei ihr Publikum »in Ordnung und anständig«.[1069] Die Ermittlungen konzentrierten sich daher zunehmend auf die Einkünfte der Band. Da die Butlers zu den populärsten Bands im Leipziger Raum gehörten und auch kommerziell so erfolgreich waren, dass »teilweise eine höhere Bezahlung erfolgt[e], als gesetzlich zugelassen« war, kein Bandmitglied aber einen Berufsmusikerausweis besaß, wurde offiziell wegen Steuerhinterziehung ermittelt.[1070] Durch minutiöse Auflistungen suchte man die Überschreitung der für Laienkapellen zulässigen Verdiensthöchstgrenze nachzuweisen.[1071]

1064 Operativer Maßnahmeplan zur ZKA »Spieler« vom 19.03.1965, BStU, Lpz AOG 1822/68, Bl. 40.

1065 Ebd.

1066 Betr.: Einsichtnahme in die Kaderakte des Studenten R., Leipzig, 21.09.1964, BStU, Lpz AOG 1822/68, Bl. 101.

1067 Betr.: Aussprache mit der Kapelle »The Butlers«, Leipzig, 25.08.1964, BStU, Lpz AOG 1822/68, Bl. 116.

1068 Volkspolizeikreisamt-Leipzig, An den Sachgebietsleiter Genossen F., Leipzig, 03.03.1965, BStU, Lpz AOG 1822/68, Bl. 180.

1069 Ebd.

1070 Sachstandsbericht zur operativen Bearbeitung der Kapelle »The Butlers«, Volkspolizeikreisamt Leipzig, 09.09.1964, BStU, Lpz AOG 1822/68, Bl. 29.

1071 Vgl. Ermittlungen beim Rat des Stadtbezirkes Süd Abt. Steuer, Leipzig, 12.10.1964, BStU, Lpz AOG 1822/68, Bl. 124.

Am 6. November 1964 sprach die Abteilung Kultur der Musikvermittlung der Stadt Leipzig auf dieser Grundlage ein Spielverbot aus.[1072] Dazu erging eine Auflage an die Bandmitglieder, Arbeitsstellen nachzuweisen und ihre Einkommen ordnungsgemäß zu versteuern. Nachdem die Butlers bei der VEB Schallplatte vorgespielt und zwei Titel aufgenommen hatten, wurde das Verbot zwischenzeitlich aufgehoben, am 2. Dezember aber erneuert, da den Musikern vorgeworfen wurde, sie hätten in Cottbus unter falschem Namen ein illegales Konzert gegeben. Auch hätten drei von vier Musikern noch immer keine Beschäftigung nachgewiesen. Schon am 8. Dezember gab die Band jedoch bekannt, dass sie nun Mitglied des Jugendvarietés Leipzig sei und damit keine Spielgenehmigung mehr brauche.[1073] Im Februar 1965 erschien unter der Überschrift »Heiß und taktvoll« ein Artikel in einer Lokalzeitung, der den Auftritt der »Buttlers« [sic!] und des Jugendvarietés vor 1200 Fans im Kulturhaus Altenburg bejubelte: »Plakate für eine Tanzveranstaltung, die als Veranstalter die Bezirksleitung der FDJ ausweisen, sieht man nicht alle Tage.« Unter den Zuhörern und Tänzern der »heißen«, aber »taktvollen« Rhythmen seien Mitglieder und Mitarbeiter der FDJ-Bezirksleitung gewesen, an ihrer Spitze der Sekretär, hieß es in dem Artikel, der damit das Jugendkommuniqué von 1963 paraphrasierte, das Musikfreiheit eingeräumt hatte, solange diese »taktvoll« bleibe.[1074]

Diese Freiheiten wurden im Laufe des Jahres 1965 immer stärker in Frage gestellt, zumal die Mitgliederzahlen der FDJ in manchen Bezirken stark rückläufig waren.[1075] Interne Berichte einer Arbeitsgruppe zur »Reorientierung« der Jugendpolitik Kurt Hagers, des Leiters der Ideologischen Kommission des Politbüros, drangen darauf, den liberalen Kurs wieder zurückzunehmen.[1076] Und so

1072 Vgl. Betr.: Kapelle »The Butlers«, Leipzig, 08.12.1964, BStU, Lpz AOG 1822/68, Bl. 155.

1073 Vgl. ebd.

1074 Beilage *LVZ* (06.02.1965), S. 8. Zum Jugendkommuniqué an die »Hausherren von morgen« siehe oben, Kap. 4.4.3.

1075 Vgl. Wierling, *Geboren im Jahr Eins*, S. 206.

1076 Vgl. ebd. Der Arbeitsgruppe der Abteilung Jugend im Apparat des ZK der SED gehörten neben einem Jugendpsychologen Vertreter folgender Institutionen an: des Zentralrats der FDJ, des Obersten Gerichts der DDR, der Generalstaatsanwaltschaft, des Ministeriums für Volksbildung, des Innenminis-

wurde gegen die Butlers im Frühjahr 1965 Strafanzeige erhoben, und zwar erneut wegen Steuerhinterziehung, da man festgestellt hatte, dass »nicht alle Veranstaltungen, in denen sie aufgetreten sind, im Lohnnachweisbuch, das jeder Musiker führen muß, eingetragen waren und deshalb keine Versteuerung der Einnahmen erfolgen konnte«.[1077] Dies betraf auch den Verkauf signierter Autogrammkarten. Am Ende stellte ein Beschluss gegen die Musiker einen ganzen Strauß von Vorwürfen zusammen: Körperverletzung, »aktives Rowdytum«, Hetze sowie »Verdacht der ideologischen Diversion«.[1078] Dass es tatsächlich nicht um Steuerfragen ging, belegt auch die interne Studie des Operativen Kommissariats, die programmatisch formuliert hatte, dass »eine weitere Ausbreitung dieser Gruppierungen zu verhindern« sei, die sich um die Band versammelt hätten.[1079] Zu dieser Zielsetzung passte dann auch ein Beschluss, der am 11. Oktober 1965, also wenige Wochen nach dem Westberliner Konzert der Rolling Stones, erging, der den Kulturminister Hans Bentzien dazu ermächtigte, den Beatbands systematisch die Spielerlaubnis zu entziehen, und die moderate Linie des Jugendkommuniqués von 1963 somit »faktisch außer Kraft setzte«.[1080]

Ende Oktober 1965 erging schließlich die Aufforderung an alle »Laientanzkapellen« der Stadt Leipzig, sich beim Kabinett für Kulturarbeit der Stadt zu registrieren und um eine Spielerlaubnis zu

teriums und des MfS. Vgl. Hauptabteilung XX: Thesen, Berlin, 07.12.1964, BStU, MfS HA XX Nr. 6190 Bd. 2, Bl. 590.

1077 Schlußbericht zur Strafanzeige, Leipzig, 10.05.1965, BStU, Lpz AOG 1822/68, Bl. 195. Von 64 Tanzveranstaltungen habe ein Musiker nur 31 gemeldet, und oftmals seien zu niedrige Beträge eingetragen worden. Zur Entlastung brachten die Musiker u.a. vor, sie hätten ihre Lohnnachweisbücher vergessen.

1078 Volkspolizeikreisamt Leipzig, Beschluß über die Einleitung der ZKA, 19.03.1965, BStU, Lpz AOG 1822/68, Bl. 11.

1079 Vgl. Studienauftrag während des Einzelpraktikums im VPKA Leipzig Kommissariat Operativ, Leipzig, 07.12.1964, BStU, Lpz AOG 1822/68, Bl. 157.

1080 Der Beschluss war überschrieben: »Zu einigen Fragen der Jugendarbeit und dem Auftreten der Rowdygruppen«. Vgl. Günter Agde (Hg.), *Kahlschlag: Das 11. Plenum des ZK der SED 1965. Studien und Dokumente*, Berlin 2000, S. 228-229, sowie Rauhut, *Beat in der Grauzone*, S. 137. Allerdings markiert dieser Beschluss nicht den (wie in der Forschung gelegentlich behauptet wird) Beginn der Maßnahmen gegen die Leipziger Beat-Szene, denn die Repressionen etwa gegen die Butlers hatten, wie hier aufgezeigt wurde, schon Monate zuvor begonnen. Vgl. Liebing, *All you need is beat*, S. 65 u. S. 67.

ersuchen, da diese andernfalls nach dem 15. November automatisch erlösche.[1081] Die Jugendkommission des Bezirkstages veröffentlichte einen programmatischen Artikel in der *Leipziger Volkszeitung*, der Beatfans unverhohlen drohte, man werde »die Lizenz zum Spielen« entziehen und dafür sorgen, »daß Ordnung und Ruhe herrschen«. Der Artikel, bezeichnenderweise illustriert mit einem Foto von Randalen in der Westberliner Waldbühne, war der Auftakt einer regelrechten Kampagne der *LVZ* gegen einen bestimmten Teil der Beatszene.[1082] Bei der gleichzeitig beginnenden Einstufung von Bands wurden Musikalität und Fähigkeiten der Bands überprüft und bewertet, ein Verfahren, dass einer Zerschlagung der Leipziger Beatmusik-Szene gleichkam: 49 Gruppen wurde die Spielerlaubnis »wegen nicht vorhandener musikalisch-theoretischer Grundkenntnisse« entzogen (ein Trommler sei nicht in der Lage gewesen, einen vorgegebenen Rhythmus zu wiederholen, anderen Musikern fehlten die »notwendigen« Notenkenntnisse), sieben Bands, weil sie gar nicht erst zur Einstufung erschienen waren, und drei Gruppen, weil ihnen Verstöße gegen gesetzliche Bestimmungen (überwiegend Steuervergehen) vorgeworfen wurden.[1083] Weiteren vier Gruppen wurde eine Kombination aus beiden Vorwürfen zur Last gelegt. Lediglich vier Bands, die der Umbenennung in »Combo« zugestimmt hatten, wurde eine Spielerlaubnis erteilt.[1084] Die

1081 Vgl. Bekanntmachung des Kabinetts für Kulturarbeit der Stadt Leipzig vom 28.10.1965. Diese Maßnahme berief sich auf die Richtlinie vom 20.05.1954 zur Registrierung von »Volkskunstgruppen«. Vgl. Rauhut, *Beat in der Grauzone*, S. 43.

1082 Ständige Kommission Jugendfragen des Bezirkstages Leipzig, »Dem Mißbrauch der Jugend keinen Raum!«, in: *LVZ* 20.10.1965), S. 6. Vgl. auch die (einseitigen) Kommentare »Leser zum Beitrag ›Dem Mißbrauch der Jugend keinen Raum‹. Das Leben sinnvoll gestalten«, in: *LVZ* (28.10.1965), S. 7; »Geisteshaltung unserer Jugend mit formen«, in: *LVZ* (29.10.1965), S. 8; »Wer ist denn gegen Gitarrenmusik?«, in: *LVZ* (30.10.1965), S. 2; »Beatles Ledernacken Aggression. Noch einmal zum Thema«, in: *LVZ* (05.11.1965), S. 4.

1083 Abt. Kultur: Bericht über die Behandlung der Anträge zur Erteilung der staatlichen Spielerlaubnis für Laienmusiker (1. Abschnitt: Gitarrengruppen), Leipzig, 02.11.1965, StadtAL, StVuR (1), 10752, Bl. 29 u. 32.

1084 Ebd., Bl. 30. Es handelte sich um die Combo Astoria, die Kometen-Combo, die Lipsi-Combo sowie um die Lunik-Combo, die zuvor the devils hieß und eine von den Bandmitgliedern signierte Selbstkritik veröffentlichte: »Brief der ›LUNIKS‹ an die LVZ«, in: *LVZ* (20.11.1965), S. 8.

Butlers, The Guitarmen, The Shatters und Towers hingegen, gegen die bereits zuvor Ermittlungen eingeleitet worden waren, wurden unabhängig von der Einstufung durch die Kulturbehörden direkt verboten.[1085] Der Entzug der Spielerlaubnisse erfolgte »auf Lebenszeit« und ohne Möglichkeit der Rehabilitierung, was für angehende Profi-Musiker ein Berufsverbot bedeutete.[1086]

Die Maßnahmen zur Zerschlagung der Beat-Szene beschränkten sich jedoch nicht auf die Bands. Das Volkspolizeikreisamt Leipzig leitete »Aufklärungsmaßnahmen« auch gegen deren Fans ein. Bei Konzerten wurden die Kennzeichen von Fahrzeugen überprüft, um zu vergleichen, »ob der Personenkreis ständiger Gast bei dieser Musikgruppe ist«, und es wurden die Personalien von Fans festgestellt.[1087] Die Ermittlungsergebnisse waren zunächst dürftig.[1088] Manche Konzerte waren so ruhig, dass die IM gelangweilt wieder nach Hause gingen.[1089] Im Kulturhaus Sonne war das Publikum laut Informantenbericht über die Lautstärke der Band wenig erbaut, da »man sich am Tisch nicht unterhalten konnte und selbst an der Bar eine Liebeserklärung nicht richtig verstehen konnte«, so dass das Publikum »ziemlich reserviert« blieb.[1090] Im Casino Neukieritzsch bei Leipzig wurden zwar »Tänze wie Twist Hully Gully« getanzt, doch blieben »Ruhe und Ordnung« gewährleistet.[1091] Diesen wenig dramatischen Berichten zum Trotz wurden die Maßnahmen weiter verschärft, etwa durch lokale Verordnungen zur »vorbeugenden Bekämpfung des Rowdytums«.[1092]

1085 Ebd. Bl. 34.

1086 Vgl. Rauhut, *Beat in der Grauzone*, S. 140.

1087 Maßnahmen zur Bearbeitung der Kapelle »The Buthlers« [sic!], Leipzig, 07.09.1964, BStU, Lpz AOG 1822/68, Bl. 49.

1088 Konfisziert wurde ein Kettchen mit Pistolenanhänger. Vgl. Betr.: Überwachung einer Tanzveranstaltung in Leipzig-Schkeuditz mit der Kapelle »The Buthler [sic!]«, 07.09.1965, BStU, Lpz AOG 1822/68, Bl. 56.

1089 Veranstaltung am 12.09. und 13.09.64 mit der Kapelle »The Buttler [sic!]« in Naunhof. »Ratskeller«, Grimm, 14.09.1964, ebd., Bl. 96.

1090 Abschrift eines IM-Berichtes betr. Tanzveranstaltung am 28.11.1964 mit der Kapelle »The Butlers« im Kulturhaus »Sonne« in Schkeuditz, ebd., Bl. 140.

1091 Protokoll: Tanzveranstaltung im Casino Neukieritzsch, Borna, 27.10.1965, ebd., Bl. 178.

1092 Am 13.10.1965. Vgl. Der Staatsanwalt des Bezirkes Leipzig, Vorlage für das Sekretariat der Bezirksleitung Leipzig der SED, Leipzig, 23.02.1966; Sächsisches Hauptstaatsarchiv Leipzig [im Folgenden: HStaL] Nr. IV/A/2/13/418, Bl. 7.

Diese Maßnahmen gegen Bands und Fans erregten Widerspruch. Mitarbeiter der Karl-Marx-Universität fragten bei einer Diskussion, warum man die Gitarrenbands vor einem halben Jahr noch im Rundfunk propagiert habe, wenn man sie nun verbiete.[1093] Tatsächlich hatte das Jugendprogramm DT64 mit einem Gitarrenwettbewerb im Sommer 1965 auf ähnliche Weise wie westliche Medien – etwa *Salut les copains* oder *Bravo* – die Bands zu mobilisieren versucht, um sendefähige Aufnahmen mit Beatmusik aus der DDR herzustellen, doch wurde diese Aktion nach kurzer Zeit stillschweigend verboten.[1094]

Andere Proteste bedienten sich konspirativer Techniken: Im Kreis Zwickau etwa verbreitete ein 15 Jahre alter Bäckerlehrling und Sohn eines SED-Genossen rund 150 handgeschriebene Flugblätter »mit feindlichem Inhalt«. Der Amateur-Schlagzeuger protestierte damit gegen die eigenmächtige Zwangsumbenennung seiner (zuvor für »vorbildliches Laienschaffen« ausgezeichneten) Tanzkapelle Beat-Boys in Die Goldene Sieben durch den Leiter des Klubhauses. Unmut bei jungen Lesern erregte auch eine Artikelserie der *Zwickauer NZ*, in der der Beat als »billiger Krach« und die Gitarrenbands als »Krawallgruppen« verunglimpft worden waren.[1095]

Ein Jugendprotest bis dato unbekannten Ausmaßes begann am 25. Oktober 1965. Vier Tage nachdem mehrere Bands ohne Anhörung mit einem Spielverbot belegt worden waren, darunter auch die Butlers, tauchten hunderte mit Kinderstempeln hergestellte Flugblätter in Leipzig auf, die mit »Beat-Freunde!« überschrieben waren und zu einem Protestmarsch am 31. Oktober auf dem Leuschner-Platz in der Innenstadt aufriefen. Einige Tage darauf riefen handgeschriebene Plakate abermals zur öffentlichen Demonstrati-

1093 Vgl. SED-Parteileitung Karl-Marx-Universität, Sonderinformation zum *LVZ*-Artikel vom 20.10.1965 »Dem Mißbrauch der Jugend keinen Raum«, Leipzig, 20.10.1965, HStaL, Nr. IV/A/4/14/082.

1094 Ulrich, Neumann, »Der Anfang«, S. 27.

1095 Vgl. die Leserbriefe zur von der *NZ* angestoßenen Diskussion »Musik oder Krach? Sehr oft billiger Krawall«, in: *Zwickauer NZ* (04.11.1965), S. 10. Der Jugendliche hatte Embleme des NS auf seine Flugblätter gezeichnet, »da er aus dem Film ›Nackt unter Wölfen‹ wisse, daß die SS und die Faschisten auch gegen die Kommunisten gekämpft haben«. Und die Kommunisten hätten nun die Musik verboten. Vgl. »Einige Erscheinungen über die Durchsetzung des Beschlusses des Sekretariats des Zentralkomitees« vom 11.10.1965, BStU, KMSt AKG 7225, Bl. 236.

on auf,[1096] und auch im Leipziger Umland fanden sich Flugzettel mit der Aufschrift »Weg mit dem Verbot der Beatkapellen«.[1097] Alarmiert von diesen offenkundig von unterschiedlichen Verfassern stammenden Aufrufen, leiteten die Behörden verdeckte Ermittlungen durch IM in der Beat-Szene ein, setzten aber auch auf präventive Abschreckung durch offensive »Aussprachen« in Schulen und Lehrbetrieben – wodurch allerdings viele Jugendliche erst vom geplanten Protest erfuhren.[1098] IM-Berichte ergaben »zunehmend Hinweise« auf eine »Anti-Verbots-Kampagne« beziehungsweise eine »Proteststimmung« unter der Leipziger Jugend.[1099] Die Lehrlinge eines Kombinats planten, geschlossen an der Demonstration teilzunehmen, und auch die Auszubildenden der Leipziger VEB Stahlbau und Verzinkerei wollten sich ihr in großer Zahl anschließen. Die Polizei bereitete daher eine konzertierte Aktion sowie den massiven Einsatz von Gewalt vor: Unweit des Platzes waren drei Züge der Bereitschaftspolizei, zwei Züge der Deutschen Volkspolizei und 50 Judo-Sportler der Deutschen Hochschule für Körperkultur und Sport in Bereitschaft, dazu Diensthunde, Lautsprecherfahrzeuge, ein Wasserwerfer, Lastwagen und Krankenwagen zum Abtransport von Gefangenen und Verletzten.[1100]

Am Vormittag des 31. Oktober versammelten sich tatsächlich rund 1000 Personen auf dem Leuschner-Platz und blockierten teilweise die Fahrbahn. Fast ausschließlich Jugendliche waren den illegalen Aufrufen gefolgt. Als die Volkspolizei mit Lautsprecheransagen die Zerstreuung der Versammlung anordnete, reagierte die Menge mit Buh-Rufen und Pfiffen. Laut MfS-Bericht war jedoch »die vollständige Auflösung der Konzentration […] nach 20 Minuten vollzogen«.[1101] Dabei wurden Schlagstöcke und der Wasserwerfer eingesetzt und insgesamt mehr als 250 Personen »zugeführt«. Am

1096 Mit Parolen wie »Beat-Gruppen, spielt weiter, wir unterstützen euch, die Polizei ist stark, aber wir sind viele, sehr viele«; vgl. ebd., S. 74.

1097 Etwa im Kreis Borna; vgl. Liebing, *All you need is beat*, S. 73.

1098 Vgl. die Oral History in: ebd., S. 79-86.

1099 Operativstab: Reaktionen zu Problemen des Beschlusses des Sekretariats des ZK der SED vom 11.10.1965, Leipzig, den 31.10.1965, BStU, BVfS Leipzig Leitung 00687, Bl. 57 u. 59.

1100 Vgl. »Eine Zusammenrottung von Jugendlichen in Leipzig am 31.10.1965«, Berlin, 01.11.1965, BStU, Mfs ZAIG Nr. 1129, Bl. 1.

1101 Ebd., Bl. 3.

Nachmittag kam es zu erneuten Protesten vor dem Kino Capitol, dem angestammten Treffpunkt der sogenannten Capo-Meute.[1102]

Damit waren die Proteste noch nicht beendet. Am 1. November tauchten Flugblätter auf, die den Polizeieinsatz mit den Parolen »Nur noch Beat!«, »Gegen Wasserwerfer und Polizei nur noch Streik!« und »Nieder mit dem Polizeiterror!« kritisierten, Graffiti im Stadtbild wandten sich gegen Ulbricht.[1103] (Abb. 87-88) Einen erneuten offenen Protest wagten rund 30 Jugendliche in Karl-Marx-Stadt, die am 6. November mit Gitarrenspielern an der Spitze durch das Zentrum zogen, auf öffentlichen Plätzen musizierten und so »ruhestörenden Lärm« verursachten.[1104]

Es wurde intensiv ermittelt, um die Urheber der Aktionen dingfest zu machen. Zu deren Ergreifung führte schließlich eine innerfamiliäre Denunziation. Eine SED-Parteigenossin zeigte ihren eigenen Sohn an, als sie bei ihm einen Stempeldruckkasten und Wurfzettelentwürfe fand, und übergab das belastende Material dem Klassenlehrer, woraufhin der 16-Jährige mit zwei etwa Gleichaltrigen vom MfS am 6. November 1965 verhaftet wurde.[1105] Binnen weniger Tage wurden alle drei zu Bewährungsstrafen verurteilt und erhielten Schulverweise.[1106] Als mildernder Umstand wurde anerkannt, dass sie selbst nicht an der Demonstration teilgenommen hatten. Insgesamt erhielten 164 der 279 festgenommenen Demonstranten Strafen, viele von ihnen wurden zu mehrwöchiger »Arbeitserziehung« im Tagebau verurteilt und teilweise direkt von der Festnahme und noch in Fan-Kleindung zum Braunkohlebergwerk transportiert.[1107] Dazu kamen »Aussprachen« in Schulen und Betrieben. Zu den politischen Konsequenzen der Proteste gehörte die Absetzung von Kurt Turba im Januar 1966, der sich als Leiter der Jugendkommission für die Akzeptanz der Beatmusik eingesetzt hatte.[1108]

1102 Ebd. Auch »Capitol-Meute«, vgl. Vgl. Fenemore, *Sex, Thugs and Rock'n'Roll*, S. 86.
1103 »Eine Zusammenrottung von Jugendlichen in Leipzig am 31.10.1965«, Bl. 4.
1104 Ebd., Bl. 237.
1105 Vgl. Liebing, *All you need is beat*, S. 88.
1106 Ebd., S. 90.
1107 Ebd., S. 83; Wierling, »Die Jugend als innerer Feind«, S. 411.
1108 Vgl. Rauhut, *Beat in der Grauzone*, S. 73.

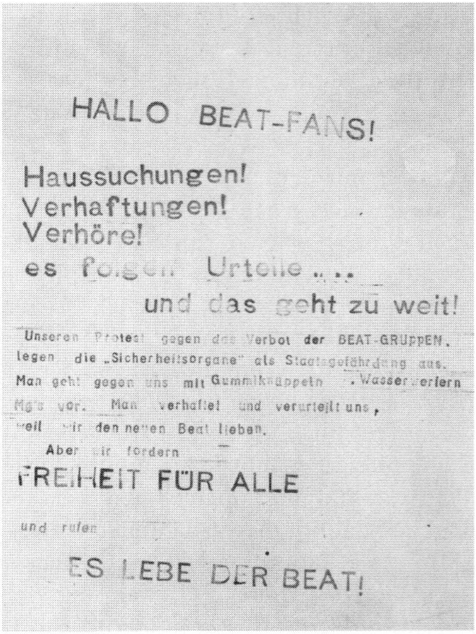

HALLO BEAT-FANS!

Haussuchungen!
Verhaftungen!
Verhöre!
es folgen Urteile ....
und das geht zu weit!

Unseren Protest gegen das Verbot der BEAT-GRUPPEN, legen die „Sicherheitsorgane" als Staatsgefährdung aus. Man geht gegen uns mit Gummiknüppeln, Wasserwerfern MG's vor. Man verhaftet und verurteilt uns, weil wir den neuen Beat lieben.

Aber wir fordern

FREIHEIT FÜR ALLE

und rufen

ES LEBE DER BEAT!

Abb. 87-88: »Nieder mit Ulbricht«, »Es lebe der Beat«: Flugblätter und Graffiti aus der Leipziger Beat-Szene reagieren 1965 auf Repressalien gegen Gitarrenbands.

Nach den Schnellprozessen, von denen man sich eine abschreckende Wirkung erhoffte, zogen die Bezirksverwaltungen der Staatssicherheit eine positive Bilanz ihrer Arbeit. Die »Einweisung verschiedener notorischer Arbeitsbummelanten zur Arbeitserziehung« habe »einen starken positiven Einfluß auf labile Jugendliche« gehabt. Lediglich in einigen wenigen Fällen hätten sich »trotz dieser staatlichen Maßnahmen [...] unkontrolliert neue Beatgruppen gebildet«.[1109] Als die FDJ-Kreisleitungen in Betrieben, an Schulen und unter Studenten Aussprachen hielten, um die erzieherische Wirkung der harten Maßnahmen zu überprüfen und zu vertiefen, mussten sie jedoch erkennen, dass das Einschlagen von Polizisten auf »ruhig herumstehende Jugendliche«, wie es Studenten der Karl-Marx-Universität formulierten, zu einer weiteren Entfremdung von Teilen der Jugend vom Staat geführt hatte.[1110] An vielen Orten in der Republik wurde das rigide Vorgehen gegen Beatmusiker und Fans von deren Altersgenossen scharf verurteilt.[1111] Im Spezialkinderheim Martin-Andersen-Nexö im Kreis Freiberg wurden in einer Untersuchung ein 14 und ein 13 Jahre alter Täter ermittelt, die ebenfalls Flugblätter hatten, welche »Angriffe gegen den Staatsratsvorsitzenden und die SED beinhalteten«. Die sichergestellten Zettel enthielten den Aufruf »An die Zonen-Jugend. Kämpft für Beat. Laßt doch die ›The Beatles‹ und die ›The Rolling Stones‹ nicht im Stich. Der Beat-Vorstand«.[1112] Einige Zettel waren mit Hakenkreuzen oder SS-Runen gezeichnet.[1113]

1109 Ebd.

1110 Vgl. SED-Parteileitung Karl-Marx-Universität, Sonderinformation zum *LVZ*-Artikel vom 20.10.1965 »Dem Mißbrauch der Jugend keinen Raum«, Leipzig, 20.10.1965, HStaL, Nr. IV/A/4/14/082.

1111 Bericht über negative Erscheinungen unter der Jugend vom 17.12.1965, BStU, KMSt AKG 7238, Bl. 139-140.

1112 Diese Tendenzen wurden schon zwei Jahre zuvor beobachtet. Vgl. Lage-Einschätzung zu Problemen der Jugend sowie zu Fragen der Arbeitsniederlegungen und Streikerscheinungen im Bezirk Karl-Marx-Stadt, 25.05.1963, BStU, MfS BV KMSt AKG 7240, Bl. 108.

1113 Ob die NS-Symbolik zu Zwecken der puren Provokation oder aus politischer Überzeugung verwendet wurde, muss offenbleiben – wenngleich Letzteres als wenig wahrscheinlich erscheint. Allerdings kam es in Einzelfällen zu neonazistischen Radikalisierungen, worauf das Beispiel des aktenkundigen P. hindeutet, der nach seinem Freikauf in der Bundesrepublik zum harten Kern neonazistischer Gewalttäter gehörte (vgl. BStU, MfS AU, Nr. 12493/70).

Das schon mehrfach erwähnte »Kahlschlagplenum« des ZK der SED, auf dem sich insbesondere das Politbüromitglied Erich Honecker als scharfer Kritiker des Kulturlebens in der DDR profilierte, gilt als nachträgliche politische Rechtfertigung der bereits im Sommer und Herbst 1965 durchgeführten Zwangsmaßnahmen gegen die Werke kritischer Schriftsteller und Filmemacher, darunter auch die DEFA-Verfilmung des Romans von Erik Neutsch *Die Spur der Steine*, aber auch gegen popkulturelle Künstler.[1114] Die Lesemappe für die Teilnehmer des Plenums enthielt den ZK-Beschluss »Zu einigen Fragen der Jugendarbeit und dem Auftreten der Rowdygruppen« vom 11. Oktober sowie einen Bericht über die Leipziger Beat-Demonstration vom 31. Oktober, die Honecker als Beweis dafür wertete, dass »mit Hilfe der sogenannten Beat- und Gammler-Gruppen ideologische Zersetzungsarbeit« geleistet werden sollte.[1115] Das Verbot der Gitarrenbands wurde darin noch einmal gerechtfertigt und klar auf die Ereignisse im Westen bezogen:

> Es war falsch, daß von Seiten des Zentralrates der FDJ der Wettbewerb von Beat-Gruppen organisiert und die Auffassung verbreitet wurde, daß im Unterschied zu Westdeutschland Westschlager und Beat-Musik bei uns keine schädliche Wirkung hervorrufen können. Ebenso falsch war es auch, daß durch Organe des Ministeriums für Kultur wahllos Lizenzen zum Auftreten solcher Gruppen erteilt wurden.[1116]

Auch wenn das Plenum im Wesentlichen bereits in Kraft getretene Restriktionen bestätigte, so waren die Äußerungen und vor allem Honeckers polemische Angriffe doch eine neuerliche Kampfansage an die Freiheit auf (pop-)kulturellem Gebiet. Trotzdem wurden keine neuen Gesetze erlassen. Hintergrund mochten die Differenzen zwischen den ZK-Abteilungen Kultur sowie Agitation und Propaganda gewesen sein, die rund um das Plenum schwelten.[1117]

Die Beatmusik war nach den Auftrittsverboten keineswegs gänzlich verstummt. Nach den Verboten registrierten die Über-

1114 Siehe zum 11. Plenum Kap. 4.4.3. sowie Agde (Hg.), *Kahlschlag*, S. 185.

1115 Vgl. ebd., S. 228-230.

1116 Ebd

1117 Dies konstatiert: Heiner Stahl, »Mediascape and Soundscape. Two Landscapes of Modernity in Cold War Berlin«, in: Philipp Broadbent, Sabine Hake (Hg.), *Berlin – Divided City, 1945-1989*, New York 2010, S. 56-66, hier: S. 62-63. Ich danke dem Autor für diesen und weitere Hinweise.

wachungsbehörden »eine große Anzahl von Hinweisen auf Untergrundtätigkeit bei Jugendlichen«.[1118] Es wurden weiterhin Westsender abgehört, Jugendliche im Ausland über Fanclubs kontaktiert, Brieffreundschaften eingegangen und neue Bands gegründet; vor allem aber wurden die Beschlüsse des 11. Plenums zuweilen offen in Frage gestellt, auch unter Verweis auf Beat-Regelungen im sozialistischen Ausland, die zum Teil deutlich lockerer waren. Ein Student aus Potsdam nahm sich in einem Hörerbrief an Radio DT64 die Sendung *Mikroforum* des tschechoslowakischen Rundfunks zum Vorbild, in der auch die Beatmusik zu ihrem Recht komme: »Warum ist das nicht auch bei uns möglich? Wenn die Beatmusik für junge Sozialisten schädlich sein soll, warum dann nur für die Jugendlichen in der DDR?«[1119] Auch die Verfasser anderer Protestschreiben an den Rundfunk beriefen sich auf die größere kulturelle Freiheit in anderen Staaten des Warschauer Paktes, darunter neben der ČSSR auch Polen und Jugoslawien.[1120]

Als die FDJ drei Monate nach der Leipziger Demonstration im Vorfeld eines Jugendforums an der Polytechnischen Oberschule Karl-Marx-Stadt einen Briefkasten für schriftliche Fragen zur Auswertung des 11. Plenums anbrachte, gingen 62 handschriftliche Schreiben ein, die das Unverständnis für die Zensurmaßnahmen mit großer Deutlichkeit zum Ausdruck brachten.[1121] »Wir wollen den Beat und nicht die Schnulzen von Bärbel Wachnöle [Wachholz]«.[1122] Ein mit »Ober-beat-Gamlers [sic]« gezeichneter Zettel fordert: »Wir wollen Beat, Beat und nochmals Beat«, ein Comicleser verstand nicht, »warum bei uns keine Micki-Mäuse gelesen werden [dürfen]!!!!«.[1123] Ein Schreiben forderte »Nieder mit der Kammermusik nur noch Beatmusik« und ein anderes drohte mit

1118 Bericht über die negativen Erscheinungen, Bl. 10.

1119 DT64-Postbulletin, 27.06.1966, DRAB, Hörerpost Postanalysen, H 086-02-04/0002, Bl. 246.

1120 DT64-Postbulletin, 30.03.1966, ebd., Bl. 361.

1121 Vgl. Bericht über negative und feindliche Erscheinungen unter der Jugend, deren Ursache und begünstigende Bedingungen vom 25.01.1966, BStU, KMSt AKG 7262, Bl. 394.

1122 Information Nr. 7/66 an den 1. Sekretär der SED-Bezirksleitung über eine Befragung von Jugendlichen im Vorfeld eines Jugendforums zu Kultur und Musik, 18.01.1966, BStU, KMSt AKG 7254, Bl. 429-430.

1123 Ebd.

Aufständen.[1124] (Abb. 89) Während die meisten Protestschreiben anonym eingingen, unterschrieben alle 20 Schüler einer siebten Klasse ein Bekenntnis zur Beatmusik mit vollem Namen.[1125]

Abb. 89: »Nieder mit der Kammermusik«: Rezeptionsästhetischer Richtungsstreit an der Polytechnischen Oberschule in Karl-Marx-Stadt infolge des 11. Plenums der SED.

1124 Ebd. Bl. 427.
1125 Ebd. Bl. 431.

Nach dem harten Vorgehen von Polizei und Justiz verstummten zwar die öffentlichen Proteste, doch die Zahl anonymer Vorfälle und konspirativer Widerstandsaktionen durch Flugblätter und öffentlich angebrachte Parolen stieg an (siehe oben, Abb. 87-88). Von der Zerschlagung der Beat-Szene hatte sich die Politik die Aufwertung der Kulturarbeit der FDJ erhofft, tatsächlich aber trieb sie viele Jugendliche in den kulturellen Untergrund. Wie die geheimen Stimmungsberichte der Staatssicherheit zeigen, war die Beat-Bewegung keineswegs aufgelöst, sondern vielerorts nur in die Illegalität gedrängt worden.[1126] Zudem provozierten die Verbote Reaktionen, die von Unverständnis bis hin zu scharfer Ablehnung reichten und teilweise in eine offene Feindschaft gegenüber dem Staat mündeten.[1127]

Begünstigt wurde diese Entwicklung durch die Erschließung neuer staatsferner Räume. Einerseits waren die Bands aus den stark kontrollierten Kulturhäusern und FDJ-Jugendklubs ins Umland ausgewichen, wo sie begannen, in privat betriebenen Landgasthäusern zu spielen.[1128] Mitte der sechziger Jahre eröffneten sich aber auch innerhalb der Kirchen neue Schutzräume für die Jugendkultur der DDR, die bis zu deren Ende von Bedeutung bleiben sollten. In der Landeskirche Sachsen etwa hatte man Jugendgottesdienste angeboten und sich dabei offenbar die evangelische Akademie im bayerischen Tutzing zum Vorbild genommen, die sich mit Jazz und Beat als Mitteln der Liturgie beschäftigte.[1129] An solchen Jugendgottesdiensten in der Leipziger Trinitatis-Kirche nahmen durchschnittlich 1000 Jugendliche teil.[1130] Auf der sächsischen Landessy-

1126 Vgl. etwa Bericht über negative Erscheinungen unter der Jugend vom 17.12.1965, BStU, KMSt AKG 7238, Bl. 142.

1127 So äußerte ein junger Hilfsarbeiter aus Plauen, es werde dort »genau so kommen« wie in Leipzig, wenn man die Beatgruppen verböte. Und ein Lehrling aus dem Kreis Rochlitz sagte: »Ich bedaure es, nicht selbst in Leipzig dabeigewesen zu sein. Diese Aktion der dort versammelten Jugendlichen hätte vor der Wahl stattfinden müssen, dann wäre ein anderes Wahlergebnis herausgekommen und der ›Spuk‹ vielleicht endgültig vorbei.« Ebd., Bl. 139 u. 140.

1128 Vgl. Thomas P. Funk, »Klubtramps in Ostberlin. Widerständige Raumpraxen jugendlicher Beatfans in den 1960er Jahren«, in: Mrozek u.a (Hg.), *Popgeschichte*, Bd. 2, S. 91-110, hier: S. 104; Wurschi, *Rennsteigbeat*, S. 135-142.

1129 Mit Jazz bereits seit 1954. Vgl. Karl Robert Brachtel, »Tutzing. Wo steht der Jazz heute? Gedanken zu einer Tagung«, in: *NZ* 130 (1969), S. 229-230.

1130 Vgl. Einschätzung »Neue Formen der kirchlichen Tätigkeit unter der Jugend«, Bezirksverwaltung Leipzig, 03.02.1967, BVfS Lpz Abt II 1, Bl. 38.

node in Dresden hatte Bischof Gottfried Noth 1966 »Gottesdienst einmal anders« propagiert und gegen die Einmischung des Staates in innerkirchliche Belange protestiert.[1131] Wo die staatliche Jugendpolitik restriktiv gegen Clubs und Beat-Keller vorging, stießen einige Gemeinden in die Lücke vor, organisierten Gitarrenunterricht und schufen Möglichkeiten, »Tanz- und Beatabende« unter dem Dach der Kirche zu organisieren.[1132]

Um 1965 war aus einem Unbehagen an der als unfrei empfundenen Kulturpolitik der DDR in vielen Fällen eine Fundamentalkritik erwachsen, die auch vor anderen Politikbereichen nicht haltmachte und das System als Ganzes in Frage stellte. Die restriktiven Maßnahmen und teils drakonischen Strafen führten nicht zur erhofften Eindämmung der Szene, sondern vertieften das Zerwürfnis zwischen dem Staat und Teilen seiner Jugend. Wesentlich beigetragen zu den Verschärfungen der Maßnahmen gegen die Beat-Szene hatte das Westberliner Konzert der Rolling Stones, das den DDR-Autoritäten als abschreckendes Beispiel vor Augen stand und in etlichen Äußerungen – ebenso wie die internationale »Beatlemania« – als Negativ-Referenz diente. Sieht man das Konzert als Ergebnis des wachsenden Einflusses neuer Pop-Medien, die wie *SLC* in Frankreich, *RSG!* in Großbritannien und *Bravo* in der Bundesrepublik als Konzertveranstalter auftraten, woran die DDR-Sendung DT64 mit einem selbstorganisierten Gitarrenwettbewerb zeitweilig anzuknüpfen versuchte, so lässt sich der kollektive Protest gegen das Verbot unabhängiger Gitarrenbands in der DDR als Resultat eines transnationalen Prozesses verstehen, der auch vor dem »Eisernen Vorhang« nicht haltmachte.

1131 Ebd.

1132 Ebd. Die staatlichen Restriktionen auch gegen die Kirchen hielten in der DDR jedoch bis weit in die achtziger Jahre an, wie der von Polizei und Stasi tolerierte Überfall neofaschistischer Skinheads auf ein Punkkonzert in der Ostberliner Zionskirche im Oktober 1987 zeigt. Vgl. Dirk Moldt, »›Keine Konfrontation!‹ Die Rolle des Mfs im Zusammenhang mit dem Überfall von Skinheads auf ein Konzert in der Berliner Zionskirche am 10. Oktober 1987«, in: *Horch & Guck* 40 (2002), S. 14-25.

4.5.5. Lokale Ereignisse, internationale Konsequenzen

Wie dieses Kapitel anhand der Debatten um die neue Rockmusik und Popkultur in verschiedenen Staaten bislang gezeigt hat, kam es auch in der als vergleichsweise »ruhig« geltenden ersten Hälfte der sechziger Jahre zu zahlreichen Konfliktereignissen, in denen die neue internationalisierte Popkultur eine zentrale Rolle spielte. Nach Tumulten bei Konzerten wurden neue Spiel- und Hörpraktiken Jugendlicher skandalisiert und mit polizeilichen Maßnahmen reguliert. In Frankreich und England kooperierte die Polizei dabei partiell mit dem Militär, womit de facto der Einsatz militärischer Mittel im Innern und gegen Teile der eigenen Jugend legitimiert wurde. Rangeleien und Sachbeschädigungen erhielten so den Status nationaler Ausnahmezustände – ein Eindruck, den die Berichterstattung in der Presse noch verstärkte. In allen Staaten verdichteten sich um die zu Lärmereignissen dramatisierten neuen Aufführungs- und Rezeptionspraktiken Diskurse, die Polizei, Politik, Pädagogik und Psychologie verschränkten und in Medien massenwirksam verhandelt wurden.

In der DDR bot der Konflikt um Beat-Musik weit über die enger umrissenen Szenen hinaus einen Anlass, in Schulen und Betrieben, auf Aussprachen, in Hörerpost und anonym vorgetragenen Stellungnahmen eine Sprechhaltung einzunehmen, in der sich die Erziehungsdiktatur über das vermeintlich unpolitische Feld der Musik hinaus kritisieren ließ. Musikszenen wurden dabei als übernationale Geschmacksgemeinschaften gedacht, in denen man sich mit Gleichaltrigen anderer Staaten einig wusste – und somit über ein Korrektiv gegenüber den Werten und Zwängen der Massenorganisationen verfügte. Diese Gemeinschaftskonzeption war nicht nur auf den Westen ausgerichtet, sondern auch auf osteuropäische Staaten. Indem Jugendliche sich auf die als freier empfundenen Kulturpolitiken der »Bruderländer« beriefen, konnten sie die DDR kritisieren, ohne sich dem Vorwurf »unsozialistischer« Argumentation auszusetzen.

Auch wenn die Interpretationen zumeist in spezifisch nationalen Problemkontexten situiert waren – in Frankreich dem der Dekolonialisierung, in Großbritannien dem der »Luxusverwahrlosung« und Drogenpolitik, in der Bundesrepublik dem der NS-Vergangenheit und in der DDR dem des Ost-Westkonflikts –, so bestanden doch auch übernationale Gemeinsamkeiten und Beziehungen zwischen den Ereignissen. Sie lagen in einem zunehmend selbstbestimmten Anspruch Jugendlicher auf kulturelle Repräsentation, in neuen Konstruktionen von Weiblichkeit und Männlichkeit (wie der letzte Abschnitt dieses Kapitels noch zeigen wird) sowie in einem selbstbewussten Auftreten gegenüber staatlichen Autoritäten. Zwischen den unterschiedlichen Musik- und Jugendkonflikten, die in Kapitel 4.5. behandelt wurden, lässt sich daher eine Linie ziehen, die von Frankreich über England und Westberlin bis in die DDR reicht, wo sich mit der Leipziger Beat-Demonstration der größte Massenprotest gegen die SED seit dem 17. Juni 1953 artikulierte. Anders als in den fünfziger Jahren, in denen sich die Konfliktereignisse unter Stereotype der Delinquenz männlicher junger Arbeiter bringen, also als Randgruppen- beziehungsweise Unterschichtenproblem stigmatisieren ließen, hatte die schicht- und geschlechterübergreifende Rezeption des Beat die Marginalisierung seiner Fankulturen erschwert. Beat fungierte als Scharnier zwischen einem eher subkulturellen Randphänomen und einer breitenwirksamen Popkultur – die zwar primär ein ästhetisches Feld bildete, aber auch zum Schauplatz allgemeinpolitischer Debatten wurde, in denen es um Fragen der Meinungsäußerung, der Aneignung öffentlicher Räume und der Zuständigkeiten des Staates ging. Solche Debatten und die sie begleitenden Konflikte rückten in den sechziger Jahren machtvoll ins Zentrum der Gesellschaften.

4.6. Hippies, Gammler, Langhaarige: Kämpfe um Männlichkeit

Mitte der sechziger Jahre kam es in Frankreich zu einem Schlagabtausch auf der rockmusikalischen Bühne, der als »Sängerkrieg« in die Annalen der noch jungen Popkultur einging. In einem im Skiffle-Beat-Stil vorgetragenen Chanson hatte der 21 Jahre alte gelernte Bauingenieur Pierre Antoine Muraccioli, der unter seinem zweiten Vornamen auftrat, eine Art Manifest eingesungen und auf dem Plattenlabel Vogue herausgebracht. (Abb. 90) Schon in der ersten Textzeile seines auf einer EP veröffentlichten Stückes »Les Élucubrations d'Antoine« thematisierte er einen Generationenkonflikt, der auf der Ebene der Körperlichkeit ausgetragen wurde: »Ma mère m'a dit, Antoine, fais-toi couper les cheveux, je lui ai dit: ma mère, dans vingt ans si tu veux« – seine Mutter habe ihm gesagt, er solle sich die Haare schneiden, worauf er entgegnet habe: na gut, in zwanzig Jahren.[1133] In der sechsten Strophe heißt es sinngemäß: Alles sei in ständiger Veränderung begriffen, und dabei werde die Welt immer amüsanter: Bald flögen Flugzeuge in den Gängen der U-Bahn umher und Johnny Hallyday werde in einem Zirkuskäfig sitzen.

Abb. 90-91: Haarige Sängerkriege in Frankreich und Deutschland: Antoine erteilt dem Friseur eine musikalische Absage. Freddys Anti-Protestlied besteht hingegen auf »gewaschen[en]« Haaren.

Was beim ersten Hören wie purer Nonsens klingt, entpuppte sich beim zweiten als eine Provokation – nicht nur gegen die Väter mit Kurzhaarschnitt, sondern auch gegen die mittlerweile schon etwas in die Jahre gekommene Jugendkultur des Rock'n'Roll und deren prominenten französischen Vertreter Johnny Hallyday.[1134] Dieser antwortete prompt mit einem Chanson unter dem sprechenden Titel »Cheveux longs et idées courtes«.[1135] Um ihn in einen Käfig

1133 Antoine, »Qu'est-ce qui ne tourne pas rond chez moi«, »Petite fille, ne crois pas«/»Les élucubrations d'Antoine«, »Pourqoi ces canons« (FR 1966), Vogue EPL. 8417 [EP].

1134 Mit bürgerlichem Namen hieß er Jean-Philippe Smet. Vgl. Yves Santamaria, *Johnny. Sociologie d'un rocker*, Paris 2010, S. 50.

1135 Wörtlich übersetzt: »Lange Haare, kurze Gedanken«. Johnny Hallyday, »Che-

einzusperren, brauche es mehr, als bloß lange Haare zu haben, sang Hallyday, der seine Antwort für eine Generalabrechnung nutzte: Der Musiker, der noch zwei Jahre zuvor als wichtigstes »Idol« der Yé-yé-Szene auf der Place de la Nation reüssiert und seinen Militärdienst wie Elvis in Deutschland abgeleistet hatte, protestierte in seinem Stück nun gegen die Vietnamkriegsgegner, zu deren Protest-»Uniform« auch die langen Haare gehörten.[1136] Damit brach ein Riss zwischen der Rock- und Yé-yé-Bewegung auf der einen und der nachrückenden Gammler-Szene auf der anderen Seite auf, als deren französischer Vorreiter Antoine sich wirkungsvoll inszenierte. In einem Scopitone-Film spielte der Sänger vor einer Schottplatz-Kulisse die Mundharmonika,[1137] das typische Instrument umhertrampender Hobos, andere Filme zeigten ihn beim Friseur (»nicht schneiden, nur kämmen, bitte«).[1138] Von den Medien schnell zum angesagten *role model* erklärt, gab Antoine Interviews auf der Liegefläche seines Tour-Mobils, eines umgebauten Leichenwagens mit Chauffeur, Mini-Bar und Verstärker für die E-Gitarre;[1139] seine Begleitband nannte sich bezeichnenderweise Les Problèmes.[1140]

Nicht nur in Frankreich erregten neue Typenbildungen – Gammler, Beatniks, Protestler – seit Mitte der Sechziger die Gemüter.[1141] Der deutsche Schlagersänger Freddy Quinn folgte Hallydays

veux longs et idées courtes«, »Du Respect (Respect)«/»Les coups ›uptight (Everything's Allright)‹«, »Si Tout Change (Our World)« (FR 1966) Philips 437.228BE [EP].

1136 Die sechste Strophe von Hallydays Lied lautete: »Fait-on pousser du blé / En faisant des discours? / Faut-il un uniforme / Pour détester la guerre? / Faut-il pour être un homme / Ne plus chanter l'amour? / Faut-il mendier son pain / Et ne plus être fier?«

1137 *Antoine chante les élucubrations* (FR 1966, R.: Alain Brunet) [Kurzfilm, 3 Min., 18 Sek.]. Variétés, Collections de films (collection parisienne), Forum des Images, Paris.

1138 Vgl. den Film *Le phénomène Antoine* (FR 1966, R.: Gilbert Larriaga), documentaire, série panorama (16 Min.). Antoine gilt darin als »phénomène sociale« und »superman des jeunes«. Vgl. auch *Les minets chez le coiffeur* (FR 1966, R.: Raoul Sangla), (7 Min.). Collections de films (collection parisienne). Forum des Images, Paris.

1139 Vgl. »La dernière ›élucubration‹ d'Antoine: sa voiture«, in: *Paris Match* (16.07.1966), S. 76-77.

1140 Später benannte sich die Band in Les Charlots um.

1141 Ein Schüler der 9. Klasse der Frankfurter Wittelsbacherschule schrieb 1966 in einem Aufsatz zum Thema Gammler: »[...] da fiel mir das Sprichwort ein:

Beispiel und nahm ein Lied auf, das als Anti-Gammler-Hymne galt und junge »Protestierer« und konservative Bewahrer in ein – schon aus der Jugendzeitschrift *Bravo* bekanntes –»Wir« / »Ihr«-Schema presste.[1142] (»Wer hat sogar so ähnliche Maschen, auch lange Haare, nur sind sie gewaschen? / Wir! Wir! Wir! / Auch wir sind für Härte, auch wir tragen Bärte!«)[1143] (Abb. 91) Auch in der DDR suchten Musiker in Schlagertexten die abweichenden Frisuren zu diskreditieren. »Wir sieben haben den Schlager ›Krause Haare, krauser Sinn‹ gehört und waren von der Sinnlosigkeit des Textes und der Trivialität der Musik dermaßen empört, daß wir es uns nicht mehr verkneifen können, das schriftlich zu äußern«, teilten zwei junge Berlinerinnen dem Jugendradio DT64 mit.[1144]

Schon bevor in vielen Staaten im Zuge der Schüler- und Studentenbewegung politisch fundierte Gegenkulturen in erklärter Gegnerschaft zum Vietnamkrieg und zur kapitalistischen Wirtschaftsordnung entstanden, entbrannten Diskussionen um den Modestil von Jugendlichen, die sich zwar nicht dezidiert politisch gaben, sich aber mit ihrem Stil gegen die vorherrschenden Männlichkeits- und Weiblichkeitsvorstellungen sowie die klassischen Lebensentwürfe der Mittelschicht auflehnten. Ein Detail stand dabei besonders im Fokus: die langen Haare junger Männer. Im Folgenden wird gezeigt, wie sich das Prädikat »Langhaariger« innerhalb weniger Jahre zu einem Schlagwort entwickelte, das weit mehr beschrieb als nur eine Frisur. Es wurde auf breiter Ebene als ein gesellschaftliches und politisches Statement gewertet, als ein Bekenntnis zu einer bestimmten Form der Lebensführung. Mitte der sechziger Jahre galten lange Haare bei Männern als »Protestmedium«,[1145] als eine bewusste Provokation, die nicht nur

Lange Haare, kurzer Verstand«, in: Margot Felsch, »Gotteslästerung oder berechtigter Protest? Gedanken Jugendlicher zur Demonstration eines Gammlers«, in: *FR* (05.05.1966), S. 13. Siehe auch oben, Kap. 4.5.3 sowie 4.5.4.

1142 *Bravo* inszenierte seit 1962 in einer *Wir und Ihr* überschriebenen Rubrik einen Generationenkonflikt, vgl. oben, Kap. 4.4.1.

1143 Freddy, »Eine Handvoll Reis«/»Wir« (DE 1966) Polydor 52781 [45].

1144 DT64-Postbulletin, 25.03. 1966, Hörerpost DT64, Postanalysen, DRAB, H 086-02-04/0001, Bl. 364. Die Beschwerde der Schülerinnen führte zum Besuch durch einen Jugendbeauftragten. Das von Karin Heyn gesungene Lied »Krause Haare, krauser Sinn« erschien auf der Compilation »Schlager – 1966« (DD 1966) Amiga 8 50 092, mono [LP].

1145 So bezeichnet sie die Kunstwissenschaftlerin Nicole Tiedemann, die lange

Aufmerksamkeit garantierte, sondern auch handfeste Gewalt auslösen konnte, wie zahlreiche Vorfälle bewiesen. An den Frisuren lässt sich aber auch beispielhaft die Dynamik eines Normalisierungsdiskurses auf popkulturellem Feld nachzeichnen, an dessen Ende lange Haare selbst Gegenstand von Normalismus sind.

4.6.1. Vom Entenschwanz zum Pilzkopf

Haare sind ein Teil des Körpers, dem im Laufe der Menschheitsgeschichte stets besondere Aufmerksamkeit geschenkt wurde. Aus evolutionärer Perspektive wurden sie als Überreste des Fells gedeutet, die an die biologische Nähe des Menschen zum Tier erinnern und daher oftmals mit Wildheit und Triebhaftigkeit assoziiert wurden. Als »toter« Teil des Körpers sind Haare besonders leicht Körpermodifikationen zu unterwerfen, mit denen »menschliche Gesellschaften Identitäten herstellen und aufrechterhalten«, indem der Körper »als ein mehrschichtiges Dokument mit Ausradierungen, Neu- und Wiedereinschreibungen« gelesen wird.[1146] Diese Einschreibungen sind historisch variabel. In spätmodernen Industriegesellschaften markieren Haartrachten noch immer ethnische und soziale Differenz, insbesondere aber Geschlechtszuordnungen, und sind damit auch Marker gesellschaftlicher Konformität. So hatte Anfang der fünfziger Jahre der *Knigge des 20. Jahrhunderts* die Normfrisur für den »Herrn« wie folgt beschrieben: »Die Frisur des Herrn soll glatt und unauffällig sein. Lange Haare, die über Ohren und Kragen herabfallen, sogenannte Künstlerfrisuren, wirken ungepflegt. Niemals darf ein Herr künstliche Haarwellen tragen. Es gibt ihm ein unmännliches Aussehen.«[1147] Auch das Frisieren in der Öffentlichkeit galt allgemein als »unmännlich«, Jugendliche mit

Haare vor allem innerhalb der linken Oppositionsbewegungen untersucht. Vgl. dies., »Lange Männerhaare als jugendkulturelles Zeichen nach 1945«, in: Christian Janecke (Hg.), *Haar tragen. Eine kulturwissenschaftliche Annäherung*, Köln, Weimar u. a. 2004, S. 233-250, sowie Detlef Siegfried, *Sound der Revolte. Studien zur Kulturrevolution um 1968*, Weinheim 2008, S. 62-64.

1146 Vgl. im Anschluss an Clifford Geertz und Susan Stryker: Eva Bischoff, »Modifizieren«, in: Netzwerk Körper (Hg.), *What Can a Body Do? Praktiken und Figurationen des Körpers in den Kulturwissenschaften*, Frankfurt/M. 2012, S. 70-82, hier: S. 71 u. S. 77.

1147 W. von Ginök, *Lebenskunst. Ein Buch vom guten Benehmen für Jedermann. Der Knigge des 20. Jahrhunderts*, Krefeld 1951, S. 43-44.

aus den Hosentaschen ragenden Kämmen verstießen demonstrativ gegen diese Konvention.[1148]

Auch jungen Frauen wurden bestimmte Frisuren nahegelegt, von anderen wurde ihnen abgeraten. Die FDJ-Zeitung *Junge Welt* wandte sich 1961 gegen sogenannte Struwwelpeter-Frisuren junger Mädchen und empfahl stattdessen die Modefrisur »Brillant«, bei der »die anliegenden Seitenpartien [...] beide Ohren bedecken«.[1149] Zwar wollte man nach eigener Auskunft »keineswegs ein Rezept geben, wie sich diese oder jene frisieren sollte«, doch empfahl die Zeitung dennoch Normerfüllung: Man könne »für alle sagen, daß ein guter Haarschnitt [...] den Sitz der modernen Frisur garantiert«.[1150] Ein Lehrgang der bundesdeutschen Jugendpflege wollte jungen »Dame-Anwärterinnen« 1963 das »halbstarke Benehmen« abgewöhnen, das sich nicht nur im »zu frühzeitigen Gebrauch von Puderdose und Lippenstift« äußere, sondern auch in »übertrieben« wirkenden Frisuren. Auf dem Programm stand daher eine »praktische Anleitung in der Haarpflege«, bei der eine Friseurmeisterin »mit einigen wenigen Bürstenstrichen aus der riesigen zur Zeit doch so modernen Ballonfrisur eine einfache, sehr schick wirkende Haartracht zaubert«.[1151] Bei männlichen Jugendlichen war es in der Regel mit ein paar Bürstenstrichen nicht getan. Die Diskussionen der fünfziger und sechziger Jahre kreisten um den Einsatz von Schere und Rasiermesser, so bei dem zwei bis fünf Zentimeter langen Messerformhaarschnitt »Triumph«, den die *Junge Welt* für Jungen empfahl.[1152] Das Haar der Männer war in diesen Jahren stärkeren Domestizierungen unterworfen als das der Frauen; es gehörte kurz geschnitten.

Das Repertoire allgemein akzeptierter männlicher Frisuren umfasste zu dieser Zeit etwa ein Dutzend Formen, denen allen gemein war, dass die Haare die Ohren nicht bedecken durften. (Abb. 92) Am Hinterkopf und an den Seiten waren sie kurz, im Nacken zu-

1148 Zur Tabuisierung von Haaren und des Kämmens vgl. Kolbe, Riese, *Otto, benimm dich!*, S. 29

1149 Utta Mechling, »Modetips für SIE und IHN: Modefrisur ›Brillant‹ aktuell«, in: *JW* (28. 07. 1961), S. 5.

1150 »Gut frisiert. Ratschläge zum Thema«, in: *JW* (28./29. 07. 1962), S. 12.

1151 Brigitte Schulz, »Vom Teenager zur jungen Dame. Ein Lehrgang im Rahmen der Mädchenbildung«, in: *deutsche jugend* 8 (1963), S. 563-565, hier: S. 565.

1152 Mechling, »Modetips für SIE und IHN: Modefrisur ›Brillant‹ aktuell«.

meist ausrasiert. Haarschnitte wie der amerikanische *crew cut* oder der *flattop* offenbarten ihre militärische Herkunft.[1153] Kunstvoll aufgetürmte Frisuren wie der *pompadour* hingegen erforderten langes Haar am Vorderkopf, das über der Stirn teils aufwendig hochtoupiert und mit Pomade in Form gebracht wurde.[1154] Der *duck's arse*, der in Großbritannien als eines der Markenzeichen junger Edwardians galt, führte das über den Hinterkopf gekämmte Haar in einer senkrechten Mittellinie zusammen und hing bis zum Hemdkragen herab, in späteren Jahren sogar leicht darüber.[1155] Diese »Entenschwanz«-Frisuren waren das Ziel zahlreicher Polemiken, da sie eklatant gegen die Norm der Kurzhaarfrisur verstießen, die spätestens beim Hemdkragen zu enden hatte.[1156]

Während die sogenannte Elvis-Frisur heute zum Kanon klassischer Männlichkeitskonstruktionen gehört und retrospektiv oftmals als Ausdruck eines heteronormativen Machismo interpretiert wird, ergibt sich aus den Quellen ein anderes Bild. Die Zeitgenossen empfanden Frisuren, die nur einen halben Zentimeter von der definierten Norm abwichen, als dezidiert unmännlich. Erforderten sie dazu noch erhöhten Frisier- und Pflegebedarf, gerieten sie unter Verdacht der Verweiblichung. Während die Frisuren der fünfziger Jahre noch relativ deutlich zwischen männlichen und weiblichen Haarschnitten unterschieden (von Ausnahmen wie dem weiblichen »Bubikopf« der zwanziger Jahre abgesehen),[1157] kam mit dem

1153 Der *crew cut* war seit den 1850ern verbreitet; vgl. »Wax and the Crew Cut«, in: *The Times*, 15.10.1956, S. 11.

1154 Laut einer Umfrage des Instituts für Demoskopie Allensbach im Auftrag des Shampooherstellers Schwarzkopf mochten die meisten bundesdeutsche Männer Anfang der 50er volle, gewellte Haare im Nacken, trugen diesen Schnitt jedoch nur zu elf Prozent. Vgl. Norbert Grube, »Westdeutsche Haarmode und Haarpflege der 50er und 60er Jahre im Spiegel demoskopischer Daten«, in: Janecke (Hg.), *Haar tragen*, S. 233-250.

1155 Der ehemalige Edwardian (und spätere Schauspieler-Agent) Mim Scala beschrieb seine Routine retrospektiv als Persönlichkeitstransformation: »Nachdem ich eine Weile vor dem Badezimmerspiegel posiert hatte, mir eine finale Portion Brillcreme, einen liberalen Spritzer Old Spice und einen letzten Schwung mit dem Kamm gegönnt hatte, war ich transformiert. Der DA [*duck's arse* – Entenschwanz] flog, der Anzug war prachtvoll.« Vgl. Mim Scala, *Diary of a Teddy Boy. A Memoir of the Long Sixties*, Dublin 2000, S. 24.

1156 Vgl. Interview zum »Topfschnitt« mit Zeitzeugen, zit. in: Maase, *BRAVO Amerika*, S. 121.

1157 Vgl. Susanne Breuss, »Die Frau des 20. Jahrhunderts hat einen Bubikopf. Kur-

durch die Beatles weltweit bekannt gewordenen »Pilzkopf« in den Sechzigern eine Langhaarfrisur auf, die gänzlich geschlechtsneutral getragen wurde und deshalb Verwirrung stiftete. Gerade in den USA, wo der militärische *crew cut* unter männlichen Jugendlichen besonders weit verbreitet war, erregte sie Anstoß.[1158]

Über die Herkunft der Beatles-Frisur kursieren verschiedene Ursprungsmythen. Sie soll aus Frankreich über Deutschland nach England gekommen sein und sich von dort weltweit verbreitet haben.[1159] John Lennon war als Teenager in Liverpool ein Anhänger des *neo edwardian style* gewesen, und noch in Hamburg trat die Band Anfang der Sechziger im Rocker-Stil auf, wie ihn in den USA Gene Vincent, in Frankreich Vince Taylor und in Deutschland Ted Herold mit Lederjacken und mit üppigen Haartollen verkörperten. Mit dem neuen Haarschnitt soll die britische Band zum ersten Mal nach dem Vorbild von Hamburger Studenten experimentiert und sich schließlich bei einem Ausflug nach Paris im Quartier Latin ihre langen »Schmalztollen« haben abschneiden lassen.[1160] Mit dem Wechsel der Frisur ging auch eine soziale Umorientierung einher. Der neue Haarschnitt war ein semiotisches Bekenntnis zu dem an französischen Studenten orientierten sogenannten Exi-Stil, der auch bei Hamburger Jazzfans populär war. Neben der Musik war der Haarschnitt das markante Zeichen, mit dem die Beatles bekannt wurden, und in der Presse firmierten sie lange Zeit als die »Pilzköpfe aus Liverpool«.[1161] Die von den Mitgliedern uniform getragenen, fast bis auf die Schultern fallenden Haare waren Ge-

ze Haare als Zeichen moderner Weiblichkeit«, in: dies. (Hg.), *Mit Haut und Haar. Frisieren, Rasieren, Verschönern*, Wien 2018, S. 333-353.

1158 Vgl. Berman (Hg.), *»We're going to see the Beatles!«*, S. 58.

1159 So gibt der mit den Beatles befreundete Fotograf Jürgen Vollmer an, die Hamburger Kunststudentin Astrid Kirchherr habe dem Beatle Stuart Sutcliffe die Haare in Hamburg erstmals »nach dem Vorbild von Klaus' [Voormann] und meiner Frisur geschnitten«, in: ders., *Rockers*, Zürich 1999, S. 24-30, hier: S. 28.

1160 Vollmer will John Lennon und Paul McCartney in einem Pariser Hotelzimmer die Haare eigenhändig geschnitten haben, siehe ebd., S. 30.

1161 Vgl. exemplarisch »Goldene Zahnstocher«, in: *Der Spiegel* 42 (1964), S. 127. Zum »Cäsarenschnitt« der Exis vgl. Heinz-Hermann Krüger, »Viel Lärm um nichts? Jugendliche ›Existenzialisten‹ in den 50er Jahren«; in: Deutscher Werkbund e.V. und Württembergischer Kunstverein Stuttgart (Hg.): *Schock und Schöpfung. Jugendästhetik im 20. Jahrhundert*, Neuwied 1986, S. 263-268, hier: 263.

genstand von Spott und Häme in den Medien,[1162] wurden aber rasch von den Fans adaptiert und in einer Reihe von Popsongs thematisiert.[1163]

Abb. 92: Ausrasierte Nacken und »Crew Cut«: Viele Männerfrisuren der fünfziger Jahre wurzeln im Militärischen.

In Großbritannien war der »Mop Top«, wie der »Pilzkopf« auf Englisch heißt, bereits in die Haute Couture der Haarmode eingegangen – allerdings bei Frauen. Die Modedesignerin Mary Quant trug den an einen Helm erinnernden geometrischen Five-Point-Cut des Stylisten Vidal Sassoon.[1164] (Abb. 93) Als »Beatle-Mähne« wurde

1162 Vgl. Christian Janecke, *Tragbare Stürme. Von spurtenden Haaren und Windstoßfrisuren*, Marburg 2003, S. 33, 42.

1163 Bspw. Donna Lynn, »My Boyfriend Got A Beatle Haircut« / »That Winter Weekend« (US 1964), Capitol 5127 [45]; Nikki und Hero mit den Boys, »Wie die Beatles … (trägt mein Bobby seine Haare)«/»Lang wie ein Gummibaum« (D 1964), Ariola 10644 AT [45].

1164 Vgl. Heike Jenß, »Frisur-Kopien: Haare im Retro-Schnitt«, in: Janecke (Hg.), *Haar tragen*, S. 271-290, hier: 274-275. Der Haarschnitt wurde auch in Deutschland rezipiert. Vgl. exempl. E. C., »Eine zackige Sache: Geometrischer Frisuren-Look«; in: *B.Z.* (07.09.1965), S. 13.

ein ähnlicher Schnitt schließlich auch bei Männern populär. Von der zeitgleich auftretenden britischen Mod-Bewegung wurde die Haartracht teils übernommen, doch blieb ein großer Teil der Mods gegenüber dem Mainstream des Beatles-Stils resistent, wie das britische Magazin *Mod's Monthly* feststellte.[1165] Anlass zu Konflikten gab auch szeneintern der geschlechtsneutrale Charakter des Haarschnitts.[1166] Das bundesdeutsche Nachrichtenmagazin *Der Spiegel* sah das wahre Geheimnis für den Erfolg der Beatles im »nahezu geschlechtslosen Exterieur der vier Sänger mit den Cherubimköpfen«, und der *Stern* demonstrierte in einer Fotoserie, wie dem 15 Jahre alten britischen Thronfolger der »›Beatleschick‹« seiner Frisur »den Blick verschleierte« und den Tadel älterer Damen eingebrachte.[1167] Die französische Illustrierte *Paris Match* beschäftigte sich im Mai 1966 in einem Artikel mit jungen Mädchen, die sich an britischen Bands orientierten und mit Beatles-Frisuren und langen Hosen wie eine Neuauflage der *garçonnes* der zwanziger Jahre wirkten.[1168]

Doch nicht nur die Länge, sondern auch die Textur der Haare war Gegenstand von Modifikationen, die zum Teil ethnisch codiert waren. Schon die in den fünfziger Jahren populäre Elvis-Tolle galt als »ein Versuch der Schwarzen [...], weiß auszusehen«. Der sogenannte Rockabilly-Haarschnitt weißer Musiker, »der Stil, den auch die auffallenden ›Hipster‹ trugen, war ganz klar [deren] Interpretation des ›Prozesses‹, einer Behandlung, bei der die Schwarzen ihr Haar glätten und in eigenartige Formen legen ließen«.[1169] Nelson George nennt dies – ganz im Sinne Norman Mailers – eine »Überkreuzungskollision in der Popmusik«: Weiße versuchten, ihren Stil dem der Schwarzen anzugleichen, die wiederum versucht hatten,

1165 Vgl. *The Mod's Monthly* 1 (März 1964), unpag. [S. 3].

1166 »Mein Freund wird niemals zu mir nach Hause eingeladen. Er hat lange Haare – oder hatte, bis der neue Steve McQueen-Look in Mode kam«, in: Jane Leyton, »A Mod Rebel Speaks«, in: *The Mod's Monthly* 8 (Oktober 1964), S. 10. Die junge Frau fuhr fort: »[...] Ich finde nicht, dass Jungs Make-Up tragen sollten, aber ich verurteile keinen, der es tut. Warum sollten sie nicht? Es sind ihre Gesichter – und es ist an ihnen, damit zu tun, was sie wollen!«

1167 »Vier Liverpudel«, S. 61; »Prinz Charles – vom Winde verweht«; in: *Stern* (04.10.1964), S. 10-11.

1168 Vgl. »Stone aux cheveux courtes est lancée par maman«, in: *Paris Match* (14.05.1966), S. 98-101.

1169 Nelson George, *Der Tod des Rhythm & Blues*, Wien 1990, S. 83.

»weiß« auszusehen.[1170] Modifikationen wandten auch junge Britinnen in den frühen Sechzigern an, um sich ein möglichst »französisches« Äußeres zuzulegen, das mit glatten Haaren und heller Haut identifiziert wurde. So erinnert sich die Soziologin Sheila Rowbotham nicht ohne Selbstironie: »Ich schminkte mein Gesicht und meine Lippen so weiß wie möglich. Ich wollte langes glattes Haar – aber es wuchs immer wieder ziemlich buschig nach.« Die Aufmachung als Beatnik repräsentierte für sie das Streben nach Selbstfindung: »Ich gegen die bekannte Welt.«[1171]

Abb. 93: Die britische Modedesignerin Mary Quant erfand den Minirock und trug den an den *Mop Top* der Beatles erinnernden *Five Point Cut* von Vidal Sassoon.

Zentrale Bedeutung gewannen Frisuren Mitte der sechziger Jahre in dem in San Francisco entstandenen Hippie-Stil, der lange Haare zu seinen wesentlichen optischen Merkmalen zählte.[1172] Das Wort re-

1170 Ebd.

1171 Rowbotham, »Revolt in Roundhay«, S. 189-236.

1172 Nicht zufällig sollte 1968 ein von Gerome Ragni und James Rado geschriebenes Hippie-Musical unter dem den Titel *Hair* uraufgeführt werden.

kurrierte auf den älteren Hipster-Begriff.[1173] Einem zeitgenössischen Pressebericht zufolge war der Versuch, einen Hippie zu definieren, ebenso schwierig, wie Wasser in einem Sieb festzuhalten, doch sei er für die meisten Menschen klar an Äußerlichkeiten erkennbar: an den nackten Füßen, der wallenden Kleidung und einem Mangel an Sauberkeit, zuallererst aber an langen Haaren.[1174] Doch nicht nur in pejorativen Zuschreibungen, auch in der Selbstbeschreibung der Hippies nahmen zumindest die langen Haare einen hohen Stellenwert ein. Szene-Publikationen verweisen auf den als »Mr. San Francisco« bekannten Journalisten Herb Caen, der lange Haare als ein hervorstechendes Kriterium der Hippie-Kultur definiert hatte.[1175] Der Oberbegriff »Hippie« setzte sich massenwirksam allerdings erst mit dem Woodstock-Film Anfang der siebziger Jahre international durch.[1176] Vorher waren uneinheitliche Begriffe üblich, etwa Provos in den Niederlanden, Gammler und Kunden in Deutschland sowie Mods und Beatniks in Großbritannien.[1177]

4.6.2. Bartverbote und Zwangsfrisuren

Zwar war die Langhaartracht auch unter Musikfans nicht unumstritten,[1178] doch galt sie in der Öffentlichkeit bald als Erkennungsmerkmal nicht nur für Fans der Beatmusik, sondern auch als ein Zeichen jugendlicher Devianz. In den USA reagierten Behörden daher auf die Hippie-Mode mit dem Plan eines lokalen Verbotes für wallende Haare und üppige Bärte in Cafés aus hygie-

1173 Zum Hipster vgl. ausführlich oben, Kap. 4.2.1.

1174 Phiz Mozesson, »What Is A Hippie?«, in: *San Francisco Sunday Examiner and Chronicle (California Living)* (09.04.1967), S. 6-9, hier: S. 7. Vgl. Mike Brake, *Soziologie der jugendlichen Subkulturen. Eine Einführung*, hg. u. mit einem Nachwort von Rolf Lindner, Frankfurt/M., New York 1981, S. 108-112.

1175 Vgl. *Haight Ashbury. San Francisco Hippieville*, San Francisco 1967, S. 1 [Broschüre, San Francisco History Center, S. F. Districts: Haight-Ashbury]. Caen hatte schon den Begriff Beatnik geprägt. Vgl. Kap. 4.2.4.

1176 Vgl. Bernhard Schäfers, *Soziologie des Jugendzeitalters. Eine Einführung*, Opladen 1982, S. 55.

1177 Vgl. Dieter Baacke, *Jugend und Jugendkulturen. Darstellung und Deutung*, Weinheim, München ³1999, S. 51-88.

1178 »Wann werden die Leute die Frisuren der Künstler vergessen und sich endlich auf deren Musik konzentrieren«, beschwerte sich ein Musikfan aus Huddersfield in einem Leserbrief an den *Melody Maker* (23.06.1964), S. 20.

nischen Gründen – zunächst allerdings nur hinter dem Tresen.[1179] Aufgrund der neuen Haartrachten sah sich die Stadt San Francisco dazu veranlasst, eine ursprünglich für weibliche Angestellte erlassene Bestimmung zum Zusammenbinden langer Haare nun auch auf Männer anzuwenden und Haarnetze für Vollbärte vorzuschreiben. In Frankreich wurden die Haarpflegeprodukte der Marke Pantène in expliziter Abgrenzung von den Beatles-Frisuren beworben.[1180] Auch die Polizeibehörden schärften den Blick ihrer Beamten für abweichende Haartrachten. So hatte die Zeitschrift der französischen Polizei die Aufmerksamkeit ihrer verbeamteten Leserschaft schon 1964 auf das Auftreten einer unbekannten Spezies namens Beatnik gelenkt. Ein Jahr später verspottete ein Artikel die »Philosophen der Rue de la Huchette«.[1181] Der Beobachter der Polizei bekannte, dass es sich ihm nicht erschließe, inwiefern eine Zottelfrisur (»une chevelure hirsute«) einen politischen Protest ausdrücken könne; auch verstehe er nicht, was das Vernachlässigen grundlegender Regeln der Hygiene mit Philosophie zu tun habe, und kündigte die Operation »Anti-Beatnik« zur »Säuberung der Straßen« an.[1182] Die Westberliner Polizei hob in einem internen Bericht über Einsätze bei Beat-Konzerten neben Minirockträgerinnen und »›Gammler[n]‹ in verdreckten Pelzjacken« vor allem eine Gruppe heraus: »Weit widerlicher noch als jene Typen sind jene langmähnigen Schlakse, die sich in ihrer modernen Kleidung mit den hochhackigen Schuhen in einer impertinenten Art bewegen und benehmen, die sofort erkennen läßt, daß es für sie [...] keine Ordnungsnormen gibt, die von ihnen anerkannt werden müßten.«[1183]

Auch in der DDR hatten die Behörden lange Haare als Indiz für Devianz im Visier – und in nicht wenigen Fällen wurde aktiv da-

1179 Sam Blumenfeld, »Hippie Hair Fashions Facing Ban in Cafés«, in: *San Francisco Examiner* (04.08.1967), S. 9.

1180 Vgl. die Annonce »tout le monde ne peut pas être coiffé ›Beatles‹ ... alors coiffez-vous Pantène!«, in: *Paris Match* (18.06.1966), S. 3.

1181 »Les Parisiens découvrent un animal inconnu: Le Beatnik«, in: *Liaisons* 55 (14.09.1964), S. 1 f.; »Pour le propreté des rues: opération ›ANTI-BEATNIKS‹«, in: *Liaisons* 97 (06.09.1965), S. 7-8.

1182 Ebd.

1183 Erfahrungsbericht über den polizeilichen Einsatz anläßlich von Beat-Veranstaltungen in der ›Neuen Welt‹ und im ›Europa-Palast‹ (Typoskript), Berlin, 23.09.1966, Bestand »Rolling Stones und Beat-Veranstaltung« (unpaginiert), PhS.

für gesorgt, dass die herkömmliche Frisurenordnung wiederhergestellt wurde. International bekannt wurde der Fall des Ostberliner Schülers Eckhardt Boschardt, dessen Haar nach den Sommerferien »fast bis an die Schultern, das Pony-Gefranse bis an die Augenbrauen« reichte, wie es in einem Medienbericht hieß.[1184] Zwar galt der Schüler nach Meinung eines Schulinspektors politisch als »aufgeweckt«, da er »die USA-Aggression in Vietnam« verabscheute, doch als er sich nach einer »kameradschaftlichen Aussprache« noch immer weigerte, einen Friseur aufzusuchen, griffen die Mitschüler zur Schere. Die SED-Zeitung *Neues Deutschland* widmete dem Fall eine halbe Seite, und das FDJ-Organ *Junge Welt* hob den Zwangsfrisierten auf den Titel.[1185] Einzig die DDR-Satirezeitschrift *Eulenspiegel* sah es etwas lockerer: In der DDR herrsche eben ein Klima, »in dem nicht nur die Haare wachsen, sondern auch der Verstand«, zitierte das Magazin das auch von dem französischen Sänger Johnny Hallyday kolportierte Bonmot. Da jedoch über kurz oder lang »mit einem gesunden Haarausfall zu rechnen« sei, gab es auf dem Titel die Devise aus: »Kamm drüber«.[1186] (Abb. 94) Das *Neue Deutschland* wies diese allzu liberale Haltung gleichwohl in die Schranken und rechtfertigte abermals die Selbstjustiz der Mitschüler,[1187] was wiederum den bundesdeutschen *Spiegel* zu dem Fazit veranlasste, es solle offenbar »kein Pilzkopf in Ulbrichts Reich fortan ungeschoren davonkommen«.[1188] Tatsächlich handelte es sich nicht um einen Einzelfall. Auch in Leipzig wurden Beatles-Fans vom Klassenleiter zu Kurzhaarfrisuren gezwungen, und im Staatskundeunterricht thematisierte man in manchen Schulen Frisuren.[1189] Eine zehnte

1184 »Gammler. Für Frieden und Fransen. Sowjetzone«, in: *Der Spiegel* 44 (1965), S. 94-95.

1185 Vgl. Max Stiller, »Sie waschen sich nicht und stinken, ihre zottlige Mähne ist verfilzt, sie gehen der Arbeit und dem Lernen aus dem Wege: Die Amateur-Gammler«, in: *ND* (17. 10. 1965), S. 12.

1186 »Die Harlekine von Lichtenberg. Kamm drüber«, in: *Eulenspiegel* (3. Oktober-Heft 1965). Vgl. Michael Rauhut, *Rock in der* DDR *1964-1989*, Bonn 2002, S. 33.

1187 Ebd.

1188 »Gammler. Für Frieden und Fransen«, S. 94.

1189 Ein Leipziger Schüler schrieb nach einem solchen Vorfall an den Sender DT64: »Darf ein Lehrer, der gegen die Beatles ist, uns aus diesem Grund zum Friseur schicken? Bitte antwortet, es ist mir sehr wichtig.« DT64-Postbulletin, 29. 10. 1965, DRAB, Hörerpost DT64, Postanalysen, H 086-02-04/0001, Bl. 95. Eine Antwort ist in der Akte nicht erhalten.

Klasse der Fontane-Oberschule in Neuruppin wehrte sich dagegen, dass Lehrer einigen Schülern unter Androhung von Schulverweis befahlen, die schulterlangen Haare kurz zu schneiden: »Vielen jungen Menschen in unserem Alter werden verantwortungsvolle Aufgaben übertragen, im Beruf, aber auch anderswo. Auf der einen Seite wollt ihr uns mit Verantwortung überschütten, auf der anderen Seite aber bemuttern wie die Säuglinge. Glaubt ihr denn, wir seien nicht fähig, unsere eigene Haarfrisur zu bestimmen?«[1190]

Auf diesem vermeintlich unpolitischen Gebiet ließ sich die DDR zudem als Erziehungsdiktatur kritisieren, und so stellten Jugendliche am Beispiel des Frisurenthemas die Grenzen staatlicher Zuständigkeit in Frage, was zu neuen, teils gewaltsamen Konflikten führte. Als einige Jugendliche sich Pfingsten 1967 auf den Weg zum Jugendtreffen in Karl-Marx-Stadt machten, wo sie nach eigener Aussage französische Mädchen kennenzulernen hofften, beschlossen sie, »daß wir uns auf keinen Fall auffällig benehmen dürfen, weil uns dann sicherlich die Haare geschnitten würden«.[1191] Die Mitglieder der Clique gaben zu Protokoll, sie würden häufig von Passanten aufgefordert, sich die Haare schneiden zu lassen,[1192] außerdem wurde ihnen von mehreren Gastwirten aufgrund ihrer Frisuren der Zutritt verwehrt.[1193] Andere berichteten von Übergriffen, bei denen Jugendliche »von den Angehörigen der Kampftruppen mitgenommen und auf den Polizeirevieren barbiert werden«, was als »indirekte Körperverletzung« gewertet wurde.[1194] Ähnliches war schon Jahre zuvor aus Moskau berichtet worden, wo Hilfsbrigaden der Miliz Jugendlichen, die in der Öffentlichkeit Rock'n'Roll tanzten, die Köpfe geschoren hätten.[1195] Die Geschichte dieser Übergriffe reicht weiter zurück: Auch im »Dritten Reich« gehörte das öffentliche Abschneiden von »Schwalbenschwanz«-Frisuren (etwa von swing-orientierten Pariser Zazous oder Wiener Schlurfs) zu den

1190 DT64-Postbulletin, 17.12.1965, ebd., Bl. 20.

1191 Vernehmungsprotokoll Arnulf P., Berlin, 12.05.1967, BStU, MfS AU, Nr. 12493/70, Bd. 1, Bl. 97. Es handelt sich um die Gruppe um den später Inhaftierten.

1192 Vernehmungsprotokoll P., Berlin, 25.07.1967, BStU, MfS AU, Nr. 12493/70, Bd. 1, Bl. 212.

1193 Vernehmungsprotokoll P., Berlin, 14.07.1967, ebd., Bd. 2, Bl. 56.

1194 DT64-Postbulletin, 02.11.1965, DRAB, Hörerpost DT64, Postanalysen, H 086-02-04/0001, Bl. 93.

1195 Vgl. »Kahlköpfe statt Rock'n'Roll«, in: *FAZ* (mit dpa) (17.12.1958), S. 5.

Zwangsmaßnahmen gegen verbotene Jugendkulturen; nach dem Krieg wurden als Kollaborateurinnen verdächtigen Frauen öffentlich die Haare geschoren.[1196]

In den Sechzigern wurde dieses Vorgehen oftmals mit der Behauptung legitimiert, lange Haare seien zwangsläufig »unhygienisch«. Das Jugendradio DT64 hatte eigens Beiträge zum Thema Beatles-Frisur produziert, in der zu lange Männerhaare als ungepflegt dargestellt wurden, sich damit aber den Unmut etlicher Hörer zugezogen,[1197] die beispielweise darauf hinwiesen, dass dieselben Frisuren doch seit Jahrzehnten bei Frauen verbreitet seien und keineswegs als unhygienisch, sondern – im Gegenteil – als Ausweis eleganter und gepflegter Weiblichkeit galten. Zwar gab es auch einige zustimmende Kommentare – zumal etliche Hippies die bürgerlichen Hygienevorschriften durchaus absichtsvoll missachteten –, doch eine deutliche Mehrheit der Stimmen in den registrierten Hörerzuschriften an DT64 lehnte die Stimmungsmache gegen die Modeerscheinung ab.

Solche Geschmackspolitiken führten selbst bei Jugendlichen, die dem Sozialismus gegenüber nach eigenem Bekunden nicht kritisch eingestellt waren, zur Neubewertung und oftmals zur Abkehr von einem Staat, der die persönlichen Freiheitsrechte im Wortsinne beschnitt. Magdeburger Studenten etwa protestierten offen gegen die Frisurenordnung der NVA, mit der man sie während einer vorbereitenden Besprechung mit ihrer Reservistendienstzeit vertraut gemacht hatte. Die Anordnung, sie hätten »mit einem militärisch kurzen Fassonschnitt« zum Dienstantritt zu erscheinen, erregte Widerspruch:

> Wir sind der Meinung, daß diese Anordnung einen derartigen Eingriff in die persönlichen Grundrechte darstellt, der mit unserem Staat nicht zu vereinbaren ist. Selbstverständlich sehen wir ein, daß man nicht mit einer Beatle-Mähne oder als Struwelpeter [sic!] seinen Wehrdienst ableisten kann. Ordnung muß sein, aber muß es unbedingt ein »Topf-Schnitt« sein? Unserer Meinung nach sieht auch ein guter Rundschnitt ordentlich aus […], bezüglich der Hygiene sehen wir keinen Unterschied.[1198]

1196 Vgl. Anton Tantner, »Weg vom ›Zündhölzelschnitt‹: Die langen Haare der ›Schlurfs‹«, in: Breuss (Hg.), *Mit Haut und Haar*, S. 355-358, hier: S: 357.

1197 Etwa in der Sendung vom 04.06.1965. Vgl. DT64-Postbulletin, 08.06.1965, DRAB, Hörerpost DT64, Postanalysen, H 086-02-04/0001, Bl. 253.

1198 DT64-Postbulletin, 25.04.1966, DRAB, Hörerpost DT64, Postanalysen, H 086-02-04/0002, Bl. 330.

Ältere DDR-Bürgerinnen äußerten in vielen Einwürfen Verständnis für die neuen Jugendmoden und plädierten für mehr Toleranz.[1199] Eine betagte Hörerin verwies etwa auf die Bubikopf-Frisur, die sie selbst in der Vorkriegszeit getragen habe, und auf die Langhaarfrisuren von Künstlern der zwanziger Jahre.[1200] Eine andere Hörerin betonte, es sei ja gar nichts Neues, denn »vor 200 Jahren liefen die Männer schon einmal so herum«.[1201] Dessen ungeachtet versuchten die DDR-Behörden, die restriktive Frisurenordnung durchzusetzen, zunehmend auch per Verwarnung und Geldstrafe. Ein 18-Jähriger aus Berlin berichtete von einer Razzia durch Zivilpolizisten, die ihn und andere Jugendliche »ziemlich unsanft auf einen Lkw befördert und zur VP Inspektion Prenzlauer Berg« zum Verhör transportiert hätten. Dort habe man ihnen erklärt, aufgrund der Langhaarfrisuren sei ihre Identität nicht mehr zweifelsfrei festzustellen, und sie vor die Wahl gestellt, entweder einen Friseur aufzusuchen oder für 50 Mark einen neuen Ausweis machen zu lassen.[1202]

In einigen Polizeirevieren lud man Langhaarige ganz offiziell vor. Einem von ihnen wurde auf dem Revier eröffnet, dass »es sich für einen Jugendlichen unseres Staates gehöre, mit einem anständigen Haarschnitt aufzutreten«. Anschließend wurde der Jugendliche »unter Anwendung körperlicher Gewalt« auf einen Stuhl gesetzt, wobei »mehrere Genossen notwendig waren, ihn auf dem Stuhl zu halten«, wie ein Polizeibericht schilderte, der abschließend resümierte, es sei keine »Schädigung im Aussehen« eingetreten, »da das Schneiden der Haare von einer ausgezeichneten Fachkraft vorgenommen wurde«.[1203]

Parallel wurden wissenschaftliche Studien in Auftrag gegeben, die ermitteln sollten, ob ein Zusammenhang zwischen politischer

1199 »Gegen Männer mit langen Haaren habe ich nichts, solange sie gepflegt aussehen und man noch merkt, daß ein Verstand darunter ist«, schrieb etwa eine Hörerin aus Storkow; DT64-Postbulletin, 06.06.1966, ebd., Bl. 278.

1200 »Ein kurzer Militärhaarschnitt ist nicht jedermanns Sache. Wenn unsere jungen Leute heute zu ihrem Gitarren-Hobby eine Beatles-Frisur tragen, so finde ich das ganz harmlos und in Ordnung.« Ebd.

1201 DT64-Postbulletin, 21.10.1965, DRAB, Hörerpost DT64, Postanalysen, H 086-02-04/0001, Bl. 113.

1202 DT64-Postbulletin, 29.10.1965, ebd., Bl. 102.

1203 Bericht eines Leutnants des VPKA Glauchau, 20.06.1967, BStU, MfS C SKS 81873, Bl. 16, zit. n. Rauhut, Kochan (Hg.), *Bye, bye, Lübben City*, S. 329.

Einstellung und Haarlänge besteht. Im Jahr 1968 befragten Forscher des Leipziger Zentralinstituts für Jugendfragen (ZIJ) 61 langhaarige Lehrlinge, die in Betrieben auffällig geworden waren. Die sogenannte Pilzkopfstudie und ihr nachfolgende Erhebungen bestätigten den Verdacht, dass Langhaarige sich nur in geringem Maße mit der Aussage »Ich bin stolz, ein junger Bürger unseres sozialistischen Staates zu sein« identifizierten, dafür aber ein emphatisches Verhältnis zu westlicher Musik pflegten.[1204] Allerdings waren die Einstellungsunterschiede zwischen »Pilzköpfen« und Kurzhaarigen weniger stark als erwartet (und deutlich geringer als die zwischen Jungen und Mädchen). Dies, zusammen mit der Erkenntnis, dass das Leitbild des FDJ-Funktionärs auf wenig Akzeptanz stieß, stellte die Jugendforscher vor einige Formulierungsschwierigkeiten.[1205]

4.6.3. Aufenthaltsverbote für Langhaarige: Kampf um den Marshall-Brunnen

Auch im liberalen Westen war die neue Frisurenmode ein kontroverses Thema. Im April 1966 erschien *Paris Match* mit der Titelstory »England mit langen Haaren«, illustriert durch ein Foto der Rolling Stones. (Abb. 95) Auf mehreren Seiten schilderte das Magazin den Einfluss britischer Jugendkulturen – Mods, Rocker, Beatfans – auf die Mode und kam zu dem Schluss: »Die langen Haare wehen, sie wehen wie die Perücken zu Zeiten Karls I.«[1206] In den USA befürworteten laut einer Gallup-Umfrage 1965 79 Prozent der befragten Amerikaner, Schulen sollten von Jungen kurzes Haar verlangen;[1207] zudem konnten zu lange Haare zu Schulverweisen führen.[1208] In San Francisco lud der Polizeichef die Hippies von Haight-Ashbury zum Dialog in die Hall of Justice. Einem Be-

1204 Vgl. Bernd Lindner, »Lange Haare, kurzer Verstand? Interne soziologische Befunde zu einem umstrittenen Phänomen«, in: Rauhut, Kochan (Hg.), *Bye, bye, Lübben City*, S. 140-154, vgl. dazu auch: Wurschi, *Rennsteigbeat*, S. 120-125.

1205 Vgl. Wierling, »Die Jugend als innerer Feind«, S. 413.

1206 »L'angleterre risque de mourir au-dessus de ses moyens«, *Paris Match* (02. 04. 1966), S. 50.

1207 Dem widersprachen nur 15 %. Vgl. Brian Harrison, *Seeking a Role. The United Kingdom 1951-1970*, Oxford 2009, S. 488.

1208 Ein Beatles-Fan berichtet von einem 3-tägigen Schulverweis, der aufgrund seiner »Beatles-Frisur« ausgesprochen wurde. Vgl. Berman (Hg.), *»We're going to see the Beatles!«*, S. 86.

richt zufolge hätten die Gesprächspartner von ihrer Erscheinung her nicht weiter auseinander sein können: die Beamten, »große schwere Männer in konservativen Anzügen und steifen Hemden«, die Hippies »dünn in Körperbau und Behaarung und mit einer Vorliebe für Halsketten und perlenbesetzte Handtaschen«.[1209] Was die selbsterklärten Angehörigen einer »Love Generation« dort mit den Beamten austauschten, sei nicht gerade Liebe gewesen, merkte der *San Francisco Chronicle* an, doch immerhin habe man in dem Gespräch auf beiden Seiten ein größeres Verständnis füreinander erworben als zuvor.[1210] Trotz solcher Annäherungsversuche verschärfte sich vielerorts die Situation. In den USA diskutierte das Mitteilungsblatt der Fluggesellschaften *Aviation Daily* ein Flugverbot für Hippies, da deren lange Haare ein hygienisches Problem darstellten, das Geschäftsreisende belästige. Dagegen zog die American Civil Liberties Union in einer Protestnote eine Analogie zu älteren Diskriminierungen: »Dieselbe Art des Denkens hielt die *Negroes* in den hinteren Teilen der Busse.«[1211]

Auch in der Bundesrepublik wurde die neue Haarmode zum öffentlich diskutierten Thema. Im September des Jahres brachte auch *Der Spiegel* ein Foto langhaariger und mit Gitarre ausgestatteter Jugendlichen als Titel. (Abb. 96) Wenig später sah sich das Verteidigungsministerium zu einer Dienstvorschrift veranlasst, der zufolge das »Tragen langer Haare, sogenannter Beatlefrisuren« untersagt war, einige Jahre später wurde ein Haarnetz zur Bedingung für längere Haare der Soldaten gemacht.[1212] Zudem kam es in vielen Städten zu Konflikten mit sogenannten Gammlern, so zum Beispiel in Frankfurt am Main, wie die folgende Episode exemplarisch illustriert.

1209 »Hippies and Cops Have a Happening«, in: *SFC* (25.01.1967), S. 4. Zu weiteren Auseinandersetzungen vgl. People's Park conflicts in Berkeley, TBLC.

1210 Ebd.

1211 Zit. n. »A Problem. The Unwashed Flying High«, in: *SFC* (10.11.1967), S. 22. Ein Sprecher von United Airlines gab zudem bekannt, die einzigen Personen, die barfuß fliegen dürften, seien Babys – nicht aber Hippies.

1212 Laut zentraler Dienstvorschrift ZDV 10/5, VR IV/1, dazu auch »Netz unterm Helm«, in: *Der Spiegel* (13.03.1967), S. 59. Vgl. Nicole Tiedemann, »Lange Männerhaare als jugendkulturelles Zeichen nach 1945«, in: Janecke (Hg.), *Haar tragen*, S. 233-250, hier: S. 236.

Abb. 94-97: Nicht nur das DDR-Satireblatt *Eulenspiegel* (94), auch westliche Magazine heben in den späten Sechzigern die Frisurenfrage auf ihre Titel: *Paris Match* (95), *Der Spiegel* (96) und *Vogue* (97).

Schon 1965 hatte ein Zeitungsbericht der *Frankfurter Rundschau* »eine neue Jugendbewegung« ausgemacht: »Sie sind über die großen Städte gekommen wie die Bienen, erst einzeln, dann in kleinen Grüppchen und schließlich in Scharen, die jungen Leute in den seltsamen Uniformen.«[1213] Zentren dieser Bewegung in Frankfurt seien die Hauptwache und der Marshall-Brunnen unweit des Opernplatzes in der Taunusanlage. Dort stünden täglich die aus den unterschiedlichen Konflikten der vergangenen Jahre bekannten »Beatnik-Interpretationen früherer Jahre, Beatle-Jünger«, aber auch eine neue Gruppierung, auf die der Text sein Augenmerk lenkte. Im Unterschied zu den »sich gegenseitig anödenden ›Rockers‹ und ›Mods‹, die mit ihrem provokatorischen Verhalten nichts zu bieten« hätten, nähmen nun die Gammler eine unbestrittene Führungsrolle unter den Jugendkulturen ein. Intern unterscheide man Gammel-Profis, »die zumeist auf der Achse sind, die sich bewußt liederlich kleiden, Seife, Kamm und Schere ebenso verabscheuen wie jedes bürgerliche Handeln«.[1214] Von ihnen abzugrenzen seien »Amateure«, die »tagsüber brav eine gesellschaftliche Funktion erfüllen, die Vergaser von Autos einstellen, auf der Schulbank den Lehrsatz des Pythagoras büffeln oder in den Büros Zahlenkolonnen addieren«. Nach Auskunft der Polizei verließen manche dieser Jugendlichen ihr Elternhaus in bürgerlicher Aufmachung, zogen sich bei Bekannten um und gingen dann im Gammler-Ornat zu den einschlägigen Treffpunkten.[1215] Ein »echter« Gammler hingegen kampiere in Kellerlöchern oder halbfertigen Neubauten und bestreite sein Auskommen aus »Bettelgroschen«. Im Unterschied zum szeneintern belächelten »bürgerlichen Gammler« brächten es solche Profis zu regelrechtem Starruhm, ja zu Verehrung als Künstlertypen, etwa in der Straßenmalerei oder der Asphaltpoesie. Unter den Frankfurter Gammlern galt Peter Brause als gefeierter Poet. Er war »25 vielleicht, mit schütterem blonden Haar, schmalem Bartkranz«, ein Nihilist und Pazifist »von erschreckender kalter Logik, die eine gewisse Kenntnis der Beatnik-Literatur verrät«. Seinen

1213 Horst Hachmann, »›Die Beatles sind immer unter uns.‹ Mit den ›Gammlern‹ erhält die Bundesrepublik eine neue Jugendbewegung«, in: *FR* (18.08.1965), S. 3.

1214 Ebd.

1215 Vgl. lf., »Die Gammlerlisten der Polizei. Oberrat Joran: Wir wollen den Eltern helfen«, in: *FNP* (25.04.1966), S. 3.

Jüngern auf der Straße verkaufte er für fünf Mark »Gedanken« auf Papier und gesellschaftskritische Prosa-Gedichte:

> Aufgeschrieben bei Asphaltgekreisch, Pflasterinferno, inmitten von kollektiver geistloser Gleichgültigkeit. Keine Menschen um mich. Allein Assoziationen, homunculi mit Wohlstandsgehirnen. Demarkgenormte Denkzellen, die Hände bewegen, Registrierkassen bedienen, Blinddärme herausschneiden, mit Düsenmotoren Lärm machen, Devotionalien am Fließband produzieren und Auflagen herstellen. Kulenkampfffrankenfeldfans, 35, vergreist, gesellschaftliche Selfmadebeatniks wider Willen. Motorisch besessene Scheckbuchautoren lenken Straßenkreuzer. Und Staatsgeschicke. [...] Uniformierte Erziehungsbeamte mit Brontosauriergehirnen, autodidaktische Befehlsgeber für Gummiknüppel und Gebührenpflichtsverwarnungsvordrucke. Pflichterfüller, die selbst in der Einsamkeit mit Wasserspülungsinterieur noch Nullen von sich geben [...][1216]

Seine Werke, in denen der eigene Lebensentwurf lyrisch ausformuliert und als Gegennarrativ zur hegemonialen Nützlichkeits- und Leistungsideologie in Stellung gebracht wurde, zeichnete der junge Dichter mit dem Signum »Peter Brause (Gammler)«.[1217] Die transnationalen Einflüsse – Beat-Literatur und britische Jugendkultur standen offensichtlich Pate – wurden bereits von den Zeitgenossen erkannt. Die bundesdeutschen Gammler provozierten nicht nur performativ durch ostensives Nichtstun, sie begründeten diese Lebenseinstellung auch argumentativ. Damit galten sie Beobachtern als »Nachfahren jener kalifornischen Beatniks oder der Pariser Existenzialisten«, als »Adoptivkinder jener ›Beat-Elite‹, die das arbeitslosenreiche Liverpool gebar«.[1218] Auch ihr Lebensstil war international: Viele Gammler trampten durch Europa bis nach Afrika und sahen sich als Teil einer weltweiten Bewegung. In Frankreich etwa wurden bei einer Polizeikontrolle von 86 jungen »clochards« elf Nationalitäten festgestellt, unter denen neun junge Deutsche die größte Gruppe bildeten.[1219] Ein Frankfurter Zeitungsreporter beschrieb junge Leute, die sich auf dem Globus auskennen:

1216 Zit. n. Hachmann, »›Die Beatles sind immer unter uns‹«.

1217 Ebd.

1218 Ebd.

1219 Vgl. »Pour la propreté des rues. Deux opérations de salubrité«, in: *Liaisons. Bulletin d'information de la préfecture de police* 122 (10.06.1966), S. 1-6, hier: S. 5.

Beatnik Horst hat auf einem Dampfer von Bristol nach Mexico und Peru das Deck geschrubbt, sein Banjo in Dakar, Senegal und Israel gespielt und seinen Schlafsack in Teheran und Kabul ausgerollt. Little Joe aus Unna will nach Marokko oder Istanbul trampen, zunächst aber nach Hannover. Peter aus Berlin-Schöneberg hat die Adresse einer Taverne auf Ibiza, die einen Kellner brauchen kann, und Norbert will an der Adria überwintern.[1220]

Nicht alle Pressestimmen waren derart einfühlsam. Nach Auseinandersetzungen mit Anwohnern machte sich im September 1966 eine Gammler-Delegation vom Frankfurter Marshall-Brunnen »feingemacht, mit sauberem Hals und Hemd« und »mit dem Taxi«, wie ein Zeitungsbericht hervorhob, auf den Weg in den Gemeindesaal der Markuskirche.[1221] Dort äußerten sie gänzlich konträre Auffassungen. Während sich ein Sprecher der Jugend vom Marshall-Brunnen nicht als Gammler verstand, sondern als »Protestler«, gab sich ein zweiter als »Kryptokommunist« zu erkennen, der im Gefängnis landen würde, sagte er, was er denkt. Ein Dritter schwenkte einen Nietzsche-Band und bezog sich auf die Provo-Bewegung in Amsterdam, von wo er Instruktionen erwarte. Als ein anderer »sein Tun beziehungsweise sein Nichtstun« rechtfertigte, geriet das Publikum, darin viele Familienväter, »voller Wut über die Gammler und voller Sorge um die eigenen Kinder«, laut Pressebericht in Rage.[1222] Da der Konflikt sich mit der Aussprache nicht beilegen ließ, erreichte er schließlich die Politik.

Nach den Anwohnerprotesten war die Polizei zunächst mit Platzverweisen gegen die langhaarigen Jugendlichen vorgegangen, sah sich nach diesem Einsatz aber selbst Kritik ausgesetzt. Konfrontiert mit dem Vorwurf einer unerlaubten Erfassung Jugendlicher, bestritt nach Protesten gegen die Aktion ein Frankfurter Polizeioberrat die Existenz einer »Gammlerkartei«, wie sie auch in der DDR geführt wurde.[1223] Es werde lediglich eine »Kladde« geführt,

1220 Hermann Lammert, »Gammler im Aufbruch. Adieu Marshallbrunnen!«, in: *FR* (07.10.1967).

1221 H.S., »Gammler im Verhör«, in: *FAZ* (28.09.1966), S. 26.

1222 Ebd.

1223 Die Existenz von sogenannten Tramper-Karteien in der DDR bestätigt im Interview der ehemalige MfS-Leutnant Schmidt: »Was hat das mit unserer sauberen Gesellschaft zu tun? Der Geheimdienst dirigiert die Putzkolonne« (Interview), in: Rauhut, Kochan (Hg.), *Bye, bye, Lübben City*, S. 155-164, hier: S. 164.

worin »die bei Gammler-Razzien gefaßten Personen eingetragen würden«. Dies stelle keineswegs eine Registrierung, sondern »lediglich eine Arbeitserleichterung« dar. Jugendliche würden im Polizeisprachgebrauch aber nicht, wie einige von ihnen behauptet hatten, als »Dreckspätze« oder »Halunken« bezeichnet.

Der Polizeisprecher ergänzte, man habe »allen Grund, dafür zu sorgen, daß die Gammler wieder von den Plätzen verschwinden«, damit sich die Bürger am Opernplatz und an der Hauptwache wieder frei und unbehelligt von »lichtscheuem Gesindel« bewegen könnten.[1224] Wenige Tage später räumte der Polizeisprecher ein, die Existenz einer »Gammlerliste« sei aus »verwaltungstechnischen Gründen notwendig geworden«: Man habe sich entschlossen, ein alphabetisch geordnetes Personenverzeichnis anzulegen, in das »jeder sistierte ›Zottelkopf‹ eingetragen wird«. Dass auch die Namen unbescholtener Jugendlicher in das »Zwangsgestelltenbuch« Eingang fänden, hätten diese selbst zu verantworten: »Jeder, der sich bei diesen Personen aufhält oder mit ihnen spricht, muß mit einer Überprüfung rechnen«, so der Polizeioberrat. Schon das Herumstehen an der Frankfurter Hauptwache sei Grund genug für eine Personenkontrolle.[1225]

Diese Kontrollmaßnahmen der Polizei erregten nicht nur »bei den jungen Leuten, die ihrer Verehrung für Liverpooler Idole durch lange Haare Ausdruck verleihen«, heftige Proteste.[1226] Etliche Zeitgenossen fühlten sich an die Methoden der Staatssicherheit in der DDR erinnert, die in der westlichen Presse als Beleg für die Existenz eines Polizeistaats jenseits des Eisernen Vorhangs galten. Dieser Sichtweise schloss sich auch das Frankfurter Amtsgericht an. Ein Student schuf einen Präzedenzfall, indem er sich weigerte, bei einer Kontrolle am Marshall-Brunnen seinen Ausweis vorzuzeigen. Eine daraufhin gegen ihn erlassene polizeiliche Strafverfügung lehnte ein Amtsgerichtsrat mit der Begründung ab, es gebe »keine allgemeine Verpflichtung, sich ohne besonderen Grund der Polizei auszuweisen«.[1227] Er gab dem Kläger recht und wählte in seiner Begründung deutliche Worte: »Es ist niemandem in der Bundesre-

1224 Mü., »Gammler in einer Kladde verzeichnen«, in: *FAZ* (23.04.1966), S. 82.

1225 gr., »Polizei führt ›Gammlerlisten‹«, in: *FR* (27.04.1966), S. 14.

1226 Ebd.

1227 Ju., »Gammler weiter unter Kontrolle. Polizei setzt sich über Gerichtsbeschluss hinweg«, zit. n. *FAZ* (12.10.1967), S. 31.

publik untersagt, lange Haare und dreiviertellange Jacken zu tragen und unrasiert zu sein. Auch besteht kein generelles Verbot, sich am Marshall-Brunnen aufzuhalten.«[1228] Infolge dieser Entscheidung entwickelte sich ein Konflikt zwischen Judikative und Exekutive.

Anstatt dem Gerichtsbeschluss zu folgen, setzte sich die Frankfurter Polizeibehörde über ihn hinweg, indem sie sich auf das Hessische Gesetz über die Öffentliche Ordnung und Sicherheit (HSOG) berief, das sie dazu legitimiere, Gefahren abzuwenden, die »Sicherheit und Ordnung der Allgemeinheit« bedrohen, und zitierte einen Paragraphen des Strafgesetzbuches, der die Polizei zur Verfolgung strafbarer Handlungen verpflichte.[1229] Nach Darstellung eines Polizeisprechers könne zwar »kein Staatsbürger auf Grund seines Habitus, seiner langen Haare oder Fingernägel wegen ohne weiteres überprüft werden«, doch müsse die Polizei Präventivmaßnahmen zur Verhütung von Straftaten im Sinne des Jugendschutzes anwenden. Da sich unter die »Gesinnungs-Gammler« immer wieder entlaufene Anstaltszöglinge und »echte Kriminelle« mischten, sei die Überprüfung auch unbescholtener Bürger gerechtfertigt.[1230]

Zur Debatte stand damit die juristische Unterscheidung, ob es sich um eine sogenannte Anscheinsgefahr handelte, die sich im Nachhinein als falsch herausstellen mag, aber zum Zeitpunkt ihres Auftretens ein polizeiliches Eingreifen rechtfertigt, oder um eine Putativgefahr, das heißt die irrige Einschätzung eines Gefahreneintritts durch einen Polizisten.[1231] Bei Letzterem wäre ein Eingreifen auch nach dem HSOG nicht zulässig gewesen. Konservative Stimmen sahen das Vorgehen der Polizei als gerechtfertigt an, trotz »wohlgemeinter Gesellschaftstheorien und bürgerlicher Praktiken«, während linksliberale Kommentare die »Kraftprobe mit der Justiz« scharf kritisierten:[1232] Die Ankündigung eines Polizeivizepräsiden-

1228 Zit. n ebd.

1229 § 1 des HSOG sowie § 163 StGB. Vgl. dazu auch Wolfgang Pausch, Gosbert Dölger (Hg.), *Polizei- und Ordnungsrecht in Hessen. Systematische Darstellung*, Stuttgart u. a. 2010, S. 41.

1230 Nach Angaben der Polizei gelang es im Sommer 1966 bei einer Überprüfung, 79 Heimausreißer und 30 Straffällige festzustellen. Vgl. amm, »Die Gammler-Inventur 1967«, in: *FR* (07. 10. 1967), S. 15.

1231 Vgl. zum Unterschied zwischen Anscheins- und Putativgefahr Reinhold Schnur, *Polizeilicher Zwang zur Gefahrenabwehr. Dargestellt am Beispiel des hessischen Rechts*, Heidelberg 2000, S. 5-6.

1232 Ju., »Gammler weiter unter Kontrolle«, S. 31.

ten, einen richterlichen Beschluss nicht umsetzen zu wollen, müsse »verwundern, wenn nicht gar erschrecken«;[1233] der Marshall-Brunnen sei kein Treffpunkt von Straftätern, zu dem sich »anständige Mitbürger höchstens mal per Zufall verlaufen«, sondern ein vielbesuchter öffentlicher Ort mitten in der Innenstadt. Der Fall werfe daher grundsätzliche Fragen zum Selbstverständnis der Polizei in der Demokratie auf: »Es geht nicht um die Gammler, es geht um die rechtsstaatliche Ordnung, die man auch bei jenen, die sich etwas abseits der bürgerlichen Vorstellungen bewegen, nicht leichtfertig aufs Spiel setzen sollte.«[1234]

Als das Frankfurter Jugendamt 1967 als Reaktion auf den Konflikt die Einrichtung eines »Gammler-Zentrums« in einer alten Backstube plante, kam es abermals zu heftigen Protesten von Anwohnern gegen die Pläne. Der zuständige Stadtobermann hatte nach eigener Auskunft »den Gammlern endlich eine Art Heimat geben« wollen, um sie »seßhaft zu machen und von der Straße wegzuschaffen, wo sie bekanntlich noch mehr Ärger erregten«. Die Jugendlichen hätten sich ihr Domizil selbst einrichten können, mit vom Jugendamt beschafftem Material, was die Anlieger als Verschwendung von Steuergeldern kritisierten. Man plante die Gründung einer Bürgerinitiative gegen die Langhaarigen, die »mit allen Mitteln gegen die Stadtverwaltung vorgehen« wollte. Schließlich kam es einige Monate später zu einer weiteren Aussprache, diesmal mit Vertretern des Jugendamtes, der Bauaufsicht, der Feuerwehr sowie der Polizei, bei der es gelang, den Streit vorerst beizulegen.[1235]

Dennoch kam es immer wieder zu tätlichen Angriffen auf Langhaarige, woran die monatelange Presseberichterstattung nicht ganz unschuldig war, die partiell den Charakter von Hetzkampagnen trug. Im Dezember 1967 standen jugendliche Rocker vor Gericht, weil sie zum Marshall-Brunnen gezogen waren, »um sich dort mit Gammlern zu prügeln und ihnen ›die Haare zu schneiden‹«.[1236]

1233 al, »Polizei sucht Kraftprobe mit der Justiz«, in: *FR* (12.10.1967), S. 12.

1234 »So nicht, Herr Präsident!«, in: ebd.

1235 fk., »Kein Platz für Gammler. Anlieger gegen Pläne des Jugendamtes«, in: *FNP* (01.02.1967), S. 6. Vgl. auch »Backstube für Gammler«, in: *FR* (02.02.1967), S. f.

1236 Da sie dort keine Gammler fanden, überfielen sie einen vermeintlich homosexuellen Mann und mussten sich schließlich wegen gemeinschaftlichen Raubes in Tateinheit mit gefährlicher Körperverletzung vor einem Jugendschöffengericht verantworten, das sie zu mehrmonatigen Bewährungs-

Der Hass auf Langhaarige bezog sich auch auf die von Gammlern propagierte Arbeitsverweigerung: Alle sechs Täter standen »in einer ordentlichen Lehre«, was in den Gerichtsakten positiv hervorgehoben und als mildernder Umstand zur Aussetzung der Jugendstrafen auf Bewährung geltend gemacht wurde.[1237]

4.6.4. Polizisten gegen Zottelköpfe: Hippies und Rocker

Viele dieser Konflikte, in denen Mitte der sechziger Jahre um Haarlängen gestritten wurde, aber auch um das Tragen von Halsketten und Stirnbändern sowie um andere Attribute, bei denen es sich scheinbar um reine Äußerlichkeiten handelte, wurden von einer tiefgreifenden Verunsicherung grundiert, die daher rührte, dass sich zumindest auf der symbolischen Ebene der Repräsentation die Grenze zwischen den Geschlechtern aufzulösen drohten. Doch diese Konflikte um äußerliche Unterschiede zwischen den Geschlechtern befriedeten sich allmählich. Unter der Überschrift »Jürgen will wie Uschi sein« thematisierte das bundesdeutsche Jugendmagazin *twen* schon Ende 1966 am Beispiel der umstrittenen Frisuren unter dem Neologismus »Unisex« die Angleichung konstruierter äußerlicher Geschlechtsunterschiede.[1238]

Betrachtet man allein die scharfen und ausufernden Debatten, die international nicht nur die betroffenen Jugendlichen, sondern

strafen verurteilte. Hauptverhandlung vor dem Jugendschöffengericht am 07.12.1967, Jugendamt/Abt. Erziehungshilfe, Frankfurt/M., 14.12.1967, ISG, Fürsorgeamt 5.027.

1237 Ebd., Bl. 4. In den USA hingegen kam es zu zeitweiligen Allianzen zwischen Rockern und Hippies, zumal die Frisuren der Motorrad-Gangs sich denen der Hippies im Verlaufe der 1960er Jahre annäherten. In Haight-Ashbury demonstrierten Mitglieder eines Motorrad-Clubs und Blumenkinder Seite an Seite vor der Hall of Justice gegen das, was sie als »GestaPo-Taktiken der Polizei« kritisierten. Vgl. »Protest against the Police. Hippies and Bikers Join Up«, in: *SFC* (12.08.1967), S. 3.

1238 *twen* 12 (1966), S. 59, zit. n. Siegfried, *Sound der Revolte*, S. 62-64, hier: S. 63. In der neueren geschlechtergeschichtlichen Forschung zu den Dynamiken der Rollenbilder wird betont, dass die durch Kleidung, Haarlänge und Gesten sich abgrenzende neue Jugendkultur »Ausdruck eines informelleren Lebensstiles« war. Vgl. Ute Frevert, »Umbruch der Geschlechterverhältnisse? Die 60er Jahre als geschlechterpolitischer Experimentierraum«, in: Axel Schildt u. a. (Hg.), *Dynamische Zeiten. Die 60er Jahre in den beiden deutschen Gesellschaften*, Hamburg 2000, S. 642-660, hier: S. 658.

auch weite Teile der Öffentlichkeit beschäftigten, so könnte man den Eindruck gewinnen, hier sei viel Lärm um modische Präferenzen, das heißt um Oberflächen und Äußerlichkeiten gemacht worden. Dieser Eindruck wäre jedoch falsch, denn es ging um viel mehr: um Fragen der Lebensgestaltung, der Subjektivierung, der Geschlechtsidentität und der persönlichen Freiheitsrechte sowie der öffentlichen Ordnung, der Befugnisse des Staates und seiner Kontrollorgane. Allein das Konfliktpotenzial, das von Diskussionen über handgreifliche Gewalt bis hin zu Verordnungen und Verboten reicht, zeugt zumindest von veränderten Normalisierungsvorstellungen des 20. Jahrhunderts.

Die Auswertung von Medien, Gerichtsakten, Leserbriefen, öffentlichen und internen Polizeischriften zeigt, dass diese Auseinandersetzungen nicht nur in den *faits divers* geführt wurden. Sie erreichten die Titelseiten der großen Nachrichtenmagazine, wurden im Rundfunk zur besten Sendezeit verhandelt, beschäftigten Polizei und Gerichte, führten zu Diskussionen und Aussprachen auf Anwohnertreffen und in Bürgerämtern, in Schulen und Betrieben und dürfen daher keinesfalls gering geschätzt werden. Die Abkehr von einem soldatischen Männlichkeitsideal, die schon in den fünfziger Jahren spürbar wurde,[1239] setzte sich in den Sechzigern beschleunigt fort. Die symbolischen Kämpfe unter anderem um die Länge der Haare sind Zeichen eines Umbruchs, der die traditionellen Geschlechterrollen ins Wanken brachte, vor allem die Vorstellung, die Körper von Frauen und Männern seien grundsätzlich verschieden. In den Sechzigern wurden jugendliche Körper neu definiert, und zwar auf tendenziell geschlechtsneutrale Weise. Diese popkulturell vermittelten Körperpolitiken stellten tief verwurzelte kulturelle Zuschreibungen in Frage und bezogen aus der daraus erwachsenden Verunsicherung ihr Erregungspotenzial.

Ab Mitte der sechziger Jahre machte sich allmählich eine stärkere Politisierung bemerkbar, die sich in der argumentativen Fundierung abweichender Praktiken und Körperideale ebenso zeigte wie in den Selbstbeschreibungen Jugendlicher als »Protestler« oder »Arbeitsverweigerer«. Die niederländische Provo-Bewegung und Teile der amerikanischen Hippies vollzogen den Schritt von der subkulturellen Abweichung hin zum offenen und geplanten Protest, der

1239 Vgl. Maase, *Bravo Amerika*, S. 113-158.

in konkrete Aktionen mündete. Diese Jugendkulturen konstituierten das, was John Milton Yinger zunächst als »contracultures« und später als »countercultures« beschrieben hat: Gegenkulturen, die sich durch eine bewusste Abkehr von herrschenden Normen und hegemonialen Ordnungen auszeichnen, mit dem Ziel, diese zu beseitigen oder zumindest zu verändern.[1240] Diese Neuausrichtung formte Genres, die auch der politischen Mobilisierung dienten, in Frankreich zum Beispiel das engagierte Lied, das auch als Popsong auftrat. Antoine etwa sprach sich 1966 in einem Liedtext gegen das Abtreibungsverbot und für Empfängnisverhütung aus.[1241] Das Genre des erzählenden Liedes unter Einflüssen von Blues und Chanson brachte zwar erst Mitte der Sechziger den Typus des Protestsängers hervor, wie ihn zeitweise Bob Dylan, Donovan und andere verkörperten, doch gab es vereinzelte zeitgenössische Versuche, bereits den Beat als »Oppositionsmedium« eines »sprachlosen Protestes« zu deuten.[1242] Gegen Ende des Jahrzehnts wird die Studentenbewegung die Losung ausgeben: »Stellt die Gitarre in die Ecke und diskutiert!«[1243]

Diese Prozesse wurden von etlichen Zeitgenossen als Liberalisierung und Befreiung begrüßt, von anderen hingegen als Entdifferenzierung von Verhaltensstandards abgelehnt. Eine kulturwissenschaftliche Untersuchung hebt hervor, auf dem Feld der Haarmoden sei gegen Ende der sechziger Jahre gesamtgesellschaftlich keine radikale Trendwende, wohl aber eine Diversifizierung zu erkennen, »die der komplexer gewordenen soziokulturellen Schichtung entsprach«.[1244] In den Anpassungen von Regelwerken – etwa der Bundeswehr – werden neue Ordnungen sichtbar, die ihrerseits Normalisierung betrieben. Die um 1969 in England entstandene

1240 J. Milton Yinger, »Contraculture and Subculture«, in: *ASR* 25 (1960), S. 625-635.

1241 Vgl. Antoine, »La Loi De 1920«/»Une Autre Autoroute« (FR 1966) Disques Vogue FV 45.1350 [45]. Vgl. dazu Anna Jehle, *Welle der Konsumgesellschaft. Radio Luxembourg in Frankreich 1945-1975*, Göttingen: Wallstein 2018, S. 224-231, 371 f.

1242 Vgl. Baacke, *Beat*, S. 88. Zur linken Musikszene der BRD vgl. Reichardt, *Authentizität und Gemeinschaft*, S. 488-496.

1243 Vgl. exempl. Alfons Kenkmann, Detlef Siegfried (Hg.), *»Stellt die Gitarren in die Ecke und diskutiert!« Jugendbewegung und Kulturrevolution um 1968*, Schwalbach/Ts. 2008.

1244 Bezogen auf Westdeutschland: Grube, »Westdeutsche Haarmode«, S. 236.

Subkultur der Suedeheads und Skinheads, damals noch eine an afrokaribischer Musik orientierte Jugendszene ohne rechtsextreme Einstellung, hob sich nicht zufällig von den neu entstandenen Normen ab, indem sie sowohl gegen die mittlerweile etablierten Langhaarschnitte als auch gegen die Denormalisierungsstrategien der zunehmend hegemonial auftretenden »Langhaarigen« radikal verstieß.[1245] Längere Männerhaare waren spätestens 1970 die neue Normalität, gegen die zu verstoßen nun neuerliches Protestpotenzial barg. Jürgen Link zufolge stellt der Normalismus »Dispositive kompensierender Ver-Sicherung (Sicherheit) gegen die Risiken eines hyperdynamischen, symbolisch exponentiellen Wachstums zur Verfügung«.[1246] Mit Blick auf die Debatten um Haarlängen Mitte der sechziger Jahre kann man den Begriff des Wachstums hier durchaus wörtlich nehmen.

4.7. Emotionalisierung und Medialisierung

In den späten fünfziger und frühen sechziger Jahren büßten die im zweiten Kapitel analysierten Stereotypenbildungen sowohl an Aufmerksamkeit als auch Relevanz ein, wurden aber binnen weniger Jahre durch neue Skandalisierungen aktualisiert. Im Zuge der »Beatlemania« wurde insbesondere die emotionale Komponente von Kultur problematisiert, die schon zuvor zu Pathologisierungen geführt hatte, wie am Beispiel der Fanclubs deutlich wurde. Standen damals überwiegend Jugendliche aus den als sozial »unten« gedachten Bevölkerungsgruppen im Mittelpunkt der Debatten, so wurde der Fokus nun breiter, wie dieses Kapitel gezeigt hat. Die bereits Ende der Fünfziger in den USA beobachtete Adaption als »schwarz« codierter Rezeptionsweisen populärer Musik durch weiße Jugendliche aus der Mittelschicht, vor allem des Jazz, fand etwas später auch in Europa statt. Anstelle amerikanischer Moden wurde nun aber auch kontinentaleuropäische Kultur rezipiert, allerdings oftmals über den Umweg afroamerikanischer Musiker. Die aus italienischen, französischen und (afro-)amerikanischen Moden amalgamierte Mod-Kultur wirkte transatlantisch auf afroamerikanische

1245 Vgl. Klaus Farin, Eberhard Seidel-Pielen (Hg.), *Skinheads*, München 1997, S. 27.

1246 Link, *Versuch über den Normalismus*, S. 39.

Moden zurück: Was in Großbritannien als amerikanisch galt, wurde nun in den USA als spezifisch britisch reimportiert. Das Ergebnis solcher transnationalen Tauschprozesse war eine zunehmend internationalisierte und kommerziell verbreitete Jugendkultur, die in Frankreich ähnliche Szenen ausprägte wie in Großbritannien oder der Bundesrepublik. Projektionen einer postrassistischen Gesellschaft, wie sie der Schriftsteller Norman Mailer in seinem Euphemismus des »white negro« entwickelt hatte, griffen jedoch zu weit, da die Austauschprozesse in der Regel auf der symbolischen Ebene kultureller Produkte stattfanden, nicht aber notwendig die Vermischung ethnischer Gruppen oder die Integration von Minderheiten bewirkten. Im Gegenteil oszillierten sie oftmals zwischen den Extremen rassistischer Abwertungen und der Identifikation mit idealisierten, aber meist aus der Ferne bewunderten Kulturen, die »Afrika« etwa als Ressource einer naturalisierten Sexualität und Ursprünglichkeit authentifizierten.

Medien solcher Exotismen waren Sounds ebenso wie Dekors, Tänze und Filme. Waren insbesondere die Tänze der späten Fünfziger – etwa im *Bongo Craze* – noch ein Medium sexualisierter Exotisierungen und ethnischer Zuschreibungen, so wurde der Twist um 1961 bereits in nationalkulturelle Schemata eingepasst. Musikproduzenten und Medienanbieter renationalisierten das ursprünglich transnationale Amalgam mit afroamerikanischen Wurzeln, indem sie den Tanz in Konventionen einpassten und von etablierten Schlagerstars interpretieren ließen. Seiner afroamerikanischen Wurzeln weitgehend beraubt, wurde der Twist so binnen weniger Jahre zum festen Bestandteil standardisierter Tanzrepertoires neben dem Walzer oder dem Tango. Gebremst, aber letztlich nicht aufgehalten wurde diese Entwicklung von kulturkonservativen Vorbehalten, formuliert insbesondere von Tanzlehrern und Benimmaposteln, die darin einen Angriff auf die traditionelle Geschlechterordnung sahen, die auch die Tanzflächen regierte: Männer hatten zu »führen«, Frauen zu »folgen«. Mit geschlechtsunspezifischen Bewegungsrepertoires, dem Abschaffen des Berührungszwangs zwischen den Tanzpartnern und einem Minimum an intuitiv erlernbaren Figuren wurde der Twist als performativer Ausdruck von Dehierarchisierung und Gleichberechtigung empfunden. Eine vergleichbare »Panic« wie zuvor der Rock'n'Roll konnte aber der Twist – ebensowenig wie die anderen »1000 dances« (Chris Kenner) – nicht auslösen; vielmehr wurde er rasch zum Mainstream und damit zum prototypischen Poptanz *avant la lettre*.

In der ersten Hälfte der sechziger Jahre wurde die in nordenglischen und norddeutschen Hafen- und Industriestädten entstandene Beatmusik zum Vehikel transnationaler Kultur, die maßgeblich von Europa ausging, aber auch in den USA ein kommerzieller Erfolg war. Um 1963 popularisiert, wurde Beatmusik schichtenübergreifend von Jugendlichen aus ganz unterschiedlichen Milieus gehört, wozu vor allem die von ihrem Marketing als mittelschichtentauglich positionierten Beatles einen entscheidenden Beitrag leisteten. An ihrem Erfolg entzündete sich eine neuerliche Skandalisierung des Publikumsverhaltens auf Popkonzerten. Im Unterschied zu den sogenannten *cinema riots* der Jahre 1956/57 rückten diesmal junge Mädchen in den Fokus, deren vermeintliche emotionale Enthemmung sich in schrillem Kreischen und ekstatischen Körperpraktiken zu äußern schien. Dieses Verhalten zog die Aufmerksamkeit der Medien auf sich, führte zu Untersuchungen von Experten und initiierte polizeiliches Handeln. Anders als im zeitgenössischen Diskurs, der das ältere Narrativ einer weiblichen Übernervosität aktualisierte und eine Enthemmung und Überwältigung durch die eigenen Gefühle diagnostizierte, wurde hier im Anschluss an die neuere kulturwissenschaftliche Emotionsforschung argumentiert, dass es sich bei Emotionen um sozial verabredete und intersubjektiv hergestellte Zustände handelt, die junge Menschen etwa im Zuge der »Beatlemania« kollektiv in der Öffentlichkeit von Konzerthäusern zum Ausdruck brachten, um temporäre Gemeinschaften zu konstituieren. Diese Praktiken führten zu Konflikten, die zeitweilig polizeilich gelöst werden sollten und erst mit der Umgestaltung von Konzerthäusern und der Akzeptanz bewegter und lautstarker Publikumsäußerungen entdramatisiert wurden.

Maßgeblich zur Etablierung des Pop trugen neue Medien bei. In den frühen 1960er Jahren machten popaffine Jugendzeitschriften kommerzieller Verlage den älteren, von Verbänden herausgegebenen Heften Konkurrenz. Im Unterschied zu dieser zumeist von klassischen Rollenbildern geprägten *presse éducative* setzte die neue popaffine Jugendpresse auf eine Berichterstattung über Stars aus Film, Fernsehen und Musik, betätigte sich aber auch pädagogisch, indem sie jugendspezifischen Fragestellungen und Problemen ein Forum gab. Bei der Etablierung der Zeitschriften, die bisweilen die

Auflagen traditioneller Nachrichtenmedien übertrafen, zeigten sich transnationale Orientierungen. Seit Mitte der Sechziger kamen verstärkt europäische Themen zum Tragen, die sich schließlich auch in transmedialen Kooperationen niederschlugen. Experimentelle Fernsehformate wie der bundesdeutsche *Beat-Club* entwickelten eine neue *visual culture* des Pop, und selbst in der DDR entstand mit DT64 zeitweise ein transnationaler Ätherraum eines poporientierten Jugendfunks.

Als diese neuen Medien sich auch als Veranstalter betätigten, kam es zu Konzert- und Musikkonflikten, die den *Rock'n'Roll-* und *cinema riots* der fünfziger Jahre ähnelten. Das von der Zeitschrift *SLC* initiierte *Concert de la nation* in Paris geriet ebenso wie das von der *Bravo* organisierte Westberliner Konzert der Rolling Stones zu einem Ereignis, das polizeiliche Maßnahmen und eine politische Debatte über das Verbot von Rockmusik nach sich zog. Die entsprechenden Argumente waren etwa zur selben Zeit auch anhand der *rumbles* zwischen Mods und Rockers in südenglischen Badeorten verhandelt worden, die – wie auch in Frankreich – zu Kooperationen zwischen Polizei und Militär bei innenpolitischen Einsätzen gegen Teile der Jugend führten. Neue Jugendstereotype wie *blousons noirs* oder Rocker gingen in polizeiliche Katalogisierungen ein. In der DDR zogen die westlichen Ereignisse präventive Verbots- und Kontrollmaßnahmen nach sich, mit denen die Führung Ereignisse dieser Art innerhalb der geschlossenen Staatsgrenzen verhindern wollte, aber das Gegenteil erreichte: Ein Verbot der Gitarrenbands provozierte einen in der bisherigen DDR-Geschichte von seinen Ausmaßen her singulären Jugendprotest auf offener Straße. Anhand der Verkettung vergleichbarer Jugendkonflikte in verschiedenen Staaten wurde dafür plädiert, die Unruhen als einen transnationalen Prozess zu verstehen, der auf ähnliche Strukturmerkmale zurückzuführen ist: auf die Akteursrolle neuer Jugendmedien als Konzert- und Wettbewerbsveranstalter, auf die Dauerdebatte über die Jugend als Zukunftsressource in Zeiten des Kalten Kriegs sowie auf neues Expertenwissen über die Wirkungsweisen von Musik und Drogen.

Dass die sozialen Differenzen zwischen verschiedenen gesellschaftlichen Gruppen auch auf symbolischer Ebene ausgetragen wurden, lässt sich exemplarisch an neuen Haarmoden demonstrieren. In der Mitte des Jahrzehnts wurde insbesondere gegen die

Konvention männlicher Kurzhaarfrisuren immer öfter und auch öffentlich sichtbar verstoßen. Polizeiliche und erzieherische Zwangsmaßnahmen richteten sich nicht nur in der staatsautoritären DDR, sondern auch in den selbsterklärten liberalen westlichen Gesellschaften gegen »Langhaarige«, Gammler und Hippies. Diese polarisierten nicht nur aufgrund ihres Aussehens, sondern auch dadurch, dass sie sich mit ihrem »Nichtstun« bewusst gegen die etablierten Nützlichkeitsimperative stellten. In vielen Ländern provozierten neue Freizeitkulturen mit ihrem von grenzüberschreitender Mobilität und Gelegenheitsjobs geprägten, weniger geregelten Lebensstil gesellschaftliche Debatten über das Verhältnis von Arbeit und Freizeit sowie von öffentlichen und privaten Räumen und stellten die Befugnisse staatlichen Handelns in Frage.

Die Jugendkonflikte der sechziger Jahre waren deutlich geprägt von einer Etablierung neuer kultureller Ausdrucksformen, die erstmalig breite Schichten erreichten. Die *Twist Panics* waren weniger intensiv als die um den Rock'n'Roll, die Zensurdebatten um Images und Sounds in neuen Jugendmedien weniger umfassend als noch wenige Jahre zuvor. Zwar blieben popkulturelle Formate im Fokus von Jugendschutz und Zensurbehörden, doch waren in den liberal-demokratischen Staaten Verbote und Boykotte die Ausnahme. Zwar gab es auf regionaler Ebene vereinzelt und temporär Musikverbote, doch insgesamt zogen die Diskussionen nur wenige legislative Maßnahmen nach sich. Nach wie vor wurden Denormalisierungs- und Denationalisierungsängste gegenüber der Popkultur artikuliert, aber mit ihrer zunehmenden Medialisierung hatte sie sich sozial gleichsam verbreitert.[1247] Auch wenn diese Massenbohemisierung, die unter anderem in der breiten lebensweltlichen Rezeption von Künstlerimages (etwa langer Haare als »Künstlerfrisur«) sichtbar wurde, immer noch Ängste vor einer »Destabilisierung der kulturellen Ordnung«[1248] weckte und zu Pathologisierungen des Popkünstlers als einer riskanten und amoralischen Figur führte, entstand zugleich ein popkulturelles Feld, dessen Eigenheiten von Experten mit bewährten Mitteln kartographiert, bewertet und in medialen Diskursen normalisiert, ja letztlich sogar hegemo-

1247 Diese Tendenz sah bereits der zeitgenössische Artikel von H. [=Hughson] F. Mooney, »Popular Music since the 1920s. The Significance of Shifting Taste«, in: *American Quarterly* 20 (1968), S. 67-85, hier: S. 82.

1248 Reckwitz, *Die Erfindung der Kreativität*, S. 87.

nialisiert wurden, etwa im Langhaar-Diskurs. Um 1966 setzte sich der Begriff »Pop« als semantische Dachformel für eine Vielzahl von Phänomenen durch, die zuvor noch kontrovers debattiert und in vielen Fällen kriminalisiert worden waren.

5.
Schluss: Aufstieg der Minderheiten

5.1. Fluchtpunkt 1966: Von »Swinging London« in die »Pop Society«

Am 15. April 1966 erschien das amerikanische Nachrichtenmagazin *Time* mit einem ungewöhnlichen Titelblatt. Wo sonst Konterfeis von Staatsmännern und Bilder von Kriegsschauplätzen prangten und noch eine Woche zuvor kapitale weiße Lettern auf einem tiefschwarzen Hintergrund die Frage »Ist Gott tot?« gebildet hatten, versammelte nun ein Wimmelbild des Künstlers Geoffrey Dickinson allerlei farbenfrohe Objekte und Figuren britischer Provenienz: Doppeldeckerbus und Diskothek, Smoking und Schlaghosen, Big Ben und lange Männerhaare, Union Jack und Paisley-Stoffe, Mini Cooper und Minirock.[1] Die Titelstory der Journalistin Piri Halasz lieferte den Zusammenhang für diesen fröhlichen Eklektizismus nach. Es handele sich, so schrieb sie, um die Attribute eines kulturellen Wandels, der die traditionelle *Britishness* des alten Empire durch einen neuen, urbanen Stil abgelöst habe: »LONDON: The Swinging City« steht auf einer Banderole am oberen Bildrand.[2] (Abb. 98)

Dieser Slogan, der bald eine bemerkenswerte Karriere zum Epochenlabel »Swinging Sixties« machte, markierte einen Wendepunkt in den Debatten um Jugend und Popkultur, die seit Mitte des 20. Jahrhunderts zumeist polemisch und kontrovers geführt worden waren. Halasz' Artikel handelte von London, formulierte aber mit einigem Selbstbewusstsein einen umfassenden Deutungsanspruch. Jede Ära, so hob die amerikanische Journalistin in ihrem Artikel an, habe ihre Welthauptstadt. So wie Wien für die Walzerzeit des Habsburgerreiches gestanden habe, Berlin für die zwanziger, Paris für die vierziger und Rom für die *dolce vita* der fünfziger Jahre, so habe sich London zur Leitmetropole einer neuen Epoche

1 *Time* (15.04.1966), S. 1.

2 Piri Halasz, »Great Britain. You Can Walk Across It On The Grass«, in: Ebd., S. 32-42.

aufgeschwungen, die sich als eine »farbenfrohe und übersprudelnde *pop culture*« bezeichnen lasse.[3]

Abb. 98: Wimmelbild eines gesellschaftlichen Wandels: London, die »Swinging City«.

Diese Kultur manifestiere sich in unterschiedlichen Orten, Institutionen und Personen. Ein Stadtplan im Miniaturformat situierte sie im Londoner Stadtbild und betrieb damit die »topographische

3 Ebd., S. 42.

Festschreibung« einer zeitlichen Phasenbildung.[4] Der Ausschnitt fokussiert auf die Bezirke Soho, Kensington und Chelsea, vor allem auf die King's Road und die Carnaby Street.[5] (Abb. 99) Als Landmarken verzeichnet die Legende der Karte Diskotheken, Boutiquen, Galerien, Restaurants, Theater und Casinos gleichberechtigt neben traditionellen Wahrzeichen wie der Royal Albert Hall.[6] Die im Text vorgestellten Protagonisten dieser neuen Kulturszene waren Modedesignerinnen (Mary Quant), Schauspieler (Michael Caine) und Regisseure (Michelangelo Antonioni). Dazu kamen Fernsehproduzenten, Moderatorinnen und Leute aus der Werbebranche sowie Fotoreporter (David Bailey), Friseure (Vidal Sassoon), Galeristen (Robert Fraser) und Boutiquenbetreiber (John Stephen), die damit allesamt zu neuen Vermittlungsinstanzen in einem sich wandelnden kulturellen Feld stilisiert wurden. Dass hier etwas Neues im Gang sei, zeige schon das Alter der Protagonisten: Fast alle waren jünger als 35, etliche erst in ihren Zwanzigern. Dies reflektiere auch die demographische Entwicklung Londons, wo die Bevölkerung gegenwärtig zu 30 Prozent zwischen 15 und 34 Jahre alt sei. Darüber hinaus sei auch eine Aufweichung alter Klassengegensätze zu beobachten, denn viele der Genannten entstammten »der [...] unteren Mittelklasse und sogar der Arbeiterklasse«, bildeten nun aber eine einflussreiche »swingende Meritokratie«. Dies, so die Schlussfolgerung der Autorin, belege den Aufstieg zweier sozialer Gruppen: der Jugend und der Angehörigen unterer Schichten.[7]

4 Anna Braun, »Where was Pop? Die Robert Fraser Gallery zwischen Popmusik und bildender Kunst in ›Swinging London‹«, in: Bodo Mrozek u. a. (Hg.), *Popgeschichte*, Bd. 2: *Zeithistorische Fallstudien 1958-1988*, Bielefeld 2014, S. 65-88, hier: S. 67.

5 Zur Bedeutung Chelseas vgl. Gerard Degroot, *The 60s Unplugged. A Kaleidoscopic History of a Disorderly Decade*, London 2008, S. 133-139; Dominic Sandbrook, *White Heat. A History of Britain in the Swinging Sixties*, London ³2009, S. 228-250.

6 Vgl. Halasz, »Great Britain«, S. 41A.

7 Insbesondere Letzteres ist eine bloße Behauptung, denn den Nachweis, dass es sich bei den neuen Kreativstars nicht um Einzelfälle, sondern um einen breiten Trend handelte, bleibt die Reportage schuldig.

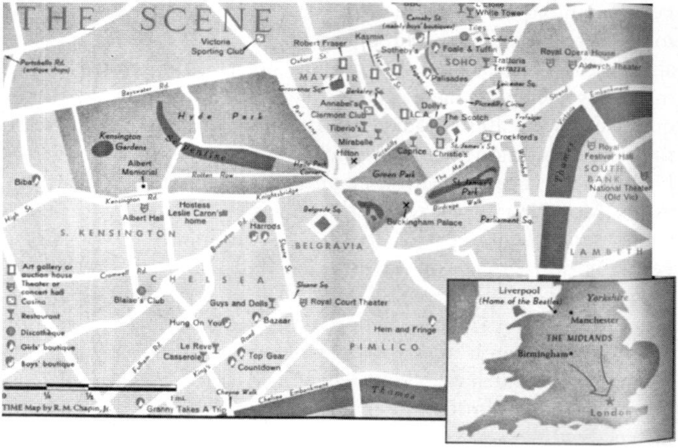

Abb. 99: Topographische Festschreibung einer Kulturrevolution: Stadtplan in *Time* (1966).

Die kulturellen Wurzeln der von ihr behaupteten Umschichtungen verortete Halasz ausgerechnet in den vormals kriminalisierten Sozialfiguren und Jugendkulturen. Explizit berief sie sich auf die »Teddy Boys« der fünfziger Jahre und zitierte mit Bezug auf die Konflikte im Südengland der Frühsechziger zwischen Mods und Rockers Cathy McGowan, die Moderatorin der Sendung *Ready, Steady, Go!*, mit den Worten: »Der Krieg ist vorbei – die Mods haben gewonnen.«[8] Dieselben Jugendstile, die noch wenige Jahre zuvor Anlass zu Kontroversen gaben, erfuhren so retrospektiv nicht nur ihre Entkriminalisierung, sondern wurden nun gleichsam zum Ursprungsmythos einer Jugend- und Popkultur aufgewertet, die hier als spezifisch »britisch« gezeichnet wurde.[9] »Swinging London« machte schnell Begriffskarriere.[10] Die Zeitschrift *Design* etwa spekulierte im August des Jahres, die Londoner Carnaby Street

8 Vgl. Halasz, »Great Britain«, S. 41A.

9 Was allerdings auch daran lag, dass Halasz zeitgleich an einem London-Reiseführer arbeitete, den sie wenig später mit großem Erfolg auf dem Buchmarkt verkaufte: Piri Halasz, *A Swinger's Guide to London*, London 1966.

10 Vgl. Dominic Sandbrook, *White Heat*, S. 251-276.

werde eines Tages synonym für einen dem deutschen Bauhaus ebenbürtigen Stil stehen, der auch über Musik und Mode hinaus auf die Produktgestaltung ausstrahle, denn auch Besteck- und Möbeldesign würden bereits »swingen wie die Supremes«.[11]

Auch wenn London zweifellos eine Landmarke dieser neuen Kultur war, wurde ihr Aufstieg nicht nur dort verortet. Kurz bevor Halasz' einflussreicher *Time*-Artikel veröffentlicht wurde, erschien das konkurrierende Magazin *Neewsweek* mit einem von Roy Lichtenstein gestalteten Cover, das die Pop-Explosion auf heute ikonische Weise illustrierte. Im Heft ging es um neue Trends in New York, deren Urheber nicht in den Marketingabteilungen der Konzerne säßen, sondern Teenager seien, und als Beleg, dass eine internationalisierte Jugend im Entstehen sei, wurden hier auch die deutschen »half-strong ones« der fünfziger Jahre herangezogen.[12] In Frankreich widmete die Zeitschrift *Paris Match* 1966 mehrere Artikel der britischen Hauptstadt, deren Jugend einen geschichtsvergessenen Zukunftsoptimismus kultiviere, rief aber auch – das laut *Time* modisch überholte – Paris als ebenbürtigen Ort der neuen Popkultur aus.[13] In Frankreich gehe »die *terreur* der Yé-yés« zu Ende, und ein neuer, internationalisierter Stil trete an ihre Stelle.[14] Das französische Nachrichtenmagazin *l'Express* hatte schon im Februar desselben Jahres ein »Europa der Stars« entstehen sehen, das in London zwar eine, aber durchaus nicht die einzige Hauptstadt habe: »Dieses Europa der Jugend und der Schönheit wird regiert auf der Achse Rom-Paris-London.«[15] Ein Jahr zuvor hatte es der Begriff *youthquake* in die amerikanische *Vogue* geschafft, und Françoise Giroud, die zehn Jahre zuvor in *l'Express* die Nouvelle Vague als Generationenbegriff geprägt hatte, beschrieb im Dezember 1966 ebenfalls eine internationalisierte Jugendkultur, deren Angehörige in Berlin demonstrierten, in London Telefonzellen zerstör-

11 Vgl. K. & K. Barnes, »Behind the Scene«, in: *Design* 8 (1966), zit. n. Richard Weight, *Mod! A Very British Style*, London 2013, S. 9.

12 »The Teenagers«, in: *Newsweek* (14. 02. 1966), S. 55-57; »Six Faces Of Youth«, in: *Newsweek* (21. 03. 1966), S. 47-53.

13 »La jeunesse anglaise ne s'intéresse plus au passé. Elle voit plus que l'avenir«/»Un revenant a Londres. Peter Townshend«, in: *Paris Match* (07. 05. 1966), S. 62-67.

14 Robert Collin, »La terreur des yé-yés«, in: *Paris Match* (13. 08. 1966), S. 69.

15 Patrick Theyen, »L'Europe des stars«, in: *l'Express* 765 (14.-20. 02. 1966), S. 48-53, hier: S. 50.

ten, in den USA mit LSD experimentierten und – wie die niederländischen Provos und französischen Beatniks – auch einen neuen Politikstil etablierten.[16] Der bundesdeutsche *Spiegel* verwendete im April 1966 erstmal in einem Artikel über den »Pop-Sex«, der sich in Tänzen wie dem Frug oder dem Monkey zeige, den Begriff »Pop-Kultur«, womit ein Konglomerat aus Pop-Art, Beat, Happenings und dem modischen Courrège-Look gemeint war, das die westliche Welt überspüle.[17]

So unscharf derlei Trendprognosen naturgemäß sind und sosehr sie den kurzen Konjunkturzyklen der massemedialen Themenproduktion gehorchen: Bemerkenswert ist, dass die These der Entstehung einer neuen Popkultur nun nicht mehr in spezialisierten Jugend- oder Musikmedien formuliert wurde, sondern in Nachrichtenmagazinen und Kulturzeitschriften für Erwachsene mit hohen Auflagen – und damit im publizistischen Mainstream ankam.[18] Anders als in den Jahren davor wurde die Popkultur in diesen Artikeln nicht mehr als Ausdruck kultureller Devianz exotisiert oder gar zur sozialen Pathologie erklärt, sondern sie erschien nun als urbanes *Lifestyle*-Phänomen mit übernationaler Ausstrahlungskraft. Diese Verschiebung eines jahrzehntelangen diskursiven Deutungskampfes ereignete sich nicht exakt im Jahr 1966,[19] vielmehr hatte sie sich über einige Jahre hinweg herauskristallisiert: Tom Wolfe hatte bereits 1963 das Auftauchen des Begriffs »Pop-Society« in den USA festgestellt,[20] in der britischen Independent Group,

16 »Youth Quake«, in: *Vogue* (01.01.1965), S. 112; Françoise Giroud, »La jeunesse et la salade«, in: *l'Express* 808 (12-18.12.1966), S. 125. Vgl. zur Nouvelle Vague oben, Kap. 3.2.1.

17 Richard R. Lingeman, »Mit Euch Tigern möchte ich ein Wörtchen reden. Sex-Symbole der sechziger Jahre«, in: *Der Spiegel* (25.04.1966), S. 156-157.

18 Vgl. dazu auch Connie Alderson, *Magazines Teenagers Read with Special Reference to Trend Jackie and Valentine*, Oxford u.a. 1968, S. 55.

19 Eine Reihe jüngerer Publikationen arbeitet eine Zäsur Mitte der Sechziger heraus: Jon Savage, *1966. The Year, the Decade Exploded*, London 2015; Frank Schäfer, *1966. Das Jahr, in dem die Welt ihr Bewusstsein erweiterte*, Salzburg, Wien 2016; Ernst Hofacker, *1967. Als Pop unsere Welt für immer veränderte*, Stuttgart ²2016; Antonius Weiler u.a. (Hg.), *Younger Than Yesterday. 1967 als Schaltjahr des Pop*, Berlin 2017. Bei solchen »Jahreszahlenbüchern« spielen allerdings auch buchmarktstrategische Erwägungen eine Rolle; nicht selten werden sie auf Jubiläen hin geschrieben.

20 Tom Wolfe, *Das bonbonfarbene tangerinrot-gespritzte Stromlinienbaby*, Reinbek bei Hamburg 1968, S. 11. Vgl. dazu oben, Kap. 1.1.

einem Diskussionskreis um den Künstler Richard Hamilton, war amerikanische Warenästhetik schon in der ersten Häfte der 1950er Jahre am Institute of Contemporary Arts unter dem Pop-Begriff diskutiert worden, und vereinzelt führten amerikanische Radiosendungen ihn schon in den dreißiger Jahren im Titel.[21] Die Welle von Artikeln im Jahr 1966 stellte aber zweifellos einen aufmerksamkeitsökonomischen Höhepunkt für das neue Phänomen dar. Als im Oktober der junge bundesdeutsche Autor Hubert Fichte im Hamburger Star-Club zum Beat der (aus den *rumbles* in Brighton bekannten) britischen Mod-Band Ian & The Zodiacs aus seinem damals noch unveröffentlichten Manuskript *Die Palette* vortrug, sinnierte der Kritiker der *Zeit* über die plötzliche Kompatibilität zweier ehedem getrennter kultureller Sphären:

Hier, im »heiligen Sanktus-Paulus-Village«, erschlug der Beat die Prosa nicht; beide koexistierten, mehr: sie machten gemeinsame Sache, sie dementierten das angebliche Schisma zwischen der Sub-, der Pop-Kultur, die ihre Kleidung und Sprache und Umgangsformen hat, und der seriösen, der höheren, der dunkel gekleideten »eigentlichen« Kultur.[22]

Auch Akademiker beschäftigten sich in zunehmendem Maße mit diesem Umbruch. In New York hatte Susan Sontag bereits 1964 in ihren »Notizen über Camp« bemerkt, dass auch »Post-Rock'n'Roll, was die Franzosen Yé-Yé nennen«, in einer ironischen Weise kanonisiert werde, womit das Hohe neben das Niedrige trete.[23] Und um ihrer These vom Kulturwandel wissenschaftliche Glaubwürdigkeit zu verleihen, hatte Piri Halasz in ihrem berühmten *Time*-Artikel den britischen Kulturwissenschaftler Richard Hoggart mit den Worten zitiert: »Eine neue Gruppe von Menschen tritt in die Gesellschaft ein und kreiert eine Art der Klassenlosigkeit und eine Verve, wie man sie noch nicht gesehen hat.«[24] Darüber hinaus betrachtete sie Hoggart selbst als eine Art lebenden Beweis für die von

21 Vgl. Hecken, *Pop*, S. 60-76 sowie bes. 93-151.

22 Dieter E. Zimmer, »Fichte und Beat. Dichterlesung ohne Verlegenheit«, in: *Die Zeit* (07.10.1966), S. 16.

23 Susan Sontag, »Notes on Camp«, in: *Partisan Review* 31 (Herbst 1964), S. 515-530. Wie einflussreich ihr Text war, erkannte selbst Greil Marcus (einer ihrer polemischsten Kritiker) an, der Sontag »unamerikanisches Schreiben« vorwarf, in: ders., *Der Mülleimer der Geschichte*, Hamburg 1996, S. 147.

24 Halasz, »Great Britain«, S. 32.

ihr behauptete Transformation, denn ihm, dem »Waisenkind aus den Elendsvierteln von Leeds«, sei der Aufstieg in die Bildungselite des Landes, die von ihr so genannte *swinging meritocracy*, gelungen. Hoggart hatte schon zuvor die Debatte um die Populärkultur mitgeprägt und 1964 das Center for Contemporary Cultural Studies an der Universität Birmingham gegründet, das in den darauffolgenden Jahren zur international wohl wirkmächtigsten akademischen Institution in Bezug auf die Erforschung subkultureller Gruppenbildungen und insbesondere der Jugend avancierte.[25] Auch Stuart Hall, sein Nachfolger am CCCS, betrachtete die sechziger Jahre als eine *conjuncture*, eine Zeit der Verdichtung, die mit ihren neuen Praktiken auch neue Sinnstiftungen und Deutungsangebote hervorgebracht habe.[26] Und der französische Autor Claude Dufrasne erklärte in einem von ihm herausgegebenen Sammelband unter dem Titel *Des millions de jeunes* den Jugendkult des Jahres 1966 zum Beginn einer neuen Ära. Als Hauptargument für die epochale Bedeutung der Jugend führte er die demographische Entwicklung an: Die gestiegene Geburtenrate habe auch in Frankreich ein Bewusstsein für die Aufwertung der jungen Generation geschaffen. Zudem schienen sich »diese Jungs mit langen Haaren und diese Mädchen in Hosen« grundlegend von ihren Altersgenossinnen und -genossen früherer Zeiten zu unterscheiden. Gemeinsam bildeten sie eine »neue Klasse«, die ein völlig neues Verhältnis zu Sexualität, Konsum und Kultur habe.[27]

Diese neuen juvenilen Praktiken und Inhalte strahlten mittlerweile auch massiv auf die Erwachsenenkultur ab. Zu den speziell für Jugendliche entwickelten Waren gehörten inzwischen nicht mehr nur Medien- und Kulturprodukte im engeren Sinne, sondern auch klassische (und höherpreisige) Konsumgüter. Zum Erfolgsmodell wurde zum Beispiel 1967 der als Spielmobil für junge Leute kreierte Peugeot 204 in einer Coupé-Version (ohne Rückbank, aber

25 Richard Hoggart, *The Uses of Literacy. Aspects of Working-Class Life, with Special Reference to Publications and Entertainments*, London ^{4}1957, S. 279. Vgl. auch Bodo Mrozek, »Panic on the Streets of London«, in: IfA (Hg.), *Konfliktkulturen*, Göttingen 2011, S. 157-164, hier: S. 157.

26 Vgl. Stuart Hall, »The Meaning of New Time«, in: ders., *Critical Dialogues in Cultural Studies*, London, New York 1996, S. 223-237.

27 Vgl. Claude Dufrasne u. a. (Hg.), *Aspects de la jeunesse. Des millions de jeunes*, Paris 1967, S. 7-8.

mit Verdeck).[28] Auch der weitaus teurere Ford Mustang, der drei Jahre zuvor auf die kaufkräftigen US-amerikanischen Jugendlichen gezielt hatte – und dem Serge Gainsbourg einen Song widmete –, fand reißenden Absatz, allerdings überwiegend bei Männern im Alter zwischen 45 und 55 Jahren.[29]

In dem Maße, in dem das Thema Jugend in den Medien, auf den Warenmärkten und in der Politik mehr Raum einnahm, entstand aber auch eine Gegenbewegung, die in den affirmativen Beiträgen Mitte der sechziger Jahre ein neues Paradigma erblickte, in dem die zuvor marginalisierte Jugend nun zunehmend als hegemoniale Gruppe auftrat. Zum Zentralbegriff dieser Gegenbewegung avancierte das Schlagwort »Jugendkult«, mit dem kritisiert wurde, dass eine Altersstufe zum quasireligiösen Fetisch aufgestiegen sei und zugleich andere gesellschaftliche Gruppen pauschal abgewertet würden. Während Statistiker 1961 noch kühl festhielten, dass Teenager 42 Prozent aller verkauften Schallplatten erwarben, unkte ein Verhaltensforscher acht Jahre später, die Jugend beherrsche den Markt der Schlagermusik vollkommen und sei sogar in die von Erwachsenen gemachten Illustrierten und Zeitungen vorgedrungen, wodurch »eine seltsame Mischung aus Verwirrung, Spott und Neid« entstehe, wenn nicht gar ein spezifischer »Teenager-Mythos«.[30] In solchen Aussagen führte die Angst vor dem Aufstieg marginalisierter Gruppen mitsamt ihren kulturellen Inhalten und Praktiken die Regie. Dennoch zeichnete sich bereits um 1966 ein »Mainstream der Minderheiten« ab, wie er in den darauffolgenden Jahrzehnten diagnostiziert werden sollte.[31]

28 André Franquin Jidéhem u. a., *Les Chroniques des starter. 60 Populaires de starter*, Paris 2012, S. 85.

29 Serge Gainsbourg, »Ford Mustang«, auf: ders., *Initials B.B.* (FR 1968) Philips 844 784 Y, B1 [LP]. Vgl. Jonathyne Briggs, *Sounds French. Globalization, Cultural Communities, and Pop Music 1958-1980*, Oxford u. a. 2015, S. 75.

30 Mark Abrams, *The Teenage Consumer. Teenage Consumer Spending in 1959*, London 1961, zit. n. Michael Schofield, *Das sexuelle Verhalten*, Reinbek bei Hamburg 1969, S. 20-21.

31 Vgl. Tom Holert, Mark Terkessidis, »Einführung in den Mainstream der Minderheiten«, in: dies. (Hg.), *Mainstream der Minderheiten. Pop in der Kontrollgesellschaft*, Berlin, Amsterdam 1996, S. 5-19, bes. S. 15-17.

5.2. 1956-1966: Das ungerade Jahrzehnt

Zwischen den Jugendkrawallen, Stereotypenbildungen und Verbotskampagnen um 1956/57 und der Verbreitung des Begriffs Pop als Signifikant einer neuen Kultur um 1966 erstreckt sich ein *ungerades Jahrzehnt*, das von zwei gegenläufigen, aber eng miteinander verschränkten Prozessen geprägt wurde, die in diesem Buch nachvollzogen wurden. Dies ist *erstens* die Skandalisierung und in vielen Fällen auch die Kriminalisierung von Jugend- und Popkultur. Die Intensität dieser Debatten nahm im Verlauf der untersuchten zehn Jahre ab, wie sich am Beispiel des Twist sehen lässt, der deutlich weniger dramatisiert wurde als nur wenige Jahre zuvor etwa der Rock'n'Roll.[32] *Zweitens* fand in diesem Zeitraum eine allmähliche Etablierung neuer Medien statt, die Jugend als gesellschaftlich relevante und eigenständige Gruppe akzeptierten und sie in neuartigen Zeitschriften und auf festen Sendeplätzen ansprachen. Diese Formate entstanden in einem zähen Aushandlungsprozess zwischen Anbietern und Konsumenten und waren wesentlich ein Ergebnis der Konkurrenz zwischen halbstaatlichen und privaten Medien.

Um die Jahrhundertmitte war das öffentliche Bild von Jugend geprägt von pauschalen Abwertungen und Bedrohungsnarrativen, die äußerst wirkmächtige Sozialklischees sowie Politiken hervorbrachten, die zwischen Kontrolle und Bestrafung auf der einen und Therapeutisierung und Prävention auf der anderen Seite oszillierten. Beiden Handlungsoptionen war gemeinsam, dass sie Jugend als ein Territorium definierten, auf dem die Zukunft der jeweiligen Gesellschaften gestaltet, wenn nicht sogar – vor dem außenpolitischen Hintergrund – erkämpft werden musste. Dementsprechend herrschten rigide Vorstellungen von Ordnung vor, die mit behördlichen Praktiken durchgesetzt und von zivilgesellschaftlichen Interventionen (etwa von Religionsgemeinschaften und Verbänden) flankiert wurden.

32 Gleichwohl wurde in den folgenden Jahrzehnten weiterhin immer wieder über Musikstile gestritten; allerdings scheinen hier immer öfter Mechanismen der Selbstskandalisierung am Werke zu sein, die bewusst drastische Kritik provozierte, um Aufmerksamkeitsgewinne – und damit auch solche auf dem Warenmarkt – zu erzielen. Es wäre zu diskutieren, inwieweit etwa die Debatten um Punk in den späten Siebzigern solchen Mechanismen folgten, da die Selbstbezeichnung hier von vorneherein eine pejorative war.

Diese Politiken waren eingebettet in zeithistorische Konfliktlinien und Metadiskurse, allen voran in die demographische Prognose einer Verjüngung der Gesellschaft, die kulturpessimistische Ängste vor Vermassung und Denormalisierung weckte. Der Kalte Krieg grundierte als wirkmächtige Erzählung die Forderung nach einer gut ausgebildeten Jugend als Kampfreserve im Wettkampf der Systeme auf wirtschaftlichem, wissenschaftlichem, militärischem, besonders aber auf kulturell-ästhetischem Gebiet. Konflikte der Dekolonialisierung und der Migration spielten in die Jugenddebatten hinein, ebenso architekturale Diskurse, in denen beispielsweise der soziale Wohnungsbau als »Brutstätte« von Devianz und Kriminalität problematisiert wurde. Die in diesen Debatten entstandenen Sozialfiguren (»Halbstarke«, »Teddy Boys«, »blousons noirs«, »juvenile delinquents«) knüpften an ältere Typenbildungen an (»Zoot Suiters«, »Eckensteher«, »Apaches«, »Hooligans« beziehungsweise »chuligani«, »Spivs«). Sie wurden durch zeithistorische Kontexte aktualisiert und in Beziehung zu politischen Ereignissen gesetzt, wie das vorliegende Buch am Beispiel des Arbeiteraufstandes vom 17. Juni 1953 in der DDR, des Algerienkrieges in Frankreich oder an Einwanderungskonflikten in Großbritannien und dem Rassismus in den USA gezeigt hat. Auch in diesem Zusammenhang spielten neue Medien eine wichtige Rolle: Das Kino griff die literarischen Klischees des »young rebel« beziehungsweise der weiblichen »juvenile delinquent« auf, die auch Eingang in polizeiliche Maßnahmenkataloge, parlamentarische Debatten und Gesetzestexte fanden – etwa in »Halbstarkenparagraphen«. Als dissonant empfundene Klänge führten zu Boykotten und Verboten, sowohl in den Sendeverbotslisten privater und öffentlich-rechtlicher Medien wie auch in den höchst restriktiven staatssozialistischen Einfuhr- und Aufführungsbestimmungen.

Als Vermittler zwischen der medialen und der polizeilichen Sphäre fungierte die vergleichsweise neue Gruppe der Experten. In der zweiten Hälfte der fünfziger Jahre lieferten inner- und außerakademische Forscher mit einer intensivierten Ursachen- und Verhaltensforschung Begründungen für Altersbeschränkungen und Verbote und wirkten in Kommissionen und Zensurgremien mit. Viele ihrer Expertisen betrieben die Verwissenschaftlichung stereotyper Jugendbilder, indem sie die Klischees nicht als Fiktionen behandelten, sondern mittels Verdatung zu berechenbaren Problemen objektivierten, die eine politische Lösung erforderten. Es ist kein Zufall, dass etliche dieser Forscher gleichzeitig nach Einfluss als Politikberater strebten.

Lassen sich diese seit Ende der ersten Hälfte der fünfziger Jahre, vor allem aber um das Jahr 1957 intensivierten Debatten als *Konfliktphase* polizeilicher und legislativer Regulierungen verstehen, so waren die Jahre ab 1960 vor allem eine Zeit kultureller Deutungskämpfe. Zwischen 1961 und 1966 stieg Jugend zunehmend zum gesellschaftlichen Leitbild auf. Hierbei spielte die Medialisierung eine wichtige Rolle, die spezifisch jugendliche Kulturformen aus der Nische von Spezialmagazinen hinein in Allgemeinmedien wie den öffentlich-rechtlichen Rundfunk diffundierte und somit Jugend als Gruppe mit eigenen Bedürfnissen und eigenem Stil gesamtgesellschaftlich hör- und sichtbar machte. Auch in der Erwachsenengesellschaft wurden ihre neuen Inhalte – wenn auch zunächst zögerlich – von etablierten Institutionen wie Tanzschulen oder Medien adaptiert: der Bongo Craze ebenso wie der Twist oder das Tragen von Jeans und Miniröcken. Mitte der Sechziger öffneten sich selbst Kulturämter und Schulen mit kommunalen Musikwettbewerben und der Verwendung von Beatles-Liedern im Unterricht allmählich der Popkultur.

Diese *Etablierungsphase* war zwar noch immer von scharfen Konflikten um die Jugend- und Popkultur geprägt, wie am Beispiel der Pariser *Nuit de la nation*, der *rumbles* in Südengland oder der ost- und westdeutschen Beat-Krawalle exemplarisch gezeigt wurde, die drastische Polizeimaßnahmen und eine dramatisierende Berichterstattung nach sich zogen – und bisweilen auch erst durch diese produziert wurden. Doch deutete sich in den frühen Sechzigern allmählich eine Entdramatisierung vormals kriminalisierter kultureller Ausdrucksformen an. Wenn in der »Beatlemania« um 1964 auch das aus dem 19. Jahrhundert stammende Hysterie-Dispositiv einer vermeintlich weiblichen Überemotionalität aktualisiert wurde, so entstanden zeitgleich immer mehr Formate für elektrisch verstärkte und internationalisierte Popmusik in den Medien. Auch im Fernsehen bildeten sich – gegen starke Widerstände innerhalb und außerhalb der Rundfunkanstalten – neue Sendeplätze wie der westdeutsche *Beat-Club* oder die US-amerikanische Sendung *Shindig!* heraus, die eine experimentelle *visual culture* des Pop hervorbrachten. Altersspezifische Kulturzeitschriften wie *Bravo*, *Fabulous* oder

SLC trieben zudem die Historisierung des Rock'n'Roll voran und konstituierten ein neues Pop-Wissen. Wichtige Neugründungen, die zur Entstehung einer Popkritik beitrugen, kamen im Jahr 1966 hinzu: neben anderen in Frankreich das Magazin *Rock & Folk* und der *Disco Guide*, in den deutschsprachigen Ländern die Schweizer Zeitschriften *Pop* und *Rocky* (später *Pop Rocky* beziehungsweise *Popcorn*), in der Bundesrepublik *Sounds* und 1967 in den USA der *Rolling Stone*.[33] Als professionelle Akteure etablierten sich neue Berufsbilder: der Popkritiker, der Radio-DJ, der Tontechniker und der Band-Manager. Um 1966 politisierte sich die populäre Kultur allmählich. In Konflikten zwischen Langhaarigen und Behörden wurden alternative Lebensentwürfe am Beispiel der programmatischen Nichtarbeit selbsterklärter »Gammler« verhandelt. In Anti-Protest-Songs von etablierten Stars des Rock'n'Roll wie Johnny Hallyday oder Schlagersängern wie Freddy Quinn erklangen auch politisch konservative Stimmen nun innerhalb des Pop.[34]

Dieses Buch hat den Fokus sowohl auf die fünfziger wie auch auf die sechziger Jahre gelegt und damit die übliche Unterteilung nach Jahrzehnten aufgebrochen.[35] Anstatt von zwei klar voneinan-

33 Vgl. Florence Tamagne, »Aux origines de la critique rock en France dans les années 1960. L'exemple de *Disco Revue*«, in: Pascal Goetschel u. a. (Hg.), *Lire, voir, entendre. La reception des objets médiatiques*, Paris 2010, S. 242-251, hier: S. 242; Petra Nickel, *Mädchenzeitschriften – Marketing für Medien. Eine kommunikationswissenschaftliche Analyse der Marketingstrategien und -inhalte*, Münster u. a. 2000, S. 96; Vgl. zur deutschen Popkritik: Nadja Geer, *Sophistication. Zwischen Denkstil und Pose*, Göttingen 2012; Jens-Christian Rabe, »Fliegende Klassenfeinde. Affirmation als Subversion oder die Geburt der deutschen Poptheorie aus dem Verdruss über linksalternativen Authentizitätskult und Schweinerock«, in: *Mittelweg 36* 25 (2016), S. 98-106.

34 Vgl. Anna von der Goltz, »Von alten Kämpfern, sexy Wahlgirls und zornigen jungen Frauen. Überlegungen zur Beziehung von Generationalität, Geschlecht und Populärkultur im gemäßigt-rechten Lager um 1968«, in: Lu Seegers (Hg.), *Hot Stuff. Gender, Popkultur und Generationalität in West- und Osteuropa nach 1945*, Göttingen 2015, S. 57-79. Hallyday positionierte sich zwar gegen den »Protestler« Antoine, näherte sich aber Anfang der 1970er den Hippies an und pflegte später sowohl Kontakte zu konservativen wie zu kommunistischen Politikern, kann daher nicht als grundsätzlich konservativ gelten. Vgl. Yves Santamaria, *Johnny. Sociologie d'un rocker*, Paris 2010, S. 197; Bodo Mrozek, »Johnny Hallyday«, in: *MGG*, online unter: ⟨https://mgg-online.com/mgg/stable/48132⟩, letzter Zugriff 05. 12. 2018.

35 Dies demonstrierte für die Bundesrepublik bereits: Arnold Sywottek, »Wege in die 50er Jahre«; in: Axel Schildt, ders., (Hg.), *Modernisierung im Wiederaufbau.*

der abgrenzbaren Zeitabschnitten mit grundsätzlich differierenden Zuschreibungen auszugehen, wurde einerseits eine kontinuierliche Entwicklung beschrieben, deren Binnengliederung die kalendarische Zäsur ignoriert. Andererseits wurde mit dem Fluchtpunkt im Jahr 1966 die Fixierung der Geschichtsschreibung der sechziger Jahre auf die Studentenproteste um 1968 vermieden. Viele Prozesse der Internationalisierung und der partiellen Überwindung von Geschlechterstereotypen und auch des kritischen Umgangs mit als überkommen empfundenen ordnungspolitischen Paradigmen fanden bereits vor 1966 statt – gerade auch in sogenannten bildungsfernen Schichten. Die zunehmend breite Akzeptanz zuvor problematisierter Praktiken und Inhalte, die in geschlossenen Gruppenformationen entstanden waren, lässt sich als eine Entwicklung von der Sub- zur Popkultur verstehen. »Pop-sein, das heißt nicht mehr, einem Clan anzugehören – ein Teddy-Boy zu sein, zum Beispiel –, sondern der großen Gemeinschaft Adoleszenter aus allen kulturellen und sozialen Milieus«, beschrieb Bertrand Lemonnier diese Ausweitung zu einem integrativen und sozial verbreiterten *mouvement pop*, den auch er auf Ende 1965 datiert.[36] Zu dieser Zeit sei das kulturelle Leben bereits weitgehend von Pop durchdrungen gewesen: Nicht nur die Hitparaden, auch das Kino, die Literatur und das Theater »haben ihre Pop-Revolution erlebt«.[37] Hierzu trug eine Historisierung und Kanonisierung von Mode- und Musikstilen bei, die zur Aufwertung vormals als deviant gezeichneter Inhalte führte, die nun als »Klassiker« und Vorläufer der zeitgenössischen Hegemonialkultur gelesen wurden.[38]

Auch wenn sich um 1966 eine Politisierung hin zum Protest andeutete, so wäre es doch zu kurz gegriffen, beispielsweise von den Straßenkonflikten »Halbstarker« und den Auseinanderset-

Die westdeutsche Gesellschaft der 50er Jahre, Bonn 1998, S. 13-39, hier: 24. Für den bundesrepublikanischen Zeitabschnitt zwischen 1957 und 1966 konstatiert das »Ende der Nachkriegszeit«: Eckart Conze, *Die Suche nach Sicherheit. Eine Geschichte der Bundesrepublik Deutschland von 1949 bis in die Gegenwart*, München 2009, S. 227-330, zur Jugendkultur bes. S. 240.

36 Bertrand Lemonnier, *La révolution pop dans l'Angleterre des années soixante*, Paris 1986, S. 67.

37 Ebd., S. 73.

38 Etwa in den Historisierungsansätzen in *Bravo*, *Salut les copains* und *Beat-Club*. Vgl. oben, Kap. 4.4.2 bzw. 4.4.4.

zungen britischer Mods und Rocker mit der Polizei eine direkte Linie zur Studentenbewegung von »1968« zu ziehen. Die Mode-, Musik- und Körperdiskurse des Pop waren zwar eng mit Prozessen der Neuformierung von Selbstverhältnissen und der Aufweichung traditioneller männlicher Führungsrollen verschränkt. Daraus lässt sich jedoch nicht pauschal auf eine politische Bewusstseinsbildung schließen, auch wenn einiges für die These eines allmählichen Wertewandels in der *longue durée* der zweiten Hälfte des 20. Jahrhunderts sprechen mag.[39] Dass die Debatten um Normen und Werte eng mit popkulturellen Artikulationen verschränkt waren, wurde in den vorangegangenen Kapiteln für unterschiedliche Kontexte nachgewiesen. Erinnert sei nur an die Zensurmaßnahmen gegen Kinofilme und Musikstücke, an die Entwicklung von behördlichen Aufschreibsystemen der Devianz (wie Rockerkarteien und Langhaarigen-Kladden) und an die Thematisierung von Jugendkulturen in parlamentarischen Debatten. Auch mediale Skandalisierungen individualisierter Tänze, emotionaler Performances bei Musikaufführungen und der Sexualmoral auf Partys (am Beispiel der »Riverboat Shuffles«) sowie Haar- und Kleidermoden waren Felder, auf denen Normalisierungskonflikte ausgetragen wurden.

Die Härte dieser Konflikte stellt die Meistererzählung einer im Untersuchungszeitraum bereits vollständig »geglückten Demokratisierung« für die westlichen Demokratien in Frage. Im Umgang mit Popkultur äußerten sich auch immer wieder Rassismen und Autoritarismen. Mögen gewaltsame Konflikte wie die »Kölner Knüppelorgie« oder die »Schwabinger Krawalle« sowie lokale Bekleidungs-, Film- und Musikverbote Einzelfälle sein, so gibt deren Häufung im internationalen Maßstab doch Anlass zum Zweifel an idealisierten Liberalisierungserzählungen. Das Bild konformistischer Zwänge auf der einen und eines rebellischen Eigensinns auf der anderen Seite ist ohnehin vielfach problematisiert worden. Andreas Reckwitz etwa versteht die Subjektformierung in der Moderne als ein dynamisches Wechselspiel zwischen hegemonialen Modellen und ihren minoritären Gegenbewegungen.[40] Das Aufweichen alter

39 Die vieldiskutierte These eines grundlegenden Wertewandels geht maßgeblich zurück auf Ronald Inglehart, *The Silent Revolution. Changing Values and Political Styles Among Western Publics*, Princeton 1977.

40 Vgl. Andreas Reckwitz, *Die Erfindung der Kreativität. Zum Prozess gesellschaftlicher Ästhetisierung*, Berlin [3]2012, S. 14.

Verhaltensnormen bringt stets neue Codes und Regeln hervor, die für die in ihre Werte- und Normensysteme eingebundenen Zeitgenossen zumeist nicht sichtbar sind. So war das »unkontrollierte Gehopse«, als das manche Behördenmitarbeiter neue Tänze beschrieben, keineswegs das Resultat der Abschaffung aller Übereinkünfte, sondern nur das Bekenntnis zu einem *anderen* Disziplinarregime, denn gerade die akrobatischen Paartänze der fünfziger Jahre erforderten ein nachgerade sportliches Training.[41] Dieses Beispiel lässt sich auch auf andere Bereiche der (Pop-)Kultur ausdehnen, in der – wie Alexa Geisthövel betont hat – schöpferische, regulierende und disziplinierende Effekte sich nicht widersprechen müssen, sondern mitunter nahtlos ineinandergreifen.[42] Mit ihrer gesellschaftlichen Etablierung taugten popkulturelle Praktiken zunehmend auch als Techniken einer Selbstoptimierung, die gesellschaftliche Chancen und Status versprach, wie sich etwa an Tanzwettbewerben oder den bereits in den Sechzigern kommunal veranstalteten Gitarrenwettkämpfen ebenso beobachten lässt wie an den Schmink- und Paarbildungstipps der Jugendmagazine, und zwar noch bevor Techniken und Drogen der »Bewusstseinserweiterung« als »fernöstliches Wissen« eine Bricolage aus Yoga und Meditation bildeten, die auch über popkulturelle Indien- und Asienbilder von den Beats bis zu den Beatles vermittelt wurde.[43]

Der wesentliche Fokus dieses Buches lag auf der Internationalisierung. Wurde die Begeisterung von Teilen der deutschen Jugendlichen für amerikanische Kultur bisher zumeist als eine Abgrenzung gegen die noch vom Nationalsozialismus geprägte Elterngeneration interpretiert, so zeigt die erweiterte räumliche Perspektive unter Einbezug anderer Staaten, dass dort sehr ähnliche Debatten geführt wurden, obwohl sie keine nationalsozialistische Vergangenheit hatten. In Großbritannien etwa wurde die neo-edwardianische Ju-

41 Vgl. Bodo Mrozek, »Verhaltenslehren des Vergnügens. Zur Zeitgeschichte der Party«, in: *ZIG* 4 (2015), S. 20-30, hier: S. 11.

42 Vgl. Alexa Geisthövel, »Lebenssteigerung. Selbstverhältnisse im Pop«, in: dies., Bodo Mrozek (Hg.), *Popgeschichte*, Bd. 1: *Konzepte und Methoden*, S. 177-199, hier: S. 193.

43 »Beat Battles« wurden von Jugendheimen und Rundfunksendern ausgeschrieben. Vgl. Dieter Baacke, *Beat – die sprachlose Opposition*, München 1968, S. 33; Isabel Richter, »Die Osterweiterng des Bewusstseins. Techniken der Selbstentgrenzung in den langen 1960er Jahren«, in: *Mittelweg 36* 25 (2016), S. 107-126.

gendmode ebenfalls als »amerikanisiert« bezeichnet, und in Frankreich deutete man die *blousons noirs* um 1963 im Zusammenhang mit der Dekolonialisierung.

Die als Amerikanisierung interpretierten popkulturellen Prozesse der fünfziger Jahre sind damit weder ein spezifisch deutsches Phänomen, noch lassen sie sich ausschließlich als eine Reaktion auf den Nationalsozialismus und den Kalten Krieg interpretieren. Weitet man die zeitliche Perspektive zudem auf die sechziger Jahre aus, so deutet sich eher eine Europäisierung beziehungsweise Westernisierung an, in der Frankreich und die *radios périphériques* aus Kleinstaaten sowie exterritoriale Seesender und deren DJs eine wichtige Rolle als Innovatoren und Distributoren spielten. Jugendliche in Großbritannien und beiden deutschen Staaten orientierten sich nicht nur an der US-amerikanischen Kultur, sondern in erheblichem Maße auch an französischen Vorbildern.

Allerdings sind an großräumlichen Denkfiguren wie Amerikanisierung oder Westernisierung grundsätzliche Zweifel angebracht, wenn sie als Chiffre für Kultur dienen. Denn um etwa das DJ-Radio, den Twist oder die Jeans als Vehikel einer Amerikanisierung zu verstehen, muss man diese Praktiken und Artefakte zunächst als amerikanisch oder westlich labeln – in einer gedanklichen Operation, die der Nationalisierung von Phänomenen gleichkommt, welche bei näherer Betrachtung – wie alle Kulturen – transnationale Wurzeln haben. Wie wenig aussagekräftig eine Territorialisierung nach Kontinenten oder Himmelsrichtungen ist, zeigt sich an der massenhaften Begeisterung für Popprodukte auch im Osten, die den Befund einer grundsätzlichen »Westernisierung« in ihre Schranken weist. So wurden etwa in der Tschechoslowakei gepresste Beatles-Schallplatten aus östlicher Richtung in die DDR eingeführt, wo es auch eine mit Polen vernetzte Jazz-Szene gab.[44] Solche Grenzüberschreitungen sprechen für mehr Abstand zu geographischen Großbegriffen, die der zeitgebundenen Sprache der Quellen entstammen.[45]

Warenökonomisch betrachtet sind die Beiträge zu einer transna-

44 Vgl. Christian Schmidt-Rost, *Jazz in der* DDR *und Polen. Geschichte eines transatlantischen Transfers*, Frankfurt/M. 2015, bes. S. 187-213.

45 Als Fakten einer politischen Ökonomie – und damit quasi als Quellenbegriffe – versteht diese »diskursiven Aufteilung[en]« Homi K. Bhabha, *Die Verortung der Kultur*, Tübingen ²2007, S. 30.

tionalen Kultur allerdings nicht gleichmäßig verteilt.[46] Setzte sich Großbritannien mit dem als *british invasion* bezeichneten Erfolg nationaler Bands Mitte der Sechziger an die Spitze des internationalen Pop, so wurden beispielsweise Inhalte aus Deutschland im Untersuchungszeitraum dieses Buches kaum international rezipiert. »Halbstarken«-Filme, der Sänger Peter Kraus oder die Sendung *Beat-Club* stießen zwar auch im Ausland auf Interesse, waren aber in dieser Hinsicht Ausnahmen. Allerdings spielte deutsche Phonotechnik bei der Musikproduktion und -rezeption weltweit eine Rolle, in der Transistorisierung ebenso wie beim Studio-Recording »amerikanischen« Rock'n'Rolls.[47] Von der DDR hingegen ging kaum Einfluss auf den Westen aus, sieht man von den westlichen Hörern des Jugendprogramms DT64 einmal ab. Dies lag vorrangig an der staatlichen Unterdrückung der Popproduktion und -distribution in der DDR, aber auch an politischen Zensurmaßnahmen im Westen, die den Import »sozialistischer« Kulturgüter verhinderten.[48]

Gleichwohl standen die popkulturellen Praktiken Jugendlicher hinter dem »Eisernen Vorhang« denen in den westlichen Staaten kaum nach. Jugendliche in der DDR orientierten sich an textilen Moden aus dem Westen, rezipierten unerwünschte ausländische Literatur, suchten Kontakt zu französischen Studierenden etwa auf der Leipziger Messe, korrespondierten sowohl mit ausländischen Musikfans als auch mit Rundfunksendern und waren Mitglieder in multinationalen Fanclubs. Dennoch kam es um 1966 in der DDR nicht wie in den Staaten des Westens zu einer Etablierung, im Gegenteil: Die Beat-Szene wurde durch intensivierte Kontrollmaßnahmen zunehmend in die Illegalität privater oder – vereinzelt – kirchlicher Schutzräume abgedrängt.

In allen untersuchten Staaten – auch in den sich als liberal verstehenden westlichen Demokratien – wurden nationalkulturelle

46 Dietmar Hüser zieht eine »Verflechtungsbilanz« zugunsten der USA – und im deutsch-französischen Transfer zugunsten Frankreichs, in: »Westdeutsches ›Demokratiewunder‹ und transnationale Musikkultur. Dimensionen des Politischen im Populären«, in: ders. (Hg.), *Populärkultur transnational. Lesen, Hören, Sehen und Erleben im Europa der langen 1960er Jahre*, Bielefeld 2017, S. 301-334, hier: S. 320 u. S. 323.

47 Vgl. oben, Kap. 3.1.2.

48 Etwa gegenüber Filmen wie *Berlin – Ecke Schönhauser*, vgl. oben, Kap. 3.2.4.

Vorbehalte gegen die neue Jugend- und Popkultur mobilisiert. Bei allen nationalen, städtischen und regionalen Unterschieden lassen sich doch die Umrisse eines beziehungsweise mehrerer ineinander verschränkter transnationaler Pop-Räume erkennen, die sich etwa in der Ausdehnung von Musikstilen manifestierten, aber auch in einer international verflochtenen Medien- und Kulturindustrie, in grenzüberschreitenden Ätherräumen des Rundfunks sowie in der Angleichung von Rezeptionsweisen. Zu den Inhalten dieser Verflechtungen gehörten neue Klänge, bestimmte körpersprachliche Konventionen, textile Moden und emotionale Codes. Die internationale Konzert-Tournee, multinational organisierte Fanclubs, transmediale Synergien zwischen neuen Formaten unterschiedlicher Staaten (wie in der Kooperation zwischen *Bravo* und Radio Luxemburg) – so eine weitere These des Buches – waren wesentliche Elemente der Angleichungs- und Vernetzungsvorgänge auf dem Weg zu einer »Globalisierung«. Sie bildeten Wirtschaftsräume, prägten Kultur und Jugendpolitiken aus und durchdrangen auf der Ebene der Alltagskultur das private Leben.

Aus historischer Perspektive waren nicht alle diese kulturellen Phänomene neu, sondern hatten in vielen Fällen Vorläufer in früheren Epochen: der Fanclub etwa im bürgerlichen Kunstverein, die Rock-Tournee in den Virtuosen-Reisen des frühen 19. Jahrhunderts und die Produktion von Fanartikeln in den Einblattdrucken mit Musikerporträts seit dem 18. Jahrhundert.[49] Die Ausweitung solcher etablierten Rezeptionsweisen »besitzender« Schichten auf andere Gruppen von Konsumenten wurde durch deren wachsenden Wohlstand bedingt, etwa das Sammeln oder das Entwickeln distinkter Kennerschaften und die Konstituierung eines spezifischen Kulturwissens. Neu war daran, dass sich Jugendliche aus mittleren und unteren Einkommensschichten die vormals »bürgerlichen« Praktiken aneigneten und mit Inhalten füllten, die sich von denen der bisherigen Kultureliten signifikant unterschieden. Popkulturelle Entwicklungen waren zudem wesentlich auch das Ergebnis des Markteintritts einer afroamerikanischen Mittelschicht in den USA und – in allen untersuchten Staaten – der zunehmend mit eigenen Zeit- und Geldbudgets ausgestatten jungen Menschen. Jugend- und Popmedien gaben Handlungsanleitungen zur Kanonisierung

49 Vgl. Antoine Lilti, *Figures publiques. Aux origines de la célébrité (1750-1850)*, Paris 2014, S. 316-326.

und Semantisierung der neuen kulturellen Wissensbestände. Da diese Inhalte etablierte Geschmacksmonopole herausforderten, reagierten die traditionsbewussten Eliten auf den drohenden Verlust ihrer Deutungshoheit mit Strategien der Delegitimierung – etwa dem Narrativ der Kommerzialisierung von Kultur sowie mit der Pathologisierung von Kulturkonsum als Suchtphänomen (»Kino-« und »Freizeitsucht«) beziehungsweise als Epidemie, etwa in Bezug auf die »Beatlemania« oder die »Veitstanzseuchen« Twist und Rock'n'Roll.

Bedingt durch die ungleichen wirtschaftlichen und technischen Entwicklungen vor allem der USA und Europas fanden diese Prozesse nicht exakt zeitgleich statt. Aber selbst in der wirtschaftlich gänzlich anders strukturierten DDR, wo Jugendliche weitaus strengeren Kontrollregimen durch Massenorganisationen und staatliche Organe unterworfen waren, entwickelten sich ähnliche Alltagspraktiken, für die vergleichbare Freizeitsbudgets wie in westlichen Staaten (bei unterschiedlicher Marktlage) die Grundlage bildeten. Wurde in den fünfziger Jahren Musik noch im Wesentlichen nach Einkommensschicht und Bildungshintergrund getrennt gehört, wie Umfragen nachwiesen, so hatte sich spätestens mit dem Beat und vor allem mit den Beatles ein über Bildungs- und Einkommensgrenzen hinweg zunehmend gleichförmiger Musikgeschmack etabliert.[50] Pop formierte sich damit als intergenerationelle Kultur, auch wenn »feine Unterschiede« (Pierre Bourdieu) weiterhin auch das popkulturelle Rezeptionsverhalten prägten.[51]

Das Generationenparadigma darf dennoch nicht überbewertet werden. Zahlreiche Konflikte zwischen unterschiedlichen Fankulturen mündeten in zum Teil sogar gewaltsamen Auseinandersetzungen, wie anhand von Rockern und Mods, Langhaarigen oder Jazzern aufgezeigt wurde, die soziale Binnendifferenzen innerhalb

50 »Übergreifende Trends im Lebensstil« sieht Frank Bösch in: »Geteilt und verbunden. Perspektiven auf die deutsche Geschichte seit den 1970er Jahren«, in: ders. (Hg.), *Geteilte Geschichte. Ost- und Westdeutschland 1970-2000*, Göttingen 2015, S. 7-37, hier: S. 10.

51 Auch wenn Bourdieu sich hier nicht explizit mit Jugendkultur befasst, so gelten seine Untersuchungen zum Zusammenhang von kulturellem mit sozialem Kapital auch auf diesem Feld. Vgl. Pierre Bourdieu, *Die feinen Unterschiede. Kritik der gesellschaftlichen Urteilskraft*, Frankfurt/M. 1987. In Anlehnung an Bourdieu spricht Sarah Thornton von subkulturellem Kapital, vgl. dies., *Club Cultures. Music, Media, and Subcultural Capital*, Cambridge 1993.

derselben Alterskohorte widerspiegelten. Dazu gehörten neben Unterschieden, die mit der Trias *class, race* und *gender* benannt sind, auch solche zwischen Stadt und Land oder Religion – die künftig noch näher zu untersuchen wären. Ebenfalls zu den transnationalen Effekten gehört die Vernetzung von Regierungstechnologien wie Polizei-, Boykott-, Einstufungs- und Zensurmaßnahmen. Auch Behörden tauschten sich über die Kontrolle neuer Popräume und angemessene Strategien zwischen Repression und Prävention übernational aus. Die Entstehung einer transnationalisierten Popkultur ist damit nicht nur ein wesentlicher Faktor dessen, was später als Globalisierung beschrieben wurde, sondern auch ein Produkt von deren inter- und supranationalen Strukturbildungen. Prozesse der globalen Angleichung und Verflechtung (etwa von Medienunternehmen oder Experten) haben auch das popkulturelle Feld neu vermessen.

Mit der hier eingenommenen räumlichen Perspektive auf fünf Staaten und vor allem auf die grenzüberschreitenden Verflechtungen zwischen ihnen sollte die in Zwei-Länder-Vergleichen oftmals eher noch verstärkt auftretende Nationalfixierung überwunden werden.[52] Allerdings war die Auswahl (mit Ausnahme der DDR) weitgehend auf Staaten des politischen Westens beschränkt. Osteuropäische Entwicklungen und solche in den Staaten des globalen Südens konnten hier allenfalls kursorisch angesprochen werden. Die Ausweitung der Perspektive über eine »westliche Popkultur« hinaus ist ein Desiderat, dem sich eine künftige global angelegte Popgeschichte stellen sollte.

5.3. Popgeschichte als Zeitgeschichte

Dieses Buch versteht sich als Beitrag zur Analyse zweier großkategorialer Konstrukte: Jugend und Popkultur. Beides, so wurde verschiedentlich betont, sind diskursive Formationen von historischer Variabilität. Dass sie hier bezogen auf den Untersuchungszeitraum weitgehend zusammengedacht wurden, ist einer historisch spezifischen Konstellation der zweiten Hälfte des 20. Jahrhunderts ge-

52 Im Sinne von Thomas Welskopp, »Stolpersteine auf dem Königsweg. Methodenkritische Anmerkungen zum internationalen Vergleich in der Gesellschaftsgeschichte«, in: *AfS* 35 (1995), S. 339-367.

schuldet. Diese wurde ermöglicht durch verschiedene zeithistorische Faktoren: die demographische Entwicklung der untersuchten Staaten zu »jungen« Gesellschaften, die erstarkte Kaufkraft unterer und mittlerer Schichten sowie junger Menschen, die Kulturindustrialisierung eines Massenmarktes, der wiederum auf verbesserten Speicher- und Wiedergabetechniken insbesondere für Audiosignale beruhte (und diese Erfindungen hervorbrachte), und den ebenfalls durch technische Entwicklungen wie die Transistorisierung begünstigten Zugang Jugendlicher zu elektrifizierten Medien. Die dabei entstandene, synonyme Jugend- und Popkultur des 20. Jahrhunderts erfuhr im *ungeraden Jahrzehnt* zwischen 1956 und 1966 entscheidende Schübe, wenn es sich auch nicht um eine in diesem Zeitraum abgeschlossene Entwicklung handelt. Wichtige spätere Einschnitte waren etwa die Entstehung eines »dualen« Systems im Rundfunk vor allem während der 1980er Jahre (in mehreren westeuropäischen Staaten), die internationale Verbreitung von Popmusik-Fernsehen wie MTV Mitte der achtziger Jahre und die Intellektualisierung von Pop durch die Etablierung einer akademisch gebildeten und theoretisch informierten Popkritik ebenfalls in den achtziger Jahren.[53] Detlef Siegfrieds richtiger Befund, es habe sich bei den sechziger Jahren in der Bundesrepublik um eine »Schwellenzeit« (Reinhart Koselleck) der Popkultur gehandelt, lässt sich auf alle hier untersuchten Staaten ausweiten.[54] Zudem lassen sich auch die Konflikte der späten fünfziger Jahre in die Entwicklung einbe-

53 Vgl. Geer, *Sophistication: Zwischen Denkstil und Pose*; Tamagne, »Aux origines de la critique rock«.

54 Vgl. Detlef Siegfried, *Time Is on My Side. Konsum und Politik in der westdeutschen Jugendkultur der 60er Jahre*, Göttingen 2006, S. 10. Zum Begriff »Schwellenzeit« vgl. Reinhart Koselleck, »A Response to Comment on the *Geschichtliche Grundbegriffe*«, in: Hartmut Lehmann, Melvin Richter (Hg.), *The Meaning of Historical Terms and Concepts. New Studies on Begriffsgeschichte*, Washington, D.C. 1996, S. 59-70. Ursprünglich verwendete Koselleck den Begiff »Sattelzeit« (siehe ders., »Richtlinien für das Lexikon der Begriffsgeschichte der Neuzeit«, in: *AfB* 11 [1967], S. 81-82; ders., »Einleitung«, in: Otto Brunner u.a. [Hg.], *Geschichtliche Grundbegriffe. Historisches Lexikon zur politisch-sozialen Sprache in Deutschland*, Bd. 1, Stuttgart 1972, S. XIII), von dem er sich jedoch selbst wieder distanzierte und zur Bezeichnung einer Phase der Verdichtung prozesshafter Entwicklungen den der »Schwellenzeit« bevorzugte. Dazu: Kari Palonen, *Die Entzauberung der Begriffe. Das Umschreiben der politischen Begriffe bei Quentin Skinner und Reinhart Koselleck*, Münster, Hamburg u. a. 2004, S. 246-250.

ziehen, da sich bereits hier erste Anzeichen einer Etablierung ausmachen lassen – etwa in der Entstehung neuer Rundfunkformate. Die Semantisierungen und Begriffsbildungen, die nach Koselleck für eine solche Übergangszeit im Sinne einer Selbstverständigung wesentlich sind, wurden am Beispiel pejorativer Sozialtypologisierungen und der Herausbildung eines jugendsprachlichen, partiell übernationalen Vokabulars untersucht, das schon von den Zeitgenossen als Abgrenzungsphänomen problematisiert wurde. Koselleck zufolge haben Begriffe »eine andere zeitliche Binnenstruktur« als die Ereignisse, die sie erfassen sollen.[55] Veränderungen im Sprachhaushalt konnten schon in der von ihm so genannten Sattel- oder Schwellenzeit eine stabilisierende Funktion haben, weil semantischen Wechseln ein konsensbildendes Moment innewohnt.[56]

In Begriffen wie dem der »Schwellenzeit« klingt ein Verständnis an, das sich von der Deutung einer jeweiligen Gegenwartskultur löst und diese stattdessen gewissermaßen aus der Vogelperspektive als Epoche in ein zeitliches Phasenmodell einordnet. Der Umstand, das die Zeitgenossen Mitte der sechziger Jahre den neuen Begriff »Pop« prägten, um den kulturellen Umbruch ihrer Epoche zu markieren, deutet darauf hin, dass sich für sie zumindest subjektiv etwas verändert hatte. Pop war ein Begriff, der sich seit den vierziger Jahren zunächst in Nischen verbreitete und Mitte der Sechziger seinen abwertenden Charakter allmählich verlor.[57]

Dieses Buch hat einige Gebiete erkundet, die schon von den Zeitgenossen um 1966 zu Geburtsstätten einer Popkultur oder Popgesellschaft erklärt wurden. Es hat sich den Begriff des Pop also nicht definitorisch angeeignet, sondern ihn als Quellenbegriff verstanden. Es spricht aber einiges dafür, diese Distanz zu überwinden und zu einem Verständnis von Pop als Epoche zu gelangen.[58]

55 Reinhart Koselleck, »Sprachwandel und Ereignisgeschichte«, in: *Merkur* 43 (1989), S. 657-673.

56 Palonen, *Die Entzauberung der Begriffe*, S. 246-250.

57 Dies gilt für den anglophonen ebenso wie für den deutschsprachigen Raum; in Frankreich verbreitete sich eher der Begriff *variété*. Vgl. dazu oben, Kap. 1.1, sowie Hecken, *Pop*, S. 14 u. S. 60-75.

58 Stefan Krankenhagen plädiert für eine Geschichtsschreibung des Pop und umgedreht dafür, zu untersuchen, wie »die Popkultur Geschichte [...] integriert«. Vgl. ders., »Der Wille zur Geschichte«, in: *Popzeitschrift Blog* (05. 07. 2016), ⟨http://www.pop-zeitschrift.de/2016/07/05/der-wille-zur-geschichtevon-stefan-krankenhagen5-7-2016/⟩, letzter Zugriff 14. 08. 2017.

Diedrich Diederichsen hat einige Faktoren benannt, die auch aus historiographischer Sicht fundamentale Unterschiede zu anderen Epochen markieren: die Möglichkeit der Speicherung von Sounds, deren elektronische Herstellung und Reproduzierbarkeit, das Konfliktpotenzial von Symbolpolitik und Repräsentationskultur bei der Konkurrenz um Ressourcen wie Sendeplätze oder den Zugang zu öffentlichen Räumen.[59] Weitere ließen sich hinzufügen, etwa die Ausdifferenzierung einer Kulturindustrie, der Rückzug des »(Sich-) Vergnügens« aus der Öffentlichkeit in private Räume infolge der Massenmedialisierung und -technisierung sowie die Möglichkeit ortsunabhängigen Kulturkonsums durch die Entwicklung tragbarer Geräte. All dies sind Einflüsse, die auch städtische Topographien veränderten.[60] Zudem lässt sich im Zuge der Aufladung von Pop während der sechziger Jahre mit dezidiert politischen Inhalten nicht mehr von bloßem »Vergnügen« sprechen. Dies alles spricht dafür, die Popkultur des späten 20. Jahrhunderts mit anderen Begriffen zu beschreiben als die vorindustrielle Welt einer agrarisch geprägten und wenig internationalisierten »Volks-«- oder »Popularkultur«, die Vergnügungslandschaften der Städte um 1900 oder das vergleichsweise schwach medialisierte »Jazz Age« der klassischen Moderne.

Zu untersuchen wäre überdies, inwieweit die konstatierten massenmedialen und kulturindustriellen Wandlungen nicht nur die Sphäre populärer Kultur, sondern auch die sogenannte Klassik veränderten. Auch ältere Kunsttraditionen wurden ab der Mitte des letzten Jahrhunderts von den entstehenden Massenmärkten erfasst und brachten vergleichbare aufmerksamkeitsökonomische Typen hervor, etwa bildende Künstler oder klassische Dirigenten als »glamouröse Medienstars«.[61] Eine bessere Verzahnung zwischen Kunst- und Popkulturforschung – ja vielleicht sogar die Überwin-

59 Vgl. Diedrich Diederichsen, *Über Pop-Musik*, Köln 2014, S. XI.

60 Vgl. Heike Weber, »Mobil hören. Klang- und technikhistorische Zugänge zum Pop und seinen ›Nutzern‹«, in: Geisthövel, Mrozek (Hg.), *Popgeschichte*, Bd. 1, S. 155-175, hier: S. 172.

61 Jürgen Osterhammel, »Kühle Meisterschaft. Dirigenten des frühen 20. Jahrhunderts zwischen Selbstdarstellung und Metierbeschreibung «, in: Sven O. Müller u. a. (Hg.), *Kommunikation im Musikleben. Harmonien und Dissonanzen im 20. Jahrhundert*, Göttingen 2015, S. 154-178, hier: S. 177. Für die Gegenwart vgl. Michael Custodis, *Klassische Musik heute. Eine Spurensuche in der Rockmusik*, Bielefeld 2009, bes. 223-260.

dung der Unterscheidung als solcher – gehört zu den Desideraten der Kulturgeschichtsschreibung.

Auch zur jüngsten Vergangenheit lässt sich die Popkultur des 20. Jahrhunderts abgrenzen. Bei aller gebotenen Vorsicht gegenüber Periodisierungen noch andauernder Entwicklungen spricht doch einiges dafür, dass es zumindest einen Einschnitt in den neunziger Jahren des 20. Jahrhunderts gegeben hat. Ein Anzeichen dafür ist die Digitalisierung, die traditionellen kulturindustriellen Modellen vor allem der Distribution (pop)kultureller Inhalte nach einer Zeit veritablen Wachstums zunächst einen empfindlichen Rückschlag versetzt und auch die Märkte für gedruckte Jugendzeitschriften an den Rand ihrer Existenz gebracht hat. Derzeit entstehen zudem neue Sharingmodelle, mit denen sich die Musikdistribution weg vom Einzelverkauf hin zum Abonnement verschiebt, was der Musikindustrie langfristige Kundenbindungen zu eröffnen scheint. Ein zweites Anzeichen hat mit der veränderten Demographie zu tun: Jugendliche sind nicht mehr die größte Konsumentengruppe von Popmusik, was zu Anpassungsleistungen seitens der Produzenten führte. Drittens ist das Konfliktpotenzial von Pop deutlich gesunken, wenn nicht gar verschwunden: Viele der in diesem Buch beschriebenen Phänomene sind im Zuge von retrospektivem *generation building* und popkulturellen Selbsthistorisierungsprozessen mittlerweile so weit in den Kanon arrivierter Kulturtechniken inkorporiert worden, dass sie kaum noch zur Konstituierung generationeller Differenzen taugen. Das liegt auch an der Etablierung eines pluralistischen Kulturverständnisses, denn obgleich auch im beginnenden 21. Jahrhundert noch Debatten über die Texte von Musikstücken (etwa Gangsta-Rap oder Rechtsrock) entbrennen, werden Klänge kaum mehr als Problem verhandelt, und zwar auch dann nicht, wenn sie als dissonant, monoton oder phonstark wahrgenommen werden.[62]

Was also ist – oder: war – Pop? Dieses Buch hat nicht den Versuch unternommen, diese oft gestellte Großfrage pauschal zu beantworten – sondern stattdessen und ausgehend von einer offenen Gegenstandsbeschreibung auf unterschiedlichen Feldern, Sounds und deren Rezeptionsweisen, textile Moden, Körperbilder und Körpermodifikationen, Emotionen, Sprechhaltungen und Seman-

62 Etwa in Noise, Techno oder auf der Love-Parade. Vgl. Mrozek, »Verhaltenslehren des Vergnügens«, S. 28.

tiken sowie performative Raumaneignungen in zeithistorischer Perspektive untersucht. Um sich einer Gesellschaftsgeschichte von Pop anzunähern, lag ein starker Fokus auf Konflikten und Aushandlungsprozessen, auf Wissensproduktion und Technologien der Kontrolle, Regulierung und Prävention. Dieser vielschichtige Zugriff sollte anhand einiger explorativer Erkundungen den Kern dessen freilegen, was die Zeitgenossen im Untersuchungszeitraum unter dem Schlagwort »Pop« verhandelten. Dabei wurde ein dynamischer Popbegriff angelegt, der sich im Laufe des Untersuchungszeitraums verbreiterte, denn einige der behandelten Ereignisse und Phänomene – etwa die Straßen- und Lärmkonflikte um 1956/57 – wurden zu ihrer Zeit nicht als »Kultur« betrachtet, sondern als Ausdruck von Devianz. Erst um 1966 wurden sie retrospektiv in ein breiteres Verständnis von Pop integriert, so dass dieses Jahr den Fluchtpunkt dieses Buches markiert.

Der Popbegriff, der dieser Arbeit zugrunde liegt, ist trotz dieser offenen Anlage nicht beliebig. Pop wurde hier nicht als eine Sphäre des Konsums von Waren verstanden, deren Inhalte vollkommen austauschbar sind, sondern auf seine Wechselbeziehungen mit gesamtgesellschaftlichen Diskursen der Zeitgeschichte hin analysiert. Dabei wurde ein Methodenpluralismus in Anschlag gebracht, der sich den untersuchten Phänomenen explorativ mit neueren Begriffen und Instrumentarien etwa der Körpergeschichte, der *Sound* und *Visual History*, der transnationalen Mediengeschichte, der historischen Diskursanalyse sowie der Emotions- und der Wissensgeschichte näherte. Ästhetiken der Popforschung wurden mit aktuellen zeithistorischen Problemfeldern verbunden, zum Beispiel der Therapeutisierung von Gesellschaften und den Dispositiven der Prävention und der Normalisierung. Werden diese Prozesse von der historischen Forschung zumeist auf die Zeit um und vor allem nach »1968« beziehungsweise die siebziger Jahre datiert, so wurde hier gezeigt, dass sie schon in den fünfziger Jahren wirksame Dispositive in den untersuchten Gesellschaften bildeten und etwa in der Therapeutisierung (*avant la lettre*) »delinquenter« Jugendlicher ein Gegennarrativ zu punitiven Ansätzen bildeten.[63]

63 Vgl. Pascal Eitler, Jens Elberfeld, »Von der Gesellschaftsgeschichte zur Zeitgeschichte des Selbst – und zurück«, in: dies. (Hg.), *Zeitgeschichte des Selbst. Therapeutisierung – Politisierung – Emotionalisierung*, Bielefeld 2015, S. 7-30, hier: S. 10; Maik Tändler, Uffa Jensen, »Psychowissen, Politik und das Selbst. Eine neue

Durch diesen heterogenen Zugriff hat sich Popgeschichte als ein politisches Handlungsfeld erwiesen, das im Zuge der Demokratisierung und Medialisierung immer weiter in das Zentrum der Gesellschaft rückte. Die zunächst audiophonen, dann aber immer stärker auch visuellen und textlichen Produkte des Pop hatten einen hohen Verbreitungsgrad und damit oftmals weitaus mehr Relevanz in den Massengesellschaften als die in kleinen Auflagen verbreiteten Erzeugnisse der bürgerlichen Schrift- und Elitenkultur; sie sind daher in besonderem Maße repräsentative Quellen einer Gesellschaftsgeschichte des 20. Jahrhunderts.

Mit diesem sozialen Begriff von Pop unterscheidet sich die in diesem Buch eingenommene Perspektive grundsätzlich von derjenigen, die eine vorrangig auf die Produktion fixierte Forschungsrichtung einnimmt, wie beispielsweise die Industriesoziologie der 1970er Jahre.[64] Während deren Stärke in der Analyse von Strukturbedingungen der Produktion liegt, die sonst oftmals ausgeblendet bleiben, neigt sie dazu, Kulturen zu vernachlässigen, die sich jenseits organisierter Korporationen in eher informellen Kontexten manifestieren; zudem negiert sie oftmals die Kontingenz der – von Akteuren – exekutierten Strukturen[65] und betrachtet Kultur nicht selten lediglich als einen Marktplatz, auf dem mehr oder weniger beliebig austauschbare Kulturgüter gehandelt werden.[66] Diese Sichtweise läuft Gefahr, die zeitgenössische Marginalisierung der kulturellen Inhalte nichtetablierter Gruppen (wie Jugend oder Arbeiter) als puren »Kommerz« ohne besondere gesellschaftliche Si-

Forschungsperspektive auf die Geschichte des Politischen im 20. Jahrhundert«, in: dies. (Hg.), *Das Selbst zwischen Anpassung und Befreiung. Psychowissen und Politik im 20. Jahrhundert*, Göttingen 2012, S. 9-38, hier: S. 18.

64 Richard A. Peterson, »Revitalizing the Culture Concept«, in: *Annual Review of Sociology* 5 (1979), S. 137-166.

65 Zur Kritik am Strukturdeterminismus vgl. Chris Lorenz, »Wozu noch Theorie der Geschichte? Über das ambivalente Verhältnis von Gesellschaftsgeschichte und Modernisierungstheorie«, in: Volker Depkat u. a. (Hg.), *Wozu Geschichte(n)? Geschichtswissenschaft und Geschichtsphilosophie im Widerstreit*, Berlin 2004, S. 117-143, hier: S. 135.

66 Klaus Nathaus, C. Clayton Childress, »The Production of Culture Perspective in Historical Research: Integrating the Production, Meaning and Reception of Symbolic Objects«, in: *ZF* 10 (2013), S. 89-100; ders., »Die Musik der weißen Männer. Zur Kritik des popgeschichtlichen Emanzipationsnarrativs«, in: *Mittelweg 36* 25 (2016), S. 81-97.

gnifikanz auch in der historischen Analyse fortzusetzen. Stärker auf die Rezeption fokussierte Arbeiten – zu denen sich das vorliegende Buch zählt – neigen wiederum dazu, Strukturfaktoren nicht ausreichend zu beachten. Eine künftige Aufgabe wäre es daher, beide Perspektiven – Produktions- und Rezeptionsforschung – stärker miteinander in Beziehung zu bringen und damit das alte Schisma der Popforschung zu überwinden.[67]

Ich habe in diesem Buch explizit die politische Bedeutung auch vermeintlich unpolitischer popkultureller Inhalte in den Mittelpunkt gerückt und anhand von Zensur- und Verbotsverfahren, gewaltsamen Auseinandersetzungen und staatlichem Handeln ihrKonfliktpotenzial herausgearbeitet, weil ich der Überzeugung bin, dass Ästhetik und Politik als eng miteinander verwobene Sphären zu betrachten sind. Mediale Negativstereotype wurden als Strategien der Marginalisierung analysiert, in denen sich kollektive Zukunftsängste vor einem demographischen Strukturwandel spiegelten. Die Diskurse, die sich um solche »spektakulären« Jugendkulturen entspannen, konstituierten auch, wenngleich *ex negativo*, hegemoniale Vorstellungen von Angemessenheit.[68] Diese Vorstellungen waren jedoch dynamisch. In vielen Fällen fanden sie sich binnen weniger Jahre ihres kontroversen Potenzials beraubt auf der Seite einer warenökonomischen Hegemonialkultur wieder, wie anhand des »Rebel Style« oder der Historisierung »halbstarker« Ästhetik in Medienformaten erkennbar wurde.

Die beschriebene Entwicklung im »ungeraden Jahrzehnt« zwischen 1956 und 1966 ist ein Prozess, in dem die Lebensphase Jugend weiter ausdifferenziert, internationalisiert, medialisiert und mit neuen Inhalten gefüllt wurde und sich eine zunehmend altersunabhängige Kultur herausbildete, die schon die Zeitgenossen als *pop society* beschrieben. Die Entstehung dieses Dispositivs in seinen internationalen Verflechtungen und zeithistorischen Kontexten zu analysieren, es in längere historische Linien einzuordnen und dabei die jugendlichen Protagonisten selbst nicht aus dem Blick zu verlieren war das Hauptanliegen dieses Buches, das sich als ein

67 Vgl. Bodo Mrozek, »Subkultur und Cultural Studies«, in: Geisthövel, ders. (Hg.), *Popgeschichte*, Bd. 1, S. 101-125, hier: S. 119.

68 Zur Kritik am einseitigen Fokus »auf die ›spektakulären‹ sicht- und hörbaren Jugendkulturen« vgl. David Muggleton, »From Classlessness to Clubculture«, in: *Young. Nordic Journal of Youth Research* 13 (2005), S. 205-219, hier: S. 212.

Beitrag zur Konturierung von Popgeschichte versteht – als einem wesentlichen Feld einer Historiographie der zweiten Hälfte des 20. Jahrhunderts.

6.
Anhang

6.1. Abkürzungen

7″ – *Seven Inch* – 7 Zoll-Schallplatte (meist Vinyl-Single mit 45 rpm)
10″ – *Ten Inch* – 10 Zoll-Schallplatte (meist Schellackplatte mit 78 rpm)
12″ – *Twelve Inch* – 12 Zoll-Schallplatte (LP-Format mit 33 ⅓ rpm)

ABC – American Broadcasting Company
ABC – Associated British Corporation
ABV – Abschnittsbevollmächtigter (der VP)
AdJB – Archiv der Deutschen Jugendbewegung (Witzenhausen)
AdJK – Archiv der Jugendkulturen (Berlin)
ADL – Anti-Defamation League
AfB – Archiv für Begriffsgeschichte
AFC – Automatic Frequency Control
AFM – American Federation of Musicians
AFN – American Forces Network
AfS – Archiv für Sozialgeschichte
AHR – American Historical Review
AM – Amplitude Modulation
AMA – American Motorcycle Association
ANF – Archives Nationales de France (Paris)
A.N.P. – Algemeen Nederlands Persbureau
AP – Associated Press
APP – Archives de la Préfecture de Police de Paris
APuZ – Aus Politik und Zeitgeschichte
ASCAP – American Society of Composers, Authors and Publishers
ASR – American Sociological Review
AWA – Abteilung zur Wahrung der Aufführungsrechte auf dem Gebiet der Musik (DDR)

BA – Bundesarchiv (Koblenz)
BArchB – Bundesarchiv (Berlin-Lichterfelde)
BayHStA – Bayerisches Hauptstaatsarchiv (München)
BBC – British Broadcasting Company
BBC/WAC – British Broadcasting Company/Written Archives Center (Reading)
BBFC – British Board of Film Censors

BBS – Betriebsberufsschule (der DDR)
BC – Brothel Creepers
BDAA – Beatles Defending Association of America
bdj – bund deutscher jungenschaften
BDVP – Bezirksbehörde der Deutschen Volkspolizei (der DDR)
BE – Belgien
B.E.A. – British European Airlines
BFBS – British Forces Broadcasting Service
BgBl. – Bundesgesetzblatt
BL – British Library (London)
Bl. – Blatt
BMI – Broadcast Music Incorporated
BNA – British Newspaper Archive (der BL)
BNF – Bibliothèque nationale de France (Paris)
bpb – Bundeszentrale für politische Bildung
BPjS, BPS, BPrSt – Bundesprüfstelle für jugendgefährdende Schriften (später: Medien)
BR – Bayerischer Rundfunk
BRD – Bundesrepublik Deutschland
BSG – Betriebssportgruppe
BStU – Bundesbeauftragter für die Unterlagen des Staatssicherheitsdienstes der ehemaligen Deutschen Demokratischen Republik (Berlin)
B'ton – Brighton (Polizeikürzel)
BuZ – *Bilder und Zeiten* (samstägliche Tiefdruckbeilage der *FAZ*)
BZ – Berliner Boulevard-Zeitung im Springer Verlag

CA – Länderkürzel von Kanada
CBH – *Contemporary British History*
CBS – Columbia Broadcasting System Inc.
CC – Chief Constabulary
CCB – Catholic Classification Boards
CCCS – Center for Contemporary Cultural Studies (Birmingham)
CD – Compact Disc
CDU – Christlich Demokratische Union
CLR – Compagnie Luxembourgeoise de Radiodiffusion
CLT – Compagnie Luxembourgeoise de Télédiffusion
CNC – Centre National de la Cinématographie
C.N.R.S. – Centre national de la recherche scientifique
C.P. – Controler Program (der BBC)
CS – (abgelaufenes) Länderkürzel für die Tschechoslovakei nach ISO 3166-1 Alpha-2

ČSSR – Tschechoslowakei
CSU – Christlich-Soziale Union
CYO – (Catholic) Church Youth Organization

DA – District Attorney, auch *Duck's Arse* (Entenschwanzfrisur)
DBB – Deutscher Beamtenbund
DC – Detective Constable
DD – (abgelaufenes) Länderkürzel der DDR nach ISO 3166-1 Alpha-2
DDDE – Länderkürzel der DDR nach ISO 3166-3 für ausgelaufene Standards (wird hier zugungsten des historischen Standards DD *nicht* verwendet)
DDR – Deutsche Demokratische Republik, auch: Deutscher Demokratischer Rundfunk
DE – Länderkürzel der BRD vor und nach 1989 laut ISO 3166-1 Alpha-2
DEA – Drug Enforcement Agency
DFF – Deutscher Fernsehfunk (der DDR)
DFG – Deutsche Forschungsgemeinschaft
DHfK – Deutsche Hochschule für Körperkultur (Leipzig)
DHI – Deutsches Historisches Institut
DIAS – Drahtfunk im amerikanischen Sektor
Dist. Atty. – District Attorney
DJ – Disc Jockey
dj.1.11 – deutsche jungenschaft vom 01. 11. 1929
DM – Deutsche Mark
dpa – Deutsche Presseagentur
DR – Disco revue
DRAB – Deutsches Rundfunkarchiv (Potsdam-Babelsberg)
DRAF – Deutsches Rundfunkarchiv (Frankfurt/M.)
DRI – Disco revue, le lien international des rockers
DT64 – Deutschlandtreffen 1964 bzw. danach benanntes Jugendradio der DDR
DVD – Digital Versatile Disc

EBU – European Broadcasting Union
EOS – Erweiterte Oberschule (der DDR)
EP – Extended Player (7-Zoll-Vinyl-Schallplatte mit 4 Musikstücken)
EPM – The Encyclopedia of Popular Music
EPMOW – Bloomsbury [vormals: *Continuum*] *Encyclopedia of Popular Music of the World*
ESRO – East Sussex Record Office
EU – Europäische Union
EWG – Europäische Wirtschaftsgemeinschaft

F – Frankreich
FAZ – Frankfurter Allgemeine Zeitung
FB – Filmblätter
FBI – Federal Bureau of Investigation
FCC – Federal Communications Commission
FDGB – Freier Deutscher Gewerkschaftsbund
FDJ – Freie Deutsche Jugend (Jugendorganisation der DDR)
FDP – Freie Demokratische Partei
FFW – Freiwillige Feuerwehr
FLN – Front de Libération Nationale
FM – Frequency Modulation
FN – Fußnote
FNP – Frankfurter Neue Presse
FNST – Friedrich-Naumann-Stiftung für die Freiheit
FPR – Freiwillige Polizeireserve
FR – Frankfurter Rundschau
FRC – Federal Radio Commission
FSK – Freiwillige Selbstkontrolle (der bundesdeutschen Filmwirtschaft)
FStW – Funkstreifenwagen

GB – Großbritannien
GBl. – Gesetzesblatt
GBP – Great Britain Pounds
Gekra – Geschlechtskrankheit
GEMA – Gesellschaft für musikalische Aufführungs- u. mechanische Vervielfältigungsrechte
GeStaPo – Geheime Staatspolizei
GG – Geschichte und Gesellschaft
G.G.I. – Greater Gangs Incorporated
GHI – German Historical Institute
GI – Geheimer Informant (der Stasi)
GST – Gesellschaft für Sport und Technik
GVL – Gesellschaft zur Verwertung von Leistungsschutzrechten
GWU – Geschichte in Wissenschaft und Unterricht

HA – Hauptabteilung (der Staatssicherheit)
HDG – Haus der Geschichte der Bundesrepublik Deutschland, Bonn
Hle – Halle
HJ – Hitlerjugend
HLM – *Habitations à loyer modéré*
HO – Handelsorganisation
HR – Hessischer Rundfunk

HSOG – Hessisches Gesetz über die öffentliche Sicherheit und Ordnung
HSR – Historische Sozialforschung/Historical Social Research
HStaL – Sächsisches Hauptstaatsarchiv Leipzig
H-Soz-u-Kult/H-Soz-Kult – Humanities Network für Sozial- und Kulturgeschichte
HUAC – House Committee on Un-American Activities
HVDVP – Hauptverwaltung Deutsche Volkspolizei

I – Italien
IfA – Institut für Auslandsbeziehungen
IFMA – Internationale Fahrrad- und Motorradausstellung (Frankfurt/M.)
I.F.O.P. – Institut Français d'Opinion Publique
IfZ – Institut für Zeitgeschichte
IG – Interessengemeinschaft
I.G. – Industriegewerkschaft
IHK – Industrie und Handelskammer
IJCS – International Journal of Cultural Studies
IJMS – International Journal of Motorcycle Studies
IM – Inoffizieller Mitarbeiter (der Stasi)
IMDB – Internet Movie Database
IN – Indien
ISG – Institut für Stadtgeschichte (vormals Stadtarchiv Frankfurt/M.)
ISO – International Organization for Standardization
ITV – Independent Television (GB)
IVW – Informationsgemeinschaft zur Feststellung der Verbreitung von Werbeträgern e. V.

J3 – Jeunes 3e catégorie
JARD – (The) Jamaica Archives and Records Department (St. Catherine)
JD – Juvenile Delinquency
JHI – Journals of the History of Ideas
JLP – Jamaica Labour Party
JModH – Journal of Modern History
JP – Japan
JPC – The Journal of Popular Culture
J.V. – *jeunes voyous* (junge Strolche), auch *jeunes vauriens*
JW – Junge Welt (Zeitung der FDJ)

KDEN – Radiosender in Denver
KING – Radiosender in Seattle
kjl&m – Kinder-/Jugendliteratur und Medien in Forschung, Schule und Bibliothek

KJR – Radiosender in Seattle
KLUE – Clue, Radiosender in Longview, Texas
KMSt – Karl-Marx-Stadt
KOMBA – Bund Deutscher Kommunalbeamten und -angestellten
KPD – Kommunistische Partei Deutschlands
Krad – Kraftrad (Wehrmachtsjargon)
KSEL – Radiosender in Lubbock
KSFR – Radiosender in San Francisco
KVfS – Kölner Vierteljahreshefte für Soziologie

LAB – Landesarchiv Berlin
LACA – Los Angeles City Archives
LANW – Landesarchiv Nordrhein-Westfalen (Duisburg)
LAT – Los Angeles Times
LAV(S) – Landesamt für Verfassungsschutz
L.E.T. – Light Entertainment Television (der BBC)
LMA – London Metropolitan Archive
LP – Langspielplatte bzw. *long player* (12 Zoll-Vinyl-Schallplatte mit 33⅓ rpm)
LPG – Landwirtschaftliche Produktionsgenossenschaft
Lpz – Leipzig
LR – Les Rockers
LRO – Liverpool Record Office
LSD – Lysergsäurediethylamid
LVZ – Leipziger Volkszeitung

M51 – Military-Parka-Modell der US-Army, auch *fishtail parka*
MABL – Ministerialblatt der bayerischen inneren Verwaltung
MBE – Member of the (Most Excellent) Order of the British Empire
MC – Motor(cycle) Club
MdI – Ministerium des Innern (der DDR)
MDN – Mark der Deutschen Notenbank (der DDR)
ME – Ministerieller Erlass
MEPO – Metropolitan Police Records (in TNA)
MEW – Marx-Engels-Werke
MFS – Ministerium für Staatssicherheit (der DDR)
MfY – Mobilization for Youth Inc.
MGG – Die Musik in Geschichte und Gegenwart (Enzyklopädie)
MGM – Metro-Goldwyn-Mayer (US-Produktionsgesellschaft)
MHz – Megahertz
Mod – Modernist
MOD – Ministry of Defense

MoMa – Museum of Modern Art (New York City)
MPI – Max-Planck-Institut
MR – Master Recording
MRA – Moral Re-Armament
MW – Mittelwelle
MX – Mexiko

NA I – National Archives (Washington DC/USA)
NA II – National Archives (College Park, Virginia/USA)
NAACP – National Association for the Advancement of Colored People
NATO – North Atlantic Treaty Organization
NBC – National Broadcasting Company
NCCL – National Council of Civil Liberties
ND – Neues Deutschland. Organ des Zentralkomitees der Sozialistischen Einheitspartei Deutschlands
NDR – Norddeutscher Rundfunk
NL – Niederlande
NME – New Musical Express
NS – Nationalsozialismus
NSDAP – Nationalsozialistische Deutsche Arbeiterpartei
N.T.B.B. – »not to be broadcasted« (Zensurvermerk der BBC)
NVA – Nationale Volksarmee (Streitkräfte der DDR)
NWDR – Nordwestdeutscher Rundfunk
NYCMA – New York City Municipal Archives
NYPD – New York Police Department
NYSA – New York State Archives
NYT – New York Times
NZ – Neue Zeitschrift für Musik
NZZ – Neue Zürcher Zeitung

o. A. – ohne Autorenangabe
OAP – *old age pensioner*
OAS – Organisation armée secrète
o.D. – ohne Datierung
ÖZP – Österreichische Zeitschrift für Politikwissenschaft
o. J. – ohne Jahr
OJP – Office of Justice Program
OMF – Observatoire musical français
ORF – Österreichischer Rundfunk
OSA – Operation Safe Streets
OT – Originaltitel (Filmarchiv)
o. V. – ohne Verlagsangabe

P. – Produktion
PAG – Polizeiaufgabengesetz
P.C. – Police Constable
PdVP – Präsidium der Volkspolizei
PhS – Polizeihistorische Sammlung (Berlin)
P.I. – Police Inspector
PID – Politisch-ideologische Diversion (Stasi-Jargon)
PL – Polen
PM – Polizeimeister
PMH – Popular Music History
PNP – People's National Party (Jamaika)
POW – Prisoner of War
PPL – Phonographic Performance Limited
PPP – Parlamentarisch-politischer Pressedienst
PRO – Public Record Office (in TNA)
PSU – Police Support Unit
Psych – Psychedelic Music
PUT – Politische Untergrundtätigkeit (Stasi-Jargon)
PVB – (Preußisches) Polizeiverwaltungsgesetz

R. – Regie
RAF – Royal Airforce
R&B – Rhythm and Blues
RBML – Rare Book and Manuscript Library
RCA – Radio Corporation of America
RI – reissue
RIAS – Rundfunk im amerikanischen Sektor
R'n'R – Rock and Roll
rpm – rounds per minute (Abspielgeschwindigkeit für Schallplatten)
RRC – Rock'n'Roll-Club
Rst – Rostock
RStGB – Strafgesetzbuch für das Deutsche Reich
RSG – Ready Steady Go!
RTF – Radiodiffusion-télévision française
RTL – Radio Télévision Luxembourg

SA – Sturmabteilung (der NSDAP)
SAPMO – Stiftung Archiv der Parteien und Massenorganisationen der DDR im BArch
SBZ – Sowjetische Besatzungszone
SCOT – Social Construction of Technology
SDKS – Stiftung Deutsche Kinemathek Schriftgutarchiv / Museum für Film und Fernsehen (Berlin)

SDR – Süddeutscher Rundfunk
SDS – Sozialistischer Deutscher Studentenbund
S. f. – Seitenzahl fehlt (Artikel lag als Ausschnitt vor)
SFB – Sender Freies Berlin; auch: Sonderforschungsbereich
SFC – San Francisco Chronicle
SFHC – San Francisco History Center
SGHF – Schriftgutbestand Hörfunk (im DRA)
SLC – Salut les copains
SM – Sunday Magazine (der *NYT*)
SODAS – Société des Arts et du Spectacle
Sofirad – Société Financière de Radiodiffusion
SPARCAY – Society for the Prevention of Rock and Roll Corruption of American Youth (fiktiv)
SPD – Sozialdemokratische Partei Deutschlands
SRK – Staatliches Rundfunkkomitee (der DDR)
StaHH – Staatsarchiv Hamburg
StaM – Staatsarchiv München
Stasi – Staatssicherheit (der DDR)
StEG – Strafrechtsergänzungsgesetz
StGB – Strafgesetzbuch
StKfR – seltener für SRK
StrRG – Gesetz zur Reform des Strafrechts (der BRD)
StvZO – Straßenverkehrszulassungsordnung
SU – Sowjetunion
s. v. – sub voce
SWR – Südwestdeutscher Rundfunk
SZ – Süddeutsche Zeitung

TAT – Thematischer Apperzeptionstest
TBLC – The Bancroft Library, University of California, Berkeley
TC – Time Code
TCWW – The Tailor & Cutter & Women's Wear
TNA – The National Archives of the UK (Kew Gardens/London)
TO – Tanzorchester
Trapo – Transportpolizei (der DDR)
TSP – Der Tagesspiegel
TUP – Temple University Press
TV – Television
TWP – The Washington Post

UK – United Kingdom
UKW – Ultrakurzwelle

UP – United Press
UPI – United Press International
US – United States (of America), Länderkürzel der USA
USA – United States of America
USC – University of Southern California
USD – United States Dollar
USIA – United States Information Agency

V. A. – Various Artists
VD – *veneral disease*, Geschlechtskrankheit
VEB – Volkseigene Betriebe
VfZ – Vierteljahrshefte für Zeitgeschichte
VG Wort – Verwertungsgesellschaft Wort
VGH – Verwaltungsgerichtshof
VHS – Video Home System
VoA – Voice of America
Vopo – Volkspolizei (der DDR)
VP – Volkspolizei (der DDR)
VPKA – Volkspolizeikreisamt
VS – Verfassungsschutz (der BRD)
VSA – Verband der Stipendiaten und Altstipendiaten (der FNST)

WAC – Written Archives Centre (of the BBC)
WAMP – Rundfunksender (USA)
WAMS – Welt am Sonntag
WAQY – Wacky 1220 (Christl. Radiosender in Birmingham, Alabama)
WAYX – Waycross, Rundfunksender in Georgia
WAZ – Westdeutsche Allgemeine Zeitung
WB – Westberlin
WD – Westdeutschland
WDIA – vom Namen Diane hergeleitetes *call sign* einer Radiostation in Memphis/Tennessee
WDR – Westdeutscher Rundfunk
WHO – World Health Organization
WKBW – Rundfunkstation in Buffalo/New York
WLAC – nach der Versicherung »Life And Casualty« benanntes *call sign* eines Radiosenders in Nashville
WLEV – Rundfunksender in den USA
WPIN – Radiosender in St. Petersburg (USA)
WSAG – Radiosender in Linwood, Michigan (USA)
WSJ – Wall Street Journal
WZB – Wissenschaftszentrum Berlin für Sozialforschung

WZIP – Radiosender (USA)

YDA – Youth Development Agency

ZF – Zeithistorische Forschungen/Studies in Contemporary History
ZfG – Zeitschrift für Geschichtswissenschaft
ZIG – Zeitschrift für Ideengeschichte
ZIJ – Zentralinstitut für Jugendforschung (Leipzig)
ZK – Zentralkomitee (der SED)
ZKA – Zentrale Kriminalakte
ZOL – Zeitgeschichte Online
ZZF – Zentrum für Zeithistorische Forschung (Potsdam)

6.2. Ungedruckte Quellen

6.2.1. Deutschland

Bundesarchiv, Lichterfelde (BArchB)
183-30858-001
BArch DO1/Zentrale Gefangenenkartei des MdI; 87237
BArch DP/1/5914; 5915; 6796; 8080
BArch DY 24, 3.933

Archiv des Bundesbeauftragten für die Unterlagen des Staatssicherheitsdienstes der ehemaligen Deutschen Demokratischen Republik (BStU)
MfS AU 260/58
MfS AU 12493/70
MfS GH 41/68
MfS HA XVIII 22866
MfS HA IX 15943
MfS HA IX/MF/11832; 11836; 11975; 11845
MfS HA XX 17378; 18520; 6166; 6190, Bd. 2
MfS ZAIG 1129
MfS BV Berlin KD Weißensee 2911
MfS BV Frankfurt 240/66 KD Beeskow
MfS BV Frankfurt AOG 1288/65; 560/62
MfS BV Frankfurt/Oder AU 122/61
MfS BV Magdeburg KD Havelberg 3928
MfS BV Halle AU 118/59
MfS BV Halle Abt. IX 5052

MfS BV Halle KD Aschersleben 1650
MfS BV Karl-Marx-Stadt Abt. II 373
MfS BV Karl-Marx-Stadt AKG 2741; 6554; 7225; 7238; 7240; 7262
MfS BV Leipzig Leiter 02131; 00687
MfS BV Leipzig Abt. II 1
MfS BV Leipzig Abt. IX 00132/02
MfS BV Leipzig AOP 784/72
MfS BV Leipzig AOG 1822/68
MfS BV Leipzig AU 43/57; 165/60
MfS BV Leipzig Leiter 00728/01
MfS BV Rostock AU 2502/66; 2850/64; 3289/62 HA
MfS BV Rostock AS 76/76
MfS BV Rostock BdL 273; 275; 276; 292; 301
MfS BV Rostock Leiter 102
MfS BV Rostock Abt. KuSch 3323
MfS BV Rostock AU 743/64

Bayerisches Hauptstaatsarchiv (BayHStA)
Einsatz- und Erfahrungsberichte zu versch. Großeinsätzen, Nr. 119/472.

Landesarchiv Berlin (LAB)
B Rep. 002, 5032
B Rep. 010, Nr. 2300, Nr. 2301
B Rep. 020, Nr. 7874/II, Nr. 7875/I, Nr. 7955
C Rep 104, Nr. 15
C Rep 303, Nr. 41, Nr. 195, Nr. 221
Rep. 13, Nr. 176

Landesarchiv Nordrhein Westfalen (LANW)
NW 614 Nr. 737

Sächsisches Hauptstaatsarchiv Leipzig (HStaL)
BT RdB Lpz 20237/22734
SED-Bezirksleitung Leipzig Nr. IV/A/2/13/418
SED-Kreisleitung Karl-Marx-Universität Leipzig Nr. IV/A/4/14/082
21123, IV/A/2/09/02/365.

Institut für Stadtgeschichte, Frankfurt/M. (ISG)
Fürsorgeamt 1.798
Fürsorgeamt 5.027
Fürsorgeamt 6500/12
Ortsgeschichtliche Sammelmappe S3/V 9.042
Ortsgeschichtliche Sammelmappe S3/V 26.458

Achiv der Jugendkulturen, Berlin (AdJK)
Bestand Berliner Rock- und Poparchiv

Staatsarchiv Hamburg (StaHH)
354-5 II Jugendbehörde II
356-10.10-8
362-5/2 Sozialpädagogisches Institut

Staatsarchiv München (StAM)
Polizeidirektion München 9845; 11130; 11131; 11133

Stadtarchiv Leipzig (StadtAL)
StVuR 574
StVuR 2160
StVuR 2319
StVuR 8003
StVuR 10749
StVuR 10750
StVuR 10752

Deutsches Rundfunkarchiv, Babelsberg (DRAB)
56/63
A304-03-01/0002
F-086-02-04/0010
H 086-02-04/0001
H 086-02-04/0002
H-086-02-04/0012
SG RIAS A304-03-01/0002

Deutsches Rundfunkarchiv, Frankfurt/M. (DRAF)
A39-05/1
A53/28
A61/9

Polizeihistorische Sammlung Berlin (PhS)
S4 9130 Sportpalast/Bill Haley
3.43.3 Rolling Stones 15. u. 16. 09. 1965 u. Beatveranstaltung 1966

Stiftung Deutsche Kinemathek Schriftgutarchiv (SDKS) / Museum für Film und Fernsehen Berlin
F1596_OT
F12331_OT
F23157_OT
F28048_OT

6.2.2. Frankreich

Archives de Paris (Arch. Paris)
Jeunesse, 2501W 12

Archives de la Préfecture de Police de Paris
APP-FD 248

Cinémathèque Paris
A060-002
CN 18-B14
SCEN 2663-B813, 742
Truffaut: 2 B1; 586 B 335; 420 B 202

Forum des Images, Paris
Collection parisienne
Série Dim Dam Dom
Série panorama
Variétés

6.2.3. Großbritannien

The National Archives, Kew Gardens (TNA)
CUST 49/5640
FO 366/3429
FO 371/179513; 187127
HLG 117/122
HO 361/39
MEPO 2/8710
MEPO 2/9838

Hansard (Parliamentary Verbatim Reports)
HC Deb 11. 12. 1958, Vol. 597
HL Deb 19. 11. 1958, Vol. 212

East Sussex Record Office (ESRO)
POL/59 1099/4/76
SPA 1/39/34
SPA 2/26/11
SPA 3/12/18

Liverpool Record Office (LRO)
352 BEA

London Metropolitan Archives (LMA)
4462/P/01/019
4462/P/01/031
4463/B/10/01/001
CL/GP/1/46
GLC/DG/EL/01/121; 169; 172; 174

BBC Written Archives Centre, Reading (BBC WAC)
N31/5/1
R19/1, 5/1; 532/1; 540/2; 824/3; 530/2; 1824/ID; 1824/3
R34/1249
R44/840/1
T12/1,324/1; 360/4; 644/1
T32/1, 950/1
T56/269/2

British Library (BL)
Archival Sound Recordings / Oral History Collection
BL C464/48/1; 29/06
BL C1015/31/04
F12585 (06)

6.2.4. Jamaika

The Jamaica Archives and Records Department, St. Catherine (JARD)
1B/31/952; 982
4/60/2A/27; 28; 29

National Library, Kingston
Collections Music; Rasta, Youth Activities

6.2.5. Niederlande

Internationaale Instituut voor Sociale Geschiedenis, Amsterdam
Zameling Provo

6.2.6. USA

National Archives, Legislative Archives, D.C. (NA I)
Records of the Senate Judiciary Subcommittee to Investigate Juvenile Delinquency, U.S. Congress, Senate, Committee on the Judiciary, 1953-61, Record Group 46

National Archives at College Park, College Park, Maryland (NAII)
Children's Bureau Records, Rec. Group 102

Los Angeles City Archives (LACA)
74-4753-S2
74-47523-S2
132 000, Youthful rebellion disregarding curfew laws
Council Files No. 86 264.
»Zoot Suits« CF 15 079 (A829)

New York City Municipal Archives (NYCMA)
Robert F. Wagner Papers, Box 52; 65-159 (Youth Board)

San Francisco History Center (SFHC)
Hippie Collection
S.F. Districts: Haight-Ashbury

The Bancroft Library, University of California, Berkeley
Eldridge Cleaver Papers
Herbert Huncke Papers
City Lights Books Records
Lawrence Ferlinghetti Papers
People's Park conflicts in Berkeley, Calif.

Rare Books and Manuscript Library, Columbia University Collections (RBML/CU)
Mobilization for Youth Collection, Office Files
Action for Youth

6.3. Zeitungen und Zeitschriften

Bild und Funk (1961)
The Billboard (1942; 1955-1966)

The Boston Herald (1958)
Bravo (1956-1966)
B.Z. Die größte Zeitung Berlins (1965)

Cahiers du cinéma (1954)

Daily Express (1953-1965)
Daily Film Renter (1956)
Daily Mail (1953-1965)
Daily Mirror (1953-1965)
Der Kurier. Die Berliner Tageszeitung (1958)
Der Spiegel (1956-1966)
Disco Guide (1966)
Disco revue (1961-1966)
Dissent (1957-1958)
deutsche jugend (1953-1966)
De Volkskrant (1956)

Ebony (1955-1958)
Evening Argus/Sussex Daily News (1964-1965)
L'Express (1957-59; 1965-1966)

Frankfurter Allgemeine Zeitung (FAZ) (1955-1966)

Hör Zu! (1956; 1961)

Junge Welt. Organ des Zentralrats der Freien Deutschen Jugend (JW) (1956-1966)

konkret. unabhängige zeitschrift für kultur und politik (1965)

Liaisons. Bulletin de la préfecture de police (1959-1966)
Life (1964-1966)
Leg Auf. Die große deutsche Schallplattenillustrierte (1959)

Melodie und Rhythmus (1956-1959)
Melody Maker (1955-1964)
The Mod's Monthly (1964)
Das Motorrad (1960)
Musik und Gesellschaft (1959)

Neues Deutschland (ND) (1953-1966)

Neue Zeit (1953-1966)
The New Statesman (1963)
Newsweek (1966)
The New York Times (NYT) (1956-1966)

Paris Match (1964-1966)
Partisan Review (1948-1964)
Die Polizei (1965-1966)
Polizei Schau. Zeitschrift für die Berliner Polizei (1956-1966)

Quick (1959; 1964-1965)

Record Retailer and Music Industry News (1962-1964)

Salut les copains (SLC) (1962-1964)
San Francisco Chronicle (SFC) (1966-1967)
Seventeen (1962)
Stern (1964-1966)

Time (1966)
The Daily Gleaner (1958)
The Times (1955-1966)
twen (1959-1966)
The Washington Post (TWP) (1956-1966)

6.4. Discographie

Alphonso, R. & The Skatalites, »Christine Keeler«/Lee ›King‹ Perry, »Feel Like Jumpin«, (JM o. J.) C & N Records [45].

Anthony, Richard, »Personality«, »Pauv' Jenny«/»Nouvelle Vague«, »J'ai Rêvé« (FR 1959) Columbia ESRF 1237 [EP].

Antoine, »Qu'est-ce qui ne tourne pas rond chez moi«, »Petite fille, ne crois pas« / »Les élucubrations d'Antoine«, »Pourquoi ces canons« (FR 1966) Vogues EPL. 8417 [EP].

–: »La Loi De 1920«/»Une Autre Autoroute« (FR 1966) Disques Vogue FV 45.1350 [45].

Armstrong, Louis, »What A Wonderful World«/ders. And His All Stars, »Cabaret« (US 1967) ABC 10 982 [45].

Ballard, Hank & The Midnighters, »The Twist«/»Teardrops On Your Letter« (US 1959) King 5171 [45].

V.A., *Big Beat 1* (DD 1965) Amiga 850039 [LP].

–, *Big Beat 2* (DD 1965) Amiga 850049 [LP].
The Beatles, *The Beatles* (DD 1965) Amiga 8 50 040 [LP].
–, *Revolver* (GB 1966/8) Parlophone PCS 7009 [LP].
–, *Sgt. Pepper's Lonely Hearts Club Band* (GB 1967/6) Parlophone PMC 7027 [LP].
–, *Anthology 1* (US 1995) Capitol Records/Apple Records CDP 7243 8 34445 2 6 [MR/CD-Boxset].
–, »Twist And Shout«, auf: The Beatles: *Anthology 1*, 2/3.
Bécaud, Gilbert, »Salut Les Copains«, »Incroyablement«/»Les Marchés de Provence«, »Pour Qui Veille l'Étoile« (FR 1958) La Voix de son Maître 7 EGF 284 [EP].
–, »Tête de bois«, »Je Me Balance«/»C'Était Moi«, »Viens« (FR 1960/9) La Voix de son Maître EGF 502 M [EP].
Brühl, Heidi u. Chor Orchester Rolf Anders, »Wir werden uns finden«/Helga Brauer u. d. Hemmann-Quintett, Rundfunk-Tanzorchester Leipzig, Leitung: Gerhard Kneifel, »Mister Brown aus USA« (DD 1959) Amiga 1 50759 [45].

The Candymen Orchestra, *Let's Twist!« Vl. II.* (US o. J.) Diplomat Records FM 112 [LP].
Charles, Ray, *Do The Twist With Ray Charles* (US 1961) Atlantic Records 8054 [LP].
Les Chats Sauvages avec Dick Rivers, »Twist A Saint Tropez«, »C'est Pas Sérieux«/»Est-ce Que Tu Le Sais?«, »Oh Boy!« (FR 1962) Pathé EA 569 [EP].
Les Chaussettes Noires, »Le Twist«, »Rock Des Carts«/»Quand Je Te Vois«, »Petite Sheila« (FR 1961) Barclay 70 417 [EP].
Checker, Chubby, »Schooldays, Oh Schooldays«/»The Class. Chubby Checker imitating Fats Domino, The Coasters, Elvis Presley & The Chipmunks« (US 1958) Parkway 804 [45].
–, »The Twist«/»Toot« (US 1960) Parkway 811 [45].
–, »La Paloma Twist«/»Slow Twistin‹« (US 1963) Parkway P-835 [45].
Celentano, Adriano, »Hoola Hop Rock«, auf: ders., *Rockin' Celentano*, A/4.
–, *Rockin' Celentano. Adriano Celentano 16 Rock'n Roll Hits* (DE 1969) Bellaphon 220-07-034 [LP].
The Cheers with Les Baxter's Orchestra and Chorus, »Black Denim Trousers«/»Some Night In Alaska« (US 1955) Capitol Records F 3219 [45].
The Coasters, »Charlie Brown«/»Three Cool Cats« (US 1959) Atco 45-6132 [45].
Cotton, Charly & Seine Twist-Makers, »Wilhelm Tell Twist«/»Hully Gully Holiday« (DE 1963) Ariola 10 354 AT [45].

Dale, Dick & The Del-Tones, *King Of The Surf Guitar* (US 1963) Capitol Records ST 1930 [LP].
Danny & The Juniors, »At The Hop«/»Sometimes (When I'm All Alone)« (US 1957) ABC-Paramount 9871 [45].
Dee, Joey, »Bitte Bitte Baby«/»Joey's Party« (US 1963) Roulette RL 4521 [45].
Didi And His ABC Boys, *Das war ein harter Tag. Beatles Songs* (DE 1989) Bear Tracks BTS 943 403 [RI/LP].

Fats And The Chessmen, »Big Ben Twist«/»Old MacDonald Had A Twist« (GB o. J.) Pye International 7N 25112 [45].
Freddy, »Eine Handvoll Reis«/»Wir« (DE 1966) Polydor 52781 [45].

Gainsbourg, Serge, »Chez les yé-yé«, »Le temps des yoyos«/»Elaeudanla Teïteïa«, »Scenic Railway« (FR 1964) Philipps Medium 434.888 BE [EP].
–, *Initials B.B.* (FR 1968) Philips 844 784 Y [LP].
–, »Ford Mustang«, auf: ders., *Initials B.B.*, B1.
Gray, Dobie, »The ›In‹ Crowd«/»Be A Man« (US 1964) Charger Rec. CRG-105 [45].

Haley, Bill And His Comets, »Shake, Rattle, And Roll«/»A.B.C. Boogie« (US 1954) Brunswick 05338 [78].
–, »Thirteen Women (And Only One Man In Town)«/»(We're Gonna) Rock Around The Clock« (US 1955) Decca 9-29124 [45].
– Y Sus Cometas: *Twist.* Discos Dimsa (MX 1961) DML 8255 [LP].
Hallyday, Johnny, »Cheveux longs et idées courtes«, »Du Respect (Respect)«/»Les coups ›uptight (Everything's Allright)‹«, »Si Tout Change (Our World)« (FR 1966) Philips 437.228BE [EP].
Hazy Osterwald-Sextett, »Kriminal-Tango«/»Sechs Musikanten« (DE 1959) Polydor 24 048 [45].
Herold, Ted mit dem Orchester Johannes Fehring, »Ich bin ein Mann«/»Carolin (Darf ich nicht dein Boyfriend sein?)« (DE 1959) Polydor 24 027 [45].

Les Jaguars, »Mer Morte Dead Sea«/»Supersonic Twist« (CA 1963) Tournesol TL 17 [45].
James, Etta, Maxwell Davis & Orch., »Good Rockin' Daddy«/»Crazy Feeling« (US 1955) Modern Records 962 [78].

Kenner, Chris, »Land of the 1000 Dances«/The Falcons & Band (Ohio Untouchables), »I Found A Love« (US 1962) Instant/Lu Pine Productions 130112 [45].

Kraus, Peter, Werner Müller u. s. Orchester, »Rosmarie«/»Hula Baby« (DE 1958) Polydor 23722A [45].
– mit Orchester Johannes Fehring, »Ich bin ja so allein (Lonely Boy)«/»Tiger« (DE 1959) Polydor 24 099 [45].

Lewis, Jerry Lee And His Pumping Piano, »Breathless«/»Down The Line« (US 1958) Sun Records 288 [45].
–, »I've Been Twistin'«/»Ramblin' Rose« (US 1962) Sun Records 374 [45].
Lymon, Frankie & The Teenagers, »I'm Not A Juvenile Delinquent«/»Baby, Baby« (US 1957) Gee GG 1026 [45].
Lynn, Donna, »My Boyfriend Got A Beatle Haircut«/»That Winter Weekend« (US 1964) Capitol Records 5127 [45].

The Marvelettes, »Please Mr. Postman«/»So Long Baby« (US 1961/8) Tamla [Motown] T 54 046 [45].
Maybelle, Big, »Candy«/»That's a Pretty Good Love« (US 1956) Savoy 1195 [78].
Mc Fadden, Bob & Dor, »The Mummy«/»The Beat Generation« (US 1959) Brunswick 9-55140 [45].
The Midnighters, »Work With Me Annie«/»Until I Die« (US 1954). Federal 12169 [45].
–, »Annie Had A Baby«/»She's The One« (US 1954/9) Federal 12195 [45].
Mitchell, Guy, Jimmy Caroll & His Orch. & Chorus, »Ninety Nine Years (Dead Or Alive)«/»Perfume, Candy And Flowers« (US 1955) Columbia 4-40631 [45].

Nicki und Hero mit den Boys, »Wie die Beatles … (trägt mein Bobby seine Haare)«/»Lang wie ein Gummibaum« (DE 1964) Ariola 10 644 AT [45].
Norman, Monty, *Dr. No (Original Motion Picture Sound Track Album)* (US 1963) Liberty/United Artists Records 1C 054-82 922 [LP].
–, »Twisting With James«, auf: ders., *Dr. No*, A/7.

Pickett, Bobby »Boris« & The Crypt-Kickers, »Monster Mash«/»Monsters' Mash Party« (US 1962) Garpax 45-44167 [45].
Pickett, Wilson, »Land Of The 1000 Dances«/»You're So Fine« (US 1966) Atlantic 45-2348 [45].
Prado, Perez, *Twist Goes Latin* (US 1962) RCA Victor LMP/LSP-2524 [LP].
Presley, Elvis, »Hound Dog«/»Don't Be Cruel« (US 1956) RCA Victor 47-6604 [45].
– with The Jordanaires, »All Shook Up«/»That's When Your Heartaches Begin« (US 1957/3) RCA 47-6870 [45].

Ralke, Don & Buddy Collette, *Bongo Madness* (US 1957) Crown CLP 5019 [LP].
Ramsey, Bill, »Mach keinen Heck-Meck«/»Souvenirs« (DE 1959) Polydor 24037 [45].
The Rattles, *Twist im Star-Club Hamburg* (DE 1963) Philips P 48 068 [LP].
The Rolling Stones, *The Rolling Stones* (GB 1964) Decca LK 4605 [LP].

(V. A.), *Schlager 1966* (DD 1966) Amiga 8 50 092, mono [LP].
The Shadows, »Apache«/»Quartermaster's Stores« (GB 1960) Columbia 45 DB 4484 [45].
–: »Shindig«/»It's Been A Blue Day« (GB 1964) Columbia DB 7106 [45].
The Shangri-Las, »The Leader Of The Pack«/»What Is Love« (US 1964) Red Bird RB 10-014 [45].
Sinatra, Frank, »Ev'rybody's Twistin'«/»Nothing But The Best« (US 1962) Reprise Records R.20063 [45].
Spier, Bernd, »Memphis Tennessee«/»Ohne ein bestimmtes Ziel« (DE 1964) CBS 16168 [45].

(V. A.) *This Is Mersey Beat. Vol. 1* (GB 1963) Oriole PS 40047 [LP].
Thornton, Willie Mae ›Big Mama‹, »Hound Dog«/»Rock A Bye Baby« (US 1953) Peacock 5-1612 [45].
The Tornados, »Telstar«/»Jungle Fever« (GB 1962) Decca 45-F494 [45].
(V. A.) *Twist in Germany*. Bear Family (DE 1999) BCD 16186 AH [RI/CD].
(V. A.) *Twist in der DDR*. Bear Family (DE 2003) BCD 16371 AH [RI/CD].
Turner, Joe, and his Blue Kings: »Shake, Rattle, And Roll«/»You Know I Love You« (US 1954) Atlantic 1026 [78].

Vandyke & The Bambis, »Doin' The Mod«/»All I Want Is You« (GB 1964) Piccadilly 7N.35180 [45].

Waters, Muddy, *The Chess Box* (US 1989) MC/Chess CH680002 [6 LP-Box].
–, »Rolling Stone«, auf: ders., *The Chess Box*, A/11.
The Who, *My Generation* (GB 1965) Brunswick LAT 8616 [LP].
–, *Sings My Generation* (US 1966) Decca DL 74664 [LP].
–, »Substitute«/»Instant Party« (GB 1966) Reaction 591 001 [45].
–, »Substitute«/»Waltz For A Pig« (US 1966) ATCO 45-6409 [45].
Wray, Link & His Ray Men, »Rumble«/»The Swag« (US 1958) Cadence 1347 [45].

Die Yankees, »Halbstark«/»La-La-La-La-La-La« (DE 1965) Polydor 52 589 [45].

6.5. Filmographie

7 Ages of Rock, GB 2007, R.: Francis Whatley [BBC].

À bout de souffle, FR 1960, R.: Jean-Luc Godard [DVD], DE: *Außer Atem*; US (1961): *Breathless*.

A Hard Day's Night, GB 1964, R.: Richard Lester, DE: *Die Beatles – Yeah Yeah Yeah*; F.: *Yeah Yeah Yeah*.

Alle lieben Peter, DE 1959, R.: Wolfgang Becker.

L'amour à vingt ans, FR/DE/IT/PL/JP 1962, R.: Shintarô Ishihara, Marcel Ophüls, Renzo Rossellini, François Truffaut, Andrzej Wajda [DVD], DE: *Liebe mit zwanzig/Antoine und Colette*; US/GB (1963): *Love At Twenty*.

Antoine chante »Les élucubrations«, FR 1966 (variétés, 3 Min.), R.: Alain Brunet [Collections de films (collection parisienne), Forum des Images, Paris].

Ask me, don't tell me, US 1961, R.: David Myers [Kurzfilm].

Avant le déluge, FR/IT 1954, R.: André Cayatte, DE (1955): *Vor der Sintflut*.

The Beat Generation, US 1959, R.: Charles F. Haas, DE: *Die Haltlosen*.

Beat Girl, GB 1960, R.: Edmond T. Gréville, DE: *Heiß auf nackten Steinen*, US (1961): *Wild For Kicks*.

Beatlemania, US 1964, Nachrichtenclip [online: ⟨https://cbswods2.wordpress.com/2010/09/22/rare-beatlemania-footage/⟩, letzter Zugriff 20.10.2017].

Berlin – Ecke Schönhauser, DD 1957, R.: Gerhard Klein [DVD].

Blackboard Jungle, US 1955, R.: Richard Brooks [DVD], DE: *Die Saat der Gewalt*; FR/BE: *Graine de violence*.

Brighton Rock, GB 1947, R.: John Boulting [DVD], FR: *Le gang de tueurs*.

Boy with a Knife, US 1956, R.: Lás[z]ló Benedek [Kurzfilm].

Cosh Boy, GB 1953, R.: Lewis Gilbert [DVD], US: *The Slasher/The Tough Guy*.

Crimes in the Street, US 1956, R.: Don[ald] Siegel, DE: *Entfesselte Jugend*.

Dandy Trophy, GB o. J., Pathé Pictorial No. 304 [Kurzfilm].

The Delinquents, US 1957, R.: Robert Altman.

La dolce vita, IT/FR 1960, R.: Federico Fellini [DVD]. DE: *Das süße Leben*, UK/US (1961): *La dolce vita*.

Don't Knock the Rock, US 1956, R.: Fred. F. Sears. DE (1957): *Außer Rand und Band, 2. Teil*.

Don't Knock the Twist, US 1962, R.: Oscar Rudolph [DVD], DE (1962): *Twist ... daß die Röcke fliegen*.

Die Dritte von rechts, DE 1950, R.: Géza von Cziffra. FR (1952): *Une fille du tonnerre*.

Easy Rider, US 1969, R.: Dennis Hopper [DVD], FR, DE, GB: *Easy Rider*.

Et Dieu … créa la femme, FR 1956, R.: Roger Vadim [DVD], US (1957): *… and God created Woman*, DE (1957) *… und ewig [immer] lockt das Weib.*

Expresso Bongo, GB 1959, R.: Val Guest [DVD], US (1960), DE (1962).

Flaming Star, US 1960, R.: Don Siegel [DVD], GB (1961), DE (1961): *Flammender Stern*, F (1961): *Les rôdeurs de la plaine.*

Die Frühreifen, DE 1957, R.: Josef von Báky [DVD]. FR: *Les frénétiques*, BE/NL: *De vroegrijpen.*

Die Glatzkopfbande, DD 1963, R.: Richard Groschopp [VHS].

Gumnaam/The Unknown, IN 1965, R.: Raja Nawathe [DVD].

Halbstark an Rhein und Ruhr, 2 Teile, DE 2008, R.: Werner Kubny, Per Schnell.

Die Halbstarken, DE 1956, R.: Georg Tressler [DVD], US (1957): *Teenage Wolfpack*, GB (1957): *Wolfpack*, F (1957): *Les demi-sel.*

Herbst der Gammler, DE 1967, R.: Peter Fleischmann.

High School Big Shot, US 1959, R.: Joel »M.« Rapp. GB: *The Young Sinners.*

High School Caesar, US 1960, R.: O'Dale Ireland.

High School Confidential!/The Young Hellions, US 1958, R.: Jack Arnold. DE: *Mit Siebzehn am Abgrund*, F (1959): *Jeunesse drougée.*

High School Hell Cats, US 1958, R.: Edward Bernds. GB: *School For Violence.*

I Vitelloni, IT 1953, R.: Federico Fellini, FR (1954): *Les inutiles/Les vitelloni*, GB/US (1956), DE (1956): *Die Müßiggänger.*

Jailhouse Rock, US 1957, R.: Richard Thorpe, GB (1958), DE (1958): *Rhythmus hinter Gittern*, FR (1960): *Le rock du bagne.*

King Creole, US 1958, R.: Michael Curtiz, DE: *Mein Leben ist der Rhythmus*, FR (1959): *Bagarres au King Creole.*

Leather Boys, GB 1964, R.: Sidney J. Furie [DVD]. DE (1964): *Die Lederjungen*. US (1965).

Les minets chez le coiffeur, FR 1966, R.: Raoul Sangla [Kurzfilm. Collections de films (collection parisienne), Forum des Images, Paris].

Live fast, Die Young!, US 1958, R.: Paul Heinreid, FR/BE: *Pressés de vivre.*

The Mini-Skirt Mob, US 1968, R.: Maury Dexter, FR: *Des filles à moto*, DE: *Die Satans-Engel von Nevada.*

Murder at the Gallop, GB 1963, R.: George Pollock [DVD], DE: *Der Wachsblumenstrauß*, FR (1964): *Meurtre au galop.*

Le phénomène Antoine, FR 1966, R.: Gilbert Larriaga [documentaire/série panorama, 16 Min. Collections de films/collection parisienne, Forum des Images, Paris].

Quadrophenia, GB 1979, R.: Franc Roddam [DVD]. FR (1980).

Les Quatre Cents Coups, FR 1959, R.: François Truffaut, DE: *Sie küßten und sie schlugen ihn*, US (1959), GB (1960): *The 400 Blows.*

Rebel Without a Cause, US 1955, R.: Nicholas Ray [DVD], GB (1956), DE (1956): *.. denn sie wissen nicht, was sie tun*, FR/BE/CA (1956): *La fureur de vivre*

Reform School Girl, US 1957, R.: Edward Berns. DE (1960): *Mannstoll und gefährlich.*

Roman Holiday, US 1953, R.: William Wyler [DVD], DE (1953): *Ein Herz und eine Krone*, FR (1954): *Vacances romaines.*

Roustabout, US 1964, R.: John Rich [DVD], DE: *König der heißen Rhythmen*, F: *L'homme à tout faire.*

Tystnaden, SE 1963, R.: Ingmar Bergman [DVD], DE (1964): *Das Schweigen*, GB/US (1964): *The Silence*, FR (1964): *Le silence.*

Sex & Music – neue Formen des Begehrens, FR/DE 2014, R.: Chloé Mathieu/Lila Pinell [Arte].

Speedway, US 1968, R.: Norman Taurog [DVD], DE (TV 1976), FR (TV 1976): *À plein tube!*.

Stormy Weather, US 1943, R.: Andrew L. Stone [DVD], FR (1946): *Symphonie Magique*, DE (TV 1980): *Der Tänzer auf den Stufen.*

The Story of Beat-Club 1965-1968, (DE) Teil 5, hg. v. Radio Bremen, Studio Hamburg Distribution & Marketing GmbH 2011 [DVD-Box 2015].

Uno Strano Tipo, IT 1963, R.: Lucio Fulci [VHS], DE: *Der Superstar*, DD (TV 1989): *Ein seltsamer Typ.*

Taiyô no kisetsu, JP 1956, R.: Takumi Furukawa.

Teddy Boys help Church. Nottingham, GB 1959, British Pathé [online: ⟨http://www.britishpathe.com/workspaces/show/wendy-cooper/teddy-boys-help-church/full⟩, letzter Zugriff 20.01.2018].

Teenage Doll, US 1957, R.: Roger Corman.

Les tricheurs, FR 1958, R.: Marcel Carné [DVD], DE (1959): *Die sich selbst betrügen/Die Spieler*, US (1961): *The Cheaters*, GB: *Youthful Sinners.*

Twist Craze, US 1962, R.: Allan David [Kurzfilm. Online: ⟨https://www.youtube.com/watch?v=ODKBIoTrNsQ⟩, letzter Zugriff 20.01.2018].

Why Vandalism, US 1955, P.: Hal Kopel, Encyclopedia Britannica [Kurzfilm].

The Wild One, US 1953, R.: László Benedek [DVD], FR (1954): *L'équipée sauvage*, DE (1955): *Der Wilde.*

6.6. Bibliographie

Abbotson, Susan C.W., *Critical Companion to Arthur Miller. A Literary Reference to his Life and Work*, New York: Facts on File 2007.

Abgeordnetenhaus von Berlin (Hg.), *II. Wahlperiode. Stenographischer Bericht, 70. Ordentliche Sitzung*, Bd. III, Nr. 20, Berlin 1957.

Adams, Deanna R., *Rock'n'Roll and the Cleveland Connection*, Kent: Kent State University Press 2002.

Adams, Peter, *The Bowery Boys: Street Corner Radicals and the Politics of Rebellion*, Westport, London: Praeger Publishers 2005.
Adorno, Theodor W., »On Popular Music«, in: *Studies in Philosophy and Social Science* 9 (1941), S. 17-48 (dt.: »Über den Fetischcharakter in der Musik«, in: ders., *Dissonanzen. Einleitung in die Musiksoziologie* [= *Gesammelte Schriften*; Bd. 14], Frankfurt/M.: Suhrkamp 1973, S. 14-50).
Agde, Günter (Hg.), *Kahlschlag: Das 11. Plenum des ZK der SED 1965. Studien und Dokumente*, erw. Auflage, Berlin: Aufbau ²2000.
Ahrens, Rüdiger, *Bündische Jugend. Eine neue Geschichte 1918-1933*, Göttingen: Wallstein 2015.
Alderson, Connie, *Magazines Teenagers Read. With Special Reference to Trend, Jackie and Valentine*, Oxford, New York: Pergamon 1968.
Alsmann, Götz, *Nichts als Krach. Die unabhängigen Schallplattenfirmen und die Entwicklung der amerikanischen populären Musik 1943-1963*, Drensteinfurt: Huba 1985.
Altschuler, Glenn C., *All Shook Up. How Rock'n'Roll Changed America*, Oxford, New York: Oxford University Press 2003.
Amann, Caroline, Bruns, Katja, »Rock zwischen Calypso und Twist: Musiker im Rock'n'Roll-Film, 1956-1963. Eine kommentierte Filmographie«, in: *Kieler Beiträge zur Filmmusikforschung* 5 (2010), S. 445-484, ⟨www.filmmusik.uni-kiel.de/KB5/KB5.3-FilmoRockNRoll.pdf⟩, letzter Zugriff 15. 11. 2017.
Améry, Jean, *Teenager-Stars. Idole unserer Zeit*, Rüschlikon-Zürich, Stuttgart u. a.: A. Müller 1960.
Anderson, Benedict, *Imagined Communities: Reflections on the Origin and Spread of Nationalism*, rev. and ext. edition, London, New York: Verso ¹²2003.
Anderson, Paul ›Smiler‹, *Mods: The New Religion: The Style and Music of the 1960s Mods*, London, New York u. a.: Omnibus 2013.
Anslinger, Walter L., »The Stage Band: A Defense and an Answer«, in: *Music Educators Journal* 51 (1965), S. 84-86.
Applegate, Celia, *Bach in Berlin. Nation and Culture in Mendelssohn's Revival of the St. Matthew Passion*, Ithaca, London: Cornell University Press 2005.
–, »Music Among the Historians«, in: *German History* 30 (2012), S. 329-349.
Archiv der Jugendkulturen e.V. (Hg.), *50 Jahre Bravo*, Bad Tölz: Tilsner 2005.
Arendt, Hannah, *The Origins of Totalitarianism*, New York: Mariner Books 1973.
Arens, Esther, »Lektion in Demokratie. Die ›Schwabinger Krawalle‹ und die Münchner ›Interessengemeinschaft zur Wahrung der Bürgerrechte‹«, in: Fürmetz (Hg.), *»Schwabinger Krawalle«*, S. 125-140.

Ariès, Philippe, *Die Geschichte der Kindheit*, München, Wien: Hanser 1975.

Armstrong, Mark, *Swinging Britain. Fashion in the 1960s*, London: Shire Publications 2014.

Arndt, Agnes u.a. (Hg.), *Vergleichen, Verflechten, Verwirren? Europäische Geschichtsschreibung zwischen Theorie und Praxis*, Göttingen, Oakville: Vandenhoeck & Ruprecht 2011.

Arnold, Klaus u.a. (Hg.), *Von der Politisierung der Medien zur Medialisierung des Politischen? Zum Verhältnis von Medien, Öffentlichkeiten und Politik im 20. Jahrhundert*, Leipzig: Leipziger Universitätsverlag 2010.

–, Classen, Christoph (Hg.), *Zwischen Pop und Propaganda. Radio in der DDR*, Berlin: Ch. Links 2004.

–, »Radio in der DDR. Einleitung«, in: dies. (Hg.), *Zwischen Pop und Propaganda*, S. 13-26.

Asbury, Herbert, *Gangs of New York. Eine Geschichte der Unterwelt*, München: Heyne 2003.

Ashworth, Andrew, *Sentencing and Criminal Justice*, Cambridge: Cambridge University Press ^{4}2000.

Assmann, Aleida, »Tradition«, in: Jordan (Hg.), *Lexikon Geschichtswissenschaft*, S. 288-290.

B., K., »Der Lohn der Halbstarken«, in: *deutsche jugend* 4 (1956), S. 525-526.

Baacke, Dieter, *Beat – die sprachlose Opposition*, München: Juventa 1968.

–, *Die 13- bis 18jährigen. Einführung in die Probleme des Jugendalters*, überarb. u. erg. Aufl., Weinheim, Basel: Beltz ^{5}1991.

–, *Jugend und Jugendkulturen. Darstellung und Deutung*, überarb. Aufl., Weinheim, München: Juventa ^{3}1999.

Badenoch, Alexander, »The Peculiar Silence of the ›Boat that rocked‹«, in: *Zeitgeschichte Online* (September 2009), ⟨http://www.zeitgeschichte-online.de/film/peculiar-silence-boat-rocked⟩, letzter Zugriff 07.03.2018.

–, »Die europäische Wiedergeburt des Radios? Die Entwicklung und Arbeit des EBU-Radioprogrammkomitees«, in: *Rundfunk und Geschichte* 1-2 (2010), S. 4-18.

–, »Between Rock and Roll and a Hard Place: ›Pirate‹ Radio and the Problems of Territory in Cold War Europe«, in: ders. u.a. (Hg.), *Airy Curtains in the European Ether*, S. 297-319.

–, Fickers, Andreas, Henrich-Franke, Christian (Hg.), *Airy Curtains in the European Ether. Broadcasting and the Cold War*, Baden-Baden: Nomos 2013.

Bandur, Markus, »Frühe Kinomusik im städtischen Raum«, in: Widmaier/Grosch (Hg.), *Populäre Musik in der urbanen Klanglandschaft*, S. 155-168.

Bänsch, Dieter (Hg.), *Die fünfziger Jahre. Beiträge zu Politik und Kultur*, Tübingen: Gunter Narr 1985.

Bantigny, Ludivine, »Les jeunes comme sujets et enjeux politiques (France, XXe siècle). Présentation«, dossier *Histoire@Politique. Politique, culture, société*, avril-juin 2008, ⟨http://www.histoire-politique.fr/index.php?numero=04&rub=dossier&item=34⟩, letzter Zugriff 15. 11. 2017.

–, »Le mot ›jeune‹, un mot de vieux? La jeunesse du mythe à l'histoire«, in: dies./Jablonka (Hg.), *Jeunesse oblige*, S. 5-18.

–, Jablonka, Ivan (Hg.), *Jeunesse oblige. Histoire des jeunes en France XIXe-XXe siècle*, Paris: Presses Universitaires de France 2009.

Banush, Patrick, »Cornel Chiriac. Der einsamste Discjockey der Welt«, in: Hecktor (Hg.), *Mjunik Disco*, S. 121.

Barck, Simone, Wahl, Stefanie (Hg.), *Bitterfelder Nachlese. Ein Kulturpalast, seine Konferenzen und Wirkungen*, Berlin: Karl Dietz 2007.

Barker, Paul, Little, Alan, »The Margate Offenders: A Survey«, in: *New Society* 96 (1964), S. 6-10.

Barnes, Richard (Hg.), *Mods! Over 150 Photographs from the Early 60's of the Original Mods*, Neuaufl., London: Plexus 1991.

Barry, James, *»Sorry, no Vacancies«. Life Stories of Senior Citizens from the Caribbean*, London: Notting Dale Urban Studies Centre: Ethnic Communities Oral History Project 1992.

Barsamian, Jacques, Jouffa, François, *L'âge d'or du yéyé. Le rock, le twist, et la variété française des années 60*, Poitiers, Ligugé: Editions Ramsay 1983.

Barson, Michael, Heller, Steven, *Teenage Confidential: An Illustrated History of the American Teen*, San Francisco: Chronicle Books 1998.

Barthes, Roland, *Mythen des Alltags*, Berlin: Suhrkamp ³2015.

Bauerkämper, Arnd, *Die Sozialgeschichte der DDR*, München: Oldenbourg 2005.

Baumeister, Martin u. a. (Hg.), *Die Kunst der Geschichte. Historiographie, Ästhetik, Erzählung*, Göttingen: Vandenhoeck & Ruprecht 2009.

Bausch, Hans (Hg.), *Rundfunkpolitik nach 1945. Zweiter Teil: 1963-1980*, München: dtv 1980.

Becker, Dörte, *Mode der 50er Jahre für Jederfrau und Jedermann*, Braunschweig: Appelhans 2003 (Katalog).

Becker, Frank u. a. (Hg.), *Politische Gewalt in der Moderne*, Münster: Aschendorff 2003.

Bednarik, Karl, *Der junge Arbeiter von heute – ein neuer Typ*, Stuttgart: Kilpper 1953.

Beebe, Roger, Middleton, Jason (Hg.), *Medium Cool: Music Videos from Soundies to Cellphones*, Durham, London: Duke University Press 2007.

Behrens, Roger, *Die Diktatur der Angepassten. Texte zur kritischen Theorie der Popkultur*, Bielefeld: transcript 2003.

Bellingroth, Friedhelm, *Triebwirkung des Films auf Jugendliche. Einführung in die analytische Filmpsychologie auf Grund experimenteller Analysen*

kollektiver Triebprozesse im Filmerleben, Bern, Stuttgart: Hans Huber 1958.
Belz, Carl, *The Story of Rock*, New York: Oxford University Press 1972.
Ben-Joseph, Eran, Szold, Terry S. (Hg.), *Regulating Place: Standards and the Shaping of Urban America*, New York, London: Routledge 2005.
Benz, Wolfgang, »Opposition gegen Adenauers Deutschlandpolitik«, in: Weber (Hg.), *Die Republik der fünfziger Jahre*, S. 47-70.
Berendse, Gerrit-Jan, »Beat am Prenzlauer Berg: Das Treffen zweier Subkulturen«, in: Brady/Wallace (Hg.), *Prenzlauer Berg. Bohemia in East Berlin?*, S. 45-66.
Berger, Manfred, »Bravo: 50 Jahre Pubertätserotik und Teenie-Pop«, in: *Unsere Jugend. Zeitschrift für Studium und Praxis der Sozialpädagogik* 58 (2006), S. 341-344.
–, »Bravo BRAVO! – 50 Jahre Leitmedium (?) der Jugend«, in: *Kinder-/Jugendliteratur und Medien in Forschung, Schule und Bibliothek* 59 (2007), S. 63-67.
Berghoff, Hartmut, *Konsumpolitik. Die Regulierung des privaten Verbrauchs im 20. Jahrhundert*, Göttingen: Vandenhoeck & Ruprecht 1999.
Berman, Garry (Hg.), *»We're going to see the Beatles!« An Oral History of Beatlemania as Told by the Fans who were there*, Santa Monica: Santa Monica Press 2008.
Bernard, Luc, *Europe 1. La grande histoire dans une grande radio*, Paris: Centurion 1990.
Betrock, Alan, *The I Was A Teenage Juvenile Delinquent Rock'n'Roll Horror Beach Party Movie Book: A Complete Guide to the Teen Exploitation Film, 1954-1969*, London: Plexus 1986.
Beutelschmidt, Thomas, »Connected Enemies? Programming Transfer between East and West During the Cold War and the Example of East German Television«, in: *View. Journal of European Television History & Culture* 3 (2014), S. 60-67.
Bezirksleitung Schwerin der SED/Abt. Agitation/Propaganda (Hg.), *Heiße Musik und Kalter Krieg*, o. O./o. J.
Bhabha, Homi K., *Die Verortung der Kultur*, Tübingen: Stauffenburg Verlag ²2007.
Bielefeldt, Christian, Dahmen, Udo, Großmann, Rolf (Hg.): *PopMusicology. Perspektiven der Popmusikwissenschaft*, Bielefeld: transcript 2008.
Bignell, Jonathan, *Media Semiotics. An Introduction*, Manchester: Manchester University Press 2002.
Billard, Pierre, »Quarante moins de 40 ans, la jeune académie du cinéma française«, in: *Cinéma* 58 (1958), S. 4-34.
Biltereyst, Daniel, »Youth, Moral Panics, and the End of Cinema. On the Reception of *Rebel Without a Cause* in Europe«, in: Slocum (Hg.), *Rebel Without a Cause*, S. 171-189.

–, Vande Winkel, Roel (Hg.), *Silencing Cinema: Film Censorship around the World*, New York: Palgrave Macmillan 2013.

Binas-Preisendörfer, Susanne, »Rau, süßlich, transparent oder dumpf – Sound als eine ästhetische Kategorie populärer Musikformen. Annäherung an einen populären Begriff«, in: *PopScriptum* 10 (2008), ⟨https://www2.hu-berlin.de/fpm/popscrip/themen/pst10/pst10_binas.htm⟩, letzter Zugriff 16.11.2017.

Binder, Ulrich, Mattioli, Pietro (Hg.), *Karlheinz Weinberger: Photos 1954-1995*, Zürich: Andreas Züst 2000.

Birgy, Philippe, »›Si cette histoire vous amuse, on peut la recommencer‹. Le yéyé et l'importation de contre-culture américaine«, in: *Volume!* 9 (2012), S. 151-167.

Bischoff, Eva, »Modifizieren«, in: Netzwerk Körper (Hg.), *What Can a Body Do?*, S. 70-82.

Bakewell, Sarah, *Das Café der Existenzialisten. Freiheit, Sein und Aprikosencocktails*, München: C.H. Beck 2016.

Blandin, Claire, »Radio et magazine: une offre plurimédia pour les jeunes des sixties«, in: *Le Temps des Médias* 21 (2013-14), S. 134-142.

Blanning, Tim, *Triumph der Musik. Von Bach bis Bono*, München: C. Bertelsmann 2010.

Blättel-Mink, Birgit, Hellmann, Kai-Uwe (Hg.), *Prosumer Revisited. Zur Aktualität einer Debatte*, Wiesbaden: VS Verlag für Sozialwissenschaften 2010.

Blecha, Peter, *Taboo Tunes: A History of Banned Bands and Censored Songs*, San Francisco: Back Beat Books 2004.

Bloch-Michel, Jean, »Francs and Rubles«, in: *Partisan Review* 1 (1958), S. 117-121.

Bloom, Clive, *Violent London. 2000 Years of Riots, Rebels and Revolts*, London: Pan Books 2003.

Board of Superintendents New York City Public Schools (Hg.), *Today's Problems of The Youth of New York*, New York: o. V. 1945.

Boehlke, Michael, Gericke, Henryk (Hg.), *»Too much future«. Ostpunk/Punk in der DDR 1979-89*, Berlin: Künstlerhaus Bethanien 2005.

Böhme, Hartmut, »Das Verewigen und das Veralten der Jugend«, in: Bogdal u. a. (Hg.), *Jugend. Psychologie – Literatur – Geschichte*, S. 25-39.

Böhmer, Katharina, »›Auch die Schweiz kennt das Problem‹. Die Halbstarken der 1950er und 1960er Jahre als transnationale Jugendkultur und Gesellschaftsproblem im westeuropäischen Vergleich«, in: Hüser (Hg.), *Populärkultur transnational*, S. 225-250.

Bösch, Frank, *Die Adenauer-CDU. Gründung, Aufstieg und Krise einer Erfolgspartei 1945-1969*, Stuttgart, München: Deutsche Verlagsanstalt 2001.

–, Frei, Norbert (Hg.), *Medialisierung und Demokratie im 20. Jahrhundert*, Göttingen: Wallstein 2006.

–, »Die Ambivalenz der Medialisierung. Eine Einführung«, in: dies. (Hg.), *Medialisierung und Demokratie im 20. Jahrhundert*, S. 17-18.
–, *Öffentliche Geheimnisse. Skandale, Politik und Medien in Deutschland und Großbritannien 1880-1914*, München: Oldenbourg 2009.
– (Hg.), *Geteilte Geschichte. Ost- und Westdeutschland 1970-2000*, Göttingen: Vandenhoeck & Ruprecht 2015.
–, »Geteilt und verbunden. Perspektiven auf die deutsche Geschichte seit den 1970er Jahren«, in: ders. (Hg.), *Geteilte Geschichte*, S. 7-37.
Boëthius, Ulf, »Youth, the Media and Moral Panics«, in: Fornäs/Bolin (Hg.), *Youth Culture in Late Modernity*, S. 39-57.
Bogardus, Emory S., *The City Boy and his Problems. A Survey of Boy Life in Los Angeles*, Los Angeles: University of Southern California Press 1926.
Bogdal, Klaus-Michael, Gutjahr, Ortrud, Pfeiffer, Joachim (Hg.), *Jugend. Psychologie – Literatur – Geschichte*, Würzburg: Königshausen & Neumann 2001.
Bogdanor, Vernon, Skidelsky, Robert (Hg.), *The Age of Affluence. 1951-1964*, London: Macmillan 1970.
Bogdanov, Vladimir u. a. (Hg.), *All Music Guide to Jazz: The Definitive Guide to Jazz Music*, San Francisco: Backbeat Books 2002.
Bollenbeck, Georg, Kaiser, Gerhard (Hg.), *Die janusköpfigen 50er Jahre*, Wiesbaden: Westdeutscher Verlag 2000.
Bondy, Curt u. a., *Jugendliche stören die Ordnung. Bericht und Stellungnahme zu den Halbstarkenkrawallen*, München: Juventa 1957.
Bonz, Jochen (Hg.), *Popkulturtheorie*, Mainz: Ventil 2002.
Boon, Louis P., *Op zoek naar de nozems. Een reportage van Boontje*, Gent: Uitgeverij de Vlam 1960.
Born, Hannelore, »Meine 50er Jahre«, in: Becker (Hg.), *Mode der 50er*, S. 31.
Borsò, Vittoria u. a., »Transfigurationen des Politischen. Von Propaganda-Studien zu Interaktionsmodellen der Medienkommunikation – eine Einleitung«, in: dies. u. a. (Hg.), *Die Macht des Populären*, S. 7-29.
–, u. a. (Hg.), *Die Macht des Populären. Politik und populäre Kultur im 20. Jahrhundert*, Bielefeld: transcript 2010.
Bourdieu, Pierre, *Die feinen Unterschiede. Kritik der gesellschaftlichen Urteilskraft*, Frankfurt/M.: Suhrkamp 1987.
Boutang, Adrienne, »›Jeunes, je vous ai compris‹: stratégies de ciblage dans les teen movies des annnées 1950 à aujourd'hui«, in: *Le Temps de Médias* 21 (2013-14), S. 82-102.
Brackett, David (Hg.), *The Pop, Rock, and Soul Reader: Histories and Debates*, New York: Oxford University Press 2005.
Bradley, Dick, *Understanding Rock'n'Roll. Popular Music in Britain 1955-1964*, Buckingham, Philadelphia: Open University Press 1992.
Bradley, Kate, »Juvenile Delinquency and the Public Sphere: Exploring Lo-

cal and National Discourse in England, c. 1940-69«, in: *Social History* 37 (2012), S. 19-35.
Brady, Philip, Wallace, Ian (Hg.), *Prenzlauer Berg. Bohemia in East Berlin?*, Amsterdam, Atlanta: Edition Rodopi 1995.
Braese, Stephan, Vogel-Klein, Ruth (Hg.), *Zwischen Kahlschlag und Rive Gauche. Deutsch-französische Kulturbeziehungen 1945-1960*, Würzburg: Königshausen & Neumann 2015.
–, »Die ›Exis‹: Eine westdeutsche Jugendbewegung aus dem Geiste des Pariser Jazz«, in: ders., Vogel-Klein (Hg.), *Zwischen Kahlschlag und Rive Gauche*, S. 199-212.
Brake, Mike, *Soziologie der jugendlichen Subkulturen. Eine Einführung*, Frankfurt/M., New York: Campus 1981.
Braun, Anna, »Where was Pop? Die Robert Fraser Gallery zwischen Popmusik und bildender Kunst in »Swinging London««, in: Mrozek u. a. (Hg.), *Popgeschichte*, Bd. 2, S. 65-88.
Braun, Gert, »Bravo = ein Ärgernis für rechts und links«, in: Knoll/Stefen (Hg.), *Pro und Contra BRAVO*, S. 131-145.
Braun, Hans, »Helmut Schelskys Konzept der ›nivellierten Mittelstandsgesellschaft‹ und die Bundesrepublik der 50er Jahre«, in: *Archiv für Sozialgeschichte* 29 (1989), S. 199-223.
Braun, Joachim, »BRAVO im Spiegel der Literatur«, in: Knoll/Stefen (Hg.), *Pro und Contra BRAVO*, S. 91-116.
Braungart, Wolfgang, *Ästhetischer Katholizismus. Stefan Georges Rituale der Literatur*, Tübingen: Max Niemeyer Verlag 1997.
Breuss, Susanne (Hg.), *Mit Haut und Haar. Frisieren, Rasieren, Verschönern*, Wien: Metroverlag 2018 (Katalog).
–, »Die Frau des 20. Jahrhunderts hat einen Bubikopf. Kurze Haare als Zeichen moderner Weiblichkeit«, in: dies. (Hg.), *Mit Haut und Haar*, S. 333-353.
Breyvogel, Wilfried (Hg.), *Autonomie und Widerstand. Zur Theorie und Geschichte des Jugendprotestes*, Essen: Rigodon 1983.
Briese, Olaf (Hg.), *Eckensteherliteratur. Eine humoristische Textgattung im Biedermeier und Vormärz*, Bielefeld: Aisthesis 2013.
Briesen, Detlef, Weinhauer, Klaus (Hg.), *Jugend, Delinquenz und gesellschaftlicher Wandel. Bundesrepublik Deutschland und USA nach dem Zweiten Weltkrieg*, Essen: Klartext 2007.
Briggs, Jonathyne, *Sounds French: Globalization, Cultural Communities, and Pop Music in France, 1958-1980*, Oxford, New York: Oxford University Press 2015.
Broadbent, Philip, Hake, Sabine (Hg.), *Berlin – Divided City, 1945-1989*, New York: Berghahn 2010.
Bröckling, Ulrich, »Vorbeugen ist besser… Zur Soziologie der Prävention«, in: *Behemoth. A Journal on Civilisation* 1 (2008), S. 38-48.

Bronfen, Elisabeth, *Das verknotete Subjekt. Hysterie in der Moderne*, Berlin: Volk & Welt 1998.

Brown, Harry P., Broeske, Pat H., *Elvis. Die Biographie*, Stuttgart: Engelhorn 1997.

Brown, Karl, »Dance Hall Days. Jazz and Hooliganism in Communist Hungary, 1948-1956«, in: Pickhan/Ritter (Hg.), *Jazz Behind the Iron Curtain*, S. 267-294.

Broyard, Anatole, »A Portrait of the Hipster«, in: *Partisan Review* 15 (1948), S. 721-727.

Brunner, Otto u. a. (Hg.), *Geschichtliche Grundbegriffe*, Bd. 1, Stuttgart: Klett-Cotta 1972.

Budde, Gunilla-Friederike, *Auf dem Weg ins Bürgerleben. Kindheit und Erziehung in deutschen und englischen Bürgerfamilien 1840-1914*, Göttingen: Vandenhoeck & Ruprecht 1994.

– u. a. (Hg.), *Transnationale Geschichte: Themen, Tendenzen und Theorien*, Göttingen: Vandenhoeck & Ruprecht 2006.

Buchloh, Stephan, *»Pervers, jugendgefährdend, staatsfeindlich«. Zensur in der Ära Adenauer als Spiegel des gesellschaftlichen Klimas*, Frankfurt/M., New York: Campus 2002.

Bühler, Patrick, »Philippe Ariès (1914-1984), *Geschichte der Kindheit* (1960)«, in: *KulturPoetik* 12 (2012), S. 109-117.

Burke, Peter, »Zwei Hobsbawms?«, in: Linsenmann, Hindrichs (Hg.), *Hobsbawm, Newton und Jazz*, S. 31-36.

Camp, Stephanie M. H., »The Pleasures of Resistance. Enslaved Women and Body Politics in the Plantation South 1830-1861«, in: *The Journal of Southern History* 68 (2002), S. 533-572.

Canada, Geoffrey, *Fist Stick Knife Gun. A Personal History of Violence in America*, Boston: Beacon 1995.

Cancik, Hubert, Schneider, Helmuth (Hg.), *Der Neue Pauly. Realenzyklopädie der Antike,* 19 Bde., Stuttgart, Weimar: J. B. Metzler 2001, s. v. »populus«, Bd. 10, S. 156.

Chambers, Bradford, »The Juvenile Gangs of New York«, in: *The American Mercury* 62 (1946), S. 480-486.

Chapoulie, Jean-Michel u. a. (Hg.), *Sociologues et sociologies. La France des années 60*, Paris: L'Harmattan 2005.

Charcot, Jean M., de la Tourette, Paul Richer Gilles, Londe, Albert (Hg.), *Nouvelles Iconographies de la Salpêtrière – Clinique des Maladies du Système Nerveux*, Bd. 3, Paris: LeCrosnier et Babe 1890.

Charon, Jean-Marie, »Lire et grandir en s'amusant ou la grande aventure de la presse des jeunes«, in: *Éla: Études de linguistique appliquée* 130 (2003), S. 223-236.

Chemerka, William R., »Beatlemania in New Jersey: An Insider's View«, in: Grover (Hg.), *Teenage New Jersey. 1941-1975*, S. 71-84.
Clark, Dick, Robinson, Richard, *Rock, Roll and Remember*, New York: Popular Library 1978.
Clarke, John, Honneth, Axel, Lindner, Rolf, Paris, Rainer (Hg.), *Jugendkultur als Widerstand. Milieus, Rituale, Provokationen*, hg. v. Arbeitskreis »Kommunikationsverhältnisse«, Frankfurt/M.: Syndikat ²1981.
Clarke, John, »Stil«, in: ders. u. a. (Hg.), *Jugendkultur als Widerstand*, S. 133-157.
Classen, Christoph, Arnold, Klaus »Einleitung«, in: ders. u. a. (Hg.), *Von der Politisierung der Medien zur Medialisierung des Politischen?*, S. 11-28.
Classen, Christoph, »›Um die Empfangsmöglichkeiten ... des Senders RIAS völlig auszuschalten ...‹. Störsender in der DDR 1952 bis 1988«, in: *Rundfunk und Geschichte* 40 (2014), S. 25-40.
Cloître, Yves-Marie, *Johnny Hallyday: les idoles et les jeunes*, Paris: Casterman 1964.
Cloonan, Martin, »The Production of English Rock and Roll Stardom in the 1950s«, in: *PMH* 4 (2009), S. 271-287.
Cloward, Richard A., Ohlin, Lloyd E., *Delinquency and Opportunity: A Theory of Delinquent Gangs*, Glencoe: The Free Press 1960.
CLT (Hg.), *50 Jahre RTL Radio Luxemburg*, Luxembourg 2007.
Coates, Norma, »Elvis from the Waist up and Other Myths: 1950s Music Television and the Gendering of Rock Discourse«, in: Beebe/Middleton (Hg.), *Medium Cool*, S. 226-251.
Coerper, Carl u. a. (Hg.), *Deutsche Nachkriegskinder. Methoden und erste Ergebnisse der deutschen Längsschnittuntersuchungen über die körperliche und seelische Entwicklung im Schulkindalter*, Stuttgart: Georg Thieme 1954.
Cogan, Brian, Gencarelli, Thom (Hg.), *Baby Boomers and Popular Culture. An Inquiry into America's Most Powerful Generation*, Santa Barbara, Denver u. a.: Praeger 2015.
Cohen, Albert K., *Delinquent Boys: The Culture of the Gang*, New York: Free Press 1955.
Cohen, Stanley, *Folk Devils & Moral Panics: The Creation of the Mods and Rockers*, London: MacGibbon & Kee 1972.
Cohn, Nik, *AWopBopALooBop ALopBamBoom. Pop History*, Reinbek: Rowohlt 1971.
Coing, Henri, *Rénovation urbaine et changement social: L'îlot n° 4 (Paris-13ᵉ)*, Paris: Les Éditions ouvrières 1966.
Collignon, Frans, *Het woordenreservat. Oude en nieuwe woordschatten in de Nederlandse taal*, Voorburg: Acco Leuven 2004.
Comité de l'Histoire de la Radiodiffusion (Hg.), *Histoire générale de la radio*

et de la télévision en France, Bd. II: *1944-1974*, hg. v. Christian Brochand, Paris: La documentation française 1994.
Committee for Children of New York City, Inc. (Hg.), *Priority Recommendations to Strengthen Children's Services*, New York City (12. April) 1957.
Committee of Religious Leaders of the City of New York (Hg.), *Influences Affecting the Moral and Spiritual Climate of New York City. Interim Report to the Mayor* [o. J.].
Conrad, Christoph, Kessel, Martina (Hg.), *Kultur & Geschichte. Neue Einblicke in eine alte Beziehung*, Stuttgart: Reclam 1998.
–, »Blickwechsel: Moderne, Kultur, Geschichte«, in: dies. (Hg.), *Kultur & Geschichte*, S. 9-40.
Conrad, Sebastian, »Doppelte Marginalisierung. Plädoyer für eine transnationale Perspektive auf die deutsche Geschichte«, in: *Geschichte und Gesellschaft* 28 (2002), S. 145-169.
–, Randeria, Shalini (Hg.), *Jenseits des Eurozentrismus. Postkoloniale Perspektiven in den Geschichts- und Kulturwissenschaften*, Frankfurt/M., New York: Campus 2002.
–, »Geteilte Geschichte – Europa in einer postkolonialen Welt (Einleitung)«, in: dies. (Hg.), *Jenseits des Eurozentrismus*, S. 7-49.
Conway, Martin, Patel, Kiran K. (Hg.), *Europeanization in the Twentieth Century. Historical Approaches*, Basingstoke: Palgrave Macmillan 2010.
Conze, Eckart, »Wege in die Atlantische Gemeinschaft. Amerikanisierung und Westernisierung in Westeuropa nach 1945«, in: Marcowitz (Hg.), *Nationale Identität und transnationale Einflüsse*, S. 72-86.
–, *Die Suche nach Sicherheit. Eine Geschichte der Bundesrepublik Deutschland von 1949 bis in die Gegenwart*, München: Siedler 2009.
Cooper, Brian Lee, Haney, Wayne S., *Rock Music in American Popular Culture: Rock'n'Roll Resources*, New York: Haworth 1995.
Cooper, Brian Lee, »Formal Education as a Lyrical Target: Images of Schooling in Popular Music, 1955-1980«, in: Oliker/Krolikowski (Hg.), *Images of Youth*, S. 73-95.
Copfermann, É[mile], *La génération des blousons noirs*, Paris: Maspero 1962.
Council of Europe (Hg.), *The Effectiveness of Current Programmes for the Prevention of Juvenile Delinquency in Certain European Countries*. Revised Version of a Report based on a Survey Conducted under the Auspices of the European Committee on Crime Problems, and Presented by R.L.Morrison (Criminological Division, Legal Directorate) to the United Nations European Seminar held at Frascati, Italy, from 14th to 23rd October 1962, Strasbourg: Publications of the Council of Europe 1963.
Cross, Robert J., »The Teddy Boy as Scapegoat«, in: *Doshisha Studies in Language and Culture* 1-2 (1998), S. 263-291.
Crowley, David, Pavitt, Jane (Hg.), *Cold War Modern: Design 1945-1970*, London: V&A Publishing (Katalog) 2008.

–, »Thaw Modern: Design in Eastern Europe after 1956«, in: dies. (Hg.), *Cold War Modern*, S. 129-154.

Currid, Brian, *A National Acoustics: Music and Mass Publicity in Weimar and Nazi Germany*, Minneapolis, London: University of Minnesota Press 2006.

Curtelin, Jean, »Le silence du cinéma français«, in: *Présence du cinéma* 4/5 (1960) (= Sonderheft *Le cinéma des blousons noirs*), S. 3-9.

Custodis, Michael, *Klassische Musik heute. Eine Spurensuche in der Rockmusik*, Bielefeld: transcript 2009.

Dahlhaus, Carl, »Konsonanz-Dissonanz«, in: *Die Musik in Geschichte und Gegenwart. Allgemeine Enzyklopädie der Musik* (MGG), neubearb. Ausgabe, hg. v. Ludwig Finscher, 26 Bde., Kassel, Basel u. a.: Bärenreiter 1994-2008, Bd. 5 (1996), Sp. 565-577.

Dahlke, Birgit, *Jünglinge der Moderne. Jugendkult und Männlichkeit in der Literatur um 1900*, Köln, Weimar u. a.: Böhlau 2006.

Dannen, Fredric, *Hit Men. Power Brokers and Fast Money Inside the Music Business*, London: Helter Skelter Publishing 2003.

Danyel, Jürgen, Poutrus, Patrice G., »Einleitung«, in: *Zeitschrift für Geschichtswissenschaft* 55 (2007), S. 101-104 (= Themenheft *Der Algerienkrieg in Europa [1954-1962]. Beiträge zur Geschichte eines transnationalen Phänomens*).

Danyel, Jürgen u. a., »Pop als Zeitgeschichte«, in: Mrozek u. a. (Hg.), *Popgeschichte*, Bd. 2, S. 7-15.

Davidson, Irwin D., Gehman, Richard, *The Jury is Still Out*, New York: Harper 1959.

Davies, Evan, »Psychological Characteristics of Beatle Mania«, in: *Journal of the History of Ideas* 30 (1969), S. 273-280.

Davies, Hunter, *The Beatles: The Only Authorized Biography*, London: McGraw-Hill 1968.

Davis, Belinda u. a., »Einleitung«, in dies. (Hg.), *Alltag, Erfahrung, Eigensinn*, S. 11-28.

– (Hg.), *Alltag, Erfahrung, Eigensinn. Historisch-anthropologische Erkundungen*, Frankfurt/M., New York: Campus 2008.

– (Hg.), *Changing the World. Changing Oneself: Political Protest and Collective Identities in West Germany and the U.S. in the 1960s and 1970s*, New York, Oxford: Berghahn Books 2010.

Davis, John, »›Die Briten kommen‹. British Beat and the Conquest of Europe in the 1960s«, in: Conway/Patel (Hg.), *Europeanization in the Twentieth Century*, S. 229-252.

Davis, Mike, *City of Quartz. Excavating the Future in Los Angeles*, London, New York: Verso 2006.

Davis, Natalie Zemon, »›Jede Ähnlichkeit mit lebenden oder toten Personen …‹: Der Film und die Herausforderung der Authentizität«, in: Rother (Hg.), *Bilder schreiben Geschichte*, S. 37-63.

Dawson, Jim, *The Twist. The Story of the Song and Dance that Changed the World*, Boston, London: Faber & Faber 1995.

–, *Rock Around the Clock. The Record that Started the Rock Revolution*, San Francisco: Backbeat Books 2005.

Deaville, James, »Liszt's Vituosity and His Audience: Gender, Class and Power in the Concert Hall of the Early 19th Century«, in: Kreutziger-Herr (Hg.), *Das Andere: Eine Spurensuche in der Musikgeschichte des 19. und 20. Jahrhunderts*, S. 281-300.

–, »The Politics of Liszt's Virtuosity. New Light on the Dialectics of a Cultural Phenomenon«, in: Saffle/Dalmonte (Hg.), *Liszt and the Birth of Modern Europe*, S. 115-142.

De Certeau, Michel, *Die Kunst des Handelns*, Berlin: Merve 1988.

Decurtins, Liliane, *Film und Jugendkriminalität*, Zürich: Juris 1961.

DeCurtis, Anthony (Hg.), *Present Tense. Rock & Roll Culture*, Durham, London: Duke University Press 1992.

D'Emilio, John, Freedman, Estelle B., *Intimate Matters: A History of Sexuality in America*, Chicago: Chicago University Press ³2012.

Defrance, Corine, »Barbara, Göttingen et la ›réconciliation‹ franco-allemande«, in: Hüser/Pfeil (Hg.), *Populärkultur und deutsch-französische Mittler/Culture de masse et médiateurs franco-allemands*, S. 101-112.

DeFrantz, Thomas F., *Dancing Many Drums. Excavations in African American Dance*, Madison: University of Wisconsin Press 2002.

Degroot, Gerard, *The 60s Unplugged. A Kaleidoscopic History of a Disorderly Decade*, London: Macmillan 2008.

Dehn, Günther, *Proletarische Jugend. Lebensgestaltung und Gedankenwelt der großstädtischen Proletarierjugend*, Berlin: Furche 1929.

Deleu, Christophe, *Les anonymes à la radio. Usages, fonctions et portée de leur parole*, Brüssel: de Boeck Supérieur 2006.

Delille, Angela, Grohn, Andrea (Hg.), *Perlonzeit. Wie die Frauen ihr Wirtschaftswunder erlebten*, Berlin: Elefanten-Press 1985.

Delporte, Christian, »Au miroir des médias«, in: Rioux, Jean-Pierre, Sirinelli, Jean-François (Hg.), *La culture de masse en France de la belle Époque à aujourd'hui*, Paris: Fayard 2002, S. 305-351.

Demeulenaere, Alex, Henke, Florian, Vatter, Christoph (Hg.), *Interfaces franco-allemandes dans la culture populaire et les médias. Dispositifs de médiation interculturels et formes de perceptions de l'Autre/Deutsch-französische Schnittstellen in Populärkultur und Medien. Interkulturelle Vermittlungsprozesse und Fremdwahrnehmung*, Berlin: LIT Verlag 2017.

–, »Deutsch-französische Schnittsstellen in Populärkultur und Medien. Interkulturelle Verflechtungen und Vermittlungsprozesse in der Populärkultur als Gegenstandsbereich und Herausforderung für die kulturwissenschaftliche Frankoromanistik«, in: dies. (Hg.), *Interfaces franco-allemandes dans la culture populaire et les médias/Deutsch-französische Schnittstellen in Populärkultur und Medien*, S. 9-30.

Denisoff, R. Serge, *Solid Gold. The Popular Record Industry*, New Brunswick, London: Transaction Books 1975.

Depkat, Volker, Müller, Matthias, Sommer, Andreas Urs (Hg.), *Wozu Geschichte(n)? Geschichtswissenschaft und Geschichtsphilosophie im Widerstreit*, Stuttgart: Franz Steiner 2004.

DeRogatis, Jim, Kot, Greg, *The Beatles vs. The Rolling Stones. Sound Opinions on the Great Rock'n'Roll Rivalry*, Minneapolis: Voyageur 2010.

Deutscher Werkbund e.V. und Württembergischer Kunstverein Stuttgart (Hg.), *Schock und Schöpfung. Jugendästhetik im 20. Jahrhundert*, Neuwied: Luchterhand 1986 (Katalog).

Deutsches Institut für Filmkunde (Hg.), *Film und Jugend*, Bd. IV: *Beiträge zur Frage der Jugendfreigabe von Filmen für bestimmte Altersgruppen*, Wiesbaden, Schloss Biebrich: o.V. 1956.

Diederichsen, Diedrich, Hebdige, Dick, Marx, Olaph-Dante, *Shocker – Stile und Moden der Subkultur*, Reinbek: Rowohlt 1983.

Diederichsen, Diedrich, *Über Pop-Musik*, Köln: Kiepenheuer & Witsch 2014.

Diedrich, Torsten, Ehlert, Hans, Wenzke, Rüdiger (Hg.), *Im Dienste der Partei. Handbuch der bewaffneten Organe der DDR*, Berlin: Ch. Links 1998.

Dietz, Gabriele, »Sozius-Miezen. Halbstarke Mädchen«, in: Delille/Grohn (Hg.), *Perlonzeit*, S. 32-36.

Dinerstein, Joel, *Swinging the Machine: Modernity, Technology, and African American Culture between the World Wars*, Amherst, Boston: University of Massachusetts Press 2003.

Dmitrieva, Marina, »Jazz and Dress. *Stiliagi* in Soviet Russia and Beyond«, in: Pickhan/Ritter (Hg.), *Jazz Behind the Iron Curtain*, S. 239-256

Doering-Manteuffel, Anselm, »Die Kultur der 50er Jahre im Spannungsfeld von ›Wiederaufbau‹ und ›Modernisierung‹«, in: Schildt/Sywottek (Hg.), *Modernisierung im Wiederaufbau*, S. 533-540.

–, »Amerikanisierung und Westernisierung«, in: *Docupedia-Zeitgeschichte*, 18. 01. 2011, Version: 1.0, ⟨https://docupedia.de/zg/Amerikanisierung_und_Westernisierung?oldid=84584⟩, letzter Zugriff 30. 11. 2017.

Doherty, Thomas P., *Teenagers and Teenpics. The Juvenilization of American Movies in the 1950s*, rev. u. erw. Ausgabe, Philadelphia: Temple University Press 2003.

Doll, Susan, »Elvis Presley Collectibles«, ⟨http://entertainment.howstuffworks.com/elvis-presley-collectibles1.htm⟩, letzter Zugriff 30. 11. 2017.

Domay, Friedrich (Hg.), *Handbuch der deutschen wissenschaftlichen Gesellschaften. Einschließlich zahlreicher Forschungsinstitute und Arbeitsgemeinschaften in der Bundesrepublik Deutschland*, Wiesbaden: Franz Steiner 1964.

Dorner, Rainer, »Halbstark«, in: Siepmann (Hg.), *BIKINI. Die fünfziger Jahre*, S. 233-243.

Doubek, Katja, *Blue Jeans. Lévi-Strauss und die Geschichte einer Legende*, München, Zürich: Piper 2003.

Driving, Mac [d. i. Glenn Douglas], *Die Bande der Halbstarken. Kriminalroman*, Rastatt: Zauberkreis 1957.

Duffett, Mark (Hg.), *Popular Music Fandom. Identities, Roles and Practices*, New York, London: Routledge 2013.

Dufrasne, Claude u. a. (Hg.), *Aspects de la jeunesse. Des millions de jeunes*, Paris: Éditions Cujas 1967.

Duivenvoorden, Eric, *Rebelse jeugd. Hoe nozems en provo's Nederland veranderden*, Amsterdam: Nieuw Amsterdam Uitgevers 2015.

Dulaney, William L., »A Brief History of ›Outlaw‹ Motorcycle Clubs«, in: *International Journal of Motorcycle Studies 1* (2005), ⟨http://ijms.nova.edu/November2005/IJMS_Artcl. Dulaney.html⟩, letzter Zugriff 30. 05. 2018.

Dussel, Konrad, *Hörfunk in Deutschland. Politik, Programm, Publikum (1923-1960)*, Potsdam: Verlag für Berlin-Brandenburg 2002.

Eberly, Philip K., *Music in the Air. America's Changing Tastes in Popular Music, 1920-1980*, New York: Hastings House 1982.

Ege, Moritz, *Schwarz werden. »Afroamerikanophilie« in den 1960er und 1970er Jahren*, Bielefeld: transcript 2007.

Ehmer, Josef, *Bevölkerungsgeschichte und Historische Demographie 1800-2010*, erw. Auflage, München: Oldenbourg ²2013.

Ehrenreich, Barbara u. a., »Beatlemania. A Sexually Defiant Consumer Subculture?«, in: Gelder u. a. (Hg.), *The Subcultures Reader*, London, New York: Routledge 1997, S. 523-536.

Eichhoff, Jürgen, *Wortatlas der deutschen Umgangssprachen*, Bd. 2, Bern, München: Francke 1978.

Eisenberg, Evan, *Der unvergängliche Klang. Mythos und Magie der Schallplatte*, Frankfurt/M., Berlin: Edition Bergh/Ullstein 1990.

Eisenhuth, Stefanie, *Die Schutzmacht. Die Amerikaner in Berlin 1945-1994*, Göttingen: Wallstein 2018.

Eitler, Pascal, Scheer, Monique, »Emotionengeschichte als Körpergeschichte. Eine heuristische Perspektive auf religiöse Konversionen im 19. und

20. Jahrhundert«, in: *Geschichte und Gesellschaft* 35 (2009), S. 282-313.
Eitler, Pascal, Elberfeld, Jens (Hg.), *Zeitgeschichte des Selbst. Therapeutisierung–Politisierung–Emotionalisierung*, Bielefeld: transcript 2015.
–, »Von der Gesellschaftsgeschichte zur Zeitgeschichte des Selbst – und zurück«, in: dies. (Hg.), *Zeitgeschichte des Selbst*, S. 7-30.
Elias, Norbert, *Über den Prozeß der Zivilisation. Soziogenetische und psychogenetische Untersuchungen*, Bd. 1: *Wandlungen des Verhaltens in den weltlichen Oberschichten des Abendlandes*, Frankfurt/M. [18]1993.
Elsk, Ed van der, Berendt, Joachim Ernst, *foto-jazz. 116 Bilder*, München: Nymphenburger Verlagshandlung 1960.
Elsner, Monika u. a., »Zur Entstehung des Dispositivs Fernsehen in der Bundesrepublik Deutschland der fünfziger Jahre«, in: Hickethier (Hg.), *Institution, Technik und Programm*, S. 31-61.
Ennis, Philip H., *The Seventh Stream. The Emergence of Rocknroll in American Popular Music*, Hanover, London: Wesleyan University Press 1992.
Ertl, Christian, *Macht's den Krach leiser! Popkultur in München von 1945 bis heute*, München: Allitera 2010.
Escher, Karl, *Die Halbstarken. Ein Skizzenbuch*, Konstanz: Reuß & Itta 1916.
Esch, Michael G., »›Wir haben keine Go-Go-Girls mehr‹: Der Beat-Club als Quelle und Akteur in der Kanonisierung des Rock«, in: Maldener, Zimmermann (Hg.), *Let's Historize It!*, S. 213-258.
Etzemüller, Thomas, *Ein ewigwährender Untergang: Der apokalyptische Bevölkerungsdiskurs im 20. Jahrhundert*, Bielefeld: transcript 2007.
European Committee on Crime Problems (Hg.), *Some Aspects of Post-War Juvenile Delinquency in Twelve of the Member Countries of the Council of Europe*, Strasbourg: Council of Europe 1960.
Evans, Mike, *The Beats. From Kerouac to Kesey, an Illustrated Journey through the Beat Generation*, Philadelphia, London: Running 2007.
Ewers, Hans-Heino, *Erfahrung schrieb's und reicht's der Jugend. Geschichte der deutschen Kinder- und Jugendliteratur vom 18. bis zum 20. Jahrhundert*, Frankfurt/M., Berlin u. a.: Peter Lang 2010.

Fahlenbrach, Kathrin, Viehoff, Reinhold, »Der Auftieg des Beat-Club, sein Niedergang – und die Folgen«, in: *SPIEL. Siegener Periodicum zur Internationalen Empirischen Literaturwissenschaft* 18 (1999/2), S. 259-278.
Fahlenbrach, Kathrin, »Ereignisästhetik. Die Wechselwirkung von Medien und Protestästhetik in der Studentenrevolte von '68‹«, in: *SPIEL. Siegener Periodicum zur Internationalen Empirischen Literaturwissenschaft* 20 (2001/1), S. 134-150.
Farell, James T., Algren, Nelson, Ellson, Hal, u. a., *Juvenile Jungle. Stories of Teen Age Delinquency*, New York: Berkley Books 1957.

Farge, Arlette, *Der Geschmack des Archivs*, Göttingen: Wallstein 2011.
Farin, Klaus, Seidel-Pielen, Eberhard (Hg.), *Skinheads*, München: C.H. Beck 1993.
Farin, Klaus, »Vorwort. 50 Jahre BRAVO. Ein Projekt des Archivs der Jugendkulturen e.V.«, in: AdJK (Hg.), *50 Jahre BRAVO*, S. 7-11.
Farren, Mick, *Black Power. Der Kult der schwarzen Lederjacke*, München: Heyne 1985.
Fascher, Horst, *Let The Good Times Roll! Der Star-Club-Gründer erzählt*, Frankfurt/M.: Eichborn 2006.
Fatherley, Richard W., MacFarland, David T., *The Birth of Top 40 Radio. The Storz Station's Revolution of the 1950s and 1960s*, Jefferson, London: McFarland & Company 2014.
Faulstich, Werner (Hg.), *Die Kultur der 60er Jahre. Kulturgeschichte des 20. Jahrhunderts*, Paderborn, München: Wilhelm Fink 2003.
Feldman, Christine Jacqueline, *»We are the mods«: A Transnational History of a Youth Subculture*, New York: Peter Lang Publishing 2009.
Feldmann, Erich (Hg.), *Die deutschen Film- und Fernsehhochschulen. Bericht und Dokumente zu ihrer Planung. Im Auftrage der Deutschen Gesellschaft für Film- und Fernsehforschung*, München, Basel: Ernst Reinhardt 1967.
Felsch, Philipp, »Kritik der Bleiwüste. Theoriedesign nach dem Deutschen Herbst«, in: *Merkur* 784 (2014), S. 780-792.
–, *Der lange Sommer der Theorie. Geschichte einer Revolte 1960-1990*, München: C.H. Beck 2015.
Fenemore, Mark, *Sex, Thugs and Rock'n'Roll. Teenage Rebels in Cold-War East Germany*, New York, Oxford: Berghahn Books 2007.
Ferris, Ray, Lord, Julian, *Teddy Boys. A Concise History*, Croydon: Milo Books 2012.
Fickers, Andreas, *Der »Transistor« als technisches und kulturelles Phänomen. Die Transistorisierung der Radio- und Fernsehempfänger in der deutschen Rundfunkindustrie 1955 bis 1965*, Bassum: Verlag für Geschichte der Naturwissenschaften und der Technik 1998.
–, »Die Anfänge des kommerziellen Rundfunks im Saarland. Die Geschichte der Saarländischen Fernseh AG (Tele-Saar und Europe No. 1)«, in: Hudemann (Hg.), *Medienlandschaft Saar von 1945 bis in die Gegenwart*, S. 241-308.
Fifka, Matthias S., *Rockmusik in den 50er und 60er Jahren. Von der jugendlichen Rebellion zum Protest einer Generation*, Baden-Baden: Nomos 2007.
Filmmuseum Potsdam (Hg.), *Das zweite Leben der Filmstadt Babelsberg: DEFA-Spielfilme 1946-1992*, Berlin: Henschel 1994.
Fine, Benjamin, *1,000,000 Delinquents*, London: Victor Gollancz Ltd. 1956.

Fischer, Jörg-Uwe, »Schlagerkrieg im Äther. Schlager und Politik im DDR-Rundfunk der 1960er Jahre«, in: *info 7* 29 (2014), S. 44-47.

Fischer-Kowalski, Marina, »Halbstarke 1958, Studenten 1968: Eine Generation und zwei Rebellionen«, in: Preuss-Lausitz u. a. (Hg.), *Kriegskinder, Konsumkinder, Krisenkinder. Zur Sozialisationsgeschichte seit dem Zweiten Weltkrieg*, S. 53-70.

Fischer-Lichte, Erika, *Performativität. Eine Einführung*, Bielefeld: transcript ²2013.

Fléchet, Anaïs, »L'exotisme comme objet d'histoire«, in: *Hypothèses* 11 (Publications de la Sorbonne 2008), S. 15-26.

–, »Les festivals de musique populaire: un objet transnational (années 1950-1970)«, in: dies. u. a. (Hg.), *Une histoire des festivals*, S. 63-77.

– u. a. (Hg.), *Une histoire des festivals. XXe-XXIe siècles*, Paris: Publications de la Sorbonne 2013.

Fleischer, Werner, »All You need is BRAVO oder: Als BRAVO die Beatles nach Deutschland holte«, in: AdJK (Hg.), *50 Jahre BRAVO*, S. 51-71

Florentin, Eddy, »A.F.N. Paris! Des auditeurs hors programmes«, in: *Cahiers d'histoire de la radiodiffusion* 91 (2007), S. 174-179.

Folb, Edith A., *Runnin' Down Some Lines. The Language and Culture of Black Teenagers*, Cambridge (Mass.), London: Harvard University Press 1980.

Ford, Phil, *Dig. Sound and Music in Hip Culture*, Oxford, New York: Oxford University Press 2013.

Fornäs, Johan, Bolin, Goran (Hg.), *Youth Culture in Late Modernity*, London: Sage 1995.

Forschungsstelle für Zeitgeschichte in Hamburg (Hg.), *19 Tage Hamburg: Ereignisse und Entwicklungen der Stadtgeschichte seit den fünfziger Jahren*, München, Hamburg: Dölling und Galitz 2012.

Foucault, Michel, *Wahnsinn und Gesellschaft. Eine Geschichte des Wahns im Zeitalter der Vernunft*, Frankfurt/M.: Suhrkamp 1973.

Fowler, David, *Youth Culture in Modern Britain, c. 1920-c. 1970. From Ivory Tower to Global Movement – A New History*, New York: Palgrave Macmillan 2008.

Franck, Georg, *Ökonomie der Aufmerksamkeit. Ein Entwurf*, München: dtv 2007.

Freund, Renate, »Toughe Jungs und süße Girls? Geschlechterverhältnisse und Jugendsexualität in der BRAVO«, in: AdJK (Hg.), *50 Jahre BRAVO*, S. 67-82.

Frevert, Ute, »Umbruch der Geschlechterverhältnisse? Die 60er Jahre als geschlechterpolitischer Experimentierraum«, in: Schildt u. a. (Hg.), *Dynamische Zeiten*, S. 642-660.

–, *Vergängliche Gefühle*, Göttingen: Wallstein 2013.

Fricke, Florian, »PN hithouse. Swinging Sixties«, in: Hecktor (Hg.), *Mjunik Disco*, S. 34.
Friedrich, Walter, Griese, Hartmut (Hg.), *Jugend und Jugendforschung in der DDR. Gesellschaftliche Situationen, Sozialisation und Mentalitätsentwicklung in den achtziger Jahren*, Opladen: Leske & Budrich 1991.
Friedrich, Walter u. a. (Hg.), *Das Zentralinstitut für Jugendforschung Leipzig 1966-1990. Geschichte, Methoden, Erkenntnisse*, Berlin: Edition Ost 1999.
–, »Geschichte des Zentralinstituts für Jugendforschung«, in: ders. u. a. (Hg.), *Das Zentralinstitut für Jugendforschung Leipzig*, S. 13-69.
Frisch, Simon, *Mythos Nouvelle Vague. Wie das Kino in Frankreich neu erfunden wurde*, Marburg: Schüren 2007.
Frith, Simon, *Performing Rites. On the Value of Popular Music*, Oxford: Oxford University Press 1996.
Fröhner, Rolf u. a., *Wie stark sind die Halbstarken? Beruf und Berufsnot, politische, kulturelle und seelische Probleme der deutschen Jugend im Bundesgebiet und in Westberlin* (= *Jugend zwischen 15 und 24. [EMNID-] Untersuchungen der deutschen Jugend im Bundesgebiet*; Bd. 3), Bielefeld: Maria von Stackelberg 1956.
Frontani, Michael R., *The Beatles. Image and the Media*, Jackson: University Press of Mississippi 2007.
Frost, Andreas, *Michael Gartenschläger: Der Prozess. Mutmaßliches* DDR-*Unrecht vor einem bundesdeutschen Gericht*, hg. v. Landesbeauftragten für Mecklenburg-Vorpommern für die Unterlagen des Staatssicherheitsdienstes der Ehemaligen Deutschen Demokratischen Republik, Schwerin 2002.
Fuchs-Heinritz, Werner u. a. (Hg.), *Lexikon der Soziologie*, verb. u. erw. Auflage, Opladen: Westdeutscher Verlag ²1978.
Führer, Karl Christian, Ross, Corey (Hg.), *Mass Media, Culture and Society in Twentieth-Century Germany*, Basingstoke: Palgrave Macmillan 2006.
Fürmetz, Gerhard (Hg.), *»Schwabinger Krawalle«. Protest, Polizei und Öffentlichkeit zu Beginn der 60er Jahre*, Essen: Klartext 2006.
–, »Die ›Schwabinger Krawalle‹ von 1962. Vom Ereignis zum Forschungsgegenstand«, in: ders. (Hg.), *»Schwabinger Krawalle«*, S. 9-23.
–, »›Auftakt zu einer neuen Zeit‹? Die ›Schwabinger Krawalle‹ in der öffentlichen Erinnerung«, in: ders. (Hg.), *»Schwabinger Krawalle«*, S. 205-229.
Fürst, Juliane, »1977. Stagnierende Revolution? Zwischen Erstarrung und Dynamik«, in: Behrends, Jan Claas u. a. (Hg.), *100 Jahre Roter Oktober. Zur Weltgeschichte der Russischen Revolution*, Göttingen: Ch. Links 2017, S. 181-207.
Fürstenau, Theo, »Jugend in der Traumfabrik«, in: *deutsche jugend* 4 (1956), S. 30-36.

Funk, Thomas P., »Unterm Asphalt. Die Kunden vom Lichtenberger Tunnel«, in: Rauhut/Kochan (Hg.), *Bye, bye, Lübben City*, S. 116-139.
–, »Klubtramps in Ostberlin. Widerständige Raumpraxen jugendlicher Beatfans in den 1960er Jahren«, in: Mrozek u. a. (Hg.), *Popgeschichte*, Bd. 2, S. 91-110.
Fyvel, T[osco] R., *Insecure Offenders. Rebellious Youth in the Welfare State*, London: Chatto & Windus 1961 (dt.: *Die ratlosen Rebellen. Jugend im Wohlfahrtsstaat*, Stuttgart: Klett 1969).

Gainsbourg, Serge, *Mon propre rôle I. Présenté par Alain Coelho*, Paris: Éditions Denoël 2014.
Galbraith, John Kenneth, *The Affluent Society*, Boston: Houghton Mifflin Harcourt 1958 (dt.: *Gesellschaft im Überfluß*, München, Zürich: Droemer Knaur 1959).
Galle, Petra, Schuster, Axel, *Archiv- und Sammlungsgut des RIAS Berlin. Ein Findbuch zum Bestand im Deutschen Rundfunkarchiv,* Potsdam: Verlag für Berlin-Brandenburg 2000.
Galle, Petra, *RIAS Berlin und Berliner Rundfunk 1945-1949: die Entwicklung ihrer Profile in Programm, Personal und Organisation vor dem Hintergrund des beginnenden Kalten Krieges*, Münster, Hamburg u. a.: Lit 2003.
Gallus, Alexander, Schildt, Axel, Siegfried, Detlef (Hg.), *Zeitgeschichte transnational. Deutschland nach 1945*, Göttingen: Wallstein 2015, S. 155-178.
Gans, Herbert J., *The Urban Villagers: Group and Class in the Life of Italian-Americans*, New York: Free Press 1962.
Garland, David, »On the concept of moral panic«, in: *Crime, Media, Culture: An International Journal* (2008), ⟨http://journals.sagepub.com/doi/pdf/10.1177/1741659007087270⟩, letzter Zugriff 05. 06. 2018.
Garofalo, Rebee, »Payola«, in: Shepard u.a. (Hg.), *Continuum Encyclopedia of Popular Music of the World*, Bd. 1: *Media, Industry and Society*, S. 558-559.
Gassert, Philipp, »Transnationale Geschichte«, in: *Docupedia-Zeitgeschichte*, 29. 10. 2012, Version: 2.0, ⟨https://docupedia.de/zg/Transnationale_Geschichte_Version_2.0_Philipp_Gassert?oldid=85577⟩, letzter Zugriff 01. 12. 2017.
–, »Das kurze ›1968‹ zwischen Geschichtswissenschaft und Erinnerungskultur: Neuere Forschungen zur Protestgeschichte der 1960er-Jahre«, in: *H-Soz-Kult*, 30. 04. 2010, ⟨http://www.hsozkult.de/literaturereview/id/forschungsberichte-1131⟩, letzter Zugriff 01. 12. 2017.
Geer, Nadja, *Sophistication: Zwischen Denkstil und Pose*, Göttingen: V&R unipress 2012.
Gehrke, Horst, »Zum Problem der Halbstarken«, in: *Die berufsbildende*

Schule. Zeitschrift des Deutschen Verbandes der Gewerbelehrer e. V. 8 (1956), S. 536-540.

Geisthövel, Alexa, »Auf der Tonspur. Musik als zeitgeschichtliche Quelle«, in: Baumeister u. a. (Hg.), *Die Kunst der Geschichte*, S. 157-168.

–, Mrozek, Bodo, »Einleitung«, in: dies. (Hg.), *Popgeschichte*, Bd. 1, S. 7-31.

–, »Lebenssteigerung. Selbstverhältnisse im Pop«, in: dies. (Hg.), *Popgeschichte*, Bd. 1, S. 177-199.

– , Mrozek, Bodo (Hg.), *Popgeschichte*, Bd. 1: *Konzepte und Methoden*, Bielefeld: transcript 2014.

Gelder, Ken, Thornton, Sarah (Hg.), *The Subcultures Reader*, London, New York: Routledge 1997.

Gendron, Bernard, *Between Montmartre and the Mudd Club. Popular Music and the Avant-Garde*, Chicago, London: University of Chicago Press 2002.

George, Nelson, *Where Did Our Love Go? The Rise and Fall of the Motown Sound*, New York: St. Martin 1985.

–, *Der Tod des Rhythm & Blues*, Wien: hannibal 1990.

Geschichtswerkstatt Neuhausen e.V. (Hg.), *Vom Rio zum Kolibri – Halbstark in Neuhausen*, München: Geschichtswerkstatt Neuhausen 2001.

Gestrich, Andreas, *Traditionelle Jugendkultur und Industrialisierung. Sozialgeschichte der Jugend in einer ländlichen Arbeitergemeinde Württembergs, 1800-1920*, Göttingen: Vandenhoeck & Ruprecht 1986.

Geuen, Heinz, Mungen, Anno (Hg.), *Kontinuitäten, Diskontinuitäten: Musik und Politik in Deutschland zwischen 1920 und 1970*, Schliengen: Edition Argus 2006.

Gienow-Hecht, Jessica C. E., *Sound Diplomacy. Music and Emotions in Transatlantic Relations, 1850-1920*, Chicago, London: University of Chicago Press 2009.

Gieseke, Jens, *Die Stasi: 1945-1990*, München: Pantheon 2011.

Gilbert, James B., *A Cycle of Outrage: America's Reaction to the Juvenile Delinquent in the 1950s*, New York: Oxford University Press 1986.

Gillett, Charlie, *The Sound of the City: The Rise of Rock and Roll*, New York: Outerbridge & Dienstfrey 1970.

Gillis, John R., *Geschichte der Jugend. Tradition und Wandel im Verhältnis der Altersgruppen und Generationen in Europa von der zweiten Hälfte des 18. Jahrhunderts bis zur Gegenwart*, Weinheim, Basel: Beltz 1980.

Gilroy, Paul, *The Black Atlantic. Modernity and Double Consciousness*, London, New York: Verso ³1996.

Glander, Timothy Richard, *Origins of Mass Communications Research During the American Cold War. Educational Effects and Contemporary Implications*, Mahwah: Erlbaum 2000.

Glass, Ruth, *Newcomers. The West Indians in London*, London: George Allen & Unwin 1960.

Glaßbrenner, Adolf, *Berlin wie es isst und – trinkt. 1834-1848*, Leipzig: Rostosky & Jackowitz 1847.
Glowczewski, Georg v., »Der Kopenhagener Wellenplan 1948 und seine politischen, rechtlichen und technischen Folgen für die ARD«, in: Lerg/Steininger (Hg.), *Rundfunk und Politik*, S. 385-410.
Glueck, Sheldon, Touroff Glueck, Eleanor, *One Thousand Juvenile Delinquents. Their Treatment by Court and Clinic*, Cambridge (Mass.), London: Harvard University Press 1934.
Goetschel, Pascale u. a. (Hg.), *Lire, voir, entendre. La réception des objets médiatiques*, Paris: Publications de la Sorbonne 2010.
Göttert, Karl-Heinz, »Wollt ihr den totalen Krieg? Der Lautsprecher und die Medialisierung der Stimme des Politikers«, in: Paul/Schock (Hg.), *Sound des Jahrhunderts*, S. 292-297.
Goltz, Anna von der (Hg.), *»Talkin' 'bout my generation«. Conflicts of Generation Building and Europe's ›1968‹*, Göttingen: Wallstein 2011.
– (Hg.), »Generational Belonging and the ›68ers‹ in Europe«, in: dies. (Hg.), *»Talkin' 'bout my generation«*, S. 7-28.
–, »Von alten Kämpfern, sexy Wahlgirls und zornigen jungen Frauen. Überlegungen zur Beziehung von Generationalität, Geschlecht und Popülärkultur im gemäßigt-rechten Lager um 1968«, in: Seegers (Hg.), *Hot Stuff*, S. 57-79.
Goodman, David, *Radio's Civic Ambition. American Broadcasting and Democracy in the 1930s*, Oxford: Oxford University Press 2011.
Gordon, Milton M., »The Concept of the Sub-Culture and its Application«, in: *Social Forces* 26 (1947), S. 40-42.
–, *Social Class in American Sociology*, Durham: Duke University Press 1958.
Gorus, Jan F. J., *Piratenzenders. Europese en internationale aspecten*, Antwerpen: Vrije Universiteit Brussel 1977.
Gotschlich, Helga (Hg.), *»Links und links und Schritt gehalten ...« Die FDJ: Konzepte – Abläufe – Grenzen*, Berlin: Metropol 1994.
Gottfried, Martin, *Arthur Miller. His Life and His Work*, Cambridge (Mass.): Da Capo 2003.
Graf, Rüdiger, Priemel, Kim Ch., »Zeitgeschichte in der Welt der Sozialwissenschaften. Legitimität und Originalität einer Disziplin«, in: *Vierteljahreshefte für Zeitgeschichte* 59 (2011), S. 479-495.
Grasskamp, Walter, *Das Cover von Sgt. Pepper. Eine Momentaufnahme der Popkultur*, Berlin: Wagenbach 2004.
– u. a. (Hg.), *Was ist Pop? Zehn Versuche*, Frankfurt/M.: Fischer 2004.
Grauhan, Rolf-Richard, Linder, Wolf, *Politik der Verstädterung*, Frankfurt/M.: Fischer 1974.
Grayson, Richard S., »Mods, Rockers and Juvenile Delinquency in 1964: The Government Response«, in: *Contemporary British History* 12 (1998), S. 19-47.

Green, Jonathon, *All Dressed Up: The Sixties and the Counterculture*, London: Pimlico 1999.

Greif, Mark (Hg.), *Hipster. Eine transatlantische Diskussion*, Berlin: Suhrkamp 2012.

–, »Positionen«, in: ders. (Hg.), *Hipster*, S. 23-31.

Grieveson, Lee, *Policing Cinema: Movies and Censorship in Early-Twentieth Century America*, Berkeley, Los Angeles u. a.: University of California Press 2004.

Groia, Philip, *They All Sang on the Corner: A Second Look at New York City's Rhythm and Blues Vocal Groups*, New York: Phillie Dee Enterprises 2001.

Großbölting, Thomas, »Von ›Halbstarken‹ und ›Apo-Aktivisten‹ – Jugendkultur, Jugendgewalt und Jugenddiskurs in der Bundesrepublik«, in: Becker, Frank (Hg.), *Politische Gewalt in der Moderne*, Münster: Aschendorff 2003, S. 301-322.

Großmann, Rolf, »Die Geburt des Pop aus dem Geist der phonographischen Reproduktion«, in: Bielefeldt u. a. (Hg.): *PopMusicology*, S. 119-134.

Grotum, Thomas, *Die Halbstarken. Zur Geschichte einer Jugendkultur der 50er Jahre*, Frankfurt/M., New York: Campus 1994.

–, »Die Bill-Haley-Tournee 1958. ›Rock'n'Roll Panic‹ in der Bundesrepublik Deutschland«, in: Mrozek u. a. (Hg.), *Popgeschichte*, Bd. 2, S. 19-39.

Grover, Kathryn (Hg.), *Teenage New Jersey, 1941-1975*, Newark: Rutgers University Press 1997.

Grube, Norbert, »Westdeutsche Haarmode und Haarpflege der 50er und 60er Jahre im Spiegel demoskopischer Daten«, in: Janecke (Hg.), *Haar tragen*, S. 233-250.

Guibert, Gérôme: »Is the French Word ›chanson‹ Equivalent to the English Term ›popular music‹?«, in: Stahl, Geoff (Hg.), *IASPM International Conference Proceedings*, S. 275-282.

Gurk, Christoph, »Wem gehört die Popmusik? Die Kulturindustrie unter den Bedingungen postmoderner Ökonomie«, in: Holert/Terkessidis (Hg.), *Mainstream der Minderheiten*, S. 20-40.

Haasis, Lucas, Rieske, Constantin, »Historische Praxeologie. Zur Einführung«, in: dies. (Hg.), *Historische Praxeologie*, S. 7-54.

–, (Hg.), *Historische Praxeologie. Dimensionen vergangenen Handelns*, Paderborn: Schöningh 2015.

Habermas, Rebekka, Schwerhoff, Gerd (Hg.), *Verbrechen im Blick. Perspektiven der neuzeitlichen Kriminalitätsgeschichte*, Frankfurt/M., New York: Campus 2009.

Hacke, Jens, Pohlig, Matthias (Hg.), *Theorie in der Geschichtswissenschaft. Einblicke in die Praxis des historischen Forschens*, Frankfurt/M., New York: Campus 2008.

Hähnel, Tilo, »›The Cutest Flapper That You've Ever Seen‹. Über die Anfänge des Crooning«, in: Pfleiderer u. a. (Hg.), *Stimme, Kultur, Identität*, S. 129-150.

Hafeneger, Benno, *Jugend-Gewalt. Zwischen Erziehung, Kontrolle und Repression. Ein historischer Abriss*, Opladen: Westdeutscher Verlag 1994.

Hagen, Wolfgang, *Das Radio. Zur Geschichte und Theorie des Hörfunks – Deutschland/USA*, Paderborn, München: Wilhelm Fink 2005.

Hagner, Michael, *Der Hauslehrer. Die Geschichte eines Kriminalfalls. Erziehung, Sexualität und Medien um 1900*, Berlin: Suhrkamp 2010.

–, *Zur Sache des Buches*, Göttingen: Wallstein 2015.

Halasz, Piri, *A Swinger's Guide to London*, London: Coward McCann 1967.

Halbwachs, Maurice, *Das Gedächtnis und seine sozialen Bedingungen*, Frankfurt/M.: Suhrkamp 1985.

Halfin, Ross (Hg.), *Maximum Who. The Who in the Sixties*, Guildford: Genesis Publications Lmt. 2002.

Hall, Stuart, *Critical Dialogues in Cultural Studies*, hg. v. Morley, David, Chen, Kuan-Hsing, London, New York: Routledge 1996.

–, »The Meaning of New Time«, in: ders., *Critical Dialogues in Cultural Studies*, S. 223-237.

–, »Who Needs Identity?«, in: ders./du Gay (Hg.), *Questions of Identity*, S. 1-17.

–, »The Spectacle of the ›Other‹«, in: ders. (Hg.), *Representation*, S. 223-279.

– (Hg.), *Representation. Cultural Representations and Signifying Practices*, London, Thousand Oaks, New Delhi: Sage 1997.

–, Jefferson, Tony (Hg.), *Resistance Through Rituals: Youth Subcultures in Post-War Britain*, Hutchinson, London: Routledge 1976.

–, Paul du Gay (Hg.), *Questions of Identity*, Los Angeles u. a. 1996.

Hanslmayr, Johanna, »›… denn sie wissen nicht, was sie tun sollen‹. Reaktionen auf die sogenannte ›Halbstarken-Welle‹ im Wien der fünfziger Jahre«, in: *Österreichische Zeitschrift für Politikwissenschaft* 14 (1985), S. 455-465.

Hanson, Kitty, *Rebels in the Streets. The Story of New York's Girl Gangs*, Englewood Cliffs: Prentice-Hall 1964.

Harrison, Brian, *Seeking a Role. The United Kingdom, 1951-1970*, Oxford: Oxford University Press 2009.

Hartmann, Peter C., *Geschichte Frankreichs. Vom Mittelalter bis zur Gegenwart*, München: C. H. Beck [5]2015.

Haupt, Heinz-Gerhard, Kocka, Jürgen, »Historischer Vergleich: Methoden, Aufgaben, Probleme. Eine Einleitung«, in: dies. (Hg.), *Geschichte und Vergleich*, S. 9-45.

– (Hg.), *Geschichte und Vergleich. Ansätze und Ergebnisse international vergleichender Geschichtsschreibung*, Frankfurt/M., New York: Campus 1996.

Hayward, Jack, *Fragmented France. Two Centuries of Disputed Identity*, Oxford: Oxford University Press 2007.

Hazzard-Gordon, Katrina, *Jookin'. The Rise of Social Dance Formations in African-American Culture*, Philadelphia: Temple University Press 1990.

Hebdige, Dick, *Subculture. The Meaning of Style*, London: Methuen 1979.

Hecken, Thomas, *Theorien der Populärkultur. Dreißig Positionen von Schiller bis zu den Cultural Studies*, Bielefeld: transcript 2007.

–, *Pop. Geschichte eines Konzepts 1955-2009*, Bielefeld: transcript 2009.

Hecktor, Mirko (Hg.), *Mjunik Disco. Von 1949 bis heute*, München: Blumenbar 2008.

Heigert, Hans, »Ein neuer Typ wird produziert: der Teenager«, in: *deutsche jugend* 7 (1959), S. 117-121.

Heigl, Peter, *Sergeant Elvis Presley in Grafenwöhr, Bayern/Bavaria*, Amberg: Buch & Kunstverlag Oberpfalz 2007.

Heister, Hanns-Werner, »›Die Straße dient lediglich dem Verkehr.‹ Platzkonzert oder das falsche und das wahre Allgemeine«, in: Widmaier/Grosch (Hg.), *Populäre Musik in der urbanen Klanglandschaft*, S. 75-108.

Hellmann, Kai-Uwe, »Prosumer Revisited. Zur Aktualität einer Debatte. Eine Einführung«, in: Blättel-Mink/ders. (Hg.), *Prosumer Revisited*, S. 13-48.

Hemler, Stefan, »Aufbegehren einer Jugendszene. Protestbeteiligte, Verlauf und Aktionsmuster bei den ›Schwabinger Krawallen‹«, in: Fürmetz (Hg.), *»Schwabinger Krawalle«*, S. 25-57.

–, »Anstoß für die Studentenbewegung? Warum die ›Schwabinger Krawalle‹ wenig mit ›1968‹ zu tun haben«, in: Fürmetz (Hg.), *»Schwabinger Krawalle«*, S. 151-171.

Henke, Klaus-Dietmar, Engelmann, Roger (Hg.), *Aktenlage: Die Bedeutung der Unterlagen des Staatssicherheitsdienstes für die Zeitgeschichtsforschung*, Berlin: Ch. Links 1995.

Herbert, Ulrich, *Geschichte Deutschlands im 20. Jahrhundert*, München: C. H. Beck 2014.

Hermann, Ulrich, »Der ›Jüngling‹ und der ›Jugendliche‹. Männliche Jugend im Spiegel polarisierender Wahrnehmungsmuster an der Wende vom 19. zum 20. Jahrhundert in Deutschland«, in: *Geschichte und Gesellschaft* 11 (1985), S. 205-216.

Heron, Liz (Hg.), *Truth, Dare, or Promise: Girls Growing Up in the Fifties*, London: Virago 1985.

Herzog, Amy, »Illustrating Music: The Possible Embodiments of the Jukebox Film«, in: Beebe/Middleton (Hg.), *Medium Cool*, S. 30-58.

Herzog, Dagmar, *Die Politisierung der Lust. Sexualität in der deutschen Geschichte des zwanzigsten Jahrhunderts*, München: Siedler 2005.

Heywood, Colin, *A History of Childhood. Children and Childhood in the West from Medieval to Modern Times*, Cambridge: Polity 2001.

Hickethier, Knut, »Einleitung: Zu den Rahmenbedingungen der Programmgeschichte«, in: ders. (Hg.), *Institution, Technik und Programm*, S. 21-30.
–, »Film und Fernsehen als Mediendispositive in der Geschichte«, in: ders./u. a. (Hg.), *Der Film in der Geschichte*, S. 63-73.
–, *Geschichte des deutschen Fernsehens.* Unter Mitarbeit von Peter Hoff, Stuttgart, Weimar: J. B. Metzler 1998.
–, »Protestkultur und alternative Lebensform«, in: Faulstich (Hg.), *Die Kultur der 60er Jahre*, S. 11-30.
– (Hg.), *Institution, Technik und Programm. Rahmenaspekte der Programmgeschichte des Fernsehens*, München: Wilhelm Fink 1993.
–, Müller, Eggo, Rother, Rainer (Hg.), *Der Film in der Geschichte. Dokumentation der GFF-Tagung*, Berlin: Edition Sigma 1997.
Hilgert, Christoph, *Die unerhörte Generation. Jugend im westdeutschen und im britischen Rundfunk, 1945-1963*, Göttingen: Wallstein 2015.
Hinz, Ralf, *Cultural Studies und Pop. Zur Kritik der Urteilskraft wissenschaftlicher und journalistischer Rede über populäre Kultur*, Opladen, Wiesbaden: Westdeutscher Verlag 1998.
Hirshey, Gerri, *Nowhere to Run. The Story of Soul Music*, New York: Da Capo 1994.
Historische Kommission der ARD (Hg.), *Die Ideologiepolizei. Die rundfunkbezogenen Aktivitäten des Ministeriums für Staatssicherheit der ehemaligen DDR in der DDR sowie in der Bundesrepublik Deutschland*, überarbeitete Fassung, Frankfurt/M.: DRA 2008.
Hitchcock, William, *The Age of Eisenhower. America and the World in the 1950s*, New York: Simon & Schuster 2018.
Hitzer, Bettina, »Emotionsgeschichte – ein Anfang mit Folgen«, ⟨https://www.hsozkult.de/literaturereview/id/forschungsberichte-1221⟩, letzter Zugriff 12. 12. 2017.
Hobsbawm, Eric J., Ranger, Terence, *The Invention of Tradition*, Cambridge: Cambridge University Press 1992.
–, *The Jazz Scene*, New York: Pantheon Books 1993.
Hochschild, Arlie Russel, *The Managed Heart. Commercialization of Human Feeling*, Berkeley: University of California Press 1983.
Hodenberg, Christina von, *Konsens und Krise. Eine Geschichte der westdeutschen Medienöffentlichkeit 1945-1973*, Göttingen: Wallstein 2006.
Hoersch, Teddy (Hg.), *BRAVO: 1956-2006*, München: Heyne 2006.
Hofacker, Ernst, *1967. Als Pop unsere Welt für immer veränderte*, Stuttgart: Reclam ²2016.
Hoffbeck, Steven R., »The Beatles in Minnesota«, in: *Minnesota History* 60 (2007), S. 190-201.
Hofmann, Heinz, »Alles tanzte Lipsi«, in: *Musik und Gesellschaft* 2 (1959), S. 19-21.

Hoggart, Richard, *The Uses of Literacy. Aspects of Working-Class Life, with Special References to Publications and Entertainments*, London: Chatto & Windus 1957.

Holert, Tom, Terkessidis, Mark (Hg.), *Mainstream der Minderheiten. Pop in der Kontrollgesellschaft*, Berlin: Edition ID-Archiv 1996.

–, »Einführung in den Mainstream der Minderheiten«, in: dies. (Hg.), *Mainstream der Minderheiten*, S. 5-19.

Horkheimer, Max, Adorno, Theodor W., »Kulturindustrie. Aufklärung als Massenbetrug«, in: dies., *Dialektik der Aufklärung. Philosophische Fragmente* (= *Theodor W. Adorno, Gesammelte Schriften*; Bd. 3), hg. v. Rolf Tiedemann, Frankfurt/M.: Suhrkamp ²1984, S. 19-60.

Horn, Adrian, *Juke Box Britain. Americanisation and Youth Culture 1945-60*, Manchester, New York: Manchester University Press 2009.

Hornsey, Richard, *The Spiv and the Architect. Unruly Life in Postwar London*, Minneapolis: University of Minnesota Press 2010.

Hort, Jakob, »Vergleichen, Verflechten, Verwirren. Vom Nutzen und Nachteil der Methodendiskussion in der wissenschaftlichen Praxis: ein Erfahrungsbericht«, in: Arndt/u. a. (Hg.), *Vergleichen, Verflechten, Verwirren?*, S. 319-341.

Horváth, Sándor, »›Rowdys‹, ›Schnösel‹ und ›Gangs‹. Subkulturen ungarischer Jugendlicher in den 1960er Jahren«, in: *Zeitgeschichte Online*, Thema: *Pop in Ost und West. Populäre Kultur zwischen Ästhetik und Politik*, hg. von Árpád v. Klimó, Jürgen Danyel, April 2006, ⟨http://www.zeitgeschichte-online.de/thema/rowdys-schnoesel-und-gangs-subkulturen-ungarischer-jugendlicher-den-1960er-jahren⟩, letzter Zugriff 12. 12. 2017.

Howland, Chris, *Yes, Sir! Aus dem Blickwinkel eines englischen Gastarbeiters*, Reinbek: Kindler 2009.

Hudemann, Rainer (Hg.), *Medienlandschaft Saar von 1945 bis in die Gegenwart*, Bd. 1: *Medien zwischen Demokratisierung und Kontrolle (1945-1955)*, München: Oldenbourg 2010.

Hübinger, Gangolf, »Wissenschaften, Zeitdiagnosen und politisches Ordnungsdenken. Zur Einführung«, in: ders. (Hg.), *Europäische Wissenschaftskulturen und politische Ordnungen in der Moderne*, S. 1-28.

– (Hg.), *Europäische Wissenschaftskulturen und politische Ordnungen in der Moderne (1890-1970)*, München: Oldenbourg 2014.

Hüchtker, Dietlind, »›Volkskultur‹ und ›Popkultur‹ oder: Das Vergnügen an Widersetzlichkeit«, in: *Werkstatt Geschichte* 65 (2013), S. 67-78.

Hüser, Dietmar, »Amerikanisches in Deutschland und Frankreich – Vergleich, Transfer und Verflechtung populärer Musik in den 1950er und 1960er Jahren«, in: Oster/Lüsebrink (Hg.), *Am Wendepunkt*, S. 283-305.

–, »›Rock around the Clock‹. Überlegungen zu amerikanischer Populärkultur in der französischen und westdeutschen Gesellschaft der 1950er und 1960er Jahre«, in: Metzger/Kaelble (Hg.), *Deutschland–Frankreich–Nordamerika*, S. 189-208.

–, »Einleitung: Populärkulturelle Mittler und deutsch-französisches Verhältnis nach 1945. Spannungsfelder und Forschungsperspektiven transnationaler Populärkultur«, in: ders./Pfeil (Hg.), *Populärkultur und deutsch-französische Mittler / Culture de masse et médiateurs franco-allemands*, S. 15-50.

–, »Westdeutsches ›Demokratiewunder‹ und transnationale Musikkultur. Dimensionen des Politischen im Populären«, in: ders. (Hg.), *Populärkultur transnational*, S. 301-334.

– (Hg.), *Populärkultur transnational. Lesen, Hören, Sehen und Erleben im Europa der langen 1960er Jahre*, Bielefeld: transcript 2017.

–, Pfeil, Ulrich (Hg.), *Populärkultur und deutsch-französische Mittler. Akteure, Medien, Ausdrucksformen / Culture de masse et médiateurs franco-allemands. Acteurs, médias, articulations*, Bielefeld: transcript 2015.

Hutter, Michael, Krönig, Franz Kasper, »Der ›Yeah‹-Refrain. Zur Wirkung einer großen Sekunde auf die Jugendkultur der 1960er Jahre«, *WZB: Discussion Paper*, SP III 2011-401, ⟨https://bibliothek.wzb.eu/pdf/2011/iii11-401.pdf⟩, letzter Zugriff 12. 12. 2017.

Hyde, Chris, *Rock'n'Roll Tripper. Stories & Bilder*, Rheinberg: Zero 1983.

Inglehart, Ronald, *The Silent Revolution. Changing Values and Political Styles among Western Publics*, Princeton: Princeton University Press 1977.

Italiaander, Rolf, Godal, Eric, *Teenagers. Mit Beiträgen von 26 Autoren*, Hamburg: Broschek 1958.

Jacke, Christoph, *Medien(sub)kultur. Geschichten – Diskurse – Entwürfe*, Bielefeld: transcript 2004.

Jackson, John A., *Big Beat Heat. Alan Freed and the Early Years of Rock & Roll*, New York: Schirmer Books 1991.

–, *American Bandstand. Dick Clark and the Making of a Rock'n'Roll Empire*, New York, Oxford: Oxford University Press 1997.

Jackson, Julian, *A Certain Idea of France. The Life of Charles de Gaulle*, London: Allen Lane 2018.

Jackson, Kenneth T., *Crabgrass Frontier: The Suburbanization of the United States*, New York: Oxford University Press 1985.

Jackson, Louise A., »›The Coffee Club Menace‹. Policing Youth, Leisure, and Sexuality in Post-War Manchester«, in: *Cultural and Social History* 5 (2008), S. 289-308.

Janecke, Christian, *Tragbare Stürme. Von spurtenden Haaren und Windstoßfrisuren*, Marburg: Jonas 2003.

– (Hg.), *Haar tragen. Eine kulturwissenschaftliche Annäherung*, Köln, Weimar u. a.: Böhlau 2004.
Janssen, Philip Jost, *Jugendforschung in der frühen Bundesrepublik. Diskurse und Umfragen*, Köln: Zentrum für Historische Sozialforschung 2010.
Janssen, Wiebke, *Halbstarke in der DDR. Verfolgung und Kriminalisierung einer Jugendkultur*, Berlin: Ch. Links 2010.
Jaquemet, Gérard, »Belleville ouvrier à la Belle Époque«, in: *Le Mouvement social* 118 (1982), S. 61-77.
Jarausch, Konrad H. (Hg.), *Dictatorship as Experience. Towards a Socio-Cultural History of the GDR*, New York: Berghahn Books 1999.
–, »Beyond Uniformity. The Challenge of Historicizing the GDR«, in: ders. (Hg.), *Dictatorship as Experience*, S. 3-16.
–, Siegrist, Hannes (Hg.), *Amerikanisierung und Sowjetisierung in Deutschland 1945-1970*, Frankfurt/M., New York: Campus 1997.
Jehle, Anna, *Welle der Konsumgesellschaft. Radio Luxembourg in Frankreich 1945-1975*, Göttingen: Wallstein 2018.
Jenß, Heike, »Frisur-Kopien: Haare im Retro-Schnitt«, in: Janecke (Hg.), *Haar tragen*, S. 271-290.
Jewski, Katja, *Stiefkinder des Fortschritts? Ländliche Jugend und Jugendkultur in Schleswig-Holstein in den 50er Jahren*, Frankfurt/M., Berlin u. a.: Peter Lang 2003.
Jidéhem, *Les chroniques de starter. 60 populaires de starter*, Paris: Éditions Dupuis 2012.
Johnson, James H., *Listening in Paris. A Cultural History*, Berkeley, Los Angeles u. a.: University of California Press 1995.
Jordan, Stefan (Hg.), *Lexikon Geschichtswissenschaft – Hundert Grundbegriffe*, Stuttgart: Reclam 2002.
Judt, Matthias, »›Nur für den Dienstgebrauch‹ – Arbeiten mit Texten einer deutschen Diktatur«, in: Lüdtke/Becker (Hg.), *Akten, Eingaben, Schaufenster*, S. 30-38.
Judt, Tony, *Die Geschichte Europas seit dem Zweiten Weltkrieg*, München: Hanser 2006.
Julien, Olivier, »Le son Beatles et la technologie multipiste«, in: *Les Cahiers de l'OMF* 4 (1999), S. 35-52.
–, »L'analyse des musiques populaires enregistrées«, in: Pistone (Hg.), *Le commentaire auditif de spécialité*, S. 141-166.
Jureit, Ulrike, Wildt, Michael (Hg.), *Generationen. Zur Relevanz eines wissenschaftlichen Grundbegriffs*, Hamburg: Hamburger Edition 2005.

Kaelble, Hartmut, *Der historische Vergleich. Eine Einführung zum 19. und 20. Jahrhundert*, Frankfurt/M., New York: Campus 1999.
–, Kocka, Jürgen, Zwahr, Hartmut (Hg.), *Sozialgeschichte der DDR*, Stuttgart: Klett-Cotta 1994.

Kaës, René, *Vivre dans les grands ensembles*, Paris: Les Éditions ouvrières 1963.
Kaiser, Erwin, *Wir Starken und die Halbstarken*, Zürich, Stuttgart: Flamberg 1958.
Kaiser, Günther, »Zur Ätiologie der sog. Halbstarken (I.)«, in: *Unsere Jugend. Zeitschrift für Jugendhilfe in Wissenschaft und Praxis* 10 (1958), S. 63-69.
–, *Randalierende Jugend. Eine soziologische und kriminologische Studie über die sogenannten »Halbstarken«*, Heidelberg: Quelle & Meyer 1959.
Kalb, Martin, *Coming of Age. Constructing and Controlling Youth in Munich, 1942-1973*, New York, Oxford: Berghahn 2016.
Kalter, Christoph, Rempe, Martin, »La République décolonisée. Wie die Dekolonisierung Frankreich verändert hat«, in: *Geschichte und Gesellschaft* 37 (2011), S. 157-197.
Kasparek, Jonathan, »A Day in the Life: The Beatles Descend on Milwaukee«, in: *The Wisconsin Magazine of History* 84 (2000/2001), S. 14-23.
Keilhacker, Martin, »Jugend vor der Filmleinwand. Eine Betrachtung aus der Sicht des Wissenschaftlichen Instituts für Jugendfilmfragen«, in: *deutsche jugend* 3 (1955), S. 168-174.
Kemper, Peter, *The Beatles*, Stuttgart: Reclam 2007.
Kenkmann, Alfons, *Wilde Jugend. Lebenswelt großstädtischer Jugendlicher zwischen Weltwirtschaftskrise, Nationalsozialismus und Währungsreform*, Essen: Klartext 1996.
–, Siegfried, Detlef (Hg.), *»Stellt die Gitarren in die Ecke und diskutiert!« Jugendbewegung und Kulturrevolution um 1968*, Schwalbach/Ts.: [o. V.] 2008.
Kenney, William Howland, *Jazz on the River*, Chicago, London: University of Chicago Press 2005.
Kenton, Gary, »›Come See about Me‹: Why the Baby Boomers Liked Stax but Loved Motown«, in: Cogan/Gencarelli (Hg.), *Baby Boomers*, S. 279-304.
Keogh, Pamela Clarke, *Elvis Presley. The King*, Berlin: Henschel 2005.
Kerbs, Diethart, »Zur Geschichte und Gestalt der deutschen Jungenschaften«, in: *Neue Sammlung, Göttinger Blätter für Kultur und Erziehung* 6 (1966), S. 146-170.
Kersting, Franz-Werner, »Helmut Schelskys ›Skeptische Generation‹ von 1957. Zur Publikations- und Wirkungsgeschichte eines Standardwerkes«, in: *Vierteljahreshefte für Zeitgeschichte* 50 (2002), S. 465-495.
Kirsch, Hans-Christian, »Eine kleine Auswahl für ruhige Stunden«, in: *deutsche jugend* 10 (1962), S. 569-571.
Kirsten, Sven A., *The Book of Tiki. The Cult of Polynesian Pop in Fifties America*, Köln, London u. a.: Taschen 2000.

Kittler, Friedrich A., *Die Wahrheit der technischen Welt – Essays zur Genealogie der Gegenwart*, hg. und mit einem Nachwort v. Hans Ulrich Gumbrecht, Berlin: Suhrkamp 2013.

–, »Rock-Musik – ein Mißbrauch von Heeresgerät«, in: ders., *Die Wahrheit der technischen Welt*, S. 198-213.

–, »Weltatem. Über Wagners Medientechnologie«, in: ders., *Die Wahrheit der technischen Welt*, S. 160-180.

Klages, Ludwig, *Vom Wesen des Rhythmus*, Kampen auf Sylt: Kampmann 1933.

Klautke, Egbert, »Die ›britische Invasion‹ der 1960er Jahre. Britische Pop- und Rockmusik in den Vereinigten Staaten«, in: Hüser (Hg.), *Populärkultur transnational*, S. 108-125.

Klein, Malcolm W., *The American Street Gang. Its Nature, Prevalence, and Control*, New York, Oxford: Oxford University Press 1995.

Kleiner, Marcus S., Wilke, Thomas (Hg.), *Performativität und Medialität populärer Kulturen. Theorien, Ästhetiken, Praktiken*, Wiesbaden: Springer 2013.

Kleinsteuber, Hans J., »Hörfunk und Populärkultur in den USA der 50er Jahre«, in: Schildt/Sywottek (Hg.), *Modernisierung im Wiederaufbau*, S. 513-529.

Kleßmann, Christoph, »Konturen einer *integrierten* Nachkriegsgeschichte«, in: *Aus Politik und Zeitgeschichte* 18/19 (2005), S. 3-11.

Klier, Freya, *Michael Gartenschläger, Kampf gegen Mauer und Stacheldraht*, hg. v. Bürgerbüro Berlin e.V., Berlin: Bürgerbüro 2009.

Klimó, Árpád v., Danyel, Jürgen, »Popkultur und Zeitgeschichte«, in: *Zeitgeschichte Online,* Thema: *Pop in Ost und West. Populäre Kultur zwischen Ästhetik und Politik*, hg. v. dens., April 2006, ⟨http://www.zeitgeschichte-online.de/zol/portals/_rainbow/documents/pdf/pop_klimo_danyel.pdf⟩, letzter Zugriff 14. 12. 2017.

Klöß, Sebastian, *Notting Hill Carnival. Die Aushandlung des Eigenen im multiethnischen Großbritannien seit 1958*, Frankfurt/M., New York: Campus 2014.

–, »›Pop is not popular.‹ Der Notting Hill Carnival (1970er bis 1990er Jahre)«, in: Mrozek u. a. (Hg.), *Popgeschichte*, Bd. 2, S. 225-246.

Klonsky, Milton, *A Discourse on Hip. Selected Writings of Milton Klonsky*, hg. v. Ted Solotaroff, Detroit: Wayne State University Press 1991.

Kluge, Friedrich, *Etymologisches Wörterbuch der deutschen Sprache*, durchges. u. erw. Aufl., Berlin, New York: Walter de Gruyter [24]2002.

Knoll, Joachim H., Stefen, Rudolf, »Die gegenwärtige Jugend und was sie liest. Zur Typologie und zum Medienkonsum der heutigen Jugendgeneration«, in: dies. (Hg.), *Pro und Contra BRAVO*, S. 27-90.

–, »Noch eine BRAVO-Analyse!«, in: dies. (Hg.), *Pro und Contra BRAVO*, S. 11-25.

–, *Jugend, Jugendgefährdung, Jugendmedienschutz*, Münster, Hamburg u. a.: Lit 1999.
– (Hg.), *Pro und Contra BRAVO (= Schriftenreihe der Bundesprüfstelle für jugendgefährdende Schriften)*, Baden-Baden: Nomos 1978.
Knowles, Mark, *The Wicked Waltz and Other Scandalous Dances. Outrage at Couple Dancing in the 19th and Early 20th Centuries*, Jefferson: McFarland 2009.
Kocka, Jürgen, »Eine durchherrschte Gesellschaft«, in: Kaelble u. a. (Hg.), *Sozialgeschichte der DDR*, S. 547-553.
König, Wilhelm v., *Lebenskunst. Ein Buch vom guten Benehmen für jedermann. Der Knigge des 20. Jahrhunderts*, neu bearb. u. ill., Krefeld: Lebenskunst 7 1951.
Kötzing, Andreas, »Zensur von DEFA-Filmen in der Bundesrepublik«, in: *Aus Politik und Zeitgeschichte* 1-2 (2009), ⟨http://www.bpb.de/publikationen/YYoDNH.html⟩, letzter Zugriff 14. 12. 2017.
Koetzle, Hans-Michael, »›Ich war verliebt in diese Stadt.‹ Zu den Berlin-Fotos von Will McBride«, in: McBride, *Berlin im Aufbruch*, S. 5-9.
–, Wolff, Carsten, *Fleckhaus. Design, Revolte, Regenbogen*, Stuttgart: Hartman Books 2017 (Katalog).
Kolbe K., Gertrud, Riese, Friedrich W., *Otto, benimm dich!*, Berlin: Junge Welt 1957.
Koselleck, Reinhart, »Richtlinien für das Lexikon politisch-sozialer Begriffe der Neuzeit«, in: *Archiv für Begriffsgeschichte* 11 (1967), S. 81-99.
–, »A Response to Comments on the *Geschichtliche Grundbegriffe*«, in: Lehmann/Richter (Hg.), *The Meaning of Historical Terms and Concepts*, S. 59-70.
Krankenhagen, Stefan, »Der Wille zur Geschichte«, in: *Pop-Zeitschrift Blog*, 05. 07. 2016, ⟨http://www.pop-zeitschrift.de/2016/07/05/der-wille-zur-geschichtevon-stefan-krankenhagen5-7-2016/⟩, letzter Zugriff 14. 12. 2017.
Kraushaar, Wolfgang, *Die Protest-Chronik 1949-1959. Eine illustrierte Geschichte von Bewegung, Widerstand und Utopie*, Bd. III: *1957-1959*, Frankfurt/M.: Rogner & Bernhard 1996.
Kreimeier, Klaus, »Der westdeutsche Film in den fünfziger Jahren«, in: Bänsch (Hg.), *Die fünfziger Jahre*, S. 283-305.
Krenn, Martina, *Schmutz – Sex – Drogen. Jugend und das Populare 1955-1975*, Wien: Löcker 2009.
Kreutziger-Herr, Annette (Hg.), *Das Andere: Eine Spurensuche in der Musikgeschichte des 19. und 20. Jahrhunderts*, Frankfurt/M., Berlin u. a.: Lang 1998.
Krüger, Heinz-Hermann, »Viel Lärm um nichts? Jugendliche ›Existenzialisten‹ in den 50er Jahren«, in: Deutscher Werkbund e.V. und Württem-

bergischer Kunstverein Stuttgart (Hg.), *Schock und Schöpfung*, S. 263-268.
–, »›Es war wie ein Rausch, wenn alle Gas gaben.‹ Die ›Halbstarken‹ der 50er Jahre«, in: ebd., S. 269-274.
–, »Sprachlose Rebellen. Zur Subkultur der Rocker in den fünfziger Jahren«, in: Breyvogel (Hg.), *Autonomie und Widerstand*, S. 78-82.
Krumrey, Horst-Volker, *Entwicklungsstrukturen von Verhaltensstandarden. Eine soziologische Prozeßanalyse auf der Grundlage deutscher Anstands- und Manierenbücher von 1870 bis 1970*, Frankfurt/M.: Suhrkamp 1984.
Kubik, Gerhard, *Africa and the Blues*, Jackson: University Press of Mississippi 1999.
Küpper, Heinz, »Die Sprache der jungen Leute«, in: *deutsche jugend* 8 (1960), S. 275-278.
Kurme, Sebastian, *Halbstarke. Jugendprotest in den 1950er Jahren in Deutschland und den* USA, Frankfurt/M., New York: Campus 2006.
Kursawe, Stefan, *Vom Leitmedium zum Begleitmedium. Die Radioprogramme des Hessischen Rundfunks 1960-1980*, Köln, Weimar u. a.: Böhlau 2004.
Kuschel, Franziska, *Schwarzhörer, Schwarzseher und heimliche Leser. Die DDR und die Westmedien*, Göttingen: Wallstein 2016.
Kusser, Astrid, *Körper in Schieflage. Tanzen im Strudel des Black Atlantic um 1900*, Bielefeld: transcript 2013.
Kuttner, Andreas, »›1968‹ in der BRAVO?«, in: AdJK (Hg.), *50 Jahre BRAVO*, S. 55-66.
Kvaraceus, William C., Miller, Walter B., *Delinquent Behavior*, Bd. 1: *Culture and the Individual*, Washington, D.C.: National Education Association of the United States 1959.

Laar, Kalle, »Vinyl Culture und Zeitgeschichte. Schallplattencover als Quellen der *visual history*«, in: Mrozek u. a. (Hg.), *Popgeschichte*, Bd. 2, S. 361-372.
Labrenz-Weiß, Hanna, *MfS-Handbuch: Abteilung M*, Berlin: BStU, Abt. Bildung und Forschung 2005.
Laclau, Ernesto, Mouffe, Chantal, *Hegemonie und radikale Demokratie. Zur Dekonstruktion des Marxismus*, Wien: Passagen [4]2012.
Lake, Eleanor, »Trouble on the Street Corner«, in: *Common Sense* 12 (1943), S. 147-149.
Lammers, Nina, »BRAVO und die Mediennutzung von Jugendlichen«, in: AdJK (Hg.), *50 Jahre BRAVO*, S. 215-229.
Lamy, Jean-Claude, *Et dieu créa les femmes: Brigitte, Françoise, Annabel et les autres*, Paris: Albin Michel 2011.
Landis, Paul H., *Adolescence and Youth. The Process of Maturing*, New York, London: McGraw-Hill 1947.

La Presti, Thomas, »Bildungsbürgerliche Kontinuitäten und diktatorische Praxis: Zur Kulturpolitik in der DDR der 50er Jahre«, in: Bollenbeck/Kaiser (Hg.), *Die janusköpfigen 50er Jahre*, S. 30-52.

Laqueur, Walter Z., *Die deutsche Jugendbewegung. Eine historische Studie*, Köln: Verlag Wissenschaft und Politik 1978.

Larkey, Edward, »Austropop. Popular Music and National Identity in Austria«, in: *Popular Music* 11 (1992), S. 151-185.

–, »›Heute muss ich mal an euch schreiben …‹. Hörerbriefe an DT 64 und die Aushandlung kulturpolitischer Legitimation beim DDR-Rundfunk«, in: Arnold/Classen (Hg.), *Zwischen Pop und Propaganda*, S. 323-340.

Larkin, Colin (Hg.), *The Encyclopedia of Popular Music*, 10 Bde., New York: Oxford University Press/MUZE [4]2006.

Lauzanne, Bernard, »L'année radiophonique 1957 au jour le jour«, in: *Cahiers d'histoire de la radiodiffusion* 93 (2007), S. 13-50.

Le Bon, Gustave, *Psychologie der Massen*, Stuttgart: Kröner 1964.

Lebra, Takie Sugiyama, *Japanese Patterns of Behavior*, Honolulu: University of Hawai'i Press 1976.

Leech, Kenneth, *Youthquake. The Growth of a Counter-Culture through Two Decades*, London: Sheldon Press 1973.

Le Gendre, Bertrand, *1962 l'année prodigieuse*, Paris: Éditions Denoël 2012.

Legouge, Patricia, »Les représentations de la sexualité dans *Jeune & Jolie*«, in: *Le Temps des Médias* 21 (2013-14), S. 68-81.

Lehmann, Hartmut, Richter, Melvin (Hg.), *The Meaning of Historical Terms and Concepts. New Studies on Begriffsgeschichte*, Washington: German Historical Institute 1996.

Lemonnier, Bertrand, *La révolution pop dans l'Angleterre des années soixante*, Paris: Éditions de la Table Ronde 1986.

–, »La ›Culture pop‹ des années 1960 en angleterre«, in: *Vingtième Siècle. Revue d'histoire* 53 (1997), S. 98-111.

Leo, Per, »Zehn Jahre theorieabhängig. Ein Erfahrungsbericht«, in: Pohlig/Hacke (Hg.), *Theorie in der Geschichtswissenschaft*, S. 199-217.

Leonard, Marion, »Constructing Histories through Material Culture: Popular Music, Museums and Collecting«, in: *PMH* 2 (2007), S. 147-167.

Le Pajolec, Sébastien, »Le cinéma et les yéyés: un rendez-vous manqué ?«, in: Bantigny/Jablonka (Hg.), *Jeunesse oblige*, S. 183-198.

Lerg, Winfried B., Steininger, Rolf (Hg.), *Rundfunk und Politik: 1923 bis 1973. Beiträge zur Rundfunkforschung*, Berlin: Spiess 1975.

Leverkus, Ernst, *Toll, rasant & faszinierend. Die Motorräder der 50er, 60er und 70er Jahre*, Stuttgart: Motorbuch Verlag 2006.

Levine, Edward M., »The Twist. A Symptom of Identity Problems as Social Pathology«, in: *Israel Annals of Psychiatry & Related Disciplines* 4 (1966), 198-210.

Levine, Lawrence W., *Highbrow/Lowbrow. The Emergence of Cultural Hierarchy in America*, Cambridge (Mass.), London: Harvard University Press 1988.

Lewis, Lisa A., *The Adoring Audience. Fan Culture and Popular Media*, London, New York: Routledge 1992.

Lewisohn, Mark, *The Beatles Live! The Ultimate Reference Book*, London: Pavilion Books Limited 1986.

–, *The Complete Beatles Chronicle*, London: Hamlyn 2000.

Liebing, Yvonne, *All you need is beat. Jugendsubkultur in Leipzig 1957-1968*, Leipzig: Forum 2005.

Lilti, Antoine, *Figures publiques. L'invention de la célébrité (1750-1850)*, Paris: Fayard 2014.

Lindenberger, Thomas, *Straßenpolitik. Zur Sozialgeschichte der öffentlichen Ordnung in Berlin 1900 bis 1914*, Bonn: Dietz 1995.

–, *Volkspolizei. Herrschaftspraxis und öffentliche Ordnung im SED-Staat 1952-1968*, Köln, Weimar u. a.: Böhlau 2003.

–, »Vergangenes Hören und Sehen. Zeitgeschichte und ihre Herausforderung durch die audiovisuellen Medien«, in: *Zeithistorische Forschungen/Studies in Contemporary History* 1 (2004), S. 72-85.

–, »Geteilte Welt, geteilter Himmel? Der Kalte Krieg und die Massenmedien in gesellschaftsgeschichtlicher Perspektive«, in: Arnold/Classen (Hg.), *Zwischen Pop und Propaganda*, S. 27-44.

–, »Looking West: The Cold War and the Making of Two German Cinemas«, in: Führer/Ross (Hg.), *Mass Media, Culture and Society in Twentieth-Century Germany*, S. 113-128.

Lindinger, Michaela, »Sehr verehrte Überbleibsel. Zum Rohstoff Haar«, in: Breuss (Hg.), *Mit Haut und Haar*, S. 130-134.

Lindner, Bernd, »Die Generationenfolge im Osten Deutschlands und ihre Bedeutung für die Gegenwart«, in: *Sozialer Fortschritt. Unabhängige Zeitschrift für Sozialpolitik* 11 (1996), S. 269-274.

–, »Lange Haare – kurzer Verstand? Interne soziologische Befunde zu einem umstrittenen Phänomen«, in: Rauhut/Kochan (Hg.), *Bye, bye, Lübben City*, S. 140-154.

–, *DDR – Rock & Pop*, Köln: Komet 2008.

Lindner, Robert M., *Rebel without a Cause. The Hypnoanalysis of a Criminal Psychopath*, New York: Grove Press 1944.

Lindner, Werner, *Jugendprotest seit den fünfziger Jahren. Dissens und kultureller Eigensinn*, Opladen: Leske & Budrich 1996.

Link, Jürgen, *Versuch über den Normalismus. Wie Normalität produziert wird*, Göttingen: Vandenhoeck & Ruprecht [5]2013.

–, *Normale Krisen? Normalismus und die Krise der Gegenwart (Mit einem Blick auf Thilo Sarrazin)*, Konstanz: Konstanz University Press 2013.

Linsenmann, Andreas, »Edith Piaf, Yves Montand und *Un peu de Paris*. Der Zielkonflikt zwischen Popularität und Prestige bei kulturellen Begegnungen der Nachkriegsjahre«, in: Hüser/Pfeil (Hg.), *Populärkultur und deutsch-französische Mittler/Culture de masse et médiateurs franco-allemands*, S. 113-123.

–, Hindrichs, Thorsten (Hg.), *Hobsbawm, Newton und Jazz. Zum Verhältnis von Musik und Geschichtsschreibung*, Paderborn: Ferdinand Schöningh 2016.

Loiperdinger, Martin, »Film Censorship Germany: Continuity and Change through Five Political Systems«, in: Biltereyst u. a. (Hg.), *Silencing Cinema*, S. 81-96.

Looseley, David L., *Popular Music in Contemporary France. Authenticity, Politics, Debate*, Oxford, New York: Berg 2003.

Lorenz, Chris, »Wozu noch Theorie der Geschichte? Die Krise der Gesellschaftsgeschichte im Lichte der Theorie der Geschichte«, in: Depkat u. a. (Hg.), *Wozu Geschichte(n)?*, S. 117-143.

Lott, Eric, *Love and Theft. Blackface Minstrelsy and the American Working Class*, Oxford: Oxford University Press 1993.

Lüdtke, Alf, Becker, Peter (Hg.), *Akten, Eingaben, Schaufenster. Die DDR und ihre Texte. Erkundungen zu Herrschaft und Alltag*, Berlin: Akademie 1997.

Lunders, Leo (Hg.), *La censure des films et l'admission des enfants au cinéma a travers le monde*, Brüssel: Les Éditions du C.E.P. o. J. [1961].

Luther, Horst, *Das Rowdytum in der Deutschen Demokratischen Republik und seine Bekämpfung*, Humboldt-Universität zu Berlin (Diss., eingeg. am 19. 06. 1959).

Maase, Kaspar, *BRAVO Amerika. Erkundungen zur Jugendkultur der Bundesrepublik in den fünfziger Jahren*, Hamburg: Junius 1992.

–, »Medium jugendlicher Emanzipation: BRAVO in den 50ern«, in: AdJK e.V. (Hg.), *50 Jahre Bravo*, S. 13-22.

–, *Grenzenloses Vergnügen. Der Aufstieg der Massenkultur 1850-1970*, Frankfurt/M : Fischer [3]2001.

–, »Farbige Bescheidenheit. Anmerkungen zum postheroischen Generationsverständnis«, in: Jureit/Wildt (Hg.), *Generationen*, S. 220-242.

–, »Die Halbstarken. Bilder einer neuen Jugend«, in: Paul (Hg.), *Das Jahrhundert der Bilder*, S. 154-161.

MacAdams, Lewis, *Birth of the Cool: Beat, Bebop, and the American Avant-Garde*, New York: Free Press 2001.

Macilwee, Michael, *The Teddy Boy Wars. The Youth Cult that shocked Britain*, Croydon: Milo Books 2015.

Mackert, Nina, *Jugenddelinquenz. Die Produktivität eines Problems in den*

USA der späten 1940er bis 1960er Jahre, Konstanz, München: UVK Verlagsgesellschaft 2014.
Maldener, Aline, »Fabulous consumerism? Mediale Repräsentationen jungendlicher Konsumkultur in westdeutschen, britischen und französischen Jugendzeitschriften der 1960er und 1970er Jahre«, in: Hüser (Hg.), *Populärkultur transnational*, S. 199-224.
–, Zimmermann, Clemens, »Einleitung. Jugendmedien in Wissenschaft und Forschung«, in: dies. (Hg.), *Let's Historize It!*, S. 7-34.
– (Hg.), *Let's Historize It! Jugendmedien im 20. Jahrhundert*, Wien u. a.: Böhlau 2018.
Mählert, Ulrich, Stephan, Gerd-Rüdiger, *Blaue Hemden – rote Fahnen. Die Geschichte der Freien Deutschen Jugend*, Opladen: Leske & Budrich 1996.
Mailer, Norman, *Advertisements for Myself*, London: Harper Collins/ Flamingo 1994 (dt.: *Reklame für mich selber*, Berlin: Herbig 1963).
Mallan, Kerry, Pearce, Sharyn (Hg.), *Youth Cultures. Texts, Images, and Identities*, Westport, London: Praeger 2003.
Malycha, Andreas, *Geschichte der DDR*, hg. v. d. Bundeszentrale f. pol. Bildung, Bonn: bpb 2011.
Mannel, Horst-D., Obeling, Rainer, *Beat Geschichte(n) im Revier*, Recklinghausen o. J. [1993].
Mannheim, Karl, »Das Problem der Generationen I«, in: *Kölner Vierteljahreshefte für Soziologie* 7 (1928/29), S. 157-185.
– »Das Problem der Generationen II«, in: *Kölner Vierteljahreshefte für Soziologie* 7 (1928/29), 309-330.
Marc, Isabelle, »Submarinos amarillos. Transcultural Objects in Spanish Popular Music during Late Francoism«, in: Martinez/Fouce (Hg.), *Made in Spain*, S. 115-124.
Marcus, Greil, *Der Mülleimer der Geschichte. Über die Gegenwart der Vergangenheit – Eine Zeitreise mit Bob Dylan, Wim Wenders, Susan Sontag, John Wayne, Adolf Hitler, Elvis Presley, Bill Clinton, Miou-Miou, Umberto Eco u. a.*, Hamburg: Rogner & Bernhard bei Zweitausendeins 1996.
–, *Dead Elvis. Die Legende lebt*, St. Andrä-Wördern: Hannibal 1997.
Marie, Michel, *La nouvelle vague. Une école artistique*, Paris: Nathan 1997.
Marcowitz, Rainer (Hg.), *Nationale Identität und transnationale Einflüsse. Amerikanisierung, Europäisierung und Globalisierung in Frankreich nach dem Zweiten Weltkrieg*, München: Oldenbourg 2007.
Markus, Nico (Hg.), *The Sixties. Nozems, provo's en piraten*, Amsterdam: Internationaal Instituut voor Sociale Geschiedenis 2001 (Katalog).
Marßolek, Inge, von Saldern, Adelheid (Hg.), *Radiozeiten. Herrschaft, Alltag, Gesellschaft (1924-1960)*, Potsdam: Verlag für Berlin-Brandenburg 1999.
–, »Massenmedien im Kontext von Herrschaft, Alltag und Gesellschaft.

Eine Herausforderung an die Geschichtsschreibung«, in: dies. (Hg.), *Radiozeiten*, S. 11-38.
Martin, Christopher R., »The Naturalized Gender Order of Rock and Roll«, in: *Journal of Communication Inquiry* 19 (1995), S. 53-74.
Martin, Linda, Segrave, Kerry, *Anti-Rock. The Opposition to Rock'n'Roll*, Hamden: Archon-Books 1988.
Martínez, Sílvia, Fouce, Héctor (Hg.), *Made in Spain. Studies in Popular Music*, New York, London: Routledge 2013.
Martschukat, Jürgen, Stieglitz, Olaf, *Geschichte der Männlichkeiten*, Frankfurt/M., New York: Campus 2008.
Marwick, Arthur, *The Sixties. Cultural Revolution in Britain, France, Italy, and the United States, c. 1958-c.1978*, London: Bloomsbury 2011.
Marx, Karl, *Das Kapital*, Bd. 1, in: ders., Engels, Friedrich, *Marx-Engels-Werke* (MEW), Bd. 23, Berlin: Dietz [17]1988.
Massoni, Kelley, *Fashioning Teenagers. A Cultural History of Seventeen Magazine*, Walnut Creek: Left Coast Press 2010.
Matera, Marc, *Black London. The Imperial Metropolis and Decolonization in the Twentieth Century*, Oakland: University of California Press 2015.
Matheja, Bernd, *»Internationale Pilzvergiftung«. Die Beatles im Spiegel der deutschen Presse, 1963-1967*, Hambergen: Bear Family Records 2003.
Mathis, Franz, Weber, Wolfgang (Hg.), *Geschichte der österreichischen Bundesländer nach 1945. Zwischen Fußach und Flint, Alemannentum und Weltoffenheit*, Bd. 6/4: *Vorarlberg*, Wien, Köln u. a.: Böhlau 2000.
Mayer, Geoff, *Guide to British Cinema*, Westport: Greenwood 2003.
Mayer, Michael, *»Tropen gibt es nicht.« Dekonstruktionen des Exotismus*, Bielefeld: Aisthesis 2010.
Mays, John Barron, *The Young Pretenders: A Study of Teenage Culture in Contemporary Society*, New York: Schocken Books [2]1968.
Mazower, Mark, *The Dark Continent. Europe's Twentieth Century*, London: Allen Lane/The Penguin Press [2]1999.
McBee, Randy, »›Here's Hoping the ›Hound‹ and His Friends had a Good Time‹: The Hollister Gypsy Tour of 1947 and the Rise of the ›Outlaw‹ Motorcyclist«, in: *International Journal of Motorcycle Studies* 11 (2015), ⟨http://motorcyclestudies.org/volume-11-issue-1-spring-2015/heres-hoping-the-hound-and-his-friends-had-a-good-time-the-hollister-gypsy-tour-of-1947-and-the-rise-of-the-outlaw-motorcyclist/⟩, letzter Zugriff 18. 12. 2017.
McBride, Will, *Berlin im Aufbruch: Fotografien 1956-1963*, hg. v. Mathias Bertram, Leipzig: Lehmstedt 2013.
McKay, George (Hg.), *The Pop Festival. History, Music, Media, Culture*, New York u. a.: Bloomsbury 2015.
–, »›The pose … is a stance‹: Popular Music and the Cultural Politics of

Festival in 1950s Britain«, in: ders. (Hg.), *The Pop Festival*, S. 13-31.
McLuhan, Marshall, *Die Gutenberg-Galaxis. Die Entstehung des typographischen Menschen*, Hamburg, Berkeley: Gingko 2011.
–, *Die mechanische Braut. Volkskultur des industriellen Menschen*, Amsterdam: Philo Fine Arts 1996.
McRobbie, Angela, *Feminism and Youth Culture*, überarbeitete Neuaufl., New York: Routledge ²2000.
Meine, Sabine, Noeske, Nina, »Musik und Popularität. Einführende Überlegungen«, in: dies. (Hg.), *Musik und Popularität*, S. 7-24.
– (Hg.), *Musik und Popularität. Aspekte zu einer Kulturgeschichte zwischen 1500 und heute*, Münster, New York u. a.: Waxmann 2011.
Meissner, Hans-Otto, Burkhard, Isabella, *Gute Manieren stets gefragt. Takt, Benehmen, Etikette*, München: Mensch und Arbeit 1962.
Melly, George, *Revolt into Style. The Pop Arts*, Oxford: Oxford University Press 1989.
Menzel, Rebecca, *Jeans in der DDR. Vom tieferen Sinn einer Freizeithose*, Berlin: Ch. Links 2004.
–, »Pop-Politisierung? Folk und Protestsong als Herausfrderung unterschiedlicher Pop-Systeme«, in: Mrozek u. a. (Hg.), *Popgeschichte*, Bd. 1, S. 247-266.
Mergel, Thomas, *Propaganda nach Hitler. Eine Kulturgeschichte des Wahlkampfs in der Bundesrepublik, 1949-1990*, Göttingen: Wallstein 2010.
–, *Großbritannien seit 1945*, Göttingen: Vandenhoeck & Ruprecht 2005.
Merrett, Stephen, *State Housing in Britain*, London, Boston: Routledge & Kegan Paul 1979.
Metzger, Chantal, Kaelble, Hartmut (Hg.), *Deutschland–Frankreich–Nordamerika: Transfers, Imaginationen, Beziehungen*, Stuttgart: Franz Steiner 2006.
Meyerrose, Anja, *Herren im Anzug. Eine transatlantische Geschichte von Klassengesellschaften im langen 19. Jahrhundert*, Köln, Weimar u. a.: Böhlau 2016.
Miard-Delacroix, Hélène, Hudemann, Rainer (Hg.), *Wandel und Integration. Deutsch-französische Annäherungen der fünfziger Jahre/Mutations et intégration. Les rapprochements franco-allemands dans les années cinquante*, München: Oldenbourg 2005.
Middendorf, Stefanie, *Massenkultur. Zur Wahrnehmung gesellschaftlicher Modernität in Frankreich 1880-1980*, Göttingen: Wallstein 2009.
Miller, Karl Hagstrom, *Segregating Sound. Inventing Folk and Pop Music in the Age of Jim Crow*, Durham, London: Duke University Press 2010.
Miller, Walter B., »Lower Class Culture as a Generating Milieu of Gang Delinquency«, in: *Journal of Social Issues* 14 (1958), S. 5-19.
Missfelder, Jan-Friedrich, »Period Ear. Perspektiven einer Klanggeschichte der Neuzeit«, in: *Geschichte und Gesellschaft* 38 (2012), S. 21-47.

Mitterauer, Michael, *Sozialgeschichte der Jugend*, Frankfurt/M.: Suhrkamp 1986.
Mitscherlich, Alexander, *Die Unwirtlichkeit unserer Städte*, Frankfurt/M.: Suhrkamp 1965.
–, *Gesammelte Schriften*, Bd. V: *Sozialpsychologie 3*, hg. v. Helga Haase u. Klaus Menne, Frankfurt/M.: Suhrkamp 1983.
Moldt, Dirk, »›Keine Konfrontation!‹. Die Rolle des MfS im Zusammenhang mit dem Überfall von Skinheads auf ein Konzert in der Berliner Zionskirche am 10. Oktober 1987«, in: *Horch & Guck* 40 (2002), S. 14-25.
Mooney, H.[ughson] F., »Popular Music since the 1920s: The Significance of Shifting Taste«, in: *American Quarterly* 20 (1968), S. 67-85.
Moore, Tony, *Policing Notting Hill: Fifty Years of Turbulence*, Hook: Waterside Press 2013.
Morat, Daniel, »Sound Studies – Sound Histories. Zur Frage nach dem Klang in der Geschichtswissenschaft und der Geschichte in der Klangwissenschaft«, in: *Kunsttexte* 4 (2010), ⟨https://edoc.hu-berlin.de/bitstream/handle/18452/7498/morat.pdf?sequence=1&isAllowed=y⟩, letzter Zugriff 20. 12. 2017.
–, »Intellektuelle und Intellektuellengeschichte«, in: *Docupedia-Zeitgeschichte*, 20. 11. 2011, Version 1.0, ⟨http://docupedia.de/zg/Intellektuelle_und_Intellektuellengeschichte⟩, letzter Zugriff 26. 02. 2018.
–, »Der Klang der Zeitgeschichte. Eine Einleitung«, in: *Zeithistorische Forschungen/Studies in Contemporary History* 8 (2011), S. 172-177.
–, »Sport und Vergnügungskultur. Der Sportpalastwalzer (Wiener Praterleben)«, in: Paul/Schock (Hg.), *Sound des Jahrhunderts*, S. 112-115.
–, »Der Rhythmus der Großstadt um 1900«, in: *Zeitschrift für Kulturphilosophie* 1 (2013), S. 29-38.
–, Thomas Blanck, »Geschichte hören. Zum quellenkritischen Umgang mit historischen Tondokumenten«, in: *Geschichte in Wissenschaft und Unterricht* 66 (2015), S. 703-726.
–, Hansjakob Ziemer (Hg.), *Handbuch Sound. Geschichte – Begriffe – Ansätze*, Stuttgart: Metzler 2018.
Morgan, Kenneth O., *Britain Since 1945. The People's Peace*, Oxford, New York: Oxford University Press [3]2001.
Morin, Edgar, *Les stars*, Paris: Éditions du Seuil [3]1972.
Morley, David, Kuan, Hsing-Chen (Hg.): *Critical Dialogues with Stuart Hall*, London, New York: Routledge 1996.
Morley, Patrick, *»This Is The American Forces Network«. The Anglo-American Battle of the Air Waves in World War II*, Westport, London: Praeger 2001.
Mort, Frank, *Capital Affairs. London and the Making of the Permissive Society*, New Haven: Yale University Press 2010.

Mrozek, Bodo, »Irgendwann muss was geschehen. Interview mit der Band Planlos«, in: Boehlke/Gericke (Hg.), *»Too much future«*, S. 47-62.

–, »Der König mit den zwei Körpern«, in: Klimo/Danyel, *Pop in Ost und West*.

–, »Halbstark! Zur Urgeschichte der Popkultur«, in: *Merkur* 710 (2008), S. 630-635.

–, »Die verkannte Generation. Vom Bürgerschreck zur bunten Republik Deutschland: Jugendkulturen in der Nachkriegszeit«, in: *ZeitRäume. Potsdamer Almanach des Zentrums für Zeithistorische Forschung* 2009, Göttingen: Wallstein 2010, S. 118-130.

–, »Popgeschichte«, in: *Docupedia-Zeitgeschichte*, 06.05.2010, Version: 1.0, ⟨http://docupedia.de/zg/Popgeschichte⟩, letzter Zugriff 22.12.2017.

–, »Geschichte in Scheiben. Schallplatten als zeithistorische Quellen«, in: *Zeithistorische Forschungen/Studies in Contemporary History* 8 (2011), S. 295-304.

–, »Panic on the Streets of London«, in: Grätz, Ronald, Kopp, Hans-Georg (Hg.), *Konfliktkulturen. Texte zu Politik, Gesellschaft, Alltag, Kunst*, Göttingen: Steidl 2011, S. 157-164.

–, »[Figuration] Punk«, in: Netzwerk Körper (Hg.), *What Can a Body Do?*, S. 191-196.

–, »Écouter l'histoire de la musique. Les disques microsillons comme sources historiques de l'ère du vinyle«, in: *Le Temps des Médias. Revue d'histoire* 22 (2014), S. 92-106.

–, »Subkultur und Cultural Studies. Ein kulturwissenschaftlicher Begriff in zeithistorischer Perspektive«, in: Geisthövel/Mrozek (Hg.), *Popgeschichte*, Bd. 1, S. 101-125.

–, »Vom Ätherkrieg zur Popperschlacht. Die Popscape West-Berlin als Produkt der urbanen und geopolitischen Konfliktgeschichte«, in: *Zeithistorische Forschungen/Studies in Contemporary History* 11 (2014), S. 288-299.

–, »Pop als Zeitgeschichte«, in ders./Geisthövel/Danyel (Hg.), *Popgeschichte*, Bd. 2, S. 7-15.

–, »East Side Stories. Die Mobilization for Youth im New York der sechziger Jahre«, in: *Informationen zur modernen Stadtgeschichte* 4 (2015), Schwerpunkt: Jugend und Stadt, hg. v. Jürgen Reulecke, S. 68-79.

–, »Verhaltenslehren des Vergnügens. Zur Zeitgeschichte der Party«, in: *Zeitschrift für Ideengeschichte* X (2015), Themenheft *Die Party*, hg. v. Jens Hacke, Stephan Schlak, S. 20-30.

–, »Historicization in Pop Culture. From Noise Reduction to Noise Recording«, in: Papenburg/Schulze (Hg.), *Sound as Popular Culture*, S. 121-132.

–, »Ein Jahrhundert der Jugend?«, in: Sabrow/Weiß (Hg.), *Das 20. Jahrhundert vermessen*, S. 199-218.

–, Prato, Paolo, »Yé-yé«, in: Prato, Paolo, Horn, David, Shepherd, John (Hg.), *Bloomsbury Encyclopedia of Popular Music of the World* (EPMOW), Bde. VIII-XIV, Genres, New York: Bloomsbury Academic 2017, S. 558-559.

–, »Hallyday, Johnny«, in: *MGG-online*, hg. v. Laurenz Lütteken, Kassel, Stuttgart, New York 2016 ff., ⟨https://www.mgg-online.com/mgg/stable/48132⟩, erstmals online am 10. 01. 2018.

–, »Die Schallplatte«, in: Morat/Ziemer (Hg.), *Handbuch Sound*, S. 360-363.

–, Geisthövel, Alexa, Danyel, Jürgen (Hg.), *Popgeschichte*, Bd. 2: *Zeithistorische Fallstudien 1958-1988*, Bielefeld: transcript 2014.

Muchow, Hans Heinrich, *Sexualreife und Sozialstruktur der Jugend*, Hamburg: Rowohlt 1959.

–, *Jugend und Zeitgeist. Morphologie der Kulturpubertät*, Reinbek bei Hamburg: Rowohlt 1962.

Mühsam, Erich, *Namen und Menschen. Unpolitische Erinnerungen*, Leipzig: Volk und Buch 1949, Reprint Berlin: Klaus Guhl o. J. [1977].

Müller, Christian A., »›Die nicht-kreativen Hintergründe liefern‹. Tonträgerindustrien in Ost- und Westdeutschland im Strukturwandel der 1950er bis 1980er Jahre«, in: Plumpe, Werner, Steiner, André (Hg.), *Der Mythos von der postindustriellen Welt. Wirtschaftlicher Strukturwandel in Deutschland 1960 bis 1990*, Göttingen: Wallstein 2016, S. 120-171.

Müller, Eggo, »Funktionsgeschichte des Fernsehens. Eine Skizze zur Periodisierung«, in: Hickethier u. a. (Hg.), *Der Film in der Geschichte*, S. 43-55.

Müller, Jürgen, »›The Sound of Silence‹. Von der Unhörbarkeit der Vergangenheit zur Geschichte des Hörens«, in: *Historische Zeitschrift* 292 (2011), S. 1-29.

Müller, Sven O., *Das Publikum macht die Musik. Musikleben in Berlin, London und Wien im 19. Jahrhundert*, Göttingen: Vandenhoeck & Ruprecht 2014.

–, Osterhammel, Jürgen, Rempe, Martin (Hg.), *Kommunikation im Musikleben. Harmonien und Dissonanzen im 20. Jahrhundert*, Göttingen: Vandenhoeck & Ruprecht 2015.

Müller, Siegfried, »Der deutsche Film in den fünfziger Jahren«, in: Reinbold (Hg.), *Party Perlon Petticoats*, S. 54-65.

Münkel, Daniela, »Herrschaftspraxis im Rundfunk der SBZ/DDR. Anspruch – Sicherung – Grenzen«, in: Marßolek/von Saldern (Hg.), *Radiozeiten*, S. 83-100.

Muggleton, David, »What is ›Post-subcultural Studies‹ Anyway?«, in: ders./Weinzierl (Hg.), *The Post-Subcultures Reader*, S. 3-23.

–, Weinzierl, Rupert (Hg.), *The Post-Subcultures Reader*, Oxford, New York: Bloomsbury Academic 2003.

–, »From Classlessness to Clubculture. A Genealogy of Post-War British Youth Cultural Analysis«, in: *Young. Nordic Journal of Youth Research* 13 (2005), S. 205-219.
Mundy, John, *Popular Music on Screen. From the Hollywood Musical to Music Video*, Manchester: Manchester University Press 1999.

Nabinger, Manfred, »The Vintage Age«, in: *Gitarre & Bass* 5808 (2004) (= Sonderheft *STROMgitarren*/Ausstellungskatalog), S. 48-56.
Nasaw, David, *Going Out. The Rise and Fall of Public Amusements*, New York: Basic Books 1993.
Nathaus, Klaus, Childress, C. Clayton, »The Production of Culture Perspective in Historical Research: Integrating the Production, Meaning and Reception of Symbolic Objects«, in: *Zeithistorische Forschungen/ Studies in Contemporary History* 10 (2013), S. 89-100.
–, »From Dance Bands to Radio and Records. Pop Music Promotion in West Germany and the Decline of the Schlager Genre, 1945-1964«, in: *PMH* 6 (2011), S. 289-309.
–, »Vom polarisierten zum pluralisierten Publikum. Populärmusik und soziale Differenzierung in Westdeutschland, circa 1950-1985«, in: Müller u. a. (Hg.), *Kommunikation im Musikleben*, S. 251-275.
–, »›All dressed up and nowhere to go?‹. Spaces and Conventions of Youth in 1950s Britain«, in: *Geschichte und Gesellschaft* 41 (2015) (= Themenheft *Gegenwelten*, hg. v. Astrid Mignon Kirchhof, Nina Leonhard), S. 40-70.
–, »Die Musik der weißen Männer. Zur Kritik des popgeschichtlichen Emanzipationsnarrativs«, in: *Mittelweg 36* 25 (2016), S. 81-97.
Naylor, Anthony, *The Sex Kitten Grows Up*, New York: Softcover Library 1965.
Neill, Andy, Kent, Matt, *Anyway, Anyhow, Anywhere. The Complete Chronicle of the Who 1958-1978*, London: Virgin Books 2005.
Neißer, Horst F., *Die Jugendzeitschrift. Ihr Einfluß dargestellt am Beispiel BRAVO*, Fellbach-Oeffingen: Adolf Bonz 1975.
Nerke, Uschi, *40 Jahre mein BEAT-CLUB. Persönliche Erlebnisse und Erinnerungen*, Braunschweig, Benitz: Kuhle/tema 2005.
Nettelbeck, Colin W., »Jean-Paul Sartre, Simone de Beauvoir and the Paris Jazz Scene«, in: *Modern & Contemporary France* 9 (2001), S. 171-181.
Netzwerk Körper (Hg.), *What Can a Body do? Praktiken und Figurationen des Körpers in den Kulturwissenschaften*, Frankfurt/M., New York: Campus 2012.
Neubert, Ehrhart, *Opposition in der DDR*, Erfurt: Landeszentrale für pol. Bildung Thüringen 2009.
New York City Youth Board, *Reaching the Fighting Gang*, New York 1960.
Nicholson, Stuart, *Jazz and Culture in a Global Age*, Boston: Northeastern University Press 2014.

Nickel, Petra, *Mädchenzeitschriften – Marketing für Medien. Eine kommunikationswissenschaftliche Analyse der Marketingstrategien und Inhalte*, Münster u. a. Waxmann 2000.

Nielsen, Uwe, *40 Jahre BEAT-CLUB*, Berlin: Parthas 2005.

Noeske, Nina, »Die Geburt der Virtuosität aus dem Geiste der Hysterie? Zur ›Lisztomanie‹ als weibliches Phänomen«, in: *Die Tonkunst* 5/4 (2011), S. 495-506.

Nogueira, Katarzyna, »›Look out, it might get you …‹. Die Rückkehr der wilden Fünfziger im Neo-Rockabilly«, in: Osses/dies. (Hg.), *Einfach anders!*, S. 121-129.

Nolte, Paul, *Die Ordnung der deutschen Gesellschaft. Selbstentwurf und Selbstbeschreibung im 20. Jahrhundert*, München: C. H. Beck 2000.

–, *Was ist Demokratie? Geschichte und Gegenwart*, München: C. H. Beck 2012.

–, »Verdoppelte Modernität – Metropolen und Netzwerke der Vergnügungskultur um 1900. Eine Einführung«, in: ders. (Hg.), *Die Vergnügungskultur der Großstadt*, S. 1-11.

– (Hg.), *Die Vergnügungskultur der Großstadt. Orte – Inszenierungen – Netzwerke (1880-1930)*, Köln, Weimar u. a.: Böhlau 2016.

Nothelle, Claudia, *Zwischen Pop und Politik. Zum Weltbild der Jugendzeitschriften. »Bravo«, »ran« und »Junge Zeit«*, Münster, Hamburg: Lit 1994.

Nyberg, Amy Kiste, *Seal of Approval. The History of the Comics Code*, Jackson: University Press of Mississippi 1998.

Ochs, Michael, *ICONS. Classic Rock Covers*, Köln, London u. a.: Taschen ²2002.

Oehler, Dietrich, *Das deutsche Strafrecht und die Piratensender. Vortrag und Diskussionsbericht aus einem Round-table-Gespräch des Instituts für Rundfunkrecht mit den Justitiaren der Rundfunkanstalten und anderen Personen am 5. März 1970*, München: C.H. Beck 1970.

Oheim, Gertrud, *Einmaleins des guten Tons*, Gütersloh: Bertelsmann ²⁵1960.

Ohse, Marc-Dietrich, *Jugend nach dem Mauerbau. Anpassung, Protest und Eigensinn (DDR 1961-1974)*, Berlin: Ch. Links 2003.

Olden, Mark, *Murder in Notting Hill*, Winchester: John Hunt Publishing 2010.

Oldham, Andrew Loog, *Stoned*, London: Vintage 2000.

Oliker, Michael A., Krolikowski, Walter P. (Hg.), *Images of Youth. Popular Culture as Educational Ideology*, New York: Peter Lang 2001.

Ong, Walter J., *Ramus. Method, and the Decay of Dialogue. From the Art of Discourse to the Art of Reason*, Chicago, London: University of Chicago Press 2004.

Ortiz, Fernando, »Transculturation and Nationalism«, in: Rojas (Hg.), *Essays in Cuban Intellectual History*, S. 43-64.

Osgerby, Bill, *Youth in Britain Since 1945*, Oxford: Blackwell Publications 1998.
–, »Shakin' All Over: Teenagers, Consumption, and Social Change in Postwar Britain«, in: Oliker, Krolikowski (Hg.), *Images of Youth*, S. 130-148.
–, *Youth Media*, London, New York: Routledge 2004.
Osses, Dietmar, Nogueira, Katarzyna (Hg.), *Einfach anders! Jugendliche Subkulturen im Ruhrgebiet*, Essen: Klartext 2014 (Ausstellungskatalog).
Ostendorf, Bernd, »Subversive Reeducation? Jazz as a Liberating Force in Germany and Europe«, in: *Revue française d'études américaines* 12 (2001), S. 53-71.
Oster, Patricia, Lüsebrink, Hans-Jürgen (Hg.): *Am Wendepunkt. Deutschland und Frankreich um 1945 – zur Dynamik eines ›transnationalen‹ kulturellen Feldes/Dynamiques d'un champ culturel ›transnational‹ – L'Allemagne et la France vers 1945*, Bielefeld: transcript 2008.
Osterhammel, Jürgen, »Transnationale Gesellschaftsgeschichte: Erweiterung oder Alternative?«, in: *Geschichte und Gesellschaft* 27 (2001), S. 464-479.
–, *Geschichtswissenschaft jenseits des Nationalstaats. Studien zu Beziehungsgeschichte und Zivilisationsvergleich*, Göttingen: Vandenhoeck & Ruprecht 2001.
–, »Kühle Meisterschaft. Dirigenten des frühen 20. Jahrhunderts zwischen Selbstdarstellung und Metierbeschreibung«, in: Müller u. a. (Hg.), *Kommunikation im Musikleben*, S. 154-178.
Ott, Hans, »Die Misere des Kinder-und Jugendfilms«, in: *deutsche jugend* 6 (1958), S. 550-554.

Pacán Obregón, Eduardo, *Murder at the Sleepy Lagoon. Zoot Suits, Race, and Riot in Wartime L. A.*, Chapel Hill, London: University of North Carolina Press 2003.
Paetel, Karl O., Anders, Willi, McDarrah, Fred W. (Hg.), *Beat. Eine Anthologie*, Reinbek bei Hamburg: Rowohlt 1962.
Paget, Reginald Thomas, Silverman, Samuel Sidney, *Hanged – and innocent?*, London: V. Gollancz 1953.
Palisca, Claude v., Moore, Brian C. J., »Consonance«, in: Sadie, Stanley (Hg.), *The New Grove. Dictionary of Music and Musicians*, Bd. 6, London, New York u. a.: Macmillan Lim. ²2001, S. 325-328.
Palladino, Grace, *Teenagers. An American History*, New York: Basic Books 1996.
Pallowski, Katrin, »Wohnen im halben Zimmer. Jugendzimmer in den 50er Jahren«, in: Deutscher Werkbund e.V. und Württembergischer Kunstverein Stuttgart (Hg.), *Schock und Schöpfung*, S. 284-291.
Palmer, Robert, »The Church of the Sonic Guitar«, in: DeCurtis, Anthony (Hg.), *Present Tense*, S. 13-37.

Palonen, Kari, *Die Entzauberung der Begriffe. Das Umschreiben der politischen Begriffe bei Quentin Skinner und Reinhart Koselleck*, Münster: Lit 2004.

Papenburg, Jens Gerrit, Schulze, Holger (Hg.), *Sound as Popular Culture. A Research Companion*, Cambridge (Mass.): MIT Press 2016.

Parésys, Isabelle (Hg.), *Paraître et apparences en Europe occidentale du Moyen Age à nos jours*, Villeneuve d'Ascq: Presses Universitaires du Septentrion 2008.

Parker, Tony, *The Plough Boy*, London: Arrow Books 1965.

Patel, Kiran Klaus, *Nach der Nationalfixiertheit. Perspektiven einer transnationalen Geschichte. Antrittsvorlesung vom 12.1.2004*, Berlin: Humboldt-Universität zu Berlin 2004.

Paul, Gerhard (Hg.), *Visual History. Ein Studienbuch*, Göttingen: Vandenhoeck & Ruprecht 2006.

– (Hg.), *Das Jahrhundert der Bilder. 1949 bis heute*, Göttingen: Vandenhoeck & Ruprecht 2008.

–, *Bilder, die Geschichte schrieben. 1900 bis heute*, Göttingen: Vandenhoeck & Ruprecht 2011.

–, Schock, Ralph (Hg.), *Sound des Jahrhunderts. Geräusche, Töne, Stimmen 1889 bis heute*, Bonn: BpB 2013.

Pausch, Wolfgang, Dölger, Gosbert (Hg.), *Polizei- und Ordnungsrecht in Hessen. Systematische Darstellung*, überarb. Auflage, Stuttgart, München u. a.: Richard Boorberg [5]2010.

Peden, George C., »Modernisierung in den 50er Jahren: Die britische Erfahrung«, in: Schildt/Sywottek (Hg.), *Modernisierung im Wiederaufbau*, S. 47-68

Perry, Kennetta Hammond, *London is the Place for Me. Black Britons, Citizenship, and the Politics of Race*, Oxford: Oxford University Press 2015.

Peters, Christian u. a. (Hg.), *Elvis in Deutschland*, Bonn: Stiftung Haus der Geschichte der Bundesrepublik Deutschland 2004 (Katalog).

Peterson, Richard A., »Revitalizing the Culture Concept«, in: *Annual Review of Sociology* 5 (1979), S. 137-166.

–, »Why 1955? Explaining the Advent of Rock Music«, in: *Popular Music* 19 (1990), S. 97-116.

–, *Creating Country Music: Fabricating Authenticity*, Chicago: University of Chicago Press 1997.

Peukert, Detlev J. K., *Grenzen der Sozialdisziplinierung. Aufstieg und Krise der deutschen Jugendfürsorge von 1878 bis 1932*, Köln: Bund 1986.

Pfleiderer, Martin, Appen, Ralf von, Grosch, Nils (Hg.), *Populäre Musik, Geschichte – Kontexte – Forschungsperspektiven*, Laaber: Laaber Verlag 2014.

–, Hähnel, Tilo, Horn, Katrin, Bielefeldt, Christian (Hg.), *Stimme, Kultur,*

Identität. Vokaler Ausdruck in der populären Musik der USA, 1900-1960, Bielefeld: transcript 2015.
–, »›Sh-Boom‹. Die Gesangsgruppen«, in: ders. u. a. (Hg.), *Stimme, Kultur, Identität*, S. 425-452.
Pickhan, Gertrud, Ritter, Rüdiger (Hg.), *Jazz Behind the Iron Curtain*, Frankfurt/M., Berlin u. a.: Peter Lang 2010.
Pielke, Robert G., *Rock Music in American Culture: The Sounds of Revolution*, Jefferson: McFarland & Co. 2012.
Piesch, Willibald, Wilken, Klaus, »Rocker«, in: *Kriminalistik* 23 (1969), S. 410-412.
Pike, Helen-Chantal, *Asbury Park's Glory Days. The Story of an American Resort*, Piscataway: Rutgers University Press 2005.
Pilkington, Edward, *Beyond the Mother Country. West Indians and the Notting Hill White Riots*, London: I. B. Tauris & Co. 1988.
Pistone, Danièle (Hg.), *Le commentaire auditif de spécialité – recherches et propositions*, Paris: Université Paris-Sorbonne (Paris IV), Observatoire Musical Français 2008.
Plamper, Jan, *Geschichte und Gefühl. Grundlagen der Emotionsgeschichte*, München: Siedler 2012.
Platthaus, Andreas, *Im Comic vereint. Eine Geschichte der Bildgeschichte*, Frankfurt/M., Leipzig: Insel 2000.
Plaumann, Klaus (Hg.), *Rock'n'Roll Music*, Frankfurt/M.: Zweitausendeins ^{2}1991.
Plumpe, Werner, Steiner, André (Hg.), *Der Mythos von der postindustriellen Welt. Wirtschaftlicher Strukturwandel in Deutschland 1960 bis 1990*, Göttingen: Wallstein 2016.
Podhoretz, Norman, »The Know-Nothing Bohemians«, in: *Partisan Review* 2 (1958), S. 305-318.
Poiger, Uta G., »Rock'n'Roll, Female Sexuality, and the Cold War Battle over German Identities«, in: *Journal of Modern History* 68 (1996), S. 577-616.
–, *Jazz, Rock, and Rebels. Cold War Politics and American Culture in a Divided Germany*, Berkeley, Los Angeles u. a.: University of California Press 2000.
Polsky, Ned, *Hustlers, Beats, and Others*, Chicago: University of Chicago Press 1985.
Poschardt, Ulf, DJ *Culture. Diskjockeys und Popkultur*, überar. u. erw. Neuausg., Reinbek bei Hamburg: Rowohlt 1997.
–, *Cool*, Reinbek bei Hamburg: Rowohlt 2002.
Posener, Alan u. Maria, *Elvis Presley. Mit Selbstzeugnissen und Bilddokumenten dargestellt*, Reinbek bei Hamburg: Rowohlt ^{7}2003.
Poston, Richard W., *The Gang and the Establishment*, New York: Harper & Row 1971.

Prescott, Orville (Hg.), *Mid-Century. An Anthology of Distinguished Contemporary American Short Stories*, New York: Pocket Books 1958.
Preuss-Lausitz, Ulf u. a. (Hg.), *Kriegskinder, Konsumkinder, Krisenkinder. Zur Sozialisationsgeschichte seit dem Zweiten Weltkrieg*, Weinheim, Basel: Beltz 1983.

Quillien, Christophe, Périer, Jean Marie, *Nos annés salut les copains 1959-1976*, Paris: Flammarion 2009.

Rabe, Jens-Christian, »Fliegende Klassenfeinde. Affirmation als Subversion oder die Geburt der deutschen Poptheorie aus dem Verdruss über linksalternativen Authentizitätskult und Schweinerock«, in: *Mittelweg 36* 25 (2016), S. 98-106.
Racine, Aimée, *Les blousons noirs. Un phénomène socioculturel de notre temps*, Paris: Éditions Cujas 1966.
Radkau, Joachim, *Das Zeitalter der Nervosität. Deutschland zwischen Bismarck und Hitler*, München: Carl Hanser 1998.
Raphael, Lutz, »Ordnungsmuster und Selbstbeschreibungen europäischer Gesellschaften im 20. Jahrhundert«, in: ders. (Hg.), *Theorien und Experimente der Moderne*, S. 9-20.
– (Hg.), *Theorien und Experimente der Moderne. Europas Gesellschaften im 20. Jahrhundert*, Köln, Weimar u. a.: Böhlau 2012.
Raskin, Jonah, *American Scream. Allen Ginsberg's Howl and the Making of the Beat Generation*, Berkeley, Los Angeles: University of California Press 2004.
Rauch, Karl, *Junge Menschen heute. Probleme und Lösungen*, München: List 1956.
Rauhut, Michael, *Beat in der Grauzone. DDR-Rock 1964 bis 1972 – Politik und Alltag*, Berlin: BasisDruck 1993.
–, »Kunst und Klassenkampf. Politische Prämissen musikalischer Unterhaltung im Rundfunk der DDR«, in: Scharlau/Witting-Nöthen (Hg.), *»Wenn die Jazzband spielt ...«*, S. 101-130.
–, *Rock in der* DDR*: 1964 bis 1989*, Bonn: BpB 2002.
–, Kochan, Thomas (Hg.), *Bye, bye, Lübben City. Bluesfreaks, Tramps und Hippies in der DDR*, erw. Neuausg., Berlin: Schwarzkopf & Schwarzkopf 2009.
Rawlings, Terry, *Mod – Clean Living Under Difficult Circumstances. A Very British Phenomenon*, London: Omnibus Press 2000.
Ray, Guy de, »L'érotisme du noir«, in: *Présence du cinéma* 4/5 (1960) (= Sonderheft *Le cinéma des blousons noirs*), S. 88-89.
Rebreyend, Anne-Claire, *Intimités amoureuses. France 1920-1975*, Toulouse: Presses universitaires du Mirail 2008.

Reckwitz, Andreas, *Die Erfindung der Kreativität. Zum Prozess gesellschaftlicher Ästhetisierung*, Berlin: Suhrkamp ³2013.
Reddy, William M., *The Navigation of Feeling. A Framework for the History of Emotions*, New York: Cambridge University Press 2001.
Regener, Susanne, »Verdächtige darstellen: Polizeiliche Strategien und Selbstregierung«, in: Habermas/Schwerhoff (Hg.), *Verbrechen im Blick*, S. 415-439.
–, *Visuelle Gewalt. Menschenbilder aus der Psychiatrie des 20. Jahrhunderts*, Bielefeld: transcript 2010.
Regev, Motti, Seroussi, Edwin, *Popular Music and National Culture in Israel*, Berkeley, Los Angeles u. a.: University of California Press 2004.
Reichardt, Sven, »Praxeologische Geschichtswissenschaft. Eine Diskussionsanregung«, in: *Sozial. Geschichte* 22 (2007), S. 43-65.
–, *Authentizität und Gemeinschaft. Linksalternatives Leben in den siebziger und frühen achtziger Jahren*, Berlin: Suhrkamp 2014.
Reinbold, Michael, *Party Perlon Petticoats. Kultur der fünfziger Jahre in Westdeutschland. Aspekte einer kulturgeschichtlichen Epoche*, Oldenburg: Landesmuseum für Kunst und Kulturgeschichte 2008 (Katalog).
Reinecke, Christiane, »Am Rande der Gesellschaft? Das Märkische Viertel – eine West-Berliner Großsiedlung und ihre Darstellung als urbane Problemzone«, in: *Zeithistorische Forschungen/Studies in Contemporary History* 11 (2014), S. 212-234.
Reulecke, Jürgen, »Jugend – Entdeckung oder Erfindung. Zum Jugendbegriff vom Ende des 19. Jahrhunderts bis heute«, in: Deutscher Werkbund e.V. und Württembergischer Kunstverein Stuttgart (Hg.), *Schock und Schöpfung*, S. 21-25.
Reynolds, Simon, *Retromania. Warum Pop nicht von seiner Vergangenheit lassen kann*, Mainz: Ventil 2012.
Richards, Keith, Fox, James, *Life*, London: Phoenix 2011.
Richter, Isabel, »Alternativer Tourismus in den 1960er und 1970er Jahren. Transkulturelle Flows und Resonanzen im 20. Jahrhundert«, in: Gallus u. a. (Hg.), *Zeitgeschichte transnational*, S. 155-178.
–, »Die Osterweiterung des Bewußtseins. Techniken der Selbstentgrenzung in den langen 1960er Jahren«, in: *Mittelweg 36* 25 (2016), S. 107-126.
Riedel, Heide, *60 Jahre Radio. Von der Rarität zum Massenmedium*, hg. vom Deutschen Rundfunk-Museum e.V., überarb. u. erg. Auflage, Berlin: Dt. Rundfunk-Museum ²1987 (Katalog).
–, *»Lieber Rundfunk …«. 75 Jahre Hörergeschichte(n)*, hg. v. Deutsches Rundfunkarchiv und Deutsches Rundfunkmuseum, Berlin: Vistas 1999.
Riederer, Günter, »Film und Geschichtswissenschaft. Zum aktuellen Verhältnis einer schwierigen Beziehung«, in: Paul (Hg.), *Visual History*, S. 96-113.

Riesman, David, »Listen to Popular Music«, in: *American Quarterly* 2 (Winter 1950), S. 359-371.
–, *The Lonely Crowd. A Study of the Changing American Character*, New Haven, London: Yale University Press 1950 (dt.: *Die einsame Masse. Eine Untersuchung der Wandlungen des amerikanischen Charakters*, Darmstadt, Berlin-Frohnau u. a.: Hermann Luchterhand 1956).
Rigan, Richard, »Cracker-Box. Bier und Prügeleien«, in: Hecktor (Hg.), *Mjunik Disco*, S. 30.
–, »Elvis von Schwabing«, in: ebd., S. 125.
Rioux, Jean-Pierre, Sirinelli, Jean-François, *La culture de masse en France de la Belle époque à aujourd'hui*, Paris: Fayard 2002.
Roberts, Donald F., Foehr, Ulla G., *Kids and Media in America*, Cambridge: Cambridge University Press 2004.
Roberts, Robert, *The Classic Slum. Salford Life in the First Quarter of the Century*, Harmondsworth, Middlesex: Penguin 1973.
Robin, Pierre, »La ›Nuit de la nation‹ d'Europe No 1«, in: *Cahiers d'histoire de la radiodiffusion* 39 (1993/94), S. 44-54.
Rock, Paul, Cohen, Stanley, »The Teddy Boy«, in: Bogdanor/Skidelsky (Hg.), *The Age of Affluence*, S. 288-320.
Roessler, Wilhelm, *Jugend im Erziehungsfeld. Haltung und Verhalten der deutschen Jugend in der ersten Hälfte des 20. Jahrhunderts unter besonderer Berücksichtigung der westdeutschen Jugend der Gegenwart*, Düsseldorf: Pädagogischer Verlag Schwann 1957.
Rojas, Rafael (Hg.), *Essays in Cuban Intellectual History*, New York: Palgrave MacMillan US 2008.
Roose, Jochen u. a. (Hg.), *Fans. Soziologische Perspektiven*, Wiesbaden: Verlag für Sozialwissenschaften 2010.
Rose, Phil, »›Love Is All You Need‹: Why there will never be another Beatles«, in: Cogan/ Gencarelli (Hg.), *Baby Boomers*, S. 225-240
Rosenwein, Barbara, »Worrying about Emotions in History«, in: *American Historical Review* 107 (2002), S. 821-45.
Roth, Lutz, *Die Erfindung des Jugendlichen*, München: Juventa 1983.
Roth, Wolf-Dieter, *Piratensender – Geschichte und Praxis. Die Story der Seesender, Alpensender und der illegalen Rundfunkpiraten*, Baden-Baden: Verlag für Handwerk und Technik 2004.
Rothbaum, Fred, Pott, Martha, Azuma, Hiroshi, Miyake, Kazuo, Weisz, John, »The Development of Close Relationships in Japan and the United States: Paths of Symbiotic Harmony and Generative Tension«, in: *Child Development* 71 (2000), S. 1121-1142.
Rother, Rainer, »Der Historiker im Kino (Vorwort)«, in: ders. (Hg.), *Bilder schreiben Geschichte*, S. 7-15.
– (Hg.), *Bilder schreiben Geschichte. Der Historiker im Kino*, Berlin: Wagenbach 1991.

Rottweiler, Hektor [d. i. Theodor W. Adorno], »Über Jazz«, in: *Zeitschrift für Sozialforschung* 5 (1936), hg. v. Max Horkheimer, München: dtv 1970, S. 235-259.

Rowbotham, Sheila, »Revolt in Roundhay«, in: Heron, Liz (Hg.), *Truth, Dare or Promise*, S. 189-236.

Rubin, Joan Shelley, *The Making of Middlebrow Culture*, Chapel Hill: University of North Carolina Press 1992.

Rüdorff, Hans (Hg.), *Strafgesetzbuch für das Deutsche Reich. Mit Commentar von Hans Rüdorff*, Berlin: Guttentag 1871.

Rumpf, Wolfgang, »Das In-the-Mood-Gefühl. Leichte Musik unter amerikanischer Flagge: Radio Bremen 1945-1949«, in: Scharlau/Witting-Nöthen (Hg.), *»Wenn die Jazzband spielt ...«*, S. 45-50.

Ryback, Timothy W., *Rock Around the Block. A History of Rock Music in Eastern Europe and the Soviet Union*, New York, Oxford: Oxford University Press 1990.

Ryman, Ernest, *Teddy Boy*, London: Ace Books 1958.

Sabrow, Martin, »Zäsuren in der Zeitgeschichte«, in: *Docupedia-Zeitgeschichte*, 03. 06. 2013, Version: 1.0, ⟨http://docupedia.de/zg/Zaesuren?oldid=92771⟩, letzter Zugriff 28. 12. 2017.

–, »Sehnsucht nach dem Authentischen. Der Glaube an das Echte und die Gebeine Friedrichs des Großen«, in: *Merkur* 772 (2013), S. 767-777.

–, »Die ›Zeit‹ der Diktaturen«, in: *Merkur* 780 (2014), S. 400-411.

–, Weiß, Peter Ulrich (Hg.), *Das 20. Jahrhundert vermessen. Signaturen eines vergangenen Zeitalters*, Göttingen: Wallstein 2017.

Saffle, Michael, Dalmonte, Rossana (Hg.), *Liszt and the Birth of Modern Europe. Music as a Mirror of Religious, Political, Cultural, and Aesthetic Transformations*, Hillsdale, New York: Pendragon 2003.

Sagan, Françoise, *Bonjour tristesse*, Paris: Julliard Pocket 2004.

Said, Edward, *Orientalism*, London: Penguin Books 2003.

Saint Pierre, Michel de, *La nouvelle race*, Paris: La Table Ronde 1961.

Saldern, Adelheid von, »Kulturdebatte und Geschichtserinnerung. Der Bundestag und das Gesetz über die Verbreitung jugendgefährdender Schriften (1952/53)«, in: Bollenbeck/Kaiser (Hg.), *Die janusköpfigen 50er Jahre*, S. 87-114.

Salisbury, Harrison E., *The Shook-up Generation*, New York: Harper & Row 1958 (dt.: *Die zerrüttete Generation*, Reinbek bei Hamburg: Rowohlt 1962).

Sandbrook, Dominic, *Never Had It So Good. A History of Britain from Suez to the Beatles*, London: Little, Brown 2005.

–, *White Heat. A History of Britain in the Swinging Sixties*, London: Abacus ^{3}2009.

Sandvoss, Cornel, *Fans. The Mirror of Consumption*, Oxford: Polity Press 2005.

Santamaria, Yves, *Johnny. Sociologie d'un rocker*, Paris: La Découverte 2010.

Saupe, Achim, »Von ›Ruhe und Ordnung‹ zur ›Inneren Sicherheit‹. Eine Historisierung gesellschaftlicher Dispositive«, in: *Zeithistorische Forschungen/Studies in Contemporary History* 9 (2010), S. 170-187.

–, »Authentizität«, in: *Docupedia-Zeitgeschichte*, 22. 10.2012, Version 2.0, ⟨http://docupedia.de/zg/Authentizit.C3.A4t_Version_2.0_Achim_Saupe?oldid=97377⟩, letzter Zugriff 28. 12. 2017.

Savage, Jon, *Teenage. Die Erfindung der Jugend (1875-1945)*, Frankfurt/M., New York: Campus 2008.

–, *1966. The Year the Decade Exploded*, London: Faber & Faber 2016.

Scala, Mim, *Diary of a Teddy Boy. A Memoir of the Long Sixties*, Dublin: Sitric Books 2000.

Schaaf, Dierk L., »Der Nordwestdeutsche Rundfunk – NWDR. Ein Rundfunkmodell scheitert«, in: Lerg/Steininger (Hg.), *Rundfunk und Politik: 1923 bis 1973*, S. 295-310.

Schäfer, Frank, *1966. Das Jahr, in dem die Welt ihr Bewusstsein erweiterte*, Salzburg: Residenz 2016.

Schäfer, Hans Dieter, *Das gespaltene Bewusstsein. Vom Dritten Reich bis zu den langen fünfziger Jahren*, erw. Neuausg., Göttingen: Wallstein 2009.

Schäfers, Bernhard, *Soziologie des Jugendalters. Eine Einführung*, Opladen: Leske & Budrich 1982.

Scharlau, Ulf, Witting-Nöthen, Petra (Hg.), *»Wenn die Jazzband spielt ...«: Von Schlager, Swing und Operette. Zur Geschichte der leichten Musik im deutschen Rundfunk. Symposium der Historischen Kommission der ARD und des Westdeutschen Rundfunks am 28. und 29. Juni 2005 in Köln*, Berlin: Verlag für Berlin-Brandenburg 2006.

Schelsky, Helmut, *Die skeptische Generation. Eine Soziologie der deutschen Jugend*, Düsseldorf, Köln: Eugen Diederichs ^{3}1958.

–, *Soziologie der Sexualität. Über die Beziehungen zwischen Geschlecht, Moral und Gesellschaft*, Hamburg: Rowohlt 1955.

Schenk, Ralf, »Mitten im Kalten Krieg 1950 bis 1960«, in: Filmmuseum Potsdam (Hg.), *Das zweite Leben der Filmstadt Babelsberg*, S. 50-157.

Schildt, Axel, »Das Radio und sein jugendliches Publikum von den zwanziger zu den sechziger Jahren. Eine Skizze«, in: Marßolek/von Saldern (Hg.), *Radiozeiten*, S. 251-266.

–, »Von der Not der Jugend zur Teenager-Kultur. Aufwachsen in den 50er Jahren«, in: ders./Sywottek (Hg.), *Modernisierung im Wiederaufbau*, S. 335-348.

–, Siegfried, Detlef, »Introduction: Youth, Consumption and Politics in the Age of Radical Change«; in: dies. (Hg.), *Between Marx and Coca-Cola*, S. 1-35.

–, Sywottek, Arnold (Hg.), *Modernisierung im Wiederaufbau. Die westdeutsche Gesellschaft der 50er Jahre*, ungek., durchges. u. aktual. Studienausgabe, Bonn: Dietz 1998.
–, Siegfried, Detlef, Lammers, Karl Christian (Hg.), *Dynamische Zeiten. Die 60er Jahre in den beiden deutschen Gesellschaften*, Hamburg: Christians 2000.
–, Siegfried, Detlef (Hg.), *Deutsche Kulturgeschichte. Die Bundesrepublik – 1945 bis zur Gegenwart*, München: Carl Hanser 2009.
–, Siegfried, Detlef (Hg.), *Between Marx and Coca-Cola. Youth Cultures in Changing European Societies, 1960-1980*, New York, Oxford: Berghahn Books 2006.
Schimetschke, Heinz, *Der jugendliche Mopedfahrer. Eine verkehrspsychologische Untersuchung der Verhaltensmotivation männlicher Jugendlicher*, München, Zirndorf/Nürnberg: Bollmann 1958.
Schmidt, Benjamin, *Inventing Exoticism. Geography, Globalism, and Europe's Early World*, Philadelphia: University of Pennsylvania Press 2015.
Schmidt, Martin, *Surf Beat. Das Who-is-Who der Surf- und Instromusik*, Mainz: Ventil 2007.
Schmidt Horning, Susan, *Chasing Sound. Technology, Culture, and the Art of Studio Recording from Edison to the LP*, Baltimore: Johns Hopkins University Press 2013.
Schmidt-Lux, Thomas, »Geschichte der Fans«, in: Roose u. a. (Hg.), *Fans. Soziologische Perspektiven*, S. 47-68.
Schmidt-Rost, Christian, *Jazz in der DDR und Polen. Geschichte eines transatlantischen Transfers*, Frankfurt/M.: Peter Lang 2015.
Schmieding, Leonard, *»Das ist unsere Party«. HipHop in der DDR*, Stuttgart: Franz Steiner 2014.
Schneider, Eric C., *Vampires, Dragons, and Egyptian Kings. Youth Gangs in Postwar New York*, Princeton: Princeton University Press 1999.
–, »West Side Stories. Gangs und ihre Gewalttätigkeit in den USA nach dem Zweiten Weltkrieg«, in: Briesen/Weinhauer (Hg.), *Jugend, Delinquenz und gesellschaftlicher Wandel*, S. 119-138.
Schnur, Reinhold, *Polizeilicher Zwang zur Gefahrenabwehr. Dargestellt am Beispiel des hessischen Rechts*, Heidelberg: Kriminalistik 2000.
Schofield, Michael, *Das sexuelle Verhalten junger Leute*, Reinbek bei Hamburg: Rowohlt 1969.
Schopp, Thomas, »Der Diskjockey Tom Donahue und das Freeform-Radio in den USA. Ein klanggeschichtlicher Blick auf populäre Kultur«, in: Mrozek u. a. (Hg.), *Popgeschichte*, Bd. 2, S. 113-131.
Schröter, Ulrich, »Das leitende Interesse des Schreibenden als Bedingungsmerkmal der Verschriftlichung – Schwierigkeiten bei der Auswertung von MfS-Akten«, in: Henke/Engelmann (Hg.), *Aktenlage*, S. 40-46.

Schrum, Kelly, *Some wore Bobby Socks: The Emergence of Teenage Girls' Culture, 1920-1945*, New York: Palgrave MacMillan 2004.
Schubbe, Elimar (Hg.), *Dokumente zur Kunst-, Literatur- und Kulturpolitik der SED*, Stuttgart: Seewald 1972.
Schulze, Holger, »Wissensformen des Klangs. Zum Erfahrungswissen in einer historischen Anthropologie des Klangs«, in: *MusikTheorie. Zeitschrift für Musikwissenschaft* 22 (2007), S. 349-356.
Schumacher, Eckard, »Vergangene Zukunft. Repetition, Rekonstruktion, Retrospektion (Popkolumne)«, in: *Merkur* 788 (2015), S. 58-64.
Schuster, Ulrike, »Die SED-Jugendkommuniqués von 1961 und 1963. Anmerkungen zur ostdeutschen Jugendpolitik vor und nach dem Mauerbau«, in: *Jahrbuch für zeitgeschichtliche Jugendforschung* 1994/95, hg. vom Institut für zeitgeschichtliche Jugendforschung, Berlin: Metropol 1995, S. 58-75.
Schwartz, Joel, *The New York Approach. Robert Moses, Urban Liberals, and Redevelopment of the Inner City*, Columbus: Ohio State University Press 1993.
Seegers, Lu, *Hör zu! Eduard Rhein und die Rundfunkprogrammzeitschriften (1931-1965)*, Potsdam: Verlag für Berlin-Brandenburg 2001.
– (Hg.), *Hot Stuff. Gender, Popkultur und Generationalität in West- und Osteuropa nach 1945*, Göttingen: Wallstein 2015.
–, »Einleitung«, in: dies. (Hg.), *Hot Stuff*, S. 7-35.
Segré, Gabriel, *Le culte Presley*, Paris: Presses Universitaires de France 2003.
Selwyn, Francis, *Gangland – The Case of Bentley and Craig*, London: Routledge 1988.
Shaw, Arnold, *Rock'n'Roll. Die Stars, die Musik und die Mythen der 50er Jahre*, Reinbek bei Hamburg: Rowohlt 1978.
–, *Honkers and Shouters. The Golden Years of Rhythm and Blues*, New York: Collier Books 1978.
Shaw, Clifford R., McKay, Henry D., *Juvenile Delinquency and Urban Areas. A Study of Rates of Delinquency in Relation to Differential Characteristics of Local Communities in American Cities*, Chicago: University of Chicago Press 1942.
Shepherd, John u. a. (Hg.), *Continuum Encyclopedia of Popular Music of the World*, Bd. 1: *Media, Industry and Society*, London, New York: Continuum 2003.
Shiefman, Emma, »The Beatles? Yeah! Yeah! Yeah!«, in: *The Reading Teacher* 19 (1965), S. 31-34.
Siegfried, Detlef, *Time is on my Side. Konsum und Politik in der westdeutschen Jugendkultur der 60er Jahre*, Göttingen: Wallstein 2006.
–, »White Negroes. The Fascination of the Authentic in the West German Counterculture of the 1960s«, in: Davis u. a. (Hg.), *Changing the World*, S. 191-213.

–, *Sound der Revolte. Studien zur Kulturrevolution um 1968*, Weinheim, München: Juventa 2008.
–, »Starschnitt. Die Bildersprache der *Bravo*«, in: Paul (Hg.), *Das Jahrhundert der Bilder*, S. 146-153.
–, »Sgt. Pepper & Co. Plattencover als Ikonen der Popkultur«, in: Paul (Hg.), *Bilder, die Geschichte schrieben*, S. 188-195.
–, *Moderne Lüste. Ernest Bornemann – Jazzkritiker, Filmemacher, Sexforscher*, Göttingen: Wallstein 2015.
–, *1968. Protest, Revolte, Gegenkultur*, Stuttgart: Reclam 2018.
Siegrist, Hannes u. a. (Hg.), *Europäische Konsumgeschichte. Zur Gesellschafts- und Kulturgeschichte des Konsums (18.-20. Jahrhundert)*, Frankfurt/M., New York: Campus 1997.
Siepmann, Eckhard (Hg.), *BIKINI. Die fünfziger Jahre: Kalter Krieg und Capri-Sonne*, Berlin: Elefanten-Press 1981.
Simon, Titus, *Rocker in der Bundesrepublik. Eine Subkultur zwischen Jugendprotest und Traditionsbildung*, Weinheim: Deutscher Studien-Verlag 1989.
–, *Raufhändel und Randale. Sozialgeschichte aggressiver Jugendkulturen und pädagogischer Bemühungen vom 19. Jahrhundert bis zur Gegenwart*, Weinheim, München: Juventa 1996.
Sirinelli, Jean-François, *Les baby-boomers. Une génération 1945-1969*, Paris: Fayard 2003.
–, »La jeunesse, du milieu des années cinquante aux années soixante. Entre subculture et groupe social en France et en Allemagne?«, in: Miard-Delacroix/Hudemann (Hg.), *Wandel und Integration: deutsch-französische Annäherungen der fünfziger Jahre*, S. 339-344.
Skyba, Peter, »Die FDJ im Tauwetter – Tauwetter in der FDJ?«, in: Gottschlich (Hg.), *»Links und rechts Schritt gehalten …«*, S. 206-226.
–, *Vom Hoffnungsträger zum Sicherheitsrisiko. Jugend in der DDR und Jugendpolitik der SED 1949-1961*, Köln, Weimar u. a.: Böhlau 2000.
Slocum, J. David (Hg.), *Rebel Without a Cause. Approaches to a Maverick Masterwork*, New York: State University of New York Press 2005.
–, »Introduction: *Rebel Without A Cause,* Fifty Years Later«, in: ders. (Hg.), *Rebel Without a Cause*, S. 1-23.
Smelser, Neil J., *Social Change in the Industrial Revolution: An Application of Theory to the Lancashire Cotton Industry, 1770-1840*, London: Routlegde & Kegan 1959.
Smith, Suzanne E., *Dancing in the Street. Motown and the Cultural Politics of Detroit*, Cambridge (Mass.), London: Harvard University Press 2003.
Smolka, Karl, *Gutes Benehmen von A-Z*, Berlin: Neues Leben 1957.
Sneeringer, Julia, »›Assembly Line of Joys‹. Touring Hamburg's Red Light District, 1949-1966«, in: *Central European History* 41 (2009), S. 65-96.

–, »›Star-Club auf!‹ Musikkultur und Jugendprotest im Hamburg der 1960er Jahre«, in: *19 Tage Hamburg*, S. 95-110.
Snyder, Robert W., »A Useless and Terrible Death: The Michael Farmer Case, ›Hidden Violence‹, and New York City in the Fifties«, in: *Journal of Urban History* 36 (2010), S. 226-250.
Sohn, Anne-Marie, *Âge tendre et tête de bois. Histoire des jeunes des années 1960*, Paris: Hachette 2001.
–, »Edgar Morin et les décagénaires«, in: Chapoulie u. a. (Hg.), *Sociologues et sociologies. La France des années 60*, S. 155-162.
Sparks, Colin, »The Evolution of Cultural Studies«, in: *Screen Education* 22 (1977), S. 16-30.
Spender, Stephan, »Anglo Saxon Attitudes (Britain's Young Rebels)«, in: *Partisan Review* 1 (1958), S. 110-116.
Spitz, Bob, *Yeah! Yeah! Yeah! The Beatles, Beatlemania, and the Music that Changed the World*, New York, Boston: Little Brown Books 2007.
Stahl, Geoff (Hg.), *Rome 2005 IASPM International Conference Proceedings*, Rome: IASPM 2005.
Stahl, Heiner, *Hausherren von Morgen. Die Jugend- und Medienpolitik der SED und ihre Umsetzung bei Jugendstudio DT64 im Zeitraum von 1964 bis 1971*, Magisterarbeit, Universität Potsdam 2002.
–, »Agit-Pop. Das Jugendstudio DT 64 in den swingenden sechziger Jahren«, in: Arnold/Classen (Hg.), *Zwischen Pop und Propaganda*, S. 229-248.
–, »Wie Popmusik zum neuen Sound des Kalten Krieges wurde: die Wechselwirkungen zwischen ›Jugendstudio DT64‹, ›s-f-beat‹ und ›RIAS-Treffpunkt‹ in den 1960er Jahren«, in: *Rundfunk und Geschichte* 35 (2009), S. 11-21.
–, »Mediascape and Soundscape. Two Landscapes of Modernity in Cold War Berlin«, in: Broadbent/Hake (Hg.), *Berlin – Divided City*, S. 56-66.
Stave, Joachim, »Noch einmal: Die Halbstarken. Sprachbarometer (35)«, in: *Muttersprache* 68 (1958), S. 189-193.
Stearns, Carol Z. u. Peter N., »Emotionology. Clarifying the History of Emotions and Emotional Standards«, in: *The American Historical Review* 90 (1985), S. 813-836.
Stearns, Marshall u. Jean, *Jazz Dance. The Story of American Vernacular Dance*, New York: Macmillan 1968.
Steele, Valerie, *Fetisch. Mode, Sex und Macht*, Berlin: Berlin 1996.
Steele-Perkins, Chris, Smith, Richard, *The Teds*, Stockport: Dewi Lewis Publishing ²2006.
Stefen, Rudolf, *Massenmedien und Jugendschutz*, Bonn-Beuel: BPS/Röger-Druck KG 1976.
Steffens, Horst, »›Wie aus Stumpfsinn Kultur wurde.‹ Die wilden Jahre der E-Gitarre«, in: *Gitarre & Bass* 5808 (2004), S. 32-41.

Sterling, Christopher H., Kittross, John M., *Stay Tuned. A History of American Broadcasting*, Mahwah, London: Lawrence Erlbaum ³2002.
Sterne, Jonathan, *The Audible Past: Cultural Origins of Sound Reproduction*, Durham, London: Duke University Press 2003.
Sternheimer, Karen, *Pop Culture Panics: How Moral Crusaders Construct Meanings of Deviance and Delinquency*, New York, London: Routledge 2015.
Stevenson, Pauline, *Edwardian Fashion*, Shepperton: Ian Allan Ltd. 1980.
Stites, Richard, *Russian Popular Culture: Entertainment and Society since 1900*, Cambridge: Cambridge University Press 1992.
Stöver, Bernd, »Radio mit kalkuliertem Risiko. Der RIAS als US-Sender für die DDR 1946-1961«, in: Arnold/Classen (Hg.), *Zwischen Pop und Propaganda*, S. 209-228.
–, *Der kalte Krieg 1947-1991. Geschichte eines radikalen Zeitalters*, Bonn: bpb 2007.
Stoll, Donald R. (Hg.), *Magazines for Kids and Teens*, rev. Edition, Newark: Educational Press Association of America & International Reading Association 1997.
Streng, Marcel, »›Abrechnungen unter Nordafrikanern?‹. Algerische Migranten im Alltag der französischen Gesellschaft während des Algerienkriegs (1954-1962)«, in: *Werkstatt Geschichte* 35 (2003), S. 57-80.
Strickmann, Martin, »Französische Intellektuelle als deutsch-französische Mittlerfiguren 1944-1950«, in: Oster/Lüsebrink (Hg.), *Am Wendepunkt. Deutschland und Frankreich nach 1945*, S. 17-47.
Strunk, Peter, *Zensur und Zensoren. Medienkontrolle und Propagandapolitik unter sowjetischer Besatzungsherrschaft in Deutschland*, Berlin: Akademie 1996.
Stuart, John, *Rockers! Kings of the Road*, London: Plexus 1987.
Stucley, Elizabeth F., *Teddy Boys' Picnic*, London: Anthony Blond 1958.
Stückrath, Fritz, »Der Film und das Weltbild des jungen Menschen«, in: *Universitas* 13 (1958), S. 793-801.
Sturm, Erko, *And The Beat Goes On. Die Berliner Musikszene in den sechziger Jahren*, Marburg: Tectum 2004.
Sturm, Michael, »›Wildgewordene Obrigkeit‹? Die Rolle der Münchner Polizei während der ›Schwabinger Krawalle‹«, in: Fürmetz (Hg.), *»Schwabinger Krawalle«*, S. 59-105.
–, »›Unruhestifter‹ und Polizisten vor Gericht. Das juristische Nachspiel der ›Schwabinger Krawalle‹«, in: Fürmetz (Hg.), *»Schwabinger Krawalle«*, S. 175-203.
Stöckel, Sigrid, Walter, Ulla (Hg.), *Prävention im 20. Jahrhundert. Historische Grundlagen und aktuelle Entwicklungen in Deutschland*, Weinheim: Juventa 2002.

Sullivan, James, *Jeans. A Cultural History of an American Icon*, New York: Gotham Books 2006.

Susini, Jean, »F. chronique de police. Deux essais de prévention de la délinquance juvénile par la police française«, in: *Revue de science criminelle et de droit pénal comparé* 4 (1960), S. 697-791.

Sywottek, Arnold, »Film und Geschichte – ein Problemaufriß«, in: Hickethier u. a. (Hg.), *Der Film in der Geschichte*, S. 11-18.

–, »Wege in die 50er Jahre«, in: Schildt/ders. (Hg.), *Modernisierung im Wiederaufbau*, S. 13-39.

Tändler, Maik, Jensen, Uffa (Hg.), *Das Selbst zwischen Anpassung und Befreiung. Psychowissen und Politik im 20. Jahrhundert*, Göttingen: Wallstein 2012.

–, »Psychowissen, Politik und das Selbst. Eine neue Forschungsperspektive auf die Geschichte des Politischen im 20. Jahrhundert«, in: dies. (Hg.), *Das Selbst zwischen Anpassung und Befreiung*, S. 9-38.

Tait, Gordon, »›The Seven Things All Men Love in Bed‹: Young Women's Magazines and the Governance of Femininity«, in: Mallan/Pearce (Hg.), *Youth Cultures*, S. 82-89.

Tamagne, Florence, »Le ›blouson noir‹: codes vestimentaires, subcultures rock et sociabilités adolescentes dans la France des années 1950 et 1960«, in: Parésys (Hg.), *Paraître et apparences en Europe*, S. 99-114.

–, »Aux origines de la critique rock en France dans les années 1960: l'exemple de *Disco Revue*«, in: Goetschel u. a. (Hg.), *Lire, voir, entendre*, S. 242-261.

–, »La nuit de la nation. Jugendkultur, Rock'n'Roll und *moral panics* im Frankreich der sechziger Jahre«, in: Mrozek u. a. (Hg.), *Popgeschichte*, Bd. 2, S. 41-64.

Tantner, Anton, »Weg vom ›Zündhölzelschnitt‹: Die langen Haare der ›Schlurfs‹«, in: Breuss (Hg.), *Mit Haut und Haar*, S. 355-358

Taylor, A. J.W., »Beatlemania: A Study in Adolescent Enthusiasm«, in: *British Journal of Social Clinical Psychology* 5 (1966), S. 81-88.

Tenbruck, Friedrich H., *Jugend und Gesellschaft. Soziologische Perspektiven*, Freiburg i.B.: Rombach 1962.

Tenfelde, Klaus, »Demographische Aspekte des Generationenkonflikts seit dem Ende des 19. Jahrhunderts: Deutschland, England und Frankreich im Vergleich«, in: Dowe, Dieter (Hg.), *Jugendprotest und Generationenkonflikt in Europa im 20. Jahrhundert. Deutschland, England, Frankreich und Italien im Vergleich*, Bonn: Verlag Neue Gesellschaft 1986, S. 15-27.

Theweleit, Klaus, *Männerphantasien*, Teil 1: *Frauen, Fluten, Körper, Geschichte*, Reinbek bei Hamburg: Rowohlt 1990.

–, »So tun als gäbe es kein Morgen, oder: 2000 Light Years From Home«, in: Geisthövel/Mrozek (Hg.), *Popgeschichte*, Bd. 1, S. 251-270.

Thießen, Malte, »Gesundheit erhalten, Gesellschaft gestalten. Konzepte und Praktiken der Vorsorge im 20. Jahrhundert: Eine Einführung«, in: *Zeithistorische Forschungen/Studies in Contemporary History* 10 (2013), S. 354-365.

Thiessen, Rudi, *It's only Rock'n'Roll but I like it: Kult und Mythos einer Protestbewegung*, Berlin: Vorwerk 8 1981.

Thomé, Ludwig, »Film – der ›große Unbekannte‹, ein Plädoyer, in: *deutsche jugend* 3 (1955), S. 175-177.

Thompson, Craig, Raymond, Allen, *Gang Rule in New York. The Story of a Lawless Era*, New York: Dial Press 1940.

Thompson, Edward P., »The Moral Economy of the English Crowd in the Eighteenth Century«, in: *Past & Present* 50 (1971), S. 76-136.

Thompson, Hunter S., *Hell's Angels*, München: Heyne 2004.

Thomson, Elizabeth, Gutman, David (Hg.), *The Lennon Companion*, Cambridge: Da Capo 2004.

Thornton, Sarah, *Club Cultures: Music, Media, and Subcultural Capital*, Cambridge: Polity 1993.

Tiedemann, Nicole, »Lange Männerhaare als jugendkulturelles Zeichen nach 1945«, in: Janecke (Hg.), *Haar tragen*, S. 251-269.

Tinker, Chris, »Rock'n'Roll Stardom. Johnny Hallyday«, in: John Gaffney, Holmes, Diana Holmes (Hg.), *Stardom in Postwar France*, New York, Oxford: Berghahn 2007, S. 67-93.

–, »›ONE STATE, ONE TELEVISION, ONE PUBLIC‹. The Variety Show in 1960s France«, in: *Media History* 14 (2008), S. 223-237.

–, *Mixed Messages. Youth Magazine Discourse and Sociocultural Shifts in »Salut les copains (1962-1976)«*, Oxford, Bern u. a.: Peter Lang 2010.

–, »Shaping 1960s Youth in Britain and France: *Fabulous* and *Salut les copains*«, in: *International Journal of Cultural Studies* 14 (2011), S. 641-657.

–, »Mixed Masculinities in 1960s British and French Youth Magazines«, in: *The Journal of Popular Culture* 7 (2014), S. 84-108.

Tinkler, Penny, *Constructing Girlhood: Popular Magazines for Girls Growing Up in England, 1920-1950*, London: Taylor & Francis 1995.

Toffler, Alvin, *The Third Wave*, New York: Bantam Books 1990.

Tolkien, Tracy, *Schick & schrill. Klassiker der Designermode*, Reinbek: Rowohlt 2001.

Tomatis, Jacopo, »›This Is Our Music‹: Italian Teen Pop Press and Genres in the 1960s«, in: *IASPM Journal* 4 (2014), S. 24-42.

Tomko, Linda J., *Dancing Class. Gender, Ethnicity, and Social Divisions in American Dance, 1890-1920*, Bloomington, Indianapolis: Indiana University Press 1999.

Topalov, Christian, »›Traditional Working-Class Neighborhoods‹: An Inquiry into the Emergence of a Sociological Model in the 1950s and 1960s«, in: *Osiris* 18 (2003), S. 212-233.

Thrasher, Frederic M., *The Gang: A Study of 1,313 Gangs in Chicago*, Chicago: University of Chicago Press 2013.
Tropiano, Stephen, *Rebels and Chicks: A History of the Hollywood Teen Movie*, New York: Back Stage Books 2006.
Truffaut, François, »Une certaine tendance du cinéma français«, in: *Cahiers du Cinéma* 31 (1954), S. 15-28.

Uhlmann, Alfred M., u. a., *Kleines Lexikon A-Z*, Leipzig: Verlag Enzyklopädie 1959.
Ullmann, Frances, *Tips für Teenager. Wege zu Charme, Beliebtheit, gewandtem Benehmen und Selbstvertrauen*, Rüschlikon-Zürich, Stuttgart u. a.: Albert Müller 1961.
Ulrich, Andreas, Neumann, Kalle, »Der Anfang«, in: ders./Wagner (Hg.), *DT64*, S. 16-29.
–, Wagner, Jörg (Hg.), *DT64. Das Buch zum Jugendradio 1964-1993*, Leipzig: Thom 1993.
Uwek, Wolf, *Teddy Boy*, Berlin: Bäßler 1995.

Vaitkus, Alfons, *»Jugend« gibt es nicht. Zum Dilemma der Sozialpädagogik im Umgang mit einem Schlüsselbegriff*, Frankfurt/M.: Athenäum 1988.
Vale, Lawrence J., »Standardizing Public Housing«, in: Ben-Joseph/Szold (Hg.), *Regulating Place*, S. 67-121.
Veillon, Dominique, Missika, Dominique, *Nous les enfants, 1950-1970*, Paris: Hachette 2003.
Verbatim Transkript, »Who killed Michael Farmer? A Broadcast over the CBS Radio Network«, in: *Developments in Infant and Child Care. A Newsletter for Science Writers and Editors* 9 (July/August 1958), S. 11.
Verheyen, Nina, *Diskussionslust. Eine Kulturgeschichte des »besseren Arguments« in Westdeutschland*, Göttingen: Vandenhoeck & Ruprecht 2010.
–, »Geschichte der Gefühle«, in: *Docupedia-Zeitgeschichte*, 18.6.2010, Version: 1.0, ⟨http://docupedia.de/zg/Geschichte_der_Gef.C3.BChle?oldid=106441⟩, letzter Zugriff 17. 11. 2017.
Violet, Bernard, *Johnny, le rebelle amoureux*, Paris: Fayard 2003.
Voith, Andreas, »›Tanz der Gummiknüppel‹ und andere Sensationen. Zur Presseberichterstattung über die ›Schwabinger Krawalle‹«, in: Fürmetz (Hg.), *»Schwabinger Krawalle«*, S. 107-123.
Vollmer, Jürgen, *Rockers*, Zürich: Edition Oehrli 1999.
Voswinckel, Ulrike, *Freie Liebe und Anarchie. Schwabing – Monte Verità. Entwürfe gegen das etablierte Leben*, München: Allitera 2009.
Vowinckel, Annette, Payk, Marcus, Lindenberger, Thomas, »European Cold War Cultures(s)? An Introduction«, in: dies. (Hg.), *Cold War Cultures*, S. 1-22.

– (Hg.), *Cold War Cultures. Perspectives on Eastern and Western European Societies*, New York, Oxford 2012.

Walden, Matthias, *Die Fütterung der Krokodile. Ansichten – Einsichten*, München, Wien: Langen-Müller 1980.
Walter, Ulla, Stöckel, Sigrid, »Prävention und ihre Gestaltung vom Kaiserreich bis zur Jahrtausendwende. Zusammenfassung und Ausblick«, in: Stöckel/Walter (Hg.), *Prävention im 20. Jahrhundert*, S. 273-299.
Warner, Jay, *The Billboard Book of American Singing Groups. A History 1940-1990*, New York: Billboard Books 1992.
–, *Billboard's American Rock'n'Roll in Review*, New York: Schirmer Books 1997.
Weber, Heike, *Das Versprechen mobiler Freiheit. Zur Kultur- und Technikgeschichte von Kofferradio, Walkman und Handy*, Bielefeld: transcript 2008.
–, »Mobil hören. Klang- und technikhistorische Zugänge zum Pop und seinen ›Nutzern‹«, in: Geisthövel/Mrozek (Hg.), *Popgeschichte*, Bd. 1, S. 155-175.
Weber, Jürgen (Hg.), *Die Republik der fünfziger Jahre. Adenauers Deutschlandpolitik auf dem Prüfstand*, München: Olzog 1989.
Weber, Max, »Charismatismus«, in: ders., *Wirtschaft und Gesellschaft. Die Wirtschaft und die gesellschaftlichen Ordnungen und Mächte*, Nachlaß, Teil-Bd. 4: *Herrschaft* (= *Studienausgabe der Max-Weber-Gesamtausgabe*, Abt. I: *Schriften und Reden*, Bd. 22: Wirtschaft und Gesellschaft), hg. v. Edith Handke in Zusammenarbeit m. Thomas Kroll, Tübingen: Mohr Siebeck 2009, S. 460-472.
Weight, Richard, *Mod! A Very British Style*, London: The Bodley Head 2013.
Weisbrod, Bernd, »Generation und Generationalität in der neueren Geschichte«, in: *Aus Politik und Zeitgeschichte* 8 (2005), S. 3-9.
Weixler, Antonius u. a. (Hg.), *Younger Than Yesterday. 1967 als Schaltjahr des Pop*, Berlin: Wagenbach 2017.
Welfare and Health Council of New York City (Hg.), *New York City 1955-1965. A Report to the Community* (o. J.).
Wellmann, Henning, »›Let fury have the hour, anger can be power.‹ Praktiken emotionalen Erlebens in den frühen deutschen Punk-Szenen«, in: Mrozek u. a. (Hg.), *Popgeschichte*, Bd. 2, S. 291-314.
Welskopp, Thomas, »Stolpersteine auf dem Königsweg. Methodenkritische Anmerkungen zum internationalen Vergleich in der Gesellschaftsgeschichte«, in: *Archiv für Sozialgeschichte* 35 (1995), S. 339-367.
Welter, Ernst Günther, *Die Sprache der Teenager und Twens*, Frankfurt/M.: dipa 1961.
Wensierski, Hans-Jürgen von, »Bambule, Elvis, Petticoat. Die Jugendkultur der Halbstarken der fünfziger Jahre«, in: Osses/Nogueira (Hg.), *Einfach anders!*, S. 41-49.

Werner, Michael, Zimmermann, Bénédicte, »Vergleich, Transfer, Verflechtung. Der Ansatz der *Histoire croisée* und die Herausforderung des Transnationalen«, in: *Geschichte und Gesellschaft* 28 (2002), S. 607-636.

Wheare, K.C. (Hg.), *Report of the Departmental Committee on Children and the Cinema*, London: Her Majesty's Stationery Office 1950.

Whitburn, Joel (Hg.), *Joel Whitburn Presents Top R&B Singles, 1942-1999: Chart Data Compiled from Billboard's R&B Singles Charts, 1942-1999*, Menomonee Falls: Record Research Inc. 2000.

White, Jerry, *London in the Twentieth Century. A City and its People*, London: Viking 2001.

Wicke, Peter, Müller, Lothar (Hg.), *Rockmusik und Politik. Analysen, Interviews und Dokumente*, Berlin: Ch. Links 1996.

Wicke, Peter, »Populäre Musik als theoretisches Konzept«, in: *PopScriptum* 1 (1992), S. 6-42, ⟨https://www2.hu-berlin.de/fpm/popscrip/themen/pst01/pst01_wicke.htm⟩, letzter Zugriff 08. 01. 2018.

–, *Von Mozart zu Madonna. Eine Kulturgeschichte der Popmusik*, Frankfurt/M.: Suhrkamp 2001.

–, *Rock und Pop. Von Elvis Presley bis Lady Gaga*, München: Beck 2011.

Widmaier, Tobias, Grosch, Nils (Hg.), *Populäre Musik in der urbanen Klanglandschaft. Kulturgeschichtliche Perspektiven*, Münster, New York: Waxmann 2014.

Wierling, Dorothee, »Die Jugend als innerer Feind. Konflikte in der Erziehungsdiktatur der sechziger Jahre«, in: Kaelble u. a. (Hg.), *Sozialgeschichte der DDR*, S. 404-425.

–, »Erzieher und Erzogene. Zu Generationenprofilen in der DDR der 60er Jahre«, in: Schildt u. a. (Hg.), *Dynamische Zeiten*, S. 624-641.

–, *Geboren im Jahr Eins. Der Jahrgang 1949 in der* DDR. *Versuch einer Kollektivbiographie*, Berlin: Ch. Links 2002.

Wilfert, Otto, *Jugend-»Gangs«. Entstehung, Struktur und Behandlungsmöglichkeit der Komplizengemeinschaft Jugendlicher*, Wien: Springer Vienna 1959.

Williams, Raymond, *Marxism and Literature*, Oxford: Oxford University Press 1977

Willoughby, Bob, *Jazz. Body and Soul – Photographies et Souvenirs*, Paris: Editions Milan 2013.

Wilson, Colin, *The Angry Years. The Rise and Fall of the Angry Young Men*, London: Robson Books 2007.

Wirsching, Andreas, »Konsum statt Arbeit? Zum Wandel von Individualität in der modernen Massengesellschaft«, in: *Vierteljahreshefte für Zeitgeschichte* 57 (2009), S. 171-199.

Wirth, Louis, *The Ghetto*, Chicago: Chicago University Press 1928.

Witts, Richard, »Needle Time: The BBC, the Musicians' Union, Popu-

lar Music, and the Reform of Radio in the 1960s«, in: *PMH* 7 (2012), S. 241-262.
Wlodarczyk, Sara, »La radiodiffusion française et le Südwestfunk. Aspects de l'émergence d'un dialogue radiophonique franco-allemand après 1945«, in: Hüser/Pfeil (Hg.), *Populärkultur und deutsch-französische Mittler/Culture de masse et médiateurs franco-allemands*, S. 127-137.
Wolfe, Tom, *Das bonbonfarbene tangerinrot-gespritzte Stromlinienbaby*, Reinbek bei Hamburg: Rowohlt 1968.
Wolfrum, Edgar, *Die Bundesrepublik Deutschland 1949-1990* (= *Gebhardt. Handbuch der Deutschen Geschichte*, hg. v. Wolfgang Benz; Bd. 23), Stuttgart: Klett-Cotta [10]2011.
–, *Deutschland im Fokus. Eine Geschichte der Bundesrepublik in Fotografien*, Bd. 1: *Die 50er Jahre. Kalter Krieg und Wirtschaftswunder*, Darmstadt: Primus 2006.
–, *Die geglückte Demokratie. Geschichte der Bundesrepublik Deutschland von ihren Anfängen bis zur Gegenwart*, Stuttgart: Klett-Cotta 2006.
Wolter, Stefanie, *Die Vermarktung des Fremden. Exotismus und die Anfänge des Massenkonsums*, Frankfurt/M., New York: Campus 2005.
Womack, Kenneth, *The Beatles Encyclopedia: Everything Fab Four*, Santa Barbara: ABC-Clio 2014.
World Health Organization (Hg.), *New Forms of Juvenile Delinquency. Their Origin, Prevention and Treatment. Report from the World Health Organization to the Second United Nations Congress on the Prevention of Crime and the Treatment of Offenders*, London (6. Juni) 1960.
Wurschi, Peter, *Rennsteigbeat. Jugendliche Subkulturen im Thüringer Raum 1952-1989*, Köln, Weimar u. a.: Böhlau 2007.
–, *Jungsein in der DDR*, Erfurt: Landeszentrale für politische Bildung Thüringen 2014.

Yallop, David A., *To Encourage the Others*, Ealing: Corgi Books 1990.
Yinger, J. Milton, »Contraculture and Subculture«, in: *American Sociological Review* 25 (1960), S. 625-635.
Young, Michael, Willmott, Peter, *Family and Kinship in East-London*, London: Routledge & Kegan Paul [2]1957.

Zahn, Robert von, »Der ›Schallplattenkrieg‹ (1966/67). Eine Bataille um die Rechte an der Musik«, in: Scharlau/Witting-Nöthen (Hg.), *»Wenn die Jazzband spielt ...«*, S. 89-99.
Zorbaugh, Harvey Warren, *Gold Coast and the Slum: A Sociological Study of Chicago's Near North Side*, Chicago: University of Chicago Press [3]1983.
Zulliger, Hans, *Jugendliche und Halbstarke. Ihre Psychologie und ihre Führung*, Zürich, Stuttgart: Werner Classen 1958.

6.7. Verzeichnis der Abbildungen

Abb. 1: Grafik »Specimen Bowery boys«, *Our Firemen: A History of New York Fire Department*, 1887, Holzschnitt, Foto: Art & Picture Collection, New York Public Library, Astor, Lenox and Tilden Foundations.

Abb. 2: Grafik »L'Apache est la plaie de Paris« (1907), Foto: *Liaisons. Le magazine de la préfecture de Police* Nr. 103 (2011), S. 25.

Abb. 3: Theodor Hosemann, »Berliner Eckensteher« (1833), aus: Adolf Glaßbrenner, *Berlin wie es isst und – trinkt*, Erstes Heft, Titelkupfer.

Abb. 4: Grafik von Erich Wilke »Der Halbstarke. Auweh, jetzt ist's aus mit da Herrlichkeit – morjen kommt Vata aus den Kriege nach Hause!«, aus: *Jugend. Münchner illustrierte Wochenschrift für Kunst und Leben* (1918), S. 959, abgedruckt in: Grotum, *Die Halbstarken*, S. 29.

Abb. 5: Leonard Sims, »Why I wear these togs«, aus: *Daily Mirror* (13. 11. 1953), S. 7.

Abb. 6: Foto Ken Russell/Topfoto.co.uk, 1954, Courtesy of the North Wall Arts Centre.

Abb. 7: »Eight of nine youths charged with homicide in the fatal stabbing of Michael Farmer, 15, are booked at a police station today«, aus: Robert W. Snyder, »A Useless and Terrible Death«, S. 229.

Abb. 8: Foto »Texas-Boy«, *ND* (21. 06. 1953), S. 1.

Abb. 9: Flugblatt »Jungens«, aus: LANW 614 Nr. 737, Bl. 15.

Abb. 10: »Halbstarker«, Grafik: Klaus Pielert, ca. Ende der 1950er Jahre, Haus der Geschichte der Bundesrepublik Deutschland, Bonn.

Abb. 11: Karikatur »Pfingstochse«, aus: *Neue Berliner Illustrierte* (08. 06. 1954), S. 16.

Abb. 12: Karikatur Notting Hill Riots, aus: *Daily Gleaner* (04. 09. 1958), S. 12, Repro: Jamaica National Library, Kingston.

Abb. 13: Ossi Brunn and His Rockin' Teddy Boys, Archiv der Geschichtswerkstatt Neuhausen e.V.

Abb. 14: Foto Big Jay McNeely, © Bob Willoughby/mptvimages.com.

Abb. 15: »Schund«-Verbrennung in Brugg im Mai 1965, Foto: Keystone.

Abb. 16: Verbrennung von »Schundheften« am 03. 04. 1965 bei der Sporthalle am Viadukt, Foto: Stadtarchiv Bietigheim-Bissingen.

Abb. 17: Beatles Records Burning. Quelle: Internet.

Abb. 18: Verbrennung von »Schmutz- und Schundliteratur« in der DDR, 1955, Bundesarchiv, Bild 183-30858-001.

Abb. 19: Presseheft-Cover: *Die Saat der Gewalt* (Orig.: *Blackboard Jungle*), SDKS F12331_OT.

Abb. 20: Filmplakat *Die sich selbst betrügen* (Orig.: *Les Tricheurs*), SDKS F23157_OT.

Abb. 21: EP-Cover Richard Anthony: »Nouvelle Vague« (FR 1959) Columbia ESRF 1237, Repro: B. Mrozek.
Abb. 22: Filmplakat (o. A.) *Teenage Wolfpack* (Orig.: *Die Halbstarken*), Foto: Movieposter.com.
Abb. 23: Abb. Anzeigenwerbung *Die Saat der Gewalt* (Orig.: *Blackboard Jungle*). Quelle: SDK F12331_OT.
Abb. 24: Filmplakat (o.A.) *La Fureur de Vivre* (Orig.: *Rebel Without A Cause*) US 1955, Quelle: IMDB.
Abb. 25: Filmplakat von Ernst Litter, *Die Halbstarken* (DE 1956), Quelle: IMDB.
Abb. 26: Filmplakat von Hans-Adolf Baltzer, *Berlin – Ecke Schönhauser* (DD 1957), Quelle: IMDB.
Abb. 27: Ausschreitungen beim Bill Haley-Konzert im Berliner Sportpalast am 26.10.1958, Foto: PhS 3.43.3.
Abb. 28: Philadelphia Map of Juvenile Delinquency, aus: Shaw, McKay: *Juvenile Delinquency and Urban Areas*, Map 28, Repro: B. Mrozek.
Abb. 29: Philadelphia Map of Juvenile Delinquency, aus: ebd., Map 29; Repro: B. Mrozek.
Abb. 30: Buchcover Ernest Ryman, *Teddy Boy*.
Abb. 31: Buchcover James T. Farell u. a., *Juvenile Jungle* (Privatsammlung Alex Graalfs), Repro: A. Graalfs.
Abb. 32: Buchcover Mac Driving, *Die Bande der Halbstarken.* Kriminalroman, Zürich, Lugana-Verlag, o. J., Repro: B. Mrozek.
Abb. 33: Buchcover Karl von Ecke, *Jeunes filles d'après-guerre*, Repro: B. Mrozek.
Abb. 34: Clubausweis, aus: *Elvis. Die offizielle Sammleredition*, Elvis Presley Enterprises Inc./DeAgostini-Verlag 2012, Repro: B. Mrozek.
Abb. 35: Rock'n'Roll-Club Mitgliedsbuch. BStU, MfS HA XX-17378, Bl. 15.
Abb. 36: Klubheim. BStU, MfS BV Rostock AU 2850/64, Bd. 5, Bl. 25, Bild 1.
Abb. 37: ELVIS-Toilettenseife. Foto: B. Mrozek.
Abb. 38 u. 39: Gürtelschnallen Elvis, aus: Weinberger: *Photos 1954-1995*, S. 88, 87, Repro: B. Mrozek.
Abb. 40: Goodson Radio DJ, Foto: R.C. Hickman.
Abb. 41: Alan »Moondog« Freed, Foto: alanfreed.com.
Abb. 42: Chris Howland, Foto: WDR.
Abb. 43: Daniel Filipacchi und Michel Cogoni, aus: Coffret *Salut les copains*, 50e anniversaire, 3 DVDs, Europe 1/INA/Éditions Montparnasse, 2009.
Abb. 44: Radio-DJ Britt Wadner, Offshore Radio Archive, Repro: Hans Knot.
Abb. 45: DJ Emperor Rosko, Foto: Getty Images.

Abb. 46: Foto der King David, © *Hajo Backhus' Scrapbook*/Offshore Radio Archive.
Abb. 47: Offshore Radio Station Shivering Sands, © *Hajo Backhus' Scrapbook*/Offshore Radio Archive.
Abb. 48: Beweisfoto Sendeanlage Holzhausen, Quelle: BStU, MfS BV Leipzig AU 165/60, Band 2, Bild 147.
Abb. 49: Sleeve-Art, aus: Ray Charles, *Do The Twist With Ray Charles* (US 1961), Atlantic Records 8054 [LP], Repro: B. Mrozek.
Abb. 50: Collage Plattenlabels: Ballard, Hank & His Midnighters, »The Twist« (US 1959) King 5171 [45]; Jimmy Fields & Orchester Eric Hein, »St. Tropez Twist« (DE 1962) Tempo 873 2003 [45]; Cotton, Charly & Seine Twist-Makers, »Wilhelm Tell Twist« (DE 1963) Ariola 10 354 AT [45]; Czerwono-Czarni/Karin Stanek, »Wala-Twist« (PL 1963) Pronit N-0289a [45]; Mara del Rio, »Guarda Come Dondolo« (Twist), (CZ 1962) Supraphon SUN 43 113 [45]; Orchester Walter Eichenberg, »Bekannt und Beliebt (Twist-Medley)« (DD 1963) Amiga 4 50 339 B [45]. Fotos: B. Mrozek.
Abb. 51: Buchcover Anthony Naylor, *The Sex Kitten Grows Up*, Repro: B. Mrozek.
Abb. 52: LP-Cover Ralke, Don & Buddy Collette, *Bongo Madness* (US 1957) Crown CLP 5019.
Abb. 53: Filmstill aus: *Et Dieu … créa la femme* (FR 1956), R.: Roger Vadim, TC 1:23:14. Screenshot: B. Mrozek.
Abb. 54: LP-Cover The Who, *My Generation* (GB 1965) Brunswick LAT 8616. Repro: B. Mrozek.
Abb. 55: LP-Cover The Who, *The Who Sings My Generation* (US 1966) Decca DL 74 664. Repro: B. Mrozek.
Abb. 56: Riverboat Shuffle auf der »Hugo Basedow«, Foto: Ullstein/Getty Images.
Abb. 57: Riverboat Shuffle auf der Spree um 1960, Foto: © Will McBride/Agentur Focus.
Abb. 58: Foto SV-Bilderdienst, aus: Fürmetz: *»Schwabinger Krawalle«*, S. 36.
Abb. 59: Foto AP (Quelle: ebd., S. 187).
Abb. 60: Foto »Beat« von Wilfried Bauer, Stiftung F. C. Guntlach/Deutsches Historisches Museum Berlin, abgedruckt in: Detlef Siegfried: *1968*, S. 116.
Abb. 61: Baillements Hystériques, aus: *Nouvelles Iconographies de la Salpêtrière*, Plate XVII, Foto: Wellcome Collection, London, CC B 4.0.
Abb. 62: Foto ullstein bild – TopFoto.
Abb. 63: Foto Ed van der Elsk, aus: ders., Joachim Ernst Berendt, *foto-jazz*, S. 2. Repro: B. Mrozek.
Abb. 64: Foto ullstein bild – Heritage Images.

Abb. 65: Flyer Bravo-Beatles-Blitztournee, Privatsammlung Kurt Scheel. Foto: B. Mrozek.
Abb. 66: Eintrittskarte Bravo-Beatles-Blitztournee, Vorderseite, Privatsammlung Kurt Scheel. Foto: B. Mrozek.
Abb. 67: Eintrittskarte Bravo-Beatles-Blitztournee, Rückseite, Privatsammlung Kurt Scheel. Foto: B. Mrozek.
Abb. 68: Cover *The Mod's Monthly* Nr. 1'6 (Juli) 1964.
Abb. 69: Cover *Fabulous* (25.9.1965).
Abb. 70: Cover *Salut les copains* Nr. 22 (Mai) 1964.
Abb. 71: Cover *Bravo* Nr. 21 (Mai-Juni) 1962. Repro: B. Mrozek
Abb. 72-73: Layout-Beispiele *twen.* Repro: B. Mrozek.
Abb. 74: TV-Still, *Beat-Club*, 14.10.1967 (The Alan Price Set: »The house that Jack built«). Screenshot: B. Mrozek.
Abb. 75: TV-Still, *Beat-Club*, 30.12.1967 (PP Arnold: »Groovy«). Screenshot: B. Mrozek.
Abb. 76: Polizeiliche Planskizze Place de la nation, Quelle: Archives de la Préfecture de Police de Paris, APP-FD 248. Foto: B. Mrozek.
Abb. 77: Foto *Paris-Presse L'Intransigeant* Nr. 5767 (23.6.1963). Quelle: Archives de la Préfecture de Police de Paris, APP-FD 248.
Abb. 78: Sylvie Vartan, Foto: *Capri* (07.08.1963). Quelle: ebd.
Abb. 79: »Blousons noirs«, in: *Liaisons. Bulletin de la Préfecture de Police* 42 (1964) 5, S. 8. Repro: B. Mrozek.
Abb. 80: Foto »3 Hamburger Rocker, 18 und 19 Jahre alt«, aus: *Kriminalistik* 23 (1969), S. 410.
Abb. 81: Randale in Brighton im Mai 1964, Foto: theargus.co.uk.
Abb. 82: »Riot Squad Fly To Seaside«, aus: *Daily Mirror* (03.08.1964), S. 1 (Newspaper Archive, BL, Colindale).
Abb. 83: »It's all quiet now on Margate front«, Foto: Harry Dempster, aus: *Daily Express* (19.05.1964), S. 7 (Newspaper Archive, BL, Colindale).
Abb. 84: Annonce für das Berliner Rolling-Stones-Konzert 1965, Foto aus: Spiegel.de.
Abb. 85: Polizeiliche Planskizze, LAB, B_Rep_004_Nr_3523, Abb. 2.
Abb. 86: Langhaarige in der DDR, BArch DO1 87237.
Abb. 87: Flugblatt, BStU, MfS BV Karl-Marx-Stadt AKG 7254, Bl. 431.
Abb. 88: Graffitto »Beat« Leipzig, BStU, MfS ZAIG Nr. 1129, Bl. 4.
Abb. 89: Schüler-Protestschreiben, BStU, MfS Karl-Marx-Stadt AKG 7254, Bl. 427.
Abb. 90: EP-Cover Antoine, »Les élucubrations d'Antoine« (FR 1966) Vogues EPL. 8417, Repro: B. Mrozek.
Abb. 91: 45-Cover Freddy: »Wir« (DE 1966) Polydor 52781, Repro: Christian Schröder.
Abb. 92: Haircuts 1950er, Foto: The Advertising Archives/Alamy Stock Photo.

Abb. 93: Mary Quant, Foto: David Bailey/Picture alliance/AP.
Abb. 94: Cover *Eulenspiegel* 42 (12. Jg.) 1965/10.
Abb. 95: Cover *Paris Match* (02. 04. 1966).
Abb. 96: Cover *Der Spiegel* (19. 09. 1966).
Abb. 97: Cover *Vogue* (15. 01. 1966), Foto: Irving Penn/Vogue © Condé Nast.
Abb. 98: Cover *Time* (Atlantic Edition) (15. 04. 1966), S. 1.
Abb. 99: London map, aus: ebd., S. 41a, Quelle: BL, London.

6.8. Dank

Einem gängigen Klischee zum Trotz ist das Verfassen einer Forschungsmonographie keineswegs einsam. Im Gegenteil hängt ihr Gelingen in hohem Maße von der Unterstützung ab, die sie durch andere erfährt. An der Freien Universität Berlin betreute Paul Nolte das Projekt nicht nur mit zahlreichen Gutachten, sondern auch mit hilfreichen Anregungen und notwendigen Korrekturen zu jeder Zeit ebenso verlässlich wie geduldig, wofür ich ihm sehr herzlich danke. Schon in der Konzeptionsphase halfen mit Rat und Empfehlungsschreiben Jürgen Kocka, Wolfgang Hempel, Oliver Janz, Árpád von Klimó, Jürgen Reulecke, Hermann Rudolph und Martin Sabrow.

Das vorliegende Buch ist eine für die Publikation überarbeitete und leicht gekürzte Fassung meiner Dissertationsschrift, die unter dem Titel *Delinquenz und Normalisierung. Von der Jugend- zur Popkultur: eine transnationale Geschichte (1953-1966)* im März 2016 an der Freien Universität Berlin eingereicht wurde. Sie wurde erstgefördert durch das Karl-Hermann-Flach-Stipendium (FNF/VSA). Die für eine transnationale Geschichte notwendigen Archivrecherchen im Ausland ermöglichten mehrmonatige Stipendien der Deutschen Historischen Institute in Washington, London und Paris. Das Zentrum für Zeithistorische Forschung Potsdam (ZZF) gewährte ein Abschlussstipendium.

Bei den Quellenrecherchen vor Ort hatte ich viel Unterstützung. In New York öffnete mir Volker Berghahn die Columbia University. Christina von Hodenberg ermöglichte mir das Forschen und Lehren an der University of London (Queen Mary), gefördert mit dem Lindsay-Boynton-Visiting-Fellowship. Caroline Moine lud mich als *chercheur invité* ans Centre d'histoire culturelle des sociétés contemporaines de l'Université de Versailles Saint-Quentin-en-Yvelines.

Für ihre Gastfreundschaft während dieser Wanderjahre danke ich Pascale Laborier in Paris, Chris Lorenz und Erna Rijsdijk in Amsterdam und Rudolf Muhs in London, wo mir auch Tobias Becker und Silvia Wasmaier eine große Hilfe waren. Freda, Sarah-Xing und Evan Eisenberg wurden bei mehreren ausgedehnten Aufenthalten in Manhattan so etwas wie eine Ersatzfamilie. In

Brooklyn beherbergte mich Hannes Stein, Mark Naison führte mich durch die Bronx. In Kingston nahm mich Herbie Miller zu Menschen und Orten, zu denen ich ohne ihn niemals Zugang gefunden hätte; Rachel Manley erlaubte mir die Einsicht in den Nachlass ihres Großvaters Norman W. Manley im jamaikanischen Nationalarchiv.

Jürgen Danyel unterstützte das Projekt am ZZF auch in schwierigen Phasen mit Rat und Tat. Frank Bösch und Iwan-Michelangelo D'Aprile holten mich als Mitarbeiter an die Universität Potsdam. Die Kapitel zur Musik entstanden während eines Aufenthaltes in der Forschergruppe »Felt Communities? Emotions in European Music Performances« am Max-Planck-Institut für Bildungsforschung Berlin, in die mich Sven Oliver Müller und Ute Frevert aufnahmen. Sebastian Conrad ermöglichte weiterführende Forschungen an der Freien Universität Berlin. Jens Papenburg und Arne Stollberg öffneten mir die Humboldt-Universität zu Berlin, wo ich während einer Vertretung des Lehrstuhls für Theorie und Geschichte der Populären Musik die Arbeit am Manuskript abschließen und dessen Inhalte in Vorlesungen und Seminaren mit Studierenden diskutieren konnte. Hier stand mir Steffen Just mit (pop)musikologischer Expertise zur Seite.

Eine historische Arbeit hängt in besonderem Maße von dem Material ab, das ihr zur Verfügung steht. Gerade abgelegene Quellen sind ohne die Hilfe kundiger Archivarinnen kaum auffindbar. Astrid Rose war während mehrmonatiger Recherchen in der BStU eine unschätzbare Hilfe, Julian Carr unterstützte mich im London Metropolitan Archive mit seiner Kennerschaft und Begeisterung für die Musik der Sixties. Im Boston City Archive halfen Diane Parks und John McColgan, der eigens einen Erinnerungsbericht über das »Boston Rock'n'Roll Riot« anfertigte, dem er als Zwölfjähriger beigewohnt hatte. Im Bayerischen Hauptstaatsarchiv beriet mich Gerhard Fürmetz als hervorragender Kenner der »Schwabinger Krawalle«, in der Polizeigeschichtlichen Sammlung Münster Doris Kock, im Deutschen Rundfunkarchiv in Babelsberg Jörg-Uwe Fischer und im Offshore Radio Archive Hans Knot von der Universität Groningen. Im Archiv des *Tagesspiegels* halfen Thomas Friedrich und Sonja Rückert. Christian Schröder, Alex Graalfs, Matthias Neumann, Kurt Scheel (†) und Thomas S. Wind gewährten Einblicke in ihre privaten Sammlungen.

Anregungen und konstruktive Kritik erhielt ich in den Kolloquien, in die ich eingeladen wurde, mein Thema zur Diskussion zu stellen. Dies waren (neben zahlreichen Konferenzen) das Postgraduate Seminar des History Department der Columbia University (Volker Berghahn), die Research-Seminare der Deutschen Historischen Institute in Washington und London (Hartmut Berghoff und Andreas Gestrich), die Kolloquien des Arbeitsbereichs Zeitgeschichte der Freien Universität Berlin (Paul Nolte), des Lehrstuhls für Europäische Geschichte des 20. Jahrhunderts an der Humboldt-Universität zu Berlin (Thomas Mergel) und das Kolloquium zur Neuesten und zur Zeitgeschichte der Martin-Luther-Universität Halle-Wittenberg (Manfred Hettling und Patrick Wagner), das Oberseminar des Historischen Seminars der Albert-Ludwigs-Universität Freiburg (Ulrich Herbert), die Post Doc-Plattform des Historischen Seminars der Universität zu Köln (u.a. Ralph Jessen und Jakob Vogel), das Postgraduate Seminar der School of History an der University of London (Christina von Hodenberg), ein Schreibworkshop an der Universität Bielefeld (Linda Braun und Klaus Nathaus), das Graduiertenkolleg des Duitsland Instituut Amsterdam (Krijn Thijs), das Colloque international jeunes chercheurs in Lyon (Corine Defrance, Ulrich Pfeil und Joachim Umlauf), das Séminaire Histoire sociale du rock an der Sorbonne/Paris 1 (Arnaud Baubérot und Florence Tamagne), am ZZF die Klausurtagungen der Abteilung für die Geschichte der Medien- und Informationsgesellschaft (Jürgen Danyel und Annette Vowinckel) und das Institutskolloquium (Christopher Neumaier, René Schlott), ein Workshop der Forschergruppe »Populärkultur transnational« an der Université du Luxembourg (Andreas Fickers und Dietmar Hüser) sowie das Oberseminar »Neuere Forschungen zur Zeitgeschichte« der Ludwig-Maximilians-Universität mit dem Kolloquium des Instituts für Zeitgeschichte in München (Margit Szöllösi-Janze, Elke Seefried und Andreas Wirsching).

Besonders wertvoll waren die Korrekturen von Freunden und Kolleginnen. Alexa Geisthövel, die das Projekt von Anfang an freundschaftlich begleitete, und Marcel Streng haben das ganze Manuskript mit dem Rotstift gelesen. Einzelne Kapitel lasen Christoph Classen, Anna Jehle, Daniel Morat, Adam Soboczynski, Henning Wellmann und Claudia Winter. Detlef Siegfried begutachtete die Dissertationsschrift. Sebastian Conrad, Daniel Morat und Uwe

Puschner diskutierten meine Thesen anlässlich der Verteidigung am 12. Juli 2016 an der Freien Universität Berlin. Julian Genten, Christin Kleinoth und Julia Nahrstedt halfen, das Manuskript in seine endgültige Form zu bringen. Eva Gilmer, Heinrich Geiselberger und Philipp Hölzing nahmen es in die Reihe stw des Suhrkamp Verlags auf, was mich auch deswegen freut, weil der Gestalter dieser Reihe, Willy Fleckhaus, als Grafiker der Zeitschrift *twen* auch ein Protagonist dieses Buches ist – und somit Inhalt und Form zueinander finden. Eva Gilmer lektorierte das gesamte Manuskript mit schier unglaublicher Akribie, wofür ich ihr sehr danke.

Mein ganz besonderer Dank gilt María Cecilia Barbetta.

Bodo Mrozek, im Januar 2019

Personenregister[1]

1 Neben den im Text genannten Personen sind hier auch Musikgruppen und – äquivalent dazu – Fan-Clubs und Straßen-Cliquen verregistert, soweit sie im Fließtext erwähnt werden. Pseudonyme werden nur dann aufgelöst, wenn dies auch dort geschah.

Ortsregister[1]

1 Neben geographischen und topographischen Orten werden hier auch Aufführungsorte populärer Kultur verzeichnet, also Arenen, Bars, Kneipen und dergleichen.

Wolfgang Beilenhoff (Hg.). Poetika Kino. Theorie und Praxis des Films im russischen Formalismus. stw 1733. 465 Seiten

Walter Benjamin. Medienästhetische Schriften. Mit einem Nachwort von Detlev Schöttker. stw 1601. 448 Seiten

Hans Blumenberg. Ästhetische und metaphorologische Schriften. Auswahl und Nachwort von Anselm Haverkamp. stw 1513. 464 Seiten

Karl Heinz Bohrer
- Der Abschied. Theorie der Trauer: Baudelaire, Goethe, Nietzsche, Benjamin. 626 Seiten. Gebunden
- Plötzlichkeit. Zum Augenblick des ästhetischen Scheins. es 1058. 261 Seiten
- Die Kritik der Romantik. es 1551. 311 Seiten
- Das absolute Präsens. Die Semantik ästhetischer Zeit. stw 1055. 184 Seiten

Pierre Bourdieu
- Die Regeln der Kunst. Genese und Struktur des literarischen Feldes. Übersetzt von Bernd Schwibs und Achim Russer. stw 1539. 560 Seiten
- Über das Fernsehen. es 2054. 144 Seiten

Peter Bürger
- Das Altern der Moderne. Schriften zur bildenden Kunst. stw 1548. 218 Seiten
- Theorie der Avantgarde. Mit einem Vorwort zur zweiten Auflage. es 727. 139 Seiten

Arthur C. Danto. Die Verklärung des Gewöhnlichen. Eine Philosophie der Kunst. Übersetzt von Max Looser. stw 957. 320 Seiten

Stefan Deines/Jasper Liptow/Martin Seel (Hg.). Kunst und Erfahrung. Beiträge zu einer philosophischen Kontroverse. stw 2045. 364 Seiten

Gilles Deleuze
- Das Bewegungsbild-Bild. Kino I. Übersetzt von Ulrich Christians und Ulrike Bokelmann. stw 1288. 332 Seiten
- Das Zeit-Bild. Kino 2. Übersetzt von Klaus Englert. stw 1289. 456 Seiten

John Dewey
- Erfahrung, Erkenntnis und Wert. Herausgegeben und übersetzt von Martin Suhr. stw 1647. 468 Seiten
- Kunst als Erfahrung. Übersetzt von Christa Velten, Gerhard vom Hofe und Dieter Sulzer. stw 703. 411 Seiten

Georges Duby. Die Zeit der Kathedralen. Kunst und Gesellschaft 980-1420. Übersetzt von Grete Osterwald. Mit Abbildungen. stw 1011. 561 Seiten

Umberto Eco. Das offene Kunstwerk. Übersetzt von Günter Memmert. stw 222. 448 Seiten

Christine Eichel. Vom Ermatten der Avantgarde zur Vernetzung der Künste. Perspektiven einer interdisziplinären Ästhetik im Spätwerk Theodor W. Adornos. 340 Seiten. Gebunden

Michel Foucault. Schriften zur Literatur. Übersetzt von Michael Bischoff, Hans-Dieter Gondek und Hermann Kocyba. Auswahl und Nachwort von Martin Stingelin. stw 1675. 402 Seiten

Foucault und die Künste. Herausgegeben im Auftrag des Zentrums für Kunst- und Medientechnologie von Peter Gente. stw 1667. 338 Seiten

NF 109/3/04.13

Manfred Frank. Einführung in die frühromantische Ästhetik. Vorlesungen. es 1563. 466 Seiten

Josef Früchtl. Das unverschämte Ich. Eine Heldengeschichte der Moderne. stw 1693. 422 Seiten

Josef Früchtl/Jörg Zimmermann (Hg.). Ästhetik der Inszenierung. es 2196. 304 Seiten

Alexander García Düttmann. Kunstende. Drei ästhetische Studien. 168 Seiten. Broschiert

Peter Geimer (Hg.). Ordnungen der Sichtbarkeit. Fotografie in Wissenschaft, Kunst und Technologie. stw 1538. 448 Seiten

Peter Gendolla/Thomas Kamphusmann (Hg.). Die Künste des Zufalls. stw 1432. 301 Seiten

Gérard Genette
- Mimologiken. Reise nach Kratylien. Übersetzt von Michael von Killisch-Horn. stw 1511. 516 Seiten
- Palimpseste. Die Literatur auf zweiter Stufe. Aesthetica. Übersetzt von Wolfram Bayer und Dieter Hornig. es 1683. 544 Seiten
- Paratexte. Das Buch zum Beiwerk des Buches. Übersetzt von Dieter Hornig. Mit einem Nachwort von Harald Weinrich. stw 1510. 408 Seiten

Eva Geulen. Das Ende der Kunst. Lesarten eines Gerüchts nach Hegel. stw 1577. 208 Seiten

Ernst H. Gombrich/Julian Hochberg/Max Black. Kunst, Wahrnehmung, Wirklichkeit. Übersetzt von Max Looser. es 860. 160 Seiten

Nelson Goodman. Sprachen der Kunst. Entwurf einer Symboltheorie. Übersetzt von Bernd Philippi. stw 1304. 256 Seiten

Nelson Goodman/Catherine Z. Elgin. Revisionen. Philosophie und andere Künste und Wissenschaften. Übersetzt von Bernd Philippi. 225 Seiten. Gebunden

Götz Großklaus. Medien-Bilder. Inszenierung der Sichtbarkeit. es 2319. 249 Seiten

Boris Groys/Michael Hagemeister (Hg.). Die neue Menschheit. Biopolitische Utopien in Russland zu Beginn des 20. Jahrhunderts. stw 1763. 688 Seiten

Boris Groys/Aage Hausen-Löve (Hg.). Am Nullpunkt. Positionen der russischen Avantgarde. stw 1764. 777 Seiten

G. W. F. Hegel. Philosophie der Kunst. Vorlesung von 1826. Herausgegeben von Annemarie Gethmann-Siefert, Jeong-Im Kwon und Karsten Berr. stw 1722. 296 Seiten

Dieter Henrich. Fixpunkte. Aufsätze und Essays zur Theorie der Kunst. stw 1610. 302 Seiten

Dieter Henrich/Wolfgang Iser (Hg.). Theorien der Kunst. stw 1012. 637 Seiten

Wolfgang Iser. Das Fiktive und das Imaginäre. Perspektiven literarischer Anthropologie. stw 1101. 522 Seiten

Hans Robert Jauß. Ästhetische Erfahrung und literarische Hermeneutik. stw 955. 876 Seiten

Andrea Kern. Schöne Lust. Eine Theorie der ästhetischen Erfahrung nach Kant. stw 1474. 322 Seiten

NF 109/5/04.13

Andrea Kern/Ruth Sonderegger (Hg.). Falsche Gegensätze. Zeitgenössische Positionen zur philosophischen Ästhetik. stw 1576. 346 Seiten

Ernst Kris/Otto Kurz. Die Legende vom Künstler. Ein geschichtlicher Versuch. stw 1202. 192 Seiten

Richard Kuhns. Psychoanalytische Theorie der Kunst. Übersetzt von Klaus Laermann. 195 Seiten. Broschur

Claude Lévi-Strauss. Sehen, Hören, Lesen. Übersetzt von Hans-Horst Henschen. stw 1661. 184 Seiten

Paul de Man. Die Ideologie des Ästhetischen. Herausgegeben von Christoph Menke. Übersetzt von Jürgen Blasius. es 1682. 300 Seiten

Christoph Menke
- Die Souveränität der Kunst. Ästhetische Erfahrung nach Adorno und Derrida. stw 958. 311 Seiten
- Die Gegenwart der Tragödie. Versuch über Urteil und Spiel. stw 1649. 278 Seiten
- Kraft. Ein Grundbegriff ästhetischer Anthropologie. 155 Seiten. Broschur
- Die Kraft der Kunst. stw 2044. 179 Seiten

Winfried Menninghaus
- Das Versprechen der Schönheit. stw 1816. 386 Seiten
- Wozu Kunst? Ästhetik nach Darwin. 318 Seiten. Gebunden

Dieter Mersch. Ereignis und Aura. Untersuchungen zu einer Ästhetik des Performativen. es 2219. 314 Seiten

NF 109/6/04.13

K. Ludwig Pfeiffer. Das Mediale und das Imaginäre. Dimensionen kulturanthropologischer Medientheorie. 618 Seiten. Gebunden

Hermann Pfütze. Form, Ursprung und Gegenwart der Kunst. stw 1417. 357 Seiten

Max Raphael. Werkausgabe. Herausgegeben von Hans-Jürgen Heinrichs. 11 Bände in Kassette. stw 831-841. 3448 Seiten. Auch einzeln lieferbar

Martin Seel
- Eine Ästhetik der Natur. stw 1231. 389 Seiten
- Die Kunst der Entzweiung. Zum Begriff der ästhetischen Rationalität. stw 1337. 373 Seiten
- Ästhetik des Erscheinens. stw 1641. 328 Seiten

Georg Simmel. Goethe. Deutschlands innere Wandlung. Das Problem der historischen Zeit. Rembrandt. Herausgegeben von Uta Kösser, Hans-Martin Kruckis und Otthein Rammstedt. Gesamtausgabe Band 15. Gebunden und stw 815. 678 Seiten

Ruth Sonderegger. Für eine Ästhetik des Spiels. Hermeneutik, Dekonstruktion und der Eigensinn der Kunst. stw 1493. 392 Seiten

Bernd Stiegler. Bilder der Photographie. Ein Album photographischer Metaphern. es 2461. 276 Seiten

Robert Stockhammer (Hg.). Grenzwerte des Ästhetischen. stw 1602. 241 Seiten

Dieter Thomä. Totalität und Mitleid. stw 1765. 278 Seiten

NF 109/7/04.13

Uwe Wirth (Hg.). Performanz. Zwischen Sprachphilosophie und Kulturwissenschaft. stw 1575. 448 Seiten

Herta Wolf (Hg.)

- Paradigma Fotografie. Fotokritik am Ende des fotografischen Zeitalters. Band 1. Mit zahlreichen Abbildungen. stw 1598. 467 Seiten
- Diskurse der Fotografie. Fotokritik am Ende des fotografischen Zeitalters. Band 2. Mit zahlreichen Abbildungen. stw 1599. 492 Seiten

NF 109/8/04.13

Pierre Bourdieu. Über das Fernsehen. Übersetzt von Achim Russer. es 2054. 140 Seiten

Helmut H. Diederichs (Hg.). Geschichte der Filmtheorie. Kunsttheoretische Texte von Méliès bis Arnheim. stw 1652. 400 Seiten

Sergej Eisenstein. Jenseits der Einstellung. Schriften zur Filmtheorie. Herausgegeben von Helmut H. Diederichs und Felix Lenz. stw 1766. 450 Seiten

Peter Geimer (Hg.). Ordnungen der Sichtbarkeit. Fotografie in Wissenschaft, Technologie und Kunst. stw 1538. 444 Seiten

Peter Gendolla/Norbert M. Schmitz/Irmela Schneider/ Peter M. Spangenberg (Hg.). Formen interaktiver Medienkunst. stw 1544. 428 Seiten

Michael Giesecke

- Der Buchdruck in der frühen Neuzeit. Eine historische Fallstudie über die Durchsetzung neuer Informations- und Kommunikationstechnologien. 944 Seiten. Gebunden und Broschur
- Sinnenwandel, Sprachwandel, Kulturwandel. Studien zur Vorgeschichte der Informationsgesellschaft. stw 997. 374 Seiten
- Von den Mythen der Buchkultur zu den Visionen der Informationsgesellschaft. Buch und CD-ROM. stw 1543. 458 Seiten

Christiane Heibach. Literatur im elektronischen Raum. Buch und CD-ROM. stw 1605. 293 Seiten

NF 142/2/1.06

Siegfried Kracauer

- Werke. Band 3. Theorie des Films. Die Errettung der äußeren Wirklichkeit. Herausgegeben von Inka Mülder-Bach unter Mitarbeit von Sabine Biebl.
  Gebunden und Broschur. 599 Seiten
- Werke. Band 6. Kleine Schriften zum Film. Herausgegeben von Inka Mülder-Bach unter Mitarbeit von Mirjam Wenzel und Sabine Biebl. In drei Teilbänden.
  Gebunden und Broschur. 1676 Seiten
- Theorie des Films. Die Errettung der äußeren Wirklichkeit. Vom Verfasser revidierte Übersetzung von Friedrich Walter und Ruth Zellschau. Mit zahlreichen Abbildungen.
  stw 546. 454 Seiten
- Von Caligari zu Hitler. Eine psychologische Geschichte des deutschen Films. Übersetzt von Ruth Baumgarten und Karsten Witte. stw 479. 632 Seiten

Albert Kümmel/Petra Löffler (Hg.). Medientheorie 1888-1933. Texte und Kommentare. stw 1604. 568 Seiten

Karl Ludwig Pfeiffer. Das Mediale und das Imaginäre. Dimensionen kulturanthropologischer Medientheorie. 618 Seiten. Gebunden

Stefan Rieger

- Die Ästhetik des Menschen. Über das Technische in Leben und Kunst. Mit zahlreichen Abbildungen.
  stw 1600. 512 Seiten
- Die Individualität der Medien. Eine Geschichte der Wissenschaften vom Menschen. stw 1520. 519 Seiten
- Kybernetische Anthropologie. Eine Geschichte der Virtualität. Mit zahlreichen Abbildungen. stw 1680. 556 Seiten

Yvonne Spielmann. Video. Das reflexive Medium. stw 1739. 480 Seiten

NF 142/3/1.06

Georg Christoph Tholen. Die Zäsur der Medien. Kulturphilosophische Konturen. stw 1552. 219 Seiten

Dieter Thomä. Totalität und Mitleid. Richard Wagner, Sergej Eisenstein und unsere ethisch-ästhetische Moderne. stw 1765. 278 Seiten

Hartmut Winkler. Diskursökonomie. Versuch über die innere Ökonomie der Medien. stw 1683. 258 Seiten

Herta Wolf (Hg.)
- Diskurse der Fotografie. Fotokritik am Ende des fotografischen Zeitalters. Band 2. Mit zahlreichen Abbildungen. stw 1599. 492 Seiten
- Paradigma Fotografie. Fotokritik am Ende des fotografischen Zeitalters. Band 1. Mit zahlreichen Abbildungen. stw 1598. 480 Seiten

NF 142/4/1.06